D1640508

WINKLER
WELTLITERATUR
DÜNNDRUCK
AUSGABE

Artemis & Winkler

FRIEDRICH SCHILLER

SÄMTLICHE WERKE

BAND IV

Historische Schriften

ARTEMIS & WINKLER

Friedrich Schiller: Sämtliche Werke in 5 Bänden.
Nach den Ausgaben letzter Hand unter Hinzuziehung der
Erstdrucke und Handschriften. Verantwortlich für die
Textredaktion: Jost Perfahl. –
Mit einer Einführung von Benno von Wiese
und einer Zeittafel von Helmut Koopmann in Band I. –
Band IV: Historische Schriften. Mit Anmerkungen
von Helmut Koopmann.

Die Deutsche Bibliothek – CIP-Einheitsaufnahme
Ein Titeldatensatz für diese Publikation ist bei
Der Deutschen Bibliothek erhältlich.

5. Auflage 2001
© 1968 Winkler Verlag, München
© 2001 Patmos Verlag GmbH & Co. KG
Artemis & Winkler Verlag, Düsseldorf und Zürich
Umschlaggestaltung: Meike Harms
Gesamtherstellung: Friedrich Pustet, Regensburg
ISBN 3-538-05176-3 Leinen

GESCHICHTE DES ABFALLS

DER

VEREINIGTEN NIEDERLANDE

VON DER

SPANISCHEN REGIERUNG

Eine der merkwürdigsten Staatsbegebenheiten, die das sechszehnte Jahrhundert zum glänzendsten der Welt gemacht haben, dünkt mir die Gründung der niederländischen Freiheit. Wenn die schimmernden Taten der Ruhmsucht und einer verderblichen Herrschbegierde auf unsere Bewunderung Anspruch machen, wieviel mehr eine Begebenheit, wo die bedrängte Menschheit um ihre edelsten Rechte ringt, wo mit der guten Sache ungewöhnliche Kräfte sich paaren, und die Hülfsmittel entschlossener Verzweiflung über die furchtbaren Künste der Tyrannei in ungleichem Wettkampf siegen. Groß und beruhigend ist der Gedanke, daß gegen die trotzigen Anmaßungen der Fürstengewalt endlich noch eine Hülfe vorhanden ist, daß ihre berechnetsten Plane an der menschlichen Freiheit zuschanden werden, daß ein herzhafter Widerstand auch den gestreckten Arm eines Despoten beugen, heldenmütige Beharrung seine schrecklichen Hülfsquellen endlich erschöpfen kann. Nirgends durchdrang mich diese Wahrheit so lebhaft, als bei der Geschichte jenes denkwürdigen Aufruhrs, der die vereinigten Niederlande auf immer von der spanischen Krone trennte – und darum achtete ich es des Versuchs nicht unwert, dieses schöne Denkmal bürgerlicher Stärke vor der Welt aufzustellen, in der Brust meines Lesers ein fröhliches Gefühl seiner selbst zu erwecken, und ein neues unverwerfliches Beispiel zu geben, was Menschen wagen dürfen für die gute Sache, und ausrichten mögen durch Vereinigung.

Es ist nicht das Außerordentliche oder Heroische dieser Begebenheit, was mich anreizt, sie zu beschreiben. Die Jahrbücher der Welt haben uns ähnliche Unternehmungen aufbewahrt, die in der Anlage noch kühner, in der Ausführung noch glänzender erscheinen. Manche Staaten stürzten mit einer prächtigern Erschütterung zusammen, mit erhabnerm Schwunge stiegen andere auf. Auch erwarte man hier keine hervorragende kolossalische Menschen, keine der erstaunenswürdigen Taten, die uns die Geschichte vergangener Zeiten in so reichlicher Fülle darbietet. Jene Zeiten sind vorbei, jene Menschen sind

nicht mehr. Im weichlichen Schoß der Verfeinerung haben wir
die Kräfte erschlaffen lassen, die jene Zeitalter übten und notwendig machten. Mit niedergeschlagener Bewunderung staunen wir jetzt diese Riesenbilder an, wie ein entnervter Greis
die mannhaften Spiele der Jugend. Nicht so bei vorliegender
Geschichte. Das Volk, welches wir hier auftreten sehen, war
das friedfertigste dieses Weltteils, und weniger als alle seine
Nachbarn jenes Heldengeists fähig, der auch der geringfügigsten Handlung einen höhern Schwung gibt. Der Drang der
Umstände überraschte es mit seiner eigenen Kraft, und nötigte
ihm eine vorübergehende Größe auf, die es nie haben sollte,
und vielleicht nie wieder haben wird. Es ist also gerade der
Mangel an heroischer Größe, was diese Begebenheit eigentümlich und unterrichtend macht, und wenn sich andere zum Zweck
setzen, die Überlegenheit des Genies über den Zufall zu zeigen,
so stelle ich hier ein Gemälde auf, wo die Not das Genie erschuf,
und die Zufälle Helden machten.

Wäre es irgend erlaubt, in menschliche Dinge eine höhere
Vorsicht zu flechten, so wäre es bei dieser Geschichte, so wider-
sprechend erscheint sie der Vernunft und allen Erfahrungen.
Philipp der Zweite, der mächtigste Souverän seiner Zeit, dessen
gefürchtete Übermacht ganz Europa zu verschlingen droht,
dessen Schätze die vereinigten Reichtümer aller christlichen
Könige übersteigen, dessen Flotten in allen Meeren gebieten;
ein Monarch, dessen gefährlichen Zwecken zahlreiche Heere
dienen; Heere, die durch lange und blutige Kriege und eine
römische Mannszucht gehärtet, durch einen trotzigen Nationalstolz begeistert, und erhitzt durch das Andenken erfochtener
Siege, nach Ehre und Beute dürsten, und sich unter dem verwegenen Genie ihrer Führer als folgsame Glieder bewegen –
dieser gefürchtete Mensch einem hartnäckigen Entwurf hingegeben; ein Unternehmen die rastlose Arbeit seines langen
Regentenlaufs; alle diese furchtbaren Hülfsmittel auf einen
einzigen Zweck gerichtet, den er am Abend seiner Tage uner-
füllt aufgeben muß – Philipp der Zweite, mit wenigen schwachen Nationen im Kampfe, den er nicht endigen kann!

Und gegen welche Nationen? Hier ein friedfertiges Fischer-
und Hirtenvolk, in einem vergessenen Winkel Europens, den
es noch mühsam der Meeresflut abgewann; die See sein Gewerbe, sein Reichtum und seine Plage, eine freie Armut sein
höchstes Gut, sein Ruhm, seine Tugend. Dort ein gutartiges

gesittetes Handelsvolk, schwelgend von den üppigen Früchten eines gesegneten Fleißes, wachsam auf Gesetze, die seine Wohltäter waren. In der glücklichen Muße des Wohlstands verläßt es der Bedürfnisse ängstlichen Kreis, und lernt nach höherer Befriedigung dürsten. Die neue Wahrheit, deren erfreuender Morgen jetzt über Europa hervorbricht, wirft einen befruchtenden Strahl in diese günstige Zone, und freudig empfängt der freie Bürger das Licht, dem sich gedrückte traurige Sklaven verschließen. Ein fröhlicher Mutwille, der gerne den Überfluß und die Freiheit begleitet, reizt es an, das Ansehen verjährter Meinungen zu prüfen und eine schimpfliche Kette zu brechen. Die schwere Zuchtrute des Despotismus hängt über ihm, eine willkürliche Gewalt droht die Grundpfeiler seines Glücks einzureißen, der Bewahrer seiner Gesetze wird sein Tyrann. Einfach in seiner Staatsweisheit, wie in seinen Sitten, erkühnt es sich, einen veralteten Vertrag aufzuweisen und den Herrn beider Indien an das Naturrecht zu mahnen. Ein Name entscheidet den ganzen Ausgang der Dinge. Man nannte Rebellion in Madrid, was in Brüssel nur eine gesetzliche Handlung hieß; die Beschwerden Brabants forderten einen staatsklugen Mittler, Philipp der Zweite sandte ihm einen Henker, und die Losung des Krieges war gegeben. Eine Tyrannei ohne Beispiel greift Leben und Eigentum an. Der verzweifelnde Bürger, dem zwischen einem zweifachen Tode die Wahl gelassen wird, erwählt den edlern auf dem Schlachtfeld. Ein wohlhabendes üppiges Volk liebt den Frieden, aber es wird kriegrisch, wenn es arm wird. Jetzt hört es auf für ein Leben zu zittern, dem alles mangeln soll, warum es wünschenswürdig war. Die Wut des Aufruhrs ergreift die entferntesten Provinzen; Handel und Wandel liegen darnieder, die Schiffe verschwinden aus den Häfen, der Künstler aus seiner Werkstätte, der Landmann aus den verwüsteten Feldern. Tausende fliehen in ferne Länder, tausend Opfer fallen auf dem Blutgerüste, und neue Tausende drängen sich hinzu; denn göttlich muß eine Lehre sein, für die so freudig gestorben werden kann. Noch fehlt die letzte vollendende Hand – der erleuchtete unternehmende Geist, der diesen großen politischen Augenblick haschte und die Geburt des Zufalls zum Plan der Weisheit erzöge.

Wilhelm der Stille weiht sich, ein zweiter Brutus, dem großen Anliegen der Freiheit. Über eine furchtsame Selbstsucht erhaben, kündigt er dem Throne strafbare Pflichten auf, entkleidet sich großmütig seines fürstlichen Daseins, steigt zu einer freiwilligen Armut herunter, und ist nichts mehr als ein Bürger der Welt. Die gerechte Sache wird gewagt auf das Glücksspiel der Schlachten; aber zusammengeraffte Mietlinge und friedliches Landvolk können dem furchtbaren Andrang einer geübten Kriegsmacht nicht standhalten. Zweimal führt er seine mutlosen Heere gegen den Tyrannen, zweimal verlassen sie ihn, aber nicht sein Mut. Philipp der Zweite sendet so viele Verstärkungen, als seines Mittlers grausame Habsucht Bettler machte. Flüchtlinge, die das Vaterland auswarf, suchen sich ein neues auf dem Meere, und auf den Schiffen ihres Feindes Sättigung ihrer Rache und ihres Hungers. Jetzt werden Seehelden aus Korsaren, aus Raubschiffen zieht sich eine Marine zusammen, und eine Republik steigt aus Morästen empor. Sieben Provinzen zerreißen zugleich ihre Bande; ein neuer jugendlicher Staat, mächtig durch Eintracht, seine Wasserflut und Verzweiflung. Ein feierlicher Spruch der Nation entsetzt den Tyrannen des Thrones, der spanische Name verschwindet aus allen Gesetzen.

Jetzt ist eine Tat getan, die keine Vergebung mehr findet, die Republik wird fürchterlich, weil sie nicht mehr zurück kann. Faktionen zerreißen ihren Bund, selbst ihr schreckliches Element, das Meer mit ihrem Unterdrücker verschworen, droht ihrem zarten Anfang ein frühzeitiges Grab. Sie fühlt ihre Kräfte der überlegenen Macht des Feindes erliegen, und wirft sich bittend vor Europens mächtigste Throne eine Souveränität wegzuschenken, die sie nicht mehr beschützen kann. Endlich und mühsam – so verächtlich begann dieser Staat, daß selbst die Habsucht fremder Könige seine junge Blüte verschmähte – einem Fremdling endlich dringt sie ihre gefährliche Krone auf. Neue Hoffnungen erfrischen ihren sinkenden Mut, aber einen Verräter gab ihr in diesem neuen Landesvater das Schicksal, und in dem drangvollen Zeitpunkt, wo der unerbittliche Feind vor den Toren schon stürmet, tastet Karl von Anjou die Freiheit an, zu deren Schutz er gerufen worden. Eines Meuchelmörders Hand reißt noch den Steuermann von dem Ruder, ihr Schicksal scheint vollendet, mit Wilhelm von Oranien alle ihre rettenden Engel geflohen – aber das Schiff fliegt im Sturme, und die wallenden Segel bedürfen des Ruderers Hülfe nicht mehr.

Philipp der Zweite sieht die Frucht einer Tat verloren, die ihm seine fürstliche Ehre, und wer weiß? ob nicht den heimlichen Stolz seines stillen Bewußtseins kostet. Hartnäckig und ungewiß ringt mit dem Despotismus die Freiheit; mörderische Schlachten werden gefochten, eine glänzende Heldenreihe wechselt auf dem Feld der Ehre; Flandern und Brabant war die Schule, die dem kommenden Jahrhundert Feldherrn erzog. Ein langer verwüstender Krieg zertritt den Segen des offenen Landes, Sieger und Besiegte verbluten, während daß der werdende Wasserstaat den fliehenden Fleiß zu sich lockte, und auf den Trümmern seines Nachbars den herrlichen Bau seiner Größe erhub. Vierzig Jahre dauerte ein Krieg, dessen glückliche Endigung Philipps sterbendes Auge nicht erfreute, der ein Paradies in Europa vertilgte, und ein neues aus seinen Ruinen erschuf – der die Blüte der kriegerischen Jugend verschlang, einen ganzen Weltteil bereicherte, und den Besitzer des goldreichen Peru zum armen Manne machte. Dieser Monarch, der, ohne sein Land zu drücken, neunmalhundert Tonnen Goldes verschwenden durfte, der noch weit mehr durch tyrannische Künste erzwang, häufte eine Schuld von hundertundvierzig Millionen Dukaten auf sein entvölkertes Land. Ein unversöhnlicher Haß der Freiheit verschlang alle diese Schätze und verzehrte fruchtlos sein königliches Leben; aber die Reformation gediehte unter den Verwüstungen seines Schwerts, und die neue Republik hob aus Bürgerblute ihre siegende Fahne.

Diese unnatürliche Wendung der Dinge scheint an ein Wunder zu grenzen; aber vieles vereinigte sich, die Gewalt dieses Königs zu brechen und die Fortschritte des jungen Staats zu begünstigen. Wäre das ganze Gewicht seiner Macht auf die vereinigten Provinzen gefallen, so war keine Rettung für ihre Religion, ihre Freiheit. Sein eigener Ehrgeiz kam ihrer Schwäche zu Hülfe, indem er ihn nötigte, seine Macht zu teilen. Die kostbare Politik, in jedem Kabinett Europens Verräter zu besolden, die Unterstützung der Ligue in Frankreich, der Aufstand der Mauren in Grenada, Portugals Eroberung und der prächtige Bau vom Escurial erschöpften endlich seine so unermeßlich scheinenden Schätze, und untersagten ihm, mit Lebhaftigkeit und Nachdruck im Felde zu handeln. Die teutschen und italienischen Truppen, die nur die Hoffnung der Beute unter seine Fahnen gelockt hatte, empörten sich jetzt, weil er sie nicht bezahlen konnte, und verließen treulos ihre Führer im

entscheidenden Moment ihrer Wirksamkeit. Diese fürchter-
lichen Werkzeuge der Unterdrückung kehrten jetzt ihre gefähr-
liche Macht gegen ihn selbst, und wüteten feindlich in den
Provinzen, die ihm treu geblieben waren. Jene unglückliche
Ausrüstung gegen Britannien, an die er, gleich einem rasenden
Spieler, die ganze Kraft seines Königreichs wagte, vollendete
seine Entnervung; mit der Armada ging der Tribut beider
Indien und der Kern der spanischen Heldenzucht unter.

Aber in eben dem Maße, wie sich die spanische Macht erschöpfte, gewann die Republik frisches Leben. Die Lücken,
welche die neue Religion, die Tyrannei der Glaubensgerichte,
die wütende Raubsucht der Soldateska, und die Verheerungen
eines langwierigen Kriegs ohne Unterlaß in die Provinzen Brabant, Flandern und Hennegau rissen, die der Waffenplatz und
die Vorratskammer dieses kostbaren Krieges waren, machten es
natürlicherweise mit jedem Jahre schwerer, die Armeen zu unterhalten und zu erneuern. Die katholischen Niederlande hatten
schon eine Million Bürger verloren, und die zertretenen Felder
nährten ihre Pflüger nicht mehr. Spanien selbst konnte wenig
Volk mehr entraten. Diese Länder, durch einen schnellen Wohlstand überrascht, der den Müßiggang herbeiführte, hatten sehr an
Bevölkerung verloren, und konnten diese Menschenversendun-
gen nach der Neuen Welt und den Niederlanden nicht lange aushalten. Wenige unter diesen sahen ihr Vaterland wieder: diese
wenigen hatten es als Jünglinge verlassen und kamen nun als
entkräftete Greise zurück. Das gemeiner gewordene Gold
machte den Soldaten immer teurer; der überhandnehmende
Reiz der Weichlichkeit steigerte den Preis der entgegengesetzten Tugenden. Ganz anders verhielt es sich mit den Rebellen.
Alle die Tausende, welche die Grausamkeit der königlichen
Statthalter aus den südlichen Niederlanden, der Hugenotten-
krieg aus Frankreich und der Gewissenszwang aus andern
Gegenden Europens verjagten, alle gehörten ihnen. Ihr Werbe-
platz war die ganze christliche Welt. Für sie arbeitete der
Fanatismus der Verfolger, wie der Verfolgten. Die frische Begeisterung einer neu verkündigten Lehre, Rachsucht, Hunger
und hoffnungsloses Elend zogen aus allen Distrikten Europens
Abenteurer unter ihre Fahnen. Alles, was für die neue Lehre
gewonnen war, was von dem Despotismus gelitten, oder noch
künftig von ihm zu fürchten hatte, machte das Schicksal dieser
neuen Republik gleichsam zu seinem eigenen. Jede Kränkung

von einem Tyrannen erlitten, gab ein Bürgerrecht in Holland. Man drängte sich nach einem Lande, wo die Freiheit ihre erfreuende Fahne aufsteckte, wo der flüchtigen Religion Achtung und Sicherheit und Rache an ihren Unterdrückern gewiß war. Wenn wir den Zusammenfluß aller Völker in dem heutigen Holland betrachten, die beim Eintritt in sein Gebiet ihre Menschenrechte zurückempfangen, was muß es damals gewesen sein, wo noch das ganze übrige Europa unter einem traurigen Geistesdruck seufzte, wo Amsterdam beinahe der einzige Freihafen aller Meinungen war? Viele hundert Familien retteten ihren Reichtum in ein Land, das der Ozean und die Eintracht gleich mächtig beschirmten. Die republikanische Armee war vollzählig, ohne daß man nötig gehabt hätte, den Pflug zu entblößen. Mitten unter dem Waffengeräusch blühten Gewerbe und Handel, und der ruhige Bürger genoß im voraus alle Früchte der Freiheit, die mit fremdem Blut erst erstritten wurden. Zu eben der Zeit, wo die Republik Holland noch um ihr Dasein kämpfte, rückte sie die Grenzen ihres Gebiets über das Weltmeer hinaus, und baute still an ihren ostindischen Thronen.

Noch mehr. Spanien führte diesen kostbaren Krieg mit totem unfruchtbarem Golde, das nie in die Hand zurückkehrte, die es weggab, aber den Preis aller Bedürfnisse in Europa erhöhte. Die Schatzkammer der Republik waren Arbeitsamkeit und Handel. Jenes verminderte, diese vervielfältigte die Zeit. In ebendem Maße, wie sich die Hülfsquellen der Regierung bei der langen Fortdauer des Kriegs erschöpften, fing die Republik eigentlich erst an, ihre Ernte zu halten. Es war eine gesparte dankbare Aussaat, die spät, aber hundertfältig wiedergab; der Baum, von welchem Philipp sich Früchte brach, war ein umgehauener Stamm und grünte nicht wieder.

Philipps widriges Schicksal wollte, daß alle Schätze, die er zum Untergang der Provinzen verschwendete, sie selbst noch bereichern halfen. Jene ununterbrochenen Ausflüsse des spanischen Goldes hatten Reichtum und Luxus durch ganz Europa verbreitet; Europa aber empfing seine vermehrten Bedürfnisse größtenteils aus den Händen der Niederländer, die den Handel der ganzen damaligen Welt beherrschten, und den Preis aller Waren bestimmten. Sogar während dieses Kriegs konnte Philipp der Republik Holland den Handel mit seinen eignen Untertanen nicht wehren, ja er konnte dieses nicht einmal wünschen. Er selbst bezahlte den Rebellen die Unkosten ihrer Verteidigung: denn ebender Krieg, der sie aufreiben sollte, vermehrte den Absatz ihrer Waren. Der ungeheure Aufwand für seine Flotten und Armeen floß größtenteils in die Schatzkammer der Republik, die mit den flämischen und brabantischen Handelsplätzen in Verbindung stand. Was Philipp gegen die Rebellen in Bewegung setzte, wirkte mittelbar für sie. Alle die unermeßlichen Summen, die ein vierzigjähriger Krieg verschlang, waren in die Fässer der Danaiden gegossen, und zerrannen in einer bodenlosen Tiefe.

Der träge Gang dieses Kriegs tat dem König von Spanien ebensoviel Schaden, als er den Rebellen Vorteile brachte. Seine Armee war größtenteils aus den Überresten jener siegreichen Truppen zusammengeflossen, die unter Karl dem Fünften bereits ihre Lorbeern gesammelt hatten. Alter und lange Dienste berechtigten sie zur Ruhe; viele unter ihnen, die der Krieg bereichert hatte, wünschten sich ungeduldig nach ihrer Heimat zurück, ein mühevolles Leben gemächlich zu enden. Ihr vormaliger Eifer, ihr Heldenfeuer und ihre Mannszucht ließen in ebendem Grade nach, als sie ihre Ehre und Pflicht gelöst zu haben glaubten, und die Früchte so vieler Feldzüge endlich zu ernten anfingen. Dazu kam, daß Truppen, die gewohnt waren, durch das Ungestüm ihres Angriffs jeden Widerstand zu besiegen, ein Krieg ermüden mußte, der weniger mit Menschen als mit Elementen geführt wurde, der mehr die Geduld übte, als die Ruhmbegierde vergnügte, wobei weniger Gefahr als Beschwerlichkeit und Mangel zu bekämpfen war. Weder ihr persönlicher Mut noch ihre lange kriegerische Erfahrung konnten ihnen in einem Lande zustatten kommen, dessen eigentümliche Beschaffenheit oft auch dem Feigsten der Eingebornen über sie Vorteile gab. Auf einem fremden Boden endlich schadete ihnen eine Niederlage mehr, als viele Siege über einen Feind, der hier zu Hause war, ihnen nützen konnten. Mit den Rebellen war es gerade der umgekehrte Fall. In einem so langwierigen Kriege, wo keine entscheidende Schlacht geschah, mußte der schwächere Feind zuletzt von dem stärkern lernen, kleine Niederlagen ihn an die Gefahr gewöhnen, kleine Siege seine Zuversicht befeuern. Bei Eröffnung des Bürgerkriegs hatte sich die republikanische Armee vor der spanischen im Felde kaum zeigen dürfen; seine lange Dauer übte und härtete sie. Wie die königlichen Heere des Schlagens überdrüssig wurden, war das Selbstvertrauen der Rebellen mit ihrer bessern Kriegszucht und Erfahrung gestiegen. Endlich nach einem halben Jahrhundert gingen Meister und Schüler, unüberwunden, als gleiche Kämpfer auseinander.

Ferner wurde im ganzen Verlaufe dieses Kriegs von seiten der Rebellen mit mehr Zusammenhang und Einheit gehandelt, als von seiten des Königs. Ehe jene ihr erstes Oberhaupt verloren, war die Verwaltung der Niederlande durch nicht weniger als fünf verschiedne Hände gegangen. Die Unentschlüssigkeit der Herzogin von Parma teilte sich dem Kabinett zu Madrid mit und ließ es in kurzer Zeit beinahe alle Staatsmaximen durchwandern. Herzog Albas unbeugsame Härte, die Gelindigkeit seines Nachfolgers Requesens, Don Johanns von Österreich Hinterlist und Tücke und der lebhafte cäsarische Geist des Prinzen von Parma gaben diesem Krieg ebenso viele entgegengesetzte Richtungen, während daß der Plan der Rebellion in dem einzigen Kopfe, worin er klar und lebendig wohnte, immer derselbe blieb. Das größere Übel war, daß die Maxime mehrenteils das Moment verfehlte, in welchem sie anzuwenden sein mochte. Im Anfang der Unruhen, wo das Übergewicht augenscheinlich noch auf seiten des Königs war, wo ein rascher Entschluß und männliche Stetigkeit die Rebellion noch in der Wiege erdrücken konnten, ließ man den Zügel der Regierung in den Händen eines Weibes schlaff hin und her schwanken. Nachdem die Empörung zum wirklichen Ausbruch gekommen war, die Kräfte der Faktion und des Königs schon mehr im Gleichgewicht standen, und eine kluge Geschmeidigkeit allein dem nahen Bürgerkrieg wehren konnte: fiel die Statthalterschaft einem Manne zu, dem zu diesem Posten gerade diese einzige Tugend fehlte. Einem so wachsamen Aufseher als Wilhelm der Verschwiegene war, entging keiner der Vorteile, die ihm die fehlerhafte Politik seines Gegners gab, und mit stillem Fleiß rückte er langsam sein großes Unternehmen zum Ziele.

Aber warum erschien Philipp der Zweite nicht selbst in den Niederlanden? Warum wollte er lieber die unnatürlichsten Mittel erschöpfen, um nur das einzige nicht zu versuchen, welches nicht fehlschlagen konnte? Die üppige Gewalt des Adels zu brechen, war kein Ausgang natürlicher, als die persönliche Gegenwart des Herrn. Neben der Majestät mußte jede Privatgröße versinken, jedes andre Ansehen erlöschen. Anstatt daß die Wahrheit durch so viele unreine Kanäle langsam und trübe

nach dem entlegenen Throne floß, daß die verzögerte Gegenwehr dem Werke des Ohngefährs Zeit ließ zu einem Werke des
Verstandes zu reifen, hätte sein eigner durchdringender Blick
Wahrheit von Irrtum geschieden; nicht seine Menschlichkeit,
kalte Staatskunst allein hätte dem Lande eine Million Bürger
gerettet. Je näher ihrer Quelle, desto nachdrücklicher wären die
Edikte gewesen, je dichter an ihrem Ziele, desto unkräftiger
und verzagter die Streiche des Aufruhrs gefallen. Es kostet unendlich mehr, das Böse, dessen man sich gegen einen abwesenden Feind wohl getrauen mag, ihm ins Angesicht zuzufügen.
Die Rebellion schien anfangs selbst vor ihrem Namen zu zittern
und schmückte sich lange Zeit mit dem künstlichen Vorwand,
die Sache des Souveräns gegen die willkürlichen Anmaßungen
seines Statthalters in Schutz zu nehmen. Philipps Erscheinung
in Brüssel hätte dieses Gaukelspiel auf einmal geendigt. Jetzt
mußte sie ihre Vorspiegelung erfüllen, oder die Larve abwerfen
und sich durch ihre wahre Gestalt verdammen. Und welche
Erleichterung für die Niederlande, wenn seine Gegenwart
ihnen auch nur diejenigen Übel erspart hätte, die ohne sein
Wissen und gegen seinen Willen auf sie gehäuft wurden!
Welcher Gewinn für ihn selbst, wenn sie auch zu nichts weiter
gedient hätte, als über die Anwendung der unermeßlichen
Summen zu wachen, die zu den Bedürfnissen des Kriegs widerrechtlich gehoben, in den räuberischen Händen seiner Verwalter
verschwanden! Was seine Stellvertreter durch den unnatürlichen Behelf des Schreckens erzwingen mußten, hätte die
Majestät in allen Gemütern schon vorgefunden. Was jene zu
Gegenständen des Abscheus machte, hätte ihm höchstens
Furcht erworben; denn der Mißbrauch angeborner Gewalt
drückt weniger schmerzhaft, als der Mißbrauch empfangener.
Seine Gegenwart hätte Tausende gerettet, wenn er auch nichts
als ein haushälterischer Despot war; wenn er auch nicht einmal
der war, so würde das Schrecken seiner Person ihm eine Landschaft erhalten haben, die durch den Haß und die Geringschätzung seiner Maschinen verlorenging.

Gleichwie die Bedrückung des niederländischen Volks eine
Angelegenheit aller Menschen wurde, die ihre Rechte fühlten,
ebenso, möchte man denken, hätte der Ungehorsam und Abfall
dieses Volks eine Aufforderung an alle Fürsten sein sollen, in
der Gerechtsame ihres Nachbars ihre eigene zu schützen. Aber
die Eifersucht über Spanien gewann es diesmal über diese

politische Sympathie, und die ersten Mächte Europens traten, lauter oder stiller, auf die Seite der Freiheit. Kaiser Maximilian der Zweite, obgleich dem spanischen Hause durch Bande der Verwandtschaft verpflichtet, gab ihm gerechten Anlaß zu der Beschuldigung, die Partei der Rebellen ingeheim begünstigt zu haben. Durch das Anerbieten seiner Vermittlung gestand er ihren Beschwerden stillschweigend einen Grad von Gerechtigkeit zu, welches sie aufmuntern mußte, desto standhafter darauf zu beharren. Unter einem Kaiser, der dem spanischen Hof aufrichtig ergeben gewesen wäre, hätte Wilhelm von Oranien schwerlich so viele Truppen und Gelder aus Teutschland gezogen. Frankreich, ohne den Frieden offenbar und förmlich zu brechen, stellte einen Prinzen vom Geblüt an die Spitze der niederländischen Rebellen; die Operationen der letztern wurden größtenteils mit französischem Gelde und Truppen vollführt. Elisabeth von England übte nur eine gerechte Rache und Wiedervergeltung aus, da sie die Aufrührer gegen ihren rechtmäßigen Oberherrn in Schutz nahm, und wenngleich ihr sparsamer Beistand höchstens nur hinreichte, den gänzlichen Ruin der Republik abzuwehren, so war dieses in einem Zeitpunkt schon unendlich viel, wo ihren erschöpften Mut Hoffnung allein noch hinhalten konnte. Mit diesen beiden Mächten stand Philipp damals noch im Bündnis des Friedens, und beide wurden zu Verrätern an ihm. Zwischen dem Starken und Schwachen ist Redlichkeit oft keine Tugend; dem, der gefürchtet wird, kommen selten die feinern Bande zugut, welche Gleiches mit Gleichem zusammenhalten. Philipp selbst hatte die Wahrheit aus dem politischen Umgange verwiesen, er selbst die Sittlichkeit zwischen Königen aufgelöst, und die Hinterlist zur Gottheit des Kabinetts gemacht. Ohne seiner Überlegenheit jemals froh zu werden, mußte er sein ganzes Leben hindurch mit der Eifersucht ringen, die sie ihm bei andern erweckte. Europa ließ ihn für den Mißbrauch einer Gewalt büßen, von der er in der Tat nie den ganzen Gebrauch gehabt hatte.

Bringt man gegen die Ungleichheit beider Kämpfer, die auf den ersten Anblick so sehr in Erstaunen setzt, alle Zufälle in Berechnung, welche jenen anfeindeten und diesen begünstigten, so verschwindet das Übernatürliche dieser Begebenheit, aber das Außerordentliche bleibt – und man hat einen richtigen Maßstab gefunden, das eigene Verdienst dieser Republikaner um ihre Freiheit angeben zu können. Doch denke man nicht, daß dem Unternehmen selbst eine so genaue Berechnung der Kräfte vorangegangen sei, oder daß sie beim Eintritt in dieses ungewisse Meer schon das Ufer gewußt haben, an welchem sie nachher landeten. So reif, als es zuletzt dastand in seiner Vollendung, erschien das Werk nicht in der Idee seiner Urheber, sowenig als vor Luthers Geiste die ewige Glaubenstrennung, da er gegen den Ablaßkram aufstand. Welcher Unterschied zwischen dem bescheidenen Aufzug jener Bettler in Brüssel, die um eine menschlichere Behandlung als um eine Gnade flehen, und der furchtbaren Majestät eines Freistaats, der mit Königen als seinesgleichen unterhandelt, und in weniger als einem Jahrhundert den Thron seiner vormaligen Tyrannen verschenkt! Des Fatums unsichtbare Hand führte den abgedrückten Pfeil in einem höhern Bogen und nach einer ganz andern Richtung fort, als ihm von der Sehne gegeben war. Im Schoße des glücklichen Brabants wird die Freiheit geboren, die, noch ein neugebornes Kind ihrer Mutter entrissen, das verachtete Holland beglücken soll. Aber das Unternehmen selbst darf uns darum nicht kleiner erscheinen, weil es anders ausschlug, als es gedacht worden war. Der Mensch verarbeitet, glättet und bildet den rohen Stein, den die Zeiten herbeitragen; ihm gehört der Augenblick und der Punkt, aber die Weltgeschichte rollt der Zufall. Wenn die Leidenschaften, welche sich bei dieser Begebenheit geschäftig erzeigten, des Werks nur nicht unwürdig waren, dem sie unbewußt dienten – wenn die Kräfte, die sie ausführen halfen, und die einzelnen Handlungen, aus deren Verkettung sie wunderbar erwuchs, nur an sich edle Kräfte, schöne und große Handlungen waren, so ist die Begebenheit groß, interessant und fruchtbar für uns, und es steht uns frei über die kühne Geburt des Zufalls zu erstaunen, oder einem höhern Verstand unsre Bewundrung zuzutragen.

Die Geschichte der Welt ist sich selbst gleich, wie die Gesetze der Natur, und einfach wie die Seele des Menschen. Dieselben Bedingungen bringen dieselben Erscheinungen zurück. Auf ebendiesem Boden, wo jetzt die Niederländer ihrem spanischen Tyrannen die Spitze bieten, haben vor funfzehnhundert Jahren ihre Stammväter, die Batavier und Belgen, mit ihrem römischen gerungen. Ebenso wie jene einem hochmütigen Beherrscher unwillig untertan, ebenso von habsüchtigen Satrapen mißhandelt, werfen sie mit ähnlichem Trotz ihre Ketten ab, und

versuchen das Glück in ebenso ungleichem Kampfe. Derselbe
Erobererstolz, derselbe Schwung der Nation in dem Spanier
des sechszehnten Jahrhunderts und in dem Römer des ersten,
dieselbe Tapferkeit und Mannszucht in beider Heeren, dasselbe
Schrecken vor ihrem Schlachtenzug. Dort wie hier sehen wir
List gegen Übermacht streiten, und Standhaftigkeit, unterstützt durch Eintracht, eine ungeheure Macht ermüden, die
sich durch Teilung entkräftet hat. Dort wie hier waffnet Privathaß die Nation; ein einziger Mensch, für seine Zeit geboren,
deckt ihr das gefährliche Geheimnis ihrer Kräfte auf, und
bringt ihren stummen Gram zu einer blutigen Erklärung.
„Gestehet Batavier!" redet Claudius Civilis seine Mitbürger in
dem heiligen Haine an, „wird uns von diesen Römern noch wie
sonst als Bundsgenossen und Freunden, oder nicht vielmehr
als dienstbaren Knechten begegnet? Ihren Beamten und Statthaltern sind wir ausgeliefert, die, wenn unser Raub, unser Blut
sie gesättigt hat, von andern abgelöst werden, welche dieselbe
Gewalttätigkeit, nur unter andern Namen erneuern. Geschieht
es ja endlich einmal, daß uns Rom einen Oberaufseher sendet,
so drückt er uns mit einem prahlerischen teuern Gefolge, und
noch unerträglicherem Stolz. Die Werbungen sind wieder nahe,
welche Kinder von Eltern, Brüder von Brüdern auf ewig reißen,
und eure kraftvolle Jugend der römischen Unzucht überliefern.
Jetzt, Batavier, ist der Augenblick unser. Nie lag Rom darnieder wie jetzt. Lasset euch diese Namen von Legionen nicht
in Schrecken jagen; ihre Läger enthalten nichts als alte Männer
und Beute. Wir haben Fußvolk und Reuterei. Germanien ist
unser, und Gallien lüstern, sein Joch abzuwerfen. Mag ihnen
Syrien dienen, und Asien und der Aufgang, der Könige braucht!
Es sind noch unter uns, die geboren wurden, ehe man den
Römern Schatzung erlegte. Die Götter halten es mit dem
Tapfersten." Feierliche Sakramente weihen diese Verschwörung, wie den Geusenbund; wie dieser hüllt sie sich hinterlistig in den Schleier der Unterwürfigkeit, in die Majestät eines
großen Namens. Die Kohorten des Civilis schwören am Rheine
dem Vespasian in Syrien, wie der Kompromiß Philipp dem
Zweiten. Derselbe Kampfplatz erzeugt denselben Plan der
Verteidigung, dieselbe Zuflucht der Verzweiflung. Beide vertrauen ihr wankendes Glück einem befreundeten Elemente; in
ähnlichem Bedrängnis rettet Civilis seine Insel – wie funfzehn
Jahrhunderte nach ihm Wilhelm von Oranien die Stadt Leiden

– durch eine künstliche Wasserflut. Die batavische Tapferkeit
deckt die Ohnmacht der Weltbeherrscher auf, wie der schöne
Mut ihrer Enkel den Verfall der spanischen Macht dem ganzen
Europa zur Schau stellt. Dieselbe Fruchtbarkeit des Geistes in
den Heerführern beider Zeiten läßt den Krieg ebenso hartnäckig dauern und beinahe ebenso zweifelhaft enden; aber
einen Unterschied bemerken wir doch: die Römer und Batavier kriegen menschlich, denn sie kriegen nicht für die Religion*.

* Tacit. Histor. L. IV. V.

ERSTES BUCH

Frühere Geschichte der Niederlande bis zum sechszehnten Jahrhundert

Ehe wir in das Innere dieser großen Revolution hineingehen, müssen wir einige Schritte in die alte Geschichte des Landes zurücktun, und die Verfassung entstehen sehen, worin wir es zur Zeit dieser merkwürdigen Veränderung finden.

Der erste Eintritt dieses Volks in die Weltgeschichte ist das Moment seines Untergangs; von seinen Überwindern empfing es ein politisches Leben. Die weitläufige Landschaft, welche von Deutschland gegen Morgen, gegen Mittag von Frankreich, gegen Mitternacht und Abend von der Nordsee begrenzt wird, und die wir unter dem allgemeinen Namen der Niederlande begreifen, war bei dem Einbruch der Römer in Gallien unter drei Hauptvölkerschaften verteilt, alle ursprünglich deutscher Abkunft, deutscher Sitte und deutschen Geistes*. Der Rhein machte ihre Grenzen. Zur Linken des Flusses wohnten die Belgen**, zu seiner Rechten die Friesen***, und die Batavier**** auf der Insel, die seine beiden Arme damals mit dem Ozean bildeten. Jede dieser einzelnen Nationen wurde früher oder später den Römern unterworfen, aber ihre Überwinder selbst legen uns die rühmlichsten Zeugnisse von ihrer Tapferkeit ab. Die Belgen, schreibt Cäsar*****, waren die einzigen unter den gallischen Völkern, welche die einbrechenden Teutonen und Cimbrer von ihren Grenzen abhielten. Alle Völker um den

---

* I. Cäsar d. Bello Gall. L. I. Tacit. de Morib. Germ. und Hist. L. IV.
** In den Landschaften, die jetzt größtenteils die katholischen Niederlande und Generalitätslande ausmachen.
*** Im jetzigen Gröningen, Ost- und Westfriesland, einem Teil von Holland, Geldern, Utrecht und Oberyssel.
**** In dem obern Teile von Holland, Utrecht, Geldern und Oberyssel, dem heutigen Cleve usf. zwischen der Leck und der Waal. Kleinere Völker, die Kanninefater, Mattiaker, Maresaten usf., die einen Teil von Westfriesland, Holland und Seeland bewohnten, können zu ihnen gerechnet werden. Tacit. Histor. L. IV. c. 15.56. de Morib. Germ. c. 29.
***** De Bello Gall.

Rhein, sagt uns Tacitus*, wurden an Heldenmut von den
Bataviern übertroffen. Dieses wilde Volk erlegte seinen Tribut
in Soldaten, und wurde von seinen Überwindern, gleich Pfeil
und Schwert, nur für Schlachten gespart. Die batavische Reuterei erklärten die Römer selbst für den besten Teil ihrer Heere.
Lange Zeit machte sie, wie heutzutage die Schweizer, die Leibwache der römischen Kaiser aus; ihr wilder Mut erschröckte
die Dacier, da sie in voller Rüstung über die Donau schwam-
men. Die nämlichen Batavier hatten den Agricola auf seinem
Zug nach Britannien begleitet, und ihm diese Insel erobern
helfen**. Unter allen wurden die Friesen zuletzt überwunden,
und setzten sich zuerst wieder in Freiheit. Die Moräste, zwischen welchen sie wohnten, reizten die Eroberer später, und
kosteten ihnen mehr. Der Römer Drusus, der in diesen Gegenden kriegte, führte einen Kanal vom Rhein in den Flevo, die
jetzige Südersee, durch welchen die römische Flotte in die
Nordsee drang, und aus dieser durch die Mündungen der Ems
und Weser einen leichtern Weg in das innere Deutschland
fand***.

Vier Jahrhunderte lang finden wir Batavier in den römischen
Heeren, aber nach den Zeiten des Honorius verschwindet ihr
Name aus der Geschichte. Ihre Insel sehen wir von den Franken überschwemmt, die sich dann wieder in das benachbarte
Belgien verlieren. Die Friesen haben das Joch ihrer entlegenen
und ohnmächtigen Beherrscher zerbrochen, und erscheinen
wieder als ein freies und sogar eroberndes Volk, das sich durch
eigene Gebräuche und den Überrest der römischen Gesetze
regieret und seine Grenzen bis über die linken Ufer des Rheins
erweitert. Friesland überhaupt hat unter allen Provinzen der
Niederlande am wenigsten von dem Einbruche fremder Völker,
von fremden Gebräuchen und Gesetzen gelitten, und durch
eine lange Reihe von Jahrhunderten Spuren seiner Verfassung,
seines Nationalgeists und seiner Sitten behalten, die selbst heutzutage nicht ganz verschwunden sind.

Die Epoche der Völkerwanderung zernichtet die ursprüngliche Form dieser mehrsten Nationen; andre Mischungen entstehen mit andern Verfassungen. Die Städte und Lagerplätze
der Römer verschwinden in der allgemeinen Verwüstung, und

* Hist. L. IV. c. 12.
** Dio Cass. L. LXIX. Tacit. Agricol. c. 36. Tacit. Annal. L. II. c. 15.
*** Tacit. Annal. II. Cap. 8. Sueton. in Claud. Cap.1. n. 3.

mit diesen so viele Denkmäler ihrer großen Regentenkunst, durch den Fleiß fremder Hände vollendet. Die verlassenen Dämme ergeben sich der Wut ihrer Ströme und dem eindringenden Ozean wieder. Die Wunder der Menschenhand, die künstlichen Kanäle vertrocknen, die Flüsse ändern ihren Lauf, das feste Land und die See verwirren ihre Grenzen, und die Natur des Bodens verwandelt sich mit seinen Bewohnern. Der Zusammenhang beider Zeiten scheint aufgehoben, und mit einem neuen Menschengeschlecht beginnt eine neue Geschichte.

Die Monarchie der Franken, die auf den Trümmern des römischen Galliens entstand, hatte im sechsten und siebenten Jahrhundert alle niederländische Provinzen verschlungen und den christlichen Glauben in diese Länder gepflanzt. Friesland, das letzte unter allen, unterwarf Karl Martell nach einem hartnäckigen Kriege der fränkischen Krone, und bahnte mit seinen Waffen dem Evangelium den Weg. Karl der Große vereinigte alle diese Länder, die nun einen Teil der weitläuftigen Monarchie ausmachten, welche dieser Eroberer aus Deutschland, Frankreich und der Lombardei erschuf. Wie dieses große Reich unter seinen Nachkommen durch Teilung wieder zerrissen ward, so zerfielen auch die Niederlande bald in deutsche, bald in fränkische, bald in lotharingische Provinzen, und zuletzt finden wir sie unter den beiden Namen von Friesland und Niederlotharingen*.

Mit den Franken kam auch die Geburt des Nordens, die Lehnsverfassung, in diese Länder, und auch hier artete sie, wie in allen übrigen, aus. Die mächtigern Vasallen trennten sich nach und nach von der Krone, und die königlichen Beamten rissen die Landschaften, denen sie vorstehen sollten, als ein erbliches Eigentum an sich. Aber diese abtrünnigen Vasallen konnten sich nur mit Hülfe ihrer Untersassen gegen die Krone behaupten, und der Beistand, den diese leisteten, mußte durch neue Belehnungen wieder erkauft werden. Durch fromme Usurpationen und Schenkungen wurde die Geistlichkeit mächtig, und errang sich bald ein eigenes unabhängiges Dasein in ihren Abteien und bischöflichen Sitzen. So waren die Niederlande im zehnten, eilften, zwölften und dreizehnten Jahrhundert in mehrere kleine Souveränitäten zersplittert, deren Besitzer bald dem deutschen Kaisertum, bald den fränkischen Königen hul-

---

* Allgemeine Geschichte der vereinigten Niederlande. 1. Teil, 4. u. 5. Buch.

digten. Durch Kauf, Heiraten, Vermächtnisse, oder auch durch
Eroberungen wurden oft mehrere derselben unter einem
Hauptstamm wiedervereinigt, und im funfzehnten Jahrhundert
sehen wir das burgundische Haus im Besitz des größten Teils
von den Niederlanden*. Philipp der Gütige, Herzog von Burgund, hatte, mit mehr oder weniger Rechte, schon eilf Provinzen unter seine Herrschaft versammelt, die Karl der Kühne,
sein Sohn, durch die Gewalt der Waffen noch mit zwei neuen
vermehrte. So entstand unvermerkt ein neuer Staat in Europa,
dem nichts als der Name fehlte, um das blühendste Königreich
dieses Weltteils zu sein. Diese weitläuftigen Besitzungen machten die burgundischen Herzoge zu furchtbaren Grenznachbarn
Frankreichs und versuchten Karls des Kühnen unruhigen Geist,
den Plan einer Eroberung zu entwerfen, der die ganze geschlossene Landschaft von der Südersee und der Mündung des
Rheins bis hinauf ins Elsaß begreifen sollte. Die unerschöpf-
lichen Hülfsquellen dieses Fürsten rechtfertigten einigermaßen
diese kühne Schimäre. Eine furchtbare Heeresmacht droht sie
in Erfüllung zu bringen. Schon zitterte die Schweiz für ihre
Freiheit, aber das treulose Glück verließ ihn in drei schrecklichen Schlachten, und der schwindelnde Eroberer ging unter
den Lebenden und Toten verloren**.

Die einzige Erbin Karls des Kühnen, Maria, die reichste
Fürstentochter jener Zeit, und die unselige Helena, die das
Elend über diese Länder brachte, beschäftigte jetzt die Erwartung der ganzen damaligen Welt. Zwei große Prinzen, König
Ludwig der Eilfte von Frankreich für den jungen Dauphin,
seinen Sohn, und Maximilian von Österreich, Kaiser Friedrichs
des Dritten Sohn, erschienen unter ihren Freiern. Derjenige, dem

---

* Grot. Annal. Belg. p. 2. 3.
** Ein Page, der ihn fallen gesehn und die Sieger einige Tage nach der
Schlacht zu dem Orte führte, rettete ihn noch von einer schimpflichen
Vergessenheit. Man zog seinen Leichnam nackt und von Wunden ganz
entstellt aus einem Sumpfe, worein er festgefroren war, und erkannte ihn
mit vieler Mühe noch an einigen fehlenden Zähnen und den Nägeln seiner
Finger, die er länger zu tragen pflegte, als ein anderer Mensch. Aber daß
es, dieser Kennzeichen ohngeachtet, noch immer Ungläubige gab, die seinen Tod bezweifelten, und seiner Wiedererscheinung entgegensahen, beweist eine Stelle aus dem Sendschreiben, worin Ludwig der Eilfte die
burgundischen Städte aufforderte, zur Krone Frankreich zurückzukehren.
Sollte sich, heißt die Stelle, Herzog Karl noch am Leben finden, so seid
ihr eures Eides gegen mich wieder ledig. Comines. T. III. Preuves des
Mémoires, 495. 497.

sie ihre Hand schenken würde, sollte der mächtigste Fürst in
Europa werden, und hier zum erstenmal fing dieser Weltteil an,
für sein Gleichgewicht zu fürchten. Ludwig, der mächtigere
von beiden, konnte sein Gesuch durch die Gewalt der Waffen
unterstützen; aber das niederländische Volk, das die Hand
seiner Fürstin vergab, ging diesen gefürchteten Nachbar vorüber, und entschied für Maximilian, dessen entlegnere Staaten
und beschränktere Gewalt die Landesfreiheit weniger bedrohten. Eine treulose unglückliche Politik, die durch eine sonderbare Fügung des Himmels das traurige Schicksal nur beschleunigte, welches zu verhindern sie ersonnen ward.

Philipp dem Schönen, der Maria und Maximilians Sohn, brachte seine spanische Braut diese weitläufige Monarchie, welche
Ferdinand und Isabella kürzlich gegründet hatten; und Karl
von Österreich, sein Sohn, war geborner Herr der Königreiche
Spanien, beider Sizilien, der Neuen Welt und der Niederlande.

Das gemeine Volk stieg hier früher, als in den übrigen Lehn-
reichen, aus der Leibeigenschaft empor, und gewann bald ein
eigenes bürgerliches Dasein. Die günstige Lage des Landes an
der Nordsee und großen schiffbaren Flüssen weckte hier frühzeitig den Handel, der die Menschen in Städte zusammenzog,
den Kunstfleiß ermunterte, Fremdlinge anlockte und Wohlstand und Überfluß unter ihnen verbreitete. So verächtlich auch
die kriegerische Politik jener Zeiten auf jede nützliche Han-
tierung heruntersah, so konnten dennoch die Landesherren die
wesentlichen Vorteile nicht ganz verkennen, die ihnen daraus
zuflossen. Die anwachsende Bevölkerung ihrer Länder, die
mancherlei Abgaben, die sie unter den verschiedenen Titeln
von Zoll, Maut, Weggeld, Geleite, Brückengeld, Marktschoß,
Heimfallsrecht usf. von Einheimischen und Fremden erpreßten, waren zu große Lockungen für sie, als daß sie gegen die
Ursachen hätten gleichgültig bleiben sollen, denen sie dieselben
verdankten. Ihre eigne Habsucht machte sie zu Beförderern des
Handels, und die Barbarei selbst, wie es oft geschieht, half so
lange aus, bis endlich eine gesunde Staatskunst an ihre Stelle
trat. In der Folge lockten sie selbst die lombardischen Kaufleute an, bewilligten den Städten einige kostbare Privilegien,
und eigne Gerichtsbarkeit, wodurch diese ungemein viel an
Ansehen und Einfluß gewannen. Die vielen Kriege, welche
die Grafen und Herzoge untereinander und mit ihren Nachbarn
führten, machten sie von dem guten Willen der Städte ab-

hängig, die sich durch ihren Reichtum Gewicht verschafften, und für die Subsidien, welche sie leisteten, wichtige Vorrechte zu erringen wußten. Mit der Zeit wuchsen diese Privilegien der Gemeinheiten an, wie die Kreuzzüge dem Adel eine kostbarere Ausrüstung notwendig machten, wie den Produkten des Morgenlandes ein neuer Weg nach Europa geöffnet ward, und der einreißende Luxus neue Bedürfnisse für ihre Fürsten erschuf. So finden wir schon im eilften und zwölften Jahrhundert eine gemischte Regierungsverfassung in diesen Ländern, wo die Macht des Souveräns durch den Einfluß der Stände, des Adels nämlich, der Geistlichkeit und der Städte, merklich beschränkt ist. Diese, welche man Staaten nannte, kamen so oft zusammen, als das Bedürfnis der Provinz es erheischte. Ohne ihre Bewilligung galten keine neuen Gesetze, durften keine Kriege geführt, keine Steuern gehoben, keine Veränderung in der Münze gemacht, und kein Fremder zu irgendeinem Teile der Staatsverwaltung zugelassen werden. Diese Privilegien hatten alle Provinzen miteinander gemein; andere waren nach den verschiedenen Landschaften verschieden. Die Regierung war erblich, aber der Sohn trat nicht eher, als nach feierlich beschworener Konstitution, in die Rechte des Vaters*.

Der erste Gesetzgeber ist die Not; alle Bedürfnisse, denen in dieser Konstitution begegnet wird, sind ursprünglich Bedürfnisse des Handels gewesen. So ist die ganze Verfassung der Republik auf Kaufmannschaft gegründet, und ihre Gesetze sind später als ihre Gewerbe. Der letzte Artikel in dieser Konstitution, welcher Ausländer von aller Bedienung ausschließt, ist eine natürliche Folge aller vorhergegangenen. Ein so verwickeltes und künstliches Verhältnis des Souveräns zu dem Volke, das sich in jeder Provinz, und oftmals in einer einzelnen Stadt noch besonders abänderte, erfoderte Männer, die mit dem lebhaftesten Eifer für die Erhaltung der Landesfreiheiten auch die gründlichste Kenntnis derselben verbanden. Beides konnte bei einem Fremdling nicht wohl vorausgesetzt werden. Dieses Gesetz galt übrigens von jeder Provinz insbesondere, so daß in Brabant kein Fläminger, kein Holländer in Seeland angestellt werden durfte, und es erhielt sich auch in der Folge, nachdem schon alle diese Provinzen unter e i n e m Oberhaupte vereinigt waren.

Vor allen übrigen genoß Brabant die üppigste Freiheit. Seine

* Grotius. L. I. 3.

Privilegien wurden für so kostbar geachtet, daß viele Mütter aus den angrenzenden Provinzen gegen die Zeit ihrer Entbindung dahin zogen, um da zu gebären und ihre Kinder aller Vorrechte dieses glücklichen Landes teilhaftig zu machen, ebenso, sagt Strada, wie man Gewächse eines rauhern Himmels in einem mildern Erdreich veredelt*.

Nachdem das burgundische Haus mehrere Provinzen unter seine Herrschaft vereiniget hatte, wurden die einzelnen Provinzialversammlungen, welche bisher unabhängige Tribunale gewesen, an einen allgemeinen Gerichtshof zu Mecheln gewiesen, der die verschiedenen Glieder in einen einzigen Körper verband und alle bürgerliche und peinliche Händel als die letzte Instanz entschied. Die Souveränität der einzelnen Provinzen war aufgehoben, und im Senat zu Mecheln wohnte jetzt die Majestät.

Nach dem Tode Karls des Kühnen versäumten die Stände nicht, die Verlegenheit ihrer Herzogin zu benutzen, die von den Waffen Frankreichs bedroht und in ihrer Gewalt war**. Die Staaten von Holland und Seeland zwangen sie, einen großen Freiheitsbrief zu unterzeichnen, der ihnen die wichtigsten Souveränitätsrechte versicherte***. Der Übermut der Genter verging sich so weit, daß sie die Günstlinge der Maria, die das Unglück gehabt hatten, ihnen zu mißfallen, eigenmächtig vor ihren Richterstuhl rissen, und vor den Augen dieser Fürstin enthaupteten. Während des kurzen Regiments der Herzogin Maria bis zu ihrer Vermählung, gewann die Gemeinheit eine Kraft, die sie einem Freistaat sehr nahe brachte. Nach dem Absterben seiner Gemahlin übernahm Maximilian aus eigener Macht, als Vormund seines Sohnes, die Regierung. Die Staaten, durch diesen Eingriff in ihre Rechte beleidigt, erkannten seine Gewalt nicht, und konnten auch nicht weiter gebracht werden, als ihn auf eine bestimmte Zeit und unter beschwornen Bedingungen als Statthalter zu dulden.

Maximilian glaubte die Konstitution übertreten zu dürfen, nachdem er römischer König geworden war. Er legte den Provinzen außerordentliche Steuern auf, vergab Bedienungen an Burgunder und Deutsche, und führte fremde Truppen in die

* De Bello Belg. Dec. I. L. II. 34. Guicciardini Descr. Belg.
** Mémoires de Philippe de Comines, T. I. 314.
*** A. G. d. v. N. [„Allgemeine Geschichte der vereinigten Niederlande". Die Abkürzung verwendet Schiller im folgenden wiederholt.]

Provinzen. Aber mit der Macht ihres Regenten war auch die Eifersucht dieser Republikaner gestiegen. Das Volk griff zu den Waffen, als er mit einem starken Gefolge von Ausländern in Brügge seinen Einzug hielt, bemächtigte sich seiner Person, und setzte ihn auf dem Schlosse gefangen. Ungeachtet der mächtigen Fürsprache des kaiserlichen und römischen Hofes erhielt er seine Freiheit nicht wieder, bis der Nation über die bestrittenen Punkte Sicherheit gegeben war.

Die Sicherheit des Lebens und Eigentums, die aus mildern Gesetzen und einer gleichen Handhabung der Justiz entsprang, hatte die Betriebsamkeit und den Fleiß in diesen Ländern ermuntert. In stetem Kampf mit dem Ozean und den Mündungen reißender Flüsse, die gegen das niedrigere Land wüteten, und deren Gewalt durch Dämme und Kanäle mußte gebrochen werden, hatte dieses Volk frühzeitig gelernt, auf die Natur um sich herum zu merken, einem überlegenen Elemente durch Fleiß und Standhaftigkeit zu trotzen, und, wie der Ägypter, den sein Nil unterrichtete, in einer kunstreichen Gegenwehr seinen Erfindungsgeist und Scharfsinn zu üben. Die natürliche Fruchtbarkeit des Bodens, die den Ackerbau und die Viehzucht begünstigte, vermehrte zugleich die Bevölkerung. Seine glückliche Lage an der See und den großen schiffbaren Flüssen Deutschlands und Frankreichs, die zum Teil hier ins Meer fallen, so viele künstliche Kanäle, die das Land nach allen Richtungen durchschneiden, belebten die Schiffahrt, und der innere Verkehr der Provinzen, der dadurch so leicht gemacht wurde, weckte bald einen Geist des Handels in diesen Völkern auf.

Die benachbarten britannischen und dänischen Küsten waren die ersten, die von ihren Schiffen besucht wurden. Die englische Wolle, die diese zurückbrachten, beschäftigte tausend fleißige Hände in Brügge, Gent und Antwerpen, und schon in der Mitte des zwölften Jahrhunderts wurden flandrische Tücher in Frankreich und Deutschland getragen. Schon im eilften Jahrhundert finden wir friesische Schiffe im Belt und sogar in der levantischen See. Dieses mutige Volk unterstand sich sogar, ohne Kompaß, unter dem Nordpol hindurch bis zu der nördlichen Spitze Rußlands zu steuern*. Von den wendischen Städten empfingen die Niederlande einen Teil des levantischen Handels, der damals noch aus dem Schwarzen Meere durch das russische Reich nach der Ostsee ging. Als dieser im dreizehnten

* Fischers Geschichte des t. Handels. I. T. 447.

Jahrhundert zu sinken anfing, als die Kreuzzüge den indischen
Waren einen neuen Weg durch die Mittelländische See eröffneten, die italienischen Städte diesen fruchtbaren Handelszweig
an sich rissen, und in Deutschland die große Hansa zusammen-
trat, wurden die Niederlande der wichtige Stapelort zwischen
Norden und Süden. Noch war der Gebrauch des Kompasses
nicht allgemein, und man segelte noch langsam und umständlich längs den Küsten. Die baltischen Seehäfen waren in den
Wintermonaten mehrenteils zugefroren und jedem Fahrzeuge
unzugänglich*. Schiffe also, die den weiten Weg von der Mittelländischen See in den Belt in einer Jahreszeit nicht wohl beschließen konnten, wählten gerne einen Vereinigungsplatz, der
beiden Teilen in der Mitte gelegen war. Hinter sich ein unermeßliches festes Land, mit dem sie durch schiffbare Ströme
zusammenhingen, gegen Abend und Mitternacht dem Ozean
durch wirtbare Häfen geöffnet, schienen sie ausdrücklich zu
einem Sammelplatz der Völker und zum Mittelpunkt des Handels geschaffen. In den vornehmsten niederländischen Städten
wurden Stapel errichtet. Portugiesen, Spanier, Italiener, Franzosen, Briten, Deutsche, Dänen und Schweden flossen hier
zusammen mit Produkten aus allen Gegenden der Welt. Die
Konkurrenz der Verkäufer setzte den Preis der Waren herunter;
die Industrie wurde belebt, weil der Markt vor der Türe war.
Mit dem notwendigen Geldumtausch kam der Wechselhandel
auf, der eine neue fruchtbare Quelle des Reichtums eröffnete.
Die Landesfürsten, welche mit ihrem wahren Vorteile endlich
bekannter wurden, munterten den Kaufmann mit den wichtigsten Freiheiten auf, und wußten ihren Handel durch vorteilhafte Verträge mit auswärtigen Mächten zu schützen. Als sich
im funfzehnten Jahrhundert mehrere einzelne Provinzen unter
einem Beherrscher vereinigten, hörten auch ihre schädlichen
Privatkriege auf, und ihre getrennten Vorteile wurden jetzt
durch eine gemeinschaftliche Regierung genauer verbunden.
Ihr Handel und Wohlstand gediehete im Schoß eines langen
Friedens, den die überlegene Macht ihrer Fürsten den benachbarten Königen auferlegte. Die burgundische Flagge war
gefürchtet in allen Meeren**, das Ansehen ihres Souveräns gab
ihren Unternehmungen Nachdruck, und machte die Versuche
eines Privatmanns zur Angelegenheit eines furchtbaren Staats.

* Anderson. III. 89.
** Mémoires de Comines. L. III. Chp. V.

Ein so mächtiger Schutz setzte sie bald in den Stand, dem Hansebund selbst zu entsagen, und diesen trotzigen Feind durch alle Meere zu verfolgen. Die hansischen Kauffahrer, denen die spanische Küste verschlossen wurde, mußten zuletzt wider Willen die flandrischen Messen besuchen, und die spanischen Waren auf niederländischem Stapel empfangen.

Brügge in Flandern, war im vierzehnten und funfzehnten Jahrhundert der Mittelpunkt des ganzen europäischen Handels, und die große Messe aller Nationen. Im Jahr 1468 wurden hundertundfunfzig Kauffahrteischiffe gezählt, welche auf einmal in den Hafen von Sluys einliefen*. Außer der reichen Niederlage des Hansebunds, waren hier noch funfzehn Handelsgesellschaften mit ihren Comtoirs, viele Faktoreien und Kaufmannsfamilien aus allen europäischen Ländern. Hier war der Stapel aller nordischen Produkte für den Süden, und aller südlichen und levantischen für den Norden errichtet. Diese gingen mit hansischen Schiffen durch den Sund, und auf dem Rheine nach Oberdeutschland, oder wurden auf der Achse seitwärts nach Braunschweig und Lüneburg verfahren.

Es ist der ganz natürliche Gang der Menschheit, daß eine zügellose Üppigkeit diesem Wohlstande folgte. Das verführerische Beispiel Philipps des Gütigen konnte diese Epoche nur beschleunigen. Der Hof der burgundischen Herzoge war der wollüstigste und prächtigste in Europa, selbst wenn man Italien nicht ausnimmt. Die kostbare Kleidertracht der Großen, die der spanischen nachher zum Muster diente, und mit den burgundischen Gebräuchen an den österreichischen Hof zuletzt überging, stieg bald zu dem Volk herunter, und der geringste Bürger pflegte seines Leibes in Samt und Seide**. „Dem Überfluß", sagt uns Comines (ein Schriftsteller, der um die

---

* Anderson. III. 237. 259. 260.

** Philipp der Gütige war zu sehr Verschwender, um Schätze zu sammeln; dennoch fand Karl der Kühne in seiner Verlassenschaft an Tafelgeschirre, Juwelen, Büchern, Tapeten und Leinwand einen größern Vorrat aufgehäuft, als drei reiche Fürstentümer damals zusammen besaßen, und noch überdies einen Schatz von dreimal hunderttausend Talern an barem Gelde. Der Reichtum dieses Fürsten und des burgundischen Volkes lag auf den Schlachtfeldern bei Granson, Murten und Nancy aufgedeckt. Hier zog ein schweizerischer Soldat Karln dem Kühnen den berühmten Diamant vom Finger, der lange Zeit für den größten von Europa galt, der noch jetzt als der zweite in der französischen Krone prangt, und den der unwissende Finder für einen Gulden verkaufte. Die Schweizer verhandelten das gefundene Silber für Zinn, und das Gold gegen Kupfer, und rissen die kostbaren

Mitte des funfzehnten Jahrhunderts die Niederlande durchreiste) „war der Hochmut gefolgt. Die Pracht und Eitelkeit der
Kleidung wurde von beiden Geschlechtern zu einem ungeheuern Aufwand getrieben. Auf einen so hohen Grad der Verschwendung wie hier, war der Luxus der Tafel bei keinem andern Volke noch gestiegen. Die unsittliche Gemeinschaft
beider Geschlechter in Bädern und ähnlichen Zusammenkünften, die die Wollust erhitzen, hatte alle Schamhaftigkeit
verbannt – und hier ist nicht von der gewöhnlichen Üppigkeit
der Großen die Rede; der gemeinste weibliche Pöbel überließ
sich diesen Ausschweifungen ohne Grenze und Maß"*. Aber
wie viel erfreuender ist selbst dieses Übermaß dem Freunde der
Menschheit, als die traurige Genügsamkeit des Mangels, und
der Dummheit barbarische Tugend, die beinahe das ganze damalige Europa daniederdrücken! Der burgundische Zeitraum
schimmert wohltätig hervor aus jenen finstern Jahrhunderten,
wie ein lieblicher Frühlingstag aus den Schauern des Hornungs.

Aber ebendieser blühende Wohlstand führte endlich diese
flandrischen Städte zu ihrem Verfall. Gent und Brügge, von
Freiheit und Überfluß schwindelnd, kündigen dem Beherrscher von eilf Provinzen, Philipp dem Guten, den Krieg an, der
ebenso unglücklich für sie endigt, als vermessen er unternommen ward. Gent allein verlor in dem Treffen bei Gaure viele
tausend Mann, und mußte den Zorn des Siegers mit einer Geldbuße von viermalhunderttausend Goldgülden versöhnen. Alle
obrigkeitlichen Personen und die vornehmsten Bürger dieser
Stadt, zweitausend an der Zahl, mußten im bloßen Hemd, barfuß und mit unbedecktem Haupt dem Herzog eine französische
Meile weit entgegengehen, und ihn knieend um Gnade bitten.
Bei dieser Gelegenheit wurden ihnen einige kostbare Privilegien
entrissen; ein unersetzlicher Verlust für ihren ganzen künftigen
Handel. Im Jahr 1482 kriegten sie nicht viel glücklicher mit
Maximilian von Österreich, ihm die Vormundschaft über seinen Sohn zu entreißen, deren er sich widerrechtlich angemaßt
hatte; die Stadt Brügge setzte 1487 den Erzherzog selbst

Gezelte von Goldstoff in Stücken; der Wert der Beute, die man an Silber,
Gold und Edelsteinen machte, wird auf drei Millionen geschätzt. Karl und
sein Heer waren nicht wie Feinde, die schlagen wollen, sondern wie Überwinder, die nach dem Siege sich schmücken, zum Treffen gezogen. Comines I. 253. 259. 265.
   * Mémoires de M. Philippe de Comines. T. I. L. I. C. 2. L. V. C. 9. 291.
Fischers G. d. t. Handels II. B. 193 usf.

gefangen, und ließ einige seiner vornehmsten Minister hinrichten. Kaiser Friedrich der Dritte rückte mit einem Kriegsheer in ihr Gebiet, seinen Sohn zu rächen, und hielt den Hafen
von Sluys zehn Jahre lang gesperrt, wodurch ihr ganzer Handel
gehemmt wurde. Hierbei leisteten ihm Amsterdam und Antwerpen den wichtigsten Beistand, deren Eifersucht durch den
Flor der flandrischen Städte schon längst gereizt worden war.
Die Italiener fingen an, ihre eigenen Seidenzeuge nach Antwerpen zum Verkauf zu bringen, und die flandrischen Tuch-
weber, die sich in England niedergelassen hatten, schickten
gleichfalls ihre Waren dahin, wodurch die Stadt Brügge um
zween wichtige Handelszweige kam. Ihr hochfahrender Stolz
hatte längst schon den Hansebund beleidigt, der sie jetzt auch
verließ, und sein Warenlager nach Antwerpen verlegte. Im
Jahr 1516 wanderten alle fremden Kaufleute aus, daß nur einige
wenige Spanier blieben; aber ihr Wohlstand verblühte langsam,
wie er aufgeblüht war*.

Antwerpen empfing im sechzehnten Jahrhundert den Handel, den die Üppigkeit der flandrischen Städte verjagte, und
unter Karls des Fünften Regierung war Antwerpen die leben-
digste und herrlichste Stadt in der christlichen Welt. Ein Strom,
wie die Schelde, deren nahe breite Mündung die Ebbe und
Flut mit der Nordsee gemein hat, und geschickt ist, die schwersten Schiffe bis unter seine Mauern zu tragen, machte es zum
natürlichen Sammelplatz aller Schiffe, die diese Küste besuch-
ten. Seine Freimessen zogen aus allen Ländern Negotianten
herbei**. Die Industrie der Nation war im Anfang dieses Jahrhunderts zu ihrer höchsten Blüte gestiegen. Der Acker- und
Linnenbau, die Viehzucht, die Jagd und die Fischerei bereicherten den Landmann; Künste, Manufakturen und Handlung den
Städter. Nicht lange, so sah man Produkte des flämischen und
brabantischen Fleißes in Arabien, Persien und Indien. Ihre
Schiffe bedeckten den Ozean, und wir sehen sie im Schwarzen
Meer mit den Genuesern um die Schutzherrlichkeit streiten***.
Den niederländischen Seemann unterschied das Eigentümliche,
daß er zu jeder Zeit des Jahres unter Segel ging, und nie über-
winterte.

---

* Anderson. III. Teil. 200. 314. 315. 316. 488.
** Zwei solcher Messen dauerten vierzig Tage, und jede Ware, die da
verkauft wurde, war zollfrei.
*** Anderson. III. Teil. 155.

Nachdem der neue Weg um das afrikanische Vorgebirge gefunden war, und der portugiesische Ostindienhandel den levantischen untergrub, empfanden die Niederlande die Wunde nicht, die den italienischen Republiken geschlagen wurde; die Portugiesen richteten in Brabant ihren Stapel auf, und die Spezereien von Kalikut prangten jetzt auf dem Markte zu Antwerpen*. Hieher flossen die westindischen Waren, womit die stolze spanische Trägheit den niederländischen Kunstfleiß bezahlte. Der ostindische Stapel zog die berühmtesten Handelshäuser von Florenz, Lucca und Genua, und aus Augsburg die Fugger und Welser hieher. Hieher brachte die Hansa jetzt ihre nordischen Waren, und die englische Kompanie hatte hier ihre Niederlage. Kunst und Natur schienen hier ihren ganzen Reichtum zur Schau zu legen. Es war eine prächtige Ausstellung der Werke des Schöpfers und der Menschen**.

Ihr Ruf verbreitete sich bald durch die ganze Welt. Zu Ende dieses Jahrhunderts suchte eine Sozietät türkischer Kaufleute um Erlaubnis an, sich hier niederzulassen, und die Produkte des Orients über Griechenland hieher zu liefern. Mit dem Warenhandel stieg auch der Geldhandel. Ihre Wechselbriefe galten an allen Enden der Erde. Antwerpen, behauptet man, machte damals innerhalb eines Monats mehr und größere Geschäfte, als in zwei ganzen Jahren Venedig, während seiner glänzendsten Zeiten***.

Im Jahr 1491 hielt der ganze Hansebund in dieser Stadt seine feierliche Versammlung, die sonst nur in Lübeck gewesen war. Im Jahr 1531 wurde die Börse gebaut, die prächtigste im ganzen damaligen Europa, und die ihre stolze Aufschrift erfüllte. Die Stadt zählte jetzt einmal hunderttausend Bewohner. Das flutende Leben, die Welt, die sich unendlich hier drängte, übersteigt allen Glauben. Zwei-, drittehalb hundert Maste erschienen öfters auf einmal in seinem Hafen; kein Tag verfloß, wo nicht fünfhundert und mehrere Schiffe kamen und gingen; an den Markttagen lief diese Anzahl zu acht- und neunhundert an. Täglich fuhren zweihundert und mehrere Kutschen durch seine Tore; über zweitausend Frachtwagen sah man in jeder Woche

---

* Der Wert der Gewürz- und Apothekerwaren, die von Lissabon dahin geschafft wurden, soll sich, nach Guicciardinis Angabe, auf eine Million Kronen belaufen haben.
** Meteren. I. Teil. I. B. 12. 13.
*** Fischers G. d. t. Handels II. 593 usf.

aus Deutschland, Frankreich und Lothringen anlangen, die
Bauerkarren und Getreidefuhren ungerechnet, deren Anzahl
gewöhnlich auf zehentausend stieg. Dreißigtausend Hände waren in dieser Stadt allein von der englischen Gesellschaft der
wagenden Kaufleute beschäftigt. An Marktabgaben, Zoll und
Akzise gewann die Regierung jährlich Millionen. Von den
Hülfsquellen der Nation können wir uns eine Vorstellung
machen, wenn wir hören, daß die außerordentlichen Steuern,
die sie Karl dem Fünften zu seinen vielen Kriegen entrichten
mußte, auf vierzig Millionen Goldes gerechnet wurden*.

Diesen blühenden Wohlstand hatten die Niederlande ebensosehr ihrer Freiheit, als der natürlichen Lage ihres Landes zu
danken. Schwankende Gesetze und die despotische Willkür
eines räuberischen Fürsten würden alle Vorteile zernichtet
haben, die eine günstige Natur in so reichlicher Fülle über sie
ausgegossen hatte. Nur die unverletzbare Heiligkeit der Gesetze kann dem Bürger die Früchte seines Fleißes versichern
und ihm jene glückliche Zuversicht einflößen, welche die Seele
jeder Tätigkeit ist.

Das Genie dieser Nation, durch den Geist des Handels und
den Verkehr mit so vielen Völkern entwickelt, glänzte in nützlichen Erfindungen; im Schoße des Überflusses und der Freiheit
reiften alle edleren Künste. Aus dem erleuchteten Italien, dem
Cosmus von Medicis jüngst sein goldenes Alter wiedergegeben,
verpflanzten die Niederländer die Malerei, die Baukunst, die
Schnitz- und Kupferstecherkunst in ihr Vaterland, die hier auf
einem neuen Boden eine neue Blüte gewannen. Die niederländische Schule, eine Tochter der italienischen, buhlte bald
mit ihrer Mutter um den Preis, und gab, gemeinschaftlich mit
dieser, der schönen Kunst in ganz Europa Gesetze. Die Manufakturen und Künste, worauf die Niederländer ihren Wohlstand hauptsächlich gegründet haben und zum Teil noch
gründen, bedürfen keiner Erwähnung mehr. Die Tapeten-
wirkerei, die Ölmalerei, die Kunst auf Glas zu malen, die
Taschen- und Sonnenuhren selbst, wie Guicciardini behauptet,
sind ursprünglich niederländische Erfindungen; ihnen dankt
man die Verbesserung des Kompasses, dessen Punkte man noch
jetzt unter niederländischen Namen kennt. Im Jahr 1482 wurde
die Buchdruckerkunst in Haarlem erfunden, und das Schicksal

* A. G. d. vereinigten Niederlande. II. Teil. 562. Fischers G. d. t. Handels II. 595 usf.

wollte, daß diese nützliche Kunst ein Jahrhundert nachher ihr
Vaterland mit der Freiheit belohnen sollte. Mit dem frucht-
barsten Genie zu neuen Erfindungen verbanden sie ein glückliches Talent, fremde und schon vorhandene zu verbessern;
wenige mechanische Künste und Manufakturen werden sein,
die nicht entweder auf diesem Boden erzeugt, oder doch zu
größerer Vollkommenheit gediehen sind.

Die Niederlande unter Karl V.

Bis hieher waren die Provinzen der beneidenswürdigste
Staat in Europa. Keiner der burgundischen Herzoge hatte sich
einkommen lassen, die Konstitution umzustoßen; selbst Karls
des Kühnen verwegenem Geist, der einem auswärtigen Freistaat die Knechtschaft bereitete, war sie heilig geblieben. Alle
diese Fürsten wuchsen in keiner höhern Erwartung auf, als
über eine Republik zu gebieten, und keines ihrer Länder konnte
ihnen eine andre Erfahrung geben. Außerdem besaßen diese
Fürsten nichts, als was die Niederlande ihnen gaben, keine
Heere, als welche die Nation für sie ins Feld stellte, keine
Reichtümer, als welche die Stände ihnen bewilligten. Jetzt veränderte sich alles. Jetzt waren sie einem Herrn zugefallen, dem
andre Werkzeuge und andere Hülfsquellen zu Gebote standen,
der eine fremde Macht gegen sie bewaffnen konnte*. Karl der

* Die unnatürliche Verbindung zwoer so widersprechenden Nationen,
wie die Niederländer und Spanier sind, konnte nimmermehr glücklich ausschlagen. Ich kann mich nicht enthalten, die Parallele hier aufzunehmen,
welche Grotius in einer kraftvollen Sprache zwischen beiden angestellt hat.
„Mit den anwohnenden Völkern", sagt er, „konnten die Niederländer
leicht ein gutes Vernehmen unterhalten, da jene eines Stammes mit ihnen
und auf denselben Wegen herangewachsen waren. Spanier und Niederländer aber gehen in den meisten Dingen voneinander ab, und stoßen, wo
sie zusammentreffen, desto heftiger gegeneinander. Beide hatten seit vielen
Jahrhunderten im Kriege geglänzt, nur daß letztere jetzt in einer üppigen
Ruhe der Waffen entwöhnt, jene aber durch die italienischen und afrikani-
schen Feldzüge in Übung erhalten waren. Die Neigung zum Gewinn macht
den Niederländer mehr zum Frieden geneigt, aber nicht weniger empfindlich gegen Beleidigung. Kein Volk ist von Eroberungssucht freier, aber
keines verteidigt sein Eigentum besser. Daher die zahlreichen, in einen
engen Erdstrich zusammengedrängten Städte, durch fremde Ankömmlinge und eigne Bevölkerung vollgepreßt, an der See und den größern
Strömen befestigt. Daher konnten ihnen, acht Jahrhunderte nach dem
nordischen Völkerzug, fremde Waffen nichts anhaben. Spanien hingegen

Fünfte schaltete willkürlich in seinen spanischen Staaten; in den Niederlanden war er nichts als der erste Bürger. Die vollkommenste Unterwerfung im Süden seines Reiches mußte ihm gegen die Rechte der Individuen Geringschätzung geben; hier erinnerte man ihn, sie zu ehren. Je mehr er d o r t das Vergnügen der unumschränkten Gewalt kostete und je größer die Meinung war, die ihm von seinem Selbst aufgedrungen wurde, desto ungerner mußte er hier zu der bescheidnen Menschheit heruntersteigen, desto mehr mußte er gereizt werden, dieses Hindernis zu besiegen. Schon eine große Tugend wird verlangt, die Macht, die sich unsern liebsten Wünschen widersetzt, nicht als eine feindliche zu bekriegen.

Das Übergewicht Karls weckte zu gleicher Zeit das Mißtrauen bei den Niederländern auf, das stets die Ohnmacht begleitet. Nie waren sie für ihre Verfassung empfindlicher, nie zweifelhafter über die Rechte des Souveräns, nie vorsichtiger in ihren Verhandlungen gewesen. Wir finden unter seiner Regierung die gewalttätigsten Ausbrüche des republikanischen Geistes und die Anmaßungen der Nation oft bis zum Miß-

wechselte seinen Herrn weit öfter; als es zuletzt in die Hände der Goten fiel, hatten sein Charakter und seine Sitten mehr oder weniger – schon von jedem Sieger gelitten. Am Ende aller dieser Vermischungen beschreibt man uns dieses Volk als das geduldigste bei der Arbeit, das unerschrockenste in Gefahren, gleich lüstern nach Reichtum und Ehre, stolz bis zur Geringschätzung anderer, andächtig und fremder Wohltaten eingedenk, aber auch so rachsüchtig und ausgelassen im Siege, als ob gegen den Feind weder Gewissen noch Ehre gälte. Alles dieses ist dem Niederländer fremd, der listig ist, aber nicht tückisch, der, zwischen Frankreich und Deutschland in die Mitte gepflanzt, die Gebrechen und Vorzüge beider Völker in einer sanften Mischung mäßigt. Ihn hintergeht man nicht leicht, und nicht ungestraft beleidigt man ihn. Auch in Gottesverehrung gibt er dem Spanier nichts nach; von dem Christentum, wozu er sich einmal bekannte, konnten ihn die Waffen der Normänner nicht abtrünnig machen; keine Meinung, welche die Kirche verdammt, hatte bis jetzt die Reinigkeit seines Glaubens vergiftet. Ja seine frommen Verschwendungen gingen so weit, daß man der Habsucht seiner Geistlichen durch Gesetze Einhalt tun mußte. Beiden Völkern ist eine Ergebenheit gegen ihren Landesherrn angeboren, mit dem Unterschiede nur, daß der Niederländer die Gesetze über die Könige stellt. Unter den übrigen Spaniern wollen die Kastilianer mit der meisten Vorsicht regieret sein, aber die Freiheiten, worauf sie selbst Anspruch machen, gönnen sie andern nicht gerne. Daher die so schwere Aufgabe für ihren gemeinschaftlichen Oberherrn, seine Aufmerksamkeit und Sorgfalt unter beide Nationen so zu verteilen, daß weder der Vorzug der Kastilianer den Niederländer kränke, noch die Gleichstellung des letztern den kastilianischen Hochmut beleidige." Grotii Annal. Belg. L. I. 4. 5. seq.

brauch getrieben, welches die Fortschritte der königlichen Gewalt mit einem Schein von Rechtmäßigkeit schmückte. Ein Souverän wird die bürgerliche Freiheit immer als einen veräußerten Distrikt seines Gebiets betrachten, den er wiedergewinnen muß. Einem Bürger ist die souveräne Herrschaft ein reißender Strom, der seine Gerechtsame überschwemmt. Die Niederländer schützten sich durch Dämme gegen ihren Ozean, und gegen ihre Fürsten durch Konstitutionen. Die ganze Weltgeschichte ist ein ewig wiederholter Kampf der Herrschsucht und Freiheit um diesen streitigen Fleck Landes, wie die Geschichte der Natur nichts anders ist, als ein Kampf der Elemente und Körper um ihren Raum.

Die Niederlande empfanden bald, daß sie die Provinz einer Monarchie geworden waren. Solange ihre vorigen Beherrscher kein höheres Anliegen hatten, als ihren Wohlstand abzuwarten, näherte sich ihr Zustand dem stillen Glück einer geschlossenen Familie, deren Haupt der Regent war. Karl der Fünfte führte sie auf den Schauplatz der politischen Welt. Jetzt machten sie ein Glied des Riesenkörpers aus, den die Ehrsucht eines einzigen zu ihrem Werkzeug gebrauchte. Sie hörten auf, ihr eigner Zweck zu sein, der Mittelpunkt ihres Daseins war in die Seele ihres Regenten verlegt. Da seine ganze Regierung nur eine Bewegung nach außen, oder eine politische Handlung war, so mußte er vor allen Dingen seiner Gliedmaßen mächtig sein, um sich ihrer mit Nachdruck und Schnelligkeit zu bedienen. Unmöglich konnte er sich also in die langwierige Mechanik ihres innern bürgerlichen Lebens verwickeln, oder ihren eigentümlichen Vorrechten die gewissenhafte Aufmerksamkeit widerfahren lassen, die ihre republikanische Umständlichkeit verlangte. Mit einem kühnen Monarchenschritt trat er den künstlichen Bau einer Würmerwelt nieder. Er mußte sich den Gebrauch ihrer Kräfte erleichtern durch Einheit. Das Tribunal zu Mecheln war bis jetzt ein unabhängiger Gerichtshof gewesen; er unterwarf ihn einem königlichen Rat, den er in Brüssel niedersetzte, und der ein Organ seines Willens war. In das Innerste ihrer Verfassung führte er Ausländer, denen er die wichtigsten Bedienungen anvertraute. Menschen, die keinen Rückhalt hatten, als die königliche Gnade, konnten nicht anders, als schlimme Hüter einer Gerechtsame sein, die ihnen noch dazu wenig bekannt war. Der wachsende Aufwand seiner kriegerischen Regierung nötigte ihn, seine Hülfsquellen zu vermehren. Mit Hintansetzung ihrer heiligsten Privilegien, legte er den Provinzen ungewöhnliche Steuern auf; die Staaten, um ihr Ansehen zu retten, mußten bewilligen, was er so bescheiden gewesen war nicht ertrotzen zu wollen; die ganze Regierungsgeschichte dieses Monarchen in den Niederlanden ist beinahe nur ein fortlaufendes Verzeichnis eingefoderter, verweigerter und endlich doch bewilligter Steuern. Der Konstitution zuwider führte er fremde Truppen in ihr Gebiet, ließ in den Provinzen für seine Armeen werben, und verwickelte sie in Kriege, die ihrem Interesse gleichgültig, wo nicht schädlich waren, und die sie nicht gebilligt hatten. Er bestrafte die Vergehungen eines Freistaats als Monarch, und Gents fürchterliche Züchtigung kündigte ihnen die große Veränderung an, die ihre Verfassung bereits erlitten hatte.

Der Wohlstand des Landes war insoweit gesichert, als er den Staatsentwürfen seines Beherrschers notwendig war; als Karls vernünftige Politik die Gesundheitsregel des Körpers gewiß nicht verletzte, den er anzustrengen sich genötiget sah. Glücklicherweise führen die entgegengesetztesten Entwürfe der Herrschsucht und der uneigennützigsten Menschenliebe oft auf eins, und die bürgerliche Wohlfahrt, die sich ein Marcus Aurelius zum Ziele setzt, wird unter einem August und Ludwig gelegentlich befördert.

Karl der Fünfte erkannte vollkommen, daß Handel die Stärke der Nation war, und ihres Handels Grundfeste Freiheit. Er schonte ihrer Freiheit, weil er ihrer Stärke bedurfte. Staatskundiger, nicht gerechter, als sein Sohn, unterwarf er seine Maximen, dem Bedürfnis des Orts und der Gegenwart und nahm in Antwerpen eine Verordnung zurücke, die er mit allen Schrecken der Gewalt in Madrid würde behauptet haben.

Was die Regierung Karls des Fünften für die Niederlande besonders merkwürdig macht, ist die große Glaubensrevolution, welche unter ihr erfolgte, und welche uns, als die vornehmste Quelle des nachfolgenden Aufstands, etwas umständlicher beschäftigen soll. Sie zuerst führte die willkürliche Gewalt in das innerste Heiligtum ihrer Verfassung, lehrte sie ein schreckliches Probestück ihrer Geschicklichkeit ablegen, und machte sie gleichsam gesetzmäßig, indem sie den republikanischen Geist auf eine gefährliche Spitze stellte. So wie der letztere in Anarchie und Aufruhr hinüberschweifte, erstieg die monarchische Gewalt die äußerste Höhe des Despotismus.

Nichts ist natürlicher als der Übergang bürgerlicher Freiheit in Gewissensfreiheit. Der Mensch, oder das Volk, die durch eine glückliche Staatsverfassung mit Menschenwert einmal bekannt geworden, die das Gesetz, das über sie sprechen soll, einzusehen gewöhnt worden sind oder es auch selber erschaffen haben, deren Geist durch Tätigkeit aufgehellt, deren Gefühle durch Lebensgenuß aufgeschlossen, deren natürlicher Mut durch innere Sicherheit und Wohlstand erhoben worden, ein solches Volk und ein solcher Mensch werden sich schwerer, als andere, in die blinde Herrschaft eines dumpfen despotischen Glaubens ergeben, und sich früher als andre wieder davon emporrichten. Noch ein anderer Umstand mußte das Wachstum der neuen Religion in diesen Ländern begünstigen. Italien, damals der Sitz der größten Geistesverfeinerung, ein Land, wo sonst immer die heftigsten politischen Faktionen gewütet haben, wo ein brennendes Klima das Blut zu den wildesten Affekten erhitzt, Italien, könnte man einwenden, blieb unter allen europäischen Ländern beinahe am meisten von dieser Neuerung frei. Aber einem romantischen Volke, das durch einen warmen und lieblichen Himmel, durch eine üppige, immer junge und immer lachende Natur und die mannigfaltigsten Zaubereien der Kunst in einem ewigen Sinnengenusse erhalten wird, war eine Religion angemessener, deren prächtiger Pomp die Sinne gefangennimmt, deren geheimnisvolle Rätsel der Phantasie einen unendlichen Raum eröffnen, deren vornehmste Lehren sich durch malerische Formen in die Seele einschmeicheln. Einem Volke im Gegenteil, das durch die Geschäfte des gemeinen bürgerlichen Lebens zu einer undichterischen Wirklichkeit herabgezogen, in deutlichen Begriffen mehr als in Bildern lebt, und auf Unkosten der Einbildungskraft seine Menschenvernunft ausbildet; einem solchen Volke wird sich ein Glaube empfehlen, der die Prüfung weniger fürchtet, der weniger auf Mystik als auf Sittenlehre dringt, weniger angeschaut als begriffen werden kann. Mit kürzeren Worten: Die katholische Religion wird im ganzen mehr für ein Künstlervolk, die protestantische mehr für ein Kaufmannsvolk taugen.

Dies vorausgesetzt, mußte die neue Lehre, welche Luther in Deutschland, und Calvin in der Schweiz verbreiteten, in den Niederlanden das günstigste Erdreich finden. Ihre ersten Keime wurden durch die protestantischen Kaufleute, die sich in Amsterdam und Antwerpen sammelten, in die Niederlande geworfen. Die deutschen und schweizerischen Truppen, welche Karl in diese Länder einführte, und die große Menge französischer, deutscher und englischer Flüchtlinge, die dem Schwert der Verfolgung, das in dem Vaterland ihrer wartete, in den Frei heiten Flanderns zu entfliehen suchten, beförderten ihre Verbreitung. Ein großer Teil des niederländischen Adels studierte damals in Genf, weil die Akademie von Löwen noch nicht in Aufnahme war, die von Douai aber noch erst gestiftet werden sollte; die neuen Religionsbegriffe, die dort öffentlich gelehrt wurden, brachte die studierende Jugend mit in ihr Vaterland zurück. Bei einem unvermischten geschlossenen Volk konnten diese ersten Keime erdrückt werden. – Der Zusammenfluß so vieler und so ungleicher Nationen in den holländischen und brabantischen Stapelstädten mußte ihr erstes Wachstum dem Auge der Regierung entziehen, und unter der Hülle der Verborgenheit beschleunigen. Eine Verschiedenheit in der Meinung konnte leicht Raum gewinnen, wo kein gemeinschaftlicher Volkscharakter, keine Einheit der Sitten und der Gesetze war. In einem Lande endlich, wo Arbeitsamkeit die gerühmteste Tugend, Bettelei das verächtlichste Laster war, mußte ein Orden des Müßiggangs, der Mönchsstand, lange anstößig gewesen sein. Die neue Religion, die dagegen eiferte, gewann daher schon unendlich viel, daß sie in diesem Stücke die Meinung des Volks schon auf ihrer Seite hatte. Fliegende Schriften voll Bitterkeit und Satire, denen die neuerfundene Buchdruckerkunst in diesen Ländern einen schnelleren Umlauf gab; und mehrere damals in den Provinzen herumziehende Rednerbanden, Rederyker genannt, welche in theatralischen Vorstellungen oder Liedern die Mißbräuche ihrer Zeit verspotteten, trugen nicht wenig dazu bei, das Ansehen der römischen Kirche zu stürzen, und der neuen Lehre in den Gemütern des Volks eine günstige Aufnahme zu bereiten*.

Ihre ersten Eroberungen gingen zum Erstaunen geschwind; die Zahl derer, die sich in kurzer Zeit, vorzüglich in den nördlicheren Provinzen zu der neuen Sekte bekannten, ist ungeheuer; noch aber überwogen hierinnen die Ausländer bei weitem die gebornen Niederländer. Karl der Fünfte, der bei dieser großen Glaubenstrennung die Partie genommen hatte, die ein Despot nicht verfehlen kann, setzte dem zunehmenden Strome der Neuerung die nachdrücklichsten Mittel entgegen.

* A. G. d. v. Niederlande. II. Teil. 399, siehe die Note.

Zum Unglück für die verbesserte Religion war die politische Gerechtigkeit auf der Seite ihres Verfolgers. Der Damm, der die menschliche Vernunft so viele Jahrhunderte lang von der Wahrheit abgewehrt hatte, war zu schnell weggerissen, als daß der losbrechende Strom nicht über sein angewiesenes Bette hätte austreten sollen. Der wiederauflebende Geist der Freiheit und der Prüfung, der doch nur in den Grenzen der Religionsfragen hätte verharren sollen, untersuchte jetzt auch die Rechte der Könige. – Da man anfangs nur eiserne Fesseln brach, wollte man zuletzt auch die rechtmäßigsten und notwendigsten Bande zerreißen. Die Bücher der Schrift, die nunmehr allgemeiner geworden waren, mußten jetzt dem abenteuerlichsten Fanatismus ebensogut Gift, als der aufrichtigsten Wahrheitsliebe Licht und Nahrung borgen. Die gute Sache hatte den schlimmen Weg der Rebellion wählen müssen, und jetzt erfolgte, was immer erfolgen wird, solange Menschen Menschen sein werden. Auch die schlimme Sache, die mit jener nichts als das gesetzwidrige Mittel gemein hatte, durch diese Verwandtschaft dreister gemacht, erschien in ihrer Gesellschaft, und wurde mit ihr verwechselt. Luther hatte gegen die Anbetung der Heiligen geeifert – jeder freche Bube, der in ihre Kirchen und Klöster brach und ihre Altäre beraubte, hieß jetzt Lutheraner. Die Faktion, die Raubsucht, der Schwindelgeist, die Unzucht kleideten sich in seine Farbe, die ungeheuersten Verbrecher bekannten sich vor den Richtern zu seiner Sekte. Die Reformation hatte den römischen Bischof zu der fehlenden Menschheit herabgezogen – eine rasende Bande, vom Hunger begeistert, will allen Unterschied der Stände vernichtet wissen. Natürlich daß eine Lehre, die sich dem Staat nur von ihrer verderblichen Seite ankündigte, einen Monarchen nicht mit sich aussöhnen konnte, der schon so viele Ursachen hatte, sie zu vertilgen – und kein Wunder also, daß er die Waffen gegen sie benutzte, die sie ihm selbst aufgedrungen hatte!

Karl mußte sich in den Niederlanden schon als absoluten Fürsten betrachten, da er die Glaubensfreiheit, die er Deutschland angedeihen ließ, nicht auch auf jene Länder ausdehnte. Während daß er, von der nachdrücklichen Gegenwehr unsrer Fürsten gezwungen, der neuen Religion hier eine ruhige Übung versicherte, ließ er sie dort durch die grausamsten Edikte verfolgen. Das Lesen der Evangelisten und Apostel, alle öffentlichen oder heimlichen Versammlungen, zu denen nur irgend

die Religion ihren Namen gab, alle Gespräche dieses Inhalts
zu Hause und über Tische waren in diesen Edikten bei strengen
Strafen untersagt. In allen Provinzen des Landes wurden besondre Gerichte niedergesetzt, über die Vollstreckung der
Edikte zu wachen. Wer irrige Meinungen hegte, war ohne
Rücksicht seines Ranges, seiner Bedienung verlustig. Wer überwiesen wurde, ketzerische Lehren verbreitet, oder auch nur den
geheimen Zusammenkünften der Glaubensverbesserer beigewohnt zu haben, war zum Tode verdammt, Mannspersonen
mit dem Schwert hingerichtet, Weiber aber lebendig begraben.
Rückfällige Ketzer übergab man dem Feuer. Diese fürchterlichen Urteilssprüche konnte selbst der Widerruf des Verbrechers nicht aufheben. Wer seine Irrtümer abschwur, hatte nichts
dabei gewonnen, als höchstens eine gelindere Todesart*.

Die Lehngüter eines Verurteilten fielen dem Fiskus zu, gegen
alle Privilegien des Landes, nach welchen es dem Erben gestattet war, sie mit wenigem Gelde zu lösen. Gegen ein ausdrückliches kostbares Vorrecht des holländischen Bürgers,
nicht außerhalb seiner Provinz gerichtet zu werden, wurden
die Schuldigen aus den Grenzen der väterländischen Gerichtsbarkeit geführt und durch fremde Tribunale verurteilt. So
mußte die Religion dem Despotismus die Hand führen, Freiheiten, die dem weltlichen Arm unverletzlich waren, mit
heiligem Griff ohne Gefahr und Widerspruch anzutasten**.

Karl der Fünfte, durch den glücklichen Fortgang seiner
Waffen in Deutschland kühn gemacht, glaubte nun alles wagen
zu dürfen, und dachte ernstlich darauf, die spanische Inquisition in die Niederlande zu pflanzen. Schon allein die Furcht
dieses Namens brachte in Antwerpen plötzlich den Handel zum
Stillstand. Die vornehmsten fremden Kaufleute stunden im
Begriff, die Stadt zu verlassen. Man kaufte und verkaufte nichts
mehr. Der Wert der Gebäude fiel, die Handwerke stunden
stille. Das Geld verlor sich aus den Händen des Bürgers. Unvermeidlich war der Untergang dieser blühenden Handelsstadt, wenn Karl der Fünfte, durch die Vorstellungen der Stadt-
halterin überführt, diesen gefährlichen Anschlag nicht hätte
fallenlassen. Dem Tribunal wurde also gegen auswärtige Kaufleute Schonung empfohlen, und der Name der Inquisition
gegen die mildere Benennung geistlicher Richter vertauscht.

* Thuan. Hist. P. I. L. VI. 300. Grot. L. I.
** A. G. d. v. N. II. B. 547.

Aber in den übrigen Provinzen fuhr dieses Tribunal fort, mit dem unmenschlichen Despotismus zu wüten, der ihm eigentümlich ist. Man will berechnet haben, daß während Karls des Fünften Regierung funfzigtausend Menschen, allein der Religion wegen, durch die Hand des Nachrichters gefallen sind*.

Wirft man einen Blick auf das gewaltsame Verfahren dieses Monarchen, so hat man Mühe zu begreifen, was den Aufruhr, der unter der folgenden Regierung so wütend hervorbrach, während der seinigen in Schranken gehalten hat. Eine nähere Beleuchtung wird diesen Umstand aufklären. Karls gefürchtete Übermacht in Europa hatte den niederländischen Handel zu einer Größe erhoben, die ihm vorher niemals geworden war. Die Majestät seines Namens schloß ihren Schiffen alle Häfen auf, reinigte für sie alle Meere, und bereitete ihnen die günstigsten Handelsverträge mit auswärtigen Mächten. Durch ihn vorzüglich richteten sie die Oberherrschaft der Hansa in der Ostsee zugrunde. Die Neue Welt, Spanien, Italien, Deutschland, die nunmehr einen Beherrscher mit ihnen teilten, waren gleichsam als Provinzen ihres eigenen Vaterlandes zu betrachten, und lagen allen ihren Unternehmungen offen. Er hatte ferner die noch übrigen sechs Provinzen mit der burgundischen Erbschaft vereinigt und diesem Staat einen Umfang, eine politische Wichtigkeit gegeben, die ihn den ersten Monarchieen Europens an die Seite setzte**. Dadurch schmeichelte er dem Nationalstolze dieses Volks. Nachdem Geldern, Utrecht, Friesland und Gröningen seiner Herrschaft einverleibt waren, hörten alle Privatkriege in diesen Provinzen auf, die so lange Zeit ihren Handel

* Meteren I T. 1. Buch. 56. 57. Grot. Annal. Belg. L. 1. 12. Der letztere nennt hunderttausend. A. G. d. v. N. II. T. 519.

** Er war auch einmal willens, ihn zu einem Königreich zu erheben; aber die wesentlichen Verschiedenheiten der Provinzen untereinander, die sich von Verfassung und Sitte bis zu Maß und Gewicht erstreckten, brachten ihn von diesem Vorsatz zurück. Wesentlicher hätte der Dienst werden können, den er ihnen durch den burgundischen Vertrag leistete, worin ihr Verhältnis zu dem deutschen Reiche festgesetzt wurde. Diesem Vertrag gemäß sollten die siebenzehn Provinzen zu den gemeinschaftlichen Bedürfnissen des deutschen Reichs zweimal soviel als ein Kurfürst, zu einem Türkenkriege dreimal soviel beitragen: dafür aber den mächtigen Schutz dieses Reichs genießen, und an keinem ihrer besondern Vorrechte Gewalt leiden. Die Revolution, welche unter seinem Sohne die politische Verfassung der Provinzen umänderte, hob diesen Vergleich wieder auf, der des geringen Nutzens wegen, den er geleistet, keiner weitern Erwähnung verdient.

beunruhigt hatten; ein ununterbrochener innerer Friede ließ
sie alle Früchte ihrer Betriebsamkeit ernten. Karl war also ein
Wohltäter dieser Völker. Der Glanz seiner Siege hatte zugleich
ihre Augen geblendet, der Ruhm ihres Souveräns, der auch auf
sie zurückfloß, ihre republikanische Wachsamkeit bestochen;
der furchtbare Nimbus von Unüberwindlichkeit, der den Be-
zwinger Deutschlands, Frankreichs, Italiens und Afrikas umgab, erschreckte die Faktionen. Und dann – wem ist es nicht
bekannt, wieviel der Mensch – er heiße Privatmann oder Fürst –
sich erlauben darf, dem es gelungen ist, die Bewunderung zu
fesseln! Seine öftere persönliche Gegenwart in diesen Ländern,
die er, nach seinem eigenen Geständnis, zu zehen verschiedenen
Malen besuchte, hielt die Mißvergnügten in Schranken; die
wiederholten Auftritte strenger und fertiger Justiz unterhielten
das Schrecken der souveränen Gewalt. Karl endlich war in den
Niederlanden geboren und liebte die Nation, in deren Schoß
er erwachsen war. Ihre Sitten gefielen ihm, das Natürliche ihres
Charakters und Umgangs gab ihm eine angenehme Erholung
von der strengen spanischen Gravität. Er redete ihre Sprache
und richtete sich in seinem Privatleben nach ihren Gebräuchen.
Das drückende Zeremoniell, die unnatürliche Scheidewand zwischen König und Volk, war aus Brüssel verbannt. Kein scheel-
süchtiger Fremdling sperrete ihnen den Zugang zu ihrem Fürsten – der Weg zu ihm ging durch ihre eignen Landsleute, denen
er seine Person anvertraute. Er sprach viel und gerne mit ihnen;
sein Anstand war gefällig, seine Reden verbindlich. Diese
kleinen Kunstgriffe gewannen ihm ihre Liebe, und während
daß seine Armeen ihre Saatfelder niedertraten, während daß
seine räuberischen Hände in ihrem Eigentum wühlten, seine
Statthalter preßten, seine Nachrichter schlachteten, versicherte
er sich ihrer Herzen durch eine freundliche Miene.

Gern hätte Karl diese Zuneigung der Nation auf seinen
Sohn Philipp forterben gesehn. Aus keinem andern Grunde
ließ er ihn noch in seiner Jugend aus Spanien kommen und
zeigte ihn in Brüssel seinem künftigen Volk. An dem feierlichen
Tag seiner Thronentsagung empfohl er ihnen diese Länder als
die reichsten Steine in seiner Krone, und ermahnte ihn ernstlich, ihrer Verfassung zu schonen.

Philipp der Zweite war in allem, was menschlich ist, das
Gegenbild seines Vaters. Ehrsüchtig wie dieser, aber weniger
bekannt mit Menschen und Menschenwert, hatte er sich ein

Ideal von der königlichen Herrschaft entworfen, welches Menschen nur als dienstbare Organe der Willkür behandelt, und durch jede Äußerung der Freiheit beleidiget wird. In Spanien geboren, und unter der eisernen Zuchtrute des Mönchstums erwachsen, forderte er auch von andern die traurige Einförmigkeit und den Zwang, die sein Charakter geworden waren. Der fröhliche Mutwille der Niederländer empörte sein Temperament und seine Gemütsart nicht weniger, als ihre Privilegien seine Herrschsucht verwundeten. Er sprach keine andre als die spanische Sprache, duldete nur Spanier um seine Person und hing mit Eigensinn an ihren Gebräuchen. Umsonst, daß der Erfindungsgeist aller flandrischen Städte, durch die er zog, in kostbaren Festen wetteiferte, seine Gegenwart zu verherrlichen* – Philipps Auge blieb finster, alle Verschwendungen der Pracht, alle lauten üppigen Ergießungen der redlichsten Freude konnten kein Lächeln des Beifalls in seine Mienen locken**.

Karl verfehlte seine Absicht ganz, da er seinen Sohn den Flämingern vorstellte. Weniger drückend würden sie in der Folge sein Joch gefunden haben, wenn er seinen Fuß nie in ihr Land gesetzt hätte. Aber sein Anblick kündigte es ihnen an; sein Eintritt in Brüssel hatte ihm alle Herzen verloren. Des Kaisers freundliche Hingebung an dies Volk diente jetzt nur dazu, den hochmütigen Ernst seines Sohnes desto widriger zu erheben. In seinem Angesicht hatten sie den verderblichen Anschlag gegen ihre Freiheit gelesen, den er schon damals in seiner Brust auf und nieder wälzte. Sie waren vorbereitet, einen Tyrannen in ihm zu finden, und gerüstet, ihm zu begegnen.

Die Niederlande waren der erste Thron, von welchem Karl der Fünfte heruntersteig. Vor einer feierlichen Versammlung in Brüssel löste er die Generalstaaten ihres Eides, und übertrug ihn auf König Philipp, seinen Sohn. „Wenn Euch mein Tod" (beschloß er endlich gegen diesen) „in den Besitz dieser Länder gesetzt hätte, so würde mir ein so kostbares Vermächtnis schon einen großen Anspruch auf Eure Dankbarkeit geben. Aber jetzt, da ich sie Euch aus freier Wahl überlasse, da ich zu sterben eile, um Euch den Genuß derselben zu beschleunigen, jetzt verlange ich von Euch, daß Ihr diesen Völkern bezahlet, was Ihr mir

---

* Die Stadt Antwerpen allein verschwendete bei dieser Gelegenheit 260000 Goldgulden. Meteren 1 T. 1 B. 21. 22.

** A. G. d. v. N. II. 512.

mehr dafür schuldig zu sein glaubt. Andre Fürsten wissen sich glücklich mit der Krone, die der Tod ihnen abfordert, ihre Kinder zu erfreuen. Diese Freude will ich noch selbst mitgenießen, ich will Euch leben und regieren sehen. Wenige werden meinem Beispiele folgen, wenige sind mir darin vorangegangen. Aber meine Handlung wird lobenswürdig sein, wenn Euer künftiges Leben meine Zuversicht rechtfertigt, wenn Ihr nie von der Weisheit weicht, die Ihr bisher bekannt habt, wenn Ihr in der Reinigkeit des Glaubens unerschütterlich verharret, der die festeste Säule Eures Thrones ist. Noch eines setze ich hinzu: Möge der Himmel auch Euch mit einem Sohne beschenkt haben, dem Ihr die Herrschaft abtreten könnet – aber nicht müsset."

Nachdem der Kaiser geendigt hatte, knieete Philipp vor ihm nieder, drückte sein Gesicht auf dessen Hand und empfing den väterlichen Segen. Seine Augen waren feucht zum letztenmal. Es weinte alles, was herumstand. Es war eine unvergeßliche Stunde*.

Diesem rührenden Gaukelspiel folgte bald ein andres. Philipp nahm von den versammelten Staaten die Huldigung an; er legte den Eid ab, der ihm in folgenden Worten vorgelegt wurde: „Ich, Philipp, von Gottes Gnaden Prinz von Spanien, beiden Sizilien usf. gelobe und schwöre, daß ich in den Ländern, Grafschaften, Herzogtümern usf. ein guter und gerechter Herr sein, daß ich aller Edeln, Städte, Gemeinen und Untertanen Privilegien und Freiheiten, die ihnen von meinen Vorfahren verliehen worden, und ferner ihre Gewohnheiten, Herkommen, Gebräuche und Rechte, die sie jetzt überhaupt und insbesondere haben und besitzen, wohl und getreulich halten und halten lassen, und ferner alles dasjenige üben wolle, was einem guten und gerechten Prinzen und Herrn von Rechts wegen zukommt. So müsse mir Gott helfen und alle seine Heiligen!"**

Die Furcht, welche die willkürliche Regierung des Kaisers eingeflößt hatte, und das Mißtrauen der Stände gegen seinen Sohn, sind schon in dieser Eidesformel sichtbar, die weit behutsamer und bestimmter verfaßt war, als Karl der Fünfte selbst und alle burgundische Herzoge sie beschworen haben. Philipp mußte nunmehr auch die Aufrechthaltung ihrer Ge-

---

* Strad. Dec. I. L. I. 4. 5. Meteren. 1. B. 1. Buch 28. Thuan. Hist. P. I. L. XVI. 769.
** A. G. d. vereinigten Niederlande. II. Teil 515.

bräuche und Gewohnheiten angeloben, welches vor ihm nie
verlangt worden war. In dem Eide, den die Stände ihm leisteten*, wird ihm kein anderer Gehorsam versprochen, als der mit
den Privilegien des Landes bestehen kann. Seine Beamten
haben nur dann auf Unterwerfung und Beistand zu rechnen,
wenn sie ihr anvertrautes Amt nach Obliegenheit verwalten.
Philipp endlich wird in diesem Huldigungseid der Stände nur
der natürliche, der geborne Fürst, nicht Souverän oder Herr
genannt, wie der Kaiser gewünscht hatte. Beweise genug, wie
klein die Erwartungen waren, die man sich von der Gerechtigkeit und Großmut des neuen Landesherrn bildete!

Philipp der Zweite, Beherrscher der Niederlande

Philipp der Zweite empfing die Niederlande in der höchsten
Blüte ihres Wohlstandes. Er war der erste ihrer Fürsten, der
sie vollzählig antrat. Sie bestanden nunmehr aus siebenzehn
Landschaften, den vier Herzogtümern Brabant, Limburg,
Luxemburg, Geldern, den sieben Grafschaften Artois, Hennegau, Flandern, Namur, Zütphen, Holland und Seeland, der
Markgrafschaft Antwerpen, und den fünf Herrlichkeiten Friesland, Mecheln, Utrecht, Oberyssel und Gröningen, welche verbunden einen großen und mächtigen Staat ausmachten, der mit
Königreichen wetteifern konnte. Höher, als er damals stand,
konnte ihr Handel nicht mehr steigen. Ihre Goldgruben waren
über der Erde, aber sie waren unerschöpflicher und reicher, als
alle Minen in seinem Amerika. Diese siebenzehn Provinzen, die
zusammengenommen kaum den fünften Teil Italiens betragen,
und sich nicht über dreihundert flandrische Meilen erstrecken,
brachten ihrem Beherrscher nicht viel weniger ein, als ganz
Britannien seinen Königen trug, ehe diese noch die geistlichen
Güter zu ihrer Krone schlugen. Dreihundertundfunfzig Städte,
durch Genuß und Arbeit lebendig, viele darunter ohne Boll-
werke fest, und ohne Mauern geschlossen; sechstausenddrei-
hundert größere Flecken; geringere Dörfer, Meiereien und
Bergschlösser ohne Zahl vereinigen dieses Reich in eine einzige
blühende Landschaft**. Eben jetzt stand die Nation im Meridian
ihres Glanzes; Fleiß und Überfluß hatten das Genie des Bürgers

* Ebendas. 516.
** Strad. Dec. I. L. I. 17. 18. Thuan. II. 482.

erhoben, seine Begriffe aufgehellt, seine Neigungen veredelt;
jede Blüte des Geistes erschien mit der Blüte des Landes. Ein
ruhigeres Blut, durch einen strengeren Himmel gekältet, läßt
die Leidenschaften hier weniger stürmen; Gleichmut, Mäßigkeit und ausdauernde Geduld, Geschenke dieser nordlicheren
Zone; Redlichkeit, Gerechtigkeit und Glaube, die notwendigen
Tugenden seines Gewerbes; und seiner Freiheit liebliche
Früchte, Wahrheit, Wohlwollen und patriotischer Stolz, spielen
hier in sanfteren Mischungen mit menschlicheren Lastern.
Kein Volk auf Erden wird leichter beherrscht durch einen
verständigen Fürsten, und keines schwerer durch einen Gauk-
ler oder Tyrannen. Nirgends ist die Volksstimme eine so un-
fehlbare Richterin der Regierung als hier. Wahre Staatskunst
kann sich in keiner rühmlicheren Probe versuchen, und sieche
gekünstelte Politik hat keine schlimmere zu fürchten.

Ein Staat wie dieser konnte mit Riesenstärke handeln und
ausdauern, wenn das dringende Bedürfnis seine Kraft aufbot,
wenn eine kluge und schonende Verwaltung seine Quellen
eröffnete. Karl der Fünfte verließ seinem Nachfolger eine
Gewalt in diesen Ländern, die von einer gemäßigten Monarchie
wenig verschieden war. Das königliche Ansehen hatte sich
merklich über die republikanische Macht erhoben, und diese
zusammengesetzte Maschine konnte nunmehr beinahe so sicher
und schnell in Bewegung gesetzt werden, als ein ganz unter-
würfiger Staat. Der zahlreiche, sonst so mächtige Adel folgte
dem Souverän jetzt willig in seinen Kriegen, oder buhlte in
Ämtern des Friedens um das Lächeln der Majestät. Die verschlagene Politik der Krone hatte neue Güter der Einbildung
erschaffen, von denen sie allein die Verteilerin war. Neue Leidenschaften und neue Meinungen von Glück verdrängten
endlich die rohe Einfalt republikanischer Tugend. Stolz wich
der Eitelkeit, Freiheit der Ehre, dürftige Unabhängigkeit einer
wollüstigen lachenden Sklaverei. Das Vaterland als unumschränkter Satrap eines unumschränkten Herrn zu drücken,
oder zu plündern, war eine mächtigere Reizung für die Habsucht und den Ehrgeiz der Großen, als den hundertsten Teil
der Souveränität auf dem Reichstag mit ihm zu teilen. Ein
großer Teil des Adels war überdies in Armut und schwere
Schulden versunken. Unter dem scheinbaren Vorwand von
Ehrenbezeugungen hatte schon Karl der Fünfte die gefährlichsten Vasallen der Krone durch kostbare Gesandtschaften an

fremde Höfe geschwächt. So wurde Wilhelm von Oranien mit der Kaiserkrone nach Deutschland, und Graf von Egmont nach England geschickt, die Vermählung Philipps mit der Königin Maria zu schließen. Beide begleiteten auch nachher den Herzog von Alba nach Frankreich, den Frieden zwischen beiden Kronen und die neue Verbindung ihres Königs mit Madame Elisabeth zu stiften. Die Unkosten dieser Reise beliefen sich auf dreihunderttausend Gulden, wovon der König auch nicht einen Heller ersetzte. Als der Prinz von Oranien, an der Stelle des Herzogs von Savoyen, Feldherr geworden war, mußte er allein alle Unkosten tragen, die diese Würde notwendig machte. Wenn fremde Gesandten oder Fürsten nach Brüssel kamen, lag es den niederländischen Großen ob, die Ehre ihres Königs zu retten, der allein speiste, und niemals öffentliche Tafel gab. Die spanische Politik hatte noch sinnreichere Mittel erfunden, die reichsten Familien des Landes nach und nach zu entkräften. Alle Jahre erschien einer von den kastilianischen Großen in Brüssel, wo er eine Pracht verschwendete, und einen Aufwand machte, der sein Vermögen weit überstieg. Ihm darin nachzustehen, hätte in Brüssel für einen unauslöschlichen Schimpf gegolten. Alles wetteiferte ihn zu übertreffen, und erschöpfte in diesen teuern Wettkämpfen sein Vermögen, indessen der Spanier noch zur rechten Zeit wieder nach Hause kehrte, und die Verschwendung eines einzigen Jahres durch eine vierjährige Mäßigkeit wiedergutmachte. Mit jedem Ankömmling um den Preis des Reichtums zu buhlen, war die Schwäche des niederländischen Adels, welche die Regierung recht gut zu nutzen verstand. Freilich schlugen diese Künste nachher nicht so glücklich für sie aus, als sie berechnet hatte; denn ebendiese drückenden Schuldenlasten machten den Adel jeder Neuerung günstiger, weil derjenige, welcher alles verloren, in der allgemeinen Verwüstung nur zu gewinnen hat*.

Die Geistlichkeit war von jeher eine Stütze der königlichen Macht, und mußte es sein. Ihre goldne Zeit fiel immer in die Gefangenschaft des menschlichen Geistes, und, wie jene, sehen wir sie von Blödsinn und von der Sinnlichkeit ernten. Der bürgerliche Druck macht die Religion notwendiger und teurer, blinde Ergebung in Tyrannengewalt bereitet die Gemüter zu einem blinden, bequemen Glauben, und mit Wucher erstattet dem Despotismus die Hierarchie seine Dienste wieder. Die

* Reidanus L. I. 4.

Bischöfe und Prälaten im Parlamente waren eifrige Sachwalter der Majestät, und immer bereit, dem Nutzen der Kirche, und dem Staatsvorteil des Souveräns das Interesse des Bürgers zum Opfer zu bringen. Zahlreiche und tapfere Besatzungen hielten die Städte in Furcht, die zugleich noch durch Religionsgezänke und Faktionen getrennt, und ihrer mächtigsten Stütze so ungewiß waren. Wie wenig erforderte es also dieses Übergewicht zu bewahren, und wie ungeheuer mußte das Versehen sein, wodurch es zugrunde ging.

So groß Philipps Einfluß in diesen Ländern war, so großes Ansehn hatte die spanische Monarchie damals in ganz Europa gewonnen. Kein Staat durfte sich mit ihr auf den Kampfboden wagen. Frankreich, ihr gefährlichster Nachbar, durch einen schweren Krieg, und noch mehr durch innere Faktionen entkräftet, die unter einer kindischen Regierung ihr Haupt erhuben, ging schon mit schnellen Schritten der unglücklichen Epoche entgegen, die es, beinahe ein halbes Jahrhundert lang, zu einem Schauplatz der Abscheulichkeit und des Elends gemacht hat. Kaum konnte Elisabeth von England ihren eignen noch wankenden Thron gegen die Stürme der Parteien, ihre neue noch unbefestigte Kirche gegen die verborgenen Versuche der Vertriebenen schützen. Erst auf ihren schöpferischen Ruf sollte dieser Staat aus einer demütigen Dunkelheit steigen, und die lebendige Kraft, womit er seinen Nebenbuhler endlich darniederringt, von der fehlerhaften Politik dieses letztern empfangen. Das deutsche Kaiserhaus war durch die zweifachen Bande des Bluts und des Staatsvorteils an das spanische geknüpft; und das wachsende Kriegsglück Solimans zog seine Aufmerksamkeit mehr auf den Osten als auf den Westen von Europa; Dankbarkeit und Furcht versicherten Philipp die italienischen Fürsten, und das Konklave beherrschten seine Geschöpfe. Die Monarchien des Nordens lagen noch in barbarischer Nacht, oder fingen nur eben an, Gestalt anzunehmen, und das Staatssystem von Europa kannte sie nicht. Die geschicktesten Generale, zahlreiche sieggewohnte Armeen, eine gefürchtete Marine und der reiche goldne Tribut, der nun erst anfing, regelmäßig und sicher aus Westindien einzulaufen – welche furchtbare Werkzeuge in der festen und steten Hand eines geistreichen Fürsten! Unter so glücklichen Sternen eröffnete König Philipp seine Regierung. – Ehe wir ihn handeln sehen, müssen wir einen flüchtigen Blick in seine Seele tun, und hier einen Schlüssel zu seinem politischen Leben aufsuchen. Freude und Wohlwollen fehlten in diesem Gemüte. Jene versagten ihm sein Blut und seine frühen finstern Kinderjahre; dieses konnten Menschen ihm nicht geben, denen das süßeste und mächtigste Band an die Gesellschaft mangelte. Zwei Begriffe, sein Ich, und was über diesem Ich war, füllten seinen dürftigen Geist aus. Egoismus und Religion sind der Inhalt und die Überschrift seines ganzen Lebens. Er war König und Christ, und war beides schlecht weil er beides vereinigen wollte; Mensch für Menschen war er niemals, weil er von seinem Selbst nur aufwärts, nie abwärts stieg. Sein Glaube war grausam und finster, denn seine Gottheit war ein schreckliches Wesen. Er hatte nichts mehr von ihr zu empfangen, aber zu fürchten. Dem geringen Mann erscheint sie als Trösterin, als Erretterin, ihm war sie ein aufgestelltes Angstbild, eine schmerzhafte demütigende Schranke seiner menschlichen Allmacht. Seine Ehrfurcht gegen sie war um so tiefer und inniger, je weniger sie sich auf andere Wesen verteilte. Er zitterte knechtisch vor Gott, weil Gott das einzige war, wovor er zu zittern hatte. Karl der Fünfte eiferte für die Religion, weil die Religion für ihn arbeitete; Philipp tat es, weil er wirklich an sie glaubte. Jener ließ um des Dogma willen mit Feuer und Schwert gegen Tausende wüten, und er selbst verspottete in der Person des Papsts, seines Gefangenen, den Lehrsatz, dem er Menschenblut opferte; Philipp entschließt sich zu dem gerechtesten Kriege gegen diesen nur mit Widerwillen und Gewissensfurcht, und begibt sich aller Früchte seines Sieges, wie ein reuiger Missetäter seines Raubs. Der Kaiser war Barbar aus Berechnung, sein Sohn aus Empfindung. Der erste war ein starker und aufgeklärter Geist, aber vielleicht ein desto schlimmerer Mensch; der zweite war ein beschränkter und schwacher Kopf, aber er war gerechter.

Beide aber, wie mich dünkt, konnten bessere Menschen gewesen sein als sie wirklich waren, und im ganzen nach denselben Maßregeln gehandelt haben. Was wir dem Charakter der Person zur Last legen, ist sehr oft das Gebrechen, die notwendige Ausflucht der allgemeinen menschlichen Natur. Eine Monarchie von diesem Umfang war eine zu starke Versuchung für den menschlichen Stolz, und eine zu schwere Aufgabe für menschliche Kräfte. Allgemeine Glückseligkeit mit der höchsten Freiheit des Individuums zu paaren, gehört für den unendlichen Geist, der sich auf alle Teile allgegenwärtig verbreitet.

Aber welche Auskunft trifft der Mensch in der Lage des Schöpfers? Der Mensch kommt durch Klassifikation seiner Beschränkung zu Hülfe, gleich dem Naturforscher setzt er Kennzeichen und eine Regel fest, die seinem schwankenden Blick die Übersicht erleichtert, und wozu sich alle Individuen bekennen müssen; dieses leistet ihm die Religion. Sie findet Hoffnung und Furcht in jede Menschenbrust gesäet; indem sie sich dieser Triebe bemächtigt, diese Triebe einem Gegenstande unterjocht, hat sie Millionen selbstständiger Wesen in ein einförmiges Abstrakt verwandelt. Die unendliche Mannigfaltigkeit der menschlichen Willkür verwirrt ihren Beherrscher jetzt nicht mehr – jetzt gibt es ein allgemeines Übel und ein allgemeines Gut, das er zeigen und entziehen kann, das auch da, wo er nicht ist, mit ihm einverstanden wirket. Jetzt gibt es eine Grenze, an welcher die Freiheit stillesteht, eine ehrwürdige heilige Linie, nach welcher alle streitende Bewegungen des Willens zuletzt einlenken müssen. Das gemeinschaftliche Ziel des Despotismus und des Priestertums ist Einförmigkeit, und Einförmigkeit ist ein notwendiges Hülfsmittel der menschlichen Armut und Beschränkung. Philipp mußte um so viel mehr Despot sein, als sein Vater, um so viel enger sein Geist war; oder mit andern Worten, er mußte sich um so viel ängstlicher an allgemeine Regeln halten, je weniger er zu den Arten und Individuen herabsteigen konnte. Was folgt aus diesem allen? Philipp der Zweite konnte kein höheres Anliegen haben, als die Gleichförmigkeit des Glaubens und der Verfassung, weil er ohne diese nicht regieren konnte.

Und doch würde er seine Regierung mit mehr Gelindigkeit und Nachsicht eröffnet haben, wenn er sie früher angetreten hätte. In dem Urteil, das man gewöhnlich über diesen Fürsten fällt, scheint man auf einen Umstand nicht genug zu achten, der bei der Geschichte seines Geistes und Herzens billig in Betrachtung kommen sollte. Philipp zählte beinahe dreißig Jahre, da er den spanischen Thron bestieg, und sein frühe reifer Verstand hatte vor der Zeit seine Volljährigkeit beschleunigt. Ein Geist wie der seinige, der seine Reife fühlte, und mit größern Hoffnungen nur allzu vertraut worden war, konnte das Joch der kindlichen Unterwürfigkeit nicht anders, als mit Widerwillen tragen; das überlegene Genie des Vaters, und die Willkür des Alleinherrschers mußte den selbstzufriedenen Stolz dieses Sohnes drücken. Der Anteil, den ihm jener an der Reichsverwaltung gönnte, war eben erheblich genug, seinen Geist von kleineren Leidenschaften abzuziehen, und den strengen Ernst seines Charakters zu unterhalten, aber auch gerade sparsam genug, sein Verlangen nach der unumschränkten Gewalt desto lebhafter zu entzünden. Als er wirklich davon Besitz nahm, hatte sie den Reiz der Neuheit für ihn verloren. Die süße Trunkenheit eines jungen Monarchen, der von der höchsten Gewalt überrascht wird, jener freudige Taumel, der die Seele jeder sanfteren Regung öffnet, und dem die Menschheit schon manche wohltätige Stiftung abgewann, war bei ihm längst vorbei oder niemals gewesen. Sein Charakter war gehärtet, als ihn das Glück auf diese wichtige Probe stellte, und seine befestigten Grundsätze widerstanden dieser wohltätigen Erschütterung. Funfzehn Jahre hatte er Zeit gehabt, sich zu diesem Übergang anzuschicken, und anstatt bei den Zeichen seines neuen Standes jugendlich zu verweilen, oder den Morgen seiner Regierung im Rausch einer müßigen Eitelkeit zu verlieren, blieb er gelassen und ernsthaft genug, sogleich in den gründlichen Besitz seiner Macht einzutreten, und durch ihren vollständigsten Gebrauch ihre lange Entbehrung zu rächen.

Das Inquisitionsgericht

Philipp der Zweite sahe sich nicht so bald durch den Frieden von Chateau-Cambresis im ruhigen Besitz seiner Reiche, als er sich ganz dem großen Werke der Glaubensreinigung hingab, und die Furcht seiner niederländischen Untertanen wahr machte. Die Verordnungen, welche sein Vater gegen die Ketzer hatte ergehen lassen, wurden in ihrer ganzen Strenge erneuert, und schreckliche Gerichtshöfe, denen nichts als der Name der Inquisition fehlte, wachten über ihre Befolgung. Aber sein Werk schien ihm kaum zur Hälfte vollendet, solange er die spanische Inquisition nicht in ihrer ganzen Form in diese Länder verpflanzen konnte – ein Entwurf, woran schon der Kaiser gescheitert hatte.

Eine Stiftung neuer Art und eigener Gattung ist diese spanische Inquisition, die im ganzen Laufe der Zeiten kein Vorbild findet, und mit keinem geistlichen, keinem weltlichen Tribunal zu vergleichen steht. Inquisition hat es gegeben, seitdem die Vernunft sich an das Heilige wagte, seitdem es Zweifler und

Neuerer gab; aber erst um die Mitte des dreizehnten Jahrhunderts, nachdem einige Beispiele der Abtrünnigkeit die Hierarchie aufgeschreckt hatten, baute ihr Innocentius der Dritte einen eigenen Richterstuhl, und trennte auf eine unnatürliche Weise die geistliche Aufsicht und Unterweisung von der strafenden Gewalt. Um desto sicherer zu sein, daß kein Menschengefühl und keine Bestechung der Natur die starre Strenge ihrer Statuten auflöse, entzog er sie den Bischöfen und der säkularischen Geistlichkeit, die durch die Bande des bürgerlichen Lebens noch zu sehr an der Menschheit hing, um sie Mönchen zu übertragen, einer Abart des menschlichen Namens, die die heiligen Triebe der Natur abgeschworen, dienstbaren Kreaturen des römischen Stuhls. Deutschland, Italien, Spanien, Portugal und Frankreich empfingen sie; ein Franziskanermönch saß bei dem fürchterlichen Urteil über die Tempelherrn zu Gerichte; einigen wenigen Staaten gelang es, sie auszuschließen, oder der weltlichen Hoheit zu unterwerfen. Die Niederlande waren bis zur Regierung Karls des Fünften damit verschont geblieben; ihre Bischöfe übten die geistliche Zensur, und in außerordentlichen Fällen pflegte man sich an fremde Inquisitionsgerichte, die französischen Provinzen nach Paris, die deutschen nach Köln zu wenden*.

Aber die Inquisition, welche jetzt gemeint ist, kam aus dem Westen von Europa, anders in ihrem Ursprung, und anders an Gestalt. Der letzte maurische Thron war im funfzehnten Jahrhundert in Granada gefallen, und der sarazenische Gottesdienst endlich dem überlegenen Glück der Christen gewichen. Aber neu und noch wenig befestigt war das Evangelium in diesem jüngsten christlichen Königreich, und in der trüben Mischung ungleichartiger Gesetze und Sitten hatten sich die Religionen noch nicht geschieden. Zwar hatte das Schwert der Verfolgung viele tausend Familien nach Afrika getrieben, aber ein weit größerer Teil, von dem geliebten Himmelsstriche der Heimat gehalten, kaufte sich mit dem Gaukelspiel verstellter Bekehrung von dieser schrecklichen Notwendigkeit los, und fuhr an christlichen Altären fort, seinem Mahomed und Moses zu dienen. Solange es seine Gebete nach Mekka richtete, war Granada nicht unterworfen, solange der neue Christ im Innersten seines Hauses wieder zum Juden und Muselman wurde, war er dem Thron nicht gewisser, als dem römischen Stuhl. Jetzt war es

* Hopper. Mémorial d. Troubles des Pays-bas, in Vita Vigl. 65 sq.

nicht damit getan, dieses widerstrebende Volk in die äußerliche
Form eines neuen Glaubens zu zwingen, oder es der siegenden
Kirche durch die schwachen Bande der Zeremonie anzutrauen;
es kam darauf an, die Wurzel einer alten Religion auszureuten,
und einen hartnäckigen Hang zu besiegen, der durch die langsam wirkende Kraft von Jahrhunderten in seine Sitten, seine
Sprache, seine Gesetze gepflanzt worden, und bei dem fortdauernden Einfluß des vaterländischen Bodens und Himmels
in ewiger Übung blieb. Wollte die Kirche einen vollständigen
Sieg über den feindlichen Gottesdienst feiern, und ihre neue
Eroberung vor jedem Rückfalle sicherstellen, so mußte sie den
Grund selbst unterwühlen, auf welchen der alte Glaube gebaut
war; sie mußte die ganze Form des sittlichen Charakters zerschlagen, an die er aufs innigste geheftet schien. In den verborgensten Tiefen der Seele mußte sie seine geheimen Wurzeln
ablösen, alle seine Spuren im Kreise des häuslichen Lebens und
in der Bürgerwelt auslöschen, jede Erinnerung an ihn absterben lassen, und womöglich selbst die Empfänglichkeit für seine
Eindrücke töten. Vaterland und Familie, Gewissen und Ehre,
die heiligen Gefühle der Gesellschaft und der Natur sind immer
die ersten und nächsten, mit denen Religionen sich mischen;
von denen sie Stärke empfangen, und denen sie sie geben. Diese
Verbindung mußte jetzt aufgelöst, von den heiligen Gefühlen
der Natur mußte die alte Religion gewaltsam gerissen werden –
und sollte es selbst die Heiligkeit dieser Empfindungen kosten.
So wurde die Inquisition, die wir zum Unterschiede von den
menschlicheren Gerichten, die ihren Namen führen, die spanische nennen. Sie hat den Kardinal Ximenes zum Stifter; ein
Dominikanermönch, Torquemada, stieg zuerst auf ihren blutigen Thron, gründete ihre Statuten, und verfluchte mit diesem
Vermächtnis seinen Orden auf ewig. Schändung der Vernunft
und Mord der Geister heißt ihr Gelübde, ihre Werkzeuge sind
Schrecken und Schande. Jede Leidenschaft steht in ihrem Solde,
ihre Schlinge liegt in jeder Freude des Lebens. Selbst die Einsamkeit ist nicht einsam für sie; die Furcht ihrer Allgegenwart
hält selbst in den Tiefen der Seele die Freiheit gefesselt. Alle
Instinkte der Menschheit hat sie herabgestürzt unter den Glauben; ihm weichen alle Bande, die der Mensch sonst am heiligsten achtet. Alle Ansprüche auf seine Gattung sind für einen
Ketzer verscherzt; mit der leichtesten Untreue an der mütterlichen Kirche hat er sein Geschlecht ausgezogen. Ein bescheidner

Zweifel an der Unfehlbarkeit des Papsts wird geahndet wie
Vatermord, und schändet wie Sodomie; ihre Urteile gleichen
den schrecklichen Fermenten der Pest, die den gesundesten
Körper in schnelle Verwesung treiben. Selbst das Leblose, das
einem Ketzer angehörte, ist verflucht; ihre Opfer kann kein
Schicksal ihr unterschlagen; an Leichen und Gemälden werden
ihre Sentenzen vollstreckt; und das Grab selbst ist keine Zuflucht vor ihrem entsetzlichen Arme.

Die Vermessenheit ihrer Urteilssprüche kann nur von der
Unmenschlichkeit übertroffen werden, womit sie dieselben voll-
strecket. Indem sie Lächerliches mit Fürchterlichem paart und
durch die Seltsamkeit des Aufzugs die Augen belustigt, entkräftet sie den teilnehmenden Affekt durch den Kitzel eines
andern; im Spott und in der Verachtung ertränkt sie die Sympathie. Mit feierlichem Pompe führt man den Verbrecher zur
Richtstatt, eine rote Blutfahne weht voran, der Zusammenklang
aller Glocken begleitet den Zug; zuerst kommen Priester im
Meßgewande, und singen ein heiliges Lied. Ihnen folgt der verurteilte Sünder, in ein gelbes Gewand gekleidet, worauf man
schwarze Teufelsgestalten abgemalt sieht. Auf dem Kopfe trägt
er eine Mütze von Papier, die sich in eine Menschenfigur endigt,
um welche Feuerflammen schlagen, und scheußliche Dämonen
herumfliegen. Weggekehrt von dem ewig Verdammten wird
das Bild des Gekreuzigten getragen; ihm gilt die Erlösung nicht
mehr. Dem Feuer gehört sein sterblicher Leib, wie den Flammen der Hölle seine unsterbliche Seele. Ein Knebel sperrt seinen Mund, und verwehrt ihm, seinen Schmerz in Klagen zu
lindern, das Mitleid durch seine rührende Geschichte zu wecken,
und die Geheimnisse des heiligen Gerichts auszusagen. An ihn
schließt sich die Geistlichkeit im festlichen Ornat, die Obrigkeit
und der Adel; die Väter, die ihn gerichtet haben, beschließen den
schauerlichen Zug. Man glaubt eine Leiche zu sehen, die zu Grabe
geleitet wird, und es ist ein lebendiger Mensch, dessen Qualen jetzt
das Volk so schauderhaft unterhalten sollen. Gewöhnlich werden
diese Hinrichtungen auf hohe Feste gerichtet, wozu man eine
bestimmte Anzahl solcher Unglücklichen in den Kerkern des
heiligen Hauses zusammenspart, um durch die Menge der Opfer
die Handlung zu verherrlichen; und alsdann sind selbst die
Könige zugegen. Sie sitzen mit unbedecktem Haupte auf einem
niedrigeren Stuhle, als der Großinquisitor, dem sie an einem
solchen Tage den Rang über sich geben – und wer wird nun

vor einem Tribunal nicht erzittern, neben welchem die Majestät selbst versinkt*?

Die große Glaubensrevolution durch Luther und Calvin brachte die Notwendigkeit wieder zurück, welche diesem Gericht seine erste Entstehung gegeben; und was anfänglich nur erfunden war, das kleine Königreich Granada von den schwachen Überresten der Sarazenen und Juden zu reinigen, wurde jetzt das Bedürfnis der ganzen katholischen Christenheit. Alle Inquisitionen in Portugal, in Italien, Deutschland und Frankreich nahmen die Form der spanischen an; sie folgte den Europäern nach Indien, und errichtete in Goa ein schreckliches Tribunal, dessen unmenschliche Prozeduren uns noch in der Beschreibung durchschauern. Wohin sie ihren Fuß setzte, folgte ihr die Verwüstung; aber so, wie in Spanien, hat sie in keiner andern Weltgegend gewütet. Die Toten vergißt man, die sie geopfert hat; die Geschlechter der Menschen erneuern sich wieder, und auch die Länder blühen wieder, die sie verheert und entvölkert hat, aber Jahrhunderte werden hingehen, eh ihre Spuren aus dem spanischen Charakter verschwinden. Eine geistreiche treffliche Nation hat sie mitten auf dem Weg zur Vollendung gehalten, aus einem Himmelsstrich, worin es einheimisch war, das Genie verbannt, und eine Stille, wie sie auf Gräbern ruht, in dem Geist eines Volks hinterlassen, das vor vielen andern, die diesen Weltteil bewohnen, zur Freude berufen war.

Den ersten Inquisitor setzte Karl der Fünfte im Jahr 1522 in Brabant ein. Einige Priester waren ihm als Gehülfen an die Seite gegeben; aber er selbst war ein Weltlicher. Nach dem Tode Adrians des Sechsten bestellte sein Nachfolger, Clemens der Siebente, drei Inquisitoren für alle niederländische Provinzen, und Paul der Dritte setzte diese Zahl wiederum bis auf zwei herunter, welche sich bis auf den Anfang der Unruhen erhielten. Im Jahr 1530 wurden mit Zuziehung und Genehmigung der Stände die Edikte gegen die Ketzer ausgeschrieben, welche allen folgenden zum Grunde liegen, und worin auch der Inquisition ausdrücklich Meldung geschieht. Im Jahr 1550 sahe sich Karl der Fünfte durch das schnelle Wachstum der Sekten gezwungen, diese Edikte zu erneuern und zu schärfen, und bei dieser Gelegenheit war es, wo sich die Stadt Antwerpen der

* Burgund. Histor. Belg. 126. 127. Hopper. 65. 66. 67. Grot. Annal. Belg. L. I. 8. 9. sq. Essay sur les Mœurs, Tom. III. Inquisition.

Inquisition widersetzte, und ihr auch glücklich entging. Aber der Geist dieser niederländischen Inquisition war nach dem Genius des Landes menschlicher, als in den spanischen Reichen, und noch hatte sie kein Ausländer, noch weniger ein Dominikaner verwaltet. Zur Richtschnur dienten ihr die Edikte, welche jedermann kannte; und ebendarum fand man sie weniger anstößig, weil sie, so streng sie auch richtete, doch der Willkür weniger unterworfen schien, und sich nicht, wie die spanische Inquisition, in Geheimnis hüllte.

Aber ebendieser letztern wollte Philipp einen Weg in die Niederlande bahnen, weil sie ihm das geschickteste Werkzeug zu sein schien, den Geist dieses Volks zu verderben, und für eine despotische Regierung zuzubereiten. Er fing damit an, die Glaubensverordnungen seines Vaters zu schärfen, die Gewalt der Inquisitoren je mehr und mehr auszudehnen, ihr Verfahren willkürlicher, und von der bürgerlichen Gerichtsbarkeit unabhängiger zu machen. Bald fehlte dem Tribunale zu der spanischen Inquisition wenig mehr als der Name und Dominikaner. Bloßer Verdacht war genug, einen Bürger aus dem Schoß der öffentlichen Ruhe, aus dem Kreis seiner Familie herauszustehlen, und das schwächste Zeugnis berechtigte zur Folterung. Wer in diesen Schlund hinabfiel, kam nicht wieder. Alle Wohltaten der Gesetze hörten ihm auf. Ihn meinte die mütterliche Sorge der Gerechtigkeit nicht mehr. Jenseits der Welt richteten ihn Bosheit und Wahnsinn nach Gesetzen, die für Menschen nicht gelten. Nie erfuhr der Delinquent seinen Kläger, und sehr selten sein Verbrechen; ein ruchloser teuflischer Kunstgriff, der den Unglücklichen zwang, auf seine Verschuldung zu raten, und im Wahnwitz der Folterpein, oder im Überdruß einer langen lebendigen Beerdigung Vergehungen auszusagen, die vielleicht nie begangen, oder dem Richter doch nie bekannt worden waren. Die Güter der Verurteilten wurden eingezogen, und die Angeber durch Gnadenbriefe und Belohnungen ermuntert. Kein Privilegium, keine bürgerliche Gerechtigkeit galt gegen die heilige Gewalt. Wen sie berührte, den hatte der weltliche Arm verloren. Diesem war kein weiterer Anteil an ihrer Gerichtspflege verstattet, als mit ehrerbietiger Unterwerfung ihre Sentenzen zu vollstrecken. Die Folgen dieses Instituts mußten unnatürlich und schrecklich sein. Das ganze zeitliche Glück, selbst das Leben des unbescholtenen Mannes war nunmehr in die Hände eines jeden Nichtswürdigen gegeben. Jeder verborgene Feind, jeder Neider hatte jetzt die gefährliche Lockung einer unsichtbaren und unfehlbaren Rache. Die Sicherheit des Eigentums, die Wahrheit des Umgangs war dahin. Alle Bande des Gewinns waren aufgelöst, alle des Bluts und der Liebe. Ein ansteckendes Mißtrauen vergiftete das gesellige Leben, die gefürchtete Gegenwart eines Lauschers erschreckte den Blick im Auge und den Klang in der Kehle. Man glaubte an keinen redlichen Mann mehr, und galt auch für keinen. Guter Name, Landsmannsschaften, Verbrüderungen, Eide selbst, und alles was Menschen für heilig achten, war in seinem Werte gefallen. – Diesem Schicksale unterwarf man eine große blühende Handelsstadt, wo hunderttausend geschäftige Menschen durch das einzige Band des Vertrauens zusammenhalten. Jeder unentbehrlich für jeden, und jeder zweideutig, verdächtig. Alle durch den Geist der Gewinnsucht aneinandergezogen, und auseinandergeworfen durch Furcht. Alle Grundsäulen der Geselligkeit umgerissen, wo Geselligkeit der Grund alles Lebens und aller Dauer ist*.

Andre Eingriffe in die Konstitution der Niederlande

Kein Wunder, daß ein so unnatürliches Gericht, das selbst dem duldsameren Geiste der Spanier unerträglich gewesen war, einen Freistaat empörte. Aber den Schrecken, den es einflößte, vermehrte die spanische Kriegsmacht, die auch nach wiederhergestelltem Frieden beibehalten wurde, und, der Reichskonstitution zuwider, die Grenzstädte anfüllte. Karln dem Fünften hatte man diese Einführung fremder Armeen vergeben, weil man ihre Notwendigkeit einsah, und mehr auf seine guten Gesinnungen baute. Jetzt erblickte man in diesen Truppen nur die fürchterlichen Zurüstungen der Unterdrückung und die Werkzeuge einer verhaßten Hierarchie. Eine ansehnliche Reiterei, von Eingebornen errichtet, war zum Schutze des Landes hinreichend und machte diese Ausländer entbehrlich. Die Zügellosigkeit und Raubsucht dieser Spanier, die noch große Rückstände zu fodern hatten und sich auf Unkosten des Bürgers bezahlt machten, vollendeten die Erbitterung des Volks und brachten den gemeinen Mann zur Verzweiflung. Als nachher das allgemeine Murren die Regierung bewog, sie von den

* Grotius L. I. 9. 10.

Grenzen zusammenzuziehen und in die seeländischen Inseln zu
verlegen, wo die Schiffe zu ihrer Abfahrt ausgerüstet wurden,
ging ihre Vermessenheit so weit, daß die Einwohner aufhörten,
an den Dämmen zu arbeiten, und ihr Vaterland lieber dem Meer
überlassen wollten, als länger von dem viehischen Mutwillen
dieser rasenden Bande leiden*.

Sehr gerne hätte Philipp diese Spanier im Lande behalten,
um durch sie seinen Edikten mehr Kraft zu geben und die
Neuerungen zu unterstützen, die er in der niederländischen
Verfassung zu machen gesonnen war. Sie waren ihm gleichsam
die Gewährsmänner der allgemeinen Ruhe, und eine Kette, an
der er die Nation gefangenhielt. Deswegen ließ er nichts unversucht, dem anhaltenden Zudringen der Reichsstände auszuweichen, welche diese Spanier entfernt wissen wollten, und
erschöpfte bei dieser Gelegenheit alle Hülfsmittel der Schikane
und Überredung. Bald fürchtet er einen plötzlichen Überfall
Frankreichs, das von wütenden Faktionen zerrissen, sich gegen
einen einheimischen Feind kaum behaupten kann; bald sollen
sie seinen Sohn Don Carlos an der Grenze in Empfang nehmen,
den er nie willens war, aus Kastilien zu lassen. Ihre Unterhaltung soll der Nation nicht zur Last fallen, er selbst will aus
seiner eignen Schatulle alle Kosten davon bestreiten. Um sie
mit desto besserm Scheine dazubehalten, hielt er ihnen mit
Fleiß ihren rückständigen Sold zurück, da er sie doch sonst den
einheimischen Truppen, die er völlig befriedigte, gewiß würde
vorgezogen haben. Die Furcht der Nation einzuschläfern, und
den allgemeinen Unwillen zu versöhnen, bot er den beiden
Lieblingen des Volks, dem Prinzen von Oranien und dem
Grafen von Egmont, den Oberbefehl über diese Truppen an;
beide aber schlugen seinen Antrag aus, mit der edelmütigen
Erklärung, daß sie sich nie entschließen würden, gegen die
Gesetze des Landes zu dienen. Je mehr Begierde der König
blicken ließ, seine Spanier im Lande zu lassen; desto hartnäk-
kiger bestunden die Staaten auf ihrer Entfernung. In dem darauffolgenden Reichstag zu Gent mußte er mitten im Kreis seiner Höflinge eine republikanische Wahrheit hören. „Wozu
fremde Hände zu unserm Schutze?" sagte ihm der Syndikus
von Gent. „Etwa damit uns die übrige Welt für zu leichtsinnig
oder gar für zu blödsinnig halte, uns selbst zu verteidigen?
Warum haben wir Frieden geschlossen, wenn uns die Lasten

* Allg. G. d. v. Niederlande. III. Band. 21. Buch. S. 23 usf.

des Kriegs auch im Frieden drücken? Im Kriege schärfte die Notwendigkeit unsre Geduld, in der Ruhe unterliegen wir seinen Leiden. Oder werden wir diese ausgelassene Bande in Ordnung halten, da deine eigene Gegenwart nicht so viel vermocht hat? Hier stehen deine Untertanen aus Cambray und Antwerpen, und schreien über Gewalt. Thionville und Marienburg liegen wüste, und darum hast du uns doch nicht Frieden gegeben, daß unsere Städte zu Einöden werden, wie sie notwendig werden müssen, wenn du sie nicht von diesen Zerstörern erlösest? Vielleicht willst du dich gegen Überfall unsrer Nachbarn verwahren? Diese Vorsicht ist weise, aber das Gerücht ihrer Rüstung wird lange Zeit ihren Waffen voraneilen. Warum mit schweren Kosten Fremdlinge mieten, die ein Land nicht schonen werden, das sie morgen wieder verlassen müssen? Noch stehen tapfre Niederländer zu deinen Diensten, denen dein Vater in weit stürmischeren Zeiten die Republik anvertraute. Warum willst du jetzt ihre Treue bezweifeln, die sie so viele Jahrhunderte lang deinen Vorfahren unverletzt gehalten haben? Sollten sie nicht vermögend sein, den Krieg so lange hinzuhalten, bis deine Bundsgenossen unter ihre Fahnen eilen, oder du selbst aus der Nachbarschaft Hülfe sendest?" Diese Sprache war dem König zu neu und ihre Wahrheit zu einleuchtend, als daß er sie sogleich hätte beantworten können. „Ich bin auch ein Ausländer", rief er endlich, „will man nicht lieber gar mich selbst aus dem Lande jagen?" Sogleich stieg er vom Throne und verließ die Versammlung, aber dem Sprecher war seine Kühnheit vergeben. Zwei Tage darauf ließ er den Ständen die Erklärung tun: wenn er früher gewußt hätte, daß diese Truppen ihnen zur Last fielen, so würde er schon Anstalt gemacht haben sie gleich selbst mit nach Spanien zu nehmen. Jetzt wäre dieses freilich zu spät, weil sie unbezahlt nicht abreisen würden; doch verspreche er ihnen auf das heiligste, daß diese Last sie nicht über vier Monate mehr drücken sollte. Nichtsdestoweniger blieben diese Truppen statt dieser vier Monate noch achtzehn im Lande, und würden es vielleicht noch später verlassen haben, wenn das Bedürfnis des Reichs sie in einer andern Weltgegend nicht nötiger gemacht hätte*.

Die gewalttätige Einführung Fremder in die wichtigsten Ämter des Landes veranlaßte neue Klagen gegen die Regierung.

* Burgund. L. l. p. 38. 39. 40. Reidan. L. 1. p. 3. Meteren. 1 Teil 1. Buch. 47.

Von allen Vorrechten der Provinzen war keines den Spaniern
so anstößig, als dieses, welches Fremdlinge von Bedienungen
ausschließt, und keines hatten sie eifriger zu untergraben gesucht*. Italien, beide Indien, und alle Provinzen dieser ungeheuern Monarchie waren ihrer Habsucht und ihrem Ehrgeiz
geöffnet, nur von der reichsten unter allen schloß sie ein uner-
bittliches Grundgesetz aus. Man überzeugte den Monarchen,
daß die königliche Gewalt in diesen Ländern nie würde befestigt werden können, solange sie sich nicht fremder Werkzeuge
dazu bedienen dürfte. Schon der Bischof von Arras, ein Burgunder von Geburt, war den Flamändern widerrechtlich aufgedrungen worden, und jetzt sollte auch der Graf von Feria,
ein Kastilianer, Sitz und Stimme im Staatsrat erhalten. Aber
diese Unternehmung fand einen herzhaftern Widerstand, als die
Schmeichler des Königs ihn hatten erwarten lassen, und seine
despotische Allmacht scheiterte diesmal an den Künsten Wilhelms von Oranien und der Festigkeit der Staaten**.

Wilhelm von Oranien und Graf von Egmont

So kündigte Philipp den Niederlanden seine Regierung an,
und dies waren ihre Beschwerden, als er im Begriff stund sie
zu verlassen. Lange schon sehnte er sich aus einem Lande, wo er
ein Fremdling war, wo so vieles seine Neigungen beleidigte,
sein despotischer Geist an den Gesetzen der Freiheit so ungestüme Erinnerer fand. Der Friede mit Frankreich erlaubte ihm
endlich diese Entfernung, die Rüstungen Solimans zogen ihn
nach dem Süden, und auch Spanien fing an, seinen Herrn zu
vermissen. Die Wahl eines obersten Statthalters für die Niederlande war die Hauptangelegenheit, die ihn jetzt noch beschäftigte. Herzog Emanuel Philibert von Savoyen hatte seit der Abdankung der Königin Maria von Ungarn diese Stelle bekleidet,
welche aber, solange der König in den Niederlanden selbst anwesend war, mehr Ehre als wirklichen Einfluß gab. Seine Abwesenheit machte sie zu dem wichtigsten Amt in der Monarchie
und dem glänzendsten Ziele, wornach der Ehrgeiz eines Bürgers nur streben konnte. Jetzt stand sie durch die Entfernung
des Herzogs erledigt, den der Friede von Chateau-Cambresis

* Reidan. L. 1. p. 3.
** Grot. Annal. L. I. p. 13.

wieder in den Besitz seiner Lande gesetzt hatte. Die beinahe unumschränkte Gewalt, welche dem Oberstatthalter verliehen werden mußte, die Fähigkeiten und Kenntnisse, die ein so ausgedehnter und delikater Posten erfoderte, vorzüglich aber die gewagten Anschläge der Regierung auf die Freiheit des Landes, deren Ausführung von ihm abhängen sollte, mußten notwendig diese Wahl erschweren. Das Gesetz, welches jeden Ausländer von Bedienungen entfernt, macht bei dem Oberstatthalter eine Ausnahme. Da er nicht aus allen siebenzehn Provinzen zugleich gebürtig sein kann, so ist es ihm erlaubt, keiner von allen anzugehören, denn die Eifersucht eines Brabanters würde einem Flamänder, der eine halbe Meile von seiner Grenze zu Hause wäre, kein größeres Recht dazu einräumen, als dem Sizilianer, der eine andre Erde und einen andern Himmel hat. Hier aber schien der Vorteil der Krone selbst einen niederländischen Bürger zu begünstigen. Ein geborner Brabanter, zum Beispiel, dessen Vaterland sich mit uneingeschränkterem Vertrauen ihm überlieferte, konnte, wenn er ein Verräter war, den tödlichen Streich schon zur Hälfte getan haben, ehe ein Ausländer das Mißtrauen überwand, das über seine geringfügigsten Handlungen wachte. Hatte die Regierung in einer Provinz ihre Absichten durchgesetzt, so war die Widersetzung der übrigen eine Kühnheit, die sie auf das strengste zu ahnden berechtigt war. In dem gemeinschaftlichen Ganzen, welches die Provinzen jetzt ausmachten, waren ihre individuellen Verfassungen gleichsam untergegangen; der Gehorsam einer einzigen war ein Gesetz für jede, und das Vorrecht, welches eine nicht zu bewahren wußte, war für alle andre verloren.

Unter den niederländischen Großen, die auf die Oberstatthalterschaft Anspruch machen konnten, waren die Erwartungen und Wünsche der Nation zwischen dem Grafen von Egmont und dem Prinzen von Oranien geteilt, welche durch gleich edle Abkunft dazu berufen, durch gleiche Verdienste dazu berechtigt, und durch gleiche Liebe des Volks zu diesem Posten willkommen waren. Beide hatte ein glänzender Rang zunächst an den Thron gestellt, und wenn das Auge des Monarchen zuerst unter den Würdigsten suchte, so mußte es notwendig auf einen von diesen beiden fallen. Da wir in der Folge dieser Geschichte beide Namen oft werden nennen müssen, so kann die Aufmerksamkeit des Lesers nicht frühe genug auf sie gezogen werden.

Wilhelm der Erste, Prinz von Oranien, stammte aus dem deutschen Fürstenhause Nassau, welches schon acht Jahrhunderte geblüht, mit dem österreichischen eine Zeitlang um den Vorzug gerungen, und dem deutschen Reich einen Kaiser gegeben hatte. Außer verschiedenen reichen Ländereien in den Niederlanden, die ihn zu einem Bürger dieses Staats und einem gebornen Vasallen Spaniens machten, besaß er in Frankreich noch das unabhängige Fürstentum Oranien. Wilhelm ward im Jahr 1533 zu Dillenburg in der Grafschaft Nassau von einer Gräfin Stolberg geboren. Sein Vater, der Graf von Nassau, desselben Namens, hatte die protestantische Religion angenommen, worin er auch seinen Sohn erziehen ließ; Karl der Fünfte aber, der dem Knaben schon frühzeitig wohlwollte, nahm ihn sehr jung an seinen Hof und ließ ihn in der römischen aufwachsen. Dieser Monarch, der in dem Kinde den künftigen großen Mann schon erkannte, behielt ihn neun Jahre um seine Person, würdigte ihn seines eignen Unterrichts in Regierungsgeschäften, und ehrte ihn durch ein Vertrauen, welches über seine Jahre ging; ihm allein war es erlaubt, um den Kaiser zu bleiben, wenn er fremden Gesandten Audienz gab – ein Beweis, daß er als Knabe schon angefangen haben mußte, den ruhmvollen Beinamen des Verschwiegenen zu verdienen. Der Kaiser errötete sogar nicht, einmal öffentlich zu gestehen, daß dieser junge Mensch ihm öfters Anschläge gebe, die seiner eignen Klugheit würden entgangen sein. Welche Erwartungen konnte man nicht von dem Geist eines Mannes hegen, der in einer solchen Schule gebildet war!

Wilhelm war dreiundzwanzig Jahr alt als Karl die Regierung niederlegte, und hatte schon zwei öffentliche Beweise der höchsten Achtung von ihm erhalten. Ihm übertrug er, mit Ausschließung aller Großen seines Hofs, das ehrenvolle Amt, seinem Bruder Ferdinand die Kaiserkrone zu überbringen. Als der Herzog von Savoyen, der die kaiserliche Armee in den Niederlanden kommandierte, von seinen eigenen Landesangelegenheiten nach Italien abgerufen ward, vertraute der Kaiser ihm den Oberbefehl über diese Truppen an, gegen die Vorstellungen seines ganzen Kriegsrats, denen es allzu gewagt schien, den erfahrnen französischen Feldherren einen Jüngling entgegenzusetzen. Abwesend und von niemand empfohlen, zog ihn der Monarch der lorbeervollen Schar seiner Helden vor, und der Ausgang ließ ihn seine Wahl nicht bereuen.

Die vorzügliche Gunst, in welcher dieser Prinz bei dem Vater gestanden hatte, wäre allein schon ein wichtiger Grund gewesen, ihn von dem Vertrauen seines Sohnes auszuschließen. Philipp, scheint es, hatte es sich zum Gesetz gemacht, den spanischen Adel an dem niederländischen wegen des Vorzugs zu rächen, wodurch Karl der Fünfte diesen letztern stets unterschieden hatte. Aber wichtiger waren die geheimen Beweggründe, die ihn von dem Prinzen entfernten. Wilhelm von Oranien gehörte zu den hagern und blassen Menschen, wie Cäsar sie nennt, die des Nachts nicht schlafen, und zuviel denken, vor denen das furchtloseste aller Gemüter gewankt hat. Die stille Ruhe eines immer gleichen Gesichts verbarg ine geschäftige feurige Seele, die auch die Hülle, hinter welcher sie schuf, nicht bewegte, und der List und der Liebe gleich unbetretbar war; einen vielfachen, fruchtbaren, nie ermüdenden Geist, weich und bildsam genug, augenblicklich in alle Formen zu schmelzen; bewährt genug, in keiner sich selbst zu verlieren; stark genug, jeden Glückswechsel zu ertragen. Menschen zu durchschauen und Herzen zu gewinnen, war kein größerer Meister als Wilhelm; nicht daß er, nach der Weise des Hofs, seine Lippen eine Knechtschaft bekennen ließ, die das stolze Herz Lügen strafte, sondern weil er mit den Merkmalen seiner Gunst und Verehrung weder karg noch verschwenderisch war, und durch eine kluge Wirtschaft mit demjenigen, wodurch man Menschen verbindet, seinen wirklichen Vorrat an diesen Mitteln vermehrte. So langsam sein Geist gebar, so vollendet waren seine Früchte; so spät sein Entschluß reifte, so standhaft und unerschütterlich ward er vollstreckt. Den Plan, dem er einmal als dem ersten gehuldigt hatte, konnte kein Widerstand ermüden, keine Zufälle zerstören, denn alle hatten, noch ehe sie wirklich eintraten, vor seiner Seele gestanden. So sehr sein Gemüt über Schrecken und Freude erhaben war, so unterworfen war es der Furcht; aber seine Furcht war früher da, als die Gefahr, und er war ruhig im Tumult, weil er in der Ruhe gezittert hatte. Wilhelm zerstreute sein Gold mit Verschwendung, aber er geizte mit Sekunden. Die Stunde der Tafel war seine einzige Feierstunde, aber diese gehörte seinem Herzen auch ganz, seiner Familie und der Freundschaft; ein bescheidener Abzug, den er dem Vaterlande machte. Hier verklärte sich seine Stirn beim Wein, den ihm fröhlicher Mut und Enthaltsamkeit würzten, und die ernste Sorge durfte hier die Jovialität seines

Geists nicht umwölken. Sein Hauswesen war prächtig, der Glanz einer zahlreichen Dienerschaft, die Menge und das Ansehen derer, die seine Person umgaben, machten seinen Wohnsitz einem souveränen Fürstenhofe gleich. Eine glänzende Gastfreiheit, das große Zaubermittel der Demagogen, war die Göttin seines Palastes. Fremde Prinzen und Gesandten fanden hier eine Aufnahme und Bewirtung, die alles übertraf, was das üppige Belgien ihnen anbieten konnte. Eine demütige Unterwürfigkeit gegen die Regierung kaufte den Tadel und Verdacht wieder ab, den dieser Aufwand auf seine Absichten werfen konnte. Aber diese Verschwendungen unterhielten den Glanz seines Namens bei dem Volk, dem nichts mehr schmeichelt, als die Schätze des Vaterlands vor Fremdlingen ausgestellt zu sehen, und der hohe Gipfel des Glücks, worauf er gesehen wurde, erhöhte den Wert der Leutseligkeit, zu der er herabstieg. Niemand war wohl mehr zum Führer einer Verschwörung geboren, als Wilhelm der Verschwiegene. Ein durchdringender fester Blick in die vergangene Zeit, die Gegenwart und die Zukunft, schnelle Besitznehmung der Gelegenheit, eine Obergewalt über alle Geister, ungeheure Entwürfe, die nur dem weit entlegenen Betrachter Gestalt und Ebenmaß zeigen, kühne Berechnungen, die an der langen Kette der Zukunft hinunterspinnen, standen unter der Aufsicht einer erleuchteten und freieren Tugend, die mit festem Tritt auch auf der Grenze noch wandelt.

Ein Mensch wie dieser konnte seinem ganzen Zeitalter undurchdringlich bleiben, aber nicht dem mißtrauischsten Geist seines Jahrhunderts. Philipp der Zweite schaute schnell und tief in einen Charakter, der, unter den gutartigen, seinem eignen am ähnlichsten war. Hätte er ihn nicht so vollkommen durchschaut, so wäre es unerklärbar, wie er einem Menschen sein Vertrauen nicht geschenkt haben sollte, in welchem sich beinahe alle Eigenschaften vereinigten, die e r am höchsten schätzte und am besten würdigen konnte. Aber Wilhelm hatte noch einen andern Berührungspunkt mit Philipp dem Zweiten, welcher wichtiger war. Er hatte seine Staatskunst bei demselben Meister gelernt, und war, wie zu fürchten stand, ein fähigerer Schüler gewesen. Nicht, weil er den Fürsten des Machiavell zu seinem Studium gemacht, sondern weil er den lebendigen Unterricht eines Monarchen genossen hatte, der jenen in Ausübung brachte, war er mit den gefährlichen Künsten bekannt worden, durch welche Throne fallen und steigen. Philipp hatte hier mit einem Gegner zu tun, der auf seine Staatskunst gerüstet war, und dem bei einer guten Sache auch die Hülfsmittel der schlimmen zu Gebote standen. Und eben dieser letztere Umstand erklärt uns, warum er unter allen gleichzeitigen Sterblichen diesen am unversöhnlichsten haßte, und so unnatürlich fürchtete.

Den Argwohn, welchen man bereits gegen den Prinzen gefaßt hatte, vermehrte die zweideutige Meinung von seiner Religion. Wilhelm glaubte an den Papst, solange der Kaiser, sein Wohltäter, lebte; aber man fürchtete mit Grund, daß ihn die Vorliebe, die seinem jungen Herzen für die verbesserte Lehre gegeben worden, nie ganz verlassen habe. Welche Kirche er auch in gewissen Perioden seines Lebens mag vorgezogen haben, so hätte sich jede damit beruhigen können, daß ihn keine einzige ganz gehabt hat. Wir sehen ihn in spätern Jahren beinahe mit ebenso wenigem Bedenken zum Kalvinismus übergehen, als er in früher Kindheit die lutherische Religion für die römische verließ. Gegen die spanische Tyrannei verteidigte er mehr die Menschenrechte der Protestanten, als ihre Meinungen; nicht ihr Glaube, ihre Leiden hatten ihn zu ihrem Bruder gemacht*.

Diese allgemeinen Gründe des Mißtrauens schienen durch eine Entdeckung gerechtfertigt zu werden, welche der Zufall über seine wahren Gesinnungen darbot. Wilhelm war als Geisel des Friedens von Chateau-Cambresis, an dessen Stiftung er mitgearbeitet hatte, in Frankreich zurückgeblieben, und hatte durch die Unvorsichtigkeit Heinrichs des Zweiten, der mit einem Vertrauten des Königs von Spanien zu sprechen glaubte, einen heimlichen Anschlag erfahren, den der französische Hof mit dem spanischen gegen die Protestanten beider Reiche entwarf. Diese wichtige Entdeckung eilte der Prinz seinen Freunden in Brüssel, die sie so nah anging, mitzuteilen, und die Briefe, die er darüber wechselte, fielen unglücklicherweise dem König von Spanien in die Hände**. Philipp wurde von diesem entscheidenden Aufschluß über Wilhelms Gesinnungen weniger überrascht, als über die Zerstörung seines Anschlags entrüstet; aber die spanischen Großen, die dem Prinzen jenen Augenblick noch nicht vergessen hatten, wo der größte der Kaiser im letzten Akt seines Lebens auf seinen Schultern ruhete, versäumten diese gün-

* Strad. Dec. I. L. I. p. 24 und L. III. p. 55 sq. Grot. Annal. L. I. p. 7. Reidan. L. III. 59. Meurs. Guil. Auriac. L. I. p. 2 sq. Burg. 65. 66.
** Strada. Dec. I. L. III. p. 56. Thuan. I. 1010. Reidan. L. I. p. 5.

stige Gelegenheit nicht, den Verräter eines Staatsgeheimnisses endlich ganz in der guten Meinung ihres Königs zu stürzen.

Nicht minder edlen Stammes als Wilhelm, war Lamoral, Graf von Egmont und Prinz von Gaure, ein Abkömmling der Herzoge von Geldern, deren kriegerischer Mut die Waffen des Hauses Östreich ermüdet hatte. Sein Geschlecht glänzte in den Annalen des Landes, einer von seinen Vorfahren hatte schon unter Maximilian die Statthalterschaft über Holland verwaltet. Egmonts Vermählung mit der Herzogin Sabina von Bayern erhöhte noch den Glanz seiner Geburt, und machte ihn durch wichtige Verbindungen mächtig. Karl der Fünfte hatte ihn im Jahr 1546 in Utrecht zum Ritter des Goldenen Vlieses geschlagen, die Kriege dieses Kaisers waren die Schule seines künftigen Ruhms, und die Schlachten bei St. Quentin und Gravelingen machten ihn zum Helden seines Jahrhunderts. Jede Wohltat des Friedens, den handelnde Völker am dankbarsten fühlen, brachte das Gedächtnis der Siege zurück, durch die er beschleunigt worden, und der flämische Stolz machte sich, wie eine eitle Mutter, mit dem herrlichen Sohne des Landes groß, der ganz Europa mit seiner Bewunderung erfüllte. Neun Kinder, die unter den Augen seiner Mitbürger aufblühten, vervielfältigten und verengten die Bande zwischen ihm und dem Vaterland, und die allgemeine Zuneigung gegen ihn übte sich im Anschauen derer, die ihm das Teuerste waren. Jede öffentliche Erscheinung Egmonts war ein Triumphzug; jedes Auge, das auf ihn geheftet war, erzählte sein Leben; in der Ruhmredigkeit seiner Kriegsgefährten lebten seine Taten; ihren Kindern hatten ihn die Mütter bei ritterlichen Spielen gezeigt. Höflichkeit, edler Anstand und Leutseligkeit, die liebenswürdigen Tugenden der Ritterschaft, schmückten mit Grazie sein Verdienst. Auf einer freien Stirn erschien seine freie Seele; seine Offenherzigkeit verwaltete seine Geheimnisse nicht besser als seine Wohltätigkeit seine Güter, und ein Gedanke gehörte allen, sobald er sein war. Sanft und menschlich war seine Religion, aber wenig geläutert, weil sie von seinem Herzen und nicht von seinem Verstande ihr Licht empfing. Egmont besaß mehr Gewissen als Grundsätze; sein Kopf hatte sich sein Gesetzbuch nicht selbst gegeben, sondern nur eingelernt, darum konnte der bloße Name einer Handlung ihm die Handlung verbieten. Seine Menschen waren böse oder gut, und hatten nicht Böses oder Gutes; in seiner Sittenlehre fand zwischen Laster und Tugend keine Vermittelung statt, darum entschied bei ihm oft eine einzige gute Seite für den Mann. Egmont vereinigte alle Vorzüge, die den Helden bilden; er war ein besserer Soldat als Oranien, aber als Staatsmann tief unter ihm; dieser sahe die Welt, wie sie wirklich war, Egmont in dem magischen Spiegel einer verschönernden Phantasie. Menschen, die das Glück mit einem Lohn überraschte, zu welchem sie keinen natürlichen Grund in ihren Handlungen finden, werden sehr leicht versucht, den notwendigen Zusammenhang zwischen Ursache und Wirkung überhaupt zu verlernen, und in die natürliche Folge der Dinge jene höhere Wunderkraft einzuschalten, der sie endlich tolldreist, wie Cäsar seinem Glücke, vertrauen. Von diesen Menschen war Egmont. Trunken von Verdiensten, welche die Dankbarkeit gegen ihn übertrieben hatte, taumelte er in diesem süßen Bewußtsein, wie in einer lieblichen Traumwelt dahin. Er fürchtete nichts, weil er dem unsichern Pfande vertraute, das ihm das Schicksal in der allgemeinen Liebe gegeben, und glaubte an Gerechtigkeit, weil er glücklich war. Selbst die schrecklichste Erfahrung des spanischen Meineids konnte nachher diese Zuversicht nicht aus seiner Seele vertilgen und auf dem Blutgerüste selbst war Hoffnung sein letztes Gefühl. Eine zärtliche Furcht für seine Familie hielt seinen patriotischen Mut an kleinern Pflichten gefangen. Weil er für Eigentum und Leben zu zittern hatte, konnte er für die Republik nicht viel wagen. Wilhelm von Oranien brach mit dem Thron, weil die willkürliche Gewalt seinen Stolz empörte; Egmont war eitel, darum legte er einen Wert auf Monarchengnade. Jener war ein Bürger der Welt, Egmont ist nie mehr als ein Fläminger gewesen*.

Philipp der Zweite stand noch in der Schuld des Siegers bei St. Quentin, und die Oberstatthalterschaft der Niederlande schien die einzig würdige Belohnung so glänzender Verdienste zu sein. Geburt und Ansehen, die Stimme der Nation und persönliche Fähigkeiten sprachen so laut für Egmont als für Oranien, und wenn dieser übergangen wurde, so konnte jener allein ihn verdrängt haben.

Zwei Mitbewerber von so gleichem Verdienst hätten Philipp bei seiner Wahl verlegen machen können, wenn es ihm je in den Sinn gekommen wäre, sich für einen von beiden zu bestimmen. Aber eben die Vorzüge, mit welchen sie ihr Recht darauf unterstützten, waren es, was sie ausschloß; und gerade

* Grotii Annal. L. I. p. 7. Strad. L. I. 23. und L. III. 84.

durch diese feurigen Wünsche der Nation für ihre Erhebung
hatten sie ihre Ansprüche auf diesen Posten unwiderruflich
verwirkt. Philipp konnte in den Niederlanden keinen Statthalter brauchen, dem der gute Wille und die Kraft des Volks zu
Gebote stand. Egmonts Abkunft von den geldrischen Herzogen machte ihn zu einem gebornen Feinde des spanischen Hauses, und die höchste Gewalt schien in den Händen eines Mannes
gefährlich, dem es einfallen konnte, die Unterdrückung seines
Ahnherrn an dem Sohne des Unterdrückers zu rächen. Die
Hintansetzung ihrer Lieblinge konnte weder die Nation, noch
sie selbst beleidigen, denn der König, hieß es, übergehe beide,
weil er keinen vorziehen möge*.

Die fehlgeschlagene Erwartung der Regentschaft benahm
dem Prinzen von Oranien die Hoffnung noch nicht ganz, seinen
Einfluß in den Niederlanden fester zu gründen. Unter den übrigen, welche zu diesem Amt in Vorschlag gebracht wurden,
war auch Christina, Herzogin von Lothringen, und Muhme des
Königs, die sich als Mittlerin des Friedens von Chateau-Cambresis ein glänzendes Verdienst um die Krone erworben hatte.
Wilhelm hatte Absichten auf ihre Tochter, die er durch eine
tätige Verwendung für die Mutter zu befördern hoffte; aber er
überlegte nicht, daß er eben dadurch ihre Sache verdarb. Die
Herzogin Christina wurde verworfen, nicht sowohl, wie es hieß,
weil die Abhängigkeit ihrer Länder von Frankreich sie dem
spanischen Hofe verdächtig machte, als vielmehr deswegen,
weil sie dem niederländischen Volk und dem Prinzen von
Oranien willkommen war**.

Margareta von Parma, Oberstatthalterin der Niederlande

Indem die allgemeine Erwartung noch gespannt ist, wer über
das Schicksal der Provinzen künftig zu gebieten haben würde,
erscheint an den Grenzen des Landes Herzogin Margareta von
Parma, von dem König aus dem entlegenen Italien gerufen, um
die Niederlande zu regieren.

Margareta war eine natürliche Tochter Karls des Fünften,
von einem niederländischen Fräulein Vangeest 1522 geboren.
Um die Ehre ihres Hauses zu schonen, wurde sie anfangs in der

---

* Strad. Dec. I. L. I. 24. Grot. Annal. p. 12.
** Burgund. L. I. 23 sq. Strad. Dec. I. L. I. 24. 25.

Dunkelheit erzogen, ihre Mutter aber, die mehr Eitelkeit als Ehre besaß, war nicht sehr besorgt, das Geheimnis ihres Ursprungs zu verwahren, und eine königliche Erziehung verriet die Kaiserstochter. Noch als Kind wurde sie der Statthalterin Margareta, ihrer Großtante, nach Brüssel zur Erziehung gegeben, welche sie in ihrem achten Jahre verlor, und mit ihrer Nachfolgerin, der Königin Maria von Ungarn, einer Schwester des Kaisers, vertauschte. Schon in ihrem vierten Jahre hatte sie ihr Vater mit einem Prinzen von Ferrara verlobt; nachdem aber diese Verbindung in der Folge wieder aufgelöst worden, bestimmte man sie Alexandern von Medicis, dem neuen Herzog von Florenz, zur Gemahlin, welche Vermählung auch wirklich nach der siegreichen Rückkehr des Kaisers aus Afrika in Neapel begangen wurde. Noch im ersten Jahr einer unglücklichen Ehe entreißt ihr ein gewaltsamer Tod den Gemahl, der sie nicht lieben konnte, und zum drittenmal muß ihre Hand der Politik ihres Vaters wuchern. Octavius Farnese ein dreizehnjähriger Prinz und Nepote Pauls des Dritten, erhält mit ihrer Person die Herzogtümer Parma und Piacenza zum Brautschatz, und Margareta wird, durch ein seltsames Schicksal, als eine Volljährige, mit einem Knaben getraut, wie sie ehmals als Kind einem Manne verhandelt worden. Ihr wenig weiblicher Geist machte diese letzte Verbindung noch unnatürlicher, denn ihre Neigungen waren männlich und ihre ganze Lebensweise spottete ihres Geschlechts. Nach dem Beispiel ihrer Erzieherin, der Königin von Ungarn, und ihrer Urgroßtante, der Herzogin Maria von Burgund, die in dieser Liebhaberei den Tod fand, war sie eine leidenschaftliche Jägerin, und hatte dabei ihren Körper so abgehärtet, daß sie alle Strapazen dieser Lebensart, trotz einem Manne, ausdauern konnte. Ihr Gang selbst zeigte so wenig Grazie, daß man vielmehr versucht war, sie für einen verkleideten Mann, als für eine männliche Frau zu halten, und die Natur, deren sie durch diese Grenzenverletzung gespottet hatte, rächte sich endlich auch an ihr durch eine Männerkrankheit, das Podagra. Diese so seltnen Eigenschaften krönte ein derber Mönchsglaube, den Ignatius Loyola, ihr Gewissensrat und Lehrer, den Ruhm gehabt hatte, in ihre Seele zu pflanzen. Unter den Liebeswerken und Bußübungen, womit sie ihre Eitelkeit kreuzigte, ist eine der merkwürdigsten, daß sie in der Karwoche jedes Jahrs einer gewissen Anzahl Armen, denen auf das schärfste untersagt war, sich vorher zu reinigen, eigenhändig

die Füße wusch, sie bei Tische wie eine Magd bediente und mit
reichen Geschenken entließ.

Es braucht nicht viel mehr als diesen letzten Charakterzug,
um den Vorzug zu begreifen, den ihr der König vor allen ihren
Nebenbuhlern gab; aber seine Vorliebe für sie wurde zugleich
durch die besten Gründe der Staatskunst gerechtfertigt. Margareta war in den Niederlanden geboren und auch da erzogen.
Sie hatte ihre erste Jugend unter diesem Volke verlebt, und viel
von seinen Sitten angenommen. Zwei Statthalterinnen, unter
deren Augen sie erwachsen war, hatten sie in den Maximen
nach und nach eingeweiht, nach welchen dieses eigentümliche
Volk am besten regiert wird, und konnten ihr darin zu einem
Vorbilde dienen. Es mangelte ihr nicht an Geist und einem
besondern Sinn für Geschäfte, den sie ihren Erzieherinnen abgelernt und nachher in der italienischen Schule zu größerer
Vollkommenheit gebracht hatte. Die Niederlande waren seit
mehreren Jahren an weibliche Regierungen gewöhnt, und Philipp hoffte vielleicht, daß das scharfe Eisen der Tyrannei, dessen
er sich jetzt gegen sie bedienen wollte, von weiblichen Händen
sanfter einschneiden würde. Einige Rücksicht auf seinen Vater,
der damals noch lebte und dieser Tochter sehr wohlwollte, soll
ihn, wie man behauptet, bei dieser Wahl gleichfalls geleitet
haben, so wie es auch wahrscheinlich ist, daß er den Herzog
von Parma, dem er damals eine Bitte abschlagen mußte, durch
diese Aufmerksamkeit für seine Gemahlin verbinden wollte.
Da die Ländereien der Herzogin von seinen italienischen Staaten umfangen und zu jeder Zeit seinen Waffen bloßgestellt
waren, so konnte er mit um so weniger Gefahr die höchste
Gewalt in ihre Hände geben. Zu seiner völligen Sicherheit blieb
noch Alexander Farnese, ihr Sohn, als ein Unterpfand ihrer
Treue, an seinem Hof. Alle diese Gründe zusammen hatten
Gewicht genug, den König für sie zu bestimmen; aber sie
wurden entscheidend, weil der Bischof von Arras und der Herzog von Alba sie unterstützten. Letzterer, scheint es, weil er
alle übrigen Mitbewerber haßte oder beneidete; jener, weil
seine Herrschbegierde wahrscheinlich schon damals die große
Befriedigung ahndete, die in dem schwankenden Gemüt dieser
Fürstin für sie bereitet lag*.

* Burgund. L. I. 23 seq. Strad. Dec. I. L. I. 24 bis 30. Meteren I. B. 61.
Recueil et Mémorial des Troubles de Pays-bas (autore Hoppero). T. II.
Vita Vigl. 18. 19.

Philipp empfing die neue Regentin mit einem glänzenden
Gefolge an der Grenze des Landes, und führte sie in prächti-
gem Pompe nach Gent, wo die Generalstaaten waren versammelt worden. Da er nicht willens war, so bald nach den Niederlanden zurückzukehren, so wollte er noch, ehe er sie gänzlich
verließ, die Nation durch einen solennen Reichstag befriedigen,
und den Anordnungen, die er getroffen hatte, eine größere Sanktion und gesetzmäßige Stärke geben. Zum letztenmal zeigte er
sich hier seinem niederländischen Volk, das von nun an sein
Schicksal nur aus geheimnisvoller Ferne empfangen sollte. Den
Glanz dieses feierlichen Tages zu erheben, schlug er eilf neue
Ritter des Goldnen Vlieses, ließ seine Schwester auf einem
Stuhl neben sich niedersitzen, und zeigte sie der Nation als ihre
künftige Beherrscherin. Alle Beschwerden des Volks über die
Glaubensedikte, die Inquisition, die Zurückhaltung der spanischen Truppen, die aufgelegten Steuern, und die gesetzwidrige
Einführung Fremder in die Ämter des Landes kamen auf diesem Reichstag in Bewegung, und wurden von beiden Teilen
mit Heftigkeit verhandelt, einige mit List abgewiesen oder
scheinbar gehoben, andre durch Machtsprüche zurückgeschlagen. Weil er ein Fremdling in der Landessprache war, redete
der König durch den Mund des Bischofs von Arras zu der
Nation, zählte ihr mit ruhmredigem Gepränge alle Wohltaten
seiner Regierung auf, versicherte sie seiner Gnade fürs künftige,
und empfahl den Ständen noch einmal aufs ernstlichste die Aufrechthaltung des katholischen Glaubens und die Vertilgung
der Ketzerei. Die spanischen Truppen, versprach er, sollten in
wenigen Monaten die Niederlande räumen, wenn man ihm nur
noch Zeit gönnen wollte, sich von den vielen Ausgaben des
letzten Krieges zu erholen, um diesen Truppen ihre Rückstände bezahlen zu können. Ihre Landesgesetze sollten unangefochten bleiben, die Auflagen sie nicht über ihre Kräfte drük-
ken, und die Inquisition ihr Amt mit Gerechtigkeit und Mäßigung verwalten. Bei der Wahl einer Oberstatthalterin, setzte
er hinzu, habe er vorzüglich die Wünsche der Nation zu Rate
gezogen, und für eine Eingeborne entschieden, die in ihren
Sitten und Gewohnheiten eingeweiht und ihnen durch Vaterlandsliebe zugetan sei. Er ermahne sie also, durch ihre Dankbarkeit seine Wahl zu ehren und seiner Schwester, der Herzogin,
wie ihm selbst zu gehorchen. Sollten, schloß er, unerwartete
Hinderungen sich seiner Wiederkunft entgegensetzen, so ver-

spreche er ihnen, an seiner Statt, den Prinzen Karl, seinen Sohn, zu senden, der in Brüssel residieren sollte*.

Einige beherztere Glieder dieser Versammlung wagten noch einen letzten Versuch für die Gewissensfreiheit. Jedem Volk, meinten sie, müsse nach seinem Nationalcharakter begegnet werden, wie jedem einzelnen Menschen nach seiner Leibeskonstitution. So könne man zum Beispiel den Süden unter einem gewissen Grade des Zwangs noch für glücklich halten, der dem Norden unerträglich fallen würde. Nimmermehr, setzten sie hinzu, würden sich die Fläminger zu einem Joche verstehen, worunter sich Spanier vielleicht geduldig beugten, und, wenn man es ihnen aufdringen wollte, lieber das Äußerste wagen. Diese Vorstellung unterstützten auch einige Räte des Königs, und drangen ernstlich auf Milderung jener schrecklichen Glaubensedikte. Aber Philipp blieb unerbittlich. Lieber nicht herrschen, war seine Antwort, als über Ketzer**.

Nach einer Einrichtung, die schon Karl der Fünfte gemacht hatte, waren der Oberstatthalterin drei Ratsversammlungen oder Kammern zugegeben, welche sich in die Verwaltung der Reichsgeschäfte teilten. Solange Philipp selbst in den Niederlanden anwesend war, hatten diese drei Gerichte sehr viel von ihrer Gewalt verloren, und das erste von ihnen, der Staatsrat, beinahe gänzlich geruht. Jetzt, da er das Heft der Regierung wieder aus den Händen gab, gewannen sie ihren vorigen Glanz wieder. In dem Staatsrat, der über Krieg und Frieden und die auswärtige Sicherheit wachte, saßen der Bischof von Arras, der Prinz von Oranien, der Graf von Egmont, der Präsident des Geheimen Rats Viglius von Zuichem von Aytta, und der Graf von Berlaymont, Präsident des Finanzrats. Alle Ritter des Goldnen Vlieses, alle Geheimderäte und Finanzräte, wie auch die Mitglieder des großen Senats zu Mecheln, der schon durch Karl den Fünften dem Geheimen Rat in Brüssel untergeben war, hatten im Staatsrat Sitz und Stimme, wenn sie von der Oberstatthalterin ausdrücklich dazu geladen wurden. Die Verwaltung der königlichen Einkünfte und Kammergüter gehörte dem Finanzrat, und der Geheime Rat beschäftigte sich mit dem Gerichtswesen und der bürgerlichen Ordnung des Landes, und fertigte die Begnadigungsscheine und Freibriefe aus. Die erledigten Statthalterschaften der Provinzen wurden entweder neu besetzt,

* Burg. L. I. 34–37. A. G. d. v. N. III. B. 25. 26. Strad. L. I. 32.
** Bentivogl. Libr. I. p. 10.

oder die alten bestätigt. Flandern und Artois erhielt der Graf
von Egmont; Holland, Seeland, Utrecht und Westfriesland mit
der Grafschaft Burgund der Prinz von Oranien; der Graf von
Aremberg Ostfriesland, Oberyssel und Gröningen; der Graf
von Mansfeld Luxemburg; Berlaymont Namur; der Marquis
von Bergen Hennegau, Chateau-Cambresis und Valenciennes;
der Baron von Montigny Tournay und sein Gebiet. Andre Provinzen wurden andern gegeben, welche unserer Aufmerksamkeit weniger würdig sind. Philipp von Montmorency, Graf
von Hoorne, dem der Graf von Meghem in der Statthalterschaft über Geldern und Zütphen gefolgt war, wurde als Admiral der niederländischen Seemacht bestätigt. Jeder Provinzstatthalter war zugleich Ritter des Vlieses und Mitglied des
Staatsrats. Jeder hatte in der Provinz, der er vorstand, das
Kommando über das Kriegsvolk, welches sie deckte, die Oberaufsicht über die bürgerliche Regierung und das Gerichtswesen; nur Flandern ausgenommen, wo der Statthalter in Rechtssachen nichts zu sagen hatte. Brabant allein stand unmittelbar
unter der Oberstatthalterin, welche, dem Herkommen gemäß,
Brüssel zu ihrem beständigen Wohnsitz erwählte. Die Einsetzung des Prinzen von Oranien in seine Statthalterschaften geschah eigentlich gegen die Konstitution des Landes, weil er
ein Ausländer war; aber einige Ländereien, die er in den Provinzen zerstreut besaß, oder als Vormund seines Sohnes verwaltete, ein langer Aufenthalt in dem Lande, und vorzüglich
das uneingeschränkte Vertrauen der Nation in seine Gesinnungen, ersetzten an wirklichem Anspruch, was ihm an einem zufälligen abging*.

Die Nationalmacht der Niederländer, die, wenn sie vollzählig
war, aus dreitausend Pferden bestehen sollte, jetzt aber nicht
viel über zweitausend betrug, wurde in vierzehn Eskadronen
verteilt, über welche, außer den Statthaltern der Provinzen,
noch der Herzog von Arschot, die Grafen von Hoogstraeten,
Bossu, Roeux und Brederode den Oberbefehl führten. Diese
Reiterei, welche durch alle siebenzehn Provinzen zerstreut war,
sollte nur für schnelle Bedürfnisse fertig stehen; sowenig sie
auch zu größeren Unternehmungen hinreichte, so war sie doch
zur Aufrechterhaltung der inneren Ruhe des Landes genug.
Ihr Mut war geprüft und die vorigen Kriege hatten den Ruhm

* Meteren. I. Band. I. Buch. 46. Burgund. L. I. p. 7. 25. 30. 34. Strad.
L. I. 20 sq. A. G. d. v. N. III. 21.

ihrer Tapferkeit durch ganz Europa verbreitet*. Außer ihr sollte
auch noch Fußvolk angenommen werden, wozu sich aber die
Staaten bis jetzt nicht verstehen wollten. Von den ausländischen
Truppen waren noch einige deutsche Regimenter im Dienst,
welche auf ihre Bezahlung warteten. Die viertausend Spanier,
über welche so viel Beschwerde geführt wurde, standen unter
zween spanischen Anführern, Mendoza und Romero, und
lagen in den Grenzstädten in Besatzung.

Unter den niederländischen Großen, welche der König bei
dieser Stellenbesetzung vorzüglich auszeichnete, stehen die Namen des Grafen von Egmont und Wilhelms von Oranien oben-
an. So tief schon damals der Haß gegen diese beiden, und gegen
den letztern besonders bei ihm Wurzel gefaßt hatte, so gab er
ihnen dennoch diese öffentlichen Merkmale seiner Gunst, weil
seine Rache noch nicht reif war, und das Volk sie schwärmerisch
verehrte. Beider Güter wurden steuerfrei erklärt**, die einträg-
lichsten Statthalterschaften wurden ihnen gegeben, durch das
angebotene Kommando über die zurückgelassenen Spanier
schmeichelte er ihnen mit einem Vertrauen, das er sehr entfernt
war wirklich in sie zu setzen. Aber zu ebender Zeit, wo er den
Prinzen durch diese öffentlichen Beweise seiner Achtung verpflichtete, wußte er ihn ingeheim desto empfindlicher zu verwunden. Aus Furcht, daß eine Verbindung mit dem mächtigen
Hause Lothringen diesen verdächtigen Vasallen zu kühnern
Anschlägen verleiten möchte, hintertrieb er die Heurat, die zwischen ihm und einer Prinzessin dieses Hauses zustande kommen
sollte, und zernichtete seine Hoffnung, die ihrer Erfüllung so
nahe war – eine Kränkung, welche der Prinz ihm niemals vergeben hat***. Der Haß gegen diesen gewann es sogar einmal
über seine angeborne Verstellungskunst und verleitete ihn zu
einem Schritte, worin wir Philipp den Zweiten gänzlich verkennen. Als er zu Vlissingen an Bord ging, und die Großen
des Landes ihn am Ufer umgaben, vergaß er sich so weit, den
Prinzen rauh anzulassen, und ihn öffentlich als den Urheber der
flandrischen Unruhen anzuklagen. Der Prinz antwortete mit
Mäßigung, daß nichts geschehen wäre, was die Staaten nicht
aus eigenem Antrieb und den rechtmäßigsten Beweggründen

---

* Burgund. L. I. 26. Strad. L. I. 21. sq. Hopper. 18. 19. folgend. Thuan.
T. II. 489.
** Wie auch des Grafen von Hoorne. A. G. d. v. N. III. B. 8.
*** Watson. T. I. 137.

getan. „Nein", sagte Philipp, indem er seine Hand ergriff und sie heftig schüttelte, „nicht die Staaten, sondern Sie! Sie! Sie!" Der Prinz stand verstummt, und ohne des Königs Einschiffung abzuwarten, wünschte er ihm eine glückliche Reise und ging nach der Stadt zurück*. So machte Privathaß die Erbitterung endlich unheilbar, welche Wilhelm gegen den Unterdrücker eines freien Volks längst schon im Busen trug, und diese doppelte Aufforderung brachte zuletzt das große Unternehmen zur Reife, das der spanischen Krone sieben ihrer edelsten Steine entrissen hat.

Philipp hatte seinem wahren Charakter nicht wenig vergeben, da er die Niederlande noch so gnädig entließ. Die gesetzmäßige Form eines Reichstags, diese Willfährigkeit, seine Spanier aus ihren Grenzen zu führen, diese Gefälligkeit, die wichtigsten Ämter des Landes durch die Lieblinge des Volkes zu besetzen, und endlich das Opfer, das er ihrer Reichsverfassung brachte, da er den Grafen von Feria aus dem Staatsrat wieder zurücknahm, waren Aufmerksamkeiten, deren sich seine Großmut in der Folge nie wieder schuldig machte. Aber er bedurfte jetzt mehr als jemals den guten Willen der Staaten, um mit ihrem Beistand, wo möglich, die große Schuldenlast zu tilgen, die noch von den vorigen Kriegen her auf den Niederlanden haftete. Dadurch, daß er sich ihnen durch kleinere Opfer gefällig machte, hoffte er ihnen vielleicht die Genehmigung seiner wichtigen Usurpationen abzugewinnen. Er bezeichnete seinen Abschied mit Gnade, denn er wußte, in welchen Händen er sie ließ. Die fürchterlichen Auftritte des Todes, die er diesem unglücklichen Volke zugedacht hatte, sollten den heitern Glanz der Majestät nicht verunreinigen, die gleich der Gottheit nur mit Wohltun ihre Pfade bezeichnet; jener schreckliche Ruhm war seinen Stellvertretern beschieden. Dennoch aber wurde durch Errichtung des Staatsrats dem niederländischen Adel mehr geschmeichelt, als wirklicher Einfluß gegeben. Der Geschichtschreiber, Strada, der von allem, was die Oberstatthalterin betraf, aus ihren eignen Papieren unterrichtet sein konnte**, hat uns einige Artikel aus der geheimen Instruktion aufbehalten, die ihr das spanische Ministerium gab. Wenn sie merkte, heißt es darin unter andern, daß die Räte durch Faktionen geteilt, oder was noch weit schlimmer wäre, durch Privat-

* Vie et Généalogie de Guillaume I. Prince d'Orange [von Neuville].
** Strad. L. II. 49. und L. l. 31.

konferenzen vor der Sitzung gerüstet und miteinander verschworen seien, so sollte sie die ganze Ratsversammlung aufheben, und in einem engern Ausschuß eigenmächtig über den streitigen Artikel verfügen. In diesem engern Ausschuß, den man die Konsulta nannte, saßen der Bischof von Arras, der Präsident Viglius und der Graf von Berlaymont. Ebenso sollte sie verfahren, wenn dringende Fälle eine raschere Entschließung erforderten. Wäre diese Anstalt nicht das Werk eines willkürlichen Despotismus gewesen: so könnte vielleicht die vernünftigste Staatskunst sie rechtfertigen und selbst die republikanische Freiheit sie dulden. Bei großen Versammlungen, wo viele Privatverhältnisse und Leidenschaften mit einwirken, wo die Menge der Hörer der Eitelkeit und dem Ehrgeize des Redners einen zu prächtigen Spielraum gibt, und die Parteien oft mit ungezogener Heftigkeit durcheinanderstürmen, kann selten ein Ratschluß mit derjenigen Nüchternheit und Reife gefaßt werden, wie noch wohl in einem engern Zirkel geschieht, wenn die Mitglieder gut gewählt sind. Nicht zu gedenken, daß bei einer zahlreichern Menge mehr beschränkte als erleuchtete Köpfe vorauszusetzen sind, die durch das gleiche Recht der Stimmen die Mehrheit nicht selten auf die Seite der Unvernunft lenken. Eine zweite Maxime, welche die Statthalterin in Ausübung bringen sollte, war diese, diejenigen Glieder des Rats, welche gegen eine Verordnung gestimmt hätten, nachdrücklich anzuhalten, diese Verordnung, wenn sie die Oberhand behalten, ebenso bereitwillig zu befördern, als wenn sie ihre eifrigsten Verfechter gewesen wären. Dadurch würde sie nicht nur das Volk über die Urheber eines solchen Gesetzes in Ungewißheit erhalten; sondern auch den Privatgezänken der Mitglieder steuern und bei der Stimmengebung eine größere Freiheit einführen*.

Aller dieser Fürsorge ungeachtet hätte Philipp die Niederlande niemals ruhig verlassen können, solange er die Obergewalt im Staatsrat und den Gehorsam der Provinzen in den Händen des verdächtigen Adels wußte; um also auch von dieser Seite seine Furcht zu beruhigen, und sich zugleich der Statthalterin zu versichern, unterwarf er sie selbst und in ihr alle Reichsangelegenheiten der höhern Einsicht des Bischofs von Arras, in welchem einzigen Mann er der furchtbarsten Kabale ein hinreichendes Gegengewicht gab. An diesen wurde

* Strad. Dec. I. L. I. 31.

die Herzogin, als an ein untrügliches Orakel der Majestät, angewiesen, und in ihm wachte ein strenger Aufseher ihrer Verwaltung. Unter allen gleichzeitigen Sterblichen war Granvella die einzige Ausnahme, die das Mißtrauen Philipps des Zweiten erlitten zu haben scheint; weil er diesen in Brüssel wußte, konnte er in Segovien schlafen. Er verließ die Niederlande im September des Jahres 1559; ein Sturm versenkte seine Flotte, da er bei Laredo in Biscaya gerettet ans Land stieg, und seine finstre Freude dankte dem erhaltenden Gott durch ein abscheuliches Gelübde. In die Hände eines Priesters und eines Weibes war das gefährliche Steuer der Niederlande gegeben, und der feige Tyrann entwischte in seinem Betstuhle zu Madrid den Bitten und Klagen und Verwünschungen seines Volks*.

* Allg. G. d. v. Niederlande. III. Band. 27. 28.

ZWEITES BUCH

Kardinal Granvella

Anton Perrenot, Bischof von Arras, nachheriger Erzbischof von Mecheln und Metropolitan der sämtlichen Niederlande, den uns der Haß seiner Zeitgenossen unter dem Namen des Kardinals Granvella verewigt hat, wurde im Jahr 1516 zu Besançon in der Grafschaft Burgund geboren. Sein Vater, Nicolaus Perrenot, eines Eisenschmieds Sohn, hatte sich durch eignes Verdienst bis zum Geheimschreiber der Herzogin Margareta von Savoyen, damaliger Regentin der Niederlande, emporgearbeitet; hier wurde er Karln dem Fünften als ein fähiger Geschäftsmann bekannt, der ihn in seine Dienste nahm und bei den wichtigsten Unterhandlungen gebrauchte. Zwanzig Jahre arbeitete er im Kabinett des Kaisers, bekleidete die Würde seines Geheimen Rats und Siegelbewahrers, teilte alle Staatsgeheimnisse dieses Monarchen, und erwarb sich ein großes Vermögen*. Seine Würden, seinen Einfluß und seine Staatskunst erbte Anton Perrenot, sein Sohn, der schon in frühen Jahren Proben der großen Fähigkeit ablegte, die ihm nachher eine so glorreiche Laufbahn geöffnet hat. Anton hatte auf verschiedenen hohen Schulen die Talente ausgebildet, womit ihn die Natur so verschwenderisch ausgestattet hatte, und beides gab ihm einen Vorzug vor seinem Vater. Bald zeigte er, daß er sich durch eigene Kraft auf dem Platze behaupten konnte, worauf ihn fremde Verdienste gestellt hatten. Er war vierundzwanzig Jahre alt, als ihn der Kaiser, als seinen Bevollmächtigten, auf die Kirchenversammlung zu Trient schickte, und hier ließ er die Erstlinge seiner Beredsamkeit hören, die ihm in der Folge eine so große Obergewalt über zwei Könige gab**. Karl bediente sich seiner noch bei verschiedenen schweren Gesandtschaften, die er mit dem größten Beifall seines Monarchen beendigte, und als endlich dieser Kaiser seinem Sohne das

---

* Meteren 60. Strad. 47.
** A. G. d. vereinigten Niederlande. II. Band 526.

Szepter überließ, machte er dieses kostbare Geschenk mit einem Minister vollkommen, der es ihm führen half.

Granvella eröffnete seine neue Laufbahn gleich mit dem größten Meisterstück seines politischen Genies, von der Gnade eines solchen Vaters in die Gunst eines solchen Sohnes so leicht hinüberzugleiten. Bald gelang es ihm, sie in der Tat zu verdienen. Bei der geheimen Unterhandlung, welche die Herzogin von Lothringen 1558 zwischen den französischen und spanischen Ministern in Peronne vermittelt hatte, entwarf er mit dem Kardinal von Lothringen die Verschwörung gegen die Protestanten, welche nachher zu Chateau-Cambresis, wo auch er an dem Friedensgeschäfte mitarbeitete, zur Reife gebracht, aber ebendort auch verraten wurde.

Ein tiefdringender, vielumfassender Verstand, eine seltene Leichtigkeit in verwickelten großen Geschäften, die ausgebreitetste Gelehrsamkeit war mit lasttragendem Fleiße und nie ermüdender Geduld; das unternehmendste Genie mit dem bedächtlichsten Maschinengang in diesem Manne wunderbar vereinigt. Tage und Nächte, schlaflos und nüchtern, fand ihn der Staat; Wichtiges und Geringes wurde mit gleich gewissenhafter Sorgfalt von ihm gewogen. Nicht selten beschäftigte er fünf Sekretäre zugleich und in verschiedenen Sprachen, deren er sieben geredet haben soll. Was eine prüfende Vernunft langsam zur Reife gebracht hatte, gewann Kraft und Anmut in seinem Munde und die Wahrheit, von einer mächtigen Suada begleitet, riß gewaltsam alle Hörer dahin. Seine Treue war unbestechlich, weil keine der Leidenschaften, welche Menschen von Menschen abhängig machen, sein Gemüt versuchte. Mit bewundernswürdiger Schärfe des Geistes durchspähte er das Gemüt seines Herrn, und erkannte oft in der Miene schon die ganze Gedankenreihe, wie in dem vorangeschickten Schatten die nahende Gestalt. Mit hülfreicher Kunst kam er diesem trägeren Geist entgegen, bildete die rohe Geburt noch auf seinen Lippen zum vollendeten Gedanken, und gönnte ihm großmütig den Ruhm der Erfindung. Die schwere und so nützliche Kunst, seinen eigenen Geist zu verkleinern, sein Genie einem andern leibeigen zu machen, verstand Granvella; so herrschte er, weil er seine Herrschaft verbarg, und nur so konnte Philipp der Zweite beherrscht werden. Zufrieden mit einer stillen aber gründlichen Gewalt haschte er nicht unersättlich nach neuen Zeichen derselben, die sonst immer das wünschenswürdigste

Ziel kleiner Geister sind; aber jede neue Würde kleidete ihn, als wäre sie nie von ihm geschieden gewesen. Kein Wunder, daß so außerordentliche Eigenschaften ihm die Gunst seines Herrn gewannen; aber ein wichtiges Vermächtnis der politischen Geheimnisse und Erfahrungen, welche Karl der Fünfte in einem tatenvollen Leben gesammelt und in diesem Kopf niedergelegt hatte, machte ihn seinem Thronfolger zugleich unentbehrlich. So selbstzufrieden dieser letztere auch seiner eigenen Vernunft zu vertrauen pflegte, so notwendig war es seiner furchtsamen schleichenden Politik, sich an einen überlegenen Geist anzuschmiegen, und ihrer eignen Unentschlossenheit durch Ansehen, fremdes Beispiel und Observanz nachzuhelfen. Keine politische Begebenheit des königlichen Hauses kam, solange Philipp in den Niederlanden war, ohne Zuziehung Granvellas zustande, und als er die Reise nach Spanien antrat, machte er der neuen Statthalterin ein ebenso wichtiges Geschenk mit diesem Minister, als ihm selbst von dem Kaiser, seinem Vater, in ihm hinterlassen worden war.

So gewöhnlich wir auch despotische Fürsten ihr Vertrauen an Kreaturen verschenken sehen, die sie aus dem Staube gezogen, und deren Schöpfer sie gleichsam sind, so vorzügliche Gaben wurden erfordert, die verschlossene Selbstsucht eines Charakters wie Philipp war, so weit zu überwinden, daß sie in Vertrauen, ja sogar Vertraulichkeit überging. Das leiseste Aufwallen des erlaubtesten Selbstgefühls, wodurch er sein Eigentumsrecht auf einen Gedanken zurückzufodern geschienen hätte, den der König einmal zu dem seinigen geadelt, hätte dem Minister seinen ganzen Einfluß gekostet. Es war ihm vergönnt, den niedrigen Leidenschaften der Wollust, der Habsucht, der Rachbegierde zu dienen, aber die einzige, die ihn wirklich beseelte, das süße Bewußtsein eigener Überlegenheit und Kraft, mußte er sorgfältig vor dem argwöhnischen Blick des Despoten verhüllen. Freiwillig begab er sich aller Vorzüge, die er eigentümlich besaß, um sie von der Großmut des Königs zum zweitenmal zu empfangen. Sein Glück durfte aus keiner andern Quelle als dieser fließen, kein anderer Mensch Anspruch auf seine Dankbarkeit haben. Den Purpur, der ihm von Rom aus gesendet war, legte er nicht eher an, als bis die königliche Bewilligung aus Spanien anlangte; indem er ihn zu den Stufen des Throns niederlegte, schien er ihn gleichsam erst aus den

Händen der Majestät zu erhalten*. Weniger Staatsmann als er, errichtete sich Herzog Alba eine Trophäe in Antwerpen, und schrieb unter die Siege, die er als Werkzeug der Krone gewonnen, seinen eigenen Namen – aber Alba nahm die Ungnade seines Herrn mit ins Grab. Er hatte mit frevelnder Hand in das Regale der Krone gegriffen, da er unmittelbar an der Quelle der Unsterblichkeit schöpfte.

Dreimal wechselte Granvella seinen Herrn, und dreimal gelang es ihm die höchste Gunst zu ersteigen. Mit ebender Leichtigkeit, womit er den gegründeten Stolz eines Selbstherrschers und den spröden Egoismus eines Despoten geleitet hatte, wußte er die zarte Eitelkeit eines Weibes zu handhaben. Seine Geschäfte mit der Regentin wurden mehrenteils, selbst wenn sie in e i n e m Hause beisammen waren, durch Billetts abgehandelt, ein Gebrauch, der sich noch aus den Zeiten Augusts und Tibers herschreiben soll. Wenn die Statthalterin ins Gedränge kam, wurden dergleichen Billetts zwischen dem Minister und ihr, oft von Stunde zu Stunde gewechselt. Wahrscheinlich erwählte er diesen Weg, um die wachsame Eifersucht des Adels zu betrügen, der seinen Einfluß auf die Regentin nicht ganz kennen sollte; vielleicht glaubte er auch durch dieses Mittel seine Ratschläge für die letztere dauerhafter zu machen und sich im Notfall mit diesen schriftlichen Zeugnissen gegen Beschuldigung zu decken. Aber die Wachsamkeit des Adels machte diese Vorsicht umsonst, und bald war es in allen Provinzen bekannt, daß nichts ohne den Minister geschehe.

Granvella besaß alle Eigenschaften eines vollendeten Staatsmannes für Monarchieen, die sich dem Despotismus nähern, aber durchaus keine für Republiken, die Könige haben. Zwischen dem Thron und dem Beichtstuhl erzogen, kannte er keine andern Verhältnisse unter Menschen, als Herrschaft und Unterwerfung, und das inwohnende Gefühl seiner eignen Überlegenheit gab ihm Menschenverachtung. Seiner Staatskunst fehlte Geschmeidigkeit, die einzige Tugend, die ihr hier unentbehrlich war. Er war hochfahrend und frech, und bewaffnete mit der königlichen Vollmacht die natürliche Heftigkeit seiner Gemütsart, und die Leidenschaften seines geistlichen Standes. In das Interesse der Krone hüllte er seinen eigenen Ehrgeiz und machte die Trennung zwischen der Nation und dem König unheilbar, weil er selbst ihm dann unentbehrlich

* Strada 65.

blieb. An dem Adel rächte er seine eigne niedrige Abkunft, und würdigte, nach Art aller derjenigen, die das Glück durch Verdienste gezwungen, die Vorzüge der Geburt unter diejenigen herunter, wodurch e r gestiegen war. Die Protestanten kannten ihn als ihren unversöhnlichsten Feind; alle Lasten, welche das Land drückten, wurden ihm schuld gegeben, und alle drückten desto unleidlicher, weil sie von ihm kamen. Ja man beschuldigt ihn sogar, daß er die billigeren Gesinnungen, die das dringende Anliegen der Staaten dem Monarchen endlich abgelockt hatte, zur Strenge zurückgeführt habe. Die Niederlande verfluchten ihn, als den schrecklichsten Feind ihrer Freiheit, und den ersten Urheber alles Elends, welches nachher über sie gekommen ist*.

1559. Offenbar hatte Philipp die Provinzen noch zu zeitig verlassen. Die neuen Maßregeln der Regierung waren diesem Volke noch zu fremd, und konnten durch ihn allein Sanktion und Nachdruck erhalten; die neuen Maschinen, die er spielen ließ, mußten durch eine gefürchtete starke Hand in Gang gebracht, ihre ersten Bewegungen zuvor abgewartet, und durch Observanz erst gesichert werden. Jetzt stellte er diesen Minister allen Leidenschaften bloß, die auf einmal die Fesseln der königlichen Gegenwart nicht mehr fühlten, und überließ dem schwachen Arm eines Untertans, woran selbst die Majestät mit ihren mächtigsten Stützen unterliegen konnte.

Zwar blühete das Land, und ein allgemeiner Wohlstand schien von dem Glück des Friedens zu zeugen, dessen es kürzlich teilhaftig worden war. Die Ruhe des äußeren Anblicks täuschte das Auge, aber sie war nur scheinbar, und in ihrem stillen Schoße loderte die gefährlichste Zwietracht. Wenn die Religion in einem Lande wankt, so wankt sie nicht allein; mit dem Heiligen hatte der Mutwille angefangen, und endigte mit dem Profanen. Der gelungene Angriff auf die Hierarchie hatte eine Keckheit und Lüsternheit erweckt, Autorität überhaupt anzutasten, und Gesetze wie Dogmen, Pflichten wie Meinungen zu prüfen. Dieser fanatische Mut, den man in Angelegenheiten der Ewigkeit üben gelernt, konnte seinen Gegenstand wechseln; diese Geringschätzung des Lebens und Eigentums furchtsame Bürger in tollkühne Empörer verwandeln. Eine beinahe vierzig Jahre lange weibliche Regierung hatte der Nation Raum gegeben, ihre Freiheiten geltend zu machen; anhaltende Kriege, welche die Niederlande zu ihrem Schauplatz machten,

* Strad. Dec. I. L. II. 47. 48. 49. 50. Thuan. L. VI. 301. Burgundius.

hatten eine gewisse Lizenz eingeführt, und das Recht der
Stärkern an die Stelle der bürgerlichen Ordnung gerufen. Die
Provinzen waren von fremden Abenteurern und Flüchtlingen
angefüllt, lauter Menschen, die kein Vaterland, keine Familie,
kein Eigentum mehr band, und die noch den Samen des Aufruhrs aus ihrer unglücklichen Heimat herüberbrachten. Die
wiederholten Schauspiele der Marter und des Todes hatten die
zarten Fäden der Sittlichkeit zerrissen, und dem Charakter der
Nation eine unnatürliche Härte gegeben.

Dennoch würde die Empörung nur schüchtern und still am
Boden gekrochen sein, hätte sie an dem Adel nicht eine Stütze
gefunden, woran sie furchtbar emporstieg. Karl der Fünfte
hatte die niederländischen Großen verwöhnt, da er sie zu Teil-
habern seines Ruhms machte, ihren Nationalstolz durch den
parteiischen Vorzug nährte, den er ihnen vor dem kastilianischen Adel gab, und ihrem Ehrgeiz in allen Teilen seines
Reichs einen Schauplatz aufschloß. Im letztern französischen
Kriege hatten sie um seinen Sohn diesen Vorzug wirklich verdient; die Vorteile, die der König aus dem Frieden von Chateau-Cambresis erntete, waren größtenteils Werke ihrer Tapferkeit gewesen, und jetzt vermißten sie mit Empfindlichkeit den
Dank, worauf sie so zuversichtlich gerechnet hatten. Es kam
dazu, daß durch den Abgang des deutschen Kaisertums von
der spanischen Monarchie und den minder kriegerischen Geist
der neuen Regierung ihr Wirkungskreis überhaupt verkleinert
und außer ihrem Vaterland wenig mehr für sie zu gewinnen
war. Philipp stellte jetzt seine Spanier an, wo Karl der Fünfte
Niederländer gebraucht hatte. Alle jene Leidenschaften, welche
die vorhergehende Regierung bei ihnen erweckt und beschäftigt hatte, brachten sie jetzt in den Frieden mit; und diese
zügellosen Triebe, denen ihr rechtmäßiger Gegenstand fehlte,
fanden unglücklicherweise in den Beschwerden des Vaterlands einen andern. Jetzt zogen sie die Ansprüche wieder aus
der Vergessenheit hervor, die auf eine Zeitlang von neueren
Leidenschaften verdrängt worden waren. Bei der letzten Stellenbesetzung hatte der König beinahe lauter Mißvergnügte gemacht; denn auch diejenigen, welche Ämter bekamen, waren
nicht viel zufriedner als die, welche man ganz überging, weil sie
auf bessere gerechnet hatten. Wilhelm von Oranien erhielt
vier Statthalterschaften, andere kleinere nicht einmal gerechnet,
die zusammengenommen den Wert einer fünften betrugen;

aber Wilhelm hatte sich auf Brabant und Flandern Hoffnung gemacht. Er und Graf Egmont vergaßen, was ihnen wirklich zuteil geworden, und erinnerten sich nur, daß die Regentschaft für sie verlorengegangen war. Der größte Teil des Adels hatte sich in Schulden gestürzt, oder von der Regierung dazu hinreißen lassen. Jetzt, da ihnen die Aussicht verschlossen wurde, sich in einträglichen Ämtern wieder zu erholen, sahen sie sich auf einmal dem Mangel bloßgestellt, der um so empfindlicher schmerzte, je mehr ihn die glänzende Lebensart des wohlhabenden Bürgers ins Licht stellte. In dem Extreme, wohin es mit ihnen gekommen war, hätten viele zu einem Verbrechen selbst die Hände geboten; wie sollten sie also den verführerischen Anerbietungen der Kalvinisten haben Trotz bieten können, die ihre Fürsprache und ihren Schutz mit schweren Summen bezahlten. Viele endlich, denen nicht mehr zu helfen war, fanden ihre letzte Zuflucht in der allgemeinen Verwüstung, und stunden jeden Augenblick fertig, den Feuerbrand in die Republik zu werfen*.

Diese gefährliche Stellung der Gemüter wurde noch mehr durch die unglückliche Nachbarschaft Frankreichs verschlimmert. Was Philipp für die Provinzen zu fürchten hatte, war dort bereits in Erfüllung gegangen. In dem Schicksal dieses Reichs konnte er das Schicksal seiner Niederlande vorbildlich angekündigt lesen und der Geist des Aufruhrs konnte dort ein verführerisches Muster finden. Ähnliche Zufälle hatten unter Franz dem Ersten und Heinrich dem Andern den Samen der Neuerung in dieses Königreich gestreut, eine ähnliche Raserei der Verfolgung und ein ähnlicher Geist der Faktion hatte sein Wachstum befördert. Jetzt rangen Hugenotten und Katholiken in gleich zweifelhaftem Kampf, wütende Parteien trieben die ganze Monarchie aus ihren Fugen und führten diesen mächtigen Staat gewaltsam an den Rand seines Untergangs. Hier wie dort konnten sich Eigennutz, Herrschsucht und Parteigeist in Religion und Vaterland hüllen, und die Leidenschaften weniger Bürger die vereinigte Nation bewaffnen. Die Grenze beider Länder zerfließt im wallonischen Flandern, der Aufruhr kann, wie ein gehobenes Meer, bis hieher seine Wellen werfen – wird ihm ein Land den Übergang versagen, dessen Sprache, Sitten und Charakter zwischen Gallien und Belgien wanken?

* Vita Vigl. T. II., vid. Recueil des Troubles de Pays-bas. p. Hopper. 22. Strad. 47.

Noch hat die Regierung keine Musterung ihrer protestantischen
Untertanen in diesen Ländern gehalten – aber die neue Sekte,
weiß sie, ist eine zusammenhängende ungeheure Republik, die
durch alle Monarchieen der Christenheit ihre Wurzeln breitet,
und die leiseste Erschütterung in allen Teilen gegenwärtig fühlt.
Es sind drohende Vulkane, die durch unterirdische Gänge
verbunden, in furchtbarer Sympathie zu gleicher Zeit sich entzünden. Die Niederlande mußten allen Völkern geöffnet sein,
weil sie von allen Völkern lebten. Konnte er einen handel-
treibenden Staat so leicht wie sein Spanien schließen? Wenn er
diese Provinzen von dem Irrglauben reinigen wollte, so mußte
er damit anfangen, ihn in Frankreich zu vertilgen*.

So fand Granvella die Niederlande beim Antritt seiner Verwaltung (1560).

Die Einförmigkeit des Papsttums in diese Länder zurückzuführen, die mitherrschende Gewalt des Adels und der Stände
zu brechen, und auf den Trümmern der republikanischen Freiheit die königliche Macht zu erheben, war die große Angelegenheit der spanischen Politik, und der Auftrag des neuen Ministers. Aber diesem Unternehmen standen Hindernisse entgegen,
welche zu besiegen neue Hülfsmittel erdacht, neue Maschinen
in Bewegung gesetzt werden mußten. Zwar schienen die Inquisition und die Glaubensedikte hinreichend zu sein, der
ketzerischen Ansteckung zu wehren; aber diesen fehlte es an
Aufsehern und jener an hinlänglichen Werkzeugen ihrer aus-
gedehnten Gerichtsbarkeit. Noch bestand jene ursprüngliche
Kirchenverfassung aus den früheren Zeiten, wo die Provinzen
weniger volkreich waren, die Kirche noch einer allgemeinen
Ruhe genoß und leichter übersehen werden konnte. Eine Reihe
mehrerer Jahrhunderte, welche die ganze innere Gestalt der
Provinzen verwandelte, hatte diese Form der Hierarchie unverändert gelassen, welche außerdem durch die besondern
Privilegien der Provinzen vor der Willkür ihrer Beherrscher
geschützt war. Alle siebenzehn Provinzen waren unter vier
Bischöfe verteilt, welche zu Arras, Tournai, Cambrai und Utrecht ihren Sitz hatten, und den Erzstiften von Reims und Köln
untergeben waren. Zwar hatte schon Philipp der Gütige Herzog von Burgund, bei zunehmender Bevölkerung dieser Länder
auf eine Erweiterung der Hierarchie gedacht, diesen Entwurf
aber im Rausch eines üppigen Lebens wieder verloren. Karln

* Strad. L. III. 71. 72. 73.

den Kühnen entzogen Ehrgeiz und Eroberungssucht den innern Angelegenheiten seiner Länder, und Maximilian hatte schon zu viele Kämpfe mit den Ständen, um auch noch diesen zu wagen. Eine stürmische Regierung untersagte Karln dem Fünften die Ausführung dieses weitläuftigen Plans, welchen nunmehr Philipp der Zweite als ein Vermächtnis aller dieser Fürsten übernahm*. Jetzt war der Zeitpunkt erschienen, wo die dringende Not der Kirche diese Neuerung entschuldigen, und die Muße des Friedens ihre Ausführung begünstigen konnte. Mit der ungeheuern Volksmenge, die sich aus allen Gegenden Europens in den niederländischen Städten zusammendrängte, war eine Verwirrung der Religionen und Meinungen entstanden, die von so wenigen Augen unmöglich mehr beleuchtet werden konnte. Weil die Zahl der Bischöfe so gering war, so mußten sich ihre Distrikte notwendig viel zu weit erstrecken, und vier Menschen konnten der Glaubensreinigung durch ein so weites Gebiet nicht gewachsen sein.

Die Gerichtsbarkeit, welche die Erzbischöfe von Köln und Reims in den Niederlanden ausübten, war schon längst ein Anstoß für die Regierung gewesen, die dieses Reich noch nicht als ihr Eigentum ansehen konnte, solange der wichtigste Zweig der Gewalt noch in fremden Händen war. Ihnen diesen zu entreißen, die Glaubensuntersuchungen durch neue tätige Werkzeuge zu beleben, und zugleich die Zahl ihrer Anhänger auf dem Reichstage zu verstärken, war kein besseres Mittel, als die Bischöfe zu vermehren. Mit diesem Entwurf stieg Philipp der Zweite auf den Thron; aber eine Neuerung in der Hierarchie mußte den heftigsten Widerspruch bei den Staaten finden, ohne welche sie jedoch nicht vorgenommen werden durfte. Nimmermehr, konnte er voraussehen, würde der Adel eine Stiftung genehmigen, durch welche die königliche Partei einen so starken Zuwachs bekam, und ihm selbst das Übergewicht auf dem Reichstag genommen wurde. Die Einkünfte, wovon diese neuen Bischöfe leben sollten, mußten den Äbten und Mönchen entrissen werden, und diese machten einen ansehnlichen Teil der Reichsstände aus. Nicht zu rechnen, daß er alle Protestanten zu fürchten hatte, die nicht ermangelt haben würden, auf dem Reichstag verborgen gegen ihn zu wirken. Die ganze Angelegenheit wurde in Rom auf das heimlichste betrieben. Franz Sonnoi, ein Priester aus der Stadt Löwen, Granvellas unter-

* Burgund. 45. Strad. 22.

richtete Kreatur, tritt vor Paul den Vierten, und berichtet ihm, wie ausgedehnt diese Lande sei'n, wie gesegnet und menschenreich, wie üppig in ihrer Glückseligkeit. Aber, fährt er fort, im unmäßigen Genuß der Freiheit wird der wahre Glaube vernachlässigt, und die Ketzer kommen auf. Diesem Übel zu steuern, muß der römische Stuhl etwas Außerordentliches tun. Es fällt nicht schwer, den römischen Bischof zu einer Neuerung zu vermögen, die den Kreis seiner eigenen Gerichtsbarkeit erweitert. Paul der Vierte setzt ein Gericht von sieben Kardinälen nieder, die über diese wichtige Angelegenheit beratschlagen müssen; das Geschäft, wovon der Tod ihn abfodert, vollendet sein Nachfolger Pius der Vierte*. Die willkommene Botschaft erreicht den König noch in Seeland, ehe er nach Spanien unter Segel geht, und der Minister wird in der Stille mit der gefährlichen Vollstreckung belastet. Die neue Hierarchie wird bekanntgemacht; (1560) zu den bisherigen vier Bistümern sind dreizehn neue errichtet, nach den siebenzehn Provinzen des Landes, und viere derselben zu Erzstiften erhoben. Sechs solcher bischöflichen Sitze, in Antwerpen nämlich, Herzogenbusch, Gent, Brügge, Ypern und Roermonde stehen unter dem Erzstift zu Mecheln; fünf andere, Haarlem, Middelburg, Leuwarden, Deventer und Gröningen unter dem Erzstift von Utrecht; und die vier übrigen, Arras, Tournai, St. Omer und Namur, die Frankreich näher liegen, und Sprache, Charakter und Sitten mit diesem Lande gemein haben, unter dem Erzstifte Cambrai. Mecheln, in der Mitte Brabants und aller siebenzehn Provinzen gelegen, ist das Primat aller übrigen und nebst mehrern reichen Abteien Granvellas Belohnung. Die Einkünfte der neuen Bistümer werden aus den Schätzen der Klöster und Abteien genommen, welche fromme Wohltätigkeit seit Jahrhunderten hier aufgehäuft hat. Einige aus den Äbten selbst erlangen die bischöfliche Würde, die mit dem Besitz ihrer Klöster und Prälaturen auch die Stimme auf dem Reichstag beibehalten, die an jene geheftet ist. Mit jedem Bistum sind zugleich neun Präbenden verbunden, welche den geschicktesten Rechtsgelehrten und Theologen verliehen werden, um die Inquisition und den Bischof in ihrem geistlichen Amte zu unterstützen. Zwei aus diesen, die sich durch Kenntnisse, Erfahrung und unbescholtenen Wandel dieses Vorzugs am würdigsten gemacht, sind wirkliche Inquisitoren, und haben die

* Burgund. 46. Meteren 57. Vigl. Vit. T. I. 34.

erste Stimme in den Versammlungen. Dem Erzbischof von
Mecheln, als Metropolitan aller siebenzehn Provinzen, ist die
Vollmacht gegeben, Erzbischöfe und Bischöfe nach Willkür
ein- oder abzusetzen, und der römische Stuhl gibt nur die
Genehmigung*.

Zu jeder andern Zeit würde die Nation eine solche Verbesserung des Kirchenwesens mit dankbarem Beifall aufgenommen haben, da sie hinreichend durch die Notwendigkeit entschuldigt der Religion beförderlich und zur Sittenverbesserung
der Mönche ganz unentbehrlich war. Jetzt gaben ihr die Verhältnisse der Zeit die verhaßteste Gestalt. Allgemein ist der
Unwille, womit sie empfangen wird. ,,Die Konstitution", schreit
man, ,,ist unter die Füße getreten, die Rechte der Nation sind
verletzt, die Inquisition ist vor den Toren, die ihren blutigen
Gerichtshof, von jetzt an, hier wie in Spanien eröffnen wird";
mit Schaudern betrachtet das Volk diese neuen Diener der Willkür und der Verfolgung. Der Adel sieht die monarchische Gewalt in der Staatenversammlung durch vierzehn mächtige Stimmen verstärkt, und die festeste Stütze der Nationalfreiheit, das
Gleichgewicht der königlichen und bürgerlichen Macht, aufgehoben. Die alten Bischöfe beklagen sich über Verminderung
ihrer Güter und Einschränkung ihrer Distrikte; die Äbte und
Mönche haben Macht und Einkünfte zugleich verloren, und
dafür strenge Aufseher ihrer Sitten erhalten. Adel und Volk,
Laien und Priester, treten gegen diese gemeinschaftlichen Feinde
zusammen, und indem alles für einen kleinen Eigennutz kämpft,
scheint eine furchtbare Stimme des Patriotismus zu schallen**.

Unter allen Provinzen widersetzt sich Brabant am lautesten.
Die Unverletzlichkeit seiner Kirchenverfassung ist der wichtigen Vorrechte eines, die es sich in dem merkwürdigen Freiheitsbrief des fröhlichen Einzugs vorbehalten; Statuten, die
der Souverän nicht verletzen kann, ohne die Nation ihres Gehorsams gegen ihn zu entbinden. Umsonst behauptete die hohe
Schule zu Löwen selbst, daß in den stürmischen Zeiten der
Kirche ein Privilegium seine Kraft verliere, das in ihren ruhigen
Perioden verliehen worden sei. Durch Einführung der neuen
Bistümer ward das ganze Gebäude ihrer Freiheit erschüttert.

* Burg. 49. 50. Dinoth. De Bello civil. Belg. L. I. 8. Grot. 15. Vit. Vigl
34. Strad. 23. Reid. 6. Hopper, Recueil des Troubles de Pays-bas in Vit.
Vigl. T. II. 23. 28.
** Grotius. 15 sq. Vita Vigl. T. II. 28. sq.

Die Prälaturen, welche jetzt zu den Bischöfen übergingen, mußten von nun an einer andern Regel dienen, als dem Nutzen der
Provinz, deren Stände sie waren. Aus freien patriotischen Bürgern wurden jetzt Werkzeuge des römischen Stuhls, und folgsame Maschinen des Erzbischofs, der ihnen noch überdies als
erster Prälat von Brabant* besonders zu gebieten hatte. Die
Freiheit der Stimmengebung war dahin, weil sich die Bischöfe,
als dienstbare Auflaurer der Krone, jedem fürchterlich machten. „Wer", hieß es, „wird es künftighin wagen, vor solchen
Aufsehern die Stimme im Parlament zu erheben, oder die Rechte
der Nation in ihrem Beisein gegen die räuberischen Griffe der
Regierung in Schutz zu nehmen? Sie werden die Hülfsquellen
der Provinzen ausspüren, und die Geheimnisse unsrer Freiheit
und unsers Eigentums an die Krone verraten. Den Weg zu allen
Ehrenämtern werden sie sperren; bald werden wir ihnen seine
Höflinge folgen sehen; die Kinder der Ausländer werden künftig das Parlament besetzen, und der Eigennutz ihrer Gönner
wird ihre gedungenen Stimmen leiten. Welche Gewalttätigkeit", fuhren die Mönche fort, „die heiligen Stiftungen der
Andacht umzukehren, den unverletzlichen Willen der Sterbenden zu verhöhnen, und, was fromme Mildtätigkeit in diesen
Archiven für die Unglücklichen niederlegte, der Üppigkeit dieser Bischöfe dienen zu lassen, und mit dem Raube der Armut
ihren stolzen Pomp zu verherrlichen?" Nicht die Äbte und
Mönche allein, welche das Unglück wirklich traf, durch diese
Schmälerung zu leiden, alle Familien, welche bis zu den
entferntesten Generationen hinunter mit irgendeinem Scheine
von Hoffnung sich schmeicheln konnten, dasselbe Benefiz dereinst zu genießen, empfanden diesen Verlust ihrer Hoffnung,
als wenn sie ihn wirklich erlitten hätten, und der Schmerz einiger
Prälaten wurde die Angelegenheit ganzer Geschlechter**.

In diesem allgemeinen Tumulte haben uns die Geschichtschreiber den leisen Gang Wilhelms von Oranien wahrnehmen
lassen, der diese durcheinanderstürmenden Leidenschaften
einem Ziele entgegenzuführen bemüht ist. Auf sein Anstiften
geschah es, daß die Brabanter sich von der Regentin einen
Wortführer und Beschützer erbaten, weil sie allein unter allen
übrigen niederländischen Untertanen das Unglück hätten, in
einer und ebender Person ihren Sachwalter und ihren Herrn

* Abt von Afflighen.
** Burgundius 55. 56. Vita Vigl. Tom. II. 24. Strad. 36.

zu vereinigen. Ihre Wahl konnte auf keinen andern, als den Prinzen von Oranien fallen. Aber Granvella zerriß diese Schlinge durch seine Besonnenheit. „Wer dieses Amt erhält", ließ er sich im Staatsrat verlauten, „wird hoffentlich einsehen, daß er Brabant mit dem König von Spanien teilt."* Das lange Ausbleiben der päpstlichen Diplome, die eine Irrung zwischen dem römischen und spanischen Hof in Rom verzögerte, gab den Mißvergnügten Raum, sich zu einem Zweck zu vereinigen. Ganz ingeheim fertigen die Staaten von Brabant einen außerordentlichen Botschafter an Pius den Vierten ab, ihr Gesuch in Rom selbst zu betreiben. Der Gesandte wurde mit wichtigen Empfehlungsschreiben von dem Prinzen von Oranien versehen, und bekam ansehnliche Summen mit, sich zu dem Vater der Kirche die Wege zu bahnen. Zugleich ging von der Stadt Antwerpen ein öffentlicher Brief an den König nach Spanien ab, worin ihm die dringendsten Vorstellungen geschahen, diese blühende Handelsstadt mit dieser Neuerung zu verschonen. Sie erkennen, hieß es darin, daß die Absicht des Monarchen die beste, und die Einsetzung der neuen Bischöfe zu Aufrechthaltung der wahren Religion sehr ersprießlich sei; davon aber könne man die Ausländer nicht überzeugen, von denen doch der Flor ihrer Stadt abhinge. Hier seien die grundlosesten Gerüchte ebenso gefährlich als die wahrhaftesten. Die erste Gesandtschaft wurde von der Regentin noch zeitig genug entdeckt und vereitelt; auf die zweite erhielt die Stadt Antwerpen so viel, daß sie bis zur persönlichen Überkunft des Königs, wie es hieß, mit ihrem Bischof verschont bleiben sollte**.

Antwerpens Beispiel und Glück gab allen übrigen Städten, denen ein Bischof zugedacht war, die Losung zum Widerspruch. Es ist ein merkwürdiger Beweis, wie weit damals der Haß gegen die Inquisition, und die Eintracht der niederländischen Städte gegangen ist, daß sie lieber auf alle Vorteile Verzicht tun wollten, die der Sitz eines Bischofs auf ihr inneres Gewerbe notwendig verbreiten mußte, als jenes verhaßte Gericht durch ihre Beistimmung befördern, und dem Vorteil des Ganzen zuwiderhandeln. Deventer, Roermonde und Leuwarden setzten sich standhaft entgegen und drangen (1561) auch glücklich durch; den übrigen Städten wurden die Bischöfe, alles Widerspruchs

* Strad. III. 80. 81.
** Burgund. 60. 61. Meteren 59. Vita Vigl. T. II. 29. 30. Strad. III. 79. Thuan. II. 488.

ungeachtet, mit Gewalt aufgedrungen. Utrecht, Haarlem, St. Omer und Middelburg sind von den ersten, welche ihnen die Tore öffneten; ihrem Beispiele folgten die übrigen Städte, aber in Mecheln und Herzogenbusch wird den Bischöfen mit sehr wenig Achtung begegnet. Als Granvella in ersterer Stadt seinen festlichen Einzug hielt, erschien auch nicht ein einziger Edler, und seinem Triumph mangelte alles, weil diejenigen ausblieben, über die er gehalten wurde*.

Unterdessen war auch der bestimmte Termin verflossen, auf welchen die spanischen Truppen das Land räumen sollten, und noch war kein Anschein zu ihrer Entfernung. Mit Schrecken entdeckte man die wahre Ursache dieser Verzögerung, und der Argwohn brachte sie mit der Inquisition in eine unglückliche Verbindung. Der längere Aufenthalt dieser Truppen erschwerte dem Minister alle übrigen Neuerungen, weil er die Nation wachsam und mißtrauisch machte; und doch wollte er sich nicht gern dieses mächtigen Beistands berauben, der ihm in einem Lande, wo ihn alles haßte, und bei einem Auftrag, wo ihm alles widersprach, unentbehrlich schien. Endlich aber sahe sich die Regentin durch das allgemeine Murren gezwungen, bei dem König ernstlich auf die Zurücknahme dieser Truppen zu dringen. Die Provinzen, schreibt sie nach Madrid, haben sich einmütig erklärt, daß man sie nimmermehr dazu vermögen würde, der Regierung die verlangten außerordentlichen Steuern zu bewilligen, solange man ihnen hierin nicht Wort hielte. Die Gefahr eines Aufstandes wäre bei weitem dringender als eines Überfalls der französischen Protestanten, und wenn in den Niederlanden eine Empörung entstünde, so wären diese Truppen doch zu schwach, ihr Einhalt zu tun, und im Schatze nicht Geld genug, um neue zu werben. Noch suchte der König durch Verzögerung seiner Antwort wenigstens Zeit zu gewinnen, und die wiederholten Vorstellungen der Regentin würden noch fruchtlos geblieben sein, wenn nicht, zum Glück der Provinzen, ein Verlust, den er kürzlich von den Türken erlitten, ihn genötigt hätte, diese Truppen im Mittelländischen Meere zu brauchen. Er willigte also endlich in ihre Abreise; sie wurden in Seeland eingeschifft und das Jubelgeschrei (1561) aller Provinzen begleitete ihre Segel**.

Unterdessen herrschte Granvella beinahe unumschränkt in

* Vita Vigl. T. II. Recueil des Troubles des Pays-bas p. Hopper. 24.
** Strad. 61. 62. 63.

dem Staatsrat. Alle Ämter, weltliche und geistliche, wurden
durch ihn vergeben, sein Gutachten galt gegen die vereinigte
Stimme der ganzen Versammlung. Die Statthalterin selbst
stand unter seinen Gesetzen. Er hatte es einzurichten gewußt,
daß ihre Bestallung nur auf zwei Jahre ausgefertigt wurde,
durch welchen Kunstgriff er sie immer in seiner Gewalt behielt*. Selten geschah es, daß man den übrigen Mitgliedern
eine Angelegenheit von Belang zur Beratschlagung vorlegte, und
wenn es ja einmal vorkam, so waren es längst schon beschlos-
sene Dinge, wozu man höchstens nur die unnütze Formalität
ihrer Genehmigung verlangte. Wurde ein königlicher Brief abgelesen, so hatte Viglius Befehl, diejenigen Stellen hinwegzu-
lassen, welche ihm der Minister unterstrichen hatte. Es geschah
nämlich öfters, daß diese Briefwechsel nach Spanien die Blöße
des Staats oder die Besorgnisse der Statthalterin sichtbar machten, wovon man Mitglieder nicht gern unterrichten wollte, in
deren Treue ein Mißtrauen zu setzen war. Trug es sich zu, daß
die Parteien dem Minister überlegen wurden, und mit Nachdruck auf einem Artikel bestanden, den er nicht wohl mehr ab-
weisen konnte, so schickte er ihn an das Ministerium zu Madrid
zur Entscheidung, wodurch er wenigstens Zeit gewann und
sicher war, Unterstützung zu finden**. Den Grafen Berlaymont, den Präsidenten Viglius und wenige andre ausgenommen, waren alle übrigen Staatsräte entbehrliche Figuranten im
Senat, und sein Betragen gegen sie richtete sich nach dem geringen Wert, den er auf ihre Freundschaft und Ergebenheit
legte. Kein Wunder, daß Menschen, deren Stolz durch die
schmeichelhaftesten Aufmerksamkeiten souveräner Fürsten so
äußerst verzärtelt war, und denen die ehrfurchtsvolle Ergebenheit ihrer Mitbürger als Göttern des Vaterlandes opferte, diesen
Trotz eines Plebejers mit dem tiefsten Unwillen empfanden.
Viele unter ihnen hatte Granvella persönlich beleidigt. Dem
Prinzen von Oranien war es nicht unbekannt, daß er seine
Heurat mit der Prinzessin von Lothringen hintertrieben und
eine andre Verbindung mit der Prinzessin von Sachsen rückgängig zu machen gesucht hatte. Dem Grafen von Hoorne
hatte er die Statthalterschaft über Geldern und Zütphen entzogen, und eine Abtei, um die sich der Graf von Egmont für
einen Verwandten bemühte, für sich behalten. Seiner Über-

* Meteren 61. Burgund. 37.
** Meteren 61. Burgund. 37.

legenheit gewiß, hielt er es der Mühe nicht einmal wert, dem Adel die Geringschätzung zu verbergen, welche die Richtschnur seiner ganzen Verwaltung war; Wilhelm von Oranien war der einzige, den er seiner Verstellung noch würdigte. Wenn er sich auch wirklich über alle Gesetze der Furcht und des Anstands hinweggerückt glaubte, so hinterging ihn hier dennoch sein zuversichtlicher Stolz, und er fehlte gegen die Staatskunst nicht weniger, als er gegen die Bescheidenheit sündigte. Schwerlich konnte bei damaliger Stellung der Dinge eine schlimmere Maßregel von der Regierung beobachtet werden, als diejenige war, den Adel hintanzusetzen. Es stand bei ihr, seinen Neigungen zu schmeicheln, ihn hinterlistig, und unwissend für ihren Plan zu gewinnen und die Freiheit der Nation durch ihn selbst unterdrücken zu lassen. Jetzt erinnerte sie ihn, sehr zur Unzeit, an seine Pflichten, seine Würde und seine Kraft, nötigte ihn selbst Patriot zu sein, und einen Ehrgeiz, den sie unüberlegt abwies, auf die Seite der wahren Größe zu schlagen. Die Glaubensverordnungen durchzusetzen, hatte sie den tätigsten Beistand der Statthalter nötig; kein Wunder aber, daß diese wenig Eifer bewiesen, ihr diesen Beistand zu leisten. Vielmehr ist es höchst wahrscheinlich, daß sie in der Stille daran arbeiteten, die Hindernisse des Ministers zu häufen und seine Maßregeln umzukehren, um durch sein schlimmes Glück das Vertrauen des Königs zu widerlegen und seine Verwaltung dem Spott preiszugeben. Offenbar sind der Lauigkeit ihres Eifers die schnellen Fortschritte zuzuschreiben, welche die Reformation, trotz jener schrecklichen Edikte, während seiner Regentschaft, in den Niederlanden gemacht hat. Des Adels versichert, hätte er die Wut des Pöbels verachtet, die sich kraftlos an den gefürchteten Schranken des Thrones bricht. Der Schmerz des B ü r g e r s verweilte lange Zeit zwischen Tränen und stillen Seufzern, bis ihn die Künste und das Beispiel der E d e l n hervorlockten*.

Indessen wurden bei der Menge der neuen Arbeiten (1561, 1562) die Glaubensuntersuchungen mit neuer Tätigkeit fortgesetzt, und den Edikten gegen die Ketzer ein fürchterlicher Gehorsam geleistet. Aber dieses abscheuliche Heilmittel hatte den Zeitpunkt überlebt, wo es anzuwenden sein mochte; für eine so rohe Behandlung war die Nation schon zu edel. Die neue Religion konnte jetzt nicht mehr anders, als durch den Tod aller ihrer Bekenner vertilgt werden. Alle diese Hinrich-

* Grot. 8–14. Strad. 51.

tungen waren jetzt ebenso viele verführerische Ausstellungen ihrer Vortrefflichkeit, so viele Schauplätze ihres Triumphs und ihrer strahlenden Tugend. Die Heldengröße, mit der sie starben, nahm für den Glauben ein, für welchen sie starben. Aus einem Ermordeten lebten zehn neue Bekenner wieder auf. Nicht in Städten oder Dörfern allein, auch auf Heerstraßen, auf Schiffen und in Wagen wurde über das Ansehen des Papsts, über die Heiligen, über das Fegfeuer, über den Ablaß gestritten, wurden Predigten gehalten und Menschen bekehrt. Vom Lande und aus Städten stürzte der Pöbel zusammen, die Gefangenen des heiligen Gerichts aus den Händen der Sbirren zu reißen, und die Obrigkeit, die ihr Ansehen mit Gewalt zu behaupten wagte, wurde mit Steinen empfangen. Er begleitete scharenweis die protestantischen Prediger, denen die Inquisition nachstellte, trug sie auf den Schultern zur Kirche und aus der Kirche, und versteckte sie mit Lebensgefahr vor ihren Verfolgern. Die erste Provinz, welche von dem Schwindel des Aufruhrs ergriffen wurde, war, wie man gefürchtet hatte, das wallonische Flandern. Ein französischer Kalvinist, namens Launoi, stand in Tournai als Wundertäter auf, wo er einige Weiber bezahlte, daß sie Krankheiten vorgeben, und sich von ihm heilen lassen sollten. Er predigte in den Wäldern bei der Stadt, zog den Pöbel scharenweis mit sich dahin, und warf den Zunder der Empörung in die Gemüter. Das nämliche geschah in Lille und Valenciennes, in welcher letztern Stadt sich die Obrigkeit der Apostel bemächtigte. Indessen man aber mit ihrer Hinrichtung zauderte, wuchs ihre Partei zu einer so furchtbaren Anzahl, daß sie stark genug war, die Gefängnisse zu erbrechen und der Justiz ihre Opfer mit Gewalt zu entreißen. Endlich brachte die Regierung Truppen in die Stadt, welche die Ruhe wiederherstellten. Aber dieser unbedeutende Vorfall hatte auf einen Augenblick die Hülle von dem Geheimnis hinweggezogen, in welchem der Anhang der Protestanten bisher verschleiert lag, und den Minister ihre ungeheure Anzahl erraten lassen. In Tournai allein hatte man ihrer fünftausend bei einer solchen Predigt erscheinen sehen, und nicht viel weniger in Valenciennes. Was konnte man nicht von den nordischen Provinzen erwarten, wo die Freiheit größer und die Regierung entlegener war, und wo die Nachbarschaft Deutschlands und Dänemarks die Quellen der Ansteckung vermehrten? Eine so furchtbare Menge hatte ein einziger Wink aus der Verborgenheit gezogen – Wieviel größer war vielleicht die Zahl derer, welche sich im Herzen zu der neuen Sekte bekannten, und nur einem günstigeren Zeitpunkt entgegensahen, es laut zu tun*?

Diese Entdeckung beunruhigte die Regentin aufs äußerste. Der schlechte Gehorsam gegen die Edikte, das Bedürfnis des erschöpften Schatzes, welches sie nötigte, neue Steuern auszuschreiben, und die verdächtigen Bewegungen der Hugenotten an der französischen Grenze vermehrten noch ihre Bekümmernisse. Zu gleicher Zeit erhält sie Befehle von Madrid, zweitausend niederländische Reuter zu dem Heere der Königinmutter in Frankreich stoßen zu lassen, die in dem Bedrängnis des Religionskriegs ihre Zuflucht zu Philipp dem Zweiten genommen hatte. Jede Angelegenheit des Glaubens, welches Land sie auch betraf, war Philipps eigene Angelegenheit. Er fühlte sie so nahe, wie irgendein Schicksal seines Hauses, und stand in diesem Falle stets bereit, sein Eigentum fremden Bedürfnissen aufzuopfern. Wenn es Eigennutz war, was ihn hier leitete, so war er wenigstens königlich und groß, und die kühne Haltung dieser Maxime gewinnt wieder an unsrer Bewunderung, was ihre Verderblichkeit an unsrer Billigung verloren.

Die Statthalterin eröffnet dem Staatsrat den königlichen Willen, wo sie von seiten des Adels den heftigsten Widerspruch findet. Die Zeit, erklären Graf Egmont und Prinz von Oranien, wäre jetzt sehr übel gewählt, die Niederlande von Truppen zu entblößen, wo vielmehr alles dazu riete, neue zu werben. Die nahen Bewegungen Frankreichs drohen jeden Augenblick einen Überfall, und die innere Gärung der Provinzen fodre jetzt mehr als jemals die Regierung zur Wachsamkeit auf. Bis jetzt, sagten sie, haben die deutschen Protestanten dem Kampf ihrer Glaubensbrüder müßig zugesehen, aber werden sie es auch noch dann, wenn wir die Macht ihrer Feinde durch unsern Beistand verstärken? Werden wir nicht gegen uns ihre Rache wecken und ihre Waffen in den Norden der Niederlande rufen? Beinahe der ganze Staatsrat trat dieser Meinung bei; die Vorstellungen waren nachdrücklich, und nicht zu widerlegen. Die Statthalterin selbst, wie der Minister, müssen ihre Wahrheit fühlen, und ihr eigner Vorteil scheint ihnen die Vollziehung des königlichen Befehls zu verbieten. Sollten sie durch Entfernung des größten Teils der Armee der Inquisition ihre einzige Stütze nehmen, und sich selbst, ohne Beistand in einem

* Burgund. 53. 54. 55. Strad. L. III. 75. 76. 77. Dinoth. De Bello civil. Belgic. L. I. 25.

aufrührerischen Lande, der Willkür eines trotzigen Adels wehr-los überliefern? Indem die Regentin zwischen dem königlichen Willen, dem dringenden Anliegen ihrer Räte und ihrer eigenen Furcht geteilt, nichts Entscheidendes zu beschließen wagt, steht Wilhelm von Oranien auf, und bringt in Vorschlag, die General-staaten zu versammeln. Dem königlichen Ansehen konnte kein tödlicherer Streich widerfahren, als diese Zuziehung der Nation, eine in dem jetzigen Moment so verführerische Erinnerung an ihre Gewalt und ihre Rechte. Dem Minister entging die Gefahr nicht, die sich über ihm zusammenzog; ein Wink von ihm er-innert die Herzogin, die Beratschlagung abzubrechen und die Sitzung aufzuheben. „Die Regierung", schreibt er nach Madrid, „kann nicht nachteiliger gegen sich selbst handeln, als wenn sie zugibt, daß die Stände sich versammeln. Ein solcher Schritt ist zu allen Zeiten mißlich, weil er die Nation in Versuchung führt, die Rechte der Krone zu prüfen und einzuschränken; aber jetzt ist er dreimal verwerflich, jetzt da der Geist des Aufruhrs schon weit umher sich verbreitet hat, jetzt, wo die Äbte, über den Verlust ihrer Einkünfte aufgebracht, nichts unterlassen werden, das Ansehen der Bischöfe zu verringern, wo der ganze Adel und alle Bevollmächtigten der Städte durch die Künste des Prinzen von Oranien geleitet werden, und die Mißvergnügten auf den Beistand der Nation sicher zu rechnen haben." Diese Vorstellung, der es wenigstens nicht an Bündigkeit gebrach, konnte die erwartete Wirkung auf des Königs Gemüt nicht verfehlen. Die Staatenversammlung wird einmal für immer ver-worfen, die Strafbefehle wider die Ketzer mit aller Schärfe er-neuert, und die Statthalterin zu schleuniger Absendung der verlangten Hülfstruppen angehalten.

Aber dazu war der Staatsrat nicht zu bewegen. Alles was sie erhielt, war, statt der Subsidien, Geld an die Königinmutter zu schicken, welches ihr in dem jetzigen Zeitpunkt noch willkom-mener war. Um aber doch wenigstens die Nation mit einem Schattenbilde republikanischer Freiheit zu täuschen, beruft sie die Statthalter der Provinzen und die Ritter des Goldenen Vlie-ses zu einer außerordentlichen Versammlung nach Brüssel, um über die gegenwärtigen Gefahren und Bedürfnisse des Staats zu beratschlagen. Nachdem ihnen der Präsident, Viglius, den Gegen-stand ihrer Sitzung eröffnet hat, werden ihnen drei Tage Zeit zur Überlegung gegeben. Während dieser Zeit versammelt sie der Prinz von Oranien in seinem Palaste, wo er ihnen die Not-

wendigkeit vorstellt, sich noch v o r der Sitzung zu vereinigen,
und gemeinschaftlich die Maßregeln zu bestimmen, wornach bei
gegenwärtiger Gefahr des Staats gehandelt werden müsse. Viele
stimmen diesem Vorschlag bei, nur Berlaymont, mit einigen
wenigen Anhängern des Kardinals Granvella, hatte den Mut,
in dieser Gesellschaft zum Vorteile der Krone und des Ministers
zu reden. Ihnen, erklärte er, gebühre es nicht, sich in die Sorgen
der Regierung zu mengen, und diese Vorhervereinigung der
Stimmen sei eine gesetzwidrige, strafbare Anmaßung, deren e r
sich nicht schuldig machen wolle; eine Erklärung, welche die
ganze Zusammenkunft fruchtlos endigte*. Die Statthalterin,
durch den Grafen Berlaymont von diesem Vorfall unterrichtet,
wußte die Ritter, während ihres Aufenthalts in der Stadt, so geschickt zu beschäftigen, daß sie zu fernern Verständnissen keine
Zeit finden konnten. Indessen wurde mit ihrer Beistimmung
doch in dieser Sitzung beschlossen, daß Florenz von Montmorency, Herr von Montigny, eine Reise nach Spanien tun
sollte, um den König von dem jetzigen Zustand der Sachen
zu unterrichten. Aber die Regentin schickte ihm einen andern
geheimen Boten nach Madrid voran, der den König vorläufig
mit allem bekannt machte, was bei jener Zusammenkunft zwischen dem Prinzen von Oranien und den Rittern ausgemacht
worden war. Dem flämischen Botschafter schmeichelte man in
Madrid mit leeren Beteuerungen königlicher Huld und väter-
licher Gesinnungen für die Niederlande; der Regentin wird
anbefohlen, die geheimen Verbindungen des Adels nach allen
Kräften zu hintertreiben und womöglich Uneinigkeit unter seinen vornehmsten Gliedern zu stiften**.

Eifersucht, Privatvorteil und Verschiedenheit der Religion
hatte viele von den Großen lange Zeit getrennt; das gemeinschaftliche Schicksal ihrer Zurücksetzung, und der Haß gegen
den Minister hatte sie wieder verbunden. Solange sich der Graf
von Egmont und der Prinz von Oranien um die Oberstatthalterschaft bewarben, konnte es nicht fehlen, daß sie auf den verschiedenen Wegen, welche jeder dazu erwählte, nicht zuweilen
g e g eneinander stießen. Beide hatten einander auf der Bahn
des Ruhms und am T h r o n e begegnet, beide trafen sich wieder
in der R e p u b l i k, wo sie um den nämlichen Preis, die Gunst
ihrer Mitbürger, buhlten. So entgegengesetzte Charaktere muß-

* Burgund. 63. 65. Vita Vigl. T. II. 25. 26. Strada. 82.
** Strad. L. III. 83.

ten sich bald voneinander entfremden, aber die mächtige Sympathie der Not näherte sie einander ebensobald wieder. Jeder war dem andern jetzt unentbehrlich, und das Bedürfnis knüpfte zwischen diesen beiden Männern ein Band, das ihrem Herzen nie gelungen sein würde*. Aber auf ebendiese Ungleichheit ihrer Gemüter gründete die Regentin ihren Plan; und glückte es ihr, sie zu trennen, so hatte sie zugleich den ganzen niederländischen Adel in zwei Parteien geteilt. Durch Geschenke und kleine Aufmerksamkeiten, womit sie diese beiden ausschließend beehrte, suchte sie den Neid und das Mißtrauen der übrigen gegen sie zu reizen; und indem sie dem Grafen von Egmont vor dem Prinzen von Oranien einen Vorzug zu geben schien, hoffte sie dem letztern seine Treue verdächtig zu machen. Es traf sich, daß sie um ebendiese Zeit einen außerordentlichen Gesandten nach Frankfurt zur römischen Königswahl schicken mußte; sie erwählte dazu den Herzog von Arschot, den erklärtesten Gegner des Prinzen, um in ihm gleichsam ein Beispiel zu geben, wie glänzend man den Haß gegen den letztern belohne.

Die Oranische Faktion, anstatt eine Verminderung zu leiden, hatte an dem Grafen von Hoorne einen wichtigen Zuwachs erhalten, der als Admiral der niederländischen Marine den König nach Biskaya geleitet hatte, und jetzt in den Staatsrat wieder eingetreten war. Hoornes unruhiger republikanischer Geist kam den verwegenen Entwürfen Oraniens und Egmonts entgegen, und bald bildete sich unter diesen drei Freunden ein gefährliches Triumvirat, das die königliche Macht in den Niederlanden erschüttert, aber sich nicht für alle drei gleich geendigt hat.

(1562) Unterdessen war auch Montigny von seiner Gesandtschaft zurückgekommen, und hinterbrachte dem Staatsrat die günstigen Gesinnungen des Monarchen. Aber der Prinz von Oranien hatte durch eigene geheime Kanäle Nachrichten aus Madrid, welche diesem Berichte ganz widersprachen und weit mehr Glauben verdienten. Durch sie erfuhr er alle die schlimmen Dienste, welche Granvella ihm und seinen Freunden bei dem König leistete, und die verhaßten Benennungen, womit man dort das Betragen des niederländischen Adels belegte. Es war keine Hülfe vorhanden, solange der Minister nicht vom Ruder der Regierung vertrieben war, und dieses Unternehmen, so verwegen und abenteuerlich es schien, beschäftigte ihn jetzt ganz. Es wurde zwischen ihm und den beiden Grafen

* Burgund. 45. Strad. 83. 84.

von Hoorne und Egmont beschlossen, im Namen des ganzen Adels einen gemeinschaftlichen Brief an den König aufzusetzen, den Minister förmlich darin zu verklagen und mit Nachdruck auf seine Entfernung zu dringen. Der Herzog von Arschot, dem dieser Vorschlag vom Grafen von Egmont mitgeteilt wird, verwirft ihn, mit der stolzen Erklärung, daß er von Egmont und Oranien keine Gesetze anzunehmen gesonnen sei; daß er sich über Granvella nicht zu beschweren habe, und es übrigens sehr vermessen finde, dem Könige vorzuschreiben, wie er sich seiner Minister bedienen solle. Eine ähnliche Antwort erhält Oranien von dem Grafen von Aremberg. Entweder hatte der Same des Mißtrauens, den die Regentin unter den Adel ausgestreut hatte, schon Wurzel geschlagen, oder überwog die Furcht vor der Macht des Ministers den Abscheu vor seiner Verwaltung; genug der ganze Adel wich zaghaft und unentschlossen vor diesem Antrag zurück. Diese fehlgeschlagene Erwartung schlägt ihren Mut nicht nieder, der Brief wird dennoch geschrieben, und alle drei unterzeichnen ihn* (1563).

Granvella erscheint darin als der erste Urheber aller Zerrüttungen in den Niederlanden. Solange die höchste Gewalt in so strafbaren Händen sei, wäre es ihnen unmöglich, erklären sie, der Nation und dem König mit Nachdruck zu dienen; alles hingegen würde in die vorige Ruhe zurücktreten, alle Widersetzlichkeit aufhören, und das Volk die Regierung wieder liebgewinnen, sobald es Sr. Majestät gefiele, diesen Mann vom Ruder des Staates zu entfernen. In diesem Falle, setzten sie hinzu, würde es ihnen weder an Einfluß, noch an Eifer fehlen, das Ansehen des Königs, und die Reinigkeit des Glaubens, die ihnen nicht minder heilig sei, als dem Kardinal Granvella, in diesen Ländern zu erhalten**.

So geheim dieser Brief auch abging, so erhielt doch die Herzogin noch zeitig genug davon Nachricht, um die Wirkung, die er gegen alles Vermuten auf des Königs Gemüt etwa machen dürfte, durch einen andern zu entkräften, den sie ihm in aller Eile voranschickte. Einige Monate verstrichen, ehe aus Madrid eine Antwort kam. Sie war gelinde, aber unbestimmt. Der König, enthielt sie, wäre nicht gewohnt, seine Minister auf die Anklage ihrer Feinde ungehört zu verdammen. Bloß die natürliche Billigkeit verlange, daß die Ankläger des Kardinals von

* Strad. 85. 86.
** Burg. L. I. 67. Hopper. 30. Strad. 87. Thuan. Pars II. 489.

allgemeinen Beschuldigungen zu einzelnen Beweisen herab-
stiegen, und wenn sie nicht Lust hätten, dieses schriftlich zu
tun, so möge einer aus ihrer Mitte nach Spanien kommen, wo
ihm mit aller gebührenden Achtung sollte begegnet werden*.
Außer diesem Brief, der an alle drei zugleich gerichtet war,
empfing der Graf von Egmont noch ein eignes Handschreiben
von dem König, worin der Wunsch geäußert war, von ihm
besonders zu erfahren, was in jenem gemeinschaftlichen Briefe
nur obenhin berührt worden sei. Auch der Regentin ward auf
das pünktlichste vorgeschrieben, was sie allen dreien zugleich
und dem Grafen von Egmont insbesondere zu antworten habe.
Der König kannte seine Menschen. Er wußte, wie leicht auf
den Grafen von Egmont zu wirken sei, wenn man es mit ihm
allein zu tun hätte, darum suchte er ihn nach Madrid zu locken,
wo er der leitenden Aufsicht eines höhern Verstandes entzogen
war. Indem er ihn durch dieses schmeichelhafte Merkmal seines
Vertrauens vor seinen beiden Freunden auszeichnete, machte
er die Verhältnisse ungleich, worin alle drei zu dem Throne
standen; wie konnten sie sich aber noch mit gleichem Eifer zu
dem nämlichen Zweck vereinigen, wenn ihre Aufforderungen
dazu nicht mehr die nämlichen blieben? Diesmal zwar vereitelte
Oraniens Wachsamkeit diesen Plan; aber die Folge dieser Geschichte wird zeigen, daß der Same, der hier ausgestreut wurde,
nicht ganz verlorengegangen war**.

(1563) Den drei Verbundenen tat die Antwort des Königs
kein Genüge; sie hatten den Mut, noch einen zweiten Versuch
zu wagen. Es habe sie nicht wenig befremdet, schrieben sie, daß
Se. Majestät ihre Vorstellungen so weniger Aufmerksamkeit
würdig geachtet. Nicht als Ankläger des Ministers, sondern als
Räte Sr. Majestät, deren Pflicht es wäre, ihren Herrn von dem
Zustande seiner Staaten zu benachrichtigen, haben sie jenes
Schreiben an ihn ergehen lassen. Sie verlangen das Unglück des
Ministers nicht, vielmehr sollte es sie freuen, ihn an jedem
anderen Orte der Welt, als hier in den Niederlanden, zufrieden und glücklich zu wissen. Davon aber seien sie auf das vollkommenste überzeugt, daß sich die allgemeine Ruhe mit der
Gegenwart dieses Mannes durchaus nicht vertrage. Der jetzige
gefahrvolle Zustand ihres Vaterlands erlaube keinem unter
ihnen, es zu verlassen, und um Granvellas willen eine weite

* Vit. Vigl. T. II. 32. 33. Burgund. 68. Grot. 16.
** Strada. 88.

Reise nach Spanien zu tun. Wenn es also Sr. Majestät nicht gefiele, ihrer schriftlichen Bitte zu willfahren, so hofften sie in Zukunft damit verschont zu sein, dem Senat beizuwohnen, wo sie sich nur dem Verdrusse aussetzten, den Minister zu treffen, wo sie weder dem König noch dem Staat etwas nützten, sich selbst aber nur verächtlich erschienen. Schließlich baten sie, Se. Majestät möchte ihnen die ungeschmückte Einfalt zugute halten, weil Leute ihrer Art mehr Wert darein setzten, gut zu handeln, als schön zu reden*. Dasselbe enthielt auch ein besonderer Brief des Grafen Egmont, worin er für das königliche Handschreiben dankte. Auf dieses zweite Schreiben erfolgte die Antwort, man werde ihre Vorstellungen in Überlegung nehmen, indessen ersuche man sie, den Staatsrat wie bisher zu besuchen.

Es war augenscheinlich, daß der Monarch weit davon entfernt war, ihr Gesuch stattfinden zu lassen; darum blieben sie von nun an aus dem Staatsrat weg, und verließen sogar Brüssel. Den Minister gesetzmäßig zu entfernen, war ihnen nicht gelungen; sie versuchten es auf eine neue Art, wovon mehr zu erwarten war. Bei jeder Gelegenheit bewiesen sie und ihr Anhang ihm öffentlich die Verachtung, von welcher sie sich durchdrungen fühlten, und wußten allem, was er unternahm, den Anstrich des Lächerlichen zu geben. Durch diese niedrige Behandlung hofften sie den Hochmut dieses Priesters zu martern, und von seiner gekränkten Eigenliebe vielleicht zu erhalten, was ihnen auf andern Wegen fehlgeschlagen war. Diese Absicht erreichten sie zwar nicht, aber das Mittel, worauf sie gefallen waren, führte endlich doch den Minister zum Sturze.

Die Stimme des Volks hatte sich lauter gegen diesen erhoben, sobald es gewahr worden war, daß er die gute Meinung des Adels verscherzt hatte, und daß Männer, denen es blindlings nachzubeten pflegte, ihm in der Verabscheuung dieses Ministers vorangingen. Das herabwürdigende Betragen des Adels gegen ihn, weihte ihn jetzt gleichsam der allgemeinen Verachtung und bevollmächtigte die Verleumdung, die auch das Heilige nicht schont, Hand an seine Ehre zu legen. Die neue Kirchenverfassung, die große Klage der Nation, hatte sein Glück gegründet – dies war ein Verbrechen, das nicht verziehen werden konnte. Jedes neue Schauspiel der Hinrichtung, womit die Geschäftigkeit der Inquisitoren nur allzu freigebig war, erhielt

* Vit. Vigl. T. II. 34. 35.

den Abscheu gegen ihn in schrecklicher Übung, und endlich schrieben Herkommen und Gewohnheit zu jedem Drangsale seinen Namen. Fremdling in einem Lande, dem er gewalttätig aufgedrungen worden, unter Millionen Feinden allein, aller seiner Werkzeuge ungewiß, von der entlegenen Majestät nur mit schwachem Arme gehalten, mit der Nation, die er gewinnen sollte, durch lauter treulose Glieder verbunden, lauter Menschen, deren höchster Gewinn es war, seine Handlungen zu verfälschen, einem Weibe endlich an die Seite gesetzt, das die Last des allgemeinen Fluchs nicht mit ihm teilen konnte – so stand er, bloßgestellt dem Mutwillen, dem Undank, der Parteisucht, dem Neide, und allen Leidenschaften eines zügellosen, aufgelösten Volks. Es ist merkwürdig, daß der Haß, den er auf sich lud, die Verschuldungen weit überschreitet, die man ihm zur Last legen konnte, daß es seinen Anklägern schwer, ja unmöglich fiel, durch einzelne Beweisgründe den Verdammungsspruch zu rechtfertigen, den sie im allgemeinen über ihn fällten. Vor und nach ihm riß der Fanatismus seine Schlachtopfer zum Altar, vor und nach ihm floß Bürgerblut, wurden Menschenrechte verspottet und Elende gemacht. Unter Karln dem Fünften hätte die Tyrannei durch ihre Neuheit empfindlicher schmerzen sollen – unter dem Herzog von Alba wurde sie zu einem weit unnatürlicheren Grade getrieben, daß Granvellas Verwaltung gegen die seines Nachfolgers noch barmherzig war, und doch finden wir nirgends, daß sein Zeitalter den Grad persönlicher Erbitterung und Verachtung gegen den letztern hätte blicken lassen, die es sich gegen seinen Vorgänger erlaubte.

Die Niedrigkeit seiner Geburt im Glanz hoher Würden zu verhüllen, und ihn durch einen erhabeneren Stand vielleicht dem Mutwillen seiner Feinde zu entrücken, hatte ihn die Regentin, durch ihre Verwendungen in Rom, mit dem Purpur zu bekleiden gewußt; aber ebendiese Würde, die ihn mit dem römischen Hofe näher verknüpfte, machte ihn desto mehr zum Fremdling in den Provinzen. Der Purpur war ein neues Verbrechen in Brüssel, und eine anstößige verhaßte Tracht, welche gleichsam die Beweggründe öffentlich ausstellte, aus denen er inskünftige handeln würde. Nicht sein ehrwürdiger Rang, der allein oft den schändlichsten Bösewicht heiligt, nicht sein erhabener Posten, nicht seine achtunggebietenden Talente, selbst nicht einmal seine schreckliche Allmacht, die täglich in so blutigen Proben sich zeigte, konnten ihn vor dem Gelächter schützen. Schrecken und Spott, Fürchterliches und Belachenswertes war in seinem Beispiel unnatürlich vermengt*. Verhaßte Gerüchte brandmarkten seine Ehre; man dichtete ihm meuchelmörderische Anschläge auf das Leben Egmonts und Oraniens an; das Unglaublichste fand Glauben; das Ungeheuerste, wenn es ihm galt, oder von ihm stammen sollte, überraschte nicht mehr. Die Nation hatte schon einen Grad der Verwilderung erreicht, wo die widersprechendsten Empfindungen sich gatten, und die feinern Grenzscheiden des Anstands und sittlichen Gefühls hinweggerückt sind. Dieser Glaube an außerordentliche Verbrechen ist beinahe immer ein untrüglicher Vorläufer ihrer nahen Erscheinung**.

Aber eben das seltsame Schicksal dieses Mannes führt zugleich etwas Großes, etwas Erhabenes mit sich, das dem unbefangenen Betrachter Freude und Bewunderung gibt. Hier erblickt er eine Nation, die, von keinem Schimmer bestochen, durch keine Furcht in Schranken gehalten, standhaft, unerbittlich und ohne Verabredung einstimmig, das Verbrechen ahndet, das durch die gewaltsame Einsetzung dieses Fremdlings gegen ihre Würde begangen ward. Ewig unvermengt und ewig allein sahen wir ihn, gleich einem fremden, feindseligen Körper, über der Fläche schweben, die ihn zu empfangen verschmäht. Selbst die starke Hand des Monarchen, der sein Freund und sein Beschützer ist, vermag ihn gegen den Willen der Nation nicht zu halten, welche einmal beschlossen hat, ihn von sich zu stoßen. Ihre Stimme ist so furchtbar, daß selbst der Eigennutz auf seine gewisse Beute Verzicht tut, daß seine Wohltaten geflohen werden, wie die Früchte von einem verfluchten Baume. Gleich einem ansteckenden Hauche haftet

* Der Adel ließ, auf die Angabe des Grafen von Egmont, seine Bedienten eine gemeinschaftliche Liverei tragen, auf welche eine Narrenkappe gestickt war. Ganz Brüssel legte sie für den Kardinalshut aus, und jede Erscheinung eines solchen Bedienten erneuerte das Gelächter; diese Narrenkappe wurde nachher, weil sie dem Hofe anstößig war, in ein Bündel Pfeile verwandelt – ein zufälliger Scherz, der ein sehr ernsthaftes Ende nahm und dem Wappen der Republik wahrscheinlich seine Entstehung gegeben. Vit. Vigl. T. II. 35. Thuan. 489. Das Ansehen des Kardinals sank endlich so weit herab, daß man ihm öffentlich einen satirischen Kupferstich in die Hand steckte, auf welchem er, über einem Haufen Eier sitzend, vorgestellt war, woraus Bischöfe hervorkrochen. Über ihm schwebte ein Teufel mit der Randschrift: Dieser ist mein Sohn, den sollt ihr hören. A. G. d. v. N. III. 40.

** Hopper. L. I. 35.

die Infamie der allgemeinen Verwerfung auf ihm. Die Dankbarkeit glaubt sich ihrer Pflichten gegen ihn ledig, seine Anhänger meiden ihn, seine Freunde verstummen. So fürchterlich rächte das Volk seine Edeln, und seine beleidigte Majestät an dem größten Monarchen der Erde.

Die Geschichte hat dieses merkwürdige Beispiel nur ein einzigesmal in dem Kardinal Mazarin wiederholt, aber es war nach dem Geiste beider Zeiten und Nationen verschieden. Beide konnte die höchste Gewalt nicht vor dem Spotte bewahren, aber Frankreich fand sich erleichtert, wenn es über seinen Pantalon lachte, und die Niederlande gingen durch das Gelächter zum Aufruhr. Jenes sahe sich aus einem langen Zustand der Knechtschaft unter Richelieus Verwaltung in eine plötzliche, ungewohnte Freiheit versetzt, diese traten aus einer langen und angebornen Freiheit in eine ungewohnte Knechtschaft hinüber; es war natürlich, daß die Fronde wieder in Unterwerfung, und die niederländischen Unruhen in republikanische Freiheit oder Empörung endigten. Der Aufstand der Pariser war die Geburt der Armut, ausgelassen aber nicht kühn, trotzig ohne Nachdruck, niedrig und unedel, wie die Quelle, woraus er stammte. Das Murren der Niederlande war die stolze und kräftige Stimme des Reichtums. Mutwille und Hunger begeisterten jene, diese Rache, Eigentum, Leben und Religion. Mazarins Triebfeder war Habsucht, Granvellas Herrschsucht. Jener war menschlich und sanft, dieser hart, gebieterisch, grausam. Der französische Minister suchte in der Zuneigung seiner Königin eine Zuflucht vor dem Haß der Magnaten und der Wut des Volks; der niederländische Minister forderte den Haß einer ganzen Nation heraus, um einem einzigen zu gefallen. Gegen Mazarin waren nur Parteien und der Pöbel, den sie waffneten; gegen Granvella die Nation. Unter jenem versuchte das Parlament eine Macht zu erschleichen, die ihm nicht gebührte; unter diesem kämpfte es für eine rechtmäßige Gewalt, die er hinterlistig zu vertilgen strebte. Jener hatte mit den Prinzen des Geblüts und den Pairs des Königreichs, wie dieser mit dem eingebornen Adel und den Ständen zu ringen, aber anstatt daß die erstern ihren gemeinschaftlichen Feind nur darum zu stürzen trachteten, um selbst an seine Stelle zu treten, wollten die letztern die Stelle selbst vernichten, und eine Gewalt zertrennen, die kein einzelner Mensch ganz besitzen sollte.

Indem dies unter dem Volke geschah, fing der Minister an,

am Hof der Regentin zu wanken. Die wiederholten Beschwerden über seine Gewalt mußten ihr endlich doch zu erkennen gegeben haben, wie wenig man an die ihrige glaube; vielleicht fürchtete sie auch, daß der allgemeine Abscheu, der auf ihm haftete, sie selbst noch ergreifen, oder daß sein längeres Verweilen den gedrohten Aufstand doch endlich herbeirufen möchte. Der lange Umgang mit ihm, sein Unterricht und sein Beispiel, hatten sie endlich in den Stand gesetzt, ohne ihn zu regieren. Sein Ansehen fing an, sie zu drücken, wie er ihr weniger notwendig wurde, und seine Fehler, denen ihr Wohlwollen bis jetzt einen Schleier geliehen hatte, wurden sichtbar, wie es erkaltete. Jetzt war sie ebenso geneigt, diese zu suchen und aufzuzählen, als sie es sonst gewesen war, sie zu bedecken. Bei dieser so nachteiligen Stimmung für den Kardinal fingen die häufigen und dringenden Vorstellungen des Adels endlich an, bei ihr Eingang zu finden, welches um so leichter geschah, da sie zugleich ihre Furcht darein zu vermengen wußten. Man wundere sich sehr, sagte ihr unter andern Graf Egmont, daß der König, einem Menschen zu Gefallen, der nicht einmal ein Niederländer sei, und von dem man also wisse, daß seine Glückseligkeit mit dem Besten dieser Länder nichts zu schaffen habe, alle seine niederländischen Untertanen könne leiden sehen – einem fremden Menschen zu Gefallen, den seine Geburt zu einem Untertan des Kaisers, sein Purpur zu einem Geschöpfe des römischen Hofes machte. Ihm allein, setzte der Graf hinzu, habe Granvella es zu danken, daß er bis jetzt noch unter den Lebendigen sei; künftighin aber würde er diese Sorge der Statthalterin überlassen, und sie hiemit gewarnet haben. Weil sich der größte Teil des Adels, der Geringschätzung überdrüssig, die ihm dort widerfuhr, nach und nach aus dem Staatsrat zurückzog, so verlor das willkürliche Verfahren des Ministers auch sogar noch den letzten republikanischen Schein, der es bisher gemildert hatte, und die Einöde im Senat ließ seine hochmütige Herrschaft in ihrer ganzen Widrigkeit sehen. Die Regentin empfand jetzt, daß sie einen Herrn über sich hatte, und von diesem Augenblick an war die Verbannung des Ministers beschlossen.

Sie fertigte zu diesem Ende ihren geheimen Sekretär, Thomas Armenteros, nach Spanien ab, um den König über alle Verhältnisse des Kardinals zu belehren, ihm alle jene Äußerungen des Adels zu hinterbringen, und auf diese Art den Entschluß zu seiner Verbannung in ihm selbst entstehen zu lassen.

Was sie ihrem Briefe nicht anvertrauen mochte, hatte Armenteros Befehl, auf eine geschickte Art in den mündlichen Bericht einzumischen, den ihm der König wahrscheinlich abfodern würde. Armenteros erfüllte seinen Auftrag mit aller Geschicklichkeit eines vollendeten Hofmanns; aber eine Audienz von vier Stunden konnte das Werk vieler Jahre, die Meinung Philipps von seinem Minister, in seinem Gemüte nicht umstürzen, die für die Ewigkeit darin gegründet war. Lange ging dieser Monarch mit der Staatsklugheit und seinem Vorurteil zu Rate, bis endlich Granvella selbst seinem zaudernden Vorsatz zu Hülfe kam, und freiwillig um seine Entlassung bat, der er nicht mehr entgehen zu können fürchtete. Was der Abscheu der ganzen niederländischen Nation nicht vermocht hatte, war dem geringschätzigen Betragen des Adels gelungen; er war einer Gewalt endlich müde, welche nicht mehr gefürchtet war, und ihn weniger dem Neid als der Schande bloßstellte. Vielleicht zitterte er, wie einige geglaubt haben, für sein Leben, das gewiß in einer mehr als eingebildeten Gefahr schwebte; vielleicht wollte er seine Entlassung lieber unter dem Namen eines Geschenks, als eines Befehles von dem König empfangen, und einen Fall, dem nicht mehr zu entfliehen war, nach dem Beispiel jener Römer mit Anstand tun. Philipp selbst, scheint es, wollte der niederländischen Nation lieber jetzt eine Bitte großmütig gewähren, als ihr später in einer Foderung nachgeben, und mit einem Schritte, den ihm die Notwendigkeit auferlegte, wenigstens noch ihren Dank verdienen. Seine Furcht war seinem Eigensinne überlegen, und die Klugheit siegte über seinen Stolz.

Granvella zweifelte keinen Augenblick, wie die Entscheidung des Königs ausgefallen sei. Wenige Tage nach Armenteros' Zurückkunft sah er Demut und Schmeichelei aus den wenigen Gesichtern entwichen, die ihm bis jetzt noch dienstfertig gelächelt hatten; das letzte kleine Gedränge feiler Augenknechte zerfloß um seine Person, seine Schwelle wurde verlassen; er erkannte, daß die befruchtende Wärme von ihm gewichen war. Die Lästerung, die ihn während seiner ganzen Verwaltung mißhandelt hatte, schonte ihn auch in dem Augenblicke nicht, wo er sie aufgab. Kurz vorher, eh er sein Amt niederlegte, untersteht man sich zu behaupten, soll er eine Aussöhnung mit dem Prinzen von Oranien und dem Grafen von Egmont gewünscht, und sich sogar erboten haben, ihnen, wenn um diesen Preis ihre Vergebung zu hoffen wäre, auf den Knieen Abbitte zu tun*. Es ist klein und verächtlich, das Gedächtnis eines außerordentlichen Mannes mit einer solchen Nachrede zu besudeln; aber es ist noch verächtlicher und kleiner, sie der Nachwelt zu überliefern. Granvella unterwarf sich dem königlichen Befehl mit anständiger Gelassenheit. Schon einige Monate vorher hatte er dem Herzog von Alba nach Spanien geschrieben, daß er ihm, im Fall er die Niederlande würde räumen müssen, einen Zufluchtsort in Madrid bereiten möchte. Lange bedachte sich dieser, ob es ratsam wäre, einen so gefährlichen Nebenbuhler in der Gunst seines Königs herbeizurufen, oder einen so wichtigen Freund, ein so kostbares Werkzeug seines alten Hasses gegen die niederländischen Großen von sich zu weisen. Die Rache siegte über seine Furcht, und er unterstützte Granvellas Gesuch mit Nachdruck bei dem Monarchen. Aber seine Verwendung blieb fruchtlos. Armenteros hatte den König überzeugt, daß der Aufenthalt dieses Ministers in Madrid alle Beschwerden der niederländischen Nation, denen man ihn aufgeopfert hatte, heftiger wieder zurückbringen würde, denn nunmehr, sagte er, würde man die Quelle selbst, deren Ausflüsse er bis jetzt nur verdorben haben sollte, durch ihn vergiftet glauben. Er schickte ihn also nach der Grafschaft Burgund, seinem Vaterland, wozu sich eben ein anständiger Vorwand fand. Der Kardinal gab seinem Abzug aus Brüssel den Schein einer unbedeutenden Reise, von der er nächster Tage wieder eintreffen würde. Zu gleicher Zeit aber erhielten alle Staatsräte, die sich unter seiner Verwaltung freiwillig verbannt hatten, von dem Hofe Befehl, sich im Senat zu Brüssel wieder einzufinden. Ob nun gleich dieser letztere Umstand seine Wiederkunft nicht sehr glaublich machte, und man jene Erfindung nur für ein trotziges Elend erklärte, so schlug dennoch die entfernteste Möglichkeit seiner Wiederkunft gar sehr den Triumph nieder, den man über seinen Abzug feierte. Die Statthalterin selbst scheint ungewiß gewesen zu sein, was sie an diesem Gerüchte für wahr halten sollte, denn sie erneuerte in einem neuen Brief an den König alle Vorstellungen und Gründe, die ihn abhalten sollten, diesen Minister zurückkommen zu lassen. Granvella selbst suchte in seinem Briefwechsel mit Berlaymont und Viglius dieses Gerücht zu unterhalten, und wenigstens noch durch wesenlose Träume seine

* Reidan. 4.

Feinde zu schrecken, die er durch seine Gegenwart nicht mehr peinigen konnte. Auch war die Furcht vor dem Einflusse dieses Mannes so übertrieben groß, daß man ihn endlich auch aus seinem eigenen Vaterland verjagte.

Nachdem Pius der Vierte verstorben war, machte Granvella eine Reise nach Rom, um der neuen Papstwahl beizuwohnen, und dort zugleich einige Aufträge seines Herrn zu besorgen, dessen Vertrauen ihm unverloren geblieben war. Bald darauf machte ihn dieser zum Unterkönig von Neapel, wo er den Verführungen des Himmelstrichs erlag, und einen Geist, den kein Schicksal gebeugt hatte, von der Wollust übermannen ließ. Er war zweiundsechzig Jahr alt, als ihn der König wieder nach Spanien zurücknahm, wo er fortfuhr, die italienischen Angelegenheiten mit unumschränkter Vollmacht zu besorgen. Ein finstres Alter und der selbstzufriedene Stolz einer sechzigjährigen Geschäftsverwaltung, machte ihn zu einem harten und unbilligen Richter fremder Meinungen, zu einem Sklaven des Herkommens, und einem lästigen Lobredner vergangener Zeiten.

Aber die Staatskunst des untergehenden Jahrhunderts, war die Staatskunst des aufgehenden nicht mehr. Die Jugend des neuen Ministeriums wurde bald eines so gebieterischen Aufsehers müde, und Philipp selbst fing an, einen Ratgeber zu meiden, der nur die Taten seines Vaters lobenswürdig fand. Nichtsdestoweniger vertraute er ihm noch zuletzt seine spanischen Länder an, als ihn die Eroberung Portugals nach Lissabon foderte. Er starb endlich auf einer italienischen Reise in der Stadt Mantua im dreiundsiebenzigsten Jahre seines Lebens, und im Vollgenuß seines Ruhms, nachdem er vierzig Jahre ununterbrochen das Vertrauen seines Königs besessen hatte*.

Der Staatsrat

(1564) Unmittelbar nach dem Abzug des Ministers zeigten sich alle die glücklichen Folgen, die man sich von seiner Entfernung versprochen hatte. Die mißvergnügten Großen nahmen ihre Stellen im Staatsrat wieder ein, und widmeten sich den Staatsgeschäften wieder mit gedoppeltem Eifer, um keiner

* Strad. Dec. I. L. III. IV. p. 88-98.

Sehnsucht nach dem Vertriebenen Raum zu geben, und durch den glücklichen Gang der Staatsverwaltung seine Entbehrlichkeit zu erweisen. Das Gedränge war groß um die Herzogin. Alles wetteiferte, einander an Bereitwilligkeit, an Unterwerfung, an Diensteifer zu übertreffen; bis in die späte Nacht wurde die Arbeit verlängert; die größte Eintracht unter allen drei Kurien, das beste Verständnis zwischen dem Hof und den Ständen. Von der Gutherzigkeit des niederländischen Adels war alles zu erhalten, sobald seinem Eigensinn und Stolz durch Vertrauen und Willfährigkeit geschmeichelt war. Die Statthalterin benutzte die erste Freude der Nation, um ihr die Einwilligung in einige Steuern abzulocken, die unter der vorigen Verwaltung nicht zu ertrotzen gewesen war. Der große Kredit des Adels bei dem Volke unterstützte sie darin auf das nachdrücklichste, und bald lernte sie dieser Nation das Geheimnis ab, das sich auf dem deutschen Reichstag so oft bewährt hat, daß man nur viel fodern müsse, um immer etwas von ihr zu erhalten. Sie selbst sahe sich mit Vergnügen ihrer langen Knechtschaft entledigt; der wetteifernde Fleiß des Adels erleichterte ihr die Last der Geschäfte, und seine einschmeichelnde Demut ließ sie die ganze Süßigkeit ihrer Herrschaft empfinden*.

(1564) Granvella war zu Boden gestürzt, aber noch stand sein Anhang. Seine Politik lebte in seinen Geschöpfen, die er im Geheimen Rat und im Finanzrat zurückließ. Der Haß glimmte noch unter den Parteien, nachdem der Anführer längst vertrieben war, und die Namen der Oranisch- und Königlich-Gesinnten, der Patrioten und Kardinalisten fuhren noch immer fort, den Senat zu teilen, und das Feuer der Zwietracht zu unterhalten. Viglius von Zuichem von Aytta, Präsident des Geheimen Rats, Staatsrat und Siegelbewahrer, galt jetzt für den wichtigsten Mann im Senat, und die mächtigste Stütze der Krone und der Tiare. Dieser verdienstvolle Greis, dem wir einige schätzbare Beiträge zu der Geschichte des niederländischen Aufruhrs verdanken, und dessen vertrauter Briefwechsel mit seinen Freunden uns in Erzählung derselben mehrmals geleitet hat, war von den größten Rechtsgelehrten seiner Zeit, dabei noch Theologe und Priester, und hatte schon unter dem Kaiser die wichtigsten Ämter bekleidet. Der Umgang mit den gelehrtesten Männern, welche jenes Zeitalter zierten und

* Hopper. 38. Burgund. 78. 79. Strad. 95. 98. Grot. 17.

an deren Spitze sich Erasmus von Rotterdam befand, mit öftern Reisen verbunden, die er in Geschäften des Kaisers anstellte, hatten den Kreis seiner Kenntnisse und Erfahrungen erweitert, und seine Grundsätze in manchen Stücken über seine Zeiten erhoben. Der Ruhm seiner Gelehrsamkeit erfüllte sein ganzes Jahrhundert, und hat seinen Namen zur Nachwelt getragen. Als im Jahr 1548 auf dem Reichstag zu Augsburg die Verbindung der Niederlande mit dem deutschen Reiche festgesetzt werden sollte, schickte Karl der Fünfte diesen Staatsmann dahin, die Angelegenheit der Provinzen zu führen, und seine Geschicklichkeit vorzüglich half die Unterhandlungen zum Vorteil der Niederlande lenken*. Nach dem Tode des Kaisers war Viglius der Vorzüglichsten einer, welche Philipp aus der Verlassenschaft seines Vaters empfing, und einer der wenigen, in denen er sein Gedächtnis ehrte. Das Glück des Ministers Granvella, an den ihn eine frühe Bekanntschaft gekettet hatte, trug auch ihn mit empor; aber er teilte den Fall seines Gönners nicht, weil er seine Herrschsucht und seinen Haß nicht geteilt hatte. Ein zwanzigjähriger Aufenthalt in den Provinzen, wo ihm die wichtigsten Geschäfte anvertraut worden waren, die geprüfteste Treue gegen seinen Monarchen, und die eifrigste Anhänglichkeit an den katholischen Glauben machten ihn zum vorzüglichsten Werkzeuge der Monarchie in den Niederlanden**.

Viglius war ein Gelehrter, aber kein Denker; ein erfahrner Geschäftsmann, aber kein erleuchteter Kopf, nicht starke Seele genug, die Fesseln des Wahnes, wie sein Freund Erasmus, zu brechen, und noch viel weniger schlimm genug, sie wie sein Vorgänger Granvella seiner Leidenschaft dienen zu lassen. Zu schwach und zu verzagt, der kühneren Leitung seines eignen Verstandes zu folgen, vertraute er sich lieber dem bequemeren Pfad des Gewissens an; eine Sache war gerecht, sobald sie ihm Pflicht war. Er gehörte zu den rechtschaffenen Menschen, die den schlimmen unentbehrlich sind; auf seine Redlichkeit rechnete der Betrug. Ein halbes Jahrhundert später hätte er seine Unsterblichkeit von der Freiheit empfangen, die er jetzt unterdrücken half. Im Geheimen Rat zu Brüssel diente er der Tyrannei, im Parlament zu London, oder im Senat zu Amsterdam wäre er vielleicht wie Thomas Morus und Olden Barneveldt gestorben.

* A. G. d. v. N. II. Teil. 503 u. folg.
** Vit. Vigl.

Einen nicht weniger furchtbaren Gegner als Viglius war, hatte die Faktion an dem Präsidenten des Finanzrats, dem Grafen Berlaymont. Es ist wenig, was uns die Geschichtschreiber von dem Verdienst und den Gesinnungen dieses Mannes aufbewahrt haben; die blendende Größe seines Vorgängers, des Kardinals Granvella, verdunkelte ihn; nachdem dieser von dem Schauplatz verschwunden war, drückte ihn die Überlegenheit der Gegenpartei nieder, aber auch nur das wenige, was wir von ihm auffinden können, verbreitet ein günstiges Licht auf seinen Charakter. Mehr als einmal bemüht sich der Prinz von Oranien, ihn von dem Interesse des Kardinals abzuziehen, und seiner eignen Partei einzuverleiben. – Beweis genug, daß er einen Wert auf diese Eroberung legte. Alle seine Versuche schlagen fehl, ein Beweis, daß er mit keinem schwankenden Charakter zu tun hatte. Mehr als einmal sehen wir ihn, allein unter allen Mitgliedern des Rats, gegen die überlegene Faktion heraustreten, und das Interesse der Krone, das schon in Gefahr ist aufgeopfert zu werden, gegen den allgemeinen Widerspruch in Schutz nehmen. Als der Prinz von Oranien die Ritter des Goldnen Vlieses in seinem Hause versammelt hatte, um über die Aufhebung der Inquisition vorläufig einen Schluß zu fassen, war Berlaymont der erste, der die Gesetzwidrigkeit dieses Verfahrens rügte, und der erste, der der Regentin davon Unterricht gab. Einige Zeit darauf fragte ihn der Prinz, ob die Regentin um jene Zusammenkunft wisse? und Berlaymont stand keinen Augenblick an, ihm die Wahrheit zu gestehen. Alle Schritte, die von ihm aufgezeichnet sind, verraten einen Mann, den weder Beispiel, noch Menschenfurcht versuchen, der mit festem Mut und unüberwindlicher Beharrlichkeit der Partei getreu bleibt, die er einmal gewählt hat, der aber zugleich zu stolz und despotisch dachte, um eine andre, als diese, zu wählen*.

Noch werden uns unter dem königlichen Anhang zu Brüssel der Herzog von Arschot, die Grafen von Mansfeld, Meghem und Aremberg genannt – alle drei geborne Niederländer, und also mit dem ganzen niederländischen Adel, wie es schien, auf gleiche Art aufgefodert, der Hierarchie und der monarchischen Gewalt in ihrem Vaterland entgegenzuarbeiten. Um so mehr muß uns der entgegengesetzte Geist ihres Betragens befremden, der desto auffallender ist, weil wir sie mit den

---

* Strad. 82. 83. Burgund. 91. 168. Vit. Vigl. 40.

vornehmsten Gliedern der Faktion in freundschaftlichen Verhältnissen finden, und gegen die gemeinschaftlichen Lasten des
Vaterlands nichts weniger als unempfindlich sehen. Aber sie
fanden in ihrem Busen nicht Selbstvertrauen, nicht Heldenmut genug, einen ungleichen Kampf mit einem so überlegenen
Gegner zu wagen. Mit feiger Klugheit unterwarfen sie ihren
gerechten Unwillen dem Gesetz der Notwendigkeit, und legten
ihrem Stolze lieber ein hartes Opfer auf, weil ihre verzärtelte
Eitelkeit keines mehr zu bringen vermochte. Zu wirtschaftlich und zu weise, um das gewisse Gut, das sie von der freiwilligen Großmut ihres Herrn schon besaßen, von seiner
Gerechtigkeit oder Furcht erst ertrotzen zu wollen, oder ein
wirkliches Glück hinzugeben, um den Schatten eines andern zu retten, nutzten sie vielmehr den günstigen Augenblick,
einen Wucher mit ihrer Beständigkeit zu treiben, die jetzt bei
dem allgemeinen Abfall des Adels im Preise gestiegen war.
Wenig empfindlich für den wahren Ruhm, ließen sie ihren Ehrgeiz entscheiden, welche Partei sie ergreifen sollten; kleiner
Ehrgeiz aber beugt sich unter das harte Joch des Zwanges weit
lieber, als unter die sanfte Herrschaft eines überlegenen Geists.
Das Geschenk war klein, wenn sie sich dem Prinzen von Oranien gaben, aber das Bündnis mit der Majestät machte sie zu
seinen desto furchtbarern Gegnern. Dort ging ihr Name unter
dem zahlreichen Anhang und im Glanze ihres Nebenbuhlers
verloren; auf der verlassenen Seite des Hofes strahlte ihr dürfti-
ges Verdienst.

Die Geschlechter von Nassau und Croy, welchem letztern
der Herzog von Arschot angehörte, waren seit mehreren
Regierungen Nebenbuhler an Ansehen und Würde gewesen,
und ihre Eifersucht hatte zwischen ihnen einen alten Familien-
haß unterhalten, welchen Trennungen in der Religion zuletzt
unversöhnlich machten. Das Haus Croy stand seit undenklichen Jahren in einem vorzüglichen Rufe der Andacht und
papistischen Heiligkeit; die Grafen von Nassau hatten sich
der neuen Sekte gegeben. – Gründe genug, daß Philipp von
Croy, Herzog von Arschot, eine Partei vorzog, die dem Prinzen
von Oranien am meisten entgegengesetzt war. Der Hof unterließ nicht, einen Gewinn aus diesem Privathaß zu ziehen, und
dem wachsenden Ansehen des nassauischen Hauses in der Republik einen so wichtigen Feind entgegenzustellen. Die Grafen
von Mansfeld und Meghem waren bis hieher die vertrautesten

Freunde des Grafen von Egmont gewesen. Gemeinschaftlich hatten sie mit ihm ihre Stimme gegen den Minister erhoben; gemeinschaftlich die Inquisition und die Edikte bestritten und redlich mit ihm zusammengehalten, bis hieher, bis an die letzten Linien ihrer Pflicht. – Diese drei Freunde trennten sich jetzt an dem Scheidewege der Gefahr. Egmonts unbesonnene Tugend riß ihn unaufhaltsam auf dem Pfade fort, der zum Verderben führte; seine gewarnten Freunde fingen noch bei guter Zeit an, auf einen vorteilhaften Rückzug zu denken. Es sind noch Briefe auf uns gekommen, die zwischen den Grafen von Egmont und Mansfeld gewechselt wurden, und die uns, obgleich in einer spätern Epoche geschrieben, doch eine getreue Schilderung ihrer damaligen Verhältnisse liefern. „Wenn ich", antwortete der Graf von Mansfeld seinem Freund, der ihm freundschaftliche Vorwürfe über seinen Abfall zum Könige gemacht hatte, „wenn ich ehmals der Meinung gewesen bin, daß das gemeine Beste die Aufhebung der Inquisition, die Milderung der Edikte und die Entfernung des Kardinals Granvella notwendig mache, so hat uns der König ja diesen Wunsch jetzt gewährt, und die Ursache unsrer Klagen ist gehoben. Zu viel haben wir bereits gegen die Majestät des Monarchen und das Ansehen der Kirche unternommen; es ist die höchste Zeit einzulenken, daß wir dem König, wenn er kommt, mit offener Stirne ohne Bangigkeit entgegengehen können. Ich, für meine Person, bin vor seiner Ahndung nicht bange; mit getrostem Mute würde ich mich auf seinen Wink in Spanien stellen, und von seiner Gerechtigkeit und Güte mein Urteil mit Zuversicht erwarten. Ich sage dieses nicht, als zweifelte ich, ob Graf Egmont dasselbe von sich behaupten könnte, aber weise wird Graf Egmont handeln, wenn er je mehr und mehr seine Sicherheit befestigt, und den Verdacht von seinen Handlungen entfernt. Höre ich", heißt es am Schlusse, „daß er meine Warnungen beherzigt, so bleibt es bei unsrer Freundschaft, wo nicht, so fühle ich mich stark genug, meiner Pflicht und der Ehre alle menschlichen Verhältnisse zum Opfer zu bringen."*

Die erweiterte Macht des Adels setzte die Republik beinahe einem größeren Übel aus, als dasjenige war, dem sie eben durch Vertreibung des Ministers entronnen war. Durch eine lange Üppigkeit verarmt, die zugleich seine Sitten aufgelöst hatte,

* Strada 159.

und mit der er bereits zu sehr vertraut worden war, um ihr nun erst entsagen zu können, unterlag er der gefährlichen Gelegenheit, seinem herrschenden Hange zu schmeicheln, und den erlöschenden Glanz seines Glücks wiederherzustellen. Verschwendungen führten die Gewinnsucht herbei, und diese den Wucher. Weltliche und geistliche Ämter wurden feil; Ehrenstellen, Privilegien, Patente an den Meistbietenden verkauft; mit der Gerechtigkeit selbst wurde ein Gewerbe getrieben. Wen der Geheime Rat verdammt hatte, sprach der Staatsrat wieder los; was jener verweigerte, war von diesem für Geld zu erlangen. Zwar wälzte der Staatsrat diese Beschuldigung nachher auf die zwei andern Kurien zurück; aber sein eigenes Beispiel war es, was diese ansteckte. Die erfinderische Habsucht eröffnete neue Quellen des Gewinns. Leben, Freiheit und Religion wurden wie liegende Gründe für gewisse Summen versichert; für Gold waren Mörder und Übeltäter frei, und die Nation wurde durch das Lotto bestohlen. Ohne Rücksicht des Ranges oder Verdienstes sah man die Dienstleute und Kreaturen der Staatsräte und Provinzstatthalter zu den wichtigsten Bedienungen vorgeschoben; wer etwas von dem Hof zu erbitten hatte, mußte den Weg durch die Statthalter und ihre untersten Diener nehmen. Kein Kunstgriff der Verführung wurde gespart, den Geheimschreiber der Herzogin, Thomas Armenteros, einen bis jetzt unbescholtenen und redlichen Mann, in diese Ausschweifungen mit zu verwickeln. Durch vorgespielte Beteurung von Ergebenheit und Freundschaft wußte man sich in seine Vertraulichkeit einzudrängen, und seine Grundsätze durch Wohlleben aufzulösen; das verderbliche Beispiel steckte seine Sitten an, und neue Bedürfnisse siegten über seine bis jetzt unbestechliche Tugend. Jetzt verblindete er zu Mißbräuchen, deren Mitschuldiger er war, und zog eine Hülle über fremde Verbrechen, um unter ihr auch die seinigen zu verbergen. Einverstanden mit ihm beraubte man den königlichen Schatz, und hinterging durch schlechte Verwaltung ihrer Hülfsmittel die Absichten der Regierung. Unterdessen taumelte die Regentin in einem lieblichen Wahne von Herrschaft und Tätigkeit dahin, den die Schmeichelei der Großen künstlich zu nähren wußte. Der Ehrgeiz der Parteien spielte mit den Schwächen einer Frau, und kaufte ihr eine wahre Gewalt mit deren wesenlosen Zeichen, und einer demütigen Außenseite der Unterwürfigkeit ab. Bald gehörte sie ganz der Faktion und änderte unvermerkt ihre Maximen. Auf eine, ihrem vorigen Verhalten ganz entgegengesetzte, Weise brachte sie jetzt Fragen, die für die andern Kurien gehörten, oder Vorstellungen, welche ihr Viglius ingeheim getan, widerrechtlich vor den Staatsrat, den die Faktion beherrschte, so wie sie ihn ehmals unter Granvellas Verwaltung widerrechtlich vernachlässigt hatte. Beinahe alle Geschäfte und aller Einfluß wendeten sich jetzt den Staatthaltern zu. Alle Bittschriften kommen an sie, alle Benefizen wurden von ihnen vergeben. Es kam so weit, daß sie den Obrigkeiten der Städte Rechtssachen entzogen und vor ihre Gerichtsbarkeit brachten. Das Ansehen der Provinzialgerichte nahm ab, wie sie das ihrige erweiterten, und mit dem Ansehen der Obrigkeit lag die Rechtspflege und bürgerliche Ordnung darnieder. Bald folgten die kleinern Gerichtshöfe dem Beispiel der Landesregierung. Der Geist, der den Staatsrat zu Brüssel beherrschte, verbreitete sich bald durch alle Provinzen. Bestechungen, Indulgenzen, Räubereien, Verkäuflichkeit des Rechts wurden allgemein auf den Richterstühlen des Landes, die Sitten fielen, und die neuen Sekten benutzten diese Lizenz, um ihren Kreis zu erweitern. Die duldsameren Religionsgesinnungen des Adels, der entweder selbst auf die Seite der Neuerer hing oder wenigstens die Inquisition als ein Werkzeug des Despotismus verabscheute, hatten die Strenge der Glaubensedikte aufgelöst; durch die Freibriefe, welche man mehreren Protestanten erteilte, wurden dem heiligen Amt seine besten Opfer entzogen. Durch nichts konnte der Adel seinen nunmehrigen neuen Anteil an der Landesregierung dem Volk gefälliger ankündigen, als wenn er ihm das verhaßte Tribunal der Inquisition zum Opfer brachte – und dazu bewog ihn seine Neigung noch mehr, als die Vorschrift der Politik. Die Nation ging augenblicklich von dem drückendsten Zwange der Intoleranz in einen Zustand der Freiheit über, dessen sie bereits zu sehr entwohnt war, um ihn mit Mäßigung auszuhalten. Die Inquisitoren, des obrigkeitlichen Beistands beraubt, sahen sich mehr verlacht, als gefürchtet. In Brügge ließ der Stadtrat selbst einige ihrer Diener, die sich eines Ketzers bemächtigen wollten, bei Wasser und Brot ins Gefängnis setzen. Um ebendiese Zeit ward in Antwerpen, wo der Pöbel einen vergeblichen Versuch gemacht hatte, dem heiligen Amt einen Ketzer zu entreißen, eine mit Blut geschriebene Schrift auf öffentlichem Markt angeschlagen, welche enthielt, daß sich eine Anzahl Menschen verschworen habe, den Tod dieses Unschuldigen zu rächen*.

Von der Verderbnis, welche den ganzen Staatsrat ergriffen, hatten sich der Geheime Rat und der Finanzrat, in denen Viglius und Berlaymont den Vorsitz führten, noch größtenteils rein erhalten. Da es der Faktion nicht gelang, ihre Anhänger in diese zwei Kurien einzuschieben, so blieb ihr kein anderes Mittel übrig, als beide ganz außer Wirksamkeit zu setzen und ihre Geschäfte in den Staatsrat zu verpflanzen. Um diesen Entwurf durchzusetzen, suchte sich der Prinz von Oranien des Beistands der übrigen Staatsräte zu versichern. Man nenne sie zwar Senatoren, ließ er sich öfters gegen seinen Anhang heraus, aber andre besitzen die Gewalt. Wenn man Geld brauche, um die Truppen zu bezahlen, oder wenn die Rede davon sei, der eindringenden Ketzerei zu wehren, oder das Volk in Ordnung zu erhalten, so halte man sich an sie, da sie doch weder den Schatz noch die Gesetze bewachten, sondern nur die Organe wären, durch welche die beiden andern Kollegien auf den Staat wirkten. Und doch würden sie allein der ganzen Reichsverwaltung gewachsen sein, die man unnötigerweise unter drei verschiedene Kammern verteilt hätte, wenn sie sich nur untereinander verbinden wollten, dem Staatsrat diese entrissenen Zweige der Regierung wiedereinzuverleiben, damit eine Seele den ganzen Körper belebe. Man entwarf vorläufig und in der Stille einen Plan, welchem zufolge zwölf neue Ritter des Vlieses in den Staatsrat gezogen, die Gerechtigkeitspflege an das Tribunal zu Mecheln, dem sie rechtmäßig zugehörte, wieder zurückgegeben, die Gnadenbriefe, Patente usw. dem Präsidenten Viglius überlassen werden, ihnen aber die Verwaltung des Geldes anheimgestellt sein sollte. Nun sahe man freilich alle Schwierigkeiten voraus, welche das Mißtrauen des Hofes und die Eifersucht über die zunehmende Gewalt des Adels dieser Neuerung entgegensetzen würden: um sie also der Regentin abzunötigen, steckte man sich hinter einige von den vornehmsten Offizieren der Armee, welche den Hof zu Brüssel mit ungestümen Mahnungen an den rückständigen Sold beunruhigen, und im Verweigerungsfall mit einer Rebellion drohen mußten. Man leitete es ein, daß die Regentin mit häufigen Suppliken und Memorialen angegangen wurde, die über verzögerte Gerechtigkeit klagten, und die Gefahr übertrieben, welche von dem täglichen

* Hopper. 40. Grot. 17. Vita Vigl. 39. Burg. 80. 87. 88. Strad. 99. 100.

Wachstum der Ketzerei zu besorgen sei. Nichts unterließ man, ihr von dem zerrütteten Zustand der bürgerlichen Ordnung, der Rechtspflege und der Finanzen ein so abschreckendes Gemälde zu geben, daß sie von dem Taumel, worein sie bisher gewiegt worden war, mit Schrecken erwachte*. Sie beruft alle drei Kurien zusammen, um über die Mittel zu beratschlagen, wie diesen Zerrüttungen zu begegnen sei. Die Mehrheit der Stimmen geht dahin, daß man einen außerordentlichen Gesandten nach Spanien senden müsse, welcher den König durch eine umständliche und lebendige Schilderung mit dem wahren Zustand der Sachen bekannter machen, und ihn vielleicht zu bessern Maßregeln vermögen könnte. Viglius, dem von dem verborgenen Plane der Faktion nicht das mindeste ahndete, widersprach dieser Meinung. Das Übel, sagte er, worüber man klage, sei allerdings groß und nicht zu vernachlässigen, aber unheilbar sei es nicht. Die Gerechtigkeit werde schlecht verwaltet, aber aus keinem andern Grunde, als weil der Adel selbst das Ansehn der Obrigkeit durch sein verächtliches Betragen gegen sie herabwürdige, und die Statthalter sie nicht genug unterstützten. Die Ketzerei nehme überhand, weil der weltliche Arm die geistlichen Richter im Stiche lasse, und weil das gemeine Volk nach dem Beispiel der Edeln die Verehrung gegen seine Obrigkeit ausgezogen habe. Nicht sowohl die schlechte Verwaltung der Finanzen, als vielmehr die vorigen Kriege und die Staatsbedürfnisse des Königs haben die Provinzen mit dieser Schuldenlast beschwert, von welcher billige Steuern sie nach und nach würden befreien können. Wenn der Staatsrat seine Indulgenzen, Freibriefe und Erlassungen einschränkte, wenn er die Sittenverbesserung bei sich selbst anfinge, die Gesetze mehr achtete, und die Obrigkeit in ihr voriges Ansehen wiedereinsetzte, kurz, wenn nur die Kollegien und die Statthalter erst ihre Pflichten erfüllten, so würden diese Klagen bald aufhören. Wozu also einen neuen Gesandten nach Spanien, da doch nichts Neues geschehen sei, um dieses außerordentliche Mittel zu rechtfertigen? Bestünde man aber dennoch darauf, so wolle er sich dem allgemeinen Gutachten nicht entgegensetzen, nur bedinge er sich aus, daß der wichtigste Auftrag des Botschafters alsdann sein möge, den König zu einer baldigen Überkunft zu vermögen**.

* Burgund. 92–94. Hopper. 41. Vit. Vigl. §. 87. 88.
** Burg. 95. 96. Hopper. 41. 43. sqq.

Über die Wahl des Botschafters war nur eine Stimme. Unter allen niederländischen Großen schien Graf Egmont der einzige zu sein, der beiden Teilen gleich Genüge tun konnte. Sein erklärter Haß gegen die Inquisition, seine vaterländischen und freien Gesinnungen, und die unbescholtene Rechtschaffenheit seines Charakters, leisteten der Republik hinlängliche Bürgschaft für sein Betragen; aus welchen Gründen er dem König willkommen sein mußte, ist schon oben berührt worden. Da bei Fürsten oft schon der erste Anblick das Urteil spricht, so konnte Egmonts einnehmende Bildung seine Beredsamkeit unterstützen, und seinem Gesuch eine Hülfe geben, deren die gerechteste Sache bei Königen nie entübrigt sein kann. Egmont selbst wünschte die Gesandtschaft, um einige Familienangelegenheiten mit dem König zu berichtigen*.

Die Kirchenversammlung zu Trient war unterdessen auch geendigt, und die Schlüsse derselben der ganzen katholischen Christenheit bekanntgemacht worden. Aber diese Schlüsse, weit entfernt, den Zweck der Synode zu erfüllen, und die Erwartungen der Religionsparteien zu befriedigen, hatten die Kluft zwischen beiden Kirchen vielmehr erweitert, und die Glaubenstrennung unheilbar und ewig gemacht.

Der alte Lehrbegriff, anstatt geläutert zu sein, hatte jetzt nur mehr Bestimmtheit und eine größere Würde erhalten. Alle Spitzfindigkeiten der Lehre, alle Künste und Anmaßungen des Heiligen Stuhls, die bis jetzt mehr auf der Willkür beruhet hatten, waren nunmehr in Gesetze übergegangen, und zu einem Systeme erhoben. Jene Gebräuche und Mißbräuche, die sich in den barbarischen Zeiten des Aberglaubens und der Dummheit in die Christenheit eingeschlichen, wurden jetzt für wesentliche Teile des Gottesdiensts erklärt, und Bannflüche gegen jeden Verwegenen geschleudert, der sich diesen Dogmen widersetzen, diesen Gebräuchen entziehen würde. Bannflüche gegen den, der an der Wunderkraft der Reliquien zweifeln, der die Knochen der Märtyrer nicht ehren, und die Fürbitte der Heiligen für unkräftig zu halten sich erdreisten würde. Die Kraft der Indulgenzen, die erste Quelle des Abfalls von dem römischen Stuhl, war jetzt durch einen unumstößlichen Lehrsatz erwiesen, und das Mönchtum durch einen ausdrücklichen Schluß der Synode in Schutz genommen, welcher Mannspersonen gestattet, im sechzehnten Jahre, und Mädchen im

* Strad. 103.

zwölften, Profeß zu tun. Alle Dogmen der Protestanten sind ohne Ausnahme verdammt, nicht ein einziger Schluß ist zu ihrem Vorteil gefaßt, nicht ein einziger Schritt geschehen, sie auf einem sanfteren Wege in den Schoß der mütterlichen Kirche zurückzuführen. Die ärgerliche Chronik der Synode, und die Ungereimtheit ihrer Entscheidungen vermehrte bei diesen, wo möglich, noch die herzliche Verachtung, die sie längst gegen das Papsttum hegten, und gab ihren Angriffen neue, bis jetzt noch übersehene Blößen preis. Es war ein unglücklicher Gedanke, die beleuchtende Fackel der Vernunft den Mysterien der Kirche so nahe zu bringen, und mit Vernunftschlüssen für Gegenstände des blinden Glaubens zu fechten.

Und die Schlüsse des Konziliums befriedigten auch nicht einmal alle katholischen Mächte. Frankreich verwarf sie ganz, sowohl den Kalvinisten zu Gefallen, als auch weil die Superiorität, deren sich der Papst über das Konzilium anmaßte, es beleidigte; auch einige katholische Fürsten Deutschlands erklärten sich dagegen. Sowenig Philipp der Zweite von gewissen Artikeln darin erbaut war, die zu nahe an seine eigenen Rechte streiften, worüber kein Monarch der Welt mit mehr Eifersucht wachen konnte, als er; sosehr ihn der große Einfluß des Papsts auf das Konzilium und die willkürliche übereilte Aufhebung desselben beleidigt hatte, so eine gerechte Ursache zur Feindseligkeit ihm endlich der Papst durch die Zurücksetzung seines Gesandten gab, so willig zeigte er sich doch, die Schlüsse des Konziliums anzuerkennen, die auch in dieser Gestalt seinem Lieblingsentwurfe, der Ketzervertilgung, zustatten kamen. Alle übrigen politischen Rücksichten wurden dieser Angelegenheit nachgesetzt, und er gab Befehl, sie in allen seinen Staaten abzukündigen*.

Der Geist des Aufruhrs, der alle niederländischen Provinzen bereits ergriffen hatte, bedurfte dieses neuen Zunders nicht mehr. Die Gemüter waren in Gärung, das Ansehen der römischen Kirche bei vielen schon aufs tiefste gesunken; unter solchen Umständen konnten die gebieterischen und oft abgeschmackten Entscheidungen des Konziliums nicht anders, als anstößig sein; aber so sehr konnte Philipp der Zweite seinen Charakter nicht verleugnen, daß er Völkern, die eine andere

---

* Hist. d. Philippe II. Watson. T. II. L. V. Thuan. II. 29. 491. 350. Essay sur les Mœurs. T. III. Concile de Trente. Meteren 59. 60.

Sonne, ein anderes Erdreich und andre Gesetze haben, einen andern Glauben erlaubte. Die Regentin empfing den gemessensten Befehl, in den Niederlanden ebendenselben Gehorsam gegen die trientischen Schlüsse zu erpressen, der ihnen in Spanien und Italien geleistet ward*.

Die Schlüsse fanden den heftigsten Widerspruch in dem Staatsrat zu Brüssel. Die Nation, erklärte Wilhelm von Oranien, würde und könnte dieselben nicht anerkennen, da sie größtenteils den Grundgesetzen ihrer Verfassung zuwiderliefen, und aus ähnlichen Gründen von mehreren katholischen Fürsten verworfen worden seien. Beinahe der ganze Staatsrat war auf Oraniens Seite; die meisten Stimmen gingen dahin, daß man den König bereden müsse, die Schlüsse entweder ganz zurückzunehmen, oder sie wenigstens nur unter gewissen Einschränkungen bekanntzumachen. Diesem widersetzte sich Viglius und bestand auf dem Buchstaben der königlichen Befehle. „Die Kirche", sagte er, „hat zu allen Zeiten die Reinigkeit ihrer Lehre, und die Genauigkeit der Disziplin, durch solche allgemeine Konzilien erhalten. Den Glaubensirrungen, welche unser Vaterland schon so lange beunruhigen, kann kein kräftigeres Mittel entgegengesetzt werden, als ebendiese Schlüsse, auf deren Verwerfung man jetzt dringt. Wenn sie auch hie und da mit den Gerechtigkeiten des Bürgers und der Konstitution im Widerspruch stehen, so ist dieses ein Übel, dem man durch eine kluge und schonende Handhabung derselben leicht begegnen kann. Übrigens gereicht es unserm Herrn, dem König von Spanien, ja zur Ehre, daß e r allein vor allen Fürsten seiner Zeit nicht gezwungen ist, sein besseres Wissen der Notwendigkeit unterzuordnen, und Maßregeln aus Furcht zu verwerfen, die das Wohl der Kirche von ihm heischt, und das Glück seiner Untertanen ihm zur Pflicht macht." Da die Schlüsse Verschiedenes enthielten, was gegen die Rechte der Krone selbst verstieß, so nahmen einige davon Veranlassung, vorzuschlagen, daß man diese Kapitel wenigstens bei der Bekanntmachung hinweglassen sollte. Damit der König dieser anstößigen und seiner Würde nachteiligen Punkte mit guter Art überhoben würde, so wollten sie die niederländische Nationalfreiheit vorschützen, und den Namen der Republik zu diesem Eingriff in das Konzilium hergeben. Aber der König hatte die Schlüsse in seinen übrigen Staaten ohne Bedingung aufgenommen und

* Strada 102.

durchsetzen lassen, und es war nicht zu erwarten, daß er den übrigen katholischen Mächten dieses Muster von Widersetzlichkeit geben, und das Gebäude selbst untergraben werde, das er zu gründen so beflissen gewesen war*.

Graf Egmont in Spanien

Dem König, dieser Schlüsse wegen, Vorstellungen zu tun, ihm ein milderes Verfahren gegen die Protestanten abzugewinnen, und auf die Einziehung der beiden andern Ratsversammlungen anzutragen, war der Auftrag, der dem Grafen von Egmont von seiten der Mißvergnügten gegeben war; die Widersetzlichkeit des niederländischen Volks gegen die Edikte vor das Ohr des Monarchen zu bringen, ihn von der Unmöglichkeit zu überführen, diese Edikte in ihrer ganzen Strenge zu handhaben, ihm über den schlechten Zustand des Kriegswesens und der Finanzen in seinen niederländischen Staaten die Augen zu öffnen, ward ihm von der Statthalterin empfohlen.

Die Bestallung des Grafen wurde von dem Präsidenten Viglius entworfen. Sie enthielt große Klagen über den Verfall der Gerechtigkeitspflege, den Anwachs der Ketzerei und die Erschöpfung des Schatzes. Auf die persönliche Überkunft des Königs wurde nachdrücklich gedrungen. Das übrige war der Beredsamkeit des Botschafters vorbehalten, dem die Statthalterin einen Wink gab, eine so schöne Gelegenheit nicht von der Hand zu schlagen, um sich in der Gunst seines Herrn festzusetzen.

Die Verhaltungsbefehle des Grafen, und die Vorstellungen, welche durch ihn an den König ergehen sollten, fand der Prinz von Oranien in viel zu allgemeinen und schwankenden Ausdrücken abgefaßt. „Die Schilderung", sagte er, „welche der Präsident von unsern Beschwerden gemacht, ist weit unter der Wahrheit geblieben. Wie kann der König die schicklichsten Heilmittel anwenden, wenn wir ihm die Quellen des Übels verhehlen? Laßt uns die Zahl der Ketzer nicht geringer angeben, als sie wirklich ist, laßt uns aufrichtig eingestehen, daß jede Provinz, jede Stadt, jeder noch so kleine Flecken davon wimmelt; laßt uns auch nicht bergen, daß sie die Strafbefehle

* Watson. T. I. L. VII. 263. Strad. 102. Burgund. 115.

verachten, und wenig Ehrfurcht gegen die Obrigkeit hegen. Wozu also noch diese Zurückhaltung? Aufrichtig dem König gestanden, daß die Republik in diesem Zustand nicht verharren kann. Der Geheime Rat freilich wird anders urteilen, dem ebendiese allgemeine Zerrüttung willkommen heißt. Denn woher sonst diese schlechte Verwaltung der Gerechtigkeit, diese allgemeine Verderbnis der Richterstühle, als von seiner Habsucht, die durch nichts zu ersättigen ist? Woher diese Pracht, diese schändliche Üppigkeit jener Kreaturen, die wir aus dem Staube haben steigen sehen, wenn sie nicht durch Bestechung dazu gekommen sind? Hören wir nicht täglich von dem Volk, daß kein andrer Schlüssel sie eröffnen könne als Gold, und beweisen nicht ihre Trennungen untereinander selbst, wie schlecht sie von der Liebe zum Ganzen sich beherrschen lassen? Wie können Menschen zum allgemeinen Besten raten, die das Opfer ihrer eignen Leidenschaft sind? Meinen sie etwa, daß wir, die Statthalter der Provinzen, dem Gutbefinden eines infamen Liktors mit unsern Soldaten zu Gebote stehen sollen? Laßt sie ihren Indulgenzen und Erlassungen Grenzen setzen, womit sie gegen diejenigen, denen wir sie versagen, so verschwenderisch sind. Niemand kann Verbrechen erlassen, ohne gegen das Ganze zu sündigen, und das allgemeine Übel durch einen Beitrag zu vermehren. Mir, ich gestehe es, hat es niemals gefallen, daß die Geheimnisse des Staats und die Regierungsgeschäfte sich unter so viele Kollegien verteilen. Der Staatsrat reicht hin für alle; mehrere Patrioten haben dieses längst schon im stillen empfunden, und ich erkläre es jetzt laut. Ich erkläre, daß ich für alle Übel, worüber Klage geführt wird, kein andres Gegenmittel weiß als jene beiden Kammern in dem Staatsrat aufhören zu lassen. Dieses ist es, was man von dem König zu erhalten suchen muß, oder diese neue Gesandtschaft ist wiederum ganz zwecklos und unnütz gewesen." Und nun teilte der Prinz dem versammelten Senat den Entwurf mit, von welchem oben die Rede war. Viglius, gegen den dieser neue Vorschlag eigentlich und am meisten gerichtet war, und dem die Augen jetzt plötzlich geöffnet wurden, unterlag der Heftigkeit seines Verdrusses. Die Gemütsbewegung war seinem schwächlichen Körper zu stark, und man fand ihn am folgenden Morgen vom Schlage gelähmt und in Gefahr des Lebens*.

Seine Stelle übernahm Joachim Hopper, aus dem Geheimen

* Vit. Vigl. §. 88. 89. Burg. 97–102.

Rate zu Brüssel, ein Mann von alter Sitte und unbescholtener Redlichkeit, des Präsidenten vertrautester und würdigster Freund*. Er machte zugunsten der Oranischen Partei noch einige Zusätze zu der Ausfertigung des Gesandten, welche die Abschaffung der Inquisition, und die Vereinigung der drei Kurien betrafen, nicht sowohl mit Genehmigung der Regentin, als vielmehr, weil sie es nicht verbot. Als darauf Graf von Egmont von dem Präsidenten, der sich unterdessen von seinem Zufall wieder erholt hatte, Abschied nahm, bat ihn dieser, ihm die Entlassung von seinem Posten aus Spanien mitzubringen. Seine Zeiten, erklärte er, seien vorüber, er wolle sich nach dem Beispiel seines Vorgängers und Freundes Granvella in die Stille des Privatlebens zurückziehen, und dem Wankelmut des Glücks zuvorkommen. Sein Genius warne ihn vor einer stürmischen Zukunft, womit er sich nicht gern vermengen wolle**.

Der Graf von Egmont trat im Jänner des Jahres 1565 seine Reise nach Spanien an, und wurde daselbst mit einer Güte und Achtung empfangen, die keinem seines Standes vor ihm widerfahren war. Alle kastilianischen Großen, vom Beispiel ihres Königs besiegt, oder vielmehr seiner Staatskunst getreu, schienen ihren verjährten Groll gegen den flämischen Adel ausgezogen zu haben, und beeiferten sich in die Wette, ihn durch ein angenehmes Bezeugen zu gewinnen. Alle seine Privatgesuche wurden ihm von dem König bewilligt, ja seine Erwartungen hierin sogar übertroffen, und während der ganzen Zeit seines dortigen Aufenthalts hatte er Ursache genug, sich der Gastfreiheit des Monarchen zu rühmen. Dieser gab ihm die nachdrücklichsten Versicherungen von seiner Liebe zu dem niederländischen Volk, und machte ihm Hoffnung, daß er nicht ungeneigt sei, sich dem allgemeinen Wunsche zu fügen, und von der Strenge der Glaubensverordnungen etwas nachzulassen. Zu gleicher Zeit aber setzte er in Madrid eine Kommission von Theologen nieder, denen die Frage aufgelegt wurde, ob es nötig sei, den Provinzen die verlangte Religionsduldung zu bewilligen? Da die mehresten darunter der Meinung waren, die besondere Verfassung der Niederlande, und die Furcht vor einer

---

* Vit. Vigl. §. 89. Der nämliche, aus dessen Mémoires ich viele Aufschlüsse über diese Epoche geschöpft habe. Seine nachherige Abreise nach Spanien hat den Briefwechsel zwischen ihm und dem Präsidenten veranlaßt, der eines der schätzbarsten Dokumente für diese Geschichte ist.
** Burg. 103.

Empörung dürfte hier wohl einen Grad von Nachsicht entschuldigen, so wurde die Frage noch bündiger wiederholt: Er verlange nicht zu wissen, hieß es, ob er es dürfe, sondern, ob er es müsse? Als man das letzte verneinte, so erhub er sich von seinem Sitz und kniete vor einem Kruzifixe nieder. „So bitte ich dich denn, Majestät des Allmächtigen", rief er aus, „daß du mich nie so tief mögest sinken lassen, ein Herr derer zu sein, die dich von sich stoßen!" Und nach diesem Muster ohngefähr fielen die Maßregeln aus, die er in den Niederlanden zu treffen gesonnen war. Über den Artikel der Religion war die Entschließung dieses Monarchen einmal für ewig gefaßt; die dringendste Notwendigkeit konnte ihn vielleicht nötigen bei Durchsetzung der Strafbefehle weniger streng zu sein, aber niemals, sie gesetzlich zurückzunehmen, oder nur zu beschränken. Egmont stellte ihm vor, wie sehr selbst diese öffentlichen Hinrichtungen der Ketzer täglich ihren Anhang verstärkten, da die Beispiele ihres Muts und ihrer Freudigkeit im Tode die Zuschauer mit der tiefsten Bewunderung erfüllten, und ihnen hohe Meinungen von einer Lehre erweckten, die ihre Bekenner zu Helden machen kann. Diese Vorstellung fiel bei dem König zwar nicht auf die Erde; aber sie wirkte etwas ganz anderes, als damit gemeint worden war. Um diese verführerischen Auftritte zu vermeiden, und der Strenge der Edikte doch nichts dadurch zu vergeben, verfiel er auf einen Ausweg und beschloß, daß die Hinrichtungen inskünftige – heimlich geschehen sollten. Die Antwort des Königs auf den Inhalt seiner Gesandtschaft wurde dem Grafen schriftlich an die Statthalterin mitgegeben. Ehe er ihn entließ, konnte er nicht umhin, ihn über sein Bezeugen gegen Granvella zur Rechenschaft zu ziehen, wobei er insbesondere auch der Spottliverei gedachte. Egmont beteuerte, daß das Ganze nichts als ein Tafelscherz gewesen, und nichts damit gemeint worden sei, was die Achtung gegen den Monarchen verletzte. Wüßte er, daß es einem einzigen unter ihnen eingefallen wäre, etwas so Schlimmes dabei zu denken, so würde er selbst ihn vor seinen Degen fodern*.

Bei seiner Abreise machte ihm der Monarch ein Geschenk von 50000 Gulden, und fügte noch die Versicherung hinzu, daß er die Versorgung seiner Töchter über sich nehmen würde. Er erlaubte ihm zugleich den jungen Farnese von Parma mit sich nach Brüssel zu nehmen, um der Statthalterin, seiner Mut-

* Grot. VI. Hopper. 43. 44. 45. Strad. 104. 105. 106.

ter, dadurch eine Aufmerksamkeit zu bezeugen*. Die verstellte Sanftmut des Königs, und die Beteurungen seines Wohlwollens für die niederländische Nation, das er nicht empfand,
hintergingen die Redlichkeit des Flamänders. Glücklich durch
die Glückseligkeit, die er seinem Vaterlande zu überbringen
meinte, und von der es nie weiter entfernt gewesen war, verließ
er Madrid über alle Erwartung zufrieden, um alle niederländische Provinzen mit dem Ruhm ihres guten Königs zu erfüllen.

Gleich die Eröffnung der königlichen Antwort im Staatsrat
zu Brüssel stimmte diese angenehmen Hoffnungen schon merklich herunter. Obgleich sein Entschluß in betreff der Glaubensedikte, lautete sie, fest und unwandelbar sei, und er lieber
tausend Leben verlieren, als nur einen Buchstaben daran abändern wolle, so habe er doch, durch die Vorstellungen des Grafen von Egmont bewogen, auf der andern Seite keins von den
gelinden Mitteln unversucht lassen wollen, wodurch das Volk
vor der ketzerischen Verderbnis bewahrt, und jenen unab-
änderlichen Strafen entrissen werden könnte. Da er nun aus
des Grafen Bericht vernommen, daß die vornehmste Ursache
der bisherigen Glaubensirrungen in der Sittenverderbnis der
niederländischen Geistlichkeit, dem schlechten Unterricht des
Volks, und der verwahrlosten Erziehung der Jugend zu suchen
sei, so trage er ihr hiemit auf, eine besondre Kommission von
drei Bischöfen und einigen der geschicktesten Theologen nie-
derzusetzen, deren Geschäft es wäre, sich über die nötige Reforme zu beratschlagen, damit das Volk nicht fernerhin aus
Ärgernis wanke, oder aus Unwissenheit in den Irrtum stürze.
Weil er ferner gehört, daß die öffentlichen Todesstrafen der
Ketzer diesen nur Gelegenheit gäben, mit einem tollkühnen
Mute zu prahlen, und den gemeinen Haufen durch einen Schein
von Märtyrerruhm zu betören, so solle die Kommission Mittel
in Vorschlag bringen, wie diesen Hinrichtungen mehr Geheimnis zu geben, und den verurteilten Ketzern die Ehre ihrer Standhaftigkeit zu entreißen sei. Um aber ja gewiß zu sein, daß diese
Privatsynode ihren Auftrag nicht überschritte, so verlangte er
ausdrücklich, daß der Bischof von Ypern, ein versicherter Mann
und der strengste Eiferer für den katholischen Glauben, von
den kommittierten Räten sein sollte. Die Beratschlagung sollte
womöglich in der Stille, und unter dem Schein, als ob sie die
Einführung der trientischen Schlüsse zum Zweck hätte, vor

* Strad. 107.

sich gehen; wahrscheinlich, um den römischen Hof durch diese
Privatsynode nicht zu beunruhigen, und dem Geist der Rebellion in den Provinzen keine Aufmunterung dadurch zu geben.
Bei der Sitzung selbst sollte die Herzogin nebst einigen treugesinnten Staatsräten anwesend sein, und sodann ein schrift-
licher Bericht von dem, was darin ausgemacht worden, an ihn
erlassen werden. Zu ihren dringendsten Bedürfnissen schickte
er ihr einstweilen einiges Geld. Er machte ihr Hoffnung zu
seiner persönlichen Überkunft; erst aber müßte der Krieg mit
den Türken geendigt sein, die man eben jetzt vor Malta erwarte.
Die vorgeschlagene Vermehrung des Staatsrats und die Verbindung des Geheimen Rats und Finanzrats mit demselben
wurde ganz mit Stillschweigen übergangen, außer daß der Herzog von Arschot, den wir als einen eifrigen Royalisten kennen,
Sitz und Stimme in dem letztern bekam. Viglius wurde der
Präsidentenstelle im Geheimen Rate zwar entlassen, mußte sie
aber demohngeachtet noch ganzer vier Jahre fort verwalten,
weil sein Nachfolger, Karl Tisnaq, aus dem Conseil der niederländischen Angelegenheiten in Madrid, so lange dort zurückgehalten wurde*.

Geschärfte Religionsedikte. Allgemeine Widersetzung der Nation

Egmont war kaum zurück, als geschärftere Mandate gegen
die Ketzer, welche aus Spanien gleichsam hinter ihm hereilten,
die frohen Zeitungen Lügen straften, die er von der glücklichen
Sinnesänderung des Monarchen zurückgebracht hatte. Mit ihnen
kam zugleich eine Abschrift der trientischen Schlüsse, wie sie
in Spanien anerkannt worden waren, und jetzt auch in den Niederlanden sollten geltend gemacht werden; wie auch das Todesurteil einiger Wiedertäufer, und noch anderer Ketzer, unterschrieben. „Der Graf", hörte man jetzt von Wilhelm dem Stillen, „ist durch spanische Künste überlistet worden. Eigenliebe
und Eitelkeit haben seinen Scharfsinn geblendet, über seinem
eigenen Vorteil hat er das allgemeine Beste vergessen." Die
Falschheit des spanischen Ministeriums lag jetzt offen da; dieses
unredliche Verfahren empörte die Besten im Lande. Niemand
aber litt empfindlicher dabei, als Graf Egmont, der sich jetzt

* Hopper. 44–46. 60. Strad. 107. 151. Vit. Vigl. 45. Not. ad Vit. Vigl.
187. Burgund. 104 sq. 119.

als das Spielwerk der spanischen Arglist erkannte, und unwissenderweise an seinem Vaterland zum Verräter geworden war.
„Diese scheinbare Güte also", beschwerte er sich laut und bitter, „war nichts als ein Kunstgriff, mich dem Spott meiner
Mitbürger preiszugeben, und meinen guten Namen zugrund
zu richten. Wenn der König die Versprechungen, die er mir in
Spanien getan, auf eine solche Art zu halten gesonnen ist, so
mag Flandern übernehmen, wer will; ich werde durch meine
Zurückziehung von Geschäften öffentlich dartun, daß ich an
dieser Wortbrüchigkeit keinen Anteil habe." In der Tat konnte
das spanische Ministerium schwerlich ein schicklicheres Mittel
wählen, den Kredit eines so wichtigen Mannes zu brechen, als
daß es ihn seinen, ihn anbetenden Mitbürgern, öffentlich als
einen, den es zum Besten gehabt hatte, zur Schau stellte*.

Unterdessen hatte sich die Synode im folgenden Gutachten
vereinigt, welches dem König sogleich übersendet ward. Für
den Religionsunterricht des Volks, die Sittenverbesserung der
Geistlichkeit und die Erziehung der Jugend, sei bereits in den
trientischen Schlüssen so viel Sorge getragen worden, daß es
jetzt nur darauf ankomme, diese Schlüsse in die schleunigste
Erfüllung zu bringen. Die kaiserlichen Edikte gegen die Ketzer
dürfen durchaus keine Veränderung leiden; doch könne man
den Gerichtshöfen ingeheim zu verstehen geben, nur die
hartnäckigen Ketzer und ihre Prediger mit dem Tode zu bestrafen, zwischen den Sekten selbst einen Unterschied zu machen, und dabei auf Alter, Rang, Geschlecht und Gemütscharakter der angeklagten Personen zu achten. Wenn es an dem
wäre, daß öffentliche Hinrichtungen den Fanatismus noch mehr
in Flammen setzten, so würde vielleicht die unheldenhafte,
weniger in die Augen fallende, und doch nicht minder harte
Strafe der Galeere am angemessensten sein, diese hohen Meinungen von Märtyrertum herunterzustimmen. Vergehungen
des bloßen Mutwillens, der Neugierde und des Leichtsinns,
könnte man durch Geldbußen, Landesverweisung, oder auch
durch Leibesstrafen ahnden**.

Während, daß unter diesen Beratschlagungen, die nun erst
nach Madrid geschickt, und von da wieder zurückerwartet werden mußten, unnütz die Zeit verstrich, ruhten die Prozeduren
gegen die Sektierer, oder wurden zum wenigsten sehr schläfrig

* Strad. 113.
** Hopper. 49. 50. Burgund. 110. 111.

geführt. Seit der Vertreibung des Ministers Granvella hatte die
Anarchie, welche in den obern Kurien herrschte, und sich von
da durch die Provinzialgerichte verbreitete, verbunden mit den
mildern Religionsgesinnungen des Adels, den Mut der Sekten
erhoben und der Bekehrungswut ihrer Apostel freies Spiel gelassen. Die Inquisitionsrichter waren durch die schlechte Unterstützung des weltlichen Armes, der an mehreren Orten ihre
Schlachtopfer offenbar in Schutz nahm, in Verachtung gekommen. Der katholische Teil der Nation hatte sich von den Schlüssen der trientischen Kirchenversammlung, sowie von Egmonts
Gesandtschaft nach Spanien, große Erwartungen gemacht, welche letztere durch die erfreulichen Nachrichten, die der Graf
zurückgebracht und in der Aufrichtigkeit seines Herzens zu
verbreiten nicht unterlassen hatte, gerechtfertigt zu sein schienen. Je mehr man die Nation von der Strenge der Glaubens-
prozeduren entwöhnt hatte, desto schmerzhafter mußte eine
plötzliche und geschärftere Erneuerung derselben empfunden
werden. Unter diesen Umständen langte das königliche Schreiben aus Spanien an, worin das Gutachten der Bischöfe, und die
letzte Anfrage der Oberstatthalterin beantwortet wurde.

Was für eine Auslegung auch der Graf von Egmont, lautete
sie, den mündlichen Äußerungen des Königs gegeben habe, so
wäre ihm nie, auch nicht einmal von weitem, in den Sinn gekommen, nur das mindeste an den Strafbefehlen zu ändern, die
der Kaiser, sein Vater, schon vor fünfunddreißig Jahren, in den
Provinzen ausgeschrieben habe. Diese Edikte, befehle er also,
sollen fortan auf das strengste gehandhabt werden, die Inquisition von dem weltlichen Arm die tätigste Unterstützung erhalten, und die Schlüsse der trientischen Kirchenversammlung
unwiderruflich und unbedingt in allen Provinzen seiner Niederlande gelten. Das Gutachten der Bischöfe und Theologen billige er vollkommen, bis auf die Milderung, welche sie darin
in Rücksicht auf Alter, Geschlecht und Charakter der Individuen vorgeschlagen, indem er dafürhalte, daß es seinen Edikten
gar nicht an Mäßigung fehle. Dem schlechten Eifer, und der
Treulosigkeit der Richter allein, seien die Fortschritte zuzuschreiben, welche die Ketzerei bis jetzt in dem Lande gemacht.
Welcher von diesen es also künftig an Eifer würde ermangeln
lassen, müsse seines Amtes entsetzt, und ein besserer an seinen
Platz gestellt werden. Die Inquisition solle, ohne Rücksicht auf
etwas Menschliches, fest, furchtlos, und von Leidenschaft frei,

ihren Weg wandeln, und weder vor sich noch hinter sich schauen.
Er genehmige alles, sie möge so weit gehen als sie wolle, wenn
sie nur das Ärgernis vermiede*.

Dieser königliche Brief, dem die Oranische Partei alle nachherigen Leiden der Niederlande zugeschrieben hat, verursachte
die heftigsten Bewegungen unter den Staatsräten, und die Äußerungen, welche ihnen zufällig oder mit Absicht in Gesellschaft darüber entfielen, warfen den Schrecken unter das Volk.
Die Furcht der spanischen Inquisition kam erneuert zurück,
und mit ihr sahe man schon die ganze Verfassung zusammen-
stürzen. Schon hörte man Gefängnisse mauern, Ketten und
Halseisen schmieden und Scheiterhaufen zusammentragen.
Alle Gesellschaften sind mit diesen Gesprächen erfüllt, und
die Furcht hält sie nicht mehr im Zügel. Es wurden Schriften an die Häuser der Edlen geschlagen, worin man sie, wie
ehmals Rom seinen Brutus, aufforderte, die sterbende Freiheit
zu retten. Beißende Pasquille erschienen gegen die neuen Bischöfe, Folterknechte, wie man sie nannte, die Klerisei wurde
in Komödien verspottet, und die Lästerung verschonte den
Thron sowenig als den römischen Stuhl**.

Aufgeschreckt von diesen Gerüchten, läßt die Regentin alle
Staatsräte und Ritter zusammenrufen, um sich ihr Verhalten in
dieser mißlichen Lage von ihnen bestimmen zu lassen. Die
Meinungen waren verschieden und heftig der Streit. Ungewiß
zwischen Furcht und Pflicht zögerte man, einen Schluß zu
fassen, bis der Greis Viglius zuletzt aufstand und durch sein
Urteil die ganze Versammlung überraschte. – Jetzt, sagte er,
dürfe man gar nicht daran denken, die königliche Verordnung
bekanntzumachen, ehe man den Monarchen auf den Empfang
vorbereitet habe, den sie jetzt aller Wahrscheinlichkeit nach
finden würde; vielmehr müsse man die Inquisitionsrichter anhalten, ihre Gewalt ja nicht zu mißbrauchen, und ja ohne Härte
zu verfahren. Aber noch mehr erstaunte man, als der Prinz von
Oranien jetzt auftrat, und diese Meinung bekämpfte. Der Wille
des Königs, sagte er, sei zu klar und zu bestimmt vorgetragen,
sei durch zu viele Deliberationen befestigt, als daß man es noch
weiterhin wagen könnte, mit seiner Vollstreckung zurückzuhalten, ohne den Vorwurf der sträflichsten Halsstarrigkeit auf

* Inquisitores praeter me intueri neminem volo. Lacessant scelus securi.
Satis est mihi, si scandalum declinaverint. Burgund. 118.
** Grot. 19. Burg. 122. Hopper. 61.

sich zu laden. – „Den nehm ich auf mich", fiel ihm Viglius in die Rede. „Ich stelle mich seiner Ungnade entgegen. Wenn wir ihm die Ruhe seiner Niederlande damit erkaufen, so wird uns diese Widersetzlichkeit endlich noch bei ihm Dank erwerben." Schon fing die Regentin an, zu dieser Meinung hinüberzuwanken, als sich der Prinz mit Heftigkeit dazwischenwarf. „Was", fiel er ein, „was haben die vielen Vorstellungen, die wir ihm getan, die vielen Briefe, die wir an ihn geschrieben, was hat die Gesandtschaft ausgerichtet, die wir noch kürzlich an ihn gesendet haben? Nichts – und was erwarten wir also noch? Wollen wir, seine Staatsräte allein, seinen ganzen Unwillen auf uns laden, um ihm auf unsre Gefahr einen Dienst zu leisten, den er uns niemals danken wird?" Unentschlossen und ungewiß schweigt die ganze Versammlung, niemand hat Mut genug dieser Meinung beizupflichten, und ebensowenig, sie zu widerlegen; aber der Prinz hat die natürliche Furchtsamkeit der Regentin zu seinem Beistand gerufen, die ihr jede Wahl untersagt. Die Folgen ihres unglücklichen Gehorsams werden in die Augen leuchten – womit aber, wenn sie so glücklich ist, diese Folgen durch einen weisen Ungehorsam zu verhüten, womit wird sich beweisen lassen, daß sie dieselben wirklich zu fürchten gehabt habe? Sie erwählt also von beiden Ratschlägen den traurigsten; es geschehe daraus was wolle, die königliche Verordnung wird der Bekanntmachung übergeben. Diesmal siegte also die Faktion, und der einzige herzhafte Freund der Regierung, der, seinem Monarchen zu dienen, ihm zu mißfallen Mut hatte, war aus dem Felde geschlagen*. Diese Sitzung machte der Ruhe der Oberstatthalterin ein Ende, von diesem Tage an zählen die Niederlande alle Stürme, die ohne Unterbrechung von nun an in ihrem Innern gewütet haben. Als die Räte auseinandergingen, sagte der Prinz von Oranien zu einem, der zunächst bei ihm stand: „Nun", sagte er, „wird man uns bald ein großes Trauerspiel geben**."

---

* Burgund. 123. 124. Meteren 76. Vit. Vigl. 45.

** Die Geschichtschreiber der spanischen Partei haben nicht verabsäumt, Oraniens Betragen in dieser Sitzung gegen ihn zeugen zu lassen, und mit diesem Beweise von Unredlichkeit über seinen Charakter zu triumphieren. Er, sagen sie, der im ganzen bisherigen Lauf der Dinge die Maßregeln des Hofs mit Worten und Taten bestritten hat, solange sich noch mit einigem Grunde fürchten ließ, daß sie durchgehen möchten, tritt jetzt zum erstenmal auf dessen Seite, da eine gewissenhafte Ausrichtung seiner Befehle ihm wahrscheinlicherweise zum Nachteil gereichen wird. Um den König zu

Es erging also ein Edikt an alle Statthalter der Provinzen, worin ihnen befohlen war, die Plakate des Kaisers, wie diejenigen, welche unter der jetzigen Regierung gegen die Ketzer ausgeschrieben worden, die Schlüsse der trientischen Kirchenversammlung, wie die der neulich gehaltenen bischöflichen Synode, in die genaueste Ausübung zu bringen, der Inquisition hülfreiche Hand zu leisten, und die, ihnen untergebenen, Obrigkeiten ebenfalls aufs nachdrücklichste dazu anzuhalten. Zu dem Ende solle ein jeder aus dem ihm untergeordneten Rat, einen tüchtigen Mann auslesen, der die Provinzen fleißig durchreise, und strenge Untersuchungen anstelle, ob den gegebenen Ver-

überführen, wie übel er getan, daß er seine Warnungen in den Wind geschlagen; um sich rühmen zu können: Das hab ich vorhergesagt, setzt er das Wohl seiner Nation aufs Spiel, für welches allein er doch bis jetzt gekämpft haben wollte. Der ganze Zusammenhang seines vorhergehenden Betragens erwies, daß er die Durchsetzung der Edikte für ein Übel gehalten; gleichwohl wird er jetzt auf einmal seinen Überzeugungen untreu und folgt einem entgegengesetzten Plan, obgleich auf seiten der Nation alle Gründe fortdauern, die ihm den ersten vorgeschrieben; und bloß deswegen tut er dieses, weil die Folgen jetzt anders auf den König fallen. Also ist es ja am Tage, fahren seine Gegner fort, daß das Beste seines Volks weniger Gewalt über ihn hat, als sein schlimmer Wille gegen den König. Um seinen Haß gegen diesen zu befriedigen, kommt es ihm nicht darauf an, jene mit aufzuopfern.

Aber ist es denn an dem, daß er die Nation durch Beförderung dieser Edikte aufopfert? oder, bestimmter zu reden, bringt er die Edikte zur Vollstreckung, wenn er auf ihre Bekanntmachung dringt? Läßt sich nicht im Gegenteil mit weit mehr Wahrscheinlichkeit dartun, daß er jene allein durch diese hintertreiben kann? Die Nation ist in Gärung, und die erhitzten Parteien werden, aller Vermutung nach (denn fürchtet es nicht Viglius selbst?) einen Widerstand dagegen äußern, der den König zum Nachgeben zwingen muß. Jetzt, sagt Oranien, hat meine Nation die nötige Schwungkraft, um mit Glück gegen die Tyrannei zu kämpfen. Versäume ich diesen Zeitpunkt, so wird diese letztere Mittel finden durch geheime Negotiationen und Ränke zu erschleichen, was ihr durch offenbare Gewalt mißlang. Sie wird dasselbe Ziel, nur mit mehr Behutsamkeit und Schonung verfolgen, aber die Extremität allein ist es, was meine Nation zu einem Zwecke vereinigen, zu einem kühnen Schritte fortreißen kann. Also ist es klar, daß der Prinz nur seine Sprache in Absicht auf den König verändert, in Absicht auf das Volk aber mit seinem ganzen vorhergehenden Betragen sehr zusammenhängend gehandelt hat. Und welche Pflichten kann er gegen den König haben, die von dem, was er der Republik schuldig ist, verschieden sind? Soll er eine Gewalttätigkeit gerade in dem Augenblicke verhindern, wo sie ihren Urheber strafen wird? Handelt er gut an seinem Vaterland, wenn er dem Unterdrücker desselben eine Übereilung erspart, durch die solches allein seinem unvermeidlichen Schicksal entfliehen kann?

ordnungen von den Unterbeamten die gehörige Folge geleistet
werde; und dann jeden dritten Monat einen genauen Bericht
davon in die Residenz einschicken. Den Erzbischöfen und Bischöfen wurde eine Abschrift der trientischen Schlüsse nach
dem spanischen Original zugesendet, mit dem Bedeuten, daß,
im Falle sie den Beistand der weltlichen Macht brauchten, ihnen
die Statthalter ihrer Diözesen mit Truppen zu Gebote stehen
sollten; es sei denn, daß sie diese lieber von der Oberstatthalterin selbst annehmen wollten. Gegen diese Schlüsse gelte
kein Privilegium; der König wolle und befehle, daß den besondern Territorialgerechtigkeiten der Provinzen und Städte
durch ihre Vollstreckung nichts benommen sein sollte*.

Diese Mandate, welche in jeder Stadt öffentlich durch den
Herold verlesen wurden, machten eine Wirkung auf das Volk,
welche die Furcht des Präsidenten Viglius, und die Hoffnungen
des Prinzen von Oranien aufs vollkommenste rechtfertigte. Beinahe alle Statthalter weigerten sich ihnen Folge zu leisten, und
droheten abzudanken, wenn man ihren Gehorsam würde erzwingen wollen. Die Verordnung, schrieben sie zurück, sei auf
eine ganz falsche Angabe der Sektierer gegründet**. Die Gerechtigkeit entsetze sich vor der ungeheuren Menge der Opfer,
die sich täglich unter ihren Händen häuften; 50- und 60000
Menschen aus ihren Distrikten in den Flammen umkommen zu
lassen, sei kein Auftrag für sie. Gegen die trientischen Schlüsse
erklärte sich besonders die niedre Geistlichkeit, deren Unwissenheit und Sittenverderbnis in diesen Schlüssen aufs grausamste
angegriffen war, und die noch außerdem mit einer so verhaßten
Reforme bedrohet wurde. Sie brachte jetzt ihrem Privatnutzen
das höchste Interesse ihrer Kirche zum Opfer, griff die Schlüsse
und das ganze Konzilium mit bittern Schmähungen an, und
streute den Samen des Aufruhrs in die Gemüter. Dasselbe Ge-

---

* Strad. 114. Hopper. 53. 54. Burg. 115. Meteren 76. Grot. 18.
** Die Anzahl der Ketzer wurde von beiden Parteien sehr ungleich an-
gegeben, je nachdem es das Interesse und die Leidenschaft einer jeden
erheischte, sie zu vermehren, oder zu verringern; und die nämliche Partei
widersprach sich oft selbst, wenn sich ihr Interesse abänderte. War die
Rede von neuen Anstalten der Unterdrückung, von Einführung der Inquisitionsgerichte usw., so mußte der Anhang der Protestanten zahllos und
unübersehlich sein. War hingegen die Rede von Nachgiebigkeit gegen sie,
von Verordnungen zu ihrem Besten, so waren sie wieder in so geringer
Anzahl vorhanden, daß es der Mühe nicht verlohnte, um dieser wenigen
schlechten Leute willen eine Neuerung anzufangen. Hopper. 62.

schrei kam jetzt wieder zurück, welches ehmals die Mönche gegen die neuen Bischöfe erhoben hatten. Dem Erzbischof von Cambrai gelang es endlich, die Schlüsse, doch nicht ohne vielen Widerspruch, abkündigen zu lassen. Mehr Mühe kostete es in Mecheln und Utrecht, wo die Erzbischöfe mit ihrer Geistlichkeit zerfallen waren, die, wie man sie beschuldigte, lieber die ganze Kirche an den Rand des Untergangs führen, als sich einer Sittenverbesserung unterziehen wollte*.

Unter den Provinzen regte sich Brabants Stimme am lautesten. Die Stände dieser Landschaft brachten ihr großes Privilegium wieder in Bewegung, nach welchem es nicht erlaubt war, einen Eingebornen vor einen fremden Gerichtshof zu ziehen. Sie sprachen laut von dem Eide, den der König auf ihre Statuten geschworen, und von den Bedingungen, unter welchen sie ihm Unterwerfung gelobt. Löwen, Antwerpen, Brüssel und Herzogenbusch protestierten feierlich in einer eignen Schrift, die sie an die Oberstatthalterin einschickten**. Diese, immer ungewiß, immer zwischen allen Parteien her und hinüber wankend, zu mutlos dem König zu gehorchen, und noch viel mutloser ihm nicht zu gehorchen, läßt neue Sitzungen halten, hört dafür und dawider stimmen, und tritt zuletzt immer derjenigen Meinung bei, die für sie die allermißlichste ist. Man will sich von neuem an den König nach Spanien wenden; man hält gleich darauf dieses Mittel für viel zu langsam; die Gefahr ist dringend, man muß dem Ungestüm nachgeben, und die königliche Verordnung aus eigener Macht den Umständen anpassen. Die Statthalterin läßt endlich die Annalen von Brabant durchsuchen, um in der Instruktion des ersten Inquisitors, den Karl der Fünfte der Provinz vorgesetzt hatte, eine Vorschrift für den jetzigen Fall zu finden. Diese Instruktion ist derjenigen nicht gleich, welche jetzt gegeben worden; aber der König hat sich ja erklärt, daß er keine Neuerung einführe, also ist es erlaubt, die neuen Plakate mit jenen alten Verordnungen auszugleichen. Diese Auskunft tat zwar den hohen Forderungen der brabantischen Stände kein Genüge, die es auf die völlige Aufhebung der Inquisition angelegt hatten, aber den andern Provinzen gab sie das Signal zu ähnlichen Protestationen, und gleich tapferm Widerstand. Ohne der Herzogin Zeit zu lassen, sich darüber zu bestimmen, entziehen sie eigenmächtig der In-

---

* Hopper. 55. 62. Strad. 115. Burg. 115. Meteren 76. 77.
** Hopper. 63. 64. Strad. 115.

quisition ihren Gehorsam und ihre Hülfleistung. Die Glaubens-
richter, noch kürzlich erst durch einen ausdrücklichen Befehl
zu strenger Amtsführung aufgerufen, sehen sich auf einmal
wieder vom weltlichen Arme verlassen, alles Ansehens und
aller Unterstützung beraubt, und erhalten auf ihre Klagen am
Hofe nur leere Worte zum Bescheid. Die Statthalterin, um alle
Teile zu befriedigen, hatte es mit allen verdorben*.

Während daß dieses zwischen dem Hofe, den Kurien und
den Ständen geschah, durchlief ein allgemeiner Geist des Aufruhrs das Volk. Man fängt an die Rechte des Untertans hervor-
zusuchen, und die Gewalt der Könige zu prüfen. So blödsinnig
wären die Niederländer nicht, hört man viele und nicht sehr
heimlich sagen, daß sie nicht recht gut wissen sollten, was der
Untertan dem Herrn, und der Herr dem Untertan schuldig sei;
und daß man noch wohl Mittel würde auffinden können, Gewalt mit Gewalt zu vertreiben, wenn es auch jetzt noch keinen
Anschein dazu habe. In Antwerpen fand man sogar an mehrern
Orten eine Schrift angeschlagen, worin der Stadtrat aufgefodert war: den König von Spanien, weil er seinen Eid gebrochen, und die Freiheiten des Landes verletzt hätte, bei dem
Kammergericht zu Speyer zu verklagen, da Brabant, als ein
Teil des burgundischen Kreises, in dem Religionsfrieden von
Passau und Augsburg mit begriffen sei. Die Kalvinisten stellten
um ebendiese Zeit ihr Glaubensbekenntnis an das Licht, und
erklärten in einer Vorrede, die an den König gerichtet war, daß
sie, ob sie gleich gegen 100000 stark wären, dennoch sich ruhig
verhielten und alle Landesauflagen gleich den übrigen trügen,
woraus erhelle, setzten sie hinzu, daß sie keinen Aufruhr im
Schilde führten. Man streut freie gefährliche Schriften ins Publikum, die die spanische Tyrannei mit den gehässigsten Farben
malen, die Nation an ihre Privilegien und gelegenheitlich auch
an ihre Kräfte erinnern**.

Die Kriegsrüstungen Philipps gegen die Pforte, wie die,

---

* Vit. Vigl. 46. Hopper. 64. 65. Strad. 115. 116. Burgund. 150–154.
** Die Regentin nannte dem König eine Zahl von 5000 solcher Schriften.
Strada 117. Es ist merkwürdig, was für eine große Rolle die Buchdruckerkunst und Publizität überhaupt bei dem niederländischen Aufruhr gespielt
hat. Durch dieses Organ sprach ein einziger unruhiger Kopf zu Millionen.
Unter den Schmähschriften, welche größtenteils mit aller der Niedrigkeit,
Roheit und Brutalität abgefaßt waren, welche der unterscheidende Charakter der meisten damaligen protestantischen Parteischriften war, fanden sich
zuweilen auch Bücher, welche die Religionsfreiheit gründlich verteidigten.

welche Erich, Herzog von Braunschweig, um ebendiese Zeit (niemand wußte, zu welchem Ende) in der Nachbarschaft machte, trugen mit dazu bei, den allgemeinen Verdacht zu bestärken, als ob die Inquisition den Niederlanden mit Gewalt aufgedrungen werden sollte. Viele von den angesehensten Kaufleuten sprachen schon laut davon, sie wollten ihre Häuser und Güter verlassen, um die Freiheit, die ihnen hier entrissen würde, in einer andern Weltgegend aufzusuchen; andere sahen sich nach einem Anführer um, und ließen sich Winke von gewalttätiger Widersetzung und fremder Hülfe entfallen*.

Um in dieser drangvollen Lage vollends noch unberaten und ohne Stütze zu sein, mußte die Statthalterin auch von dem einzigen noch verlassen werden, der ihr jetzt unentbehrlich war, und der mit dazu beigetragen hatte, sie in diese Lage zu stürzen. Ohne einen Bürgerkrieg zu entzünden, schrieb ihr Wilhelm von Oranien, sei es jetzt schlechterdings unmöglich, den Befehlen des Königs nachzukommen. Würde aber dennoch darauf bestanden, so müsse er sie bitten, seine Stelle mit einem andern zu besetzen, der den Absichten Sr. Majestät mehr entspräche, und mehr, als er, über die Gemüter der Nation vermöchte. Der Eifer, den er bei jeder andern Gelegenheit im Dienst der Krone bewiesen, werde, wie er hoffe, seinen jetzigen Schritt vor jeder schlimmen Auslegung sicherstellen; denn so, wie nunmehr die Sachen stünden, bleibe ihm keine andre Wahl, als entweder dem König ungehorsam zu sein, oder seinem Vaterland und sich selbst zum Nachteil zu handeln. Von dieser Zeit an trat Wilhelm von Oranien aus dem Staatsrat, um sich in seine Stadt Breda zu begeben, wo er in beobachtender Stille, doch schwerlich ganz müßig, der Entwicklung entgegensah. Seinem Beispiel folgte der Graf von Hoorne**; nur Egmont, immer ungewiß zwischen der Republik und dem Throne, immer in dem eitlen Versuche sich abarbeitend, den guten Bürger mit dem gehorsamen Untertan zu vereinen; Egmont, dem die Gunst des Monarchen weniger entbehrlich, und also auch weniger gleichgültig war, konnte es nicht von sich erhalten, die Saaten seines Glücks zu verlassen, die an dem Hofe der Regentin jetzt eben in voller Blüte standen. Die Entfernung des Prinzen von Oranien, dem die Not sowohl als sein überlegener Verstand allen den Einfluß auf die Regentin gegeben, der großen Geistern

* Hopper. 61. 62. Strad. 117. 118. Meteren 77. A. G. d. v. N. III. 60.
** Hopper. 67.

bei kleinen Seelen nicht entstehen kann, hatte in ihr Vertrauen eine Lücke gerissen, von welcher Graf Egmont, vermöge einer Sympathie, die zwischen der feigen und gutherzigen Schwäche sehr leicht gestiftet wird, einen unumschränkten Besitz nahm. Da sie ebensosehr fürchtete, durch ein ausschließendes Vertrauen in die Anhänger der Krone das Volk aufzubringen, als sie bange war, dem König durch ein zu enges Verständnis mit den erklärten Häuptern der Faktion zu mißfallen, so konnte sich ihrem Vertrauen jetzt schwerlich ein besserer Gegenstand anbieten, als eben Graf von Egmont, von dem es eigentlich nicht so recht ausgemacht war, welcher von beiden Parteien er angehörte.

DRITTES BUCH

Verschwörung des Adels

(1565) Bis jetzt, scheint es, war die allgemeine Ruhe der aufrichtige Wunsch des Prinzen von Oranien, der Grafen von Egmont und Hoorne, und ihrer Freunde gewesen. Der wahre Vorteil des Königs, ihres Herrn, hatte sie ebensosehr, als das gemeine Beste geleitet; ihre Bestrebungen wenigstens, und ihre Handlungen hatten ebensowenig mit jenem als mit diesem gestritten. Es war noch nichts geschehen, was sich nicht mit der Treue gegen ihren Fürsten vertrug, was ihre Absichten verdächtig machte, oder den Geist der Empörung bei ihnen wahrnehmen ließ. Was sie getan hatten, hatten sie als verpflichtete Glieder eines Freistaats getan, als Stellvertreter und Sprecher der Nation, als Ratgeber des Königs, als Menschen von Rechtschaffenheit und Ehre. Die Waffen, mit denen sie die Anmaßungen des Hofes bestritten, waren Vorstellungen, bescheidene Klagen, Bitten gewesen. Nie hatten sie sich von dem gerechtesten Eifer für ihre gute Sache so weit hinreißen lassen, die Klugheit und Mäßigung zu verleugnen, welche von der Parteisucht sonst so leicht übertreten werden. Nicht alle Edeln der Republik hörten diese Stimme der Klugheit, nicht alle verharrten in diesen Grenzen der Mäßigung.

Während dem, daß man im Staatsrat die große Frage abhandelte, ob die Nation elend werden sollte, oder nicht, während daß ihre beeidigten Sachwalter alle Gründe der Vernunft und der Billigkeit zu ihrem Beistand aufboten, der Bürgerstand und das Volk aber in eiteln Klagen, Drohungen und Verwünschungen sich Luft machten, setzte sich ein Teil der Nation in Handlung, der unter allen am wenigsten dazu aufgefodert schien, und auf den man am wenigsten geachtet hatte. Man rufe sich jene Klasse des Adels ins Gedächtnis zurück, von welcher oben gesagt worden, daß Philipp bei seinem Regierungsantritt nicht für nötig erachtet habe, sich ihrer Dienste und Bedürfnisse zu erinnern. Bei weitem der größte Teil derselben hatte einer weit dringendern Ursache als der bloßen Ehre wegen, auf Beförderung gewartet. Viele unter ihnen waren auf Wegen, die wir oben angeführt haben, tief in Schulden versunken, aus denen sie sich durch eigne Hülfe nicht mehr emporzuarbeiten hoffen konnten. Dadurch, daß Philipp sie bei der Stellenbesetzung überging, hatte er etwas noch weit Schlimmeres, als ihren Stolz beleidigt; in diesen Bettlern hatte er sich ebenso viele müßige Aufseher und unbarmherzige Richter seiner Taten, ebenso viele schadenfrohe Sammler und Verpfleger der Neuheit erzogen. Da mit ihrem Wohlstande ihr Hochmut sie nicht zugleich verließ, so wucherten sie jetzt notgedrungen mit dem einzigen Kapitale, das nicht zu veräußern gewesen war, mit ihrem Adel und mit der republikanischen Wichtigkeit ihrer Namen; und brachten eine Münze in Umlauf, die nur in einem solchen Zeitlauf oder in keinem für gute Zahlung gelten konnte, ihre Protektion. Mit einem Selbstgefühle, dem sie um so mehr Raum gaben, weil es noch ihre einzige Habe war, betrachteten sie sich jetzt als die bedeutende Mittelmacht zwischen dem Souverän und dem Bürger, und glaubten sich berufen, der bedrängten Republik, die mit Ungeduld auf sie, als auf ihre letzte Stütze wartete, zu Hülfe zu eilen. Diese Idee war nur in so weit lächerlich, als ihr Eigendünkel daran Anteil hatte; aber die Vorteile, die sie von dieser Meinung zu ziehen wußten, waren gründlich genug. Die protestantischen Kaufleute, in deren Händen ein großer Teil des niederländischen Reichtums sich befand, und welche die unangefochtene Übung ihrer Religion für keinen Preis zu teuer erkaufen zu können glaubten, versäumten nicht, den einzig möglichen Gebrauch von dieser Volksklasse zu machen, die müßig am Markte stand, und welche niemand gedingt hatte. Ebendiese Menschen, auf welche sie zu jeder andern Zeit vielleicht mit dem Stolze des Reichtums würden herabgeblickt haben, konnten ihnen nunmehr durch ihre Anzahl, ihre Herzhaftigkeit, ihren Kredit bei der Menge, durch ihren Groll gegen die Regierung, ja durch ihren Bettelstolz selbst und ihre Verzweiflung sehr gute Dienste leisten. Aus diesem Grunde ließen sie sich's auf das eifrigste angelegen sein, sich genau an sie anzuschließen, die Gesinnungen des Aufruhrs sorgfältig bei ihnen zu nähren, diese hohe Meinungen von ihrem Selbst in ihnen rege zu erhalten, und, was das wichtigste war, durch eine wohlangebrachte Geldhülfe und schimmernde Versprechungen ihre Armut zu dingen*. Wenige darunter waren so ganz un-

* Strad. 52.

wichtig, daß sie nicht, wär es auch nur durch Verwandtschaft mit Höhern, einigen Einfluß besaßen, und alle zusammen, wenn es glückte, sie zu vereinigen, konnten eine fürchterliche Stimme gegen die Krone erheben. Viele darunter zählten sich selbst schon zu der neuen Sekte, oder waren ihr doch im stillen gewogen; aber auch diejenigen unter ihnen, welche eifrig katholisch waren, hatten politische oder Privatgründe genug, sich gegen die trientischen Schlüsse und die Inquisition zu erklären. Alle endlich waren durch ihre Eitelkeit allein schon aufgefodert genug, den einzigen Moment nicht vorbeischwinden zu lassen, in welchem sie möglicherweise in der Republik etwas vorstellen konnten.

Aber so viel sich von einer Vereinigung dieser Menschen versprechen ließ, so grundlos und lächerlich wäre es gewesen, irgendeine Hoffnung auf einen einzelnen unter ihnen zu gründen; und es war nicht so gar leicht, diese Vereinigung zu stiften. Sie nur miteinander zusammenzubringen, mußten sich ungewöhnliche Zufälle ins Mittel schlagen; und glücklicherweise fanden sich diese. Die Vermählungsfeier des Herrn Montigny, eines von den niederländischen Großen, wie auch die des Prinzen Alexanders von Parma, welche um diese Zeit in Brüssel vor sich gingen, versammelten einen großen Teil des niederländischen Adels in dieser Stadt: Verwandte fanden sich bei dieser Gelegenheit zu Verwandten; neue Freundschaften wurden geschlossen, und alte erneuert, die allgemeine Not des Landes ist das Gespräch, Wein und Fröhlichkeit schließen Mund und Herzen auf, es fallen Winke von Verbrüderung, von einem Bunde mit fremden Mächten. Diese zufälligen Zusammenkünfte bringen bald absichtliche hervor; aus öffentlichen Gesprächen werden geheime. Es muß sich fügen, daß um diese Zeit zwei deutsche Baronen, ein Graf von Holle und von Schwarzenberg, in den Niederlanden verweilen, welche nicht unterlassen, hohe Erwartungen von nachbarlichem Beistand zu erwecken*. Schon einige Zeit vorher hatte Graf Ludwig von Nassau gleiche Angelegenheiten persönlich an verschiedenen deutschen Höfen betrieben**. Einige wollen sogar

* Burg. 150. Hopper. 67. 68.
** Und umsonst war auch der Prinz von Oranien nicht so plötzlich aus Brüssel verschwunden, um sich bei der römischen Königswahl in Frankfurt einzufinden. Eine Zusammenkunft so vieler deutschen Fürsten mußte eine Negotiation sehr begünstigen. Strad. 84.

geheime Geschäftsträger des Admirals Coligny um diese Zeit
in Brabant gesehen haben, welches aber billig noch bezweifelt
wird.

Wenn ein politischer Augenblick dem Versuch einer Neuerung günstig war, so war es dieser. Ein Weib am Ruder des
Staats; die Provinzstatthalter verdrossen und zur Nachsicht
geneigt; einige Staatsräte ganz außer Wirksamkeit; keine
Armee in den Provinzen; die wenigen Truppen schon längst
über die zurückgehaltene Zahlung schwürig, und zu oft schon
durch falsche Versprechungen betrogen, um sich durch neue
locken zu lassen; diese Truppen noch außerdem von Offizieren
angeführt, welche die Inquisition von Herzen verachteten, und
errötet haben würden, nur das Schwert für sie zu heben; kein
Geld im Schatze, um geschwind genug neue Truppen zu werben, und ebensowenig um auswärtige zu mieten. Der Hof zu
Brüssel, wie die drei Ratsversammlungen durch innre Zwietracht geteilt, und durch Sittenlosigkeit verdorben; die Regentin ohne Vollmacht, und der König weit entlegen; sein Anhang
gering in den Provinzen, unsicher und mutlos; die Faktion
zahlreich und mächtig; zwei Dritteile des Volks gegen das
Papsttum aufgeregt, und nach Veränderung lüstern – welche
unglückliche Blöße der Regierung, und wieviel unglücklicher
noch, daß diese Blöße von ihren Feinden so gut gekannt war*.

Noch fehlte es, so viele Köpfe zweckmäßig zu verbinden, an
einem Anführer, und an einigen bedeutenden Namen, um
ihrem Beginnen in der Republik ein Gewicht zu geben. Beides
fand sich in dem Grafen Ludwig von Nassau, und Heinrich
Brederoden, beide aus dem vornehmsten Adel des Landes, die
sich freiwillig an die Spitze der Unternehmung stellten. Ludwig
von Nassau, des Prinzen von Oranien Bruder, vereinigte viele
glänzende Eigenschaften, die ihn würdig machten, auf einer
so wichtigen Bühne zu erscheinen. In Genf, wo er studierte,
hatte er den Haß gegen die Hierarchie und die Liebe zu der
neuen Religion eingesogen, und bei seiner Zurückkunft nicht
versäumt, diesen Grundsätzen in seinem Vaterland Anhänger
zu werben. Der republikanische Schwung, den sein Geist in
ebendieser Schule genommen, unterhielt in ihm einen brennenden Haß gegen alles, was spanisch hieß, der jede seiner
Handlungen beseelte, und ihn auch nur mit seinem letzten
Atem verließ. Papsttum und spanisches Regiment waren in

* Grot. 19. Burgund. 154.

seinem Gemüte nur ein einziger Gegenstand, wie es sich auch in der Tat verhielt, und der Abscheu, den er vor dem einen hegte, half seinen Widerwillen gegen das andre verstärken. So sehr beide Brüder in ihrer Neigung und Abneigung übereinstimmten, so ungleich waren die Wege, auf welchen sie beides befriedigten. Dem jüngern Bruder erlaubte das heftige Blut des Temperaments und der Jugend die Krümmungen nicht, durch welche sich der ältere zu seinem Ziele wand. Ein kalter gelaßner Blick führte diesen langsam aber sicher zum Ziele, eine geschmeidige Klugheit unterwarf ihm die Dinge; durch ein tollkühnes Ungestüm, das alles vor ihm her niederwarf, zwang der andere zuweilen das Glück, und beschleunigte noch öfter das Unglück. Darum war Wilhelm ein Feldherr, und Ludwig nie mehr, als ein Abenteurer; ein zuverlässiger nervigter Arm, wenn ein weiser Kopf ihn regierte. Ludwigs Handschlag galt für ewig; seine Verbindungen dauerten jedwedes Schicksal aus, weil sie im Drang der Not geknüpft waren, und weil das Unglück fester bindet, als die leichtsinnige Freude. Seinen Bruder liebte er, wie seine Sache, und für diese ist er gestorben.

Heinrich von Brederode, Herr von Viane und Burggraf von Utrecht, leitete seinen Ursprung von den alten holländischen Grafen ab, welche diese Provinz ehemals als souveräne Fürsten beherrscht hatten. Ein so wichtiger Titel machte ihn einem Volke teuer, unter welchem das Andenken seiner vormaligen Herren noch unvergessen lebte, und um so werter gehalten wurde, je weniger man bei der Veränderung gewonnen zu haben fühlte. Dieser angeerbte Glanz kam dem Eigendünkel eines Mannes zustatten, der den Ruhm seiner Vorfahren stets auf der Zunge trug, und um so lieber unter den verfallnen Trümmern der vorigen Herrlichkeit wandelte, je trostloser der Blick war, den er auf seinen jetzigen Zustand warf. Von allen Würden und Bedienungen ausgeschlossen, wozu ihm die hohe Meinung von sich selbst, und der Adel seines Geschlechts einen gegründeten Anspruch zu geben schien (eine Schwadron leichter Reuter war alles, was man ihm anvertraute), haßte er die Regierung, und erlaubte sich, ihre Maßregeln mit verwegenen Schmähungen anzugreifen. Dadurch gewann er sich das Volk. Auch er begünstigte im stillen das evangelische Bekenntnis; weniger aber, weil seine bessere Überzeugung dafür entschieden, als überhaupt nur, weil es ein Abfall war. Er hatte mehr Mundwerk als Beredsamkeit, und mehr Dreistigkeit als

Mut; herzhaft war er, doch mehr, weil er nicht an Gefahr
glaubte, als weil er über sie erhaben war. Ludwig von Nassau
glühte für die Sache, die er beschützte, Brederode für den Ruhm
sie beschützt zu haben; jener begnügte sich für seine Partei zu
handeln; dieser mußte an ihrer Spitze stehen. Niemand taugte
besser zum Vortänzer einer Empörung, aber schwerlich
konnte sie einen schlimmeren Führer haben. So verächtlich
im Grunde seine Drohungen waren, so viel Nachdruck und
Furchtbarkeit konnte der Wahn des großen Haufens ihnen
geben, wenn es diesem einfiel, einen Prätendenten in seiner
Person aufzustellen. Seine Ansprüche auf die Besitzungen
seiner Vorfahren waren ein eitler Name, aber dem allgemeinen
Unwillen war auch ein Name schon genug. Eine Broschüre,
die sich damals unter dem Volke verbreitete, nannte ihn öffentlich den Erben von Holland und ein Kupferstich, der von ihm
gezeigt wurde, führte die prahlerische Randschrift:

> Sum Brederodus ego, Batavae non infima gentis
> Gloria, virtutem non unica pagina claudit*.

(1565) Außer diesen beiden traten von dem vornehmsten
niederländischen Adel noch der junge Graf Carl von Mansfeld, ein Sohn desjenigen, den wir unter den eifrigsten Royalisten gefunden haben, der Graf von Culembourg, zwei Grafen
von Bergen und von Battenburg, Johann von Marnix, Herr
von Toulouse, Philipp von Marnix, Herr von St. Aldegonde,
nebst mehreren andern zu dem Bund, der um die Mitte des
Novembers i. J. 1565, im Hause eines gewissen von Hammes,
Wappenkönigs vom Goldnen Vliese**, zustande kam. Sechs
Menschen*** waren es, die hier das Schicksal ihres Vaterlands,
wie jene Eidgenossen einst die schweizerische Freiheit, entschieden, die Fackel eines vierzigjährigen Kriegs anzündeten,
und den Grund einer Freiheit legten, die ihnen selbst nie zugute
kommen sollte. Der Zweck der Verbrüderung war in folgender Eidesformel enthalten, unter welche Philipp von Marnix
zuerst seinen Namen setzte.

„Nachdem gewisse übelgesinnte Personen, unter der Larve
eines frommen Eifers, in der Tat aber nur aus Antrieb ihres

---

* Burg. 351. 352. Grot. 20.

** Eines eifrigen Kalvinisten, und des fertigsten Werbers für den Bund,
der sich berühmte gegen 2000 Edle dazu beredet zu haben. Strad. 118.

*** Burg. 156. Strad. nennt ihrer neun. 118. Allg. G. d. v. N. III. Band,
nennt elf. 57.

Geizes und ihrer Herrschbegierde, den König, unsern gnädig-
sten Herrn, verleitet haben, das verabscheuungswürdige Gericht der Inquisition in diesen Landschaften einzuführen (ein
Gericht, das allen menschlichen und göttlichen Gesetzen zu-
widerläuft, und alle barbarischen Anstalten des blinden Heiden-
tums an Unmenschlichkeit hinter sich läßt, das den Inquisitoren
jede andre Gewalt unterwürfig macht, die Menschen zu einer
immerwährenden Knechtschaft erniedrigt, und durch seine
Nachstellungen den rechtschaffensten Bürger einer ewigen
Todesangst aussetzt, so, daß es einem Priester, einem treulosen
Freund, einem Spanier, einem schlechten Kerl überhaupt frei-
steht, so bald er nur will, und wen er will, bei diesem Gericht
anzuklagen, gefangensetzen, verdammen und hinrichten zu
lassen, ohne daß es diesem vergönnt sei, seinen Ankläger zu
erfahren, oder Beweise von seiner Unschuld zu führen), so
haben wir Endesunterschriebene uns verbunden, über die
Sicherheit unsrer Familien, unsrer Güter und unsrer eignen
Person zu wachen. Wir verpflichten und vereinigen uns zu dem
Ende durch eine heilige Verbrüderung, und geloben mit einem
feierlichen Schwur, uns der Einführung dieses Gerichts in
diesen Ländern nach unsern besten Kräften zu widersetzen,
man versuche es heimlich oder öffentlich, und unter welchem
Namen man auch wolle. Wir erklären zugleich, daß wir weit
entfernt sind, gegen den König, unsern Herrn, etwas Gesetz-
widriges damit zu meinen, vielmehr ist es unser aller unver-
änderlicher Vorsatz, sein königliches Regiment zu unterstützen
und zu verteidigen, den Frieden zu erhalten und jeder Empörung nach Vermögen zu steuern. Diesem Vorsatz gemäß
haben wir geschworen, und schwören jetzt wieder, die Regierung heiligzuhalten, und ihrer mit Worten und Taten zu schonen, des Zeuge sei der allmächtige Gott!
    Weiter geloben und schwören wir, uns wechselsweis einer
den andern, zu allen Zeiten, an allen Orten, gegen welchen
Angriff es auch sei, zu schützen und zu verteidigen, angehend
die Artikel, welche in diesem Kompromisse verzeichnet sind.
Wir verpflichten uns hiemit, daß keine Anklage unsrer Verfolger, mit welchem Namen sie auch ausgeschmückt sein möge,
sie heiße Rebellion, Aufstand, oder auch anders, die Kraft
haben soll, unsern Eid gegen den, der beschuldigt ist, aufzuheben, oder uns unsers Versprechens gegen ihn zu entbinden. Keine Handlung, welche gegen die Inquisition gerichtet

ist, kann den Namen der Empörung verdienen. Wer also um einer solchen Ursache willen in Verhaft genommen wird, dem verpflichten wir uns hier, nach unserm Vermögen zu helfen, und durch jedes nur immer erlaubte Mittel seine Freiheit wiederzuverschaffen. Hier, wie in allen übrigen Regeln unsers Verhaltens, sonderlich aber gegen das Gericht der Inquisition ergeben wir uns in das allgemeine Gutachten des Bundes, oder auch in das Urteil derer, welche wir einstimmig zu unsern Ratgebern und Führern ernennen werden.

Zum Zeugnis dessen, und zu Bestätigung dieses Bundes berufen wir uns auf den heiligen Namen des lebendigen Gottes, Schöpfers von Himmel und Erde, und allem, was darinnen ist, der die Herzen prüft, die Gewissen und die Gedanken, und kennt die Reinigkeit der unsrigen. Wir bitten ihn um den Beistand seines Heiligen Geistes, daß Glück und Ehre unser Vorhaben kröne, zur Verherrlichung seines Namens, und unserm Vaterlande zum Segen und ewigen Frieden."*

Dieser Kompromiß wurde sogleich in mehrere Sprachen übersetzt, und schnell durch alle Provinzen zerstreut. Jeder von den Verschwornen trieb, was er an Freunden, Verwandten, Anhängern und Dienstleuten hatte, zusammen, um dem Bunde schnell eine Masse zu geben. Große Gastmahle wurden gehalten, welche ganze Tage lang dauerten – unwiderstehliche Versuchungen für eine sinnliche lüsterne Menschenart, bei der das tiefste Elend den Hang zum Wohlleben nicht hatte ersticken können. Wer sich da einfand, und jeder war willkommen, wurde durch zuvorkommende Freundschaftsversicherungen mürbe gemacht, durch Wein erhitzt, durch das Beispiel fortgerissen, und überwältigt durch das Feuer einer wilden Beredsamkeit. Vielen führte man die Hand zum Unterzeichnen, der Zweifelnde wurde gescholten, der Verzagte bedroht, der Treugesinnte überschrieen; manche darunter wußten gar nicht, was es eigentlich war, worunter sie ihre Namen schrieben, und schämten sich, erst lange darnach zu fragen. Der allgemeine Schwindel ließ keine Wahl übrig; viele trieb bloßer Leichtsinn zu der Partei, eine glänzende Kameradschaft lockte die Geringen, den Furchtsamen gab die große Anzahl ein Herz. Man hatte die List gebraucht, die Namen und Siegel des Prinzen von Oranien, des Grafen von Egmont, von Hoorne, von

* Burgund. 156–159. Strad. 118.

Meghem und anderer fälschlich nachzumachen, ein Kunst-griff, der dem Bund viele Hunderte gewann. Besonders war es auf die Offiziere der Armee dabei abgesehen, um sich auf alle Fälle von dieser Seite zu decken, wenn es zu Gewalttätigkeiten kommen sollte. Es glückte bei vielen, vorzüglich bei Subalter-nen, und Graf Brederode zog auf einen Fähndrich, der sich bedenken wollte, sogar den Degen. Menschen aus allen Klassen und Ständen unterzeichneten. Die Religion machte keinen Unterschied, katholische Priester selbst gesellten sich zu dem Bunde. Die Beweggründe waren nicht bei allen dieselben, aber ihr Vorwand war gleich. Den Katholiken war es bloß um Auf-hebung der Inquisition und Milderung der Edikte zu tun; die Protestanten zielten auf eine uneingeschränkte Gewissens-freiheit. Einige verwegenere Köpfe führten nichts Geringeres im Schilde, als einen gänzlichen Umsturz der gegenwärtigen Regierung und die Dürftigsten darunter gründeten nieder-trächtige Hoffnungen auf die allgemeine Zerrüttung*.

Ein Abschiedsmahl, welches um ebendiese Zeit dem Grafen von Schwarzenberg und Holle in Breda, und kurz darauf in Hogstraeten gegeben wurde, zog viele vom ersten Adel nach beiden Plätzen, unter denen sich schon mehrere befanden, die den Kompromiß bereits unterschrieben hatten. Auch der Prinz von Oranien, die Grafen von Egmont, von Hoorne und von Meghem fanden sich bei diesem Gastmahle ein, doch ohne Verabredung und ohne selbst einen Anteil an dem Bunde zu haben, obgleich einer von Egmonts eigenen Sekretären, und einige Dienstleute der andern demselben öffentlich beigetreten waren. Bei diesem Gastmahle nun erklärten sich schon drei-hundert für den Kompromiß, und die Frage kam in Bewegung, ob man sich bewaffnet, oder unbewaffnet mit einer Rede oder Bittschrift an die Oberstatthalterin wenden sollte. Hoorne und Oranien (Egmont wollte das Unternehmen auf keine Weise befördern) wurden dabei zu Richtern aufgerufen, welche für den Weg der Bescheidenheit und Unterwerfung entschieden, ebendadurch aber der Beschuldigung Raum gaben, daß sie das Unterfangen der Verschwornen auf eine nicht sehr versteckte Weise in Schutz genommen hätten. Man beschloß also, unbe-waffnet und mit einer Bittschrift einzukommen, und bestimm-te einen Tag, wo man in Brüssel zusammentreffen wollte**.

* Strad. 119. Burgund. 159–161.
** Burgund. 162. 166.

Der erste Wink von dieser Verschwörung des Adels wurde der Statthalterin durch den Grafen von Meghem gleich nach seiner Zurückkunft gegeben. Es werde eine Unternehmung geschmiedet, ließ er sich verlauten, dreihundert vom Adel seien darein verwickelt, es gelte die Religion, die Teilnehmer halten sich durch einen Eidschwur verpflichtet, sie rechnen sehr auf auswärtigen Beistand, bald werde sie das weitere erfahren. Mehr sagte er ihr nicht, so nachdrücklich sie auch in ihn drang. Ein Edelmann habe es ihm unter dem Siegel der Verschwiegenheit anvertraut, und er habe ihm sein Ehrenwort verpfändet. Eigentlich war es wohl weniger diese Delikatesse der Ehre, als vielmehr der Widerwille gegen die Inquisition, um die er sich nicht gern ein Verdienst machen wollte, was ihn abhalten mochte, sich weiter zu erklären. Bald nach ihm überreichte Graf Egmont der Regentin eine Abschrift des Kompromisses, wobei er ihr auch die Namen der Verschworenen, bis auf einige wenige, nannte. Fast zu gleicher Zeit schrieb ihr der Prinz von Oranien, es werde, wie er höre, eine Armee geworben, 400 Offiziere seien bereits ernannt, und zwanzigtausend Mann würden mit nächstem unter den Waffen erscheinen. So wurde das Gerücht durch immer neue Zusätze absichtlich übertrieben, und in jedem Munde vergrößerte sich die Gefahr*.

Die Oberstatthalterin vom ersten Schrecken dieser Zeitung betäubt, und durch nichts als ihre Furcht geleitet, ruft in aller Eile zusammen, wer aus dem Staatsrat soeben in Brüssel zugegen war, und ladet zugleich den Prinzen von Oranien nebst dem Grafen von Hoorne in einem dringenden Schreiben ein, ihre verlassenen Stellen im Senat wiedereinzunehmen. Ehe diese noch ankommen, beratschlagt sie sich mit Egmont, Meghem und Berlaymont, was in dieser mißlichen Lage zu beschließen sei. Die Frage war, ob man lieber gleich zu den Waffen greifen, oder der Notwendigkeit weichen und den Verschwornen ihr Gesuch bewilligen, oder ob man sie durch Versprechungen und eine scheinbare Nachgiebigkeit so lange hinhalten solle, bis man Zeit gewonnen hätte, Verhaltungsregeln aus Spanien zu holen, und sich mit Geld und Truppen zu versehen. Zu dem ersten fehlte das nötige Geld, und das ebenso nötige Vertrauen in die Armee, die von den Verschwornen vielleicht schon gewonnen war. Das zweite würde

* Hopper. 69. 70. Burg. 166. 167.

von dem König nimmermehr gebilligt werden, und auch eher dazu dienen, den Trotz der Verbundenen zu erheben, als niederzuschlagen; da im Gegenteil eine wohlangebrachte Geschmeidigkeit und eine schnelle unbedingte Vergebung des Geschehenen den Aufruhr vielleicht noch in der Wiege ersticken würde. Letztere Meinung wurde von Meghem und Egmont behauptet, von Berlaymont aber bestritten. Das Gerücht habe übertrieben, sagte dieser; unmöglich könne eine so furchtbare Waffenrüstung so geheim und mit solcher Geschwindigkeit vor sich gegangen sein. Ein Zusammenlauf etlicher schlechten Leute, von zwei oder drei Enthusiasten aufgehetzt, nichts weiter. Alles würde ruhen, wenn man einige Köpfe abgeschlagen hätte. Die Oberstatthalterin beschließt, das Gutachten des versammelten Staatsrats zu erwarten; doch verhält sie sich in dieser Zwischenzeit nicht müßig. Die Festungswerke in den wichtigsten Plätzen werden besichtigt, und wo sie gelitten haben, wiederhergestellt; ihre Botschafter an fremden Höfen erhalten Befehl, ihre Wirksamkeit zu verdoppeln; Eilboten werden nach Spanien abgefertigt. Zugleich bemüht sie sich, das Gerücht von der nahen Ankunft des Königs aufs neue in Umlauf zu bringen, und in ihrem äußerlichen Betragen die Festigkeit und den Gleichmut zu zeigen, der den Angriff erwartet und nicht das Ansehen hat, ihm zu erliegen*.

Mit Ausgang des März, also vier volle Monate nach Abfassung des Kompromisses, versammelte sich der ganze Staatsrat in Brüssel. Zugegen waren der Prinz von Oranien, der Herzog von Arschot, die Grafen von Egmont, von Bergen, von Meghem, von Aremberg, von Hoorne, von Hoogstraeten, von Berlaymont und andere, die Herren von Montigny und Hachicourt, alle Ritter vom Goldnen Vliese nebst dem Präsidenten Viglius, dem Staatsrat Bruxelles und den übrigen Assessoren des geheimen Konsiliums**. Hier brachte man schon verschiedene Briefe zum Vorschein, die von dem Plan der Verschwörung nähere Nachricht gaben. Die Extremität, worin die Oberstatthalterin sich befand, gab den Mißvergnügten eine Wichtigkeit, von der sie nicht unterließen, jetzt Gebrauch zu machen, und ihre lang unterdrückte Empfindlichkeit bei dieser Gelegenheit zur Sprache kommen zu lassen. Man erlaubte sich bittere Beschwerden gegen den Hof selbst, und gegen die Regierung.

* Strad. 120. Burgund. 168. 169.
** Hopper. 71. 72. Burg. 173.

„Erst neulich", ließ sich der Prinz von Oranien heraus, „schickte der König 40000 Goldgulden an die Königin von Schottland, um sie in ihren Unternehmungen gegen England zu unterstützen – und seine Niederlande läßt er unter ihrer Schuldenlast erliegen. Aber der Unzeit dieser Subsidien und ihres schlechten Erfolges* nicht einmal zu gedenken, warum weckt er den Zorn einer Königin gegen uns, die uns als Freundin so wichtig, als Feindin aber so fürchterlich ist?" Auch konnte der Prinz bei dieser Gelegenheit nicht umhin, auf den verborgenen Haß anzuspielen, den der König gegen die nassauische Familie und gegen ihn insbesondere hegen sollte. „Es ist am Tage", sagte er, „daß er sich mit den Erbfeinden meines Hauses beratschlagt hat, mich, auf welche Art es sei, aus dem Wege zu schaffen, und daß er mit Ungeduld nur auf eine Veranlassung dazu wartet." Sein Beispiel öffnete auch dem Grafen von Hoorne und noch vielen andern den Mund, die sich mit leidenschaftlicher Heftigkeit über ihre eignen Verdienste und den Undank des Königs verbreiteten. Die Regentin hatte Mühe den Tumult zu stillen, und die Aufmerksamkeit auf den eigentlichen Gegenstand der Sitzung zurückzuführen. Die Frage war, ob man die Verbundenen, von denen es nun bekannt war, daß sie sich mit einer Bittschrift an den Hof wenden würden, zulassen sollte, oder nicht? Der Herzog von Arschot, die Grafen von Aremberg, von Meghem und Berlaymont verneinten es. „Wozu 500 Menschen", sagte der letztere, „um eine kleine Schrift zu überreichen? Dieser Gegensatz der Demut und des Trotzes bedeutet nichts Gutes. Laßt sie einen achtungswürdigen Mann aus ihrer Mitte, ohne Pomp, ohne Anmaßung zu uns schicken, und auf diesem Weg ihr Anliegen vor uns bringen. Sonst verschließe man ihnen die Tore, oder beobachte sie, wenn man sie doch einlassen will, auf das strengste, und strafe die erste Kühnheit, deren sich einer von ihnen schuldig macht, mit dem Tode." Der Graf von Mansfeld, dessen eigner Sohn unter den Verschwornen war, erklärte sich gegen ihre Partei; seinem Sohn hatte er mit Enterbung gedroht, wenn er dem Bund nicht entsagte. Auch die Grafen von Meghem und Aremberg trugen Bedenken, die Bittschrift anzunehmen; der Prinz von Oranien aber, die Grafen von Egmont, von Hoorne, von Hoogstraeten und mehrere stimmten mit Nachdruck dafür. Die Verbundenen, erklärten sie, wären ihnen als Menschen von Rechtschaffenheit

* Das Geld war in die Hände der Königin Elisabeth gefallen.

und Ehre bekannt; ein großer Teil unter denselben stehe mit ihnen in Verhältnissen der Freundschaft und der Verwandtschaft, und sie getrauen sich für ihr Betragen zu bürgen. Eine Bittschrift einzureichen, sei jedem Untertan erlaubt; ohne Ungerechtigkeit könne man einer so ansehnlichen Gesellschaft ein Recht nicht verweigern, dessen sich der niedrigste Mensch im Staat zu erfreuen habe. Man beschloß also, weil die meisten Stimmen für diese Meinung waren, die Verbundenen zuzulassen, vorausgesetzt, daß sie unbewaffnet erschienen, und sich mit Bescheidenheit betrügen. Die Zänkereien der Ratsglieder hatten den größten Teil der Zeit weggenommen, daß man die fernere Beratschlagung auf eine zweite Sitzung verschieben mußte, die gleich den folgenden Tag eröffnet ward*.

Um den Hauptgegenstand nicht wie gestern unter unnützen Klagen zu verlieren, eilte die Regentin diesmal sogleich zum Ziele. „Brederode", sagte sie, „wird, wie unsre Nachrichten lauten, im Namen des Bundes um Aufhebung der Inquisition und Milderung der Edikte bei uns einkommen. Das Urteil meines Senats soll mich bestimmen, was ich ihm antworten soll; aber ehe Sie Ihre Meinungen vortragen, vergönnen Sie mir, etwas weniges voranzuschicken. Man sagt mir, daß es viele, auch selbst unter Ihnen gebe, welche die Glaubensedikte des Kaisers, meines Vaters, mit öffentlichem Tadel angreifen, und sie dem Volk als unmenschlich und barbarisch abschildern. Nun frage ich Sie selbst, Ritter des Vlieses, Räte Seiner Majestät und des Staats, ob Sie nicht selbst Ihre Stimmen zu diesen Edikten gegeben, ob die Stände des Reichs sie nicht als rechtskräftig anerkannt haben? Warum tadelt man jetzt, was man ehmals für recht erklärte? Etwa darum, weil es jetzt mehr als jemals notwendig geworden? Seit wann ist die Inquisition in den Niederlanden etwas so Ungewöhnliches? Hat der Kaiser sie nicht schon vor sechzehn Jahren errichtet, und worin soll sie grausamer sein, als die Edikte? Wenn man zugibt, daß diese letztere das Werk der Weisheit gewesen, wenn die allgemeine Beistimmung der Staaten sie geheiligt hat – warum diesen Widerwillen gegen jene, die doch weit menschlicher ist, als die Edikte, wenn diese nach dem Buchstaben beobachtet werden? Reden Sie jetzt frei, ich will Ihr Urteil damit nicht befangen haben; aber Ihre Sache ist es, dahin zu sehen, daß nicht Leidenschaft es lenke."**

* Strad. 121. 122.
** Strad. 123. 124.

Der Staatsrat war in zwei Meinungen geteilt, wie immer; aber die wenigen, welche für die Inquisition und die buchstäbliche Vollstreckung der Edikte sprachen, wurden bei weitem von der Gegenpartei überstimmt, die der Prinz von Oranien anführte. „Wollte der Himmel", fing er an, „man hätte meine Vorstellungen des Nachdenkens wert geachtet, solange sie noch entfernte Befürchtungen waren, so würde man nie dahin gebracht worden sein, zu den äußersten Mitteln zu schreiten, so würden Menschen, die im Irrtum lebten, nicht durch ebendie Maßregeln, die man anwendete, sie aus demselben herauszuführen, tiefer darein versunken sein. Wir alle, wie Sie sehen, stimmen in dem Hauptzwecke überein. Wir alle wollen die katholische Religion außer Gefahr wissen; kann dieses nicht ohne Hülfe der Inquisition bewerkstelligt werden, wohl, so bieten wir Gut und Blut zu ihren Diensten an; aber ebendas ist es, wie Sie hören, worüber die meisten unter uns ganz anders denken.

Es gibt zweierlei Inquisitionen. Der einen maßt sich der römische Stuhl an, die andere ist schon seit undenklichen Zeiten von den Bischöfen ausgeübt worden. Die Macht des Vorurteils, und der Gewohnheit hat uns die letztere erträglich und leicht gemacht. Sie wird in den Niederlanden wenig Widerspruch finden, und die vermehrte Anzahl der Bischöfe wird sie hinreichend machen. Wozu denn also die erste, deren bloßer Name alle Gemüter in Aufruhr bringt? So viele Nationen entbehren ihrer, warum soll sie gerade uns aufgedrungen sein? Vor Luthern hat sie niemand gekannt; der Kaiser war der erste, der sie einführte; aber dies geschah zu einer Zeit, als an geistlichen Aufsehern Mangel war, die wenigen Bischöfe sich noch außerdem lässig zeigten, und die Sittenlosigkeit der Klerisei sie von dem Richteramt ausschloß. Jetzt hat sich alles verändert; jetzt zählen wir ebenso viele Bischöfe, als Provinzen sind. Warum soll die Regierungskunst nicht den Geist der Zeiten begleiten? Gelindigkeit brauchen wir, nicht Härte. Wir sehen den Widerwillen des Volks, den wir suchen müssen zu besänftigen, wenn er nicht in Empörung ausarten soll. Mit dem Tode Pius' des Vierten ist die Vollmacht der Inquisitoren zu Ende gegangen; der neue Papst hat noch keine Bestätigung geschickt, ohne die es doch sonst noch keiner gewagt hat, sein Amt auszuüben. Jetzt also ist die Zeit, wo man sie suspendieren kann, ohne jemandes Rechte zu verletzen.

Was ich von der Inquisition urteile, gilt auch von den Edikten. Das Bedürfnis der Zeiten hat sie erzwungen, aber jene Zeiten sind ja vorbei. Eine so lange Erfahrung sollte uns endlich überwiesen haben, daß gegen Ketzerei kein Mittel weniger fruchtet, als Scheiterhaufen und Schwert. Welche unglaubliche Fortschritte hat nicht die neue Religion nur seit wenigen Jahren in den Provinzen gemacht, und wenn wir den Gründen dieser Vermehrung nachspüren, so werden wir sie in der glorreichen Standhaftigkeit derer finden, die als ihre Schlachtopfer gefallen sind. Hingerissen von Mitleid und von Bewunderung, fängt man in der Stille an, zu mutmaßen, daß es doch wohl Wahrheit sein möchte, was mit so unüberwindlichem Mute behauptet wird. In Frankreich und England ließ man die Protestanten dieselbe Strenge erfahren, aber hat sie dort mehr als bei uns gefruchtet? Schon die ersten Christen berühmten sich, daß der Same ihrer Kirche Märtyrerblut gewesen. Kaiser Julian, der fürchterlichste Feind, den je das Christentum erlebte, war von dieser Wahrheit durchdrungen. Überzeugt, daß Verfolgung den Enthusiasmus nur mehr anfeure, nahm er seine Zuflucht zum Lächerlichen und zum Spott, und fand diese Waffen ungleich mächtiger als Gewalt. In dem griechischen Kaisertum hatten sich zu verschiedenen Zeiten verschiedene Sekten erhoben, Arius unter Konstantin, Aetius unter dem Konstantius, Nestorius unter dem Theodos; nirgends aber sieht man weder gegen diese Irrlehrer selbst, noch gegen ihre Schüler Strafen geübt, die denen gleichkämen, welche unsre Länder verheeren – und wo sind jetzt alle diese Sekten hin, die, ich möchte beinahe sagen, ein ganzer Weltkreis nicht zu fassen schien? Aber dies ist der Gang der Ketzerei. Übersieht man sie mit Verachtung, so zerfällt sie in ihr Nichts. Es ist ein Eisen, das, wenn es ruhig liegt, rostet, und nur scharf wird durch Gebrauch. Man kehre die Augen von ihr, und sie wird ihren mächtigsten Reiz verlieren, den Zauber des Neuen und des Verbotenen. Warum wollen wir uns nicht mit Maßregeln begnügen, die von so großen Regenten bewährt gefunden worden? Beispiele können uns am sichersten leiten.

Aber wozu Beispiele aus dem heidnischen Altertum, da das glorreiche Muster Karls des Fünften, des größten der Könige, vor uns liegt, der endlich, besiegt von so vielen Erfahrungen, den blutigen Weg der Verfolgung verließ, und viele Jahre vor seiner Thronentsagung zur Gelindigkeit überging. Philipp

selbst, unser gnädigster Herr, schien sich ehmals zur Schonung
zu neigen; die Ratschläge eines Granvella und seinesgleichen,
belehrten ihn eines andern; mit welchem Rechte, mögen sie
mit sich selbst ausmachen. Mir aber hat von jeher geschienen,
die Gesetze müssen sich den Sitten, und die Maximen den Zeiten anschmiegen, wenn der Erfolg sie begünstigen soll. Zum
Schlusse bringe ich Ihnen noch das genaue Verständnis in Erinnerung, das zwischen den Hugenotten, und den flämischen
Protestanten obwaltet. Wir wollen uns hüten, sie noch mehr
aufzubringen, als sie es jetzt schon sein mögen. Wir wollen
gegen sie nicht französische Katholiken sein, damit es ihnen
ja nicht einfalle, die Hugenotten gegen uns zu spielen, und,
wie diese, ihr Vaterland in die Schrecken eines Bürgerkriegs
zu werfen.‟*

Nicht sowohl der Wahrheit und Unwiderlegbarkeit seiner
Gründe, welche von der entscheidendsten Mehrheit im Senat
unterstützt wurden, als vielmehr dem verfallenen Zustand der
Kriegsmacht und der Erschöpfung des Schatzes, wodurch man
verhindert war, das Gegenteil mit gewaffneter Hand durchzusetzen, hatte der Prinz von Oranien es zu danken, daß seine
Vorstellungen diesmal nicht ganz ohne Wirkung blieben. Um
wenigstens den ersten Sturm abzuwehren und die nötige Zeit
zu gewinnen, sich in eine bessere Verfassung gegen sie zu setzen, kam man überein, den Verbundenen einen Teil ihrer Forderungen zuzugestehen. Es wurde beschlossen, die Strafbefehle
des Kaisers zu mildern, wie er sie selbst mildern würde, wenn
er in jetzigen Tagen wiederauferstände – wie er einst selbst,
unter ähnlichen Umständen, sie zu mildern nicht gegen seine
Würde geachtet. Die Inquisition sollte, wo sie noch nicht eingeführt sei, unterbleiben, wo sie es sei, auf einen gelindern
Fuß gesetzt werden, oder auch gänzlich ruhen, da die Inquisitoren (so drückte man sich aus, um ja den Protestanten die
kleine Lust nicht zu gönnen, daß sie gefürchtet würden, oder
daß man ihrem Ansuchen Gerechtigkeit zugestünde) von dem
neuen Papste noch nicht bestätigt worden wären. Dem geheimen Konsilium wurde der Auftrag gegeben, diesen Schluß des

* Burg. 174–180. Hopp. 72. Strad. 123. 124. „Es darf niemand wundern‟,
sagt Burgundius, ein hitziger Eiferer für die katholische Religion, und die
spanische Partei, „daß aus der Rede dieses Prinzen so viel Kenntnis der
Philosophie hervorleuchtet: Er hatte sie aus dem Umgang mit Balduin
geschöpft.‟ 180.

Senats ohne Verzug auszufertigen. So vorbereitet erwartete
man die Verschwörung*.

Die Geusen

Der Senat war noch nicht auseinander, als ganz Brüssel schon
von der Nachricht erschallte, die Verbundenen näherten sich
der Stadt. Sie bestanden nur aus 200 Pferden, aber das Gerücht
vergrößerte ihre Zahl. Die Regentin, voll Bestürzung, wirft die
Frage auf, ob man den Eintretenden die Tore schließen, oder
sich durch die Flucht retten sollte? Beides wird als entehrend
verworfen; auch widerlegt der stille Einzug der Edeln bald die
Furcht eines gewaltsamen Überfalls. Den ersten Morgen nach
ihrer Ankunft versammeln sie sich im Culembourgischen Hause,
wo ihnen Brederode einen zweiten Eid abfodert, des Inhalts,
daß sie sich untereinander mit Hintansetzung aller andern
Pflichten und mit den Waffen selbst, wenn es nötig wäre,
beizustehen gehalten sein sollten. Hier wurde ihnen auch ein
Brief aus Spanien vorgezeigt, worin stand, daß ein gewisser
Protestant, den sie alle kannten und schätzten, bei langsamen
Feuer lebendig dort verbrannt worden sei. Nach diesen und
ähnlichen Präliminarien ruft er einen um den andern mit Namen
auf, ließ sie in ihren eigenen und in der Abwesenden Namen,
den neuen Eid ablegen, und den alten erneuern. Gleich der
folgende Tag, als der fünfte April 1566, wird zu Überreichung
der Bittschrift angesetzt**.

Ihre Anzahl war jetzt zwischen drei- und vierhundert. Unter
ihnen befanden sich viele Lehenleute des vornehmen Adels,
wie auch verschiedene Bediente des Königs selbst, und der
Herzogin***. Den Grafen von Nassau und Brederoden an ihrer
Spitze, traten sie gliederweise, immer vier und vier, ihren Zug
nach dem Palaste an; ganz Brüssel folgte dem ungewöhnlichen
Schauspiel in stillem Erstaunen. Es wurde hier Menschen gewahr, die kühn und trotzig genug auftraten, um nicht Supplikanten zu scheinen, von zwei Männern geführt, die man nicht
gewohnt war, bitten zu sehen; auf der andern Seite, so viel Ordnung, so viel Demut und bescheidene Stille, als sich mit keiner

* Strad. 124. 125.
** Strad. 126.
*** Hopper. 73.

Rebellion zu vertragen pflegt. Die Oberstatthalterin empfängt den Zug von allen ihren Räten und den Rittern des Vlieses umgeben. „Diese edlen Niederländer", redet Brederode sie mit Ehrerbietung an, „welche sich hier vor Ew. Hoheit versammeln, und noch weit mehrere, welche nächstens eintreffen sollen, wünschen Ihnen eine Bitte vorzutragen, von deren Wichtigkeit, sowie von ihrer Demut dieser feierliche Aufzug Sie überführen wird. Ich als Wortführer der Gesellschaft, ersuche Sie, diese Bittschrift anzunehmen, die nichts enthält, was sich nicht mit dem Besten des Vaterlands, und mit der Würde des Königs vertrüge." –

„Wenn diese Bittschrift", erwiderte Margareta, „wirklich nichts enthält, was mit dem Wohl des Vaterlands, und mit der Würde des Königs streitet, so ist kein Zweifel, daß sie gebilligt werden wird." – Sie hätten, fuhr der Sprecher fort, mit Unwillen und Bekümmernis vernommen, daß man ihrer Verbindung verdächtige Absichten unterlege, und ihnen bei Ihrer Hoheit nachteilig zuvorgekommen sei; darum lägen sie ihr an, ihnen die Urheber so schwerer Beschuldigungen zu nennen, und solche anzuhalten, ihre Anklage in aller Form und öffentlich zu tun, damit derjenige, welchen man schuldig finden würde, die verdiente Strafe leide. – Allerdings, antwortete die Regentin, könne man ihr nicht verdenken, wenn sie auf die nachteiligen Gerüchte, von den Absichten und Allianzen des Bundes, für nötig erachtet habe, die Statthalter der Provinzen aufmerksam darauf zu machen; aber nennen würde sie die Urheber dieser Nachrichten niemals; Staatsgeheimnisse zu verraten, setzte sie mit einer Miene des Unwillens hinzu, könne mit keinem Rechte von ihr gefodert werden. Nun beschied sie die Verbundenen auf den folgenden Tag, um die Antwort auf ihre Bittschrift abzuholen, worüber sie jetzt noch einmal mit den Rittern zu Rate ging*.

Nie, lautete diese Bittschrift (die nach einigen den berühmten Balduin zum Verfasser haben soll), nie hätten sie es an der Treue gegen ihren König ermangeln lassen, und auch jetzt wären sie weit davon entfernt; doch wollten sie lieber in die Ungnade ihres Herrn zu fallen Gefahr laufen, als ihn noch länger in der Unwissenheit der übeln Folgen verharren lassen, womit die gewaltsame Einsetzung der Inquisition, und die längere Beharrung auf den Edikten ihr Vaterland bedrohen. Lange Zeit

* Hopper. 73. Strad. 126. 127. Burg. 182. 183.

hätten sie sich mit der Hoffnung beruhigt, eine allgemeine Staatenversammlung würde diesen Beschwerden abhelfen; jetzt aber, da auch diese Hoffnung erloschen sei, hielten sie es für ihre Pflicht, die Statthalterin vor Schaden zu warnen. Sie bäten daher Ihre Hoheit, eine wohlgesinnte, und wohlunterrichtete Person nach Madrid zu senden, die den König vermögen könnte, dem einstimmigen Verlangen der Nation gemäß, die Inquisition aufzuheben, die Edikte abzuschaffen und statt ihrer auf einer allgemeinen Staatenversammlung neue und menschlichere verfassen zu lassen. Unterdessen aber, bis der König seine Entschließung kundgetan, möchte man die Edikte ruhen lassen und die Inquisition außer Wirksamkeit setzen. Gäbe man, schlossen sie, ihrem demütigen Gesuch kein Gehör, so nehmen sie Gott, den König, die Regentin und alle ihre Räte zu Zeugen, daß sie das Ihrige getan, wenn es unglücklich ginge*.

Den folgenden Tag erschienen die Verbundenen in ebendemselben Aufzug, aber in noch größerer Anzahl (die Grafen von Bergen und Culembourg waren mit ihrem Anhang unterdessen zu ihnen gestoßen) vor der Regentin, um ihre Resolution in Empfang zu nehmen. Sie war an den Rand der Bittschrift geschrieben, und enthielt: Die Inquisition und die Edikte ganz ruhen zu lassen, stehe nicht in ihrer Gewalt; doch wolle sie, dem Wunsche der Verbundenen gemäß, einen aus dem Adel nach Spanien senden, und ihr Gesuch bei dem Könige nach allen Kräften unterstützen. Einstweilen solle den Inquisitoren empfohlen werden, ihr Amt mit Mäßigung zu verwalten; dagegen aber erwarte sie von dem Bunde, daß er sich aller Gewalttätigkeiten enthalte, und nichts gegen den katholischen Glauben unternehmen werde. Sowenig diese allgemeine und schwankende Zusage die Verbundenen befriedigte, so war sie doch alles, was sie mit irgendeinem Schein von Wahrscheinlichkeit fürs erste hatten erwarten können. Die Gewährung oder Nichtgewährung der Bittschrift hatte mit dem eigentlichen Zweck des Bündnisses nichts zu schaffen. Genug für jetzt, daß es überhaupt nur errichtet war; daß nunmehr etwas vorhanden war, wodurch man die Regierung, sooft es nötig war, in Furcht setzen konnte. Die Verbundenen handelten also ihrem Plane gemäß, daß sie sich mit dieser Antwort beruhigten und das übrige auf die Entscheidung des Königs

* Hopper. 74. Burg. 162–166.

ankommen ließen. Wie überhaupt das ganze Gaukelspiel dieser Bittschrift nur erfunden gewesen war, die verwegenern Plane des Bundes hinter dieser Supplikantengestalt so lange zu verbergen, bis er genugsam zu Kräften würde gekommen sein, sich in seinem wahren Lichte zu zeigen, so mußte ihnen weit mehr an der Haltbarkeit dieser Maske und weit mehr an einer günstigen Aufnahme der Bittschrift, als an einer schnellen Gewährung liegen. Sie drangen daher in einer neuen Schrift, die sie drei Tage darauf übergaben, auf ein ausdrückliches Zeugnis der Regentin, daß sie nichts, als ihre Schuldigkeit getan, und daß nur Diensteifer für den König sie geleitet habe. Als die Herzogin einer Erklärung auswich, schickten sie noch von der Treppe jemand an sie ab, der dieses Gesuch wiederholen sollte. Die Zeit allein, und ihr künftiges Betragen, antwortete sie diesem, würden ihrer Absichten Richter sein*.

Gastmähler gaben dem Bund seinen Ursprung, und ein Gastmahl gab ihm Form und Vollendung. An dem nämlichen Tag, wo die zweite Bittschrift eingereicht wurde, traktierte Brederode die Verschwornen im Culembourgischen Hause, gegen 300 Gäste waren zugegen; die Trunkenheit machte sie mutwillig, und ihre Bravour stieg mit ihrer Menge. Hier nun erinnerten sich einige, daß sie den Grafen von Berlaymont der Regentin, die sich bei Überreichung der Bittschrift zu entfärben schien, auf französisch hatten zuflüstern hören: Sie solle sich vor einem Haufen Bettler (Gueux) nicht fürchten. Wirklich war auch der größte Teil unter ihnen durch eine schlechte Wirtschaft so weit herabgekommen, daß er diese Benennung nur zu sehr rechtfertigte. Weil man eben um einen Namen der Brüderschaft verlegen war, so haschte man diesen Ausdruck begierig auf, der das Vermessene des Unternehmens in Demut versteckte, und der zugleich am wenigsten von der Wahrheit entfernte. Sogleich trank man einander unter diesem Namen zu, und es leben die Geusen wurde mit allgemeinem Geschrei des Beifalls gerufen. Nach aufgehobener Tafel erschien Brederode mit einer Tasche, wie die herumziehenden Pilger und Bettelmönche sie damals trugen, hing sie um den Hals, trank die Gesundheit der ganzen Tafel aus einem hölzernen Becher, dankte allen für ihren Beitritt zum Bunde, und versicherte hoch, daß er für jeden unter ihnen bereitstehe, Gut

* Hopper. §. 94. Strad. 127.

und Blut zu wagen. Alle riefen mit lauter Stimme ein gleiches,
der Becher ging in der Runde herum, und ein jedweder sprach,
indem er ihn an den Mund setzte, dasselbe Gelübde nach. Nun
empfing einer nach dem andern die Bettlertasche und hing sie
an einem Nagel auf, den er sich zugeeignet hatte. Der Lärm,
den dieses Possenspiel verursachte, zog den Prinzen von Oranien, die Grafen von Egmont und von Hoorne, die der Zufall
soeben vorbeiführte, in das Haus, wo ihnen Brederode, als
Wirt vom Hause, ungestüm zusetzte, zu bleiben, und ein Glas
mitzutrinken*. Die Ankunft dieser drei wichtigen Männer erneuerte den Jubel der Gäste und ihre Freude fing an bis zur
Ausgelassenheit zu steigen. Viele wurden betrunken, Gäste und
Aufwärter, ohne Unterschied, Ernsthaftes und Possierliches,
Sinnentaumel und Angelegenheit des Staats vermengten sich
auf eine burleske Art miteinander, und die allgemeine Not des
Landes bereitete ein Bacchanal. Hierbei blieb es nicht allein;
was man im Rausche beschlossen hatte, führte man nüchtern
aus. Das Dasein seiner Beschützer mußte dem Volke versinn-
licht, und der Eifer der Partei durch ein sichtbares Zeichen
in Atem erhalten werden; dazu war kein besseres Mittel, als
diesen Namen der Geusen öffentlich zur Schau zu tragen, und
die Zeichen der Verbrüderung davon zu entlehnen. In wenig
Tagen wimmelte die Stadt Brüssel von aschgrauen Kleidern,
wie man sie an Bettelmönchen und Büßenden sah. Die ganze
Familie mit dem Hausgesinde eines Verschwornen warf sich
in diese Ordenstracht. Einige führten hölzerne Schüsseln mit
dünnem Silberblech überzogen, ebensolche Becher, oder auch
Messer, den ganzen Hausrat der Bettlerzunft, an den Hüten,
oder ließen sie an dem Gürtel herunterhängen. Um den Hals
hingen sie eine goldene oder silberne Münze, nachher der Geusenpfennig genannt, deren eine Seite das Brustbild des Königs
zeigte, mit der Inschrift: Dem Könige getreu. Auf der andern sah man zwei zusammengefaltete Hände, die eine Proviant-
tasche hielten, mit den Worten: Bis zum Bettelsack. Daher
schreibt sich der Name der Geusen, den nachher in den Nieder-

---

* „Aber", versicherte nachher Egmont in seiner Verantwortungs-
schrift, „wir tranken nur ein einziges kleines Glas, und dabei schrieen sie:
‚Es lebe der König und es leben die Geusen.' Es war dies zum erstenmal,
daß ich diese Benennung hörte, und gewiß, sie mißfiel mir. Aber die Zeiten
waren so schlimm, daß man manches gegen seine Neigung mitmachen mußte, und ich glaubte eine unschuldige Handlung zu tun." Procès criminels
des Comtes d'Egmont etc. T. I. Egmonts Verantwortung.

landen alle diejenigen trugen, welche vom Papsttum abfielen, und die Waffen gegen den König ergriffen*.

Ehe die Verbundenen auseinandergingen, um sich in den Provinzen zu zerstreuen, erschienen sie noch einmal vor der Herzogin, um sie in der Zwischenzeit, bis die Antwort des Königs aus Spanien anlangte, zu einem gelinden Verfahren gegen die Ketzer zu ermahnen, damit es mit dem Volk nicht aufs Äußerste käme. Sollte aber, fügten sie hinzu, aus einem entgegengesetzten Betragen Schlimmes entstehen, so wollten sie als Leute angesehen sein, die ihre Pflicht getan hätten.

Darauf erwiderte die Regentin: sie hoffe solche Maßregeln zu ergreifen, daß keine Unordnung vorfallen könnte; geschehe dieses aber dennoch, so würde sie es niemand anders, als den Verbundenen zuzuschreiben haben. Sie ermahne sie also ernstlich, auch ihren Verheißungen gleichfalls nachzukommen, vorzüglich aber keine neue Mitglieder mehr in ihren Bund aufzunehmen, keine Privatzusammenkünfte mehr zu halten, und überhaupt keine Neuerung anzufangen. Um sie einstweilen zu beruhigen, wurde dem Geheimschreiber Berti befohlen, ihnen die Briefe vorzuzeigen, worin man den Inquisitoren und weltlichen Richtern Mäßigung gegen alle diejenigen empfahl, die ihre ketzerische Verschuldung durch kein bürgerliches Verbrechen erschwert haben würden. Vor ihrem Abzug aus Brüssel ernannten sie noch vier Vorsteher aus ihrer Mitte**, welche die Angelegenheiten des Bundes besorgen mußten; und noch überdies eigene Geschäftsverweser für jede Provinz. In Brüssel selbst wurden einige zurückgelassen, um auf alle Bewegungen des Hofs ein wachsames Auge zu haben. Brederode, Culembourg und Bergen verließen endlich die Stadt, von 550 Reutern begleitet, begrüßten sie noch einmal außerhalb den Mauern mit Musketenfeuer, und schieden dann voneinander, Brederode nach Antwerpen, die beiden andern nach Geldern. Dem ersten schickte die Regentin einen Eilboten nach Antwerpen voran, der den Magistrat dieser Stadt vor ihm warnen sollte; über tausend Menschen drängten sich um das Hotel, wo er abgestiegen war. Er zeigte sich, ein volles Weinglas in der Hand, am Fenster; „Bürger von Antwerpen", redete er sie an, „ich bin hier mit Gefahr meiner Güter und meines Lebens, euch die

---

* Hopper. §. 94. Strad. 127–130. Burg. 185–187.
** Burgundius gibt zwölf solcher Vorsteher an, welche das Volk spottweise die zwölf Apostel genannt haben soll. 188.

Last der Inquisition abzunehmen. Wollt ihr diese Unternehmung mit mir teilen, und zu euerm Führer mich erkennen;
so nehmt die Gesundheit an, die ich euch hier zutrinke, und
streckt zum Zeichen eures Beifalls die Hände empor." Damit
trank er, und alle Hände flogen unter lärmendem Jubelgeschrei in die Höhe. Nach dieser Heldentat verließ er Antwerpen*.

Gleich nach Übergebung der Bittschrift der Edlen hatte die
Regentin durch den Geheimen Rat eine neue Formel der
Edikte entwerfen lassen, die zwischen den Mandaten des Königs und den Foderungen der Verbundenen gleichsam die
Mitte halten sollte. Die Frage war nun, ob es ratsamer sei, diese
Milderung oder Moderation, wie sie gewöhnlich genannt
wurde, geradezu abkündigen zu lassen, oder sie dem König
erst zur Genehmhaltung vorzulegen**. Der Geheime Rat, der
es für zu gewagt hielt, einen so wichtigen Schritt ohne Vor-
wissen, ja gegen die ausdrückliche Vorschrift des Monarchen
zu tun, widersetzte sich dem Prinzen von Oranien, der für das
erste stimmte. Außerdem hatte man Grund zu fürchten, daß
die Nation mit dieser Moderation nicht einmal zufrieden sein
werde, die ohne Zuziehung der Stände, worauf man doch
eigentlich dringe, verfaßt sei. Um nun den Ständen ihre Bewilligung abzugewinnen, oder vielmehr abzustehlen, bediente
sich die Regentin des Kunstgriffs, eine Landschaft nach der
andern einzeln, und diejenigen, welche die wenigste Freiheit
hatten, wie Artois, Hennegau, Namur und Luxemburg, zuerst
zu befragen, wodurch sie nicht nur vermied, daß eine der andern zur Widersetzlichkeit Mut machte, sondern auch noch so
viel gewann, daß die freieren Provinzen, wie Flandern und
Brabant, die man weislich bis zuletzt aufsparte, sich durch das
Beispiel der andern hinreißen ließen***. Zufolge eines äußerst
gesetzwidrigen Verfahrens überraschte man die Bevollmächtigten der Städte, ehe sie sich noch an ihre Gemeinheiten wenden konnten, und legte ihnen über den ganzen Vorgang ein
tiefes Stillschweigen auf. Dadurch erhielt die Regentin, daß
einige Landschaften die Moderation unbedingt, andere mit
wenigen Zusätzen gelten ließen. Luxemburg und Namur unterschrieben sie ohne Bedenken. Die Stände von Artois machten

* Strad. 131.
** Hopper. §. 95.
*** Grot. 22. Burgund. 196. 197. sq.

noch den Zusatz, daß falsche Angeber dem Recht der Wiedervergeltung unterworfen sein sollten; die von Hennegau verlangten, daß statt Einziehung der Güter, die ihren Privilegien widerstreite, eine andere willkürliche Strafe eingeführt würde. Flandern foderte die gänzliche Aufhebung der Inquisition, und wollte den Angeklagten das Recht, an ihre Provinz zu appellieren, gesichert haben. Brabants Stände ließen sich durch die Ränke des Hofs überlisten; Seeland, Holland, Utrecht, Geldern und Friesland, als welche durch die wichtigsten Privilegien geschützt waren, und mit der meisten Eifersucht darüber wachten, wurden niemals um ihre Meinung befragt. Auch den Gerichtshöfen der Provinzen hatte man ein Bedenken über die neuentworfene Milderung abgefodert, aber es dürfte wohl nicht sehr günstig gelautet haben, weil es niemals nach Spanien kam*. Aus dem Hauptinhalt dieser Milderung, die ihren Namen doch in der Tat verdiente, läßt sich auf die Edikte selbst ein Schluß machen. Die Schriftsteller der Sekten, hieß es darin, ihre Vorsteher und Lehrer, wie auch die, welche einen von diesen beherbergten, ketzerische Zusammenkünfte beförderten und verhehlten, oder irgend sonst ein öffentliches Ärgernis gäben, sollten mit dem Galgen bestraft, und ihre Güter (wo die Landesgesetze es nämlich erlaubten) eingezogen werden, schwüren sie aber ihre Irrtümer ab, so sollten sie mit der Strafe des Schwerts davonkommen und ihre Verlassenschaft ihrer Familie bleiben. Eine grausame Schlinge für die elterliche Liebe! Leichten und bußfertigen Ketzern, hieß es ferner, könne Gnade widerfahren; unbußfertige sollten das Land räumen, jedoch ohne ihre Güter zu verlieren, es sei denn, daß sie sich durch Verführung anderer dieses Vorrechts beraubten. Von dieser Wohltat waren jedoch die Wiedertäufer ausgeschlossen, die, wenn sie sich nicht durch die gründlichste Buße loskauften, ihrer Güter verlustig erklärt, und, wenn sie Relapsen, d. i. wiederabgefallene Ketzer wären, ohne Barmherzigkeit hingerichtet werden sollten**. Die mehrere Achtung für Leben und Eigentum, die man in diesen Verordnungen wahrnimmt, und leicht versucht werden möchte, einer anfangenden Sinnesänderung des spanischen Ministeriums zuzuschreiben, war nichts als ein notgedrungener Schritt, den ihm die standhafte Widersetzlichkeit des Adels erpreßte. Auch war man in den

* A. G. d. v. N. III. 72.
** Burg. 190–193.

Niederlanden von dieser Moderation, die im Grunde keinen einzigen wesentlichen Mißbrauch abstellte, so wenig erbaut, daß das Volk sie in seinem Unwillen anstatt Moderation (Milderung) Moorderation d. i. Mörderung nannte*.

Nachdem man auf diesem Wege den Ständen ihre Einwilligung dazu abgelockt hatte, wurde die Milderung dem Staatsrat vorgelegt, und, von ihm unterschrieben, an den König nach Spanien gesendet, um nunmehr durch seine Genehmigung eine gesetzliche Kraft zu empfangen**.

Die Gesandtschaft nach Madrid, worüber man mit den Verschwornen übereingekommen war, wurde anfänglich dem Marquis von Bergen*** aufgetragen, der sich aber aus einem nur zu gegründeten Mißtrauen in die gegenwärtige Disposition des Königs, und weil er sich mit diesem delikaten Geschäft allein nicht befassen wollte, einen Gehülfen ausbat. Er bekam ihn in dem Baron von Montigny, der schon ehedem zu demselben Geschäfte gebraucht worden war, und es rühmlich beendigt hatte. Da sich aber während dieser Zeit die Umstände so gar sehr verändert hatten, und er wegen seiner zweiten Aufnahme in Madrid in gerechter Besorgnis war, so machte er seiner mehreren Sicherheit wegen mit der Herzogin aus: daß sie vorläufig darüber an den Monarchen schreiben möchte, unterdessen er mit seinem Gesellschafter langsam genug reisen würde, um von der Antwort des Königs noch unterwegs getroffen zu werden. Sein guter Genius, der ihn, wie es schien, von dem schrecklichen Schicksal, das in Madrid auf ihn wartete, zurückreißen wollte, störte seine Reise noch durch ein unvermutetes Hindernis, indem der Marquis von Bergen durch eine Wunde, die er beim Ballschlagen empfing, außerstand gesetzt wurde, sie sogleich mit ihm anzutreten. Nichtsdestoweniger machte er sich, weil die Regentin ihm anlag zu eilen, allein auf den Weg, nicht aber, wie er hoffte, die Sache seines Volks in Spanien durchzusetzen, sondern dafür zu sterben****.

Die Stellung der Dinge hatte sich nunmehr so verändert, und der Schritt, den der Adel getan, einen völligen Bruch mit

---

* A. G. d. v. N. 72.
** Vigl. ad Hopper. VII. Brief.
*** Dieser Marquis von Bergen ist von dem Grafen Wilhelm von Bergen zu unterscheiden, der von den ersten gewesen war, die den Kompromiß unterschrieben. Vigl. ad Hopper. VII. Brief.
**** Strad. 133. 134.

der Regierung so nahe herbeigebracht, daß es dem Prinzen von
Oranien und seinen Freunden fortan unmöglich schien, das
mittlere schonende Verhältnis, das sie bis jetzt zwischen der
Republik und dem Hofe beobachtet hatten, noch länger beizubehalten, und so widersprechende Pflichten zu vereinigen.
So viel Überwindung es ihnen bei ihrer Denkart schon kosten
mußte, in diesem Streit nicht Partei zu nehmen, so sehr schon
ihr natürlicher Freiheitssinn, ihre Vaterlandsliebe und ihre
Begriffe von Duldung unter dem Zwange litten, den ihr Posten
ihnen auferlegte, so sehr mußte das Mißtrauen Philipps gegen
sie, die wenige Achtung, womit ihr Gutachten schon seit
langer Zeit pflegte aufgenommen zu werden, und das zurücksetzende Betragen, das ihnen von der Herzogin widerfuhr,
ihren Diensteifer erkälten, und ihnen die Fortsetzung einer
Rolle erschweren, die sie mit so vielem Widerwillen und so
wenigem Danke spielten. Dazu kamen noch verschiedene
Winke aus Spanien, welche den Unwillen des Königs über die
Bittschrift des Adels und seine wenige Zufriedenheit mit ihrem
eigenen Betragen bei dieser Gelegenheit, außer Zweifel setzten,
und Maßregeln von ihm erwarten ließen, zu denen sie als
Stützen der vaterländischen Freiheit und größtenteils als
Freunde oder Blutsverwandte der Verbundenen nie würden
die Hand bieten können*. Von dem Namen, den man in
Spanien der Verbindung des Adels beilegte, hing es überhaupt
nun ab, welche Partei sie künftig zu nehmen hatten. Hieß die
Bittschrift Empörung, so blieb ihnen keine andere Wahl, als
entweder mit dem Hofe v o r der Zeit zu einer bedenklichen
Erklärung zu kommen, oder diejenigen feindlich behandeln zu
helfen, deren Interesse auch das ihrige war, und die nur aus
ihrer Seele gehandelt hatten. Dieser mißlichen Alternative
konnten sie nur durch eine gänzliche Zurückziehung von
Geschäften ausweichen, ein Weg, den sie zum Teil schon einmal erwählt hatten, und der unter den jetzigen Umständen
mehr als eine bloße Nothülfe war. Auf s i e sah die ganze Nation.
Das unumschränkte Vertrauen in ihre Gesinnungen, und die
allgemeine Ehrfurcht gegen sie, die nahe an Anbetung grenzte,
adelte die Sache, die sie zu der ihrigen machten, und richtete die
zugrunde, die sie verließen. Ihr Anteil an der Staatsverwaltung,
wenn er auch mehr nicht als bloßer Name war, hielt die Gegenpartei im Zügel; solange s i e dem Senat noch beiwohnten,

* Meteren 81.

vermied man gewaltsame Wege, weil man noch etwas von dem Wege der Güte erwartete. Ihre Mißbilligung, selbst wenn sie ihnen auch nicht von Herzen ging, machte die Faktion mutlos und unsicher, die sich im Gegenteil in ihrer ganzen Stärke aufraffte, sobald sie, auch nur entfernt, auf einen so wichtigen Beifall rechnen durfte. Dieselben Maßregeln der Regierung, die, wenn sie durch ihre Hände gingen, eines günstigen Erfolgs gewiß waren, mußten ohne sie verdächtig und unnütz werden; selbst die Nachgiebigkeit des Königs, wenn sie nicht das Werk dieser Volksfreunde war, mußte den besten Teil ihrer Wirkung verfehlen. Außerdem, daß ihre Zurückziehung von Geschäften die Regentin zu einer Zeit von Rat entblößte, wo Rat ihr am unentbehrlichsten war, gab diese Zurückziehung noch zugleich einer Partei das Übergewicht, die, von einer blinden Anhänglichkeit an den Hof geleitet und unbekannt mit den Eigenheiten des republikanischen Charakters, nicht unterlassen haben würde, das Übel zu verschlimmern und die Erbitterung der Gemüter aufs Äußerste zu treiben.

Alle diese Gründe, unter denen es jedem freigestellt ist, nach seiner guten oder schlimmen Meinung von dem Prinzen denjenigen herauszusuchen, der bei ihm vorgewaltet haben möchte, bewogen ihn jetzt, die Regentin im Stich zu lassen und sich aller Staatsgeschäfte zu begeben. Die Gelegenheit, diesen Vorsatz ins Werk zu richten, fand sich bald. Der Prinz hatte für die schleunige Bekanntmachung der neuveränderten Edikte gestimmt; die Statthalterin folgte dem Gutachten des Geheimen Rats, und sandte sie zuvor an den König. „Ich sehe nun deutlich", brach er mit verstellter Heftigkeit aus, „daß allen Ratschlägen, die ich gebe, mißtraut wird. Der König bedarf keiner Diener, deren Treue er bezweifeln muß, und ferne sei es von mir, meinem Herrn Dienste aufzudringen, die ihm zuwider sind. Besser also für ihn und mich, ich entziehe mich dem gemeinen Wesen."* Das nämliche ungefähr äußerte der Graf von Hoorne; Egmont bat um Urlaub, die Bäder in Aachen zu gebrauchen, die der Arzt ihm verordnet habe, wiewohl er (heißt es in seiner Anklage) aussah wie die Gesundheit. Die Regentin, von den Folgen erschreckt, die dieser Schritt unvermeidlich herbeiführen mußte, redete scharf mit dem Prinzen. „Wenn weder meine Vorstellungen, noch das gemeine Beste so viel über Sie vermögen, Sie von diesem Vorsatz zurück-

* Burg. 189.

zubringen, so sollten Sie wenigstens Ihres eigenen Rufes mehr schonen. Ludwig von Nassau ist Ihr Bruder. Er und Graf Brederode, die Häupter der Verschwörung, sind öffentlich Ihre Gäste gewesen. Die Bittschrift enthält dasselbe, wovon alle Ihre Vorstellungen im Staatsrat bisher gehandelt haben. Wenn Sie nun plötzlich die Sache Ihres Königs verlassen, wird es nicht allgemein heißen, daß Sie die Verschwörung begünstigen?" Es wird nicht gesagt, ob der Prinz diesmal wirklich aus dem Staatsrat getreten ist; ist er es aber, so muß er sich bald eines andern besonnen haben, weil wir ihn kurz nachher wieder in öffentlichen Geschäften erblicken. Egmont, scheint es, ließ sich von den Vorstellungen der Regentin besiegen; Hoorne allein zog sich wirklich auf eins seiner Güter zurück, des Vorsatzes, weder Kaisern noch Königen mehr zu dienen*.

Unterdessen hatten sich die Geusen durch alle Provinzen zerstreut, und wo sie sich zeigten, die günstigsten Nachrichten von dem Erfolg ihres Unternehmens verbreitet. Ihren Versicherungen nach, war für die Religionsfreiheit alles gewonnen, und diesen Glauben recht zu befestigen, halfen sie sich, wo die Wahrheit nicht ausreichte, mit Lügen. So zeigten sie zum Beispiel eine nachgemachte Schrift der Ritter des Vlieses vor, worin diese feierlich erklärten, daß künftighin niemand weder Gefängnis, noch Landesverweisung, noch den Tod, der Religion wegen, zu fürchten haben sollte, er hätte sich denn zugleich eines politischen Verbrechens schuldig gemacht, in welchem Fall gleichwohl die Verbundenen allein seine Richter sein würden; und dies sollte gelten, bis der König mit den Ständen des Reichs anders darüber verfügte. Sosehr es sich die Ritter, auf die erste Nachricht von dem gespielten Betrug angelegen sein ließen, die Nation aus ihrer Täuschung zu reißen, so wichtige Dienste hatte diese Erfindung der Faktion in dieser kurzen Zeit schon geleistet. Wenn es Wahrheiten gibt, deren Wirkung sich auf einen bloßen Augenblick einschränkt, so können Erdichtungen, die sich nur diesen Augenblick lang halten, gar leicht ihre Stelle vertreten. Außerdem, daß das ausgestreute Gerücht zwischen der Statthalterin und den Rittern Mißtrauen erweckte und den Mut der Protestanten durch neue Hoffnungen aufrichtete, spielte es denen, welche über Neuerungen brüteten, einen Schein von Recht in die Hände, der, wenn sie auch selbst nicht daran glaubten, ihrem Ver-

* Wo er drei Monate außer Tätigkeit blieb. Hoornes Anklage. 118.

fahren zu einer Beschönigung diente. Wenn dieser fälschliche
Wahn auch noch so bald widerrufen ward, so mußte er doch in
dem kurzen Zeitraum, wo er Glauben fand, so viele Ausschweifungen veranlaßt, so viel Zügellosigkeit und Lizenz eingeführt haben, daß der Rückzug unmöglich werden, daß man
den Weg, den man einmal betreten, aus Gewohnheit sowohl,
als aus Verzweiflung fortzuwandeln sich genötigt sehen mußte*.
Gleich auf die erste Zeitung dieses glücklichen Erfolgs, fanden
sich die geflüchteten Protestanten in ihrer Heimat wieder ein,
von der sie sich nur ungern geschieden hatten; die sich versteckt hatten, traten aus ihren Schlupfwinkeln heraus; die der
neuen Religion bisher nur in ihren Herzen gehuldigt hatten,
herzhaft gemacht durch diese Duldungsakte, schenkten sich
ihr jetzt öffentlich und laut**. Der Name der Geusen wurde
hoch gerühmt in allen Provinzen; man nannte sie die Stützen
der Religion und Freiheit, ihre Partei wuchs mit jedem Tage,
und viele Kaufleute fingen an, ihre Insignien zu tragen. Diese
letztern brachten auf dem Geusenpfennig noch die Veränderung an, daß sie zwei kreuzweis gelegte Wanderstäbe darauf
setzten, gleichsam um anzudeuten, daß sie jeden Augenblick
fertig und bereit stünden, um der Religion willen Haus und
Herd zu verlassen. Die Errichtung des Geusenbundes hatte
den Dingen eine ganz andere Gestalt gegeben. Das Murren der
Untertanen, ohnmächtig und verächtlich bis jetzt, weil es nur
Geschrei der einzelnen war, hatte sich nunmehr in einen
Körper furchtbar zusammengezogen, und durch Vereinigung,
Kraft, Richtung und Stetigkeit gewonnen. Jeder aufrührerische Kopf sahe sich jetzt als das Glied eines ehrwürdigen und
furchtbaren Ganzen an, und glaubte seine Verwegenheit zu
sichern, indem er sie in diesen Versammlungsplatz des allgemeinen Unwillens niederlegte. Ein wichtiger Gewinn
für den Bund zu heißen, schmeichelte dem Eitlen; sich unbeobachtet und ungestraft in diesem großen Strome zu verlieren, lockte den Feigen. Das Gesicht, welches die Verschwörung der Nation zeigte, war demjenigen sehr ungleich,
welches sie dem Hofe zugekehrt hatte. Wären ihre Absichten
auch die lautersten gewesen, hätte sie es wirklich so gut mit
dem Throne gemeint, als sie äußerlich scheinen wollte, so
würde sich der große Haufen dennoch nur an das Gesetz-

---

* Strad. 132. 133.
** Grot. 22.

widrige ihres Verfahrens gehalten haben, und ihr besserer
Zweck gar nicht für ihn vorhanden gewesen sein.

Öffentliche Predigten

Kein Zeitpunkt konnte den Hugenotten und den deutschen
Protestanten günstiger sein, als dieser, einen Absatz ihrer
gefährlichen Ware in den Niederlanden zu versuchen. Jetzt
wimmelte es in jeder ansehnlichen Stadt von verdächtigen An-
kömmlingen, verkappten Kundschaftern, von Ketzern aller
Art und ihren Aposteln. Drei Religionsparteien waren es, die
unter allen, welche von der herrschenden Kirche abwichen,
erhebliche Fortschritte in den Provinzen gemacht hatten. Friesland und die angrenzenden Landschaften hatten die Wiedertäufer überschwemmt, die aber, als die Dürftigsten von allen,
ohne Obrigkeit, ohne Verfassung, ohne Kriegsmacht und noch
überdies unter sich selbst im Streite, die wenigste Furcht erweckten. Von weit mehr Bedeutung waren die Kalvinisten,
welche die südlichen Provinzen, und Flandern insbesondere,
innehatten, an ihren Nachbarn, den Hugenotten, der Republik
Genf, den schweizerischen Kantons und einem Teile von
Deutschland mächtige Stützen fanden, und deren Religion,
wenige Abänderungen ausgenommen, in England auf dem
Throne saß. Ihr Anhang war der zahlreichste von allen, besonders unter der Kaufmannschaft und den gemeinen Bürgern,
und die aus Frankreich vertriebenen Hugenotten hatten ihm
größtenteils die Entstehung gegeben. An Anzahl und Reichtum wichen ihnen die Lutheraner, denen aber ein desto
größerer Anhang unter dem Adel Gewicht gab. Diese hatten
vorzüglich den östlichen Teil der Niederlande, der an Deutschland grenzt, in Besitz; ihr Bekenntnis herrschte in einigen
nordischen Reichen; die mächtigsten Reichsfürsten waren ihre
Bundesgenossen, und die Religionsfreiheit dieses Landes, dem
auch die Niederlande durch den burgundischen Vergleich angehörten, konnte mit dem besten Scheine des Rechts von ihnen
geltend gemacht werden. In Antwerpen war der Zusammenfluß dieser drei Religionen, weil die Volksmenge sie hier verbarg, und die Vermischung aller Nationen in dieser Stadt die
Freiheit begünstigte. Diese drei Kirchen hatten nichts unter
sich gemein, als einen gleich unauslöschlichen Haß gegen das

Papsttum, gegen die Inquisition insbesondere und gegen die spanische Regierung, deren Werkzeug diese war; aber eben die Eifersucht, womit sie einander selbst wechselseitig bewachten, erhielt ihren Eifer in Übung, und verhinderte, daß die Glut des Fanatismus bei ihnen verglimmte*.

Die Statthalterin hatte, in Erwartung daß die entworfene Moderation statthaben würde, einstweilen um die Geusen zu befriedigen, den Statthaltern und Obrigkeiten der Provinzen in den Prozeduren gegen die Ketzer Mäßigung empfohlen; ein Auftrag, den der größte Teil von diesen, der das traurige Strafamt nur mit Widerwillen verwaltete, begierig befolgte, und in seiner weitesten Bedeutung nahm. Die mehresten von den vornehmsten Magistratspersonen waren der Inquisition und der spanischen Tyrannei von Herzen gram, und viele von ihnen sogar selbst einer oder der andern Religionspartei heimlich ergeben; die es auch nicht waren, gönnten ihren abgesagten Feinden, den Spaniern, doch die Lust nicht, ihre Landsleute mißhandelt zu sehen**. Sie verstanden also die Regentin absichtlich falsch, und ließen die Inquisition wie die Edikte fast ganz in Verfall geraten. Diese Nachsicht der Regierung mit den glänzenden Vorspiegelungen der Geusen verbunden, lockte die Protestanten, die sich ohnehin zu sehr angehäuft hatten, um länger versteckt zu bleiben, aus ihrer Dunkelheit hervor. Bis jetzt hatte man sich mit stillen nächtlichen Versammlungen begnügt; nunmehr aber glaubte man sich zahlreich und gefürchtet genug, um diese Zusammenkünfte auch öffentlich wagen zu können. Diese Lizenz nahm ihren ersten Anfang zwischen Oudenaarde und Gent, und ergriff bald das ganze übrige Flandern. Ein gewisser Hermann Stricker, aus Oberyssel gebürtig, vorzeiten Mönch, und dem Kloster entsprungen, ein verwegener Enthusiast von fähigem Geiste, imposanter Figur und fertiger Zunge, ist der erste, der das Volk zu einer Predigt unter freiem Himmel herausführt. Die Neuheit des Unternehmens versammelt einen Anhang von 7000 Menschen um ihn her. Ein Richter der Gegend, der herzhafter als klug, mit gezogenem Degen unter die Menge sprengt, den Prediger in ihrer Mitte zu verhaften, wird von dem Volk, das in Ermanglung anderer Waffen, nach Steinen greift, so übel empfangen, daß er, von schweren Wunden dahingestreckt, noch froh ist,

---

* Grot. 22. Strad. 136. Burg. 212.
** Grot. 29. Burg. 203. 204.

sein Leben durch Bitten zu retten*. Der erste gelungene Versuch macht zu dem zweiten Mut. In der Gegend von Aalst versammeln sie sich in noch größerer Menge wieder; jetzt aber sind sie schon mit Rapieren, Feuergewehr und Hellebarden versehen, stellen Posten aus, und verrammeln die Zugänge durch Karren und Wagen. Wen der Zufall hier vorüberführt, muß gern oder ungern an dem Gottesdienst teilnehmen, wozu besondre Aufpasser bestellt sind. An dem Eingang haben sich Buchhändler gelagert, welche den protestantischen Katechismus, Erbauungsschriften und Pasquille auf die Bischöfe feilbieten. Der Apostel, Hermann Stricker, läßt sich von einer Rednerbühne hören, die von Karren und Baumstämmen aus dem Stegreif aufgetürmt worden. Ein darüber gespanntes Segeltuch schützt ihn vor Sonne und Regen; das Volk stellt sich gegen die Windseite, um ja nichts von seiner Predigt zu verlieren, deren beste Würze die Schmähungen gegen das Papsttum sind. Man schöpft Wasser aus dem nächsten Fluß, um die neugebornen Kinder, ohne weitere Zeremonie, wie in den ersten Zeiten des Christentums, von ihm taufen zu lassen. Hier werden Sakramente auf kalvinische Art empfangen, Brautpaare eingesegnet und Ehen zerrissen. Halb Gent war auf diese Art aus seinen Toren gezogen; der Zug verbreitete sich immer weiter und weiter, und hatte in kurzer Zeit ganz Ostflandern überschwemmt. Westflandern brachte ein andrer abgefallener Mönch, Peter Dathenus, aus Poperingen, gleichfalls in Bewegung; 15000 Menschen drängten sich aus Flecken und Dörfern zu seiner Predigt; ihre Anzahl macht sie beherzt genug, mit stürmender Hand in die Gefängnisse zu brechen, wo einige Wiedertäufer zum Märtyrertod aufgespart waren. Die Protestanten in Tournai wurden von einem gewissen Ambrosius Ville, einem französischen Kalvinisten, zu gleichem Übermute verhetzt. Sie dringen ebenfalls auf eine Losgebung ihrer Gefangenen, und lassen sich öftere Drohungen entfallen, daß sie die Stadt den Franzosen übergeben würden. Diese war

---

* Burgund. 213. 214. Diese unerhörte Brutalität eines einzelnen Menschen, mitten unter eine Schar von 7000 tollkühnen Menschen, die durch gemeinschaftliche Andacht noch mehr entzündet sind, zu dringen, um einen, den sie anbeten, vor ihren Augen zum Gefangenen zu machen, beweist mehr, als alles, was man über diese Materie sagen kann, mit welch insolenter Verachtung die damaligen Katholiken auf die sogenannten Ketzer herabgesehen haben mögen, die sie als eine schlechtere Menschenart betrachteten.

ganz von Garnison entblößt, die der Kommandant, aus Furcht
vor Verräterei, in das Kastell gezogen hatte, und welche sich
noch außerdem weigerte, gegen ihre Mitbürger zu agieren.
Die Sektierer gingen in ihrem Übermute so weit, daß sie eine
eigene öffentliche Kirche innerhalb der Stadt für sich verlangten; da man ihnen diese versagte, traten sie in ein Bündnis mit
Valenciennes und Antwerpen, um ihren Gottesdienst nach dem
Beispiel der übrigen Städte mit öffentlicher Gewalt durchzusetzen. Diese drei Städte standen untereinander in dem
genauesten Zusammenhang, und die protestantische Partei
war in allen dreien gleich mächtig. Weil sich jedoch keine
getraute, den Tumult anzufangen, so kamen sie überein, daß
sie zu gleicher Zeit mit den öffentlichen Predigten ausbrechen
wollten. Brederodes Erscheinung in Antwerpen machte ihnen
endlich Mut. Sechszehntausend Menschen brachen an dem
nämlichen Tage, wo dasselbe in Tournai und Valenciennes
geschah, aus der Stadt hinaus; Weiber und Männer durcheinander; Mütter schleppten ihre ganz kleinen Kinder hinter sich
her. Sie schlossen den Platz mit Wagen, die sie zusammen-
banden, hinter welchen sich Gewaffnete versteckt hielten, um
die Andacht gegen einen etwanigen Überfall zu decken. Die
Prediger waren teils Deutsche, teils Hugenotten, und redeten
in wallonischer Sprache; manche darunter waren aus dem
gemeinsten Pöbel, und Handwerker sogar fühlten sich zu diesem heiligen Werke berufen. Kein Ansehen der Obrigkeit,
kein Gesetz, keines Häschers Erscheinung schreckte sie mehr.
Viele zog bloße Neugier herbei, um doch zu hören, was für
neue und seltsame Dinge diese fremden Ankömmlinge, die so
viel Redens von sich gemacht, auskramen würden. Andere
lockte der Wohlklang der Psalmen, die, wie es in Genf gebräuchlich war, in französischen Versen abgesungen wurden. Ein
großer Teil wurde von diesen Predigten, wie von lustigen
Komödien angezogen, in welchen der Papst, die Väter der
trientischen Kirchenversammlung, das Fegfeuer und andere
Dogmen der herrschenden Kirche auf eine possierliche Art
heruntergemacht wurden. Je toller dieses zuging, desto mehr
kitzelte es die Ohren der Gemeinde, und ein allgemeines
Händeklatschen, wie im Schauspielhause, belohnte den Redner,
der es dem andern an abenteuerlicher Übertreibung zuvor-
getan hatte. Aber das Lächerliche, das in diesen Versammlungen auf die herrschende Kirche geworfen ward, ging dem-

ohngeachtet in dem Gemüte der Zuhörer nicht ganz verloren, sowenig, als die wenigen Körner von Vernunft, die gelegenheitlich mit unterliefen; und mancher, der hier nichts weniger als Wahrheit gesucht hatte, brachte sie vielleicht, ohne es selbst zu wissen, mit zurück*.

Diese Versammlungen wurden mehrere Tage wiederholt, und mit jeder wuchs die Vermessenheit der Sektierer, bis sie sich endlich sogar erlaubten, ihre Prediger nach vollbrachtem Gottesdienst mit einer Eskorte von gewaffneten Reutern im Triumph heimzuführen, und so das Gesetz durch Gepränge zu verhöhnen. Der Stadtrat sendet einen Eilboten nach dem andern an die Herzogin, um sie zu einer persönlichen Überkunft, und wo möglich, zur Residenz in Antwerpen, zu vermögen, als dem einzigen Mittel, den Trotz der Empörer zu zügeln, und dem gänzlichen Verfall der Stadt vorzubeugen, denn die vornehmsten Kaufleute, vor Plünderung bang, standen schon im Begriff sie zu räumen. Furcht, das königliche Ansehen auf ein so gefährliches Spiel zu setzen, verbietet ihr zwar, diesem Begehren zu willfahren; aber an ihrer Statt wird der Graf von Meghem dahin gesendet, um mit dem Magistrat wegen Einführung einer Garnison zu unterhandeln. Der aufrührische Pöbel, dem der Zweck seiner Ankunft nicht lange verborgen bleibt, sammelt sich unter tumultuarischem Geschrei um ihn herum: Man kenne ihn als einen geschwornen Feind der Geusen, wurde ihm zugeschrien, er bringe Knechtschaft und Inquisition; und er solle unverzüglich die Stadt verlassen. Auch legte sich der Tumult nicht, bis Meghem wieder aus den Toren war. Nun reichten die Kalvinisten dieser Stadt bei dem Magistrat eine Schrift ein, worin sie bewiesen, daß ihre große Menge es ihnen fernerhin unmöglich mache, sich in der Stille zu versammeln; und ein eigenes Gotteshaus innerhalb der Stadt für sich begehrten. Der Stadtrat erneuert seine Vorstellungen an die Herzogin, daß sie der bedrängten Stadt doch durch ihre persönliche Gegenwart zu Hülfe kommen, oder ihr wenigstens den Prinzen von Oranien schicken möchte, als den einzigen, für den das Volk noch einige Rücksicht habe, und der noch überdies der Stadt Antwerpen durch den Erbtitel ihres Burggrafen verpflichtet sei. Um das größere Übel zu vermeiden, mußte sie in die zweite Forderung willigen, und dem Prinzen, so schwer es ihr auch fiel, Antwerpen anvertrauen. Dieser,

---

* Strad. 136. Burg. 215–223. 230–232.

nachdem er sich lange umsonst hatte bitten lassen, weil er einmal fest entschlossen schien, an den Staatsgeschäften ferner keinen Anteil zu nehmen, ergab sich endlich dem ernstlichen Zureden der Regentin und den ungestümen Wünschen des Volks. Brederode kam ihm eine halbe Meile von der Stadt mit großer Begleitung entgegen, und von beiden Seiten begrüßte man einander mit Abfeurung von Pistolen. Antwerpen schien alle seine Einwohner ausgegossen zu haben, um seinen Erretter zu empfangen. Die ganze Heerstraße wimmelte von Menschen; die Dächer auf den Landhäusern waren abgedeckt, um mehr Zuschauer zu fassen, hinter Zäunen, aus Kirchhofmauern, aus Gräbern sogar wuchsen Menschen hervor. Die Zuneigung des Volks gegen den Prinzen zeigte sich hier in kindischen Ergießungen. „Die Geusen sollen leben!" schrie jung und alt ihm entgegen. – „Sehet hin", schrieen andere, „das ist der, der uns Freiheit bringt!" – „Der ist's", schrieen die Lutheraner, „der uns das Augsburgische Bekenntnis bringt." – „Nun brauchen wir fortan keine Geusen mehr", riefen andere, „wir brauchen den mühsamen Weg nach Brüssel nicht mehr. Er allein ist uns alles." Diejenigen, welche gar nichts zu sagen wußten, machten ihrer ausgelassenen Freude in Psalmen Luft, die sie tumultuarisch um ihn her anstimmten. Er indessen verlor seinen Ernst nicht, winkte Stillschweigen um sich her, und rief endlich, da ihm niemand gehorchen wollte, zwischen Unwillen und Rührung: Bei Gott! rief er, sie sollten zusehen, was sie täten, es würde sie einmal reuen, was sie jetzt getan*. Das Jauchzen mehrte sich, als er in die Stadt selbst eingeritten war. Gleich das erste Besprechen des Prinzen mit den Häuptern der verschiedenen Religionsparteien, die er einzeln zu sich kommen ließ und befragte, belehrte ihn, daß die Hauptquelle des Übels in dem gegenseitigen Mißtrauen der Parteien untereinander, und in dem Argwohn der Bürger gegen die Absichten der Regierung zu suchen sei, und daß sein erstes Geschäft also sein müsse, die Gemüter zu versichern. Den Reformierten, als den mächtigsten an Anzahl, suchte er durch Überredung und List die Waffen aus den Händen zu winden, welches ihm endlich mit vieler Mühe gelang. Da aber bald darauf einige Wagen mit Kriegsmunition in Mecheln geladen wurden, und der Drossard von Brabant sich in dem Gebiete von Antwerpen öfters mit Bewaffneten sehen ließ, so fürchteten die Kalvinisten,

* Strad. 138. 139. Burg. 233. 234.

bei ihrem Gottesdienst feindlich gestört zu werden, und lagen
dem Prinzen an, ihnen innerhalb der Mauern einen Platz zu
ihren Predigten einzuräumen, wo sie vor einem Überfall sicher
sein könnten*. Es gelang ihm noch einmal, sie zu vertrösten;
und seine Gegenwart hielt den Ausbruch des Tumults, sogar
während des Fests von Mariä Himmelfahrt, das eine Menge
Volks nach der Stadt gezogen und wovon man alles befürchtet
hatte, glücklich zurück. Das Marienbild wurde mit dem gewöhnlichen Gepränge unangefochten herumgetragen; einige
Schimpfworte und ein ganz stilles Murmeln von Götzendienst
war alles, was sich der unkatholische Pöbel gegen die Prozession herausnahm**.

(1566) Indem die Regentin aus einer Provinz nach der andern
die traurigsten Zeitungen von dem Übermute der Protestanten
erhält, und für Antwerpen zittert, das sie in Oraniens gefährlichen Händen zu lassen gezwungen ist, wird sie von einer
andern Seite her in nicht geringes Schrecken gesetzt. Gleich
auf die ersten Nachrichten von den öffentlichen Predigten, hatte
sie den Bund aufgerufen, seine Zusagen jetzt zu erfüllen und
ihr zu Wiederherstellung der Ordnung hülfreiche Hand zu leisten. Diesen Vorwand gebrauchte Graf Brederode, eine Ge-
neralversammlung des ganzen Bundes auszuschreiben, wozu
kein gefährlicherer Zeitpunkt, als der jetzige, hätte gewählt
werden können. Eine so prahlerische Ausstellung der innern
Kräfte des Bundes, dessen Dasein und Schutz allein den protestantischen Pöbel ermuntert haben konnte, so weit zu gehen,
als er gegangen war, mußte jetzt in ebendem Grade die Zuversicht der Sektierer erheben, als sie den Mut der Regentin dar-
niederschlug. Der Konvent kam in einer Lüttichischen Stadt,
St. Trond, zustande, wohin sich Brederode und Ludwig von
Nassau an der Spitze von 2000 Verbundenen geworfen hatten.
Da ihnen das lange Ausbleiben der königlichen Antwort aus
Madrid von dorther nicht viel Gutes zu weissagen schien, so
achteten sie auf alle Fälle für ratsam, einen Sicherheitsbrief für
ihre Personen von der Herzogin zu erpressen. Diejenigen unter
ihnen, die sich einer unreinen Sympathie mit dem protestantischen Pöbel bewußt waren, betrachteten seine Ausgelassenheit als eine günstige Ereignis für den Bund; das scheinbare
Glück derer, zu deren Gemeinschaft sie sich herabsetzten, ver-

* Meurs. Guil. Auriac. Libr. I. 10. 11.
** Meteren 83. Burgund. 234.

führte sie, ihren Ton zu ändern; ihr vorhin ruhmwürdiger Eifer fing an, in Insolenz und Trotz auszuarten. Viele meinten, man sollte die allgemeine Verwirrung, und die Verlegenheit der Herzogin nutzen, einen kühneren Ton annehmen, und Forderung auf Forderung häufen. Die katholischen Mitglieder des Bundes, unter denen viele im Herzen noch sehr königlich dachten, und mehr durch Gelegenheit und Beispiel zu einem Anteil an dem Bunde hingerissen worden, als aus innerm Trieb dazu getreten waren, hörten hier zu ihrem nicht geringen Erstaunen eine allgemeine Religionsfreiheit in Vorschlag bringen, und wurden jetzt mit Schrecken gewahr, in welch ein gefährliches Unternehmen sie sich übereilterweise verwickelt hatten. Gleich auf diese Entdeckung trat der junge Graf Mansfeld zurück, und eine innere Zwietracht fing jetzt schon an, das Werk der Eile zu untergraben, und die Fugen des Bundes unvermerkt aufzulösen*.

Graf von Egmont und Wilhelm von Oranien werden von der Regentin bevollmächtigt, mit den Verbundenen zu unterhandeln. Zwölf von den letztern, unter denen Ludwig von Nassau, Brederode und Culembourg waren, besprachen sich mit ihnen in Duffel, einem Dorf, ohnweit Mecheln. „Wozu dieser neue Schritt?" ließ ihnen die Regentin durch den Mund dieser beiden entbieten. „Man hat Gesandte nach Spanien von mir gefodert, ich habe sie dahin gesendet. Man hat die Edikte und Inquisition allzu streng gefunden, ich habe beide gemildert. Man hat auf eine allgemeine Versammlung der Reichsstände angetragen, ich habe diese Bitte vor den König gebracht, weil ich sie aus eigner Gewalt nicht bewilligen durfte. Was hab ich denn nun unwissenderweise noch unterlassen oder getan, was diese Zusammenkunft in St. Trond notwendig machte? Ist es vielleicht Furcht vor dem Zorn des Königs und seinen Folgen, was die Verbundenen beunruhigt? Die Beleidigung ist groß, aber größer ist seine Gnade. Wo bleibt nun das Versprechen des Bundes, keine Unruhen unter dem Volke zu erregen? Wo jene prächtigtönenden Worte, daß man bereit sein würde, lieber zu meinen Füßen zu sterben, als dem König etwas von seinen Rechten zu vergeben? Schon nehmen sich die Neuerer Dinge heraus, die sehr nah an Aufruhr grenzen und die Republik zum Verderben führen; und der Bund ist's, auf den sie sich dabei berufen. Wenn er dieses mit Stillschweigen duldet, so

* Burgund. 235. Strad. 140.

klagt er sich als Mitschuldigen ihres Frevels an; wenn er es redlich mit seinem König meint, so kann er bei dieser Ausgelassenheit des Pöbels nicht untätig feiern. Aber er selbst geht ja dem rasenden Pöbel durch sein gefährliches Beispiel voran, schließt Bündnisse mit den Feinden des Vaterlands, und bekräftigt diese schlimmen Gerüchte durch seine jetzige strafbare Versammlung."*

Der Bund verantwortete sich dagegen förmlich in einer Schrift, welche er durch drei deputierte Mitglieder im Staatsrat zu Brüssel einreichen läßt. „Alles", lautete diese, „was Ihre Hoheit in Rücksicht auf unsre Bittschrift getan, haben wir mit dem lebhaftesten Danke empfunden; auch können wir über keine Neuerung Klage führen, welche in dieser Zeit Ihrem Versprechen zuwider irgendwo gemacht worden wäre; aber wenn wir demungeachtet jetzt noch immer und allerorten her in Erfahrung bringen, und mit eigenen Augen uns überzeugen, daß man unsre Mitbürger um der Religion willen vor Gericht schleppt und zum Tode führt, so müssen wir notwendig daraus schließen, daß die Befehle Ihrer Hoheit von den Gerichtshöfen zum mindesten – sehr wenig geachtet werden. Was der Bund seinerseits versprochen, hat er redlich erfüllt, auch den öffentlichen Predigten hat er nach Vermögen zu steuern gesucht; aber freilich ist es kein Wunder, wenn die so lange Verzögerung einer Antwort aus Madrid die Gemüter mit Argwohn erfüllt, und die getäuschte Hoffnung einer allgemeinen Staatenversammlung sie wenig geneigt macht, fernern Versicherungen zu glauben. Nie hat sich der Bund mit den Feinden des Landes verbunden; auch nie eine Versuchung dazu gefühlt. Sollten sich französische Waffen in den Provinzen sehen lassen, so werden wir, die Verbundenen, als die ersten zu Pferde sitzen, sie daraus zu vertreiben; aber wir wollen aufrichtig gegen Ew. Hoheit sein. Wir glaubten Zeichen Ihres Unwillens gegen uns in Ihrem Gesichte zu lesen; wir sehen Menschen im ausschließenden Besitz Ihrer Gnade, die durch ihren Haß gegen uns berüchtigt sind. Täglich müssen wir hören, daß vor der Gemeinschaft mit uns, wie vor Verpesteten, gewarnt wird, daß man uns die Ankunft des Königs, wie den Anbruch eines Gerichtstags verkündigt – was ist natürlicher, als daß der Argwohn gegen uns auch den unsrigen endlich erweckte? daß der Vorwurf der Majestätsverletzung, womit man unsre Verbin-

* Meteren 84. Burg. 238. 239.

dung zu schwärzen bemüht ist, daß die Kriegsrüstungen des Herzogs von Savoyen und anderer Fürsten, die, wie das Gerücht sagt, uns gelten sollen, die Unterhandlungen des Königs mit dem französischen Hof, um einer spanischen Armee, die nach den Niederlanden bestimmt sein soll, den Durchzug durch dieses Reich auszuwirken, und dergleichen Vorfälle mehr, uns aufgefodert haben, auf unsre Selbstverteidigung zu denken, und uns durch eine Verbindung mit unsern auswärtigen Freunden zu verstärken? Auf ein allgemeines unstetes und schwankendes Gerede beschuldigt man uns eines Anteils an dieser Zügellosigkeit des protestantischen Pöbels; aber wen klagt das allgemeine Gerede nicht an? Wahr ist es allerdings, daß auch unter uns Protestanten sich befinden, denen eine Duldung der Religionen das willkommenste Geschenk sein würde, aber auch sie haben niemals vergessen, was sie ihrem Herrn schuldig sind. Furcht vor dem Zorne des Königs ist es nicht, was uns aufgefodert hat, diese Versammlung zu halten. Der König ist gut, und wir wollen hoffen, daß er gerecht ist. Es kann also nicht Verzeihung sein, was wir bei ihm suchen; und ebensowenig kann es Vergessenheit sein, was wir uns über Handlungen erbitten, die unter den Verdiensten, so wir uns um Se. Majestät erworben, nicht die unbeträchtlichsten sind. Wahr ist es wieder, daß sich Abgeordnete der Lutheraner und Kalvinisten in St. Trond bei uns eingefunden; ja noch mehr, sie haben uns eine Bittschrift übergeben, die wir an Ew. Hoheit hier beilegen. Sie erbieten sich darin, die Waffen bei ihren Predigten niederzulegen, wenn der Bund ihnen Sicherheit leisten, und sich für eine allgemeine Versammlung der Stände verbürgen wolle. Beides haben wir geglaubt, ihnen zusagen zu müssen, aber unsre Versicherung allein hat keine Kraft, wenn sie nicht zugleich von Ew. Hoheit und einigen ihrer vornehmsten Räte bestätigt wird. Unter diesen kann niemand von dem Zustand unserer Sachen so gut unterrichtet sein, und es so redlich mit uns meinen, als der Prinz von Oranien und die Grafen von Hoorne und von Egmont. Diese drei nehmen wir mit Freuden als Mittler an, wenn man ihnen dazu die nötige Vollmacht gibt, und uns Versicherung leistet, daß ohne ihr Wissen keine Truppen geworben, und keine Befehlshaber darüber ernannt werden sollen. Diese Sicherheit verlangen wir indessen nur auf einen gegebenen Zeitraum, nach dessen Verstreichung es bei dem Könige stehen wird, ob er sie aufheben oder bestätigen will. Geschieht das erste, so ist es der Billigkeit gemäß, daß man uns einen Termin setze, unsere Personen und Güter in Sicherheit zu bringen; drei Wochen werden dazu genug sein. Endlich und letztens machen wir uns auch unsrerseits anheischig, ohne Zuziehung jener drei Mittelspersonen nichts Neues zu unternehmen."*

Eine so kühne Sprache konnte der Bund nicht führen, wenn er nicht einen mächtigen Rückhalt hatte, und sich auf einen gründlichen Schutz verließ; aber die Regentin sahe sich ebensowenig imstand, ihm die verlangten Punkte zu bewilligen, als sie unfähig war, ihm Ernst entgegenzusetzen. In Brüssel, das jetzt von den meisten Staatsräten, die entweder nach ihren Provinzen abgegangen, oder unter irgendeinem andern Vorwand sich den Geschäften entzogen hatten, verlassen war, sowohl von Rat, als von Geld entblößt, dessen Mangel sie nötigte, die Großmut der Geistlichkeit anzusprechen, und, da auch dieses Mittel nicht zureichte, ihre Zuflucht zu einem Lotto zu nehmen, abhängig von Befehlen aus Spanien, die immer erwartet wurden, und immer nicht kamen, sahe sie sich endlich zu der erniedrigenden Auskunft gebracht, mit den Verbundenen in St. Trond den Vertrag einzugehen, daß sie noch 24 Tage lang auf die Resolution des Königs warten wollten, bevor sie einen weiteren Schritt unternähmen. Auffallend war es freilich, daß der König immer noch fortfuhr, mit einer entscheidenden Antwort auf die Bittschrift zurückzuhalten, ungeachtet man allgemein wußte, daß er weit jüngere Schreiben beantwortet hatte, und die Regentin deswegen auf das nachdrücklichste in ihn drang. Auch hatte sie sogleich nach dem Ausbruch der öffentlichen Predigten den Marquis von Bergen dem Baron von Montigny nachgesandt, der als ein Augenzeuge dieser neuen Begebenheiten ihren schriftlichen Bericht desto lebhafter unterstützen und den König um so rascher bestimmen sollte**.

(1566) Unterdessen war der niederländische Gesandte, Florenz von Montigny, in Madrid eingetroffen, wo ihm auf das anständigste begegnet ward. Der Inhalt seiner Instruktion war die Abschaffung der Inquisition und Milderung der Plakate, die Vermehrung des Staatsrats und Aufhebung der zwei übrigen Kurien, das Verlangen der Nation nach einer allgemeinen Staatenversammlung, und das Ansuchen der Regentin um die

---

* Meteren 84. 85. Strada 141. sq. Burgundius 240–251. Meursii Guil. Auriacus. L. l. 11. 12.
** Hopper. §. 117. Burgund. 252. 262.

persönliche Überkunft des Königs. Weil dieser aber immer nur
Zeit zu gewinnen suchte, so wurde Montigny bis auf die Ankunft seines Gehülfen vertröstet, ohne welchen der König keinen endlichen Schluß fassen wollte. Der Flamänder indessen
hatte jeden Tag und zu jeder ihm beliebigen Stunde Audienz
bei dem König, der ihm auch jedesmal die Depeschen der Herzogin und deren Beantwortung mitzuteilen Befehl gab. Öfters
wurde er auch in das Conseil der niederländischen Angelegenheiten gezogen, wo er nie unterließ, den König auf eine Gene-
ralversammlung der Staaten, als auf das einzige Mittel, den
bisherigen Verwirrungen zu begegnen, und welches alle übrigen entbehrlich machen würde, hinzuweisen. So bewies er ihm
auch, daß nur eine allgemeine und uneingeschränkte Vergebung alles Vergangenen das Mißtrauen würde tilgen können,
das bei allen diesen Beschwerden zum Grunde läge, und jeder
noch so gutgewählten Maßregel ewig entgegenarbeiten würde.
Auf seine gründliche Kenntnis der Dinge und eine genaue Bekanntschaft mit dem Charakter seiner Landsleute wagte er es,
dem König für ihre unverbrüchliche Treue zu bürgen, sobald
er sie durch ein gerades Verfahren von der Redlichkeit seiner
Absichten überführt haben würde, da er ihm im Gegenteil, von
ebendieser Kenntnis geleitet, alle Hoffnung dazu absprach, solange sie nicht von der Furcht geheilt würden, das Ziel seiner
Unterdrückung zu sein, und dem Neide der spanischen Großen
zum Opfer zu dienen. Sein Gehülfe erschien endlich und der
Inhalt ihrer Gesandtschaft wurde wiederholten Beratschlagungen unterworfen*.

(1566) Der König war damals im Busch zu Segovien, wo er
auch seinen Staatsrat versammelte. Beisitzer waren: der Herzog
von Alba; Don Gomez de Figueroa; Graf von Feria; Don An-
tonio von Toledo, Großkommendator vom Orden St. Johan-
nes; Don Johann Manrique von Lara, Oberhofmeister der
Königin; Ruy Gomez, Prinz von Eboli und Graf von Melito;
Ludwig von Quixada, Oberstallmeister des Prinzen; Karl Tisnaq, Präsident des niederländischen Conseils; der Staatsrat und
Siegelbewahrer Hopper** und der Staatsrat von Courteville***.
Mehrere Tage wurde die Sitzung fortgesetzt, beide Abgesandte

* Hopper. 98. 99. 103.
** Aus dessen Mémoires, als einer mithandelnden Person, die Resultate
dieser Sitzung genommen sind.
*** Hopper. §. 111.

wohnten ihr bei, aber der König war nicht selbst zugegen. Hier nun wurde das Betragen des niederländischen Adels von spanischen Augen beleuchtet; man verfolgte es Schritt vor Schritt bis zu seiner entlegensten Quelle; brachte Vorfälle miteinander in Zusammenhang, die nie keinen gehabt hatten, und einen reifen weitaussehenden Plan in Ereignisse, die der Augenblick geboren. Alle diese verschiedenen Vorgänge und Versuche des Adels, die nur der Zufall aneinandergereiht, und der natürlichste Lauf der Dinge so und nicht anders gelenkt hatte, sollten aus dem überdachten Entwurfe gesponnen sein, eine allgemeine Religionsfreiheit einzuführen, und das Steuer der Gewalt in die Hände des Adels zu bringen. Der erste Schritt dazu, hieß es, war die gewaltsame Wegdrängung des Ministers Granvella, an welchem man nichts zu tadeln finden konnte, als daß er im Besitz einer Macht war, die man lieber selbst ausgeübt hätte. Den zweiten Schritt tat man durch die Absendung des Grafen von Egmont nach Spanien, der auf Abschaffung der Inquisition und Milderung der Strafbefehle dringen, und den König zu einer Erweiterung des Staatsrats vermögen sollte. Da aber dieses auf einem so bescheidenen Wege nicht zu erschleichen gewesen, so versuchte man es durch einen dritten und herzhafteren Schritt, durch eine förmliche Verschwörung, den Geusenbund, von dem Hof zu ertrotzen. Ein vierter Schritt zu dem nämlichen Ziele ist diese neue Gesandtschaft, wo man endlich ungescheut die Larve abwirft, und durch die unsinnigen Vorschläge, die man dem König zu tun sich nicht entblödet, deutlich an den Tag legt, wohin alle jene vorhergegangenen Schritte gezielt haben. „Oder", fuhr man fort, „kann die Abschaffung der Inquisition zu etwas Geringerem, als zu einer vollkommenen Glaubensfreiheit führen? Geht mit ihr nicht das Steuer der Gewissen verloren? Führt diese vorgeschlagene Moderation nicht eine gänzliche Straflosigkeit aller Ketzereien ein? Was ist dieses Projekt von Erweiterung des Staatsrats und von Unterdrückung der zwei übrigen Kurien anders, als ein völliger Umguß der Staatsregierung zugunsten des Adels? Ein Generalgouvernement für alle Provinzen der Niederlande? Ist diese Zusammenrottung der Ketzer bei den öffentlichen Predigten nicht schon bereits die dritte Verbindung, die aus den nämlichen Absichten unternommen wird, da die Ligue der Großen im Staatsrat und der Bund der Geusen nicht wirksam genug geschienen haben?"*

* Hopper. §. 104.

Welches aber auch die Quellen dieses Übels sein mochten, so gestand man ein, daß es darum nicht weniger bedenklich und dringend sei. Die ungesäumte persönliche Ankunft des Königs in Brüssel war allerdings das souveräne Mittel, es schnell und gründlich zu heben. Da es aber schon spät im Jahre war, und die Zurüstungen zu dieser Reise die so kurze Zeit vor dem Winter ganz hinwegnehmen mußten; da sowohl die stürmische Jahrszeit als die Gefahr von den französischen und englischen Schiffen, die den Ozean unsicher machten, den nördlichen Weg, als den kürzesten von beiden, nicht zu nehmen erlaubten; da die Rebellen selbst unterdessen von der Insel Walcheren Besitz nehmen, und dem König die Landung streitig machen konnten: so war vor dem Frühling nicht an diese Reise zu denken, und man mußte sich in Ermanglung des einzigen gründlichen Mittels mit einer mittleren Auskunft begnügen. Man kam also überein, dem Könige vorzutragen, erstlich: daß er die päpstliche Inquisition aus den Provinzen zurücknehmen und es bei der bischöflichen bewenden lassen möchte; zweitens, daß ein neuer Plan zu Milderung der Plakate entworfen würde, wobei die Würde der Religion und des Königs mehr als in der eingesandten Moderation geschont wäre; drittens, daß er der Oberstatthalterin Vollmacht erteilen möchte, allen denjenigen, welche nicht schon etwas Verdammliches begangen, oder bereits gerichtlich verurteilt seien, doch mit Ausnahme der Prediger und ihrer Hehler, Gnade angedeihen zu lassen, damit die Gemüter versichert und kein Weg der Menschlichkeit unversucht gelassen würde. Alle Liguen, Verbrüderungen, öffentliche Zusammenkünfte und Predigten müßten fortan bei strenger Ahndung untersagt sein; würde dennoch dagegen gehandelt, so sollte die Oberstatthalterin sich der ordinären Truppen und Besatzungen zur gewaltsamern Unterwerfung der Widerspenstigen zu bedienen, auch im Notfall neue Truppen zu werben, und die Befehlshaber über dieselben nach ihrem Gutdünken zu ernennen, Freiheit haben. Endlich würde es wohlgetan sein, wenn S. Majestät den vornehmsten Städten, Prälaten und den Häuptern des Adels, einigen eigenhändig, und allen in einem gnädigen Tone schrieben, um ihren Diensteifer zu beleben*.

Sobald dem König diese Resolution seines Staatsrats vorgelegt worden, war sein erstes, daß er an den vornehmsten Plätzen

* Hopper. §. 109. 110. 112. 113.

des Königreichs und auch in den Niederlanden öffentliche Umgänge und Gebete anzustellen Befehl gab, um die göttliche Leitung bei seinem Entschluß zu erflehen. Er erschien in eigner Person im Staatsrat, um diese Resolution zu genehmigen und sogleich ausfertigen zu lassen. Den allgemeinen Reichstag erklärte er für unnütz, und verweigerte ihn ganz; verpflichtete sich aber, einige deutsche Regimenter in seinem Solde zu behalten, und ihnen, damit sie desto eifriger dienten, die alten Rückstände zu bezahlen. Der Regentin befahl er in einem Privatschreiben, sich unter der Hand und im stillen kriegerisch zu rüsten; dreitausend Mann Reuterei, und zehntausend Mann Fußgänger sollte sie in Deutschland zusammenziehen lassen, wozu er sie mit den nötigen Briefen versah und ihr eine Summe von 300000 Goldgulden übermachte*. Er begleitete diese Resolution mit mehreren Handschreiben an einzelne Privatpersonen und Städte, worin er ihnen in sehr gnädigen Ausdrücken für ihren bewiesenen guten Eifer dankte, und sie auch fürs künftige dazu aufforderte. Ungeachtet er über den wichtigsten Punkt, worauf jetzt die Nation hauptsächlich gestellt war, über die Zusammenberufung der Staaten, unerbittlich blieb, ungeachtet diese eingeschränkte und zweideutige Begnadigung so gut als gar keine war, und viel zu sehr von der Willkür abhing, als daß sie die Gemüter hätte versichern können; ungeachtet er endlich auch die entworfene Moderation als zu gelinde verwarf, über deren Härte man sich doch beklagte – so hatte er diesmal doch zugunsten der Nation einen ungewöhnlichen Schritt getan; er hatte ihr die päpstliche Inquisition aufgeopfert, und nur die bischöfliche gelassen, woran sie gewöhnt war. Sie hatte in dem spanischen Conseil billigere Richter gefunden, als wahrscheinlicherweise zu hoffen gewesen war. Ob diese weise Nachgiebigkeit zu einer andern Zeit und unter andern Umständen die erwartete Wirkung getan haben würde, bleibt dahingestellt. Jetzt kam sie zu spät; als (1566) die königlichen Briefe in Brüssel anlangten, war die Bilderstürmerei ausgebrochen.

* Hopper. §. 118. 124. Burg. 288.

VIERTES BUCH

Der Bildersturm

Die Triebfedern dieser außerordentlichen Begebenheit sind offenbar nicht so weit herzuholen, als viele Geschichtschreiber sich Mühe geben. Möglich allerdings und sehr wahrscheinlich, daß die französischen Protestanten emsig daran arbeiteten, in den Niederlanden eine Pflanzschule für ihre Religion zu unterhalten, und eine gütliche Vergleichung ihrer dortigen Glaubensbrüder mit dem König von Spanien durch jedes Mittel zu verhindern strebten, um diesem unversöhnlichen Feind ihrer Partei in seinem eigenen Lande zu tun zu geben; sehr natürlich also, daß ihre Unterhändler in den Provinzen nicht unterlassen haben werden, die unterdrückten Religionsverwandten zu verwegenen Hoffnungen zu ermuntern, ihre Erbitterung gegen die herrschende Kirche auf alle Arten zu nähren, den Druck, worunter sie seufzten, zu übertreiben, und sie dadurch unvermerkt zu Untaten fortzureißen. Möglich, daß es auch unter den Verbundenen viele gab, die ihrer eigenen verlornen Sache dadurch aufzuhelfen meinten, wenn sie die Zahl ihrer Mitschuldigen vermehrten, die die Rechtmäßigkeit ihres Bundes nicht anders retten zu können glaubten, als wenn sie die unglücklichen Folgen wirklich herbeiriefen, wovor sie den König gewarnt hatten, und die in dem allgemeinen Verbrechen ihr eigenes zu verhüllen hofften. Daß aber die Bilderstürmerei die Frucht eines überlegten Planes gewesen, der auf dem Konvent zu St. Trond verabredet worden, daß in einer solennen Versammlung so vieler Edlen und Tapfern, unter denen noch bei weitem der größere Teil dem Papsttum anhing, ein Rasender sich hätte erdreisten sollen, den Entwurf zu einer offenbaren Schandtat zu geben, die nicht sowohl eine abgesonderte Religionspartei kränkte, als vielmehr alle Achtung für Religion überhaupt und alle Sittlichkeit mit Füßen trat, und die nur in dem schlammichten Schoß einer verworfenen Pöbelseele empfangen werden konnte, wäre schon allein darum nicht glaublich, weil diese wütende Tat in ihrer Entstehung zu rasch, in ihrer Ausführung zu leidenschaftlich, zu ungeheuer erscheint, um nicht die Geburt des Augenblicks gewesen zu sein, in welchem sie ans Licht trat, und weil sie aus den Umständen, die ihr vorhergingen, so natürlich fließt, daß es so tiefer Nachsuchungen nicht bedarf, um ihre Entstehung zu erklären.

Eine rohe zahlreiche Menge, zusammengeflossen aus dem uutersten Pöbel, viehisch durch viehische Behandlung, von Mordbefehlen, die in jeder Stadt auf sie lauern, von Grenze zu Grenze herumgescheucht, und bis zur Verzweiflung gehetzt, genötigt ihre Andacht zu stehlen, ein allgemein geheiligtes Menschenrecht, gleich einem Werke der Finsternis zu verheimlichen – vor ihren Augen vielleicht die stolz aufsteigenden Gotteshäuser der triumphierenden Kirche, wo ihre übermütigen Brüder in bequemer und üppiger Andacht sich pflegen; sie selbst herausgedrängt aus den Mauern, vielleicht durch die schwächere Anzahl herausgedrängt, hier im wilden Wald, unter brennender Mittagshitze, in schimpflicher Heimlichkeit, dem nämlichen Gott zu dienen – hinausgestoßen aus der bürgerlichen Gesellschaft in den Stand der Natur, und in einem schrecklichen Augenblick an die Rechte dieses Standes erinnert! Je überlegener ihre Zahl, desto unnatürlicher ist dieses Schicksal; mit Verwunderung nehmen sie es wahr. Freier Himmel, bereitliegende Waffen, Wahnsinn im Gehirne, und im Herzen Erbitterung kommen dem Winke eines fanatischen Redners zu Hülfe, die Gelegenheit ruft, keine Verabredung ist nötig, wo alle Augen dasselbe sagen, der Entschluß ist geboren, noch ehe das Wort ausgesprochen wird; zu einer Untat bereit, keiner weiß es noch deutlich, zu welcher? rennt dieser wütende Trupp auseinander. Der lachende Wohlstand der feindlichen Religion kränkt ihre Armut, die Pracht jener Tempel spricht ihrem landflüchtigen Glauben Hohn; jedes aufgestellte Kreuz an den Landstraßen, jedes Heiligenbild, worauf sie stoßen, ist ein Siegesmal, das über sie errichtet ist, und jedes muß von ihren rächerischen Händen fallen. Fanatismus gibt dem Greuel seine Entstehung, aber niedrige Leidenschaften, denen sich hier eine reiche Befriedigung auftut, bringen ihn zur Vollendung.

(1566) Der Anfang des Bildersturms geschah in Westflandern und Artois, in den Landschaften zwischen dem Lys und dem Meere. Eine rasende Rotte von Handwerkern, Schiffern und Bauern, mit öffentlichen Dirnen, Bettlern und Raubgesindel untermischt, etwa 300 an der Zahl, mit Keulen, Äxten, Hämmern, Leitern und Strängen versehen, nur wenige darunter mit Feuergewehr und Dolchen bewaffnet, werfen sich, von fanatischer Wut begeistert, in die Flecken und Dörfer bei St. Omer, sprengen die Pforten der Kirchen und Klöster, die sie verschlossen finden, mit Gewalt, stürzen die Altäre, zerbrechen die Bilder der Heiligen und treten sie mit Füßen. Erhitzter durch diese verdammliche Tat und durch neuen Zulauf verstärkt, dringen sie geradenwegs nach Ypern vor, wo sie auf einen starken Anhang von Kalvinisten zu rechnen haben. Unaufgehalten brechen sie dort in die Hauptkirche ein, die Wände werden mit Leitern erstiegen, die Gemälde mit Hämmern zerschlagen, Kanzeln und Kirchenstühle mit Äxten zerhauen, die Altäre ihrer Zieraten entkleidet, und die heiligen Gefäße gestohlen. Dieses Beispiel wird sogleich in Menin, Comines, Werwick, Lille und Oudenaarde nachgeahmt; dieselbe Wut ergreift in wenig Tagen ganz Flandern. Eben als die ersten Zeitungen davon einliefen, wimmelte Antwerpen von einer Menge Volks ohne Heimat, die das Fest von M. Himmelfahrt in dieser Stadt zusammengedrängt hatte. Kaum hält die Gegenwart des Prinzen von Oranien die ausgelassene Bande noch im Zügel, die es ihren Brüdern in St. Omer nachzumachen brennt; aber ein Befehl des Hofs, der ihn eilfertig nach Brüssel ruft, wo die Regentin eben ihren Staatsrat versammelt, um ihm die königlichen Briefe vorzulegen, gibt Antwerpen dem Mutwillen dieser Bande preis. Seine Entfernung ist die Losung zum Tumult. Vor der Ausgelassenheit des Pöbels bange, die sich gleich in den ersten Tagen in spöttischen Anspielungen äußerte, hatte man das Marienbild nach wenigen Umgängen auf den Chor geflüchtet, ohne es, wie sonst, in der Mitte der Kirche aufzurichten. Dies veranlaßte etliche mutwillige Buben aus dem Volke, ihm dort einen Besuch zu geben und es spöttisch zu fragen, warum es sich neulich so bald absentiert habe? Andere stiegen auf die Kanzel, wo sie dem Prediger nachäfften und die Papisten zum Wettkampf herausforderten. Ein katholischer Schiffer, den dieser Spaß verdroß, wollte sie von da herunterreißen, und es kam auf dem Predigtstuhl zu Schlägen. Ähnliche Auftritte geschahen am folgenden Abend. Die Anzahl mehrte sich, und viele kamen schon mit verdächtigen Werkzeugen und heimlichen Waffen versehen. Endlich fällt es einem bei, es leben die Geusen! zu rufen; gleich ruft die ganze

Rotte es nach, und das Marienbild wird aufgefordert, dasselbe
zu tun. Die wenigen Katholiken, die da waren, und die Hoffnung aufgaben, gegen diese Tollkühnen etwas auszurichten,
verlassen die Kirche, nachdem sie alle Tore, bis auf eines, verschlossen haben. Sobald man sich allein sieht, wird in Vorschlag gebracht, einen von den Psalmen nach der neuen Melo-
die anzustimmen, die von der Regierung verboten sind. Noch
während dem Singen werfen sich alle, wie auf ein gegebenes
Signal, wütend auf das Marienbild, durchstechen es mit Schwertern und Dolchen, und schlagen ihm das Haupt ab; Huren und
Diebe reißen die großen Kerzen von den Altären, und leuchten
zu dem Werke. Die schöne Orgel der Kirche, ein Meisterstück
damaliger Kunst, wird zertrümmert, alle Gemälde ausgelöscht,
alle Statuen zerschmettert. Ein gekreuzigter Christus in Lebens-
größe, der zwischen den zwei Schächern, dem Hochaltare
gegenüber, aufgestellt war, ein altes und sehr wertgehaltenes
Stück, wird mit Strängen zur Erde gerissen, und mit Beilen
zerschlagen, indem man die beiden Mörder zu seiner Seite ehrerbietig schont. Die Hostien streut man auf den Boden, und
tritt sie mit Füßen; in dem Nachtmahlwein, den man von ungefähr da findet, wird die Gesundheit der Geusen getrunken;
mit dem heiligen Öle werden die Schuhe gerieben. Gräber
selbst werden durchwühlt, die halbverwesten Leichen hervor-
gerissen und mit Füßen getreten. Alles dies geschah in so
wunderbarer Ordnung, als hätte man einander die Rollen
vorher zugeteilt; jeder arbeitete seinem Nachbar dabei in die
Hände; keiner, so halsbrechend auch dieses Geschäft war,
nahm Schaden, ungeachtet der dicken Finsternis, ungeachtet
die größten Lasten um und neben ihnen fielen, und manche auf
den obersten Sprossen der Leitern handgemein wurden. Ohngeachtet der vielen Kerzen, welche ihnen zu ihrem Bubenstück
leuchteten, wurde kein einziger erkannt. Mit unglaublicher
Geschwindigkeit ward die Tat vollendet; eine Anzahl von
höchstens hundert Menschen verwüstete in wenigen Stunden
einen Tempel von siebenzig Altären, nach der Peterskirche in
Rom einen der größten und prächtigsten in der Christenheit.

Bei der Hauptkirche blieb es nicht allein; mit Fackeln und
Kerzen, die man daraus entwendet, macht man sich noch in
der Mitternacht auf, den übrigen Kirchen, Klöstern und Kapel-
len ein ähnliches Schicksal zu bereiten. Die Rotten mehren sich
mit jeder neuen Schandtat, und durch die Gelegenheit werden

Diebe gelockt. Man nimmt mit, was man findet, Gefäße, Altar-
tücher, Geld, Gewänder; in den Kellern der Klöster berauscht
man sich aufs neue; die Mönche und Nonnen lassen alles im
Stich, um der letzten Beschimpfung zu entfliehen. Der dumpfe
Tumult dieses Vorgangs hatte die Bürger aus dem ersten
Schlafe geschreckt; aber die Nacht machte die Gefahr schrecklicher als sie wirklich war, und anstatt seinen Kirchen zu Hülfe
zu eilen, verschanzte man sich in seinen Häusern, und erwartete
mit ungewissem Entsetzen den Tag. Die aufgehende Sonne
zeigte endlich die geschehene Verwüstung – aber das Werk der
Nacht war mit ihr nicht geendigt. Einige Kirchen und Klöster
sind noch verschont geblieben, auch diese trifft ein ähnliches
Schicksal; drei Tage dauert dieser Greuel. Besorgt endlich,
daß dieses rasende Gesindel, wenn es nichts Heiliges mehr zu
zerstören fände, einen ähnlichen Angriff auf das Profane tun
und ihren Warengewölben gefährlich werden möchte, zugleich
mutiger gemacht durch die entdeckte geringe Anzahl des Feindes, wagen es die reicheren Bürger, sich bewaffnet vor ihren
Haustüren zu zeigen. Alle Tore der Stadt werden verschlossen,
ein einziges ausgenommen, durch welches die Bilderstürmer
brechen, um in den angrenzenden Gegenden denselben Greuel
zu erneuern. Während dieser ganzen Zeit hat es die Obrigkeit
nur ein einzigesmal gewagt, sich ihrer Gewalt zu bedienen; so
sehr wurde sie durch die Übermacht der Kalvinisten in Furcht
gehalten, von denen, wie man glaubte, das Raubgesindel gedungen war. Der Schade, den diese Verwüstung anrichtete,
war unermeßlich; bei der Marienkirche allein wird er auf
400000 Goldgulden angegeben. Viele schätzbare Werke der
Kunst wurden bei dieser Gelegenheit vernichtet, viele kostbare
Handschriften, viele Denkmäler, wichtig für Geschichte und
Diplomatik, gingen dabei verloren. Der Magistrat gab sogleich
Befehl, die geraubten Sachen bei Lebensstrafe wiedereinzu-
liefern, wobei ihm die reformierten Prediger, die für ihre
Religionspartei erröteten, nachdrücklich beistanden. Vieles
wurde auf diese Art gerettet, und die Anführer des Gesindels,
entweder, weil weniger die Raubsucht als Fanatismus und
Rache sie beseelten, oder weil sie von fremder Hand geleitet
wurden, beschlossen, um diese Ausschweifung künftig zu verhüten, fortan bandenweis und in besserer Ordnung zu stürmen*.

* Meteren 85. 86. Strad. 143. 145–147. Burgundius 294. 295. 300.
Hopper. §. 126. Meurs. Guil. Auriac. L. II. 13. 14.

Die Stadt Gent zitterte indessen vor einem ähnlichen Schicksal; gleich auf die erste Nachricht der Bilderstürmerei in Antwerpen hatte sich der Magistrat dieser Stadt mit den vornehmsten Bürgern durch einen Eid verbunden, die Tempelschänder gewaltsam zurückzutreiben; als man diesen Eid auch dem Volke vorlegte, waren die Stimmen geteilt, und viele erklärten geradeheraus, daß sie gar nicht geneigt wären, ein so gottesdienstliches Werk zu verhindern. Bei so gestalten Sachen fanden es die katholischen Geistlichen ratsam, die besten Kostbarkeiten der Kirchen in die Zitadelle zu flüchten, und einigen Familien wurde erlaubt, was ihre Vorfahren darein geschenkt hatten, gleichfalls in Sicherheit zu bringen. Mittlerweile waren alle Zeremonien eingestellt, die Gerichte machten einen Stillstand, wie in einer eroberten Stadt, man zitterte in Erwartung dessen, was kommen sollte. Endlich wagt es eine tolldreuste Rotte, mit dem unverschämten Antrag an den Gouverneur der Stadt zu deputieren. Es sei ihnen, sagten sie, von ihren Obern anbefohlen, nach dem Beispiel der andern Städte, die Bilder aus den Kirchen zu nehmen. Widersetzte man sich ihnen nicht, so sollte es ruhig und ohne Schaden vor sich gehen; im Gegenteil aber würden sie stürmen; ja sie gingen in ihrer Frechheit so weit, die Hülfe der Gerichtsdiener dabei zu verlangen. Anfangs erstarrte der Gouverneur über diese Anmutung; nachdem er aber in Überlegung gezogen, daß die Ausschweifungen durch das Ansehen der Gesetze vielleicht mehr im Zaum gehalten werden könnten, so trug er kein Bedenken, ihnen die Häscher zu bewilligen.

In Tournai wurden die Kirchen, angesichts der Garnison, die man nicht dahin bringen konnte, gegen die Bilderstürmer zu ziehen, ihrer Zieraten entkleidet. Da es diesen hinterbracht worden war, daß man die goldenen und silbernen Gefäße mit dem übrigen Kirchenschmuck unter die Erde vergraben, so durchwühlten sie den ganzen Boden der Kirche, und bei dieser Gelegenheit kam der Leichnam des Herzogs Adolf von Geldern wieder ans Tageslicht, der einst an der Spitze der aufrührerischen Genter im Treffen geblieben, und in Tournai beigesetzt war. Dieser Adolf hatte seinen Vater mit Krieg überzogen, und den überwundenen Greis einige Meilen weit barfuß zum Gefängnis geschleppt; ihm selbst aber hatte Karl der Kühne von Burgund Gleiches mit Gleichem vergolten. Jetzt nach einem halben Jahrhundert rächte das Schicksal ein Verbrechen gegen die Natur durch ein andres gegen die Religion; der Fanatismus mußte das Heilige entweihen, um eines Vatermörders Gebeine noch einmal dem Fluch preiszugeben*.

Mit den Bilderstürmern aus Tournai verbanden sich andere aus Valenciennes, um alle Klöster des umliegenden Gebiets zu verwüsten, wobei eine kostbare Bibliothek, an welcher seit vielen Jahrhunderten gesammelt worden, in den Flammen zugrunde ging. Auch ins Brabantische drang dieses verderbliche Beispiel. Mecheln, Herzogenbusch, Breda und Bergen op Zoom erlitten das nämliche Schicksal. Nur die Provinzen Namur und Luxemburg, nebst einem Teile von Artois und von Hennegau, hatten das Glück, sich von diesen Schandtaten rein zu erhalten. In einem Zeitraum von vier oder fünf Tagen waren in Brabant und Flandern allein 400 Kirchen verwüstet**.

Von der nämlichen Raserei, die den südlichen Teil der Niederlande durchlief, wurde bald auch der Norden ergriffen. Die Holländischen Städte, Amsterdam, Leiden und Gravenhaag hatten die Wahl, ihre Kirchen entweder freiwillig ihres Schmucks zu berauben, oder ihn mit gewaltsamer Hand daraus weggerissen zu sehen. Delft, Haarlem, Gouda und Rotterdam entgingen durch die Entschlossenheit ihres Magistrats der Verwüstung. Dieselben Gewalttätigkeiten wurden auch auf den Seeländischen Inseln verübt; die Stadt Utrecht, einige Plätze in Oberyssel und Gröningen erlitten die nämlichen Stürme. Friesland bewahrte der Graf von Aremberg, und Geldern der Graf von Meghem vor einem ähnlichen Schicksal***.

Das Gerücht dieser Unordnungen, das aus allen Provinzen vergrößert einlief, verbreitete den Schrecken in Brüssel, wo die Oberstatthalterin eben eine außerordentliche Sitzung des Staatsrats veranstaltet hatte. Die Schwärme der Bilderstürmer dringen schon weit ins Brabantische vor, und drohen sogar der Hauptstadt, wo ihnen ein starker Anhang gewiß ist, hier unter den Augen der Majestät denselben Greuel zu erneuern. Die Regentin, für ihre eigene Person in Furcht, die sie selbst im Herzen des Landes, im Kreis der Statthalter und Ritter nicht sicher glaubt, ist schon im Begriffe nach Mons in Hennegau zu flüchten, welche Stadt ihr der Herzog von Arschot zu einem

* Burgund. 315. 316.
** Meteren 85. 87. Strad. 149.
*** Burgund. 318. 319. Meurs. Guil. Auriac. L. II. 15.

Zufluchtsort aufgehoben, um nicht, in die Willkür der Bilderstürmer gegeben, zu unanständigen Bedingungen gezwungen
zu werden. Umsonst, daß die Ritter Leben und Blut für ihre
Sicherheit verpfänden, und ihr auf das dringendste anliegen,
sie durch eine so schimpfliche Flucht doch der Schande nicht
auszusetzen, als hätte es ihnen an Mut oder Eifer gefehlt, ihre
Fürstin zu schützen; umsonst, daß die Stadt Brüssel selbst es
ihr nahelegt, sie in dieser Extremität nicht zu verlassen, daß
ihr der Staatsrat nachdrückliche Vorstellungen macht, durch
einen so zaghaften Schritt die Insolenz der Rebellen nicht noch
mehr aufzumuntern; sie beharrt unbeweglich auf diesem verzweifelten Entschluß, da noch Boten über Boten kamen, ihr
zu melden, daß die Bilderstürmer gegen die Hauptstadt im
Anzug seien. Sie gibt Befehl, alles zu ihrer Flucht bereitzuhalten,
die mit frühem Morgen in der Stille vor sich gehen sollte. Mit
Anbruch des Tages steht der Greis Viglius vor ihr, den sie, den
Großen zu Gefallen, schon lange Zeit zu vernachlässigen gewohnt war. Er will wissen, was diese Zurüstung bedeute, worauf sie ihm endlich gesteht, daß sie fliehen wolle, und daß er
wohl tun würde, wenn er sich selbst mit zu retten suchte. „Zwei
Jahre sind es nun", sagte ihr der Greis, „daß Sie dieses Aus-
gangs der Dinge gewärtig sein konnten. Weil ich freier gesprochen habe, als Ihre Höflinge, so haben Sie mir Ihr fürst-
liches Ohr verschlossen, das nur verderblichen Anschlägen
geöffnet war." Die Regentin räumt ein, daß sie gefehlt habe,
und durch einen Schein von Rechtschaffenheit geblendet worden sei; jetzt aber dränge sie die Not. „Sind Sie gesonnen",
versetzte Viglius hierauf, „auf den königlichen Mandaten mit
Beharrlichkeit zu bestehen?" „Das bin ich", antwortete ihm
die Herzogin. „So nehmen Sie Ihre Zuflucht zu dem großen
Geheimnis der Regentenkunst, zur Verstellung, und schließen
Sie sich scheinbar an die Fürsten an, bis Sie mit ihrer Hülfe
diesen Sturm zurückgeschlagen haben. Zeigen Sie ihnen ein
Zutrauen, wovon Sie im Herzen weit entfernt sind. Lassen Sie
sie einen Eid ablegen, daß sie mit Ihnen gemeine Sache machen
wollen, diesen Unordnungen zu begegnen. Denjenigen, die
sich bereitwillig dazu finden lassen, vertrauen Sie sich als Ihren
Freunden, aber die andern hüten Sie sich ja durch Geringschätzung abzuschrecken." Viglius hielt sie noch lange durch
Worte hin, bis die Fürsten kamen, von denen er wußte, daß sie
die Flucht der Regentin keineswegs zugeben würden. Als sie

erschienen, entfernte er sich in der Stille, um dem Stadtrat den
Befehl zu erteilen, daß er die Tore schließen und allem, was
zum Hofe gehörte, den Ausgang versagen sollte. Dieser letzte
Schritt richtete mehr aus, als alle Vorstellungen getan hatten.
Die Regentin, die sich in ihrer eigenen Residenz gefangen sah,
ergab sich nun dem Zureden ihres Adels, der sich anheischig
machte, bis auf den letzten Blutstropfen bei ihr auszuharren.
Sie machte den Grafen von Mansfeld zum Befehlshaber der
Stadt, vermehrte in der Eile die Besatzung und bewaffnete
ihren ganzen Hof*.

Jetzt wurde Staatsrat gehalten, dessen endlicher Schluß dahin
ging, der Notwendigkeit nachzugeben, die Predigten an denen
Orten, wo sie bereits angefangen, zu gestatten, die Aufhebung
der päpstlichen Inquisition öffentlich bekanntzumachen, die
alten Edikte gegen die Ketzer für abgeschafft zu erklären, und
vor allen Dingen dem verbundenen Adel die verlangte Sicherheit ohne Einschränkung zu bewilligen. Sogleich werden der
Prinz von Oranien, die Grafen von Egmont, von Hoorne,
nebst einigen andern dazu ernannt, mit den Deputierten des
Bundes deswegen zu unterhandeln. Dieser wird feierlich und
in den unzweideutigsten Ausdrücken von aller Verantwortung
wegen der eingereichten Bittschrift freigesprochen und allen
königlichen Beamten und Obrigkeiten anbefohlen, dieser Versicherung nachzuleben, und keinem der Verbundenen, weder
jetzt noch in künftigen Zeiten um jener Bittschrift willen etwas
anzuhaben. Dagegen verpflichten sich die Verbundenen in
einem Reverse, getreue Diener S. Majestät zu sein, zu Wiederherstellung der Ruhe und Bestrafung der Bilderstürmer nach
allen Kräften beizutragen, das Volk zur Niederlegung der
Waffen zu vermögen, und dem Könige gegen innere und
äußere Feinde tätige Hülfe zu leisten. Versicherung und Gegenversicherung wurden in Form von Instrumenten aufgesetzt,
und von den Bevollmächtigten beider Teile unterzeichnet; der
Sicherheitsbrief noch besonders eigenhändig von der Herzogin
signiert, und mit ihrem Siegel versehen. Nach einem schweren
Kampf und mit weinenden Augen hatte die Regentin diesen
schmerzlichen Schritt getan, und mit Zittern gestand sie ihn
dem König. Sie wälzte alle Schuld auf die Großen, die sie in
Brüssel wie gefangen gehalten und gewaltsam dazu hingerissen

* Burgund. 327–331. Hopper. §. 128. Vita Vigl. 48.

hätten. Besonders beschwerte sie sich bitter über den Prinzen von Oranien*.

Dieses Geschäft berichtigt, eilen alle Statthalter nach ihren Provinzen; Egmont nach Flandern, Oranien nach Antwerpen. Hier hatten die Protestanten die verwüsteten Kirchen, wie eine Sache, die dem ersten Finder gehört, in Besitz genommen, und sich nach Kriegsgebrauch darin festgesetzt. Der Prinz gibt sie ihren rechtmäßigen Besitzern wieder, veranstaltet ihre Ausbesserung und stellt den katholischen Gottesdienst wieder darin her. Drei von den Bilderstürmern, die man habhaft geworden, büßen ihre Tollkühnheit mit dem Strang, einige Aufrührer werden verwiesen, viele andere stehen Züchtigungen aus. Darauf versammelt er vier Deputierte von jeder Sprache, oder wie man sie nannte, den Nationen, und kommt mit ihnen überein, daß ihnen, weil der herannahende Winter die Predigten im freien Felde fortan unmöglich machte, drei Plätze innerhalb der Stadt eingeräumt werden sollten, wo sie entweder neue Kirchen bauen, oder auch Privathäuser dazu einrichten könnten. Darin sollten sie jeden Sonn- und Festtag, und immer zu derselben Stunde, ihren Gottesdienst halten; jeder andere Tag aber sollte ihnen zu diesem Gebrauch untersagt sein. Fiele kein Festtag in die Woche, so sollte ihnen der Mittwoch dafür gelten. Mehr als zwei Geistliche sollte keine Religionspartei unterhalten, und diese müßten geborne Niederländer sein, oder wenigstens von irgendeiner angesehenen Stadt in den Provinzen das Bürgerrecht empfangen haben. Alle sollten einen Eid ablegen, der Obrigkeit der Stadt und dem Prinzen von Oranien in bürgerlichen Dingen untertan zu sein. Alle Auflagen sollten sie gleich den übrigen Bürgern tragen. Niemand sollte bewaffnet zur Predigt kommen, ein Schwert aber sollte erlaubt sein. Kein Prediger sollte die herrschende Religion auf der Kanzel anfechten, noch sich auf Kontroverspunkte einlassen, ausgenommen, was die Lehre selbst unvermeidlich machte, und was die Sitten anbeträfe. Außerhalb des ihnen angewiesenen Bezirks sollte kein Psalm von ihnen gesungen werden. Zu der Wahl ihrer Prediger, Vorsteher und Diakonen, sowie zu allen ihren übrigen Konsistorialversammlungen sollte jederzeit eine obrigkeitliche Person gezogen werden, die dem Prinzen und dem Magistrat von dem, was

* Meteren 88. 89. 90. Hopper. §. 128. 129–134. Burgund. 333–337. Meursius. L. II. 16. 17.

darin ausgemacht worden, Bericht abstattete. Übrigens sollten sie sich desselben Schutzes, wie die herrschende Religion, zu erfreuen haben. Diese Einrichtung sollte Bestand haben, bis der König, mit Zuziehung der Staaten, es anders beschließen würde; dann aber jedem freistehen, mit seiner Familie und seinen Gütern das Land zu räumen.

Von Antwerpen eilte der Prinz nach Holland, Seeland und Utrecht, um dort zu Wiederherstellung der Ruhe ähnliche Einrichtungen zu treffen; Antwerpen aber wurde während seiner Abwesenheit der Aufsicht des Grafen von Hoogstraeten anvertraut, der ein sanfter Mann war, und, unbeschadet seiner erklärten Anhänglichkeit an den Bund, es nie an Treue gegen den König hatte ermangeln lassen. Es ist sichtbar, daß der Prinz bei diesem Vertrage seine Vollmacht weit überschritten, und im Dienst des Königs nicht anders als wie ein souveräner Herr gehandelt hat. Aber er führte zu seiner Entschuldigung an, daß es dem Magistrate weit leichter sein würde, diese zahlreiche und mächtige Sekte zu bewachen, wenn er sich selbst in ihren Gottesdienst mischte, und wenn dieser unter seinen Augen vor sich ginge, als wenn die Sektierer im freien Felde sich selbst überlassen wären*.

Strenger betrug sich der Graf von Meghem in Geldern, wo er die protestantische Sekte ganz unterdrückte und alle ihre Prediger vertrieb. In Brüssel bediente sich die Regentin des Vorteils, den ihre Gegenwart ihr gab, die öffentlichen Predigten sogar außer der Stadt zu verhindern. Als deshalb der Graf von Nassau sie im Namen der Verbundenen an den gemachten Vertrag erinnerte, und die Frage an sie tat, ob die Stadt Brüssel weniger Rechte hätte, als die übrigen Städte? so antwortete sie: Wenn in Brüssel vor dem Vertrage schon öffentliche Predigten gehalten worden, so sei es ihr Werk nicht, wenn sie jetzt nicht mehr stattfänden. Zugleich aber ließ sie unter der Hand der Bürgerschaft bedeuten, daß dem ersten, der es wagen würde, einer öffentlichen Predigt beizuwohnen, der Galgen gewiß sei. So erhielt sie wenigstens die Residenz sich getreu**.

Schwerer hielt es, Tournai zu beruhigen, welches Geschäft, an Montignys Statt, zu dessen Gouvernement die Stadt gehörte, dem Grafen von Hoorne übertragen war. Hoorne befahl den

---

* Meteren 91. Burgund. 349–354. Strad. 153. Hopper. §. 136. Meurs. Guil. Auriac. L. II. 17. 18.
** Burgund. 345. 346. 354.

Protestanten, sogleich die Kirchen zu räumen, und sich außer den Mauern mit einem Gotteshaus zu begnügen. Dawider wandten ihre Prediger ein, die Kirchen seien zum Gebrauch des Volks errichtet, das Volk aber sei, nicht wo die Väter, sondern wo der größere Teil sei. Verjage man sie aus den katholischen Kirchen, so sei es billig, daß man ihnen das Geld schaffe, eigene zu bauen. Darauf antwortete der Magistrat: Wenn auch die Partei der Katholiken die schwächere sei, so sei sie zuverlässig die bessere. Kirchen zu bauen sollte ihnen unverwehrt sein, hoffentlich aber würden sie der Stadt nach dem Schaden, den diese bereits von ihren Glaubensbrüdern, den Bilderstürmern, erlitten, nicht zumuten, sich ihrer Kirchen wegen noch in Unkosten zu setzen. Nach langem Gezänke von beiden Seiten wußten die Protestanten doch im Besitz einiger Kirchen zu bleiben, die sie zu mehrerer Sicherheit mit Wache besetzten*. Auch in Valenciennes wollten sich die Protestanten den Bedingungen nicht fügen, die ihnen durch Philipp v. St. Aldegonde, Herrn von Noircarmes, dem in Abwesenheit des Marquis von Bergen, die Statthalterschaft darüber übertragen war, angeboten wurden. Ein reformierter Prediger, la Grange, ein Franzose von Geburt, verhetzte die Gemüter, die er durch die Gewalt seiner Beredsamkeit unumschränkt beherrschte, auf eigenen Kirchen innerhalb der Stadt zu bestehen, und im Verweigerungsfall mit einer Übergabe der Stadt an die Hugenotten zu drohen. Die überlegene Anzahl der Kalvinisten, und ihr Einverständnis mit den Hugenotten, verboten dem Gouverneur, etwas Gewaltsames gegen sie zu unternehmen**.

Auch der Graf von Egmont bezwang jetzt die ihm natürliche Weichherzigkeit, um dem König seinen Eifer zu beweisen. Er brachte Besatzung in die Stadt Gent, und ließ einige von den schlimmsten Aufrührern am Leben strafen. Die Kirchen wurden wieder geöffnet, der katholische Gottesdienst erneuert und alle Ausländer erhielten Befehl, die ganze Provinz zu räumen. Den Kalvinisten, aber nur diesen, wurde außerhalb der Stadt ein Platz eingeräumt, sich ein Gotteshaus zu bauen; dagegen mußten sie sich zum strengsten Gehorsam gegen die Stadtobrigkeit und zu tätiger Mitwirkung bei den Prozeduren gegen die Bilderstürmer verpflichten; ähnliche Einrichtungen wurden von ihm durch ganz Flandern und Artois getroffen. Einer von

* Burgund. 356. 357.
** Burgund. 359. sqq.

seinen Edelleuten, und ein Anhänger des Bundes, Johann Casenbrod, Herr von Backerzeel, verfolgte die Bilderstürmer an der Spitze einiger bündischen Reuter, überfiel einen Schwarm von ihnen, der eben im Begriff war, eine Stadt in Hennegau zu überrumpeln, bei Grammont in Flandern, und bekam ihrer 30 gefangen, wovon auf der Stelle 22 aufgehängt, die übrigen aber aus dem Lande gepeitscht wurden*.

Dienste von dieser Wichtigkeit, sollte man denken, hätten es nicht verdient, mit der Ungnade des Königs belohnt zu werden; was Oranien, Egmont und Hoorne bei dieser Gelegenheit leisteten, zeugte wenigstens von ebensoviel Eifer, und schlug ebenso glücklich aus, als was Noircarmes, Meghem und Aremberg vollführten, welchen der König seine Dankbarkeit in Worten und Taten zu erkennen gab. Aber dieser Eifer, diese Dienste kamen zu spät. Zu laut hatten sie bereits gegen seine Edikte gesprochen, zu heftig seinen Maßregeln widerstritten, zu sehr hatten sie ihn in der Person seines Ministers Granvella beleidigt, als daß noch Raum zur Vergebung gewesen wäre. Keine Zeit, keine Reue, kein noch so vollwichtiger Ersatz konnte diese Verschuldungen aus dem Gemüte ihres Herrn vertilgen.

(1566) Philipp lag eben krank in Segovien, als die Nachrichten von der Bilderstürmerei und dem mit den Unkatholischen eingegangenen Vergleich bei ihm einliefen. Die Regentin erneuerte zugleich ihre dringende Bitte um seine persönliche Überkunft, von welcher auch alle Briefe handelten, die der Präsident Viglius mit seinem Freunde Hopperus um diese Zeit wechselte. Auch von den niederländischen Großen legten viele, als z. B. Egmont, Mansfeld, Meghem, Aremberg, Noircarmes und Berlaymont besondere Schreiben an ihn bei, worin sie ihm von dem Zustande ihrer Provinzen Bericht abstatteten, und ihre allda getroffenen Einrichtungen mit den besten Gründen zu schmücken suchten. Um ebendiese Zeit langte auch ein Schreiben vom Kaiser an, der ihn zu einem gelinden Verfahren gegen seine niederländischen Untertanen ermahnte, und sich dabei zum Mittler erbot. Er hatte auch deswegen unmittelbar an die Regentin selbst nach Brüssel geschrieben, und an die Häupter des Adels besondere Briefe beigelegt, die aber nie übergeben worden. Des ersten Unwillens mächtig, welchen diese verhaßte

* Meteren 91. 92. Burgund. 340–343.

Begebenheit bei ihm rege machte, übergab es der König seinem
Conseil, sich über diesen neuen Vorfall zu beraten.

Granvellas Partei, die in demselben die Oberhand hatte,
wollte zwischen dem Betragen des niederländischen Adels und
den Ausschweifungen der Tempelschänder einen sehr genauen
Zusammenhang bemerkt haben, der aus der Ähnlichkeit ihrer
beiderseitigen Forderungen, und vorzüglich aus der Zeit erhelle, in welcher letztere ihren Ausbruch genommen. Noch in
demselben Monat, merkten sie an, wo der Adel seine drei
Punkte eingereicht, habe die Bilderstürmerei angefangen; am
Abend desselben Tages, an welchem Oranien die Stadt Antwerpen verlassen, seien auch die Kirchen verwüstet worden.
Während des ganzen Tumults habe sich kein Finger zu Ergreifung der Waffen gehoben; alle Mittel, deren man sich
bedienet, seien zum Vorteil der Sekten gewesen, alle andere
hingegen unterlassen worden, die zu Aufrechthaltung des reinen Glaubens abzielen. Viele von den Bilderstürmern, hieß es
weiter, sagten aus, daß sie alles mit Wissen und Bewilligung der
Fürsten getan; und nichts war natürlicher, als daß jene Nichtswürdigen ein Verbrechen, das sie auf eigene Rechnung unternommen, mit großen Namen zu beschönigen suchten. Auch
eine Schrift brachte man zum Vorschein, worin der vornehme
Adel den Geusen seine Dienste versprach, die Versammlung
der Generalstaaten durchzusetzen; welche jener aber hartnäckig verleugnete. Man wollte überhaupt vier verschiedene
Zusammenrottierungen in den Niederlanden bemerkt haben,
welche alle mehr oder minder genau ineinandergriffen, und alle
auf den nämlichen Zweck hinarbeiteten. Eine davon sollten
jene verworfenen Rotten sein, welche die Kirchen verwüstet; eine zweite die verschiedenen Sekten, welche jene
zu der Schandtat gedungen; die Geusen, die sich zu Beschützern der Sekten aufgeworfen, sollten die dritte, und die
vierte der vornehme Adel ausmachen, der den Geusen
durch Lehnsverhältnisse, Verwandtschaft und Freundschaft
zugetan sei. Alles war demzufolge von gleicher Verderbnis
angesteckt, und alles ohne Unterschied schuldig. Die Regierung hatte es nicht bloß mit einigen getrennten Gliedern zu
tun, sie hatte mit dem Ganzen zu kämpfen. Wenn man aber in
Erwägung zog, daß das Volk nur der verführte Teil, und die
Aufmunterung zur Empörung von oben heruntergekommen
war, so wurde man geneigt, den bisherigen Plan zu ändern, der

in mehrerer Rücksicht fehlerhaft schien. Dadurch, daß man
alle Klassen ohne Unterschied drückte, und dem gemeinen
Volke ebensoviel Strenge, als dem Adel Geringschätzung bewies, hatte man beide gezwungen, einander zu suchen; man
hatte dem letztern eine Partei, und dem ersten Anführer gegeben. Ein ungleiches Verfahren gegen beide war ein unfehl-
bares Mittel sie zu trennen; der Pöbel, stets furchtsam und
träge, wenn die äußerste Not ihn nicht aufschreckt, würde seine
angebeteten Beschützer sehr bald im Stiche lassen, und ihr
Schicksal als eine verdiente Strafe betrachten lernen, sobald er
es nicht mehr mit ihnen teilte. Man trug demnach bei dem
Könige darauf an, den großen Haufen künftig mit mehr
Schonung zu behandeln, und alle Schärfe gegen die Häupter
der Faktion zu kehren. Um jedoch nicht den Schein einer
schimpflichen Nachgiebigkeit zu haben, fand man für gut, die
Fürsprache des Kaisers dabei zum Vorwande zu nehmen,
welche allein, und nicht die Gerechtigkeit ihrer Forderungen,
den König dahin vermocht habe, sie seinen niederländischen
Untertanen als ein großmütiges Geschenk zu bewilligen*.

Die Frage wegen der persönlichen Hinreise des Königs kam
jetzt abermals zurück, und alle Bedenklichkeiten, welche ehemals dabei gefunden worden, schienen gegen die jetzige dringende Notwendigkeit zu verschwinden. Jetzt, ließen sich Tisnaq
und Hopperus heraus, sei die Angelegenheit wirklich vorhanden, an welche der König, laut seiner eigenen Erklärung,
die er ehemals dem Grafen von Egmont getan, tausend Leben
zu wagen bereit sei. Die einzige Stadt Gent zu beruhigen, habe
sich Karl der Fünfte einer beschwerlichen und gefahrvollen
Landreise durch feindliches Gebiet unterzogen; um einer einzigen Stadt willen, und jetzt gelte es die Ruhe, vielleicht sogar
den Besitz aller vereinigten Provinzen**. Dieser Meinung waren die meisten, und die Reise des Königs wurde als eine Sache
angesehen, die er schlechterdings nicht mehr umgehen könne.

Die Frage war nun, mit wie vieler oder weniger Begleitung
er sie antreten sollte? und hierüber waren der Prinz von Eboli
und der Graf von Figueroa mit dem Herzog von Alba verschiedener Meinung, wie der Privatvorteil eines jeden dabei
verschieden war. Reiste der König an der Spitze einer Armee,
so war Herzog von Alba der Unentbehrliche, der im Gegenteil

* Burgund. 363. 364. Hopper. §. 138. 139. 140. und §. 152. 153.
** Hopper. §. 142. Burgund. 366.

bei einer friedlichen Beilegung, wo man seiner weniger bedurfte, seinen Nebenbuhlern das Feld räumen mußte. Eine
Armee, erklärte Figueroa, den die Reihe zuerst traf, zu reden,
würde die Fürsten, durch deren Gebiet man sie führte, beunruhigen, vielleicht gar einen Widerstand von ihnen zu erfahren
haben; die Provinzen aber, zu deren Beruhigung sie bestimmt
wäre, unnötig belästigen, und zu den Beschwerden, welche
diese bisher so weit gebracht, eine neue hinzufügen. Sie würde
alle Untertanen auf gleiche Art drücken, da im Gegenteil eine
friedlich ausgeübte Gerechtigkeit den Unschuldigen von dem
Schuldigen unterscheide. Das Ungewöhnliche und Gewaltsame
eines solchen Schritts würde die Häupter der Faktion in Versuchung führen, ihr bisheriges Betragen, woran Mutwille und
Leichtsinn den größten Anteil gehabt, von einer ernsthaftern
Seite zu sehen, und nun erst mit Plan und Zusammenhang
fortzuführen; der Gedanke, den König so weit gebracht zu
haben, würde sie in eine Verzweiflung stürzen, worin sie das
Äußerste unternehmen würden. Stelle sich der König den Rebellen gewaffnet entgegen, so begebe er sich des wichtigsten
Vorteils, den er über sie habe, seiner landesherrlichen
Würde, die ihn um so mächtiger schirme, je mehr er zeige,
daß er auf sie allein sich verlasse. Er setze sich dadurch gleichsam in einen Rang mit den Rebellen, die auch ihrerseits nicht
verlegen sein würden, eine Armee aufzubringen, da ihnen der
allgemeine Haß gegen spanische Heere bei der Nation vor-
arbeite. Der König vertausche auf diese Art die gewisse Überlegenheit, die ihm sein Verhältnis als Landesfürst gewähre, gegen den ungewissen Ausgang kriegerischer Unternehmungen,
die, auf welche Seite auch der Erfolg falle, notwendig einen
Teil seiner eigenen Untertanen zugrunde richten müssen. Das
Gerücht seiner gewaffneten Ankunft würde ihm frühe genug
in den Provinzen voraneilen, um allen, die sich einer schlimmen
Sache bewußt wären, hinreichende Zeit zu verschaffen, sich in
Verteidigungsstand zu setzen, und sowohl ihre innern als auswärtigen Hülfsquellen wirken zu lassen. Hierbei würde ihnen
die allgemeine Furcht große Dienste leisten; die Ungewißheit, wem es eigentlich gelte, würde auch den minder
Schuldigen zu dem großen Haufen der Rebellen hinüber-
ziehen, und ihm Feinde erzwingen, die es ohne das niemals
würden geworden sein. Wüßte man ihn aber ohne eine solche
fürchterliche Begleitung im Anzuge, wäre seine Erscheinung

weniger die eines Blutrichters, als eines zürnenden Vaters, so würde der Mut aller Guten steigen, und die Schlimmen in ihrer eigenen Sicherheit verderben. Sie würden sich überreden, das Geschehene für weniger bedeutend zu halten, weil es dem König nicht wichtig genug geschienen, deswegen einen gewaltsamen Schritt zu tun. Sie würden sich hüten, durch offenbare Gewalttätigkeiten eine Sache ganz zu verschlimmern, die vielleicht noch zu retten sei. Auf diesem stillen friedlichen Wege würde also gerade das erhalten, was auf dem andern unrettbar verlorenginge; der treue Untertan würde auf keine Art mit dem strafwürdigen Rebellen vermengt, auf diesen allein würde das ganze Gewicht seines Zornes fallen. Nicht einmal zu gedenken, daß man dadurch zugleich einem ungeheuern Aufwand entginge, den der Transport einer spanischen Armee nach diesen entlegenen Gegenden der Krone verursachen würde*.

„Aber", hub der Herzog von Alba an, „kann das Ungemach einiger wenigen Bürger in Anschlag kommen, wenn das Ganze in Gefahr schwebt? Weil einige Treugesinnte übel dabei fahren, sollen darum die Aufrührer nicht gezüchtigt werden? Das Vergehen war allgemein, warum soll die Strafe es nicht sein? Was die Rebellen durch ihre Taten, haben die übrigen durch ihr Unterlassen verschuldet. Wessen Schuld ist es, als die ihrige, daß es jenen so weit gelungen ist? Warum haben sie ihrem Beginnen nicht frühzeitiger widerstanden? Noch, sagt man, sind die Umstände so verzweifelt nicht, daß sie dieses gewaltsame Mittel rechtfertigen – aber wer steht uns dafür, daß sie es bei der Ankunft des Königs nicht sein werden, da nach jeglichem Berichte der Regentin alles mit schnellen Schritten zur Verschlimmerung eilt? Soll man es darauf wagen, daß der Monarch erst beim Eintritt in die Provinzen gewahr werde, wie notwendig ihm eine Kriegsmacht gewesen? Es ist nur allzu gegründet, daß sich die Rebellen eines auswärtigen Beistandes versichert haben, der ihnen auf den ersten Wink zu Gebote steht – ist es aber dann Zeit, auf eine Kriegsrüstung zu denken, wenn der Feind über die Grenzen hereinbricht? Soll man es darauf ankommen lassen, sich mit den nächsten den besten niederländischen Truppen behelfen zu müssen, auf deren Treue so wenig zu rechnen ist? und kommt endlich die Regentin selbst nicht immer darauf zurück, daß nur der Mangel einer gehörigen Kriegsmacht sie bisher gehindert habe, den Edikten Kraft zu

* Burgund. 384–387.

geben und die Fortschritte der Rebellen zu hemmen? Nur eine
wohldisziplinierte und gefürchtete Armee kann diesen die Hoffnung ganz abschneiden, sich gegen ihren rechtmäßigen Oberherrn zu behaupten, und nur die gewisse Aussicht ihres
Verderbens ihre Foderungen herabstimmen. Ohne eine hinreichende Kriegsmacht kann der König ohnehin seine Person
nicht in feindliche Länder wagen, ohne sie kann er mit seinen
rebellischen Untertanen keine Verträge eingehen, die seiner
Würde gemäß sind."*

(1566) Das Ansehen des Redners gab seinen Gründen das
Übergewicht, und die Frage war jetzt nur, wie bald der König
die Reise antreten, und was für einen Weg er nehmen sollte.
Da die Reise keineswegs auf dem Ozean für ihn zu wagen war,
so blieb ihm keine andere Wahl, als entweder durch die Engen
bei Trient über Deutschland dahin zu gehen, oder von Savoyen
aus die apenninischen Alpen zu durchbrechen. Auf dem ersten
Wege hatte er von den deutschen Protestanten zu fürchten, denen der Zweck seiner Reise nicht gleichgültig sein konnte; und
über die Apenninen war in dieser späten Jahrszeit kein Durchgang zu wagen. Außerdem mußten die nötigen Galeeren erst
aus Italien geholt und ausgebessert werden, welches mehrere
Monate kosten konnte. Da endlich auch die Versammlung der
Cortes von Kastilien, wovon er nicht wohl wegbleiben konnte,
auf den Dezember bereits ausgeschrieben war, so konnte die
Reise vor dem Frühjahr nicht unternommen werden**.

Indessen drang die Regentin auf eine entscheidende Resolution, wie sie sich aus gegenwärtigem Bedrängnisse ziehen
sollte, ohne dem königlichen Ansehen zu viel dabei zu vergeben; und etwas mußte notwendig geschehen, ehe der König
die Unruhen durch seine persönliche Gegenwart beizulegen
unternahm. Es wurden demnach zwei verschiedene Schreiben
an die Herzogin erlassen, ein öffentliches, das sie den Ständen
und den Ratsversammlungen vorlegen durfte; und ein geheimes, das für sie allein bestimmt war. In dem ersten kündigte
er ihr seine Wiedergenesung und die glückliche Geburt der
Infantin Clara Isabella Eugenia, nachheriger Erzherzogin Albert von Österreich, und Fürstin der Niederlande, an. Er erklärte ihr seinen nunmehr festen Entschluß, die Niederlande
in Person zu besuchen, wozu er bereits die nötigen Zurüstun-

* Burgund. 387–390.
** Hopper. §. 154. 155. Burgund. 390–392.

gen mache. Die Ständeversammlung verwarf er wie das vorige-
mal; des Vergleichs, den sie mit den Protestanten und mit dem
Bunde eingegangen war, geschah in diesem Briefe gar keine
Erwähnung, weil er es noch nicht ratsam fand, ihn entscheidend
zu verwerfen, und noch viel weniger Lust hatte, ihn für gültig
zu erklären. Dagegen befahl er ihr, das Heer zu verstärken,
neue Regimenter aus Deutschland zusammenzuziehen und den
Widerspenstigen Gewalt entgegenzusetzen. Übrigens, schloß
er, verlasse er sich auf die Treue des vornehmen Adels, worunter er viele kenne, die es aufrichtig mit ihrer Religion und ihrem
König meinten. In dem geheimen Schreiben wurde ihr noch
einmal anbefohlen, die Staatenversammlung nach allen Kräften
zu hintertreiben; dann aber, wenn ihr die allgemeine Stimme
doch zu mächtig werden sollte und sie der Gewalt würde nachgeben müssen, es wenigstens so vorsichtig einzurichten, daß
seiner Würde nichts vergeben und seine Einwilligung darein
niemand kundwürde*.

(1566) Während dem, daß man sich in Spanien über diese Sache
beratschlagte, machten die Protestanten in den Niederlanden
von den Vorrechten, die man ihnen gezwungenerweise bewilligt hatte, den weitesten Gebrauch. Der Bau der Kirchen kam,
wo er ihnen verstattet war, mit unglaublicher Schnelligkeit zustande; jung und alt, der Adel wie die Geringen, halfen Steine
zutragen, Frauen opferten sogar ihren Schmuck auf, um das
Werk zu beschleunigen. Beide Religionsparteien errichteten in
mehreren Städten eigene Konsistorien, und einen eigenen Kir-
chenrat, wozu in Antwerpen der Anfang gemacht war, und
setzten ihren Gottesdienst auf einen gesetzmäßigen Fuß. Man
trug auch darauf an, Gelder in einen gemeinschaftlichen Fond
zusammenzuschießen, um gegen unerwartete Fälle, welche die
protestantische Kirche im Ganzen angingen, sogleich die nötigen Mittel zur Hand zu haben. In Antwerpen wurde dem Grafen von Hoogstraeten von den Kalvinisten dieser Stadt eine
Schrift übergeben, worin sie sich anheischig machten, für die
freie Übung ihrer Religion durch alle niederländische Provinzen drei Millionen Taler zu erlegen. Von dieser Schrift gingen
viele Kopien in den Niederlanden herum; um die übrigen anzulocken, hatten sich viele mit prahlerischen Summen unterschrieben. Über dieses ausschweifende Anerbieten sind von den
Feinden der Reformierten verschiedene Auslegungen gemacht

* Meteren 92. Hopper. §. 144. 145. 146. Burg. 369. 370.

worden, welche alle einigen Schein für sich haben. Unter dem
Vorwande nämlich, die nötigen Summen zu Erfüllung dieses
Versprechens zusammenzubringen, hoffte man, wie einige
glaubten, mit desto weniger Verdacht die Beisteuern einzutreiben, deren man zu einem kriegerischen Widerstande jetzt
benötigt war; und wenn sich die Nation nun doch einmal, sei
es f ü r oder g e g e n die Regentin, in Unkosten setzen sollte,
so war zu erwarten, daß sie sich weit leichter dazu verstehen
würde, zu Erhaltung des Friedens als zu einem unterdrücken-
den und verheerenden Krieg beizutragen. Andere sahen in diesem Anerbieten weiter nichts, als eine temporäre Ausflucht der
Protestanten, ein Blendwerk, wodurch sie den Hof einige
Augenblicke lang unschlüssig zu machen gesucht haben sollen,
bis sie Kräfte genug gesammelt, ihm die Stirne zu bieten. Andere erklärten es geradezu für eine Großsprecherei, um die
Regentin dadurch in Furcht zu jagen, und den Mut der Partei
durch die Eröffnung so reicher Hülfsquellen zu erheben. Was
auch der wahre Grund von diesem Anerbieten gewesen sei, so
gewannen seine Urheber dadurch wenig; die Beisteuern flossen
sehr sparsam ein, und der Hof beantwortete den Antrag mit
stillschweigender Verachtung*.

Aber der Exzeß der Bilderstürmerei, weit entfernt, die Sache
des Bundes zu befördern, und die Protestanten emporzubrin-
gen, hatte beiden einen unersetzlichen Schaden getan. Der Anblick ihrer zerstörten Kirchen, die, nach Viglius' Ausdruck,
Viehställen ähnlicher sahen, als Gotteshäusern, entrüstete alle
Katholiken und am meisten ihre Geistlichkeit. Alle, die von
dieser Religion dazugetreten waren, verließen jetzt den Bund,
der die Ausschweifungen der Bilderstürmer, wenn auch nicht
absichtlich angestiftet und befördert, doch unstreitig von ferne
veranlaßt hatte. Die Intoleranz der Kalvinisten, die an den
Plätzen, wo ihre Partei die herrschende war, die Katholiken
aufs grausamste bedrückten, riß diese vollends aus ihrer bisherigen Verblendung, und sie gaben es auf, sich einer Partei
anzunehmen, von welcher, wenn sie die Oberhand behielte, für
ihre eigene Religion so viel zu befürchten stand. So verlor der
Bund viele seiner besten Glieder; die Freunde und Beförderer,
die er bisher unter den gutgesinnten Bürgern gefunden, verließen ihn, und sein Ansehen in der Republik fing merklich an
zu sinken. Die Strenge, mit der einige seiner Mitglieder, um

* Strad. 163. Burgund. 374. 375. Allg. Gesch. d. v. N. III. T. 93.

sich der Regentin gefällig zu bezeigen, und den Verdacht eines
Verständnisses mit den Übelgesinnten zu entfernen, gegen die
Bilderstürmer verfuhren, schadete ihm bei dem Volke, das jene
in Schutz nahm, und er war in Gefahr, es mit beiden Parteien
zugleich zu verderben.

Von dieser Veränderung hatte die Regentin nicht so bald
Nachricht erhalten, als sie den Plan entwarf, allmählich den
ganzen Bund zu trennen, oder wenigstens durch innere Spaltungen zu entkräften. Sie bediente sich zu dem Ende der Privat-
briefe, die der König an einige aus dem Adel an sie beigeschlos-
sen, mit völliger Freiheit, sie nach Gutbefinden zu gebrauchen.
Diese Briefe, welche von Wohlgewogenheit überflossen, wurden denen, für welche sie bestimmt waren, mit absichtlich ver-
unglückter Heimlichkeit zugestellt, so daß jederzeit einer oder
der andere von denen, welche nichts dergleichen erhielten,
einen Wink davon bekam; und zu mehrerer Verbreitung des
Mißtrauens trug man Sorge, daß zahlreiche Abschriften davon
herumgingen. Dieser Kunstgriff erreichte seinen Zweck. Viele
aus dem Bunde fingen an, in die Standhaftigkeit derer, denen
man so glänzende Versprechungen gemacht, ein Mißtrauen zu
setzen; aus Furcht, von ihren wichtigsten Beschützern im
Stiche gelassen zu werden, ergriffen sie mit Begierde die Bedingungen, die ihnen von der Statthalterin angeboten wurden,
und drängten sich zu einer baldigen Versöhnung mit dem Hofe.
Das allgemeine Gerücht von der nahen Ankunft des Königs, welches die Regentin allerorten zu verbreiten Sorge trug, leistete
ihr dabei große Dienste; viele, die sich von dieser königlichen
Erscheinung nicht viel Gutes versprachen, besonnen sich nicht
lange, eine Gnade anzunehmen, die ihnen vielleicht zum letztenmal angeboten ward*.

Von denen, welche dergleichen Privatschreiben bekamen,
waren auch Egmont und der Prinz von Oranien. Beide hatten
sich bei dem Könige über die übeln Nachreden beschwert, womit man in Spanien ihren guten Namen zu brandmarken und
ihre Absichten verdächtig zu machen suchte; Egmont besonders hatte mit der redlichen Einfalt, die ihm eigen war, den
Monarchen aufgefodert, ihm doch nur anzudeuten, was er
eigentlich wolle, ihm die Handlungsart zu bestimmen, wodurch
man ihm gefällig werden und seinen Diensteifer dartun könnte.
Seine Verleumder, ließ ihm der König durch den Präsidenten

* Thuan. II. 507. Strad. 164. 165. Meteren 93.

von Tisnaq zurückschreiben, könne er durch nichts besser
widerlegen, als durch die vollkommenste Unterwerfung unter
die königlichen Befehle, welche so klar und bestimmt abgefaßt
seien, daß es keiner neuen Auslegung und keines besonderen
Auftrags mehr bedürfe. Dem Souverän komme es zu, zu beratschlagen, zu prüfen und zu verordnen; dem Willen des Souveräns unbedingt nachzuleben, gebühre dem Untertan; in seinem Gehorsam bestehe dessen Ehre. Es stehe einem Gliede
nicht gut an, sich für weiser zu halten als sein Haupt. Allerdings
gebe man ihm schuld, daß er nicht alles getan habe, was in
seinen Kräften gestanden, um der Ausgelassenheit der Sektierer
zu steuern; aber auch noch jetzt stehe es in seiner Gewalt, das
Versäumte einzubringen, bis zur wirklichen Ankunft des Königs wenigstens Ruhe und Ordnung erhalten zu helfen.

Wenn man den Grafen von Egmont wie ein ungehorsames
Kind mit Verweisen strafte, so behandelte man ihn, wie man
ihn kannte; gegen seinen Freund mußte man Kunst und Betrug
zu Hülfe rufen. Auch Oranien hatte in seinem Briefe des schlimmen Verdachts erwähnt, den der König in seine Treue und
Ergebenheit setze, aber nicht in der eiteln Hoffnung wie Egmont, ihm diesen Verdacht zu benehmen, wovon er längst
zurückgekommen war, sondern um von dieser Beschwerde den
Übergang auf die Bitte zu nehmen, daß er ihn seiner Ämter
entlassen möchte. Oft schon hatte er diese Bitte an die Regentin
getan, stets aber unter den stärksten Beteuerungen ihrer Achtung eine abschlägige Antwort von ihr erhalten. Auch der
König, an den er sich endlich unmittelbar mit diesem Anliegen
gewendet, erteilte ihm jetzt die nämliche Antwort, die mit
ebenso starken Versicherungen seiner Zufriedenheit und Dankbarkeit ausgeschmückt war. Besonders bezeugte er ihm über
die Dienste, die er ihm kürzlich in Antwerpen geleistet, seine
höchste Zufriedenheit; beklagte es sehr, daß die Privatum-
stände des Prinzen (von denen der letztere einen Hauptvor-
wand genommen, seine Entlassung zu verlangen) so sehr verfallen sein sollten, endigte aber mit der Erklärung, daß es ihm
unmöglich sei, einen Diener von seiner Wichtigkeit in einem
Zeitpunkte zu entbehren, wo die Zahl der Guten eher einer
Vermehrung als einer Verminderung bedürfe. Er habe geglaubt, setzte er hinzu, der Prinz hege eine bessere Meinung
von ihm, als daß er ihn der Schwachheit fähig halten sollte,
dem grundlosen Geschwätz gewisser Menschen zu glauben, die

es mit dem Prinzen und mit ihm selbst übel meinten. Um ihm zugleich einen Beweis seiner Aufrichtigkeit zu geben, beklagte er sich im Vertrauen bei ihm über seinen Bruder, den Grafen von Nassau, bat sich in dieser Sache zum Schein seinen Rat aus, und äußerte zuletzt seinen Wunsch, den Grafen eine Zeitlang aus den Niederlanden entfernt zu wissen*.

Aber Philipp hatte es hier mit einem Kopfe zu tun, der ihm an Schlauheit überlegen war. Der Prinz von Oranien hielt ihn und sein geheimes Conseil in Madrid und Segovien schon lange Zeit durch ein Heer von Spionen bewacht, die ihm alles hinterbrachten, was dort Merkwürdiges verhandelt ward. Der Hof dieses heimlichsten von allen Despoten war seiner List und seinem Gelde zugänglich geworden; auf diesem Wege hatte er manche Briefe, welche die Regentin ingeheim nach Madrid geschrieben, mit ihrer eigenen Handschrift erhalten, und in Brüssel unter ihren Augen gleichsam im Triumph zirkulieren lassen, daß sie selbst, die mit Erstaunen hier in jedermanns Händen sah, was sie so gut aufgehoben glaubte, dem König anlag, ihre Depeschen inskünftige sogleich zu vernichten. Wilhelms Wachsamkeit schränkte sich nicht bloß auf den spanischen Hof ein; bis nach Frankreich und noch weiter hatte er seine Kundschafter gestellt, und einige beschuldigen ihn sogar, daß die Wege, auf welchen er zu seinen Erkundigungen gelangte, nicht immer die unschuldigsten gewesen. Aber den wichtigsten Aufschluß gab ihm ein aufgefangener Brief des spanischen Botschafters in Frankreich, Franz von Alaba, an die Herzogin, worin sich dieser über die schöne Gelegenheit verbreitete, welche durch die Verschuldung des niederländischen Volks dem König jetzt gegeben sei, eine willkürliche Gewalt in diesem Lande zu gründen. Darum riet er ihr an, den Adel jetzt durch ebendie Künste zu hintergehen, deren er sich bis jetzt gegen sie bedient, und ihn durch glatte Worte und ein verbindliches Betragen sicher zu machen. Der König, schloß er, der die Edelleute als die verborgenen Triebfedern aller bisherigen Unruhen kenne, würde sie zu seiner Zeit wohl zu finden wissen, so wie die beiden, die er bereits in Spanien habe, und die ihm nicht mehr entwischen würden; und er habe geschworen, ein Beispiel an ihnen zu geben, worüber die ganze Christenheit sich entsetzen solle, müßte er auch alle seine Erbländer daran wagen. Diese

---

* Hopper. §. 149. Burgund. 397. Apologie de Guillaume Pr. d'Orange als Beilage.

schlimme Entdeckung empfing durch die Briefe, welche Bergen und Montigny aus Spanien schrieben, und worin sie über die zurücksetzende Begegnung der Grandezza und das veränderte Betragen des Monarchen gegen sie bittere Beschwerden führten, die höchste Glaubwürdigkeit; und Oranien erkannte nun vollkommen, was er von den schönen Versicherungen des Königs zu halten habe*.

(1566) Den Brief des Ministers Alaba nebst einigen andern, die aus Spanien datiert waren, und von der nahen gewaffneten Ankunft des Königs und seinen schlimmen Absichten wider die Edeln umständliche Nachricht gaben, legte der Prinz seinem Bruder, dem Grafen Ludwig von Nassau, dem Grafen von Egmont, von Hoorne und von Hoogstraeten bei einer Zusammenkunft zu Dendermonde in Flandern vor, wohin sich diese fünf Ritter begeben hatten, gemeinschaftlich miteinander die nötigen Maßregeln zu ihrer Sicherheit zu treffen. Graf Ludwig, der nur seinem Unwillen Gehör gab, behauptete tolldreist, daß man ohne Zeitverlust zu den Waffen greifen und sich einiger fester Plätze versichern müsse. Dem König müsse man, es koste auch was es wolle, den gewaffneten Eingang in die Provinzen versagen. Man müsse die Schweiz, die protestantischen Fürsten Deutschlands und die Hugenotten unter die Waffen bringen, daß sie ihm den Durchzug durch ihr Gebiet erschwerten, und wenn er sich dessenungeachtet durch alle diese Hindernisse hindurchschlüge, ihn an der Grenze des Landes mit einer Armee empfangen. Er nehme es auf sich, in Frankreich, der Schweiz und Deutschland ein Schutzbündnis zu negotiieren, und aus letzterem Reiche viertausend Reuter nebst einer verhältnismäßigen Anzahl Fußvolks zusammenzubringen; an einem Vorwand fehle es nicht, das nötige Geld einzutreiben, und die reformierten Kaufleute würden ihn, wie er sich versichert hielt, nicht im Stiche lassen. Aber Wilhelm, vorsichtiger und weiser, erklärte sich gegen diesen Vorschlag, der bei der Ausführung unendliche Schwierigkeiten finden, und noch durch nichts würde gerechtfertiget werden können. Die Inquisition, stellte er vor, sei in der Tat aufgehoben, die Plakate beinahe ganz in Vergessenheit gekommen, und eine billige Glaubensfreiheit verstattet. Bis jetzt also fehle es ihnen an einem gültigen Grund, diesen feindlichen Weg einzuschlagen; indessen zweifle er nicht, daß man ihnen zeitig genug einen dar-

---

* Reidan. 3. Thuan. 507. Burgund. 401. Meteren 94. Strad. 160.

reichen werde. Seine Meinung also sei, diesen gelassen zu erwarten, unterdessen aber auf alles ein wachsames Auge zu
haben, und dem Volke von der drohenden Gefahr einen Wink
zu geben, damit es bereit sei zu handeln, wenn die Umstände
es verlangten.

Wären alle diejenigen, welche die Versammlung ausmachten,
dem Gutachten des Prinzen von Oranien beigetreten, so ist kein
Zweifel, daß eine so mächtige Ligue, furchtbar durch die Macht
und das Ansehen ihrer Glieder, den Absichten des Königs Hindernisse hätte entgegensetzen können, die ihn gezwungen haben würden, seinen ganzen Plan aufzugeben. Aber der Mut der
versammelten Ritter wurde gar sehr durch die Erklärung nie-
dergeschlagen, womit der Graf von Egmont sie überraschte.
„Lieber", sagte er, „mag alles über mich kommen, als daß ich
das Glück so verwegen versuchen sollte. Das Geschwätz des
Spaniers Alaba rührt mich wenig – wie sollte dieser Mensch
dazu kommen, in das verschlossene Gemüte seines Herrn zu
schauen, und seine Geheimnisse zu entziffern? Die Nachrichten,
welche uns Montigny gibt, beweisen weiter nichts, als daß der
König eine sehr zweideutige Meinung von unserm Diensteifer
hegt, und Ursache zu haben glaubt, ein Mißtrauen in unsere
Treue zu setzen; und dazu, deucht mir, hätten wir ihm nur
allzuviel Anlaß gegeben. Auch ist es mein ernstlicher Vorsatz,
durch Verdoppelung meines Eifers seine Meinung von mir zu
verbessern, und durch mein künftiges Verhalten, wo möglich,
den Verdacht auszulöschen, den meine bisherigen Handlungen
auf mich geworfen haben mögen. Und wie sollte ich mich auch
aus den Armen meiner zahlreichen und hülfsbedürftigen Familie reißen, um mich an fremden Höfen als einen Landflüchtigen herumzutragen, eine Last für jeden, der mich aufnimmt,
jedes Sklave, der sich herablassen will, mir unter die Arme zu
greifen, ein Knecht von Ausländern, um einem leidlichen Zwang
in meiner Heimat zu entgehn? Nimmermehr kann der Monarch
ungütig an einem Diener handeln, der ihm sonst lieb und teuer
war, und der sich ein gegründetes Recht auf seine Dankbarkeit
erworben. Nimmermehr wird man mich überreden, daß e r,
der für sein niederländisches Volk so billige, so gnädige Gesinnungen gehegt, und so nachdrücklich, so heilig mir beteuert
hat, jetzt so despotische Anschläge dagegen schmieden soll.
Haben wir dem Lande nur erst seine vorige Ruhe wiedergegeben, die Rebellen gezüchtigt, den katholischen Gottesdienst

wiederhergestellt, so glauben Sie mir, daß man von keinen
spanischen Truppen mehr hören wird; und dies ist es, wozu
ich Sie alle durch meinen Rat und durch mein Beispiel jetzt
auffordre, und wozu auch bereits die mehresten unserer Brüder
sich neigen. Ich meinesteils fürchte nichts von dem Zorne des
Monarchen. Mein Gewissen spricht mich frei; mein Schicksal
steht bei seiner Gerechtigkeit und seiner Gnade."*

Umsonst bemühten sich Nassau, Hoorne und Oranien, seine
Standhaftigkeit zu erschüttern, und ihm über die nahe unausbleibliche Gefahr die Augen zu öffnen. Egmont war dem König
wirklich ergeben; das Andenken seiner Wohltaten, und des ver-
bindlichen Betragens, womit er sie begleitet hatte, lebte noch
in seinem Gedächtnis. Die Aufmerksamkeiten, wodurch er ihn
vor allen seinen Freunden ausgezeichnet, hatten ihre Wirkung
nicht verfehlt. Mehr aus falscher Scham, als aus Parteigeist
hatte er gegen ihn die Sache seiner Landsleute verfochten;
mehr aus Temperament und natürlicher Herzensgüte, als aus
geprüften Grundsätzen die harten Maßregeln der Regierung
bekämpft. Die Liebe der Nation, die ihn als ihren Abgott verehrte, riß seinen Ehrgeiz hin. Zu eitel, einem Namen zu entsagen, der ihm so angenehm klang, hatte er doch etwas tun
müssen, ihn zu verdienen; aber ein einziger Blick auf seine
Familie, ein harter Name, unter welchem man ihm sein Betragen zeigte, eine bedenkliche Folge, die man daraus zog, der
bloße Klang von Verbrechen schreckte ihn aus diesem Selbst-
betrug auf und scheuchte ihn eilfertig zu seiner Pflicht zurück.

Oraniens ganzer Plan scheiterte, als Egmont zurücktrat. Egmont hatte die Herzen des Volks und das ganze Zutrauen der
Armee, ohne die es schlechterdings unmöglich war, etwas
Nachdrückliches zu unternehmen. Man hatte so gewiß auf ihn
gerechnet; seine unerwartete Erklärung machte die ganze Zusammenkunft fruchtlos. Man ging auseinander ohne nur etwas
beschlossen zu haben. Alle die in Dendermonde zusammen-
gekommen waren, wurden im Staatsrat zu Brüssel erwartet;
aber nur Egmont verfügte sich dahin. Die Regentin wollte ihn
über den Inhalt der gehabten Unterredung ausforschen, aber
sie brachte weiter nichts aus ihm heraus, als den Brief des Alaba,
den er in Abschrift mitgenommen hatte, und unter den bittersten Vorwürfen ihr vorlegte. Anfangs entfärbte sie sich darüber, aber sie faßte sich bald, und erklärte ihn dreistweg für

* Thuan. 507. Burg. 405. 406. Meteren 95.

untergeschoben. „Wie kann", sagte sie, „dieser Brief wirklich von Alaba herrühren, da ich doch keinen vermisse, und derjenige, der ihn aufgefangen haben will, die andern Briefe gewiß nicht geschont haben würde? Ja, da mir auch nicht ein einziges Paket noch gefehlt hat, und auch kein Bote ausgeblieben ist? Und wie läßt es sich denken, daß der König einen Alaba zum Herrn eines Geheimnisses gemacht haben sollte, das er mir selbst nicht einmal würde preisgegeben haben?"*

Bürgerlicher Krieg

(1566) Unterdessen eilte die Regentin, den Vorteil zu benutzen, den ihr die Trennung unter dem Adel gab, um den Fall des Bundes, der schon durch innere Zwietracht wankte, zu vollenden. Sie zog ohne Zeitverlust Truppen aus Deutschland, die Herzog Erich von Braunschweig für sie in Bereitschaft hielt, verstärkte die Reuterei und errichtete fünf Regimenter Wallonen, worüber die Grafen von Mansfeld, von Meghem, von Aremberg und andere den Oberbefehl bekamen. Auch dem Prinzen von Oranien mußten, um ihn nicht aufs empfindlichste zu beleidigen, Truppen anvertraut werden, und um so mehr, da die Provinzen, denen er als Statthalter vorstund, ihrer am nötigsten bedurften; aber man gebrauchte die Vorsicht, ihm einen Obersten, mit Namen Walderfinger, an die Seite zu geben, der alle seine Schritte bewachte, und seine Maßregeln, wenn sie gefährlich zu werden schienen, rückgängig machen konnte. Dem Grafen von Egmont steuerte die Geistlichkeit in Flandern 40000 Goldgulden bei, um 1500 Mann zu unterhalten, davon er einen Teil in die bedenklichsten Plätze verteilte. Jeder Statthalter mußte seine Kriegsmacht verstärken, und sich mit Munition versehen. Alle diese Zurüstungen, welche allerorten und mit Nachdruck gemacht wurden, ließen keinen Zweifel mehr übrig, welchen Weg die Statthalterin künftig einschlagen werde.

Ihrer Überlegenheit versichert, und dieses mächtigen Beistands gewiß, wagt sie es nun, ihr bisheriges Betragen zu ändern und mit den Rebellen eine ganz andre Sprache zu reden. Sie wagt es, die Bewilligungen, welche sie den Protestanten nur in der Angst und aus Notwendigkeit erteilt, auf eine ganz

* Burgund. 408. Meteren 95. Grot. 23.

willkürliche Art auszulegen, und alle Freiheiten, die sie ihnen stillschweigend eingeräumt, auf die bloße Vergünstigung der Predigten einzuschränken. Alle ihre übrigen Religionsübungen und Gebräuche, die sich doch, wenn jene gestattet wurden, von selbst zu verstehen schienen, wurden durch neue Mandate für unerlaubt erklärt, und gegen die Übertreter als gegen Beleidiger der Majestät verfahren. Man vergönnte den Protestanten, anders als die herrschende Kirche von dem Abendmahle zu denken, aber es anders zu genießen, war Frevel; ihre Art zu taufen, zu trauen, zu begraben wurde bei angedrohten Todesstrafen untersagt. Es war grausamer Spott, ihnen die Religion zu erlauben und die Ausübung zu versagen; aber dieser unedle Kunstgriff, ihres gegebenen Worts wieder loszuwerden, war der Zaghaftigkeit würdig, mit der sie es sich hatte abdringen lassen. Von den geringsten Neuerungen, von den unbedeutendsten Übertretungen nahm sie Anlaß, die Predigten zu stören; mehrern von den Prädikanten wurde unter dem Vorwande, daß sie ihr Amt an einem andern Platz, als der ihnen angewiesen worden, verwaltet, der Prozeß gemacht, und einige von ihnen sogar aufgehängt. Sie erklärte bei mehreren Gelegenheiten laut, daß die Verbundenen ihre Furcht gemißbraucht, und daß sie sich durch einen Vertrag, den man ihr durch Drohungen ausgepreßt, nicht für gebunden halte*.

Unter allen niederländischen Städten, welche sich des bilderstürmerischen Aufruhrs teilhaftig machten, hatte die Regentin für die Stadt Valenciennes in Hennegau am meisten gezittert. In keiner von allen war die Partei der Kalvinisten so mächtig, als in dieser, und der Geist des Aufruhrs, durch den sich die Provinz Hennegau vor allen übrigen stets ausgezeichnet hatte, schien hier einheimisch zu wohnen**. Die Nähe Frankreichs, dem es sowohl durch Sprache als durch Sitten noch weit näher als den Niederlanden angehörte, war Ursache gewesen, daß man diese Stadt von jeher mit größerer Gelindigkeit, aber auch mit mehr Vorsicht regierte, wodurch sie nur desto mehr ihre Wichtigkeit fühlen lernte. Schon bei dem letzten Aufstand der Tempelschänder hatte wenig gefehlt, daß sie sich nicht den Hugenotten auslieferte, mit denen sie das genaueste Verständnis unterhielt, und die geringste Veranlassung konnte diese

---

* Meteren 93. 94. Thuan. 507. Strad. 165. Meurs. Guil. Auriac. 21.
** Es war ein Sprichwort in Hennegau, und ist es vielleicht noch, die Provinz stehe nur unter Gott und unter der Sonne. Strad. 173.

Gefahr erneuern. Daher war unter allen niederländischen Städten Valenciennes die erste, welcher die Regentin eine verstärkte Besatzung zudachte, sobald sie in die Verfassung gesetzt war, sie ihr zu geben. Philipp von Noircarmes, Herr von St. Aldegonde, Statthalter von Hennegau, an der Stelle des abwesenden Marquis von Bergen, hatte diesen Auftrag erhalten, und erschien an der Spitze eines Kriegsheers vor ihren Mauern. Aus der Stadt kamen ihm von seiten des Magistrats Deputierte entgegen, sich die Besatzung zu verbitten, weil die protestantische Bürgerschaft, als der überlegene Teil, sich dawider erklärt habe. Noircarmes machte ihnen den Willen der Regentin kund, und ließ sie zwischen Besatzung und Belagerung wählen. Mehr als vier Schwadronen Reuter und sechs Kompanien Fußvolk sollten der Stadt nicht aufgedrungen werden; darüber wolle er ihr seinen eigenen Sohn zum Geisel geben. Als diese Bedingungen dem Magistrate vorgelegt wurden, der für sich sehr geneigt war sie zu ergreifen, erschien der Prediger Peregrine de la Grange an der Spitze seines Anhangs, der Apostel und Abgott seines Volks, dem es darum zu tun sein mußte, eine Unterwerfung zu verhindern, von der er das Opfer werden würde, und verhetzte, durch die Gewalt seiner Beredsamkeit, das Volk, die Bedingungen auszuschlagen. Als man Noircarmes diese Antwort zurückbringt, läßt er die Gesandten gegen alle Gesetze des Völkerrechts in Fesseln schlagen, und führt sie gefangen mit sich fort; doch muß er sie auf der Regentin Geheiß bald wieder freigeben. Die Regentin, durch geheime Befehle aus Madrid zu möglichster Schonung angehalten, läßt sie noch mehrmalen auffordern, die ihr zugedachte Garnison einzunehmen, da sie aber hartnäckig auf ihrer Weigerung besteht, so wird sie durch eine öffentliche Akte für eine Rebellin erklärt, und Noircarmes erhält Befehl, sie förmlich zu belagern. Allen übrigen Provinzen wird verboten, dieser aufrührerischen Stadt mit Rat, Geld oder Waffen beizustehen. Alle ihre Güter sind dem Fiskus zugesprochen. Um ihr den Krieg zu zeigen, ehe er ihn wirklich anfing, und zu vernünftigem Nachdenken Zeit zu lassen, zog Noircarmes aus ganz Hennegau und Cambrai Truppen zusammen (1566), nahm St. Amant in Besitz und legte Garnison in alle nächstliegenden Plätze. Das Verfahren gegen Valenciennes ließ alle übrige Städte, die in gleichem Falle waren, auf das Schicksal schließen, welches ihnen selbst zugedacht war, und setzte sogleich den ganzen Bund in Bewegung. Ein geusisches

Heer zwischen drei- und viertausend Mann, das aus land-
flüchtigem Gesindel und den überbliebenen Rotten der Bilderstürmer in der Eile zusammengerafft worden, erscheint in dem
Gebiete von Tournai und Lille, um sich dieser beiden Städte
zu versichern, und den Feind vor Valenciennes zu beunruhigen.
Der Gouverneur von Lille hat das Glück, ein Detachement
davon, das im Einverständnis mit den Protestanten dieser Stadt
einen Anschlag gemacht hat, sich ihrer zu bemächtigen, in die
Flucht zu schlagen und seine Stadt zu behaupten. Zu der nämlichen Zeit wird das geusische Heer, das bei Lannoy unnütz die
Zeit verdirbt, von Noircarmes überfallen, und beinahe ganz
aufgerieben. Die wenigen, welche sich mit verzweifelter Tapferkeit durchgeschlagen, werfen sich in die Stadt Tournai, die
von dem Sieger sogleich aufgefordert wird, ihre Tore zu öffnen
und Besatzung einzunehmen. Ihr schneller Gehorsam bereitet
ihr ein leichteres Schicksal. Noircarmes begnügt sich, das protestantische Konsistorium darin aufzuheben, die Prediger zu
verweisen, die Anführer der Rebellen zur Strafe zu ziehen, und
den katholischen Gottesdienst, den er beinahe ganz unterdrückt
findet, wiederherzustellen. Nachdem er ihr einen sichern Katholiken zum Gouverneur gegeben, und eine hinreichende Besatzung
darin zurückgelassen, rückt er mit seinem siegenden Heere
wieder vor Valenciennes, um die Belagerung fortzusetzen.

Diese Stadt, auf ihre Befestigung trotzig, schickte sich lebhaft zur Verteidigung an, fest entschlossen, es aufs Äußerste
kommen zu lassen. Man hatte nicht versäumt, sich mit Kriegsmunition und Lebensmitteln auf eine lange Belagerung zu versehen; alles, was nur die Waffen tragen konnte, die Handwerker
selbst nicht ausgeschlossen, wurde Soldat; die Häuser vor der
Stadt, und vorzüglich die Klöster, riß man nieder, damit der
Belagerer sich ihrer nicht gegen die Stadt bediente. Die wenigen Anhänger der Krone schwiegen, von der Menge unterdrückt, kein Katholike durfte es wagen, sich zu rühren. Anarchie und Aufruhr waren an die Stelle der guten Ordnung
getreten, und der Fanatismus eines tollkühnen Priesters gab
Gesetze. Die Mannschaft war zahlreich, ihr Mut verzweifelt,
fest ihr Vertrauen auf Entsatz, und ihr Haß gegen die katholische Religion aufs Äußerste gestiegen. Viele hatten keine
Gnade zu erwarten, alle verabscheuten das gemeinschaftliche
Joch einer befehlshaberischen Besatzung. Noch einmal versuchte es Noircarmes, dessen Heer durch die Hülfsvölker, wel-

che ihm von allen Orten her zuströmten, furchtbar gewachsen und mit allen Erfordernissen einer langen Blockade reichlich versehen war, die Stadt durch Güte zu bewegen, aber vergebens. Er ließ also die Laufgräben eröffnen, und schickte sich an, die Stadt einzuschließen*.

Die Lage der Protestanten hatte sich unterdessen in ebendem Grade verschlimmert, als die Regentin zu Kräften gekommen war. Der Bund des Adels war allmählich bis auf den dritten Teil geschmolzen. Einige seiner wichtigsten Beschützer, wie der Graf von Egmont, waren wieder zu dem König übergegangen; die Geldbeiträge, worauf man so sicher gerechnet hatte, fielen sehr sparsam aus, der Eifer der Partei fing merklich an zu erkalten, und mit der gelinden Jahrszeit mußten nun auch die öffentlichen Predigten aufhören, die ihn bis jetzt in Übung erhalten hatten. Alles dies zusammen bewog die unterliegende Partei, ihre Forderungen mäßiger einzurichten, und, ehe sie das Äußerste wagte, alle unschuldige Mittel vorher zu versuchen. In einer Generalsynode der Protestanten, die zu dem Ende in Antwerpen gehalten wird, und welcher auch einige von den Verbundenen beiwohnen, wird beschlossen, an die Regentin zu deputieren, ihr dieser Wortbrüchigkeit wegen Vorstellungen zu tun, und sie an ihren Vertrag zu erinnern. Brederode übernimmt diesen Auftrag, muß sich aber auf eine harte und schimpfliche Art abgewiesen, und von Brüssel selbst ausgeschlossen sehen. Er nimmt seine Zuflucht zu einem schriftlichen Aufsatze, worin er sich im Namen des ganzen Bundes beklagt, daß ihn die Herzogin im Angesicht aller Protestanten, die auf des Bundes Bürgschaft die Waffen niedergelegt, durch ihre Wortbrüchigkeit Lügen strafe, und alles, was die Verbundenen Gutes gestiftet, durch Zurücknahme ihrer Bewilligungen wieder zunichte mache; daß sie den Bund in den Augen des Volks herabzuwürdigen gesucht, Zwietracht unter seinen Gliedern erregt, und viele unter ihnen als Verbrecher habe verfolgen lassen. Er lag ihr an, ihre neuen Verordnungen zu widerrufen, durch welche den Protestanten ihre freie Religionsübung benommen sei, vor allen Dingen aber die Belagerung von Valenciennes aufzuheben, die neugeworbenen Truppen abzudanken, unter welcher Bedingung ihr der Bund allein für die allgemeine Ruhe Sicherheit leisten könne.

* Burgund. 379. 411–418. Meteren 98. 99. Strad. 176. Vigl. ad Hopper. Epist. 2. 21.

Hierauf antwortete die Regentin in einem Tone, der von ihrer bisherigen Mäßigung sehr verschieden war. „Wer diese Verbundenen sind, die sich in dieser Schrift an mich wenden, ist mir in der Tat ein Geheimnis. Die Verbundenen, mit denen ich zu tun hatte, sind, wie ich nicht anders weiß, auseinandergegangen. Alle wenigstens können an dieser Klagschrift nicht teilhaben, denn ich selbst kenne viele, die in allen ihren Forderungen befriedigt, zu ihren Pflichten zurückgetreten sind. Wer es aber auch sei, der sich hier ohne Fug und Recht und ohne Namen an mich wendet, so hat er meinen Worten wenigstens eine sehr falsche Auslegung gegeben, wenn er daraus folgert, daß ich den Protestanten Religionsfreiheit zugesichert habe. Niemand kann es unbekannt sein, wie schwer es mir schon geworden ist, die Predigten an denen Orten zuzugeben, wo sie sich selbst eingeführt haben, und dieses kann doch wohl nicht für eine bewilligte Glaubensfreiheit gelten? Mir hätte es einfallen sollen, diese gesetzwidrigen Konsistorien in Schutz zu nehmen, diesen Staat im Staate zu dulden? Ich hätte mich so weit vergessen können, einer verwerflichen Sekte diese gesetzliche Würde einzuräumen, alle Ordnung in der Kirche und in der Republik umzukehren, und meine heilige Religion so abscheulich zu lästern? Haltet euch an den, der euch diese Erlaubnis gegeben hat, mit mir aber müßt ihr nicht rechten. Ihr beschuldigt mich, daß ich den Vertrag verletzt habe, der euch Straflosigkeit und Sicherheit gewährte? Das Vergangene hab ich euch erlassen, nicht aber, was ihr künftig begehen würdet. Eure Bittschrift vom vorigen April sollte keinem von euch Nachteil bringen, und das hat sie, meines Wissens, auch nicht getan; aber wer sich neuerdings gegen die Majestät des Königs vergangen, mag die Folgen seines Frevels tragen. Endlich, wie könnt ihr euch unterstehen, mir einen Vertrag in Erinnerung zu bringen, den ihr zuerst gebrochen habt? Auf wessen Anstiften wurden die Kirchen geplündert, die Bilder der Heiligen gestürzt und die Städte zur Rebellion hingerissen? Wer hat Bündnisse mit fremden Mächten errichtet, unerlaubte Werbungen angestellt, und von den Untertanen des Königs gesetzwidrige Steuern eingetrieben? Deswegen habe ich Truppen zusammengezogen, deswegen die Edikte geschärft. Wer mir anliegt, die Waffen wieder niederzulegen, kann es nimmermehr gut mit seinem Vaterlande und dem Könige meinen; und wenn ihr euch selbst liebt, so sehet zu, daß ihr eure eigenen

Handlungen entschuldigt, anstatt die meinigen zu richten."*

Alle Hoffnung der Verbundenen zu einer gütlichen Beilegung sank mit dieser hochtönenden Erklärung. Ohne sich eines
mächtigen Rückhalts bewußt zu sein, konnte die Regentin eine
solche Sprache nicht führen. Eine Armee stand im Felde, der
Feind vor Valenciennes, der Kern des Bundes war abgefallen,
und die Regentin foderte eine unbedingte Unterwerfung. Ihre
Sache war jetzt so schlimm, daß eine offenbare Widersetzung
sie nicht schlimmer machen konnte. Lieferten sie sich ihrem
aufgebrachten Herrn wehrlos in die Hände, so war ihr Untergang gewiß, aber der Weg der Waffen konnte ihn wenigstens
noch zweifelhaft machen; also wählten sie das letzte, und fingen
mit Ernst an, zu ihrer Verteidigung zu schreiten. Um sich ein
Recht auf den Beistand der deutschen Protestanten zu erwerben,
wollte Ludwig von Nassau die Städte Amsterdam, Antwerpen,
Tournai und Valenciennes bereden, der Augsburgischen Konfession beizutreten, und sich auf diese Weise enger an ihre Religion anzuschließen; ein Vorschlag, der nie in Erfüllung kam,
weil der Religionshaß der Kalvinisten gegen ihre evangelischen
Brüder den Abscheu, wo möglich, noch überstieg, den sie gegen das Papsttum trugen. Nassau fing nun an in Frankreich,
in der Pfalz und in Sachsen ernstlich wegen Subsidien zu unterhandeln. Der Graf von Bergen befestigte seine Schlösser; Brederode warf sich mit einem kleinen Heere in seine feste Stadt
Vianen, an dem Leck, über welche er sich Souveränitätsrechte
anmaßte, und die er eilig in Verteidigungsstand setzte, um hier
eine Verstärkung von dem Bunde und den Ausgang von Nas-
saus Unterhandlungen abzuwarten. Die Fahne des Kriegs war
nun aufgesteckt, überall rührte man die Trommel; allerorten
sah man Truppen marschieren, wurde Geld eingetrieben, wurden Soldaten geworben. Die Unterhändler beider Teile begegneten sich oft in demselben Platze; und kaum hatten die Ein-
nehmer und Werber der Regentin eine Stadt geräumt, so mußte
sie von den Mäklern des Bundes dieselbe Gewalttätigkeit leiden**.

(1566) Von Valenciennes richtete die Regentin ihre Aufmerksamkeit auf Herzogenbusch, in welcher Stadt die Bilderstürmer

* Thuan. 524. Strad. 167. 168. Burgund. 433. 434. 435. Meteren 96. 97.
** Thuan. 524. Strad. 169. A. G. d. v. Niederl. III. B. 95. Vigl. ad
Hopper. Epist. 3.

neue Ausschweifungen begangen und die Partei der Protestanten zu einer starken Überlegenheit gelangt war. Um die Bürgerschaft auf einem friedlichen Wege zur Annahme einer Besatzung zu vermögen, schickte sie den Kanzler Scheiff von Brabant mit einem Ratsherrn Merode von Petersheim, den sie zum Gouverneur der Stadt bestimmt hatte, als Gesandte dahin, welche sich auf eine gute Art derselben versichern, und der Bürgerschaft einen neuen Eid des Gehorsams abfordern sollten. Zugleich wurde der Graf von Meghem, der in der Nähe mit einem Korps stand, befehligt, gegen die Stadt anzurücken, um den Auftrag beider Gesandten zu unterstützen und sogleich Besatzung darein werfen zu können. Aber Brederode, der in Vianen davon Nachricht bekam, schickte eine seiner Kreaturen, einen gewissen Anton von Bombergen, einen hitzigen Kalvinisten, der aber für einen braven Soldaten bekannt war, dahin, um den Mut seiner Partei in dieser Stadt aufzurichten, und die Anschläge der Regentin zu hintertreiben. Diesem Bombergen gelang es, die Briefe, welche der Kanzler von der Herzogin mitgebracht, in seine Gewalt zu bekommen, und falsche unterzuschieben, die durch ihre harte und gebieterische Sprache die Bürgerschaft aufbrachten. Zugleich wußte er die beiden Gesandten der Herzogin in Verdacht zu bringen, als ob sie schlimme Anschläge auf die Stadt hätten, welches ihm so gut bei dem Pöbel glückte, daß dieser sich in toller Wut an den Gesandten selbst vergriff und sie gefangensetzte. Er selbst stellte sich an der Spitze von 800 Mann, die ihn zu ihrem Anführer gemacht, dem Grafen von Meghem entgegen, der in Schlachtordnung gegen die Stadt anrückte, und empfing ihn mit grobem Geschütz so übel, daß Meghem unverrichteter Dinge zurückweichen mußte. Die Regentin ließ nachher ihre Gesandten durch einen Gerichtsdiener zurückfordern, und im Verweigerungsfall mit einer Belagerung drohen; aber Bombergen besetzte mit seinem Anhange das Rathaus und zwang den Magistrat, ihm die Schlüssel der Stadt auszuliefern. Der Gerichtsdiener wurde mit Spott abgewiesen, und der Regentin durch ihn geantwortet, daß man es auf Brederodes Befehl würde ankommen lassen, was mit den Gefangenen zu verfügen sei. Der Herold, der außen vor der Stadt hielt, erschien nunmehr, ihr den Krieg anzukündigen, welches aber der Kanzler noch hintertrieb*.

* Thuan. 525. Strad. 170. Burgund. 423. 424. 427. 428. Vigl. ad Hopper. Epist. 6.

Nach dem vereitelten Versuche auf Herzogenbusch warf sich der Graf von Meghem in Utrecht, um einem Anschlag zuvorzukommen, den Graf Brederode auf ebendiese Stadt ausführen wollte. Diese, welche von dem Heere der Verbundenen, das nicht weit davon bei Vianen kampierte, viel zu leiden hatte, nahm ihn mit offenen Armen als ihren Beschützer auf, und bequemte sich zu allen Veränderungen, die er in ihrem Gottesdienst machte. Er ließ dann sogleich an dem Ufer des Leck eine Schanze aufwerfen, von wo aus er Vianen bestreichen konnte. Brederode, der nicht Lust hatte, ihn in dieser Stadt zu erwarten, verließ mit dem besten Teil seines Heers diesen Waffenplatz, und eilte nach Amsterdam*.

So unnütz auch der Prinz von Oranien während dieser Bewegungen in Antwerpen seine Zeit zu verlieren schien, so geschäftig war er in dieser anscheinenden Ruhe. Auf sein Angeben hatte der Bund geworben, und Brederode seine Schlösser befestigt, wozu er ihm selbst drei Kanonen schenkte, die er zu Utrecht hatte gießen lassen. Sein Auge wachte über alle Bewegungen des Hofs, und der Bund wurde durch ihn vor jedem Anschlag gewarnt, der auf diese oder jene Stadt gemacht wurde. Aber seine Hauptangelegenheit schien zu sein, die vornehmsten Plätze seiner Statthalterschaft in seine Gewalt zu bekommen; zu welchem Ende er Brederodens Anschlag auf Utrecht und Amsterdam im stillen nach allen Kräften zu befördern gesucht hatte**.

Der wichtigste Platz war die seeländische Insel Walcheren, wo man eine Landung des Königs vermutete; und diese zu überrumpeln wurde jetzt ein Anschlag von ihm entworfen, dessen Ausführung einer aus dem verbundenen Adel, ein vertrauter Freund des Prinzen von Oranien, Johann von Marnix, Herr von Toulouse, Philipps von St. Aldegonde Bruder, über sich nahm (1567). Toulouse unterhielt mit dem gewesenen Amtmann von Middelburg, Peter Haak, ein geheimes Verständnis, welches ihm Gelegenheit verschaffen sollte, in Middelburg und Vlissingen Besatzung zu werfen; aber die Werbung, welche für dieses Unternehmen in Antwerpen angestellt wurde, konnte so still nicht vor sich gehen, daß der Magistrat nicht Verdacht schöpfte. Um nun diesen zu beruhigen, und seinen Anschlag zugleich zu befördern, ließ der Prinz allen

* A. G. d. v. Niederlande. 98. 99. Strad. 170. Vigl. ad Hopper. 5. Brief.
** Grotius. 26.

fremden Soldaten und andern Ausländern, die nicht in Diensten des Staats wären, oder sonst Geschäfte trieben, öffentlich durch den Herold verkündigen, daß sie ungesäumt die Stadt räumen sollten. Er hätte sich, sagen seine Gegner, durch Schließung der Tore aller dieser verdächtigen Soldaten leicht bemächtigen können, aber er jagte sie aus der Stadt, um sie desto schneller an den Ort ihrer Bestimmung zu treiben. Sie wurden dann sogleich auf der Schelde eingeschifft und bis vor Rammekens gefahren; da man aber durch das Marktschiff von Antwerpen, welches kurz vor ihnen einlief, in Vlissingen schon vor ihrem Anschlag gewarnt war, so versagte man ihnen hier den Eingang in den Hafen. Die nämliche Schwierigkeit fanden sie bei Arnemuiden, ohnweit Middelburg, in welcher Stadt sich die Unkatholischen vergebens bemühten, zu ihrem Vorteil einen Aufstand zu erregen. Toulouse ließ also unverrichteter Dinge seine Schiffe drehen, und segelte wieder rückwärts die Schelde bis nach Oosterweel, eine Viertelmeile von Antwerpen, hinunter, wo er sein Volk aussetzte, und am Ufer ein Lager schlug, des Vorsatzes, sich hier von Antwerpen aus zu verstärken, und den Mut seiner Partei, die von dem Magistrat unterdrückt wurde, durch seine Nähe frisch zu erhalten. Durch Vorschub der reformierten Geistlichen, die in der Stadt Werbersdienste für ihn verrichteten, wuchs mit jedem Tage sein kleines Heer, daß er zuletzt anfing, den Antwerpern fürchterlich zu werden, deren ganzes Gebiet er verwüstete. Der aufgebrachte Magistrat wollte ihn hier mit der Stadtmiliz überfallen lassen, welches aber der Prinz von Oranien, unter dem Vorwande, daß man die Stadt jetzt nicht von Soldaten entblößen dürfe, zu verhindern wußte.

Unterdessen hatte die Regentin in der Eile ein kleines Heer gegen ihn aufgebracht, welches unter Anführung Philipps von Lannoy in starken Märschen von Brüssel aus gegen ihn anrückte. Zugleich wußte der Graf von Meghem das geusische Heer bei Vianen so gut einzuschließen und zu beschäftigen, daß es weder von diesen Bewegungen hören, noch seinen Bundsverwandten zu Hülfe eilen konnte. Lannoy überfiel die zerstreuten Haufen, welche auf Plünderung ausgegangen waren, unversehens, und richtete sie in einem schrecklichen Blutbade zugrunde. Toulouse warf sich mit dem kleinen Überrest seiner Truppen in ein Landhaus, das ihm zum Hauptquartier gedient hatte, und wehrte sich lange mit dem Mute eines Ver-

zweifelnden, bis Lannoy, der ihn auf keine andere Art herauszutreiben vermochte, Feuer in das Haus werfen ließ. Die wenigen,
welche dem Feuer entkamen, stürzten in das Schwert des Feindes, oder fanden in der Schelde ihren Tod. Toulouse selbst
wollte lieber in den Flammen sterben, als in die Hände des
Siegers fallen. Dieser Sieg, der über tausend von den Feinden
aufrieb, war für den Überwinder wohlfeil genug erkauft, denn
er vermißte nicht mehr als zwei Mann in seinem ganzen Heere.
Dreihundert, welche sich lebendig ergaben, wurden, weil man
von Antwerpen aus einen Ausfall befürchtete, ohne Barmherzigkeit sogleich niedergestochen*.

Ehe die Schlacht anging, ahndete man in Antwerpen nichts
von dem Angriff. Der Prinz von Oranien, welcher frühzeitig
davon benachrichtigt worden war, hatte die Vorsicht gebraucht,
die Brücke, welche die Stadt mit Oosterweel verbindet, den
Tag zuvor abbrechen zu lassen, damit, wie er vorgab, die Kalvinisten der Stadt nicht versucht werden möchten, sich zu dem
Heere des Toulouse zu schlagen, wahrscheinlicher aber, damit
die Katholiken dem geusischen Feldherrn nicht in den Rücken
fielen, oder auch Lannoy, wenn er Sieger würde, nicht in die
Stadt eindränge. Aus ebendiesem Grunde wurden auf seinen
Befehl auch die Tore verschlossen, und die Einwohner, welche
von allen diesen Anstalten nichts begriffen, schwebten ungewiß zwischen Neugierde und Furcht, bis der Schall des Geschützes von Oosterweel ihnen anherkündigte, was dort vorgehen mochte. Mit lärmendem Gedränge rennt jetzt alles nach
den Wällen und auf die Mauern, wo sich ihnen, als der Wind den
Pulverrauch von den schlagenden Heeren zerteilte, das ganze
Schauspiel einer Schlacht darbietet. Beide Heere waren der
Stadt so nahe, daß man ihre Fahnen unterscheiden, und die
Stimmen der Überwinder, wie der Überwundenen deutlich aus-
einandererkennen konnte. Schrecklicher, als selbst die Schlacht,
war der Anblick, den diese Stadt jetzt gab. Jedes von den
schlagenden Heeren hatte seinen Anhang und seinen Feind auf
den Mauern. Alles, was unten vorging, erweckte hier oben
Frohlocken und Entsetzen; der Ausgang des Treffens schien
das Schicksal jedes Zuschauers zu entscheiden. Jede Bewegung
auf dem Schlachtfelde konnte man in den Gesichtern der Antwerper abgemalt lesen; Niederlage und Triumph, das Schrecken
der Unterliegenden, die Wut der Sieger. Hier ein schmerzhaftes

* Meteren 97. 98. Burgund. 440–441. Strad. 171. 172. Thuan. Libr. 41.

eitles Bestreben, den Sinkenden zu halten, den Fliehenden
zum Stehen zu bewegen; dort eine gleich vergebliche Begier,
ihn einzuholen, ihn aufzureiben, zu vertilgen. Jetzt fliehen die
Geusen, und zehntausend glückliche Menschen sind gemacht;
Toulouses letzter Zufluchtsort steht in Flammen, und zwanzigtausend Bürger von Antwerpen sterben den Feuertod mit ihm.

Aber bald macht die Erstarrung des ersten Schreckens, der
wütenden Begierde zu helfen, der Rache Platz. Laut schreiend,
die Hände ringend und mit aufgelöstem Haar stürzt die Witwe
des geschlagenen Feldherrn durch die Haufen, um Rache, um
Erbarmen zu flehen. Aufgereizt von Hermann ihrem Apostel,
greifen die Kalvinisten zu den Waffen, entschlossen, ihre Brüder zu rächen oder mit ihnen umzukommen; gedankenlos,
ohne Plan, ohne Führer, durch nichts als ihren Schmerz, ihren
Wahnsinn geleitet, stürzen sie dem roten Tore zu, das zum
Schlachtfelde hinausführt; aber kein Ausweg! Das Tor ist
gesperrt, und die vordersten Haufen werfen sich auf die hintersten zurück. Tausend sammeln sich zu Tausenden, auf der
Meerbrücke wird ein schreckliches Gedränge. „Wir sind verraten, wir sind gefangen", schreien alle. „Verderben über die
Papisten, Verderben über den, der uns verraten hat." Ein
dumpfes aufruhrverkündendes Murmeln durchläuft den ganzen Haufen. Man fängt an zu argwohnen, daß alles Bisherige
von den Katholiken angestellt gewesen, die Kalvinisten zu
verderben. Ihre Verteidiger habe man aufgerieben, jetzt würde
man über die Wehrlosen selbst herfallen. Mit unglückseliger
Behendigkeit verbreitet sich dieser Argwohn durch ganz Antwerpen. Jetzt glaubt man über das Vergangene Licht zu haben
und fürchtet etwas noch Schlimmeres im Hinterhalte, ein
schreckliches Mißtrauen bemächtigt sich aller Gemüter. Jede
Partei fürchtet von der andern, jeder sieht in seinem Nachbar
seinen Feind, das Geheimnis vermehrt diese Furcht und dieses
Entsetzen; ein schrecklicher Zustand für eine so menschenreiche Stadt, wo jeder zufällige Zusammenlauf sogleich zum
Tumulte, jeder hingeworfene Einfall zum Gerüchte, jeder kleine
Funken zur lohen Flamme wird, und durch die starke Reibung
sich alle Leidenschaften heftiger entzünden. Alles, was reformiert heißt, kommt auf dieses Gerücht in Bewegung. Funfzehntausend von dieser Partei setzen sich in Besitz der Meerbrücke, und pflanzen schweres Geschütz auf dieselbe, das
gewaltsam aus dem Zeughause genommen wird; auf einer

andern Brücke geschieht dasselbe, ihre Menge macht sie furchtbar, die Stadt ist in ihren Händen; um einer eingebildeten
Gefahr zu entgehen, führen sie ganz Antwerpen an den Rand
des Verderbens.

Gleich beim Anfange des Tumults war der Prinz von Oranien der Meerbrücke zugeeilt, wo er sich herzhaft durch die
wütenden Haufen schlug, Friede gebot und um Gehör flehte.
Auf der andern Brücke versuchte der Graf von Hoogstraeten,
von dem Bürgermeister Straalen begleitet, dasselbe; weil es
ihm aber sowohl an Ansehen als an Beredsamkeit mangelte,
so wies er den tollen Haufen, der ihm selbst zu mächtig wurde,
an den Prinzen, auf welchen jetzt ganz Antwerpen heran-
stürmte. Das Tor, suchte er ihnen begreiflich zu machen, wäre
aus keiner andern Ursache geschlossen worden, als, um den
Sieger, wer er auch sei, von der Stadt abzuhalten, die sonst ein
Raub der Soldaten würde geworden sein. Umsonst, diese rasenden Rotten hören ihn nicht, und einer der Verwegensten darunter wagt es sogar sein Feuergewehr auf ihn anzuschlagen und
ihn einen Verräter zu schelten. Mit tumultuarischem Geschrei
fordern sie ihm die Schlüssel zum Roten Tore ab, die er sich
endlich gezwungen sieht, in die Hand des Predigers Hermann
zu geben. Aber, setzte er mit glücklicher Geistesgegenwart hinzu, sie sollten zusehen, was sie täten, in der Vorstadt warteten
600 feindliche Reuter, sie zu empfangen. Diese Erfindung, welche Not und Angst ihm eingaben, war von der Wahrheit nicht
so sehr entfernt, als er vielleicht selbst glauben mochte; denn
der siegende Feldherr hatte nicht so bald den Tumult in Antwerpen vernommen, als er seine ganze Reuterei aufsitzen ließ,
um unter Vergünstigung desselben in die Stadt einzubrechen.
Ich wenigstens, fuhr der Prinz von Oranien fort, werde mich
beizeiten in Sicherheit bringen, und Reue wird sich derjenige
ersparen, der meinem Beispiel folgt. Diese Worte zu ihrer Zeit
gesagt, und zugleich von frischer Tat begleitet, waren von Wirkung. Die ihm zunächst standen, folgten, und so die nächsten
an diesen wieder, daß endlich die wenigen, die schon voraus-
geeilt, als sie niemand nachkommen sahen, die Lust verloren,
es mit den 600 Reutern allein aufzunehmen. Alles setzte sich
nun wieder auf der Meerbrücke, wo man Wachen und Vorposten ausstellte, und eine tumultuarische Nacht unter den
Waffen durchwachte*.

* Burgund. 444–447. Strad. 172.

Der Stadt Antwerpen drohte jetzt das schrecklichste Blutbad und eine gänzliche Plünderung. In dieser dringenden Not versammelt Oranien einen außerordentlichen Senat, wozu die rechtschaffensten Bürger aus den vier Nationen gezogen werden. Wenn man den Übermut der Kalvinisten niederschlagen wolle, sagte er, so müsse man ebenfalls ein Heer gegen sie aufstellen, das bereit sei, sie zu empfangen. Es wurde also beschlossen, die katholischen Einwohner der Stadt, Inländer, Italiener und Spanier eilig unter die Waffen zu bringen, und wo möglich auch die Lutheraner noch zu der Partei zu ziehen. Die Herrschsucht der Kalvinisten, die auf ihren Reichtum stolz, und trotzig auf ihre überwiegende Anzahl, jeder andern Religionspartei mit Verachtung begegneten, hatte schon längst die Lutheraner zu ihren Feinden gemacht, und die Erbitterung dieser beiden protestantischen Kirchen gegeneinander war von einer unversöhnlichern Art als der Haß, in welchem sie sich gegen die herrschende Kirche vereinigten. Von dieser gegenseitigen Eifersucht hatte der Magistrat den wesentlichen Nutzen gezogen, eine Partei durch die andere, vorzüglich aber die Reformierten zu beschränken, von deren Wachstum das meiste zu fürchten war. Aus diesem Grunde hatte er die Lutheraner, als den schwächeren Teil, und die friedfertigsten von beiden, stillschweigend in seinen Schutz genommen, und ihnen sogar geistliche Lehrer aus Deutschland verschrieben, die jenen wechselseitigen Haß durch Kontroverspredigten in steter Übung erhalten mußten. Die Lutheraner ließ er in dem Wahn, daß der König von ihrem Religionsbekenntnis billiger denke, und ermahnte sie, ja ihre gute Sache nicht durch ein Verständnis mit den Reformierten zu beflecken. Es hielt also nicht gar schwer, zwischen den Katholiken und Lutheranern eine Vereinigung für den Augenblick zustande zu bringen, da es darauf ankam, so verhaßte Nebenbuhler zu unterdrücken. Mit Anbruch des Tages stellte sich den Kalvinisten ein Heer entgegen, das dem ihrigen weit überlegen war. An der Spitze dieses Heers fing die Beredsamkeit Oraniens an, eine weit größere Kraft zu gewinnen und einen weit leichtern Eingang zu finden. Die Kalvinisten, obgleich im Besitz der Waffen und des Geschützes, durch die überlegene Anzahl ihrer Feinde in Schrecken gesetzt, machten den Anfang, Gesandte zu schicken und einen friedlichen Vergleich anzutragen, der durch Oraniens Kunst zu allgemeiner Zufriedenheit geschlossen ward. Sogleich nach

Bekanntmachung desselben legten die Spanier und Italiener in der Stadt ihre Waffen nieder. Ihnen folgten die Reformierten, und diesen die Katholiken; am allerletzten taten es die Lutheraner*. Zwei Tage und zwei Nächte hatte Antwerpen in diesem fürchterlichen Zustande verharret. Schon waren von den Katholiken Pulvertonnen unter die Meerbrücke gebracht, um das ganze Heer der Reformierten, das sie besetzt hatte, in die Luft zu sprengen; ebendas war an andern Orten von den letzten gegen die Katholiken geschehen**. Der Untergang der Stadt hing an einem einzigen Augenblick, und Oraniens Besonnenheit war es, was ihn verhütete.

Noch lag Noircarmes mit seinem Heere Wallonen vor Valenciennes, das in festem Vertrauen auf geusischen Schutz gegen alle Vorstellungen der Regentin fortfuhr unbeweglich zu bleiben, und jeden Gedanken von Übergabe zu verwerfen. Ein ausdrücklicher Befehl des Hofes verbot dem feindlichen Feldherrn mit Nachdruck zu handeln, ehe er sich mit frischen Truppen aus Deutschland verstärkt haben würde. Der König, sei es aus Schonung oder Furcht, verabscheute den gewaltsamen Weg eines Sturms, wobei nicht vermieden werden könnte, den Unschuldigen in das Schicksal des Schuldigen zu verflechten, und den treugesinnten Untertan wie einen Feind zu behandeln. Da aber mit jedem Tage der Trotz der Belagerten stieg, die, durch die Untätigkeit des Feindes kühner gemacht, sich sogar vermaßen, ihn durch öftere Ausfälle zu beunruhigen, einige Klöster vor der Stadt in Brand zu stecken, und mit Beute heimzukehren; da die Zeit, die man unnütz vor dieser Stadt verlor, von den Rebellen und ihren Bundsgenossen besser benutzt werden konnte: so lag Noircarmes der Herzogin an, ihm die Erlaubnis zu Stürmung dieser Stadt bei dem Könige auszuwirken. Schneller, als man es je von ihm gewohnt war, kam die Antwort zurück, noch möchte man sich begnügen, bloß die Maschinen zu dem Sturme zuzurichten, und ehe man ihn wirklich anfing, erst eine Zeitlang den Schrecken davon wirken zu lassen; wenn auch dann die Übergabe nicht erfolgte, so erlaube er den Sturm, doch mit möglichster Schonung jedes Lebens. Ehe die Regentin zu diesem äußersten Mittel schritt, bevollmächtigte sie den Grafen von Egmont, nebst dem Herzog von Arschot, mit den Rebellen noch einmal in Güte zu unterhandeln.

* Thuan. 526. 597. Burgund. 448–451. Strad. 173. Meteren 97. 98.
** Meteren 98.

Beide besprechen sich mit den Deputierten der Stadt, und
unterlassen nichts sie aus ihrer bisherigen Verblendung zu
reißen. Sie entdecken ihnen, daß Toulouse geschlagen, und mit
ihm die ganze Stütze der Belagerten gefallen sei; daß der Graf
von Meghem das geusische Heer von der Stadt abgeschnitten
und daß sie sich allein durch die Nachsicht des Königs so lange
gehalten. Sie bieten ihnen eine gänzliche Vergebung des Vergangenen an. Jedem soll es freistehen, seine Unschuld, vor
welchem Tribunal er wolle, zu verteidigen; jedem, der es nicht
wolle, vergönnt sein, innerhalb vierzehn Tagen mit allen seinen
Habseligkeiten die Stadt zu verlassen. Man verlange nichts, als
daß sie Besatzung einnähmen. Diesen Vorschlag zu überden-
ken, wurde ihnen auf drei Tage Waffenstillstand bewilligt. Als
die Deputierten nach der Stadt zurückkehrten, fanden sie ihre
Mitbürger weniger als jemals zu einem Vergleiche geneigt,
weil sich unterdessen falsche Gerüchte von einer neuen Truppenwerbung der Geusen darin verbreitet hatten. Toulouse,
behauptete man, habe obgesiegt, und ein mächtiges Heer sei
im Anzuge, die Stadt zu entsetzen. Diese Zuversicht ging so
weit, daß man sich sogar erlaubte, den Stillstand zu brechen,
und Feuer auf die Belagerer zu geben. Endlich brachte es der
Magistrat mit vieler Mühe noch dahin, daß man zwölf von den
Ratsherren mit folgenden Bedingungen in das Lager schickte.
Das Edikt, durch welches Valenciennes des Verbrechens der
beleidigten Majestät angeklagt und zum Feinde erklärt worden,
sollte widerrufen, die gerichtlich eingezogenen Güter zurückgegeben, und die Gefangenen von beiden Teilen wieder auf
freien Fuß gestellt werden. Die Besatzung sollte die Stadt nicht
eher betreten, als bis jeder, der es für gut fände, sich und seine
Güter erst in Sicherheit gebracht; sie sollte sich verbindlich
machen, die Einwohner in keinem Stücke zu belästigen, und
der König die Unkosten davon tragen.

Noircarmes antwortete auf diese Bedingungen mit Entrüstung, und war im Begriff, die Abgeordneten zu mißhandeln.
Wenn sie nicht gekommen wären, redete er die Abgeordneten
an, ihm die Stadt zu übergeben, so sollten sie auf der Stelle
zurückwandern, oder gewärtig sein, daß er sie, die Hände auf
den Rücken gebunden, wieder heimschickte. Sie wälzten die
Schuld auf die Halsstarrigkeit der Reformierten, und baten ihn
flehentlich, sie im Lager zu behalten, weil sie mit ihren rebellischen Mitbürgern nichts mehr zu tun haben, und in ihr Schick-

sal nicht mit vermengt sein wollten. Sie umfaßten sogar
Egmonts Knie, sich seine Fürsprache zu erwerben, aber Noircarmes blieb gegen ihre Bitten taub; und der Anblick der Ketten, die man herbeibrachte, trieb sie ungern nach Valenciennes
zurück. Die Notwendigkeit war es, nicht Härte, was dem
feindlichen Feldherrn dieses strenge Betragen auferlegte. Das
Zurückhalten der Gesandten hatte ihm schon ehemals einen
Verweis von der Herzogin zugezogen; ihr jetziges Ausbleiben
würde man in der Stadt nicht ermangelt haben, der nämlichen
Ursache wie das erstere zuzuschreiben. Auch durfte er die Stadt
nicht von dem kleinen Überreste gutdenkender Bürger entblößen, noch zugeben, daß ein blinder tollkühner Haufe Herr
ihres Schicksals würde. Egmont war über den schlechten Erfolg
seiner Gesandtschaft so sehr entrüstet, daß er in der folgenden
Nacht selbst die Stadt umritt, ihre Festungswerke rekognoszierte, und sehr zufrieden heimkehrte, als er sich überzeugt
hatte, daß sie nicht länger haltbar sei*.

Valenciennes streckt sich von einer sanften Erhöhung in
einer geraden und gleichen Ebene hin, und genießt einer
ebenso festen als lieblichen Lage. Auf der einen Seite von der
Schelde und einem kleinern Flusse umfangen, auf der andern
durch tiefe Gräben, starke Mauern und Türme beschützt,
scheint es jedem Angriffe trotzen zu können. Aber Noircarmes
hatte einige Stellen im Stadtgraben bemerkt, die man nach-
lässigerweise mit dem übrigen Boden hatte gleich werden
lassen, und diese benutzte er. Er zieht alle zerstreuten Korps,
wodurch er die Stadt bisher eingeschlossen gehalten, zusammen, und erobert in einer stürmischen Nacht die Bergische
Vorstadt, ohne einen Mann zu verlieren. Darauf verteilt er die
Stadt unter den Grafen von Bossu, den jungen Grafen Karl
von Mansfeld, und den jüngern Berlaymont; einer von seinen
Obersten nähert sich mit möglichster Schnelligkeit ihren Mauern, von welchen der Feind durch ein fürchterliches Feuer vertrieben wird. Dicht vor der Stadt, und dem Tor gegenüber,
wird unter den Augen der Belagerten, und mit sehr wenigem
Verlust, in gleicher Höhe mit den Festungswerken eine Batterie
aufgeworfen, von welcher 21 Geschütze die Stadt vier Stunden
lang mit ununterbrochener Kanonade bestürmen. Der Niko-
lausturm, auf welchen die Belagerten einiges Geschütz gepflanzt, ist von den ersten, welche stürzen, und viele finden

* Thuan. 528. Strad. 178. Burg. 458–462.

unter seinen Trümmern ihren Tod. Auf alle hervorragenden
Gebäude wird Geschütz gerichtet, und eine schreckliche Niederlage unter den Einwohnern gemacht. In wenigen Stunden
sind ihre wichtigsten Werke zerstört, und an dem Tore selbst eine
so starke Bresche geschossen, daß die Belagerten an ihrer Rettung
verzweifelnd, eilig zwei Trompeter absenden, um Gehör anzusuchen. Dieses wird bewilligt, mit dem Sturme aber ununterbrochen fortgefahren. Desto mehr fördern sich die Gesandten,
den Vergleich abzuschließen, um die Stadt auf ebendie Bedingungen zu übergeben, welche sie zwei Tage vorher verworfen
hat; aber die Umstände hatten sich jetzt verändert, und von
Bedingungen wollte der Sieger nichts mehr hören. Das unaus-
gesetzte Feuer ließ ihnen keine Zeit, die Mauern auszubessern,
die den ganzen Stadtgraben mit ihren Trümmern anfüllten, und
dem Feind überall Wege bahnten, durch die Bresche einzudringen. Ihres gänzlichen Untergangs gewiß, übergeben sie mit
Tagesanbruch die Stadt auf Gnade und Ungnade, nachdem der
Sturm ohne Unterbrechung 36 Stunden gedauert, und 3000
Bomben in die Stadt geworfen worden. Unter strenger Mannszucht führt Noircarmes sein siegendes Heer ein, von einer
Schar Weiber und kleiner Kinder empfangen, welche ihm
grüne Zweige entgegentragen, und seine Barmherzigkeit an-
flehen. Sogleich werden alle Bürger entwaffnet, der Gouverneur
der Stadt und sein Sohn enthauptet; 36 der schlimmsten Rebellen, unter denen auch de la Grange und Guido de Bresse, ein
anderer reformierter Prediger, sich befinden, büßen ihre Halsstarrigkeit mit dem Strange, alle obrigkeitliche Personen verlieren ihre Ämter, und die Stadt alle ihre Privilegien. Der
katholische Gottesdienst wird sogleich in seiner ganzen Würde
wiederhergestellt, und der protestantische vernichtet; der
Bischof von Arras muß seine Residenz in die Stadt verlegen,
und für den künftigen Gehorsam derselben haftet eine starke
Besatzung*.

(1567) Der Übergang von Valenciennes, auf welchen Platz
aller Augen gerichtet gewesen, war allen übrigen Städten, die
sich auf eine ähnliche Weise vergangen, eine Schreckenspost,
und brachte die Waffen der Regentin nicht wenig in Ansehen.
Noircarmes verfolgte seinen Sieg und rückte sogleich vor
Maastricht, das sich ihm ohne Schwertstreich ergab und
Besatzung empfing. Von da marschierte er nach Turnhout, die

* Thuan. 528. 529. Meteren 98. 99. Strad. 178–180. Burgund. 462–465.

Städte Herzogenbusch und Antwerpen durch seine Nähe in Furcht zu setzen. Seine Ankunft erschreckte die geusische Partei, welche unter Bombergens Anführung den Magistrat noch immer unter ihrem Zwange gehalten, so sehr, daß sie mit ihrem Anführer eilig die Stadt räumte. Noircarmes wurde ohne Widerstand aufgenommen, die Gesandten der Herzogin sogleich in Freiheit gesetzt, und eine starke Besatzung darein geworfen. Auch Cambrai öffnete seinem Erzbischof, den die herrschende Partei der Reformierten aus seinem Sitze vertrieben gehabt, unter freudigem Zuruf die Tore wieder; und er verdiente diesen Triumph, weil er seinen Einzug nicht mit Blute befleckte. Auch die Städte Gent, Ypern und Oudenaarden unterwarfen sich und empfingen Besatzung. Geldern hatte der Graf von Meghem beinahe ganz von den Rebellen gereinigt und zum Gehorsam zurückgebracht; das nämliche war dem Grafen von Aremberg in Friesland und Gröningen gelungen, jedoch etwas später und mit größerer Schwierigkeit, weil seinem Betragen Gleichheit und Beharrlichkeit fehlte, weil diese streitbaren Republikaner strenger auf ihre Privilegien hielten und auf ihre Befestigung trotzten*. Aus allen Provinzen, Holland ausgenommen, wird der Anhang der Rebellen vertrieben, alles weicht den siegreichen Waffen der Herzogin. Der Mut der Aufrührer sank dahin, und nichts blieb ihnen mehr übrig, als Flucht oder unbedingte Unterwerfung**.

Abdankung Wilhelms von Oranien

Schon seit Errichtung des Geusenbundes, merklicher aber noch seit dem Ausbruche der Bilderstürmerei hatte in den Provinzen der Geist der Widersetzlichkeit und der Trennung unter hohen und niedern Ständen so sehr überhandgenommen, hatten sich die Parteien so ineinanderverwirret, daß die Regentin Mühe hatte, ihre Anhänger und Werkzeuge zu erkennen, und zuletzt kaum mehr wußte, in welchen Händen sie eigentlich war. Das Unterscheidungszeichen der Verdächtigen und Treuen war allmählich verlorengegangen, und die Grenzscheiden zwischen beiden weniger merklich geworden. Durch die Abänderungen, die sie zum Vorteil der Protestanten in den

* Vigl. ad Hopper. Epist. 1. 21.
** Burgund. 466. 473–475.

Gesetzen hatte vornehmen müssen, und welche meistens nur
Notmittel und Geburten des Augenblicks waren, hatte sie den
Gesetzen selbst ihre Bestimmtheit, ihre bindende Kraft genommen, und der Willkür eines jeden, der sie auszulegen hatte,
freies Spiel gegeben. So geschah es denn endlich, daß unter der
Menge und Mannigfaltigkeit der Auslegungen der Sinn der
Gesetze verschwand und der Zweck des Gesetzgebers hintergangen wurde; daß bei dem genauen Zusammenhange, der
zwischen Protestanten und Katholiken, zwischen Geusen und
Royalisten obwaltete, und ihr Interesse nicht selten gemeinschaftlich machte, letztere die Hintertüre benutzten, die ihnen
durch das Schwankende in den Gesetzen offen gelassen war,
und der Strenge ihrer Aufträge durch künstliche Distinktionen
entwischten. Ihren Gedanken nach war es genug, kein erklärter
Rebell, keiner von den Geusen oder Ketzern zu sein, um sich
befugt zu glauben, seine Amtspflicht nach Gutbefinden zu
modeln, und seinem Gehorsam gegen den König die willkürlichsten Grenzen zu setzen. Ohne dafür verantwortlich zu
sein, waren die Statthalter, die hohen und niedern Beamten,
die Stadtobrigkeiten und Befehlshaber der Truppen in ihrem
Dienste sehr nachlässig geworden, und übten im Vertrauen
auf diese Straflosigkeit eine schädliche Indulgenz gegen die
Rebellen und ihren Anhang aus, die alle Maßregeln der Regentin unkräftig machte. Diese Unzuverlässigkeit so vieler wichtigen Menschen im Staate hatte die nachteilige Folge, daß die
unruhigen Köpfe auf einen weit stärkern Schutz rechneten, als
sie wirklich Ursache dazu hatten, weil sie jeden, der die Partei
des Hofes nur laulich nahm, zu der ihrigen zählten. Da dieser
Wahn sie unternehmender machte, so war es nicht viel anders,
als wenn er wirklich gegründet gewesen wäre, und die ungewissen Vasallen wurden dadurch beinahe ebenso schädlich, als die erklärten Feinde des Königs, ohne daß man sich
einer gleichen Schärfe gegen sie hätte bedienen dürfen. Dies
war vorzüglich der Fall mit dem Prinzen von Oranien, dem
Grafen von Egmont, von Bergen, von Hoogstraeten, von
Hoorne und mit mehreren von dem höheren Adel. Die Statthalterin sah die Notwendigkeit ein, diese zweideutigen Untertanen zu einer Erklärung zu bringen, um entweder den Rebellen ihre eingebildete Stütze zu rauben, oder die Feinde des
Königs zu entlarven. Dies war jetzt um so dringender, da sie
eine Armee ins Feld stellen mußte, und sich gezwungen sah,

mehreren unter ihnen Truppen anzuvertrauen. Sie ließ zu diesem Ende einen Eid aufsetzen, durch welchen man sich anheischig machte, den römisch-katholischen Glauben befördern, die Bilderstürmer verfolgen, und Ketzereien aller Art nach bestem Vermögen ausrotten zu helfen. Man verband sich dadurch, jeden Feind des Königs als seinen eigenen zu behandeln, und sich gegen jeden, ohne Unterschied, den die Regentin in des Königs Namen benennen würde, gebrauchen zu lassen. Durch diesen Eid hoffte sie nicht sowohl die Gemüter zu erforschen, und noch weniger sie zu binden; aber er sollte ihr zu einem rechtlichen Vorwande dienen, die Verdächtigen zu entfernen, ihnen eine Gewalt, die sie mißbrauchen konnten, aus den Händen zu winden, wenn sie sich weigerten, ihn zu schwören, und sie zur Strafe zu ziehen, wenn sie ihn brächen. Dieser Eid wurde allen Rittern des Vlieses, allen hohen und niedern Staatsbedienten, allen Beamten und Obrigkeiten, allen Offizieren der Armee, allen ohne Unterschied, denen in der Republik etwas anvertraut war, von seiten des Hofs abgefordert. Der Graf von Mansfeld war der erste, der ihn im Staatsrate zu Brüssel öffentlich leistete; seinem Beispiel folgte der Herzog von Arschot, der Graf von Egmont, die Grafen von Meghem und Berlaymont; Hoogstraeten und Hoorne suchten ihn auf eine feine Art abzulehnen. Ersterer war über einen Beweis des Mißtrauens noch empfindlich, den ihm die Regentin vor kurzem bei Gelegenheit seiner Statthalterschaft von Mecheln gegeben. Unter dem Vorwande, daß Mecheln seinen Statthalter nicht länger missen könne, Antwerpen aber der Gegenwart des Grafen nicht weniger benötigt sei, hatte sie ihm jene Provinz entzogen, und an einen andern vergeben, der ihr sicherer war. Hoogstraeten erklärte ihr seinen Dank, daß sie ihn einer seiner Bürden habe entledigen wollen, und setzte hinzu, daß sie seine Verbindlichkeit vollkommen machen würde, wenn sie ihn auch von der andern befreite. Noch immer lebte der Graf von Hoorne, seinem Vorsatze getreu, auf einem seiner Güter in der festen Stadt Weert, in gänzlicher Abgeschiedenheit von Geschäften. Weil er aus dem Dienste des Staats herausgetreten war, und der Republik wie dem Könige nichts mehr schuldig zu sein glaubte, so verweigerte er den Eid, den man ihm endlich auch scheint erlassen zu haben*.

Dem Grafen von Brederode wurde die Wahl gelassen, entweder

* Meteren 99. Strad. 180. sq. Grot. 24.

den verlangten Eid abzulegen, oder sich des Oberbefehls über die Schwadron zu begeben, die ihm anvertraut war. Nach vielen vergeblichen Ausflüchten, die er davon hernahm, daß er kein öffentliches Amt in der Republik bekleide, entschloß er sich endlich zu dem letztern, und entging dadurch einem Meineid*.

Umsonst hatte man versucht, den Prinzen von Oranien zu diesem Eide zu vermögen, der bei dem Verdacht, der längst auf ihm haftete, mehr als jeder andere dieser Reinigung zu bedürfen schien, und wegen der großen Gewalt, die man in seine Hände zu geben gezwungen war, mit dem größten Scheine des Rechts dazu angehalten werden konnte. Gegen ihn konnte man nicht mit der lakonischen Kürze, wie gegen einen Brederode oder seinesgleichen, verfahren, und mit der freiwilligen Verzichtleistung auf alle seine Ämter, wozu er sich erbot, war der Regentin nicht gedient, die wohl voraussah, wie gefährlich ihr dieser Mann erst alsdann werden würde, wenn er sich unabhängig wissen, und seine wahren Gesinnungen durch keinen äußerlichen Anstand und keine Pflicht mehr gebunden glauben würde. Aber bei dem Prinzen von Oranien war es schon seit jener Beratschlagung in Dendermonde unwiderruflich beschlossen, aus dem Dienst des Königs von Spanien zu treten, und bis auf bessere Tage aus dem Lande selbst zu entweichen. Eine sehr niederschlagende Erfahrung hatte ihn gelehrt, wie unsicher die Hoffnungen sind, die man gezwungen ist, auf den großen Haufen zu gründen, und wie bald dieser vielversprechende Eifer dahin ist, wenn Taten von ihm gefordert werden. Eine Armee stand im Felde, und eine weit stärkere näherte sich, wie er wußte, unter Herzog Albas Befehlen – die Zeit der Vorstellungen war vorbei, nur an der Spitze eines Heers konnte man hoffen, vorteilhafte Verträge mit der Regentin zu schließen, und dem spanischen Feldherrn den Eintritt in das Land zu versagen. Aber woher dieses Heer nehmen, da ihm das nötige Geld, die Seele aller Unternehmungen, fehlte, da die Protestanten ihre prahlerischen Versprechungen zurücknahmen, und ihn in diesem dringenden Bedürfnis im Stiche ließen**? Eifersucht und Religionshaß trennten noch

---

* Burgund. 421. 422.
** Wie wacker der Wille, und wie schlecht die Erfüllung war, erhellt unter andern aus folgendem Beispiel. In Amsterdam hatten einige Freunde der Nationalfreiheit, Katholiken sowohl als Lutheraner, feierlich angelobt,

dazu beide protestantischen Kirchen, und arbeiteten jeder heilsamen Vereinigung gegen den gemeinschaftlichen Feind ihres
Glaubens entgegen. Die Abneigung der Reformierten vor dem
Augsburgischen Bekenntnis hatte alle protestantische Fürsten
Deutschlands gegen sie aufgebracht, daß nunmehr auch an den
mächtigen Schutz dieses Reichs nicht mehr zu denken war. Mit
dem Grafen von Egmont war das treffliche Heer Wallonen
verloren, das mit blinder Ergebenheit dem Glück seines Feldherrn folgte, der es bei St. Quentin und Gravelingen siegen
gelehrt hatte. Die Gewalttätigkeiten, welche die Bilderstürmer
an Kirchen und Klöstern verübet, hatten die zahlreiche, begüterte und mächtige Klasse der katholischen Klerisei von dem
Bunde wiederum abgewandt, für den sie, vor diesem unglücklichen Zwischenfalle, schon zur Hälfte gewonnen war; und dem
Bunde selbst wußte die Regentin mit jedem Tage mehrere
seiner Mitglieder durch List zu entreißen.

Alle diese Betrachtungen zusammengenommen, bewogen
den Prinzen, ein Vorhaben, dem der jetzige Zeitlauf nicht hold
war, auf eine glücklichere Stunde zurückzulegen, und ein Land
zu verlassen, wo sein längeres Verweilen nichts mehr gut-
machen konnte, ihm selbst aber ein gewisses Verderben bereitete. Über die Gesinnungen Philipps gegen ihn konnte er
nach so vielen eingezogenen Erkundigungen, so vielen Proben
seines Mißtrauens, so vielen Warnungen aus Madrid, nicht
mehr zweifelhaft sein. Wäre er es auch gewesen, so würde ihn
die furchtbare Armee, die in Spanien ausgerüstet wurde, und
nicht den König, wie man fälschlich verbreitete, sondern wie
er besser wußte, den Herzog von Alba, den Mann, der ihm am
meisten widerstund, und den er am meisten zu fürchten Ursache hatte, zum Führer haben sollte, sehr bald aus seiner
Ungewißheit gerissen haben. Der Prinz hatte zu tief in Philipps
Seele gesehen, um an eine aufrichtige Versöhnung mit diesem
Fürsten zu glauben, von dem er einmal gefürchtet worden war.
Auch beurteilte er sein eigenes Betragen zu richtig, um, wie

den hundertsten Pfennig ihrer Güter in eine Kommunkasse zusammenzuschießen, bis eine Summe von eilftausend Gulden beisammen wäre, die
zum Dienst der gemeinen Sache verbraucht werden sollte. Eine Kiste mit
einer Spalte im Deckel, und durch drei Schlösser verwahrt, bestimmte man
zu Einhebung dieser Gelder. Als man sie nach abgelaufenem Termine
eröffnete, entdeckte sich ein Schatz von – 700 Gulden, welche man der
Wirtin des Grafen von Brederode auf Abschlag seiner nichtbezahlten Zeche
überließ. Allg. Gesch. d. v. Niederl. III. Bd.

sein Freund Egmont, bei dem König auf einen Dank zu rechnen, den er nicht bei ihm gesäet hatte. Er konnte also keine
andere als feindselige Gesinnungen von ihm erwarten, und die
Klugheit riet ihm an, sich dem wirklichen Ausbruche derselben
durch eine zeitige Flucht zu entziehen. Den neuen Eid, den
man von ihm forderte, hatte er bis jetzt hartnäckig verleugnet,
und alle schriftlichen Ermahnungen der Regentin waren fruchtlos gewesen. Endlich sandte sie ihren geheimen Sekretär Berty
nach Antwerpen zu ihm, der ihm nachdrücklich ins Gewissen
reden, und alle übeln Folgen zu Gemüte führen sollte, die ein
so rascher Austritt aus dem königlichen Dienste für das Land
sowohl, als für seinen eigenen guten Namen nach sich ziehen
würde. Schon die Verweigerung des verlangten Eides, ließ sie
ihm durch ihren Gesandten sagen, habe einen Schatten auf
seine Ehre geworfen, und der allgemeinen Stimme, die ihn
eines Verständnisses mit den Rebellen bezüchtige, einen Schein
von Wahrheit gegeben, den diese gewaltsame Abdankung zur
völligen Gewißheit erheben würde. Auch gebühre es nur dem
Herrn, seinen Diener zu entlassen, nicht aber dem Diener,
seinen Herrn aufzugeben. Der Geschäftsträger der Regentin
fand den Prinzen in seinem Palaste zu Antwerpen schon ganz,
wie es schien, dem öffentlichen Dienste abgestorben, und in
Privatgeschäfte vergraben. Er habe sich geweigert, antwortete
er ihm in Hoogstraetens Beisein, den verlangten Eid abzulegen,
weil er sich nicht zu entsinnen wisse, daß je ein Antrag von
dieser Art an einen Statthalter vor ihm ergangen sei; weil er
sich dem Könige schon einmal für immer verpflichtet habe,
durch diesen neuen Eid also stillschweigend eingestehen würde,
daß er den ersten gebrochen habe. Er habe sich geweigert, ihn
abzulegen, weil ein älterer Eid ihm gebiete, die Rechte und
Privilegien des Landes zu schützen, er aber nicht wissen könne,
ob dieser neue Eid ihm nicht Handlungen auferlege, die jenem
ersten entgegenlaufen; weil in diesem neuen Eide, der ihm zur
Pflicht mache, gegen jeden ohne Unterschied, den man ihm
nennen würde, zu dienen, nicht einmal der Kaiser, sein Lehns-
herr, ausgenommen sei, den er doch als sein Vasall nicht
bekriegen dürfe. Er habe sich geweigert, ihn zu leisten, weil
ihm dieser Eid auflegen könnte, seine Freunde und Verwandte,
seine eigenen Söhne, ja seine Gemahlin selbst, die eine Lutheranerin sei, zur Schlachtbank zu führen. Laut dieses Eides
würde er sich allem unterziehen müssen, was dem König ein-

fiele, ihm zuzumuten; aber der König könnte ihm ja Dinge zumuten, wovor ihm schaudre, und die Härte, womit man jetzt und immer gegen die Protestanten verfahren, habe schon längst seine Empfindung empört. Dieser Eid widerstreite seinem Menschengefühl, und er könne ihn nicht ablegen. Am Schlusse entfuhr ihm der Name des Herzogs von Alba, mit einem Merkmal von Bitterkeit, und gleich darauf schwieg er stille*.

Alle diese Einwendungen wurden Punkt für Punkt von Berty beantwortet. Man habe noch keinem Statthalter vor ihm einen solchen Eid abgefordert, weil sich die Provinzen noch niemals in einem ähnlichen Falle befunden. Man verlange diesen Eid nicht, weil die Statthalter den ersten gebrochen, sondern, um ihnen jenen ersten Eid lebhafter ins Gedächtnis zu bringen, und in dieser dringenden Lage ihre Tätigkeit anzufrischen. Dieser Eid würde ihm nichts auferlegen, was die Rechte und Privilegien des Landes kränke, denn der König habe diese Privilegien und Rechte so gut, als der Prinz von Oranien beschworen. In diesem Eide sei ja weder von einem Kriege gegen den Kaiser, noch gegen irgendeinen Fürsten aus des Prinzen Verwandtschaft die Rede, und gerne würde man ihn, wenn er sich ja daran stieße, durch eine eigene Clausul ausdrücklich davon freisprechen. Mit Aufträgen, die seinem Menschengefühl widerstritten, würde man ihn zu verschonen wissen, und keine Gewalt auf Erden würde ihn nötigen können, gegen Gattin oder gegen Kinder zu handeln. Berty wollte nun zu dem letzten Punkte, der den Herzog von Alba betraf, übergehen, als ihn der Prinz, der diesen Artikel nicht gern beleuchtet haben wollte, unterbrach. Der König würde nach den Niederlanden kommen, sagte er, und er kenne den König. Der König würde es nimmermehr dulden, daß einer von seinen Dienern eine Lutheranerin zur Gemahlin habe, und darum habe er beschlossen, sich mit seiner ganzen Familie freiwillig zu verbannen, ehe er sich diesem Lose aus Zwang unterwerfen müsse. Doch, schloß er, würde er sich, wo er auch sein möge, stets als ein Untertan des Königs betragen. Man sieht, wie weit der Prinz die Beweggründe zu dieser Flucht herholte, um den einzigen nicht zu berühren, der ihn wirklich dazu bestimmte**.

* Burg. 456–458. Strad. 182. 183.
** Burgund. 456. 458. Strad. 182. 183.

Noch hoffte Berty, von Egmonts Beredsamkeit vielleicht zu erhalten, was er aufgab, durch die seinige zu bewirken. Er brachte eine Zusammenkunft mit dem letztern in Vorschlag (1567), wozu sich der Prinz um so bereitwilliger finden ließ, da er selbst Verlangen trug, seinen Freund Egmont vor seinem Abschiede noch einmal zu umarmen, und den Verblendeten, wo möglich, von seinem gewissen Untergange zurückzureißen. Diese merkwürdige Zusammenkunft, die letzte, welche zwischen beiden Freunden gehalten wurde, ging in Willebroeck, einem Dorfe an der Rupel zwischen Brüssel und Antwerpen, vor sich; mit dem geheimen Sekretär Berty war auch der junge Graf von Mansfeld dabei zugegen. Die Reformierten, deren letzte Hoffnung auf dem Ausschlag dieser Unterredung beruhte, hatten Mittel gefunden, den Inhalt derselben durch einen Spion zu erfahren, der sich in dem Schornsteine des Zimmers versteckt hielt, wo sie vor sich ging*. Alle drei bestürmten hier den Entschluß des Prinzen mit vereinigter Beredsamkeit, jedoch ohne ihn zum Wanken zu bringen. „Es wird dir deine Güter kosten, Oranien, wenn du auf diesem Vorsatz bestehest", sagte endlich der Prinz von Gaure, indem er ihm seitwärts zu einem Fenster folgte. „Und dir dein Leben, Egmont, wo du den deinigen nicht änderst"; versetzte jener. „Mir wenigstens wird es Trost sein in jedem Schicksale, daß ich dem Vaterlande und meinen Freunden mit Rat und Tat habe nahe sein wollen in der Stunde der Not; du wirst Freunde und Vaterland in ein Verderben mit dir hinabziehen." Und jetzt ermahnte er ihn noch einmal dringender, als er je vorher getan, sich einem Volke wiederzuschenken, das sein Arm allein noch zu retten vermöge; wo nicht, um seiner selbst willen wenigstens dem Gewitter auszuweichen, das aus Spanien her gegen ihn im Anzuge sei.

Aber alle noch so lichtvollen Gründe, die eine weitsehende Klugheit ihm an die Hand gab, mit aller Lebendigkeit, mit allem Feuer vorgetragen, das nur immer die zärtliche Bekümmernis der Freundschaft ihnen einhauchen konnte, vermochten nicht, die unglückselige Zuversicht zu zerstören, welche Egmonts guten Verstand noch gebunden hielt. Oraniens Warnung kam aus einer trübsinnigen verzagenden Seele; und für Egmont lachte noch die Welt. Herauszutreten aus dem Schoße des Überflusses, des Wohllebens und der Pracht, worin er zum

* Meteren.

Jüngling und zum Manne geworden war, von allen den tausendfachen Gemächlichkeiten des Lebens zu scheiden, um derentwillen allein es Wert für ihn besaß, und dies alles, um einem Übel zu entgehen, das sein leichter Mut noch so weit hinausrückte – nein, das war kein Opfer, das von Egmont zu verlangen war. Aber auch minder weichlich, als er war – mit welchem Herzen hätte er eine von langem Glücksstande verzärtelte Fürstentochter, eine liebende Gattin und Kinder, an denen seine Seele hing, mit Entbehrungen bekannt machen sollen, an welchen sein eigener Mut verzagte, die eine erhabene Philosophie allein der Sinnlichkeit abgewinnen kann. „Nimmermehr wirst du mich bereden, Oranien", sagte Egmont, „die Dinge in diesem trüben Lichte zu sehen, worin sie deiner traurigen Klugheit erscheinen. Wenn ich es erst dahin gebracht haben werde, die öffentlichen Predigten abzustellen, die Bilderstürmer zu züchtigen, die Rebellen zu Boden zu treten, und den Provinzen ihre vorige Ruhe wiederzuschenken – was kann der König mir anhaben? Der König ist gütig und gerecht, ich habe mir Ansprüche auf seine Dankbarkeit erworben, und ich darf nicht vergessen, was ich mir selbst schuldig bin." „Wohlan", rief Oranien mit Unwillen und innerem Leiden, „so wage es denn auf diese königliche Dankbarkeit. Aber mir sagt eine traurige Ahndung – und gebe der Himmel, daß sie mich betrüge! – daß du die Brücke sein werdest, Egmont, über welche die Spanier in das Land setzen, und die sie abbrechen werden, wenn sie darüber sind." Er zog ihn, nachdem er dieses gesagt hatte, mit Innigkeit zu sich, drückte ihn feurig und fest in die Arme. Lange, als wär's für das ganze übrige Leben, hielt er die Augen auf ihn geheftet, Tränen entfielen ihm, sie sahen einander nicht wieder*.

Gleich den folgenden Tag schrieb Oranien der Regentin den Abschiedsbrief, worin er sie seiner ewigen Achtung versicherte, und ihr nochmals anlag, seinen jetzigen Schritt aufs Beste zu deuten; dann ging er mit seinen drei Brüdern und seiner ganzen Familie nach seiner Stadt Breda ab, wo er nur so lange verweilte, als nötig war, um noch einige Privatgeschäfte in Ordnung zu bringen. Sein ältester Prinz Philipp Wilhelm allein blieb auf der hohen Schule zu Löwen zurück, weil er ihn unter dem Schutze der brabantischen Freiheiten und den Vorrechten der Akademie hinlänglich sicher glaubte; eine Unvorsichtigkeit,

* Thuan. 527. Strad. 183. Meteren 95. Burgund. 470. 471. Meurs. 28.

die, wenn sie wirklich nicht absichtlich war, mit dem richtigen Urteile kaum zu vereinigen ist, das er in so viel andern Fällen von dem Gemütscharakter seines Gegners gefällt hatte. In Breda wandten sich die Häupter der Kalvinisten noch einmal mit der Frage an ihn, ob noch Hoffnung für sie wäre, oder ob alles unrettbar verloren sei? – Er habe ihnen ehemals den Rat gegeben, antwortete der Prinz, und komme jetzt abermals darauf zurück, daß sie dem Augsburgischen Bekenntnisse beitreten sollten, dann wäre ihnen Hülfe aus Deutschland gewiß. Wollten sie sich aber dazu noch immer nicht verstehen, so sollten sie ihm sechsmalhunderttausend Gulden schaffen, oder auch mehr, wenn sie könnten. – Das erste, erwiderten sie, streite mit ihrer Überzeugung und ihrem Gewissen; zu dem Gelde aber könne vielleicht Rat werden, wenn er sie nur wissen lassen wollte, wozu er solches gebrauchen würde. – „Ja", rief er mit Verdrusse, „wenn ich das wissen lassen muß, so ist es aus mit dem Gebrauche." Sogleich brach er das ganze Gespräch ab, und entließ bald darauf die Gesandten. Es wurde ihm vorgeworfen, daß er sein Vermögen verschwendet, und seiner drückenden Schulden wegen Neuerungen begünstiget habe; aber er versicherte, daß er noch 60000 Gulden jährlicher Renten genieße. Doch ließ er sich vor seiner Abreise von den Staaten von Holland noch 20000 Gulden vorschießen, wofür er ihnen einige Herrschaften verpfändete. Man konnte sich nicht überreden, daß er so ganz ohne Widerstand der Notwendigkeit unterlegen, und aller fernern Versuche sich begeben habe; aber was er im stillen mit sich herumtrug, wußte niemand; niemand hatte in seiner Seele gelesen. Es fragten ihn einige, wie er sich inskünftige gegen den König von Spanien zu verhalten gedächte? „Ruhig", war seine Antwort, „es sei denn, daß er sich an meiner Ehre oder meinen Gütern vergreife." Gleich darauf verließ er die Niederlande, um sich in seiner Geburtsstadt Dillenburg im Nassauischen zur Ruhe zu begeben; viele Hunderte, sowohl von seinen Dienern, als Freiwillige, begleiteten ihn nach Deutschland; bald folgten ihm die Grafen von Hoogstraeten, von Culembourg, von Bergen, die lieber eine selbstgewählte Verbannung mit ihm teilen, als einem ungewissen Schicksal leichtsinnig entgegentreten wollten. Die Nation sah ihren guten Engel mit ihm weichen; viele hatten ihn angebetet, alle hatten ihn verehrt. Mit ihm sank der Protestanten letzte Stütze; dennoch hofften sie von diesem entflohenen Manne mehr, als von allen miteinander, die zurückgeblieben waren. Die Katholiken selbst sahen ihn nicht ohne Schmerz entweichen. Auch für sie hatte er sich der Tyrannei entgegengestellt; nicht selten hatte er sie gegen ihre eigene Kirche in Schutz genommen, viele unter ihnen hatte er dem blutdürstigen Eifer der Sekten entrissen. Wenige arme Seelen unter den Kalvinisten, denen die angetragene Verbindung mit den Augsburgischen Konfessionsverwandten ein Ärgernis gegeben, feierten mit stillen Dankopfern den Tag, wo der Feind von ihnen gewichen war* (1567).

Verfall und Zerstreuung des Geusenbundes

Gleich nach genommenem Abschied von seinem Freunde eilte der Prinz von Gaure nach Brüssel zurück, um an dem Hofe der Regentin die Belohnung für seine Standhaftigkeit in Empfang zu nehmen, und dort im Hofgewühl und im Sonnenscheine seines Glücks die wenigen Wolken zu zerstreuen, die Oraniens ernste Warnung über sein Gemüt gezogen hatte. Die Flucht des letztern überließ ihm allein jetzt den Schauplatz. Jetzt hatte er in der Republik keinen Nebenbuhler mehr, der seinen Ruhm verdunkelte. Mit gedoppeltem Eifer fuhr er nunmehr fort, um eine hinfällige Fürstengunst zu buhlen, über die er doch so weit erhaben war. Ganz Brüssel mußte seine Freude mit ihm teilen. Er stellte prächtige Gastmähler und öffentliche Feste an, denen die Regentin selbst öfters beiwohnte, um jede Spur des Mißtrauens aus seiner Seele zu vertilgen. Nicht zufrieden, den verlangten Eid abgelegt zu haben, tat er es den Andächtigsten an Andacht, an Eifer den Eifrigsten zuvor, den protestantischen Glauben zu vertilgen, und die widerspenstigen Städte Flanderns durch die Waffen zu unterwerfen. Dem Grafen von Hoogstraeten, seinem alten Freund, wie auch dem ganzen Überrest der Geusen kündigte er auf ewig seine Freundschaft auf, wenn sie sich länger bedenken würden, in den Schoß der Kirche zurückzutreten, und sich mit ihrem König zu versöhnen. Alle vertrauten Briefe, welche beide Teile voneinander in Händen hatten, wurden ausgewechselt, und der Bruch zwischen beiden durch diesen letzten Schritt unheilbar und öffentlich gemacht. Egmonts Abfall und die Flucht des Prinzen von

---

* Meteren 100. Meurs. Guil. Auriac. 34. Reid. 5. Grotius 26.

Oranien zerstörte die letzte Hoffnung der Protestanten, und löste den ganzen Geusenbund auf. Einer drängte sich dem andern an Bereitwilligkeit, an Ungeduld vor, den Kompromiß abzuschwören und den neuen Eid zu leisten, den man ihm vorlegte. Vergebens schrieen die protestantischen Kaufleute über diese Wortbrüchigkeit des Adels; ihre schwache Stimme wurde nicht mehr gehört, und verloren waren alle Summen, die sie an das Unternehmen des Bundes gewendet hatten*.

Die wichtigsten Plätze waren unterworfen und hatten Besatzung, die Aufrührer flohen, oder starben durch des Henkers Hand; in den Provinzen war kein Retter mehr vorhanden, alles wich dem Glück der Regentin, und ihr siegreiches Heer war im Anzuge gegen Antwerpen. Nach einem schweren und hartnäckigen Kampfe hatte sich endlich diese Stadt von den schlimmsten Köpfen gereinigt; Hermann und sein Anhang waren entflohen; ihre innern Stürme hatten ausgetobt. Die Gemüter fingen allmählich an, sich zu sammeln, und, von keinem wütenden Schwärmer mehr verhetzt, bessern Ratschlägen Raum zu geben. Der wohlhabende Bürger sehnte sich ernstlich nach Frieden, um den Handel und die Gewerbe wiederaufleben zu sehen, die durch die lange Anarchie schwer gelitten hatten. Albas gefürchtete Annäherung wirkte Wunder; um den Drangsalen zuvorzukommen, die eine spanische Armee über das Land verhängen würde, eilte man, in die gelinde Hand der Herzogin zu fallen. Von freien Stücken sandte man Bevollmächtigte nach Brüssel, ihr den Vergleich anzutragen, und ihre Bedingungen zu hören. So angenehm die Regentin von diesem freiwilligen Schritt überrascht wurde, so wenig ließ sie sich von ihrer Freude übereilen. Sie erklärte, daß sie von nichts hören könne noch wolle, bevor die Stadt Besatzung eingenommen hätte. Auch dieses fand keinen Widerspruch mehr, und der Graf von Mansfeld zog den Tag darauf mit 16 Fahnen in Schlachtordnung ein. Jetzt wurde ein feierlicher Vertrag zwischen der Stadt und der Herzogin errichtet, durch welchen jene sich anheischig machte, den reformierten Gottesdienst ganz aufzuheben, alle Prediger dieser Kirche zu verbannen, die römisch-katholische Religion in ihre vorige Würde wiedereinzusetzen, die verwüsteten Kirchen in ihrem ganzen Schmuck wiederherzustellen, die alten Edikte wie vorher zu handhaben, den neuen Eid, den die andern Städte geschworen, gleichfalls zu leisten, und alle, welche

* Strad. 184. Burgund. 472.

die Majestät des Königs beleidigt, die Waffen ergriffen, und an Entweihung der Kirchen Anteil gehabt, in die Hände der Gerechtigkeit zu liefern. Dagegen machte sich die Regentin verbindlich, alles Vergangene zu vergessen, und für die Verbrecher selbst bei dem Könige fürzubitten. Allen denen, welche, ihrer Begnadigung ungewiß, die Verbannung vorziehen würden, sollte ein Monat bewilligt sein, ihr Vermögen in Geld zu verwandeln, und ihre Personen in Sicherheit zu bringen; doch mit Ausschließung aller derer, welche etwas Verdammliches getan, und durch das Vorige schon von selbst ausgenommen waren. Gleich nach Abschließung dieses Vertrags wurde allen reformierten und lutherischen Predigern in Antwerpen und dem ganzen umliegenden Gebiet durch den Herold verkündigt, innerhalb 24 Stunden das Land zu räumen. Alle Straßen, alle Tore waren jetzt von Flüchtlingen vollgedrängt, die ihrem Gott zu Ehren ihr Liebstes verließen, und für ihren verfolgten Glauben einen glücklichern Himmelsstrich suchten. Dort nahmen Männer von ihren Weibern, Väter von ihren Kindern ein ewiges Lebewohl; hier führten sie sie mit sich von dannen. Ganz Antwerpen glich einem Trauerhause; wo man hinblickte, bot sich ein rührendes Schauspiel der schmerzlichsten Trennung dar. Alle protestantischen Kirchen waren versiegelt, die ganze Religion war nicht mehr. Der zehnte April (1567) war der Tag, wo ihre Prediger auszogen. Als sie sich noch einmal im Stadthause zeigten, um sich bei dem Magistrate zu beurlauben, widerstunden sie ihren Tränen nicht mehr, und ergossen sich in die bittersten Klagen. Man habe sie aufgeopfert, schrien sie, lüderlich habe man sie verlassen. Aber eine Zeit werde kommen, wo Antwerpen schwer genug für diese Niederträchtigkeit büßen würde. Am bittersten beschwerten sich die lutherischen Geistlichen, die der Magistrat selbst in das Land gerufen, um gegen die Kalvinisten zu predigen. Unter der falschen Vorspiegelung, daß der König ihrer Religion nicht ungewogen sei, hatte man sie in ein Bündnis wider die Kalvinisten verflochten, und letztere durch ihre Beihülfe unterdrückt; jetzt da man ihrer nicht mehr bedurfte, ließ man beide in einem gemeinschaftlichen Schicksale ihre Torheit beweinen*.

Wenige Tage darauf hielt die Regentin einen prangenden Einzug in Antwerpen von tausend wallonischen Reutern, von

---

* Meurs. 33. 34. Thuan. 530. Reidan. 5. Strad. 187. 188. Meteren 99. 100. Burgund. 477. 478.

allen Rittern des Goldnen Vlieses, allen Statthaltern und Räten,
von ihrem ganzen Hof und einer großen Menge obrigkeitlicher
Personen begleitet, mit dem ganzen Pomp einer Siegerin. Ihr
erster Besuch war in der Kathedralkirche, die von der Bilderstürmerei noch überall klägliche Spuren trug, und ihrer Andacht die bittersten Tränen kostete. Gleich darauf werden auf
öffentlichem Markte vier Rebellen hingerichtet, die man auf
der Flucht eingeholt hatte. Alle Kinder, welche die Taufe auf
protestantische Weise empfangen, müssen sie von katholischen
Priestern noch einmal erhalten; alle Schulen der Ketzer werden
aufgehoben, alle ihre Kirchen dem Erdboden gleichgemacht.
Beinahe alle niederländischen Städte folgten dem Beispiele von
Antwerpen, und aus allen mußten die protestantischen Prediger entweichen. Mit Ende des Aprils waren alle katholischen
Kirchen wieder herrlicher als jemals geschmückt, alle protestantischen Gotteshäuser niedergerissen, und jeder fremde
Gottesdienst bis auf die geringste Spur aus allen siebzehn Provinzen vertrieben. Der gemeine Haufe, der in seiner Neigung
gewöhnlich dem Glücke folgt, zeigte sich jetzt ebenso geschäftig, den Fall der Unglücklichen zu beschleunigen, als er kurz
vorher wütend für sie gestritten hatte; ein schönes Gotteshaus,
das die Kalvinisten in Gent errichtet, verschwand in weniger
als einer Stunde. Aus den Balken der abgebrochenen Kirchen
wurden Galgen für diejenigen erbauet, die sich an den katholischen Kirchen vergriffen hatten. Alle Hochgerichte waren
von Leichnamen, alle Kerker von Todesopfern, alle Landstraßen von Flüchtlingen angefüllt. Keine Stadt war so klein,
worin in diesem mörderischen Jahre nicht zwischen funfzig
und dreihundert wären zum Tode geführt worden, diejenigen
nicht einmal gerechnet, welche auf offnem Lande den Drossar-
den in die Hände fielen, und als Raubgesindel ohne Schonung
und ohne weiteres Verhör sogleich aufgeknüpft wurden*.

Die Regentin war noch in Antwerpen, als aus Brandenburg,
Sachsen, Hessen, Württemberg und Baden Gesandte sich meldeten, welche für ihre flüchtigen Glaubensbrüder eine Fürbitte
bei ihr einzulegen kamen. Die verjagten Prediger der Augsburgischen Konfession hatten den Religionsfrieden der Deutschen reklamiert, dessen auch Brabant, als ein Reichsstand, teilhaftig wäre, und sich in den Schutz dieser Fürsten begeben.
Die Erscheinung der fremden Minister beunruhigte die Regen-

* Thuan. 530. Strad. 178. Meteren 99. 100. Burgund. 482. 484.

tin, und vergeblich suchte sie ihren Eintritt in die Stadt zu verhüten, doch gelang es ihr, sie unter dem Schein von Ehrenbezeugungen so scharf bewachen zu lassen, daß für die Ruhe
der Stadt nichts von ihnen zu befürchten war. Aus dem hohen
Tone, den sie so sehr zur Unzeit gegen die Herzogin annahmen,
möchte man beinahe schließen, daß es ihnen mit ihrer Forderung wenig Ernst gewesen sei. Billig, sagten sie, sollte das
Augsburgische Bekenntnis, als das einzige, welches den Sinn
des Evangeliums erreiche, in den Niederlanden das herrschende
sein; aber äußerst unnatürlich und unerlaubt sei es, die Anhänger desselben durch so grausame Edikte zu verfolgen. Man
ersuche also die Regentin im Namen der Religion, die ihr an-
vertrauten Völker nicht mit solcher Härte zu behandeln. Ein
Eingang von dieser Art, antwortete diese durch den Mund
ihres deutschen Ministers, des Grafen von Starhemberg, verdiene gar keine Antwort. Aus dem Anteil, welchen die deutschen Fürsten an den niederländischen Flüchtlingen genommen,
sei es klar, daß sie den Briefen Sr. Majestät, worin der Aufschluß über sein Verfahren enthalten sei, weit weniger Glauben
schenkten, als dem Anbringen einiger Nichtswürdigen, die
ihrer Taten Gedächtnis in so vielen zerstörten Kirchen gestiftet.
Sie möchten es dem König in Spanien überlassen, das Beste
seiner Völker zu besorgen, und der unrühmlichen Mühe entsagen, den Geist der Unruhen in fremden Ländern zu nähren.
Die Gesandten verließen Antwerpen in wenigen Tagen wieder,
ohne etwas ausgerichtet zu haben; nur der sächsische Minister
tat der Regentin ingeheim die Erklärung, daß sich sein Herr
diesem Schritt aus Zwang unterzogen, und dem österreichischen Hause aufrichtig zugetan sei*. Die deutschen Gesandten
hatten Antwerpen noch nicht verlassen, als eine Nachricht aus
Holland den Triumph der Regentin vollkommen machte.

Der Graf von Brederode hatte seine Stadt Vianen und alle
seine neuen Festungswerke, aus Furcht vor dem Grafen von
Meghem, im Stich gelassen, und sich mit Hülfe der Unkatholischen in die Stadt Amsterdam geworfen, wo seine Gegenwart
den Magistrat, der kaum vorher einen innern Aufstand mit
Mühe gestillt hatte, äußerst beunruhigte, den Mut der Protestanten aber aufs neue belebte. Täglich vergrößerte sich hier
sein Anhang, und aus Utrecht, Friesland und Gröningen ström-
ten ihm viele Edelleute zu, welche Meghems und Arembergs

* Strad. 188. Burg. 487–489.

siegreiche Waffen von dort verjagt hatten. Unter allerlei Verkleidung fanden sie Mittel, sich in die Stadt einzuschleichen, wo sie sich um die Person ihres Anführers versammelten, und ihm zu einer starken Leibwache dienten. Die Oberstatthalterin, vor einem neuen Aufstande in Sorgen, sandte deswegen einen ihrer geheimen Sekretäre, Jacob de la Torre, an den Rat von Amsterdam, und ließ ihm befehlen, sich, auf welche Art es auch sei, des Grafen von Brederode zu entledigen. Weder der Magistrat, noch de la Torre selbst, der ihm in Person den Willen der Herzogin kundmachte, vermochten etwas bei ihm auszurichten; letzterer wurde sogar von einigen Edelleuten aus Brederodens Gefolge in seinem Zimmer überfallen und alle seine Briefschaften ihm entrissen. Vielleicht wäre es sogar um sein Leben selbst geschehen gewesen, wenn er nicht Mittel gefunden hätte, eilig aus ihren Händen zu entwischen. Noch einen ganzen Monat nach diesem Vorfall hing Brederode, ein ohnmächtiges Idol der Protestanten und eine Last der Katholiken, in Amsterdam, ohne viel mehr zu tun, als seine Wirtsrechnung zu vergrößern: während dem, daß sein in Vianen zurückgelassenes braves Heer, durch viele Flüchtlinge aus den mittäglichen Provinzen verstärkt, dem Grafen von Meghem genug zu tun gab, um ihn zu hindern, die Protestanten auf ihrer Flucht zu beunruhigen. Endlich entschließt sich auch Brederode, nach dem Beispiel Oraniens, der Notwendigkeit zu weichen, und eine Sache aufzugeben, die nicht mehr zu retten war. Er entdeckte dem Stadtrat seinen Wunsch, Amsterdam zu verlassen, wenn man ihn durch den Vorschuß einer mäßigen Summe dazu in den Stand setzen wolle. Um seiner loszuwerden, eilte man ihm dieses Geld zu schaffen, und einige Bankiers streckten es auf Bürgschaft des Stadtrats vor. Er verließ dann noch in derselben Nacht Amsterdam, und wurde von einem mit Geschütz versehenen Fahrzeuge bis in das Vlie geleitet, von wo aus er glücklich nach Emden entkam. Das Schicksal behandelte ihn gelinder, als den größten Teil derer, die er in sein tollkühnes Unternehmen verwickelt hatte; er starb das Jahr nachher 1568 auf einem seiner Schlösser in Deutschland an den Folgen einer Völlerei, worauf er zuletzt soll gefallen sein, um seinen Gram zu zerstreuen. Ein schöneres Los fiel seiner Witwe, einer gebornen Gräfin von Mörs, welche Friedrich der Dritte, Kurfürst von der Pfalz, zu seiner Gemahlin machte. Die Sache der Protestanten verlor durch Brederodens

Hintritt nur wenig; das Werk, das er angefangen, starb nicht mit ihm, so wie es auch nicht durch ihn gelebt hatte*.

Das kleine Heer, das er durch seine schimpfliche Flucht sich selbst überließ, war mutig und tapfer, und hatte einige entschlossene Anführer. Es war entlassen, sobald derjenige floh, der es zu bezahlen hatte, aber sein guter Mut und der Hunger hielt es noch eine Zeitlang beisammen. Einige rückten unter Anführung Dietrichs von Battenburg vor Amsterdam, in Hoffnung, diese Stadt zu berennen; aber der Graf von Meghem, der mit dreizehn Fahnen vortrefflicher Truppen zum Entsatz herbeieilte, nötigte sie, diesem Anschlag zu entsagen. Sie begnügten sich damit, die umliegenden Klöster zu plündern, wobei besonders die Abtei zu Egmont sehr hart mitgenommen wurde, und brachen alsdann nach Waaterland auf, wo sie sich der vielen Sümpfe wegen vor weitern Verfolgungen sicher glaubten. Aber auch dahin folgte ihnen Graf von Meghem, und nötigte sie, ihre Rettung eilig auf der Südersee zu suchen. Die Gebrüder von Battenburg, nebst einigen friesischen Edelleuten, Beyma und Galama, warfen sich mit 120 Soldaten und der in den Klöstern gemachten Beute bei der Stadt Hoorne, auf ein Schiff, um nach Friesland überzusetzen, fielen aber durch die Treulosigkeit des Steuermanns, der das Schiff bei Harlingen auf eine Sandbank führte, einem Arembergischen Hauptmann in die Hände, der alle lebendig gefangen bekam. Dem gemeinen Volke unter der Mannschaft wurde durch den Grafen von Aremberg sogleich das Urteil gesprochen; die dabei befindlichen Edelleute schickte er der Regentin zu, welche sieben von ihnen enthaupten ließ. Sieben andere von dem edelsten Geblüt, unter denen die Gebrüder Battenburg und einige Friesen sich befanden, alle noch in der Blüte der Jugend, wurden dem Herzog von Alba aufgespart, um den Antritt seiner Verwaltung sogleich durch eine Tat verherrlichen zu können, die seiner würdig wäre. Glücklicher waren die vier übrigen Schiffe, die von Medemblik unter Segel gegangen, und durch den Grafen von Meghem in kleinen Fahrzeugen verfolgt wurden. Ein widriger Wind hatte sie von ihrer Fahrt verschlagen und an die Küste von Geldern getrieben, wo sie wohlbehalten ans Land stiegen; sie gingen bei Huissen über den Rhein, und entkamen glücklich ins Clevische, wo sie ihre Fahnen zerrissen und auseinandergingen. Einige Geschwader, die sich über der Plünderung

* Meteren 100. Vigl. Vit. N. CV. A. G. d. v. N. 104.

der Klöster verspätet hatten, ereilte der Graf von Meghem
in Nordholland, und bekam sie gänzlich in seine Gewalt, vereinigte sich darauf mit Noircarmes und gab Amsterdam Besatzung. Drei Fahnen Kriegsvolk, den letzten Überrest der
geusischen Armee, überfiel Herzog Erich von Braunschweig
bei Vianen, wo sie sich einer Schanze bemächtigen wollten,
schlug sie aufs Haupt und bekam ihren Anführer Renesse gefangen, der bald nachher auf dem Schlosse Freudenburg in Utrecht enthauptet ward. Als darauf Herzog Erich in Vianen
einrückte, fand er nichts mehr als tote Straßen und eine menschenleere Stadt; Einwohner und Besatzung hatten sie im ersten
Schrecken verlassen. Er ließ sogleich die Festungswerke schleifen, Mauern und Tore abbrechen, und machte diesen Waffenplatz der Geusen zum Dorfe*. Die ersten Stifter des Bundes
hatten sich auseinander verloren, Brederode und Ludwig von
Nassau waren nach Deutschland geflohen, und die Grafen von
Hoogstraeten, Bergen und Culembourg ihrem Beispiel gefolgt;
Mansfeld war abgefallen, die Gebrüder Battenburg erwarteten
im Gefängnis ein schimpfliches Schicksal, und Toulouse hatte
einen ehrenvollen Tod auf dem Schlachtfelde gefunden. Welche
von den Verbundenen dem Schwert des Feindes und des
Henkers entronnen waren, hatten auch nichts als ihr Leben gerettet, und so sahen sie endlich mit einer schrecklichen Wahrheit den Namen an sich erfüllet, den sie zur Schau getragen
hatten.

(1567) So ein unrühmliches Ende nahm dieser lobenswürdige
Bund, der in der ersten Zeit seines Werdens so schöne Hoffnungen von sich erweckt, und das Ansehen gehabt hatte, ein
mächtiger Damm gegen die Unterdrückung zu werden. Einigkeit war seine Stärke; Mißtrauen und innere Zwietracht sein
Untergang. Viele seltne und schöne Tugenden hat er ans Licht
gebracht und entwickelt; aber ihm mangelten die zwo unentbehrlichsten von allen, Mäßigung und Klugheit, ohne welche
alle Unternehmungen umschlagen, alle Früchte des mühsam-
sten Fleißes verderben. Wären seine Zwecke so rein gewesen,
als er sie angab, oder auch nur so rein geblieben, als sie bei
seiner Gründung wirklich waren, so hätte er den Zufällen ge-
trotzt, die ihn frühzeitig untergruben, und, auch unglücklich,
würde er ein ruhmvolles Andenken in der Geschichte verdienen.

* Meteren 100. 101. Thuan. 530. Burgund. 490–492. Strad. 189
Meurs. 35. Vigl. ad Hopper. Epistol. 34. A. G. d. v. N. 105.

Aber es leuchtet allzu klar in die Augen, daß der verbundene Adel an dem Unsinn der Bilderstürmer einen nähern Anteil hatte oder nahm, als sich mit der Würde und Unschuld seines Zwecks vertrug, und viele unter ihm haben augenscheinlich ihre eigene gute Sache mit dem rasenden Beginnen dieser nichtswürdigen Rotte verwechselt. Die Einschränkung der Inquisition, und eine etwas menschlichere Form der Edikte war eine von den wohltätigen Wirkungen des Bundes; aber der Tod so vieler Tausende, die in dieser Unternehmung verdarben, die Entblößung des Landes von so vielen trefflichen Bürgern, die ihren Fleiß in eine andere Weltgegend trugen, die Herbeirufung des Herzogs von Alba, und die Wiederkehr der spanischen Waffen in die Provinzen, waren wohl ein zu teurer Preis für diese vorübergehende Erleichterung. Manchen Guten und Friedliebenden im Volke, der ohne diese gefährliche Gelegenheit die Versuchung nie gekannt haben würde, erhitzte der Name dieses Bundes zu strafbaren Unternehmungen, deren glückliche Beendigung er ihn hoffen ließ, und stürzte ihn ins Verderben, weil er diese Hoffnungen nicht erfüllte. Aber es kann nicht geleugnet werden, daß er vieles von dem, was er schlimm gemacht, durch einen gründlichen Nutzen wiedervergütete. Durch diesen Bund wurden die Individuen einander näher gebracht und aus einer zaghaften Selbstsucht herausgerissen: durch ihn wurde ein wohltätiger Gemeingeist unter dem niederländischen Volke wieder gangbar, der unter dem bisherigen Drucke der Monarchie beinahe gänzlich erloschen war, und zwischen den getrennten Gliedern der Nation eine Vereinigung eingeleitet, deren Schwürigkeit allein Despoten so keck macht. Zwar verunglückte der Versuch, und die zu flüchtig geknüpften Bande lösten sich wieder, aber an mißlingenden Versuchen lernte die Nation das dauerhafte Band endlich finden, das der Vergänglichkeit trotzen sollte.

Die Vernichtung des geusischen Heeres brachte nun auch die holländischen Städte zu ihrem vorigen Gehorsam zurück, und in den Provinzen war kein einziger Platz mehr, der sich den Waffen der Regentin nicht unterworfen hätte; aber die zunehmende Auswanderung Eingeborner und Fremder drohte dem Lande mit einer verderblichen Erschöpfung. In Amsterdam war die Menge der Fliehenden so groß, daß es an Fahrzeugen gebrach, sie über die Nord- und Südersee zu bringen, und diese blühende Handelsstadt sah dem gänzlichen Verfall ihres Wohlstandes entgegen*. Erschreckt von dieser allgemeinen Flucht, eilte die Regentin, ermunternde Briefe an alle Städte zu schreiben, und den sinkenden Mut der Bürger durch schöne Verheißungen aufzurichten. Allen, die dem König und der Kirche gutwillig schwören würden, sagte sie in seinem Namen eine gänzliche Begnadigung zu, und lud durch öffentliche Blätter die Fliehenden ein, im Vertrauen auf diese königliche Huld wieder umzukehren. Sie versprach der Nation, sie von dem spanischen Kriegsheere zu befreien, wenn es auch schon an der Grenze stünde; ja sie ging so weit, sich entfallen zu lassen, daß man noch wohl Mittel finden könnte, diesem Heer den Eingang in die Provinzen mit Gewalt zu versagen, weil sie gar nicht gesonnen sei, einem andern den Ruhm eines Friedens abzutreten, den sie so mühsam errungen habe. Wenige kehrten auf Treu und Glauben zurück, und diese wenigen haben es in der Folge bereut; viele Tausende waren schon voraus, und mehrere Tausende folgten. Deutschland und England waren von niederländischen Flüchtlingen angefüllt, die, wo sie sich auch niederließen, ihre Gewohnheiten und Sitten, bis selbst auf die Kleidertracht, beibehielten, weil es ihnen doch zu schwer war, ihrem Vaterlande ganz abzusterben, und selbst von der Hoffnung einer Wiederkehr zu scheiden. Wenige brachten noch einige Trümmer ihres vorigen Glücksstandes mit sich; bei weitem der größte Teil bettelte sich dahin, und schenkte seinem neuen Vaterlande nichts, als seinen Kunstfleiß, nützliche Hände, und rechtschaffene Bürger**.

Und nun eilte die Regentin, dem Könige eine Botschaft zu hinterbringen, mit der sie ihn während ihrer ganzen Verwaltung noch nicht hatte erfreuen können. Sie verkündigte ihm, daß es ihr gelungen sei, allen niederländischen Provinzen die Ruhe wiederzuschenken, und daß sie sich stark genug glaube, sie darin zu erhalten. Die Sekten seien ausgerottet, und der römisch-katholische Gottesdienst prange in seinem vorigen Glanze; die Rebellen haben ihre verdienten Strafen empfangen, oder erwarten sie noch im Gefängnis, die Städte seien ihr durch hinlängliche Besatzung versichert. Jetzt also bedürfe es keiner spanischen Truppen mehr in den Niederlanden, und nichts sei mehr übrig, was ihren Eintritt rechtfertigen könnte. Ihre An-

---

* Allg. G. d. v. N. 105.
** Meteren 101. Meurs. 35. Burgund. 486. Vigl. ad Hopper. Epist. 5. Ep. 34. Grot. 26.

kunft würde die Ordnung und Ruhe wieder zerstören, welche zu gründen ihr so viel Kunst gekostet habe, dem Handel und den Gewerben die Erholung erschweren, deren beide so bedürftig seien, und indem sie den Bürger in neue Unkosten stürze, ihn zugleich des einzigen Mittels zu Herbeischaffung derselben berauben. Schon das bloße Gerücht von Ankunft des spanischen Heeres habe das Land von vielen tausend nützlichen Bürgern entblößt, seine wirkliche Erscheinung würde es gänzlich zur Einöde machen. Da kein Feind mehr zu bezwingen, und keine Rebellion mehr zu dämpfen sei, so könnte man zu diesem Heer keinen andern Grund ausfinden, als daß es zur Züchtigung heranziehe, unter dieser Voraussetzung aber würde es keinen sehr ehrenvollen Einzug halten. Nicht mehr durch die Notwendigkeit entschuldigt, würde dieses gewaltsame Mittel nur den verhaßten Schein der Unterdrükkung haben, die Gemüter aufs neue erbittern, die Protestanten aufs Äußerste treiben, und ihre auswärtigen Glaubensbrüder zu ihrem Schutze bewaffnen. Sie habe der Nation in seinem Namen Zusage getan, daß sie von dem fremden Kriegsheere befreit sein sollte, und dieser Bedingung vorzüglich danke sie jetzt den Frieden; sie stehe ihm also nicht für seine Dauer, wenn er sie Lügen strafe. Ihn selbst, ihren Herrn und König, würden die Niederlande mit allen Zeichen der Zuneigung und Ehrerbietung empfangen, aber er möchte als Vater, und nicht als strafender König kommen. Er möchte kommen sich der Ruhe zu freuen, die sie dem Lande geschenkt, aber nicht, sie aufs neue zu stören*.

Albas Rüstung und Zug nach den Niederlanden

Aber im Conseil zu Madrid war es anders beschlossen. Der Minister Granvella, welcher auch abwesend durch seine Anhänger im spanischen Ministerium herrschte, der Kardinal Großinquisitor Spinosa, und der Herzog von Alba, jeder von seinem Haß, seinem Verfolgungsgeist oder seinem Privatvorteil geleitet, hatten die gelindern Ratschläge des Prinzen Ruy Gomez von Eboli, des Grafen von Feria und des königlichen Beichtvaters Fresnada überstimmt**. Der Tumult sei für jetzt zwar gestillt, behaupteten sie, aber nur weil das Gerücht

* Strad. 197.
** Strad. 193. seq.

von der gewaffneten Ankunft des Königs die Rebellen in Schrecken gesetzt habe; der Furcht allein, nicht der Reue, danke man diese Ruhe, um die es bald wieder geschehen sein würde, wenn man sie von jener befreite. Da die Vergehungen des niederländischen Volks dem König eine so schöne und erwünschte Gelegenheit darboten, seine despotischen Absichten mit einem Scheine von Recht auszuführen, so war diese ruhige Beilegung, woraus die Regentin sich ein Verdienst machte, von seinem eigentlichen Zwecke sehr weit entlegen, der kein anderer war, als den Provinzen unter einem gesetzmäßigen Vorwande Freiheiten zu entreißen, die seinem herrschsüchtigen Geiste schon längst ein Anstoß gewesen waren.

Bis jetzt hatte er den allgemeinen Wahn, daß er die Provinzen in Person besuchen würde, mit der undurchdringlichsten Verstellung unterhalten, so entfernt er vielleicht immer davon gewesen war. Reisen überhaupt schienen sich mit dem maschinenmäßigen Takt seines geordneten Lebens, mit der Beschränkung und dem stillen Gange seines Geistes nicht wohl vertragen zu können, der von der Mannigfaltigkeit und Neuheit der Erscheinungen, die von außen her auf ihn eindrangen, allzuleicht auf eine unangenehme Art zerstreut und darniedergedrückt war. Die Schwierigkeiten und Gefahren, womit besonders d i e s e Reise begleitet war, mußten also seine natürliche Verzagtheit und Weichlichkeit um so mehr abschrecken, je weniger er, der nur gewohnt war, aus sich herauszuwirken, und die Menschen seinen Maximen, nicht seine Maximen den Menschen anzupassen, den Nutzen und die Notwendigkeit davon einsehen konnte. Da es ihm überdies unmöglich war, seine Person auch nur einen Augenblick von seiner königlichen Würde zu trennen, die kein Fürst in der Welt so knechtisch und pedantisch hütete wie er, so waren die Weitläuftigkeiten, die er in Gedanken unumgänglich mit einer solchen Reise verband, und der Aufwand, den sie aus ebendiesem Grunde verursachen mußte, schon für sich allein hinreichend, ihn davon zurückzuschrecken, daß man gar nicht nötig hat, den Einfluß seines Günstlings Ruy Gomez, der es gern gesehen haben soll, seinen Nebenbuhler, den Herzog von Alba, von der Person des Königs zu entfernen, dabei zu Hülfe zu rufen. Aber sowenig es ihm auch mit dieser Reise ein Ernst war, so notwendig fand er es doch, den Schrecken derselben wirken zu lassen, um eine gefährliche Vereinigung der unruhigen

Köpfe zu verhindern, um den Mut der Treugesinnten aufrecht zu erhalten, und die fernern Fortschritte der Rebellen zu hemmen.

Um die Verstellung aufs Äußerste zu treiben, hatte er die weitläuftigsten Anstalten zu dieser Reise getroffen, und alles beobachtet, was in einem solchen Falle nur immer erforderlich war. Er hatte Schiffe auszurüsten befohlen, Offiziere angestellt, und sein ganzes Gefolge bestimmt. Alle fremden Höfe wurden durch seine Gesandten von diesem Vorhaben benachrichtigt, um ihnen durch diese kriegerischen Vorkehrungen keinen Verdacht zu geben. Bei dem König von Frankreich ließ er für sich und seine Begleitung um einen freien Durchzug durch dieses Reich ansuchen, und den Herzog von Savoyen um Rat fragen, welcher von beiden Wegen vorzuziehen sei? Von allen Städten und festen Plätzen, durch die ihn irgend nur sein Weg führen konnte, ließ er ein Verzeichnis aufsetzen, und ihre Entfernungen voneinander aufs genaueste bestimmen. Der ganze Strich Landes von Savoyen bis Burgund sollte aufgenommen, und eine eigene Karte davon entworfen werden, wozu er sich von dem Herzog die nötigen Künstler und Feldmesser ausbat. Er trieb den Betrug so weit, daß er der Regentin Befehl gab, wenigstens acht Fahrzeuge in Seeland bereitzuhalten, um sie ihm sogleich entgegenschicken zu können, wenn sie hören würde, daß er von Spanien abgesegelt sei. Und wirklich ließ sie diese Schiffe auch ausrüsten, und in allen Kirchen Gebete anstellen, daß seine Seereise glücklich sein möchte, obgleich manche sich in der Stille vermerken ließen, daß Se. Majestät in ihrem Zimmer zu Madrid von Seestürmen nicht viel zu befahren haben würden. Er spielte diese Rolle so meisterlich, daß die niederländischen Gesandten in Madrid, Bergen und Montigny, welche alles bis jetzt nur für ein Gaukelspiel gehalten, endlich selbst anfingen, darüber unruhig zu werden, und auch ihre Freunde in Brüssel mit dieser Furcht ansteckten. Ein Tertianfieber, welches ihn um diese Zeit in Segovien befiel, oder auch nur von ihm geheuchelt wurde, reichte ihm einen scheinbaren Vorwand dar, die Ausführung dieser Reise zu verschieben, während daß die Ausrüstung dazu mit allem Nachdruck betrieben ward. Als ihm endlich die dringenden und wiederholten Bestürmungen seiner Schwester eine bestimmte Erklärung abnötigten, machte er aus, daß der Herzog von Alba mit der Armee vorangehen sollte, um die Wege von Rebellen zu reinigen, und seiner eigenen königlichen Ankunft mehr Glanz zu geben. Noch durfte er es nicht wagen, den Herzog als seinen eigentlichen Stellvertreter anzukündigen, weil nicht zu hoffen war, daß der niederländische Adel eine Mäßigung, die er dem Souverän nicht versagen konnte, auch auf einen seiner Diener würde ausgedehnt haben, den die ganze Nation als einen Barbaren kannte, und als einen Fremdling und Feind ihrer Verfassung verabscheute. Und in der Tat hielt der allgemeine und noch lange nach Albas wirklichem Eintritt fortwährende Glaube, daß der König selbst ihm bald nachkommen würde, den Ausbruch von Gewalttätigkeiten zurück, die der Herzog bei der grausamen Eröffnung seiner Statthalterschaft gewiß würde zu erfahren gehabt haben*.

Die spanische Geistlichkeit und die Inquisition besonders steuerte dem König zu dieser niederländischen Expedition reichlich, wie zu einem heiligen Kriege bei. Durch ganz Spanien wurde mit allem Eifer geworben. Seine Vizekönige und Statthalter von Sardinien, Sizilien, Neapel und Mailand erhielten Befehl, den Kern ihrer italienischen und spanischen Truppen aus den Besatzungen zusammenzuziehen und nach dem gemeinschaftlichen Versammlungsplatze im genuesischen Gebiete abzusenden, wo der Herzog von Alba sie übernehmen, und gegen spanische Rekruten, die er mitbrächte, einwechseln würde. Der Regentin wurde zu gleicher Zeit anbefohlen, noch einige deutsche Regimenter Fußvolk unter den Befehlen der Grafen von Eberstein, Schauenburg und Lodron in Luxemburg, wie auch einige Geschwader leichter Reuter in der Grafschaft Burgund bereitzuhalten, damit sich der spanische Feldherr sogleich bei seinem Eintritt in die Provinzen damit verstärken könnte. Dem Grafen Berlaymont wurde aufgetragen, die eintretende Armee mit Proviant zu versorgen, und der Statthalterin eine Summe von 200000 Goldgulden ausgezahlt, um diese neuen Unkosten sowohl, als den Aufwand für ihre eigene Armee davon zu bestreiten**.

Als sich unterdessen der französische Hof, unter dem Vorwande einer von den Hugenotten zu fürchtenden Gefahr, den Durchzug der ganzen spanischen Armee verbeten hatte, wandte sich Philipp an die Herzoge von Savoyen und Lothringen, die in zu großer Abhängigkeit von ihm standen, um ihm dieses

---

* Strad. 193. 200. Meteren 103.
** Meteren 104. Burgund. 410–412. Strad. 196.

Gesuch abzuschlagen. Ersterer machte bloß die Bedingung, 2000 Fußgänger und eine Schwadron Reuter auf des Königs Unkosten halten zu dürfen, um das Land vor dem Ungemach zu schützen, dem es während des Durchzugs der spanischen Armee ausgesetzt sein möchte. Zugleich übernahm er es, die Armee mit dem nötigen Proviant zu versorgen*.

Das Gerücht von diesem Durchmarsche brachte die Hugenotten, die Genfer, die Schweizer und Graubünder in Bewegung. Der Prinz von Condé und der Admiral von Coligny lagen Karln dem Neunten an, einen so glücklichen Zeitpunkt nicht zu verabsäumen, wo es in seiner Gewalt stünde, dem Erbfeinde Frankreichs eine tödliche Wunde zu versetzen. Mit Hülfe der Schweizer, der Genfer, und seiner eigenen protestantischen Untertanen würde es ihm etwas Leichtes sein, die Auswahl der spanischen Truppen in den engen Pässen des Alpengebirges aufzureiben, wobei sie ihn mit einer Armee von 50000 Hugenotten zu unterstützen versprachen. Dieses Anerbieten aber, dessen gefährliche Absicht nicht zu verkennen war, wurde von Karln dem Neunten unter einem anständigen Vorwande abgelehnt, und er selbst nahm es über sich, für die Sicherheit seines Reichs bei diesem Durchmarsche zu sorgen. Er brachte auch eilfertig Truppen auf, die französischen Grenzen zu decken; dasselbe taten auch die Republiken Genf, Bern, Zürich und Graubünden, alle bereit, den fürchterlichen Feind ihrer Religion und Freiheit mit der herzhaftesten Gegenwehr zu empfangen**.

Am 5. Mai 1567 ging der Herzog mit 30 Galeeren, die Andreas Doria und Herzog Cosmus von Florenz dazu hergeschafft hatten, zu Carthagena unter Segel, und landete innerhalb acht Tagen in Genua, wo er die für ihn bestimmten vier Regimenter in Empfang nahm. Aber ein dreitägiges Fieber, wovon er gleich nach seiner Ankunft ergriffen wurde, nötigte ihn einige Tage untätig in der Lombardei zu liegen, eine Verzögerung, welche von den benachbarten Mächten zu ihrer Verteidigung benutzt wurde. Sobald er sich wiederhergestellt sah, hielt er bei der Stadt Asti in Montferrat eine Heerschau über alle seine Truppen, die tapferer als zahlreich waren, und nicht viel über 10000 Mann, Reuterei und Fußvolk, betrugen. Er wollte sich auf einem so langen und gefährlichen Zug nicht mit unnützem

* Strad. 198. 199.
** Strad. 196. Burgund. 497.

Troß beschweren, der nur seinen Marsch verzögerte und die Schwierigkeiten des Unterhalts vermehrte; diese zehntausend Veteranen sollten gleichsam nur der feste Kern einer größern Armee sein, die er nach Maßgabe der Umstände und der Zeit in den Niederlanden selbst leicht würde zusammenziehen können.

Aber so klein dieses Heer war, so auserlesen war es. Es bestand aus den Überresten jener siegreichen Legionen, an deren Spitze Karl V. Europa zittern gemacht hatte; mordlustige undurchbrechliche Scharen, in denen der alte mazedonische Phalanx wiederauferstanden, rasch und gelenkig durch eine lang geübte Kunst, gegen alle Elemente gehärtet, auf das Glück ihres Führers stolz und keck durch eine lange Erfahrung von Siegen, fürchterlich durch Ungebundenheit, fürchterlicher noch durch Ordnung, mit allen Begierden des wärmeren Himmels auf ein mildes gesegnetes Land losgelassen, und unerbittlich gegen einen Feind, den die Kirche verfluchte. Dieser fanatischen Mordbegier, diesem Ruhmdurst und angestammten Mut kam eine rohe Sinnlichkeit zu Hülfe, das stärkste und zuverlässigste Band, an welchem der spanische Heerführer diese rohen Banden führte. Mit absichtlicher Indulgenz ließ er Schwelgerei und Wollust unter dem Heere einreißen. Unter seinem stillschweigenden Schutze zogen italienische Freudenmädchen hinter den Fahnen her; selbst auf dem Zuge über den Apennin, wo die Kostbarkeit des Lebensunterhalts ihn nötigte, seine Armee auf die möglich kleinste Zahl einzuschränken, wollte er lieber einige Regimenter weniger haben, als diese Werkzeuge der Wollust dahinten lassen*. Aber sosehr er von der einen Seite die Sitten seiner Soldaten aufzulösen beflissen war, sosehr preßte er sie von der andern durch eine übertriebene Mannszucht wieder zusammen, wovon nur der Sieg eine Ausnahme machte und die Schlacht eine Erleich-

---

* Der bacchantische Aufzug dieses Heeres kontrastierte seltsam genug mit dem finstern Ernst und der vorgeschützten Heiligkeit seines Zweckes. Die Anzahl dieser öffentlichen Dirnen war so übermäßig groß, daß sie notgedrungen selbst darauf verfielen, eine eigene Disziplin unter sich einzuführen. Sie stellten sich unter besondre Fahnen, zogen in Reihen und Gliedern in wunderbarer soldatischer Ordnung hinter jedem Bataillon daher, und sonderten sich mit strenger Etikette, nach Rang und Gehalt, in Befehlshabersh***, Hauptmannsh***, reiche und arme Soldatenh***, wie ihnen das Los gefallen war, und ihre Ansprüche stiegen oder fielen. Meteren 104.

terung war. Hierin brachte er den Ausspruch des atheniensischen Feldherrn Iphikrates in Ausübung, der dem wollüstigen gierigen Soldaten den Vorzug der Tapferkeit zugestand. Je schmerzhafter die Begierden unter dem langen Zwang zusammengehalten worden, desto wütender mußten sie durch die einzige Pforte brechen, die ihnen offen gelassen ward. Das ganze Fußvolk, ohngefähr 9000 Köpfe stark, und größtenteils Spanier, verteilte der Herzog in vier Brigaden, denen er vier Spanier als Befehlshaber vorsetzte. Alphons von Ulloa führte die neapolitanische Brigade, die unter 9 Fahnen 3230 Mann ausmachte; Sancho von Lodroño die mailändische, 2200 Mann unter 10 Fahnen; die sizilianische Brigade zu ebensoviel Fahnen und 1600 Mann kommandierte Julian Romero, ein erfahrner Kriegsmann, der schon ehedem auf niederländischem Boden gefochten*, und Gonzalo von Bracamonte die sardinische, die durch 3 Fahnen neu mitgebrachter Rekruten mit der vorigen gleichzählig gemacht wurde. Jeder Fahne wurden noch außerdem 15 spanische Musquetiers zugegeben. Die Reuterei, nicht über 1200 Pferde stark, bestand aus 3 italienischen, 2 albanischen und 7 spanischen leichten und schwergeharnischten Geschwadern, worüber die beiden Söhne des Herzogs, Ferdinand und Friedrich von Toledo, den Oberbefehl führten. Feldmarschall war Chiappin Vitelli, Marquis von Cetona, ein berühmter Offizier, mit welchem Cosmus von Florenz den König von Spanien beschenkt hatte, und Gabriel Cerbelloni, General des Geschützes. Von dem Herzoge von Savoyen wurde ihm ein erfahrner Kriegsbaumeister, Franz Paciotti aus Urbino, überlassen, der ihm in den Niederlanden bei Erbauung neuer Festungen nützlich werden sollte. Seinen Fahnen folgte noch eine große Anzahl Freiwilliger, und die Auswahl des spanischen Adels, wovon der größte Teil unter Karl V. in Deutschland, Italien und vor Tunis gefochten; Christoph Mondragone, einer der zehen spanischen Helden, die ohnweit Mühlberg, den Degen zwischen den Zähnen, über die Elbe geschwommen und unter feindlichem Kugelregen von dem entgegengesetzten Ufer die Kähne herübergezogen, aus denen der Kaiser nachher eine Schiffbrücke schlug; Sancho von Avila, den Alba selbst zum Soldaten erzogen, Camillo von Monte,

---

* Derselbe, unter dessen Befehlen eines von den spanischen Regimentern gestanden, worüber sieben Jahre vorher von den Generalstaaten soviel Streit erhoben worden.

Franz Ferdugo, Karl Davila, Nicolaus Basta, und Graf Martinengo – alle von edlem Feuer begeistert, unter einem so trefflichen Führer ihre kriegerische Laufbahn zu eröffnen, oder einen bereits erfochtenen Ruhm durch diesen glorreichen Feldzug zu krönen*.

Nach geschehener Musterung rückte die Armee, in drei Haufen verteilt, über den Berg Cenis, desselben Weges, den achtzehn Jahrhunderte vorher Hannibal soll gegangen sein. Der Herzog selbst führte den *Vortrab*, Ferdinand von Toledo, dem er den Obersten Lodroño an die Seite gab, das Mittel und den Nachtrab der Marquis von Cetona. Voran schickte er den Proviantmeister Franz von Ibarra nebst dem General Cerbelloni, der Armee Bahn zu machen, und den Mundvorrat in den Standquartieren bereitzuhalten. Wo der Vortrab des Morgens aufbrach, rückte abends das Mittel ein, welches am folgenden Tage dem Nachtrabe wieder Platz machte. So durchwanderte das Kriegsheer in mäßigen Tagereisen die savoyischen Alpen, und mit dem vierzehnten Marsch war dieser gefährliche Durchgang vollendet. Eine beobachtende französische Armee begleitete es seitwärts längs der Grenze von Dauphiné und dem Laufe der Rhône, und zur Rechten die alliierte Armee der Genfer, an denen es in einer Nähe von sieben Meilen vorbeikam; beide Heere ganz untätig und nur darauf bedacht, ihre Grenze zu decken. Wie es auf den steilen abschüssigen Felsen bergauf und bergunter klimmte, über die reißende Isère setzte, oder sich Mann für Mann durch enge Felsenbrüche wand, hätte eine Handvoll Menschen hingereicht, seinen ganzen Marsch aufzuhalten, und es rückwärts ins Gebirge zu treiben. Hier aber war es ohne Rettung verloren, weil auf jeglichem Lagerplatz immer nur auf einen einzigen Tag, und für ein einziges Dritteil Proviant bestellt war. Aber eine unnatürliche Ehrfurcht und Furcht vor dem spanischen Namen schien die Augen der Feinde gebunden zu haben, daß sie ihren Vorteil nicht wahrnahmen, oder es wenigstens nicht wagten, ihn zu benutzen. Um sie ja nicht daran zu erinnern, eilte der spanische Feldherr, sich mit möglichster Stille durch diesen gefährlichen Paß zu stehlen, überzeugt, daß es um ihn geschehen sein würde, sobald er beleidigte; während des ganzen Marsches wurde die strengste Mannszucht beobachtet, nicht eine einzige Bauern-

* Strad. 200. 201. Burgund. 393. Meteren 104.

hütte, nicht ein einziger Acker litt Gewalt*; und nie ist vielleicht seit Menschengedenken eine so zahlreiche Armee einen so weiten Weg in so trefflicher Ordnung geführt worden. Ein schrecklicher Glücksstern leitete dieses zum Mord gesandte Heer wohlbehalten durch alle Gefahren, und schwer dürfte es zu bestimmen sein, ob die Klugheit seines Führers, oder die Verblendung seiner Feinde mehr unsere Verwunderung verdienen**.

In der Franche Comté stießen vier neugeworbene Geschwader burgundischer Reuter zu der Hauptarmee, und drei deutsche Regimenter Fußvolk in Luxemburg, welche die Grafen von Eberstein, Schauenburg und Lodron dem Herzoge zuführten. Aus Thionville, wo er einige Tage rastete, ließ er die Oberstatthalterin durch Franz von Ibarra begrüßen, dem zugleich aufgetragen war, wegen Einquartierung der Truppen Abrede mit ihr zu nehmen. Von ihrer Seite erschienen Noircarmes und Berlaymont im spanischen Lager, dem Herzog zu seiner Ankunft Glück zu wünschen, und ihm die gewöhnlichen Ehrenbezeugungen zu erweisen. Zugleich mußten sie ihm die königliche Vollmacht abfordern, die er ihnen aber nur zum Teil vorzeigte. Ihnen folgten ganze Scharen aus dem flämischen Adel, die nicht genug eilen zu können glaubten, die Gunst des neuen Statthalters zu gewinnen, oder eine Rache, die gegen sie im Anzug war, durch eine zeitige Unterwerfung zu versöhnen. Als unter diesen auch der Graf von Egmont herannahte, zeigte ihn Herzog Alba den Umstehenden. „Es kommt ein großer Ketzer", rief er laut genug, daß Egmont es hörte, der bei diesen Worten betreten stillestand und die Farbe veränderte. Als aber der Herzog seine Unbesonnenheit zu verbessern, mit erheitertem Gesicht auf ihn zuging, und ihn mit einer Umarmung freundlich begrüßte, schämte sich der Flamänder seiner Furcht, und spottete dieses warnenden Winks durch eine leichtsinnige Deutung. Er besiegelte diese neue Freundschaft mit einem Geschenk von zwei trefflichen

* Einmal nur wagten es drei Reuter am Eingang von Lothringen, einige Hämmel aus einer Herde wegzutreiben, wovon der Herzog nicht so bald Nachricht bekam, als er dem Eigentümer das Geraubte wieder zurückschickte, und die Täter zum Strange verurteilte. Dieses Urteil wurde auf die Fürbitte des lothringischen Generals, der ihn an der Grenze zu begrüßen gekommen war, nur an einem von den dreien vollzogen, den das Los auf der Trommel traf. Strad. 202.

** Burgund. 496. 497. Strad. I. c.

Pferden, das mit herablassender Grandezza empfangen ward*.

Auf die Versicherung der Regentin, daß die Provinzen einer vollkommenen Ruhe genössen, und von keiner Seite Widersetzung zu fürchten sei, ließ der Herzog einige deutsche Regimenter, die bis jetzt Wartgeld gezogen, auseinandergehen. 3600 Mann wurden unter Lodrons Befehlen in Antwerpen einquartieret, woraus die wallonische Garnison, der man nicht recht traute, sogleich abziehen mußte; eine verhältnismäßig starke Besatzung warf man in Gent und in andere wichtige Plätze. Alba selbst rückte mit der mailändischen Brigade nach Brüssel vor, wohin ihn ein glänzendes Gefolge vom ersten Adel des Landes begleitete**.

Hier, wie in allen übrigen Städten der Niederlande, waren ihm Angst und Schrecken vorangeeilt, und wer sich nur irgendeiner Schuld bewußt war, oder wer sich auch keiner bewußt war, sah diesem Einzug mit einer Bangigkeit, wie dem Anbruch eines Gerichtstages entgegen. Wer nur irgend von Familie, Gütern und Vaterland sich losreißen konnte, floh oder war geflohen. Die Annäherung der spanischen Armee hatte die Provinzen, nach der Oberstatthalterin eigenem Bericht, schon um hunderttausend Bürger entvölkert, und diese allgemeine Flucht dauerte noch unausgesetzt fort***. Aber die Ankunft des spanischen Generals konnte den Niederländern nicht verhaßter sein, als sie der Regentin kränkend und niederschlagend war. Endlich nach vielen sorgenvollen Jahren, hatte sie angefangen, die Süßigkeit der Ruhe und einer unbestrittenen Herrschaft zu kosten, die das ersehnte Ziel ihrer achtjährigen Verwaltung gewesen, und bisher immer ein eitler Wunsch geblieben war. Diese Frucht ihres ängstlichen Fleißes, ihrer Sorgen und Nachtwachen sollte ihr jetzt durch einen Fremdling entrissen werden, der, auf einmal in den Besitz aller Vorteile gesetzt, die sie den Umständen nur mit langsamer Kunst abgewinnen konnte, den Preis der Schnelligkeit leicht über sie davontragen, und mit rascheren Erfolgen über ihr gründliches aber weniger schimmerndes Verdienst triumphieren würde. Seit dem Abzuge des Ministers Granvella hatte sie den ganzen Reiz der Unabhängigkeit gekostet, und die schmeichlerische Huldi-

---

* Meteren 105. Meurs. 37. Strada 202. Watson Tom. II. p. 9.
** Strad. 203.
*** Strad. L. I. c.

gung des Adels, der ihr den Schein der Herrschaft desto mehr zu genießen gab, je mehr er ihr von dem Wesen derselben entzog, hatte ihre Eitelkeit allmählich zu einem solchen Grade verwöhnt, daß sie endlich auch ihren redlichsten Diener, den Staatsrat Viglius, der nichts als Wahrheit für sie hatte, durch Kälte von sich entfremdete. Jetzt sollte ihr auf einmal ein Aufseher ihrer Handlungen, ein Teilhaber ihrer Gewalt an die Seite gesetzt, wo nicht gar ein Herr aufgedrungen werden, von dessen stolzem, störrigem und gebieterischem Geist, den keine Hofsprache milderte, ihrer Eigenliebe die tödlichsten Kränkungen bevorstanden. Vergebens hatte sie, um seine Ankunft zu hintertreiben, alle Gründe der Staatskunst aufgeboten, dem Könige vorstellen lassen und vorgestellt, daß der gänzliche Ruin des niederländischen Handels die unausbleibliche Folge dieser spanischen Einquartierung sein würde; vergebens hatte sie sich auf den bereits wiederhergestellten Frieden des Landes, und auf ihre eigenen Verdienste um diesen Frieden berufen, die sie zu einem bessern Danke berechtigten, als die Früchte ihrer Bemühungen einem fremden Ankömmling abzutreten, und alles von ihr gestiftete Gute durch ein entgegengesetztes Verfahren wieder vernichtet zu sehen. Selbst nachdem der Herzog schon den Berg Cenis herüber war, hatte sie noch einen Versuch gemacht, ihn wenigstens zu einer Verminderung seines Heers zu bewegen, aber auch diesen fruchtlos wie alle vorigen, weil sich der Herzog auf seinen Auftrag stützte. Mit dem empfindlichsten Verdrusse sah sie jetzt seiner Annäherung entgegen, und Tränen gekränkter Eigenliebe mischten sich unter die, welche sie dem Vaterlande weinte*.

Der 22. August 1567 war der Tag, an welchem der Herzog Alba an den Toren von Brüssel erschien. Sein Heer wurde sogleich in den Vorstädten in Besatzung gelegt, und er selbst ließ sein erstes Geschäft sein, gegen die Schwester seines Königs die Pflicht der Ehrerbietung zu beobachten. Sie empfing ihn als eine Kranke, entweder weil die erlittene Kränkung sie wirklich so sehr angegriffen hatte, oder wahrscheinlicher, weil sie dieses Mittel erwählte seinem Hochmut weh zu tun, und seinen Triumph in etwas zu schmälern. Er übergab ihr Briefe vom Könige, die er aus Spanien für sie mitgebracht, und legte ihr eine Abschrift seiner eigenen Bestallung vor, worin

* Meteren 104. Burg. 470. Strad. 203. Vigl. ad Hopper IV. V. XXX. Brief.

ihm der Oberbefehl über die ganze niederländische Kriegsmacht übergeben war, der Regentin also, wie es schien, die
Verwaltung der bürgerlichen Dinge, nach wie vor, anheimgestellt blieb. Sobald er sich aber mit ihr allein sah, brachte er
eine neue Kommission zum Vorschein, die von der vorhergehenden ganz verschieden lautete. Zufolge dieser neuen Kommission war ihm Macht verliehen, nach eigenem Gutdünken
Krieg zu führen, Festungen zu bauen, die Statthalter der Provinzen, die Befehlshaber der Städte, und die übrigen königlichen Beamten nach Gefallen zu ernennen und abzusetzen,
über die vergangenen Unruhen Nachforschung zu tun, ihre
Urheber zu bestrafen und die Treugebliebenen zu belohnen.
Eine Vollmacht von diesem Umfange, die ihn beinahe einem
Souverän gleich machte, und diejenige weit übertraf, womit
sie selbst versehen worden war, bestürzte die Regentin aufs
äußerste, und es ward ihr schwer, ihre Empfindlichkeit zu verbergen. Sie fragte den Herzog, ob er nicht vielleicht noch eine
dritte Kommission, oder besondere Befehle im Rückhalte
hätte, die noch weiter gingen und bestimmter abgefaßt wären?
welches er nicht undeutlich bejahete, aber dabei zu erkennen
gab, daß es für heute zu weitläufig sein dürfte, und nach Zeit
und Gelegenheit besser würde geschehen können. Gleich in
den ersten Tagen seiner Ankunft ließ er den Ratsversammlungen und Ständen eine Kopie jener ersten Instruktion vorlegen,
und beförderte sie zum Druck, um sie schneller in jedermanns
Hände zu bringen. Weil die Statthalterin den Palast innehatte,
bezog er einstweilen das Culembourgische Haus, dasselbe,
worin die Geusenverbrüderung ihren Namen empfangen hatte,
und vor welchem jetzt durch einen wunderbaren Wechsel der
Dinge die spanische Tyrannei ihre Zeichen aufpflanzte*.

Eine tote Stille herrschte jetzt in Brüssel, die nur zuweilen
das ungewohnte Geräusch der Waffen unterbrach. Der Herzog
war wenige Stunden in der Stadt, als sich seine Begleiter, gleich
losgelassenen Spürhunden, nach allen Gegenden zerstreuten.
Überall fremde Gesichter, menschenleere Straßen, alle Häuser
verriegelt, alle Spiele eingestellt, alle öffentliche Plätze verlassen, die ganze Residenz wie eine Landschaft, welche die Pest
hinter sich liegenließ. Ohne wie sonst gesprächig beisammen
zu verweilen, eilten Bekannte an Bekannten vorüber, man förderte seine Schritte, sobald ein Spanier in den Straßen erschien.

* Strad. 203. Meteren 105. Meurs. Guil. Auriac. L. IV. 38.

Jedes Geräusch jagte Schrecken ein, als pochte schon ein Gerichtsdiener an der Pforte; der Adel hielt sich bang erwartend in seinen Häusern, man vermied sich öffentlich zu zeigen, um dem Gedächtnis des neuen Statthalters nicht zu Hülfe zu kommen. Beide Nationen schienen ihren Charakter umgetauscht zu haben, der Spanier war jetzt der Redselige und der Brabanter der Stumme; Mißtrauen und Furcht hatten den Geist des Mutwillens und der Fröhlichkeit verscheucht, eine gezwungene Gravität sogar das Mienenspiel gebunden. Jede nächste Minute fürchtete man den niederfallenden Streich. Seitdem die Stadt den spanischen Heerführer in ihren Mauern hatte, erging es ihr, wie einem, der einen Giftbecher ausgeleert und mit bebender Angst jetzt und jetzt die tödliche Wirkung erwartet.

Diese allgemeine Spannung der Gemüter hieß den Herzog zur Vollstreckung seiner Anschläge eilen, ehe man ihnen durch eine zeitige Flucht zuvorkäme. Sein erstes mußte sein, sich der verdächtigsten Großen zu versichern, um der Faktion für ein und allemal ihre Häupter, und dem Volke, dessen Freiheit unterdrückt werden sollte, seine Stützen zu entreißen. Durch eine verstellte Freundlichkeit war es ihm gelungen, ihre erste Furcht einzuschläfern, und den Grafen von Egmont besonders in seine ganze vorige Sicherheit zurückzuwerfen, wobei er sich auf eine geschickte Art seiner Söhne, Ferdinand und Friedrich Toledo, bediente, deren Geselligkeit und Jugend sich leichter mit dem flämischen Charakter vermischten. Durch dieses kluge Betragen erlangte er, daß auch der Graf von Hoorne, der es bis jetzt für ratsamer gehalten, den ersten Begrüßungen von weitem zuzusehen, von dem guten Glücke seines Freundes verführt, nach Brüssel gelockt wurde. Einige aus dem Adel, an deren Spitze Graf Egmont sich befand, fingen sogar an, zu ihrer vorigen lustigen Lebensart zurückzukehren, doch nur mit halbem Herzen und ohne viele Nachahmer zu finden. Das Culembourgische Haus war unaufhörlich von einer zahlreichen Welt belagert, die sich dort um die Person des neuen Statthalters herumdrängte, und auf einem Gesicht, das Furcht und Unruhe spannten, eine geborgte Munterkeit schimmern ließ; Egmont besonders gab sich das Ansehen, mit leichtem Mute in diesem Hause aus und ein zu gehen, bewirtete die Söhne des Herzogs und ließ sich wieder von ihnen bewirten. Mittlerweile überlegte der Herzog, daß eine so schöne Gelegenheit zu Vollstreckung seines Anschlags nicht zum zweiten Male

wiederkommen dürfte, und eine einzige Unvorsichtigkeit genug
sei, diese Sicherheit zu zerstören, die ihm beide Schlachtopfer von
selbst in die Hände lieferte; doch sollte auch noch Hoogstraeten,
als der dritte Mann, in derselben Schlinge gefangen werden, den
er deswegen, unter einem scheinbaren Vorwande von Geschäften, nach der Hauptstadt rief. Zu der nämlichen Zeit, wo er
selbst in Brüssel sich der drei Grafen versichern wollte, sollte
der Oberste von Lodron in Antwerpen den Bürgermeister
Straalen, einen genauen Freund des Prinzen von Oranien, und
der im Verdacht war, die Kalvinisten begünstigt zu haben;
ein andrer den geheimen Sekretär und Edelmann des Grafen
von Egmont, Johann Casenbrod von Backerzeel, zugleich mit
einigen Schreibern des Grafen von Hoorne in Verhaft nehmen,
und sich ihrer Papiere bemächtigen.

Als der Tag erschienen, der zur Ausführung dieses Anschlags
bestimmt war, ließ er alle Staatsräte und Ritter, als ob er sich
über die Staatsangelegenheiten mit ihnen besprechen müßte, zu
sich entbieten, bei welcher Gelegenheit von seiten der Niederländer der Herzog von Arschot, die Grafen von Mansfeld, der
von Berlaymont, von Aremberg, und von spanischer Seite, außer
den Söhnen des Herzogs, Vitelli, Cerbelloni und Yvarra zugegen
waren. Dem jungen Grafen von Mansfeld, der gleichfalls bei
dieser Versammlung erschien, winkte sein Vater, daß er sich
eiligst wieder unsichtbar machte, und durch eine schnelle Flucht
dem Verderben entging, das über ihn, als einen ehemaligen
Teilhaber des Geusenbundes, verhängt war. Der Herzog suchte
die Beratschlagung mit Fleiß in die Länge zu ziehen, um die
Kuriere aus Antwerpen zuvor abzuwarten, die ihm von der
Verhaftnehmung der übrigen Nachricht bringen sollten. Um
dieses mit desto weniger Verdacht zu tun, mußte der Kriegsbaumeister Paciotti bei der Beratschlagung mit zugegen sein,
und ihm die Risse zu einigen Festungen vorlegen. Endlich
ward ihm hinterbracht, daß Lodrons Anschlag glücklich von-
statten gegangen sei, worauf er die Unterredung mit guter Art
abbrach, und die Staatsräte von sich ließ. Und nun wollte sich
Graf Egmont nach den Zimmern Don Ferdinands begeben,
um ein angefangenes Spiel mit ihm fortzusetzen, als ihm der
Hauptmann von der Leibwache des Herzogs, Sancho von Avila,
in den Weg trat, und im Namen des Königs den Degen abforderte. Zugleich sah er sich von einer Schar spanischer Soldaten
umringt, die, der Abrede gemäß, plötzlich aus dem Hinter-

grunde hervortraten. Dieser höchst unerwartete Streich griff ihn so heftig an, daß er auf einige Augenblicke Sprache und Besinnung verlor; doch faßte er sich bald wieder, und nahm seinen Degen mit gelaßnem Anstand von der Seite. „Dieser Stahl", sagte er, indem er ihn in des Spaniers Hände gab, „hat die Sache des Königs schon einigemal nicht ohne Glück verteidigt." Zur nämlichen Zeit bemächtigte sich ein anderer spanischer Offizier des Grafen von Hoorne, der ohne alle Ahndung der Gefahr soeben nach Hause kehren wollte. Hoornes erste Frage war nach Graf Egmont. Als man ihm antwortete, daß seinem Freunde in ebendem Augenblicke dasselbe begegne, ergab er sich ohne Widerstand. „Von ihm hab ich mich leiten lassen", rief er aus, „es ist billig, daß ich ein Schicksal mit ihm teile." Beide Grafen wurden in verschiedenen Zimmern in Verwahrung gebracht. Indem dieses innen vorging, war die ganze Garnison ausgerückt und stand vor dem Culembourgischen Hause unter dem Gewehre. Niemand wußte, was drinnen vorgegangen war, ein geheimnisvolles Schrecken durchlief ganz Brüssel, bis endlich das Gerücht diese unglückliche Begebenheit verbreitete. Sie ergriff alle Einwohner, als ob sie jedem unter ihnen selbst widerfahren wäre; bei vielen überwog der Unwille über Egmonts Verblendung das Mitleid mit seinem Schicksal, alle frohlockten, daß Oranien entronnen sei. Auch soll die erste Frage des Kardinals Granvella, als man ihm in Rom die Botschaft brachte, gewesen sein, ob man den Schweigenden auch habe? Da man ihm dieses verneinte, schüttelte er den Kopf: „Man hat also gar nichts", sagte er, „weil man den Schweigenden entwischen ließ." Besser meinte es das Schicksal mit dem Grafen von Hoogstraeten, den das Gerücht dieses Vorfalls unterwegs nach Brüssel noch erreichte, weil er krankheitshalber war genötigt worden, langsamer zu reisen. Er kehrte eilends um, und entrann glücklich dem Verderben*.

Gleich nach seiner Gefangennehmung wurde dem Grafen von Egmont ein Handschreiben an den Befehlshaber der Zitadelle von Gent abgedrungen, worin er diesem anbefehlen mußte, dem spanischen Obristen Alphons von Ulloa die Festung zu übergeben. Beide Grafen wurden alsdann, nachdem sie einige Wochen lang in Brüssel, jeder an einem besondern Orte, gefangen gesessen, unter einer Bedeckung von 3000

---

* Meteren 108. Strad. 204. 205. Meurs. Guil. Auriac. 39. Allg. G. d. v. N. III. Bd. 112.

spanischen Soldaten nach Gent abgeführt, wo sie weit in das folgende Jahr hinein in Verwahrung blieben. Zugleich hatte man sich aller ihrer Briefschaften bemächtigt. Viele aus dem ersten Adel, die sich von der verstellten Freundlichkeit des Herzogs von Alba hatten betören lassen, zu bleiben, erlitten das nämliche Schicksal; und an denjenigen, welche bereits vor des Herzogs Ankunft mit den Waffen in der Hand gefangen worden, wurde nunmehr ohne längern Aufschub das letzte Urteil vollzogen. Auf das Gerücht von Egmonts Verhaftung ergriffen abermals gegen 20 000 Einwohner den Wanderstab, außer den 100 000, die sich bereits in Sicherheit gebracht und die Ankunft des spanischen Feldherrn nicht hatten erwarten wollen. Niemand schätzte sich mehr sicher, nachdem sogar auf ein so edles Leben ein Angriff geschehen war*; aber viele fanden Ursache, es zu bereuen, daß sie diesen heilsamen Entschluß so weit hinausgeschoben hatten; denn mit jedem Tage wurde ihnen die Flucht schwerer gemacht, weil der Herzog alle Häfen sperren ließ, und auf die Wanderung Todesstrafe setzte. Jetzt pries man die Bettler glücklich, welche Vaterland und Güter im Stich gelassen, um nichts als Atem und Freiheit zu retten**.

Albas erste Anordnungen und Abzug der Herzogin von Parma

Albas erster Schritt, sobald er sich der verdächtigsten Großen versichert hatte, war, die Inquisition in ihr voriges Ansehen

* Ein großer Teil dieser Flüchtlinge half die Armee der Hugenotten verstärken, die von dem Durchzug der spanischen Armee durch Lothringen einen Vorwand genommen hatten, ihre Macht zusammenzuziehen, und Karln den Neunten jetzt aufs äußerste bedrängten. Aus diesem Grunde glaubte der französische Hof ein Recht zu haben, bei der Regentin der Niederlande auf Subsidien zu dringen. Die Hugenotten, führte er an, hätten den Marsch der spanischen Armee als eine Folge der Verabredung angesehen, die zwischen beiden Höfen in Bayonne gegen sie geschlossen worden sei, und wären dadurch aus ihrem Schlummer geweckt worden. Von Rechts wegen komme es also dem spanischen Hofe zu, den französischen Monarchen aus einer Bedrängnis ziehen zu helfen, in welche dieser nur durch den Marsch der Spanier geraten sei. Alba ließ auch wirklich den Grafen von Aremberg mit einem ansehnlichen Heer zu der Armee der Königinmutter in Frankreich stoßen, und erbot sich sogar, es in eigener Person zu befehligen, welches letztere man sich aber verbat. Strad. 206. Thuan. 541.

** Meurs. Guil. Auriac. 40. Thuan. 539. Meteren 108. Allg. G. d. v. N. 113.

wiedereinzusetzen, die Schlüsse der trientischen Kirchenversammlung wieder geltend zu machen, die Moderation aufzuheben, und die Plakate gegen die Ketzer auf ihre ganze vorige
Strenge zurückzuführen*. Der Inquisitionshof in Spanien
hatte die gesamte niederländische Nation, Katholiken und Irr-
gläubige, Treugesinnte und Rebellen ohne Unterschied, diese,
weil sie sich durch Taten, jene, weil sie sich durch Unterlassen vergangen, einige wenige ausgenommen, die man namentlich anzugeben sich vorbehielt, der beleidigten Majestät
im höchsten Grade schuldig erkannt, und dieses Urteil
hatte der König durch eine öffentliche Sentenz bestätigt. Er
erklärte sich zugleich aller seiner Versprechungen quitt, und
aller Verträge entlassen, welche die Oberstatthalterin in seinem
Namen mit dem niederländischen Volke eingegangen; und
Gnade war alle Gerechtigkeit, die es künftig von ihm zu erwarten hatte. Alle, die zu Vertreibung des Ministers Granvella
beigetragen, an der Bittschrift des verbundenen Adels Anteil
gehabt, oder auch nur Gutes davon gesprochen; alle, die gegen
die trientischen Schlüsse, gegen die Glaubensedikte, oder gegen
die Einsetzung der Bischöfe mit einer Supplik eingekommen;
alle, die das öffentliche Predigen zugelassen, oder nur schwach
gehindert; alle, die die Insignien der Geusen getragen, Geusen-
lieder gesungen oder sonst auf irgendeine Weise ihre Freude
darüber an den Tag gelegt; alle, die einen unkatholischen Prediger beherbergt oder verheimlicht, kalvinischen Begräbnissen
beigewohnt, oder auch nur von ihren heimlichen Zusammenkünften gewußt und sie verschwiegen; alle, die von den Privilegien des Landes Einwendungen hergenommen; alle, endlich,
die sich geäußert, daß man Gott mehr gehorchen müsse, als
den Menschen – alle, ohne Unterschied, seien in die Strafe
verfallen, die das Gesetz auf Majestätsverletzung und Hochverrat lege, und diese Strafe solle ohne Schonung oder Gnade, ohne Rücksicht auf Rang, Geschlecht oder Alter, der
Nachwelt zum Beispiel und zum Schrecken für alle künftige
Zeiten, nach der Vorschrift, die man geben würde, an den
Schuldigen vollzogen werden**. Nach dieser Angabe war kein
Reiner mehr in allen Provinzen, und der neue Statthalter
hatte ein schreckliches Auslesen unter der ganzen Nation. Alle
Güter und alle Leben waren sein, und wer eines von beiden,

* Meurs. G. A. 38. Meteren 105.
** Meteren 107.

oder gar beides rettete, empfing es von seiner Großmut und Menschlichkeit zum Geschenke.

Durch diesen ebenso fein ausgesonnenen als abscheulichen Kunstgriff wurde die Nation entwaffnet, und eine Vereinigung der Gemüter unmöglich gemacht. Weil es nämlich bloß von des Herzogs Willkür abhing, an wem er das Urteil vollstrecken lassen wollte, das über alle ohne Ausnahme gefällt war, so hielt jeder einzelne sich stille, um womöglich der Aufmerksamkeit des Statthalters zu entwischen, und die Todeswahl ja nicht auf sich zu lenken; so stand jeder, mit dem es ihm gefiel, eine Ausnahme zu machen, gewissermaßen in seiner Schuld, und hatte ihm für seine Person eine Verbindlichkeit, die dem Wert des Lebens und des Eigentums gleichkam. Da dieses Strafgericht aber bei weitem nur an der kleinern Hälfte der Nation vollstreckt werden konnte, so hatte er sich also natürlicherweise der größern durch die stärksten Bande der Furcht und der Dankbarkeit versichert; und für einen, den er zum Schlachtopfer aussuchte, waren zehn andere gewonnen, die er vorüberging. Auch blieb er unter Strömen Bluts, die er fließen ließ, im ruhigen Besitz seiner Herrschaft, solange er dieser Staatskunst getreu blieb, und verscherzte diesen Vorteil nicht eher, als bis ihn Geldmangel zwang, der Nation eine Last aufzulegen, die jeden ohne Ausnahme drückte*.

Um aber nun diesem blutigen Geschäfte, das sich täglich unter seinen Händen häufte, mehr gewachsen zu sein, und aus Mangel der Werkzeuge ja kein Opfer zu verlieren, um auf der andern Seite sein Verfahren von den Ständen unabhängig zu machen, mit deren Privilegien es so sehr im Widerspruche stand, und die ihm überhaupt viel zu menschlich dachten, setzte er einen außerordentlichen Justizhof von zwölf Kriminalrichtern nieder, der über die vergangenen Unruhen erkennen, und nach dem Buchstaben der gegebenen Vorschrift Urteil sprechen sollte. Schon die Einsetzung dieses Gerichtshofs war eine Verletzung der Landesfreiheiten, welche ausdrücklich mit sich brachten, daß kein Bürger außerhalb seiner Provinz gerichtet werden dürfte; aber er machte die Gewalttätigkeit vollkommen, indem er, gegen die heiligsten Privilegien des Landes, auch den erklärten Feinden der niederländischen Freiheit, seinen Spaniern, Sitz und Stimme darin gab. Präsident dieses Gerichtshofs war er selbst, und nach ihm ein gewisser Lizentiat Vargas,

* Thuan. II. 540. A. G. d. v. N. III. 115.

ein Spanier von Geburt, den sein eigenes Vaterland wie eine
Pestbeule ausgestoßen, wo er an einem seiner Mündel Notzucht
verübt hatte; ein schamloser verhärteter Bösewicht, in dessen
Gemüte sich Geiz, Wollust und Blutbegier um die Oberherrschaft
stritten, über dessen Nichtswürdigkeit endlich die Geschicht-
schreiber beider Parteien miteinander einstimmig sind*. Die
vornehmsten Beisitzer waren der Graf von Aremberg, Philipp
von Noircarmes und Karl von Berlaymont, die jedoch niemals
darin erschienen sind; Hadrian Nicolai, Kanzler von Geldern;
Jakob Meertens und Peter Asset, Präsidenten von Artois und
Flandern; Jakob Hessels und Johann de la Porte, Räte von
Gent; Ludwig del Rio, Doktor der Theologie und ein geborner
Spanier; Johann du Bois, Oberanwalt des Königs, und de la
Torre, Schreiber des Gerichts. Auf Viglius' Vorstellungen
wurde der Geheime Rat mit einem Anteil an diesem Gerichte
verschont; auch aus dem großen Rate zu Mecheln wurde niemand dazugezogen. Die Stimmen der Mitglieder waren nur
ratgebend, nicht beschließend, welches letztere sich der
Herzog allein vorbehielt. Für die Sitzungen war keine besondere Zeit bestimmt; die Räte versammelten sich des Mittags,
sooft es der Herzog für gut fand. Aber schon nach Ablauf des
dritten Monats fing dieser an, bei den Sitzungen seltner zu
werden, und seinem Liebling Vargas zuletzt seinen ganzen
Platz abzutreten, den dieser mit so abscheulicher Würdigkeit
besetzte, daß in kurzer Zeit alle übrigen Mitglieder, der Schandtaten müde, wovon sie Augenzeugen und Gehülfen sein mußten, bis auf den spanischen Doktor del Rio und den Sekretär
de la Torre, aus den Versammlungen wegblieben**. Es empört
die Empfindung, wenn man liest, wie das Leben der Edelsten
und Besten in die Hände spanischer Lotterbuben gegeben war,
und wie nah es dabei war, daß sie selbst die Heiligtümer der
Nation, ihre Privilegien und Patente, durchwühlt, Siegel erbrochen und die geheimsten Kontrakte zwischen dem Landesherrn und den Ständen profaniert und preisgegeben hätten***.

* Dignum belgico carcinomate cultrum nennt ihn Meurs. Guil. Auriac.
38. Vigl. ad Hopper. XLVI. LXVIII. LXXXI. Brief. Meteren 105.
** Wie man denn auch wirklich oft die Sentenzen gegen die angesehen-
sten Männer, z. B. das Todesurteil über den Bürgermeister Straalen von
Antwerpen, nur von Vargas, del Rio und de la Torre unterzeichnet fand.
Meteren 105.
*** Meteren 106. Zu einem Beispiel, mit welchem fühllosen Leichtsinn
die wichtigsten Dinge, selbst Entscheidungen über Leben und Tod, in

Von dem Rat der Zwölfe, der, seiner Bestimmung nach, der
Rat der Unruhen genannt wurde, seines Verfahrens wegen
aber unter dem Namen des Blutrats, den die aufgebrachte Nation ihm beilegte, allgemeiner bekannt ist, fand keine Revision
der Prozesse, keine Appellation statt. Seine Urteile waren unwiderruflich und durch keine andere Autorität gebunden. Kein
Gericht des Landes durfte über Rechtsfälle erkennen, welche
die letzte Empörung betrafen, so daß beinahe alle andere Justiz-
höfe ruhten. Der große Rat zu Mecheln war so gut als nichts
mehr; das Ansehen des Staatsrats fiel gänzlich, daß sogar seine
Sitzungen eingingen. Selten geschah es, daß sich der Herzog
mit einigen Gliedern des letztern über Staatsgeschäfte besprach,
und wenn es auch je zuweilen dazu kam, so war es in seinem
Kabinett, in einer Privatunterredung, ohne eine rechtliche Form
dabei zu beobachten. Kein Privilegium, kein noch so sorgfältig
besiegelter Freibrief kam vor dem Rat der Unruhen in Anschlag*.
Alle Urkunden und Kontrakte mußten ihm vorgelegt werden
und oft die gewalttätigste Auslegung und Änderung leiden.
Ließ der Herzog eine Sentenz ausfertigen, die von den Ständen
Brabants Widerspruch zu fürchten hatte, so galt sie ohne das
brabantische Siegel. In die heiligsten Rechte der Personen wurden
Eingriffe getan, und eine beispiellose Despotie drang sich sogar
in den Kreis des häuslichen Lebens. Weil die Unkatholischen
und Rebellen bisher durch Heiratsverbindungen mit den ersten
Familien des Landes ihren Anhang so sehr zu verstärken gewußt
hatten, so gab der Herzog ein Mandat, das allen Niederländern,
wes Standes und Würden sie auch sein möchten, bei Strafe an
Leib und Gut, untersagte, ohne vorhergeschehene Anfrage bei
ihm und ohne seine Bewilligung keine Heirat zu schließen**.

diesem Blutrat behandelt worden, mag dienen, was von dem Rat Hessels
erzählt wird. Er pflegte nämlich mehrenteils in der Versammlung zu schlafen, und wenn die Reihe an ihn kam, seine Stimme zu einem Todesurteil
zu geben, noch schlaftrunken aufzuschreien: Ad Patibulum! ad Patibulum!
So geläufig war dieses Wort seiner Zunge geworden. Von diesem Hessels
ist noch merkwürdig, daß ihm seine Gattin, eine Nichte des Präsidenten
Viglius, in den Ehepakten ausdrücklich vorgeschrieben hatte, das traurige
Amt eines königlichen Anwalts niederzulegen, das ihn der ganzen Nation
verhaßt machte. Vigl. ad Hopper. LXVII. Brief. A. G. d. v. N. 114.
   * In einem schlechten Latein richtete Vargas die niederländische Freiheit
zugrunde. Non curamus vestros privilegios, antwortete er einem, der die
Freiheiten der hohen Schule zu Löwen gegen ihn geltend machen wollte.
A. G. d. v. N. 117.
   ** Meteren 105. 107. Thuan. 540.

Alle, die der Rat der Unruhen vorzuladen für gut fand, mußten vor diesem Tribunale erscheinen, die Geistlichkeit wie die Laien, die ehrwürdigsten Häupter der Senate, wie der Bilderstürmer verworfenes Gesindel. Wer nicht erschien, wie auch fast niemand tat, war des Landes verwiesen und alle seine Güter dem Fiskus heimgefallen; verloren aber war ohne Rettung, wer sich stellte, oder den man sonst habhaft werden konnte. Zwanzig, vierzig, oft funfzig wurden aus e i n e r Stadt zugleich vorgefordert, und die Reichsten waren dem Donnerstrahl immer die nächsten. Geringere Bürger, die nichts besaßen, was ihnen Vaterland und Herd hätte lieb machen können, wurden ohne vorhergegangene Zitation überrascht und verhaftet. Manche angesehene Kaufleute, die über ein Vermögen von 60- bis 100000 Gulden zu gebieten gehabt hatten, sah man hier wie gemeines Gesindel, mit auf den Rücken gebundenen Händen, an einem Pferdeschweif zu der Richtstätte schleifen, in Valenciennes zu e i n e r Zeit fünfundfunfzig Häupter abschlagen. Alle Gefängnisse, deren der Herzog gleich beim Antritt seiner Verwaltung eine große Menge hatte neu erbauen lassen, waren von Delinquenten vollgepreßt; Hängen, Köpfen, Vierteilen, Verbrennen, waren die hergebrachten und ordentlichen Verrichtungen des Tages; weit seltner schon hörte man von Galeerenstrafe und Verweisung, denn fast keine Verschuldung war, die man für Todesstrafe zu leicht geachtet hätte. Unermeßliche Summen fielen dadurch in den Fiskus, die aber den Golddurst des neuen Statthalters und seiner Gehülfen viel mehr reizten als löschten. Sein rasender Entwurf schien zu sein, die ganze Nation zum Bettler zu machen, und alle Reichtümer des Landes in des Königs und seiner Diener Hände zu spielen. Der jährliche Ertrag dieser Konfiskationen wurde den Einkünften eines Königreichs vom ersten Range gleich geschätzt; man soll sie dem Monarchen, nach einer ganz unglaublichen Angabe, auf zwanzig Millionen Taler berechnet haben. Aber dieses Verfahren war desto unmenschlicher, da es gerade die ruhigsten Untertanen, und die rechtgläubigsten Katholiken, denen man nicht einmal Leides tun wollte, oft am härtesten traf; denn mit Einziehung der Güter sahen sich alle Gläubiger getäuscht, die darauf zu fordern gehabt hatten; alle Hospitäler und öffentliche Stiftungen, die davon unterhalten worden, gingen ein, und die Armut, die sonst einen Notpfennig davon gezogen, mußte diese einzige Nahrungsquelle für sich vertrocknet sehen. Welche

es unternahmen, ihr gegründetes Recht an diese Güter vor
dem Rat der Zwölfe zu verfolgen (denn kein anderer Gerichtshof durfte sich mit diesen Untersuchungen befassen), verzehr-
ten sich in langwierigen kostbaren Rechtshändeln, und waren
Bettler, ehe sie das Ende davon erlebten*. Von einer solchen
Umkehrung der Gesetze, solchen Gewalttätigkeiten gegen das
Eigentum, einer solchen Verschleuderung des Menschenlebens
kann die Geschichte gebildeter Staaten schwerlich mehr als
noch ein einziges Beispiel aufweisen; aber Cinna, Sulla und
Marius traten in das eroberte Rom als beleidigte Sieger, und
übten wenigstens ohne Hülle, was der niederländische Statthalter unter dem ehrwürdigen Schleier der Gesetze vollführte.

Bis zum Ablauf dieses 1567. Jahres hatte man noch an die
persönliche Ankunft des Königs geglaubt, und die Besten aus
dem Volke hatten sich auf diese letzte Instanz vertröstet. Noch
immer lagen Schiffe, die er ausdrücklich zu diesem Zweck hatte
ausrüsten lassen, im Hafen vor Vlissingen bereit, ihm auf den
ersten Wink entgegenzusegeln; und bloß allein, weil er in
ihren Mauern residieren sollte, hatte sich die Stadt Brüssel zu
einer spanischen Besatzung verstanden. Aber auch diese Hoffnung erlosch allmählich ganz, da der König diese Reise von
einem Vierteljahr aufs andere hinausschob, und der neue Regent sehr bald anfing, eine Vollmacht sehen zu lassen, die weniger einen Vorläufer der Majestät, als einen souveränen Minister ankündigte, der sie ganz überflüssig machte. Um die Not
der Provinzen vollkommen zu machen, mußte nun auch in der
Person der Regentin, ihr letzter guter Engel von ihnen scheiden**.

Schon seit der Zeit nämlich, wo ihr die ausgedehnte Vollmacht des Herzogs über das Ende ihrer Herrschaft keinen
Zweifel mehr übrigließ, hatte Margareta den Entschluß gefaßt,
auch dem Namen derselben zu entsagen. Einen lachenden Erben im Besitz einer Hoheit zu sehen, die ihr durch einen neunjährigen Genuß zum Bedürfnis geworden war, einem andern
die Herrlichkeit, den Ruhm, den Schimmer, die Anbetung, und
alle Aufmerksamkeiten, die das gewöhnliche Gefolge der höchsten Gewalt sind, zuwandern zu sehen, und verloren zu fühlen, was sie besessen zu haben nie vergessen konnte, war

* Meteren 109.
** Vigl. ad Hopper. XLV. Brief.

mehr, als eine Frauenseele zu verschmerzen imstande ist; aber Herzog Alba war vollends nicht dazu gemacht, durch einen schonenden Gebrauch seiner neu erlangten Hoheit ihr die Trennung davon weniger fühlbar zu machen. Die allgemeine Ordnung selbst, die durch diese doppelte Herrschaft in Gefahr geriet, schien ihr diesen Schritt aufzulegen. Viele Provinzstatthalter weigerten sich, ohne ein ausdrückliches Mandat vom Hofe, Befehle vom Herzog anzunehmen, und ihn als Mitregenten zu erkennen.

Der schnelle Umtausch ihrer Pole hatte bei den Höflingen nicht so gelassen, so unmerklich abgehen können, daß die Herzogin die Veränderung nicht aufs bitterste empfand. Selbst die wenigen, die, wie z. B. der Staatsrat Viglius, standhaft bei ihr aushielten, taten es weniger aus Anhänglichkeit an ihre Person, als aus Verdruß, sich Anfängern und Fremdlingen nachgesetzt zu sehen, und weil sie zu stolz dachten, unter dem neuen Regenten ihre Lehrjahre zu wiederholen*. Bei weitem der größte Teil konnte bei allen Bestrebungen, die Mitte zwischen beiden zu halten, die unterscheidende Huldigung nicht verbergen, die er der aufgehenden Sonne vor der sinkenden zollte, und der königliche Palast in Brüssel ward immer öder und stiller, je mehr sich das Gedränge im Culembourgischen Hause vermehrte. Aber was die Empfindlichkeit der Herzogin zu dem äußersten Grade reizte, war Hoornes und Egmonts Verhaftung, die ohne ihr Wissen, und als wäre sie gar nicht in der Welt gewesen, eigenmächtig von dem Herzog beschlossen und ausgeführt ward. Zwar bemühte sich Alba, sie sogleich nach geschehener Tat durch die Erklärung zu beruhigen, daß man diesen Anschlag aus keinem andern Grunde vor ihr geheimgehalten, als um bei einem so verhaßten Geschäfte ihren Namen zu schonen; aber eine Delikatesse konnte die Wunde nicht zuschließen, die ihrem Stolze geschlagen war. Um auf einmal allen ähnlichen Kränkungen zu entgehen, von denen die gegenwärtige wahrscheinlich nur ein Vorbote war, schickte sie ihren Geheimschreiber Machiavell an den Hof ihres Bruders ab, ihre Entlassung von der Regentschaft dort mit allem Ernst zu betreiben. Sie wurde ihr ohne Schwierigkeit, doch mit allen Merkmalen seiner höchsten Achtung, bewilligt; er setze, drückte er sich aus, seinen eigenen und der Provinzen Vorteil hintan, um seine Schwester zu verbinden. Ein Geschenk von 30000 Talern

* Vigl. ad Hopper. XXIII. XL. XLIV. und XLV. Brief.

begleitete diese Bewilligung, und 20000 wurden ihr zum jährlichen Gehalt angewiesen*. Zugleich folgte ein Diplom für den
Herzog von Alba, das ihn an ihrer Statt zum Oberstatthalter
der sämtlichen Niederlande mit unumschränkter Vollmacht
erklärte**.

Gar gerne hätte Margareta gesehen, daß ihr vergönnt worden
wäre, ihre Statthalterschaft vor einer solennen Ständeversammlung niederzulegen; ein Wunsch, den sie dem König nicht undeutlich zu erkennen gab, aber nicht die Freude hatte, in Erfüllung gebracht zu sehen. Überhaupt mochte sie das Feierliche
lieben, und das Beispiel des Kaisers ihres Vaters, der in ebendieser Stadt das außerordentliche Schauspiel seiner Kronab-
dankung gegeben, schien unendlich viel Anlockendes für sie zu
haben. Da es nun doch einmal von der höchsten Gewalt geschieden sein mußte, so war ihr wenigstens der Wunsch nicht
zu verargen, diesen Schritt mit möglichstem Glanz zu tun; und
da ihr außerdem nicht entging, wie sehr der allgemeine Haß
gegen den Herzog sie selbst in Vorteil gesetzt hatte, so sahe sie
einem so schmeichelhaften, so rührenden Auftritt entgegen! So
gerne hätte sie die Tränen der Niederländer um die gute Beherrscherin fließen sehen, so gerne auch die ihrigen dazu ge-
weint, und sanfter wäre sie unter dem allgemeinen Beileid vom
Throne gestiegen. So wenig sie während ihrer neunjährigen
Verwaltung auch getan, das allgemeine Wohlwollen zu verdienen, als das Glück sie noch umlächelte und die Zufriedenheit
ihres Herrn alle ihre Wünsche begrenzte; so viel Wert hatte es
jetzt für sie erlangt, da es das einzige war, was ihr für den Fehlschlag ihrer übrigen Hoffnungen einigen Ersatz geben konnte;
und gerne hätte sie sich überredet, daß sie ein freiwilliges Opfer
ihres guten Herzens und ihrer zu menschlichen Gesinnung für
die Niederländer geworden sei. Da der Monarch weit davon

* Der ihr aber nicht sehr gewissenhaft scheint ausgezahlt worden zu sein,
wenn man anders einer Broschüre trauen darf, die noch bei ihren Lebzeiten
im Druck herauskam. (Sie führt den Titel: Discours sur la Blessure de
Monseigneur, le Prince d'Orange 1582, ohne Druckort, und steht in der
kurfürstl. Bibliothek zu Dresden). Sie schmachte, heißt es hier, zu Namur
im Elend, so schlecht unterstützt von ihrem Sohn (dem damaligen Gouverneur der Niederlande), daß ihr Sekretär Aldobrandin selbst ihren dasi-
gen Aufenthalt ein Exilium nenne. Aber, heißt es weiter, was konnte sie
auch von einem Sohne Besseres erwarten, der ihr, als er sie noch sehr jung
in Brüssel besuchte, hinter dem Rücken ein Schnippchen schlug?
** Strad. 206. 207. 208. Meurs. Guil. Auriac. 40. Thuan. 539. Vigl. ad
Hopper. XL. XLI. XLIV. Brief.

entfernt war, eine Zusammenrottung der Nation Gefahr zu laufen, um eine Grille seiner Schwester zu befriedigen, so mußte
sie sich mit einem schriftlichen Abschiede von den Ständen
begnügen, in welchem sie ihre ganze Verwaltung durchlief,
alle Schwierigkeiten, mit denen sie zu kämpfen gehabt, alle
Übel, die sie durch ihre Gewandtheit verhütet, nicht ohne
Ruhmredigkeit aufzählte, und endlich damit schloß, daß sie ein
geendigtes Werk verlasse, und ihrem Nachfolger nichts als
die Bestrafung der Verbrecher zu übermachen habe. Dasselbe
mußte auch der König zu wiederholten Malen von ihr hören,
und nichts wurde gespart, dem Ruhm vorzubeugen, den die
glücklichen Erfolge des Herzogs ihm unverdienterweise erwerben möchten. Ihr eigenes Verdienst legte sie als etwas Entschiedenes, aber zugleich als eine Last, die ihre Bescheidenheit
drückte, zu den Füßen des Königs nieder*.

Die unbefangene Nachwelt dürfte gleichwohl Bedenken tragen, dieses gefällige Urteil ohne Einschränkung zu unterschreiben; selbst wenn die vereinigte Stimme ihrer Zeitgenossen,
wenn das Zeugnis der Niederlande selbst dafür spräche, so
würde einem Dritten das Recht nicht benommen sein, es noch
einer genauern Prüfung zu unterwerfen. Das leicht bewegliche
Gemüte des Volks ist nur allzusehr geneigt, einen Fehler weniger für eine Tugend mehr anzuschreiben, und unter dem
Druck eines gegenwärtigen Übels das Überstandene zu loben.
Die ganze Verabscheuungskraft der Niederländer schien sich
an dem spanischen Namen erschöpft zu haben; die Regentin
als Urheberin eines Übels anklagen, hieß dem König und seinen
Ministern Flüche entziehen, die man ihnen lieber allein und
vollständig gönnte; und Herzog Albas Regiment in den Niederlanden war der rechte Standpunkt wohl nicht, das Verdienst
seiner Vorgängerin zu prüfen. Das Unternehmen war allerdings nicht leicht, den Erwartungen des Monarchen zu ent-
sprechen, ohne gegen die Rechte des niederländischen Volks
und die Pflichten der Menschlichkeit anzustoßen, aber im
Kampfe mit diesen zwo widersprechenden Pflichten hat Margareta keine von beiden erfüllt, und der Nation augenscheinlich zu viel geschadet, um dem König so wenig zu nützen.
Wahr ist's, sie unterdrückte endlich den protestantischen Anhang, aber der zufällige Ausbruch der Bilderstürmerei tat ihr
dabei größere Dienste, als ihre ganze Politik. Durch ihre Fein-

* Meurs. Guil. Auriac. 40. Strad. 207. 208.

heit trennte sie zwar den Bund des Adels, aber erst nachdem durch seine innere Zwietracht der tödliche Streich schon an seiner Wurzel geschehen war. Woran sie viele Jahre ihre ganze Staatskunst fruchtlos erschöpft hatte, brachte eine einzige Truppenwerbung zustande, die ihr von Madrid aus befohlen wurde. Sie übergab dem Herzog ein beruhigtes Land, aber nicht zu leugnen ist es, daß die Furcht vor seiner Ankunft das Beste dabei getan hatte. Durch ihre Berichte führte sie das Conseil in Spanien irre, weil sie ihm niemals die Krankheit, nur die Zufälle, nie den Geist und die Sprache der Nation, nur die Unarten der Parteien bekannt machte; ihre fehlerhafte Verwaltung riß das Volk zu Verbrechen hin, weil sie erbitterte, ohne genugsam zu schrecken; sie führte den verderblichen Herzog von Alba über das Land herbei, weil sie den König auf den Glauben gebracht hatte, daß die Unruhen in den Provinzen weniger der Härte seiner Verordnungen, als der Unzuverlässigkeit des Werkzeuges, dem er die Vollstreckung derselben anvertraut hatte, beizumessen seien. Margareta besaß Geschicklichkeit und Geist, eine gelernte Staatskunst auf einen regelmäßigen Fall mit Feinheit anzuwenden, aber ihr fehlte der schöpferische Sinn, für einen neuen und außerordentlichen Fall eine neue Maxime zu erfinden, oder eine alte mit Weisheit zu übertreten. In einem Lande, wo die feinste Staatskunst Redlichkeit war, hatte sie den unglücklichen Einfall, ihre hinterlistige italienische Politik zu üben, und säete dadurch ein verderbliches Mißtrauen in die Gemüter. Die Nachgiebigkeit, die man ihr so freigebig zum Verdienste anrechnet, hatte der herzhafte Widerstand der Nation ihrer Schwäche und Zaghaftigkeit abgepreßt; nie hat sie sich aus selbstgebornem Entschlusse über den Buchstaben der königlichen Befehle erhoben, nie den barbarischen Sinn ihres Auftrags aus eigener schöner Menschlichkeit mißverstanden. Selbst die wenigen Bewilligungen, wozu die Not sie zwang, gab sie mit unsicherer zurückgezogener Hand, als hätte sie gefürchtet, zuviel zu geben, und sie verlor die Frucht ihrer Wohltaten, weil sie mit filziger Genauigkeit daran stümmelte. Was sie zu wenig war in ihrem ganzen übrigen Leben, war sie zu viel auf dem Throne – eine Frau. Es stand bei ihr, nach Granvellas Vertreibung, die Wohltäterin des niederländischen Volks zu werden, und sie ist es nicht geworden. Ihr höchstes Gut war das Wohlgefallen ihres Königs, ihr höchstes Unglück seine Mißbilligung; bei allen Vorzügen ihres

Geistes bleibt sie ein gemeines Geschöpf, weil ihrem Herzen der Adel fehlte. Mit vieler Mäßigung übte sie eine traurige Gewalt, und befleckte durch keine willkürliche Grausamkeit ihre Regierung; ja hätte es bei ihr gestanden, sie würde immer menschlich gehandelt haben. Spät nachher, als ihr Abgott, Philipp der Zweite, ihrer lange vergessen hatte, hielt das niederländische Volk ihr Gedächtnis noch in Ehren, aber sie war der Glorie bei weitem nicht wert, die ihres Nachfolgers Unmenschlichkeit um sie verbreitete. Sie verließ Brüssel gegen Ende des Christmonats 1567, und wurde von dem Herzog bis an die Grenze Brabants geleitet, der sie hier unter dem Schutze des Grafen von Mansfeld verließ, um desto schneller nach der Hauptstadt zurückzukehren, und sich dem niederländischen Volke nunmehr als alleinigen Regenten zu zeigen.

Prozeß und Hinrichtung der Grafen von Egmont und von Hoorne

Beide Grafen wurden einige Wochen nach ihrer Verhaftung unter einer Eskorte von 3000 spanischen Soldaten nach Gent geschafft, wo sie länger als acht Monate in der Zitadelle verwahrt wurden. Ihr Prozeß wurde in aller Form von dem Rat der Zwölfe, den der Herzog zu Untersuchungen über die vergangenen Unruhen in Brüssel niedergesetzt hatte, vorgenommen, und der Generalprokurator, Johann du Bois, mußte die Anklage aufsetzen. Die, welche gegen Egmont gerichtet war, enthielt neunzig verschiedene Klagpunkte, und sechzig die andere, welche den Grafen von Hoorne anging. Es würde zu weitläufig sein, sie hier anzuführen; auch sind oben schon einige Muster davon gegeben worden. Jede noch so unschuldige Handlung, jede Unterlassung wurde aus dem Gesichtspunkte betrachtet, den man gleich im Eingange festgesetzt hatte, „daß beide Grafen, in Verbindung mit dem Prinzen von Oranien, getrachtet haben sollten, das königliche Ansehen in den Niederlanden über den Haufen zu werfen, und sich selbst die Regierung des Landes in die Hände zu spielen". Granvellas Vertreibung, Egmonts Absendung nach Madrid, die Konföderation der Geusen, die Bewilligungen, welche sie in ihren Statthalterschaften den Protestanten erteilt – alles dieses mußte nun in Hinsicht auf jenen Plan geschehen sein, alles Zusammenhang haben. Die nichtsbedeutendsten Kleinigkeiten wurden dadurch wichtig, und eine vergiftete die andere. Nachdem man zur Vorsorge die meisten Artikel schon einzeln als Verbrechen beleidigter Majestät behandelt hatte, so konnte man um so leichter aus allen zusammen dieses Urteil herausbringen.

Jedem der beiden Gefangenen wurde die Anklage zugeschickt, mit dem Bedeuten, binnen fünf Tagen darauf zu antworten. Nachdem sie dieses getan, erlaubte man ihnen, Defensoren und Prokuratoren anzunehmen, denen freier Zutritt zu ihnen verstattet wurde. Da sie des Verbrechens der beleidigten Majestät angeklagt waren, so war es keinem ihrer Freunde erlaubt, sie zu sehen. Graf Egmont bediente sich eines Herrn von Landas und einiger geschickten Rechtsgelehrten aus Brüssel.

Ihr erster Schritt war, gegen das Gericht zu protestieren, das über sie sprechen sollte, da sie als Ritter des Goldnen Vlieses nur von dem König selbst, als dem Großmeister dieses Ordens, gerichtet werden könnten. Aber diese Protestation wurde verworfen, und darauf gedrungen, daß sie ihre Zeugen vorbringen sollten, widrigenfalls man in contumaciam gegen sie fortfahren würde. Egmont hatte auf 82 Punkte mit den befriedigendsten Gründen geantwortet; auch der Graf von Hoorne beantwortete seine Anklage Punkt für Punkt. Klagschrift und Rechtfertigung sind noch vorhanden; jedes unbefangene Tribunal würde sie auf eine solche Verteidigung freigesprochen haben. Der Fiskal drang auf ihre Zeugnisse, und Herzog Alba ließ wiederholte Dekrete an sie ergehen, damit zu eilen. Sie zögerten von einer Woche zur andern, indem sie ihre Protestationen gegen die Unrechtmäßigkeit des Gerichts erneuerten. Endlich setzte ihnen der Herzog noch einen Termin von neun Tagen, ihre Zeugnisse vorzubringen; nachdem sie auch diese hatten verstreichen lassen, wurden sie für überwiesen und aller Verteidigung verlustig erklärt.

Während daß dieser Prozeß betrieben wurde, verhielten sich die Verwandten und Freunde der beiden Grafen nicht müßig. Egmonts Gemahlin, eine geborne Herzogin von Bayern, wandte sich mit Bittschriften an die deutschen Reichsfürsten, an den Kaiser, an den König von Spanien; so auch die Gräfin von Hoorne, die Mutter des Gefangenen, die mit den ersten fürstlichen Familien Deutschlands in Freundschaft oder Verwandtschaft stand. Alle protestierten laut gegen dieses gesetzwidrige Verfahren, und wollten die deutsche Reichsfreiheit, worauf der Graf von Hoorne als Reichsgraf noch besondern Anspruch machte, die niederländische Freiheit, und die Privilegien des Ordens vom Goldnen Vliese dagegen geltend machen. Die Gräfin von Egmont brachte fast alle Höfe für ihren Gemahl in Bewegung; der König von Spanien und sein Statthalter wurden von Interzessionen belagert, die von einem zum andern gewiesen und von beiden verspottet wurden. Die Gräfin von Hoorne sammelte von allen Rittern des Vlieses aus Spanien, Deutschland, Italien Zertifikate zusammen, die Privilegien des Ordens dadurch zu erweisen. Alba wies sie zurück, indem er erklärte, daß sie in dem jetzigen Falle keine Kraft hätten. Die Verbrechen, deren man die Grafen beschuldige, seien in Angelegenheiten der niederländischen Provinzen begangen, und er, der Herzog, von dem Könige über alle niederländische Angelegenheiten zum alleinigen Richter gesetzt.

Vier Monate hatte man dem Fiskal zu seiner Klagschrift eingeräumt, und fünfe wurden den beiden Grafen zu ihrer Verteidigung gegeben. Aber anstatt Zeit und Mühe durch Herbeischaffung ihrer Zeugnisse, die ihnen wenig genützt haben würden, zu verlieren, verloren sie sie lieber durch Protestationen gegen ihre Richter, die ihnen noch weniger nützten. Durch jene hätten sie doch wahrscheinlich das letzte Urteil verzögert, und in der Zeit, die sie dadurch gewannen, hätten die kräftigen Verwendungen ihrer Freunde vielleicht doch noch von Wirkung sein können; durch ihr hartnäckiges Beharren auf Verwerfung des Gerichts gaben sie dem Herzog die Gelegenheit an die Hand, den Prozeß zu verkürzen. Nach Ablauf des letzten äußersten Termins, am 1. Junius 1568, erklärte sie der Rat der Zwölfe für schuldig, und am 4. dieses Monats folgte das letzte Urteil gegen sie.

Die Hinrichtung von 25 edeln Niederländern, welche binnen drei Tagen auf dem Markte zu Brüssel enthauptet wurden, war das schreckliche Vorspiel von dem Schicksal, welches beide Grafen erwartete. Johann Casenbrod von Backerzeel, Sekretär bei dem Grafen von Egmont, war einer dieser Unglücklichen, welcher für seine Treue gegen seinen Herrn, die er auch auf der Folter standhaft behauptete, und für seinen Eifer im Dienste des Königs, den er gegen die Bilderstürmer bewiesen, diesen Lohn erhielt. Die übrigen waren entweder bei dem geusischen Aufstande mit den Waffen in der Hand gefangen, oder wegen ihres ehemaligen Anteils an der Bittschrift des Adels als Hochverräter eingezogen und verurteilt worden.

Der Herzog hatte Ursache, mit Vollstreckung der Sentenz zu eilen. Graf Ludwig von Nassau hatte dem Grafen von Aremberg bei dem Kloster Heiligerlee in Gröningen ein Treffen geliefert, und das Glück gehabt, ihn zu überwinden. Gleich nach dem Siege war er vor Gröningen gerückt, welches er belagert hielt. Das Glück seiner Waffen hatte den Mut seines Anhangs erhoben, und der Prinz von Oranien, sein Bruder, war mit einem Heere nahe, ihn zu unterstützen. Alles dies machte die Gegenwart des Herzogs in diesen entlegenen Provinzen notwendig; aber ehe das Schicksal zweier so wichtigen Gefangenen entschieden war, durfte er es nicht wagen, Brüssel zu verlassen. Die ganze Nation war ihnen mit einer enthusiastischen Ergebenheit zugetan, die durch ihr unglückliches Schicksal nicht wenig vermehrt ward. Auch der streng katholische Teil gönnte dem Herzog den Triumph nicht, zwei so wichtige Männer zu unterdrücken. Ein einziger Vorteil, den die Waffen der Rebellen über ihn davontrugen, oder auch nur das bloße erdichtete Gerücht davon in Brüssel, war genug, eine Revolution in dieser Stadt zu bewirken, wodurch beide Grafen in Freiheit gesetzt wurden. Dazu kam, daß der Bittschriften und Interzessionen, die von seiten der deutschen Reichsfürsten bei ihm sowohl als bei dem König in Spanien einliefen, täglich mehr wurden, ja, daß Kaiser Maximilian II. selbst der Gräfin von Egmont versichern ließ: sie habe für das Leben ihres Gemahls nichts zu besorgen, welche wichtige Verwendungen den König endlich doch zum Vorteil der Gefangenen umstimmen konnten. Ja, der König konnte vielleicht, im Vertrauen auf die Schnelligkeit seines Statthalters, den Vorstellungen so vieler Fürsten zum Schein nachgeben, und das Todesurteil gegen die Gefangenen aufheben, weil er sich versichert hielt, daß diese Gnade zu spät kommen würde. Gründe genug, daß der Herzog mit der Vollstreckung der Sentenz nicht säumte, sobald sie gefällt war.

Gleich den andern Tag wurden beide Grafen unter einer Bedeckung von 3000 Spaniern aus der Zitadelle von Gent nach Brüssel gebracht, und im Brodhause auf dem großen Markte gefangengesetzt. Am andern Morgen wurde der Rat der Unruhen versammelt, der Herzog erschien gegen seine Gewohnheit selbst, und die beiden Urteile, kuvertiert und versiegelt, wurden von dem Sekretär Praets erbrochen und öffentlich abgelesen. Beide Grafen waren der beleidigten Majestät schuldig erkannt, weil sie die abscheuliche Verschwörung des Prinzen von Oranien begünstigt und befördert, die konföderierten Edelleute in Schutz genommen, und in ihren Statthalterschaften und andern Bedienungen dem König und der Kirche schlecht gedient hätten. Beide sollten öffentlich enthauptet, ihre Köpfe auf Spieße gesteckt, und ohne ausdrücklichen Befehl des Herzogs nicht abgenommen werden. Alle ihre Güter, Lehen und Rechte waren dem königlichen Fiskus zugesprochen. Das Urteil war von dem Herzog allein und dem Sekretär Praets unterzeichnet, ohne daß man sich um die Beistimmung der übrigen Kriminalräte bemühet hätte.

In der Nacht zwischen dem 4. und 5. Junius brachte man ihnen die Sentenz ins Gefängnis, nachdem sie schon schlafen gegangen waren. Der Herzog hatte sie dem Bischof von Ypern, Martin Rithof eingehändigt, den er ausdrücklich darum nach Brüssel kommen ließ, um die Gefangenen zum Tode zu bereiten. Als der Bischof diesen Auftrag erhielt, warf er sich dem Herzoge zu Füßen und flehte mit Tränen in den Augen, um Gnade – um Aufschub wenigstens für die Gefangenen; worauf ihm mit harter zorniger Stimme geantwortet wurde, daß man ihn nicht von Ypern gerufen habe, um sich dem Urteile zu widersetzen, sondern um es den unglücklichen Grafen durch seinen Zuspruch zu erleichtern.

Dem Grafen von Egmont zeigte er das Todesurteil zuerst vor. „Das ist fürwahr ein strenges Urteil", rief der Graf bleich und mit entsetzter Stimme. „So schwer glaubte ich Se. Majestät nicht beleidigt zu haben, um eine solche Behandlung zu verdienen. Muß es aber sein, so unterwerfe ich mich diesem Schicksale mit Ergebung. Möge dieser Tod meine Sünden tilgen, und weder meiner Gattin noch meinen Kindern zum Nachteile gereichen! Dieses wenigstens glaube ich für meine vergangenen Dienste erwarten zu können. Den Tod will ich mit gefaßter Seele erleiden, weil es Gott und dem König so gefällt." – Er drang hierauf in den Bischof ihm ernstlich und aufrichtig zu sagen, ob keine Gnade zu hoffen sei? Als ihm mit Nein geantwortet wurde, beichtete er, und empfing das Sakrament von dem Priester, dem er die Messe mit sehr großer Andacht nachsprach. Er fragte ihn, welches Gebet wohl das beste und rührendste sein würde, um sich Gott in seiner letzten Stunde zu empfehlen? Da ihm dieser antwortete, daß kein eindringenderes Gebet sei, als das, welches Christus, der Herr, selbst gelehret habe, das Vaterunser; so schickte er sich sogleich an, es herzusagen. Der Gedanke an seine Familie unterbrach ihn; er ließ sich Feder und Dinte geben, und schrieb zwei Briefe, einen an seine Gemahlin, den andern an den König nach Spanien, welcher letztere also lautete:

Sire!
Diesen Morgen habe ich das Urteil angehört, welches Ew. Majestät gefallen hat, über mich aussprechen zu lassen. So weit

ich auch immer davon entfernt gewesen bin, gegen die Person oder den Dienst Ew. Majestät, oder gegen die einzig wahre, alte und katholische Religion etwas zu unternehmen, so unterwerfe ich mich dennoch dem Schicksale mit Geduld, welches Gott gefallen hat, über mich zu verhängen. Habe ich während der vergangenen Unruhen etwas zugelassen, geraten oder getan, was meinen Pflichten zu widerstreiten scheint, so ist es gewiß aus der besten Meinung geschehen, und mir durch den Zwang der Umstände abgedrungen worden. Darum bitte ich Ew. Majestät, es mir zu vergeben, und in Rücksicht auf meine vergangenen Dienste mit meiner unglücklichen Gattin und meinen armen Kindern und Dienstleuten Erbarmen zu tragen. In dieser festen Hoffnung empfehle ich mich der unendlichen Barmherzigkeit Gottes.

Brüssel, den 5. Jun. 1568, dem letzten Augenblick nahe.

Ew. Majestät

treuster Vasall und Diener
Lamoral Graf von Egmont.

Diesen Brief empfahl er dem Bischof aufs dringendste; um sicherer zu gehen, schickte er noch eine eigenhändige Kopie desselben an den Staatsrat Viglius, den billigsten Mann im Senate, und es ist nicht zu zweifeln, daß er dem König wirklich übergeben worden. Die Familie des Grafen erhielt nachher alle ihre Güter, Lehen und Rechte zurück, die, kraft des Urteils, dem königlichen Fiskus heimgefallen waren.

Unterdessen hatte man auf dem Markte zu Brüssel vor dem Stadthause ein Schafott aufgeschlagen, auf welchem zwei Stangen mit eisernen Spitzen befestigt wurden, alles mit schwarzem Tuche bedeckt. Zweiundzwanzig Fahnen spanischer Garnison umgaben das Gerüste, eine Vorsicht, die nicht überflüssig war. Zwischen 10 und 11 Uhr erschien die spanische Wache im Zimmer des Grafen, sie war mit Strängen versehen, ihm, der Gewohnheit nach, die Hände damit zu binden. Er verbat sich dieses und erklärte, daß er willig und bereit sei, zu sterben. Von seinem Wams hatte er selbst den Kragen abgeschnitten, um dem Nachrichter sein Amt zu erleichtern. Er trug einen Nachtrock von rotem Damast, über diesem einen schwarzen spanischen Mantel mit goldnen Tressen verbrämt. So erschien er auf dem Gerüste. Don Julian Romero, Maitre de Camp, ein spanischer Hauptmann, mit Namen Salinas, und der Bischof von Ypern folgten ihm hinauf. Der Grand Prevot des Hofs, einen roten Stab in der Hand, saß zu Pferde am Fuß des Gerüstes; der Nachrichter war unter demselben verborgen.

Egmont hatte anfangs Lust bezeugt, von dem Schafott eine Anrede an das Volk zu halten. Als ihm aber der Bischof vorstellte, daß er entweder nicht gehört werden, oder, wenn dies auch geschähe, bei der gegenwärtigen gefährlichen Stimmung des Volks leicht zu Gewalttätigkeiten Anlaß geben könnte, die seine Freunde nur ins Verderben stürzen würden, so ließ er dieses Vorhaben fahren. Er ging einige Augenblicke lang mit edelm Anstand auf dem Gerüste auf und nieder, und beklagte, daß es ihm nicht vergönnt sei, für seinen König und sein Vaterland einen rühmlichen Tod zu sterben. Bis auf den letzten Augenblick hatte er sich noch nicht recht überreden können, daß es dem Könige mit diesem strengen Verfahren Ernst sei, und daß man es weiter als bis zum bloßen Schrecken der Exekution treiben würde. Wie der entscheidende Augenblick herannahte, wo er das letzte Sakrament empfangen sollte, wie er harrend herumsah und noch immer nichts erfolgte, so wandte er sich an Julian Romero, und fragte ihn noch einmal, ob keine Begnadigung für ihn zu hoffen sei? Julian Romero zog die Schultern, sah zur Erde und schwieg.

Da biß er die Zähne zusammen, warf seinen Mantel und Nachtrock nieder, kniete auf das Kissen, und schickte sich zum letzten Gebet an. Der Bischof ließ ihn das Kruzifix küssen und gab ihm die letzte Ölung, worauf ihm der Graf ein Zeichen gab, ihn zu verlassen. Er zog alsdann eine seidene Mütze über die Augen und erwartete den Streich – Über den Leichnam und das fließende Blut wurde sogleich ein schwarzes Tuch geworfen.

Ganz Brüssel, das sich um das Schafott drängte, fühlte den tödlichen Streich mit. Laute Tränen unterbrachen die fürchterlichste Stille. Der Herzog, der der Hinrichtung aus einem Fenster zusah, wischte sich die Augen.

Bald darauf brachte man den Grafen von Hoorne. Dieser von einer heftigeren Gemütsart als sein Freund, und durch mehr Gründe zum Hasse gegen den König gereizt, hatte das Urteil mit weniger Gelassenheit empfangen, ob es gleich gegen ihn in einem geringern Grad unrecht war. Er hatte sich harte Äußerungen gegen den König erlaubt, und mit Mühe hatte ihn der Bischof dahin vermocht, von seinen letzten Augenblicken einen bessern Gebrauch zu machen, als sie in Verwünschungen gegen seine Feinde zu verlieren. Endlich sammelte er sich doch, und legte dem Bischof seine Beichte ab, die er ihm anfangs verweigern wollte.

Unter der nämlichen Begleitung wie sein Freund, bestieg er das Gerüste. Im Vorübergehen begrüßte er viele aus seiner Bekanntschaft, er war ungebunden wie Egmont, in schwarzem Wams und Mantel, eine mailändische Mütze von ebender Farbe auf dem Kopfe. Als er oben war, warf er die Augen auf den Leichnam, der unter dem Tuche lag, und fragte einen der Umstehenden, ob es der Körper seines Freundes sei? Da man ihm dieses bejahet hatte, sagte er einige Worte spanisch, warf seinen Mantel von sich, und kniete auf das Kissen. – Alles schrie laut auf, als er den tödlichen Streich empfing.

Beide Köpfe wurden auf die Stangen gesteckt, die über dem Gerüste aufgepflanzt waren, wo sie bis nach 3 Uhr nachmittags blieben, alsdann herabgenommen und mit den beiden Körpern in bleiernen Särgen beigesetzt wurden.

Die Gegenwart so vieler Auflaurer und Henker, als das Schafott umgaben, konnte die Bürger von Brüssel nicht abhalten, ihre Schnupftücher in das herabströmende Blut zu tauchen und diese teure Reliquie mit nach Hause zu nehmen.

II

Belagerung von Antwerpen durch den Prinzen von Parma in den Jahren 1584 und 1585

Es ist ein anziehendes Schauspiel, den menschlichen Erfindungsgeist mit einem mächtigen Elemente im Kampfe zu erblicken, und Schwierigkeiten, welche gemeinen Fähigkeiten unübersteiglich sind, durch Klugheit, Entschlossenheit und einen standhaften Willen besiegt zu sehen. Weniger anziehend, aber desto belehrender ist das Schauspiel des Gegenteils, wo der Mangel jener Eigenschaften alle Anstrengungen des Genies vereitelt, alle Gunst der Zufälle fruchtlos macht, und weil er ihn nicht zu benutzen weiß, einen schon entschiedenen Erfolg vernichtet. Beispiele von beiden liefert uns die berühmte Blockade der Stadt Antwerpen durch die Spanier beim Ablauf des sechszehnten Jahrhunderts, welche dieser blühenden

Handelsstadt ihren Wohlstand unwiederbringlich raubte, dem Feldherrn hingegen, der sie unternahm und ausführte, einen unsterblichen Namen erwarb.

Zwölf Jahre schon dauerte der Krieg, durch welchen die nördlichen Provinzen Belgiens anfangs bloß ihre Glaubensfreiheit und ständischen Privilegien gegen die Eingriffe des spanischen Statthalters, zuletzt aber die Unabhängigkeit ihres Staates von der spanischen Krone zu behaupten strebten. Nie völlig Sieger, aber auch nie ganz besiegt, ermüdeten sie die spanische Tapferkeit durch langwierige Kriegsoperationen auf einem ungünstigen Boden, und erschöpften den Herrn beider Indien, indem sie selbst Bettler hießen und es zum Teil wirklich waren. Zwar hatte sich der Gentische Bund wieder aufgelöst, der die sämtlichen, sowohl katholischen als protestantischen Niederlande in einen gemeinschaftlichen, und, wenn er hätte Bestand haben können, unüberwindlichen Körper verband; aber anstatt dieser unsichern und unnatürlichen Verbindung waren die nördlichen Provinzen im Jahr 1579 in eine desto engere Union zu Utrecht getreten, von der sich eine längere Dauer erwarten ließ, da sie durch ein gleiches Staats- und Religionsinteresse geknüpft und zusammengehalten wurde. Was die neue Republik durch diese Trennung von den katholischen Provinzen an Umfang verloren, das hatte sie an Innigkeit der Verbindung, an Einheit der Unternehmungen, an Energie der Ausführung gewonnen, und ein Glück war es für sie, beizeiten zu verlieren, was mit Aufwendung aller Kräfte doch niemals hätte behauptet werden können.

Der größte Teil der wallonischen Provinzen war bald freiwillig, bald durch die Waffen bezwungen im Jahr 1584, unter die Herrschaft der Spanier zurückgekehrt; nur in den nördlichen Gegenden hatten sie noch immer nicht festen Fuß fassen können. Selbst ein beträchtlicher Teil von Brabant und Flandern widerstand noch hartnäckig den Waffen des Herzogs, Alexander von Parma, der die innere Regierung der Provinzen und das Oberkommando der Armee mit ebensoviel Kraft als Klugheit verwaltete, und durch eine Reihe von Siegen den spanischen Namen aufs neue in Ansehen gebracht hatte. Die eigentümliche Organisation des Landes, welche den Zusammenhang der Städte untereinander und mit der See durch so viele Flüsse und Kanäle begünstigt, erschwerte jede Eroberung, und der Besitz eines Platzes konnte nur durch den Besitz eines andern errungen werden. Solange diese Kommunikation nicht gehemmt war, konnten Holland und Seeland mit leichter Mühe ihre Bundsverwandten schützen, und zu Wasser sowohl als zu Lande mit allen Bedürfnissen reichlich versorgen, daß alle Tapferkeit nichts half, und die Truppen des Königs durch langwierige Belagerungen vergeblich aufgerieben wurden.

Unter allen Städten Brabants war Antwerpen die wichtigste, sowohl durch ihren Reichtum, ihre Volksmenge und ihre Macht, als durch ihre Lage an dem Ausfluß der Schelde. Diese große und menschenreiche Stadt, die in diesem Zeitraum über achtzigtausend Einwohner zählte, war eine der tätigsten Teilnehmerinnen an dem niederländischen Staatenbunde, und hatte sich im Laufe dieses Kriegs durch einen unbändigen Freiheitssinn vor allen Städten Belgiens ausgezeichnet. Da sie alle drei christliche Kirchen in ihrem Schoße hegte, und dieser uneingeschränkten Religionsfreiheit einen großen Teil ihres Wohlstandes verdankte, so hatte sie auch bei weitem am meisten von der spanischen Herrschaft zu befürchten, welche die Religionsfreiheit aufzuheben und durch die Schrecken des Inquisitionsgerichts alle protestantischen Kaufleute von ihren Märkten zu verscheuchen drohte. Die Brutalität spanischer Besatzungen kannte sie überdies schon aus einer schrecklichen Erfahrung, und es war leicht vorherzusehen, daß sie sich dieses unerträglichen Joches, wenn sie es einmal sich hatte auflegen lassen, im ganzen Laufe des Kriegs nicht mehr entledigen würde.

So große Ursachen aber die Stadt Antwerpen hatte, die Spanier aus ihren Mauern entfernt zu halten, so wichtige Gründe hatte der spanische Feldherr, sich derselben, um welchen Preis es auch sei, zu bemächtigen. An dem Besitz dieser Stadt hing gewissermaßen der Besitz des ganzen brabantischen Landes, welches sich größtenteils durch diesen Kanal mit Getreide aus Seeland versorgte, und durch Einnahme derselben versicherte man sich zugleich die Herrschaft der Schelde. Dem brabantischen Bunde, der in dieser Stadt seine Versammlungen hielt, wurde mit derselben seine wichtigste Stütze entzogen, der gefährliche Einfluß ihres Beispiels, ihrer Ratschläge, ihres Geldes auf die ganze Partei gehemmt, und in den Schätzen ihrer Bewohner den Kriegsbedürfnissen des Königs eine reiche Hülfsquelle aufgetan. Der Fall derselben mußte früher oder später den Fall des ganzen Brabants nach sich ziehen, und das

Übergewicht der Macht in diesen Gegenden entscheidend auf die Seite des Königs neigen. Durch die Stärke dieser Gründe bewogen, zog der Herzog von Parma im Jul. 1584 seine Macht zusammen, und rückte von Doornik, wo er stand, in ihre Nachbarschaft heran, in der Absicht sie zu belagern*.

Aber sowohl die Lage als die Befestigung dieser Stadt schienen jedem Angriffe Trotz zu bieten. Von der brabantischen Seite mit unersteiglichen Werken und wasserreichen Gräben umschlossen, von der flandrischen durch den breiten und reißenden Strom der Schelde gedeckt, konnte sie mit stürmender Hand nicht bezwungen werden; und eine Stadt von diesem Umfange einzuschließen, schien eine dreimal größere Landmacht, als der Herzog beisammen hatte, und noch überdies eine Flotte zu erfordern, die ihm gänzlich fehlte. Nicht genug, daß ihr der Strom, von Gent aus, alle Bedürfnisse im Überfluß zuführte, so öffnete ihr der nämliche Strom noch einen leichten Zusammenhang mit dem angrenzenden Seeland. Denn da sich die Flut der Nordsee bis weit hinein in die Schelde erstreckt, und den Lauf derselben periodisch umkehrt, so genießt Antwerpen den ganz eigentümlichen Vorteil, daß ihr der nämliche Fluß zu verschiedenen Zeiten in zwei entgegengesetzten Richtungen zuströmt. Dazu kam, daß die umliegenden Städte Brüssel, Mecheln, Gent, Dendermonde, und andre, dazumal noch alle in den Händen des Bundes waren, und auch von der Landseite die Zufuhr erleichtern konnten. Es bedurfte also zwei verschiedener Heere an beiden Ufern des Stroms, um die Stadt zu Lande zu blockieren, und ihr den Zusammenhang mit Flandern und Brabant abzuschneiden; es bedurfte zugleich einer hinlänglichen Anzahl von Schiffen, um die Schelde sperren, und alle Versuche, die von Seeland aus zum Entsatz derselben unfehlbar gemacht werden würden, vereiteln zu können. Aber die Armee des Herzogs war durch den Krieg, den er noch in andern Distrikten zu führen hatte, und durch die vielen Besatzungen, die er in den Städten und Festungen hatte zurücklassen müssen, bis auf 10000 Mann Fußvolk und 1700 Pferde geschmolzen, eine viel zu geringe Macht, um zu einer Unternehmung von diesem Umfange hinzureichen. Noch dazu fehlte es diesen Truppen an dem Notwendigsten, und das Ausbleiben des Soldes hatte sie längst schon zu einem geheimen Murren gereizt, welches stündlich in eine offenbare Meuterei aus-

* Thuan. Hist. Tom. II. 527. Grot. Hist. de rebus Belgicis 84.

zubrechen drohte. Wenn man sich endlich, trotz aller dieser Hindernisse, an die Belagerung wagte, so hatte man alles von den feindlichen Festungen zu befürchten, die man im Rücken ließ, und denen es ein leichtes sein mußte, durch lebhafte Ausfälle eine so sehr verteilte Armee zu beunruhigen, und durch Abschneidung der Zufuhr in Mangel zu versetzen*.

Alle diese Gründe machte der Kriegsrat geltend, dem der Herzog von Parma sein Vorhaben jetzt eröffnete. So groß auch das Vertrauen war, das man in sich selbst und in die erprobte Fähigkeit eines solchen Heerführers setzte, so machten doch die erfahrensten Generale kein Geheimnis daraus, wie sehr sie an einem glücklichen Ausschlag verzweifelten. Nur zwei ausgenommen, welche die Kühnheit ihres Muts über jede Bedenklichkeit hinwegsetzte, Capizucchi und Mondragon, widerrieten alle ein so mißliches Wagestück, wobei man Gefahr lief, die Frucht aller vorigen Siege und allen erworbenen Kriegsruhm zu verscherzen.

Aber Einwürfe, welche er sich selbst schon gemacht und auch schon beantwortet hatte, konnten den Herzog von Parma in seinem Vorsatz nicht wankend machen. Nicht aus Unwissenheit der damit verknüpften Gefahren, noch aus leichtsinniger Überschätzung seiner Kräfte hatte er den kühnen Anschlag gefaßt. Jener genialische Instinkt, der den großen Menschen auf Bahnen, die der kleine entweder nicht betritt, oder nicht endigt, mit glücklicher Sicherheit leitet, erhob ihn über alle Zweifel, die eine kalte aber eingeschränkte Klugheit ihm entgegenstellte, und ohne seine Generale überzeugen zu können, erkannte er die Wahrheit seiner Berechnung in einem dunkeln, aber darum nicht weniger sichern Gefühl. Eine Reihe glücklicher Erfolge hatte seine Zuversicht erhoben, und der Blick auf seine Armee, die an Mannszucht, Übung und Tapferkeit in dem damaligen Europa nicht ihresgleichen hatte, und von einer Auswahl der trefflichsten Offiziere kommandiert wurde, erlaubte ihm keinen Augenblick, der Furcht Raum zu geben. Denen, welche ihm die geringe Anzahl seiner Truppen entgegensetzten, gab er zur Antwort, daß an einer noch so langen Pike doch nur die Spitze töte, und daß es bei militärischen Unternehmungen mehr auf die Kraft ankomme, welche bewege, als auf die Masse, welche zu bewegen sei. Er kannte zwar den Mißmut seiner Truppen, aber er kannte auch ihren Gehorsam;

* Strada, De Bello Belgico. Dec. II. Lib. VI.

und dann hoffte er ihren Privatbeschwerden am besten dadurch zu begegnen, daß er sie durch eine wichtige Unternehmung beschäftigte, durch den Glanz derselben ihre Ruhmbegierde, und durch den hohen Preis, den die Eroberung einer so begüterten Stadt versprach, ihre Habsucht erregte*.

In dem Plane, den er nun zur Belagerung entwarf, suchte er allen jenen mannigfaltigen Hindernissen mit Nachdruck zu begegnen. Die einzige Macht, durch welche man hoffen konnte, die Stadt zu bezwingen, war der Hunger; und diesen furchtbaren Feind gegen sie aufzuregen, mußten alle Zugänge zu Wasser und zu Lande verschlossen werden. Um ihr fürs erste jeden Zufluß von Seeland aus, wenn auch nicht ganz abzuschneiden, doch zu erschweren, wollte man sich aller der Basteien bemächtigen, welche die Antwerper an beiden Ufern der Schelde zur Beschützung der Schiffahrt angelegt hatten, und wo es anging, neue Schanzen aufwerfen, von denen aus die ganze Länge des Stroms beherrscht werden könnte. Damit aber die Stadt nicht unterdessen von dem innern Lande die Bedürfnisse ziehen möchte, die man ihr von der Seeseite abzuschneiden suchte, so sollten alle umliegenden Städte Brabants und Flanderns in den Plan der Belagerung mit verwickelt, und der Fall Antwerpens auf den Fall aller dieser Plätze gegründet werden. Ein kühner, und wenn man die eingeschränkte Macht des Herzogs bedenkt, beinahe ausschweifender Entwurf, den aber das Genie seines Urhebers rechtfertigte, und das Glück mit einem glänzenden Ausgang krönte**.

Weil aber Zeit erfordert wurde, einen Plan von diesem Umfang in Erfüllung zu bringen, so begnügte man sich einstweilen, an den Kanälen und Flüssen, welche Antwerpen mit Dendermonde, Gent, Mecheln, Brüssel und andern Plätzen in Verbindung setzen, zahlreiche Basteien anzulegen, und dadurch die Zufuhr zu erschweren. Zugleich wurden in der Nähe dieser Städte, und gleichsam an den Toren derselben spanische Besatzungen einquartiert, welche das platte Land verwüsteten, und durch ihre Streifereien die Gegenden umher unsicher machten. So lagen um Gent allein gegen dreitausend Mann herum, und nach Verhältnis um die übrigen. Auf diese Art und vermittelst der geheimen Verständnisse, die er mit den katholisch gesinnten Einwohnern derselben unterhielt, hoffte der

* Strad. loc. cit. 553.
** Strad. Dec. II. Lib. VI.

Herzog, ohne sich selbst zu schwächen, diese Städte nach und nach zu erschöpfen, und durch die Drangsale eines kleinen, aber unaufhörlichen Krieges, auch ohne eine förmliche Belagerung, endlich zur Übergabe zu bringen*.

Unterdessen wurde die Hauptmacht gegen Antwerpen selbst gerichtet, welches der Herzog nunmehr mit seinen Truppen gänzlich umzingeln ließ. Er selbst nahm seine Stellung zu Bevern in Flandern, wenige Meilen von Antwerpen, wo er ein verschanztes Lager bezog. Das flandrische Ufer der Schelde wurde dem Markgrafen von Richebourg, General der Reiterei, das brabantische dem Grafen Peter Ernst von Mansfeld übergeben, zu welchem noch ein anderer spanischer Anführer, Mondragon, stieß. Die beiden letztern passierten die Schelde glücklich auf Pontons, ohne daß das Antwerpische Admiralschiff, welches ihnen entgegengeschickt wurde, es verhindern konnte, kamen hinter Antwerpen herum, und nahmen bei Stabroek im Lande Bergen ihren Posten. Einzelne detachierte Korps verteilten sich längs der ganzen brabantischen Seite, um teils die Dämme zu besetzen, teils die Pässe zu Lande zu versperren.

Einige Meilen unterhalb Antwerpen wird die Schelde durch zwei starke Forts verteidigt, wovon das eine zu Liefkenshoek, auf der Insel Doel in Flandern, das andre zu Lilloo gerade gegenüber auf dem brabantischen Ufer liegt. Das letzte hatte Mondragon selbst ehemals auf Befehl des Herzogs von Alba erbauen müssen, als dieser noch in Antwerpen den Meister spielte, und ebendarum wurde ihm jetzt auch der Angriff desselben von dem Herzog von Parma anvertraut. Von dem Besitz dieser beiden Forts schien der ganze Erfolg der Belagerung abzuhängen, weil alle Schiffe, die von Seeland nach Antwerpen segeln, unter den Kanonen derselben vorbeiziehen müssen. Beide Forts hatten die Antwerper auch kurz vorher befestigt, und mit dem erstern waren sie noch nicht ganz zustande, als der Markgraf von Richebourg es angriff. Die Geschwindigkeit, mit der man zu Werke ging, überraschte die Feinde, ehe sie zur Gegenwehr hinlänglich bereitet waren, und ein Sturm, den man auf Liefkenshoek wagte, brachte diese Festung in spanische Hände. Dieser Verlust traf die Verbundenen an demselben unglücklichen Tage, wo der Prinz von Oranien zu Delft durch Mörderhände fiel. Auch die übrigen Schanzen, welche auf der

* Meteren. Niederländ. Historien XII. Buch. 477. folg.

Insel Doel angelegt waren, wurden teils freiwillig von ihren
Verteidigern verlassen, teils durch Überfall weggenommen, so
daß in kurzem das ganze flandrische Ufer von Feinden gereinigt
war. Aber das Fort zu Lilloo auf dem brabantischen Ufer
leistete einen desto lebhaftern Widerstand, weil man den Antwerpern Zeit gelassen hatte, es zu befestigen, und mit einer
tapfern Besatzung zu versehen. Wütende Ausfälle der Belagerten unter der Anführung Odets von Teligny vernichteten, von
den Kanonen der Festung unterstützt, alle Werke der Spanier,
und eine Überschwemmung, welche man durch Eröffnung der
Schleusen bewirkte, verjagte sie endlich nach einer drei Wochen
langen Belagerung, und mit einem Verluste von fast zweitausend Toten von dem Platze. Sie zogen sich nun in ihr festes
Lager bei Stabroek, und begnügten sich von den Dämmen
Besitz zu nehmen, welche das niedrige Land von Bergen
durchschneiden, und der eindringenden Osterschelde eine
Brustwehr entgegensetzen*.

Der fehlgeschlagene Versuch auf das Fort Lilloo veränderte
die Maßregeln des Herzogs von Parma. Da es auf diesem Wege
nicht gelingen wollte, die Schiffahrt auf der Schelde zu hindern,
wovon doch der ganze Erfolg der Belagerung abhing, so beschloß er, den Strom durch eine Brücke gänzlich zu sperren.
Der Gedanke war kühn, und viele waren, die ihn für abenteuerlich hielten. Sowohl die Breite des Stroms, welche in
diesen Gegenden über zwölfhundert Schritte beträgt, als die
reißende Gewalt desselben, die durch die Flut des nahen
Meeres noch verstärkt wird, schienen jeden Versuch dieser Art
unausführbar zu machen; dazu kam der Mangel an Bauholz,
an Schiffen, an Werkleuten, und dann die gefährliche Stellung
zwischen der antwerpischen und seeländischen Flotte, denen
es ein leichtes sein mußte, in Verbindung mit einem stürmischen
Element, eine so langwierige Arbeit zu stören. Aber der Herzog
von Parma kannte seine Kräfte, und seinen entschlossenen
Mut konnte nur das Unmögliche bezwingen. Nachdem er sowohl die Breite als die Tiefe des Stroms hatte ausmessen lassen,
und mit zween seiner geschicktesten Ingenieurs, Barocci und
Plato darüber zu Rat gegangen war, fiel der Schluß dahin aus,
die Brücke zwischen Calloo in Flandern und Ordam in Brabant
zu erbauen. Man erwählte diese Stelle deswegen, weil der Strom

---

* Meteren. Niederl. Historien. XII. Buch. 477. 478.   Strad. loc. cit.
Thuan. Hist. Tom. II. 527.

hier die wenigste Breite hat, und sich etwas zur Rechten krümmt, welches die Schiffe aufhält, und sie nötigt, den Wind zu verändern. Zu Bedeckung der Brücke wurden an beiden Enden derselben starke Basteien aufgeführt, wovon die eine auf dem flandrischen Ufer das Fort St. Maria, die andre auf dem brabantischen dem König zu Ehren das Fort St. Philipp genannt wurde*.

Indem man im spanischen Lager zu Ausführung dieses Vorhabens die lebhaftesten Anstalten machte, und die ganze Aufmerksamkeit des Feindes dahin gerichtet war, tat der Herzog einen unerwarteten Angriff auf Dendermonde, eine sehr feste Stadt zwischen Gent und Antwerpen, wo sich die Dender mit der Schelde vereinigt. Solange dieser bedeutende Platz noch in feindlichen Händen war, konnten die Städte Gent und Antwerpen einander gegenseitig unterstützen, und durch ihre leichte Kommunikation alle Bemühungen der Belagerer vereiteln. Die Eroberung derselben gab dem Herzoge freie Hand gegen beide Städte, und konnte für das ganze Glück seiner Unternehmung entscheidend werden. Die Schnelligkeit, mit der er sie überfiel, ließ den Belagerten keine Zeit, ihre Schleusen zu eröffnen und das Land umher unter Wasser zu setzen. Die Hauptbastei der Stadt vor dem Brüsseler Tore wurde sogleich heftig beschossen, aber das Feuer der Belagerten richtete unter den Spaniern eine große Niederlage an. Anstatt dadurch abgeschreckt zu werden, wurden sie nur desto hitziger, und der Hohn der Besatzung, welche die Bildsäule eines Heiligen vor ihren Augen verstümmelte, und unter den schnödesten Mißhandlungen von der Brustwehr herabstürzte, setzte sie vollends in Wut. Sie drangen mit Ungestüm darauf, gegen die Bastei geführt zu werden, ehe noch hinlänglich Bresche geschossen war, und der Herzog, um dieses erste Feuer zu benutzen, erlaubte den Sturm. Nach einem zweistündigen mörderischen Gefecht war die Brustwehr erstiegen, und was der erste Grimm der Spanier nicht aufopferte, warf sich in die Stadt. Diese war nun zwar dem feindlichen Feuer stärker ausgesetzt, welches von dem eroberten Walle auf sie gerichtet wurde; aber ihre starken Mauern und der breite wasserreiche Graben, der sie rings umgab, ließen wohl einen langen Widerstand befürchten. Der unternehmende Geist des Herzogs von Parma besiegte in kurzem auch diese Schwierigkeit. Indem Tag und Nacht das

* Strad. Dec. II. Lib. VI. 557.

Bombardement fortgesetzt wurde, mußten die Truppen ohne
Unterlaß arbeiten, die Dender abzuleiten, von welcher der
Stadtgraben sein Wasser erhielt; und Verzweiflung ergriff die
Belagerten, als sie das Wasser ihres Grabens, diese einzige noch
übrige Schutzwehr der Stadt, allmählich verschwinden sahen.
Sie eilten sich zu ergeben, und empfingen im August 1584
spanische Besatzung. In einem Zeitraum von nicht mehr als
eilf Tagen war diese Unternehmung ausgeführt, zu welcher
nach dem Urteil der Sachverständigen ebenso viele Wochen
erforderlich geschienen*.

Die Stadt Gent, nunmehr von Antwerpen und von der See
abgeschnitten, von den Truppen des Königs, die in ihrer Nähe
kampierten, immer stärker und stärker bedrängt, und ohne alle
Hoffnung eines nahen Entsatzes, gab jetzt ihre Rettung auf,
und sah den Hunger nebst seinem ganzen Gefolge mit schrecklichen Schritten sich nähern. Sie schickte daher Abgeordnete in
das spanische Lager zu Bevern, um sich dem König auf die
nämlichen Bedingungen zu unterwerfen, die ihr der Herzog
einige Zeit vorher vergeblich angeboten hatte. Man erklärte
den Abgeordneten, daß die Zeit der Verträge vorbei sei, und
daß nur eine unbedingte Unterwerfung den erzürnten Monarchen besänftigen könne. Ja man ließ sie sogar befürchten, daß
man dieselbe Demütigung von ihnen verlangen würde, zu
welcher ihre rebellischen Vorfahren unter Karl dem Fünften
sich hatten verstehen müssen, nämlich halb nackt und mit
einem Strick um den Hals um Gnade zu flehn. Trostlos reisten
die Abgeordneten zurück, aber schon am dritten Tage erschien
eine neue Gesandtschaft, welche endlich auf die Fürsprache
eines Freundes von dem Herzog von Parma, der in gentischer
Gefangenschaft war, noch unter erträglichen Bedingungen den
Frieden zustande brachte. Die Stadt mußte eine Geldbuße von
zweimal hunderttausend Gulden erlegen, die verjagten Papisten
zurückrufen und ihre protestantischen Bewohner vertreiben;
doch wurde den letztern eine Frist von zwei Jahren vergönnt,
um ihre Sachen in Ordnung zu bringen. Alle Einwohner, bis
auf sechs, die man zur Strafe auszeichnete, aber nachher doch
noch begnadigte, erhielten Verzeihung, und der Garnison, die
aus zweitausend Mann bestand, wurde ein ehrenvoller Abzug
bewilligt. Dieser Vergleich kam im September desselben Jahres
im Hauptquartier zu Bevern zustande, und unmittelbar darauf

* Strad. loc. cit. Meteren XII. Buch. 479. Thuan. II. 528.

rückten dreitausend Mann spanischer Truppen zur Besatzung ein*.

Mehr durch die Furcht seines Namens und durch den Schrecken des Hungers, als durch seine gewaffnete Macht hatte der Herzog von Parma diese Stadt bezwungen, die größte und festeste in den Niederlanden, die an Umfang der innern Stadt Paris nichts nachgibt, siebenunddreißigtausend Häuser zählt, und aus zwanzig Inseln besteht, die durch achtundneunzig steinerne Brücken verbunden werden. Glänzende Privilegien, welche diese Stadt im Laufe mehrerer Jahrhunderte von ihren Beherrschern zu erringen gewußt hatte, nährten in ihren Bürgern den Geist der Unabhängigkeit, der nicht selten in Trotz und Frechheit ausartete, und mit den Maximen der österreichisch-spanischen Regierung in einen sehr natürlichen Streit geriet. Ebendieser mutige Freiheitssinn verschaffte auch der Reformation ein schnelles und ausgebreitetes Glück in dieser Stadt, und beide Triebfedern verbunden führten alle jene stürmischen Auftritte herbei, durch welche sich dieselbe im Laufe des niederländischen Kriegs zu ihrem Unglück auszeichnete. Außer den Geldsummen, die der Herzog von Parma jetzt von der Stadt erhob, fand er in ihren Mauern noch einen reichen Vorrat von Geschütz, von Wagen, Schiffen und allerlei Baugeräte, nebst der erforderlichen Menge von Werkleuten und Matrosen, wodurch er in seiner Unternehmung gegen Antwerpen nicht wenig gefördert wurde**.

Noch ehe Gent an den König überging, waren die Städte Vilvoorde und Heerenthals in die Hände der Spanier gefallen, auch die Blockhäuser ohnweit dem Flecken Willebroek von ihnen besetzt worden, wodurch Antwerpen von Brüssel und Mecheln abgeschnitten wurde. Der Verlust aller dieser Plätze, der in so kurzer Zeit erfolgte, entriß den Antwerpern jede Hoffnung eines Sukkurses aus Brabant und Flandern, und schränkte alle ihre Aussichten auf den Beistand ein, der aus Seeland erwartet wurde, und welchen zu verhindern der Herzog von Parma nunmehr die ernstlichsten Anstalten machte***.

Die Bürger Antwerpens hatten den ersten Bewegungen des

---

* Meteren XII. Buch. 479. 480. Strada. loc. cit. 562. 63. Allgem. Geschichte der vereinigten Niederlande. XXI. Buch. 470.

** Meteren am angef. Ort.

*** Allgem. Geschichte der vereinigten Niederlande 470. Meteren 479. Thuan. II. 529.

Feindes gegen ihre Stadt mit der stolzen Sicherheit zugesehen, welche der Anblick ihres unbezwingbaren Stroms ihnen einflößte. Diese Zuversicht wurde auch gewissermaßen durch das Urteil des Prinzen von Oranien gerechtfertigt, der auf die erste Nachricht von dieser Belagerung zu verstehen gab, daß die spanische Macht an den Mauern Antwerpens sich zugrunde richten werde. Um jedoch nichts zu versäumen, was zu Erhaltung dieser Stadt dienen konnte, berief er, kurze Zeit vor seiner Ermordung, den Bürgermeister von Antwerpen, Philipp Marnix von St. Aldegonde, seinen vertrauten Freund, zu sich nach Delft, wo er mit demselben wegen Verteidigung Antwerpens Abrede nahm. Sein Rat ging dahin, den großen Damm zwischen Sanvliet und Lilloo, der Blaauwgarendyk genannt, unverzüglich schleifen zu lassen, um die Wasser der Osterschelde, sobald es not täte, über das niedrige Land von Bergen ausgießen, und den seeländischen Schiffen, wenn etwa die Schelde gesperrt würde, durch die überschwemmten Felder einen Weg zu der Stadt eröffnen zu können. Aldegonde hatte auch wirklich nach seiner Zurückkunft den Magistrat und den größten Teil der Bürger bewogen, in diesen Vorschlag zu willigen, als die Zunft der Fleischer dagegen aufstand, und sich beschwerte, daß ihr dadurch die Nahrung entzogen würde; denn das Feld, welches man unter Wasser setzen wollte, war ein großer Strich Weideland, auf welchem jährlich gegen zwölftausend Ochsen gemästet wurden. Die Zunft der Fleischer behielt die Oberhand, und wußte die Ausführung jenes heilsamen Vorschlags so lange zu verzögern, bis der Feind die Dämme mitsamt dem Weideland in Besitz genommen hatte*.

Auf den Antrieb des Bürgermeisters, St. Aldegonde, der, selbst ein Mitglied der Staaten Brabants, bei denselben in großem Ansehen stand, hatte man noch vor Ankunft der Spanier die Festungswerke an beiden Ufern der Schelde in bessern Stand gesetzt, und um die Stadt herum viele neue Schanzen errichtet. Man hatte bei Saftingen die Dämme durchstochen, und die Wasser der Westerschelde beinahe über das ganze Land Waes ausgegossen. In der angrenzenden Markgrafschaft Bergen wurden von dem Grafen von Hohenlohe Truppen geworben, und ein Regiment Schottländer unter der Anführung des

---

* Allgem. Geschichte der vereinigten Niederlande. III. 469. Grotius 88.

Obersten Morgan stand bereits im Solde der Republik, während daß man neue Subsidien aus England und Frankreich erwartete. Vor allem aber wurden die Staaten von Holland und Seeland zu der schleunigsten Hülfsleistung aufgefordert. Nachdem aber die Feinde an beiden Ufern des Stroms festen Fuß gefaßt hatten, und durch das Feuer aus ihren Schanzen die Schiffahrt gefährlich machten, nachdem im Brabantischen ein Platz nach dem andern in ihre Hände fiel, und ihre Reiterei alle Zugänge von der Landseite sperrte, so stiegen endlich bei den Einwohnern Antwerpens ernstliche Besorgnisse wegen der Zukunft auf. Die Stadt zählte damals fünfundachtzigtausend Seelen, und nach den angestellten Berechnungen wurden zum Unterhalt derselben jährlich dreimal hunderttausend Viertel oder Zentner Getreide erfordert. Einen solchen Vorrat aufzuschütten fehlte es beim Anfange der Belagerung keineswegs weder an Lieferungen noch an Geld; denn trotz des feindlichen Geschützes wußten sich die seeländischen Proviantschiffe mit eintretender Meeresflut Bahn zu der Stadt zu machen. Es kam also bloß darauf an, zu verhindern, daß nicht einzelne von den reichern Bürgern diese Vorräte aufkauften, und dann bei eintretendem Mangel sich zu Meistern des Preises machten. Ein gewisser Gianibelli aus Mantua, der sich in der Stadt niedergelassen und ihr in der Folge dieser Belagerung sehr erhebliche Dienste leistete, tat zu diesem Ende den Vorschlag, eine Auflage auf den hundertsten Pfennig zu machen, und eine Gesellschaft rechtlicher Männer zu errichten, welche für dieses Geld Getreide einkaufen, und wöchentlich liefern sollte. Die Reichen sollten einstweilen dieses Geld vorschießen, und dafür die eingekauften Vorräte gleichsam als zu einem Pfande in ihren Magazinen aufbewahren, auch an dem Gewinn ihren Anteil erhalten. Aber dieser Vorschlag wollte den reichern Einwohnern nicht gefallen, welche einmal beschlossen hatten, von der allgemeinen Bedrängnis Vorteil zu ziehen. Vielmehr hielten sie dafür, daß man einem jeden befehlen solle, sich für sich selbst auf zwei Jahre lang mit dem nötigen Proviant zu versehen; ein Vorschlag, wobei sie sehr gut für sich, aber sehr schlecht für die ärmern Einwohner sorgten, die sich nicht einmal auf so viele Monate vorsehen konnten. Sie erreichten dadurch zwar die Absicht, diese letztern entweder ganz aus der Stadt zu jagen, oder von sich abhängig zu machen; als sie sich aber nachher besannen, daß in der Zeit der Not ihr

Eigentum nicht respektiert werden dürfte, so fanden sie ratsam, sich mit dem Einkauf nicht zu beeilen*.

Der Magistrat der Stadt, um ein Übel zu verhüten, das nur einzelne gedrückt haben würde, erwählte dafür ein anderes, welches dem Ganzen gefährlich wurde. Seeländische Unternehmer hatten eine ansehnliche Flotte mit Proviant befrachtet, welche sich glücklich durch die Kanonen der Feinde schlug und in Antwerpen landete. Die Hoffnung eines höhern Gewinns hatte die Kaufleute zu dieser gewagten Spekulation ermuntert; in dieser Erwartung aber fanden sie sich getäuscht, als sie ankamen, indem der Magistrat von Antwerpen um ebendiese Zeit ein Edikt ergehen ließ, wodurch der Preis aller Lebensmittel beträchtlich herabgesetzt wurde. Um zugleich zu verhindern, daß einzelne nicht die ganze Ladung aufkaufen, und, um sie nachher desto teurer loszuschlagen, in ihren Magazinen aufschütten möchten, so verordnete er, daß alles aus freier Hand von den Schiffen verkauft werden sollte. Die Unternehmer, durch diese Vorkehrungen um den ganzen Gewinn ihrer Fahrt betrogen, spannten hurtig die Segel auf, und verließen Antwerpen mit dem größten Teil ihrer Ladung, welche hingereicht haben würde, die Stadt mehrere Monate lang zu ernähren**.

Diese Vernachlässigung der nächsten und natürlichsten Rettungsmittel wird nur dadurch begreiflich, daß man eine völlige Sperrung der Schelde damals noch für völlig unmöglich hielt, und also den äußersten Fall im Ernst gar nicht fürchtete. Als daher die Nachricht einlief, daß der Herzog die Absicht habe, eine Brücke über die Schelde zu schlagen, so verspottete man in Antwerpen allgemein diesen schimärischen Einfall. Man stellte zwischen der Republik und dem Strome eine stolze Vergleichung an, und meinte, daß der eine sowenig als die andere das spanische Joch auf sich leiden würde. Ein Strom, der zweitausendvierhundert Fuß breit, und wenn er auch nur sein eigenes Wasser hat, über sechszig Fuß tief ist, der aber, wenn ihn die Meeresflut hebt, noch um zwölf Fuß zu steigen pflegt – ein solcher Strom, hieß es, sollte sich durch ein elendes Pfahlwerk beherrschen lassen? Wo würde man Baumstämme hernehmen, hoch genug, um bis auf den Grund zu reichen und über die Fläche emporzuragen? Und ein Werk dieser Art sollte im Win-

* Allg. Gesch. d. v. N. III. 472.
** Grotius 92. Reidan. Belg. Annal. 69.

ter zustande kommen, wo die Flut ganze Inseln und Gebirge von Eis, gegen welche kaum steinerne Mauern halten, an das schwache Gebälke treiben, und es wie Glas zersplittern wird? Oder gedächte der Herzog, eine Brücke von Schiffen zu erbauen, woher wollte er diese nehmen und auf welchem Wege sie in seine Verschanzungen bringen? Notwendig müßten sie Antwerpen vorbei passieren, wo eine Flotte bereitstehe, sie entweder aufzufangen oder in Grund zu bohren*.

Aber indem man ihm in der Stadt die Ungereimtheit seiner Unternehmung bewies, hatte der Herzog von Parma sie vollendet. Sobald die Basteien St. Maria und St. Philipp errichtet waren, welche die Arbeiter und den Bau durch ihr Geschütz decken konnten, so wurde von beiden entgegenstehenden Ufern aus ein Gerüste in den Strom hineingebaut, wozu man die Masten von den größten Schiffen gebrauchte. Durch die kunstreiche Anordnung des Gebälkes wußte man dem Ganzen eine solche Haltung zu geben, daß es, wie nachher der Erfolg bewies, dem gewaltsamen Andrange des Eises zu widerstehen vermochte. Dieses Gebälke, welches fest und sicher auf dem Grunde des Wassers ruhte, und noch in ziemlicher Höhe daraus hervorragte, war mit Planken bedeckt, welche eine bequeme Straße formierten. Sie war so breit, daß acht Mann nebeneinander darauf Platz hatten, und ein Geländer, das zu beiden Seiten hinweglief, schützte vor dem Musketenfeuer der feindlichen Schiffe. Diese Estakade, wie man sie nannte, lief von beiden entgegenstehenden Ufern so weit in den Strom hinein, als es die zunehmende Tiefe und Gewalt des Wassers verstattete. Sie verengte den Strom um eilfhundert Fuß; weil aber der mittlere und eigentliche Strom sie durchaus nicht duldete, so blieb noch immer zwischen beiden Estakaden ein Raum von mehr als sechshundert Schritten offen, durch welchen eine ganze Proviantflotte bequem hindurchsegeln konnte. Diesen Zwischenraum gedachte der Herzog vermittelst einer Schiffbrücke auszufüllen, wozu die Fahrzeuge von Dünkirchen sollten hergeschafft werden. Aber außerdem, daß dort Mangel daran war, so hielt es schwer, solche ohne großen Verlust an Antwerpen vorbeizubringen. Er mußte sich also einstweilen damit begnügen, den Fluß um die Hälfte verengt, und den Durchzug der feindlichen Schiffe um soviel schwieriger gemacht zu haben. Denn da, wo sich die Estakaden in der Mitte des Stromes endigten,

* Strad. 560.

erweiterten sie sich beide in ein längliches Viereck, welches stark mit Kanonen besetzt war, und mitten im Wasser zu einer Art Festung diente. Von da aus wurde auf alle Fahrzeuge, die durch diesen Paß sich hindurchwagten, ein fürchterliches Feuer unterhalten, welches jedoch nicht verhinderte, daß nicht ganze Flotten und einzelne Schiffe diese gefährliche Straße glücklich vorüberzogen*.

Unterdessen ergab sich Gent, und diese unerwartet schnelle Eroberung riß den Herzog auf einmal aus seiner Verlegenheit. Er fand in dieser Stadt alles Nötige bereit, um seine Schiffbrücke zu vollenden, und die Schwierigkeit war bloß, es sicher herbeizuschaffen. Dazu eröffneten ihm die Feinde selbst den natürlichsten Weg. Durch Eröffnung der Dämme bei Saftingen war ein großer Teil von dem Lande Waes bis zu dem Flecken Borcht unter Wasser gesetzt worden, so daß es gar nicht schwerhielt, die Felder mit flachen Fahrzeugen zu befahren. Der Herzog ließ also seine Schiffe von Gent auslaufen, und beorderte sie, nachdem sie Dendermonde und Rupelmonde passiert, den linken Damm der Schelde zu durchstechen, Antwerpen zur Rechten liegen zu lassen, und gegen Borcht zu in das überschwemmte Feld hineinzusegeln. Zur Versicherung dieser Fahrt wurde bei dem Flecken Borcht eine Bastei errichtet, welche die Feinde im Zaum halten könnte. Alles gelang nach Wunsch, obgleich nicht ohne einen lebhaften Kampf mit der feindlichen Flottille, welche ausgeschickt worden war, diesen Zug zu stören. Nachdem man noch einige Dämme unterwegs durchstochen, erreichte man die spanischen Quartiere bei Calloo, und lief glücklich wieder in die Schelde. Das Frohlocken der Armee war um so größer, nachdem man erst die große Gefahr vernommen, der die Schiffe nur eben entgangen waren. Denn kaum hatten sie sich der feindlichen Schiffe entledigt, so war schon eine Verstärkung der letztern von Antwerpen unterwegs, welche der tapfere Verteidiger von Lilloo, Odet von Teligny, anführte. Als dieser die Arbeit getan und die Feinde entwischt sah, so bemächtigte er sich des Damms, an dem jene durchgebrochen waren, und warf eine Bastei an der Stelle auf, um den Gentischen Schiffen, die etwa noch nachkommen möchten, den Paß zu verlegen**.

Dadurch geriet der Herzog von Parma aufs neue ins Ge-

* Strad. 560. sq. Thuan. 529. Meteren XII. Buch.
** Meteren 481. Strad. 564.

dränge. Noch hatte er bei weitem nicht Schiffe genug, weder
für seine Brücke noch zur Verteidigung derselben, und der
Weg, auf welchem die vorigen herbeigeschafft worden, war
durch das Fort des Teligny gesperrt. Indem er nun die Gegend
in der Absicht rekognoszierte, einen neuen Weg für seine Flotten ausfindig zu machen, stellte sich ihm ein Gedanke dar, der
nicht bloß seine gegenwärtige Verlegenheit endigte, sondern
der ganzen Unternehmung auf einmal einen lebhaften Schwung
gab. Nicht weit von dem Dorfe Stecken im Lande Waes, von
welchem Orte man noch etwa fünftausend Schritte bis zum Anfang der Überschwemmungen hatte, fließt die Moer, ein kleines
Wasser vorbei, das bei Gent in die Schelde fällt. Von diesem
Flusse nun ließ er einen Kanal bis an die Gegend führen, wo die
Überschwemmung den Anfang nahm, und weil die Wasser nicht
überall hoch genug standen, so wurde der Kanal zwischen Bevern
und Verrebroek bis nach Calloo fortgeführt, wo die Schelde
ihn aufnahm. Fünfhundert Schanzgräber arbeiteten ohne Unterlaß an diesem Werke, und um die Verdrossenheit der Soldaten
zu ermuntern, legte der Herzog selbst mit Hand an. Er erneuerte
auf diese Art das Beispiel zweier berühmten Römer Drusus
und Corbulo, welche durch ähnliche Werke den Rhein mit
der Südersee und die Maas mit dem Rhein verbanden.

Dieser Kanal, den die Armee seinem Urheber zu Ehren den
Kanal von Parma nannte, erstreckte sich vierzehntausend
Schritte lang, und hatte eine verhältnismäßige Tiefe und Breite,
um sehr beträchtliche Schiffe zu tragen. Er verschaffte den
Schiffen aus Gent nicht nur einen sichern, sondern auch einen
merklich kürzern Weg zu den spanischen Quartieren, weil sie
nun nicht mehr nötig hatten, den weitläuftigen Krümmungen
der Schelde zu folgen, sondern bei Gent unmittelbar in die
Moer traten, und von da aus bei Stecken durch den Kanal und
durch das überschwemmte Land bis nach Calloo gelangten.
Da in der Stadt Gent die Erzeugnisse von ganz Flandern
zusammenflossen, so setzte dieser Kanal das spanische Lager
mit der ganzen Provinz in Zusammenhang, von allen Orten und
Enden strömte der Überfluß herbei, daß man im ganzen Laufe
der Belagerung keinen Mangel mehr kannte. Aber der wichtigste
Vorteil, den der Herzog aus diesem Werke zog, war ein hin-
reichender Vorrat an flachen Schiffen, wodurch er in den Stand
gesetzt wurde, den Bau seiner Brücke zu vollenden*.

* Strad. 565.

Unter diesen Anstalten war der Winter herbeigekommen, der, weil die Schelde mit Eis ging, in dem Bau der Brücke einen ziemlich langen Stillstand verursachte. Mit Unruhe hatte der Herzog dieser Jahreszeit entgegengesehen, die seinem angefangenen Werk höchst verderblich werden, den Feinden aber bei einem ernsthaften Angriff auf dasselbe desto günstiger sein konnte. Aber die Kunst seiner Baumeister entriß ihn der einen Gefahr, und die Inkonsequenz der Feinde befreite ihn von der andern. Zwar geschah es mehrmals, daß mit eintretender Meeresflut starke Eisschollen sich in die Staketen verfingen, und mit heftiger Gewalt das Gebälke erschütterten, aber es stand, und der Anlauf des wilden Elements machte bloß seine Festigkeit sichtbar.

Unterdessen wurde in Antwerpen mit fruchtlosen Deliberationen eine kostbare Zeit verschwendet, und über dem Kampf der Parteien das allgemeine Beste vernachlässigt. Die Regierung dieser Stadt war in allzu viele Hände verteilt, und der stürmischen Menge ein viel zu großer Anteil daran gegeben, als daß man mit Ruhe überlegen, mit Einsicht wählen und mit Festigkeit ausführen konnte. Außer dem eigentlichen Magistrat, in welchem der Bürgermeister bloß eine einzelne Stimme hatte, waren in der Stadt noch eine Menge Korporationen vorhanden, denen die äußere und innere Sicherheit, die Proviantierung, die Befestigung der Stadt, das Schiffswesen, der Kommerz u. dgl. oblag, und welche bei keiner wichtigen Verhandlung übergangen sein wollten. Durch diese Menge von Sprechern, die, sooft es ihnen beliebte, in die Ratsversammlung stürmten, und was sie durch Gründe nicht vermochten, durch ihr Geschrei und ihre starke Anzahl durchzusetzen wußten, bekam das Volk einen gefährlichen Einfluß in die öffentlichen Beratschlagungen, und der natürliche Widerstreit so entgegengesetzter Interessen hielt die Ausführung jeder heilsamen Maßregel zurück. Ein so schwankendes und kraftloses Regiment konnte sich bei einem trotzigen Schiffsvolk und bei einer sich wichtig dünkenden Soldateska nicht in Achtung setzen, daher die Befehle des Staats auch nur schlechte Befolgung fanden, und durch die Nachlässigkeit, wo nicht gar offenbare Meuterei der Truppen und des Schiffsvolks mehr als einmal der entscheidende Augenblick verlorenging*.

* Meteren 484. Thuan. II. 529. Grotius 88.

Die wenige Übereinstimmung in der Wahl der Mittel, durch welche man dem Feind widerstehen wollte, würde indessen bei weitem nicht so viel geschadet haben, wenn man nur in dem Zwecke selbst vollkommen einig gewesen wäre. Aber eben-darüber waren die begüterten Bürger und der große Haufe in zwei entgegengesetzte Parteien geteilt, indem die erstern nicht ohne Ursachen von der Extremität alles fürchteten, und daher sehr geneigt waren, mit dem Herzog von Parma in Unterhand-lungen zu treten. Diese Gesinnungen verbargen sie nicht län-ger, als das Fort Liefkenshoek in feindliche Hände gefallen war, und man nun im Ernste anfing, für die Schiffahrt auf der Schelde zu fürchten. Einige derselben zogen ganz und gar fort, und über-ließen die Stadt, mit der sie das Gute genossen, aber das Schlim-me nicht teilen mochten, ihrem Schicksal. Sechszig bis sieben-zig der Zurückbleibenden aus dieser Klasse übergaben dem Rat eine Bittschrift, worin sie den Wunsch äußerten, daß man mit dem König traktieren möchte. Sobald aber das Volk davon Nachricht erhielt, so geriet es in eine wütende Bewegung, daß man es kaum durch Einsperrung der Supplikanten und eine denselben aufgelegte Geldstrafe besänftigen konnte. Es ruhte auch nicht eher, als bis ein Edikt zustande kam, welches auf jeden, heimlichen oder öffentlichen, Versuch zum Frieden die Todesstrafe setzte*.

Dem Herzog von Parma, der in Antwerpen nicht weniger als in den übrigen Städten Brabants und Flanderns geheime Verständnisse unterhielt, und durch seine Kundschafter gut bedient wurde, entging keine dieser Bewegungen, und er ver-säumte nicht, Vorteil davon zu ziehen. Obgleich er in seinen Anstalten weit genug vorwärtsgerückt war, um die Stadt zu beängstigen, so waren doch noch sehr viele Schritte zu tun, um sich wirklich von derselben Meister zu machen, und ein einziger unglücklicher Augenblick konnte das Werk vieler Mo-nate vernichten. Ohne also in seinen kriegerischen Vorkehrun-gen etwas nachzulassen, machte er noch einen ernstlichen Ver-such, ob er sich der Stadt nicht durch Güte bemächtigen könnte. Er erließ zu dem Ende im November dieses Jahres an den gro-ßen Rat von Antwerpen ein Schreiben, worin alle Kunstgriffe aufgeboten waren, die Bürger entweder zur Übergabe der Stadt zu vermögen, oder doch die Trennung unter denselben zu ver-mehren. Er betrachtete sie in diesem Brief als Verführte, und

* Meteren 485.

wälzte die ganze Schuld ihres Abfalls und ihrer bisherigen Widersetzlichkeit auf den ränkevollen Geist des Prinzen von Oranien, von welchem die Strafgerechtigkeit des Himmels sie seit kurzem befreiet habe. Jetzt, meinte er, stehe es in ihrer Macht, aus ihrer langen Verblendung zu erwachen, und zu einem König, der zur Versöhnung geneigt sei, zurückzukehren. Dazu, fuhr er fort, biete er selbst sich mit Freuden als Mittler an, da er nie aufgehört habe, ein Land zu lieben, worin er geboren sei, und den fröhlichsten Teil seiner Jugend zugebracht habe. Er munterte sie daher auf, ihm Gevollmächtigte zu senden, mit denen er über den Frieden traktieren könne, ließ sie die billigsten Bedingungen hoffen, wenn sie sich beizeiten unterwürfen, aber auch die härtesten fürchten, wenn sie es aufs Äußerste kommen ließen.

Dieses Schreiben, in welchem man mit Vergnügen die Sprache nicht wiederfindet, welche ein Herzog von Alba zehn Jahre vorher in ähnlichen Fällen zu führen pflegte, beantwortete die Stadt in einem anständigen und bescheidenen Tone, und indem sie dem persönlichen Charakter des Herzogs volle Gerechtigkeit widerfahren ließ, und seiner wohlwollenden Gesinnungen gegen sie mit Dankbarkeit erwähnte, beklagte sie die Härte der Zeitumstände, welche ihm nicht erlaubten, seinem Charakter und seiner Neigung gemäß gegen sie zu verfahren. In seine Hände, erklärte sie, würde sie mit Freuden ihr Schicksal legen, wenn er unumschränkter Herr seiner Handlungen wäre, und nicht einem fremden Willen dienen müßte, den seine eigene Billigkeit unmöglich gutheißen könne. Nur zu bekannt sei der unveränderliche Ratschluß des Königs von Spanien, und das Gelübde, das derselbe dem Papst getan habe; von dieser Seite sei alle ihre Hoffnung verloren. Sie verteidigte dabei mit edler Wärme das Gedächtnis des Prinzen von Oranien, ihres Wohltäters und Retters, indem sie die wahren Ursachen aufzählte, welche diesen traurigen Krieg herbeigeführt, und die Provinzen von der spanischen Krone abtrünnig gemacht hätten. Zugleich verhehlte sie nicht, daß sie eben jetzt Hoffnung habe, an dem Könige von Frankreich einen neuen und einen gütigern Herrn zu finden, und auch schon dieser Ursache wegen keinen Vergleich mit dem spanischen Monarchen eingehen könne, ohne sich des strafbarsten Leichtsinns und der Undankbarkeit schuldig zu machen*.

* Thuan. II. 530. 531. Meteren 485. 486.

Die vereinigten Provinzen nämlich, durch eine Reihe von Unglücksfällen kleinmütig gemacht, hatten endlich den Entschluß gefaßt, unter die Oberhoheit Frankreichs zu treten, und durch Aufopferung ihrer Unabhängigkeit ihre Existenz und ihre alten Privilegien zu retten. Mit diesem Auftrage war vor nicht langer Zeit eine Gesandtschaft nach Paris abgegangen, und die Aussicht auf diesen mächtigen Beistand war es vorzüglich, was den Mut der Antwerper stärkte. Heinrich der Dritte, König von Frankreich, war für seine Person auch nicht ungeneigt, dieses Anerbieten sich zunutze zu machen, aber die Unruhen, welche ihm die Intrigen der Spanier in seinem eigenen Königreich zu erregen wußten, nötigten ihn wider seinen Willen davon abzustehen. Die Niederländer wandten sich nunmehr mit ihrem Gesuch an die Königin Elisabeth von England, die ihnen auch wirklich, aber nur zu spät für Antwerpens Rettung, einen tätigen Beistand leistete. Während daß man in dieser Stadt den Erfolg dieser Unterhandlungen abwartete, und nach einer fremden Hülfe in die Ferne blickte, hatte man die natürlichsten und nächsten Mittel zu seiner Rettung versäumt, und den ganzen Winter verloren, den der Feind desto besser zu benutzen verstand*.

Zwar hatte es der Bürgermeister von Antwerpen, St. Aldegonde, nicht an wiederholten Aufforderungen fehlen lassen, die seeländische Flotte zu einem Angriff auf die feindlichen Werke zu vermögen, während daß man von Antwerpen aus diese Expedition unterstützen würde. Die langen und öfters stürmischen Nächte konnten diese Versuche begünstigen, und wenn zugleich die Besatzung zu Lilloo einen Ausfall wagte, so würde es dem Feinde kaum möglich gewesen sein, diesem dreifachen Anfall zu widerstehen. Aber unglücklicherweise waren zwischen dem Anführer jener Flotte, Wilhelm von Blois von Treslong, und der Admiralität von Seeland Irrungen entstanden, welche Ursache waren, daß die Ausrüstung der Flotte auf eine ganz unbegreifliche Weise verzögert wurde. Um solche zu beschleunigen, entschloß sich endlich Teligny, selbst nach Middelburg zu gehen, wo die Staaten von Seeland versammelt waren; aber weil der Feind alle Pässe besetzt hatte, so kostete ihm dieser Versuch seine Freiheit, und mit ihm verlor die Republik ihren tapfersten Verteidiger. Indessen fehlte es nicht an

* Meteren 488. u. folg. Allgem. Geschichte der v. Niederlande III. 476 bis 491. Grotius 89.

unternehmenden Schiffern, welche unter Vergünstigung der
Nacht, und mit eintretender Flut, trotz des feindlichen Feuers
durch die damals noch offene Brücke sich schlugen, Proviant
in die Stadt warfen, und mit der Ebbe wieder zurückkehrten.
Weil aber doch mehrere solcher Fahrzeuge dem Feind in die
Hände fielen, so verordnete der Rat, daß inskünftige die Schiffe
nie unter einer bestimmten Anzahl sich hinauswagen sollten;
welches die Folge hatte, daß alles unterblieb, weil die erforder-
liche Anzahl niemals voll werden wollte. Auch geschahen von
Antwerpen aus einige nicht ganz unglückliche Versuche auf
die Schiffe der Spanier; einige der letztern wurden erobert,
andre versenkt, und es kam bloß darauf an, dergleichen Versuche im großen fortzusetzen. Aber so eifrig auch St. Aldegonde dieses betrieb, so fand sich doch kein Schiffer, der ein
Fahrzeug besteigen wollte*.

Unter diesen Zögerungen verstrich der Winter, und kaum
bemerkte man, daß das Eis sich verlor, so wurde von den Belagerern der Bau der Schiffbrücke nun mit allem Ernst vorgenommen. Zwischen beiden Staketen blieb noch ein Raum von
mehr als sechshundert Schritten auszufüllen, welches auf folgende Art bewerkstelligt wurde. Man nahm zweiunddreißig
Playten (platte Fahrzeuge), jede sechsundsechzig Fuß lang
und zwanzig breit, und diese fügte man am Vorder- und Hin-
terteile mit starken Kabeltauen und eisernen Ketten aneinander,
doch so, daß sie noch gegen zwanzig Fuß voneinander abstan-
den, und dem Strom einen freien Durchzug verstatteten. Jede
Playte hing noch außerdem an zwei Ankertauen, sowohl aufwärts als unterwärts des Stroms, welche aber, je nachdem das
Wasser mit der Flut stieg oder mit der Ebbe sank, nachgelassen
und angezogen werden konnten. Über die Schiffe hinweg wurden große Mastbäume gelegt, welche von einem zum andern
reichten, und, mit Planken überdeckt, eine ordentliche Straße
bildeten, auch, wie die Staketen, mit einem Geländer eingefaßt
waren. Diese Schiffbrücke, davon beide Staketen nur eine Fortsetzung ausmachten, hatte, mit diesen zusammengenommen,
eine Länge von zweitausendvierhundert Schritten. Dabei war
diese furchtbare Maschine so künstlich organisiert und so reichlich mit Werkzeugen des Todes ausgerüstet, daß sie gleich
einem lebendigen Wesen sich selbst verteidigen, auf das Kom-
mandowort Flammen speien, und auf alles, was ihr nahe kam,

* Strad. 564. Meteren 484. Reidan. Annal. 69.

Verderben ausschütten konnte. Außer den beiden Forts St.
Maria und St. Philipp, welche die Brücke an beiden Ufern be-
grenzten, und außer den zwei hölzernen Basteien auf der Brücke
selbst, welche mit Soldaten angefüllt und in allen vier Ecken
mit Kanonen besetzt waren, enthielt jedes der zweiunddreißig
Schiffe noch dreißig Bewaffnete nebst vier Matrosen zu seiner
Bedeckung, und zeigte dem Feind, er mochte nun von Seeland
herauf oder von Antwerpen herunter schiffen, die Mündung
einer Kanone. Man zählte in allem siebenundneunzig Kanonen,
die sowohl über der Brücke, als unter derselben verteilt waren,
und mehr als funfzehnhundert Mann, die teils die Basteien,
teils die Schiffe besetzten, und wenn es not tat, ein furchtbares
Musketenfeuer auf den Feind unterhalten konnten.

Aber dadurch allein glaubte der Herzog sein Werk noch
nicht gegen alle Zufälle sichergestellt zu haben. Es war zu erwarten, daß der Feind nichts unversucht lassen würde, den
mittlern und schwächsten Teil der Brücke durch die Gewalt
seiner Maschinen zu sprengen; diesem vorzubeugen, warf er
längs der Schiffbrücke und in einiger Entfernung von derselben
noch eine besondre Schutzwehr auf, welche die Gewalt brechen
sollte, die auf die Brücke selbst möchte ausgeübt werden. Dieses Werk bestand aus dreiunddreißig Barken von beträchtlicher
Größe, welche in einer Reihe, quer über den Strom hin gelagert, und je drei und drei mit Mastbäumen aneinander befestigt waren, so daß sie eilf verschiedene Gruppen bildeten.
Jede derselben streckte, gleich einem Glied Pikenierer, in hori-
zontaler Richtung vierzehn lange hölzerne Stangen aus, die
dem herannahenden Feind eine eiserne Spitze entgegenkehrten.
Diese Barken waren bloß mit Ballast angefüllt, und hingen jede
an einem doppelten aber schlaffen Ankertau, um dem anschwel-
lenden Strome nachgeben zu können; daher sie auch in beständiger Bewegung waren, und davon die Namen Schwimmer
bekamen. Die ganze Schiffbrücke und noch ein Teil der Staketen wurden von diesen Schwimmern gedeckt, welche sowohl
oberhalb als unterhalb der Brücke angebracht waren. Zu allen
diesen Verteidigungsanstalten kam noch eine Anzahl von vierzig Kriegsschiffen, welche an beiden Ufern hielten und dem
ganzen Werk zur Bedeckung dienten*.

* Strad. Dec. II. Lib. VI, 566. 567. Meteren 482. Thuan. III. Lib.
LXXXIII. 46. Allgem. Geschichte der vereinigten Niederlande. III. Band.
497.

Dieses bewundernswürdige Werk war im März des Jahres 1585, als dem siebenten Monat der Belagerung fertig, und der Tag, an dem es vollendet wurde, war ein Jubelfest für die Truppen. Durch ein wildes Freudenschießen wurde der große Vorfall der belagerten Stadt verkündigt, und die Armee, als wollte sie sich ihres Triumphs recht sinnlich versichern, breitete sich längs dem ganzen Gerüste aus, um den stolzen Strom, dem man das Joch aufgelegt hatte, friedfertig und gehorsam unter sich hinwegfließen zu sehen. Alle ausgestandenen unendlichen Mühseligkeiten waren bei diesem Anblick vergessen, und keiner, dessen Hand nur irgend dabei geschäftig gewesen, war so verächtlich und so klein, daß er sich nicht einen Teil der Ehre zueignete, die dem großen Urheber lohnte. Nichts aber gleicht der Bestürzung, welche die Bürger von Antwerpen ergriff, als ihnen die Nachricht gebracht wurde, daß die Schelde nun wirklich geschlossen, und alle Zufuhr aus Seeland abgeschnitten sei. Und zu Vermehrung ihres Schreckens mußten sie zu derselben Zeit noch den Verlust der Stadt Brüssel erfahren, welche endlich durch Hunger genötigt worden, sich zu ergeben. Ein Versuch, den der Graf von Hohenlohe in ebendiesen Tagen auf Herzogenbusch gewagt, um entweder diese Stadt wegzunehmen, oder doch dem Feind eine Diversion zu machen, war gleichfalls verunglückt, und so verlor das bedrängte Antwerpen zu gleicher Zeit alle Hoffnung einer Zufuhr von der See und zu Lande*.

Durch einige Flüchtlinge, welche sich durch die spanischen Vorposten hindurch in die Stadt geworfen, wurden diese unglücklichen Zeitungen darin ausgebreitet, und ein Kundschafter, den der Bürgermeister ausgeschickt hatte, um die feindlichen Werke zu rekognoszieren, vergrößerte durch seine Aussagen noch die allgemeine Bestürzung. Er war ertappt und vor den Herzog von Parma gebracht worden, welcher Befehl gab, ihn überall herumzuführen, und besonders die Einrichtung der Brücke aufs genaueste besichtigen zu lassen. Nachdem dies geschehen war und er wieder vor den Feldherrn gebracht wurde, schickte ihn dieser mit den Worten zurück: „Gehe", rief er, „und hinterbringe denen, die dich herschickten, was du gesehen hast. Melde ihnen aber dabei, daß es mein fester Entschluß sei, mich entweder unter den Trümmern dieser

* Strada 567–571. Meteren 492. 494. Thuan. III. 44. 45.

Brücke zu begraben, oder durch diese Brücke in eure Stadt einzuziehen."*

Aber die Gewißheit der Gefahr belebte nun auch auf einmal den Eifer der Verbundenen, und es lag nicht an ihren Anstalten, wenn die erste Hälfte jenes Gelübdes nicht in Erfüllung ging. Längst schon hatte der Herzog mit Unruhe den Bewegungen zugesehen, welche zum Entsatze der Stadt in Seeland gemacht wurden. Es war ihm nicht verborgen, daß er den gefährlichsten Schlag von dorther zu fürchten habe, und daß gegen die vereinigte Macht der seeländischen und antwerpischen Flotten, wenn sie zu gleicher Zeit und im rechten Moment auf ihn losdringen sollten, mit allen seinen Werken nicht viel würde auszurichten sein. Eine Zeitlang hatten ihm die Zögerungen des seeländischen Admirals, die er auf alle Art zu unterhalten bemüht war, Sicherheit verschafft; jetzt aber beschleunigte die dringende Not auf einmal die Rüstung, und ohne länger auf den Admiral zu warten, schickten die Staaten zu Middelburg den Grafen Justin von Nassau mit so viel Schiffen als sie aufbringen konnten, den Belagerten zu Hülfe. Diese Flotte legte sich vor das Fort Liefkenshoek, welches der Feind im Besitz hatte, und beschoß dasselbe, von einigen Schiffen aus dem gegenüberliegenden Fort Lilloo unterstützt, mit so glücklichem Erfolge, daß die Wälle in kurzem zugrund gerichtet und mit stürmender Hand erstiegen wurden. Die darin zur Besatzung liegenden Wallonen zeigten die Festigkeit nicht, welche man von Soldaten des Herzogs von Parma erwartete; sie überließen dem Feinde schimpflich die Festung, der sich in kurzem der ganzen Insel Doel mit allen darauf liegenden Schanzen bemeisterte. Der Verlust dieser Plätze, die jedoch bald wiedergewonnen waren, ging dem Herzog von Parma so nahe, daß er die Befehlshaber vor das Kriegsgericht zog, und den Schuldigsten darunter enthaupten ließ. Indessen eröffnete diese wichtige Eroberung den Seeländern einen freien Paß bis zur Brücke, und nunmehr war der Zeitpunkt vorhanden, nach genommener Abrede mit den Antwerpern, gegen jenes Werk einen entscheidenden Streich auszuführen. Man kam überein, daß während man von Antwerpen aus, durch schon bereitgehaltene Maschinen, die Schiffbrücke sprengte, die seeländische Flotte mit einem hinlänglichen Vorrat von Proviant in der Nähe sein sollte, um

* Strada 568.

sogleich durch die gemachte Öffnung hindurch nach der Stadt zu segeln*.

Denn ehe noch der Herzog von Parma mit seiner Brücke zustande war, arbeitete schon in den Mauren Antwerpens ein Ingenieur an ihrer Zerstörung. Friederich Gianibelli hieß dieser Mann, den das Schicksal bestimmt hatte, der Archimed dieser Stadt zu werden, und eine gleiche Geschicklichkeit mit gleich verlornem Erfolg zu deren Verteidigung zu verschwenden. Er war aus Mantua gebürtig, und hatte sich ehedem in Madrid gezeigt, um, wie einige wollen, dem König Philipp seine Dienste in dem niederländischen Krieg anzubieten. Aber vom langen Warten ermüdet, verließ der beleidigte Künstler den Hof, des Vorsatzes, den Monarchen Spaniens auf eine empfindliche Art mit einem Verdienste bekannt zu machen, das er so wenig zu schätzen gewußt hatte. Er suchte die Dienste der Königin Elisabeth von England, der erklärten Feindin von Spanien, welche ihn, nachdem sie einige Proben von seiner Kunst gesehen, nach Antwerpen schickte. In dieser Stadt ließ er sich wohnhaft nieder, und widmete derselben in der gegenwärtigen Extremität seine ganze Wissenschaft und den feurigsten Eifer**.

Sobald dieser Künstler in Erfahrung gebracht hatte, daß es mit der Brücke ernstlich gemeint sei, und das Werk der Vollendung sich nahe, so bat er sich von dem Magistrate drei große Schiffe von hundertundfunfzig bis fünfhundert Tonnen aus, in welchen er Minen anzulegen gedachte. Außer diesen verlangte er noch sechzig Playten, welche mit Kabeln und Ketten aneinandergebunden und mit hervorragenden Haken versehen, mit eintretender Ebbe in Bewegung gesetzt werden, und um die Wirkung der Minenschiffe zu vollenden, in keilförmiger Richtung gegen die Brücke Sturm laufen sollten. Aber er hatte sich mit seinem Gesuch an Leute gewendet, die gänzlich unfähig waren, einen außerordentlichen Gedanken zu fassen, und selbst da, wo es die Rettung des Vaterlands galt, ihren Krämersinn nicht zu verleugnen wußten. Man fand seinen Vorschlag allzu kostbar, und nur mit Mühe erhielt er endlich, daß ihm zwei kleinere Schiffe von siebenzig bis achtzig Tonnen, nebst einer Anzahl Playten bewilligt wurden.

Mit diesen zwei Schiffen, davon er das eine das Glück, das andre die Hoffnung nannte, verfuhr er auf folgende

---

* Strada 573. 574. Meteren 495.
** Meteren 495. Strad. 574.

Art. Er ließ auf dem Boden derselben einen hohlen Kasten von Quadersteinen mauern, der fünf Schuh breit, viertehalb hoch und vierzig lang war. Diesen Kasten füllte er mit sechszig Zentnern des feinsten Schießpulvers von seiner eigenen Erfindung, und bedeckte denselben mit großen Grab- und Mühlsteinen, so schwer das Fahrzeug sie tragen konnte. Darüber führte er noch ein Dach von ähnlichen Steinen auf, welches spitz zulief und sechs Schuhe hoch über den Schiffsrand emporragte. Das Dach selbst wurde mit eisernen Ketten und Haken, mit metallenen und marmornen Kugeln, mit Nägeln, Messern und andern verderblichen Werkzeugen vollgestopft; auch der übrige Raum des Schiffs, den der Kasten nicht einnahm, wurde mit Steinen ausgefüllt, und das Ganze mit Brettern überzogen. In dem Kasten selbst waren mehrere kleine Öffnungen für die Lunten gelassen, welche die Mine anzünden sollten. Zum Überfluß war noch ein Uhrwerk darin angebracht, welches nach Ablauf der bestimmten Zeit Funken schlagen, und, wenn auch die Lunten verunglückten, das Schiff in Brand stecken konnte. Um dem Feinde die Meinung beizubringen, als ob es mit diesen Maschinen bloß darauf abgesehen sei, die Brücke anzuzünden, wurde auf dem Gipfel derselben ein Feuerwerk von Schwefel und Pech unterhalten, welches eine ganze Stunde lang fortbrennen konnte. Ja, um die Aufmerksamkeit desselben noch mehr von dem eigentlichen Sitze der Gefahr abzulenken, rüstete er noch zweiunddreißig S c h u y t e n (kleine platte Fahrzeuge) aus, auf denen bloß Feuerwerke brannten, und welche keine andre Bestimmung hatten, als dem Feinde ein Gaukelwerk vorzumachen. Diese Brander sollten in vier verschiedenen Transporten, von einer halben Stunde zur andern, nach der Brücke hinunterlaufen, und die Feinde zwei ganzer Stunden lang unaufhörlich in Atem erhalten, so daß sie endlich vom Schießen erschöpft und durch vergebliches Warten ermüdet, in ihrer Aufmerksamkeit nachließen, wenn die rechten Vulkane kämen. Voran ließ er zum Überfluß noch einige Schiffe laufen, in welchen Pulver verborgen war, um das fließende Werk vor der Brücke zu sprengen und den Hauptschiffen Bahn zu machen. Zugleich hoffte er durch dieses Vorpostengefecht den Feinden zu tun zu geben, sie heranzulocken und der ganzen tötenden Wirkung des Vulkans auszusetzen*.

Die Nacht zwischen dem 4. und 5. April war zur Ausführung

* Thuan. III. 46. Strad. 574. 575. Meteren 496.

dieses großen Unternehmens bestimmt. Ein dunkles Gerücht davon hatte sich auch schon in dem spanischen Lager verbreitet, besonders da man von Antwerpen aus mehrere Taucher entdeckt hatte, welche die Ankertaue an den Schiffen hatten zerhauen wollen. Man war sich daher auf einen ernstlichen Angriff gefaßt; nur irrte man sich in der eigentlichen Beschaffenheit desselben, und rechnete mehr darauf, mit Menschen als mit Elementen zu kämpfen. Der Herzog ließ zu diesem Ende die Wachen längs dem ganzen Ufer verdoppeln, und zog den besten Teil seiner Truppen in die Nähe der Brücke, wo er selbst gegenwärtig war; um so näher der Gefahr, je sorgfältiger er derselben zu entfliehen suchte. Kaum war es dunkel geworden, so sah man von der Stadt her drei brennende Fahrzeuge daherschwimmen, dann noch drei andre, und gleich darauf ebenso viele. Man ruft durch das spanische Lager ins Gewehr, und die ganze Länge der Brücke füllt sich mit Bewaffneten an. Indessen vermehrten sich die Feuerschiffe und zogen, teils paarweise, teils zu dreien, in einer gewissen Ordnung den Strom herab, weil sie am Anfang noch durch Schiffer gelenkt wurden. Der Admiral der antwerpischen Flotte, Jacob Jacobson, hatte es, man wußte nicht ob aus Nachlässigkeit oder Vorsatz, darin versehen, daß er die vier Schiffhaufen allzu geschwind hintereinander ablaufen, und ihnen auch die zwei großen Minenschiffe viel zu schnell folgen ließ, wodurch die ganze Ordnung gestört wurde.

Unterdessen rückte der Zug immer näher, und die Dunkelheit der Nacht erhöhte noch den außerordentlichen Anblick. So weit das Auge dem Strom folgen konnte, war alles Feuer, und die Brander warfen so starke Flammen aus, als ob sie selbst in Feuer aufgingen. Weithin leuchtete die Wasserfläche; die Dämme und Basteien längs dem Ufer, die Fahnen, Waffen und Rüstungen der Soldaten, welche sowohl hier als auf der Brücke in Parade standen, glänzten im Widerschein. Mit einem gemischten Gefühl von Grauen und Vergnügen betrachtete der Soldat das seltsame Schauspiel, das eher einer Fête als einem feindlichen Apparate glich, aber gerade wegen dieses sonderbaren Kontrastes der äußern Erscheinung mit der innern Bestimmung die Gemüter mit einem wunderbaren Schauer erfüllte. Als diese brennende Flotte der Brücke bis auf zweitausend Schritte nahe gekommen, zündeten ihre Führer die Lunten an, trieben die zwei Minenschiffe in die eigentliche

Mitte des Stroms und überließen die übrigen dem Spiele der
Wellen, indem sie selbst sich auf schon bereitgehaltenen Käh-
nen hurtig davonmachten*.

Jetzt verwirrte sich der Zug, und die führerlosen Schiffe
langten einzeln und zerstreut bei den schwimmenden Werken
an, wo sie entweder hängenblieben, oder seitwärts an das Ufer
prallten. Die vordern Pulverschiffe, welche bestimmt gewesen
waren, das schwimmende Werk zu entzünden, warf die Gewalt
eines Sturmwindes, der sich in diesem Augenblick erhob, an
das flandrische Ufer; selbst der eine von den beiden Brandern,
welcher das Glück hieß, geriet unterwegs auf den Grund, ehe
er noch die Brücke erreichte, und tötete, indem er zersprang,
etliche spanische Soldaten, die in einer nahgelegenen Schanze
arbeiteten. Wenig fehlte, daß der andere und größere Brander,
die Hoffnung genannt, nicht ein ähnliches Schicksal gehabt
hätte. Der Strom warf ihn an das schwimmende Werk auf der
flandrischen Seite, wo er hängenblieb; und hätte er in diesem
Augenblick sich entzündet, so war der beste Teil seiner Wirkung verloren. Von den Flammen getäuscht, welche diese
Maschine gleich den übrigen Fahrzeugen von sich warf, hielt
man sie bloß für einen gewöhnlichen Brander, der die Schiffbrücke anzuzünden bestimmt sei. Und wie man nun gar eins
der Feuerschiffe nach dem andern ohne alle weitere Wirkung
erlöschen sah, so verlor sich endlich die Furcht, und man fing
an, über die Anstalten des Feindes zu spotten, die sich so
prahlerisch angekündigt hatten, und nun ein so lächerliches
Ende nahmen. Einige der Verwegensten warfen sich sogar in
den Strom, um den Brander in der Nähe zu besehen, und ihn
auszulöschen, als derselbe vermittelst seiner Schwere sich durch-
riß, das schwimmende Werk, das ihn aufgehalten, zersprengte,
und mit einer Gewalt, welche alles fürchten ließ, auf die Schiffbrücke losdrang. Auf einmal kommt alles in Bewegung, und
der Herzog ruft den Matrosen zu, die Maschine mit Stangen
aufzuhalten, und die Flammen zu löschen, ehe sie das Gebälke
ergriffen.

Er befand sich in diesem bedenklichen Augenblick an dem
äußersten Ende des linken Gerüstes, wo dasselbe eine Bastei
im Wasser formierte und in die Schiffbrücke überging. Ihm
zur Seite standen der Markgraf von Richebourg, General der
Reuterei und Gouverneur der Provinz Artois, der sonst den

* Strad. 576.

Staaten gedient hatte, aber aus einem Verteidiger der Republik
ihr schlimmster Feind geworden war, der Freiherr von Billy,
Gouverneur von Friesland und Chef der deutschen Regimenter,
die Generale Gaetano und Guasto, nebst mehreren der vornehmsten Offiziere; alle ihrer besondern Gefahr vergessend,
und bloß mit Abwendung des allgemeinen Unglücks beschäftigt. Da nahte sich dem Herzog von Parma ein spanischer
Fähndrich, und beschwur ihn, sich von einem Orte hinweg-
zubegeben, wo seinem Leben augenscheinlich Gefahr drohe.
Er wiederholte diese Bitte noch dringender, als der Herzog
nicht darauf merken wollte, und flehte ihn zuletzt fußfällig, in
diesem einzigen Stücke von seinem Diener Rat anzunehmen.
Indem er dies sagte, hatte er den Herzog am Rock ergriffen,
als wollte er ihn mit Gewalt von der Stelle ziehen, und dieser,
mehr von der Kühnheit dieses Mannes überrascht, als durch
seine Gründe überredet, zog sich endlich, von Gaetano und
Guasto begleitet, nach dem Ufer zurück. Kaum hatte er Zeit
gehabt, das Fort St. Maria am äußersten Ende der Brücke zu
erreichen, so geschah hinter ihm ein Knall, nicht anders als
börste die Erde, und als stürzte das Gewölbe des Himmels ein.
Wie tot fiel der Herzog nieder, die ganze Armee mit ihm, und
es dauerte mehrere Minuten, bis man wieder zur Besinnung
erwachte.

Aber welch ein Anblick, als man jetzt wieder zu sich selber
kam! Von dem Schlage des entzündeten Vulkans war die
Schelde bis in ihre untersten Tiefen gespalten und mit mauer-
hoher Flut über den Damm, der sie umgab, hinausgetrieben
worden, so daß alle Festungswerke am Ufer mehrere Schuh
hoch im Wasser standen. Drei Meilen im Umkreis schütterte
die Erde. Beinahe das ganze linke Gerüste, an welchem das
Brandschiff sich angehängt hatte, war nebst einem Teil der
Schiffbrücke auseinandergesprengt, zerschmettert, und mit
allem, was sich darauf befand, mit allen Mastbäumen, Kanonen
und Menschen in die Luft geführt worden. Selbst die ungeheuren Steinmassen, welche die Mine bedeckten, hatte die Gewalt
des Vulkans in die benachbarten Felder geschleudert, so daß
man nachher mehrere davon, tausend Schritte weit von der
Brücke, aus dem Boden herausgrub. Sechs Schiffe waren verbrannt, mehrere in Stücken gegangen. Aber schrecklicher als
alles dies war die Niederlage, welche das mörderische Werkzeug
unter den Menschen anrichtete. Fünfhundert, nach andern

Berichten sogar achthundert Menschen wurden das Opfer seiner Wut; diejenigen nicht einmal gerechnet, welche mit verstümmelten oder sonst beschädigten Gliedern davonkamen; und die entgegengesetztesten Todesarten vereinigten sich in diesem entsetzlichen Augenblick. Einige wurden durch den Blitz des Vulkans, andre durch das kochende Gewässer des Stroms verbrannt; noch andre erstickte der giftige Schwefeldampf; jene wurden in den Fluten, diese unter dem Hagel der geschleuderten Steine begraben, viele von den Messern und Haken zerfleischt, oder von den Kugeln zermalmt, welche aus dem Bauch der Maschine sprangen. Einige, die man ohne alle sichtbare Verletzung entseelt fand, mußte schon die bloße Lufterschütterung getötet haben. Der Anblick, der sich unmittelbar nach Entzündung der Mine darbot, war fürchterlich. Einige staken zwischen dem Pfahlwerk der Brücke, andere arbeiteten sich unter Steinmassen hervor, noch andere waren in den Schiffseilen hängengeblieben; von allen Orten und Enden her erhub sich ein herzzerschneidendes Geschrei nach Hülfe, welches aber, weil jeder genug mit sich selbst zu tun hatte, nur durch ein ohnmächtiges Wimmern beantwortet wurde.

Von den Überlebenden sahen sich viele durch ein wunderähnliches Schicksal gerettet. Einen Offizier mit Namen Tucci, hob der Windwirbel wie eine Feder in die Luft, hielt ihn eine Zeitlang schwebend in der Höhe, und ließ ihn dann gemach in den Strom herabsinken, wo er sich durch Schwimmen rettete. Einen andern ergriff die Gewalt des Schusses auf dem flandrischen Ufer und setzte ihn auf dem brabantischen ab, wo er mit einer leichten Quetschung an der Schulter wieder aufstand, und es war ihm, wie er nachher aussagte, auf dieser schnellen Luftreise nicht anders zumute, als ob er aus einer Kanone geschossen würde. Der Herzog von Parma selbst war dem Tode nie so nahe gewesen als in diesem Augenblick, denn nur der Unterschied einer halben Minute entschied über sein Leben. Kaum hatte er den Fuß in das Fort St. Maria gesetzt, so hob es ihn auf wie ein Sturmwind, und ein Balken, der ihn am Haupt und an der Schulter traf, riß ihn sinnlos zur Erde. Eine Zeitlang glaubte man ihn auch wirklich tot, weil sich viele erinnerten, ihn wenige Minuten vor dem tödlichen Schlage noch auf der Brücke gesehen zu haben. Endlich fand man ihn, die Hand an dem Degen, zwischen seinen Begleitern Gaetano

und Guasto sich aufrichtend; eine Zeitung, die dem ganzen
Heere das Leben wiedergab. Aber umsonst würde man versuchen, seinen Gemütszustand zu beschreiben, als er nun die
Verwüstung übersah, die ein einziger Augenblick in dem Werk
so vieler Monate angerichtet hatte. Zerrissen war die Brücke,
auf der seine ganze Hoffnung beruhte, aufgerieben ein großer
Teil seines Heers, ein anderer verstümmelt und für viele Tage
unbrauchbar gemacht, mehrere seiner besten Offiziere getötet;
und als ob es an diesem öffentlichen Unglück noch nicht genug
wäre, so mußte er noch die schmerzliche Nachricht hören, daß
der Markgraf von Richebourg, den er unter allen seinen Offizieren vorzüglich werthielt, nirgends aufzufinden sei. Und
doch stand das Allerschlimmste noch bevor, denn jeden Augenblick mußte man von Antwerpen und Lilloo aus die feindlichen
Flotten erwarten, welche bei dieser schrecklichen Verfassung
des Heers durchaus keinen Widerstand würden gefunden
haben. Die Brücke war auseinandergesprengt, und nichts hinderte die seeländischen Schiffe mit vollen Segeln hindurch-
zuziehen; dabei war die Verwirrung der Truppen in diesen
ersten Augenblicken so groß und allgemein, daß es unmöglich
gewesen wäre, Befehle auszuteilen und zu befolgen, da viele
Korps ihre Befehlshaber, viele Befehlshaber ihre Korps vermißten, und selbst der Posten, wo man gestanden, in dem
allgemeinen Ruin kaum mehr zu erkennen war. Dazu kam,
daß alle Schanzen am Ufer im Wasser standen, daß mehrere
Kanonen versenkt, daß die Lunten feucht, daß die Pulver-
vorräte vom Wasser zugrunde gerichtet waren. Welch ein
Moment für die Feinde, wenn sie es verstanden hätten, ihn zu
benutzen*!

Kaum wird man es dem Geschichtschreiber glauben, daß
dieser über alle Erwartung gelungene Erfolg bloß darum für
Antwerpen verlorenging, weil – man nichts davon wußte.
Zwar schickte St. Aldegonde, sobald man den Knall des Vulkans in der Stadt vernommen hatte, mehrere Galeeren gegen
die Brücke aus, mit dem Befehl, Feuerkugeln und brennende
Pfeile steigen zu lassen, sobald sie glücklich hindurchpassiert
sein würden, und dann mit dieser Nachricht geradenwegs nach
Lilloo weiterzusegeln, um die seeländische Hülfsflotte unverzüglich in Bewegung zu bringen. Zugleich wurde der Admiral

* Strada 577. seq. Meteren 497. Thuan. III. 47. Allgem. Gesch. d. v.
N. III. 497.

von Antwerpen beordert, auf jenes gegebene Zeichen sogleich mit den Schiffen aufzubrechen, und in der ersten Verwirrung den Feind anzugreifen. Aber obgleich den auf Kundschaft ausgesandten Schiffern eine ansehnliche Belohnung versprochen worden, so wagten sie sich doch nicht in die Nähe des Feindes, sondern kehrten unverrichteter Sachen zurück, mit der Botschaft, daß die Schiffbrücke unversehrt und das Feuerschiff ohne Wirkung geblieben sei. Auch noch am folgenden Tage wurden keine besseren Anstalten gemacht, den wahren Zustand der Brücke in Erfahrung zu bringen; und da man die Flotte bei Lilloo, des günstigen Windes ungeachtet, gar keine Bewegung machen sah, so bestärkte man sich in der Vermutung, daß die Brander nichts ausgerichtet hätten. Niemand fiel es ein, daß ebendiese Untätigkeit der Bundsgenossen, welche die Antwerper irreführte, auch die Seeländer bei Lilloo zurückhalten könnte, wie es sich auch in der Tat verhielt. Einer so ungeheuren Inkonsequenz konnte sich nur eine Regierung schuldig machen, die ohne alles Ansehen und alle Selbstständigkeit Rat bei der Menge holt, über welche sie herrschen sollte. Je untätiger man sich indessen gegen den Feind verhielt, desto heftiger ließ man seine Wut gegen Gianibelli aus, den der rasende Pöbel in Stücken reißen wollte. Zwei Tage schwebte dieser Künstler in der augenscheinlichsten Lebensgefahr, bis endlich am dritten Morgen ein Bote von Lilloo, der unter der Brücke hindurchgeschwommen, von der wirklichen Zerstörung der Brücke, zugleich aber auch von der völligen Wiederherstellung derselben bestimmten Bericht abstattete*.

Diese schleunige Ausbesserung der Brücke war ein wahres Wunderwerk des Herzogs von Parma. Kaum hatte sich dieser von dem Schlage erholt, der alle seine Entwürfe darniederzustürzen schien, so wußte er mit einer bewundernswürdigen Gegenwart des Geistes allen schlimmen Folgen desselben zuvorzukommen. Das Ausbleiben der feindlichen Flotte in diesem entscheidenden Augenblick belebte aufs neue seine Hoffnung. Noch schien der schlimme Zustand seiner Brücke den Feinden ein Geheimnis zu sein, und war es gleich nicht möglich, das Werk so vieler Monate in wenigen Stunden wiederherzustellen, so war schon vieles gewonnen, wenn man auch nur den Schein davon zu erhalten wußte. Alles mußte daher Hand ans Werk

* Meteren 496.

legen, die Trümmer wegzuschaffen, die umgestürzten Balken
wieder aufzurichten, die zerbrochenen zu ersetzen, die Lücken
mit Schiffen auszufüllen. Der Herzog selbst entzog sich der
Arbeit nicht, und seinem Beispiel folgten alle Offiziere. Der
gemeine Mann, durch diese Popularität angefeuert, tat sein
Äußerstes; die ganze Nacht durch wurde die Arbeit fortgesetzt,
unter dem beständigen Lärm der Trompeten und Trommeln,
welche längs der ganzen Brücke verteilt waren, um das Geräusch der Werkleute zu übertönen. Mit Anbruch des Tages
waren von der Verwüstung der Nacht wenige Spuren mehr
zu sehen, und obgleich die Brücke nur dem Schein nach wiederhergestellt war, so täuschte doch dieser Anblick die Kundschafter, und der Angriff unterblieb. Mittlerweile gewann der
Herzog Frist, die Ausbesserung gründlich zu machen, ja sogar
in der Struktur der Brücke einige wesentliche Veränderungen
anzubringen. Um sie vor künftigen Unfällen ähnlicher Art zu
verwahren, wurde ein Teil der Schiffbrücke beweglich gemacht,
so daß derselbe im Notfall weggenommen und den Brandern
der Durchzug geöffnet werden konnte. Den Verlust, welchen
er an Mannschaft erlitten, ersetzte der Herzog durch Garnisonen aus den benachbarten Plätzen und durch ein deutsches
Regiment, das ihm gerade zu rechter Zeit aus Geldern zugeführt wurde. Er besetzte die Stellen der gebliebenen Offiziere,
wobei der spanische Fähndrich, der ihm das Leben gerettet,
nicht vergessen wurde*.

Die Antwerper, nachdem sie den glücklichen Erfolg ihres
Minenschiffs in Erfahrung gebracht, huldigten nun dem Er-
finder desselben ebenso leidenschaftlich, als sie ihn kurz vorher
gemißhandelt hatten, und forderten sein Genie zu neuen Versuchen auf. Gianibelli erhielt nun wirklich eine Anzahl von
Playten, wie er sie anfangs, aber vergeblich, verlangt hatte, und
diese rüstete er auf eine solche Art aus, daß sie mit unwiderstehlicher Gewalt an die Brücke schlugen, und solche auch
wirklich zum zweitenmal auseinandersprengten. Diesmal aber
war der Wind der seeländischen Flotte entgegen, daß sie nicht
auslaufen konnte, und so erhielt der Herzog zum zweitenmal
die nötige Frist, den Schaden auszubessern. Der Archimed von
Antwerpen ließ sich durch alle diese Fehlschläge keineswegs
irremachen. Er rüstete aufs neue zwei große Fahrzeuge aus,
welche mit eisernen Haken und ähnlichen Instrumenten be-

* Strad. 581. seq.

waffnet waren, um die Brücke mit Gewalt zu durchrennen. Aber wie es nunmehr dazu kam, solche auslaufen zu lassen, fand sich niemand, der sie besteigen wollte. Der Künstler mußte also darauf denken, seinen Maschinen von selbst eine solche Richtung zu geben, daß sie auch ohne Steuermann die Mitte des Wassers hielten, und nicht wie die vorigen von dem Winde dem Ufer zugetrieben würden. Einer von seinen Arbeitern, ein Deutscher, verfiel hier auf eine sonderbare Erfindung, wenn man sie anders dem Strada* nacherzählen darf. Er brachte ein Segel unter dem Schiffe an, welches ebenso von dem Wasser, wie die gewöhnlichen Segel von dem Winde angeschwellt werden, und auf diese Art das Schiff mit der ganzen Gewalt des Stroms forttreiben könnte. Der Erfolg lehrte auch, daß er richtig gerechnet hatte, denn dieses Schiff mit verkehrten Segeln folgte nicht nur in strenger Richtung der eigentlichen Mitte des Stroms, sondern rannte auch mit solcher Heftigkeit gegen die Brücke, daß es dem Feinde nicht Zeit ließ, diese zu eröffnen, und sie wirklich auseinandersprengte. Aber alle diese Erfolge halfen der Stadt zu nichts, weil sie auf Geratewohl unternommen und durch keine hinlängliche Macht unterstützt wurden. Von einem neuen Minenschiff, welches Gianibelli nach Art des ersten, das so gut operiert hatte, zubereitete und mit viertausend Pfund Schießpulver anfüllte, wurde gar kein Gebrauch gemacht, weil es den Antwerpern nunmehr einfiel, auf einem andern Wege ihre Rettung zu suchen**.

Abgeschreckt durch so viele mißlungene Versuche, die Schiffahrt auf dem Strome mit Gewalt wieder frei zu machen, dachte man endlich darauf, den Strom ganz und gar zu entbehren. Man erinnerte sich an das Beispiel der Stadt Leiden, welche zehen Jahre vorher von den Spaniern belagert, in einer zur rechten Zeit bewirkten Überschwemmung der Felder ihre Rettung gefunden hatte, und dieses Beispiel beschloß man nachzuahmen. Zwischen Lilloo und Stabroek, im Lande Bergen, streckt sich eine große etwas abhängige Ebene bis nach Antwerpen hin, welche nur durch zahlreiche Dämme und Gegendämme gegen die eindringenden Wasser der Osterschelde geschützt wird. Es kostete weiter nichts, als diese Dämme zu schleifen, so war die ganze Ebene Meer und konnte mit flachen Schiffen bis fast unter die Mauern von Antwerpen

---

* Dec. II. Libr. VI. 586.
** Meteren 497.

befahren werden. Glückte dieser Versuch, so mochte der Herzog von Parma immerhin die Schelde vermittelst seiner Schiffbrücke hüten; man hatte sich einen neuen Strom aus dem Stegreif geschaffen, der im Notfall die nämlichen Dienste leistete. Eben dies war es auch, was der Prinz von Oranien gleich beim Anfange der Belagerung angeraten und St. Aldegonde ernstlich zu befördern gesucht hatte, aber ohne Erfolg, weil einige Bürger nicht zu bewegen gewesen waren, ihr Feld aufzuopfern. Zu diesem letzten Rettungsmittel kam man in der jetzigen Bedrängnis zurück, aber die Umstände hatten sich unterdessen gar sehr geändert.

Jene Ebene nämlich durchschneidet ein breiter und hoher Damm, der von dem anliegenden Schlosse Cowenstein den Namen führt und sich von dem Dorfe Stabroek in Bergen, drei Meilen lang, bis an die Schelde erstreckt, mit deren großem Damm er sich ohnweit Ordam vereinigt. Über diesen Damm hinweg konnten auch bei noch so hoher Flut keine Schiffe fahren, und vergebens leitete man das Meer in die Felder, solange ein solcher Damm im Wege stand, der die seeländischen Fahrzeuge hinderte, in die Ebene vor Antwerpen herabzusteigen. Das Schicksal der Stadt beruhte also darauf, daß dieser Cowensteinische Damm geschleift oder durchstochen wurde; aber eben weil der Herzog von Parma dieses voraussah, so hatte er gleich bei Eröffnung der Blockade von demselben Besitz genommen, und keine Anstalten gespart, ihn bis aufs Äußerste zu behaupten. Bei dem Dorfe Stabroek stand der Graf von Mansfeld mit dem größern Teile der Armee gelagert, und unterhielt durch ebendiesen Cowensteinischen Damm die Kommunikation mit der Brücke, dem Hauptquartier und den spanischen Magazinen zu Calloo. So bildete die Armee von Stabroek in Brabant bis nach Bevern in Flandern eine zusammenhangende Linie, welche von der Schelde zwar durchschnitten, aber nicht unterbrochen wurde, und ohne eine blutige Schlacht nicht zerrissen werden konnte. Auf dem Damm selbst waren in gehöriger Entfernung voneinander fünf verschiedene Batterien errichtet, und die tapfersten Offiziere der Armee führten darüber das Kommando. Ja, weil der Herzog von Parma nicht zweifeln konnte, daß nunmehr die ganze Wut des Kriegs sich hieher ziehen würde, so überließ er dem Grafen von Mansfeld die Bewachung der Brücke, und entschloß sich in eigner Person diesen wichtigen Posten zu verteidigen. Jetzt also erblickte man einen ganz neuen Krieg und auf einem ganz andern Schauplatz*.

Die Niederländer hatten an mehrern Stellen, oberhalb und unterhalb Lilloo den Damm durchstochen, welcher dem brabantischen Ufer der Schelde folgt, und wo sich kurz zuvor grüne Fluren zeigten, da erschien jetzt ein neues Element, da sah man Fahrzeuge wimmeln und Mastbäume ragen. Eine seeländische Flotte, von dem Grafen Hohenlohe angeführt, schiffte in die überschwemmten Felder, und machte wiederholte Bewegungen gegen den Cowensteinischen Damm, jedoch ohne ihn im Ernst anzugreifen; während daß eine andere in der Schelde sich zeigte, und bald dieses, bald jenes Ufer mit einer Landung, bald die Schiffbrücke mit einem Sturme bedrohte. Mehrere Tage trieb man dieses Spiel mit dem Feinde, der, ungewiß, wo er den Angriff zu erwarten habe, durch anhaltende Wachsamkeit erschöpft, und durch so oft getäuschte Furcht allmählich sicher werden sollte. Die Antwerper hatten dem Grafen Hohenlohe versprochen, den Angriff auf den Damm von der Stadt aus mit einer Flottille zu unterstützen; drei Feuerzeichen von dem Hauptturm sollten die Losung sein, daß diese sich auf dem Wege befinde. Als nun in einer finstern Nacht die erwarteten Feuersäulen wirklich über Antwerpen aufstiegen, so ließ Graf Hohenlohe sogleich fünfhundert seiner Truppen zwischen zwei feindlichen Redouten den Damm erklettern, welche die spanischen Wachen teils schlafend überfielen, teils, wo sie sich zur Wehr setzten, niedermachten. In kurzem hatte man auf dem Damm festen Fuß gefaßt, und war schon im Begriff, die übrige Mannschaft, zweitausend an der Zahl, nachzubringen, als die Spanier in den nächsten Redouten in Bewegung kamen, und von dem schmalen Terrain begünstigt auf den dichtgedrängten Feind einen verzweifelten Angriff taten. Und da nun zugleich das Geschütz anfing, von den nächsten Batterien auf die anrückende Flotte zu spielen, und die Landung der übrigen Truppen unmöglich machte, von der Stadt aus aber kein Beistand sich sehen ließ, so wurden die Seeländer nach einem kurzen Gefecht überwältigt und von dem schon eroberten Damm wieder heruntergestürzt. Die siegenden Spanier jagten ihnen mitten durch das Wasser bis zu den Schiffen nach, versenkten mehrere von diesen, und zwangen die übrigen, mit einem großen Verlust sich zurückzuziehen. Graf Hohenlohe

* Strad. 582. Thuan. III. 47.

wälzte die Schuld dieser Niederlage auf die Einwohner von Antwerpen, die durch ein falsches Signal ihn betrogen hatten, und gewiß lag es nur an der schlechten Übereinstimmung ihrer beiderseitigen Operationen, daß dieser Versuch kein besseres Ende nahm*.

Endlich aber beschloß man, einen planmäßigen Angriff mit vereinigten Kräften auf den Feind zu tun, und durch einen Hauptsturm sowohl auf den Damm als auf die Brücke die Belagerung zu endigen. Der sechszehnte Mai 1585 war zu Ausführung dieses Anschlags bestimmt, und von beiden Teilen wurde das Äußerste aufgewendet, diesen Tag entscheidend zu machen. Die Holländer und Seeländer brachten, in Vereinigung mit den Antwerpern, über zweihundert Schiffe zusammen, welche zu bemannen sie ihre Städte und Zitadellen von Truppen entblößten, und mit dieser Macht wollten sie von zwei entgegengesetzten Seiten den Cowensteinischen Damm bestürmen. Zu gleicher Zeit sollte die Scheldbrücke durch neue Maschinen von Gianibellis Erfindung angegriffen, und dadurch der Herzog von Parma verhindert werden, den Damm zu entsetzen**.

Alexander, von der ihm drohenden Gefahr unterrichtet, sparte auf seiner Seite nichts, derselben nachdrücklich zu begegnen. Er hatte, gleich nach Eroberung des Dammes, an fünf verschiedenen Orten Redouten darauf erbauen lassen, und das Kommando darüber den erfahrensten Offizieren der Armee übergeben. Die erste derselben, welche die Kreuzschanze hieß, wurde an der Stelle errichtet, wo der Cowensteinische Damm in den großen Wall der Schelde sich einsenkt und mit diesem die Figur eines Kreuzes bildet; über diese wurde der Spanier Mondragon zum Befehlshaber gesetzt. Tausend Schritte von derselben wurde in der Nähe des Schlosses Cowenstein die St. Jakobs-Schanze aufgeführt, und dem Kommando des Camillo von Monte übergeben. Auf diese folgte in gleicher Entfernung die St. Georgs-Schanze, und tausend Schritte von dieser die Pfahlschanze unter Gamboas Befehlen, welche von dem Pfahlwerk, auf dem sie ruhte, den Namen führte. Am äußersten Ende des Dammes, ohnweit Stabroek, lag eine fünfte Bastei, worin der Graf von Mansfeld nebst einem Italiener Capizucchi den Befehl führte. Alle diese Forts ließ

* Strad. 583. Meteren 498.
** Strad. 584. Meteren 498.

der Herzog jetzt mit frischer Artillerie und Mannschaft verstärken, und noch überdies an beiden Seiten des Dammes und
längs der ganzen Richtung desselben Pfähle einschlagen, sowohl um den Wall dadurch desto fester, als den Schanzgräbern,
die ihn durchstechen würden, die Arbeit schwerer zu machen*.

Frühmorgens, am sechszehnten Mai, setzte sich die feindliche Macht in Bewegung. Gleich mit Anbruch der Däm-
merung kamen von Lilloo aus durch das überschwemmte Land
vier brennende Schiffe dahergeschwommen, wodurch die spanischen Schildwachen auf dem Damm, welche sich jener furchtbaren Vulkane erinnerten, so sehr in Furcht gesetzt wurden,
daß sie sich eilfertig nach den nächsten Schanzen zurückzogen.
Gerade dies war es, was der Feind beabsichtigt hatte. In diesen
Schiffen, welche bloß wie Brander aussahen, aber es nicht wirklich waren, lagen Soldaten versteckt, die nun plötzlich ans
Land sprangen, und den Damm an der nicht verteidigten
Stelle, zwischen St. Georgs- und der Pfahlschanze, glücklich
erstiegen. Unmittelbar darauf zeigte sich die ganze seeländische
Flotte mit zahlreichen Kriegsschiffen, Proviantschiffen, und einer
Menge kleinerer Fahrzeuge, welche mit großen Säcken Erde,
Wolle, Faschinen, Schanzkörben u. dgl. beladen waren, um
sogleich, wo es not tat, Brustwehren aufwerfen zu können.
Die Kriegsschiffe waren mit einer starken Artillerie und einer
zahlreichen tapfern Mannschaft besetzt, und ein ganzes Heer
von Schanzgräbern begleitete sie, um den Damm, sobald man
im Besitz davon sein würde, zu durchgraben**.

Kaum hatten die Seeländer auf der einen Seite angefangen,
den Damm zu ersteigen, so rückte die antwerpische Flotte von
Oosterweel herbei, und bestürmte ihn von der andern. Eilfertig
führte man zwischen den zwei nächsten feindlichen Redouten
eine hohe Brustwehr auf, welche die Feinde voneinander abschneiden, und die Schanzgräber decken sollte. Diese, mehrere
hundert an der Zahl, fielen nun von beiden Seiten mit ihren
Spaten den Damm an, und wühlten in demselben mit solcher
Emsigkeit, daß man Hoffnung hatte, beide Meere in kurzem
miteinander verbunden zu sehen. Aber unterdessen hatten
auch die Spanier Zeit gehabt, von den zwei nächsten Redouten
herbeizueilen, und einen mutigen Angriff zu tun, während daß
das Geschütz von der Georgs-Schanze unausgesetzt auf die

* Strad. 582. 584.
** Strad. 587. seq. Meteren 498. Thuan. III. 48.

feindliche Flotte spielte. Eine schreckliche Schlacht entbrannte jetzt in der Gegend, wo man den Deich durchstach, und die Brustwehre türmte. Die Seeländer hatten um die Schanzgräber herum einen dichten Kordon gezogen, damit der Feind ihre Arbeit nicht stören sollte, und in diesem kriegerischen Lärm, mitten unter dem feindlichen Kugelregen, oft bis an die Brust im Wasser, zwischen Toten und Sterbenden, setzten die Schanzgräber ihre Arbeit fort, unter dem beständigen Treiben der Kaufleute, welche mit Ungeduld darauf warteten, den Damm geöffnet und ihre Schiffe in Sicherheit zu sehen. Die Wichtigkeit des Erfolges, der gewissermaßen ganz von ihrem Spaten abhing, schien selbst diese gemeinen Tagelöhner mit einem heroischen Mut zu beseelen. Einzig nur auf das Geschäft ihrer Hände gerichtet, sahen sie, hörten sie den Tod nicht, der sie rings umgab, und fielen gleich die vordersten Reihen, so drangen sogleich die hintersten herbei. Die eingeschlagenen Pfähle hielten sie sehr bei der Arbeit auf, noch mehr aber die Angriffe der Spanier, welche sich mit verzweifeltem Mut durch die feindlichen Haufen schlugen, die Schanzgräber in ihren Löchern durchbohrten, und mit den toten Körpern die Breschen wieder ausfüllten, welche die Lebenden gegraben hatten. Endlich aber, als ihre meisten Offiziere teils tot, teils verwundet waren, die Anzahl der Feinde unaufhörlich sich mehrte, und immer frische Schanzgräber an die Stelle der gebliebenen traten, so entfiel diesen tapferen Truppen der Mut, und sie hielten für ratsam, sich nach ihren Schanzen zurückzuziehen. Jetzt also sahen sich die Seeländer und Antwerper von dem ganzen Teil des Dammes Meister, der von dem Fort St. Georg bis zu der Pfahlschanze sich erstreckt. Da es ihnen aber viel zu lang anstand, die völlige Durchbrechung des Dammes abzuwarten, so luden sie in der Geschwindigkeit ein seeländisches Lastschiff aus, und brachten die Ladung desselben über den Damm herüber auf ein antwerpisches, welches Graf Hohenlohe nun im Triumph nach Antwerpen brachte. Dieser Anblick erfüllte die geängstigte Stadt auf einmal mit den frohesten Hoffnungen, und als wäre der Sieg schon erfochten, überließ man sich einer tobenden Fröhlichkeit. Man läutete alle Glocken, man brannte alle Kanonen ab, und die außer sich gesetzten Einwohner rannten ungeduldig nach dem Oosterweeler Tore, um die Proviantschiffe, welche unterwegs sein sollten, in Empfang zu nehmen*.

* Strad. 589. Meteren 498.

In der Tat war das Glück den Belagerten noch nie so günstig gewesen, als in diesem Augenblick. Die Feinde hatten sich mutlos und erschöpft in ihre Schanzen geworfen, und weit entfernt, den Siegern den eroberten Posten streitig machen zu können, sahen sie sich vielmehr selbst in ihren Zufluchtsörtern belagert. Einige Kompanien Schottländer, unter der Anführung ihres tapfern Obersten Balfour, griffen die St. Georgs-Schanze an, welche Camillo von Monte, der aus St. Jakob herbeieilte, nicht ohne großen Verlust an Mannschaft entsetzte. In einem viel schlimmern Zustande befand sich die Pfahlschanze, welche von den Schiffen aus heftig beschossen wurde, und alle Augenblicke in Trümmern zu gehen drohte. Gamboa, der sie kommandierte, lag verwundet darin, und unglücklicherweise fehlte es an Artillerie, die feindlichen Schiffe in der Entfernung zu halten. Dazu kam noch, daß der Wall, den die Seeländer zwischen dieser und der Georgs-Schanze aufgetürmt hatten, allen Beistand von der Schelde her abschnitt. Hätte man also diese Entkräftung und Untätigkeit der Feinde dazu benutzt, in Durchstechung des Dammes mit Eifer und Beharrlichkeit fortzufahren, so ist kein Zweifel, daß man sich einen Durchgang geöffnet, und dadurch wahrscheinlich die ganze Belagerung geendigt haben würde. Aber auch hier zeigte sich der Mangel an Folge, welchen man den Antwerpern im ganzen Laufe dieser Begebenheit zur Last legen muß. Der Eifer, mit dem man die Arbeit angefangen, erkaltete in demselben Maß, als das Glück ihn begleitete. Bald fand man es viel zu langweilig und mühsam, den Damm zu durchgraben; man hielt für besser, die großen Lastschiffe in kleinere auszuladen, welche man sodann mit steigender Flut nach der Stadt schaffen wollte. St. Aldegonde und Hohenlohe, anstatt durch ihre persönliche Gegenwart den Fleiß der Arbeiter anzufeuern, verließen gerade im entscheidenden Moment den Schauplatz der Handlung, um mit einem Getreideschiff nach der Stadt zu fahren, und dort die Lobsprüche über ihre Weisheit und Tapferkeit in Empfang zu nehmen*.

Während daß auf dem Damme von beiden Teilen mit der hartnäckigsten Hitze gefochten wurde, hatte man die Scheldbrücke von Antwerpen aus mit neuen Maschinen bestürmt, um die Aufmerksamkeit des Herzogs auf dieser Seite zu beschäftigen. Aber der Schall des Geschützes vom Damm her entdeckte demselben bald, was dort vorgehen mochte, und er

* Meteren 498.

eilte, sobald er die Brücke befreit sahe, in eigner Person den
Damm zu entsetzen. Von zweihundert spanischen Pikenierern
begleitet flog er an den Ort des Angriffes, und erschien noch
gerade zu rechter Zeit auf dem Kampfplatze, um die völlige
Niederlage der Seinigen zu verhindern. Eiligst warf er einige
Kanonen, die er mitgebracht hatte, in die zwei nächsten Redouten, und ließ von da aus nachdrücklich auf die feindlichen
Schiffe feuern. Er selbst stellte sich an die Spitze seiner Soldaten,
und in der einen Hand den Degen, den Schild in der andern,
führte er sie gegen den Feind. Das Gerücht seiner Ankunft,
welches sich schnell von einem Ende des Dammes bis zum
andern verbreitete, erfrischte den gesunkenen Mut seiner Truppen, und mit neuer Heftigkeit entzündete sich der Streit, den
das Lokal des Schlachtfelds noch mörderischer machte. Auf
dem schmalen Rücken des Dammes, der an manchen Stellen
nicht über neun Schritte breit war, fochten gegen fünftausend
Streiter; auf einem so engen Raume drängte sich die Kraft
beider Teile zusammen, beruhte der ganze Erfolg der Belagerung. Den Antwerpern galt es die letzte Vormauer ihrer Stadt,
den Spaniern das ganze Glück ihres Unternehmens; beide Parteien fochten mit einem Mut, den nur Verzweiflung einflößen
konnte. Von beiden äußersten Enden des Dammes wälzte sich
der Kriegsstrom der Mitte zu, wo die Seeländer und Antwerper
den Meister spielten, und ihre ganze Stärke versammelt war.
Von Stabroek her drangen die Italiener und Spanier heran,
welche an diesem Tage ein edler Wettstreit der Tapferkeit erhitzte; von der Schelde her die Wallonen und Spanier, den
Feldherrn an ihrer Spitze. Indem jene die Pfahlschanze zu
befreien suchten, welche der Feind zu Wasser und zu Lande
heftig bedrängte, drangen diese mit alles niederwerfendem
Ungestüm auf die Brustwehre los, welche der Feind zwischen
St. Georg und der Pfahlschanze aufgetürmt hatte. Hier stritt
der Kern der niederländischen Mannschaft hinter einem wohl-
befestigten Wall, und das Geschütz beider Flotten deckte diesen wichtigen Posten. Schon machte der Herzog Anstalt, mit
seiner kleinen Schar diesen furchtbaren Wall anzugreifen, als
ihm Nachricht gebracht wurde, daß die Italiener und Spanier
unter Capizucchi und Aquila mit stürmender Hand in die
Pfahlschanze eingedrungen, davon Meister geworden, und
jetzt gleichfalls gegen die feindliche Brustwehr im Anzuge
seien. Vor dieser letzten Verschanzung sammelte sich also

nun die ganze Kraft beider Heere, und von beiden Seiten geschah das Äußerste, sowohl diese Bastei zu erobern, als sie zu verteidigen. Die Niederländer sprangen aus ihren Schiffen ans Land, um nicht bloß müßige Zuschauer dieses Kampfes zu bleiben. Alexander stürmte die Brustwehre von der einen Seite, Graf Mansfeld von der andern; fünf Angriffe geschahen und fünfmal wurden sie zurückgeschlagen. Die Niederländer übertrafen in diesem entscheidenden Augenblick sich selbst; nie im ganzen Laufe des Krieges hatten sie mit dieser Standhaftigkeit gefochten. Besonders aber waren es die Schotten und Engländer, welche durch ihre tapfere Gegenwehr die Versuche des Feindes vereitelten. Weil da, wo die Schotten fochten, niemand mehr angreifen wollte, so warf sich der Herzog selbst, einen Wurfspieß in der Hand, bis an die Brust ins Wasser, um den Seinigen den Weg zu zeigen. Endlich nach einem langwierigen Gefechte gelang es den Mansfeldischen mit Hülfe ihrer Hellebarden und Piken eine Bresche in die Brustwehre zu machen, und indem der eine sich auf die Schultern des andern schwang, die Höhe des Walls zu ersteigen. Bartolomeo Toralva, ein spanischer Hauptmann, war der erste, der sich oben sehen ließ, und fast zu gleicher Zeit mit demselben zeigte sich der Italiener Capizucchi auf dem Rande der Brustwehr; und so wurde denn, gleich rühmlich für beide Nationen, der Wettkampf der Tapferkeit entschieden. Es verdient bemerkt zu werden, wie der Herzog von Parma, den man zum Schiedsrichter dieses Wettstreits gemacht hatte, das zarte Ehrgefühl seiner Krieger zu behandeln pflegte. Den Italiener Capizucchi umarmte er vor den Augen der Truppen, und gestand laut, daß er vorzüglich der Tapferkeit dieses Offiziers die Eroberung der Brustwehr zu danken habe. Den spanischen Hauptmann Toralva, der stark verwundet war, ließ er in sein eignes Quartier zu Stabroek bringen, auf seinem eignen Bette verbinden, und mit demselben Rocke bekleiden, den er selbst den Tag vor dem Treffen getragen hatte*.

Nach Einnahme der Brustwehr blieb der Sieg nicht lange mehr zweifelhaft. Die holländischen und seeländischen Truppen, welche aus ihren Schiffen gesprungen waren, um mit dem Feind in der Nähe zu kämpfen, verloren auf einmal den Mut, als sie um sich blickten, und die Schiffe, welche ihre letzte Zuflucht ausmachten, vom Ufer abstoßen sahen.

* Strad. 593.

Denn die Flut fing an sich zu verlaufen, und die Führer der Flotte, aus Furcht mit ihren schweren Fahrzeugen auf dem Strande zu bleiben, und bei einem unglücklichen Ausgange des Treffens dem Feind zur Beute zu werden, zogen sich von dem Damme zurück und suchten das hohe Meer zu gewinnen. Kaum bemerkte dies Alexander, so zeigte er seinen Truppen die fliehenden Schiffe, und munterte sie auf, mit einem Feinde zu enden, der sich selbst aufgegeben habe. Die holländischen Hülfstruppen waren die ersten, welche wankten, und bald folgten die Seeländer ihrem Beispiel. Sie warfen sich eiligst den Damm herab, um durch Waten oder Schwimmen die Schiffe zu erreichen, aber weil ihre Flucht viel zu ungestüm geschahe, so hinderten sie einander selbst, und stürzten haufenweise unter dem Schwert des nachsetzenden Siegers. Selbst an den Schiffen fanden viele noch ihr Grab, weil jeder dem andern zuvorzukommen suchte, und mehrere Fahrzeuge unter der Last derer, die sich hineinwarfen, untersanken. Die Antwerper, die für ihre Freiheit, ihren Herd, ihren Glauben kämpften, waren auch die letzten, die sich zurückzogen, aber ebendieser Umstand verschlimmerte ihr Geschick. Manche ihrer Schiffe wurden von der Ebbe übereilt, und saßen fest auf dem Strande, so daß sie von den feindlichen Kanonen erreicht und mitsamt ihrer Mannschaft zugrunde gerichtet wurden. Den andern Fahrzeugen, welche vorausgelaufen waren, suchten die flüchtigen Haufen durch Schwimmen nachzukommen, aber die Wut und Verwegenheit der Spanier ging so weit, daß sie, das Schwert zwischen den Zähnen, den Fliehenden nachschwammen, und manche noch mitten aus den Schiffen herausholten. Der Sieg der königlichen Truppen war vollständig, aber blutig; denn von den Spaniern waren gegen achthundert, von den Niederländern (die Ertrunkenen nicht gerechnet) etliche tausend auf dem Platze geblieben; und auf beiden Seiten wurden viele von dem vornehmsten Adel vermißt. Mehr als dreißig Schiffe fielen mit einer großen Ladung von Proviant, die für Antwerpen bestimmt gewesen war, mit hundertundfunfzig Kanonen und anderm Kriegsgeräte in die Hände des Siegers. Der Damm, dessen Besitz so teuer behauptet wurde, war an dreizehn verschiedenen Orten durchstochen, und die Leichname derer, welche ihn in diesen Zustand versetzt hatten, wurden jetzt dazu gebraucht, jene Öffnungen wieder zuzustopfen. Den folgenden Tag fiel den Königlichen noch ein

Fahrzeug von ungeheurer Größe und seltsamer Bauart in die Hände, welches eine schwimmende Festung vorstellte, und gegen den Cowensteinischen Damm hatte gebraucht werden sollen. Die Antwerper hatten es mit unsäglichem Aufwand zu der nämlichen Zeit erbaut, wo man den Ingenieur Gianibelli, der großen Kosten wegen, mit seinen heilsamen Vorschlägen abwies, und diesem lächerlichen Monstrum den stolzen Namen Ende des Kriegs beigelegt, den es nachher mit der weit passendern Benennung Verlornes Geld vertauschte. Als man dieses Schiff in See brachte, fand sich's, wie jeder Vernünftige vorhergesagt hatte, daß es seiner unbehülflichen Größe wegen schlechterdings nicht zu lenken sei, und kaum von der höchsten Flut konnte aufgehoben werden. Mit großer Mühe schleppte es sich bis nach Ordam fort, wo es, von der Flut verlassen, am Strande sitzenblieb, und den Feinden zur Beute wurde*.

Die Unternehmung auf den Cowensteinischen Damm war der letzte Versuch, den man zu Antwerpens Rettung wagte. Von dieser Zeit an sank den Belagerten der Mut, und der Magistrat der Stadt bemühte sich vergebens, das gemeine Volk, welches den Druck der Gegenwart empfand, mit entfernten Hoffnungen zu vertrösten. Bis jetzt hatte man das Brot noch in einem leidlichen Preise erhalten, obgleich die Beschaffenheit immer schlechter wurde; nach und nach aber schwand der Getreidevorrat so sehr, daß eine Hungersnot nahe bevorstand. Doch hoffte man die Stadt wenigstens noch so lange hinzuhalten, bis man das Getreide zwischen der Stadt und den äußersten Schanzen, welches in vollen Halmen stand, würde einernten können; aber ehe es dazu kam, hatte der Feind auch die letzten Werke vor der Stadt eingenommen, und die ganze Ernte sich selbst zugeeignet. Endlich fiel auch noch die benachbarte und bundsverwandte Stadt Mecheln in des Feindes Gewalt, und mit ihr verschwand die letzte Hoffnung, Zufuhr aus Brabant zu erhalten. Da man also keine Möglichkeit mehr sah, den Proviant zu vermehren, so blieb nichts anders übrig, als die Verzehrer zu vermindern. Alles unnütze Volk, alle Fremden, ja selbst die Weiber und Kinder sollten aus der Stadt hinweggeschafft werden; aber dieser Vorschlag stritt allzusehr mit der Menschlichkeit, als daß er hätte durchgehen sollen. Ein anderer Vorschlag, die katholischen Einwohner zu verjagen,

---

* Thuan. III. 49. Meteren 485. Strad. 597. seq.

erbitterte diese so sehr, daß es beinahe zu einem Aufruhr gekommen wäre. Und so sah sich denn St. Aldegonde genötigt,
der stürmischen Ungeduld des Volks nachzugeben, und am
siebenzehnten August 1585 mit dem Herzog von Parma wegen
Übergabe der Stadt zu traktieren*.

* Meteren 500. Strad. 600. seq. Thuan. III. 50. Allgemeine Geschichte
der vereinigten Niederlande III. 499.

GESCHICHTE DES
DREISSIGJÄHRIGEN KRIEGS

Seit dem Anfang des Religionskriegs in Deutschland bis zum Münsterischen Frieden, ist in der politischen Welt Europens kaum etwas Großes und Merkwürdiges geschehen, woran die Reformation nicht den vornehmsten Anteil gehabt hätte. Alle Weltbegebenheiten, welche sich in diesem Zeitraum ereignen, schließen sich an die Glaubensverbesserung an, wo sie nicht ursprünglich daraus herflossen, und jeder noch so große und noch so kleine Staat hat mehr oder weniger, mittelbarer oder unmittelbarer, den Einfluß derselben empfunden.

Beinahe der ganze Gebrauch, den das spanische Haus von seinen ungeheuern politischen Kräften machte, war gegen die neuen Meinungen oder ihre Bekenner gerichtet. Durch die Reformation wurde der Bürgerkrieg entzündet, welcher Frankreich unter vier stürmischen Regierungen in seinen Grundfesten erschütterte, ausländische Waffen in das Herz dieses Königreichs zog, und es ein halbes Jahrhundert lang zu einem Schauplatz der traurigsten Zerrüttung machte. Die Reformation machte den Niederländern das spanische Joch unerträglich, und weckte bei diesem Volke das Verlangen und den Mut, dieses Joch zu zerbrechen, so wie sie ihm größtenteils auch die Kräfte dazu gab. Alles Böse, welches Philipp der Zweite gegen die Königin Elisabeth von England beschloß, war Rache, die er dafür nahm, daß sie seine protestantischen Untertanen gegen ihn in Schutz genommen, und sich an die Spitze einer Religionspartei gestellt hatte, die er zu vertilgen strebte. Die Trennung in der Kirche hatte in Deutschland eine fortdauernde politische Trennung zur Folge, welche dieses Land zwar länger als ein Jahrhundert der Verwirrung dahingab, aber auch zugleich gegen politische Unterdrückung einen bleibenden Damm auftürmte. Die Reformation war es großenteils, was die nordischen Mächte, Dänemark und Schweden, zuerst in das Staatssystem von Europa zog, weil sich der protestantische Staatenbund durch ihren Beitritt verstärkte, und weil dieser Bund ihnen selbst unentbehrlich ward. Staaten, die vorher kaum füreinander vorhanden gewesen, fingen an, durch die Reformation einen wichtigen Berührungspunkt zu erhalten, und sich in einer neuen politischen Sympathie aneinanderzuschließen. So wie Bürger gegen Bürger, Herrscher gegen ihre Untertanen, durch die Reformation in andere Verhältnisse kamen, rückten durch sie auch ganze Staaten in neue Stellungen gegeneinander. Und so mußte es durch einen seltsamen Gang der Dinge die Kirchentrennung sein, was die Staaten unter sich zu einer engern Vereinigung führte. Schrecklich zwar und verderblich war die erste Wirkung, durch welche diese allgemeine politische Sympathie sich verkündigte – ein dreißigjähriger verheerender Krieg, der von dem Innern des Böhmerlandes bis an die Mündung der Schelde, von den Ufern des Po bis an die Küsten der Ostsee, Länder entvölkerte, Ernten zertrat, Städte und Dörfer in die Asche legte; ein Krieg, in welchem viele tausend Streiter ihren Untergang fanden, der den aufglimmenden Funken der Kultur in Deutschland auf ein halbes Jahrhundert verlöschte, und die kaum auflebenden bessern Sitten der alten barbarischen Wildheit zurückgab. Aber Europa ging ununterdrückt und frei aus diesem fürchterlichen Krieg, in welchem es sich zum erstenmal als eine zusammenhängende Staatengesellschaft erkannt hatte; und diese Teilnehmung der Staaten aneinander, welche sich in diesem Krieg eigentlich erst bildete, wäre allein schon Gewinn genug, den Weltbürger mit seinen Schrecken zu versöhnen. Die Hand des Fleißes hat unvermerkt alle verderbliche Spuren dieses Kriegs wieder ausgelöscht, aber die wohltätigen Folgen, von denen er begleitet war, sind geblieben. Ebendiese allgemeine Staatensympathie, welche den Stoß in Böhmen dem halben Europa mitteilte, bewacht jetzt den Frieden, der diesem Krieg ein Ende machte. So wie die Flamme der Verwüstung aus dem Innern Böhmens, Mährens und Österreichs einen Weg fand, Deutschland, Frankreich, das halbe Europa zu entzünden, so wird die Fackel der Kultur von diesen Staaten aus, einen Weg sich öffnen, jene Länder zu erleuchten.

Die Religion wirkte dieses alles. Durch sie allein wurde möglich, was geschah, aber es fehlte viel, daß es für sie und ihretwegen unternommen worden wäre. Hätte nicht der Privatvorteil, nicht das Staatsinteresse sich schnell damit vereinigt, nie würde die Stimme der Theologen und des Volks so bereitwillige Fürsten, nie die neue Lehre so zahlreiche, so tapfere, so beharrliche Verfechter gefunden haben. Ein großer Anteil an der Kirchenrevolution gebührt unstreitig der siegenden Gewalt der Wahrheit, oder dessen, was mit Wahrheit verwechselt wurde. Die Mißbräuche in der alten Kirche, das Abgeschmackte mancher ihrer Lehren, das Übertriebene in ihren Forderungen, mußte notwendig ein Gemüt empören, das von der Ahndung eines bessern Lichts schon gewonnen war, mußte es geneigt machen, die verbesserte Religion zu umfassen. Der Reiz der Unabhängigkeit, die reiche Beute der geistlichen Stifter, mußte die Regenten nach einer Religionsveränderung lüstern machen, und das Gewicht der innern Überzeugung nicht wenig bei ihnen verstärken; aber die Staatsräson allein konnte sie dazu drängen. Hätte nicht Karl der Fünfte im Übermut seines Glücks an die Reichsfreiheit der deutschen Stände gegriffen, schwerlich hätte sich ein protestantischer Bund für die Glaubensfreiheit bewaffnet. Ohne die Herrschbegierde der Guisen hätten die Kalvinisten in Frankreich nie einen Condé oder Coligny an ihrer Spitze gesehen, ohne die Auflage des zehenten und zwanzigsten Pfennigs hätte der Stuhl zu Rom nie die vereinigten Niederlande verloren. Die Regenten kämpften zu ihrer Selbstverteidigung oder Vergrößerung; der Religionsenthusiasmus warb ihnen die Armeen, und öffnete ihnen die Schätze ihres Volks. Der große Haufe, wo ihn nicht Hoffnung der Beute unter ihre Fahnen lockte, glaubte für die Wahrheit sein Blut zu vergießen, indem er es zum Vorteil seines Fürsten versprützte.

Und Wohltat genug für die Völker, daß diesmal der Vorteil der Fürsten Hand in Hand mit dem ihrigen ging! Diesem Zufall allein haben sie ihre Befreiung vom Papsttum zu danken. Glück genug für die Fürsten, daß der Untertan für seine eigene Sache stritt, indem er für die ihrige kämpfte! In dem Zeitalter, wovon jetzt die Rede ist, regierte in Europa kein Fürst so absolut, um über den guten Willen seiner Untertanen hinweggesetzt zu sein, wenn er seine politischen Entwürfe verfolgte. Aber wie schwer hielt es, diesen guten Willen der Nation für seine politischen Entwürfe zu gewinnen und in Handlung zu setzen! Die nachdrücklichsten Beweggründe, welche von der Staatsräson entlehnt sind, lassen den Untertan kalt, der sie selten einsieht, und den sie noch seltner interessieren. In diesem Fall bleibt einem staatsklugen Regenten nichts übrig, als das Interesse des Kabinetts an irgendein anderes Interesse, das dem Volke näher liegt, anzuknüpfen, wenn etwa ein solches schon vorhanden ist, oder, wenn es nicht ist, es zu erschaffen.

Dies war der Fall, worin sich ein großer Teil derjenigen Regenten befand, die für die Reformation handelnd aufgetreten sind. Durch eine sonderbare Verkettung der Dinge mußte es sich fügen, daß die Kirchentrennung mit zwei politischen Umständen zusammentraf, ohne welche sie vermutlich eine ganz andere Entwicklung gehabt haben würde. Diese waren: die auf einmal hervorspringende Übermacht des Hauses Österreich, welche die Freiheit Europens bedrohte, und der tätige Eifer dieses Hauses für die alte Religion. Das erste weckte die Regenten, das zweite bewaffnete ihnen die Nationen.

Die Aufhebung einer fremden Gerichtsbarkeit in ihren Staaten, die höchste Gewalt in geistlichen Dingen, der gehemmte Abfluß des Geldes nach Rom, die reiche Beute der geistlichen Stifter, waren Vorteile, die für jeden Souverän auf gleiche Art verführerisch sein mußten; warum, könnte man fragen, wirkten sie nicht ebensogut auf die Prinzen des Hauses Österreich? Was hinderte dieses Haus, und insbesondre die deutsche Linie desselben, den dringenden Aufforderungen so vieler seiner Untertanen Gehör zu geben, und sich nach dem Beispiel andrer auf Unkosten einer wehrlosen Geistlichkeit zu verbessern? Es ist schwer zu glauben, daß die Überzeugung von der Unfehlbarkeit der römischen Kirche an der frommen Standhaftigkeit dieses Hauses einen größern Anteil gehabt haben sollte, als die Überzeugung vom Gegenteil an dem Abfalle der protestantischen Fürsten. Mehrere Gründe vereinigten sich, die österreichischen Prinzen zu Stützen des Papsttums zu machen. Spanien und Italien, aus welchen Ländern die österreichische Macht einen großen Teil ihrer Stärke zog, waren dem Stuhle zu Rom mit blinder Anhänglichkeit ergeben, welche die Spanier insbesondere schon zu den Zeiten der gotischen Herrschaft ausgezeichnet hat. Die geringste Annäherung an die verabscheuten Lehren Luthers und Calvins mußte dem Beherrscher von Spanien die Herzen seiner Untertanen unwiederbringlich entreißen; der Abfall von dem Papsttum konnte ihm dieses Königreich kosten. Ein spanischer König mußte ein rechtgläubiger Prinz sein, oder er mußte von diesem Throne steigen. Den nämlichen Zwang legten ihm seine italienischen Staaten auf, die er fast noch mehr schonen mußte, als seine Spanier, weil sie das auswärtige Joch am ungeduldigsten trugen, und es am leichtesten abschütteln konnten. Dazu kam, daß ihm diese Staaten Frankreich zum Mitbewerber und den Papst zum Nachbar gaben; Gründe genug, die ihn hinderten, sich für eine Partei zu erklären, welche das Ansehen des Papstes zernichtete – die ihn aufforderten, sich letztern durch den tätigsten Eifer für die alte Religion zu verpflichten.

Diese allgemeinen Gründe, welche bei jedem spanischen Monarchen von gleichem Gewichte sein mußten, wurden bei jedem insbesondere noch durch besondere Gründe unterstützt. Karl der Fünfte hatte in Italien einen gefährlichen Nebenbuhler an dem König von Frankreich, dem dieses Land sich in eben dem Augenblick in die Arme warf, wo Karl sich ketzerischer Grundsätze verdächtig machte. Gerade an denjenigen Entwürfen, welche Karl mit der meisten Hitze verfolgte, würde das Mißtrauen der Katholischen und der Streit mit der Kirche ihm durchaus hinderlich gewesen sein. Als Karl der Fünfte in den Fall kam, zwischen beiden Religionsparteien zu wählen, hatte sich die neue Religion noch nicht bei ihm in Achtung setzen können, und überdem war zu einer gütlichen Vergleichung beider Kirchen damals noch die wahrscheinlichste Hoffnung vorhanden. Bei seinem Sohn und Nachfolger, Philipp dem Zweiten, vereinigte sich eine mönchische Erziehung mit einem despotischen finstern Charakter, einen unversöhnlichen Haß aller Neuerungen in Glaubenssachen bei diesem Fürsten zu unterhalten, den der Umstand, daß seine schlimmsten politischen Gegner auch zugleich Feinde seiner Religion waren, nicht wohl vermindern konnte. Da seine europäischen Länder, durch so viele fremde Staaten zerstreut, dem Einfluß fremder Meinungen überall offenlagen, so konnte er dem Fortgange der Reformation in andern Ländern nicht gleichgültig zusehen, und sein eigener näherer Staatsvorteil forderte ihn auf, sich der alten Kirche überhaupt anzunehmen, um die Quellen der ketzerischen Ansteckung zu verstopfen. Der natürlichste Gang der Dinge stellte also diesen Fürsten an die Spitze des katholischen Glaubens und des Bundes, den die Papisten gegen die Neuerer schlossen. Was unter Karls des Fünften und Philipps des Zweiten langen und tatenvollen Regierungen beobachtet wurde, blieb für die folgenden Gesetz; und je mehr sich der Riß in der Kirche erweiterte, desto fester mußte Spanien an dem Katholizismus halten.

Freier schien die deutsche Linie des Hauses Österreich

gewesen zu sein; aber wenn bei dieser auch mehrere von jenen Hindernissen wegfielen, so wurde sie durch andere Verhältnisse in Fesseln gehalten. Der Besitz der Kaiserkrone, die auf einem protestantischen Haupte ganz undenkbar war (denn wie konnte ein Apostat der römischen Kirche die römische Kaiserkrone tragen?), knüpfte die Nachfolger Ferdinands des Ersten an den päpstlichen Stuhl; Ferdinand selbst war diesem Stuhl aus Gründen des Gewissens und aufrichtig! ergeben. Überdem waren die deutsch-österreichischen Prinzen nicht mächtig genug, der spanischen Unterstützung zu entbehren, die aber durch eine Begünstigung der neuen Religion durchaus verscherzt war. Auch forderte ihre Kaiserwürde sie auf, das deutsche Reichssystem zu beschützen, wodurch sie selbst sich als Kaiser behaupteten, und welches der protestantische Reichsteil zu stürzen strebte. Rechnet man dazu die Kälte der Protestanten gegen die Bedrängnisse der Kaiser und gegen die gemeinschaftlichen Gefahren des Reichs, ihre gewaltsamen Eingriffe in das Zeitliche der Kirche, und ihre Feindseligkeiten, wo sie sich als die Stärkeren fühlten, so begreift man, wie so viele zusammenwirkende Gründe die Kaiser auf der Seite des Papsttums erhalten, wie sich ihr eigner Vorteil mit dem Vorteile der katholischen Religion aufs genaueste vermengen mußte. Da vielleicht das ganze Schicksal dieser Religion von dem Entschlusse abhing, den das Haus Österreich ergriff, so mußte man die österreichischen Prinzen durch ganz Europa als die Säulen des Papsttums betrachten. Der Haß der Protestanten gegen letzteres kehrte sich darum auch einstimmig gegen Österreich, und vermengte nach und nach den Beschützer mit der Sache, die er beschützte.

Aber ebendieses Haus Österreich, der unversöhnliche Gegner der Reformation, setzte zugleich durch seine ehrgeizigen Entwürfe, die von einer überlegenen Macht unterstützt waren, die politische Freiheit der europäischen Staaten, und besonders der deutschen Stände, in nicht geringe Gefahr. Dieser Umstand mußte letztere aus ihrer Sicherheit aufschrecken, und auf ihre Selbstverteidigung aufmerksam machen. Ihre gewöhnlichen Hülfsmittel würden nimmermehr hingereicht haben, einer so drohenden Macht zu widerstehen. Außerordentliche Anstrengungen mußten sie von ihren Untertanen verlangen, und, da auch diese bei weitem nicht hinreichten, von ihren Nachbarn Kräfte entlehnen, und durch Bündnisse untereinander eine

Macht aufzuwägen suchen, gegen welche sie einzeln nicht bestanden.

Aber die großen politischen Aufforderungen, welche die Regenten hatten, sich den Fortschritten Österreichs zu widersetzen, hatten ihre Untertanen nicht. Nur gegenwärtige Vorteile, oder gegenwärtige Übel sind es, welche das Volk in Handlung setzen; und diese darf eine gute Staatskunst nicht abwarten. Wie schlimm also für diese Fürsten, wenn nicht zum Glücke ein anderes wirksames Motiv sich ihnen dargeboten hätte, das die Nation in Leidenschaft setzte, und einen Enthusiasmus in ihr entflammte, der gegen die politische Gefahr gerichtet werden konnte, weil er in dem nämlichen Gegenstande mit derselben zusammentraf! Dieses Motiv war der erklärte Haß gegen eine Religion, welche das Haus Österreich beschützte, die schwärmerische Anhänglichkeit an eine Lehre, welche dieses Haus mit Feuer und Schwert zu vertilgen strebte. Diese Anhänglichkeit war feurig, jener Haß war unüberwindlich; der Religionsfanatismus fürchtet das Entfernte, Schwärmerei berechnet nie, was sie aufopfert. Was die entschiedenste Gefahr des Staats nicht über seine Bürger vermocht hätte, bewirkte die religiöse Begeisterung. Für den Staat, für das Interesse des Fürsten würden sich wenig freiwillige Arme bewaffnet haben; für die Religion griff der Kaufmann, der Künstler, der Landbauer freudig zum Gewehr. Für den Staat oder den Fürsten würde man sich auch der kleinsten außerordentlichen Abgabe zu entziehen gesucht haben; an die Religion setzte man Gut und Blut, alle seine zeitlichen Hoffnungen. Dreifach stärkere Summen strömen jetzt in den Schatz des Fürsten; dreifach stärkere Heere rücken in das Feld; und in der heftigen Bewegung, worein die nahe Religionsgefahr alle Gemüter versetzte, fühlte der Untertan die Anstrengungen nicht, von denen er in einer ruhigern Gemütslage erschöpft, würde niedergesunken sein. Die Furcht vor der spanischen Inquisition, vor Bartholomäusnächten, eröffnet dem Prinzen von Oranien, dem Admiral Coligny, der britischen Königin Elisabeth, den protestantischen Fürsten Deutschlands, Hülfsquellen bei ihren Völkern, die noch jetzt unbegreiflich sind.

Mit noch so großen eignen Anstrengungen aber würde man gegen eine Macht wenig ausgerichtet haben, die auch dem mächtigsten Fürsten, wenn er einzeln stand, überlegen war. In den Zeiten einer noch wenig ausgebildeten Politik konnten aber nur zufällige Umstände entfernte Staaten zu einer wechselseitigen Hülfsleistung vermögen. Die Verschiedenheit der Verfassung, der Gesetze, der Sprache, der Sitten, des Nationalcharakters, welche die Nationen und Länder in ebenso viele verschiedene Ganze absonderte, und eine fortdauernde Scheidewand zwischen sie stellte, machte den einen Staat unempfindlich gegen die Bedrängnisse des andern, wo ihn nicht gar die Nationaleifersucht zu einer feindseligen Schadenfreude reizte. Die Reformation stürzte diese Scheidewand. Ein lebhafteres näher liegendes Interesse als der Nationalvorteil oder die Vaterlandsliebe, und welches von bürgerlichen Verhältnissen durchaus unabhängig war, fing an, die einzelnen Bürger und ganze Staaten zu beseelen. Dieses Interesse konnte mehrere und selbst die entlegensten Staaten miteinander verbinden, und bei Untertanen des nämlichen Staats konnte dieses Band wegfallen. Der französische Kalvinist hatte also mit dem reformierten Genfer, Engländer, Deutschen oder Holländer einen Berührungspunkt, den er mit seinem eigenen katholischen Mitbürger nicht hatte. Er hörte also in einem sehr wichtigen Punkte auf, Bürger eines einzelnen Staats zu sein, seine Aufmerksamkeit und Teilnahme auf diesen einzelnen Staat einzuschränken. Sein Kreis erweitert sich, er fängt an, aus dem Schicksal fremder Länder, die seines Glaubens sind, sich sein eigenes zu weissagen, und ihre Sache zu der seinigen zu machen. Nun erst dürfen die Regenten es wagen, auswärtige Angelegenheiten vor die Versammlung ihrer Landstände zu bringen, nun erst hoffen, ein williges Ohr und schnelle Hülfe zu finden. Diese auswärtigen Angelegenheiten sind jetzt zu einheimischen geworden, und gerne reicht man den Glaubensverwandten eine hülfreiche Hand, die man dem bloßen Nachbar, und noch mehr dem fernen Ausländer, verweigert hätte. Jetzt verläßt der Pfälzer seine Heimat, um für seinen französischen Glaubensbruder gegen den gemeinschaftlichen Religionsfeind zu fechten. Der französische Untertan zieht das Schwert gegen ein Vaterland, das ihn mißhandelt, und geht hin, für Hollands Freiheit zu bluten. Jetzt sieht man Schweizer gegen Schweizer, Deutsche gegen Deutsche im Streit gerüstet, um an den Ufern der Loire und der Seine die Thronfolge in Frankreich zu entscheiden. Der Däne geht über die Eider, der Schwede über den Belt, um die Ketten zu zerbrechen, die für Deutschland geschmiedet sind.

Es ist sehr schwer zu sagen, was mit der Reformation, was mit der Freiheit des Deutschen Reichs wohl geworden sein würde, wenn das gefürchtete Haus Österreich nicht Partei gegen sie genommen hätte. Soviel aber scheint erwiesen, daß sich die österreichischen Prinzen auf ihrem Wege zur Universalmonarchie durch nichts mehr gehindert haben, als durch den hartnäckigen Krieg, den sie gegen die neuen Meinungen führten. In keinem andern Falle als unter diesem war es den schwächern Fürsten möglich, die außerordentlichen Anstrengungen von ihren Ständen zu erzwingen, wodurch sie der österreichischen Macht widerstanden; in keinem andern Falle den Staaten möglich, sich gegen einen gemeinschaftlichen Feind zu vereinigen.

Höher war die österreichische Macht nie gestanden, als nach dem Siege Karls des Fünften bei Mühlberg, nachdem er die Deutschen überwunden hatte. Mit dem Schmalkaldischen Bunde lag die deutsche Freiheit, wie es schien, auf ewig darnieder; aber sie lebte wieder auf in Moritz von Sachsen, ihrem gefährlichsten Feinde. Alle Früchte des Mühlbergischen Siegs gehen auf dem Kongreß zu Passau und dem Reichstag zu Augsburg verloren, und alle Anstalten zur weltlichen und geistlichen Unterdrückung endigen in einem nachgebenden Frieden.

Deutschland zerriß auf diesem Reichstage zu Augsburg in zwei Religionen und in zwei politische Parteien; jetzt erst zerriß es, weil die Trennung jetzt erst gesetzlich war. Bis hierher waren die Protestanten als Rebellen angesehen worden; jetzt beschloß man, sie als Brüder zu behandeln, nicht als ob man sie dafür anerkannt hätte, sondern weil man dazu genötigt war. Die Augsburgische Konfession durfte sich von jetzt an neben den katholischen Glauben stellen, doch nur als eine geduldete Nachbarin, mit einstweiligen schwesterlichen Rechten. Jedem weltlichen Reichsstande ward das Recht zugestanden, die Religion, zu der er sich bekannte, auf seinem Grund und Boden zur herrschenden und einzigen zu machen, und die entgegengesetzte der freien Ausübung zu berauben; jedem Untertan vergönnt, das Land zu verlassen, wo seine Religion unterdrückt war. Jetzt zum erstenmal erfreute sich also die Lehre Luthers einer positiven Sanktion, und wenn sie auch in Bayern oder in Österreich im Staube lag, so konnte sie sich damit trösten, daß sie in Sachsen und in Thüringen thronte. Den Regenten war es aber nun doch allein überlassen, welche

Religion in ihren Landen gelten, und welche darniederliegen sollte; für den Untertan, der auf dem Reichstage keinen Repräsentanten hatte, war in diesem Frieden gar wenig gesorgt. Bloß allein in geistlichen Ländern, in welchen die katholische Religion unwiderruflich die herrschende blieb, wurde den protestantischen Untertanen (welche es damals schon waren) die freie Religionsübung ausgewirkt; aber auch diese nur durch eine persönliche Versicherung des Römischen Königs Ferdinand, der diesen Frieden zustande brachte; eine Versicherung, die von dem katholischen Reichsteile widersprochen, und mit diesem Widerspruch in das Friedensinstrument eingetragen, keine Gesetzeskraft erhielt.

Wären es übrigens nur Meinungen gewesen, was die Gemüter trennte – wie gleichgültig hätte man dieser Trennung zugesehen! Aber an diesen Meinungen hingen Reichtümer, Würden und Rechte; ein Umstand, der die Scheidung unendlich erschwerte. Von zwei Brüdern, die das väterliche Vermögen bis hierher gemeinschaftlich genossen, verließ jetzt einer das väterliche Haus, und die Notwendigkeit trat ein, mit dem daheimbleibenden Bruder abzuteilen. Der Vater hatte für den Fall der Trennung nichts bestimmt, weil ihm von dieser Trennung nichts ahnden konnte. Aus den wohltätigen Stiftungen der Voreltern war der Reichtum der Kirche, innerhalb eines Jahrtausends, zusammengeflossen, und diese Voreltern gehörten dem Weggehenden ebensogut an, als dem, der zurückblieb. Haftete nun das Erbrecht bloß an dem väterlichen Hause, oder haftete es an dem Blute? Die Stiftungen waren an die katholische Kirche geschehen, weil damals noch keine andere vorhanden war; an den erstgebornen Bruder, weil er damals noch der einzige Sohn war. Galt nun in der Kirche ein Recht der Erstgeburt, wie in adeligen Geschlechtern? Galt die Begünstigung des einen Teils, wenn ihm der andere noch nicht gegenüberstehen konnte? Konnten die Lutheraner von dem Genuß dieser Güter ausgeschlossen sein, an denen doch ihre Vorfahren mit stiften halfen, bloß allein deswegen ausgeschlossen sein, weil zu den Zeiten der Stiftung noch kein Unterschied zwischen Lutheranern und Katholischen stattfand? Beide Religionsparteien haben über diese Streitsache mit scheinbaren Gründen gegeneinander gerechtet, und rechten noch immer; aber es dürfte dem einen Teile so schwerfallen als dem andern, sein Recht zu erweisen. Das Recht hat nur Entscheidungen für denkbare Fälle, und vielleicht gehören geistliche Stiftungen nicht unter diese; zum wenigsten dann nicht, wenn man die Forderungen ihrer Stifter auch auf dogmatische Sätze erstreckt – wie ist es denkbar, eine ewige Schenkung an eine wandelbare Meinung zu machen?

Wenn das Recht nicht entscheiden kann, so tut es die Stärke, und so geschah es hier. Der eine Teil behielt, was ihm nicht mehr zu nehmen war; der andere verteidigte, was er noch hatte. Alle v o r dem Frieden weltlich gemachte Bistümer und Abteien verblieben den Protestanten: aber die Papisten verwahrten sich in einem eigenen Vorbehalt, daß künftig keine mehr weltlich gemacht würden. Jeder Besitzer eines geistlichen Stiftes, das dem Reich unmittelbar unterworfen war, Kurfürst, Bischof oder Abt, hat seine Benefizien und Würden verwirkt, sobald er zur protestantischen Kirche abfällt. Sogleich muß er seine Besitzungen räumen, und das Kapitel schreitet zu einer neuen Wahl, gleich als wäre seine Stelle durch einen Todesfall erledigt worden. An diesem heiligen Anker des geistlichen Vorbehalts, der die ganze zeitliche Existenz eines geistlichen Fürsten von seinem Glaubensbekenntnis abhängig machte, ist noch bis heute die katholische Kirche in Deutschland befestigt – und was würde aus ihr werden, wenn dieser Anker zerrisse? Der geistliche Vorbehalt erlitt einen hartnäckigen Widerspruch von seiten der protestantischen Stände, und obgleich sie ihn zuletzt noch in das Friedensinstrument mit aufnahmen, so geschah es mit dem ausdrücklichen Beisatz, daß beide Parteien sich über diesen Punkt nicht verglichen hätten. Konnte er für den protestantischen Teil mehr verbindlich sein, als jene Versicherung Ferdinands zum Vorteil der protestantischen Untertanen in geistlichen Stiftern es für die katholischen war? Zwei Streitpunkte blieben also in dem Frieden zurück, und an diesen entzündete sich auch der Krieg.

So war es mit der Religionsfreiheit und mit den geistlichen Gütern; mit den R e c h t e n und W ü r d e n war es nicht anders. Auf eine einzige Kirche war das deutsche Reichssystem berechnet, weil nur e i n e da war, als es sich bildete. Die Kirche hat sich getrennt, der Reichstag sich in zwei Religionsparteien geschieden – und doch soll das ganze Reichssystem ausschließend einer einzigen folgen? Alle bisherigen Kaiser waren Söhne der Römischen Kirche gewesen, weil die Römische Kirche in Deutschland bis jetzt ohne Nebenbuhlerin war. War es aber

das Verhältnis mit Rom, was den Kaiser der Deutschen ausmachte, oder war es nicht vielmehr Deutschland, welches sich
in seinem Kaiser repräsentierte? Zu dem ganzen Deutschland
gehört aber auch der protestantische Teil – und wie repräsentiert sich nun dieser in einer ununterbrochenen Reihe katholischer Kaiser? – In dem höchsten Reichsgerichte richten die
deutschen Stände sich selbst, weil sie selbst die Richter dazu
stellen; daß sie sich selbst richteten, daß eine gleiche Gerechtigkeit allen zustatten käme, war der Sinn seiner Stiftung – kann
dieser Sinn erfüllt werden, wenn nicht beide Religionen darin
sitzen? Daß, zur Zeit der Stiftung, in Deutschland noch ein
einziger Glaube herrschte, war Zufall; daß kein Stand den andern auf rechtlichem Wege unterdrücken sollte, war der wesentliche Zweck dieser Stiftung. Dieser Zweck aber ist verfehlt, wenn
ein Religionsteil im ausschließenden Besitz ist, den andern zu
richten – darf nun ein Zweck aufgeopfert werden, wenn sich
ein Zufall verändert? – Endlich und mit Mühe erfochten
die Protestanten ihrer Religion einen Sitz im Kammergericht,
aber noch immer keine ganz gleiche Stimmenzahl. – Zur Kaiserkrone hat noch kein protestantisches Haupt sich erhoben.

Was man auch von der Gleichheit sagen mag, welche der
Religionsfriede zu Augsburg zwischen beiden deutschen Kirchen einführte, so ging die katholische doch unwidersprechlich
als Siegerin davon. Alles, was die lutherische erhielt, war –
Duldung; alles, was die katholische hingab, opferte sie der Not,
und nicht der Gerechtigkeit. Immer war es noch kein Friede
zwischen zwei gleichgeachteten Mächten, bloß ein Vertrag
zwischen dem Herrn und einem unüberwundenen Rebellen!
Aus diesem Prinzip scheinen alle Prozeduren der katholischen
Kirche gegen die protestantische hergeflossen zu sein und noch
herzufließen. Immer noch war es ein Verbrechen, zur protestantischen Kirche abzufallen, weil es mit einem so schweren Verlust geahndet wurde, als der geistliche Vorbehalt über abtrünnige geistliche Fürsten verhängt. Auch in den folgenden Zeiten
setzte sich die katholische Kirche lieber aus, alles durch Gewalt
zu verlieren, als einen kleinen Vorteil freiwillig und rechtlich
aufzugeben; denn einen Raub zurückzunehmen war noch
Hoffnung, und immer war es nur ein zufälliger Verlust; aber
ein aufgegebener Anspruch, ein den Protestanten zugestandenes
Recht, erschütterte die Grundpfeiler der katholischen Kirche.
Bei dem Religionsfrieden selbst setzte man diesen Grundsatz

nicht aus den Augen. Was man in diesem Frieden den Evangelischen preisgab, war nicht unbedingt aufgegeben. Alles, hieß es ausdrücklich, sollte nur bis auf die nächste allgemeine Kirchenversammlung gelten, welche sich beschäftigen würde, beide Kirchen wiederzuvereinigen. Dann erst, wenn dieser letzte Versuch mißlänge, sollte der Religionsfriede eine absolute Gültigkeit haben. So wenig Hoffnung zu dieser Wiedervereinigung da war, so wenig es vielleicht den Katholischen selbst damit Ernst war, so viel hatte man dessenungeachtet schon gewonnen, daß man den Frieden durch diese Bedingung beschränkte.

Dieser Religionsfriede also, der die Flamme des Bürgerkriegs auf ewige Zeiten ersticken sollte, war im Grunde nur eine temporäre Auskunft, ein Werk der Not und der Gewalt, nicht vom Gesetz der Gerechtigkeit diktiert, nicht die Frucht berichtigter Ideen über Religion und Religionsfreiheit. Einen Religionsfrieden von der letzten Art konnten die Katholischen nicht geben, und wenn man aufrichtig sein will, einen solchen vertrugen die Evangelischen noch nicht. Weit entfernt, gegen die Katholischen eine uneingeschränkte Billigkeit zu beweisen, unterdrückten sie, wo es in ihrer Macht stand, die Kalvinisten, welche freilich ebensowenig eine Duldung in jenem bessern Sinne verdienten, da sie ebensoweit entfernt waren, sie selbst auszuüben. Zu einem Religionsfrieden von dieser Natur waren jene Zeiten noch nicht reif, und die Köpfe noch zu trübe. Wie konnte ein Teil von dem andern fordern, was er selbst zu leisten unvermögend war? Was eine jede Religionspartei in dem Augsburger Frieden rettete oder gewann, verdankte sie dem zufälligen Machtverhältnis, in welchem beide bei Gründung des Friedens zueinander gestanden. Was durch Gewalt gewonnen wurde, mußte behauptet werden durch Gewalt; jenes Machtverhältnis mußte also auch fürs künftige fortdauern, oder der Friede verlor seine Kraft. Mit dem Schwerte in der Hand wurden die Grenzen zwischen beiden Kirchen gezeichnet; mit dem Schwerte mußten sie bewacht werden – oder wehe der früher entwaffneten Partei! Eine zweifelhafte schreckenvolle Aussicht für Deutschlands Ruhe, die aus dem Frieden selbst schon hervordrohte!

In dem Reiche erfolgte jetzt eine augenblickliche Stille, und ein flüchtiges Band der Eintracht schien die getrennten Glieder wieder in einen Reichskörper zu verknüpfen, daß auch das

Gefühl für die gemeinschaftliche Wohlfahrt auf eine Zeitlang zurückkam. Aber die Trennung hatte das innerste Wesen getroffen, und die erste Harmonie wiederherzustellen, war vorbei. So genau der Friede die Rechtsgrenzen beider Teile bestimmt zu haben schien, so ungleichen Auslegungen blieb er nichtdestoweniger unterworfen. Mitten in ihrem hitzigsten Kampfe hatte er den streitenden Parteien Stillstand auferlegt, er hatte den Feuerbrand zugedeckt, nicht gelöscht, und unbefriedigte Ansprüche blieben auf beiden Seiten zurück. Die Katholischen glaubten zu viel verloren, die Evangelischen zu wenig errungen zu haben; beide halfen sich damit, den Frieden, den sie jetzt noch nicht zu verletzen wagten, nach ihren Absichten zu erklären.

Dasselbe mächtige Motiv, welches so manche protestantische Fürsten so geneigt gemacht hatte, Luthers Lehre zu umfassen, die Besitznehmung von den geistlichen Stiftern, war nach geschlossenem Frieden nicht weniger wirksam als vorher, und was von mittelbaren Stiftern noch nicht in ihren Händen war, mußte bald in dieselben wandern. Ganz Niederdeutschland war in kurzer Zeit weltlich gemacht; und wenn es mit Oberdeutschland anders war, so lag es an dem lebhaftesten Widerstande der Katholischen, die hier das Übergewicht hatten. Jede Partei drückte oder unterdrückte, wo sie die mächtigere war, die Anhänger der andern; die geistlichen Fürsten besonders, als die wehrlosesten Glieder des Reichs, wurden unaufhörlich durch die Vergrößerungsbegierde ihrer unkatholischen Nachbarn geängstigt. Wer zu ohnmächtig war, Gewalt durch Gewalt abzuwenden, flüchtete sich unter die Flügel der Justiz, und die Spolienklagen gegen protestantische Stände häuften sich auf dem Reichsgerichte an, welches bereitwillig genug war, den angeklagten Teil mit Sentenzen zu verfolgen, aber zu wenig unterstützt, um sie geltend zu machen. Der Friede, welcher den Ständen des Reichs die vollkommene Religionsfreiheit einräumte, hatte doch einigermaßen auch für den Untertan gesorgt, indem er ihm das Recht ausbedung, das Land, in welchem seine Religion unterdrückt war, unangefochten zu verlassen. Aber vor den Gewalttätigkeiten, womit der Landesherr einen gehaßten Untertan drücken, vor den namenlosen Drangsalen, wodurch er den Auswandernden den Abzug erschweren, vor den künstlich gelegten Schlingen, worein die Arglist mit der Stärke verbunden, die Gemüter verstricken kann, konnte der tote Buchstabe dieses Friedens ihn nicht schützen. Der katholische Untertan protestantischer Herren klagte laut über Verletzung des Religionsfriedens – der evangelische noch lauter über die Bedrückungen, welche ihm von seiner katholischen Obrigkeit widerfuhren. Die Erbitterung und Streitsucht der Theologen vergiftete jeden Vorfall, der an sich unbedeutend war, und setzte die Gemüter in Flammen; glücklich genug, wenn sich diese theologische Wut an dem gemeinschaftlichen Religionsfeind erschöpft hätte, ohne gegen die eignen Religionsverwandten ihr Gift auszuspritzen.

Die Einigkeit der Protestanten unter sich selbst würde doch endlich hingereicht haben, beide streitende Parteien in einer gleichen Schwankung zu erhalten, und dadurch den Frieden zu verlängern; aber, um die Verwirrung vollkommen zu machen, verschwand diese Eintracht bald. Die Lehre, welche Zwingli in Zürich und Calvin in Genf verbreitet hatten, fing bald auch in Deutschland an, festen Boden zu gewinnen, und die Protestanten unter sich selbst zu entzweien, daß sie einander kaum mehr an etwas anderm als dem gemeinschaftlichen Hasse gegen das Papsttum erkannten. Die Protestanten in diesem Zeitraume glichen denjenigen nicht mehr, welche funfzig Jahre vorher ihr Bekenntnis zu Augsburg übergeben hatten, und die Ursache dieser Veränderung ist in ebendiesem Augsburgischen Bekenntnisse zu suchen. Dieses Bekenntnis setzte dem protestantischen Glauben eine positive Grenze, ehe noch der erwachte Forschungsgeist sich diese Grenze gefallen ließ, und die Protestanten verscherzten unwissend einen Teil des Gewinns, den ihnen der Abfall von dem Papsttum versicherte. Gleiche Beschwerden gegen die römische Hierarchie und gegen die Mißbräuche in dieser Kirche, eine gleiche Mißbilligung der katholischen Lehrbegriffe, würden hinreichend gewesen sein, den Vereinigungspunkt für die protestantische Kirche abzugeben; aber sie suchten diesen Vereinigungspunkt in einem neuen positiven Glaubenssystem, setzten in dieses das Unterscheidungszeichen, den Vorzug, das Wesen ihrer Kirche, und bezogen auf dieses den Vertrag, den sie mit den Katholischen schlossen. Bloß als Anhänger der Konfession gingen sie den Religionsfrieden ein, die Konfessionsverwandten allein hatten teil an der Wohltat dieses Friedens. Wie also auch der Erfolg sein mochte, so stand es gleich schlimm um die Konfessionsverwandten. Dem Geist der Forschung war eine bleibende Schranke gesetzt, wenn den Vorschriften der Konfession ein blinder Gehorsam geleistet wurde; der Vereinigungspunkt aber war verloren, wenn man sich über die festgesetzte Formel entzweite. Zum Unglück ereignete sich beides, und die schlimmen Folgen von beiden stellten sich ein. Eine Partei hielt standhaft fest an dem ersten Bekenntnis; und wenn sich die Kalvinisten davon entfernten, so geschah es nur, um sich auf ähnliche Art in einen neuen Lehrbegriff einzuschließen.

Keinen scheinbarern Vorwand hätten die Protestanten ihrem gemeinschaftlichen Feinde geben können, als diese Uneinigkeit unter sich selbst – kein erfreuenderes Schauspiel, als die Erbitterung, womit sie einander wechselseitig verfolgten. Wer konnte es nun den Katholischen zum Verbrechen machen, wenn sie die Dreistigkeit lächerlich fanden, mit welcher die Glaubensverbesserer sich angemaßt hatten, das einzig wahre Religionssystem zu verkündigen? wenn sie von Protestanten selbst die Waffen gegen Protestanten entlehnten? wenn sie sich bei diesem Widerspruche der Meinungen an die Autorität ihres Glaubens festhielten, für welchen zum Teil doch ein ehrwürdiges Altertum und eine noch ehrwürdigere Stimmenmehrheit sprach? Aber die Protestanten kamen bei dieser Trennung auf eine noch ernsthaftere Art ins Gedränge. Auf die Konfessionsverwandten allein war der Religionsfriede gestellt, und die Katholischen drangen nun auf Erklärung, wen diese für ihren Glaubensgenossen erkannt wissen wollten. Die Evangelischen konnten die Reformierten in ihren Bund nicht einschließen, ohne ihr Gewissen zu beschweren; sie konnten sie nicht davon ausschließen, ohne einen nützlichen Freund in einen gefährlichen Feind zu verwandeln. So zeigte diese unselige Trennung den Machinationen der Jesuiten einen Weg, Mißtrauen zwischen beide Parteien zu pflanzen, und die Eintracht ihrer Maßregeln zu zerstören. Durch die doppelte Furcht vor den Katholiken und vor ihren eigenen protestantischen Gegnern gebunden, versäumten die Protestanten den nimmer wiederkehrenden Moment, ihrer Kirche ein durchaus gleiches Recht mit der Römischen zu erfechten. Und allen diesen Verlegenheiten wären sie entgangen, der Abfall der Reformierten wäre für die gemeine Sache ganz unschädlich gewesen, wenn man den Vereinigungspunkt allein in der Entfernung von dem Papsttum, nicht in Augsburgischen Konfessionen, nicht in Konkordienwerken gesucht hätte.

So sehr man aber auch in allem andern geteilt war, so begriff man doch einstimmig, daß eine Sicherheit, die man bloß der Machtgleichheit zu danken gehabt hatte, auch nur durch diese Machtgleichheit allein erhalten werden könne. Die fortwährenden Reformationen der einen Partei, die Gegenbemühungen der andern, unterhielten die Wachsamkeit auf beiden Seiten, und der Inhalt des Religionsfriedens war die Losung eines ewigen Streits. Jeder Schritt, den der andere Teil tat, mußte zu Kränkung dieses Friedens abzielen, jeder, den man sich selbst erlaubte, geschah zur Aufrechthaltung dieses Friedens. Nicht alle Bewegungen der Katholischen hatten eine angreifende Absicht, wie ihnen von der Gegenpartei schuld gegeben wird; vieles was sie taten, machte ihnen die Selbstverteidigung zur Pflicht. Die Protestanten hatten auf eine nicht zweideutige Art gezeigt, wozu die Katholischen sich zu versehen hätten, wenn sie das Unglück haben sollten, der unterliegende Teil zu sein. Die Lüsternheit der Protestanten nach den geistlichen Gütern ließ sie keine Schonung, ihr Haß keine Großmut, keine Duldung erwarten.

Aber auch den Protestanten war es zu verzeihen, wenn sie zu der Redlichkeit der Papisten wenig Vertrauen zeigten. Durch die treulose und barbarische Behandlungsart, welche man sich in Spanien, Frankreich und den Niederlanden gegen ihre Glaubensgenossen erlaubte, durch die schändliche Ausflucht katholischer Fürsten, sich von den heiligsten Eiden durch den Papst lossprechen zu lassen, durch den abscheulichen Grundsatz, daß gegen Ketzer kein Treu und Glaube zu beobachten sei, hatte die katholische Kirche in den Augen aller Redlichen ihre E h r e verloren. Keine Versicherung, kein noch so fürchterlicher Eid konnte aus dem Munde eines Papisten den Protestanten beruhigen. Wie hätte der Religionsfriede es gekonnt, den die Jesuiten durch ganz Deutschland nur als eine einstweilige Konvenienz abschilderten, der in Rom selbst feierlich verworfen ward!

Die allgemeine Kirchenversammlung, auf welche in diesem Frieden hingewiesen worden, war unterdessen in der Stadt Trient vor sich gegangen; aber, wie man nicht anders erwartet hatte, ohne die streitenden Religionen vereinigt, ohne auch nur einen Schritt zu dieser Vereinigung getan zu haben, ohne von den Protestanten auch nur beschickt worden zu sein. Feierlich waren diese nunmehr von der Kirche verdammt, für deren

Repräsentanten sich das Konzilium ausgab. – Konnte ihnen ein profaner, und noch dazu durch die Waffen erzwungener Vertrag vor dem Bann der Kirche eine hinlängliche Sicherheit geben – ein Vertrag, der sich auf eine Bedingung stützte, welche der Schluß des Konziliums aufzuheben schien? An einem Scheine des Rechts fehlte es also nicht mehr, wenn sich die Katholischen sonst mächtig genug fühlten, den Religionsfrieden zu verletzen – von jetzt an also schützte die Protestanten nichts mehr, als der Respekt vor ihrer Macht.

Mehreres kam dazu, das Mißtrauen zu vermehren. Spanien, an welche Macht das katholische Deutschland sich lehnte, lag damals mit den Niederländern in einem heftigen Kriege, der den Kern der spanischen Macht an die Grenzen Deutschlands gezogen hatte. Wie schnell standen diese Truppen im Reiche, wenn ein entscheidender Streich sie hier notwendig machte! Deutschland war damals eine Vorratskammer des Kriegs für fast alle europäische Mächte. Der Religionskrieg hatte Soldaten darin angehäuft, die der Friede außer Brot setzte. So vielen voneinander unabhängigen Fürsten war es leicht, Kriegsheere zusammenzubringen, welche sie alsdann, sei's aus Gewinnsucht oder aus Parteigeist, an fremde Mächte verliehen. Mit deutschen Truppen bekriegte Philipp der Zweite die Niederlande, und mit deutschen Truppen verteidigten sie sich. Eine jede solche Truppenwerbung in Deutschland schreckte immer eine von beiden Religionsparteien auf; sie konnte zu ihrer Unterdrükkung abzielen. Ein herumwandernder Gesandte, ein außerordentlicher päpstlicher Legat, eine Zusammenkunft von Fürsten, jede ungewöhnliche Erscheinung mußte dem einen oder dem andern Teile Verderben bereiten. So stand Deutschland gegen ein halbes Jahrhundert, die Hand an dem Schwert; jedes rauschende Blatt erschreckte.

Ferdinand der Erste, König von Ungarn, und sein vortrefflicher Sohn Maximilian der Zweite, hielten in dieser bedenklichen Epoche die Zügel des Reichs. Mit einem Herzen voll Aufrichtigkeit, mit einer wirklich heroischen Geduld, hatte Ferdinand den Religionsfrieden zu Augsburg vermittelt, und an den undankbaren Versuch, beide Kirchen auf dem Konzilium zu Trient zu vereinigen, eine vergebliche Mühe verschwendet. Von seinem Neffen, dem spanischen Philipp, im Stich gelassen, zugleich in Siebenbürgen und Ungarn von den siegreichen Waffen der Türken bedrängt, wie hätte sich dieser

Kaiser sollen in den Sinn kommen lassen, den Religionsfrieden zu verletzen, und sein eigenes mühevolles Werk zu vernichten? Der große Aufwand des immer sich erneuernden Türkenkriegs konnte von den sparsamen Beiträgen seiner erschöpften Erblande nicht bestritten werden; er brauchte also den Beistand des Reichs – und der Religionsfriede allein hielt das geteilte Reich noch in einem Körper zusammen. Das ökonomische Bedürfnis machte ihm die Protestanten nicht weniger nötig, als die Katholischen, und legte ihm also auf, beide Teile mit gleicher Gerechtigkeit zu behandeln, welches bei so sehr widerstreitenden Forderungen ein wahres Riesenwerk war. Auch fehlte viel, daß der Erfolg seinen Wünschen entsprochen hätte: seine Nachgiebigkeit gegen die Protestanten hatte bloß dazu gedient, seinen Enkeln den Krieg aufzuheben, der sein sterbendes Auge verschonte. Nicht viel glücklicher war sein Sohn Maximilian, den vielleicht nur der Zwang der Umstände hinderte, dem vielleicht nur ein längeres Leben fehlte, um die neue Religion auf den Kaiserthron zu erheben. Den Vater hatte die Notwendigkeit Schonung gegen die Protestanten gelehrt; die Notwendigkeit und die Billigkeit diktierten sie seinem Sohne. Der Enkel büßte es teuer, daß er weder die Billigkeit hörte, noch der Notwendigkeit gehorchte.

Sechs Söhne hinterließ Maximilian, aber nur der älteste von diesen, Erzherzog Rudolf, erbte seine Staaten, und bestieg den kaiserlichen Thron; die übrigen Brüder wurden mit schwachen Apanagen abgefunden. Wenige Nebenländer gehörten einer Seitenlinie an, welche Karl von Steiermark, ihr Oheim, fortführte; doch wurden auch diese schon unter Ferdinand dem Zweiten seinem Sohne, mit der übrigen Erbschaft vereinigt. Diese Länder also ausgenommen, versammelte sich nunmehr die ganze ansehnliche Macht des Hauses Österreich in einer einzigen Hand, aber zum Unglück in einer schwachen.

Rudolf der Zweite war nicht ohne Tugenden, die ihm die Liebe der Menschen hätten erwerben müssen, wenn ihm das Los eines Privatmannes gefallen wäre. Sein Charakter war mild, er liebte den Frieden, und den Wissenschaften – besonders der Astronomie, Naturlehre, Chemie und dem Studium der Antiquitäten – ergab er sich mit einem leidenschaftlichen Hange, der ihn aber zu einer Zeit, wo die bedenkliche Lage der Dinge die angestrengteste Aufmerksamkeit heischte, und seine erschöpften Finanzen die höchste Sparsamkeit nötig machten, von Regierungsgeschäften zurückzog, und zu einer höchst schädlichen Verschwendung reizte. Sein Geschmack an der Sternkunst verirrte sich in astrologische Träumereien, denen sich ein melancholisches und furchtsames Gemüt, wie das seinige war, so leicht überliefert. Dieses und eine in Spanien zugebrachte Jugend öffnete sein Ohr den schlimmen Ratschlägen der Jesuiten und den Eingebungen des spanischen Hofs, die ihn zuletzt unumschränkt beherrschten. Von Liebhabereien angezogen, die seines großen Postens so wenig würdig waren, und von lächerlichen Wahrsagungen geschreckt, verschwand er nach spanischer Sitte vor seinen Untertanen, um sich unter seinen Gemmen und Antiken, in seinem Laboratorium, in seinem Marstalle zu verbergen, während daß die gefährlichste Zwietracht alle Bande des deutschen Staatskörpers auflöste, und die Flamme der Empörung schon anfing an die Stufen seines Thrones zu schlagen. Der Zugang zu ihm war jedem ohne Ausnahme versperrt, unausgefertigt lagen die dringendsten Geschäfte; die Aussicht auf die reiche spanische Erbschaft verschwand, weil er unschlüssig blieb, der Infantin Isabella seine Hand zu geben; dem Reiche drohte die fürchterlichste Anarchie, weil er, obgleich selbst ohne Erben, nicht dahin zu bringen war, einen Römischen König erwählen zu lassen. Die österreichischen Landstände sagten ihm den Gehorsam auf, Ungarn und Siebenbürgen entrissen sich seiner Hoheit, und Böhmen säumte nicht lange, diesem Beispiel zu folgen. Die Nachkommenschaft des so gefürchteten Karls des Fünften schwebte in Gefahr, einen Teil ihrer Besitzungen an die Türken, den andern an die Protestanten zu verlieren, und unter einem furchtbaren Fürstenbund, den ein großer Monarch in Europa gegen sie zusammenzog, ohne Rettung zu erliegen. In dem Innern Deutschlands geschah, was von jeher geschehen war, wenn es dem Thron an einem Kaiser, oder dem Kaiser an einem Kaisersinne fehlte. Gekränkt oder im Stich gelassen von dem Reichsoberhaupt, helfen die Stände sich selbst, und Bündnisse müssen ihnen die fehlende Autorität des Kaisers ersetzen. Deutschland teilt sich in zwei Unionen, die einander gewaffnet gegenüberstehen; Rudolf, ein verachteter Gegner der einen, und ein ohnmächtiger Beschützer der andern, steht müßig und überflüssig zwischen beiden, gleich unfähig, die erste zu zerstreuen, und über die andre zu herrschen. Was hätte auch das Deutsche Reich von einem Fürsten erwarten

sollen, der nicht einmal vermögend war, seine eigenen Erbländer gegen einen innerlichen Feind zu behaupten? Den gänzlichen Ruin des österreichischen Geschlechts aufzuhalten, tritt
sein eigenes Haus gegen ihn zusammen, und eine mächtige
Faktion wirft sich seinem Bruder in die Arme. Aus allen seinen
Erbstaaten vertrieben, bleibt ihm nichts mehr zu verlieren, als
der Kaiserthron, und der Tod reißt ihn noch eben zeitig genug
weg, um ihm diese letzte Schande zu ersparen.

Deutschlands schlimmer Genius war es, der ihm gerade in
dieser bedenklichen Epoche, wo nur eine geschmeidige Klugheit und ein mächtiger Arm den Frieden des Reichs retten
konnte, einen Rudolf zum Kaiser gab. In einem ruhigern Zeitpunkte hätte der deutsche Staatskörper sich selbst geholfen,
und in einer mystischen Dunkelheit hätte Rudolf, wie so viele
andre seines Ranges, seine Blößen versteckt. Das dringende
Bedürfnis der Tugenden, die ihm fehlten, riß seine Unfähig-
keit ans Licht. Deutschlands Lage forderte einen Kaiser, der
durch eigene Hülfsmittel seinen Entscheidungen Gewicht geben
konnte, und die Erbstaaten Rudolfs, so ansehnlich sie auch
waren, befanden sich in einer Lage, die den Regenten in die
äußerste Verlegenheit setzte.

Die österreichischen Prinzen waren zwar katholische Fürsten,
und noch dazu Stützen des Papsttums: aber es fehlte viel, daß
ihre Länder katholische Länder gewesen wären. Auch in diese
Gegenden waren die neuen Meinungen eingedrungen, und,
begünstigt von Ferdinands Bedrängnissen und Maximilians
Güte, hatten sie sich mit schnellem Glück in denselben verbreitet. Die österreichischen Länder zeigten im Kleinen, was
Deutschland im Großen war. Der größere Teil des Herren-
und Ritterstandes war evangelisch, und in den Städten hatten die
Protestanten bei weitem das Übergewicht errungen. Nachdem
es ihnen geglückt war, einige aus ihrem Mittel in die Land-
schaft zu bringen, so wurde unvermerkt eine landschaftliche
Stelle nach der andern, ein Kollegium nach dem andern, mit
Protestanten besetzt, und die Katholiken daraus verdrängt.
Gegen den zahlreichen Herren- und Ritterstand und die Ab-
geordneten der Städte war die Stimme weniger Prälaten zu
schwach, welche das ungezogene Gespötte und die kränkende
Verachtung der übrigen noch vollends von dem Landtage
verscheuchte. So war unvermerkt der ganze österreichische
Landtag protestantisch, und die Reformation tat von jetzt an

die schnellsten Schritte zu einer öffentlichen Existenz. Von den
Landständen war der Regent abhängig, weil sie es waren, die
ihm die Steuern abschlagen und bewilligen konnten. Sie benutzten die Geldbedürfnisse, in denen sich Ferdinand und sein
Sohn befanden, eine Religionsfreiheit nach der andern von
diesen Fürsten zu erpressen. Dem Herren- und Ritterstand
gestattete endlich Maximilian die freie Ausübung ihrer Religion,
doch nur auf ihren eigenen Territorien und Schlössern. Der
unbescheidene Schwärmereifer der evangelischen Prediger
überschritt dieses von der Weisheit gesteckte Ziel. Dem ausdrücklichen Verbot zuwider, ließen sich mehrere derselben in
den Landstädten und selbst zu Wien öffentlich hören, und das
Volk drängte sich scharenweise zu diesem neuen Evangelium,
dessen beste Würze Anzüglichkeiten und Schimpfreden ausmachten. So wurde dem Fanatismus eine immerwährende
Nahrung gegeben, und der Haß beider, einander so nahe-
stehenden Kirchen durch den Stachel ihres unreinen Eifers
vergiftet.

Unter den Erbstaaten des Hauses Österreich war Ungarn
nebst Siebenbürgen die unsicherste und am schwersten zu
behauptende Besitzung. Die Unmöglichkeit, diese beiden Länder gegen die nahe und überlegene Macht der Türken zu behaupten, hatte schon Ferdinanden zu dem unrühmlichen Schritte
vermocht, der Pforte durch einen jährlichen Tribut die oberste
Hoheit über Siebenbürgen einzugestehen – ein schädliches
Bekenntnis der Ohnmacht, und eine noch gefährlichere An-
reizung für den unruhigen Adel, wenn er Ursache zu haben
glaubte, sich über seinen Herrn zu beschweren. Die Ungarn
hatten sich dem Hause Österreich nicht unbedingt unterworfen.
Sie behaupteten die Wahlfreiheit ihrer Krone, und forderten
trotzig alle ständischen Rechte, welche von dieser Wahlfreiheit
unzertrennlich sind. Die nahe Nachbarschaft des türkischen
Reichs, und die Leichtigkeit ungestraft ihren Herrn zu wechseln, bestärkte die Magnaten noch mehr in diesem Trotze;
unzufrieden mit der österreichischen Regierung, warfen sie
sich den Osmanen in die Arme; unbefriedigt von diesen, kehrten sie unter deutsche Hoheit zurück. Der öftere und rasche
Übergang von einer Herrschaft zur andern hatte sich auch ihrer
Denkungsart mitgeteilt; ungewiß, wie ihr Land zwischen
deutscher und ottomanischer Hoheit schwebte, schwankte
auch ihr Sinn zwischen Abfall und Unterwerfung. Je unglück-

licher beide Länder sich fühlten, zu Provinzen einer auswärtigen Monarchie herabgesetzt zu sein, desto unüberwindlicher war ihr Bestreben, einem Herrn aus ihrer Mitte zu gehorchen; und so wurde es einem unternehmenden Edelmann nicht schwer, ihre Huldigung zu erhalten. Voll Bereitwilligkeit reichte der nächste türkische Bassa einem Rebellen gegen Österreich Szepter und Krone; ebenso bereitwillig bestätigte man in Österreich einem andern den Besitz der Provinzen, die er der Pforte entrissen hatte, zufrieden, auch nur einen Schatten von Hoheit gerettet, und eine Vormauer gegen die Türken dadurch gewonnen zu haben. Mehrere solcher Magnaten, Bàthory, Bocskay, Rakoczy, Bethlen, standen auf diese Art nacheinander in Siebenbürgen und Ungarn als zinsbare Könige auf, welche sich durch keine andere Staatskunst erhielten, als diese: sich an den Feind anzuschließen, um ihrem Herrn desto furchtbarer zu sein.

Ferdinand, Maximilian und Rudolf, alle drei Beherrscher von Siebenbürgen und Ungarn, erschöpften das Mark ihrer übrigen Länder, um diese beiden gegen die Überschwemmungen der Türken und gegen innere Rebellionen zu behaupten. Verheerende Kriege wechselten auf diesem Boden mit kurzen Waffenstillständen ab, die nicht viel besser waren. Verwüstet lag weit und breit das Land, und der gemißhandelte Untertan führte gleich große Beschwerden über seinen Feind und seinen Beschützer. Auch in diese Länder war die Reformation eingedrungen, wo sie unter dem Schutze der ständischen Freiheit, unter der Decke des Tumults, merkliche Fortschritte machte. Auch diese tastete man jetzt unvorsichtig an, und der politische Faktionsgeist wurde gefährlicher durch religiöse Schwärmerei. Der siebenbürgische und ungarische Adel erhebt, von einem kühnen Rebellen Bocskay angeführt, die Fahne der Empörung. Die Anführer in Ungarn sind im Begriff, mit den mißvergnügten Protestanten in Österreich, Mähren und Böhmen gemeine Sache zu machen, und alle diese Länder in einer furchtbaren Rebellion fortzureißen. Dann war der Untergang des Papsttums in diesen Ländern unvermeidlich.

Längst schon hatten die Erzherzoge von Österreich, des Kaisers Brüder, dem Verderben ihres Hauses mit stillem Unwillen zugesehen; dieser letzte Vorfall bestimmte ihren Entschluß. Erzherzog Matthias, Maximilians zweiter Sohn, Statthalter in Ungarn, und Rudolfs vermutlicher Erbe, trat hervor,

Habsburgs sinkendem Hause sich zur Stütze anzubieten. In jugendlichen Jahren, und von einer falschen Ruhmbegierde übereilt, hatte dieser Prinz, dem Interesse seines Hauses zuwider, den Einladungen einiger niederländischen Rebellen Gehör gegeben, welche ihn in ihr Vaterland riefen, um die Freiheiten der Nation gegen seinen eigenen Anverwandten Philipp den Zweiten zu verteidigen. Matthias, der in der Stimme einer einzelnen Faktion die Stimme des ganzen niederländischen Volks zu vernehmen glaubte, erschien auf diesen Ruf in den Niederlanden. Aber der Erfolg entsprach ebensowenig den Wünschen der Brabanter, als seinen eigenen Erwartungen, und ruhmlos zog er sich aus einer unweisen Unternehmung. Desto ehrenvoller war seine zweite Erscheinung in der politischen Welt.

Nachdem seine wiederholtesten Aufforderungen an den Kaiser ohne Wirkung geblieben, berief er die Erzherzoge, seine Brüder und Vettern, nach Preßburg, und pflog Rat mit ihnen über des Hauses wachsende Gefahr. Einstimmig übertragen die Brüder ihm, als dem Ältesten, die Verteidigung ihres Erbteils, das ein blödsinniger Bruder verwahrloste. Alle ihre Gewalt und Rechte legen sie in die Hand dieses Ältesten, und bekleiden ihn mit souveräner Vollmacht, über das gemeine Beste nach Einsicht zu verfügen. Alsobald eröffnet Matthias Unterhandlungen mit der Pforte und mit den ungarischen Rebellen, und seiner Geschicklichkeit gelingt es, den Überrest Ungarns durch einen Frieden mit den Türken und durch einen Vertrag mit den Rebellen, Österreichs Ansprüche auf die verlornen Provinzen zu retten. Aber Rudolf, ebenso eifersüchtig auf seine landesherrliche Gewalt, als nachlässig sie zu behaupten, hält mit der Bestätigung dieses Friedens zurück, den er als einen strafbaren Eingriff in seine Hoheit betrachtet. Er beschuldigt den Erzherzog eines Verständnisses mit dem Feinde, und verräterischer Absichten auf die ungarische Krone.

Die Geschäftigkeit des Matthias war nichts weniger als frei von eigennützigen Entwürfen gewesen; aber das Betragen des Kaisers beschleunigte die Ausführung dieser Entwürfe. Der Zuneigung der Ungarn, denen er kürzlich den Frieden geschenkt hatte, durch Dankbarkeit, durch seine Unterhändler der Ergebenheit des Adels versichert, und in Österreich selbst eines zahlreichen Anhangs gewiß, wagt er es nun, mit seinen

Absichten lauter hervorzutreten, und, die Waffen in der Hand, mit dem Kaiser zu rechten. Die Protestanten in Österreich und Mähren, lang schon zum Aufstand bereit, und jetzt von dem Erzherzog durch die versprochene Religionsfreiheit gewonnen, nehmen laut und öffentlich seine Partei, und ihre längst gedrohte Verbindung mit den rebellischen Ungarn kommt wirklich zustande. Eine furchtbare Verschwörung hat sich auf einmal gegen den Kaiser gebildet. Zu spät entschließt er sich, den begangenen Fehler zu verbessern; umsonst versucht er, diesen verderblichen Bund aufzulösen. Schon hat alles die Waffen in der Hand; Ungarn, Österreich und Mähren haben dem Matthias gehuldigt, welcher schon auf dem Wege nach Böhmen ist, um dort den Kaiser in seiner Burg aufzusuchen, und die Nerven seiner Macht zu zerschneiden.

Das Königreich Böhmen war für Österreich eine nicht viel ruhigere Besitzung als Ungarn, nur mit dem Unterschiede, daß hier mehr politische Ursachen, dort mehr die Religion, die Zwietracht unterhielten. In Böhmen war ein Jahrhundert v o r Luthern das erste Feuer der Religionskriege ausgebrochen; in Böhmen entzündete sich ein Jahrhundert n a c h Luthern die Flamme des dreißigjährigen Kriegs. Die Sekte, welcher Johann Huß die Entstehung gegeben, lebte seitdem noch fort in Böhmen, einig mit der Römischen Kirche in Zeremonie und Lehre, den einzigen Artikel des Abendmahls ausgenommen, welches der Hussite in beiden Gestalten genoß. Dieses Vorrecht hatte die Baselische Kirchenversammlung in einem eigenen Vertrage (den Böhmischen Kompaktaten) Hussens Anhängern zugestanden, und wiewohl es nachher von den Päpsten widersprochen wurde, so fuhren sie dennoch fort, es unter dem Schutz der Gesetze zu genießen. Da der Gebrauch des Kelchs das einzige erhebliche Unterscheidungszeichen dieser Sekte ausmachte, so bezeichnete man sie mit dem Namen der U t r a - q u i s t e n (der in beiderlei Gestalt Kommunizierenden) und sie gefielen sich in diesem Namen, weil er sie an ihr so teures Vorrecht erinnerte. Aber in diesem Namen verbarg sich auch die weit strengere Sekte der Böhmischen und Mährischen Brüder, welche in weit bedeutendern Punkten von der herrschenden Kirche abwichen, und mit den deutschen Protestanten sehr viel Ähnliches hatten. Bei beiden machten die deutschen sowohl als die schweizerischen Religionsneuerungen ein schnelles Glück, und der Name der Utraquisten, womit sie ihre veränderten Grundsätze noch immer zu bedecken wußten, schützte sie vor der Verfolgung.

Im Grunde war es nichts mehr als der Name, was sie mit jenen Utraquisten gemein hatten; dem Wesen nach waren sie ganz Protestanten. Voll Zuversicht auf ihren mächtigen Anhang und auf des Kaisers Toleranz, wagten sie sich unter Maximilians Regierung mit ihren wahren Gesinnungen an das Licht. Sie setzten, nach dem Beispiel der Deutschen, eine eigene Konfession auf, in welcher sowohl Lutheraner als Reformierte ihre Meinungen erkannten, und wollten alle Privilegien der ehemaligen utraquistischen Kirche auf diese neue Konfession übertragen haben. Dieses Gesuch fand Widerspruch bei ihren katholischen Mitständen, und sie mußten sich mit einem bloßen Wort der Versicherung aus dem Munde des Kaisers begnügen.

Solange Maximilian lebte, genossen sie einer vollkommenen Duldung auch in ihrer neuen Gestalt; unter seinem Nachfolger änderte sich die Szene. Ein kaiserliches Edikt erschien, welches den sogenannten Böhmischen Brüdern die Religionsfreiheit absprach. Die Böhmischen Brüder unterschieden sich in nichts von den übrigen Utraquisten; das Urteil ihrer Verdammung mußte daher alle böhmischen Konfessionsverwandten auf gleiche Art treffen. Alle setzten sich deswegen dem kaiserlichen Mandat auf dem Landtag entgegen, aber ohne es umstoßen zu können. Der Kaiser und die katholischen Stände stützten sich auf die Kompaktaten und auf das böhmische Landrecht, worin sich freilich zum Vorteil einer Religion noch nichts fand, die damals die Stimme der Nation noch nicht für sich hatte. Aber wieviel hatte sich seitdem verändert! Was damals bloß eine unbedeutende Sekte war, war jetzt herrschende Kirche geworden – und war es nun etwas anders, als Schikane, die Grenzen einer neu aufgekommenen Religion durch alte Verträge bestimmen zu wollen? Die böhmischen Protestanten beriefen sich auf die mündliche Versicherung Maximilians und auf die Religionsfreiheit der Deutschen, denen sie in keinem Stücke nachgesetzt sein wollten. Umsonst, sie wurden abgewiesen.

So standen die Sachen in Böhmen, als Matthias, bereits Herr von Ungarn, Österreich und Mähren, bei Kolin erschien, auch die böhmischen Landstände gegen den Kaiser zu empören. Des letztern Verlegenheit stieg aufs höchste. Von allen seinen übrigen Erbstaaten verlassen, setzte er seine letzte Hoffnung auf die böhmischen Stände, von denen vorauszusehen war, daß sie seiner Not, zu Durchsetzung ihrer Forderungen, mißbrauchen würden. Nach langen Jahren erschien er zu Prag wieder öffentlich auf dem Landtag, und, um auch dem Volke zu zeigen, daß er wirklich noch lebe, mußten alle Fensterläden auf dem Hofgang geöffnet werden, den er passierte; Beweis genug, wie weit es mit ihm gekommen war. Was er befürchtet hatte, geschah. Die Stände, welche ihre Wichtigkeit fühlten, wollten sich nicht eher zu einem Schritte verstehen, bis man ihnen über ihre ständischen Privilegien und die Religionsfreiheit vollkommene Sicherheit geleistet hätte. Es war vergeblich, sich jetzt noch hinter die alten Ausflüchte zu verkriechen; des Kaisers Schicksal war in ihrer Gewalt, und er mußte sich in die Notwendigkeit fügen. Doch geschah dieses nur in betreff ihrer übrigen Forderungen; die Religionsangelegenheiten behielt er sich vor, auf dem nächsten Landtage zu berichtigen.

Nun ergriffen die Böhmen die Waffen zu seiner Verteidigung, und ein blutiger Bürgerkrieg sollte sich nun zwischen beiden Brüdern entzünden. Aber Rudolf, der nichts so sehr fürchtete, als in dieser sklavischen Abhängigkeit von den Ständen zu bleiben, erwartete diesen nicht, sondern eilte, sich mit dem Erzherzog, seinem Bruder, auf einem friedlichen Wege abzufinden. In einer förmlichen Entsagungsakte überließ er demselben, was ihm nicht mehr zu nehmen war, Österreich und das Königreich Ungarn, und erkannte ihn als seinen Nachfolger auf dem böhmischen Throne.

Teuer genug hatte sich der Kaiser aus diesem Bedrängnis gezogen, um sich unmittelbar darauf in einem neuen zu verwickeln. Die Religionsangelegenheiten der Böhmen waren auf den nächsten Landtag verwiesen worden; dieser Landtag erschien 1609. Sie forderten dieselbe freie Religionsübung wie unter dem vorigen Kaiser, ein eigenes Konsistorium, die Einräumung der Prager Akademie, und die Erlaubnis, Defensoren oder Freiheitsbeschützer aus ihrem Mittel aufzustellen. Es blieb bei der ersten Antwort; denn der katholische Teil hatte alle Entschließungen des furchtsamen Kaisers gefesselt. So oft und in so drohender Sprache auch die Stände ihre Vorstellungen erneuerten, Rudolf beharrte auf der ersten Erklärung, nichts über die alten Verträge zu bewilligen. Der Landtag ging unverrichteter Dinge auseinander, und die Stände, aufgebracht über den Kaiser, verabredeten unter sich eine eigenmächtige Zusammenkunft zu Prag, um sich selbst zu helfen.

In großer Anzahl erschienen sie zu Prag. Des kaiserlichen Verbots ungeachtet gingen die Beratschlagungen vor sich, und fast unter den Augen des Kaisers. Die Nachgiebigkeit, die er anfing zu zeigen, bewies ihnen nur, wie sehr sie gefürchtet waren, und vermehrte ihren Trotz; in der Hauptsache blieb er unbeweglich. Sie erfüllten ihre Drohungen, und faßten ernstlich den Entschluß, die freie Ausübung ihrer Religion an allen Orten von selbst anzustellen, und den Kaiser so lange in seinen Bedürfnissen zu verlassen, bis er diese Verfügung bestätigt hätte. Sie gingen weiter, und gaben sich selbst die Defensoren, die der Kaiser ihnen verweigerte. Zehen aus jedem der drei Stände wurden ernannt; man beschloß, auf das schleunigste eine militärische Macht zu errichten, wobei der Hauptbeförderer dieses Aufstands, der Graf von Thurn, als Generalwachtmeister angestellt wurde. Dieser Ernst brachte endlich den Kaiser zum Nachgeben, wozu jetzt sogar die Spanier ihm rieten. Aus Furcht, daß die aufs Äußerste gebrachten Stände sich endlich gar dem Könige von Ungarn in die Arme werfen möchten, unterzeichnete er den merkwürdigen Majestätsbrief der Böhmen, durch welchen sie unter den Nachfolgern dieses Kaisers ihren Aufruhr gerechtfertigt haben.

Die böhmische Konfession, welche die Stände dem Kaiser Maximilian vorgelegt hatten, erhielt in diesem Majestätsbrief vollkommen gleiche Rechte mit der katholischen Kirche. Den Utraquisten, wie die böhmischen Protestanten noch immer fortfuhren sich zu nennen, wird die Prager Universität und ein eigenes Konsistorium zugestanden, welches von dem erzbischöflichen Stuhle zu Prag durchaus unabhängig ist. Alle Kirchen, die sie zur Zeit der Ausstellung dieses Briefes in Städten, Dörfern und Märkten bereits innehaben, sollen ihnen bleiben, und wenn sie über diese Zahl noch neue erbauen lassen wollten, so soll dieses dem Herren- und Ritterstande und allen Städten unverboten sein. Diese letzte Stelle im Majestätsbriefe ist es, über welche sich nachher der unglückliche Streit entspann, der Europa in Flammen setzte.

Der Majestätsbrief machte das protestantische Böhmen zu einer Art von Republik. Die Stände hatten die Macht kennenlernen, die sie durch Standhaftigkeit, Eintracht und Harmonie in ihren Maßregeln gewannen. Dem Kaiser blieb nicht viel mehr, als ein Schatten seiner landesherrlichen Gewalt; in der Person der sogenannten Freiheitsbeschützer wurde dem Geist des Aufruhrs eine gefährliche Aufmunterung gegeben. Böhmens Beispiel und Glück war ein verführerischer Wink für die übrigen Erbstaaten Österreichs, und alle schickten sich an, ähnliche Privilegien auf einem ähnlichen Wege zu erpressen. Der Geist der Freiheit durchlief eine Provinz nach der andern; und da es vorzüglich die Uneinigkeit zwischen den österreichischen Prinzen war, was die Protestanten so glücklich zu benutzen gewußt hatten, so eilte man, den Kaiser mit dem König von Ungarn zu versöhnen.

Aber diese Versöhnung konnte nimmermehr aufrichtig sein. Die Beleidigung war zu schwer, um vergeben zu werden, und Rudolf fuhr fort, einen unauslöschlichen Haß gegen Matthias in seinem Herzen zu nähren. Mit Schmerz und Unwillen verweilte er bei dem Gedanken, daß endlich auch das böhmische Szepter in eine so verhaßte Hand kommen sollte; und die Aussicht war nicht viel tröstlicher für ihn, wenn Matthias ohne Erben abginge. Alsdann war Ferdinand, Erzherzog von Graz, das Haupt der Familie, den er ebensowenig liebte. Diesen sowohl als den Matthias von der böhmischen Thronfolge auszuschließen, verfiel er auf den Entwurf, Ferdinands Bruder, dem Erzherzog Leopold, Bischof von Passau, der ihm unter allen seinen Agnaten der liebste und der verdienteste um seine Person war, diese Erbschaft zuzuwenden. Die Begriffe der Böhmen von der Wahlfreiheit ihres Königreichs, und ihre Neigung zu Leopolds Person, schienen diesen Entwurf zu begünstigen, bei welchem Rudolf mehr seine Parteilichkeit und Rachgier, als das Beste seines Hauses zu Rat gezogen hatte. Aber um dieses Projekt durchzusetzen, bedurfte es einer militärischen Macht, welche Rudolf auch wirklich im Bistum Passau zusammenzog. Die Bestimmung dieses Korps wußte niemand; aber ein unversehener Einfall, den es, aus Abgang des Soldes und ohne Wissen des Kaisers, in Böhmen tat, und die Ausschweifungen, die es da verübte, brachte dieses ganze Königreich in Aufruhr gegen den Kaiser. Umsonst versicherte dieser die böhmischen Stände seiner Unschuld, sie glaubten ihm nicht; umsonst versuchte er den eigenmächtigen Gewalttätigkeiten seiner Soldaten Einhalt zu tun, sie hörten ihn nicht. In der Voraussetzung, daß es auf Vernichtung des Majestätsbriefes abgesehen sei, bewaffneten die Freiheitsbeschützer das ganze protestantische Böhmen, und Matthias wurde ins Land gerufen. Nach Verjagung seiner passauischen Truppen blieb der Kaiser, entblößt von aller Hülfe, zu Prag, wo man ihn gleich einem Gefangenen in seinem eigenen Schlosse bewachte, und alle seine Räte von ihm entfernte. Matthias war unterdessen unter allgemeinem Frohlocken in Prag eingezogen, wo Rudolf kurz nachher kleinmütig genug war, ihn als König von Böhmen anzuerkennen. So hart strafte diesen Kaiser das Schicksal, daß er seinem Feinde noch lebend einen Thron überlassen mußte, den er ihm nach seinem Tode nicht gegönnt hatte. Seine Demütigung zu vollenden, nötigte man ihn, seine Untertanen in Böhmen, Schlesien und der Lausitz durch eine eigenhändige Entsagungsakte aller ihrer Pflichten zu entlassen; und er tat dieses mit zerrissener Seele. Alles, auch die er sich am meisten verpflichtet zu haben glaubte, hatte ihn verlassen. Als die Unterzeichnung geschehen war, warf er den Hut zur Erde, und zerbiß die Feder, die ihm einen so schimpflichen Dienst geleistet hatte.

Indem Rudolf eins seiner Erbländer nach dem andern verlor, wurde die Kaiserwürde nicht viel besser von ihm behauptet. Jede der Religionsparteien, unter welche Deutschland verteilt war, fuhr in ihrem Bestreben fort, sich auf Unkosten der andern zu verbessern, oder gegen ihre Angriffe zu verwahren. Je schwächer die Hand war, welche das Szepter des Reichs hielt, und je mehr sich Protestanten und Katholiken sich selbst überlassen fühlten, desto mehr mußte ihre Aufmerksamkeit aufeinander gespannt werden, desto mehr das gegenseitige Mißtrauen wachsen. Es war genug, daß der Kaiser durch Jesuiten regiert und durch spanische Ratschläge geleitet wurde, um den Protestanten Ursache zur Furcht und einen Vorwand zu Feindseligkeiten zu geben. Der unbesonnene Eifer der Jesuiten, welche in Schriften und auf der Kanzel die Gültigkeit des Religionsfriedens zweifelhaft machten, schürte ihr Mißtrauen immer mehr, und ließ sie in jedem gleichgültigen Schritt der Katholischen gefährliche Zwecke vermuten. Alles, was in den kaiserlichen Erblanden zu Einschränkung der evangelischen Religion unternommen wurde, machte die Aufmerksamkeit des ganzen protestantischen Deutschlands rege; und ebendieser mächtige Rückhalt, den die evangelischen Untertanen Österreichs an ihren Religionsverwandten im übrigen Deutschland fanden, oder zu finden erwarteten, hatte einen großen Anteil an ihrem

Trotz und an dem schnellen Glück des Matthias. Man glaubte in dem Reiche, daß man den längern Genuß des Religionsfriedens nur den Verlegenheiten zu danken hätte, worein den Kaiser die innerlichen Unruhen in seinen Ländern versetzten, und ebendarum eilte man nicht, ihn aus diesen Verlegenheiten zu reißen.

Fast alle Angelegenheiten des Reichstags blieben entweder aus Saumseligkeit des Kaisers, oder durch die Schuld der protestantischen Reichsstände liegen, welche es sich zum Gesetze gemacht hatten, nicht eher zu den gemeinschaftlichen Bedürfnissen des Reichs etwas beizutragen, bis ihre Beschwerden gehoben wären. Diese Beschwerden wurden vorzüglich über das schlechte Regiment des Kaisers, über Kränkung des Religionsfriedens, und über die neuen Anmaßungen des Reichshofrats geführt, welcher unter dieser Regierung angefangen hatte, zum Nachteil des Kammergerichts seine Gerichtsbarkeit zu erweitern. Sonst hatten die Kaiser, in unwichtigen Fällen für sich allein, in wichtigen mit Zuziehung der Fürsten, alle Rechtshändel zwischen den Ständen, die das Faustrecht nicht ohne sie ausmachte, in höchster Instanz entschieden, oder durch kaiserliche Richter, die ihrem Hoflager folgten, entscheiden lassen. Dieses oberrichterliche Amt hatten sie am Ende des funfzehnten Jahrhunderts einem regelmäßigen, fortdauernden und stehenden Tribunal, dem Kammergericht zu Speyer, übertragen, zu welchem die Stände des Reichs, um nicht durch die Willkür des Kaisers unterdrückt zu werden, sich vorbehielten, die Beisitzer zu stellen, auch die Aussprüche des Gerichts durch periodische Revisionen zu untersuchen. Durch den Religionsfrieden war dieses Recht der Stände, das Präsentations- und Visitationsrecht genannt, auch auf die Lutherischen ausgedehnt worden, so daß nunmehr auch protestantische Richter in protestantischen Rechtshändeln sprachen, und ein scheinbares Gleichgewicht beider Religionen in diesem höchsten Reichsgericht stattfand.

Aber die Feinde der Reformation und der ständischen Freiheit, wachsam auf jeden Umstand, der ihre Zwecke begünstigte, fanden bald einen Ausweg, den Nutzen dieser Einrichtung zu zerstören. Nach und nach kam es auf, daß ein Privatgerichtshof des Kaisers, der Reichshofrat in Wien – anfänglich zu nichts anderm bestimmt, als dem Kaiser in Ausübung seiner unbezweifelten persönlichen Kaiserrechte mit Rat an die

Hand zu gehen – ein Tribunal, dessen Mitglieder, von dem
Kaiser allein willkürlich aufgestellt und von ihm allein besoldet,
den Vorteil ihres Herrn zu ihrem höchsten Gesetze, und das
Beste der katholischen Religion, zu welcher sie sich bekannten,
zu ihrer einzigen Richtschnur machen mußten – die höchste
Justiz über die Reichsstände ausübte. Vor den Reichshofrat
wurden nunmehr viele Rechtshändel zwischen Ständen ungleicher Religion gezogen, über welche zu sprechen nur dem
Kammergericht gebührte, und vor Entstehung desselben dem
Fürstenrate gebührt hatte. Kein Wunder, wenn die Aussprüche
dieses Gerichtshofs ihren Ursprung verrieten, wenn von katholischen Richtern und von Kreaturen des Kaisers dem Interesse
der katholischen Religion und des Kaisers die Gerechtigkeit
aufgeopfert wurde. Obgleich alle Reichsstände Deutschlands
Ursache zu haben schienen, einem so gefährlichen Mißbrauche
in Zeiten zu begegnen, so stellten sich doch bloß allein die
Protestanten, welche er am empfindlichsten drückte, und unter
diesen nicht einmal alle, als Verteidiger der deutschen Freiheit
auf, die ein so willkürliches Institut an ihrer heiligsten Stelle, an
der Gerechtigkeitspflege, verletzte. In der Tat würde Deutschland gar wenig Ursache gehabt haben, sich zu Abschaffung des
Faustrechts und Einsetzung des Kammergerichts Glück zu
wünschen, wenn neben dem letztern noch eine willkürliche
kaiserliche Gerichtsbarkeit stattfinden durfte. Die deutschen
Reichsstände würden sich gegen jene Zeiten der Barbarei gar
wenig verbessert haben, wenn das Kammergericht, wo sie zugleich mit dem Kaiser zu Gerichte saßen, für welches sie doch
das ehemalige Fürstenrecht aufgegeben hatten, aufhören sollte,
eine notwendige Instanz zu sein. Aber in den Köpfen dieses
Zeitalters wurden oft die seltsamsten Widersprüche vereinigt.
Dem Namen Kaiser, einem Vermächtnisse des despotischen
Roms, klebte damals noch ein Begriff von Machtvollkommenheit an, der gegen das übrige Staatsrecht der Deutschen den
lächerlichsten Abstich machte, aber nichtsdestoweniger von den
Juristen in Schutz genommen, von den Beförderern des Despotismus verbreitet, und von den Schwachen geglaubt wurde.

An diese allgemeinen Beschwerden schloß sich nach und
nach eine Reihe von besondern Vorfällen an, welche die Besorglichkeit der Protestanten zuletzt bis zu dem höchsten Mißtrauen spannten. Während der spanischen Religionsverfolgun-
gen in den Niederlanden hatten sich einige protestantische

Familien in die katholische Reichsstadt Aachen geflüchtet, wo sie sich bleibend niederließen und unvermerkt ihren Anhang vermehrten. Nachdem es ihnen durch List gelungen war, einige ihres Glaubens in den Stadtrat zu bringen, so forderten sie eine eigene Kirche und einen öffentlichen Gottesdienst, welchen sie sich, da sie eine abschlägige Antwort erhielten, nebst dem ganzen Stadtregiment auf einem gewaltsamen Wege verschafften. Eine so ansehnliche Stadt in protestantischen Händen zu sehen, war ein zu harter Schlag für den Kaiser und die ganze katholische Partei. Nachdem alle kaiserlichen Ermahnungen und Befehle zu Wiederherstellung des vorigen Zustands fruchtlos geblieben, erklärte ein Schluß des Reichshofrats die Stadt in die Reichsacht, welche aber erst unter der folgenden Regierung vollzogen wurde.

Von größerer Bedeutung waren zwei andre Versuche der Protestanten, ihr Gebiet und ihre Macht zu erweitern. Kurfürst Gebhard zu Köln, geborner Truchseß von Waldburg, empfand für die junge Gräfin Agnes von Mansfeld, Kanonissin zu Gerresheim, eine heftige Liebe, die nicht unerwidert blieb. Da die Augen von ganz Deutschland auf dieses Verständnis gerichtet waren, so forderten die Brüder der Gräfin, zwei eifrige Kalvinisten, Genugtuung für die beleidigte Ehre ihres Hauses, die, solange der Kurfürst ein katholischer Bischof blieb, durch keine Heirat gerettet werden konnte. Sie drohten dem Kurfürsten, in seinem und ihrer Schwester Blut diese Schande zu tilgen, wenn er nicht sogleich allem Umgang mit der Gräfin entsagte, oder ihre Ehre vor dem Altar wiederherstellte. Der Kurfürst, gleichgültig gegen alle Folgen dieses Schrittes, hörte nichts als die Stimme der Liebe. Sei es, daß er der reformierten Religion überhaupt schon geneigt war, oder daß die Reize seiner Geliebten allein dieses Wunder wirkten – er schwur den katholischen Glauben ab, und führte die schöne Agnes zum Altare.

Der Fall war von der höchsten Bedenklichkeit. Nach dem Buchstaben des geistlichen Vorbehalts hatte der Kurfürst durch diese Apostasie alle Rechte an sein Erzstift verloren, und wenn es den Katholiken bei irgendeiner Gelegenheit wichtig war, den geistlichen Vorbehalt durchzusetzen, so war es bei Kurfürstentümern wichtig. Auf der andern Seite war die Scheidung von der höchsten Gewalt ein so harter Schritt, und um so härter für einen so zärtlichen Gemahl, der den Wert seines

Herzens und seiner Hand durch das Geschenk eines Fürsten-
tums so gern zu erhöhen gewünscht hätte. Der geistliche Vorbehalt war ohnehin ein bestrittener Artikel des Augsburger
Friedens, und dem ganzen protestantischen Deutschland schien
es von äußerster Wichtigkeit zu sein, dem katholischen Teile
diese vierte Kur zu entreißen. Das Beispiel selbst war schon in
mehrern geistlichen Stiftern Niederdeutschlands gegeben, und
glücklich durchgesetzt worden. Mehrere Domkapitularen aus
Köln waren bereits Protestanten, und auf des Kurfürsten Seite;
in der Stadt selbst war ihm ein zahlreicher protestantischer Anhang gewiß. Alle diese Gründe, denen das Zureden seiner
Freunde und Verwandten und die Versprechungen vieler
deutschen Höfe noch mehr Stärke gaben, brachten den Kurfürsten zu dem Entschluß, auch bei veränderter Religion sein
Erzstift beizubehalten.

Aber bald genug zeigte sich's, daß er einen Kampf unternommen hatte, den er nicht endigen konnte. Schon die Frei-
gebung des protestantischen Gottesdienstes in den kölnischen
Landen hatte bei den katholischen Landständen und Domkapitularen den heftigsten Widerspruch gefunden. Die Dazwischenkunft des Kaisers und ein Bannstrahl aus Rom, der
ihn als einen Apostaten verfluchte, und aller seiner sowohl
geistlichen als weltlichen Würden entsetzte, bewaffnete gegen
ihn seine Landstände und sein Kapitel. Der Kurfürst sammelte
eine militärische Macht; die Kapitularen taten ein gleiches.
Um sich schnell eines mächtigen Arms zu versichern, eilten sie
zu einer neuen Kurfürstenwahl, welche für den Bischof von
Lüttich, einen bayerischen Prinzen, entschieden wurde.

Ein bürgerlicher Krieg fing jetzt an, der, bei dem großen
Anteil, den beide Religionsparteien in Deutschland an diesem
Vorfalle notwendig nehmen mußten, leicht in eine allgemeine
Auflösung des Reichsfriedens endigen konnte. Am meisten
empörte es die Protestanten, daß der Papst sich hatte heraus-
nehmen dürfen, aus angemaßter apostolischer Gewalt einen
Reichsfürsten seiner Reichswürden zu entkleiden. Noch in den
goldnen Zeiten ihrer geistlichen Herrschaft war den Päpsten
dieses Recht widersprochen worden; wieviel mehr in einem
Jahrhundert, wo ihr Ansehen bei einem Teile gänzlich gestürzt
war, und bei dem andern auf sehr schwachen Pfeilern ruhte!
Alle protestantische Höfe Deutschlands nahmen sich dieser
Sache nachdrücklich bei dem Kaiser an; Heinrich der Vierte

von Frankreich, damals noch König von Navarra, ließ keinen Weg der Unterhandlung unversucht, den deutschen Fürsten die Handhabung ihrer Rechte kräftig zu empfehlen. Der Fall war entscheidend für Deutschlands Freiheit. Vier protestantische Stimmen gegen drei katholische im Kurfürstenrate, mußten das Übergewicht der Macht auf protestantische Seite neigen, und dem österreichischen Hause den Weg zum Kaiserthron auf ewig versperren.

Aber Kurfürst Gebhard hatte die reformierte und nicht die lutherische Religion ergriffen: dieser einzige Umstand machte sein Unglück. Die Erbitterung dieser beiden Kirchen gegeneinander ließ es nicht zu, daß die evangelischen Reichsstände den Kurfürsten als den Ihrigen ansahen, und als einen solchen mit Nachdruck unterstützten. Alle hatten ihm zwar Mut zugesprochen und Hülfe zugesagt; aber nur ein apanagierter Prinz des pfälzischen Hauses, Pfalzgraf Johann Kasimir, ein kalvinischer Eiferer, hielt ihm Wort. Dieser eilte, des kaiserlichen Verbots ungeachtet, mit seinem kleinen Heere ins Kölnische, doch ohne etwas Erhebliches auszurichten, weil ihn der Kurfürst, selbst von dem Notwendigsten entblößt, ganz und gar ohne Hülfe ließ. Desto schnellere Fortschritte machte der neupostulierte Kurfürst, den seine bayerischen Verwandten und die Spanier von den Niederlanden aus aufs kräftigste unterstützten. Die Gebhardischen Truppen, von ihrem Herrn ohne Sold gelassen, lieferten dem Feind einen Platz nach dem andern aus; andere wurden zur Übergabe gezwungen. Gebhard hielt sich noch etwas länger in seinen westfälischen Landen, bis er auch hier der Übermacht zu weichen gezwungen war. Nachdem er in Holland und England mehrere vergebliche Versuche zu seiner Wiederherstellung getan, zog er sich in das Stift Straßburg zurück, um dort als Domdechant zu sterben; das erste Opfer des geistlichen Vorbehalts, oder vielmehr der schlechten Harmonie unter den deutschen Protestanten.

An diese kölnische Streitigkeit knüpfte sich kurz nachher eine neue in Straßburg an. Mehrere protestantische Domkapitularen aus Köln, die der päpstliche Bannstrahl zugleich mit dem Kurfürsten getroffen hatte, hatten sich in dieses Bistum geflüchtet, wo sie gleichfalls Präbenden besaßen. Da die katholischen Kapitularen in dem Straßburger Stifte Bedenken trugen, ihnen als Geächteten den Genuß ihrer Präbenden zu gestatten, so setzten sie sich eigenmächtig und gewaltsam in

Besitz, und ein mächtiger protestantischer Anhang unter den Bürgern von Straßburg verschaffte ihnen bald die Oberhand in dem Stifte. Die katholischen Domherren entwichen nach Elsaß-Zabern, wo sie unter dem Schutz ihres Bischofs ihr Kapitel als das einzig rechtmäßige fortführten, und die in Straßburg Zurückgebliebenen für unecht erklärten. Unterdessen hatten sich diese letztern durch Aufnahme mehrerer protestantischen Mitglieder von hohem Range verstärkt, daß sie sich nach dem Absterben des Bischofs herausnehmen konnten, in der Person des Prinzen Johann Georg von Brandenburg einen neuen protestantischen Bischof zu postulieren. Die katholischen Domherren, weit entfernt diese Wahl zu genehmigen, postulierten den Bischof von Metz, einen Prinzen von Lothringen, zu dieser Würde, der seine Erhebung sogleich durch Feindseligkeiten gegen das Gebiet von Straßburg verkündigte.

Da die Stadt Straßburg für das protestantische Kapitel und den Prinzen von Brandenburg zu den Waffen griff, die Gegenpartei aber mit Hülfe lothringischer Truppen die Stiftsgüter an sich zu reißen suchte, so kam es zu einem langwierigen Kriege, der, nach dem Geiste jener Zeiten, von einer barbarischen Verheerung begleitet war. Umsonst trat der Kaiser mit seiner höchsten Autorität dazwischen, den Streit zu entscheiden: die Stiftsgüter blieben noch lange Zeit zwischen beiden Parteien geteilt, bis endlich der protestantische Prinz für ein mäßiges Äquivalent an Gelde seinen Ansprüchen entsagte, und also auch hier die katholische Kirche siegreich davonging.

Noch bedenklicher war für das ganze protestantische Deutschland, was sich, bald nach Schlichtung des vorigen Streits, mit Donauwörth, einer schwäbischen Reichsstadt, ereignete. In dieser sonst katholischen Stadt war unter Ferdinands und seines Sohnes Regierung die protestantische Religionspartei auf dem gewöhnlichen Wege so sehr die herrschende geworden, daß sich die katholischen Einwohner mit einer Nebenkirche im Kloster des Heiligen Kreuzes begnügen, und dem Ärgernis der Protestanten ihre meisten gottesdienstlichen Gebräuche entziehen mußten. Endlich wagte es ein fanatischer Abt dieses Klosters, der Volksstimme zu trotzen, und eine öffentliche Prozession mit Vortragung des Kreuzes und fliegenden Fahnen anzustellen; aber man zwang ihn bald, von diesem Vorhaben abzustehen. Als dieser nämliche Abt, durch eine günstige kaiserliche Erklärung ermuntert, ein Jahr darauf diese

Prozession wiederholte, schritt man zu offenbarer Gewalt. Der fanatische Pöbel sperrte den zurückkommenden Klosterbrüdern das Tor, schlug ihre Fahnen zu Boden, und begleitete sie unter Schreien und Schimpfen nach Hause. Eine kaiserliche Zitation war die Folge dieser Gewalttätigkeit; und als das aufgebrachte Volk sogar Miene machte, sich an den kaiserlichen Kommissarien zu vergreifen, als alle Versuche einer gütlichen Beilegung von dem fanatischen Haufen rückgängig gemacht wurden, so erfolgte endlich die förmliche Reichsacht gegen die Stadt, welche zu vollstrecken dem Herzog Maximilian von Bayern übertragen wurde. Kleinmut ergriff die sonst so trotzige Bürgerschaft bei Annäherung des bayerischen Heeres, und ohne Widerstand streckte sie die Waffen. Die gänzliche Abschaffung der protestantischen Religion in ihren Mauern war die Strafe ihres Vergehens. Die Stadt verlor ihre Privilegien, und wurde aus einer schwäbischen Reichsstadt in eine bayerische Landstadt verwandelt.

Zwei Umstände begleiteten diesen Vorgang, welche die höchste Aufmerksamkeit der Protestanten erregen mußten, wenn auch das Interesse der Religion weniger wirksam bei ihnen gewesen wäre. Der Reichshofrat, ein willkürliches und durchaus katholisches Tribunal, dessen Gerichtsbarkeit ohnehin so heftig von ihnen bestritten wurde, hatte das Urteil gefällt; und dem Herzog von Bayern, dem Chef eines fremden Kreises, hatte man die Vollstreckung desselben übertragen. So konstitutionswidrige Schritte kündigten ihnen von katholischer Seite gewalttätige Maßregeln an, welche sich leicht auf geheime Verabredungen und einen gefährlichen Plan stützen, und mit der gänzlichen Unterdrückung ihrer Religionsfreiheit endigen konnten.

In einem Zustande, wo das Recht der Stärke gebietet, und auf der Macht allein alle Sicherheit beruht, wird immer der schwächste Teil der geschäftigste sein, sich in Verteidigungsstand zu setzen. Dieses war jetzt der Fall auch in Deutschland. Wenn von den Katholiken wirklich etwas Schlimmes gegen die Protestanten beschlossen war, so mußte, der vernünftigsten Berechnung nach, der erste Streich viel mehr in das südliche als in das nördliche Deutschland schlagen, weil die niederdeutschen Protestanten in einer langen ununterbrochenen Länderstrecke miteinander zusammenhingen, und sich also sehr leicht unterstützen konnten, die oberdeutschen aber, von den übrigen abgetrennt, und um und um von katholischen Staaten umlagert, jedem Einfall bloßgestellt waren. Wenn ferner, wie zu vermuten war, die Katholiken die innern Trennungen der Protestanten benutzen, und ihren Angriff gegen eine einzelne Religionspartei richten würden, so waren die Kalvinisten, als die schwächern, und welche ohnehin vom Religionsfrieden ausgeschlossen waren, augenscheinlich in einer nähern Gefahr, und auf sie mußte der erste Streich niederfallen.

Beides traf in den kurpfälzischen Landen zusammen, welche an dem Herzog von Bayern einen sehr bedenklichen Nachbar hatten, wegen ihres Rückfalls zum Kalvinismus aber von dem Religionsfrieden keinen Schutz, und von den evangelischen Ständen wenig Beistand hoffen konnten. Kein deutsches Land hat in so kurzer Zeit so schnelle Religionswechsel erfahren, als die Pfalz in damaligen Zeiten. In dem kurzen Zeitraum von sechzig Jahren sah man dieses Land, ein unglückliches Spielwerk seiner Beherrscher, zweimal zu Luthers Glaubenslehre schwören, und diese Lehre zweimal für den Kalvinismus verlassen. Kurfürst Friedrich der Dritte war der Augsburgischen Konfession zuerst ungetreu geworden, welche sein erstgeborner Sohn und Nachfolger, Ludwig, schnell und gewaltsam wieder zur herrschenden machte. Im ganzen Lande wurden die Kalvinisten ihrer Kirchen beraubt, ihre Prediger und selbst die Schullehrer ihrer Religion aus den Grenzen verwiesen, und auch noch in seinem Testamente verfolgte sie der eifrig evangelische Fürst, indem er nur streng orthodoxe Lutheraner zu Vormündern seines minderjährigen Prinzen ernannte. Aber dieses gesetzwidrige Testament vernichtete Pfalzgraf Johann Kasimir, sein Bruder, und nahm nach den Vorschriften der Goldnen Bulle Besitz von der Vormundschaft und der ganzen Verwaltung des Landes. Dem neunjährigen Kurfürsten (Friedrich dem Vierten) gab man kalvinische Lehrer, denen aufgetragen war, den lutherischen Ketzerglauben, selbst, wenn es sein müßte, mit Schlägen aus der Seele ihres Zöglings herauszutreiben. Wenn man so mit dem Herrn verfuhr, so läßt sich leicht auf die Behandlung des Untertans schließen.

Unter diesem Friedrich dem Vierten, war es, wo sich der pfälzische Hof ganz besonders geschäftig zeigte, die protestantischen Stände Deutschlands zu einträchtigen Maßregeln gegen das Haus Österreich zu vermögen, und womöglich einen allgemeinen Zusammentritt derselben zustande zu bringen. Neben dem, daß dieser Hof durch französische Ratschläge geleitet wurde, von denen immer der Haß gegen Österreich die Seele war, zwang ihn die Sorge für seine eigne Sicherheit, sich gegen einen nahen und überlegenen Feind des so zweifelhaften Schutzes der Evangelischen beizeiten zu versichern. Große Schwierigkeiten setzten sich dieser Vereinigung entgegen, weil die Abneigung der Evangelischen gegen die Reformierten kaum geringer war, als ihr gemeinschaftlicher Abscheu vor den Papisten. Man versuchte also zuerst, die Religionen zu vereinigen, um dadurch die politische Verbindung zu erleichtern; aber alle diese Versuche schlugen fehl, und endigten gewöhnlich damit, daß sich jeder Teil nur desto mehr in seiner Meinung befestigte. Nichts blieb also übrig, als die Furcht und das Mißtrauen der Evangelischen zu vermehren, und dadurch die Notwendigkeit einer solchen Vereinigung herbeizuführen. Man vergrößerte die Macht der Katholischen; man übertrieb die Gefahr; zufällige Ereignisse wurden einem überdachten Plane zugeschrieben; unschuldige Vorfälle durch gehässige Auslegungen entstellt, und dem ganzen Betragen der Katholischen eine Übereinstimmung und Planmäßigkeit geliehen, wovon sie wahrscheinlich weit entfernt gewesen sind.

Der Reichstag zu Regensburg, auf welchem die Protestanten sich Hoffnung gemacht hatten die Erneuerung des Religionsfriedens durchzusetzen, hatte sich fruchtlos zerschlagen, und zu ihren bisherigen Beschwerden war noch die neuerliche Unterdrückung von Donauwörth hinzugekommen. Unglaublich schnell kam die so lange gesuchte Vereinigung zustande. Zu Auhausen in Franken traten (1608) der Kurfürst Friedrich der Vierte von der Pfalz, der Pfalzgraf von Neuburg, zwei Markgrafen von Brandenburg, der Markgraf von Baden, und der Herzog Johann Friedrich von Württemberg – also Lutheraner mit Kalvinisten – für sich und ihre Erben in ein enges Bündnis, die evangelische Union genannt, zusammen. Der Inhalt derselben war, daß die unierten Fürsten, in Angelegenheiten der Religion und ihrer ständischen Rechte, einander wechselsweise gegen jeden Beleidiger mit Rat und Tat unterstützen, und alle für einen Mann stehen sollten; daß einem jeden mit Krieg überzogenen Mitgliede der Union von den übrigen sogleich mit einer kriegerischen Macht sollte beigesprungen, jedem im Notfall für seine Truppen die Ländereien, die Städte und Schlösser der mitunierten Stände geöffnet, was erobert würde aber, nach

Verhältnis des Beitrags, den ein jedes dazu gegeben, unter sämtliche Glieder verteilt werden sollte. Die Direktion des ganzen Bundes wurde in Friedenszeiten Kurpfalz überlassen, doch mit eingeschränkter Gewalt, zu Bestreitung der Unkosten Vorschüsse gefordert, und ein Fond niedergelegt. Die Religionsverschiedenheit (zwischen Lutheranern und Kalvinisten) sollte auf den Bund keinen Einfluß haben; das Ganze auf zehn Jahre gelten. Jedes Mitglied der Union hatte sich zugleich anheischig machen müssen, neue Mitglieder anzuwerben. Kurbrandenburg ließ sich bereitwillig finden; Kursachsen mißbilligte den Bund. Hessen konnte keine freie Entschließung fassen; die Herzoge von Braunschweig und Lüneburg hatten gleichfalls Bedenklichkeiten. Aber die drei Reichsstädte, Straßburg, Nürnberg und Ulm, waren keine unwichtige Eroberung für den Bund, weil man ihres Geldes sehr bedürftig war, und ihr Beispiel von mehrern sondern Reichsstädten nachgeahmt werden konnte.

Die unierten Stände, einzeln mutlos und wenig gefürchtet, führten nach geschlossener Vereinigung eine kühnere Sprache. Sie brachten durch den Fürsten Christian von Anhalt ihre gemeinschaftlichen Beschwerden und Forderungen vor den Kaiser, unter denen die Wiederherstellung Donauwörths, die Aufhebung der kaiserlichen Hofprozesse und die Reformen seines eignen Regiments und seiner Ratgeber den obersten Platz einnahmen. Zu diesen Vorstellungen hatten sie gerade die Zeit gewählt, wo der Kaiser von den Unruhen in seinen Erbländern kaum zu Atem kommen konnte; wo er Österreich und Ungarn kürzlich an Matthias verloren, und seine böhmische Krone bloß durch Bewilligung des Majestätsbriefs gerettet hatte; wo endlich durch die jülichische Sukzession schon von fern ein neues Kriegsfeuer zubereitet wurde. Kein Wunder, daß dieser langsame Fürst sich jetzt weniger als je in seinen Entschließungen übereilte, und die Union früher zu dem Schwerte griff, als der Kaiser sich besonnen hatte.

Die Katholiken bewachten mit Blicken voll Argwohn die Union; die Union hütete ebenso mißtrauisch die Katholiken und den Kaiser; der Kaiser beide; und auf allen Seiten waren Furcht und Erbitterung aufs höchste gestiegen. – Und gerade in diesem bedenklichen Zeitpunkt mußte sich durch den Tod des Herzogs Johann Wilhelm von Jülich eine höchst streitige Erbfolge in den jülich-clevischen Landen eröffnen.

Acht Kompetenten meldeten sich zu dieser Erbschaft, deren

Unzertrennlichkeit durch solenne Verträge festgesetzt worden war; und der Kaiser, der Lust bezeigte, sie als ein erledigtes Reichslehen einzuziehen, konnte für den neunten gelten. Vier von diesen, der Kurfürst von Brandenburg, der Pfalzgraf von Neuburg, der Pfalzgraf von Zweibrücken, und der Markgraf von Burgau, ein österreichischer Prinz, forderten es als ein Weiberlehen, im Namen von vier Prinzessinnen, Schwestern des verstorbenen Herzogs. Zwei andere, der Kurfürst von Sachsen Albertinischer, und die Herzoge von Sachsen Ernestinischer Linie, beriefen sich auf eine frühere Anwartschaft, welche ihnen Kaiser Friedrich der Dritte auf diese Erbschaft erteilt, und Maximilian der Erste beiden sächsischen Häusern bestätigt hatte. Auf die Ansprüche einiger auswärtigen Prinzen wurde wenig geachtet. Das nächste Recht war vielleicht auf der Seite Brandenburgs und Neuburgs, und es schien beide Teile ziemlich gleich zu begünstigen. Beide Höfe ließen auch sogleich nach Eröffnung der Erbschaft Besitz ergreifen; den Anfang machte Brandenburg, und Neuburg folgte. Beide fingen ihren Streit mit der Feder an, und würden ihn wahrscheinlich mit dem Degen geendigt haben; aber die Dazwischenkunft des Kaisers, der diesen Rechtshandel vor seinen Thron ziehen, einstweilen aber die streitigen Länder in Sequester nehmen wollte, brachte beide streitende Parteien zu einem schnellen Vergleich, um die gemeinschaftliche Gefahr abzuwenden. Man kam überein, das Herzogtum in Gemeinschaft zu regieren. Umsonst, daß der Kaiser die Landstände auffordern ließ, ihren neuen Herren die Huldigung zu verweigern – umsonst, daß er seinen eignen Anverwandten, den Erzherzog Leopold, Bischof von Passau und Straßburg, ins Jülichische schickte, um dort durch seine persönliche Gegenwart der kaiserlichen Partei aufzuhelfen. Das ganze Land, außer Jülich, hatte sich den protestantischen Prinzen unterworfen, und die kaiserliche Partei wurde in dieser Hauptstadt belagert.

Die jülichische Streitigkeit war dem ganzen Deutschen Reiche wichtig, und erregte sogar die Aufmerksamkeit mehrerer europäischer Höfe. Es war nicht sowohl die Frage, wer das jülichische Herzogtum besitzen, und wer es nicht besitzen sollte? – Die Frage war, welche von beiden Parteien in Deutschland, die katholische oder die protestantische, sich um eine so ansehnliche Besitzung vergrößern, für welche von beiden Religionen dieser Landstrich gewonnen oder verloren werden

sollte? Die Frage war, ob Österreich abermals in seinen Anmaßungen durchdringen, und seine Ländersucht mit einem
neuen Raube vergnügen, oder ob Deutschlands Freiheit, und
das Gleichgewicht seiner Macht gegen die Anmaßungen Österreichs behauptet werden sollte? Der jülichische Erbfolgestreit
war also eine Angelegenheit für alle Mächte, welche Freiheit
begünstigten und Österreich anfeindeten. Die evangelische
Union, Holland, England, und vorzüglich Heinrich der Vierte
von Frankreich wurden darein gezogen.

Dieser Monarch, der die schönste Hälfte seines Lebens an
das Haus Österreich und Spanien verloren, der nur mit aus-
dauernder Heldenkraft endlich alle Berge erstiegen, welche
dieses Haus zwischen ihn und den französischen Thron gewälzt hatte, war bis hierher kein müßiger Zuschauer der Unruhen in Deutschland gewesen. Eben dieser Kampf der Stände
mit dem Kaiser schenkte und sicherte seinem Frankreich den
Frieden. Die Protestanten und Türken waren die zwei heilsamen
Gewichte, welche die österreichische Macht in Osten und
Westen darniederzogen – aber in ihrer ganzen Schreckbarkeit
stand sie wieder auf, sobald man ihr vergönnte, diesen Zwang
abzuwerfen. Heinrich der Vierte hatte ein halbes Menschenalter
lang das ununterbrochene Schauspiel von österreichischer
Herrschbegierde und österreichischem Länderdurst
vor Augen, den weder Widerwärtigkeit, noch selbst Geistes-
armut, die doch sonst alle Leidenschaften mäßigt, in einer Brust
löschen konnten, worin nur ein Tropfen von dem Blute Ferdinands des Aragoniers floß. Die österreichische Ländersucht
hatte schon seit einem Jahrhundert Europa aus einem glücklichen Frieden gerissen, und in dem Innern seiner vornehmsten
Staaten eine gewaltsame Veränderung bewirkt. Sie hatte die
Äcker von Pflügern, die Werkstätten von Künstlern entblößt,
um die Länder mit ungeheuern, nie gesehenen Heeresmassen,
kaufmännische Meere mit feindseligen Flotten zu bedecken. Sie
hatte den europäischen Fürsten die unselige Notwendigkeit auferlegt, den Fleiß ihrer Untertanen mit nie erhörten Schatzungen zu
beschweren, und die beste Kraft ihrer Staaten, für die Glückseligkeit ihrer Bewohner verloren, in einer notgedrungenen
Verteidigung zu erschöpfen. Für Europa war kein Friede, für
seine Staaten kein Gedeihen, kein Plan von Dauer für der Völker
Glück, solange es diesem gefährlichen Geschlecht überlassen
blieb, nach Gefallen die Ruhe dieses Weltteils zu stören.

Betrachtungen dieser Art umwölkten Heinrichs Gemüt am
Abend eines glorreich geführten Lebens. Was hatte es ihm
nicht gekostet, das trübe Chaos zu ordnen, worin der Tumult
eines langwierigen Bürgerkriegs, von ebendiesem Österreich
angefacht und unterhalten, Frankreich gestürzt hatte! Jeder
große Mensch will für die Ewigkeit gearbeitet haben, und wer
bürgte diesem König für die Dauer des Wohlstandes, worin er
Frankreich verließ, solange Österreich und Spanien eine einzige Macht blieben, die jetzt zwar entkräftet darniederlag, aber
nur ein einziges glückliches Ohngefähr brauchte, um sich
schnell wieder in einen Körper zusammenzuziehen, und in
ihrer ganzen Furchtbarkeit wiederaufzuleben? Wollte er seinem
Nachfolger einen fest gegründeten Thron, seinem Volk einen
dauerhaften Frieden zurücklassen, so mußte diese gefährliche
Macht auf immer entwaffnet werden. Aus dieser Quelle floß
der unversöhnliche Haß, welchen Heinrich der Vierte dem
Hause Österreich geschworen – unauslöschlich, glühend und
gerecht, wie Hannibals Feindschaft gegen Romulus' Volk,
aber durch einen edleren Ursprung geadelt.

Alle Mächte Europens hatten diese große Aufforderung mit
Heinrich gemein; aber nicht alle diese lichtvolle Politik, nicht
alle den uneigennützigen Mut, nach einer solchen Aufforderung
sich in Handlung zu setzen. Jeden ohne Unterschied reizt der
nahe Gewinn, aber nur große Seelen wird das entfernte Gute
bewegen. Solange die Weisheit bei ihrem Vorhaben auf Weisheit rechnet, oder sich auf ihre eigenen Kräfte verläßt, entwirft sie keine andere als schimärische Plane, und die Weisheit
läuft Gefahr, sich zum Gelächter der Welt zu machen – aber
ein glücklicher Erfolg ist ihr gewiß, und sie kann auf Beifall
und Bewunderung zählen, sobald sie in ihren geistreichen
Planen eine Rolle für Barbarei, Habsucht und Aberglauben hat,
und die Umstände ihr vergönnen, eigennützige Leidenschaften
zu Vollstreckern ihrer schönen Zwecke zu machen.

In dem erstern Falle hätte Heinrichs bekanntes Projekt, das
österreichische Haus aus allen seinen Besitzungen zu verjagen,
und unter die europäischen Mächte seinen Raub zu verteilen,
den Namen einer Schimäre wirklich verdient, womit man immer so freigebig gegen dasselbe gewesen ist; aber verdiente es
ihn auch in dem andern? Dem vortrefflichen König war es
wohl nie eingefallen, bei den Vollstreckern seines Projekts auf
einen Beweggrund zu zählen, welcher demjenigen ähnlich

gewesen wäre, der ihn selbst und seinen Sully bei dieser Unternehmung beseelte. Alle Staaten, deren Mitwirkung dabei nötig war, wurden durch die stärksten Motive, die eine politische Macht nur immer in Handlung setzen können, zu der Rolle vermocht, die sie dabei zu übernehmen hatten. Von den Protestanten im Österreichischen verlangte man nichts, als was ohnehin das Ziel ihres Bestrebens schien, die Abwerfung des österreichischen Joches; von den Niederländern nichts, als einen ähnlichen Abfall von dem spanischen. Dem Papst und allen Republiken Italiens war keine Angelegenheit wichtiger, als die spanische Tyrannei auf immer von ihrer Halbinsel zu verjagen; für England konnte nichts wünschenswürdiger sein, als eine Revolution, welche es von seinem abgesagtesten Feinde befreite. Jede Macht gewann bei dieser Teilung des österreichischen Raubes entweder Land oder Freiheit, neues Eigentum oder Sicherheit für das alte; und weil alle gewannen, so blieb das Gleichgewicht unverletzt. Frankreich konnte großmütig jeden Anteil an der Beute verschmähen, weil es durch Österreichs Untergang sich selbst wenigstens zweifach gewann, und am mächtigsten war, wenn es nicht mächtiger wurde. Endlich um den Preis, daß sie Europa von ihrer Gegenwart befreiten, gab man den Nachkömmlingen von Habsburg die Freiheit, in allen übrigen entdeckten und noch zu entdeckenden Welten sich auszubreiten. Ravaillacs Messerstiche retteten Österreich, um die Ruhe von Europa noch um einige Jahrhunderte zu verspäten.

Die Augen auf einen solchen Entwurf geheftet, mußte Heinrich die evangelische Union in Deutschland und den Erbfolgestreit wegen Jülich notwendig als die wichtigsten Ereignisse mit schnellem, tätigem Anteil ergreifen. Seine Unterhändler waren an allen protestantischen Höfen Deutschlands geschäftig, und das wenige, was sie von dem großen politischen Geheimnis ihres Monarchen preisgaben, oder ahnden ließen, war hinlänglich, Gemüter zu gewinnen, die ein so feuriger Haß gegen Österreich beseelte, und die Vergrößerungsbegierde so mächtig beherrschte. Heinrichs staatskluge Bemühungen zogen die Union noch enger zusammen, und der mächtige Beistand, wozu er sich anheischig machte, erhob den Mut der Verbundenen zur festesten Zuversicht. Eine zahlreiche französische Armee, von dem König in Person angeführt, sollte den Truppen der Union am Rheine begegnen, und zuerst die

Eroberung der jülich-clevischen Lande vollenden helfen; alsdann in Verbindung mit den Deutschen nach Italien rücken
(wo Savoyen, Venedig und der Papst schon einen mächtigen
Beistand bereithielten), um dort alle spanischen Throne umzustürzen. Diese siegreiche Armee sollte dann, von der Lombardei aus, in das habsburgische Erbteil eindringen, und dort,
von einem allgemeinen Aufstand der Protestanten begünstigt,
in allen seinen deutschen Landen, in Böhmen, Ungarn und
Siebenbürgen das österreichische Szepter zerbrechen. Die Brabanter und Holländer, durch französischen Beistand gestärkt,
hätten sich unterdessen ihrer spanischen Tyrannen gleichfalls
entledigt, und dieser fürchterlich über seine Ufer getretene
Strom, der noch kürzlich gedrohet hatte, Europens Freiheit
unter seinen trüben Strudeln zu begraben, rollte dann still und
vergessen hinter den pyrenäischen Bergen.

Die Franzosen rühmten sich sonst der Geschwindigkeit;
diesmal wurden sie von den Deutschen übertroffen. Eine
Armee der Union war im Elsaß, ehe noch Heinrich sich dort
zeigte, und ein österreichisches Heer, welches der Bischof von
Straßburg und Passau in dieser Gegend zusammengezogen
hatte, um es ins Jülichische zu führen, wurde zerstreut. Heinrich der Vierte hatte seinen Plan als Staatsmann und König
entworfen; aber er hatte ihn Räubern zur Ausführung übergeben. Seiner Meinung nach sollte keinem katholischen Reichsstande Ursache gegeben werden, diese Rüstung auf sich zu
deuten, und die Sache Österreichs zu der seinigen zu machen;
die Religion sollte ganz und gar nicht in diese Angelegenheit
gemischt werden. Aber wie sollten die deutschen Fürsten über
Heinrichs Entwürfen ihre eigenen Zwecke vergessen? Von
Vergrößerungsbegierde, von Religionshaß gingen sie ja aus –
sollten sie nicht für ihre herrschende Leidenschaft unterweges
so viel mitnehmen, als sie konnten? Wie Raubadler legten sie
sich über die Länder der geistlichen Fürsten, und erwählten
sich, kostete es auch einen noch so großen Umweg, diese fetten
Triften zu ihren Lagerplätzen. Als wäre es in Feindeslande,
schrieben sie Brandschatzungen darinnen aus, bezogen eigenmächtig die Landesgefälle, und nahmen, was gutwillig nicht
gegeben wurde, mit Gewalt. Um ja die Katholiken über die
wahren Triebfedern ihrer Ausrüstung nicht in Zweifel zu lassen,
ließen sie laut und deutlich genug hören, was für ein Schicksal
den geistlichen Stiftern von ihnen bereitet sei. So wenig hatten

sich Heinrich der Vierte und die deutschen Prinzen in diesem
Operationsplane verstanden; so sehr hatte der vortreffliche
König in seinen Werkzeugen sich geirrt. Es bleibt eine ewige
Wahrheit, daß eine Gewalttätigkeit, wenn die Weisheit sie gebietet, nie dem Gewalttätigen darf aufgetragen werden; daß
nur demjenigen anvertraut werden darf, die Ordnung zu verletzen, dem sie heilig ist.

Das Betragen der Union, welches selbst für mehrere evangelische Stände empörend war, und die Furcht einer noch
schlimmern Begegnung bewirkte bei den Katholiken etwas
mehr, als eine müßige Entrüstung. Das tief gefallene Ansehen
des Kaisers konnte ihnen gegen einen solchen Feind keinen
Schutz gewähren. Ihr Bund war es, was die Unioten so gefürchtet und trotzig machte; einen Bund mußte man ihnen wieder
entgegenstellen.

Der Bischof von Würzburg entwarf den Plan zu dieser katholischen Union, die durch den Namen der Ligue von der evangelischen unterschieden wurde. Die Punkte, worüber man
übereinkam, waren ohngefähr dieselben, welche die Union zum
Grund legte, Bischöfe ihre mehresten Glieder; an die Spitze des
Bundes stellte sich der Herzog Maximilian von Bayern, aber
als das einzige weltliche Bundesglied von Bedeutung, mit einer
ungleich größern Gewalt, als die Unioten ihrem Vorsteher eingeräumt hatten. Außer diesem Umstande, daß der einzige Herzog von Bayern Herr der ganzen ligistischen Kriegsmacht war,
wodurch die Operationen der Ligue eine Schnelligkeit und
einen Nachdruck bekommen mußten, die bei der Union nicht
so leicht möglich waren, hatte die Ligue noch den Vorteil, daß
die Geldbeträge von den reichen Prälaten weit richtiger einflossen, als bei der Union von den armen evangelischen Ständen. Ohne dem Kaiser, als einem katholischen Reichsstand,
einen Anteil an ihrem Bund anzubieten, ohne ihm, als Kaiser,
davon Rechenschaft zu geben, stand die Ligue auf einmal über-
raschend und drohend da; mit hinlänglicher Kraft ausgerüstet,
um endlich die Union zu begraben, und unter drei Kaisern
fortzudauern. Die Ligue stritt zwar für Österreich, weil sie
gegen protestantische Fürsten gerichtet war; aber Österreich
selbst mußte bald vor ihr zittern.

Unterdessen waren die Waffen der Unierten im Jülichischen
und im Elsaß ziemlich glücklich gewesen; Jülich war eng eingeschlossen, und das ganze Bistum Straßburg in ihrer Gewalt.

Jetzt aber war es mit ihren glänzenden Verrichtungen auch am Ende. Kein französisches Heer erschien am Rhein; denn, der es anführen sollte, der überhaupt die ganze Unternehmung beseelen sollte – Heinrich der Vierte war nicht mehr. Ihr Geld ging auf die Neige, neues zuzuschießen weigerten sich ihre Landstände, und die mitunierten Reichsstände hatten es sehr übel aufgenommen, daß man immer nur ihr Geld, und nie ihren Rat verlangt hatte. Besonders brachte es sie auf, daß sie sich wegen der jülichischen Streitsache in Unkosten gesetzt haben sollten, die doch ausdrücklich von den Angelegenheiten der Union war ausgeschlossen worden; daß sich die unierten Fürsten aus der gemeinen Kasse große Pensionen zulegten; und vor allen Dingen, daß ihnen über die Anwendung der Gelder keine Rechnung von den Fürsten abgelegt wurde.

Die Union neigte sich also zu ihrem Falle, eben als die Ligue mit neuen und frischen Kräften sich ihr entgegenstellte. Länger im Felde zu bleiben, erlaubte den Unioten der einreißende Geldmangel nicht; und doch war es gefährlich, im Angesicht eines streitfertigen Feindes die Waffen wegzulegen. Um sich von einer Seite wenigstens sicherzustellen, verglich man sich schnell mit dem ältern Feinde, dem Erzherzog Leopold, und beide Teile kamen überein, ihre Truppen aus dem Elsaß zu führen, die Gefangenen loszugeben, und das Geschehene in Vergessenheit zu begraben. In ein solches Nichts zerrann diese vielversprechende Rüstung.

Eben die gebieterische Sprache, womit sich die Union, im Vertrauen auf ihre Kräfte, dem katholischen Deutschland angekündigt hatte, wurde jetzt von der Ligue gegen die Union und ihre Truppen geführt. Man zeigte ihnen die Fußstapfen ihres Zugs, und brandmarkte sie rundheraus mit den härtesten Namen, die sie verdienten. Die Stifter von Würzburg, Bamberg, Straßburg, Mainz, Trier, Köln und viele andre hatten ihre verwüstende Gegenwart empfunden. Allen diesen sollte der zugefügte Schaden vergütet, der Paß zu Wasser und zu Lande (denn auch der rheinischen Schiffahrt hatten sie sich bemächtigt) wieder freigegeben, alles in seinen vorigen Stand gestellt werden. Vor allem aber verlangte man von den Unionsverwandten eine runde und feste Erklärung, wessen man sich zu versehen habe? Die Reihe war jetzt an den Unioten, der Stärke nachzugeben. Auf einen so wohlgerüsteten Feind waren sie

nicht gefaßt; aber sie selbst hatten den Katholischen das
Geheimnis ihrer Stärke verraten. Zwar beleidigte es ihren Stolz,
um den Frieden zu betteln; aber sie durften sich glücklich prei-
sen, ihn zu erhalten. Der eine Teil versprach Ersatz, der andere
Vergebung. Man legte die Waffen nieder. Das Kriegsgewitter
verzog sich noch einmal, und eine augenblickliche Stille er-
folgte. Der Aufstand in Böhmen brach jetzt aus, der dem
Kaiser das letzte seiner Erbländer kostete; aber weder die
Union noch die Ligue mischten sich in diesen böhmischen
Streit.

Endlich starb der Kaiser (1612) ebensowenig vermißt im
Sarge, als wahrgenommen auf dem Throne. Lange nachdem
das Elend der folgenden Regierungen das Elend der seinigen
vergessen gemacht hatte, zog sich eine Glorie um sein Andenken, und eine so schreckliche Nacht legte sich jetzt über
Deutschland, daß man einen solchen Kaiser mit blutigen
Tränen sich zurückwünschte.

Nie hatte man von Rudolf erhalten können, seinen Nachfolger im Reiche wählen zu lassen, und alles erwartete daher
mit bangen Sorgen die nahe Erledigung des Kaiserthrons;
doch über alle Hoffnung schnell und ruhig bestieg ihn Matthias.
Die Katholiken gaben ihm ihre Stimmen, weil sie von der
frischen Tätigkeit dieses Fürsten das Beste hofften; die Protestanten gaben ihm die ihrigen, weil sie alles von seiner Hin-
fälligkeit hofften. Es ist nicht schwer, diesen Widerspruch zu
vereinigen. Jene verließen sich auf das, was er gezeigt hatte;
diese urteilten nach dem, was er zeigte.

Der Augenblick einer neuen Thronbesetzung ist immer ein
wichtiger Ziehungstag für die Hoffnung, der erste Reichstag
eines Königs in Wahlreichen gewöhnlich seine härteste Prüfung. Jede alte Beschwerde kommt da zur Sprache, und neue
werden aufgesucht, um sie der gehofften Reform mit teilhaftig
zu machen; eine ganz neue Schöpfung soll mit dem neuen
König beginnen. Die großen Dienste, welche ihre Glaubensbrüder in Österreich dem Matthias bei seinem Aufruhr geleistet,
lebten bei den protestantischen Reichsständen noch in frischer
Erinnerung, und besonders schien die Art, wie sich jene für
diese Dienste bezahlt gemacht hatten, auch ihnen jetzt zum
Muster zu dienen.

Durch Begünstigung der protestantischen Stände in Österreich und Mähren hatte Matthias den Weg zu seines Bruders

Thronen gesucht, und auch wirklich gefunden; aber, von seinen ehrgeizigen Entwürfen hingerissen, hatte er nicht bedacht, daß auch den Ständen dadurch der Weg war geöffnet worden, ihrem Herrn Gesetze vorzuschreiben. Diese Entdeckung riß ihn frühzeitig aus der Trunkenheit seines Glücks. Kaum zeigte er sich triumphierend nach dem böhmischen Zuge seinen österreichischen Untertanen wieder, so wartete schon ein gehorsamstes Anbringen auf ihn, welches hinreichend war, ihm seinen ganzen Triumph zu verleiden. Man forderte, ehe zur Huldigung geschritten würde, eine uneingeschränkte Religionsfreiheit in Städten und Märkten, eine vollkommene Gleichheit aller Rechte zwischen Katholiken und Protestanten, und einen völlig gleichen Zutritt der letztern zu allen Bedienungen. An mehreren Orten nahm man sich diese Freiheit von selbst, und stellte, voll Zuversicht auf die veränderte Regierung, den evangelischen Gottesdienst eigenmächtig wieder her, wo ihn der Kaiser aufgehoben hatte. Matthias hatte zwar nicht verschmäht, die Beschwerden der Protestanten gegen den Kaiser zu benutzen, aber es konnte ihm nie eingefallen sein, sie zu heben. Durch einen festen und entschlossenen Ton hoffte er diese Anmaßungen gleich am Anfange niederzuschlagen. Er sprach von seinen erblichen Ansprüchen auf das Land, und wollte von keinen Bedingungen vor der Huldigung hören. Eine solche unbedingte Huldigung hatten ihre Nachbarn, die Stände von Steiermark, dem Erzherzog Ferdinand geleistet; aber sie hatten bald Ursache gehabt, es zu bereuen. Von diesem Beispiel gewarnt, beharrten die österreichischen Stände auf ihrer Weigerung; ja, um nicht gewaltsam zur Huldigung gezwungen zu werden, verließen sie sogar die Hauptstadt, boten ihre katholischen Mitstände zu einer ähnlichen Widersetzung auf, und fingen an Truppen zu werben. Sie taten Schritte, ihr altes Bündnis mit den Ungarn zu erneuern, sie zogen die protestantischen Reichsfürsten in ihr Interesse, und schickten sich in vollem Ernste an, ihr Gesuch mit den Waffen durchzusetzen.

Matthias hatte keinen Anstand genommen, die weit höheren Forderungen der Ungarn zu bewilligen. Aber Ungarn war ein Wahlreich, und die republikanische Verfassung dieses Landes rechtfertigte die Forderungen der Stände vor ihm selbst, und seine Nachgiebigkeit gegen die Stände vor der ganzen katholischen Welt. In Österreich hingegen hatten seine Vorgänger

weit größere Souveränitätsrechte ausgeübt, die er, ohne sich
vor dem ganzen katholischen Europa zu beschimpfen, ohne
den Unwillen Spaniens und Roms, ohne die Verachtung seiner
eigenen katholischen Untertanen auf sich zu laden, nicht an die
Stände verlieren konnte. Seine streng katholischen Räte, unter
denen der Bischof von Wien, Melchior Klesl, ihn am meisten
beherrschte, munterten ihn auf, eher alle Kirchen gewaltsam
von den Protestanten sich entreißen zu lassen, als ihnen eine
einzige rechtlich einzuräumen.

Aber unglücklicherweise betraf ihn diese Verlegenheit in
einer Zeit, wo Kaiser Rudolf noch lebte, und ein Zuschauer
dieses Auftritts war – wo dieser also leicht versucht werden
konnte, sich der nämlichen Waffen gegen seinen Bruder zu bedienen, womit dieser über ihn gesiegt hatte – eines Verständnisses nämlich mit seinen aufrührerischen Untertanen. Diesem
Streiche zu entgehen, nahm Matthias den Antrag der mährischen Landstände bereitwillig an, welche sich zwischen den
österreichischen und ihm zu Mittlern anboten. Ein Ausschuß
von beiden versammelte sich in Wien, wo von den österreichischen Deputierten eine Sprache gehört wurde, die selbst
im Londner Parlament überrascht haben würde. Die Protestanten, hieß es am Schlusse, wollten nicht schlechter geachtet sein,
als die Handvoll Katholiken in ihrem Vaterlande. Durch seinen
protestantischen Adel habe Matthias den Kaiser zum Nachgeben gezwungen; wo man achtzig Papisten fände, würde man
dreihundert evangelische Baronen zählen. Das Beispiel Rudolfs
solle dem Matthias eine Warnung sein. Er möge sich hüten,
daß er das Irdische nicht verliere, um Eroberungen für den
Himmel zu machen. Da die mährischen Stände, anstatt ihr
Mittleramt zum Vorteil des Kaisers zu erfüllen, endlich selbst
zur Partei ihrer österreichischen Glaubensbrüder übertraten,
da die Union in Deutschland sich aufs nachdrücklichste für
diese ins Mittel schlug, und die Furcht vor Repressalien des
Kaisers den Matthias in die Enge trieb, so ließ er sich endlich
die gewünschte Erklärung zum Vorteil der Evangelischen entreißen.

Dieses Betragen der österreichischen Landstände gegen
ihren Erzherzog nahmen sich nun die protestantischen Reichsstände in Deutschland zum Muster gegen ihren Kaiser, und
sie versprachen sich denselben glücklichen Erfolg. Auf seinem
ersten Reichstage zu Regensburg (1613), wo die dringendsten

Angelegenheiten auf Entscheidung warteten, wo ein Krieg gegen die Türken und gegen den Fürsten Bethlen Gabor von Siebenbürgen, der sich unterdessen mit türkischem Beistand zum Herrn dieses Landes aufgeworfen hatte und sogar Ungarn bedrohte, einen allgemeinen Geldbeitrag notwendig machte, überraschten sie mit einer ganz neuen Forderung. Die katholischen Stimmen waren noch immer die zahlreichern im Fürstenrat; und weil alles nach der Stimmenmehrheit entschieden wurde, so pflegten die evangelischen, auch wenn sie noch so sehr unter sich einig waren, gewöhnlich in keine Betrachtung zu kommen. Dieses Vorteils der Stimmenmehrheit sollten sich nun die Katholischen begeben, und keiner einzelnen Religionspartei sollte es künftig erlaubt sein, die Stimmen der andern durch ihre unwandelbare Mehrheit nach sich zu ziehen. Und in Wahrheit, wenn die evangelische Religion auf dem Reichstage repräsentiert werden sollte, so schien es sich von selbst zu verstehen, daß ihr durch die Verfassung des Reichstags selbst nicht die Möglichkeit abgeschnitten würde, von diesem Rechte Gebrauch zu machen. Beschwerden über die angemaßte Gerichtsbarkeit des Reichshofrats und über Unterdrückung der Protestanten begleiteten diese Forderung, und die Bevollmächtigten der Stände hatten Befehl, so lange von allen gemeinschaftlichen Beratschlagungen wegzubleiben, bis eine günstige Antwort auf diesen vorläufigen Punkt erfolgte.

Diese gefährliche Trennung zerriß den Reichstag, und drohte auf immer alle Einheit der Beratschlagungen zu zerstören. So aufrichtig der Kaiser gewünscht hatte, nach dem Beispiele Maximilians, seines Vaters, zwischen beiden Religionen eine staatskluge Mitte zu halten, so ließ ihm das jetzige Betragen der Protestanten nur eine bedenkliche Wahl zwischen beiden. Zu seinen dringenden Bedürfnissen war ihm ein allgemeiner Beitrag der Reichsstände unentbehrlich; und doch konnte er sich die eine Partei nicht verpflichten, ohne die Hülfe der andern zu verscherzen. Da er in seinen eigenen Erblanden sowenig befestigt war, so mußte er schon vor dem entfernten Gedanken zittern, mit den Protestanten in einen öffentlichen Krieg zu geraten. Aber die Augen der ganzen katholischen Welt, die auf seine jetzige Entschließung geheftet waren, die Vorstellungen der katholischen Stände, des römischen und spanischen Hofes, erlaubten ihm ebensowenig, die Protestanten zum Nachteil der katholischen Religion zu begünstigen. Eine so mißliche

Situation mußte einen größeren Geist, als Matthias war, niederschlagen, und schwerlich hätte er sich mit eigener Klugheit
daraus gezogen. Der Vorteil der Katholischen war aber aufs
engste mit dem Ansehen des Kaisers verflochten; und ließen
sie dieses sinken, so hatten besonders die geistlichen Fürsten
gegen die Eingriffe der Protestanten keine Schutzwehre mehr.
Jetzt also, wie sie den Kaiser unschlüssig wanken sahen, glaubten sie, daß die höchste Zeit vorhanden sei, seinen sinkenden
Mut zu stärken. Sie ließen ihn einen Blick in das Geheimnis der
Ligue tun, und zeigten ihm die ganze Verfassung derselben,
ihre Hülfsmittel und Kräfte. So wenig tröstlich diese Entdeckung für den Kaiser sein mochte, so ließ ihn doch die Aussicht auf einen so mächtigen Schutz etwas mehr Mut gegen die
Evangelischen fassen. Ihre Forderungen wurden abgewiesen,
und der Reichstag endigte sich ohne Entscheidung. Aber
Matthias wurde das Opfer dieses Streits. Die Protestanten verweigerten ihm ihre Geldhülfe, und ließen es ihn entgelten, daß
die Katholischen unbeweglich geblieben waren.

Die Türken selbst zeigten sich indessen geneigt, den Waffenstillstand zu verlängern, und den Fürsten Bethlen Gabor ließ
man im ruhigen Besitz von Siebenbürgen. Vor auswärtiger
Gefahr war das Reich jetzt gedeckt, und auch im Innern desselben herrschte, bei allen noch so gefährlichen Spaltungen,
dennoch Friede. Dem jülichischen Erbfolgestreit hatte ein sehr
unerwarteter Zufall eine überraschende Wendung gegeben.
Noch immer wurde dieses Herzogtum von dem Kurhause
Brandenburg und dem Pfalzgrafen von Neuburg in Gemeinschaft besessen; eine Heirat zwischen dem Prinzen von Neuburg und einer brandenburgischen Prinzessin sollte das Interesse beider Häuser unzertrennlich verknüpfen. Diesen ganzen Plan zerstörte eine – Ohrfeige, welche der Kurfürst von
Brandenburg das Unglück hatte, seinem Eidam im Weinrausch
zu geben. Von jetzt an war das gute Vernehmen zwischen
beiden Häusern dahin. Der Prinz von Neuburg trat zu dem
Papsttum über. Eine Prinzessin von Bayern belohnte ihn für
diese Apostasie, und der mächtige Schutz Bayerns und Spaniens
war die natürliche Folge von beidem. Um dem Pfalzgrafen zum
ausschließenden Besitz der jülichischen Lande zu verhelfen,
wurden die spanischen Waffen von den Niederlanden aus in
das Herzogtum gezogen. Um sich dieser Gäste zu entladen,
rief der Kurfürst von Brandenburg die Holländer in das Land,

denen er durch Annahme der reformierten Religion zu gefallen suchte. Beide, die spanischen und holländischen Truppen erschienen; aber, wie es schien, bloß um für sich selbst zu erobern.

Der nahe niederländische Krieg schien sich nun auf deutschen Boden spielen zu wollen, und welch ein unerschöpflicher Zunder lag hier für ihn bereit! Mit Schrecken sah das protestantische Deutschland die Spanier an dem Unterrhein festen Fuß gewinnen – mit noch größerem das katholische die Holländer über die Reichsgrenzen hereinbrechen. Im Westen sollte sich die Mine entzünden, welche längst schon das ganze Deutschland unterhöhlte – nach den westlichen Gegenden waren Furcht und Erwartung hingeneigt – und aus Osten kam der Schlag, der sie in Flammen setzte.

Die Ruhe, welche der Majestätsbrief Rudolfs des Zweiten Böhmen gegeben hatte, dauerte auch unter Matthias' Regierung noch eine Zeitlang fort, bis in der Person Ferdinands von Graz ein neuer Thronfolger in diesem Königreich ernannt wurde.

Dieser Prinz, den man in der Folge unter dem Namen Kaiser Ferdinand dem Zweiten näher kennenlernen wird, hatte sich durch gewaltsame Ausrottung der protestantischen Religion in seinen Erbländern als einen unerbittlichen Eiferer für das Papsttum angekündigt, und wurde deswegen von dem katholischen Teile der böhmischen Nation als die künftige Stütze dieser Kirche betrachtet. Die hinfällige Gesundheit des Kaisers rückte diesen Zeitpunkt nahe herbei, und im Vertrauen auf einen so mächtigen Beschützer fingen die böhmischen Papisten an, den Protestanten mit weniger Schonung zu begegnen. Die evangelischen Untertanen katholischer Gutsherren besonders erfuhren die härteste Behandlung. Zugleich begingen mehrere von den Katholiken die Unvorsichtigkeit, etwas laut von ihren Hoffnungen zu reden, und durch hingeworfene Drohworte bei den Protestanten ein schlimmes Mißtrauen gegen ihren künftigen Herrn zu erwecken. Aber nie würde dieses Mißtrauen in Tätlichkeiten ausgebrochen sein, wenn man nur im Allgemeinen geblieben wäre, und nicht durch besondere Angriffe auf einzelne Glieder dem Murren des Volks unternehmende Anführer gegeben hätte.

Heinrich Matthias, Graf von Thurn, kein geborner Böhme, aber Besitzer einiger Güter in diesem Königreiche, hatte sich durch Eifer für die protestantische Religion, und durch eine schwärmerische Anhänglichkeit an sein neues Vaterland des ganzen Vertrauens der Utraquisten bemächtigt, welches ihm den Weg zu den wichtigsten Posten bahnte. Seinen Degen hatte er gegen die Türken mit vielem Ruhme geführt; durch ein einschmeichelndes Betragen gewann er sich die Herzen der Menge. Ein heißer, ungestümer Kopf, der die Verwirrung liebte, weil seine Talente darin glänzten; unbesonnen und tolldreist genug, Dinge zu unternehmen, die eine kalte Klugheit und ein ruhigeres Blut nicht wagt; ungewissenhaft genug, wenn es die Befriedigung seiner Leidenschaften galt, mit dem Schicksale von Tausenden zu spielen, und eben fein genug, eine Nation, wie damals die böhmische war, an seinem Gängelbande zu führen. Schon an den Unruhen unter Rudolfs Regierung hatte er den tätigsten Anteil genommen, und der Majestätsbrief, den die Stände von diesem Kaiser erpreßten, war vorzüglich sein Verdienst. Der Hof hatte ihm, als Burggrafen von Karlstein, die böhmische Krone und die Freiheitsbriefe des Königreichs zur Bewahrung anvertraut; aber etwas weit Wichtigeres – sich selbst – hatte ihm die Nation mit der Stelle eines Defensors, oder Glaubensbeschützers übergeben. Die Aristokraten, welche den Kaiser beherrschten, entrissen ihm unklug die Aufsicht über das Tote, um ihm den Einfluß auf das Lebendige zu lassen. Sie nahmen ihm die Burggrafenstelle, die ihn von der Hofgunst abhängig machte, um ihm die Augen über die Wichtigkeit der andern zu öffnen, die ihm übrigblieb, und kränkten seine Eitelkeit, die doch seinen Ehrgeiz unschädlich machte. Von dieser Zeit an, beherrschte ihn die Begierde nach Rache, und die Gelegenheit fehlte nicht lange, sie zu befriedigen.

Im Majestätsbriefe, welchen die Böhmen von Rudolf dem Zweiten erpreßt hatten, war ebenso, wie in dem Religionsfrieden der Deutschen, ein Hauptartikel unausgemacht geblieben. Alle Rechte, welche der letztere den Protestanten bewilligte, kamen nur den Ständen, nicht den Untertanen zugute, bloß für die Untertanen geistlicher Länder hatte man eine schwankende Gewissensfreiheit ausbedungen. Auch der böhmische Majestätsbrief sprach nur von den Ständen und von den königlichen Städten, deren Magistrate sich gleiche Rechte mit den Ständen zu erringen gewußt hatten. Diesen allein wurde die Freiheit eingeräumt, Kirchen und Schulen zu errichten, und ihren protestantischen Gottesdienst öffentlich auszuüben; in allen übrigen Städten blieb es dem Landstande überlassen, dem sie angehörten, welche Religionsfreiheit er den Untertanen vergönnen wollte. Dieses Rechts hatten sich die deutschen Reichsstände in seinem ganzen Umfange bedient, und zwar die weltlichen ohne Widerspruch; die geistlichen, denen eine Erklärung Kaiser Ferdinands dasselbe streitig machte, hatten nicht ohne Grund die Verbindlichkeit dieser Erklärung bestritten. Was im Religionsfrieden ein bestrittener Punkt war, war ein unbestimmter im Majestätsbriefe: dort war die Auslegung nicht zweifelhaft, aber es war zweifelhaft, ob man zu gehorchen hätte; hier war die Deutung den Ständen überlassen. Die Untertanen geistlicher Landstände in Böhmen glaubten daher eben das Recht zu besitzen, das die Ferdinandische Erklärung den Untertanen deutscher Bischöfe einräumte; sie achteten sich den Untertanen in den königlichen Städten gleich, weil sie die geistlichen Güter unter die Krongüter zählten. In der kleinen Stadt Klostergrab, die dem Erzbischof zu Prag, und in Braunau, welches dem Abt dieses Klosters angehörte, wurden von den protestantischen Untertanen eigenmächtig Kirchen aufgeführt, und ungeachtet des Widerspruchs ihrer Gutsherren, und selbst der Mißbilligung des Kaisers, der Bau derselben vollendet.

Unterdessen hatte sich die Wachsamkeit der Defensoren in etwas gemindert, und der Hof glaubte, einen ernstlichen Schritt wagen zu können. Auf Befehl des Kaisers wurde die Kirche zu Klostergrab niedergerissen, die zu Braunau gewaltsam gesperrt und die unruhigsten Köpfe unter den Bürgern ins Gefängnis geworfen. Eine allgemeine Bewegung unter den Protestanten war die Folge dieses Schrittes; man schrie über Verletzung des Majestätsbriefs, und der Graf von Thurn, von Rachgier beseelt und durch sein Defensoramt noch mehr aufgefordert, zeigte sich besonders geschäftig, die Gemüter zu erhitzen. Aus allen Kreisen des Königreichs wurden auf seinen Antrieb Deputierte nach Prag gerufen, um, dieser gemeinschaftlichen Gefahr wegen, die nötigen Maßregeln zu nehmen. Man kam überein, eine Supplik an den Kaiser aufzusetzen, und auf Loslassung der Gefangenen zu dringen. Die Antwort des Kaisers, schon darum von den Ständen sehr übel aufgenommen, weil sie nicht an sie selbst, sondern an seine Statthalter gerichtet war, verwies ihnen ihr Betragen als gesetzwidrig und rebellisch, rechtfertigte den Vorgang in Klostergrab und Braunau durch einen kaiserlichen Befehl, und enthielt einige Stellen, welche drohend gedeutet werden konnten.

Der Graf von Thurn unterließ nicht, den schlimmen Eindruck zu vermehren, den dieses kaiserliche Schreiben unter den versammelten Ständen machte. Er zeigte ihnen die Gefahr, worin alle Teilnehmer an dieser Bittschrift schwebten, und wußte sie durch Erbitterung und Furcht zu gewaltsamen Entschließungen hinzureißen. Sie unmittelbar gegen den Kaiser zu empören, wäre jetzt noch ein zu gewagter Schritt gewesen. Nur von Stufe zu Stufe führte er sie an dieses unvermeidliche Ziel. Er fand daher für gut, ihren Unwillen zuerst auf die Räte des Kaisers abzuleiten, und verbreitete zu dem Ende die Meinung, daß das kaiserliche Schreiben in der Statthalterei zu Prag aufgesetzt, und nur zu Wien unterschrieben worden sei. Unter den kaiserlichen Statthaltern waren der Kammerpräsident Slawata und der an Thurns Statt zum Burggrafen von Karlstein erwählte Freiherr von Martinitz das Ziel des allgemeinen Hasses. Beide hatten den protestantischen Ständen schon ehedem ihre feindseligen Gesinnungen dadurch ziemlich laut an den Tag gelegt, daß sie allein sich geweigert hatten, der Sitzung beizuwohnen, in welcher der Majestätsbrief in das böhmische Landrecht eingetragen ward. Schon damals drohte man ihnen, sie für jede künftige Verletzung des Majestätsbriefes verantwortlich zu machen, und was von dieser Zeit an den Protestanten Schlimmes widerfuhr, wurde, und zwar nicht ohne Grund, auf ihre Rechnung geschrieben. Unter allen katholischen Gutsbesitzern waren diese beiden gegen ihre protestantischen Untertanen am härtesten verfahren. Man beschuldigte sie, daß sie diese mit Hunden in die Messe hetzen ließen, und durch Versagung der Taufe, der Heiraten und Begräbnisse zum Papsttum zu zwingen suchten. Gegen zwei so verhaßte Häupter war der Zorn der Nation leicht entflammt, und man bestimmte sie dem allgemeinen Unwillen zum Opfer.

Am 23. Mai 1618 erschienen die Deputierten bewaffnet und in zahlreicher Begleitung auf dem königlichen Schloß, und drangen mit Ungestüm in den Saal, wo die Statthalter Sternberg, Martinitz, Lobkowitz und Slawata versammelt waren. Mit drohendem Tone verlangten sie eine Erklärung von jedem einzelnen, ob er an dem kaiserlichen Schreiben einen Anteil gehabt, und seine Stimme dazu gegeben? Mit Mäßigung empfing sie Sternberg; Martinitz und Slawata antworteten trotzig. Dieses bestimmte ihr Geschick. Sternberg und Lobkowitz, weniger gehaßt und mehr gefürchtet, wurden beim Arme aus dem Zimmer geführt, und nun ergriff man Slawata und Martinitz, schleppte sie an ein Fenster, und stürzte sie achtzig Fuß tief in den Schloßgraben hinunter. Den Sekretär Fabricius, eine Kreatur von beiden, schickte man ihnen nach. Über eine so seltsame Art zu exequieren verwunderte sich die ganze gesittete Welt, wie billig; die Böhmen entschuldigten sie als einen landüblichen Gebrauch, und fanden an dem ganzen Vorfalle nichts wunderbar, als daß man von einem so hohen Sprunge so gesund wieder aufstehen konnte. Ein Misthaufen, auf den die kaiserliche Statthalterschaft zu liegen kam, hatte sie vor Beschädigung gerettet.

Es war nicht zu erwarten, daß man sich durch diese rasche Exekution in der Gnade des Kaisers sehr verbessert haben würde; aber ebendahin hatte der Graf von Thurn die Stände gewollt. Hatten sich diese, aus Furcht einer noch ungewissen Gefahr, eine solche Gewalttätigkeit erlaubt, so mußte jetzt die gewisse Erwartung der Strafe und das dringender gewordene Bedürfnis der Sicherheit sie noch tiefer hineinreißen. Durch diese brutale Handlung der Selbsthülfe war der Unentschlossenheit und Reue jeder Rückweg versperrt, und ein einzelnes Verbrechen schien nur durch eine Kette von Gewalttaten ausgesöhnt werden zu können. Da die Tat selbst nicht ungeschehen zu machen war, so mußte man die strafende Macht entwaffnen. Dreißig Direktoren wurden ernannt, den Aufstand gesetzmäßig fortzuführen. Man bemächtigte sich aller Regierungsgeschäfte und aller königlichen Gefälle, nahm alle königlichen Beamten und Soldaten in Pflichten, und ließ ein Aufgebot an die ganze böhmische Nation ergehen, sich der gemeinschaftlichen Sache anzunehmen. Die Jesuiten, welche der allgemeine Haß als die Urheber aller bisherigen Unterdrückungen anklagte, wurden aus dem ganzen Königreiche verbannt, und die Stände fanden für nötig, sich dieses harten Schlusses wegen in einem eignen Manifest zu verantworten. Alle diese Schritte geschahen zur Aufrechthaltung der königlichen Macht und der Gesetze – die Sprache aller Rebellen, bis sich das Glück für sie entschieden hat.

Die Bewegungen, welche die Zeitung des böhmischen Aufstandes am kaiserlichen Hofe verursachte, waren bei weiten nicht so lebhaft, als eine solche Aufforderung es verdient hätte. Kaiser Matthias war der entschlossene Geist nicht mehr, der ehedem seinen König und Herrn mitten im Schoße seines Volks aufsuchen, und von drei Thronen herunterstürzen konnte. Der zuversichtliche Mut, der ihn bei einer Usurpation beseelt hatte, verließ ihn bei einer rechtmäßigen Verteidigung. Die böhmischen Rebellen hatten sich zuerst bewaffnet, und die Natur der Dinge brachte es mit sich, daß er folgte. Aber er konnte nicht hoffen, den Krieg in Böhmen einzuschließen. In allen Ländern seiner Herrschaft hingen die Protestanten durch eine gefährliche Sympathie zusammen – die gemeinschaftliche Religionsgefahr konnte alle miteinander schnell zu einer furchtbaren Republik verknüpfen. Was hatte er einem solchen Feinde entgegenzusetzen, wenn der protestantische Teil seiner Untertanen sich von ihm trennte? Und erschöpften sich nicht beide Teile in einem so verderblichen Bürgerkriege? Was war nicht alles auf dem Spiele, wenn er unterlag, und wen anders als seine eigenen Untertanen hatte er zugrunde gerichtet, wenn er siegte?

Überlegungen dieser Art stimmten den Kaiser und seine Räte zur Nachgiebigkeit und zu Gedanken des Friedens; aber eben in dieser Nachgiebigkeit wollten andere die Ursache des Übels gefunden haben. Erzherzog Ferdinand von Graz wünschte dem Kaiser vielmehr zu einer Begebenheit Glück, die jede Gewalttat gegen die böhmischen Protestanten vor ganz Europa rechtfertigen würde. Der Ungehorsam, hieß es, die Gesetzlosigkeit, und der Aufruhr, seien immer Hand in Hand mit dem Protestantismus gegangen. Alle Freiheiten, welche von ihm selbst und dem vorigen Kaiser den Ständen bewilligt worden, hätten keine andere Wirkung gehabt, als ihre Forderungen zu vermehren. Gegen die landesherrliche Gewalt seien alle Schritte der Ketzer gerichtet, stufenweise seien sie von Trotz zu Trotz bis zu diesem letzten Angriff hinaufgestiegen; in kurzem würden sie auch an die noch einzig übrige Person des Kaisers greifen. In den Waffen allein sei Hülfe gegen einen solchen Feind – Ruhe und Unterwerfung nur über den Trümmern ihrer gefährlichen Privilegien – nur in dem völligen Untergange dieser Sekte Sicherheit für den katholischen Glauben. Ungewiß zwar sei der Ausgang des Krieges, aber gewiß das Verderben bei Unterlassung desselben. Die eingezogenen Güter der Rebellen würden die Unkosten reichlich erstatten, und der Schrecken der Hinrichtungen die übrigen

Landstände künftig einen schnellern Gehorsam lehren. – War es den böhmischen Protestanten zu verdenken, wenn sie sich gegen die Wirkungen solcher Grundsätze in Zeiten verwahrten? – Und auch nur gegen den Thronfolger des Kaisers, nicht gegen ihn selbst, der nichts getan hatte, die Besorgnisse der Protestanten zu rechtfertigen, war der böhmische Aufstand gerichtet. Jenem den Weg zu dem böhmischen Throne zu verschließen, ergriff man die Waffen schon unter Matthias; aber solange dieser Kaiser lebte, wollte man sich in den Schranken einer scheinbaren Unterwürfigkeit halten.

Aber die Böhmen hatten zu den Waffen gegriffen, und unbewaffnet durfte ihnen der Kaiser nicht einmal den Frieden anbieten. Spanien schoß Geld zur Rüstung her, und versprach Truppen von Italien und den Niederlanden aus zu schicken. Zum Generalissimus ernannte man den Grafen von Buquoy, einen Niederländer, weil keinem Eingebornen zu trauen war, und Graf Dampierre, ein andrer Ausländer, kommandierte unter seinen Befehlen. Ehe sich diese Armee in Bewegung setzte, versuchte der Kaiser den Weg der Güte durch ein vorausgeschicktes Manifest. In diesem erklärte er den Böhmen: daß der Majestätsbrief ihm heilig sei, daß er nie etwas gegen ihre Religion oder ihre Privilegien beschlossen, daß selbst seine jetzige Rüstung ihm durch die ihrige sei abgedrungen worden. Sobald die Nation die Waffen von sich lege, würde auch er sein Heer verabschieden. Aber dieser gnädige Brief verfehlte seine Wirkung – weil die Häupter des Aufruhrs für ratsam fanden, den guten Willen des Kaisers dem Volke zu verbergen. Anstatt desselben verbreiteten sie auf den Kanzeln und in fliegenden Blättern die giftigsten Gerüchte, und ließen das hintergangene Volk vor Bartholomäusnächten zittern, die nirgends als in ihrem Kopfe existierten. Ganz Böhmen, mit Ausnahme dreier Städte, Budweis, Krumau und Pilsen, nahm teil an dem Aufruhr. Diese drei Städte, größtenteils katholisch, hatten allein den Mut, bei diesem allgemeinen Abfalle dem Kaiser getreu zu bleiben, der ihnen Hülfe versprach. Aber dem Grafen von Thurn konnte es nicht entgehen, wie gefährlich es wäre, drei Plätze von solcher Wichtigkeit in feindlichen Händen zu lassen, die den kaiserlichen Waffen zu jeder Zeit den Eingang in das Königreich offen hielten. Mit schneller Entschlossenheit erschien er vor Budweis und Krumau, und hoffte beide Plätze durch Schrecken zu überwältigen. Krumau ergab

sich ihm, aber von Budweis wurden alle seine Angriffe standhaft zurückgeschlagen.

Und nun fing auch der Kaiser an, etwas mehr Ernst und
Tätigkeit zu zeigen. Buquoy und Dampierre fielen mit zwei
Heeren ins böhmische Gebiet, und fingen an es feindselig zu
behandeln. Aber die kaiserlichen Generale fanden den Weg
nach Prag schwerer, als sie erwartet hatten. Jeder Paß, jeder
nur irgend haltbare Ort mußte mit dem Degen geöffnet werden,
und der Widerstand mehrte sich mit jedem neuen Schritte, den
sie machten, weil die Ausschweifungen ihrer Truppen, meistens
Ungarn und Wallonen, den Freund zum Abfall und den Feind
zur Verzweiflung brachten. Aber auch noch dann, als seine
Truppen schon in Böhmen vordrangen, fuhr der Kaiser fort,
den Ständen den Frieden zu zeigen, und zu einem gütlichen
Vergleich die Hände zu bieten. Neue Aussichten, die sich
ihnen auftaten, erhoben den Mut der Rebellen. Die Stände von
Mähren ergriffen ihre Partei, und aus Deutschland erschien
ihnen in der Person des Grafen von Mansfeld ein ebenso un-
verhoffter als tapferer Beschützer.

Die Häupter der evangelischen Union hatten den bisherigen
Bewegungen in Böhmen schweigend, aber nicht müßig zugesehen. Beide kämpften für dieselbe Sache, gegen denselben
Feind. In dem Schicksale der Böhmen ließen sie ihre Bundsverwandten ihr eigenes Schicksal lesen, und die Sache dieses
Volks wurde von ihnen als die heiligste Angelegenheit des
deutschen Bundes abgeschildert. Diesem Grundsatz getreu,
stärkten sie den Mut der Rebellen durch Beistandsversprechungen, und ein glücklicher Zufall setzte sie instand, dieselben unverhofft in Erfüllung zu bringen.

Graf Peter Ernst von Mansfeld, der Sohn eines verdienstvollen österreichischen Dieners, Ernsts von Mansfeld, der die
spanische Armee in den Niederlanden eine Zeitlang mit vielem
Ruhme befehligt hatte, wurde das Werkzeug, das österreichische
Haus in Deutschland zu demütigen. Er selbst hatte dem Dienste
dieses Hauses seine ersten Feldzüge gewidmet, und unter den
Fahnen Erzherzog Leopolds, in Jülich und im Elsaß, gegen
die protestantische Religion und die deutsche Freiheit gefochten. Aber unvermerkt für die Grundsätze dieser Religion
gewonnen, verließ er einen Chef, dessen Eigennutz ihm die
geforderte Entschädigung für den in seinem Dienste gemachten Aufwand versagte, und widmete der evangelischen Union

seinen Eifer und einen siegreichen Degen. Es fügte sich eben, daß der Herzog von Savoyen, ein Alliierter der Union, in einem Kriege gegen Spanien ihren Beistand verlangte. Sie überließ ihm ihre neue Eroberung, und Mansfeld bekam den Auftrag, ein Heer von 4000 Mann, zum Gebrauch und auf Kosten des Herzogs, in Deutschland bereitzuhalten. Dieses Heer stand eben marschfertig da, als das Kriegsfeuer in Böhmen aufloderte, und der Herzog, der gerade jetzt keiner Verstärkung bedurfte, überließ es der Union zu freiem Gebrauche. Nichts konnte dieser willkommner sein, als ihren Bundesgenossen in Böhmen auf fremde Kosten zu dienen. Sogleich erhielt Graf Mansfeld Befehl diese 4000 Mann in das Königreich zu führen, und eine vorgegebene böhmische Bestallung mußte den Augen der Welt die wahren Urheber seiner Rüstung verbergen.

Dieser Mansfeld zeigte sich jetzt in Böhmen, und faßte durch Einnahme der festen und kaiserlich gesinnten Stadt Pilsen in diesem Königreiche festen Fuß. Der Mut der Rebellen wurde noch durch einen andern Sukkurs aufgerichtet, den die schlesischen Stände ihnen zu Hülfe schickten. Zwischen diesen und den kaiserlichen Truppen kam es nun zu wenig entscheidenden, aber desto verheerendern Gefechten, welche einem ernstlichern Kriege zum Vorspiele dienten. Um die Lebhaftigkeit seiner Kriegsoperationen zu schwächen, unterhandelte man mit dem Kaiser, und ließ sich sogar die angebotene sächsische Vermittelung gefallen. Aber ehe der Ausgang beweisen konnte, wie wenig aufrichtig man verfuhr, raffte der Tod den Kaiser von der Szene.

Was hatte Matthias nun getan, um die Erwartungen der Welt zu rechtfertigen, die er durch den Sturz seines Vorgängers herausgefordert hatte? War es der Mühe wert, den Thron Rudolfs durch ein Verbrechen zu besteigen, um ihn so schlecht zu besitzen, und mit so wenig Ruhm zu verlassen? Solange Matthias König war, büßte er für die Unklugheit, durch die er es geworden. Einige Jahre früher sie zu tragen, hatte er die ganze Freiheit seiner Krone verscherzt. Was ihm die vergrößerte Macht der Stände an Selbsttätigkeit noch übrigließ, hielten seine eigenen Agnaten unter einem schimpflichen Zwange. Krank und kinderlos sah er die Aufmerksamkeit der Welt einem stolzen Erben entgegeneilen, der ungeduldig dem Schicksal vorgriff, und in des Greisen absterbender Regierung schon die seinige eröffnete.

Mit Matthias war die regierende Linie des deutschen Hauses Österreich so gut als erloschen; denn von allen Söhnen Maximilians lebte nur noch der einzige kinderlose und schwächliche Erzherzog Albrecht in den Niederlanden, der aber seine nähern Rechte auf diese Erbschaft an die Gräzische Linie abgetreten hatte. Auch das spanische Haus hatte sich in einem geheimen Reverse aller seiner Ansprüche auf die österreichischen Besitzungen zum Vorteil des Erzherzogs Ferdinand von Steiermark begeben, in welchem nunmehr der habsburgische Stamm in Deutschland frische Zweige treiben, und die ehemalige Größe Österreichs wiederaufleben sollte.

Ferdinand hatte den jüngsten Bruder Kaiser Maximilians des Zweiten Erzherzog Karl von Krain, Kärnten und Steiermark, zum Vater, zur Mutter eine Prinzessin von Bayern. Da er den ersten schon im zwölften Jahre verlor, so übergab ihn die Erzherzogin der Aufsicht ihres Bruders, des Herzogs Wilhelm von Bayern, unter dessen Augen er auf der Akademie zu Ingolstadt durch Jesuiten erzogen und unterrichtet wurde. Was für Grundsätze er aus dem Umgang eines Fürsten schöpfen mußte, der sich andachtswegen der Regierung entschlagen, ist nicht schwer zu begreifen. Man zeigte ihm auf der einen Seite die Nachsicht der Maximilianischen Prinzen gegen die Anhänger der neuen Lehre, und die Verwirrung in ihren Landen; auf der andern den Segen Bayerns und den unerbittlichen Religionseifer seiner Beherrscher; zwischen diesen beiden Mustern ließ man ihn wählen.

In dieser Schule zu einem mannhaften Streiter für Gott, zu einem rüstigen Werkzeuge der Kirche zubereitet, verließ er Bayern nach einem fünfjährigen Aufenthalte, um die Regierung seiner Erbländer zu übernehmen. Die Stände von Krain, Kärnten und Steiermark, welche vor Ablegung ihres Huldigungseides die Bestätigung ihrer Religionsfreiheit forderten, erhielten zur Antwort, daß die Religionsfreiheit mit der Huldigung nichts zu tun habe. Der Eid wurde ohne Bedingung gefordert, und auch wirklich geleistet. Mehrere Jahre gingen hin, ehe die Unternehmung, wozu in Ingolstadt der Entwurf gemacht worden, zur Ausführung reif schien. Ehe Ferdinand mit derselben ans Licht trat, holte er erst selbst in Person zu Loreto die Gnade der Jungfrau Maria, und zu den Füßen Klemens' des Achten in Rom den apostolischen Segen.

Es galt aber auch nichts Geringeres, als den Protestantismus aus einem Distrikte zu vertreiben, wo er die überlegene Anzahl auf seiner Seite hatte, und durch eine förmliche Duldungsakte, welche Ferdinands Vater dem Herren- und Ritterstande dieser Länder bewilligt hatte, gesetzmäßig geworden war. Eine so feierlich ausgestellte Bewilligung konnte ohne Gefahr nicht zurückgenommen werden; aber den frommen Zögling der Jesuiten schreckte keine Schwierigkeit zurück. Das Beispiel der übrigen, sowohl katholischen als protestantischen, Reichsstände, welche das Reformationsrecht in ihren Ländern, ohne Widerspruch ausgeübt, und die Mißbräuche, welche die steierischen Stände von ihrer Religionsfreiheit gemacht hatten, mußten dieser Gewalttätigkeit zur Rechtfertigung dienen. Unter dem Schutze eines ungereimten positiven Gesetzes, glaubte man ohne Scheu das Gesetz der Vernunft und Billigkeit verhöhnen zu dürfen. Bei dieser ungerechten Unternehmung zeigte Ferdinand übrigens einen bewundernswürdigen Mut, eine lobenswerte Standhaftigkeit. Ohne Geräusch, und man darf hinzusetzen, ohne Grausamkeit, unterdrückte er den protestantischen Gottesdienst in einer Stadt nach der andern, und in wenigen Jahren war dieses gefahrvolle Werk zum Erstaunen des ganzen Deutschlands vollendet.

Aber indem die Katholischen den Helden und Ritter ihrer Kirche in ihm bewunderten, fingen die Protestanten an, sich gegen ihn als ihren gefährlichsten Feind zu rüsten. Nichtsdestoweniger fand das Gesuch des Matthias, ihm die Nachfolge zuzuwenden, in den Wahlstaaten Österreichs keinen oder nur einen sehr geringen Widerspruch, und selbst die Böhmen krönten ihn, unter sehr annehmlichen Bedingungen, zu ihrem künftigen König. Später erst, nachdem sie den schlimmen Einfluß seiner Ratschläge auf die Regierung des Kaisers erfahren hatten, wachten ihre Besorgnisse auf; und verschiedene handschriftliche Aufsätze von ihm, die ein böser Wille in ihre Hände spielte, und die seine Gesinnungen nur zu deutlich verrieten, trieben ihre Furcht aufs Höchste. Besonders entrüstete sie ein geheimer Familienvertrag mit Spanien, worin Ferdinand dieser Krone, nach Abgang männlicher Erben, das Königreich Böhmen verschrieben hatte, ohne die Nation erst zu hören, ohne die Wahlfreiheit ihrer Krone zu achten. Die vielen Feinde, welche sich dieser Prinz durch seine Reformation in Steiermark unter den Protestanten überhaupt gemacht hatte, taten ihm bei den Böhmen die schlimmsten Dienste; und besonders zeigten sich einige dahin geflüchtete steiermärkische Emigranten, welche ein racherfülltes Herz in ihr neues Vaterland mitbrachten, geschäftig, das Feuer der Empörung zu nähren. In so widriger Stimmung fand König Ferdinand die böhmische Nation, als Kaiser Matthias ihm Platz machte.

Ein so schlimmes Verhältnis zwischen der Nation und dem Thronkandidaten würde auch bei der ruhigsten Thronfolge Stürme erweckt haben – wie viel mehr aber jetzt, im vollen Feuer des Aufruhrs, jetzt, da die Nation ihre Majestät zurückgenommen hatte, und in den Zustand des natürlichen Rechts zurückgetreten war, jetzt, da sie die Waffen in Händen hatte, da durch das Gefühl ihrer Einigkeit ein begeisterndes Selbstvertrauen in ihr erwacht, ihr Mut durch die glücklichsten Erfolge, durch fremde Beistandsversprechungen und schwindlige Hoffnungen zur festesten Zuversicht erhoben war! Uneingedenk des an Ferdinand bereits übertragenen Rechts, erklärten die Stände ihren Thron für erledigt, ihre Wahl für völlig ungebunden. Zu einer friedlichen Unterwerfung war kein Anschein vorhanden, und wollte sich Ferdinand im Besitz der böhmischen Krone sehen, so hatte er die Wahl, sie entweder mit allem dem zu erkaufen, was eine Krone wünschenswert macht, oder mit dem Schwert in der Hand zu erobern.

Aber mit welchen Hülfsmitteln sie erobern? Auf welches seiner Länder er seine Augen kehrte, stand alles in hellen Flammen. Schlesien war in den böhmischen Aufstand zugleich mit hineingerissen; Mähren war im Begriff, diesem Beispiel zu folgen. In Ober- und Unterösterreich regte sich, wie unter Rudolf, der Geist der Freiheit, und kein Landstand wollte huldigen. Ungarn bedrohte der Fürst Bethlen Gabor von Siebenbürgen mit einem Überfall; eine geheimnisvolle Rüstung der Türken erschreckte alle östlich gelegenen Provinzen; damit das Bedrängnis vollkommen würde, so mußten auch, von dem allgemeinen Beispiel geweckt, die Protestanten in seinen väterlichen Erbstaaten ihr Haupt erheben. In diesen Ländern war die Zahl der Protestanten überwiegend; in den meisten hatten sie die Einkünfte im Besitz, mit denen Ferdinand seinen Krieg führen sollte. Die Neutralen fingen an zu wanken, die Getreuen zu verzagen, nur die Schlimmgesinnten hatten Mut; die eine Hälfte von Deutschland winkte den Rebellen Ermunterung, die andere erwartete müßig den Ausschlag; spanische Hülfe stand noch in fernen Landen. Der Augenblick, der ihm alles brachte, drohte ihm alles zu entreißen.

Was er auch jetzt, von dem harten Gesetz der Not unterjocht, den böhmischen Rebellen anbietet – alle seine Vorschläge zum Frieden werden mit Übermut verschmäht. An der Spitze eines Heeres zeigt sich der Graf von Thurn schon in Mähren, diese einzige noch wankende Provinz zur Entscheidung zu bringen. Die Erscheinung der Freunde gibt den mährischen Protestanten das Signal der Empörung. Brünn wird erobert; das übrige Land folgt freiwillig nach; in der ganzen Provinz ändert man Religion und Regierung. Wachsend in seinem Laufe, stürzt der Rebellenstrom in Oberösterreich, wo eine gleichgesinnte Partei ihn mit freudigem Beifall empfängt. „Kein Unterschied der Religion soll mehr sein, gleiche Rechte für alle christliche Kirchen." – Man habe gehört, daß fremdes Volk in dem Lande geworben werde, die Böhmen zu unterdrücken. Dieses suche man auf, und bis nach Jerusalem werde man den Feind der Freiheit verfolgen. – Kein Arm wird gerührt, den Erzherzog zu verteidigen; endlich lagern sich die Rebellen vor Wien, ihren Herrn zu belagern.

Seine Kinder hatte Ferdinand von Graz, wo sie ihm nicht mehr sicher waren, nach Tirol geflüchtet; er selbst erwartete in seiner Kaiserstadt den Aufruhr. Eine Handvoll Soldaten war alles, was er dem wütenden Schwarme entgegenstellen konnte. Diesen wenigen fehlte der gute Wille, weil es an Sold und selbst an Brot fehlte. Auf eine lange Belagerung war Wien nicht bereitet. Die Partei der Protestanten, jeden Augenblick bereit, sich an die Böhmen anzuschließen, war in der Stadt die überwiegende; die auf dem Lande zogen schon Truppen gegen ihn zusammen. Schon sah der protestantische Pöbel den Erzherzog in einem Mönchskloster eingesperrt, seine Staaten geteilt, seine Kinder protestantisch erzogen. Heimlichen Feinden anvertraut, und von öffentlichen umgeben, sah er jeden Augenblick den Abgrund sich öffnen, der alle seine Hoffnungen, der ihn selbst verschlingen sollte. Die böhmischen Kugeln flogen in die kaiserliche Burg, wo sechzehn österreichische Baronen sich in sein Zimmer drängten, mit Vorwürfen in ihn stürmten, und zu einer Konföderation mit den Böhmen seine Einwilligung zu ertrotzen strebten. Einer von diesen ergriff ihn bei den Knöpfen seines Wams. „Ferdinand!" schnaubte er ihn an: „wirst du unterschreiben?"

Wem hätte man es nicht verziehen, in dieser schrecklichen Lage gewankt zu haben? – Ferdinand dachte nach, wie er römischer Kaiser werden wollte. Nichts schien ihm übrig zu sein, als schnelle Flucht oder Nachgiebigkeit; zu jener rieten Männer – zu dieser katholische Priester. Verließ er die Stadt, so fiel sie in Feindeshände; mit Wien war Österreich, mit Österreich der Kaiserthron verloren. Ferdinand verließ seine Hauptstadt nicht, und wollte ebensowenig von Bedingungen hören.

Der Erzherzog war noch im Wortwechsel mit den deputierten Baronen, als auf einmal Trompetenschall den Burgplatz erfüllte. Unter den Anwesenden wechseln Furcht und Erstaunen – ein erschreckendes Gerücht durchläuft die Burg – ein Deputierter nach dem andern verschwindet. Viele von Adel und der Bürgerschaft hörte man eilfertig in das Thurnische Lager fliehen. Diese schnelle Veränderung wirkte ein Regiment Dampierrischer Kürassiere, welches in diesem wichtigen Augenblick in die Stadt einrückte, den Erzherzog zu verteidigen. Bald folgte auch Fußvolk nach, viele katholische Bürger, durch diese Erscheinung mit neuem Mut belebt, und die Studierenden selbst ergriffen die Waffen. Eine Nachricht, die soeben aus Böhmen einlief, vollendete seine Errettung. Der niederländische General Buquoy hatte den Grafen Mansfeld bei Budweis aufs Haupt geschlagen, und war im Anzuge gegen Prag. Eilfertig brachen die Böhmen ihre Gezelte ab, um ihre Hauptstadt zu entsetzen.

Und jetzt waren auch die Pässe wieder frei, die der Feind besetzt gehalten, um Ferdinanden den Weg nach Frankfurt zur Kaiserwahl zu verlegen. Wenn es dem Könige von Ungarn für seinen ganzen Plan wichtig war, den deutschen Thron zu besteigen, so war es jetzt um so wichtiger, da seine Ernennung zum Kaiser das unverdächtigste und entscheidendste Zeugnis für die Würdigkeit seiner Person und die Gerechtigkeit seiner Sache ablegte, und ihm zugleich zu einem Beistande des Reichs Hoffnung machte. Aber dieselbe Kabale, welche ihn in seinen Erbstaaten verfolgte, arbeitete ihm auch bei seiner Bewerbung um die Kaiserwürde entgegen. Kein österreichischer Prinz sollte den deutschen Thron mehr besteigen, am wenigsten aber Ferdinand, der entschlossene Verfolger ihrer Religion, der Sklave Spaniens und der Jesuiten. Dieses zu verhindern, hatte man noch bei Lebzeiten des Matthias dem Herzog von Bayern, und nach der Weigerung desselben dem Herzog von Savoyen die deutsche Krone angetragen. Da man mit dem letztern über die Bedingungen nicht so leicht einig werden konnte, so suchte man wenigstens die Wahl aufzuhalten, bis ein entscheidender Streich in Böhmen oder Österreich alle Hoffnungen Ferdinands zugrunde gerichtet, und ihn zu dieser Würde unfähig gemacht hätte. Die Unierten ließen nichts unversucht, Kursachsen, welches an das österreichische Interesse gefesselt war, gegen Ferdinand einzunehmen, und diesem Hofe die Gefahr vorzustellen, womit die Grundsätze dieses Fürsten und seine spanischen Verbindungen die protestantische Religion und die Reichsverfassung bedrohten. Durch Erhebung Ferdinands auf den Kaiserthron, stellten sie weiter vor, würde sich Deutschland in die Privatangelegenheiten dieses Prinzen verflochten sehen, und die Waffen der Böhmen gegen sich reizen. Aber aller Gegenbemühungen ungeachtet wurde der Wahltag ausgeschrieben, Ferdinand als rechtmäßiger König von Böhmen dazu berufen, und seine Kurstimme, mit vergeblichem Widerspruch der böhmischen Stände, für gültig erkannt. Die drei geistlichen Kurstimmen waren sein, auch die sächsische war ihm günstig, die brandenburgische nicht entgegen, und die entschiedenste Mehrheit erklärte ihn 1619 zum Kaiser. So sah er die zweifelhafteste von allen seinen Kronen zuerst auf seinem Haupte, um wenige Tage nachher diejenige zu verlieren, welche er schon unter seine gewissen Besitzungen zählte. Während daß man ihn in Frankfurt zum Kaiser machte, stürzte man ihn in Prag von dem böhmischen Throne.

Fast alle seine deutschen Erbländer hatten sich unterdessen in einer allgemeinen furchtbaren Konföderation mit den Böhmen vereinigt, deren Trotz jetzt alle Schranken durchbrach. Am 17. August 1619 erklärten sie den Kaiser, auf einer Reichsversammlung, für einen Feind der böhmischen Religion und Freiheit, der durch seine verderblichen Ratschläge den verstorbenen König gegen sie aufgewiegelt, zu ihrer Unterdrückung Truppen geliehen, Ausländern das Königreich zum Raube gegeben, und es zuletzt gar, mit Verspottung ihrer Volksmajestät, in einem heimlichen Vertrag an die Spanier verschrieben hatte, aller Ansprüche auf ihre Krone verlustig, und schritten ohne Aufschub zu einer neuen Wahl. Da die Protestanten diesen Ausspruch taten, so konnte die Wahl nicht wohl auf einen katholischen Prinzen fallen, obgleich zum Scheine, für Bayern und Savoyen, einige Stimmen gehört wurden. Aber der bittere Religionshaß, welcher die Evangelischen und Reformierten untereinander selbst entzweite, machte eine Zeitlang auch die Wahl eines protestantischen Königs schwer, bis endlich die Feinheit und Tätigkeit der Kalvinisten über die überlegene Anzahl der Lutheraner den Sieg davontrug.

Unter allen Prinzen, welche zu dieser Würde in Vorschlag kamen, hatte sich Kurfürst Friedrich der Fünfte von der Pfalz die gegründetsten Ansprüche auf das Vertrauen und die Dankbarkeit der Böhmen erworben, und unter allen war keiner, bei welchem das Privatinteresse einzelner Stände und die Zuneigung des Volks durch so viele Staatsvorteile gerechtfertigt zu werden schienen. Friedrich der Fünfte war von einem freien und aufgeweckten Geist, vieler Herzensgüte, einer königlichen Freigebigkeit. Er war das Haupt der Reformierten in Deutschland, der Anführer der Union, deren Kräfte ihm zu Gebote standen, ein naher Anverwandter des Herzogs von Bayern, ein Eidam des Königs von Großbritannien, der ihn mächtig unterstützen konnte. Alle diese Vorzüge wurden von der kalvinistischen Partei mit dem besten Erfolge geltend gemacht, und die Reichsversammlung zu Prag erwählte Friedrich den Fünften unter Gebet und Freudentränen zum König.

Alles was auf dem Prager Reichstag geschah, war ein zu vorbereitetes Werk, und Friedrich selbst war bei der ganzen Verhandlung zu tätig gewesen, als daß er von dem Antrage der Böhmen hätte überrascht werden sollen. Dennoch erschreckte ihn der gegenwärtige Glanz dieser Krone, und die zweifache Größe des Verbrechens und des Glücks brachte seinen Kleinmut zum Zittern. Nach der gewöhnlichen Art schwacher Seelen, wollte er sich erst durch fremdes Urteil zu seinem Vorhaben stärken; aber es hatte keine Gewalt über ihn, wenn es gegen seine Leidenschaften ausfiel. Sachsen und Bayern, wo er Rat verlangt hatte, alle seine Mitkurfürsten, alle, welche diese Unternehmung mit seinen Fähigkeiten und Kräften abwogen, warnten ihn vor dem Abgrund, in den er sich stürzte. Selbst König Jakob von England wollte seinem Eidam lieber eine Krone entrissen sehen, als die geheiligte Majestät der Könige durch ein so schlimmes Beispiel verletzen helfen. Aber was vermochte die Stimme der Klugheit gegen den verführerischen Glanz einer Königskrone? Im Augenblick ihrer höchsten Kraftäußerung, wo sie den geheiligten Zweig eines zweihundertjährigen Regentengeschlechts von sich stößt, wirft sich ihm eine freie Nation in die Arme; auf seinen Mut vertrauend, wählt sie i h n zu ihrem Führer auf der gefährlichen Bahn des Ruhms und der Freiheit; von i h m, ihrem gebornen Beschützer, erwartet eine unterdrückte Religion Schutz und Schirm gegen ihren Verfolger – soll er kleinmütig seine Furcht bekennen, soll er feigherzig Religion und Freiheit verraten? Eben diese Nation zeigt ihm die Überlegenheit ihrer Kräfte und die Ohnmacht ihres Feindes – zwei Dritteile der österreichischen Macht gegen Österreich bewaffnet, und einen streitbaren Bundesgenossen von Siebenbürgen aus bereit, den schwachen Überrest dieser Macht noch durch einen feindlichen Angriff zu teilen. Jene Aufforderungen sollten seinen Ehrgeiz nicht wecken? diese Hoffnungen seinen Mut nicht entzünden?

Wenige Augenblicke gelassenen Nachdenkens würden hingereicht haben, ihm die Größe des Wagestücks und den geringen Wert des Preises zu zeigen – aber die Aufmunterung sprach zu seinen Sinnen, und die Warnung nur zu seiner Vernunft. Es war sein Unglück, daß die zunächst ihn umgebenden und hörbarsten Stimmen die Partei seiner Leidenschaft nahmen. Diese Machtvergrößerung ihres Herrn öffnete dem Ehrgeiz und der Gewinnsucht aller seiner pfälzischen Diener ein unermeßliches Feld der Befriedigung. Dieser Triumph seiner Kirche mußte jeden kalvinischen Schwärmer erhitzen. Konnte ein so schwacher Kopf den Vorspiegelungen seiner Räte widerstehen, die seine Hülfsmittel und Kräfte ebenso unmäßig übertrieben, als sie die Macht des Feindes heruntersetzten? den Aufforderungen seiner Hofprediger, die ihm die Eingebungen ihres fanatischen Eifers als den Willen des Himmels verkündigten? Astrologische Träumereien erfüllten seinen Kopf mit schimärischen Hoffnungen; selbst durch den unwiderstehlichen Mund der Liebe bestürmte ihn die Verführung. „Konntest du dich vermessen", sagte die Kurfürstin zu ihm, „die Hand einer Königstochter anzunehmen, und dir bangt vor einer Krone, die man freiwillig dir entgegenbringt? Ich will lieber Brot essen an deiner königlichen Tafel, als an deinem kurfürstlichen Tische schwelgen."

Friedrich nahm die böhmische Krone. Mit beispiellosem Pomp geschah zu Prag die königliche Krönung; die Nation stellte alle ihre Reichtümer aus, ihr eignes Werk zu ehren. Schlesien und Mähren, Nebenländer Böhmens, folgten dem Beispiele des Hauptstaats, und huldigten. Die Reformation

thronte in allen Kirchen des Königreichs, das Frohlocken war
ohne Grenzen, die Freude an dem neuen König ging bis zur
Anbetung. Dänemark und Schweden, Holland und Venedig,
mehrere deutsche Staaten, erkannten ihn als rechtmäßigen
König; und Friedrich schickte sich nun an, seinen neuen Thron
zu behaupten.

Auf den Fürsten Bethlen Gabor von Siebenbürgen war seine
größte Hoffnung gerichtet. Dieser furchtbare Feind Österreichs und der katholischen Kirche, nicht zufrieden mit seinem
Fürstentum, das er seinem rechtmäßigen Herrn, Gabriel Bá-
thory, mit Hülfe der Türken entrissen hatte, ergriff mit Begierde
diese Gelegenheit, sich auf Unkosten der österreichischen Prinzen zu vergrößern, die sich geweigert hatten, ihn als Herrn von
Siebenbürgen anzuerkennen. Ein Angriff auf Ungarn und
Österreich war mit den böhmischen Rebellen verabredet, und
vor der Hauptstadt sollten beide Heere zusammenstoßen.
Unterdessen verbarg Bethlen Gabor unter der Maske der
Freundschaft den wahren Zweck seiner Kriegsrüstung, und
versprach voller Arglist dem Kaiser, durch eine verstellte Hülfleistung die Böhmen in die Schlinge zu locken, und ihre Anführer ihm lebendig zu überliefern. Auf einmal aber stand er
als Feind in Oberungarn; der Schrecken ging vor ihm her,
hinter ihm die Verwüstung; alles unterwarf sich, zu Preßburg
empfing er die ungarische Krone. Des Kaisers Bruder, Statthalter in Wien, zitterte für die Hauptstadt. Eilfertig rief er den
General Buquoy zu Hülfe; der Abzug der Kaiserlichen zog
die böhmische Armee zum zweitenmal vor Wien. Durch
12000 Siebenbürgen verstärkt, und bald darauf mit dem siegreichen Heere Bethlen Gabors vereinigt, drohte sie aufs neue
diese Hauptstadt zu überwältigen. Alles um Wien ward verwüstet, die Donau gesperrt, alle Zufuhr abgeschnitten, die
Schrecken des Hungers stellten sich ein. Ferdinand, den diese
dringende Gefahr eiligst in seine Hauptstadt zurückgeführt
hatte, sah sich zum zweitenmal am Rand des Verderbens. Mangel und rauhe Witterung zogen endlich die Böhmen nach
Hause, ein Verlust in Ungarn rief Bethlen Gabor zurück; zum
zweitenmal hatte das Glück den Kaiser gerettet.

In wenigen Wochen änderte sich nun alles, und durch seine
staatskluge Tätigkeit verbesserte Ferdinand seine Sache in
ebendem Maße, als Friedrich die seinige durch Saumseligkeit
und schlechte Maßregeln herunterbrachte. Die Stände von

Niederösterreich wurden durch Bestätigung ihrer Privilegien
zur Huldigung gebracht, und die wenigen, welche ausblieben,
der beleidigten Majestät und des Hochverrats schuldig erklärt.
So faßte der Kaiser in einem seiner Erblande wieder festen
Fuß, und zugleich wurde alles in Bewegung gesetzt, sich aus-
wärtiger Hülfe zu versichern. Schon bei der Kaiserwahl zu
Frankfurt war es ihm durch mündliche Vorstellungen gelungen,
die geistlichen Kurfürsten, und zu München den Herzog
Maximilian von Bayern für seine Sache zu gewinnen. Auf dem
Anteil, den die Union und Ligue an dem böhmischen Kriege
nahmen, beruhte der ganze Ausschlag dieses Krieges, das
Schicksal Friedrichs und des Kaisers. Dem ganzen protestan-
tischen Deutschland schien es wichtig zu sein, den König von
Böhmen zu unterstützen; den Kaiser nicht unterliegen zu lassen,
schien das Interesse der katholischen Religion zu erheischen.
Siegten die Protestanten in Böhmen, so hatten alle katholischen
Prinzen in Deutschland für ihre Besitzungen zu zittern; unter-
lagen sie, so konnte der Kaiser dem protestantischen Deutschland Gesetze vorschreiben. Ferdinand setzte also die Ligue,
Friedrich die Union in Bewegung. Das Band der Verwandtschaft und persönliche Anhänglichkeit an den Kaiser, seinen
Schwager, mit dem er in Ingolstadt aufgewachsen war, Eifer
für die katholische Religion, die in der augenscheinlichsten
Gefahr zu schweben schien, die Eingebungen der Jesuiten, verbunden mit den verdächtigen Bewegungen der Union bewogen
den Herzog von Bayern und alle Fürsten der Ligue, die Sache
Ferdinands zu der ihrigen zu machen.

Nach einem, mit dem letztern geschlossenen, Vertrage,
welcher ihm den Ersatz aller Kriegsunkosten und aller zu erlei-
denden Verluste versicherte, übernahm Maximilian mit unein-
geschränkter Gewalt das Kommando der ligistischen Truppen,
welche dem Kaiser gegen die böhmischen Rebellen zu Hülfe
eilen sollten. Die Häupter der Union, anstatt diese gefährliche
Vereinigung der Ligue mit dem Kaiser zu hintertreiben, wendeten vielmehr alles an, sie zu beschleunigen. Konnten sie die
katholische Ligue zu einem erklärten Anteil an dem böhmischen Kriege vermögen, so hatten sie sich von allen Mitgliedern
und Alliierten der Union das nämliche zu versprechen. Ohne
einen öffentlichen Schritt der Katholischen gegen die Union,
war keine Machtvereinigung unter den Protestanten zu hoffen.
Sie erwählte also den bedenklichen Zeitpunkt der böhmischen

Unruhen, eine Abstellung aller bisherigen Beschwerden, und eine vollkommene Religionsversicherung von den Katholischen zu fordern. Diese Forderung, welche in einem drohenden Tone abgefaßt war, richteten sie an den Herzog von Bayern, als das Haupt der Katholischen, und drangen auf eine schnelle unbedingte Erklärung. Maximilian mochte sich nun für oder wider sie entscheiden, so war ihre Absicht erreicht: seine Nachgiebigkeit beraubte die katholische Partei ihres mächtigsten Beschützers; seine Widersetzung bewaffnete die ganze protestantische Partei, und machte den Krieg unvermeidlich, durch welchen sie zu gewinnen hofften. Maximilian, durch so viele andere Beweggründe ohnehin auf die entgegengesetzte Seite gezogen, nahm die Aufforderung der Union als eine förmliche Kriegserklärung auf, und die Rüstung wurde beschleunigt. Während, daß Bayern und die Ligue sich für den Kaiser bewaffneten, wurde auch mit dem spanischen Hofe wegen Subsidien unterhandelt. Alle Schwierigkeiten, welche die schläfrige Politik des Ministeriums diesem Gesuche entgegensetzte, überwand der kaiserliche Gesandte in Madrid, Graf von Khevenhüller, glücklich. Außer einem Geldvorschuß von einer Million Gulden, welche man diesem Hofe nach und nach zu entlocken wußte, ward noch zugleich ein Angriff auf die untere Pfalz, von den spanischen Niederlanden aus, beschlossen.

Indem man alle katholischen Mächte in das Bündnis zu ziehen suchte, arbeitete man zu gleicher Zeit dem Gegenbündnis der protestantischen auf das nachdrücklichste entgegen. Es kam darauf an, dem Kurfürsten von Sachsen und mehreren evangelischen Ständen die Besorgnisse zu benehmen, welche die Union ausgestreut hatte, daß die Rüstung der Ligue darauf abgesehen sei, ihnen die säkularisierten Stifter wieder zu entreißen. Eine schriftliche Versicherung des Gegenteils beruhigte den Kurfürsten von Sachsen, den die Privateifersucht gegen Pfalz, die Eingebungen seines Hofpredigers, der von Österreich erkauft war, und der Verdruß, von den Böhmen bei der Königswahl übergangen worden zu sein, ohnehin schon auf Österreichs Seite neigten. Nimmer konnte es der lutherische Fanatismus dem reformierten vergeben, daß so viele edle Länder, wie man sich ausdrückte, dem Kalvinismus in den Rachen fliegen, und der römische Antichrist nur dem helvetischen Platz machen sollte.

Indem Ferdinand alles tat, seine mißlichen Umstände zu verbessern, unterließ Friedrich nichts, seine gute Sache zu verschlimmern. Durch ein anstößiges enges Bündnis mit dem Fürsten von Siebenbürgen, dem offenbaren Alliierten der Pforte, ärgerte er die schwachen Gemüter, und das allgemeine Gerücht klagte ihn an, daß er auf Unkosten der Christenheit seine eigene Vergrößerung suche, daß er die Türken gegen Deutschland bewaffnet habe. Sein unbesonnener Eifer für die reformierte Religion brachte die Lutheraner in Böhmen, sein Angriff auf die Bilder die Papisten dieses Königreichs gegen ihn auf. Neue drückende Auflagen entzogen ihm die Liebe des Volks. Die fehlgeschlagene Erwartung der böhmischen Großen erkältete ihren Eifer, das Ausbleiben fremden Beistandes stimmte ihre Zuversicht herab. Anstatt sich mit unermüdetem Eifer der Reichsverwaltung zu widmen, verschwendete Friedrich seine Zeit in Ergetzlichkeiten; anstatt durch eine weise Sparsamkeit seinen Schatz zu vergrößern, zerstreute er in unnützem theatralischen Prunk und übel angewandter Freigebigkeit die Einkünfte seiner Länder. Mit sorglosem Leichtsinn bespiegelte er sich in seiner neuen Würde, und über dem unzeitigen Bestreben, seiner Krone froh zu werden, vergaß er die dringendere Sorge, sie auf seinem Haupte zu befestigen.

So sehr man sich in ihm geirrt hatte, so unglücklich hatte sich Friedrich in seinen Erwartungen von auswärtigem Beistand verrechnet. Die meisten Mitglieder der Union trennten die böhmischen Angelegenheiten von dem Zweck ihres Bundes; andere ihm ergebene Reichsstände fesselte blinde Furcht vor dem Kaiser. Kursachsen und Hessen-Darmstadt hatte Ferdinand für sich gewonnen; Niederösterreich, von wo aus man eine nachdrückliche Diversion erwartete, hatte dem Kaiser gehuldigt, Bethlen Gabor einen Waffenstillstand mit ihm geschlossen. Dänemark wußte der Wiener Hof durch Gesandtschaften einzuschläfern, Schweden durch einen Krieg mit Polen zu beschäftigen. Die Republik Holland hatte Mühe, sich der spanischen Waffen zu erwehren; Venedig und Savoyen blieben untätig; König Jakob von England wurde von der spanischen Arglist betrogen. Ein Freund nach dem andern zog sich zurück, eine Hoffnung nach der andern verschwand – So schnell hatte sich alles in wenigen Monaten verändert!

Indessen versammelten die Häupter der Union eine Kriegsmacht; der Kaiser und die Ligue taten ein gleiches. Die Macht der letztern stand unter Maximilians Fahnen bei Donauwörth versammelt; die Macht der Unierten bei Ulm unter dem Markgrafen von Ansbach. Der entscheidende Augenblick schien endlich herbeigekommen zu sein, der diese lange Zwistigkeit durch einen Hauptstreich endigen, und das Verhältnis beider Kirchen in Deutschland unwiderruflich bestimmen sollte. Ängstlich war auf beiden Seiten die Erwartung gespannt. Wie sehr aber erstaunte man, als auf einmal die Botschaft des Friedens kam, und beide Armeen ohne Schwertschlag auseinandergingen!

Frankreichs Dazwischenkunft hatte diesen Frieden bewirkt, welchen beide Teile mit gleicher Bereitwilligkeit umfaßten. Das französische Ministerium, durch keinen Heinrich den Großen mehr geleitet, dessen Staatsmaxime vielleicht auch auf die damalige Lage des Königreichs nicht mehr anzuwenden war, fürchtete jetzt das Wachstum des österreichischen Hauses viel weniger, als die Machtvergrößerung der Kalvinisten, wenn sich das pfälzische Haus auf dem böhmischen Throne behaupten sollte. Mit seinen eignen Kalvinisten eben damals in einen gefährlichen Streit verwickelt, hatte es keine dringendere Angelegenheit, als die protestantische Faktion in Böhmen so schnell als möglich unterdrückt zu sehen, ehe die Faktion der Hugenotten in Frankreich sich ein gefährliches Muster daran nähme. Um also dem Kaiser gegen die Böhmen geschwind freie Hände zu machen, stellte es sich zwischen der Union und Ligue als Mittelsperson dar, und verglich jenen unerwarteten Frieden, dessen wichtigster Artikel war, daß die Union sich jedes Anteils an den böhmischen Händeln begeben, und den Beistand, welchen sie Friedrich dem Fünften leisten würde, nicht über die pfälzischen Länder desselben erstrecken sollte. Maximilians Entschlossenheit, und die Furcht, zwischen den ligistischen Truppen und einem neuen kaiserlichen Heere, welches aus den Niederlanden im Anmarsch war, ins Gedränge zu geraten, bewog die Union zu diesem schimpflichen Frieden.

Die ganze Macht Bayerns und der Ligue stand jetzt dem Kaiser gegen die Böhmen zu Gebote, welche der Ulmische Vergleich ihrem Schicksal überließ. Schneller, als das Gerücht den Vorgang zu Ulm dort verbreiten konnte, erschien Maximilian in Oberösterreich, wo die bestürzten Stände, auf keinen Feind gefaßt, die Gnade des Kaisers mit einer schnellen und unbedingten Huldigung erkauften. In Niederösterreich zog der Herzog die niederländischen Truppen des Grafen von Buquoy an sich, und diese kaiserlich-bayerische Armee, nach ihrer Vereinigung zu funfzigtausend Mann angewachsen, drang ohne Zeitverlust in das böhmische Gebiet. Alle böhmischen Geschwader, welche in Niederösterreich und Mähren zerstreut waren, trieb sie fliehend vor sich her; alle Städte, welche es wagten, Widerstand zu tun, wurden mit stürmender Hand erobert, andere, durch das Gerücht ihrer Züchtigung erschreckt, öffneten freiwillig ihre Tore; nichts hinderte den reißenden Lauf Maximilians. Weichend zog sich die böhmische Armee, welche der tapfere Fürst Christian von Anhalt kommandierte, in die Nachbarschaft von Prag, wo ihr Maximilian an den Mauern dieser Hauptstadt ein Treffen lieferte.

Die schlechte Verfassung, in welcher er die Armee der Rebellen zu überraschen hoffte, rechtfertigte diese Schnelligkeit des Herzogs, und versicherte ihm den Sieg. Nicht 30000 Mann hatte Friedrich beisammen; 8000 hatte der Fürst von Anhalt ihm zugeführt, 10000 Ungarn ließ Bethlen Gabor zu seinen Fahnen stoßen. Ein Einfall des Kurfürsten von Sachsen in die Lausitz hatte ihm alle Hülfe abgeschnitten, welche er von diesem Land und von Schlesien her erwartete, die Beruhigung Österreichs alle, welche er sich von dorther versprach. Bethlen Gabor, sein wichtigster Bundesgenosse, verhielt sich ruhig; die Union hatte ihn an den Kaiser verraten. Nichts blieb ihm übrig als seine Böhmen, und diesen fehlte es an gutem Willen, Eintracht und Mut. Die böhmischen Magnaten sahen sich mit Verdruß gegen deutsche Generale zurückgesetzt, Graf Mansfeld blieb, von dem böhmischen Hauptlager getrennt, in Pilsen zurück, um nicht unter Anhalt und Hohenlohe zu dienen. Dem Soldaten, welchem auch das Notwendigste fehlte, entfiel aller freudige Mut, und die schlechte Mannszucht unter dem Heere gab dem Landmann Ursache zu den bittersten Klagen. Umsonst zeigte sich Friedrich in dem Lager, den Mut der Soldaten durch seine Gegenwart, die Nacheiferung des Adels durch sein Beispiel zu ermuntern.

Auf dem Weißen Berge, unweit Prag, fingen die Böhmen an, sich zu verschanzen, als von der vereinigten kaiserlich-bayrischen Armee (am 8. November 1620) der Angriff geschah. Am Anfange des Treffens wurden einige Vorteile von der Reiterei des Prinzen von Anhalt erfochten; aber die Übermacht des

Feindes vernichtete sie bald. Unwiderstehlich drangen die Bayern und Wallonen vor, und die ungarische Reiterei war die erste, welche den Rücken wandte. Das böhmische Fußvolk folgte bald ihrem Beispiel, und in der allgemeinen Flucht wurden endlich auch die Deutschen mitfortgerissen. Zehn Kanonen, welche die ganze Artillerie Friedrichs ausmachten, fielen in Feindeshände. Viertausend Böhmen blieben auf der Flucht und im Treffen; kaum etliche hundert von den Kaiserlichen und Ligisten. In weniger als einer Stunde war dieser entscheidende Sieg erfochten.

Friedrich saß zu Prag bei der Mittagstafel, als seine Armee an den Mauern sich für ihn niederschießen ließ. Vermutlich hatte er an diesem Tage noch keinen Angriff erwartet, weil er eben heute ein Gastmahl bestellte. Ein Eilbote zog ihn endlich vom Tische, und von dem Wall herab zeigte sich ihm die ganze schreckliche Szene. Um einen überlegten Entschluß zu fassen, erbat er sich einen Stillstand von 24 Stunden; achte waren alles, was der Herzog ihm bewilligte. Friedrich benutzte sie, sich mit seiner Gemahlin und den Vornehmsten der Armee des Nachts aus der Hauptstadt zu flüchten. Diese Flucht geschah mit solcher Eilfertigkeit, daß der Fürst von Anhalt seine geheimsten Papiere, und Friedrich seine Krone zurückließ. „Ich weiß nun, wer ich bin", sagte dieser unglückliche Fürst zu denen, welche ihm Trost zusprachen. „Es gibt Tugenden, welche nur das Unglück uns lehren kann, und nur in der Widerwärtigkeit erfahren wir Fürsten, wer wir sind."

Prag war noch nicht ohne Rettung verloren, als Friedrichs Kleinmut es aufgab. Mansfelds fliegendes Kommando stand noch in Pilsen, und hatte die Schlacht nicht gesehen. Bethlen Gabor konnte jeden Augenblick sich feindselig erklären, und die Macht des Kaisers nach der ungarischen Grenze abrufen. Die geschlagenen Böhmen konnten sich erholen, Krankheit, Hunger und rauhe Witterung den Feind aufreiben – alle diese Hoffnungen verschwanden vor der gegenwärtigen Furcht. Friedrich fürchtete den Unbestand der Böhmen, welche leicht der Versuchung unterliegen konnten, mit Auslieferung seiner Person die Verzeihung des Kaisers zu erkaufen.

Thurn, und die in gleicher Verdammnis mit ihm waren, fanden es ebensowenig ratsam, in den Mauern von Prag ihr Schicksal zu erwarten. Sie entwichen nach Mähren, um bald darauf ihre Rettung in Siebenbürgen zu suchen. Friedrich entfloh nach

Breslau, wo er aber nur kurze Zeit verweilte, um an dem Hofe des Kurfürsten von Brandenburg, und endlich in Holland eine Zuflucht zu finden.

Das Treffen bei Prag hatte das ganze Schicksal Böhmens entschieden. Prag ergab sich gleich den andern Tag an den Sieger; die übrigen Städte folgten dem Schicksale der Hauptstadt. Die Stände huldigten ohne Bedingung; das nämliche taten die Schlesier und Mährer. Drei Monate ließ der Kaiser verstreichen, ehe er eine Untersuchung über das Vergangene anstellte. Viele von denen, welche im ersten Schrecken flüchtig geworden, zeigten sich, voll Vertrauen auf diese scheinbare Mäßigung, wieder in der Hauptstadt. Aber an einem Tage und zu derselben Stunde brach das Ungewitter aus. Achtundvierzig der tätigsten Beförderer des Aufstands wurden gefangengenommen, und vor eine außerordentliche Kommission gezogen, die aus gebornen Böhmen und Österreichern niedergesetzt war. Siebenundzwanzig von ihnen starben auf dem Blutgerüste; von dem gemeinen Volk eine unzählige Menge. Die Abwesenden wurden vorgeladen zu erscheinen, und, da keiner sich meldete, als Hochverräter und Beleidiger der katholischen Majestät zum Tode verurteilt, ihre Güter konfisziert, ihre Namen an den Galgen geschlagen. Auch die Güter schon verstorbener Rebellen zog man ein. Diese Tyrannei war zu ertragen, weil sie nur einzelne Privatpersonen traf, und der Raub des einen den andern bereicherte; desto schmerzhafter aber war der Druck, der ohne Unterschied über das ganze Königreich erging. Alle protestantischen Prediger wurden des Landes verwiesen; die böhmischen sogleich, etwas später die deutschen. Den Majestätsbrief durchschnitt Ferdinand mit eigener Hand, und verbrannte das Siegel. Sieben Jahre nach der Prager Schlacht war alle Religionsduldung gegen die Protestanten in dem Königreich aufgehoben. Die Gewalttätigkeiten, welche sich der Kaiser gegen die Religionsprivilegien der Böhmen erlaubte, untersagte er sich gegen ihre politische Konstitution, und indem er ihnen die Freiheit des Denkens nahm, ließ er ihnen großmütig noch das Recht, sich selbst zu taxieren.

Der Sieg auf dem Weißen Berge setzte Ferdinanden in den Besitz aller seiner Staaten; ja er gab sie ihm sogar mit einer größern Gewalt zurück, als sein Vorgänger darin besessen hatte, weil die Huldigung ohne Bedingung geleistet wurde, und kein Majestätsbrief seine landesherrliche Hoheit mehr beschränkte. Das Ziel aller seiner gerechten Wünsche war also erfüllt, und über alle seine Erwartungen.

Jetzt konnte er seine Bundesgenossen entlassen, und seine Armeen zurückrufen. Der Krieg war geendigt, wenn er auch nichts als gerecht war; wenn er großmütig und gerecht war, so war's auch die Strafe. Das ganze Schicksal Deutschlands lag jetzt in seiner Hand, und vieler Millionen Glück und Elend beruhte auf dem Entschluß, den er faßte. Nie lag eine so große Entscheidung in eines Menschen Hand; nie stiftete eines Menschen Verblendung so viel Verderben.

Der Entschluß, welchen Ferdinand jetzt faßte, gab dem Krieg eine ganz andere Richtung, einen andern Schauplatz und andere Spieler. Aus einer Rebellion in Böhmen und einem Exekutionszug gegen Rebellen ward ein deutscher und bald ein europäischer Krieg. Jetzt also ist es Zeit, einen Blick auf Deutschland und das übrige Europa zu werfen.

So ungleich der Grund und Boden des Deutschen Reichs und die Vorrechte seiner Glieder unter Katholiken und Protestanten verteilt waren, so durfte jede Partei nur ihre eigentümlichen Vorteile nutzen, nur in staatskluger Eintracht zusammenhalten, um ihrer Gegenpartei gewachsen zu bleiben. Wenn die katholische die überlegene Zahl für sich hatte, und von der Reichskonstitution mehr begünstigt war, so besaß die protestantische eine zusammenhängende Strecke volkreicher Länder, streitbare Fürsten, einen kriegerischen Adel, zahlreiche Armeen, wohlhabende Reichsstädte, die Herrschaft des Meers, und auf den schlimmsten Fall einen zuverlässigen Anhang in den Ländern katholischer Fürsten. Wenn die katholische Spanien und Italien zu ihrem Beistand bewaffnen konnte, so öffneten die Republiken Venedig, Holland und England der protestantischen ihre Schätze, so fand sie die Staaten des Nordens und die furchtbare türkische Macht zu schneller Hülfe bereit. Brandenburg, Sachsen und Pfalz setzten den drei geistlichen Stimmen im Kurfürstenrate drei bedeutende protestantische Stimmen entgegen, und für den Kurfürsten von Böhmen, wie für den Erzherzog von Österreich, war die Kaiserwürde eine Fessel, wenn die protestantischen Reichsstände ihre Wichtigkeit zu benutzen verstanden. Das Schwert der Union konnte das Schwert der Ligue in der Scheide halten, oder doch den Ausschlag des Krieges, wenn es wirklich dazu kam, zweifelhaft machen. Aber Privatverhältnisse zerrissen leider! das allgemeine politische Band, welches die protestantischen Reichsglieder zusammenhalten sollte. Der große Zeitpunkt fand nur mittelmäßige Geister auf der Bühne, und unbenutzt blieb das entscheidende Moment, weil es den

Mutigen an Macht, den Mächtigen an Einsicht, Mut und Entschlossenheit fehlte.

Das Verdienst seines Ahnherrn Moritz, der Umfang seiner
Länder, und das Gewicht seiner Stimme, stellten den Kurfürsten von Sachsen an die Spitze des protestantischen Deutschlands. Von dem Entschlusse, den dieser Prinz faßte, hing es ab,
welche von beiden streitenden Parteien den Sieg behalten sollte;
auch war Johann Georg nicht unempfindlich gegen die Vorteile, welche ihm dieses wichtige Verhältnis verschaffte. Eine
gleichbedeutende Eroberung für den Kaiser und für den protestantischen Bund, vermied er sorgfältig, sich an einen von
beiden ganz zu verschenken, und durch eine unwiderrufliche
Erklärung sich entweder der Dankbarkeit des Kaisers anzuvertrauen, oder die Vorteile aufzugeben, welche von der Furcht
dieses Fürsten zu gewinnen waren. Unangesteckt von dem
Schwindel ritterlicher oder religiöser Begeisterung, welcher
einen Souverän nach dem andern dahinriß, Krone und Leben
an das Glücksspiel des Kriegs zu wagen, strebte Johann Georg
dem solideren Ruhme nach, das Seinige zu Rat zu halten und
zu verbessern. Wenn seine Zeitgenossen ihn anklagten, daß er
mitten im Sturme die protestantische Sache verlassen; daß er
der Vergrößerung seines Hauses die Errettung des Vaterlands
nachgesetzt; daß er die ganze evangelische Kirche in Deutschland dem Untergange bloßgestellt habe, um nur für die reformierte den Arm nicht zu erheben; wenn sie ihn anklagten, daß
er der gemeinen Sache, als ein unzuverlässiger Freund
nicht viel weniger geschadet habe, als ihre erklärtesten Feinde:
so war es die Schuld dieser Fürsten, welche sich Johann Georgs
weise Politik nicht zum Muster nahmen. Wenn, dieser weisen
Politik ungeachtet, der sächsische Landmann, wie jeder andere,
über die Greuel der kaiserlichen Durchzüge seufzte; wenn
ganz Deutschland Zeuge war, wie Ferdinand seinen Bundesgenossen täuschte, und seiner Versprechungen spottete – wenn
Johann Georg dieses endlich selbst zu bemerken glaubte –
desto mehr Schande für den Kaiser, der ein so redliches Vertrauen so grausam hinterging!

Wenn übertriebenes Vertrauen auf Österreich, und Hoffnung,
seine Länder zu vermehren, dem Kurfürsten von Sachsen die
Hände banden, so hielten Furcht vor Österreich, und Angst,
seine Länder zu verlieren, den schwachen Georg Wilhelm von
Brandenburg in weit schimpflicheren Fesseln. Was man diesen

beiden Fürsten zum Vorwurf machte, hätte dem Kurfürsten von der Pfalz seinen Ruhm und seine Länder gerettet. Rasches Vertrauen auf ungeprüfte Kräfte, der Einfluß französischer Ratschläge, und der verführerische Glanz einer Krone hatten diesen unglücklichen Fürsten zu einem Wagestücke hingerissen, dem weder sein Genie noch seine politische Verfassung gewachsen war. Durch Zerteilung seiner Lande und die schlechte Harmonie seiner Beherrscher wurde die Macht des pfälzischen Hauses geschwächt, welche, in einer einzigen Hand versammelt, den Ausschlag des Kriegs noch lange Zeit hätte zweifelhaft machen können.

Ebendiese Zerstückelung der Lande entkräftete auch das Fürstenhaus Hessen, und die Verschiedenheit der Religion unterhielt zwischen Darmstadt und Kassel eine verderbliche Trennung. Die Linie Darmstadt, der Augsburgischen Konfession zugetan, hatte sich unter die Flügel des Kaisers geflüchtet, der sie auf Unkosten der reformierten Linie Kassel begünstigte. Während daß seine Religionsverwandten für Glauben und Freiheit ihr Blut verspritzten, zog Landgraf Georg von Darmstadt Sold von dem Kaiser. Aber ganz seines Ahnherrn wert, der hundert Jahre früher unternommen hatte, Deutschlands Freiheit gegen den furchtbaren Karl zu verteidigen, erwählte Wilhelm von Kassel die Partei der Gefahr und der Ehre. Über den Kleinmut erhaben, der ungleich mächtigere Fürsten unter Ferdinands Allgewalt beugte, war Landgraf Wilhelm der e r s t e, der seinen Heldenarm freiwillig dem schwedischen Helden brachte, und Deutschlands Fürsten ein Beispiel gab, mit welchem keiner den Anfang machen wollte. Soviel Mut sein Entschluß verriet, soviel Standhaftigkeit zeigte seine Beharrung, soviel Tapferkeit seine Taten. Mit kühner Entschlossenheit stellte er sich vor sein blutendes Land, und empfing einen Feind mit Spott, dessen Hände noch von dem Mordbrande zu Magdeburg rauchten.

Landgraf Wilhelm ist es wert, neben dem heldenreichen Stamme der Ernestinen zur Unsterblichkeit zu gehen. Langsam erschien dir der Tag der Rache, unglücklicher Johann Friedrich, edler, unvergeßlicher Fürst! Langsam, aber glorreich ging er auf. D e i n e Z e i t e n kamen wieder, und auf deine Enkel stieg dein Heldengeist herab. Ein tapfres Geschlecht von Fürsten geht hervor aus Thüringens Wäldern, durch unsterbliche Taten das Urteil zu beschämen, das den Kurhut von deinem Haupte stieß, durch aufgehäufte blutige Totenopfer deinen zürnenden Schatten zu versöhnen. Deine Länder konnte der Spruch des Siegers ihnen rauben; aber nicht die patriotische Tugend, wodurch du sie verwirktest, nicht der ritterliche Mut, der, ein Jahrhundert später, den Thron seines Enkels wanken machen wird. Deine und Deutschlands Rache schliff ihnen gegen Habsburgs Geschlecht einen heiligen Degen, und von einer Heldenhand zur andern erbt sich der unbesiegte Stahl. Als Männer vollführen sie, was sie als Herrscher nicht vermögen, und sterben einen glorreichen Tod – als die tapfersten Soldaten der Freiheit. Zu schwach an Ländern, um mit eigenen Heeren ihren Feind anzufallen, richten sie fremde Donner gegen ihn, und führen fremde Fahnen zum Siege.

Deutschlands Freiheit, aufgegeben von den mächtigen Ständen, auf welche doch allein ihre Wohltat zurückfloß, wurde von einer kleinen Anzahl Prinzen verteidigt, für welche sie kaum einen Wert besaß. Der Besitz von Ländern und Würden ertötete den Mut; Mangel an beiden machte Helden. Wenn Sachsen, Brandenburg u. a. m. sich schüchtern zurückzogen, so sah man die Anhalt, die Mansfeld, die Prinzen von Weimar u. a. ihr Blut in mörderischen Schlachten verschwenden. Die Herzoge von Pommern, von Mecklenburg, von Lüneburg, von Württemberg, die Reichsstädte in Oberdeutschland, denen das Reichsoberhaupt von jeher ein gefürchteter Name war, entzogen sich furchtsam dem Kampf mit dem Kaiser, und beugten sich murrend unter seine zermalmende Hand.

Österreich und das katholische Deutschland hatten an dem Herzog Maximilian von Bayern einen ebenso mächtigen als staatsklugen und tapfern Beschützer. Im ganzen Laufe dieses Krieges einem einzigen überlegten Plane getreu, nie ungewiß zwischen seinem Staatsvorteil und seiner Religion, nie Sklave Österreichs, das für seine Größe arbeitete und vor seinem rettenden Arme zitterte, hätte Maximilian es verdient, die Würden und Länder, welche ihn belohnten, von einer bessern Hand als der Willkür zu empfangen. Die übrigen katholischen Stände, größtenteils geistliche Fürsten, zu unkriegerisch, um den Schwärmen zu widerstehen, die der Wohlstand ihrer Länder anlockte, wurden nacheinander Opfer des Kriegs, und begnügten sich, im Kabinett und auf ihren Kanzeln einen Feind zu verfolgen, vor welchem sie sich im Felde nicht zu stellen wagten. Alle, entweder Sklaven Österreichs oder Bayerns, wichen neben Maximilian in Schatten zurück; erst in den Händen dieses Fürsten wurde ihre versammelte Macht von Bedeutung.

Die furchtbare Monarchie, welche Karl der Fünfte und sein Sohn aus den Niederlanden, aus Mailand und beiden Sizilien, aus den weitläufigen ost- und westindischen Ländern unnatürlich zusammenzwangen, neigte sich schon unter Philipp dem Dritten und Vierten zu ihrem Falle. Von unfruchtbarem Golde zu einer schnellen Größe gebläht, sah man diese Monarchie an einer langsamen Zehrung schwinden, weil ihr die Milch der Staaten, der Feldbau entzogen wurde. Die westindischen Eroberungen hatten Spanien in Armut gestürzt, um alle Märkte Europens zu bereichern, und Wechsler zu Antwerpen, Venedig und Genua wucherten längst mit dem Golde, das noch in den Schachten von Peru schlief. Indiens wegen hatte man die spanischen Länder entvölkert, Indiens Schätze an die Wiedereroberung Hollands, an das schimärische Projekt, die französische Thronfolge umzustoßen, an einen verunglückten Angriff auf England verschwendet. Aber der Stolz dieses Hofes hatte den Zeitpunkt seiner Größe, der Haß seiner Feinde seine Furchtbarkeit überlebt, und der Schrecken schien noch um die verlassene Höhle des Löwen zu schweben. Das Mißtrauen der Protestanten lieh dem Ministerium Philipps des Dritten die gefährliche Staatskunst seines Vaters, und bei den deutschen Katholiken bestand noch immer das Vertrauen auf spanische Hülfe, wie der Wunderglaube an die Knochen der Märtyrer. Äußerliches Gepränge verbarg die Wunden, an denen diese Monarchie sich verblutete, und die Meinung von ihren Kräften blieb, weil sie den hohen Ton ihrer goldenen Tage fortführte. Sklaven zu Hause und Fremdlinge auf ihrem eigenen Thron, gaben die spanischen Schattenkönige ihren deutschen Verwandten Gesetze; und es ist erlaubt, zu zweifeln, ob der Beistand, den sie leisteten, die schimpfliche Abhängigkeit wert war, womit die deutschen Kaiser denselben erkaufen mußten. Hinter den Pyrenäen wurde von unwissenden Mönchen und ränkevollen Günstlingen Europens Schicksal gesponnen. Aber auch in ihrem tiefsten Verfalle mußte eine Macht furchtbar bleiben, die den ersten an Umfang nicht wich, die, wo nicht aus standhafter Politik, doch aus Gewohnheit demselben Staatssystem unverändert getreu blieb, die geübte Armeen und treffliche Generale besaß, die, wo der Krieg nicht zureichte, zu dem

Dolche der Banditen griff, und ihre öffentlichen Gesandten als Mordbrenner zu gebrauchen wußte. Was sie gegen drei Weltgegenden einbüßte, suchte sie gegen Osten wiederzugewinnen und Europa lag in ihrer Schlinge, wenn ihr der lange vorbereitete Anschlag gelang, zwischen den Alpen und dem Adriatischen Meere mit den Erblanden Österreichs zusammenzufließen.

Zu großer Beunruhigung der dortigen Staaten hatte sich diese beschwerliche Macht in Italien eingedrungen, wo ihr fortgesetztes Streben nach Vergrößerung alle benachbarten Souveräns für ihre Besitzungen zittern machte. In der gefährlichsten Lage befand sich der Papst, den die spanischen Vizekönige zwischen Neapel und Mailand in die Mitte nahmen. Die Republik Venedig sah sich zwischen dem österreichischen Tirol und dem spanischen Mailand gepreßt; Savoyen kam zwischen ebendiesem Lande und Frankreich ins Gedränge. Daher die wandelbare und zweideutige Politik, welche seit Karls des Fünften Tagen von den Staaten Italiens beobachtet wurde. Die doppelte Person, welche die Päpste vorstellten, erhielt sie schwankend zwischen zwei ganz widersprechenden Staatssystemen. Wenn der Nachfolger Petri in den spanischen Prinzen seine folgsamsten Söhne, die standhaftesten Verteidiger seines Stuhls verehrte, so hatte der Fürst des Kirchenstaats in ebendiesen Prinzen seine schlimmsten Nachbarn, seine gefährlichsten Gegner zu fürchten. Wenn dem erstern keine Angelegenheit näherging, als die Protestanten vertilgt, und die österreichischen Waffen siegreich zu sehen, so hatte der letztere Ursache, die Waffen der Protestanten zu segnen, die seinen Nachbar außerstand setzten, ihm gefährlich zu werden. Das eine oder das andere behielt die Oberhand, je nachdem die Päpste mehr um ihre weltliche Macht, oder um ihre geistliche Herrschaft bekümmert waren; im ganzen aber richtete sich die römische Staatskunst nach der dringenderen Gefahr – und es ist bekannt, wieviel mächtiger die Furcht, ein gegenwärtiges Gut zu verlieren, das Gemüt zu bestimmen pflegt, als die Begierde, ein längst verlornes wiederzugewinnen. So wird es begreiflich, wie sich der Statthalter Christi mit dem österreichischen Hause zum Untergang der Ketzer, und wie sich ebendieser Statthalter Christi mit ebendiesen Ketzern zum Untergang des österreichischen Hauses verschwören konnte. Bewundernswürdig verflochten ist der Faden der Welt-

geschichte! Was möchte wohl aus der Reformation – was aus
der Freiheit der deutschen Fürsten geworden sein, wenn der
Bischof zu Rom und der Fürst zu Rom beständig ein Interesse gehabt hätten?

Frankreich hatte mit seinem vortrefflichen Heinrich seine
ganze Größe und sein ganzes Gewicht auf der politischen
Waage Europens verloren. Eine stürmische Minderjährigkeit
zernichtete alle Wohltaten der vorhergehenden kraftvollen
Regierung. Unfähige Minister, Geschöpfe der Gunst und Intrige, zerstreuten in wenigen Jahren die Schätze, welche Sullys
Ökonomie und Heinrichs Sparsamkeit aufgehäuft hatten.
Kaum vermögend, ihre erschlichene Gewalt gegen innere Faktionen zu behaupten, mußten sie es aufgeben, das große Steuer
Europens zu lenken. Der nämliche Bürgerkrieg, welcher Deutschland gegen Deutschland bewaffnete, brachte auch Frankreich
gegen Frankreich in Aufruhr, und Ludwig der Dreizehnte tritt
seine Volljährigkeit nur an, um seine eigene Mutter und seine protestantischen Untertanen zu bekriegen. Diese, durch Heinrichs
erleuchtete Politik in Fesseln gehalten, greifen jetzt, durch die
Gelegenheit aufgeweckt, und von einigen unternehmenden
Führern ermuntert, zum Gewehr, ziehen sich im Staat zu einem
eigenen Staat zusammen, und bestimmen die feste und mächtige Stadt Rochelle zum Mittelpunkt ihres werdenden Reichs.
Zuwenig Staatsmann, um durch eine weise Toleranz diesen
Bürgerkrieg in der Geburt zu ersticken, und doch viel zuwenig
Herr über die Kräfte seines Staats, um ihn mit Nachdruck zu
führen, sieht sich Ludwig der Dreizehnte bald zu dem erniedrigenden Schritt gebracht, die Unterwerfung der Rebellen durch
große Geldsummen zu erkaufen. Sosehr ihm auch die Staatsklugheit raten mochte, die Rebellen in Böhmen gegen Österreich zu unterstützen, so untätig mußte Heinrichs des Vierten
Sohn für jetzt noch ihrem Untergange zusehen, glücklich
genug, wenn sich die Kalvinisten in seinem Reiche ihrer Glaubensgenossen jenseits des Rheins nicht zur Unzeit erinnerten.
Ein großer Geist am Ruder des Staats würde die Protestanten
in Frankreich zum Gehorsam gebracht, und ihren Brüdern in
Deutschland die Freiheit erfochten haben; aber Heinrich der
Vierte war nicht mehr, und erst Richelieu sollte seine Staatskunst wieder hervorrufen.

Indem Frankreich von der Höhe seines Ruhms wieder her-
untersank, vollendete das frei gewordene Holland den Bau

seiner Größe. Noch war der begeisterte Mut nicht verraucht, der, von dem Geschlecht der Oranier entzündet, diese kaufmännische Nation in ein Heldenvolk verwandelt, und sie fähig gemacht hatte, ihre Unabhängigkeit in einem mörderischen Kriege gegen das spanische Haus zu behaupten. Eingedenk, wieviel sie selbst bei ihrer Befreiung fremdem Beistande schuldig wären, brannten diese Republikaner von Begierde, ihren deutschen Brüdern zu einem ähnlichen Schicksal zu verhelfen, und dies um so mehr, da beide gegen den nämlichen Feind stritten, und Deutschlands Freiheit der Freiheit Hollands zur besten Brustwehr diente. Aber eine Republik, die noch um ihr eigenes Dasein kämpfte, die mit den bewundernswürdigsten Anstrengungen einem überlegenen Feinde in ihrem eigenen Gebiete kaum gewachsen blieb, durfte ihre Kräfte der notwendigen Selbstverteidigung nicht entziehen, um sie mit großmütiger Politik für fremde Staaten zu verschwenden.

Auch England, obgleich unterdessen durch Schottland vergrößert, hatte unter seinem schwachen Jakob in Europa das Gewicht nicht mehr, welches ihm der Herrschergeist seiner Elisabeth zu verschaffen gewußt hatte. Überzeugt, daß die Wohlfahrt ihrer Insel an der Sicherheit der Protestanten befestigt sei, hatte sich diese staatskluge Königin nie von dem Grundsatz entfernt, jede Unternehmung zu befördern, die auf Verringerung der österreichischen Macht abzielte. Ihrem Nachfolger fehlte es sowohl an Geist, diesen Grundsatz zu fassen, als an Macht, ihn in Ausübung zu bringen. Wenn die sparsame Elisabeth ihre Schätze nicht schonte, um den Niederlanden gegen Spanien, Heinrich dem Vierten gegen die Wut der Ligue beizuspringen, so überließ Jakob – Tochter, Enkel und Eidam der Willkür eines unversöhnlichen Siegers. Während daß dieser König seine Gelehrsamkeit erschöpfte, um den Ursprung der königlichen Majestät im Himmel aufzusuchen, ließ er die seinige auf Erden verfallen. Indem er seine Beredsamkeit anstrengte, um das unumschränkte Recht der Könige zu erweisen, erinnerte er die englische Nation an das ihrige, und verscherzte durch eine unnütze Geldverschwendung sein wichtigstes Regal, das Parlament zu entbehren, und der Freiheit ihre Stimme zu nehmen. Ein angebornes Grauen vor jeder bloßen Klinge schreckte ihn auch von dem gerechtesten Kriege zurück; sein Liebling Buckingham spielte mit seinen Schwächen, und seine selbstgefällige Eitelkeit machte es der spanischen Arglist leicht, ihn zu betriegen. Während daß man seinen Eidam in Deutschland zugrunde richtete, und das Erbteil seiner Enkel an andere verschenkte, zog dieser blödsinnige Fürst mit glückseligem Wohlgefallen den Weihrauch ein, den ihm Österreich und Spanien streuten. Um seine Aufmerksamkeit von dem deutschen Kriege abzulenken, zeigte man ihm eine Schwiegertochter in Madrid, und der spaßhafte Vater rüstete seinen abenteuerlichen Sohn selbst zu dem Gaukelspiel aus, mit welchem dieser seine spanische Braut überraschte. Die spanische Braut verschwand seinem Sohne, wie die böhmische Krone und der pfälzische Kurhut seinem Eidam, und nur der Tod entriß ihn der Gefahr, seine friedfertige Regierung mit einem Kriege zu beschließen, bloß weil er den Mut nicht gehabt hatte, ihn von weitem zu zeigen.

Die bürgerlichen Stürme, durch sein ungeschicktes Regiment vorbereitet, erwachten unter seinem unglücklichen Sohn, und nötigten diesen bald nach einigen unerheblichen Versuchen, jedem Anteil an dem deutschen Kriege zu entsagen, um die Wut der Faktionen in seinem eigenen Reiche zu löschen, von denen er endlich ein beklagenswertes Opfer ward.

Zwei verdienstvolle Könige, an persönlichem Ruhm einander zwar bei weiten nicht gleich, aber gleich an Macht und an Ruhmbegierde, setzten damals den europäischen Norden in Achtung. Unter der langen und tätigen Regierung Christians des Vierten wuchs Dänemark zu einer bedeutenden Macht empor. Die persönlichen Eigenschaften dieses Fürsten, eine vortreffliche Marine, auserlesene Truppen, wohlbestellte Finanzen und staatskluge Bündnisse vereinigten sich, diesem Staate einen blühenden Wohlstand von innen, und Ansehen von außen zu verschaffen. Schweden hatte Gustav Wasa aus der Knechtschaft gerissen, durch eine weise Gesetzgebung umgestaltet, und den neu geschaffenen Staat zuerst an den Tag der Weltgeschichte hervorgezogen. Was dieser große Prinz nur im rohen Grundrisse andeutete, wurde durch seinen größern Enkel Gustav Adolf vollendet.

Beide Reiche, vormals in eine einzige Monarchie unnatürlich zusammengezwungen, und kraftlos in dieser Vereinigung, hatten sich zu den Zeiten der Reformation gewaltsam voneinander getrennt, und diese Trennung war die Epoche ihres Gedeihens. So schädlich sich jene gezwungene Vereinigung für beide Reiche erwiesen, so notwendig war den getrennten

Staaten nachbarliche Freundschaft und Harmonie. Auf beide
stützte sich die evangelische Kirche, beide hatten dieselben
Meere zu bewachen; ein Interesse hätte sie gegen denselben
Feind vereinigen sollen. Aber der Haß, welcher die Verbindung
beider Monarchien aufgelöst hatte, fuhr fort, die längst getrennten Nationen feindselig zu entzweien. Noch immer konnten
die dänischen Könige ihren Ansprüchen auf das schwedische
Reich nicht entsagen, Schweden das Andenken der vormaligen
dänischen Tyrannei nicht verbannen. Die zusammenfließenden
Grenzen beider Reiche boten der Nationalfeindschaft einen
ewigen Zunder dar, die wachsame Eifersucht beider Könige
und unvermeidliche Handelskollisionen in den nordischen
Meeren ließen die Quelle des Streits nie versiegen.

Unter den Hülfsmitteln, wodurch Gustav Wasa, der Stifter
des schwedischen Reichs, seiner neuen Schöpfung Festigkeit
zu geben gesucht hatte, war die Kirchenreformation eine der
wirksamsten gewesen. Ein Reichsgrundgesetz schloß die Anhänger des Papsttums von allen Staatsämtern aus, und verbot
jedem künftigen Beherrscher Schwedens, den Religionszustand
des Reichs abzuändern. Aber schon Gustavs zweiter Sohn und
zweiter Nachfolger, Johann, trat zu dem Papsttum zurück,
und dessen Sohn, Sigismund, zugleich König von Polen, erlaubte sich Schritte, welche zum Untergang der Verfassung
und der herrschenden Kirche abzielten. Karln, Herzog von
Södermanland, Gustavs dritten Sohn, an ihrer Spitze, taten die
Stände einen herzhaften Widerstand, woraus zuletzt ein offenbarer Bürgerkrieg zwischen dem Oheim und Neffen, zwischen
dem König und der Nation sich entzündete. Herzog Karl, während der Abwesenheit des Königs Verweser des Reichs, benutzte
Sigismunds lange Residenz in Polen und den gerechten Unwillen der Stände, die Nation sich aufs engste zu verbinden, und seinem
eigenen Hause unvermerkt den Weg zum Throne zu bahnen. Die
schlechten Maßregeln Sigismunds beförderten seine Absicht
nicht wenig. Eine allgemeine Reichsversammlung erlaubte sich,
zum Vorteil des Reichsverwesers, von dem Recht der Erstgeburt abzuweichen, welches Gustav Wasa in der schwedischen Thronfolge eingeführt hatte, und setzte den Herzog von
Södermanland auf den Thron, von welchem Sigismund mit
seiner ganzen Nachkommenschaft feierlich ausgeschlossen
wurde. Der Sohn des neuen Königs, der unter dem Namen
Karls des Neunten regierte, war Gustav Adolf, dem aus eben-

diesem Grunde die Anhänger Sigismunds, als dem Sohn eines Thronräubers, die Anerkennung versagten. Aber wenn die Verbindlichkeit zwischen König und Volk gegenseitig ist, wenn sich Staaten nicht wie eine tote Ware von einer Hand zur andern forterben, so muß es einer ganzen, einstimmig handelnden Nation erlaubt sein, einem eidbrüchigen Beherrscher ihre Pflicht aufzukündigen und seinen Platz durch einen Würdigern zu besetzen.

Gustav Adolf hatte das siebzehnte Jahr noch nicht vollendet, als der schwedische Thron durch den Tod seines Vaters erledigt wurde; aber die frühe Reife seines Geistes vermochte die Stände, den gesetzmäßigen Zeitraum der Minderjährigkeit zu seinem Vorteil zu verkürzen. Mit einem glorreichen Siege über sich selbst eröffnete er eine Regierung, die den Sieg zum beständigen Begleiter haben und siegend endigen sollte. Die junge Gräfin von Brahe, eine Tochter seines Untertans, hatte die Erstlinge seines großen Herzens, und sein Entschluß war aufrichtig, den schwedischen Thron mit ihr zu teilen. Aber von Zeit und Umständen bezwungen, unterwarf sich seine Neigung der höhern Regentenpflicht, und die Heldentugend gewann wieder ausschließend ein Herz, das nicht bestimmt war, sich auf das stille häusliche Glück einzuschränken.

Christian der Vierte von Dänemark, König schon, ehe Gustav das Licht der Welt erblickte, hatte die schwedischen Grenzen angefallen, und über den Vater dieses Helden wichtige Vorteile errungen. Gustav Adolf eilte, diesen verderblichen Krieg zu endigen, und erkaufte durch weise Aufopferungen den Frieden, um seine Waffen gegen den Zar von Moskau zu kehren. Nie versuchte ihn der zweideutige Ruhm eines Eroberers, das Blut seiner Völker in ungerechten Kriegen zu verspritzen; aber ein gerechter wurde nie von ihm verschmäht. Seine Waffen waren glücklich gegen Rußland, und das schwedische Reich sah sich mit wichtigen Provinzen gegen Osten vergrößert.

Unterdessen setzte König Sigismund von Polen gegen den Sohn die feindseligen Gesinnungen fort, wozu der Vater ihn berechtigt hatte, und ließ keinen Kunstgriff unversucht, die Untertanen Gustav Adolfs in ihrer Treue wankend, seine Freunde kaltsinnig, seine Feinde unversöhnlich zu machen. Weder die großen Eigenschaften seines Gegners, noch die gehäuftesten Merkmale von Ergebenheit, welche Schweden

seinem angebeteten Könige gab, konnten jenen verblendeten
Fürsten von der törichten Hoffnung heilen, den verlornen
Thron wieder zu besteigen. Alle Friedensvorschläge Gustavs
wurden mit Übermut verschmäht. Unwillkürlich sah sich dieser
friedliebende Held in einen langwierigen Krieg mit Polen ver-
wickelt, in welchem nach und nach ganz Livland und Polnisch-
Preußen der schwedischen Herrschaft unterworfen wurden.
Immer Sieger, war Gustav Adolf immer der erste bereit, die
Hand zum Frieden zu bieten.

Dieser schwedisch-polnische Krieg fällt in den Anfang des
Dreißigjährigen in Deutschland, mit welchem er in Verbindung
steht. Es war genug, daß König Sigismund, ein Katholik, die
schwedische Krone einem protestantischen Prinzen streitig
machte, um sich der tätigsten Freundschaft Spaniens und
Österreichs versichert halten zu können; eine doppelte Verwandtschaft mit dem Kaiser gab ihm noch ein näheres Recht
an seinen Schutz. Das Vertrauen auf eine so mächtige Stütze
war es auch vorzüglich, was den König von Polen zur Fortsetzung eines Krieges aufmunterte, der sich so sehr zu seinem
Nachteil erklärte; und die Höfe zu Madrid und Wien unterließen nicht, ihn durch prahlerische Versprechungen bei gutem
Mute zu erhalten. Indem Sigismund in Livland, Kurland und
Preußen einen Platz nach dem andern verlor, sah er seinen
Bundesgenossen in Deutschland zu der nämlichen Zeit von
Sieg zu Sieg der unumschränkten Herrschaft entgegeneilen –
kein Wunder, wenn seine Abneigung gegen den Frieden in
gleichem Verhältnis mit seinen Niederlagen stieg. Die Heftigkeit, mit der er seine schimärische Hoffnung verfolgte, ver-
blendete ihm die Augen gegen die arglistige Politik seines
Bundsgenossen, der auf seine Unkosten nur den schwedischen Helden beschäftigte, um desto ungestörter die Freiheit
des Deutschen Reichs umzustürzen, und alsdann den erschöpften Norden als eine leichte Eroberung an sich zu reißen. Ein
Umstand, auf den man allein nicht gerechnet hatte – Gustavs
Heldengröße, zerriß das Gewebe dieser betriegerischen Staatskunst. Dieser achtjährige polnische Krieg, weit entfernt, die
schwedische Macht zu erschöpfen, hatte bloß dazu gedient, das
Feldherrngenie Gustav Adolfs zu zeitigen, in einer langen
Fechtübung die schwedischen Heere zu stählen, und unvermerkt die neue Kriegskunst in Gang zu bringen, durch welche
sie nachher auf deutschem Boden Wunder tun sollten.

Nach dieser notwendigen Digression über den damaligen Zustand der europäischen Staaten sei mir erlaubt, den Faden der Geschichte wiederaufzunehmen.

Seine Staaten hatte Ferdinand wieder, aber noch nicht den Aufwand, den ihre Wiedereroberung ihm gekostet hatte. Eine Summe von 40 Millionen Gulden, welche die Konfiskationen in Böhmen und Mähren in seine Hände brachten, würde hinreichend gewesen sein, ihm und seinen Alliierten alle Unkosten zu vergüten; aber diese unermeßliche Summe war bald in den Händen der Jesuiten und seiner Günstlinge zerronnen. Herzog Maximilian von Bayern, dessen siegreichem Arme der Kaiser fast allein den Besitz seiner Staaten verdankte, der, um seiner Religion und seinem Kaiser zu dienen, einen nahen Verwandten aufgeopfert hatte, Maximilian hatte die gegründetsten Ansprüche auf seine Dankbarkeit; und in einem Vertrage, den der Herzog noch vor dem Ausbruch des Kriegs mit dem Kaiser schloß, hatte er sich ausdrücklich den Ersatz aller Unkosten ausbedungen. Ferdinand fühlte die ganze Verbindlichkeit, welche dieser Vertrag und jene Dienste ihm auflegten; aber er hatte nicht Lust, sie mit eigenem Verlust zu erfüllen. Seine Absicht war, den Herzog auf das glänzendste zu belohnen, aber ohne sich selbst zu berauben. Wie konnte dieses besser geschehen, als auf Unkosten desjenigen Fürsten, gegen welchen ihm der Krieg dieses Recht zu geben schien, dessen Vergehungen schwer genug abgeschildert werden konnten, um jede Gewalttätigkeit durch das Ansehen der Gesetze zu rechtfertigen? Friedrich mußte also weiter verfolgt, Friedrich zugrunde gerichtet werden, damit Maximilian belohnt werden könnte, und ein neuer Krieg ward eröffnet, um den alten zu bezahlen.

Aber ein ungleich wichtigerer Beweggrund kam hinzu, das Gewicht dieses erstern zu verstärken. Bis hierher hatte Ferdinand bloß für seine Existenz gefochten, und keine andere Pflichten, als die der Selbstverteidigung, erfüllt. Jetzt aber, da der Sieg ihm Freiheit zu handeln gab, gedachte er seiner vermeintlichen höheren Pflichten, und erinnerte sich an das Gelübde, das er zu Loreto und Rom seiner Generalissima, der heiligen Jungfrau, getan, mit Gefahr seiner Krone und seines Lebens ihre Verehrung auszubreiten. Die Unterdrückung der Protestanten war mit diesem Gelübde unzertrennlich verknüpft. Günstigere Umstände konnten sich zu Erfüllung desselben nicht vereinigen, als sich jetzt nach Endigung des böhmischen Kriegs beisammen fanden. Die pfälzischen Lande in katholische Hände zu bringen, fehlte es ihm weder an Macht, noch an einem Schein des Rechts, und unübersehlich wichtig waren die Folgen dieser Veränderung für das ganze katholische Deutschland. Indem er den Herzog von Bayern mit dem Raube seines Verwandten belohnte, befriedigte er zugleich seine niedrigsten Begierden, und erfüllte seine erhabenste Pflicht: er zermalmte einen Feind, den er haßte; er ersparte seinem Eigennutz ein schmerzhaftes Opfer, indem er sich die himmlische Krone verdiente.

Friedrichs Untergang war längst im Kabinett des Kaisers beschlossen, ehe das Schicksal sich gegen ihn erklärte; aber erst, nachdem dieses letzte geschehen war, wagte man es, diesen Donner der willkürlichen Gewalt gegen ihn zu schleudern. Ein Schluß des Kaisers, dem alle Formalitäten fehlten, welche die Reichsgesetze in einem solchen Falle notwendig machen, erklärte den Kurfürsten und drei andere Prinzen, welche in Schlesien und Böhmen für ihn die Waffen geführt hatten, als Beleidiger der kaiserlichen Majestät und Störer des Landfriedens, in die Reichsacht und aller ihrer Würden und Länder verlustig. Die Vollstreckung dieser Sentenz gegen Friedrich, nämlich die Eroberung seiner Länder, wurde, mit einer ähnlichen Verspottung der Reichsgesetze, der Krone Spanien, als Besitzerin des burgundischen Kreises, dem Herzog von Bayern und der Ligue aufgetragen. Wäre die evangelische Union des Namens wert gewesen, den sie trug, und der Sache, die sie verteidigte, so würde man bei Vollstreckung der Reichsacht unüberwindliche Hindernisse gefunden haben; aber eine so verächtliche Macht, die den spanischen Truppen in der Unterpfalz kaum gewachsen war, mußte es aufgeben, gegen die vereinigte Macht des Kaisers, Bayerns und der Ligue zu streiten. Das Urteil der Reichsacht, welches über den Kurfürsten ausgesprochen war, scheuchte sogleich alle Reichsstädte von dem Bündnis hinweg, und die Fürsten folgten bald ihrem Beispiele. Glücklich genug, ihre eigenen Länder zu retten, überließen sie den Kurfürsten, ihr ehemaliges Oberhaupt, der Willkür des Kaisers, schwuren die Union ab, und gelobten, sie nie wieder zu erneuern.

Unrühmlich hatten die deutschen Fürsten den unglücklichen Friedrich verlassen, Böhmen, Schlesien und Mähren der furchtbaren Macht des Kaisers gehuldigt; ein einziger Mann, ein Glücksritter, dessen ganzer Reichtum sein Degen war, Ernst Graf von Mansfeld, wagte es, in der böhmischen Stadt Pilsen der ganzen Macht des Kaisers zu trotzen. Von dem Kurfürsten, dem er seine Dienste gewidmet hatte, nach der Prager Schlacht ohne alle Hülfe gelassen, unwissend sogar, ob ihm Friedrich seine Beharrlichkeit dankte, hielt er noch eine Zeitlang allein gegen die Kaiserlichen stand, bis seine Truppen, von der Geldnot getrieben, die Stadt Pilsen an den Kaiser verkauften; von diesem Schlage nicht erschüttert, sah man ihn bald darauf in der Oberpfalz neue Werbeplätze anlegen, um die Truppen an sich zu ziehen, welche die Union verabschiedet hatte. Ein neues, zwanzigtausend Mann starkes Heer entstand in kurzen unter seinen Fahnen, um so furchtbarer für alle Provinzen, auf die es sich warf, weil es durch Raub allein sich erhalten konnte. Unwissend, wohin dieser Schwarm stürzen würde, zitterten schon alle benachbarten Bistümer, deren Reichtum ihn anlocken konnte. Aber ins Gedränge gebracht von dem Herzog von Bayern, der als Vollstrecker der Reichsacht in die Oberpfalz eindrang, mußte Mansfeld aus dieser Gegend entweichen. Durch einen glücklichen Betrug dem nacheilenden bayrischen General Tilly entsprungen, erschien er auf einmal in der Unterpfalz, und übte dort an den rheinischen Bistümern die Mißhandlungen aus, die er den fränkischen zugedacht hatte. Während daß die kaiserlich-bayrische Armee Böhmen überschwemmte, war der spanische General Ambros Spinola von den Niederlanden aus mit einem ansehnlichen Heer in die Unterpfalz eingefallen, welche der Ulmer Vergleich der Union zu verteidigen erlaubte. Aber die Maßregeln waren so schlecht genommen, daß ein Platz nach dem andern in spanische Hände fiel, und endlich, als die Union auseinandergegangen war, der größte Teil des Landes von spanischen Truppen besetzt blieb. Der spanische General Corduba, welcher diese Truppen nach dem Abzug des Spinola befehligte, hob eiligst die Belagerung Frankenthals auf, als Mansfeld in die Unterpfalz eintrat. Aber anstatt die Spanier aus dieser Provinz zu vertreiben, eilte dieser über den Rhein, um seinen bedürftigen Truppen in dem Elsaß ein Fest zu bereiten. Zur fürchterlichsten Einöde wurden alle offnen Länder, über welche sich dieser Räuberschwarm ergoß, und nur durch ungeheure Summen konnten sich die Städte von der Plünderung loskaufen. Gestärkt von diesem Zuge, zeigte sich Mansfeld wieder am Rhein, die Unterpfalz zu decken.

Solange ein solcher Arm für ihn stritt, war Kurfürst Friedrich nicht unrettbar verloren. Neue Aussichten fingen an sich ihm zu zeigen, und das Unglück weckte ihm Freunde auf, die ihm in seinem Glücke geschwiegen hatten. König Jakob von England, der gleichgültig zugesehen hatte, wie sein Eidam die böhmische Krone verlor, erwachte aus seiner Fühllosigkeit, da es die ganze Existenz seiner Tochter und seiner Enkel galt, und der siegreiche Feind einen Angriff auf die Kurlande wagte. Spät genug öffnete er jetzt seine Schätze, und eilte, die Union, die damals die Unterpfalz noch verteidigte, und, als diese dahin war, den Grafen von Mansfeld mit Geld und Truppen zu unterstützen. Durch ihn wurde auch sein naher Anverwandter, König Christian von Dänemark, zu tätiger Hülfe aufgefordert. Der ablaufende Stillstand zwischen Spanien und Holland beraubte zugleich den Kaiser alles Beistandes, den er von den Niederlanden aus zu erwarten gehabt hätte. Wichtiger als alles dieses war die Hülfe, die dem Pfalzgrafen von Siebenbürgen und Ungarn aus erschien. Der Stillstand Gabors mit dem Kaiser war kaum zu Ende, als dieser furchtbare alte Feind Österreichs Ungarn aufs neue überschwemmte, und sich in Preßburg zum König krönen ließ. Reißend schnell waren seine Fortschritte, daß Buquoy Böhmen verlassen mußte, um Ungarn und Österreich gegen Gaborn zu verteidigen. Dieser tapfere General fand bei der Belagerung von Neuhäusel seinen Tod; schon vorher war der ebenso tapfere Dampierre vor Preßburg geblieben. Unaufgehalten drang Gabor an die österreichische Grenze vor; der alte Graf von Thurn und mehrere geächtete Böhmen hatten ihren Haß und ihren Arm mit diesem Feind ihres Feindes vereinigt. Ein nachdrücklicher Angriff von deutscher Seite, während daß Gabor den Kaiser von Ungarn aus bedrängte, hätte Friedrichs Glück schnell wiederherstellen können; aber immer hatten die Böhmen und die Deutschen die Waffen aus den Händen gelegt, wenn Gabor ins Feld rückte, immer hatte sich dieser letztere erschöpft, wenn jene anfingen sich zu erholen.

Friedrich hatte indessen nicht gesäumt, sich seinem neuen Beschützer Mansfeld in die Arme zu werfen. Verkleidet erschien er in der Unterpfalz, um welche Mansfeld und der bayrische General Tilly sich rissen; die Oberpfalz hatte man längst überwältigt. Ein Strahl von Hoffnung ging ihm auf, als aus den Trümmern der Union neue Freunde für ihn erstanden. Markgraf Georg Friedrich von Baden, ein ehemaliges Mitglied derselben, fing seit einiger Zeit an, eine Kriegsmacht zusammenzuziehen, welche sich bald zu einem ansehnlichen Heere vermehrte. Niemand wußte, wem es galt, als er unversehens ins Feld rückte, und sich mit dem Grafen Mansfeld vereinigte. Seine Markgrafschaft hatte er, ehe er in den Krieg zog, seinem Sohne abgetreten, um sie durch diesen Kunstgriff der Rache des Kaisers zu entziehen, wenn das Glück etwas Menschliches über ihn verhängen sollte. Auch der benachbarte Herzog von Württemberg fing an, seine Kriegsmacht zu verstärken. Dem Pfalzgrafen wuchs dadurch der Mut, und er arbeitete mit allem Ernste daran, die Union wieder ins Leben zu rufen. Jetzt war die Reihe an Tilly, auf seine Sicherheit zu denken. In größter Eile zog er die Truppen des spanischen Generals Corduba an sich. Aber indem der Feind seine Macht vereinigte, trennten sich Mansfeld und der Markgraf von Baden, und der letztere wurde von dem bayrischen General bei Wimpfen geschlagen (1622).

Ein Aventurier ohne Geld, dem man selbst die rechtmäßige Geburt streitig machte, hatte sich zum Verteidiger eines Königs aufgestellt, den einer seiner nächsten Verwandten zugrunde richtete, und der Vater seiner Gemahlin im Stich ließ. Ein regierender Prinz begab sich seiner Länder, die er ruhig beherrschte, um für einen andern, der ihm fremd war, das ungewisse Glück des Kriegs zu versuchen. Ein neuer Glücksritter, an Staaten arm, desto reicher an glorreichen Ahnen, übernimmt nach ihm die Verteidigung einer Sache, welche jener auszuführen verzweifelte. Herzog Christian von Braunschweig, Administrator von Halberstadt, glaubte dem Grafen von Mansfeld das Geheimnis abgelernt zu haben, eine Armee von zwanzigtausend Mann ohne Geld auf den Beinen zu erhalten. Von jugendlichem Übermute getrieben, und voll Begierde, sich auf Kosten der katholischen Geistlichkeit, die er ritterlich haßte, einen Namen zu machen und Beute zu erwerben, versammelte er in Niedersachsen ein beträchtliches Heer, welchem die Verteidigung Friedrichs und der deutschen Freiheit den Namen leihen mußte. Gottes Freund und der Pfaffen Feind war der Wahlspruch, den er auf seinen Münzen von eingeschmolzenem Kirchensilber führte, und dem er durch seine Taten keine Schande machte.

Der Weg, den diese Räuberbande nahm, war wie gewöhnlich mit der schrecklichsten Verheerung bezeichnet. Durch Plünderung der niedersächsischen und westfälischen Stifter sammelte sie Kräfte, die Bistümer am Oberrhein zu plündern. Von Freund und Feind dort vertrieben, näherte sich der Administrator bei der mainzischen Stadt Höchst dem Mainstrome, den er nach einem mörderischen Gefechte mit Tilly, der ihm den Übergang streitig machen wollte, passierte. Mit Verlust seines halben Heers erreichte er das jenseitige Ufer, wo er den Überrest seiner Truppen schnell wieder sammelte, und mit demselben zu dem Grafen von Mansfeld stieß. Verfolgt von Tilly, stürzte sich dieser vereinigte Schwarm zum zweitenmal über das Elsaß, um die Verwüstungen nachzuholen, die bei dem ersten Einfall unterblieben waren. Während daß der Kurfürst Friedrich, nicht viel anders als ein flüchtiger Bettler, mit dem Heere herumzog, das ihn als seinen Herrn erkannte, und mit seinem Namen sich schmückte, waren seine Freunde geschäftig, ihn mit dem Kaiser zu versöhnen. Ferdinand wollte diesen noch nicht alle Hoffnung benehmen, den Pfalzgrafen wiedereingesetzt zu sehen. Voll Arglist und Verstellung, zeigte er sich bereitwillig zu Unterhandlungen, wodurch er ihren Eifer im Felde zu erkälten, und das Äußerste zu verhindern hoffte. König Jakob, das Spiel der österreichischen Arglist, wie immer, trug durch seine törichte Geschäftigkeit nicht wenig dazu bei, die Maßregeln des Kaisers zu unterstützen. Vor allem verlangte Ferdinand, daß Friedrich die Waffen von sich legte, wenn er an die G n a d e des Kaisers appelliere; und Jakob fand diese Forderung äußerst billig. Auf sein Geheiß erteilte der Pfalzgraf seinen einzigen wahren Beschützern, dem Grafen von Mansfeld und dem Administrator, den Abschied, und erwartete in Holland sein Schicksal von der Barmherzigkeit des Kaisers.

Mansfeld und Herzog Christian waren bloß eines neuen Namens wegen verlegen; die Sache des Pfalzgrafen hatte sie nicht in Rüstung gesetzt, also konnte sein Abschied sie nicht entwaffnen. Der Krieg war ihr Zweck, gleichviel, für wessen Sache sie kriegten. Nach einem vergeblichen Versuch des Grafen Mansfeld, in die Dienste des Kaisers zu treten, zogen sich beide nach Lothringen, wo die Ausschweifungen ihrer Truppen bis in das innerste Frankreich Schrecken verbreiteten. Eine Zeitlang harrten sie hier vergebens auf einen Herrn, der sie dingen sollte, als die Holländer, von dem spanischen Gene-

ral Spinola bedrängt, ihnen Dienste anboten. Nach einem mörderischen Gefecht bei Fleurus mit den Spaniern, die ihnen den
Weg verlegen wollten, erreichten sie Holland, wo ihre Erscheinung den spanischen General sogleich vermochte, die
Belagerung von Bergen op Zoom aufzuheben. Aber auch
Holland war dieser schlimmen Gäste bald müde, und benutzte
den ersten Augenblick von Erholung, sich ihres gefährlichen
Beistandes zu entledigen. Mansfeld ließ seine Truppen in der
fetten Provinz Ostfriesland zu neuen Taten sich stärken. Herzog Christian, voll Leidenschaft für die Pfalzgräfin, die er in
Holland hatte kennen lernen, und kriegslustiger als je, führte
die seinigen nach Niedersachsen zurück, den Handschuh dieser
Prinzessin auf seinem Hut, und die Devise: Alles für Gott
und sie! auf seinen Fahnen. Beide hatten ihre Rolle in diesem
Kriege noch lange nicht geendigt.

   Alle kaiserlichen Staaten waren jetzt endlich von Feinden
gereinigt, die Union aufgelöst, der Markgraf von Baden, Graf
Mansfeld und Herzog Christian aus dem Felde geschlagen, und
die pfälzischen Lande von den Truppen der Reichsexekution
überschwemmt. Mannheim und Heidelberg hatten die Bayern
im Besitze, und bald wurde auch Frankenthal den Spaniern
geräumt. In einem Winkel von Holland harrte der Pfalzgraf
auf die schimpfliche Erlaubnis, durch einen Fußfall den Zorn
des Kaisers versöhnen zu dürfen; und ein sogenannter Kur-
fürstentag zu Regensburg sollte endlich sein Schicksal bestimmen. Längst war dieses am Hofe des Kaisers entschieden; aber
jetzt erst waren die Umstände günstig genug, mit dieser ganzen
Entscheidung an das Licht hervorzutreten. Nach allem dem,
was bis jetzt von dem Kaiser gegen den Kurfürsten geschehen
war, glaubte Ferdinand keine aufrichtige Versöhnung mehr
hoffen zu können. Nur indem man die Gewalttätigkeit vollendete, glaubte man sie unschädlich zu machen. Verloren
mußte also bleiben, was verloren war; Friedrich durfte seine
Länder nicht wiedersehen, und ein Fürst ohne Land und Volk
konnte den Kurhut nicht mehr tragen. So schwer sich der
Pfalzgraf gegen das Haus Österreich verschuldet hatte, so ein
herrliches Verdienst hatte sich der Herzog von Bayern um dasselbe erworben. Soviel das Haus Österreich und die katholische
Kirche von der Rachbegierde und dem Religionshaß des
pfälzischen Hauses zu fürchten haben mochten, soviel hatten beide von der Dankbarkeit und dem Religionseifer des

bayrischen zu hoffen. Endlich wurde, durch Übertragung
der pfälzischen Kurwürde an Bayern, der katholischen Religion
das entschiedenste Übergewicht im Kurfürstenrate, und ein
bleibender Sieg in Deutschland versichert.

Dieses letzte war genug, die drei geistlichen Kurfürsten dieser
Neuerung günstig zu machen; unter den protestantischen war
nur die einzige Stimme Kursachsens wichtig. Konnte aber
Johann Georg dem Kaiser ein Recht streitig machen, ohne
welches er sein eigenes an dem Kurhut dem Zweifel aussetzte?
Einem Fürsten zwar, den seine Abkunft, seine Würde und seine
Macht an die Spitze der protestantischen Kirche in Deutschland stellten, hätte, wie es schien, nichts heiliger sein sollen, als
die Rechte dieser Kirche gegen alle Angriffe der katholischen
zu behaupten; aber die Frage war jetzt nicht sowohl, wie man
das Interesse der protestantischen Religion gegen die Katholiken wahrnehmen, sondern welcher von zwei gleich gehaßten
Religionen, der kalvinischen oder der päpstlichen, man den
Sieg über die andere gönnen, welchem von zwei gleich schlimmen Feinden man die pfälzische Kur zusprechen sollte; und im
Gedränge zwischen zwei entgegengesetzten Pflichten war es
ja wohl natürlich – dem Privathaß und dem Privatnutzen den
Ausschlag heimzustellen. Der geborne Beschützer der deutschen Freiheit und der protestantischen Religion ermunterte
den Kaiser, über die pfälzische Kur nach kaiserlicher Machtvollkommenheit zu verfügen, und sich im geringsten nicht irren zu lassen, wenn man von seiten Kursachsens, der Form
wegen, sich seinen Maßregeln entgegensetzen sollte. Wenn
Johann Georg in der Folge mit seiner Einwilligung zurück-
hielt, so hatte Ferdinand selbst durch Vertreibung der evangelischen Prediger aus Böhmen zu dieser Sinnesänderung Anlaß gegeben; und die Belehnung Bayerns mit der pfälzischen
Kur hörte auf eine gesetzwidrige Handlung zu sein, sobald der
Kaiser sich dazu verstand, dem Kurfürsten von Sachsen für
eine Rechnung von sechs Millionen Taler Kriegskosten die
Lausitz einzuräumen.

Ferdinand belehnte also, mit Widerspruch des ganzen protestantischen Deutschlands, mit Verspottung der Reichsgrund-
gesetze, die er in der Wahlkapitulation beschworen, den Herzog
von Bayern zu Regensburg feierlich mit der pfälzischen Kur,
doch, wie es hieß, unbeschadet der Ansprüche, welche die
Agnaten und Nachkommen Friedrichs darauf geltend machen

möchten. Dieser unglückliche Fürst sah sich jetzt unwiderruflich aus dem Besitz seiner Staaten vertrieben, ohne vor dem Gerichte, das ihn verdammte, zuvor gehört worden zu sein; eine Gerechtigkeit, welche die Gesetze auch dem geringsten Untertan, auch dem schwärzesten Verbrecher vergönnen.

Dieser gewaltsame Schritt öffnete endlich dem König von England die Augen, und da um ebendiese Zeit die Unterhandlungen zerrissen wurden, welche wegen einer Heirat seines Sohnes mit einer spanischen Tochter angesponnen waren, so nahm endlich Jakob mit Lebhaftigkeit die Partei seines Eidams. Eine Revolution im französischen Ministerium hatte den Kardinal Richelieu zum Herrn der Geschäfte gemacht, und dieses tief gesunkene Königreich fing bald an zu fühlen, daß ein Mann an seinem Ruder saß. Die Bewegungen des spanischen Statthalters in Mailand, sich des Veltlins zu bemächtigen, um von hier aus einen Vereinigungspunkt mit den Erbstaaten Österreichs zu finden, erweckten wieder die alte Furcht vor dieser Macht, und mit ihr die Staatsmaximen Heinrichs des Großen. Eine Heirat des Prinzen von Wallis mit Henrietten von Frankreich, stiftete zwischen diesen beiden Kronen eine engere Vereinigung, zu welcher auch Holland, Dänemark und einige Staaten Italiens traten. Der Entwurf wurde gemacht, Spanien mit gewaffneter Hand zur Herausgabe des Veltlins, und Österreich zu Wiederherstellung Friedrichs zu zwingen; aber nur für das erste wurde einige Tätigkeit gezeigt. Jakob der Erste starb, und Karl der Erste im Streit mit seinem Parlamente konnte den Angelegenheiten Deutschlands keine Aufmerksamkeit mehr schenken. Savoyen und Venedig hielten ihren Beistand zurück, und der französische Minister glaubte die Hugenotten in seinem Vaterlande erst unterwerfen zu müssen, ehe er es wagen dürfte, die Protestanten in Deutschland gegen den Kaiser zu beschützen. So große Hoffnungen man von dieser Allianz geschöpft hatte, so wenig entsprach ihnen der Erfolg.

Graf Mansfeld, von aller Hülfe entblößt, stand untätig am Unterrhein, und Herzog Christian von Braunschweig sah sich nach einem verunglückten Feldzug aufs neue vom deutschen Boden vertrieben. Ein abermaliger Einfall Bethlen Gabors in Mähren hatte sich, weil er von Deutschland aus nicht unterstützt wurde, fruchtlos wie alle vorigen, in einen förmlichen Frieden mit dem Kaiser geendigt. Die Union war nicht mehr, kein protestantischer Fürst mehr unter den Waffen, und an den

Grenzen von Niederdeutschland stand der bayrische General Tilly mit einem sieggewohnten Heer auf protestantischem Boden. Die Bewegungen Herzog Christians von Braunschweig hatten ihn nach dieser Gegend, und einmal schon in den niedersächsischen Kreis gezogen, wo er Lippstadt, den Waffenplatz des Administrators, überwältigte. Die Notwendigkeit, diesen Feind zu beobachten und von neuen Einfällen abzuhalten, sollte auch noch jetzt seinen Aufenthalt auf diesem Boden rechtfertigen. Aber Mansfeld und Christian hatten aus Geldmangel ihre Heere entlassen, und die Armee des Grafen Tilly sah weit und breit keinen Feind mehr. Warum belästigte sie noch das Land, in dem sie stand?

Schwer ist es, aus dem Geschrei erhitzter Parteien, die Stimme der Wahrheit zu unterscheiden – aber bedenklich war es, daß die Ligue sich nicht entwaffnete. Das voreilige Frohlocken der Katholiken mußte die Bestürzung vermehren. Der Kaiser und die Ligue standen gewaffnet und siegreich in Deutschland, und nirgends eine Macht, die ihnen Widerstand leisten konnte, wenn sie einen Versuch wagen sollten, die protestantischen Stände anzufallen oder gar den Religionsfrieden umzustürzen. Wenn Kaiser Ferdinand auch wirklich von dem Gedanken weit entfernt war, seine Siege zu mißbrauchen, so mußte die Wehrlosigkeit der Protestanten den ersten Gedanken in ihm aufwecken. Veraltete Verträge konnten kein Zügel für einen Fürsten sein, der seiner Religion alles schuldig zu sein glaubte, und jede Gewalttätigkeit durch die religiöse Absicht für geheiligt hielt. Oberdeutschland war überwältigt, und Niederdeutschland allein konnte seiner Alleingewalt noch im Wege stehen. Hier waren die Protestanten die herrschende Macht, hier waren der katholischen Kirche die meisten Stifter entrissen worden, und der Zeitpunkt schien jetzt gekommen zu sein, diese verlornen Besitzungen wieder an die Kirche zurückzubringen. In diesen von den niederdeutschen Fürsten eingezogenen Stiftern bestand zugleich ein nicht geringer Teil ihrer Macht, und der Kirche zu dem Ihrigen zu verhelfen, gab zugleich einen trefflichen Vorwand her, diese Fürsten zu schwächen.

Unverzeihliche Sorglosigkeit würde es gewesen sein, in dieser gefahrvollen Lage sich müßig zu verhalten. Das Andenken an die Gewalttätigkeiten, die das Tillysche Heer in Niedersachsen ausgeübt hatte, war noch zu neu, um die Stände nicht zu ihrer Selbstverteidigung zu ermuntern. In möglichster

Eilfertigkeit bewaffnete sich der niedersächsische Kreis. Außerordentliche Kriegssteuern wurden gehoben, Truppen geworben, und Magazine angefüllt. Man unterhandelte mit Venedig, mit Holland, mit England wegen Subsidien. Man beratschlagte, welche Macht man an die Spitze des Bundes stellen sollte. Die Könige des Sundes und des Baltischen Meers, natürliche Bundesgenossen dieses Kreises, konnten nicht gleichgültig zusehen, wenn ihn der Kaiser als Eroberer betreten, und an den Küsten der nordischen Meere ihr Nachbar werden sollte. Das doppelte Interesse der Religion und der Staatsklugheit forderte sie auf, die Fortschritte dieses Monarchen in Niederdeutschland zu begrenzen. Christian der Vierte König von Dänemark, zählte sich als Herzog von Holstein selbst zu den Ständen dieses Kreises; durch gleich starke Gründe wurde Gustav Adolf von Schweden zu einem Anteil an diesem Bündnis bewogen.

Beide Könige bewarben sich wetteifernd um die Ehre, den niedersächsischen Kreis zu verteidigen, und die furchtbare österreichische Macht zu bekriegen. Jeder bot sich an, eine wohlgerüstete Armee aufzustellen, und in eigener Person anzuführen. Siegreiche Feldzüge gegen Moskau und Polen gaben dem Versprechen des schwedischen Königs Nachdruck; die ganze Küste des Belt war von dem Namen Gustav Adolfs erfüllt. Aber der Ruhm dieses Nebenbuhlers nagte am Herzen des dänischen Königs, und je mehr Lorbeern er sich selbst in diesem Feldzuge versprach, desto weniger konnte Christian der Vierte es von sich erhalten sie seinem beneideten Nachbar zu gönnen. Beide brachten ihre Vorschläge und Bedingungen vor das englische Ministerium, wo es endlich Christian dem Vierten gelang, seinen Mitwerber zu überbieten. Gustav Adolf forderte zu seiner Sicherheit die Einräumung einiger festen Plätze in Deutschland, wo er selbst keinen Fußbreit Landes besaß, um seinen Truppen im Fall eines Unglücks die nötige Zuflucht zu gewähren. Christian der Vierte hatte Holstein und Jütland, durch welche Länder er sich nach einer verlornen Schlacht sicher zurückziehen konnte.

Um seinem Nebenbuhler den Rang abzulaufen, eilte der König von Dänemark, sich im Felde zu zeigen. Zum Obersten des niedersächsischen Kreises ernannt, hatte er in kurzen ein 60000 Mann starkes Heer auf den Beinen; der Administrator von Magdeburg, die Herzoge von Braunschweig, die Herzoge von Mecklenburg traten mit ihm in Verbindung. Der Beistand, zu welchem England Hoffnung gemacht hatte, erhöhte seinen Mut, und mit einer solchen Macht ausgerüstet, schmeichelte er sich, diesen Krieg in einem Feldzuge zu endigen. Nach Wien berichtete man, daß die Bewaffnung nur zur Absicht habe, den Kreis zu verteidigen und die Ruhe in dieser Gegend aufrechtzuerhalten. Aber die Unterhandlungen mit Holland, mit England, selbst mit Frankreich, die außerordentlichen Anstrengungen des Kreises, und die furchtbare Armee, welche man aufstellte, schienen etwas mehr als bloße Verteidigung, schienen die gänzliche Wiederherstellung des Kurfürsten von der Pfalz und die Demütigung des zu mächtig gewordenen Kaisers zum Endzweck zu haben.

Nachdem der Kaiser Unterhandlungen, Ermahnungen, Drohungen und Befehle fruchtlos erschöpft hatte, den König von Dänemark und den niedersächsischen Kreis zu Niederlegung der Waffen zu vermögen, fingen die Feindseligkeiten an, und Niederdeutschland wurde nun der Schauplatz des Krieges. Graf Tilly folgte dem linken Ufer des Weserstroms, und bemächtigte sich aller Pässe bis Minden; nach einem fehlgeschlagenen Angriff auf Nienburg und seinem Übergange über den Strom, überschwemmte er das Fürstentum Calenberg, und ließ es durch seine Truppen besetzen. Am rechten Ufer der Weser agierte der König, und verbreitete sich in den braunschweigischen Landen. Aber durch zu starke Detachements hatte er sein Hauptheer geschwächt, daß er mit dem Überrest nichts Erhebliches ausrichten konnte. Der Überlegenheit seines Gegners bewußt, vermied er ebenso sorgfältig eine entscheidende Schlacht, als der ligistische Feldherr sie suchte.

Bisher hatte der Kaiser bloß mit den Waffen Bayerns und der Ligue in Deutschland gestritten, wenn man die spanischniederländischen Hülfsvölker ausnimmt, welche die Unterpfalz überfielen. Maximilian führte den Krieg als Oberster der Reichsexekution, und Tilly, der sie befehligte, war ein bayrischer Diener. Alle seine Überlegenheit im Felde hatte der Kaiser den Waffen Bayerns und der Ligue zu danken; diese hatten also sein ganzes Glück und Ansehen in Händen. Diese Abhängigkeit von dem guten Willen Bayerns und der Ligue vertrug sich nicht mit den weit aussehenden Entwürfen, denen man nach einem so glänzenden Anfang am kaiserlichen Hofe Raum zu geben begann.

So bereitwillig die Ligue sich gezeigt hatte, die Verteidigung des Kaisers zu übernehmen, an welcher ihre eigene Wohlfahrt befestigt war, sowenig war zu erwarten, daß sie diese Bereitwilligkeit auch auf die kaiserlichen Eroberungsplane erstrecken würde. Oder wenn sie auch ihre Armeen künftig zu Eroberungen hergab, so war zu fürchten, daß sie mit dem Kaiser nichts als den allgemeinen Haß teilen würde, um für sich allein alle Vorteile davon zu ernten. Nur eine ansehnliche Heeresmacht, von ihm selbst aufgestellt, konnte ihn dieser drückenden Abhängigkeit von Bayern überheben, und ihm seine bisherige Überlegenheit in Deutschland behaupten helfen. Aber der Krieg hatte die kaiserlichen Lande viel zu sehr erschöpft, um die unermeßlichen Kosten einer solchen Kriegsrüstung bestreiten zu können. Unter diesen Umständen konnte dem Kaiser nichts willkommner sein, als der Antrag, womit einer seiner Offiziere ihn überraschte.

Graf Wallenstein war es, ein verdienter Offizier, der reichste Edelmann in Böhmen. Er hatte dem kaiserlichen Hause von früher Jugend an gedient, und sich in mehreren Feldzügen gegen Türken, Venezianer, Böhmen, Ungarn und Siebenbürgen auf das rühmlichste ausgezeichnet. Der Prager Schlacht hatte er als Oberster beigewohnt, und nachher als Generalmajor eine ungarische Armee in Mähren geschlagen. Die Dankbarkeit des Kaisers kam diesen Diensten gleich, und ein beträchtlicher Teil der nach dem böhmischen Aufruhr konfiszierten Güter war seine Belohnung. Im Besitz eines unermeßlichen Vermögens, von ehrgeizigen Entwürfen erhitzt, voll Zuversicht auf seine glücklichen Sterne, und noch mehr auf eine gründliche Berechnung der Zeitumstände, erbot er sich für den Kaiser, auf eigene und seiner Freunde Kosten, eine Armee auszurüsten und völlig zu bekleiden, ja selbst die Sorge für ihren Unterhalt dem Kaiser zu ersparen, wenn ihm gestattet würde, sie bis auf 50000 Mann zu vergrößern. Niemand war, der diesen Vorschlag nicht als die schimärische Geburt eines brausenden Kopfes verlachte – aber der Versuch war noch immer reichlich belohnt, wenn auch nur ein Teil des Versprechens erfüllt würde. Man überließ ihm einige Kreise in Böhmen zu Musterplätzen, und fügte die Erlaubnis hinzu, Offiziersstellen zu vergeben. Wenige Monate, so standen 20000 Mann unter den Waffen, mit welchen er die österreichischen Grenzen verließ; bald darauf erschien er schon mit

30 000 an der Grenze von Niedersachsen. Der Kaiser hatte zu der ganzen Ausrüstung nichts gegeben als seinen Namen. Der Ruf des Feldherrn, Aussicht auf glänzende Beförderung und Hoffnung der Beute lockte aus allen Gegenden Deutschlands Abenteurer unter seine Fahnen, und sogar regierende Fürsten, von Ruhmbegierde oder Gewinnsucht gereizt, erboten sich jetzt, Regimenter für Österreich aufzustellen.

Jetzt also – zum erstenmal in diesem Kriege – erschien eine kaiserliche Armee in Deutschland; eine schreckenvolle Erscheinung für die Protestanten, eine nicht viel erfreulichere für die Katholischen. Wallenstein hatte Befehl, seine Armee mit den Truppen der Ligue zu vereinigen, und in Gemeinschaft mit dem bayrischen General den König von Dänemark anzugreifen. Aber längst schon eifersüchtig auf Tillys Kriegsruhm, bezeigte er keine Lust, die Lorbeern dieses Feldzugs mit ihm zu teilen, und im Schimmer von Tillys Taten den Ruhm der seinigen zu verlieren. Sein Kriegsplan unterstützte zwar die Operationen des letztern, aber ganz unabhängig von denselben führte er ihn aus. Da ihm die Quellen fehlten, aus welchen Tilly die Bedürfnisse seines Heeres bestritt, so mußte er das seinige in wohlhabende Länder führen, die von dem Kriege noch nicht gelitten hatten. Ohne also, wie ihm befohlen war, zu dem ligistischen Feldherrn zu stoßen, rückte er in das halberstädtische und magdeburgische Gebiet, und bemächtigte sich bei Dessau der Elbe. Alle Länder an beiden Ufern dieses Stroms lagen nun seinen Erpressungen offen; er konnte von da dem Könige von Dänemark in den Rücken fallen, ja, wenn es nötig war, in die eignen Länder desselben einen Weg sich bahnen.

Christian der Vierte fühlte die ganze Gefahr seiner Lage zwischen zwei so furchtbaren Heeren. Er hatte schon vorher den Administrator von Halberstadt, der kürzlich aus Holland zurückgekehrt war, an sich gezogen; jetzt erklärte er sich auch öffentlich für den Grafen Mansfeld, den er bisher verleugnet hatte, und unterstützte ihn nach Vermögen. Reichlich erstattete ihm Mansfeld diesen Dienst. Er ganz allein beschäftigte die Wallensteinische Macht an der Elbe, und verhinderte sie, in Gemeinschaft mit Tilly den König aufzureiben. Dieser mutige General näherte sich sogar, der feindlichen Überlegenheit ungeachtet, der Dessauer Brücke, und wagte es, den kaiserlichen Schanzen gegenüber, sich gleichfalls zu verschanzen. Aber von der ganzen feindlichen Macht im Rücken angefallen, mußte er der überlegenen Anzahl weichen, und mit einem Verlust von 3000 Toten seinen Posten verlassen. Nach dieser Niederlage zog sich Mansfeld in die Mark Brandenburg, wo er sich nach einer kurzen Erholung mit neuen Truppen verstärkte, und dann plötzlich nach Schlesien drehte, um von dort aus in Ungarn einzudringen, und in Verbindung mit Bethlen Gaborn den Krieg in das Herz der österreichischen Staaten zu versetzen. Da die kaiserlichen Erblande gegen einen solchen Feind unverteidigt waren, so erhielt Wallenstein schleunigen Befehl, den König von Dänemark für jetzt ganz aus den Augen zu lassen, um Mansfelden, wo möglich, den Weg durch Schlesien zu verlegen.

Die Diversion, welche den Wallensteinischen Truppen durch Mansfeld gemacht wurde, erlaubte dem König, einen Teil seines Heeres in das Westfälische zu schicken, um dort die Bistümer Münster und Osnabrück zu besetzen. Dies zu verhindern, verließ Tilly eilig den Weserstrom; aber die Bewegungen Herzog Christians, welcher Miene machte, durch Hessen in die ligistischen Länder einzudringen, und dahin den Krieg zu versetzen, riefen ihn aufs schnellste wieder aus Westfalen zurück. Um nicht von diesen Ländern abgeschnitten zu werden, und eine gefährliche Vereinigung des Landgrafen von Hessen mit dem Feinde zu verhüten, bemächtigte sich Tilly eiligst aller haltbaren Plätze an der Werra und Fulda, und versicherte sich der Stadt Münden am Eingange der hessischen Gebirge, wo beide Ströme in die Weser zusammenfließen. Er eroberte kurz darauf Göttingen, den Schlüssel zu Braunschweig und Hessen, und hatte Northeim dasselbe Schicksal zugedacht, welches aber zu verhindern der König mit seiner ganzen Armee herbeieilte. Nachdem er diesen Ort mit allem Nötigen versehen, um eine lange Belagerung auszuhalten, suchte er sich durch das Eichsfeld und Thüringen einen neuen Weg in die ligistischen Länder zu eröffnen. Schon war er Duderstadt vorbei; aber durch schnelle Märsche hatte ihm Graf Tilly den Vorsprung abgewonnen. Da die Armee des letzten, durch einige Wallensteinische Regimenter verstärkt, der seinigen an Zahl weit überlegen war, so wendete sich der König in das Braunschweigische zurück, um eine Schlacht zu vermeiden. Aber auf ebendiesem Rückzuge verfolgte ihn Tilly ohne Unterlaß, und nach einem dreitägigen Scharmützel mußte er endlich bei dem Dorfe Lutter am Barenberg dem Feinde stehen. Die Dänen taten den Angriff mit vieler Tapferkeit, und dreimal führte sie der mutvolle König gegen den Feind; endlich aber mußte der schwächere Teil der überlegenen Anzahl und bessern Kriegsübung des Feindes weichen, und ein vollkommener Sieg wurde von dem ligistischen Feldherrn erfochten. Sechzig Fahnen und die ganze Artillerie, Bagage und Munition ging verloren; viele edle Offiziere blieben tot auf dem Platze, gegen 4000 von den Gemeinen; mehrere Kompanien Fußvolk, die sich auf der Flucht in das Amthaus zu Lutter geworfen, streckten das Gewehr, und ergaben sich dem Sieger.

Der König entfloh mit seiner Reiterei, und sammelte sich nach diesem empfindlichen Schlage bald wieder. Tilly verfolgte seinen Sieg, bemächtigte sich der Weser und der braunschweigischen Lande, und trieb den König bis in das Bremische zurück. Durch seine Niederlage schüchtern gemacht, wollte dieser nur verteidigungsweise verfahren, besonders aber dem Feinde den Übergang über die Elbe verwehren. Aber indem er in alle haltbare Plätze Besatzungen warf, blieb er untätig mit einer geteilten Macht; die zerstreuten Korps wurden nacheinander von dem Feinde zerstreut oder aufgerieben. Die ligistischen Truppen, des ganzen Weserstroms mächtig, verbreiteten sich über die Elbe und Havel, und die Dänischen sahen sich aus einem Posten nach dem andern verjagt. Tilly selbst war über die Elbe gegangen, und hatte bis weit in das Brandenburgische seine siegreichen Waffen verbreitet, indem Wallenstein von der andern Seite in Holstein eindrang, den Krieg in die eigenen Länder des Königs zu spielen.

Dieser General kam eben aus Ungarn zurück, bis wohin er dem Grafen Mansfeld gefolgt war, ohne seinen Marsch aufhalten, oder seine Vereinigung mit Bethlen Gaborn verhindern zu können. Immer von dem Schicksal verfolgt, und immer größer als sein Schicksal, hatte sich dieser unter unendlichen Schwierigkeiten glücklich durch Schlesien und Ungarn zu dem Fürsten von Siebenbürgen hindurchgeschlagen, wo er aber nicht sehr willkommen war. Im Vertrauen auf englischen Beistand, und auf eine mächtige Diversion in Niedersachsen, hatte Gabor aufs neue den Waffenstillstand mit dem Kaiser gebrochen, und anstatt dieser gehofften Diversion brachte ihm jetzt Mansfeld die ganze Wallensteinische Macht mit, und forderte Geld von ihm, anstatt es zu bringen. Diese wenige Übereinstimmung unter den protestantischen Fürsten erkältete Gabors Eifer, und er eilte, wie gewöhnlich, sich der überlegenen Macht des Kaisers durch einen geschwinden Frieden zu entledigen. Fest entschlossen, denselben bei dem ersten Strahl von Hoffnung wieder zu brechen, wies er den Grafen von Mansfeld an die Republik Venedig, um dort vor allem andern Geld aufzubringen.

Von Deutschland abgeschnitten, und ganz außerstande, den schwachen Überrest seiner Truppen in Ungarn zu ernähren, verkaufte Mansfeld Geschütz und Heergeräte, und ließ seine Soldaten auseinandergehen. Er selbst nahm mit einem kleinen Gefolge den Weg durch Bosnien und Dalmatien nach Venedig; neue Entwürfe schwellten seinen Mut; aber sein Lauf war vollendet. Das Schicksal, das ihn im Leben so unstet herumwarf, hatte ihm ein Grab in Dalmatien bereitet. Nicht weit von Zara übereilte ihn der Tod (1626). Kurz vorher war sein treuer Schicksalsgenosse, Herzog Christian von Braunschweig, gestorben – zwei Männer, der Unsterblichkeit wert, hätten sie sich ebenso über ihr Zeitalter als über ihr Schicksal erhoben.

Der König von Dänemark hatte mit einer vollzähligen Macht dem einzigen Tilly nicht standhalten können; wieviel weniger jetzt beiden kaiserlichen Generalen mit einer geschwächten! Die Dänen wichen aus allen ihren Posten an der Weser, Elbe und Havel, und die Armee Wallensteins ergoß sich über Brandenburg, Mecklenburg, Holstein und Schleswig wie ein reißender Strom. Dieser General, allzu übermütig um mit einem andern gemeinschaftlich zu agieren, hatte den ligistischen Feldherrn über die Elbe geschickt, um dort die Holländer zu beobachten; eigentlich aber, damit er selbst den Krieg gegen den König endigen, und die Früchte der von Tilly erfochtenen Siege für sich allein ernten möchte. Alle festen Plätze in seinen deutschen Staaten, Glückstadt allein ausgenommen, hatte Christian verloren, seine Heere waren geschlagen oder zerstreut, von Deutschland aus keine Hülfe, von England wenig Trost, seine Bundesgenossen in Niedersachsen der Wut des Siegers preisgegeben. Den Landgrafen von Hessen-Kassel hatte Tilly gleich nach dem Siege bei Lutter gezwungen, der dänischen Allianz zu entsagen. Wallensteins furchtbare Erscheinung vor Berlin brachte den Kurfürsten von Brandenburg zur Unterwerfung, und zwang ihn, Maximilian von Bayern als rechtmäßigen Kurfürsten anzuerkennen. Der größte Teil Mecklenburgs ward jetzt von den kaiserlichen Truppen überschwemmt, beide Herzoge, als Anhänger des Königs von Dänemark, in die Reichsacht erklärt und aus ihren Staaten vertrieben. Die deutsche Freiheit gegen widerrechtliche Eingriffe verteidigt zu haben, wurde als ein Verbrechen behandelt, das den Verlust aller Würden und Länder nach sich zog. Und doch war alles dies nur das Vorspiel schreiender Gewalttätigkeiten, welche bald darauf folgen sollten.

Jetzt kam das Geheimnis an den Tag, auf welche Art Wallenstein seine ausschweifenden Versprechungen zu erfüllen meinte. Dem Grafen Mansfeld war es abgelernt; aber der Schüler übertraf seinen Meister. Dem Grundsatze gemäß, daß der Krieg den Krieg ernähren müsse, hatten Mansfeld und Herzog Christian mit den Brandschatzungen, die sie von Freund und Feind ohne Unterschied erpreßten, die Bedürfnisse ihrer Truppen bestritten; aber diese räuberische Lebensart war auch von allem Ungemach und aller Unsicherheit des Räuberlebens begleitet. Gleich flüchtigen Dieben, mußten sie sich durch wachsame und erbitterte Feinde stehlen, von einem Ende Deutschlands zum andern fliehen, ängstlich auf die Gelegenheit lauern, und gerade die wohlhabendsten Länder meiden, weil eine stärkere Macht diese verteidigte. Hatten Mansfeld und Herzog Christian, im Kampfe mit so furchtbaren Hindernissen, doch so erstaunlich viel getan, was mußte sich dann nicht ausrichten lassen, wenn man aller dieser Hindernisse überhoben war! wenn die Armee, die man aufstellte, zahlreich genug war, auch den mächtigsten einzelnen Reichsstand in Furcht zu setzen – wenn der Name des Kaisers allen Gewalttätigkeiten die Straflosigkeit versicherte – kurz – wenn man unter der höchsten Autorität im Reiche, und an der Spitze eines überlegenen Heeres denselben Kriegsplan befolgte, welchen jene beiden Abenteurer auf eigene Gefahr und mit einer zusammengelaufenen Bande in Ausübung gebracht hatten!

Dies hatte Wallenstein im Auge, da er dem Kaiser sein kühnes Anerbieten tat, und jetzt wird es niemand mehr übertrieben finden. Je mehr man das Heer verstärkte, desto weniger durfte man um den Unterhalt desselben bekümmert sein, denn desto mehr brachte es die widersetzlichen Stände zum Zittern; je schreiender die Gewalttätigkeiten, desto ungestrafter konnte man sie verüben. Gegen feindlich gesinnte Reichsstände hatten sie einen Schein des Rechts; gegen getreue konnte die vorgeschützte Notwendigkeit sie entschuldigen. Die ungleiche Verteilung dieses Druckes verhinderte eine gefährliche Einigkeit unter den Ständen; die Erschöpfung ihrer Länder entzog ihnen zugleich die Mittel, sie zu rügen. Ganz Deutschland wurde auf diese Art ein Proviantmagazin für die Heere des Kaisers, und er konnte mit allen Territorien wie mit seinen Erblanden schalten. Allgemein war das Geschrei um Gerechtigkeit am Throne des Kaisers; aber man war vor der Selbstrache der gemißhandelten Fürsten sicher, solange sie um Gerechtigkeit riefen. Der allgemeine Unwille zerteilte sich zwischen dem Kaiser, der seinen Namen zu diesen Greueln gab, und dem Feldherrn, der seine Vollmacht überschritt, und offenbar die Autorität seines Herrn mißbrauchte. Durch den Kaiser nahm man den Weg, um gegen seinen Feldherrn Schutz zu erhalten; aber sobald er sich durch seine Truppen allmächtig wußte, hatte Wallenstein auch den Gehorsam gegen den Kaiser abgeworfen.

Die Erschöpfung des Feindes ließ einen nahen Frieden mit Wahrscheinlichkeit erwarten; dennoch fuhr Wallenstein fort, die kaiserlichen Heere immer mehr, zuletzt bis auf hunderttausend Mann, zu verstärken. Obersten- und Offizierspatente ohne Zahl, ein königlicher Staat des Generals, unmäßige Verschwendungen an seine Kreaturen (nie schenkte er unter tausend Gulden), unglaubliche Summen für Bestechungen am Hofe des Kaisers, um dort seinen Einfluß zu erhalten, alles dieses ohne den Kaiser zu beschweren. Aus den Brandschatzungen der niederdeutschen Provinzen wurden alle diese unermeßlichen Summen gezogen, kein Unterschied zwischen Freund und Feind, gleich eigenmächtige Durchzüge und Einquartierungen in aller Herren Ländern, gleiche Erpressungen und Gewalttätigkeiten. Dürfte man einer ausschweifenden Angabe aus jenen Zeiten trauen, so hätte Wallenstein in einem siebenjährigen Kommando 60 000 Millionen Taler aus einer Hälfte Deutschlands an Kontributionen erhoben. Je ungeheurer die Erpressungen, desto mehr Vorrat für seine Heere, desto stärker also der Zulauf zu seinen Fahnen; alle Welt fliegt nach dem Glücke. Seine Armeen schwollen an, indem alle Länder welkten, durch die sie zogen. Was kümmerte ihn nun der Fluch der Provinzen und das Klaggeschrei der Fürsten? Sein Heer betete ihn an, und das Verbrechen selbst setzte ihn in den Stand, alle Folgen desselben zu verlachen.

Man würde dem Kaiser Unrecht tun, wenn man alle die Ausschweifungen seiner Armeen auf seine Rechnung setzen wollte. Wußte es Ferdinand vorher, daß er seinem Feldherrn alle deutsche Staaten zum Raube gab, so hätte ihm nicht verborgen bleiben können, wieviel er selbst bei einem so unumschränkten Feldherrn Gefahr lief. Je enger sich das Band zwischen der Armee und ihrem Anführer zusammenzog, von dem allein alles Glück, alle Beförderung ausfloß, desto mehr mußte es zwischen beiden und dem Kaiser erschlaffen. Zwar geschah alles im Namen des letztern; aber die Majestät des Reichsoberhaupts wurde von Wallenstein nur gebraucht, um jede andere Autorität in Deutschland zu zermalmen. Daher der überlegte Grundsatz dieses Mannes, die deutschen Reichsfürsten sichtbar zu erniedrigen, alle Stufen und Ordnungen zwischen diesen Fürsten und dem Reichsoberhaupte zu zerbrechen, und das Ansehen des letztern über alle Vergleichung zu erhöhen. War der Kaiser die einzige gesetzgebende Macht in Deutschland, wer reichte alsdann hinauf an den Vezier, den er zum Vollzieher seines Willens gemacht hatte? Die Höhe, auf welche Wallenstein ihn stellte, überraschte sogar den Kaiser; aber eben weil diese Größe des Herrn das Werk seines Dieners war, so sollte diese Wallensteinische Schöpfung wieder in ihr Nichts zurücksinken, sobald ihr die Hand ihres Schöpfers fehlte. Nicht umsonst empörte er alle Reichsfürsten Deutschlands gegen den Kaiser – je heftiger ihr Haß gegen Ferdinand, desto notwendiger mußte ihm derjenige Mann bleiben, der allein ihren schlimmen Willen unschädlich machte. Seine Absicht ging unverkennbar dahin, daß sein Oberherr in ganz Deutschland keinen Menschen mehr zu fürchten haben sollte, als – den einzigen, dem er diese Allmacht verdankte.

Ein Schritt zu diesem Ziele war, daß Wallenstein das eben eroberte Mecklenburg zum einstweiligen Unterpfand für sich verlangte, bis die Geldvorschüsse, welche er dem Kaiser in dem bisherigen Feldzug getan, erstattet sein würden. Schon vorher hatte ihn Ferdinand, wahrscheinlich um seinem General einen Vorzug mehr vor dem bayrischen zu geben, zum Herzog von Friedland erhoben; aber eine gewöhnliche Belohnung konnte den Ehrgeiz eines Wallensteins nicht ersättigen. Vergebens erhoben sich selbst in dem kaiserlichen Rat unwillige Stimmen gegen diese neue Beförderung, die auf Unkosten zweier Reichsfürsten geschehen sollte; umsonst widersetzten sich selbst die Spanier, welche längst schon sein Stolz beleidigt hatte, seiner Erhebung. Der mächtige Anhang, welchen sich Wallenstein unter den Ratgebern des Kaisers erkauft hatte, behielt die Oberhand; Ferdinand wollte sich, auf welche Art es auch sein möchte, diesen unentbehrlichen Diener verpflichten. Man stieß eines leichten Vergehens wegen die Nachkömmlinge eines der ältesten deutschen Fürstenhäuser aus ihrem Erbteil, um eine Kreatur der kaiserlichen Gnade mit ihrem Raube zu bekleiden (1628).

Bald darauf fing Wallenstein an, sich einen Generalissimus des Kaisers zu Wasser und zu Lande zu nennen. Die Stadt Wismar wurde erobert, und fester Fuß an der Ostsee gewonnen. Von Polen und den Hansestädten wurden Schiffe gefordert, um den Krieg jenseit des Baltischen Meeres zu spielen, die Dänen in das Innerste ihres Reichs zu verfolgen, und einen Frieden zu erzwingen, der zu größern Eroberungen den Weg bahnen sollte. Der Zusammenhang der niederdeutschen Stände mit den nordischen Reichen war zerrissen, wenn es dem Kaiser gelang, sich in die Mitte zwischen beiden zu lagern, und von dem Adriatischen Meere bis an den Sund (das dazwischen liegende Polen stand in seiner Abhängigkeit) Deutschland mit einer fortlaufenden Länderkette zu umgeben. Wenn dies die Absicht des Kaisers war, so hatte Wallenstein seine besondere, den nämlichen Plan zu befolgen. Besitzungen an der Ostsee sollten den Grundstein zu einer Macht abgeben, womit sich schon längst seine Ehrsucht trug, und welche ihn in den Stand setzen sollte, seinen Herrn zu entbehren.

Diese Zwecke zu erreichen, war es von äußerster Wichtigkeit, die Stadt Stralsund am Baltischen Meere in Besitz zu bekommen. Ihr vortrefflicher Hafen, die leichte Überfahrt von da nach den schwedischen und dänischen Küsten machte sie vorzüglich geschickt, in einem Kriege mit beiden Kronen einen Waffenplatz abzugeben. Diese Stadt, die sechste des Hanseatischen Bundes, genoß unter dem Schutze des Herzogs von Pommern die wichtigsten Privilegien, und, völlig außer aller Verbindung mit Dänemark, hatte sie an dem bisherigen Kriege auch nicht den entferntesten Anteil genommen. Aber weder diese Neutralität, noch ihre Privilegien konnten sie vor den Anmaßungen Wallensteins schützen, der seine Absicht auf sie gerichtet hatte.

Einen Antrag dieses Generals, kaiserliche Besatzungen anzunehmen, hatte der Magistrat von Stralsund mit rühmlicher Standhaftigkeit verworfen, auch seinen Truppen den arglistig verlangten Durchmarsch verweigert. Jetzt schickte Wallenstein sich an, die Stadt zu belagern.

Für beide nordische Könige war es von gleicher Wichtigkeit, Stralsund bei seiner Unabhängigkeit zu schützen, ohne welche die freie Schiffahrt auf dem Belte nicht behauptet werden konnte. Die gemeinschaftliche Gefahr besiegte endlich die Privateifersucht, welche schon längst beide Könige entzweite. In einem Vertrage zu Kopenhagen (1628) versprachen sie einander, Stralsund mit vereinigten Kräften aufrecht zu erhalten, und gemeinschaftlich jede fremde Macht abzuwehren, welche in feindlicher Absicht in der Ostsee erscheinen würde. Christian der Vierte warf sogleich eine hinreichende Besatzung in Stralsund, und stärkte durch seinen persönlichen Besuch den Mut der Bürger. Einige Kriegsschiffe, welche König Sigismund von Polen dem kaiserlichen Feldherrn zu Hülfe schickte, wurden von der dänischen Flotte in Grund gebohrt, und da ihm nun auch die Stadt Lübeck die ihrigen abschlug, so hatte der kaiserliche Generalissimus zur See nicht einmal Schiffe genug, den Hafen einer einzigen Stadt einzuschließen.

Nichts scheint abenteuerlicher zu sein, als einen Seeplatz, der aufs vortrefflichste befestigt war, erobern zu wollen, ohne seinen Hafen einzuschließen. Wallenstein, der noch nie einen Widerstand erfahren, wollte nun auch die Natur überwinden, und das Unmögliche besiegen. Stralsund, von der Seeseite frei, fuhr ungehindert fort, sich mit Lebensmitteln zu versehen, und mit neuen Truppen zu verstärken; nichtsdestoweniger umzingelte es Wallenstein zu Lande, und suchte durch prahlerische Drohungen den Mangel gründlicherer Mittel zu ersetzen. „Ich will", sagte er, „diese Stadt wegnehmen, und wäre sie mit Ketten an den Himmel gebunden." Der Kaiser selbst, welcher eine Unternehmung bereuen mochte, wovon er sich keinen rühmlichen Ausgang versprach, ergriff mit Begierde die scheinbare Unterwürfigkeit und einige annehmliche Erbietungen der Stralsunder, seinem General den Abzug von der Stadt zu befehlen. Wallenstein verachtete diesen Befehl, und fuhr fort, den Belagerten durch unablässige Stürme zuzusetzen. Da die dänische Besatzung schon stark geschmolzen, der Überrest der rastlosen Arbeit nicht gewachsen war, und der König sich außerstand befand, eine größere Anzahl von Truppen an diese Stadt zu wagen, so warf sich Stralsund, mit Christians Genehmigung, dem Könige von Schweden in die Arme. Der dänische Kommendant verließ die Festung, um einem schwedischen Platz zu machen, der sie mit dem glücklichsten Erfolge verteidigte.

Wallensteins Glück scheiterte vor dieser Stadt, und zum erstenmal erlebte sein Stolz die Kränkung, nach mehreren verlornen Monaten, nach einem Verlust von 12 000 Toten, seinem Vorhaben zu entsagen. Aber die Notwendigkeit, in welche er diese Stadt gesetzt hatte, den schwedischen Schutz anzurufen, veranlaßte ein enges Bündnis zwischen Gustav Adolf und Stralsund, welches in der Folge den Eintritt der Schweden in Deutschland nicht wenig erleichterte.

Bis hierher hatte das Glück die Waffen der Ligue und des Kaisers begleitet, und Christian der Vierte in Deutschland überwunden, mußte sich in seinen Inseln verbergen; aber die Ostsee setzte diesen Eroberungen eine Grenze. Der Abgang der Schiffe hinderte nicht nur, den König weiter zu verfolgen, sondern setzte auch den Sieger noch in Gefahr, die gemachten Eroberungen zu verlieren. Am meisten hatte man von der Vereinigung beider nordischen Monarchen zu fürchten, welche es, wenn sie Bestand hatte, dem Kaiser und seinem Feldherrn unmöglich machte, auf der Ostsee eine Rolle zu spielen, oder gar eine Landung in Schweden zu tun. Gelang es aber, die Sache dieser beiden Fürsten zu trennen, und sich der Freundschaft des dänischen Königs insbesondere zu versichern, so konnte man die einzelne schwedische Macht desto leichter zu überwältigen hoffen. Furcht vor Einmischung fremder Mächte, aufrührerische Bewegungen der Protestanten in seinen eigenen Staaten, die ungeheuren Kosten des bisher geführten Kriegs, und noch mehr der Sturm, den man im ganzen protestantischen Deutschlande im Begriff war zu erregen, stimmten das Gemüt des Kaisers zum Frieden, und aus ganz entgegengesetzten Gründen beeiferte sich sein Feldherr, diesen Wunsch zu erfüllen. Weit entfernt, einen Frieden zu wünschen, der ihn aus dem Mittagsglanze der Größe und Gewalt in die Dunkelheit des Privatstandes herunterstürzte, wollte er nur den Schauplatz des Kriegs verändern, und durch diesen einseitigen Frieden die Verwirrung verlängern. Die Freundschaft Dänemarks, dessen Nachbar er als Herzog von Mecklenburg geworden, war ihm für seine weit aussehenden Entwürfe sehr wichtig, und er beschloß, selbst mit Hintansetzung der Vorteile seines Herrn, sich diesen Monarchen zu verpflichten.

Christian der Vierte hatte sich in dem Vertrag von Kopenhagen verbindlich gemacht, ohne Zuziehung Schwedens keinen einseitigen Frieden mit dem Kaiser zu schließen. Dessenungeachtet wurde der Antrag, den ihm Wallenstein tat, mit Bereitwilligkeit angenommen. Auf einem Kongreß zu Lübeck (1629), von welchem Wallenstein die schwedischen Gesandten, die für Mecklenburg zu interzedieren kamen, mit ausstudierter Geringschätzung abwies, wurden von kaiserlicher Seite alle den Dänen weggenommene Länder zurückgegeben. Man legte dem König auf, sich in die Angelegenheiten Deutschlands fernerhin nicht weiter einzumengen, als ihm der Name eines Herzogs von Holstein gestattete, sich der niederdeutschen Stifter unter keinem Namen mehr anzumaßen, und die mecklenburgischen Herzoge ihrem Schicksal zu überlassen. Christian selbst hatte diese beiden Fürsten in den Krieg mit dem Kaiser verwickelt; jetzt opferte er sie auf, um sich den Räuber ihrer Staaten zu verpflichten. Unter den Beweggründen, welche ihn zum Krieg gegen den Kaiser veranlaßten, war die Wiederherstellung des Kurfürsten von der Pfalz, seines Verwandten, nicht die unerheblichste gewesen – auch dieses Fürsten wurde in dem Lübecker Frieden mit keiner Silbe gedacht, und in einem Artikel desselben sogar die Rechtmäßigkeit der bayrischen Kurwürde eingestanden. Mit so wenig Ruhm trat Christian der Vierte vom Schauplatze.

Zum zweitenmal hatte Ferdinand jetzt die Ruhe Deutschlands in Händen, und es stand nur bei ihm, den Frieden mit Dänemark in einen allgemeinen zu verwandeln. Aus allen Gegenden Deutschlands schallte ihm das Jammern der Unglücklichen entgegen, die um das Ende ihrer Drangsale flehten; die Greuel seiner Soldaten, die Habsucht seiner Feldherren hatte alle Grenzen überstiegen. Deutschland, von den verwüstenden Schwärmen Mansfelds und Christians von Braunschweig, von den schrecklichern Heerscharen Tillys und Wallensteins durchzogen, lag erschöpft, blutend, verödet, und seufzte nach Erholung. Mächtig war der Wunsch des Friedens bei allen Ständen des Reichs, mächtig selbst bei dem Kaiser, der in Oberitalien mit Frankreich in Krieg verwickelt, durch den bisherigen in Deutschland entkräftet, und vor den Rechnungen bange war, die seiner warteten. Aber unglücklicherweise widersprachen sich die Bedingungen, unter welchen beide Religionsparteien das Schwert in die Scheide stecken wollten. Die Katholischen wollten mit Vorteil aus diesem Kriege gehen; die Protestanten wollten nicht schlimmer daraus gehen – der Kaiser, anstatt beide Teile mit kluger Mäßigung

zu vereinigen, nahm Partei; und so stürzte De_ _445_
aufs neue in die Schrecken eines entsetzlichen Krieges.

Schon seit Endigung der böhmischen Unruhen hat_/
dinand die Gegenreformation in seinen Erbstaaten angefa_
wobei jedoch aus Rücksicht gegen einige evangelische St_
mit Mäßigung verfahren wurde. Aber die Siege, welche se
Feldherren in Niederdeutschland erfochten, machten ihm Mu_
allen bisherigen Zwang abzuwerfen. Allen Protestanten in
seinen Erbländern wurde diesem Entschluß gemäß angekündigt, entweder ihrer Religion oder ihrem Vaterlande zu entsagen
– eine bittere, schreckliche Wahl, welche die fürchterlichsten
Empörungen unter den Landleuten in Österreich erregte. In
den pfälzischen Landen wurde gleich nach Vertreibung Friedrichs des Fünften der reformierte Gottesdienst aufgehoben,
und die Lehrer dieser Religion von der hohen Schule zu Heidelberg vertrieben.

Diese Neuerungen waren nur das Vorspiel zu größern. Auf
einem Kurfürstenkonvent zu Mühlhausen forderten die Katholiken den Kaiser auf, alle seit dem Religionsfrieden zu Augsburg von den Protestanten eingezogene Erzbistümer, Bistümer,
mittelbare und unmittelbare Abteien und Klöster wieder an
die katholische Kirche zurückzubringen, und dadurch die
katholischen Stände für die Verluste und Bedrückungen zu
entschädigen, welche sie in dem bisherigen Kriege erlitten
hätten. Bei einem so streng katholischen Fürsten, wie es Ferdinand war, konnte ein solcher Wink nicht zur Erde fallen;
aber noch schien es ihm zu früh, das ganze protestantische
Deutschland durch einen so entscheidenden Schritt zu empören. Kein einziger protestantischer Fürst war, dem diese
Zurückforderung der geistlichen Stifter nicht einen Teil seiner
Lande nahm. Wo man die Einkünfte derselben auch nicht
ganz zu weltlichen Zwecken bestimmt hatte, hatte man sie
zum Nutzen der protestantischen Kirche verwendet. Mehrere
Fürsten dankten diesen Erwerbungen einen großen Teil ihrer
Einkünfte und Macht. Alle ohne Unterschied mußten durch
die Zurückforderung derselben in Aufruhr gebracht werden.
Der Religionsfriede sprach ihnen das Recht an diese Stifter
nicht ab, obgleich er es ebensowenig außer Zweifel setzte. Aber
ein langer, bei vielen fast ein Jahrhundert langer Besitz, das
Stillschweigen von vier bisherigen Kaisern, das Gesetz der
Billigkeit, welches ihnen an den Stiftungen ihrer Voreltern

gleichen Anteil mit den Katholischen zusprach, konnte ein vollgültiger Grund des Rechts von ihnen angeführt werden. Außer dem wirklichen Verlust, den sie durch Zurückgabe dieser Stifter an ihrer Macht und Gerichtsbarkeit erlitten, außer den unübersehlichen Verwirrungen, welche die Folge davon sein mußten, war dies kein geringer Nachteil für sie, daß die wiedereingesetzten katholischen Bischöfe die katholische Partei auf dem Reichstage mit ebensoviel neuen Stimmen verstärken sollten. So empfindliche Verluste auf seiten der Evangelischen ließen den Kaiser die heftigste Widersetzung befürchten, und ehe das Kriegsfeuer in Deutschland gedämpft war, wollte er eine ganze, in ihrer Vereinigung furchtbare Partei, welche an dem Kurfürsten von Sachsen eine mächtige Stütze hatte, nicht zur Unzeit gegen sich reizen. Er versuchte es also vorerst im kleinen, um zu erfahren, wie man es im großen aufnehmen würde. Einige Reichsstädte in Oberdeutschland, und der Herzog von Württemberg erhielten Mandate, verschiedene solcher eingezogenen Stifter herauszugeben.

Die Lage der Umstände in Sachsen ließ ihn dort noch einige kühnere Versuche wagen. In den Bistümern Magdeburg und Halberstadt hatten die protestantischen Domherren keinen Anstand genommen, Bischöfe von ihrer Religion aufzustellen. Beide Bistümer, die Stadt Magdeburg allein ausgenommen, hatten Wallensteinische Truppen jetzt überschwemmt. Zufälligerweise war Halberstadt durch den Tod des Administrators, Herzogs Christian von Braunschweig, das Erzstift Magdeburg durch Absetzung Christian Wilhelms, eines brandenburgischen Prinzen, erledigt. Ferdinand benutzte diese beiden Umstände, um das halberstädtische Stift einem katholischen Bischof, und noch dazu einem Prinzen aus seinem eigenen Hause zuzuwenden. Um nicht einen ähnlichen Zwang zu erleiden, eilte das Kapitel zu Magdeburg, einen Sohn des Kurfürsten von Sachsen zum Erzbischof zu erwählen. Aber der Papst, der sich aus angemaßter Gewalt in diese Angelegenheit mengte, sprach dem österreichischen Prinzen auch das magdeburgische Erzstift zu; und man konnte sich nicht enthalten, die Geschicklichkeit Ferdinands zu bewundern, der über dem heiligsten Eifer für seine Religion nicht vergaß, für das Beste seines Hauses zu sorgen.

Endlich als der Lübecker Friede den Kaiser von seiten Dänemarks außer aller Furcht gesetzt hatte, die Protestanten in

Deutschland gänzlich darniederzuliegen schienen, die Forderungen der Ligue aber immer lauter und dringender wurden, unterzeichnete Ferdinand das durch soviel Unglück berüchtigte Restitutionsedikt (1629), nachdem er es vorher jedem der vier katholischen Kurfürsten zur Genehmigung vorgelegt hatte. In dem Eingange spricht er sich das Recht zu, den Sinn des Religionsfriedens, dessen ungleiche Deutung zu allen bisherigen Irrungen Anlaß gegeben, vermittelst kaiserlicher Machtvollkommenheit zu erklären, und als oberster Schiedsmann und Richter zwischen beide streitende Parteien zu treten. Dieses Recht gründete er auf die Observanz seiner Vorfahren, und auf die ehemals geschehene Einwilligung selbst protestantischer Stände. Kursachsen hatte dem Kaiser wirklich dieses Recht zugestanden; jetzt ergab es sich, wie großen Schaden dieser Hof durch seine Anhänglichkeit an Österreich der protestantischen Sache zugefügt hatte. Wenn aber der Buchstabe des Religionsfriedens wirklich einer ungleichen Auslegung unterworfen war, wie der ein Jahrhundert lange Zwist beider Religionsparteien es genugsam bezeugte, so konnte doch auf keine Weise der Kaiser, der entweder ein katholischer oder ein protestantischer Reichsfürst, und also selbst Partei war, zwischen katholischen und protestantischen Ständen einen Religionsstreit entscheiden – ohne den wesentlichen Artikel des Religionsfriedens zu verletzen. Er konnte in seiner eigenen Sache nicht Richter sein, ohne die Freiheit des Deutschen Reichs in einen leeren Schall zu verwandeln.

Und nun in Kraft dieses angemaßten Rechts, den Religionsfrieden auszulegen, gab Ferdinand die Entscheidung: daß jede, nach dem Datum dieses Friedens, von den Protestanten geschehene Einziehung sowohl mittelbarer als unmittelbarer Stifter dem Sinn dieses Friedens zuwiderlaufe, und als eine Verletzung desselben widerrufen sei. Er gab ferner die Entscheidung: daß der Religionsfriede keinem katholischen Landesherrn auflege, protestantischen Untertanen etwas mehr als freien Abzug aus seinen Landen zu bewilligen. Diesem Ausspruch gemäß, wurde allen unrechtmäßigen Besitzern geistlicher Stifter – also allen protestantischen Reichsständen ohne Unterschied – bei Strafe des Reichsbannes anbefohlen, dieses unrechte Gut an die kaiserlichen Kommissarien unverzüglich herauszugeben.

Nicht weniger als zwei Erzbistümer und zwölf Bistümer

standen auf der Liste; außer diesen eine unübersehliche Anzahl von Klöstern, welche die Protestanten sich zugeeignet hatten. Dieses Edikt war ein Donnerschlag für das ganze protestantische Deutschland; schrecklich schon an sich selbst durch das, was es wirklich nahm; schrecklicher noch durch das, was es für die Zukunft befürchten ließ, und wovon man es nur als einen Vorläufer betrachtete. Jetzt sahen es die Protestanten als ausgemacht an, daß der Untergang ihrer Religion von dem Kaiser und der katholischen Ligue beschlossen sei, und daß der Untergang deutscher Freiheit ihr bald nachfolgen werde. Auf keine Gegenvorstellung wurde geachtet, die Kommissarien wurden ernannt, und eine Armee zusammengezogen, ihnen Gehorsam zu verschaffen. Mit Augsburg, wo der Friede geschlossen worden, machte man den Anfang; die Stadt mußte unter die Gerichtsbarkeit ihres Bischofs zurücktreten, und sechs protestantische Kirchen wurden darin geschlossen. Ebenso mußte der Herzog von Württemberg seine Klöster herausgeben. Dieser Ernst schreckte alle evangelische Reichsstände auf, aber ohne sie zu einem tätigen Widerstand begeistern zu können. Die Furcht vor des Kaisers Macht wirkte zu mächtig: schon fing ein großer Teil an, sich zur Nachgiebigkeit zu neigen. Die Hoffnung, auf einem friedlichen Wege zu Erfüllung ihres Wunsches zu gelangen, bewog deswegen die Katholischen, mit Vollstreckung des Edikts noch ein Jahr lang zu zögern, und dies rettete die Protestanten. Ehe diese Frist um war, hatte das Glück der schwedischen Waffen die ganze Gestalt der Dinge verändert.

Auf einer Kurfürstenversammlung zu Regensburg, welcher Ferdinand in Person beiwohnte (1630), sollte nun mit allem Ernst an der gänzlichen Beruhigung Deutschlands und an Hebung aller Beschwerden gearbeitet werden. Diese waren von seiten der Katholischen nicht viel geringer, als von seiten der Evangelischen, sosehr auch Ferdinand sich überredete, alle Mitglieder der Ligue durch das Restitutionsedikt, und den Anführer derselben durch Erteilung der Kurwürde und durch Einräumung des größten Teils der pfälzischen Lande sich verpflichtet zu haben. Das gute Verständnis zwischen dem Kaiser und den Fürsten der Ligue hatte seit Wallensteins Erscheinung unendlich gelitten. Gewohnt den Gesetzgeber in Deutschland zu spielen, und selbst über das Schicksal des Kaisers zu gebieten, sah sich der stolze Kurfürst von Bayern durch den kaiserlichen Feldherrn auf einmal entbehrlich gemacht, und seine ganze bisherige Wichtigkeit zugleich mit dem Ansehen der Ligue verschwunden. Ein anderer trat jetzt auf, die Früchte seiner Siege zu ernten, und alle seine vergangenen Dienste in Vergessenheit zu stürzen. Der übermütige Charakter des Herzogs von Friedland, dessen süßester Triumph war, dem Ansehen der Fürsten Hohn zu sprechen, und der Autorität seines Herrn eine verhaßte Ausdehnung zu geben, trug nicht wenig dazu bei, die Empfindlichkeit des Kurfürsten zu vermehren. Unzufrieden mit dem Kaiser und voll Mißtrauen gegen seine Gesinnungen, hatte er sich in ein Bündnis mit Frankreich eingelassen, dessen sich auch die übrigen Fürsten der Ligue verdächtig machten. Die Furcht vor den Vergrößerungsplanen des Kaisers, der Unwille über die gegenwärtigen schreienden Übel, hatte bei diesen jedes Gefühl der Dankbarkeit erstickt. Wallensteins Erpressungen waren bis zum Unerträglichen gegangen. Brandenburg gab den erlittenen Schaden auf zwanzig, Pommern auf zehen, Hessen auf sieben Millionen an, die übrigen nach Verhältnis. Allgemein, nachdrücklich, heftig war das Geschrei um Hülfe, umsonst alle Gegenvorstellungen, kein Unterschied zwischen Katholiken und Protestanten, alles über diesen Punkt nur eine einzige Stimme. Mit Fluten von Bittschriften, alle wider Wallenstein gerichtet, stürmte man auf den erschrockenen Kaiser ein, und erschütterte sein Ohr durch die schauderhaftesten Beschreibungen der erlittenen Gewalttätigkeiten. Ferdinand war kein Barbar. Wenn auch nicht unschuldig an den Abscheulichkeiten, die sein Name in Deutschland verübte, doch unbekannt mit dem Übermaße derselben, besann er sich nicht lange, den Forderungen der Fürsten zu willfahren, und von seinen im Felde stehenden Heeren sogleich achtzehntausend Mann Reiterei abzudanken. Als diese Truppenverminderung geschah, rüsteten sich die Schweden schon lebhaft zu ihrem Einmarsch in Deutschland, und der größte Teil der entlassenen kaiserlichen Soldaten eilte unter ihre Fahnen.

Diese Nachgiebigkeit Ferdinands diente nur dazu, den Kurfürsten von Bayern zu kühnern Forderungen zu ermuntern. Der Triumph über das Ansehen des Kaisers war unvollkommen, solange der Herzog von Friedland das oberste Kommando behielt. Schwer rächten sich jetzt die Fürsten an dem Übermute dieses Feldherrn, den sie alle ohne Unterschied hatten fühlen müssen. Die Absetzung desselben wurde daher von dem ganzen Kurfürstenkollegium, selbst von den Spaniern, mit einer Einstimmigkeit und Hitze gefordert, die den Kaiser in Erstaunen setzte. Aber selbst diese Einstimmigkeit, diese Heftigkeit, mit welcher die Neider des Kaisers auf Wallensteins Absetzung drangen, mußte ihn von der Wichtigkeit dieses Dieners überzeugen. Wallenstein, von den Kabalen unterrichtet, welche in Regensburg gegen ihn geschmiedet wurden, verabsäumte nichts, dem Kaiser über die wahren Absichten des Kurfürsten von Bayern die Augen zu öffnen. Er erschien selbst in Regensburg, aber mit einem Prunke, der selbst den Kaiser verdunkelte, und dem Haß seiner Gegner nur neue Nahrung gab.

Lange Zeit konnte der Kaiser sich nicht entschließen. Schmerzlich war das Opfer, das man von ihm forderte. Seine ganze Überlegenheit hatte er dem Herzog von Friedland zu danken; er fühlte, wieviel er hingab, wenn er ihn dem Hasse der Fürsten aufopferte. Aber zum Unglück bedurfte er gerade jetzt den guten Willen der Kurfürsten. Er ging damit um, seinem Sohne Ferdinand, erwähltem König von Ungarn, die Nachfolge im Reiche zuzuwenden, wozu ihm die Einwilligung Maximilians unentbehrlich war. Diese Angelegenheit war ihm die dringendste, und er scheute sich nicht, seinen wichtigsten Diener aufzuopfern, um den Kurfürsten von Bayern zu verpflichten.

Auf ebendiesem Kurfürstentage zu Regensburg befanden sich auch Abgeordnete aus Frankreich, bevollmächtigt, einen Krieg beizulegen, der sich zwischen dem Kaiser und ihrem Herrn in Italien zu entzünden drohte. Herzog Vinzenz von Mantua und Montferrat war gestorben, ohne Kinder zu hinterlassen. Sein nächster Anverwandter, Karl Herzog von Nevers, hatte sogleich von dieser Erbschaft Besitz genommen, ohne dem Kaiser, als oberstem Lehnsherrn dieser Fürstentümer, die schuldige Pflicht zu erweisen. Auf französischen und venezianischen Beistand gestützt, beharrte er auf seiner Weigerung, diese Länder bis zur Entscheidung seines Rechts in die Hände der kaiserlichen Kommissarien zu übergeben. Ferdinand, in Feuer gesetzt von den Spaniern, denen, als Besitzern von Mailand, die nahe Nachbarschaft eines französischen Vasallen äußerst bedenklich, und die Gelegenheit willkommen war, mit Hülfe des Kaisers Eroberungen in diesem Teile Italiens zu

machen, griff zu den Waffen. Aller Gegenbemühungen Papst
Urbans des Achten ungeachtet, der den Krieg ängstlich von
diesen Gegenden zu entfernen suchte, schickte er eine deutsche
Armee über die Alpen, deren unerwartete Erscheinung alle
italienische Staaten in Schrecken setzte. Seine Waffen waren
siegreich durch ganz Deutschland, als dies in Italien geschah,
und die alles vergrößernde Furcht glaubte nun, die alten Entwürfe Österreichs zur Universalmonarchie auf einmal wiederaufleben zu sehen. Die Schrecken des deutschen Kriegs verbreiteten sich nun auch über die gesegneten Fluren, welche der
Po durchströmt, die Stadt Mantua wurde mit Sturm erobert,
und alles Land umher mußte die verwüstende Gegenwart
gesetzloser Scharen empfinden. Zu den Verwünschungen,
welche weit und breit durch ganz Deutschland wider den
Kaiser erschallten, gesellten sich nunmehr auch die Flüche
Italiens, und im Konklave selbst stiegen von jetzt an stille
Wünsche für das Glück der protestantischen Waffen zum
Himmel.

Abgeschreckt durch den allgemeinen Haß, welchen dieser
italienische Feldzug ihm zugezogen, und durch das dringende
Anliegen der Kurfürsten ermüdet, die das Gesuch der franzö-
sischen Minister mit Eifer unterstützten, gab der Kaiser den
Vorschlägen Frankreichs Gehör, und versprach dem neuen
Herzog von Mantua die Belehnung.

Dieser wichtige Dienst von seiten Bayerns war von französischer Seite einen Gegendienst wert. Die Schließung des
Traktats gab den Bevollmächtigten Richelieus eine gewünschte
Gelegenheit, den Kaiser während ihrer Anwesenheit zu Regensburg mit den gefährlichsten Intrigen zu umspinnen, die mißvergnügten Fürsten der Ligue immer mehr gegen ihn zu reizen,
und alle Verhandlungen dieses Kurfürstentages zum Nachteil
des Kaisers zu leiten. Zu diesem Geschäfte hatte sich Richelieu
in der Person des Kapuzinerpaters Joseph, der dem Gesandten
als ein ganz unverdächtiger Begleiter an die Seite gegeben war,
ein treffliches Werkzeug auserlesen. Eine seiner ersten Instruktionen war, die Absetzung Wallensteins mit Eifer zu betreiben.
Mit dem General, der sie zum Sieg geführt hatte, verloren die
österreichischen Armeen den größten Teil ihrer Stärke; ganze
Heere konnten den Verlust dieses einzigen Mannes nicht ersetzen. Ein Hauptstreich der Politik war es also, zu ebender
Zeit, wo ein siegreicher König, unumschränkter Herr seiner

Kriegsoperationen, sich gegen den Kaiser rüstete, den einzigen Feldherrn, der ihm an Kriegserfahrung und an Ansehen gleich war, von der Spitze der kaiserlichen Armeen wegzureißen. Pater Joseph, mit dem Kurfürsten von Bayern einverstanden, unternahm es, die Unentschlossenheit des Kaisers zu besiegen, der von den Spaniern und dem ganzen Kurfürstenrate wie belagert war. Es würde gut getan sein, meinte er, den Fürsten in diesem Stücke zu Gefallen zu leben, um desto eher zu der römischen Königswahl seines Sohnes ihre Stimme zu erhalten. Würde nur dieser Sturm erst vorüber sein, so fände sich Wallenstein alsdann schnell genug wieder, um seinen vorigen Platz einzunehmen. – Der listige Kapuziner war seines Mannes zu gewiß, um bei diesem Trostgrunde etwas zu wagen.

Die Stimme eines Mönchs war für Ferdinand den Zweiten die Stimme Gottes. „Nichts auf Erden", schreibt sein eigener Beichtvater, „war ihm heiliger, als ein priesterliches Haupt. Geschähe es, pflegte er oft zu sagen, daß ein Engel und ein Ordensmann zu einer Zeit und an einem Orte ihm begegneten, so würde der Ordensmann die erste, und der Engel die zweite Verbeugung von ihm erhalten." Wallensteins Absetzung wurde beschlossen.

Zum Dank für dieses fromme Vertrauen arbeitete ihm der Kapuziner mit solcher Geschicklichkeit in Regensburg entgegen, daß seine Bemühungen, dem König von Ungarn die römische Königswürde zu verschaffen, gänzlich mißlangen. In einem eigenen Artikel des eben geschlossenen Vertrags hatten sich die französischen Minister im Namen dieser Krone verbindlich gemacht, gegen alle Feinde des Kaisers die vollkommenste Neutralität zu beobachten – während daß Richelieu mit dem Könige von Schweden bereits in Traktaten stand, ihn zum Kriege aufmunterte, und ihm die Allianz seines Herrn aufdrang. Auch nahm er diese Lüge zurück, sobald sie ihre Wirkung getan hatte, und Pater Joseph mußte in einem Kloster die Verwegenheit büßen, seine Vollmacht überschritten zu haben. Zu spät wurde Ferdinand gewahr, wie sehr man seiner gespottet hatte. „Ein schlechter Kapuziner", hörte man ihn sagen, „hat mich durch seinen Rosenkranz entwaffnet, und nicht weniger als sechs Kurhüte in seine enge Kapuze geschoben."

Betrug und List triumphierten also über diesen Kaiser, zu einer Zeit, wo man ihn in Deutschland allmächtig glaubte, und wo er es durch seine Waffen wirklich war. Um funfzehntausend Mann ärmer, ärmer um einen Feldherrn, der ihm den Verlust eines Heers ersetzte, verließ er Regensburg, ohne den Wunsch erfüllt zu sehen, um dessentwillen er alle diese Opfer brachte. Ehe ihn die Schweden im Felde schlugen, hatten ihn Maximilian von Bayern und Pater Joseph unheilbar verwundet. Auf ebendieser merkwürdigen Versammlung zu Regensburg wurde der Krieg mit Schweden entschieden, und der in Mantua geendigt. Fruchtlos hatten sich auf demselben die Fürsten für die Herzoge von Mecklenburg bei dem Kaiser verwendet, englische Gesandte ebenso fruchtlos um einen Jahrgehalt für den Pfalzgrafen Friedrich gebettelt.

Wallenstein hatte über eine Armee von beinahe hunderttausend Mann zu gebieten, von denen er angebetet wurde, als das Urteil der Absetzung ihm verkündigt werden sollte. Die meisten Offiziere waren seine Geschöpfe; seine Winke Aussprüche des Schicksals für den gemeinen Soldaten. Grenzenlos war sein Ehrgeiz, unbeugsam sein Stolz, sein gebieterischer Geist nicht fähig, eine Kränkung ungerochen zu erdulden. Ein Augenblick sollte ihn jetzt von der Fülle der Gewalt in das Nichts des Privatstandes herunterstürzen. Eine solche Sentenz gegen einen solchen Verbrecher zu vollstrecken, schien nicht viel weniger Kunst zu kosten, als es gekostet hatte, sie dem Richter zu entreißen. Auch hatte man deswegen die Vorsicht gebraucht, zwei von Wallensteins genauesten Freunden zu Überbringern dieser schlimmen Botschaft zu wählen, welche durch die schmeichelhaftesten Zusicherungen der fortdauernden kaiserlichen Gnade so sehr als möglich gemildert werden sollte.

Wallenstein wußte längst den ganzen Inhalt ihrer Sendung, als die Abgesandten des Kaisers ihm vor die Augen traten. Er hatte Zeit gehabt, sich zu sammeln, und sein Gesicht zeigte Heiterkeit, während daß Schmerz und Wut in seinem Busen stürmten. Aber er hatte beschlossen zu gehorchen. Dieser Urteilsspruch überraschte ihn, ehe zu einem kühnen Schritte die Umstände reif, und die Anstalten fertig waren. Seine weitläuftigen Güter waren in Böhmen und Mähren zerstreut; durch Einziehung derselben konnte der Kaiser ihm den Nerven seiner Macht zerschneiden. Von der Zukunft erwartete er Genugtuung, und in dieser Hoffnung bestärkten ihn die Prophezeiungen eines italienischen Astrologen, der diesen ungebändigten

Geist, gleich einem Knaben, am Gängelbande führte. Seni, so hieß er, hatte es in den Sternen gelesen, daß die glänzende Laufbahn seines Herrn noch lange nicht geendigt sei, daß ihm die Zukunft noch ein schimmerndes Glück aufbewahre. Man brauchte die Sterne nicht zu bemühen, um mit Wahrscheinlichkeit vorherzusagen, daß ein Feind wie Gustav Adolf einen General wie Wallenstein nicht lange entbehrlich lassen würde.

„Der Kaiser ist verraten", antwortete Wallenstein den Gesandten, „ich bedaure ihn, aber ich vergeb ihm. Es ist klar, daß ihn der hochfahrende Sinn des Bayern dominiert. Zwar tut mir's wehe, daß er mich mit so wenigem Widerstande hingeben hat, aber ich will gehorchen." Die Abgeordneten entließ er fürstlich beschenkt, und den Kaiser ersuchte er in einem demütigen Schreiben, ihn seiner Gunst nicht zu berauben, und bei den erworbenen Würden zu schützen. Allgemein war das Murren der Armee, als die Absetzung ihres Feldherrn bekannt wurde, und der beste Teil seiner Offiziere trat sogleich aus dem kaiserlichen Dienst. Viele folgten ihm auf seine Güter nach Böhmen und Mähren; andere fesselte er durch beträchtliche Pensionen, um sich ihrer bei Gelegenheit sogleich bedienen zu können.

Sein Plan war nichts weniger als Ruhe, da er in die Stille des Privatstandes zurücktrat. Der Pomp eines Königs umgab ihn in dieser Einsamkeit, und schien dem Urteilsspruch seiner Erniedrigung hohnzusprechen. Sechs Pforten führten zu dem Palaste, den er in Prag bewohnte, und hundert Häuser mußten niedergerissen werden, um dem Schloßhofe Raum zu machen. Ähnliche Paläste wurden auf seinen übrigen zahlreichen Gütern erbaut. Kavaliere aus den edelsten Häusern wetteiferten um die Ehre, ihn zu bedienen, und man sah kaiserliche Kammerherren den goldenen Schlüssel zurückgeben, um bei Wallenstein ebendieses Amt zu bekleiden. Er hielt sechzig Pagen, die von den trefflichsten Meistern unterrichtet wurden; sein Vorzimmer wurde stets durch funfzig Trabanten bewacht. Seine gewöhnliche Tafel war nie unter hundert Gängen, sein Haushofmeister eine vornehme Standesperson. Reiste er über Land, so wurde ihm Geräte und Gefolge auf hundert sechs- und vierspännigen Wagen nachgefahren; in sechzig Karossen mit funfzig Handpferden folgte ihm sein Hof. Die Pracht der Livereien, der Glanz der Equipage und der Schmuck der Zimmer war dem übrigen Aufwande gemäß. Sechs Barone und ebensoviel Ritter mußten beständig seine Person umgeben, um jeden Wink zu vollziehen – zwölf Patrouillen die Runde um seinen Palast machen, um jeden Lärm abzuhalten. Sein immer arbeitender Kopf brauchte Stille; kein Gerassel der Wagen durfte seiner Wohnung nahe kommen, und die Straßen wurden nicht selten durch Ketten gesperrt. Stumm, wie die Zugänge zu ihm, war auch sein Umgang. Finster, verschlossen, unergründlich, sparte er seine Worte mehr als seine Geschenke, und das wenige, was er sprach, wurde mit einem widrigen Ton ausgestoßen. Er lachte niemals, und den Verführungen der Sinne widerstand die Kälte seines Bluts. Immer geschäftig und von großen Entwürfen bewegt, entsagte er allen leeren Zerstreuungen, wodurch andere das kostbare Leben vergeuden. Einen durch ganz Europa ausgebreiteten Briefwechsel besorgte er selbst, die meisten Aufsätze schrieb er mit eigener Hand nieder, um der Verschwiegenheit andrer so wenig als möglich anzuvertrauen. Er war von großer Statur, und hager, gelblicher Gesichtsfarbe, rötlichen kurzen Haaren, kleinen, aber funkelnden Augen. Ein furchtbarer, zurückschreckender Ernst saß auf seiner Stirne, und nur das Übermaß seiner Belohnungen konnte die zitternde Schar seiner Diener festhalten.

In dieser prahlerischen Dunkelheit erwartete Wallenstein still, doch nicht müßig, seine glänzende Stunde, und der Rache aufgehenden Tag; bald ließ ihn Gustav Adolfs reißender Siegeslauf ein Vorgefühl derselben genießen. Von seinen hochfliegenden Planen ward kein einziger aufgegeben: der Undank des Kaisers hatte seinen Ehrgeiz von einem lästigen Zügel befreit. Der blendende Schimmer seines Privatlebens verriet den stolzen Schwung seiner Entwürfe, und verschwenderisch wie ein Monarch, schien er die Güter seiner Hoffnung schon unter seine gewissen Besitzungen zu zählen.

Nach Wallensteins Abdankung und Gustav Adolfs Landung mußte ein neuer Generalissimus aufgestellt werden; zugleich schien es nötig zu sein, das bisher getrennte Kommando der kaiserlichen und ligistischen Truppen in einer einzigen Hand zu vereinigen. Maximilian von Bayern trachtete nach diesem wichtigen Posten, der ihn zum Herrn des Kaisers machen konnte; aber ebendies bewog letztern, sich für den König von Ungarn, seinen ältesten Sohn, darum zu bewerben. Endlich, um beide Kompetenten zu entfernen, und keinen Teil ganz unbefriedigt zu lassen, übergab man das Kommando dem ligistischen General Tilly, der nunmehr den bayrischen Dienst gegen den österreichischen vertauschte. Die Armeen, welche Ferdinand auf deutschem Boden stehen hatte, beliefen sich, nach Abgang der Wallensteinischen Truppen, auf etwa 40000 Mann; nicht viel schwächer war die ligistische Kriegsmacht; beide durch treffliche Offiziere befehligt, durch viele Feldzüge geübt, und stolz auf eine lange Reihe von Siegen. Mit dieser Macht glaubte man um so weniger Ursache zu haben, vor der Annäherung des Königs von Schweden zu zittern, da man Pommern und Mecklenburg innehatte, die einzigen Pforten, durch welche er in Deutschland hereinbrechen konnte.

Nach dem unglücklichen Versuche des Königs von Dänemark, die Progressen des Kaisers zu hemmen, war Gustav Adolf der einzige Fürst in Europa, von welchem die unterliegende Freiheit Rettung zu hoffen hatte, der einzige zugleich, der durch die stärksten politischen Gründe dazu aufgefordert, durch erlittne Beleidigungen dazu berechtigt, und durch persönliche Fähigkeiten dieser gewagten Unternehmung gewachsen war. Wichtige Staatsgründe, welche er mit Dänemark gemein hatte, hatten ihn, schon vor dem Ausbruche des Kriegs in Niedersachsen, bewogen, seine Person und seine Heere zur Verteidigung Deutschlands anzubieten; damals hatte ihn der König von Dänemark zu seinem eigenen Unglücke verdrängt. Seit dieser Zeit hatte der Übermut Wallensteins und der despotische Stolz des Kaisers es nicht an Aufforderungen fehlen lassen, die ihn persönlich erhitzen und als König bestimmen mußten. Kaiserliche Truppen waren dem polnischen König Sigismund zu Hülfe geschickt worden, um Preußen gegen die Schweden zu verteidigen. Dem König, welcher sich über diese Feindseligkeit gegen Wallenstein beklagte, wurde geantwortet: Der Kaiser habe der Soldaten zuviel. Er müsse seinen guten Freunden damit aushelfen. Von dem Kongresse mit Dänemark zu Lübeck hatte ebendieser Wallenstein die schwedischen Gesandten mit beleidigendem Trotz abgewiesen, und, da sie sich dadurch nicht schrecken ließen, mit einer Behandlung bedroht, welche das Völkerrecht verletzte. Ferdinand hatte die schwedischen Flaggen insultieren, und Depeschen des Königs nach Siebenbürgen auffangen lassen. Er fuhr fort, den Frieden zwischen Polen und Schweden zu erschweren, die Anmaßungen Sigismunds auf den schwedischen Thron zu unterstützen, und

Gustav Adolfen den königlichen Titel zu verweigern. Die wiederholtesten Gegenvorstellungen Gustavs hatte er keiner Aufmerksamkeit gewürdigt, und neue Beleidigungen hinzugefügt, anstatt die verlangte Genugtuung für die alten zu leisten. So viele persönliche Aufforderungen, durch die wichtigsten Staats- und Gewissensgründe unterstützt, und verstärkt durch die dringendsten Einladungen aus Deutschland, mußten auf das Gemüt eines Fürsten Eindruck machen, der auf seine königliche Ehre desto eifersüchtiger war, je mehr man geneigt sein konnte, sie ihm streitig zu machen; der sich durch den Ruhm, die Unterdrückten zu beschützen, unendlich geschmeichelt fand, und den Krieg, als das eigentliche Element seines Genies, mit Leidenschaft liebte. Aber ehe ein Waffenstillstand oder Friede mit Polen ihm freie Hände gab, konnte an einen neuen und gefahrvollen Krieg mit Ernst nicht gedacht werden.

Der Kardinal Richelieu hatte das Verdienst, diesen Waffenstillstand mit Polen herbeizuführen. Dieser große Staatsmann, das Steuer Europens in der einen Hand, indem er die Wut der Faktionen und den Dünkel der Großen in dem Innern Frankreichs mit der andern darniederbeugte, verfolgte mitten unter den Sorgen einer stürmischen Staatsverwaltung unerschütterlich seinen Plan, die anwachsende Macht Österreichs in ihrem stolzen Laufe zu hemmen. Aber die Umstände, welche ihn umgaben, setzten diesen Entwürfen nicht geringe Hindernisse in der Ausführung entgegen; denn auch dem größten Geist möchte es ungestraft nicht hingehen, den Wahnbegriffen seiner Zeit hohnzusprechen. Minister eines katholischen Königs, und durch den Purpur, den er trug, selbst Fürst der Römischen Kirche, durfte er es jetzt noch nicht wagen, im Bündnis mit dem Feinde seiner Kirche öffentlich eine Macht anzugreifen, welche die Anmaßungen ihres Ehrgeizes durch den Namen der Religion vor der Menge zu heiligen gewußt hatte. Die Schonung, welche Richelieu den eingeschränkten Begriffen seiner Zeitgenossen schuldig war, schränkte seine politische Tätigkeit auf die behutsamen Versuche ein, hinter der Decke verborgen zu wirken, und die Entwürfe seines erleuchteten Geistes durch eine fremde Hand zu vollstrecken. Nachdem er sich umsonst bemüht hatte, den Frieden Dänemarks mit dem Kaiser zu hindern, nahm er seine Zuflucht zu Gustav Adolf, dem Helden seines Jahrhunderts. Nichts wurde gespart, diesen König zur Entschließung zu bringen, und ihm zugleich die Mittel zur

Ausführung zu erleichtern. Charnacé, ein unverdächtiger Unterhändler des Kardinals, erschien in Polnisch-Preußen, wo Gustav Adolf gegen Sigismund Krieg führte, und wanderte von einem der beiden Könige zum andern, um einen Waffenstillstand oder Frieden zwischen ihnen zustande zu bringen. Gustav Adolf war längst dazu bereit, und endlich gelang es dem französischen Minister, auch dem König Sigismund über sein wahres Interesse und die betrügerische Politik des Kaisers die Augen zu öffnen. Ein Waffenstillstand wurde auf sechs Jahre zwischen beiden Königen geschlossen, durch welchen Gustav im Besitz aller seiner Eroberungen blieb, und die lange gewünschte Freiheit erhielt, seine Waffen gegen den Kaiser zu kehren. Der französische Unterhändler bot ihm zu dieser Unternehmung die Allianz seines Königs und beträchtliche Hülfsgelder an, welche nicht zu verachten waren. Aber Gustav Adolf fürchtete nicht ohne Grund, sich durch Annehmung derselben in eine Abhängigkeit von Frankreich zu setzen, die ihm vielleicht mitten im Laufe seiner Siege Fesseln anlegte, und durch das Bündnis mit einer katholischen Macht Mißtrauen bei den Protestanten zu erwecken.

So dringend und gerecht dieser Krieg war, so vielversprechend waren die Umstände, unter welchen Gustav Adolf ihn unternahm. Furchtbar zwar war der Name des Kaisers, unerschöpflich seine Hülfsquellen, unüberwindlich bisher seine Macht; jeden andern als Gustav würde ein so gefahrvolles Spiel zurückgeschreckt haben. Gustav übersah alle Hindernisse und Gefahren, welche sich seinem Unternehmen entgegenstellten; aber er kannte auch die Mittel, wodurch er sie zu besiegen hoffte. Nicht beträchtlich, aber wohldiszipliniert war seine Kriegsmacht, durch ein strenges Klima und anhaltende Feldzüge abgehärtet, in dem polnischen Kriege zum Sieg gebildet. Schweden, obgleich arm an Geld und an Menschen, und durch einen achtjährigen Krieg über Vermögen angestrengt, war seinem König mit einem Enthusiasmus ergeben, der ihn die bereitwilligste Unterstützung von seinen Reichsständen hoffen ließ. In Deutschland war der Name des Kaisers wenigstens ebensosehr gehaßt als gefürchtet. Die protestantischen Fürsten schienen nur die Ankunft eines Befreiers zu erwarten, um das unleidliche Joch der Tyrannei abzuwerfen, und sich öffentlich für Schweden zu erklären. Selbst den katholischen Ständen konnte die Erscheinung eines Gegners nicht unwillkommen sein, der die überwiegende Macht des Kaisers beschränkte. Der erste Sieg, auf deutschem Boden erfochten, mußte für seine Sache entscheidend sein, die noch zweifelnden Fürsten zur Erklärung bringen, den Mut seiner Anhänger stärken, den Zulauf zu seinen Fahnen vermehren, und zu Fortsetzung des Krieges reichliche Hülfsquellen eröffnen. Hatten gleich die mehresten deutschen Länder durch die bisherigen Bedrückungen unendlich gelitten, so waren doch die wohlhabenden hanseatischen Städte bis jetzt davon frei geblieben, die kein Bedenken tragen konnten, mit einem freiwilligen mäßigen Opfer einem allgemeinen Ruin vorzubeugen. Aus je mehrern Ländern man die Kaiserlichen verjagte, desto mehr mußten ihre Heere schmelzen, die nur allein von den Ländern lebten, in denen sie standen. Unzeitige Truppenversendungen nach Italien und den Niederlanden hatten ohnehin die Macht des Kaisers vermindert; Spanien, durch den Verlust seiner amerikanischen Silberflotte geschwächt, und durch einen ernstlichen Krieg in den Niederlanden beschäftigt, konnte ihm wenig Unterstützung gewähren. Dagegen machte Großbritannien dem König von Schweden zu beträchtlichen Subsidien Hoffnung, und Frankreich, welches eben jetzt mit sich selbst Frieden machte, kam ihm mit den vorteilhaftesten Anerbietungen bei seiner Unternehmung entgegen.

Aber die sicherste Bürgschaft für den glücklichen Erfolg seiner Unternehmung fand Gustav Adolf – in sich selbst. Die Klugheit erforderte es, sich aller äußerlichen Hülfsmittel zu versichern, und dadurch sein Unternehmen vor dem Vorwurf der Verwegenheit zu schützen; aus seinem Busen allein nahm er seine Zuversicht und seinen Mut. Gustav Adolf war ohne Widerspruch der erste Feldherr seines Jahrhunderts, und der tapferste Soldat in seinem Heere, das er sich selbst erst geschaffen hatte. Mit der Taktik der Griechen und Römer vertraut, hatte er eine bessere Kriegskunst erfunden, welche den größten Feldherren der folgenden Zeiten zum Muster diente. Die unbehülflichen großen Eskadrons verringerte er, um die Bewegungen der Reiterei leichter und schneller zu machen; zu ebendem Zwecke rückte er die Bataillons in weitere Entfernungen auseinander. Er stellte seine Armee, welche gewöhnlich nur eine einzige Linie einnahm, in einer gedoppelten Linie in Schlachtordnung, daß die zweite anrücken konnte, wenn die erste zum Weichen gebracht war. Den Mangel an Reiterei wußte er dadurch zu ersetzen, daß er Fußgänger zwischen die Reiter stellte, welches sehr oft den Sieg entschied; die Wichtigkeit des Fußvolks in Schlachten lernte Europa erst von ihm. Ganz Deutschland hat die Mannszucht bewundert, durch welche sich die schwedischen Heere auf deutschem Boden in den ersten Zeiten so rühmlich unterschieden. Alle Ausschweifungen wurden aufs strengste geahndet; am strengsten Gotteslästerung, Raub, Spiel und Duelle. In den schwedischen Kriegsgesetzen wurde die Mäßigkeit befohlen; auch erblickte man in dem schwedischen Lager, das Gezelt des Königs nicht ausgenommen, weder Silber noch Gold. Das Auge des Feldherrn wachte mit ebender Sorgfalt über die Sitten des Soldaten, wie über die kriegerische Tapferkeit. Jedes Regiment mußte zum Morgen- und Abendgebet einen Kreis um seinen Prediger schließen, und unter freiem Himmel seine Andacht halten. In allem diesem war der Gesetzgeber zugleich Muster. Eine ungekünstelte lebendige Gottesfurcht erhöhte den Mut, der sein großes Herz beseelte. Gleich frei von dem rohen Unglauben, der den wilden Begierden des Barbaren ihren notwendigen Zügel nimmt, und von der kriechenden Andächtelei eines Ferdinand, die sich vor der Gottheit zum Wurm erniedrigt, und auf dem Nacken der Menschheit trotzig einherwandelt, blieb er auch in der Trunkenheit seines Glücks noch Mensch und noch Christ, aber auch in seiner Andacht noch Held und noch König. Alles Ungemach des Kriegs ertrug er gleich dem Geringsten aus dem Heere; mitten in dem schwärzesten Dunkel der Schlacht war es licht in seinem Geiste; allgegenwärtig mit seinem Blicke, vergaß er den Tod, der ihn umringte; stets fand man ihn auf dem Wege der furchtbarsten Gefahr. Seine natürliche Herzhaftigkeit ließ ihn nur allzu oft vergessen, was er dem Feldherrn schuldig war, und dieses königliche Leben endigte der Tod eines Gemeinen. Aber einem solchen Führer folgte der Feige wie der Mutige zum Sieg, und seinem alles beleuchtenden Adlerblick entging keine Heldentat, die sein Beispiel geweckt hatte. Der Ruhm ihres Beherrschers entzündete in der Nation ein begeisterndes Selbstgefühl; stolz auf diesen König, gab der Bauer in Finnland und Gotland freudig seine Armut hin, verspritzte der Soldat freudig sein Blut, und der hohe Schwung, den der Geist dieses einzigen Mannes der Nation gegeben, überlebte noch lange Zeit seinen Schöpfer.

So wenig man über die Notwendigkeit des Krieges in Zweifel war, so sehr war man es über die Art, wie er geführt werden sollte. Ein angreifender Krieg schien selbst dem mutvollen Kanzler Oxenstierna zu gewagt, die Kräfte seines geldarmen und gewissenhaften Königs zu ungleich den unermeßlichen Hülfsmitteln eines Despoten, der mit ganz Deutschland wie mit seinem Eigentum schaltete. Diese furchtsamen Bedenklichkeiten des Ministers widerlegte die weiter sehende Klugheit des Helden. „Erwarten wir den Feind in Schweden", sagte Gustav, „so ist alles verloren, wenn eine Schlacht verloren ist; alles ist gewonnen, wenn wir in Deutschland einen glücklichen Anfang machen. Das Meer ist groß, und wir haben in Schweden weitläuftige Küsten zu bewachen. Entwischte uns die feindliche Flotte, oder würde die unsrige geschlagen, so wäre es dann umsonst, die feindliche Landung zu verhindern. An der Erhaltung Stralsunds muß uns alles liegen. Solange dieser Hafen uns offensteht, werden wir unser Ansehen auf der Ostsee behaupten, und einen freien Verkehr mit Deutschland unterhalten. Aber um Stralsund zu beschützen, dürfen wir uns nicht in Schweden verkriechen, sondern müssen mit einer Armee nach Pommern hinübergehen. Redet mir also nichts mehr von einem Verteidigungskriege, durch den wir unsere herrlichsten Vorteile verscherzen. Schweden selbst darf keine feindliche Fahne sehen; und werden wir in Deutschland besiegt, so ist es alsdann noch Zeit, euern Plan zu befolgen."

Beschlossen wurde also der Übergang nach Deutschland und der Angriff des Kaisers. Die Zurüstungen wurden aufs lebhafteste betrieben, und die Vorkehrungen, welche Gustav traf, verrieten nicht weniger Vorsicht, als der Entschluß Kühnheit und Größe zeigte. Vor allem war es nötig, in einem so weit entlegenen Kriege Schweden selbst gegen die zweideutigen Gesinnungen der Nachbarn in Sicherheit zu setzen. Auf einer persönlichen Zusammenkunft mit dem Könige von Dänemark zu Markaröd versicherte sich Gustav der Freundschaft dieses Monarchen; gegen Moskau wurden die Grenzen gedeckt; Polen konnte man von Deutschland aus in Furcht erhalten, wenn es Lust bekommen sollte, den Waffenstillstand zu verletzen. Ein schwedischer Unterhändler, von Falkenberg, welcher Holland und die deutschen Höfe bereiste, machte seinem Herrn von seiten mehrerer protestantischen Fürsten die schmeichelhaftesten Hoffnungen, obgleich noch keiner Mut und Verleugnung genug hatte, ein förmliches Bündnis mit ihm einzugehen. Die Städte Lübeck und Hamburg zeigten sich bereitwillig, Geld vorzuschießen, und an Zahlungsstatt schwedisches Kupfer anzunehmen. Auch an den Fürsten von Siebenbürgen wurden vertraute Personen abgeschickt, diesen unversöhnlichen Feind Österreichs gegen den Kaiser in Waffen zu bringen.

Unterdessen wurden in den Niederlanden und Deutschland schwedische Werbungen eröffnet, die Regimenter vollzählig gemacht, neue errichtet, Schiffe herbeigeschafft, die Flotte gehörig ausgerüstet, Lebensmittel, Kriegsbedürfnisse und Geld so viel nur möglich herbeigetrieben. Dreißig Kriegsschiffe waren in kurzer Zeit zum Auslaufen fertig, eine Armee von funfzehntausend Mann stand bereit, und zweihundert Transportschiffe waren bestimmt sie überzusetzen. Eine größere Macht wollte Gustav Adolf nicht nach Deutschland hinüberführen, und der Unterhalt derselben hätte auch bis jetzt die Kräfte seines Königreichs überstiegen. Aber so klein diese Armee war, so vortrefflich war die Auswahl seiner Truppen in Disziplin, kriegerischem Mut und Erfahrung, die einen festen Kern zu einer größern Kriegsmacht abgeben konnte, wenn er den deutschen Boden erst erreicht, und das Glück seinen ersten Anfang begünstigt haben würde. Oxenstierna, zugleich General und Kanzler, stand mit etwa zehntausend Mann in Preußen, diese Provinz gegen Polen zu verteidigen. Einige reguläre Truppen und ein ansehnliches Korps Landmiliz, welches der Hauptarmee zur Pflanzschule diente, blieb in Schweden zurück, damit ein bundbrüchiger Nachbar bei einem schnellen Überfall das Königreich nicht unvorbereitet fände.

Dadurch war für die Verteidigung des Reichs gesorgt. Nicht weniger Sorgfalt bewies Gustav Adolf bei Anordnung der innern Regierung. Die Regentschaft wurde dem Reichsrat, das Finanzwesen dem Pfalzgrafen Johann Kasimir, dem Schwager des Königs, übertragen, seine Gemahlin, so zärtlich er sie liebte, von allen Regierungsgeschäften entfernt, denen ihre eingeschränkten Fähigkeiten nicht gewachsen waren. Gleich einem Sterbenden bestellte er sein Haus. Am 20. Mai 1630, nachdem alle Vorkehrungen getroffen, und alles zur Abfahrt in Bereitschaft war, erschien der König zu Stockholm in der Reichsversammlung, den Ständen ein feierliches Lebewohl zu sagen. Er nahm hier seine vierjährige Tochter Christina, die in der Wiege schon zu seiner Nachfolgerin erklärt war, auf die

Arme, zeigte sie den Ständen als ihre künftige Beherrscherin, ließ ihr auf den Fall, daß er selbst nimmer wiederkehrte, den Eid der Treue erneuern, und darauf die Verordnung ablesen, wie es während seiner Abwesenheit oder der Minderjährigkeit seiner Tochter mit der Regentschaft des Reichs gehalten werden sollte. In Tränen zerfloß die ganze Versammlung, und der König selbst brauchte Zeit, um zu seiner Abschiedsrede an die Stände die nötige Fassung zu erhalten.

„Nicht leichtsinnigerweise", fing er an, „stürze ich mich und euch in diesen neuen gefahrvollen Krieg. Mein Zeuge ist der allmächtige Gott, daß ich nicht aus Vergnügen fechte. Der Kaiser hat mich in der Person meiner Gesandten aufs grausamste beleidigt, er hat meine Feinde unterstützt, er verfolgt meine Freunde und Brüder, tritt meine Religion in den Staub, und streckt die Hand aus nach meiner Krone. Dringend flehen uns die unterdrückten Stände Deutschlands um Hülfe, und wenn es Gott gefällt, so wollen wir sie ihnen geben.

Ich kenne die Gefahren, denen mein Leben ausgesetzt sein wird. Nie habe ich sie gemieden, und schwerlich werde ich ihnen ganz entgehen. Bis jetzt zwar hat mich die Allmacht wunderbar behütet; aber ich werde doch endlich sterben in der Verteidigung meiner Vaterlandes. Ich übergebe euch dem Schutz des Himmels. Seid gerecht, seid gewissenhaft, wandelt unsträflich, so werden wir uns in der Ewigkeit wiederbegegnen.

An euch, meine Reichsräte, wende ich mich zuerst. Gott erleuchte euch, und erfülle euch mit Weisheit, meinem Königreiche stets das Beste zu raten. Euch, tapfrer Adel, empfehle ich dem göttlichen Schutz. Fahret fort, euch als würdige Nachkommen jener heldenmütigen Goten zu erweisen, deren Tapferkeit das alte Rom in den Staub stürzte. Euch, Diener der Kirche, ermahne ich zur Verträglichkeit und Eintracht; seid selbst Muster der Tugenden, die ihr predigt, und mißbrauchet nie eure Herrschaft über die Herzen meines Volks. Euch, Deputierte des Bürger- und Bauernstandes, wünsche ich den Segen des Himmels, euerm Fleiß eine erfreuende Ernte, Fülle euern Scheunen, Überfluß an allen Gütern des Lebens. Für euch alle, Abwesende und Gegenwärtige, schicke ich aufrichtige Wünsche zum Himmel. Ich sage euch allen mein zärtliches Lebewohl. Ich sage es vielleicht auf ewig."

Zu Elfsnabben, wo die Flotte vor Anker lag, erfolgte die Einschiffung der Truppen; eine unzählige Menge Volks war herbeigeströmt, dieses ebenso prächtige als rührende Schauspiel zu sehen. Die Herzen der Zuschauer waren von den verschiedensten Empfindungen bewegt, je nachdem sie bei der Größe des Wagestücks oder bei der Größe des Mannes verweilten. Unter den hohen Offizieren, welche bei diesem Heere kommandierten, haben sich Gustav Horn, Rheingraf Otto Ludwig, Heinrich Matthias Graf von Thurn, Ortenburg, Baudissin, Banér, Teufel, Tott, Mutsenfahl, Falkenberg, Kniphausen und andere mehr einen glänzenden Namen erworben. Die Flotte von widrigen Winden aufgehalten, konnte erst im Junius unter Segel gehn, und erreichte am 24. dieses Monats die Insel Rügen an der Küste von Pommern.

Gustav Adolf war der erste, der hier ans Land stieg. Im Angesicht seines Gefolges kniete er nieder auf Deutschlands Erde, und dankte der Allmacht für die Erhaltung seiner Armee und seiner Flotte. Auf den Inseln Wollin und Usedom setzte er seine Truppen ans Land; die kaiserlichen Besatzungen verließen sogleich bei seiner Annäherung ihre Schanzen und entflohen. Mit Blitzesschnelligkeit erschien er vor Stettin sich dieses wichtigen Platzes zu versichern, ehe die Kaiserlichen ihm zuvorkämen. Bogislaw der Vierzehnte, Herzog von Pommern, ein schwacher und alternder Prinz, war lange schon der Mißhandlungen müde, welche die Kaiserlichen in seinem Lande ausgeübt hatten, und fortfuhren auszuüben; aber zu kraftlos, ihnen Widerstand zu tun, hatte er sich mit stillem Murren unter die Übermacht gebeugt. Die Erscheinung seines Retters, anstatt seinen Mut zu beleben, erfüllte ihn mit Furcht und Zweifeln. Sosehr sein Land noch von den Wunden blutete, welche die Kaiserlichen ihm geschlagen, sowenig konnte dieser Fürst sich entschließen, durch offenbare Begünstigung der Schweden die Rache des Kaisers gegen sich zu reizen. Gustav Adolf, unter den Kanonen von Stettin gelagert, forderte diese Stadt auf, schwedische Garnison einzunehmen. Bogislaw erschien selbst in dem Lager des Königs, sich diese Einquartierung zu verbitten. „Ich komme als Freund und nicht als Feind zu Ihnen", antwortete Gustav; „nicht mit Pommern, nicht mit dem Deutschen Reiche, nur mit den Feinden desselben führe ich Krieg. In meinen Händen soll dieses Herzogtum heilig aufgehoben sein, und sicherer als von jedem andern werden Sie es nach geendigtem Feldzug von mir zurückerhalten. Sehen Sie die Fußstapfen der kaiserlichen Truppen in Ihrem Lande, sehen Sie die Spuren der meinigen in Usedom, und wählen Sie, ob Sie den Kaiser oder mich zum Freund haben wollen. Was erwarten Sie, wenn der Kaiser sich Ihrer Hauptstadt bemächtigen sollte? Wird er gnädiger damit verfahren, als ich? Oder wollen Sie meinen Siegen Grenzen setzen? Die Sache ist dringend, fassen Sie einen Entschluß, und nötigen Sie mich nicht, wirksamere Mittel zu ergreifen."

Die Wahl war schmerzlich für den Herzog von Pommern. Hier der König von Schweden mit einer furchtbaren Armee vor den Toren seiner Hauptstadt; dort die unausbleibliche Rache des Kaisers und das schreckenvolle Beispiel so vieler deutschen Fürsten, welche als Opfer dieser Rache im Elend herumwanderten. Die dringendere Gefahr bestimmte seinen Entschluß. Die Tore von Stettin wurden dem Könige geöffnet, schwedische Truppen rückten ein, und den Kaiserlichen, die schon in starken Märschen herbeieilten, wurde der Vorsprung abgewonnen. Stettins Einnahme verschaffte dem König in Pommern festen Fuß, den Gebrauch der Oder, und einen Waffenplatz für seine Armee. Herzog Bogislaw säumte nicht, den getanen Schritt bei dem Kaiser durch die Notwendigkeit zu entschuldigen, und dem Vorwurfe der Verräterei im voraus zu begegnen; aber von der Unversöhnlichkeit dieses Monarchen überzeugt, trat er mit seinem neuen Schutzherrn in eine enge Verbindung, um durch die schwedische Freundschaft sich gegen die Rache Österreichs in Sicherheit zu setzen. Der König gewann durch diese Allianz mit Pommern einen wichtigen Freund auf deutschem Boden, der ihm den Rücken deckte, und den Zusammenhang mit Schweden offenhielt.

Gustav Adolf glaubte sich gegen Ferdinand, der ihn in Preußen zuerst feindlich angegriffen hatte, der hergebrachten Formalitäten überhoben, und fing ohne Kriegserklärung die Feindseligkeiten an. Gegen die europäischen Fürsten rechtfertigte er sein Betragen in einem eigenen Manifest, in welchem alle schon angeführte Gründe, die ihn zur Ergreifung der Waffen bewogen, hererzählt wurden. Unterdessen setzte er seine Progressen in Pommern fort, und sah mit jedem Tage seine Heere sich vermehren. Von den Truppen, welche unter Mansfeld, Herzog Christian von Braunschweig, dem Könige von Dänemark und unter Wallenstein gefochten, stellten sich Offiziere sowohl, als Soldaten scharenweise dar, unter seinen siegreichen Fahnen zu streiten.

Der Einfall des Königs von Schweden wurde am kaiserlichen Hofe der Aufmerksamkeit bei weitem nicht gewürdigt, welche er bald darauf zu verdienen schien. Der österreichische Stolz, durch das bisherige unerhörte Glück auf den höchsten Gipfel getrieben, sah mit Geringschätzung auf einen Fürsten herab, der mit einer Handvoll Menschen aus einem verachteten Winkel Europens hervorkam, und, wie man sich einbildete, seinen bisher erlangten Kriegsruhm bloß der Ungeschicklichkeit eines noch schwächern Feindes verdankte. Die herabsetzende Schilderung, welche Wallenstein, nicht ohne Absicht, von der schwedischen Macht entworfen, vermehrte die Sicherheit des Kaisers: wie hätte er einen Feind achten sollen, den sein Feldherr sich getraute mit Ruten aus Deutschland zu verjagen? Selbst die reißenden Fortschritte Gustav Adolfs in Pommern konnten dieses Vorurteil nicht ganz besiegen, welchem der Spott der Höflinge stets neue Nahrung gab. Man nannte ihn in Wien nur die Schneemajestät, welche die Kälte des Nords jetzt zusammenhalte, die aber zusehends schmelzen würde, je näher sie gegen Süden rückte. Die Kurfürsten selbst, welche in Regensburg versammelt waren, würdigten seine Vorstellungen keiner Aufmerksamkeit, und verweigerten ihm, aus blinder Gefälligkeit gegen Ferdinand, sogar den Titel eines Königs. Während man in Regensburg und Wien seiner spottete, ging in Pommern und Mecklenburg ein fester Ort nach dem andern an ihn verloren.

Dieser Geringschätzung ungeachtet, hatte sich der Kaiser bereitwillig finden lassen, die Mißhelligkeiten mit Schweden durch Unterhandlungen beizulegen, auch zu diesem Ende Bevollmächtigte nach Danzig gesendet. Aber aus ihren Instruktionen erhellte deutlich, wie wenig es ihm damit Ernst war, da er Gustaven noch immer den königlichen Titel verweigerte. Seine Absicht schien bloß dahin zu gehen, das Verhaßte des Angriffs von sich selbst auf den König von Schweden abzuwälzen, und sich dadurch auf den Beistand der Reichsstände desto eher Rechnung machen zu können. Fruchtlos, wie zu erwarten gewesen war, zerschlug sich also dieser Kongreß zu Danzig, und die Erbitterung beider Teile wurde durch einen heftigen Schriftwechsel aufs Höchste getrieben.

Ein kaiserlicher General, Torquato Conti, der die Armee in Pommern kommandierte, hatte sich unterdessen vergeblich bemüht, den Schweden Stettin wieder zu entreißen. Aus einem

Platz nach dem andern wurden die Kaiserlichen vertrieben; Damm, Stargard, Kammin, Wolgast fielen schnell nacheinander in des Königs Hand. Um sich an dem Herzog von Pommern zu rächen, ließ der kaiserliche General auf dem Rückzuge seine Truppen die schreiendsten Gewalttätigkeiten gegen die Einwohner Pommerns verüben, welche sein Geiz längst schon aufs grausamste gemißhandelt hatte. Unter dem Vorwande, den Schweden alle Lebensmittel zu entziehen, wurde alles verheert und geplündert, und oft, wenn die Kaiserlichen einen Platz nicht länger zu behaupten wußten, ließen sie ihn in Rauch aufgehn, um dem Feinde nichts als den Schutt zurückzulassen. Aber diese Barbareien dienten nur dazu, das entgegengesetzte Betragen der Schweden in ein desto glänzenderes Licht zu setzen, und dem menschenfreundlichen König alle Herzen zu gewinnen. Der schwedische Soldat bezahlte alles, was er brauchte, und von fremdem Eigentum wurde auf seinem Durchmarsche nichts berührt. In Stadt und Land empfing man daher die schwedischen Heere mit offenen Armen; alle kaiserlichen Soldaten, welche dem pommerschen Landvolk in die Hände fielen, wurden ohne Barmherzigkeit ermordet. Viele Pommern traten in schwedischen Dienst, und die Stände dieses so sehr erschöpften Landes ließen es sich mit Freuden gefallen, dem König eine Kontribution von hunderttausend Gulden zu bewilligen.

Torquato Conti, bei aller Härte seines Charakters ein vortrefflicher General, suchte dem König von Schweden den Besitz von Stettin wenigstens unnütz zu machen, da er ihn nicht von diesem Ort zu vertreiben vermochte. Er verschanzte sich zu Garz, oberhalb Stettin, an der Oder, um diesen Fluß zu beherrschen, und jener Stadt die Kommunikation zu Wasser mit dem übrigen Deutschland abzuschneiden. Nichts konnte ihn dahin bringen, mit dem Könige von Schweden zu schlagen, der ihm an Mannschaft überlegen war; noch weniger wollte es diesem gelingen, die festen kaiserlichen Verschanzungen zu stürmen. Torquato, von Truppen und Geld allzusehr entblößt, um angriffsweise gegen den König zu agieren, gedachte mit Hülfe dieses Operationsplans dem Grafen Tilly Zeit zu verschaffen, zur Verteidigung Pommerns herbeizueilen, und alsdann in Vereinigung mit diesem General auf den König von Schweden loszugehen. Er benutzte sogar einmal die Entfernung des Königs, um sich durch einen unvermuteten Überfall Stettins zu bemächtigen. Aber die Schweden ließen sich nicht unvorbereitet finden. Ein lebhafter Angriff der Kaiserlichen wurde mit Standhaftigkeit zurückgeschlagen, und Torquato verschwand mit einem großen Verluste. Nicht zu leugnen ist es, daß Gustav Adolf bei diesem günstigen Anfang ebensoviel dem Glück als seiner Kriegserfahrenheit dankte. Die kaiserlichen Truppen in Pommern waren seit Wallensteins Abdankung aufs tiefste heruntergekommen. Grausam rächten sich ihre Ausschweifungen jetzt an ihnen selbst: ein ausgezehrtes verödetes Land konnte ihnen keinen Unterhalt mehr darbieten. Alle Mannszucht war dahin, keine Achtung mehr für die Befehle der Offiziere; zusehends schmolz ihre Anzahl durch häufige Desertionen, und durch ein allgemeines Sterben, welches die schneidende Kälte in diesem ungewohnten Klima verursachte. Unter diesen Umständen sehnte sich der kaiserliche General nach Ruhe, um seine Truppen durch die Winterquartiere zu erquicken; aber er hatte mit einem Feinde zu tun, für den unter deutschem Himmel gar kein Winter war. Zur Vorsorge hatte Gustav seine Soldaten mit Schafspelzen versehen lassen, um auch die rauheste Jahreszeit über im Felde zu bleiben. Die kaiserlichen Bevollmächtigten, welche wegen eines Waffenstillstandes zu unterhandeln kamen, erhielten daher die trostlose Antwort: Die Schweden seien im Winter wie im Sommer Soldaten, und nicht geneigt, den armen Landmann noch mehr auszusaugen. Die Kaiserlichen möchten es mit sich halten, wie sie wollten; sie aber gedächten nicht, sich müßig zu verhalten. Torquato Conti legte bald darauf sein Kommando, wobei wenig Ruhm und nun auch kein Geld mehr zu gewinnen war, nieder.

Bei dieser Ungleichheit mußte sich der Vorteil notwendigerweise auf schwedischer Seite befinden. Unaufhörlich wurden die Kaiserlichen in ihren Winterquartieren beunruhigt, Greifenhagen, ein wichtiger Platz an der Oder, mit Sturm erobert, zuletzt auch die Städte, Garz und Pyritz, von den Feinden verlassen. Von ganz Pommern waren nur noch Greifswald, Demmin und Kolberg in ihren Händen, zu deren Belagerung der König ungesäumt die nachdrücklichsten Anstalten machte. Der fliehende Feind nahm seinen Weg nach der Mark Brandenburg, nicht ohne großen Verlust an Artillerie, Bagage und Mannschaft, welche den nacheilenden Schweden in die Hände fielen.

Durch Einnahme der Pässe bei Ribnitz und Damgarten hatte sich Gustav den Eingang in das Herzogtum Mecklenburg eröffnet, dessen Untertanen durch ein vorangeschicktes Manifest aufgefordert wurden, unter die Herrschaft ihrer rechtmäßigen Regenten zurückzukehren, und alles, was Wallensteinisch wäre, zu verjagen. Durch Betrug bekamen aber die Kaiserlichen die wichtige Stadt Rostock in ihre Gewalt, welches den König, der seine Macht nicht gern teilen wollte, an fernerm Vorrücken hinderte. Vergebens hatten indessen die vertriebenen Herzoge von Mecklenburg, durch die zu Regensburg versammelten Fürsten, bei dem Kaiser fürsprechen lassen; vergebens hatten sie, um den Kaiser durch Unterwürfigkeit zu gewinnen, das Bündnis mit Schweden und jeden Weg der Selbsthülfe verschmäht. Durch die hartnäckige Weigerung des Kaisers zur Verzweiflung gebracht, ergriffen sie jetzt öffentlich die Partei des Königs von Schweden, warben Truppen, und übertrugen das Kommando darüber dem Herzog Franz Karl von Sachsen-Lauenburg. Dieser bemächtigte sich auch wirklich einiger festen Plätze an der Elbe, verlor sie aber bald wieder an den kaiserlichen General Pappenheim, der gegen ihn geschickt wurde. Bald darauf, in der Stadt Ratzeburg von letzterm belagert, sah er sich, nach einem vergeblichen Versuch zu entfliehen, genötigt, sich mit seiner ganzen Mannschaft zu Gefangenen zu ergeben. So verschwand dann aufs neue die Hoffnung dieser unglücklichen Fürsten zum Wiedereintritt in ihre Lande, und dem siegreichen Arme Gustav Adolfs allein war es aufbehalten, ihnen diese glänzende Gerechtigkeit zu erzeigen.

Die flüchtigen kaiserlichen Scharen hatten sich in die Mark Brandenburg geworfen, welche sie jetzt zum Schauplatz ihrer Greueltaten machten. Nicht zufrieden, die willkürlichsten Schatzungen einzufordern, und den Bürger durch Einquartierungen zu drücken, durchwühlten diese Unmenschen auch noch das Innere der Häuser, zerschlugen, erbrachen alles, was verschlossen war, raubten allen Vorrat, den sie fanden, mißhandelten auf das entsetzlichste, wer sich zu widersetzen wagte, entehrten das Frauenzimmer, selbst an heiliger Stätte. Und alles dies geschah nicht in Feindesland – es geschah gegen die Untertanen eines Fürsten, von welchem der Kaiser nicht beleidigt war, dem er trotz diesem allen noch zumutete, die Waffen gegen den König von Schweden zu ergreifen. Der Anblick dieser entsetzlichen Ausschweifungen, welche sie aus Mangel an Ansehen und aus Geldnot geschehen lassen mußten, erweckte selbst den Unwillen der kaiserlichen Generale, und ihr oberster

Chef, Graf von Schaumburg, wollte schamrot das Kommando niederlegen. Zu arm an Soldaten, um sein Land zu verteidigen, und ohne Hülfe gelassen von dem Kaiser, der zu den beweglichsten Vorstellungen schwieg, befahl endlich der Kurfürst von Brandenburg seinen Untertanen in einem Edikt, Gewalt mit Gewalt zu vertreiben, und jeden kaiserlichen Soldaten, der über der Plünderung ergriffen würde, ohne Schonung zu ermorden. Zu einem solchen Grade war der Greuel der Mißhandlung und das Elend der Regierung gestiegen, daß dem Landesherrn nur das verzweifelte Mittel übrigblieb, die Selbstrache zu befehlen.

Die Kaiserlichen hatten die Schweden in die Mark Brandenburg nachgezogen, und nur die Weigerung des Kurfürsten, ihm die Festung Küstrin zum Durchmarsch zu öffnen, hatte den König abhalten können, Frankfurt an der Oder zu belagern. Er ging zurück, die Eroberung Pommerns durch Einnahme von Demmin und Kolberg zu vollenden; unterdessen war der Feldmarschall Tilly im Anzuge, die Mark Brandenburg zu verteidigen.

Dieser General, der sich rühmen konnte, noch keine Schlacht verloren zu haben, der Überwinder Mansfelds, Christians von Braunschweig, des Markgrafen von Baden und des Königs von Dänemark, sollte jetzt an dem König von Schweden einen würdigen Gegner finden. Tilly stammte aus einer edeln Familie in Lüttich, und hatte in dem niederländischen Kriege, der damaligen Feldherrnschule, seine Talente ausgebildet. Bald darauf fand er Gelegenheit, seine erlangten Fähigkeiten unter Kaiser Rudolf dem Zweiten in Ungarn zu zeigen, wo er sich schnell von einer Stufe zur andern emporschwang. Nach geschlossenem Frieden trat er in die Dienste Maximilians von Bayern, der ihn zum Oberfeldherrn mit unumschränkter Gewalt ernannte. Tilly wurde durch seine vortrefflichen Einrichtungen der Schöpfer der bayrischen Kriegsmacht, und ihm vorzüglich hatte Maximilian seine bisherige Überlegenheit im Felde zu danken. Nach geendigtem böhmischen Kriege wurde ihm das Kommando der ligistischen Truppen, und jetzt, nach Wallensteins Abgang, das Generalat über die ganze kaiserliche Armee übertragen. Ebenso streng gegen seine Truppen, ebenso blutdürstig gegen den Feind, von ebenso finsterer Gemütsart als Wallenstein, ließ er diesen an Bescheidenheit und Uneigennützigkeit weit hinter sich zurück. Ein blinder Religionseifer und ein blutdürstiger Verfolgungsgeist vereinigten sich mit der natürlichen Wildheit seines Charakters, ihn zum Schrecken der Protestanten zu machen. Ein bizarres und schreckhaftes Äußere entsprach dieser Gemütsart. Klein, hager, mit eingefallenen Wangen, langer Nase, breiter gerunzelter Stirne, starkem Knebelbart und unten zugespitztem Gesichte, zeigte er sich gewöhnlich in einem spanischen Wams von hellgrünem Atlas mit aufgeschlitzten Ärmeln, auf dem Kopfe einen kleinen hoch aufgestutzten Hut, mit einer roten Straußfeder geziert, die bis auf den Rücken niederwallte. Sein ganzer Anblick erinnerte an den Herzog von Alba, den Zuchtmeister der Flamländer, und es fehlte viel, daß seine Taten diesen Eindruck auslöschten. So war der Feldherr beschaffen, der sich dem nordischen Helden entgegenstellte.

Tilly war weit entfernt, seinen Gegner geringzuschätzen. „Der König von Schweden", erklärte er auf der Kurfürstenversammlung zu Regensburg, „ist ein Feind von ebenso großer Klugheit als Tapferkeit, abgehärtet zum Krieg, in der besten Blüte seiner Jahre. Seine Anstalten sind vortrefflich, seine Hülfsmittel nicht gering; die Stände seines Reichs sind äußerst willfährig gegen ihn gewesen. Seine Armee, aus Schweden, Deutschen, Livländern, Finnländern, Schotten und Engländern zusammengeflossen, ist zu einer einzigen Nation gemacht, durch blinden Gehorsam. Dies ist ein Spieler, gegen welchen nicht verloren zu haben, schon überaus viel gewonnen ist."

Die Fortschritte des Königs von Schweden in Brandenburg und Pommern ließen den neuen Generalissimus keine Zeit verlieren, und dringend forderten die dort kommandierenden Feldherren seine Gegenwart. In möglichster Schnelligkeit zog er die kaiserlichen Truppen, die durch ganz Deutschland zerstreut waren, an sich; aber es kostete viel Zeit, aus den verödeten und verarmten Provinzen die nötigen Kriegsbedürfnisse zusammenzubringen. Endlich erschien er in der Mitte des Winters an der Spitze von 20000 Mann vor Frankfurt an der Oder, wo er sich mit dem Überrest der Schaumburgischen Truppen vereinigte. Er übergab diesem Feldherrn die Verteidigung Frankfurts mit einer hinlänglich starken Besatzung, und er selbst wollte nach Pommern eilen, um Demmin zu retten, und Kolberg zu entsetzen, welche Stadt von den Schweden schon aufs Äußerste gebracht war. Aber noch eh er Brandenburg verließ, hatte sich Demmin, von dem Herzog Savelli äußerst schlecht verteidigt, an den König ergeben, und auch Kolberg ging wegen Hungersnot nach fünfmonatlicher Belagerung über. Da die Pässe nach Vorpommern aufs beste besetzt waren, und das Lager des Königs bei Schwedt jedem Angriffe Trotz bot, so entsagte Tilly seinem ersten angreifenden Plan, und zog sich rückwärts nach der Elbe – um Magdeburg zu belagern.

Durch Wegnahme von Demmin stand es dem König frei, unaufgehalten ins Mecklenburgische zu dringen; aber ein wichtigeres Unternehmen zog seine Waffen nach einer andern Gegend. Tilly hatte kaum seinen Rückmarsch angetreten, als er sein Lager zu Schwedt plötzlich aufhob, und mit seiner ganzen Macht gegen Frankfurt an der Oder anrückte. Diese Stadt war schlecht befestigt, aber durch eine achttausend Mann starke Besatzung verteidigt, größtenteils Überrest jener wütenden Banden, welche Pommern und Brandenburg gemißhandelt hatten. Der Angriff geschah mit Lebhaftigkeit, und schon am dritten Tage wurde die Stadt mit stürmender Hand erobert. Die Schweden, des Sieges gewiß, verwarfen, obgleich die Feinde zweimal Schamade schlugen, die Kapitulation, um das schreckliche Recht der Wiedervergeltung auszuüben. Tilly hatte nämlich gleich nach seiner Ankunft in diesen Gegenden eine schwedische Besatzung, die sich verspätet hatte, in Neubrandenburg aufgehoben, und, durch ihren lebhaften Widerstand gereizt, bis auf den letzten Mann niederhauen lassen. Dieser Grausamkeit erinnerten sich jetzt die Schweden, als Frankfurt erstiegen ward. Neubrandenburgisch Quartier! antwortete man jedem kaiserlichen Soldaten, der um sein Leben bat, und stieß ihn ohne Barmherzigkeit nieder. Einige tausend wurden erschlagen oder gefangen, viele ertranken in der Oder, der Überrest floh nach Schlesien, die ganze Artillerie geriet in schwedische Hände. Dem Ungestüm seiner Soldaten nachzugeben, mußte Gustav Adolf eine dreistündige Plünderung erlauben.

Indem dieser König von einem Siege zum andern forteilte, der Mut der protestantischen Stände dadurch wuchs und ihr Widerstand lebhafter wurde, fuhr der Kaiser noch unverändert fort, durch Vollstreckung des Restitutionsediktes und durch übertriebene Zumutungen an die Stände ihre Geduld aufs Äußerste zu treiben. Notgedrungen schritt er jetzt auf den gewalttätigen Wegen fort, die er anfangs aus Übermut betreten hatte; den Verlegenheiten, in welche ihn sein willkürliches Verfahren gestürzt hatte, wußte er jetzt nicht anders als durch ebenso willkürliche Mittel zu entgehen. Aber in einem so künstlich organisierten Staatskörper, wie der deutsche ist und immer war, mußte die Hand des Despotismus die unübersehlichsten Zerrüttungen anrichten. Mit Erstaunen sahen die Fürsten unvermerkt die ganze Reichsverfassung umgekehrt, und der eintretende Zustand der Natur führte sie zur Selbsthülfe, dem einzigen Rettungsmittel in dem Zustand der Natur. Endlich hatten doch die offenbaren Schritte des Kaisers gegen die evangelische Kirche von den Augen Johann Georgs die Binde weggezogen, welche ihm so lange die betrügerische Politik dieses Prinzen verbarg. Durch Ausschließung seines Sohnes von dem Erzstifte zu Magdeburg hatte ihn Ferdinand persönlich beleidigt, und der Feldmarschall von Arnheim, sein neuer Günstling und Minister, verabsäumte nichts, die Empfindlichkeit seines Herrn aufs Höchste zu treiben. Vormals kaiserlicher General unter Wallensteins Kommando, und noch immer dessen eifrig ergebener Freund, suchte er seinen alten Wohltäter und sich selbst an dem Kaiser zu rächen, und den Kurfürsten von Sachsen von dem österreichischen Interesse abzuziehen. Die Erscheinung der Schweden in Deutschland mußte ihm die Mittel dazu darbieten. Gustav Adolf war unüberwindlich, sobald sich die protestantischen Stände mit ihm vereinigten, und nichts beunruhigte den Kaiser mehr. Kursachsens Beispiel konnte die Erklärung aller übrigen nach sich ziehen, und das Schicksal des Kaisers schien sich gewissermaßen in den Händen Johann Georgs zu befinden. Der listige Günstling machte dem Ehrgeize seines Herrrn diese seine Wichtigkeit fühlbar, und erteilte ihm den Rat, den Kaiser durch ein angedrohtes Bündnis mit Schweden in Schrecken zu setzen, um von der Furcht dieses Prinzen zu erhalten, was von der Dankbarkeit desselben nicht zu erwarten sei. Doch hielt er dafür, die Allianz mit Schweden nicht wirklich abzuschließen, um immer wichtig zu sein und immer freie Hand zu behalten. Er begeisterte ihn für den stolzen Plan (dem nichts als eine verständigere Hand zur Vollstreckung fehlte), die ganze Partei der Protestanten an sich zu ziehen, eine dritte Macht in Deutschland aufzustellen, und in der Mitte zwischen Schweden und Österreich die Entscheidung in den Händen zu tragen.

Dieser Plan mußte der Eigenliebe Johann Georgs um so mehr schmeicheln, da es ihm gleich unerträglich war, in die Abhängigkeit von Schweden zu geraten, und länger unter der

Tyrannei des Kaisers zu bleiben. Nicht mit Gleichgültigkeit konnte er sich die Führung der deutschen Angelegenheiten von einem auswärtigen Prinzen entrissen sehen, und so wenig Fähigkeit er auch besaß, die erste Rolle zu spielen, so wenig ertrug es seine Eitelkeit, sich mit der zweiten zu begnügen. Er beschloß also, von den Progressen des schwedischen Königs die möglichsten Vorteile für seine eigene Lage zu ziehen, aber unabhängig von diesem seinen eigenen Plan zu verfolgen. Zu diesem Ende besprach er sich mit dem Kurfürsten von Brandenburg, der aus ähnlichen Ursachen gegen den Kaiser entrüstet und auf Schweden mißtrauisch war. Nachdem er sich auf einem Landtage zu Torgau seiner eigenen Landstände versichert hatte, deren Beistimmung ihm zur Ausführung seines Plans unentbehrlich war, so lud er alle evangelische Stände des Reichs zu einem Generalkonvent ein, welcher am 6. Februar 1631 zu Leipzig eröffnet werden sollte. Brandenburg, Hessen-Kassel, mehrere Fürsten, Grafen, Reichsstände, protestantische Bischöfe erschienen entweder selbst oder durch Bevollmächtigte auf dieser Versammlung, welche der sächsische Hofprediger, D. Hoë von Hoënegg, mit einer heftigen Kanzelrede eröffnete. Vergebens hatte sich der Kaiser bemüht, diese eigenmächtige Zusammenkunft, welche augenscheinlich auf Selbsthülfe zielte, und bei der Anwesenheit der Schweden in Deutschland höchst bedenklich war, zu hintertreiben. Die versammelten Fürsten, von den Fortschritten Gustav Adolfs belebt, behaupteten ihre Rechte, und gingen nach Verlauf zweier Monate mit einem merkwürdigen Schluß auseinander, der den Kaiser in nicht geringe Verlegenheit setzte. Der Inhalt desselben war, den Kaiser in einem gemeinschaftlichen Schreiben um Aufhebung des Restitutionsediktes, Zurückziehung seiner Truppen aus ihren Residenzen und Festungen, Einstellung der Exekutionen und Abstellung aller bisherigen Mißbräuche nachdrücklich zu ersuchen – einstweilen aber eine 40000 Mann starke Armee zusammenzubringen, um sich selbst Recht zu schaffen, wenn der Kaiser es ihnen verweigerte.

Ein Umstand kam noch hinzu, der nicht wenig dazu beitrug, die Entschlossenheit der protestantischen Fürsten zu vermehren. Endlich hatte der König von Schweden die Bedenklichkeiten besiegt, welche ihn bisher von einer nähern Verbindung mit Frankreich zurückschreckten, und war am 13. Jänner dieses 1631. Jahres in eine förmliche Allianz mit dieser Krone getreten. Nach einem sehr ernsthaften Streite über die künftige Behandlungsart der katholischen Reichsfürsten, welche Frankreich in Schutz nahm, Gustav hingegen das Recht der Wiedervergeltung empfinden lassen wollte, und nach einem minder wichtigen Zank über den Titel Majestät, den der französische Hochmut dem schwedischen Stolze verweigerte, gab endlich Richelieu in dem zweiten, Gustav Adolf in dem ersten Artikel nach, und zu Bärwalde in der Neumark wurde der Allianztraktat unterzeichnet. Beide Mächte verpflichteten sich in demselben, sich wechselseitig und mit gewaffneter Hand zu beschützen, ihre gemeinschaftlichen Freunde zu verteidigen, den vertriebenen Reichsfürsten wieder zu ihren Ländern zu helfen, und an den Grenzen, wie in dem Innern Deutschlands, alles ebenso wiederherzustellen, wie es vor dem Ausbruch des Krieges gewesen war. Zu diesem Ende sollte Schweden eine Armee von 30000 Mann auf eigne Kosten in Deutschland unterhalten, Frankreich hingegen 400000 Taler jährlicher Hülfsgelder den Schweden entrichten. Würde das Glück die Waffen Gustavs begünstigen, so sollten in den eroberten Plätzen die katholische Religion und die Reichsgesetze ihm heilig sein, und gegen beide nichts unternommen werden, allen Ständen und Fürsten in und außer Deutschland, selbst den katholischen, der Zutritt zu diesem Bündnisse offenstehen, kein Teil ohne Wissen und Willen des andern einen einseitigen Frieden mit dem Feinde schließen, das Bündnis selbst fünf Jahre dauern.

So großen Kampf es dem König von Schweden gekostet hatte, von Frankreich Sold anzunehmen, und einer ungebundenen Freiheit in Führung des Krieges zu entsagen, so entscheidend war diese französische Allianz für seine Angelegenheiten in Deutschland. Jetzt erst, nachdem er durch die ansehnlichste Macht in Europa gedeckt war, fingen die deutschen Reichsstände an, Vertrauen zu seiner Unternehmung zu fassen, für deren Erfolg sie bisher nicht ohne Ursache gezittert hatten. Jetzt erst wurde er dem Kaiser fürchterlich. Selbst die katholischen Fürsten, welche Österreichs Demütigung wünschten, sahen ihn jetzt mit weniger Mißtrauen in Deutschland Fortschritte machen, weil ihm das Bündnis mit einer katholischen Macht Schonung gegen ihre Religion auferlegte. So wie Gustav Adolfs Erscheinung die evangelische Religion und deutsche Freiheit gegen die Übermacht Kaiser Ferdinands beschützte, ebenso konnte nunmehr Frankreichs Dazwischenkunft die katholische Religion und deutsche Freiheit gegen eben-diesen Gustav Adolf in Schutz nehmen, wenn ihn die Trun-kenheit des Glücks über die Schranken der Mäßigung hin-wegführen sollte.

Der König von Schweden säumte nicht, die Fürsten des Leipziger Bundes von dem mit Frankreich geschlossenen Traktat zu unterrichten, und sie zugleich zu einer nähern Ver-bindung mit ihm einzuladen. Auch Frankreich unterstützte ihn in diesem Gesuch, und sparte keine Vorstellungen, den Kur-fürsten von Sachsen zu bewegen. Gustav Adolf wollte sich mit einer heimlichen Unterstützung begnügen, wenn die Fürsten es jetzt noch für zu gewagt halten sollten, sich öffent-lich für seine Partei zu erklären. Mehrere Fürsten machten ihm zu Annehmung seiner Vorschläge Hoffnung, sobald sie nur Luft bekommen sollten; Johann Georg, immer voll Eifersucht und Mißtrauen gegen den König von Schweden, immer seiner eigennützigen Politik getreu, konnte sich zu keiner entscheiden-den Erklärung entschließen.

Der Schluß des Leipziger Konvents und das Bündnis zwi-schen Frankreich und Schweden waren zwei gleich schlimme Zeitungen für den Kaiser. Gegen jenen nahm er die Donner seiner kaiserlichen Machtsprüche zu Hülfe, und bloß eine Armee fehlte ihm, um Frankreich wegen dieses seinen ganzen Un-willen empfinden zu lassen. Abmahnungsschreiben ergingen an alle Teilnehmer des Leipziger Bundes, welche ihnen die Truppenwerbung aufs strengste untersagten. Sie antworteten mit heftigen Widerklagen, rechtfertigten ihr Betragen durch das natürliche Recht, und fuhren fort, sich in Rüstung zu setzen.

Die Generale des Kaisers sahen sich unterdessen aus Mangel an Truppen und an Geld zu der mißlichen Wahl gebracht, ent-weder den König von Schweden oder die deutschen Reichs-stände außer Augen zu lassen, da sie mit einer geteilten Macht beiden zugleich nicht gewachsen waren. Die Bewegungen der Protestanten zogen ihre Aufmerksamkeit nach dem Innern des Reichs; die Progressen des Königs in der Mark Brandenburg, welcher die kaiserlichen Erblande schon in der Nähe bedrohte, forderten sie dringend auf, dorthin ihre Waffen zu kehren. Nach Frankfurts Eroberung hatte sich der König gegen Landsberg an der Warthe gewendet, und Tilly kehrte nun, nach einem zu späten Versuch, jene Stadt zu retten, nach Magdeburg zurück, die angefangene Belagerung mit Ernst fortzusetzen.

Das reiche Erzbistum, dessen Hauptsitz die Stadt Magdeburg war, hatten schon seit geraumer Zeit evangelische Prinzen aus dem brandenburgischen Hause besessen, welche ihre Religion darin einführten. Christian Wilhelm, der letzte Administrator, war durch seine Verbindung mit Dänemark in die Reichsacht verfallen, wodurch das Domkapitel sich bewogen sah, um nicht die Rache des Kaisers gegen das Erzstift zu reizen, ihn förmlich seiner Würde zu entsetzen. An seiner Statt postulierte es den Prinzen Johann August, zweiten Sohn des Kurfürsten von Sachsen, den aber der Kaiser verwarf, um seinem eigenen Sohne Leopold dieses Erzbistum zuzuwenden. Der Kurfürst von Sachsen ließ darüber ohnmächtige Klagen an dem kaiserlichen Hofe erschallen; Christian Wilhelm von Brandenburg ergriff tätigere Maßregeln. Der Zuneigung des Volks und Magistrats zu Magdeburg versichert, und von schimärischen Hoffnungen erhitzt, glaubte er sich imstande, alle Hindernisse zu besiegen, welche der Ausspruch des Kapitels, die Konkurrenz mit zwei mächtigen Mitbewerbern und das Restitutionsedikt seiner Wiederherstellung entgegensetzten. Er tat eine Reise nach Schweden, und suchte sich, durch das Versprechen einer wichtigen Diversion in Deutschland, der Unterstützung Gustavs zu versichern. Dieser König entließ ihn nicht ohne Hoffnung seines nachdrücklichen Schutzes, schärfte ihm aber dabei ein, mit Klugheit zu verfahren.

Kaum hatte Christian Wilhelm die Landung seines Beschützers in Pommern erfahren, so schlich er sich mit Hülfe einer Verkleidung in Magdeburg ein. Er erschien plötzlich in der Ratsversammlung, erinnerte den Magistrat an alle Drangsale, welche Stadt und Land seitdem von den kaiserlichen Truppen erfahren, an die verderblichen Anschläge Ferdinands, an die Gefahr der evangelischen Kirche. Nach diesem Eingange entdeckte er ihnen, daß der Zeitpunkt ihrer Befreiung erschienen sei, und daß ihnen Gustav Adolf seine Allianz und allen Beistand anbiete. Magdeburg, eine der wohlhabendsten Städte Deutschlands, genoß unter der Regierung seines Magistrats einer republikanischen Freiheit, welche seine Bürger mit einer heroischen Kühnheit beseelte. Davon hatten sie bereits gegen Wallenstein, der, von ihrem Reichtum angelockt, die übertriebensten Forderungen an sie machte, rühmliche Proben abgelegt, und in einem mutigen Widerstande ihre Rechte behauptet. Ihr ganzes Gebiet hatte zwar die zerstörende Wut seiner Truppen erfahren, aber Magdeburg selbst entging seiner Rache. Es war also dem Administrator nicht schwer, Gemüter zu gewinnen, denen die erlittenen Mißhandlungen noch in frischem Andenken waren. Zwischen der Stadt und dem König von Schweden kam ein Bündnis zustande, in welchem Magdeburg dem König ungehinderten Durchzug durch ihr Gebiet und ihre Tore, und die Werbefreiheit auf ihrem Grund und Boden verstattete, und die Gegenversicherung erhielt, bei ihrer Religion und ihren Privilegien aufs gewissenhafteste geschützt zu werden.

Sogleich zog der Administrator Kriegsvölker zusammen, und fing die Feindseligkeiten voreilig an, ehe Gustav Adolf nahe genug war, ihn mit seiner Macht zu unterstützen. Es glückte ihm, einige kaiserliche Korps in der Nachbarschaft aufzuheben, kleine Eroberungen zu machen, und sogar Halle zu überrumpeln. Aber die Annäherung eines kaiserlichen Heeres nötigte ihn bald, in aller Eilfertigkeit und nicht ohne Verlust den Rückweg nach Magdeburg zu nehmen. Gustav Adolf, obgleich unzufrieden über diese Voreiligkeit, schickte ihm in der Person Dietrichs von Falkenberg einen erfahrnen Offizier, um die Kriegsoperationen zu leiten, und dem Administrator mit seinem Rate beizustehen. Eben diesen Falkenberg ernannte der Magistrat zum Kommendanten der Stadt, solange dieser Krieg dauern würde. Das Heer des Prinzen sah sich von Tag zu Tag durch den Zulauf aus den benachbarten Städten vergrößert, erhielt mehrere Vorteile über die kaiserlichen Regimenter, welche dagegen geschickt wurden, und konnte mehrere Monate einen kleinen Krieg mit vielem Glücke unterhalten.

Endlich näherte sich der Graf von Pappenheim, nach beendigtem Zuge gegen den Herzog von Sachsen-Lauenburg, der Stadt, vertrieb in kurzer Zeit die Truppen des Administrators aus allen umliegenden Schanzen, hemmte dadurch alle Kommunikation mit Sachsen, und schickte sich ernstlich an, die Stadt einzuschließen. Bald nach ihm kam auch Tilly, forderte den Administrator in einem drohenden Schreiben auf, sich dem Restitutionsedikt nicht länger zu widersetzen, den Befehlen des Kaisers sich zu unterwerfen, und Magdeburg zu übergeben. Die Antwort des Prinzen war lebhaft und kühn, und bestimmte den kaiserlichen Feldherrn, ihm den Ernst der Waffen zu zeigen.

Indessen wurde die Belagerung wegen der Fortschritte des Königs von Schweden, die den kaiserlichen Feldherrn von der Stadt abriefen, eine Zeitlang verzögert, und die Eifersucht der in seiner Abwesenheit kommandierenden Generale verschaffte Magdeburg noch auf einige Monate Frist. Am 30. März 1631 erschien endlich Tilly wieder, um von jetzt an die Belagerung mit Eifer zu betreiben.

In kurzer Zeit waren alle Außenwerke erobert, und Falkenberg selbst hatte die Besatzungen, welche nicht mehr zu retten waren, zurückgezogen, und die Elbbrücke abwerfen lassen. Da es an hinlänglichen Truppen fehlte, die weitläufige Festung mit den Vorstädten zu verteidigen, so wurden auch die Vorstädte Sudenburg und Neustadt dem Feinde preisgegeben, der sie sogleich in die Asche legte. Pappenheim trennte sich von Tilly, ging bei Schönebeck über die Elbe, um von der andern Seite die Stadt anzugreifen.

Die Besatzung, durch die vorhergehenden Gefechte in den Außenwerken geschwächt, belief sich nicht über 2000 Mann Fußvolks und einige hundert Reiterei; eine sehr schwache Anzahl für eine so große und noch dazu unregelmäßige Festung. Diesen Mangel zu ersetzen, bewaffnete man die Bürger; ein verzweifelter Ausweg, der größern Schaden anrichtete, als er verhütete. Die Bürger, an sich selbst schon sehr mittelmäßige Soldaten, stürzten durch ihre Uneinigkeit die Stadt ins Verderben. Dem Ärmern tat es weh, daß man ihm allein alle Lasten aufwälzte, ihn allein allem Ungemach, allen Gefahren bloßstellte, während der Reiche seine Dienerschaft schickte, und sich in seinem Hause gütlich tat. Der Unwille brach zuletzt in ein allgemeines Murren aus; Gleichgültigkeit trat an die Stelle des Eifers, Überdruß und Nachlässigkeit im Dienst an die Stelle der wachsamen Vorsicht. Diese Trennung der Gemüter, mit der steigenden Not verbunden, gab nach und nach einer kleinmütigen Überlegung Raum, daß mehrere schon anfingen, über die Verwegenheit ihres Unternehmens aufgeschreckt zu werden, und vor der Allmacht des Kaisers zu erbeben, gegen welchen man im Streit begriffen sei. Aber der Religionsfanatismus, die feurige Liebe der Freiheit, der unüberwindliche Widerwille gegen den kaiserlichen Namen, die wahrscheinliche Hoffnung eines nahen Entsatzes, entfernten jeden Gedanken an Übergabe; und sosehr man in allem andern getrennt sein mochte, so einig war man, sich bis aufs äußerste zu verteidigen.

Die Hoffnung der Belagerten, sich entsetzt zu sehen, war auf die höchste Wahrscheinlichkeit gegründet. Sie wußten um die Bewaffnung des Leipziger Bundes, sie wußten um die Annäherung Gustav Adolfs; beiden war die Erhaltung Magdeburgs gleich wichtig, und wenige Tagemärsche konnten den König von Schweden vor ihre Mauern bringen. Alles dieses war dem Grafen Tilly nicht unbekannt, und ebendarum eilte er so sehr, sich, auf welche Art es auch sein möchte, von Magdeburg Meister zu machen. Schon hatte er, der Übergabe wegen, einen Trompeter mit verschiedenen Schreiben an den Administrator, Kommendanten und Magistrat abgesendet, aber zur Antwort erhalten, daß man lieber sterben als sich ergeben würde. Ein lebhafter Ausfall der Bürger zeigte ihm, daß der Mut der Belagerten nichts weniger als erkaltet sei, und die Ankunft des Königs zu Potsdam, die Streifereien der Schweden selbst bis vor Zerbst mußten ihn mit Unruhe, sowie die Einwohner Magdeburgs mit den frohesten Hoffnungen erfüllen. Ein zweiter Trompeter, den er an sie abschickte, und der gemäßigtere Ton seiner Schreibart bestärkte sie noch mehr in ihrer Zuversicht – aber nur, um sie in eine desto tiefere Sorglosigkeit zu stürzen.

Die Belagerer waren unterdessen mit ihren Approchen bis an den Stadtgraben vorgedrungen, und beschossen von den aufgeworfenen Batterien aufs heftigste Wall und Türme. Ein Turm wurde ganz eingestürzt, aber ohne den Angriff zu erleichtern, da er nicht in den Graben fiel, sondern sich seitwärts an den Wall anlehnte. Des anhaltenden Bombardierens ungeachtet, hatte der Wall nicht viel gelitten, und die Wirkung der Feuerkugeln, welche die Stadt in Brand stecken sollten, wurde durch vortreffliche Gegenanstalten vereitelt. Aber der Pulvervorrat der Belagerten war bald zu Ende, und das Geschütz der Festung hörte nach und nach auf, den Belagerern zu antworten. Ehe neues Pulver bereitet war, mußte Magdeburg entsetzt sein, oder es war verloren. Jetzt war die Hoffnung in der Stadt aufs höchste gestiegen, und mit heftiger Sehnsucht alle Blicke nach der Gegend hingekehrt, von welcher die schwedischen Fahnen wehen sollten. Gustav Adolf hielt sich nahe genug auf, um am dritten Tage vor Magdeburg zu stehen. Die Sicherheit steigt mit der Hoffnung, und alles trägt dazu bei, sie zu verstärken. Am 9. Mai fängt unerwartet die feindliche Kanonade an zu schweigen, von mehrern Batterien werden die

Stücke abgeführt. Tote Stille im kaiserlichen Lager. Alles überzeugt die Belagerten, daß ihre Rettung nahe sei. Der größte
Teil der Bürger- und Soldatenwache verläßt frühmorgens seinen Posten auf dem Wall, um endlich einmal nach langer Arbeit
des süßen Schlafes sich zu erfreuen – aber ein teurer Schlaf, und
ein entsetzliches Erwachen!

Tilly hatte endlich der Hoffnung entsagt, auf dem bisherigen
Wege der Belagerung sich noch vor Ankunft der Schweden der
Stadt bemeistern zu können; er beschloß also, sein Lager aufzuheben, zuvor aber noch einen Generalsturm zu wagen. Die
Schwierigkeiten waren groß, da keine Bresche noch geschossen
und die Festungswerke kaum beschädigt waren. Aber der
Kriegsrat, den er versammelte, erklärte sich für den Sturm, und
stützte sich dabei auf das Beispiel von Maastricht, welche Stadt
frühmorgens, da Bürger und Soldaten sich zur Ruhe begeben,
mit stürmender Hand überwältigt worden sei. An vier Orten
zugleich sollte der Angriff geschehen; die ganze Nacht zwischen
dem 9. und 10. wurde mit den nötigen Anstalten zugebracht.
Alles war in Bereitschaft, und erwartete, der Abrede gemäß,
früh um 5 Uhr das Zeichen mit den Kanonen. Dieses erfolgte,
aber erst zwei Stunden später, indem Tilly, noch immer zweifelhaft wegen des Erfolgs, noch einmal den Kriegsrat versammelte. Pappenheim wurde beordert, auf die neustädtischen
Werke den Angriff zu tun; ein abhängiger Wall und ein trock-
ner, nicht allzu tiefer Graben kamen ihm dabei zustatten. Der
größte Teil der Bürger und Soldaten hatte die Wälle verlassen,
und die wenigen Zurückgebliebenen fesselte der Schlaf. So
wurde es diesem General nicht schwer, der erste den Wall zu
ersteigen.

Falkenberg, aufgeschreckt durch das Knallen des Musketen-
feuers, eilte von dem Rathause, wo er eben beschäftigt war, den
zweiten Trompeter des Tilly abzufertigen, mit einer zusammen-
gerafften Mannschaft nach dem Neustädtischen Tore, das der
Feind schon überwältigt hatte. Hier zurückgeschlagen, flog
dieser tapfere General nach einer andern Seite, wo eine zweite
feindliche Partei schon im Begriff war, die Werke zu ersteigen.
Umsonst ist sein Widerstand, schon zu Anfang des Gefechts
strecken die feindlichen Kugeln ihn zu Boden. Das heftige
Musketenfeuer, das Lärmen der Sturmglocken, das überhandnehmende Getöse machen endlich den erwachenden Bürgern
die drohende Gefahr bekannt. Eilfertig werfen sie sich in ihre

Kleider, greifen zum Gewehr, stürzen in blinder Betäubung dem Feind entgegen. Noch war Hoffnung übrig, ihn zurückzutreiben, aber der Kommandant getötet, kein Plan im Angriff, keine Reiterei, in seine verwirrten Glieder einzubrechen, endlich kein Pulver mehr, das Feuer fortzusetzen. Zwei andre Tore, bis jetzt noch unangegriffen, werden von Verteidigern entblößt, um der dringendern Not in der Stadt zu begegnen. Schnell benutzt der Feind die dadurch entstandene Verwirrung, um auch diese Posten anzugreifen. Der Widerstand ist lebhaft und hartnäckig, bis endlich vier kaiserliche Regimenter, des Walles Meister, den Magdeburgern in den Rücken fallen, und so ihre Niederlage vollenden. Ein tapferer Kapitän, namens Schmidt, der in dieser allgemeinen Verwirrung die Entschlossensten noch einmal gegen den Feind führt, und glücklich genug ist, ihn bis an das Tor zurückzutreiben, fällt tödlich verwundet, Magdeburgs letzte Hoffnung mit ihm. Alle Werke sind noch vor Mittag erobert, die Stadt in Feindeshänden.

Zwei Tore werden jetzt von den Stürmenden der Hauptarmee geöffnet, und Tilly läßt einen Teil seines Fußvolks einmarschieren. Es besetzt sogleich die Hauptstraßen, und das aufgepflanzte Geschütz scheucht alle Bürger in ihre Wohnungen, dort ihr Schicksal zu erwarten. Nicht lange läßt man sie im Zweifel, zwei Worte des Grafen Tilly bestimmen Magdeburgs Geschick. Ein nur etwas menschlicher Feldherr würde solchen Truppen vergeblich Schonung anbefohlen haben; Tilly gab sich auch nicht die Mühe, es zu versuchen. Durch das Stillschweigen seines Generals zum Herrn über das Leben aller Bürger gemacht, stürzte der Soldat in das Innere der Häuser, um ungebunden alle Begierden einer viehischen Seele zu kühlen. Vor manchem deutschen Ohre fand die flehende Unschuld Erbarmen, keines vor dem tauben Grimm der Wallonen, aus Pappenheims Heer. Kaum hatte dieses Blutbad seinen Anfang genommen, als alle übrigen Tore aufgingen, die ganze Reiterei und der Kroaten fürchterliche Banden gegen die unglückliche Stadt losgelassen wurden.

Die Würgeszene fing jetzt an, für welche die Geschichte keine Sprache, und die Dichtkunst keinen Pinsel hat. Nicht die schuldfreie Kindheit, nicht das hülflose Alter, nicht Jugend, nicht Geschlecht, nicht Stand, nicht Schönheit, können die Wut des Siegers entwaffnen. Frauen werden in den Armen ihrer Männer, Töchter zu den Füßen ihrer Väter mißhandelt, und das wehrlose Geschlecht hat bloß das Vorrecht, einer gedoppelten Wut zum Opfer zu dienen. Keine noch so verborgene, keine noch so geheiligte Stätte konnte vor der alles durchforschenden Habsucht sichern. Dreiundfunfzig Frauenspersonen fand man in einer Kirche enthauptet. Kroaten vergnügten sich, Kinder in die Flammen zu werfen – Pappenheims Wallonen, Säuglinge an den Brüsten ihrer Mütter zu spießen. Einige ligistische Offiziere, von diesem grausenvollen Anblick empört, unterstanden sich, den Grafen Tilly zu erinnern, daß er dem Blutbad möchte Einhalt tun lassen. „Kommt in einer Stunde wieder", war seine Antwort. „Ich werde dann sehen, was ich tun werde; der Soldat muß für seine Gefahr und Arbeit etwas haben." In ununterbrochener Wut dauerten diese Greuel fort, bis endlich Rauch und Flammen der Raubsucht Grenzen setzten. Um die Verwirrung zu vermehren, und den Widerstand der Bürger zu brechen, hatte man gleich anfangs an verschiedenen Orten Feuer angelegt. Jetzt erhob sich ein Sturmwind, der die Flammen mit reißender Schnelligkeit durch die ganze Stadt verbreitete, und den Brand allgemein machte. Fürchterlich war das Gedränge durch Qualm und Leichen, durch gezuckte Schwerter, durch stürzende Trümmer, durch das strömende Blut. Die Atmosphäre kochte, und die unerträgliche Glut zwang endlich selbst diese Würger, sich in das Lager zu flüchten. In weniger als zwölf Stunden lag diese volkreiche, feste, große Stadt, eine der schönsten Deutschlands, in der Asche, zwei Kirchen und einige Hütten ausgenommen. Der Administrator, Christian Wilhelm, ward mit drei Bürgermeistern nach vielen empfangenen Wunden gefangen; viele tapfere Offiziere und Magistrate hatten fechtend einen beneideten Tod gefunden. Vierhundert der reichsten Bürger entriß die Habsucht der Offiziere dem Tod, um ein teures Lösegeld von ihnen zu erpressen. Noch dazu waren es meistens Offiziere der Ligue, welche diese Menschlichkeit zeigten, und die blinde Mordbegier der kaiserlichen Soldaten ließ sie als rettende Engel betrachten.

Kaum hatte sich die Wut des Brandes gemindert, als die kaiserlichen Scharen mit erneuertem Hunger zurückkehrten, um unter Schutt und Asche ihren Raub aufzuwühlen. Manche erstickte der Dampf; viele machten große Beute, da die Bürger ihr Bestes in die Keller geflüchtet hatten. Am 13. Mai erschien endlich Tilly selbst in der Stadt, nachdem die Hauptstraßen von

Schutt und Leichen gereinigt waren. Schauderhaft gräßlich, empörend war die Szene, welche sich jetzt der Menschlichkeit darstellte! Lebende, die unter den Leichen hervorkrochen, herumirrende Kinder, die mit herzzerschneidendem Geschrei ihre Eltern suchten, Säuglinge, die an den toten Brüsten ihrer Mütter saugten! Mehr als 6000 Leichen mußte man in die Elbe werfen, um die Gassen zu räumen; eine ungleich größere Menge von Lebenden und Leichen hatte das Feuer verzehrt; die ganze Zahl der Getöteten wird auf 30000 angegeben.

Der Einzug des Generals, welcher am 14. erfolgte, machte der Plünderung ein Ende, und was bis dahin gerettet war, blieb leben. Gegen 1000 Menschen wurden aus der Domkirche gezogen, wo sie drei Tage und zwei Nächte in beständiger Todesfurcht und ohne Nahrung zugebracht hatten. Tilly ließ ihnen Pardon ankündigen, und Brot unter sie verteilen. Den Tag darauf ward in dieser Domkirche feierliche Messe gehalten, und unter Abfeuerung der Kanonen das Tedeum angestimmt. Der kaiserliche General durchritt die Straßen, um als Augenzeuge seinem Herrn berichten zu können, daß seit Trojas und Jerusalems Zerstörung kein solcher Sieg gesehen worden sei. Und in diesem Vorgeben war nichts Übertriebenes, wenn man die Größe, den Wohlstand und die Wichtigkeit der Stadt, welche unterging, mit der Wut ihrer Zerstörer zusammendenkt.

Das Gerücht von Magdeburgs grausenvollem Schicksal verbreitete Frohlocken durch das katholische, Entsetzen und Furcht durch das ganze protestantische Deutschland. Aber Schmerz und Unwillen klagten allgemein den König von Schweden an, der, so nahe und so mächtig, diese bundesverwandte Stadt hülflos gelassen hatte. Auch der Billigste fand diese Untätigkeit des Königs unerklärbar, und Gustav Adolf, um nicht unwiederbringlich die Herzen des Volks zu verlieren, zu dessen Befreiung er erschienen war, sah sich gezwungen, in einer eigenen Schutzschrift die Gründe seines Betragens der Welt vorzulegen.

Er hatte eben Landsberg angegriffen, und am 16. April erobert, als er die Gefahr vernahm, in welcher Magdeburg schwebte. Sogleich ward sein Entschluß gefaßt, diese bedrängte Stadt zu befreien, und er setzte sich deswegen mit seiner ganzen Reiterei und zehn Regimentern Fußvolk nach der Spree in Bewegung. Die Situation, in welcher sich dieser König auf deutschem Boden befand, machte ihm zum unverbrüchlichen Klugheitsgesetze, keinen Schritt vorwärts zu tun, ohne den Rücken frei zu haben. Mit der mißtrauischsten Behutsamkeit mußte er ein Land durchziehen, wo er von zweideutigen Freunden und mächtigen offenbaren Feinden umgeben war, wo ein einziger übereilter Schritt ihn von seinem Königreich abschneiden konnte. Der Kurfürst von Brandenburg hatte vormals schon seine Festung Küstrin den flüchtigen Kaiserlichen aufgetan, und den nacheilenden Schweden verschlossen. Sollte Gustav jetzt gegen Tilly verunglücken, so konnte ebendieser Kurfürst den Kaiserlichen seine Festungen öffnen, und dann war der König, Feinde vor sich und hinter sich, ohne Rettung verloren. Diesem Zufall bei gegenwärtiger Unternehmung nicht ausgesetzt zu sein, verlangte er, ehe er sich zu der Befreiung Magdeburgs aufmachte, daß ihm von dem Kurfürsten die beiden Festungen Küstrin und Spandau eingeräumt würden, bis er Magdeburg in Freiheit gesetzt hätte.

Nichts schien gerechter zu sein, als diese Forderung. Der große Dienst, welchen Gustav Adolf dem Kurfürsten kürzlich erst durch Vertreibung der Kaiserlichen aus den brandenburgischen Landen geleistet, schien ihm ein Recht an seine Dankbarkeit, das bisherige Betragen der Schweden in Deutschland einen Anspruch auf sein Vertrauen zu geben. Aber durch Übergabe seiner Festungen machte der Kurfürst den König von Schweden gewissermaßen zum Herrn seines Landes, nicht zu gedenken, daß er eben dadurch zugleich mit dem Kaiser brach, und seine Staaten der ganzen künftigen Rache der kaiserlichen Heere bloßstellte. Georg Wilhelm kämpfte lange Zeit einen grausamen Kampf mit sich selbst, aber Kleinmut und Eigennutz schienen endlich die Oberhand zu gewinnen. Ungerührt von Magdeburgs Schicksal, kalt gegen Religion und deutsche Freiheit, sah er nichts als seine eigene Gefahr, und diese Besorglichkeit wurde durch seinen Minister von Schwarzenberg, der einen heimlichen Sold von dem Kaiser zog, aufs Höchste getrieben. Unterdessen näherten sich die schwedischen Truppen Berlin, und der König nahm bei dem Kurfürsten seine Wohnung. Als er die furchtsame Bedenklichkeit dieses Prinzen wahrnahm, konnte er sich des Unwillens nicht enthalten. "Mein Weg geht auf Magdeburg", sagte er, "nicht mir, sondern den Evangelischen zum Besten. Will niemand mir beistehen, so nehme ich sogleich meinen Rückweg, biete dem Kaiser einen Vergleich an, und ziehe wieder nach Stockholm. Ich bin gewiß, der Kaiser soll einen Frieden mit mir eingehen, wie ich ihn immer nur verlangen kann – aber geht Magdeburg verloren, und ist der Kaiser der Furcht vor mir erst entledigt, so sehet zu, wie es euch ergehen wird." Diese zu rechter Zeit hingeworfene Drohung, vielleicht auch der Blick auf die schwedische Armee, welche mächtig genug war, dem Könige durch Gewalt zu verschaffen, was man ihm auf dem Wege der Güte verweigerte, brachte endlich den Kurfürsten zum Entschluß, Spandau in seine Hände zu übergeben.

Nun standen dem König zwei Wege nach Magdeburg offen, wovon der eine gegen Abend durch ein erschöpftes Land und mitten durch feindliche Truppen führte, die ihm den Übergang über die Elbe streitig machen konnten. Der andere gegen Mittag, ging über Dessau oder Wittenberg, wo er Brücken fand, die Elbe zu passieren, und aus Sachsen Lebensmittel ziehen konnte. Aber dies konnte ohne Einwilligung des Kurfürsten von Sachsen nicht geschehen, in welchen Gustav ein gegründetes Mißtrauen setzte. Ehe er sich also in Marsch setzte, ließ er diesen Prinzen um einen freien Durchzug, und um das Nötige für seine Truppen gegen bare Bezahlung ersuchen. Sein Verlangen wurde ihm abgeschlagen, und keine Vorstellung konnte den Kurfürsten bewegen, seinem Neutralitätssystem zu entsagen. Indem man noch im Streit darüber begriffen war, kam die Nachricht von Magdeburgs entsetzlichem Schicksal.

Tilly verkündigte sie mit dem Tone eines Siegers allen protestantischen Fürsten, und verlor keinen Augenblick, den allgemeinen Schrecken aufs beste zu benutzen. Das Ansehen des Kaisers, durch die bisherigen Progressen Gustavs merklich heruntergebracht, erhob sich furchtbarer als je nach diesem entscheidenden Vorgang, und schnell offenbarte sich diese Veränderung in der gebieterischen Sprache, welche er gegen die protestantischen Reichsstände führte. Die Schlüsse des Leipziger Bundes wurden durch einen Machtspruch vernichtet, der Bund selbst durch ein kaiserliches Dekret aufgehoben, allen widersetzlichen Ständen Magdeburgs Schicksal angedroht. Als Vollzieher dieses kaiserlichen Schlusses, ließ Tilly sogleich Truppen gegen den Bischof von Bremen marschieren, der ein Mitglied des Leipziger Bundes war, und Soldaten geworben hatte. Der in Furcht gesetzte Bischof übergab die letztern sogleich in die Hände des Tilly, und unterzeichnete die Kassation der Leipziger Schlüsse. Eine kaiserliche Armee, welche unter dem Kommando des Grafen von Fürstenberg zu ebender Zeit aus Italien zurückkam, verfuhr auf gleiche Art gegen den Administrator von Württemberg. Der Herzog mußte sich dem Restitutionsedikt und allen Dekreten des Kaisers unterwerfen, ja noch außerdem zu Unterhaltung der kaiserlichen Truppen einen monatlichen Geldbeitrag von 100000 Talern erlegen. Ähnliche Lasten wurden der Stadt Ulm und Nürnberg, dem ganzen fränkischen und schwäbischen Kreise auferlegt. Schrecklich war die Hand des Kaisers über Deutschland. Die schnelle Übermacht, welche er durch diesen Vorfall erlangte, mehr scheinbar als in der Wirklichkeit gegründet, führte ihn über die Grenzen der bisherigen Mäßigung hinweg, und verleitete ihn zu einem gewaltsamen übereilten Verfahren, welches endlich die Unentschlossenheit der deutschen Fürsten zum Vorteil Gustav Adolfs besiegte. So unglücklich also die nächsten Folgen von Magdeburgs Untergang für die Protestanten auch sein mochten, so wohltätig waren die spätern. Die erstere Überraschung machte bald einem tätigen Unwillen Platz, die Verzweiflung gab Kräfte, und die deutsche Freiheit erhob sich aus Magdeburgs Asche.

Unter den Fürsten des Leipziger Bundes waren der Kurfürst von Sachsen und der Landgraf von Hessen bei weitem am meisten zu fürchten, und die Herrschaft des Kaisers war in diesen Gegenden nicht befestigt, solange er diese beiden nicht entwaffnet sah. Gegen den Landgrafen richtete Tilly seine Waffen zuerst, und brach unmittelbar von Magdeburg nach Thüringen auf. Die sächsisch-ernestinischen und schwarzburgischen Lande wurden auf diesem Zuge äußerst gemißhandelt, Frankenhausen, selbst unter den Augen des Tilly, von seinen Soldaten ungestraft geplündert und in die Asche gelegt; schrecklich mußte der unglückliche Landmann dafür büßen, daß sein Landesherr die Schweden begünstigte. Erfurt, der Schlüssel zwischen Sachsen und Franken, wurde mit einer Belagerung bedroht, wovon es sich aber durch eine freiwillige Lieferung von Proviant und eine Geldsumme loskaufte. Von da schickte Tilly seinen Abgesandten an den Landgrafen von Kassel, mit der Forderung, ungesäumt seine Truppen zu entlassen, dem Leipziger Bund zu entsagen, kaiserliche Regimenter in sein Land und seine Festungen aufzunehmen, Kontributionen zu entrichten, und sich entweder als Freund oder Feind zu erklären. So mußte sich ein deutscher Reichsfürst von einem kaiserlichen Diener behandelt sehen. Aber diese ausschweifende Forderung bekam ein furchtbares Gewicht durch die Heeresmacht, von der sie begleitet wurde, und das noch frische Andenken von Magdeburgs schauderhaftem Schicksal mußte den Nachdruck desselben vergrößern. Um so mehr Lob verdient die Unerschrockenheit, mit welcher der Landgraf diesen Antrag beantwortete: Fremde Soldaten in seine Festungen und in seine Residenz aufzunehmen, sei er ganz und gar nicht gesonnen – Seine Truppen brauche er selbst – Gegen einen Angriff würde er sich zu verteidigen wissen. Fehlte es dem General Tilly an Geld und an Lebensmitteln, so möchte er nur nach München aufbrechen, wo Vorrat an beidem sei. Der Einbruch zweier kaiserlichen Scharen in Hessen war die nächste Folge dieser herausfordernden Antwort; aber der Landgraf wußte ihnen so gut zu begegnen, daß nichts Erhebliches ausgerichtet wurde. Nachdem aber Tilly selbst im Begriff stand, ihnen mit seiner ganzen Macht nachzufolgen, so würde das unglückliche Land für die Standhaftigkeit seines Fürsten teuer genug haben büßen müssen, wenn nicht die Bewegungen des Königs von Schweden diesen General noch zu rechter Zeit zurückgerufen hätten.

Gustav Adolf hatte den Untergang Magdeburgs mit dem empfindlichsten Schmerz erfahren, der dadurch vergrößert wurde, daß Georg Wilhelm nun, dem Vertrage gemäß, die Festung Spandau zurückverlangte. Der Verlust von Magdeburg hatte die Gründe, um derentwillen dem König der Besitz dieser Festung so wichtig war, eher vermehrt als vermindert; und je näher die Notwendigkeit einer entscheidenden Schlacht zwischen ihm und Tilly heranrückte, desto schwerer ward es ihm, der einzigen Zuflucht zu entsagen, welche nach einem unglücklichen Ausgange für ihn übrig war. Nachdem er Vorstellungen und Bitten bei dem Kurfürsten von Brandenburg fruchtlos erschöpft hatte, und die Kaltsinnigkeit desselben vielmehr mit jedem Tage stieg, so schickte er endlich seinem Kommendanten den Befehl zu, Spandau zu räumen, erklärte aber zugleich, daß von demselben Tage an der Kurfürst als Feind behandelt werden sollte.

Dieser Erklärung Nachdruck zu geben, erschien er mit seiner ganzen Armee vor Berlin. „Ich will nicht schlechter behandelt sein, als die Generale des Kaisers", antwortete er den Abgesandten, die der bestürzte Kurfürst in sein Lager schickte. „Euer Herr hat sie in seine Staaten aufgenommen, mit allen Bedürfnissen versorgt, ihnen alle Plätze, welche sie nur wollten, übergeben, und durch alle diese Gefälligkeiten nicht erhalten können, daß sie menschlicher mit seinem Volke verfahren wären. Alles was ich von ihm verlange, ist Sicherheit, eine mäßige Geldsumme, und Brot für meine Truppen; dagegen verspreche ich ihm, seine Staaten zu beschützen, und den Krieg von ihm zu entfernen. Auf diesen Punkten aber muß ich bestehen, und mein Bruder, der Kurfürst, entschließe sich eilends, ob er mich zum Freunde haben, oder seine Hauptstadt geplündert sehen will." Dieser entschlossene Ton machte Eindruck, und die Richtung der Kanonen gegen die Stadt besiegte alle Zweifel Georg Wilhelms. In wenigen Tagen ward eine Allianz unterzeichnet, in welcher sich der Kurfürst zu einer monatlichen Zahlung von 30000 Talern verstand, Spandau in den Händen des Königs ließ, und sich anheischig machte, auch Küstrin seinen Truppen zu allen Zeiten zu öffnen. Diese nunmehr entschiedene Verbindung des Kurfürsten von Brandenburg mit den Schweden fand in Wien keine bessere Aufnahme, als der ähnliche Entschluß des Herzogs von Pommern vormals gefunden hatte; aber der ungünstige Wechsel des Glücks, den seine Waffen bald nachher erfuhren, erlaubte dem Kaiser nicht, seine Empfindlichkeit anders als durch Worte zu zeigen.

Das Vergnügen des Königs über diese glückliche Begebenheit wurde bald durch die angenehme Botschaft vergrößert, daß Greifswald, der einzige feste Platz, den die Kaiserlichen noch in Pommern besaßen, übergegangen, und nunmehr das ganze Land von diesen schlimmen Feinden gereinigt sei. Er erschien selbst wieder in diesem Herzogtum, und genoß das entzückende Schauspiel der allgemeinen Volksfreude, deren Schöpfer er war. Ein Jahr war jetzt verstrichen, daß Gustav Deutschland betreten hatte, und diese Begebenheit wurde in dem ganzen Herzogtume Pommern durch ein allgemeines Dankfest gefeiert. Kurz vorher hatte ihn der Zar von Moskau durch Gesandte begrüßen, seine Freundschaft erneuern, und sogar Hülfstruppen antragen lassen. Zu diesen friedfertigen Gesinnungen der Russen durfte er sich um so mehr Glück wünschen, je wichtiger es ihm war, bei dem gefahrvollen Kriege, dem er entgegenging, durch keinen feindseligen Nachbar beunruhiget zu werden. Nicht lange darauf landete die Königin Maria Eleonora, seine Gemahlin, mit einer Verstärkung von achttausend Schweden in Pommern; und die Ankunft von sechstausend Engländern unter der Anführung des Marquis von Hamilton darf um so weniger übergangen werden, da ihre Ankunft alles ist, was die Geschichte von den Taten der Engländer in dem Dreißigjährigen Kriege zu berichten hat.

Pappenheim behauptete während des thüringischen Zugs des Tilly das Magdeburgische Gebiet, hatte aber nicht verhindern können, daß die Schweden nicht mehrmalen die Elbe passierten, einige kaiserliche Detachements niederhieben, und mehrere Plätze in Besitz nahmen. Er selbst, von der Annäherung des Königs geängstigt, rief den Grafen Tilly auf das dringendste zurück, und bewog ihn auch wirklich, in schnellen Märschen nach Magdeburg umzukehren. Tilly nahm sein Lager diesseits des Flusses zu Wolmirstedt; Gustav Adolf hatte das seinige auf eben dieser Seite bei Werben unweit dem Einfluß der Havel in die Elbe bezogen. Gleich seine Ankunft in diesen Gegenden verkündigte dem Tilly nichts Gutes. Die Schweden zerstreuten drei seiner Regimenter, welche entfernt von der Hauptarmee in Dörfern postiert standen, nahmen die eine Hälfte ihrer Bagage hinweg, und verbrannten die übrige. Umsonst näherte sich Tilly mit seiner Armee auf einen Kanonenschuß weit dem Lager des Königs, um ihm eine Schlacht anzubieten; Gustav, um die Hälfte schwächer als Tilly, vermied sie mit Weisheit; sein Lager war zu fest, um dem Feind einen gewaltsamen Angriff zu erlauben. Es blieb bei einer bloßen Kanonade und einigen Scharmützeln, in welchen allen die Schweden die Oberhand behielten. Auf seinem Rückzuge nach Wolmirstedt verminderte sich die Armee des Tilly durch häufige Desertionen. Seit dem Blutbade zu Magdeburg floh ihn das Glück.

Desto ununterbrochener begleitete es von nun an den König von Schweden. Während er zu Werben im Lager stand, wurde das ganze Mecklenburg, bis auf wenige Plätze, durch seinen General Tott und den Herzog Adolf Friedrich erobert, und er genoß die königliche Lust, beide Herzoge in ihre Staaten wiedereinzusetzen. Er reiste selbst nach Güstrow, wo die Einsetzung vor sich ging, um durch seine Gegenwart den Glanz dieser Handlung zu erheben. Von beiden Herzogen wurde, ihren Erretter in der Mitte, und ein glänzendes Gefolge von Fürsten um sich her, ein festlicher Einzug gehalten, den die Freude der Untertanen zu dem rührendsten Feste machte. Bald nach seiner

Zurückkunft nach Werben erschien der Landgraf von Hessen-Kassel in seinem Lager, um ein enges Bündnis auf Verteidigung und Angriff mit ihm zu schließen; der erste regierende Fürst in Deutschland, der sich von freien Stücken und öffentlich gegen den Kaiser erklärte, aber auch durch die triftigsten Gründe dazu aufgefordert war. Landgraf Wilhelm machte sich verbindlich, den Feinden des Königs als seinen eigenen zu begegnen, ihm seine Städte und sein ganzes Land aufzutun, Proviant, und alles Notwendige zu liefern. Dagegen erklärte sich der König zu seinem Freunde und Beschützer, und versprach, keinen Frieden einzugehen, ohne dem Landgrafen völlige Genugtuung von dem Kaiser verschafft zu haben. Beide Teile hielten redlich Wort. Hessen-Kassel beharrte in diesem langen Kriege bei der schwedischen Allianz bis ans Ende, und es hatte Ursache, sich im Westfälischen Frieden der schwedischen Freundschaft zu rühmen.

Tilly, dem dieser kühne Schritt des Landgrafen nicht lange verborgen blieb, schickte den Grafen Fugger mit einigen Regimentern gegen ihn, zugleich versuchte er, die hessischen Untertanen durch aufrührerische Briefe gegen ihren Herrn zu empören. Seine Briefe fruchteten ebensowenig, als seine Regimenter, welche ihm nachher in der Breitenfelder Schlacht sehr zur Unzeit fehlten – und die hessischen Landstände konnten keinen Augenblick zweifelhaft sein, ob sie den Beschützer ihres Eigentums dem Räuber desselben vorziehen sollten.

Aber weit mehr als Hessen-Kassel beunruhigte den kaiserlichen General die zweideutige Gesinnung des Kurfürsten von Sachsen, der, des kaiserlichen Verbots ungeachtet, seine Rüstungen fortsetzte, und den Leipziger Bund aufrecht hielt. Jetzt, in dieser Nähe des Königs von Schweden, da es in kurzer Zeit zu einer entscheidenden Schlacht kommen mußte, schien es ihm äußerst bedenklich, Kursachsen in Waffen stehen zu lassen, jeden Augenblick bereit, sich für den Feind zu erklären. Eben hatte sich Tilly mit 25000 Mann alter Truppen verstärkt, welche ihm Fürstenberg zuführte, und, voll Zuversicht auf seine Macht, glaubte er den Kurfürsten entweder durch das bloße Schrecken seiner Ankunft entwaffnen, oder doch ohne Mühe überwinden zu können. Ehe er aber sein Lager bei Wolmirstedt verließ, forderte er ihn durch eine eigne Gesandtschaft auf, sein Land den kaiserlichen Truppen zu öffnen, seine eigenen zu entlassen, oder mit der kaiserlichen Armee zu vereinigen, und in Gemeinschaft mit ihr den König von Schweden aus Deutschland zu verjagen. Er brachte ihm in Erinnerung, daß Kursachsen bisher unter allen deutschen Ländern am meisten geschont worden sei, und bedrohte ihn im Weigerungsfalle mit der schrecklichsten Verheerung.

Tilly hatte zu diesem gebieterischen Antrag den ungünstigsten Zeitpunkt gewählt. Die Mißhandlung seiner Religions- und Bundesverwandten, Magdeburgs Zerstörung, die Ausschweifungen der Kaiserlichen in der Lausitz, alles kam zusammen, den Kurfürsten gegen den Kaiser zu entrüsten. Gustav Adolfs Nähe, wie wenig Recht er auch an den Schutz dieses Fürsten haben mochte, belebte ihn mit Mut. Er verbat sich die kaiserlichen Einquartierungen, und erklärte seinen standhaften Entschluß, in Rüstung zu bleiben. Sosehr es ihm auch auffallen müsse (setzte er hinzu), die kaiserliche Armee zu einer Zeit gegen seine Lande im Anmarsch zu sehen, wo diese Armee genug zu tun hätte, den König von Schweden zu verfolgen, so erwarte er dennoch nicht, anstatt der versprochenen und wohlverdienten Belohnungen mit Undank und mit dem Ruin seines Landes bezahlt zu werden. Den Abgesandten des Tilly, welche prächtig bewirtet wurden, gab er eine noch verständlichere Antwort auf den Weg. „Meine Herren", sagte er, „ich sehe wohl, daß man gesonnen ist, das lange gesparte sächsische Konfekt endlich auch auf die Tafel zu setzen. Aber man pflegt dabei allerlei Nüsse und Schauessen aufzutragen, die hart zu beißen sind, und sehen Sie sich wohl vor, daß Sie sich die Zähne nicht daran ausbeißen."

Jetzt brach Tilly aus seinem Lager auf, rückte vor bis nach Halle unter fürchterlichen Verheerungen, und ließ von hier aus seinen Antrag an den Kurfürsten in noch dringenderm und drohenderm Tone erneuern. Erinnert man sich der ganzen bisherigen Denkungsart dieses Fürsten, der durch eigne Neigung und durch die Eingebungen seiner bestochenen Minister dem Interesse des Kaisers, selbst auf Unkosten seiner heiligsten Pflichten, ergeben war, den man bisher mit so geringem Aufwand von Kunst in Untätigkeit erhalten, so muß man über die Verblendung des Kaisers oder seiner Minister erstaunen, ihrer bisherigen Politik gerade in dem bedenklichsten Zeitpunkte zu entsagen, und durch ein gewalttätiges Verfahren diesen so leicht zu lenkenden Fürsten aufs Äußerste zu bringen. Oder war eben dieses die Absicht des Tilly? War es ihm darum zu tun,

einen zweideutigen Freund in einen offenbaren Feind zu verwandeln, um dadurch der Schonung überhoben zu sein, welche
der geheime Befehl des Kaisers ihm bisher gegen die Länder
dieses Fürsten aufgelegt hatte? War es vielleicht gar die Absicht
des Kaisers, den Kurfürsten zu einem feindseligen Schritt zu
reizen, um seiner Verbindlichkeit dadurch quitt zu sein, und
eine beschwerliche Rechnung mit guter Art zerreißen zu können? So müßte man nicht weniger über den verwegenen Übermut des Tilly erstaunen, der kein Bedenken trug, im Angesicht
eines furchtbaren Feindes sich einen neuen zu machen, und über
die Sorglosigkeit ebendieses Feldherrn, die Vereinigung beider
ohne Widerstand zu gestatten.

Johann Georg, durch den Eintritt des Tilly in seine Staaten zur Verzweiflung gebracht, warf sich, nicht ohne großes
Widerstreben, dem König von Schweden in die Arme.

Gleich nach Abfertigung der ersten Gesandtschaft des Tilly
hatte er seinen Feldmarschall von Arnheim aufs eilfertigste in
Gustavs Lager gesendet, diesen lange vernachlässigten Monarchen um schleunige Hülfe anzugehn. Der König verbarg die
innere Zufriedenheit, welche ihm diese sehnlich gewünschte
Entwickelung gewährte. „Mir tut es leid um den Kurfürsten",
gab er dem Abgesandten mit verstelltem Kaltsinn zur Antwort. „Hätte er meine wiederholten Vorstellungen geachtet,
so würde sein Land keinen Feind gesehen haben, und auch
Magdeburg würde noch stehen. Jetzt, da die höchste Not ihm
keinen andern Ausweg mehr übrigläßt, jetzt wendet man sich
an den König von Schweden. Aber melden Sie ihm, daß ich
weit entfernt sei, um des Kurfürsten von Sachsen willen mich
und meine Bundesgenossen ins Verderben zu stürzen. Und wer
leistet mir für die Treue eines Prinzen Gewähr, dessen Minister
in österreichischem Solde stehen, und der mich verlassen wird,
sobald ihm der Kaiser schmeichelt, und seine Armee von den
Grenzen zurückzieht? Tilly hat seitdem durch eine ansehnliche
Verstärkung sein Heer vergrößert, welches mich aber nicht hindern soll, ihm herzhaft entgegenzugehen, sobald ich nur meinen Rücken gedeckt weiß."

Der sächsische Minister wußte auf diese Vorwürfe nichts zu
antworten, als daß es am besten getan sei, geschehene Dinge in
Vergessenheit zu begraben. Er drang in den König, sich über
die Bedingungen zu erklären, unter welchen er Sachsen zu
Hülfe kommen wolle, und verbürgte sich im voraus für die

Gewährung derselben. „Ich verlange", erwiderte Gustav, „daß mir der Kurfürst die Festung Wittenberg einräume, mir seinen ältesten Prinzen als Geisel übergebe, meinen Truppen einen dreimonatlichen Sold auszahle und mir die Verräter in seinem Ministerium ausliefere. Unter diesen Bedingungen bin ich bereit, ihm Beistand zu leisten."

„Nicht nur Wittenberg", rief der Kurfürst, als ihm diese Antwort hinterbracht wurde, und trieb seinen Minister in das schwedische Lager zurück: „Nicht bloß Wittenberg, auch Torgau, ganz Sachsen soll ihm offenstehen; meine ganze Familie will ich ihm als Geisel übergeben; und, wenn ihm das noch nicht genug ist, so will ich mich selbst ihm darbieten. Eilen Sie zurück und sagen ihm, daß ich bereit sei, ihm die Verräter, die er mir nennen wird, auszuliefern, seiner Armee den verlangten Sold zu bezahlen, und Leben und Vermögen an die gute Sache zu setzen."

Der König hatte die neuen Gesinnungen Johann Georgs nur auf die Probe stellen wollen; von dieser Aufrichtigkeit gerührt, nahm er seine harten Forderungen zurück. „Das Mißtrauen", sagte er, „welches man in mich setzte, als ich Magdeburg zu Hülfe kommen wollte, hat das meinige erweckt; das jetzige Vertrauen des Kurfürsten verdient, daß ich es erwidre. Ich bin zufrieden, wenn er meiner Armee einen monatlichen Sold entrichtet, und ich hoffe, ihn auch für diese Ausgabe schadlos zu halten."

Gleich nach geschlossener Allianz, ging der König über die Elbe, und vereinigte sich schon am folgenden Tage mit den Sachsen. Anstatt diese Vereinigung zu hindern, war Tilly gegen Leipzig vorgerückt, welches er aufforderte, kaiserliche Besatzung einzunehmen. In Hoffnung eines schleunigen Entsatzes machte der Kommendant, Hans von der Pforta, Anstalt sich zu verteidigen, und ließ zu dem Ende die hallische Vorstadt in die Asche legen. Aber der schlechte Zustand der Festungswerke machte den Widerstand vergeblich, und schon am zweiten Tage wurden die Tore geöffnet. Im Hause eines Totengräbers, dem einzigen, welches in der hallischen Vorstadt stehengeblieben war, hatte Tilly sein Quartier genommen; hier unterzeichnete er die Kapitulation, und hier wurde auch der Angriff des Königs von Schweden beschlossen. Beim Anblick der abgemalten Schädel und Gebeine, mit denen der Besitzer sein Haus geschmückt hatte, ent-

färbte sich Tilly. Leipzig erfuhr eine über alle Erwartung gnädige Behandlung.

Unterdessen wurde zu Torgau von dem König von Schwe-
den und dem Kurfürsten von Sachsen, im Beisein des Kurfürsten von Brandenburg, großer Kriegsrat gehalten. Eine
Entschließung sollte jetzt gefaßt werden, welche das Schicksal
Deutschlands und der evangelischen Religion, das Glück vieler
Völker und das Los ihrer Fürsten unwiderruflich bestimmte.
Die Bangigkeit der Erwartung, die auch die Brust des Helden
vor jeder großen Entscheidung beklemmt, schien jetzt die Seele
Gustav Adolfs in einem Augenblick zu umwölken. „Wenn wir
uns jetzt zu einer Schlacht entschließen", sagte er, „so steht
nicht weniger als eine Krone und zwei Kurhüte auf dem
Spiele. Das Glück ist wandelbar, und der unerforschliche Ratschluß des Himmels kann, unsrer Sünden wegen, dem Feinde
den Sieg verleihen. Zwar möchte meine Krone, wenn sie
meine Armee und mich selbst auch verlöre, noch eine Schanze
zum besten haben. Weit entlegen, durch eine ansehnliche Flotte
beschützt, in ihren Grenzen wohlverwahrt, und durch ein
streitbares Volk verteidigt, würde sie wenigstens vor dem Ärg-
sten gesichert sein. Wo aber Rettung für euch, denen der Feind
auf dem Nacken liegt, wenn das Treffen verunglücken sollte?"

Gustav Adolf zeigte das bescheidene Mißtrauen eines Helden,
den das Bewußtsein seiner Stärke gegen die Größe der Gefahr
nicht verblendet; Johann Georg die Zuversicht eines Schwachen, der einen Helden an seiner Seite weiß. Voll Ungeduld,
seine Lande von zwei beschwerlichen Armeen baldmöglichst
befreit zu sehen, brannte er nach einer Schlacht, in welcher
keine alten Lorbeern für ihn zu verlieren waren. Er wollte
mit seinen Sachsen allein gegen Leipzig vorrücken, und mit
Tilly schlagen. Endlich trat Gustav Adolf seiner Meinung bei,
und beschlossen war es, ohne Aufschub den Feind anzugreifen,
ehe er die Verstärkungen, welche die Generale Altringer und
Tiefenbach ihm zuführten, an sich gezogen hätte. Die vereinigte schwedisch-sächsische Armee setzte über die Mulde: der
Kurfürst von Brandenburg reiste wieder in sein Land.

Frühmorgens am 7. September 1631 bekamen die feindlichen Armeen einander zu Gesichte. Tilly, entschlossen, die
herbeieilenden Hülfstruppen zu erwarten, nachdem er versäumt hatte, die sächsische Armee vor ihrer Vereinigung mit
den Schweden niederzuwerfen, hatte ohnweit Leipzig ein

festes und vorteilhaftes Lager bezogen, wo er hoffen konnte, zu keiner Schlacht gezwungen zu werden. Das ungestüme Anhalten Pappenheims vermochte ihn endlich doch, sobald die feindlichen Armeen im Anzug begriffen waren, seine Stellung zu verändern, und sich linker Hand gegen die Hügel hinzuziehen, welche sich vom Dorfe Wahren bis nach Lindental erheben. Am Fuß dieser Anhöhen war seine Armee in einer einzigen Linie ausgebreitet; seine Artillerie, auf den Hügeln verteilt, konnte die ganze große Ebene von Breitenfeld bestreichen. Von daher näherte sich in zwei Kolonnen, die schwedischsächsische Armee, und hatte bei Podelwitz, einem vor der Tillyschen Fronte liegenden Dorfe, die Lober zu passieren. Um ihr den Übergang über diesen Bach zu erschweren, wurde Pappenheim mit 2000 Kürassiers gegen sie beordert, doch erst nach langem Widerstreben des Tilly, und mit dem ausdrücklichen Befehl, ja keine Schlacht anzufangen. Dieses Verbots ungeachtet wurde Pappenheim mit dem schwedischen Vortrabe handgemein, aber nach einem kurzen Widerstand zum Rückzug genötigt. Um den Feind aufzuhalten, steckte er Podelwitz in Brand, welches jedoch die beiden Armeen nicht hinderte, vorzurücken, und ihre Schlachtordnung zu machen.

Zur Rechten stellten sich die Schweden, in zwei Treffen abgeteilt, das Fußvolk in der Mitte, in kleine Bataillons zerstückelt, welche leicht zu bewegen, und, ohne die Ordnung zu stören, der schnellesten Wendungen fähig waren; die Reiterei auf den Flügeln, auf ähnliche Art in kleine Schwadronen abgesondert, und durch mehrere Haufen Musketiers unterbrochen, welche ihre schwache Anzahl verbergen, und die feindlichen Reiter herunterschießen sollten. In der Mitte kommandierte der Oberste Teufel, auf dem linken Flügel Gustav Horn, der König selbst auf dem rechten, dem Grafen Pappenheim gegenüber.

Die Sachsen standen durch einen breiten Zwischenraum von den Schweden getrennt; eine Veranstaltung Gustavs, welche der Ausgang rechtfertigte. Den Plan der Schlachtordnung hatte der Kurfürst selbst mit seinem Feldmarschall entworfen, und der König sich bloß begnügt, ihn zu genehmigen. Sorgfältig, schien es, wollte er die schwedische Tapferkeit von der sächsischen absondern, und das Glück vermengte sie nicht.

Unter den Anhöhen gegen Abend breitete sich der Feind aus in einer langen unübersehbaren Linie, welche weit genug reichte, das schwedische Heer zu überflügeln; das Fußvolk in große Bataillons abgeteilt, die Reiterei in ebenso große unbehülfliche Schwadronen. Sein Geschütz hatte er hinter sich auf den Anhöhen, und so stand er unter dem Gebiet seiner eigenen Kugeln, die über ihn hinweg ihren Bogen machten. Aus dieser Stellung des Geschützes, wenn anders dieser ganzen Nachricht zu trauen ist, sollte man beinahe schließen, daß Tillys Absicht vielmehr gewesen sei, den Feind zu erwarten, als anzugreifen, da diese Anordnung es ihm unmöglich machte, in die feindlichen Glieder einzubrechen, ohne sich in das Feuer seiner eigenen Kanonen zu stürzen. Tilly selbst befehligte das Mittel, Pappenheim den linken Flügel, den rechten der Graf von Fürstenberg. Sämtliche Truppen des Kaisers und der Ligue betrugen an diesem Tage nicht über 34- bis 35 000 Mann; von gleicher Stärke war die vereinigte Armee der Schweden und Sachsen.

Aber wäre auch eine Million der andern gegenübergestanden – es hätte diesen Tag blutiger, nicht wichtiger, nicht entscheidender machen können. Dieser Tag war es, um dessentwillen Gustav das Baltische Meer durchschiffte, auf entlegener Erde der Gefahr nachjagte, Krone und Leben dem untreuen Glück anvertraute. Die zwei größten Heerführer ihrer Zeit, beide bis hierher unüberwunden, sollen jetzt in einem lange vermiedenen Kampfe miteinander ihre letzte Probe bestehen; einer von beiden muß seinen Ruhm auf dem Schlachtfelde zurücklassen. Beide Hälften von Deutschland haben mit Furcht und Zittern diesen Tag herannahen sehen; bang erwartet die ganze Mitwelt den Ausschlag desselben, und die späte Nachwelt wird ihn segnen oder beweinen.

Die Entschlossenheit, welche den Grafen Tilly sonst nie verließ, fehlte ihm an diesem Tage. Kein fester Vorsatz, mit dem König zu schlagen, ebensowenig Standhaftigkeit, es zu vermeiden. Wider seinen Willen riß ihn Pappenheim dahin. Nie gefühlte Zweifel kämpften in seiner Brust, schwarze Ahndungen umwölkten seine immer freie Stirne. Der Geist von Magdeburg schien über ihm zu schweben.

Ein zweistündiges Kanonenfeuer eröffnete die Schlacht. Der Wind wehte von Abend, und trieb aus dem frisch beackerten ausgedörrten Gefilde dicke Wolken von Staub und Pulverrauch den Schweden entgegen. Dies bewog den König, sich unvermerkt gegen Norden zu schwenken, und die Schnelligkeit, mit der solches ausgeführt war, ließ dem Feinde nicht Zeit, es zu verhindern.

Endlich verließ Tilly seine Hügel und wagte den ersten Angriff auf die Schweden; aber von der Heftigkeit ihres Feuers wendete er sich zur Rechten, und fiel in die Sachsen mit solchem Ungestüm, daß ihre Glieder sich trennten und Verwirrung das ganze Heer ergriff. Der Kurfürst selbst besann sich erst in Eilenburg wieder; wenige Regimenter hielten noch eine Zeitlang auf dem Schlachtfelde stand, und retteten durch ihren männlichen Widerstand die Ehre der Sachsen. Kaum sah man diese in Unordnung geraten, so stürzten die Kroaten zur Plünderung, und Eilboten wurden schon abgefertigt, die Zeitung des Siegs zu München und Wien zu verkündigen.

Auf den rechten Flügel der Schweden stürzte sich Graf Pappenheim mit der ganzen Stärke seiner Reiterei, aber ohne ihn zum Wanken zu bringen. Hier kommandierte der König selbst, und unter ihm der General Banér. Siebenmal erneuerte Pappenheim seinen Angriff, und siebenmal schlug man ihn zurück. Er entfloh mit einem großen Verluste, und überließ das Schlachtfeld dem Sieger.

Unterdessen hatte Tilly den Überrest der Sachsen niedergeworfen, und brach nunmehr in den linken Flügel der Schweden mit seinen siegenden Truppen. Diesem Flügel hatte der König, sobald sich die Verwirrung unter dem sächsischen Heere entdeckte, mit schneller Besonnenheit drei Regimenter zur Verstärkung gesendet, um die Flanke zu decken, welche die Flucht der Sachsen entblößte. Gustav Horn, der hier das Kommando führte, leistete den feindlichen Kürassiers einen herzhaften Widerstand, den die Verteilung des Fußvolks zwischen den Schwadronen nicht wenig unterstützte. Schon fing der Feind an zu ermatten, als Gustav Adolf erschien, dem Treffen den Ausschlag zu geben. Der linke Flügel der Kaiserlichen war geschlagen, und seine Truppen, die jetzt keinen Feind mehr hatten, konnten anderswo besser gebraucht werden. Er schwenkte sich also mit seinem rechten Flügel und dem Hauptkorps zur Linken, und griff die Hügel an, auf welche das feindliche Geschütz gepflanzt war. In kurzer Zeit war es in seinen Händen, und der Feind mußte jetzt das Feuer seiner eignen Kanonen erfahren.

Auf seiner Flanke das Feuer des Geschützes, von vorne den fürchterlichen Andrang der Schweden, trennte sich das nie überwundene Heer. Schneller Rückzug war alles, was dem Tilly nun übrigblieb; aber der Rückzug selbst mußte mitten durch den Feind genommen werden. Verwirrung ergriff jetzt die ganze Armee, vier Regimenter ausgenommen, grauer versuchter Soldaten, welche nie von einem Schlachtfelde geflohen waren, und es auch jetzt nicht wollten. In geschlossenen Gliedern drangen sie mitten durch die siegende Armee, und erreichten fechtend ein kleines Gehölz, wo sie aufs neue Fronte gegen die Schweden machten, und bis zu einbrechender Nacht, bis sie auf 600 geschmolzen waren, Widerstand leisteten. Mit ihnen entfloh der ganze Überrest des Tillyschen Heers, und die Schlacht war entschieden.

Mitten unter Verwundeten und Toten warf Gustav Adolf sich nieder, und die erste feurigste Siegesfreude ergoß sich in einem glühenden Gebete. Den flüchtigen Feind ließ er, soweit das tiefe Dunkel der Nacht es verstattete, durch seine Reiterei verfolgen. Das Geläute der Sturmglocken brachte in allen umliegenden Dörfern das Landvolk in Bewegung, und verloren war der Unglückliche, der dem ergrimmten Bauer in die Hände fiel. Mit dem übrigen Heere lagerte sich der König zwischen dem Schlachtfeld und Leipzig, da es nicht möglich war, die Stadt noch in derselben Nacht anzugreifen. Siebentausend waren von den Feinden auf dem Platze geblieben, über fünftausend teils gefangen, teils verwundet. Ihre ganze Artillerie, ihr ganzes Lager war erobert, über hundert Fahnen und Standarten erbeutet. Von den Sachsen wurden zweitausend, von den Schweden nicht über siebenhundert vermißt. Die Niederlage der Kaiserlichen war so groß, daß Tilly auf seiner Flucht nach Halle und Halberstadt nicht über 600 Mann, Pappenheim nicht über 1400 zusammenbringen konnte. So schnell war dieses furchtbare Heer zergangen, welches noch kürzlich ganz Italien und Deutschland in Schrecken gesetzt hatte.

Tilly selbst dankte seine Rettung nur dem Ungefähr. Obgleich von vielen Wunden ermattet, wollte er sich einem schwedischen Rittmeister, der ihn einholte, nicht gefangengeben, und schon war dieser im Begriff, ihn zu töten, als ein Pistolenschuß ihn noch zu rechter Zeit zu Boden streckte. Aber schrecklicher als Todesgefahr und Wunden war ihm der Schmerz, seinen Ruhm zu überleben, und an einem einzigen Tage die Arbeit eines ganzen langen Lebens zu verlieren. Nichts waren jetzt alle seine vergangene Siege, da ihm der einzige entging, der

jenen allen erst die Krone aufsetzen sollte. Nichts blieb ihm
übrig von seinen glänzenden Kriegstaten, als die Flüche der
Menschheit, von denen sie begleitet waren. Von diesem Tage
an gewann Tilly seine Heiterkeit nicht wieder, und das Glück
kehrte nicht mehr zu ihm zurück. Selbst seinen letzten Trost,
die Rache, entzog ihm das ausdrückliche Verbot seines Herrn,
kein entscheidendes Treffen mehr zu wagen. – Drei Fehler sind
es vorzüglich, denen das Unglück dieses Tages beigemessen
wird; daß er sein Geschütz hinter der Armee auf die Hügel
pflanzte, daß er sich nachher von diesen Hügeln entfernte, und
daß er den Feind ungehindert sich in Schlachtordnung stellen
ließ. Aber wie bald waren diese Fehler, ohne die kaltblütige
Besonnenheit, ohne das überlegene Genie seines Gegners verbessert! – Tilly entfloh eilig von Halle nach Halberstadt, wo er
sich kaum Zeit nahm, die Heilung von seinen Wunden abzuwarten, und gegen die Weser eilte, sich mit den kaiserlichen
Besatzungen in Niedersachsen zu verstärken.

Der Kurfürst von Sachsen hatte nicht gesäumt, sogleich nach
überstandener Gefahr im Lager des Königs zu erscheinen. Der
König dankte ihm, daß er zur Schlacht geraten hätte, und
Johann Georg, überrascht von diesem gütigen Empfang, versprach ihm in der ersten Freude – die römische Königskrone.
Gleich den folgenden Tag rückte Gustav gegen Merseburg,
nachdem er es dem Kurfürsten überlassen hatte, Leipzig wiederzuerobern. Fünftausend Kaiserliche, welche sich wieder zusammengezogen hatten und ihm unterwegs in die Hände fielen,
wurden teils niedergehauen, teils gefangen, und die meisten von
diesen traten in seinen Dienst. Merseburg ergab sich sogleich;
bald darauf wurde Halle erobert, wo sich der Kurfürst von
Sachsen nach der Einnahme von Leipzig bei dem Könige einfand, um über den künftigen Operationsplan das Weitere zu
beratschlagen.

Erfochten war der Sieg, aber nur eine weise Benutzung
konnte ihn entscheidend machen. Die kaiserliche Armee war
aufgerieben, Sachsen sah keinen Feind mehr, und der flüchtige
Tilly hatte sich nach Braunschweig gezogen. Ihn bis dahin zu
verfolgen, hätte den Krieg in Niedersachsen erneuert, welches
von den Drangsalen des vorhergehenden Kriegs kaum erstanden war. Es wurde also beschlossen, den Krieg in die feindlichen Lande zu wälzen, welche unverteidigt und offen bis nach
Wien, den Sieger einluden. Man konnte zur Rechten in die

Länder der katholischen Fürsten fallen, man konnte zur Linken in die kaiserlichen Erbstaaten dringen, und den Kaiser selbst in seiner Residenz zittern machen. Beides wurd erwählt, und jetzt war die Frage, wie die Rollen verteilt werden sollten. Gustav Adolf, an der Spitze einer siegenden Armee, hätte von Leipzig bis Prag, Wien und Preßburg wenig Widerstand gefunden. Böhmen, Mähren, Österreich, Ungarn waren von Verteidigern entblößt, die unterdrückten Protestanten dieser Länder nach einer Veränderung lüstern. Der Kaiser selbst nicht mehr sicher in seiner Burg; in dem Schrecken des ersten Überfalls hätte Wien seine Tore geöffnet. Mit den Staaten, die er dem Feind entzog, vertrockneten diesem auch die Quellen, aus denen der Krieg bestritten werden sollte, und bereitwillig hätte sich Ferdinand zu einem Frieden verstanden, der einen furchtbaren Feind aus dem Herzen seiner Staaten entfernte. Einem Eroberer hätte dieser kühne Kriegsplan geschmeichelt, und vielleicht auch ein glücklicher Erfolg ihn gerechtfertigt. Gustav Adolf, ebenso vorsichtig als kühn, und mehr Staatsmann als Eroberer, verwarf ihn, weil er einen höhern Zweck zu verfolgen fand, weil er dem Glück und der Tapferkeit allein den Ausschlag nicht anvertrauen wollte.

Erwählte Gustav den Weg nach Böhmen, so mußte Franken und der Oberrhein dem Kurfürsten von Sachsen überlassen werden. Aber schon fing Tilly an, aus den Trümmern seiner geschlagenen Armee, aus den Besatzungen in Niedersachsen, und den Verstärkungen, die ihm zugeführt wurden, ein neues Heer an der Weser zusammenzuziehen, an dessen Spitze er wohl schwerlich lange säumen konnte, den Feind aufzusuchen. Einem so erfahrnen General durfte kein Arnheim entgegengestellt werden, von dessen Fähigkeiten die Leipziger Schlacht ein sehr zweideutiges Zeugnis ablegte. Was halfen aber dem König noch so rasche und glänzende Fortschritte in Böhmen und Österreich, wenn Tilly in den Reichslanden wieder mächtig wurde, wenn er den Mut der Katholischen durch neue Siege belebte, und die Bundesgenossen des Königs entwaffnete? Wozu diente es ihm, den Kaiser aus seinen Erbstaaten vertrieben zu haben, wenn Tilly ebendiesem Kaiser Deutschland eroberte? Konnte er hoffen, den Kaiser mehr zu bedrängen, als vor zwölf Jahren der böhmische Aufruhr getan hatte, der doch die Standhaftigkeit dieses Prinzen nicht erschütterte, der seine Hülfsquellen nicht erschöpfte, aus dem er nur desto furchtbarer erstand?

Weniger glänzend, aber weit gründlicher waren die Vorteile, welche er von einem persönlichen Einfall in die ligistischen Länder zu erwarten hatte. Entscheidend war hier seine gewaffnete Ankunft. Eben waren die Fürsten, des Restitutionsediktes wegen, auf einem Reichstage zu Frankfurt versammelt, wo Ferdinand alle Künste seiner arglistigen Politik in Bewegung setzte, die in Furcht gesetzten Protestanten zu einem schnellen und nachteiligen Vergleich zu bereden. Nur die Annäherung ihres Beschützers konnte sie zu einem standhaften Widerstand ermuntern, und die Anschläge des Kaisers zernichten. Gustav Adolf konnte hoffen, alle diese mißvergnügten Fürsten durch seine siegreiche Gegenwart zu vereinigen, die übrigen durch das Schrecken seiner Waffen von dem Kaiser zu trennen. Hier im Mittelpunkt Deutschlands zerschnitt er die Nerven der kaiserlichen Macht, die sich ohne den Beistand der Ligue nicht behaupten konnte. Hier konnte er Frankreich, einen zweideutigen Bundsgenossen, in der Nähe bewachen; und wenn ihm zu Erreichung eines geheimen Wunsches die Freundschaft der katholischen Kurfürsten wichtig war, so mußte er sich vor allen Dingen zum Herrn ihres Schicksals machen, um durch eine großmütige Schonung sich einen Anspruch auf ihre Dankbarkeit zu erwerben.

Er erwählte also für sich selbst den Weg nach Franken und dem Rhein, und überließ dem Kurfürsten von Sachsen die Eroberung Böhmens.

Die glorreiche Schlacht Gustav Adolfs bei Leipzig hatte in dem ganzen nachfolgenden Betragen dieses Monarchen, sowie in der Denkart seiner Feinde und Freunde, eine große Veränderung gewirkt. Er hatte sich jetzt mit dem größten Heerführer seiner Zeit gemessen, er hatte die Kraft seiner Taktik und den Mut seiner Schweden an dem Kern der kaiserlichen Truppen, den geübtesten Europens, versucht, und in diesem Wettkampf überwunden. Von diesem Augenblick an schöpfte er eine feste Zuversicht zu sich selbst, und Zuversicht ist die Mutter großer Taten. Man bemerkt fortan in allen Kriegsunternehmungen des schwedischen Königs einen kühnern und sicherern Schritt, mehr Entschlossenheit auch in den mißlichsten Lagen, eine stolzere Sprache gegen seinen Feind, mehr Selbstgefühl gegen seine Bundesgenossen, und in seiner Milde selbst mehr die Herablassung des Gebieters. Seinem natürlichen Mut kam der andächtige Schwung seiner Einbildung zu Hülfe; gern verwechselte er seine Sache mit der Sache des Himmels, erblickte in Tillys Niederlage ein entscheidendes Urteil Gottes zum Nachteil seiner Gegner, in sich selbst aber ein Werkzeug der göttlichen Rache. Seine Krone, seinen vaterländischen Boden weit hinter sich, drang er jetzt auf den Flügeln des Siegs in das Innere von Deutschland, das seit Jahrhunderten keinen auswärtigen Eroberer in seinem Schoße gesehen hatte. Der kriegerische Mut seiner Bewohner, die Wachsamkeit seiner zahlreichen Fürsten, der künstliche Zusammenhang seiner Staaten, die Menge seiner festen Schlösser, der Lauf seiner vielen Ströme, hatten schon seit undenklichen Zeiten die Ländersucht der Nachbarn in Schranken gehalten; und sooft es auch an den Grenzen dieses weitläuftigen Staatskörpers gestürmt hatte, so war doch sein Inneres von jedem fremden Einbruch verschont geblieben. Von jeher genoß dieses Reich das zweideutige Vorrecht, nur sein eigner Feind zu sein, und von außen unüberwunden zu bleiben. Auch jetzt war es bloß die Uneinigkeit seiner Glieder und ein unduldsamer Glaubenseifer, was dem schwedischen Eroberer die Brücke in seine innersten Staaten baute. Aufgelöst war längst schon das Band unter den Ständen, wodurch allein das Reich unbezwinglich war, und von Deutschland selbst entlehnte Gustav Adolf die Kräfte, womit er Deutschland sich unterwürfig machte. Mit so viel Klugheit und Mut benutzte er, was ihm die Gunst des Augenblicks darbot, und gleich geschickt im Kabinett wie im Felde, zerriß er die Fallstricke einer hinterlistigen Staatskunst, wie er die Mauern der Städte mit dem Donner seines Geschützes zu Boden stürzte. Unaufgehalten verfolgte er seine Siege von einer Grenze Deutschlands zur andern, ohne den ariadnischen Faden zu verlieren, der ihn sicher zurückleiten konnte, und an den Ufern des Rheins wie an der Mündung des Lechs hörte er niemals auf, seinen Erbländern nahe zu bleiben.

Die Bestürzung des Kaisers und der katholischen Ligue über die Niederlage des Tilly bei Leipzig konnte kaum größer sein, als das Erstaunen und die Verlegenheit der schwedischen Bundesgenossen über das unerwartete Glück des Königs. Es war größer als man berechnet, größer als man gewünscht hatte. Vernichtet war auf einmal das furchtbare Heer, das seine Fortschritte gehemmt, seinem Ehrgeiz Schranken gesetzt, ihn von ihrem guten Willen abhängig gemacht hatte. Einzig, ohne Nebenbuhler, ohne einen ihm gewachsenen Gegner, stand er jetzt da in der Mitte von Deutschland; nichts konnte seinen Lauf aufhalten, nichts seine Anmaßungen beschränken, wenn die Trunkenheit des Glücks ihn zum Mißbrauch versuchen sollte. Hatte man anfangs vor der Übermacht des Kaisers gezittert, so war jetzt nicht viel weniger Grund vorhanden, von dem Ungestüm eines fremden Eroberers alles für die Reichsverfassung, von dem Religionseifer eines protestantischen Königs alles für die katholische Kirche Deutschlands zu fürchten. Das Mißtrauen und die Eifersucht einiger von den verbundenen Mächten, durch die größere Furcht vor dem Kaiser auf eine Zeitlang eingeschläfert, erwachte bald wieder, und kaum hatte Gustav Adolf durch seinen Mut und sein Glück ihr Vertrauen gerechtfertigt, so wurde von ferne schon an dem Umsturz seiner Entwürfe gearbeitet. In beständigem Kampfe mit der Hinterlist der Feinde und dem Mißtrauen seiner eigenen Bundesverwandten mußte er seine Siege erringen; aber *sein entschloßner* Mut, seine tiefdringende Klugheit machte sich durch alle diese Hindernisse Bahn. Indem der glückliche Erfolg seiner Waffen seine mächtigern Allierten, Frankreich und Sachsen, besorglich machte, belebte er den Mut der Schwächern, die sich jetzt erst erdreisteten, mit ihren wahren Gesinnungen an das Licht zu treten, und öffentlich seine Partei zu ergreifen. Sie, welche weder mit Gustav Adolfs Größe wetteifern, noch durch seine Ehrbegier leiden konnten, erwarteten desto mehr von der Großmut dieses mächtigen Freundes, der sie mit dem Raub ihrer Feinde bereicherte, und gegen die Unterdrückung der Mächtigen in Schutz nahm. Seine Stärke verbarg ihre Unmacht, und unbedeutend für sich selbst, erlangten sie ein Gewicht durch ihre Vereinigung mit dem schwedischen Helden. Dies war der Fall mit den meisten Reichsstädten, und überhaupt mit den schwächern protestantischen Ständen. Sie waren es, die den König in das Innere von Deutschland führten, und die ihm den Rücken deckten, die seine Heere versorgten, seine Truppen in ihre Festungen aufnahmen, in seinen Schlachten ihr Blut für ihn verspritzten. Seine staatskluge Schonung des deutschen Stolzes, sein leutseliges Betragen, einige glänzende Handlungen der Gerechtigkeit, seine Achtung für die Gesetze, waren ebenso viele Fesseln, die er dem besorglichen Geiste der deutschen Protestanten anlegte, und die schreienden Barbareien der Kaiserlichen, der Spanier und der Lothringer wirkten kräftig mit, seine und seiner Truppen Mäßigung in das günstigste Licht zu setzen.

Wenn Gustav Adolf seinem eigenen Genie das meiste zu danken hatte, so darf man doch nicht in Abrede sein, daß das Glück und die Lage der Umstände ihn nicht wenig begünstigten. Er hatte zwei große Vorteile auf seiner Seite, die ihm ein entscheidendes Übergewicht über den Feind verschafften. Indem er den Schauplatz des Kriegs in die ligistischen Länder versetzte, die junge Mannschaft derselben an sich zog, sich mit Beute bereicherte, und über die Einkünfte der geflüchteten Fürsten als über sein Eigentum schaltete, entzog er dem Feind alle Hülfsmittel, ihm mit Nachdruck zu widerstehen, und sich selbst machte er es dadurch möglich, einen kostbaren Krieg mit wenigem Aufwand zu unterhalten. Wenn ferner seine Gegner, die Fürsten der Ligue, unter sich selbst geteilt, von ganz verschiedenem, oft streitendem Interesse geleitet, ohne Einstimmigkeit und ebendarum auch ohne Nachdruck handelten; wenn es ihren Feldherrn an Vollmacht, ihren Truppen an Gehorsam, ihren zerstreuten Heeren an Zusammenhang fehlte; wenn der Heerführer von dem Gesetzgeber und Staatsmann getrennt war; so war hingegen in Gustav Adolf beides vereinigt, er die einzige Quelle, aus welcher alle Autorität floß, das einzige Ziel, auf welches der handelnde Krieger die Augen richtete, er allein die Seele seiner ganzen Partei, der Schöpfer des Kriegsplans und zugleich der Vollstrecker desselben. In ihm erhielt also die Sache der Protestanten eine Einheit und Harmonie, welche durchaus der Gegenpartei mangelte. Kein Wunder, daß, von solchen Vorteilen begünstigt, an der Spitze einer solchen Armee, mit einem solchen Genie begabt sie zu gebrauchen, und von einer solchen politischen Klugheit geleitet, Gustav Adolf unwiderstehlich war.

In der einen Hand das Schwert, in der andern die Gnade, sieht man ihn jetzt Deutschland von einem Ende zum andern als Eroberer, Gesetzgeber und Richter durchschreiten, in nicht viel mehr Zeit durchschreiten, als ein anderer gebraucht hätte, es auf einer Lustreise zu besehen; gleich dem gebornen Landesherrn werden ihm von Städten und Festungen die Schlüssel entgegengetragen. Kein Schloß ist ihm unersteiglich, kein Strom hemmt seine siegreiche Bahn, oft siegt er schon durch seinen gefürchteten Namen. Längs dem ganzen Mainstrom sieht man die schwedischen Fahnen aufgepflanzt, die untere Pfalz ist frei, die Spanier und Lothringer über den Rhein und die Mosel gewichen. Über die kurmainzischen, würzburgischen und bambergischen Lande haben sich Schweden und Hessen wie eine reißende Flut ergossen, und drei flüchtige Bischöfe büßen, ferne von ihren Sitzen, ihre unglückliche Ergebenheit gegen den Kaiser. Die Reihe trifft endlich auch den Anführer der Ligue, Maximilian, auf seinem eigenen Boden das Elend zu erfahren, das er andern bereitet hatte. Weder das abschreckende Schicksal seiner Bundesgenossen, noch die gütlichen Anerbietungen Gustavs, der mitten im Laufe seiner Eroberungen die Hände zum Frieden bot, hatten die Hartnäckigkeit dieses Prinzen besiegen können. Über den Leichnam des Tilly, der sich wie ein bewachender Cherub vor den Eingang derselben stellt, wälzt sich der Krieg in die bayrischen Lande. Gleich den Ufern des Rheins wimmeln jetzt die Ufer des Lech und der Donau von schwedischen Kriegern; in seine festen Schlösser verkrochen, überläßt der geschlagene Kurfürst seine entblößten Staaten dem Feinde, den die gesegneten, von keinem Krieg noch verheerten Fluren zum Raube, und die Religionswut des bayrischen Landmanns zu gleichen Gewalttaten einladen.

München selbst öffnet seine Tore dem unüberwindlichen König, und der flüchtige Pfalzgraf Friedrich der Fünfte tröstet sich einige Augenblicke in der verlassenen Residenz seines Nebenbuhlers über den Verlust seiner Länder.

Indem Gustav Adolf in den südlichen Grenzen des Reichs seine Eroberungen ausbreitet, und mit unaufhaltsamer Gewalt jeden Feind vor sich niederwirft, werden von seinen Bundesgenossen und Feldherrn ähnliche Triumphe in den übrigen Provinzen erfochten. Niedersachsen entzieht sich dem kaiserlichen Joche; die Feinde verlassen Mecklenburg; von allen Ufern der Weser und Elbe weichen die österreichischen Garnisonen. In Westfalen und am obern Rhein macht sich Landgraf Wilhelm von Hessen, in Thüringen die Herzoge von Weimar, in Kur-Trier die Franzosen furchtbar: ostwärts wird beinahe das ganze Königreich Böhmen von den Sachsen bezwungen. Schon rüsten sich die Türken zu einem Angriff auf Ungarn, und in dem Mittelpunkt der österreichischen Lande will sich ein gefährlicher Aufruhr entzünden. Trostlos blickt Kaiser Ferdiand an allen Höfen Europens umher, sich gegen so zahlreiche Feinde durch fremden Beistand zu stärken. Umsonst ruft er die Waffen der Spanier herbei, welche die niederländische Tapferkeit jenseit des Rheins beschäftiget; umsonst strebt er den römischen Hof und die ganze katholische Kirche zu seiner Rettung aufzubieten. Der beleidigte Papst spottet mit geprängvollen Prozessionen und eiteln Anathemen der Verlegenheit Ferdinands, und statt des geforderten Geldes zeigt man ihm Mantuas verwüstete Fluren.

Von allen Enden seiner weitläuftigen Monarchie umfangen ihn feindliche Waffen; mit den voran liegenden ligistischen Staaten, welche der Feind überschwemmt hat, sind alle Brustwehren eingestürzt, hinter welchen sich die österreichische Macht so lange Zeit sicher wußte, und das Kriegsfeuer lodert schon nahe an den unverteidigten Grenzen. Entwaffnet sind seine eifrigsten Bundesgenossen; Maximilian von Bayern, seine mächtigste Stütze, kaum noch fähig, sich selbst zu verteidigen. Seine Armeen, durch Desertion und wiederholte Niederlagen geschmolzen, und durch ein langes Mißgeschick mutlos, haben unter geschlagenen Generalen jenes kriegerische Ungestüm verlernt, das, eine Frucht des Siegs, im voraus den Sieg versichert. Die Gefahr ist die höchste; nur ein außerordentliches Mittel kann die kaiserliche Macht aus ihrer tiefen Erniedrigung reißen. Das dringendste Bedürfnis ist ein Feldherr, und den einzigen, von dem die Wiederherstellung des vorigen Ruhms zu erwarten steht, hat die Kabale des Neides von der Spitze der Armee hinweggerissen. So tief sank der so furchtbare Kaiser herab, daß er mit seinem beleidigten Diener und Untertan beschämende Verträge errichten, und dem hochmütigen Friedland eine Gewalt, die er ihm schimpflich raubte, schimpflicher jetzt aufdringen muß. Ein neuer Geist fängt jetzt an, den halb erstorbenen Körper der österreichischen Macht zu beseelen, und die schnelle Umwandlung der Dinge verrät die feste Hand, die sie leitet. Dem unumschränkten König von Schweden steht jetzt ein gleich unumschränkter Feldherr gegenüber, ein siegreicher Held dem siegreichen Helden. Beide Kräfte ringen wieder in zweifelhaftem Streit, und der Preis des Krieges, zur Hälfte schon von Gustav Adolf erfochten, wird einen neuen und schwerern Kampf unterworfen. Im Angesicht Nürnbergs lagern sich, zwei gewittertragende Wolken, beide kämpfende Armeen drohend gegeneinander, beide sich mit fürchtender Achtung betrachtend, beide nach dem Augenblick dürstend, beide vor dem Augenblick zagend, der sie im Sturme miteinander vermengen wird. Europens Augen heften sich mit Furcht und Neugier auf diesen wichtigen Schauplatz, und das geängstigte Nürnberg erwartet schon, einer noch entscheidendern Feldschlacht, als sie bei Leipzig geliefert ward, den Namen zu geben. Auf einmal bricht sich das Gewölke, das Kriegsgewitter verschwindet aus Franken, um sich in Sachsens Ebenen zu entladen. Ohnweit Lützen fällt der Donner nieder, der Nürnberg bedrohte, und die schon halb verlorne Schlacht wird durch den königlichen Leichnam gewonnen. Das Glück, das ihn auf seinem ganzen Lauf nie verlassen hatte, begnadigte den König auch im Tode noch mit der seltenen Gunst, in der Fülle seines Ruhms und in der Reinigkeit seines Namens zu sterben. Durch einen zeitigen Tod flüchtete ihn sein schützender Genius vor dem unvermeidlichen Schicksal der Menschheit, auf der Höhe des Glücks die Bescheidenheit, in der Fülle der Macht die Gerechtigkeit zu verlernen. Es ist uns erlaubt zu zweifeln, ob er bei längerm Leben die Tränen verdient hätte, welche Deutschland an seinem Grabe weinte, die Bewunderung verdient hätte, welche die Nachwelt dem ersten und einzigen gerechten Eroberer zollt. Bei dem frühen Fall ihres großen Führers fürchtet man den Untergang der ganzen Partei

– aber der weltregierenden Macht ist kein einzelner Mann unersetzlich. Zwei große Staatsmänner, Axel Oxenstierna in Deutschland, und in Frankreich Richelieu, übernehmen das Steuer des Krieges, das dem sterbenden Helden entfällt; über ihm hinweg wandelt das unempfindliche Schicksal, und noch sechzehn volle Jahre lodert die Kriegsflamme über dem Staube des längst Vergessenen.

Man erlaube mir, in einer kurzen Übersicht den siegreichen Marsch Gustav Adolfs zu verfolgen, den ganzen Schauplatz, auf welchem er allein handelnder Held ist, mit schnellen Blicken zu durcheilen, und dann erst, wenn, durch das Glück der Schweden aufs Äußerste gebracht, und durch eine Reihe von Unglücksfällen gebeugt, Österreich von der Höhe seines Stolzes zu erniedrigenden und verzweifelten Hülfsmitteln herabsteigt, den Faden der Geschichte zu dem Kaiser zurückzuführen.

Nicht so bald war der Kriegsplan zwischen dem König von Schweden und dem Kurfürsten von Sachsen zu Halle entworfen, und für den letztern der Angriff auf Böhmen, für Gustav Adolf der Einfall in die ligistischen Länder bestimmt, nicht so bald die Allianzen mit den benachbarten Fürsten von Weimar und von Anhalt geschlossen, und zu Wiedereroberung des magdeburgischen Stiftes die Vorkehrungen gemacht, als sich der König zu seinem Einmarsch in das Reich in Bewegung setzte. Keinem verächtlichen Feinde ging er jetzt entgegen. Der Kaiser war noch mächtig im Reich, durch ganz Franken, Schwaben und die Pfalz waren kaiserliche Besatzungen ausgebreitet, denen jeder bedeutende Ort erst mit dem Schwert in der Hand entrissen werden mußte. Am Rhein erwarteten ihn die Spanier, welche alle Lande des vertriebenen Pfalzgrafen überschwemmt hatten, alle festen Plätze besetzt hielten, ihm jeden Übergang über diesen Strom streitig machten. Hinter seinem Rücken war Tilly, der schon neue Kräfte sammelte; bald sollte auch ein lothringisches Hülfsheer zu dessen Fahnen stoßen. In der Brust jedes Papisten setzte sich ihm ein erbitterter Feind, Religionshaß, entgegen; und doch ließen ihn seine Verhältnisse mit Frankreich nur mit halber Freiheit gegen die Katholischen handeln. Gustav Adolf übersah alle diese Hindernisse, aber auch die Mittel, sie zu besiegen. Die kaiserliche Kriegsmacht lag in Besatzungen zerstreut, und er hatte den Vorteil, sie mit vereinigter Macht anzugreifen. War ihm der

Religionsfanatismus der Römisch-Katholischen und die Furcht
der kleinern Reichsstände vor dem Kaiser entgegen, so konnte
er von der Freundschaft der Protestanten und von ihrem Haß
gegen die österreichische Unterdrückung tätigen Beistand erwarten. Die Ausschweifungen der kaiserlichen und spanischen
Truppen hatten ihm in diesen Gegenden nachdrücklich vor-
gearbeitet; längst schon schmachteten der mißhandelte Landmann und Bürger nach einem Befreier, und manchem schien es
schon Erleichterung, das Joch umzutauschen. Einige Agenten
waren bereits vorangeschickt worden, die wichtigern Reichsstädte, vorzüglich Nürnberg und Frankfurt, auf schwedische
Seite zu neigen. Erfurt war der erste Platz, an dessen Besitze
dem König gelegen war, und den er nicht unbesetzt hinter dem
Rücken lassen durfte. Ein gütlicher Vertrag mit der protestantisch gesinnten Bürgerschaft öffnete ihm ohne Schwertstreich
die Tore der Stadt und der Festung. Hier, wie in jedem wichtigen Platze, der nachher in seine Hände fiel, ließ er sich von
den Einwohnern Treue schwören, und versicherte sich derselben durch eine hinlängliche Besatzung. Seinem Alliierten, dem
Herzog Wilhelm von Weimar, wurde das Kommando eines
Heeres übergeben, das in Thüringen geworben werden sollte.
Der Stadt Erfurt wollte er auch seine Gemahlin anvertrauen,
und versprach ihre Freiheiten zu vermehren. In zwei Kolonnen
durchzog nun die schwedische Armee über Gotha und Arnstadt
den Thüringer Wald, entriß im Vorübergehen die Grafschaft
Henneberg den Händen der Kaiserlichen, und vereinigte sich
am dritten Tage vor Königshofen, an der Grenze von Franken.

Franz, Bischof von Würzburg, der erbittertste Feind der
Protestanten, und das eifrigste Mitglied der katholischen Ligue,
war auch der erste, der die schwere Hand Gustav Adolfs fühlte.
Einige Drohworte waren genug, seine Grenzfestung Königshofen, und mit ihr den Schlüssel zu der ganzen Provinz, den
Schweden in die Hände zu liefern. Bestürzung ergriff auf die
Nachricht dieser schnellen Eroberung alle katholischen Stände
des Kreises; die Bischöfe von Würzburg und Bamberg zagten
in ihrer Burg. Schon sahen sie ihre Stühle wanken, ihre Kirchen entweiht, ihre Religion im Staube. Die Bosheit seiner
Feinde hatte von dem Verfolgungsgeist und der Kriegsmanier
des schwedischen Königs und seiner Truppen die schrecklichsten Schilderungen verbreitet, welche zu widerlegen weder die
wiederholtesten Versicherungen des Königs, noch die glän-

zendsten Beispiele der Menschlichkeit und Duldung nie ganz
vermögend gewesen sind. Man fürchtete von einem andern zu
leiden, was man in ähnlichem Fall selbst auszuüben sich bewußt
war. Viele der reichsten Katholiken eilten schon jetzt, ihre
Güter, ihre Gewissen und Personen vor dem blutdürstigen
Fanatismus der Schweden in Sicherheit zu bringen. Der Bischof
selbst gab seinen Untertanen das Beispiel. Mitten in dem Feuer-
brande, den sein bigotter Eifer entzündet hatte, ließ er seine
Länder im Stich, und flüchtete nach Paris, um womöglich das
französische Ministerium gegen den gemeinschaftlichen Religionsfeind zu empören.

Die Fortschritte, welche Gustav Adolf unterdessen in dem
Hochstifte machte, waren ganz dem glücklichen Anfange gleich.
Von der kaiserlichen Besatzung verlassen, ergab sich ihm
Schweinfurt, und bald darauf Würzburg; der Marienberg
mußte mit Sturm erobert werden. In diesen unüberwindlich
geglaubten Ort hatte man einen großen Vorrat von Lebensmitteln und Kriegsmunition geflüchtet, welches alles dem
Feind in die Hände fiel. Ein sehr angenehmer Fund war für den
König die Büchersammlung der Jesuiten, die er nach Upsala
bringen ließ, ein noch weit angenehmerer für seine Soldaten
der reichlich gefüllte Weinkeller des Prälaten. Seine Schätze
hatte der Bischof noch zu rechter Zeit geflüchtet. Dem Beispiele der Hauptstadt folgte bald das ganze Bistum, alles unterwarf sich den Schweden. Der König ließ sich von allen Untertanen des Bischofs die Huldigung leisten, und stellte wegen
Abwesenheit des rechtmäßigen Regenten eine Landesregierung
auf, welche zur Hälfte mit Protestanten besetzt wurde. An
jedem katholischen Orte, den Gustav Adolf unter seine Botmäßigkeit brachte, schloß er der protestantischen Religion die
Kirchen auf, doch ohne den Papisten den Druck zu vergelten,
unter welchem sie seine Glaubensbrüder so lange gehalten hatten. Nur an denen, die sich ihm mit dem Degen in der Hand
widersetzten, wurde das schreckliche Recht des Kriegs ausgeübt; für einzelne Greueltaten, welche sich eine gesetzlose
Soldateska in der blinden Wut des ersten Angriffs erlaubt, kann
man den menschenfreundlichen Führer nicht verantwortlich
machen. Dem Friedfertigen und Wehrlosen widerfuhr eine
gnädige Behandlung. Es war Gustav Adolfs heiligstes Gesetz,
das Blut der Feinde wie der Seinigen zu sparen.

Gleich auf die erste Nachricht des schwedischen Einbruchs

hatte der Bischof von Würzburg, unangesehen der Traktaten, die er, um Zeit zu gewinnen, mit dem König von Schweden anknüpfte, den Feldherrn der Ligue flehentlich aufgefordert, dem bedrängten Hochstift zu Hülfe zu eilen. Dieser geschlagene General hatte unterdessen die Trümmer seiner zerstreuten Armee an der Weser zusammengezogen, durch die kaiserlichen Garnisonen in Niedersachsen verstärkt, und sich in Hessen mit seinen beiden Untergeneralen Altringer und Fugger vereinigt. An der Spitze dieser ansehnlichen Kriegsmacht brannte Graf Tilly vor Ungeduld, die Schande seiner ersten Niederlage durch einen glänzendern Sieg wieder auszulöschen. In seinem Lager bei Fulda, wohin er mit dem Heere gerückt war, harrte er sehnsuchtsvoll auf Erlaubnis von dem Herzog von Bayern, mit Gustav Adolf zu schlagen. Aber die Ligue hatte außer der Armee des Tilly keine zweite mehr zu verlieren, und Maximilian war viel zu behutsam, das ganze Schicksal seiner Partei auf den Glückswurf eines neuen Treffens zu setzen. Mit Tränen in den Augen empfing Tilly die Befehle seines Herrn, welche ihn zur Untätigkeit zwangen. So wurde der Marsch dieses Generals nach Franken verzögert, und Gustav Adolf gewann Zeit, das ganze Hochstift zu überschwemmen. Umsonst, daß sich Tilly nachher zu Aschaffenburg durch zwölftausend Lothringer verstärkte, und mit einer überlegenen Macht zum Entsatz der Stadt Würzburg herbeieilte. Stadt und Zitadelle waren bereits in der Schweden Gewalt, und Maximilian von Bayern wurde, vielleicht nicht ganz unverdienterweise, durch die allgemeine Stimme beschuldigt, den Ruin des Hochstifts durch seine Bedenklichkeiten beschleunigt zu haben. Gezwungen, eine Schlacht zu vermeiden, begnügte sich Tilly, den Feind am fernern Vorrücken zu verhindern; aber nur sehr wenig Plätze konnte er dem Ungestüm der Schweden entreißen. Nach einem vergeblichen Versuch, eine Truppenverstärkung in die, von den Kaiserlichen schwach besetzte, Stadt Hanau zu werfen, deren Besitz dem König einen zu großen Vorteil gab, ging er bei Seligenstadt über den Main, und richtete seinen Lauf nach der Bergstraße, um die pfälzischen Lande gegen den Andrang des Siegers zu schützen.

Graf Tilly war nicht der einzige Feind, den Gustav Adolf in Franken auf seinem Wege fand, und vor sich hertrieb. Auch Herzog Karl von Lothringen, durch den Unbestand seines Charakters, seine eiteln Entwürfe und sein schlechtes Glück in den Jahrbüchern des damaligen Europens berüchtigt, hatte seinen kleinen Arm gegen den schwedischen Helden aufgehoben, um sich bei Kaiser Ferdinand dem Zweiten den Kurhut zu verdienen. Taub gegen die Vorschriften einer vernünftigen Staatskunst, folgte er bloß den Eingebungen einer stürmischen Ehrbegierde, reizte durch Unterstützung des Kaisers Frankreich, seinen furchtbaren Nachbar, und entblößte, um auf fernem Boden ein schimmerndes Phantom, das ihn doch immer floh, zu verfolgen, seine Erblande, welche ein französisches Kriegsheer gleich einer reißenden Flut überschwemmte. Gerne gönnte man ihm in Österreich die Ehre, sich, gleich den übrigen Fürsten der Ligue, für das Wohl des Erzhauses zugrunde zu richten. Von eiteln Hoffnungen trunken, brachte dieser Prinz ein Heer von siebzehntausend Mann zusammen, das er in eigner Person gegen die Schweden ins Feld führen wollte. Wenn es gleich diesen Truppen an Mannszucht und Tapferkeit gebrach, so reizten sie doch durch einen glänzenden Aufputz die Augen; und sosehr sie im Angesicht des Feindes ihre Bravour verbargen, so freigebig ließen sie solche an dem wehrlosen Bürger und Landmann aus, zu deren Verteidigung sie gerufen waren. Gegen den kühnen Mut und die furchtbare Disziplin der Schweden konnte diese zierlich geputzte Armee nicht lange standhalten. Ein panischer Schrekken ergriff sie, als die schwedische Reiterei gegen sie ansprengte, und mit leichter Mühe waren sie aus ihren Quartieren im Würzburgischen verscheucht. Das Unglück einiger Regimenter verursachte ein allgemeines Ausreißen unter den Truppen, und der schwache Überrest eilte, sich in einigen Städten jenseits des Rheins vor der nordischen Tapferkeit zu verbergen. Ein Spott der Deutschen und mit Schande bedeckt, sprengte ihr Anführer über Straßburg nach Hause, mehr als zu glücklich, den Zorn seines Überwinders, der ihn vorher aus dem Felde schlug, und dann erst wegen seiner Feindseligkeiten zur Rechenschaft setzte, durch einen demütigen Entschuldigungsbrief zu besänftigen. Ein Bauer aus einem rheinischen Dorfe, sagt man, erdreistete sich, dem Pferde des Herzogs, als er auf seiner Flucht vorbeigeritten kam, einen Schlag zu versetzen. „Frisch zu, Herr", sagte der Bauer, „Ihr müßt schneller laufen, wenn Ihr vor dem großen Schwedenkönig ausreißt."

Das unglückliche Beispiel seines Nachbars hatte dem Bischof von Bamberg klügere Maßregeln eingegeben. Um die Plünderung seiner Lande zu verhüten, kam er dem König mit Anerbietungen des Friedens entgegen, welche aber bloß dazu dienen sollten, den Lauf seiner Waffen so lange, bis Hülfe herbeikäme, zu verzögern. Gustav Adolf, selbst viel zu redlich, um bei einem andern Arglist zu befürchten, nahm bereitwillig die Erbietungen des Bischofs an, und nannte schon die Bedingungen, unter welchen er das Hochstift mit jeder feindlichen Behandlung verschonen wollte. Er zeigte sich um so mehr dazu geneigt, da ohnehin seine Absicht nicht war, mit Bambergs Eroberung die Zeit zu verlieren, und seine übrigen Entwürfe ihn nach den Rheinländern riefen. Die Eilfertigkeit, mit der er die Ausführung dieser Entwürfe verfolgte, brachte ihn um die Geldsummen, welche er durch ein längeres Verweilen in Franken dem ohnmächtigen Bischof leicht hätte abängstigen können; denn dieser schlaue Prälat ließ die Unterhandlung fallen, sobald sich das Kriegsgewitter von seinen Grenzen entfernte. Kaum hatte ihm Gustav Adolf den Rücken zugewendet, so warf er sich dem Grafen Tilly in die Arme, und nahm die Truppen des Kaisers in die nämlichen Städte und Festungen auf, welche er kurz zuvor dem Könige zu öffnen sich bereitwillig gezeigt hatte. Aber er hatte den Ruin seines Bistums durch diesen Kunstgriff nur auf kurze Zeit verzögert; ein schwedischer Feldherr, der in Franken zurückgelassen ward, übernahm es, den Bischof dieser Treulosigkeit wegen zu züchtigen, und das Bistum wurde eben dadurch zu einem unglücklichen Schauplatz des Kriegs, welchen Freund und Feind auf gleiche Weise verwüsteten.

Die Flucht der Kaiserlichen, deren drohende Gegenwart den Entschließungen der fränkischen Stände bisher Zwang angetan hatte, und das menschenfreundliche Betragen des Königs machten dem Adel sowohl als den Bürgern dieses Kreises Mut, sich den Schweden günstig zu bezeigen. Nürnberg übergab sich feierlich dem Schutze des Königs; die fränkische Ritterschaft wurde von ihm durch schmeichelhafte Manifeste gewonnen, in denen er sich herabließ, sich wegen seiner feindlichen Erscheinung in ihrem Lande zu entschuldigen. Der Wohlstand Frankens, und die Gewissenhaftigkeit, welche der schwedische Krieger bei seinem Verkehr mit den Eingebornen zu beobachten pflegte, brachte den Überfluß in das königliche Lager. Die Gunst, in welche sich Gustav Adolf bei dem Adel des ganzen Kreises zu setzen gewußt hatte, die Bewunderung und Ehrfurcht, welche ihm seine glänzenden Taten selbst bei dem Feind erweckten, die reiche Beute, die man sich im Dienst eines stets siegreichen Königs versprach, kamen ihm bei der Truppenwerbung sehr zustatten, die der Abgang so vieler Besatzungen von dem Hauptheere notwendig machte. Aus allen Gegenden des Frankenlandes eilte man haufenweise herbei, sobald nur die Trommel gerührt wurde.

Der König hatte auf die Einnahme Frankens nicht viel mehr Zeit verwenden können, als er überhaupt gebraucht hatte, es zu durcheilen; die Unterwerfung des ganzen Kreises zu vollenden, und das Eroberte zu behaupten, wurde Gustav Horn, einer seiner tüchtigsten Generale, mit einem achttausend Mann starken Kriegsheere zurückgelassen. Er selbst eilte mit der Hauptarmee, die durch die Werbungen in Franken verstärkt war, gegen den Rhein, um sich dieser Grenze des Reichs gegen die Spanier zu versichern, die geistlichen Kurfürsten zu entwaffnen, und in diesen wohlhabenden Ländern neue Hülfsquellen zur Fortsetzung des Kriegs zu eröffnen. Er folgte dem Lauf des Mainstroms; Seligenstadt, Aschaffenburg, Steinheim, alles Land an beiden Ufern des Flusses ward auf diesem Zuge zur Unterwerfung gebracht; selten erwarteten die kaiserlichen Besatzungen seine Ankunft, niemals behaupteten sie sich. Schon einige Zeit vorher war es einem seiner Obersten geglückt, die Stadt und Zitadelle Hanau, auf deren Erhaltung Graf Tilly so bedacht gewesen war, den Kaiserlichen durch einen Überfall zu entreißen; froh, von dem unerträglichen Druck dieser Soldateska befreit zu sein, unterwarf sich der Graf bereitwillig dem gelindern Joche des schwedischen Königs.

Auf die Stadt Frankfurt war jetzt das vorzüglichste Augenmerk Gustav Adolfs gerichtet, dessen Maxime es überhaupt auf deutschem Boden war, sich durch die Freundschaft und den Besitz der wichtigern Städte den Rücken zu decken. Frankfurt war eine von den ersten Reichsstädten gewesen, die er schon von Sachsen aus zu seinem Empfang hatte vorbereiten lassen, und nun ließ er es von Offenbach aus durch neue Abgeordnete abermals auffordern, ihm den Durchzug zu gestatten und Besatzung einzunehmen. Gerne wäre diese Reichsstadt mit der bedenklichen Wahl zwischen dem Könige von Schweden und dem Kaiser verschont geblieben; denn welche Partei sie auch ergriff, so hatte sie für ihre Privilegien und ihren Handel zu fürchten. Schwer konnte der Zorn des Kaisers auf sie fallen, wenn sie sich voreilig dem König von Schweden unterwarf, und dieser nicht mächtig genug bleiben sollte, seine Anhänger in Deutschland zu schützen. Aber noch weit verderblicher für sie war der Unwille eines unwiderstehlichen Siegers, der mit einer furchtbaren Armee schon gleichsam vor ihren Toren stand, und sie auf Unkosten ihres ganzen Handels und Wohlstandes für ihre Widersetzlichkeit züchtigen konnte. Umsonst führte sie durch ihre Abgeordneten zu ihrer Entschuldigung die Gefahren an, welche ihre Messen, ihre Privilegien, vielleicht ihre Reichsfreiheit selbst bedrohten, wenn sie durch Ergreifung der schwedischen Partei den Zorn des Kaisers auf sich laden sollte. Gustav Adolf stellte sich verwundert, daß die Stadt Frankfurt in einer so äußerst wichtigen Sache, als die Freiheit des ganzen Deutschlands und das Schicksal der protestantischen Kirche sei, von ihren Jahrmärkten spreche, und für zeitliche Vorteile die große Angelegenheit des Vaterlandes und ihres Gewissens hintansetze. Er habe, setzte er drohend hinzu, von der Insel Rügen an bis zu allen Festungen und Städten am Main den Schlüssel gefunden, und werde ihn auch zu der Stadt Frankfurt zu finden wissen. Das Beste Deutschlands und die Freiheit der protestantischen Kirche seien allein der Zweck seiner gewaffneten Ankunft, und bei dem Bewußtsein einer so gerechten Sache sei er schlechterdings nicht gesonnen, sich durch irgendein Hindernis in seinem Lauf aufhalten zu lassen. Er sehe wohl, daß ihm die Frankfurter nichts als die Finger reichen wollten, aber die ganze Hand müsse er haben, um sich daran halten zu können. Den Deputierten der Stadt, welche diese Antwort zurückbrachten, folgte er mit seiner ganzen Armee auf dem Fuße nach, und erwartete in völliger Schlachtordnung vor Sachsenhausen die letzte Erklärung des Rats.

Wenn die Stadt Frankfurt Bedenken getragen hatte, sich den Schweden zu unterwerfen, so war es bloß aus Furcht vor dem Kaiser geschehen; ihre eigene Neigung ließ die Bürger keinen Augenblick zweifelhaft zwischen dem Unterdrücker der deutschen Freiheit und dem Beschützer derselben. Die drohenden Zurüstungen, unter welchen Gustav Adolf ihre Erklärung jetzt forderte, konnte die Strafbarkeit ihres Abfalls in den Augen des Kaisers vermindern, und den Schritt, den sie gern taten, durch den Schein einer erzwungenen Handlung beschönigen. Jetzt also öffnete man dem König von Schweden die Tore, der seine Armee in prachtvollem Zuge und bewundernswürdiger Ord-

nung mitten durch diese Kaiserstadt führte. Sechshundert
Mann blieben in Sachsenhausen zur Besatzung zurück; der
König selbst rückte mit der übrigen Armee noch an demselben
Abend gegen die mainzische Stadt Höchst an, welche vor ein-
brechender Nacht schon erobert war.

Während daß Gustav Adolf längs dem Mainstrom Eroberungen machte, krönte das Glück die Unternehmungen seiner
Generale und Bundesverwandten auch im nördlichen Deutschland. Rostock, Wismar und Dömitz, die einzigen noch übrigen
festen Örter im Herzogtum Mecklenburg, welche noch unter
dem Joche kaiserlicher Besatzungen seufzten, wurden von dem
rechtmäßigen Besitzer, Herzog Johann Albrecht, unter der
Leitung des schwedischen Feldherrn Achatius Tott bezwungen. Umsonst versuchte es der kaiserliche General Wolf, Graf
von Mansfeld, den Schweden das Stift Halberstadt, von welchem sie sogleich nach dem Leipziger Siege Besitz genommen,
wieder zu entreißen; er mußte bald darauf auch das Stift Magdeburg in ihren Händen lassen. Ein schwedischer General
Banér, der mit einem achttausend Mann starken Heere an der
Elbe zurückgeblieben war, hielt die Stadt Magdeburg auf das
engste eingeschlossen, und hatte schon mehrere kaiserliche
Regimenter niedergeworfen, welche zum Entsatz dieser Stadt
herbeigeschickt worden. Der Graf von Mansfeld verteidigte
sie zwar in Person mit sehr vieler Herzhaftigkeit; aber zu
schwach an Mannschaft, um dem zahlreichen Heere der Belagerer lange Widerstand leisten zu können, dachte er schon auf
die Bedingungen, unter welchen er die Stadt übergeben wollte,
als der General Pappenheim zu seinem Entsatz herbeikam, und
die feindlichen Waffen anderswo beschäftigte. Dennoch wurde
Magdeburg, oder vielmehr die schlechten Hütten, die aus den
Ruinen dieser großen Stadt traurig hervorblickten, in der Folge
von den Kaiserlichen freiwillig geräumt, und gleich darauf von
den Schweden in Besitz genommen.

Auch die Stände des niedersächsischen Kreises wagten es,
nach den glücklichen Unternehmungen des Königs ihr Haupt
wieder von dem Schlage zu erheben, den sie in dem unglücklichen dänischen Kriege durch Wallenstein und Tilly erlitten
hatten. Sie hielten zu Hamburg eine Zusammenkunft, auf welcher die Errichtung von drei Regimentern verabredet wurde,
mit deren Hülfe sie sich der äußerst drückenden kaiserlichen
Besatzungen zu entledigen hofften. Dabei ließ es der Bischof

von Bremen, ein Verwandter des schwedischen Königs, noch nicht bewenden; er brachte auch für sich besonders Truppen zusammen, und ängstigte mit denselben wehrlose Pfaffen und Mönche, hatte aber das Unglück, durch den kaiserlichen General, Grafen von Gronsfeld, bald entwaffnet zu werden. Auch Georg Herzog von Lüneburg, vormals Oberster in Ferdinands Diensten, ergriff jetzt Gustav Adolfs Partei, und warb einige Regimenter für diesen Monarchen, wodurch die kaiserlichen Truppen in Niedersachsen zu nicht geringem Vorteil des Königs beschäftigt wurden.

Noch weit wichtigere Dienste aber leistete dem König Landgraf Wilhelm von Hessen-Kassel, dessen siegreiche Waffen einen großen Teil von Westfalen und Niedersachsen, das Stift Fulda, und selbst das Kurfürstentum Köln zittern machten. Man erinnert sich, daß unmittelbar nach dem Bündnis, welches der Landgraf im Lager zu Werben mit Gustav Adolf geschlossen hatte, zwei kaiserliche Generale, von Fugger und Altringer, von dem Grafen Tilly nach Hessen beordert wurden, den Landgrafen wegen seines Abfalls vom Kaiser zu züchtigen. Aber mit männlichem Mut hatte dieser Fürst den Waffen des Feindes, sowie seine Landstände den Aufruhr predigenden Manifesten des Grafen Tilly widerstanden, und bald befreite ihn die Leipziger Schlacht von diesen verwüstenden Scharen. Er benutzte ihre Entfernung mit ebensoviel Mut als Entschlossenheit, eroberte in kurzer Zeit Vacha, Münden und Höxter, und ängstigte durch seine schleunigen Fortschritte das Stift Fulda, Paderborn und alle an Hessen grenzende Stifter. Die in Furcht gesetzten Staaten eilten, durch eine zeitige Unterwerfung seinen Fortschritten Grenzen zu setzen, und entgingen der Plünderung durch beträchtliche Geldsummen, die sie ihm freiwillig entrichteten. Nach diesen glücklichen Unternehmungen vereinigte der Landgraf sein siegreiches Heer mit der Hauptarmee Gustav Adolfs, und er selbst fand sich zu Frankfurt bei diesem Monarchen ein, um den fernern Operationsplan mit ihm zu verabreden.

Mehrere Prinzen und auswärtige Gesandte waren mit ihm in dieser Stadt erschienen, um der Größe Gustav Adolfs zu huldigen, seine Gunst anzuflehn, oder seinen Zorn zu besänftigen. Unter diesen war der merkwürdigste der vertriebene König von Böhmen und Pfalzgraf Friedrich der Fünfte, der aus Holland dahin geeilt war, sich seinem Rächer und Beschützer in die

Arme zu werfen. Gustav Adolf erwies ihm die unfruchtbare Ehre, ihn als ein gekröntes Haupt zu begrüßen, und bemühte sich, ihm durch eine edle Teilnahme sein Unglück zu erleichtern. Aber so viel sich auch Friedrich von der Macht und dem Glück seines Beschützers versprach, so viel er auf die Gerechtigkeit und Großmut desselben baute, so weit entfernt war dennoch die Hoffnung zur Wiederherstellung dieses Unglücklichen in seinen verlornen Ländern. Die Untätigkeit und die widersinnige Politik des englischen Hofes hatte den Eifer Gustav Adolfs erkältet, und eine Empfindlichkeit, über die er nicht ganz Meister werden konnte, ließ ihn hier den glorreichen Beruf eines Beschützers der Unterdrückten vergessen, den er bei seiner Erscheinung im Deutschen Reiche so laut angekündigt hatte. Auch den Landgrafen Georg von Hessen-Darmstadt hatte die Furcht vor der unwiderstehlichen Macht und der nahen Rache des Königs herbeigelockt, und zu einer zeitigen Unterwerfung bewogen. Die Verbindungen, in welchen dieser Fürst mit dem Kaiser stand, und sein geringer Eifer für die protestantische Sache waren dem König kein Geheimnis; aber er begnügte sich, einen so ohnmächtigen Feind zu verspotten. Da der Landgraf sich selbst und die politische Lage Deutschlands wenig genug kannte, um sich, ebenso unwissend als dreist, zum Mittler zwischen beiden Parteien aufzuwerfen, so pflegte ihn Gustav Adolf spottweise nur den Friedensstifter zu nennen. Oft hörte man ihn sagen, wenn er mit dem Landgrafen spielte, und ihm Geld abgewann: Er freue sich doppelt des gewonnenen Geldes, weil es kaiserliche Münze sei. Landgraf Georg dankte es bloß seiner Verwandtschaft mit dem Kurfürsten von Sachsen, den Gustav Adolf zu schonen Ursache hatte, daß sich dieser Monarch mit Übergabe seiner Festung Rüsselsheim und mit der Zusage begnügte, eine strenge Neutralität in diesem Kriege zu beobachten. Auch die Grafen des Westerwaldes und der Wetterau waren in Frankfurt bei dem König erschienen, um ein Bündnis mit ihm zu errichten, und ihm gegen die Spanier ihren Beistand anzubieten, der ihm in der Folge sehr nützlich war. Die Stadt Frankfurt selbst hatte alle Ursachen, sich der Gegenwart des Monarchen zu rühmen, der durch seine königliche Autorität ihren Handel in Schutz nahm, und die Sicherheit der Messen, die der Krieg sehr gestört hatte, durch die nachdrücklichsten Vorkehrungen wiederherstellte.

Die schwedische Armee war jetzt durch zehntausend Hessen verstärkt, welche Landgraf Wilhelm von Kassel dem König zugeführt hatte. Schon hatte Gustav Adolf Königstein angreifen lassen, Kostheim und Flörsheim ergaben sich ihm nach einer kurzen Belagerung, er beherrschte den ganzen Mainstrom, und zu Höchst wurden in aller Eile Fahrzeuge gezimmert, um die Truppen über den Rhein zu setzen. Diese Anstalten erfüllten den Kurfürsten von Mainz, Anselm Kasimir, mit Furcht, und er zweifelte keinen Augenblick mehr, daß er der nächste sei, den der Sturm des Krieges bedrohte. Als ein Anhänger des Kaisers und eins der tätigsten Mitglieder der katholischen Ligue, hatte er kein besseres Los zu hoffen, als seine beiden Amtsbrüder, die Bischöfe von Würzburg und Bamberg, bereits betroffen hatte. Die Lage seiner Länder am Rheinstrom machte es dem Feinde zur Notwendigkeit, sich ihrer zu versichern, und überdem war dieser gesegnete Strich Landes für das bedürftige Heer eine unüberwindliche Reizung. Aber zu wenig mit seinen Kräften und dem Gegner bekannt, den er vor sich hatte, schmeichelte sich der Kurfürst, Gewalt durch Gewalt abzutreiben, und durch die Festigkeit seiner Wälle die schwedische Tapferkeit zu ermüden. Er ließ in aller Eile die Festungswerke seiner Residenzstadt ausbessern, versah sie mit allem, was sie fähig machte, eine lange Belagerung auszuhalten, und nahm noch überdies zweitausend Spanier in seine Mauern auf, welche ein spanischer General, Don Philipp von Silva, kommandierte. Um den schwedischen Fahrzeugen die Annäherung unmöglich zu machen, ließ er die Mündung des Mains durch viele eingeschlagene Pfähle verrammeln, auch große Steinmassen und ganze Schiffe in dieser Gegend versenken. Er selbst flüchtete sich, in Begleitung des Bischofs von Worms, mit seinen besten Schätzen nach Köln, und überließ Stadt und Land der Raubgier einer tyrannischen Besatzung. Alle diese Vorkehrungen, welche weniger wahren Mut als ohnmächtigen Trotz verrieten, hielten die schwedische Armee nicht ab, gegen Mainz vorzurücken, und die ernstlichsten Anstalten zum Angriff der Stadt zu machen. Während daß sich ein Teil der Truppen in dem Rheingau verbreitete, alles, was sich von Spaniern dort fand, niedermachte, und übermäßige Kontributionen erpreßte, ein anderer die katholischen Örter des Westerwaldes und der Wetterau brandschatzte, hatte sich die Hauptarmee schon bei Kastel, Mainz gegenüber, gelagert, und Herzog Bernhard von

Weimar sogar am jenseitigen Rheinufer den Mäuseturm und das Schloß Ehrenfels erobert. Schon beschäftigte sich Gustav Adolf ernstlich damit, den Rhein zu passieren, und die Stadt von der Landseite einzuschließen, als ihn die Fortschritte des Grafen Tilly in Franken eilfertig von dieser Belagerung abriefen, und dem Kurfürstentum eine, obgleich nur kurze, Ruhe verschafften.

Die Gefahr der Stadt Nürnberg, welche Graf Tilly während der Abwesenheit Gustav Adolfs am Rheinstrom Miene machte zu belagern, und im Fall eines Widerstandes mit dem schrecklichen Schicksal Magdeburgs bedrohte, hatte den König von Schweden zu diesem schnellen Aufbruch von Mainz bewogen. Um sich nicht zum zweitenmal vor ganz Deutschland den Vorwürfen und der Schande auszusetzen, eine bundesverwandte Stadt der Willkür eines grausamen Feindes geopfert zu haben, machte er sich in beschleunigten Märschen auf, diese wichtige Reichsstadt zu entsetzen; aber schon zu Frankfurt erfuhr er den herzhaften Widerstand der Nürnberger, und den Abzug des Tilly, und säumte jetzt keinen Augenblick, seine Absichten auf Mainz zu verfolgen. Da es ihm bei Kastel mißlungen war, unter den Kanonen der Belagerten den Übergang über den Rhein zu gewinnen, so richtete er jetzt, um von einer andern Seite der Stadt beizukommen, seinen Lauf nach der Bergstraße, bemächtigte sich auf diesem Wege jedes wichtigen Platzes, und erschien zum zweiten Male an den Ufern des Rheins bei Stockstadt zwischen Gernsheim und Oppenheim. Die ganze Bergstraße hatten die Spanier verlassen, aber das jenseitige Rheinufer suchten sie noch mit vieler Hartnäckigkeit zu verteidigen. Sie hatten zu diesem Ende alle Fahrzeuge aus der Nachbarschaft zum Teil verbrannt, zum Teil in die Tiefe versenkt, und standen jenseit des Stroms zum furchtbarsten Angriff gerüstet, wenn etwa der König an diesem Ort den Übergang wagen würde.

Der Mut des Königs setzte ihn bei dieser Gelegenheit einer sehr großen Gefahr aus, in feindliche Hände zu geraten. Um das jenseitige Ufer zu besichtigen, hatte er sich in einem kleinen Nachen über den Fluß gewagt; kaum aber war er gelandet, so überfiel ihn ein Haufen spanischer Reiter, aus deren Händen ihn nur die eilfertigste Rückkehr befreite. Endlich gelang es ihm, durch Vorschub etlicher benachbarten Schiffer sich einiger Fahrzeuge zu bemächtigen, auf deren zweien er den Grafen von

Brahe mit dreihundert Schweden übersetzen ließ. Nicht so bald
hatte dieser Zeit gewonnen, sich am jenseitigen Ufer zu verschanzen, als er von vierzehn Kompanien spanischer Dragoner
und Kürassierer überfallen wurde. So groß die Überlegenheit
des Feindes war, so tapfer wehrte sich Brahe mit seiner kleinen
Schar, und sein heldenmütiger Widerstand verschaffte dem
König Zeit, ihn in eigner Person mit frischen Truppen zu unterstützen. Nun ergriffen die Spanier, nach einem Verlust von
sechshundert Toten, die Flucht; einige eilten die feste Stadt
Oppenheim, andre Mainz zu gewinnen. Ein marmorner Löwe
auf einer hohen Säule, in der rechten Klaue ein bloßes Schwert,
auf dem Kopf eine Sturmhaube tragend, zeigte noch siebenzig
Jahre nachher dem Wanderer die Stelle, wo der unsterbliche
König den Hauptstrom Germaniens passierte.

Gleich nach dieser glücklichen Aktion setzte Gustav Adolf
das Geschütz und den größten Teil der Truppen über den
Fluß, und belagerte Oppenheim, welches nach einer verzweifelten Gegenwehr am achten Dezember 1631 mit stürmender
Hand erstiegen ward. Fünfhundert Spanier, welche diesen Ort
so herzhaft verteidigt hatten, wurden insgesamt ein Opfer der
schwedischen Furie. Die Nachricht von Gustavs Übergang
über den Rheinstrom erschreckte alle Spanier und Lothringer,
welche das jenseitige Land besetzt, und sich hinter diesem
Flusse vor der Rache der Schweden geborgen geglaubt hatten.
Schnelle Flucht war jetzt ihre einzige Sicherheit; jeder nicht
ganz haltbare Ort ward aufs eilfertigste verlassen. Nach einer
langen Reihe von Gewalttätigkeiten gegen den wehrlosen Bürger räumten die Lothringer die Stadt Worms, welche sie noch
vor ihrem Abzuge mit mutwilliger Grausamkeit mißhandelten.
Die Spanier eilten sich in Frankenthal einzuschließen, in welcher Stadt sie sich Hoffnung machten, den siegreichen Waffen
Gustav Adolfs zu trotzen.

Der König verlor nunmehr keine Zeit, seine Absichten auf
die Stadt Mainz auszuführen, in welche sich der Kern der spanischen Truppen geworfen hatte. Indem er jenseit des Rhein-
stroms gegen diese Stadt anrückte, hatte sich der Landgraf von
Hessen-Kassel diesseits des Flusses derselben genähert, und auf
dem Wege dahin mehrere feste Plätze unter seine Botmäßigkeit gebracht. Die belagerten Spanier, obgleich von beiden
Seiten eingeschlossen, zeigten anfänglich viel Mut und Entschlossenheit, das Äußerste zu erwarten, und ein ununter-

brochenes heftiges Bombenfeuer regnete mehrere Tage lang in das schwedische Lager, welches dem Könige manchen braven Soldaten kostete. Aber, dieses mutvollen Widerstands ungeachtet, gewannen die Schweden immer mehr Boden, und waren dem Stadtgraben schon so nahe gerückt, daß sie sich ernstlich zum Sturm anschickten. Jetzt sank den Belagerten der Mut. Mit Recht zitterten sie vor dem wilden Ungestüm des schwedischen Soldaten, wovon der Marienberg bei Würzburg ein schreckhaftes Zeugnis ablegte. Ein fürchterliches Los erwartete die Stadt Mainz, wenn sie im Sturm erstiegen werden sollte, und leicht konnte der Feind sich versucht fühlen, Magdeburgs schauderhaftes Schicksal an dieser reichen und prachtvollen Residenz eines katholischen Fürsten zu rächen. Mehr um die Stadt, als um ihr eigenes Leben zu schonen, kapitulierte am vierten Tag die spanische Besatzung, und erhielt von der Großmut des Königs ein sicheres Geleite bis nach Luxemburg; doch stellte sich der größte Teil derselben, wie bisher schon von mehrern geschehen war, unter schwedische Fahnen.

Am 13. Dezember 1631 hielt der König von Schweden seinen Einzug in die eroberte Stadt, und nahm im Palast des Kurfürsten seine Wohnung. Achtzig Kanonen fielen als Beute in seine Hände, und mit achtzigtausend Gulden mußte die Bürgerschaft die Plünderung abkaufen. Von dieser Schatzung waren die Juden und die Geistlichkeit ausgeschlossen, welche noch für sich besonders große Summen zu entrichten hatten. Die Bibliothek des Kurfürsten nahm der König als sein Eigentum zu sich, und schenkte sie seinem Reichskanzler Oxenstierna, der sie dem Gymnasium zu Westerås abtrat; aber das Schiff, das sie nach Schweden bringen sollte, scheiterte, und die Ostsee verschlang diesen unersetzlichen Schatz.

Nach dem Verlust der Stadt Mainz hörte das Unglück nicht auf, die Spanier in den Gegenden des Rheins zu verfolgen. Kurz vor Eroberung jener Stadt hatte der Landgraf von Hessen-Kassel Falkenstein und Reifenberg eingenommen; die Festung Königstein ergab sich den Hessen; der Rheingraf Otto Ludwig, einer von den Generalen des Königs, hatte das Glück, neun spanische Schwadronen zu schlagen, die gegen Frankenthal im Anzuge waren, und sich der wichtigsten Städte am Rheinstrom von Boppard bis Bacharach zu bemächtigen. Nach Einnahme der Festung Braunfels, welche die wetterauischen Grafen mit schwedischer Hülfe zustande brachten, verloren die

Frankreich war um ebendiese Zeit in einen bürgerlichen Krieg mit dem protestantischen Teil seiner Bürger verwickelt, und die Furcht war in der Tat nicht ganz grundlos, daß die Annäherung eines siegreichen Königs von ihrer Partei ihren gesunkenen Mut neu beleben und sie zu dem gewaltsamsten Widerstand aufmuntern möchte. Dies konnte geschehn, auch wenn Gustav Adolf auf das weiteste davon entfernt war, ihnen Hoffnung zu machen, und an seinem Bundesgenossen, dem König von Frankreich, eine wirkliche Untreue zu begehn. Aber der rachgierige Sinn des Bischofs von Würzburg, der den Verlust seiner Länder am französischen Hofe zu verschmerzen suchte, die giftvolle Beredsamkeit der Jesuiten, und der geschäftige Eifer des bayrischen Ministers stellten dieses gefährliche Verständnis zwischen den Hugenotten und dem König von Schweden als ganz erwiesen dar, und wußten den furchtsamen Geist Ludwigs mit den schrecklichsten Besorgnissen zu bestürmen. Nicht bloß törichte Politiker, auch manche nicht unverständige Katholiken glaubten in vollem Ernst, der König werde mit nächstem in das innerste Frankreich eindringen, mit den Hugenotten gemeine Sache machen, und die katholische Religion in dem Königreich umstürzen. Fanatische Eiferer sahen ihn schon mit einer Armee über die Alpen klimmen, und den Statthalter Christi selbst in Italien entthronen. So leicht sich Träumereien dieser Art von selbst widerlegten, so war dennoch nicht zu leugnen, daß Gustav durch seine Kriegsunternehmungen am Rhein dem Argwohn seiner Gegner eine gefährliche Blöße gab, und einigermaßen den Verdacht rechtfertigte, als ob er seine Waffen weniger gegen den Kaiser und den Herzog von Bayern, als gegen die katholische Religion überhaupt habe richten wollen.

Das allgemeine Geschrei des Unwillens, welches die katholischen Höfe, von den Jesuiten aufgereizt, gegen Frankreichs Verbindungen mit den Feinden der Kirche erhoben, bewog endlich den Kardinal von Richelieu, für die Sicherstellung seiner Religion einen entscheidenden Schritt zu tun, und die katholische Welt zugleich von dem ernstlichen Religionseifer Frankreichs und von der eigennützigen Politik der geistlichen Reichsstände zu überführen. Überzeugt, daß die Absichten des Königs von Schweden, sowie seine eignen, nur auf die Demütigung des Hauses Österreich gerichtet seien, trug er kein Bedenken, den ligistischen Fürsten von seiten Schwedens eine vollkommene Neutralität zu versprechen, sobald sie sich der Allianz mit dem Kaiser entschlagen und ihre Truppen zurückziehen würden. Welchen Entschluß nun die Fürsten faßten, so hatte Richelieu seinen Zweck erreicht. Durch ihre Trennung von der österreichischen Partei wurde Ferdinand den vereinigten Waffen Frankreichs und Schwedens wehrlos bloßgestellt, und Gustav Adolf, von allen seinen übrigen Feinden in Deutschland befreit, konnte seine ungeteilte Macht gegen die kaiserlichen Erbländer kehren. Unvermeidlich war dann der Fall des österreichischen Hauses, und dieses letzte große Ziel aller Bestrebungen Richelieus ohne Nachteil der Kirche errungen. Ungleich mißlicher hingegen war der Erfolg, wenn die Fürsten der Ligue auf ihrer Weigerung bestehn, und dem österreichischen Bündnis noch fernerhin getreu bleiben sollten. Dann aber hatte Frankreich vor dem ganzen Europa seine katholische Gesinnung erwiesen, und seinen Pflichten als Glied der Römischen Kirche ein Genüge getan. Die Fürsten der Ligue erschienen dann allein als die Urheber alles Unglücks, welches die Fortdauer des Kriegs über das katholische Deutschland unausbleiblich verhängen mußte; sie allein waren es, die durch ihre eigensinnige Anhänglichkeit an den Kaiser die Maßregeln ihres Beschützers vereitelten, die Kirche in die äußerste Gefahr und sich selbst ins Verderben stürzten.

Richelieu verfolgte diesen Plan um so lebhafter, je mehr er durch die wiederholten Aufforderungen des Kurfürsten von Bayern um französische Hülfe ins Gedränge gebracht wurde. Man erinnert sich, daß dieser Fürst schon seit der Zeit, als er Ursache gehabt hatte, ein Mißtrauen in die Gesinnungen des Kaisers zu setzen, in ein geheimes Bündnis mit Frankreich getreten war, wodurch er sich den Besitz der pfälzischen Kurwürde gegen eine künftige Sinnesänderung Ferdinands zu versichern hoffte. So deutlich auch schon der Ursprung dieses Traktats zu erkennen gab, gegen welchen Feind er errichtet worden, so dehnte ihn Maximilian jetzt, willkürlich genug, auch auf die Angriffe des Königs von Schweden aus, und trug kein Bedenken, dieselbe Hülfleistung, welche man ihm bloß gegen Österreich zugesagt hatte, auch gegen Gustav Adolf, den Alliierten der französischen Krone, zu fordern. Durch diese widersprechende Allianz mit zwei einander entgegengesetzten Mächten in Verlegenheit gesetzt, wußte sich Richelieu nur dadurch zu helfen, daß er den Feindseligkeiten zwischen beiden ein schleuniges Ende machte; und ebensowenig geneigt, Bayern preiszugeben, als durch seinen Vertrag mit Schweden außerstand gesetzt, es zu schützen, verwendete er sich mit ganzem Eifer für die Neutralität, als das einzige Mittel, seinen doppelten Verbindungen eine Genüge zu leisten. Ein eigner Bevollmächtigter, Marquis von Brézé, wurde zu diesem Ende an den König von Schweden nach Mainz abgeschickt, seine Gesinnungen über diesen Punkt zu erforschen, und für die alliierten Fürsten günstige Bedingungen von ihm zu erhalten. Aber so wichtige Ursachen Ludwig der Dreizehnte hatte, diese Neutralität zustande gebracht zu sehen, so triftige Gründe hatte Gustav Adolf, das Gegenteil zu wünschen. Durch zahlreiche Proben überzeugt, daß der Abscheu der ligistischen Fürsten vor der protestantischen Religion unüberwindlich, ihr Haß gegen die ausländische Macht der Schweden unauslöschlich, ihre Anhänglichkeit an das Haus Österreich unvertilgbar sei, fürchtete er ihre offenbare Feindschaft weit weniger, als er einer Neutralität mißtraute, die mit ihrer Neigung so sehr im Widerspruche stand. Da er sich überdies durch seine Lage auf deutschem Boden genötigt sah, auf Kosten der Feinde den Krieg fortzusetzen, so verlor er augenscheinlich, wenn er, ohne neue Freunde dadurch zu gewinnen, die Zahl seiner öffentlichen Feinde verminderte. Kein Wunder also, wenn Gustav Adolf wenig Neigung blicken ließ, die Neutralität der katholischen Fürsten, wodurch ihm so wenig geholfen war, durch Aufopferung seiner errungenen Vorteile zu erkaufen!

Die Bedingungen, unter welchen er dem Kurfürsten von Bayern die Neutralität bewilligte, waren drückend und diesen Gesinnungen gemäß. Er forderte von der katholischen Ligue eine gänzliche Untätigkeit, Zurückziehung ihrer Truppen von der kaiserlichen Armee, aus den eroberten Plätzen, aus allen protestantischen Ländern. Noch außerdem wollte er die ligistische Kriegsmacht auf eine geringe Anzahl herabgesetzt wissen. Alle ihre Länder sollten den kaiserlichen Armeen verschlossen sein, und dem Hause Österreich weder Mannschaft noch Lebensmittel und Munition aus denselben gestattet werden. So hart das Gesetz war, welches der Überwinder den Überwundenen auflegte, so schmeichelte sich der französische Mediateur noch immer, den Kurfürsten von Bayern zu Annehmung desselben vermögen zu können. Dieses Geschäft zu erleichtern, hatte sich Gustav Adolf bewegen lassen, dem letztern einen Waffenstillstand auf vierzehn Tage zu bewilligen. Aber zur nämlichen Zeit, als dieser Monarch durch den französischen Agenten wiederholte Versicherungen von dem guten Fortgang dieser Unterhandlung erhielt, entdeckte ihm ein aufgefangener Brief des Kurfürsten an den General Pappenheim in Westfalen die Treulosigkeit dieses Prinzen, der bei der ganzen Negoziation nichts gesucht hatte, als Zeit zur Verteidigung zu gewinnen. Weit davon entfernt, sich durch einen Vergleich mit Schweden in seinen Kriegsunternehmungen Fesseln anlegen zu lassen, beschleunigte vielmehr der hinterlistige Fürst seine Rüstung, und benutzte die Muße, die ihm der Feind ließ, desto nachdrücklichere Anstalten zur Gegenwehr zu treffen. Diese ganze Neutralitätsunterhandlung zerriß also fruchtlos, und hatte zu nichts gedient, als die Feindseligkeit zwischen Bayern und Schweden mit desto größrer Erbitterung zu erneuern.

Tillys vermehrte Macht, womit dieser Feldherr Franken zu überschwemmen drohte, forderte den König dringend nach diesem Kreise; zuvor aber mußten die Spanier von dem Rheinstrom vertrieben, und ihnen der Weg versperrt werden, von den Niederlanden aus die deutschen Provinzen zu bekriegen. In dieser Absicht hatte Gustav Adolf bereits dem Kurfürsten von Trier, Philipp von Sötern, die Neutralität unter der Bedingung angeboten, daß ihm die trierische Festung Hermannstein eingeräumt und den schwedischen Truppen ein freier Durchzug durch Koblenz bewilligt würde. Aber so ungern der Kurfürst seine Länder in spanischen Händen sah, soviel weniger konnte er sich entschließen, sie dem verdächtigen Schutz eines Ketzers zu übergeben, und den schwedischen Eroberer zum Herrn seines Schicksals zu machen. Da er sich jedoch außerstand sah, gegen zwei so furchtbare Mitbewerber seine Unabhängigkeit zu behaupten, so suchte er unter den mächtigen Flügeln Frankreichs Schutz gegen beide. Mit gewohnter Staatsklugheit hatte Richelieu die Verlegenheit dieses Fürsten benutzt, Frankreichs Macht zu vergrößern und ihm einen wichtigen Alliierten an Deutschlands Grenze zu erwerben. Eine zahlreiche französische Armee sollte die trierischen Lande decken, und die Festung Ehrenbreitstein französische Besatzung einnehmen. Aber die Absicht, welche den Kurfürsten zu diesem gewagten Schritte vermocht hatte, wurde nicht ganz erfüllt; denn die gereizte Empfindlichkeit Gustav Adolfs ließ sich nicht eher besänftigen, als bis auch den schwedischen Truppen ein freier Durchzug durch die trierischen Lande gestattet wurde.

Indem dieses mit Trier und Frankreich verhandelt wurde, hatten die Generale des Königs das ganze Erzstift Mainz von dem Überreste der spanischen Garnisonen gereinigt, und Gustav Adolf selbst durch die Einnahme von Kreuznach die Eroberung dieses Landstrichs vollendet. Das Eroberte zu beschützen, mußte der Reichskanzler Oxenstierna mit einem Teile der Armee an dem mittlern Rheinstrome zurückbleiben, und das Hauptheer setzte sich unter Anführung des Königs in Marsch, auf fränkischem Boden den Feind aufzusuchen.

Um den Besitz dieses Kreises hatten unterdessen Graf Tilly und der schwedische General von Horn, den Gustav Adolf mit achttausend Mann darin zurückließ, mit abwechselndem Kriegsglück gestritten, und das Hochstift Bamberg besonders war zugleich der Preis und der Schauplatz ihrer Verwüstungen. Von seinen übrigen Entwürfen an den Rheinstrom gerufen, überließ der König seinem Feldherrn die Züchtigung des Bischofs, der durch sein treuloses Betragen seinen Zorn gereizt hatte, und die Tätigkeit des Generals rechtfertigte die Wahl des Monarchen. In kurzer Zeit unterwarf er einen großen Teil des Bistums den schwedischen Waffen, und die Hauptstadt selbst, von der kaiserlichen Besatzung im Stich gelassen, lieferte ihm ein stürmender Angriff in die Hände. Dringend forderte nun der verjagte Bischof den Kurfürsten von Bayern zum Beistand auf, der sich endlich bewegen ließ, Tillys Untätigkeit zu verkürzen. Durch den Befehl seines Herrn zur Wiedereinsetzung des Bischofs bevollmächtigt, zog dieser General seine durch die Oberpfalz zerstreuten Truppen zusammen, und näherte sich Bamberg mit einem zwanzigtausend Mann starken Heere. Gustav Horn, fest entschlossen, seine Eroberung gegen diese überlegene Macht zu behaupten, erwartete hinter den Wällen Bambergs den Feind, mußte sich aber durch den bloßen Vortrab des Tilly entreißen sehn, was er der ganzen versammelten Armee gehofft hatte streitig zu machen. Eine Verwirrung unter seinen Truppen, die keine Geistesgegenwart des Feldherrn zu verbessern vermochte, öffnete dem Feinde die Stadt, daß Truppen, Bagage und Geschütz nur mit Mühe gerettet werden konnten. Bambergs Wiedereroberung war die Frucht dieses Sieges; aber den schwedischen General, der sich in guter Ordnung über den Mainstrom zurückzog, konnte Graf Tilly, aller angewandten Geschwindigkeit ungeachtet, nicht mehr einholen. Die Erscheinung des Königs in Franken, welchem Gustav Horn den Rest seiner Truppen bei Kitzingen zuführte, setzte seinen Eroberungen ein schnelles Ziel, und zwang ihn, durch einen zeitigen Rückzug für seine eigne Rettung zu sorgen.

Zu Aschaffenburg hatte der König allgemeine Heerschau über seine Truppen gehalten, deren Anzahl nach der Vereinigung mit Gustav Horn, Banér und Herzog Wilhelm von Weimar auf beinahe vierzigtausend stieg. Nichts hemmte seinen Marsch durch Franken; denn Graf Tilly, viel zu schwach, einen so sehr überlegenen Feind zu erwarten, hatte sich in schnellen Märschen gegen die Donau gezogen. Böhmen und Bayern lagen jetzt dem König gleich nahe, und in der Ungewißheit, wohin dieser Eroberer seinen Lauf richten würde, konnte Maximilian nicht sogleich eine Entschließung fassen. Der Weg, welchen man Tilly jetzt nehmen ließ, mußte die Wahl des Königs und das Schicksal beider Provinzen entscheiden. Gefährlich war es, bei der Annäherung eines so furchtbaren Feindes Bayern unverteidigt zu lassen, um Österreichs Grenzen zu schirmen; gefährlicher noch, durch Aufnahme des Tilly in Bayern zugleich auch den Feind in dies Land zu rufen, und es zum Schauplatz eines verwüstenden Kampfes zu machen. Die Sorge des Landesvaters siegte endlich über die Bedenklichkeiten des Staatsmanns, und Tilly erhielt Befehl, was auch daraus erfolgen möchte, Bayerns Grenzen mit seiner Macht zu verteidigen.

Mit triumphierender Freude empfing die Reichsstadt Nürnberg den Beschützer protestantischer Religion und deutscher Freiheit, und der schwärmerische Enthusiasmus der Bürger ergoß sich bei seinem Anblick in rührende Äußerungen des Jubels und der Bewunderung. Gustav selbst konnte sein Erstaunen nicht unterdrücken, sich hier in dieser Stadt, im Mittelpunkte Deutschlands zu sehen, bis wohin er nie gehofft hatte, seine Fahnen auszubreiten. Der edle schöne Anstand seiner Person vollendete den Eindruck seiner glorreichen Taten, und die Herablassung, womit er die Begrüßungen dieser Reichsstadt erwiderte, hatte ihm in wenig Augenblicken alle Herzen erobert. In Person bestätigte er jetzt das Bündnis, das er noch an den Ufern des Belts mit derselben errichtet hatte, und

verband alle Bürger zu einem glühenden Tateneifer und brüder-
licher Eintracht gegen den gemeinschaftlichen Feind. Nach
einem kurzen Aufenthalt in Nürnbergs Mauern folgte er seiner
Armee gegen die Donau, und stand vor der Grenzfestung
Donauwörth, ehe man einen Feind da vermutete. Eine zahlreiche bayrische Besatzung verteidigte diesen Platz, und der
Anführer derselben, Rudolf Maximilian Herzog von Sachsen-
Lauenburg, zeigte anfangs die mutigste Entschlossenheit, sich
bis zur Ankunft des Tilly zu halten. Bald aber zwang ihn der
Ernst, mit welchem Gustav Adolf die Belagerung anfing, auf
einen schnellen und sichern Abzug zu denken, den er auch
unter dem heftigsten Feuer des schwedischen Geschützes
glücklich ins Werk richtete.

Die Einnahme Donauwörths öffnete dem König das jenseitige Ufer der Donau, und nur der kleine Lechstrom trennte
ihn noch von Bayern. Diese nahe Gefahr seiner Länder weckte
die ganze Tätigkeit Maximilians, und so leicht er es bis jetzt
dem Feind gemacht hatte, bis an die Schwelle seiner Staaten zu
dringen, so entschlossen zeigte er sich nun, ihm den letzten
Schritt zu erschweren. Jenseits des Lechs, bei der kleinen Stadt
Rain, bezog Tilly ein wohlbefestigtes Lager, welches, von drei
Flüssen umgeben, jedem Angriffe Trotz bot. Alle Brücken
über den Lech hatte man abgeworfen, die ganze Länge des
Stroms bis Augsburg durch starke Besatzungen verteidigt, und
sich diese Reichsstadt selbst, welche längst schon ihre Ungeduld
blicken ließ, dem Beispiel Nürnbergs und Frankfurts zu folgen,
durch Einführung einer bayrischen Garnison und Entwaffnung
der Bürger versichert. Der Kurfürst selbst schloß sich mit allen
Truppen, die er hatte aufbringen können, in das Tillysche Lager
ein, gleich als ob an diesem einzigen Posten alle seine Hoffnungen hafteten, und das Glück der Schweden an dieser äußersten
Grenzmauer scheitern sollte.

Bald erschien Gustav Adolf am Ufer, den bayrischen Verschanzungen gegenüber, nachdem er sich das ganze augsburgische Gebiet diesseits des Lechs unterworfen, und seinen
Truppen eine reiche Zufuhr aus diesem Landstrich geöffnet
hatte. Es war im Märzmonat, wo dieser Strom von häufigen
Regengüssen und von dem Schnee der tirolischen Gebirge zu
einer ungewöhnlichen Höhe schwillt, und zwischen steilen
Ufern mit reißender Schnelligkeit flutet. Ein gewisses Grab
öffnete sich dem waghälsigen Stürmer in seinen Wellen, und

am entgegenstehenden Ufer zeigten ihm die feindlichen Kanonen ihre mördrischen Schlünde. Ertrotzte er dennoch mitten durch die Wut des Wassers und des Feuers den fast unmöglichen Übergang, so erwartet die ermatteten Truppen ein frischer und mutiger Feind in einem unüberwindlichen Lager, und nach Erholung schmachtend, finden sie eine Schlacht. Mit erschöpfter Kraft müssen sie die feindlichen Schanzen ersteigen, deren Festigkeit jedes Angriffs zu spotten scheint. Eine Niederlage, an diesem Ufer erlitten, führt sie unvermeidlich zum Untergange; denn derselbe Strom, der ihnen die Bahn zum Siege erschwert, versperrt ihnen alle Wege zur Flucht, wenn das Glück sie verlassen sollte.

Der schwedische Kriegsrat, den der Monarch jetzt versammelte, machte das ganze Gewicht dieser Gründe gelten, um die Ausführung eines so gefahrvollen Unternehmens zu hindern. Auch die Tapfersten zagten, und eine ehrwürdige Schar im Dienste grau gewordener Krieger errötete nicht, ihre Besorgnisse zu gestehn. Aber der Entschluß des Königs war gefaßt. „Wie?" sagte er zu Gustav Horn, der das Wort für die übrigen führte: „über die Ostsee, über so viele große Ströme Deutschlands hätten wir gesetzt, und vor einem Bache, vor diesem Lech hier, sollten wir ein Unternehmen aufgeben?" Er hatte bereits bei Besichtigung der Gegend, die er mit mancher Lebensgefahr anstellte, die Entdeckung gemacht, daß das diesseitige Ufer über das jenseitige hervorrage, und die Wirkung des schwedischen Geschützes, vorzugsweise vor dem des Feindes, begünstige. Mit schneller Besonnenheit wußte er diesen Umstand zu nützen. Unverzüglich ließ er an der Stelle, wo sich das linke Ufer des Lechs gegen das rechte zu krümmte, drei Batterien aufwerfen, von welchen zweiundsiebenzig Feldstücke ein kreuzweises Feuer gegen den Feind unterhielten. Während daß diese wütende Kanonade die Bayern von dem jenseitigen Ufer entfernte, ließ er in größter Eilfertigkeit über den Lech eine Brücke schlagen; ein dicker Dampf, aus angezündetem Holz und nassem Stroh in einem fort unterhalten, entzog das aufsteigende Werk lange Zeit den Augen der Feinde, indem zugleich der fast ununterbrochene Donner des Geschützes das Getöse der Zimmeräxte unhörbar machte. Er selbst ermunterte durch sein eigenes Beispiel den Eifer der Truppen, und brannte mit eigner Hand über sechzig Kanonen ab. Mit gleicher Lebhaftigkeit wurde diese Kanonade zwei

Stunden lang von den Bayern, wiewohl mit ungleichem Vorteil, erwidert, da die hervorragenden Batterien der Schweden das jenseitige niedre Ufer beherrschten, und die Höhe des ihrigen ihnen gegen das feindliche Geschütz zur Brustwehr diente. Umsonst strebten die Bayern, die feindlichen Werke vom Ufer aus zu zerstören; das überlegene Geschütz der Schweden verscheuchte sie, und sie mußten die Brücke, fast unter ihren Augen, vollendet sehen. Tilly tat an diesem schrecklichen Tage das Äußerste, den Mut der Seinigen zu entflammen, und keine noch so drohende Gefahr konnte ihn von dem Ufer abhalten. Endlich fand ihn der Tod, den er suchte. Eine Falkonettkugel zerschmetterte ihm das Bein, und bald nach ihm ward auch Altringer, sein gleich tapfrer Streitgenosse, am Kopfe gefährlich verwundet. Von der begeisternden Gegenwart dieser beiden Führer verlassen, wankten endlich die Bayern, und wider seine Neigung wurde selbst Maximilian zu einem kleinmütigen Entschluß fortgerissen. Von den Vorstellungen des sterbenden Tilly besiegt, dessen gewohnte Festigkeit der annähernde Tod überwältigt hatte, gab er voreilig seinen unüberwindlichen Posten verloren, und eine von den Schweden entdeckte Furt, durch welche die Reiterei im Begriff war den Übergang zu wagen, beschleunigte seinen mutlosen Abzug. Noch in derselben Nacht brach er, ehe noch ein feindlicher Soldat über den Lechstrom gesetzt hatte, sein Lager ab, und ohne dem Könige Zeit zu lassen, ihn auf seinem Marsch zu beunruhigen, hatte er sich in bester Ordnung nach Neuburg und Ingolstadt gezogen. Mit Befremdung sahe Gustav Adolf, der am folgenden Tage den Übergang vollführte, das feindliche Lager leer, und die Flucht des Kurfürsten erregte seine Verwunderung noch mehr, als er die Festigkeit des verlassenen Lagers entdeckte. „Wär ich der Bayer gewesen", rief er erstaunt aus, „nimmermehr – und hätte mir auch eine Stückkugel Bart und Kinn weggenommen – nimmermehr würde ich einen Posten, wie dieser da, verlassen und dem Feinde meine Staaten geöffnet haben."

Jetzt also lag Bayern dem Sieger offen, und die Kriegesflut, die bis jetzt nur an den Grenzen dieses Landes gestürmt hatte, wälzte sich zum erstenmal über seine lange verschonten gesegneten Fluren. Bevor sich aber der König an Eroberung dieses feindlich gesinnten Landes wagte, entriß er erst die Reichsstadt Augsburg dem bayrischen Joche, nahm ihre Bürger in Pflich-

ten, und versicherte sich ihrer Treue durch eine zurückgelaßne
Besatzung. Darauf rückte er in beschleunigten Märschen gegen
Ingolstadt an, um durch Einnahme dieser wichtigen Festung,
welche der Kurfürst mit einem großen Teile seines Heeres
deckte, seine Eroberungen in Bayern zu sichern, und festen
Fuß an der Donau zu fassen.

Bald nach seiner Ankunft vor Ingolstadt, beschloß der verwundete Tilly in den Mauern dieser Stadt seine Laufbahn, nachdem er alle Launen des untreuen Glücks erfahren hatte. Von
der überlegenen Feldherrngröße Gustav Adolfs zermalmt, sah
er am Abend seiner Tage alle Lorbeern seiner frühern Siege
dahinwelken, und befriedigte durch eine Kette von Widerwärtigkeiten die Gerechtigkeit des Schicksals und Magdeburgs
zürnende Manen. In ihm verlor die Armee des Kaisers und der
Ligue einen unersetzlichen Führer, die katholische Religion
den eifrigsten ihrer Verteidiger, und Maximilian von Bayern
den treusten seiner Diener, der seine Treue durch den Tod ver-
siegelte, und die Pflichten des Feldherrn auch noch sterbend erfüllte. Sein letztes Vermächtnis an den Kurfürsten war die Er-
mahnung, die Stadt Regensburg zu besetzen, um Herr der
Donau und mit Böhmen in Verbindung zu bleiben.

Mit der Zuversicht, welche die Frucht so vieler Siege zu sein
pflegt, unternahm Gustav Adolf die Belagerung der Stadt, und
hoffte durch das Ungestüm des ersten Angriffs ihren Widerstand zu besiegen. Aber die Festigkeit ihrer Werke und die
Tapferkeit der Besatzung setzten ihm Hindernisse entgegen,
die er seit der Breitenfelder Schlacht nicht zu bekämpfen gehabt
hatte, und wenig fehlte, daß die Wälle von Ingolstadt nicht das
Ziel seiner Taten wurden. Beim Rekognoszieren der Festung
streckte ein Vierundzwanzigpfünder sein Pferd unter ihm in den
Staub, daß er zu Boden stürzte, und kurz darauf ward sein Liebling, der junge Markgraf von Baden, durch eine Stückkugel
von seiner Seite weggerissen. Mit schneller Fassung erhob sich
der König wieder, und beruhigte sein erschrockenes Volk, indem er sogleich auf einem andern Pferde seinen Weg fortsetzte.

Die Besitznehmung der Bayern von Regensburg, welche
Reichsstadt der Kurfürst, dem Rat des Tilly gemäß, durch
List überraschte, und durch eine starke Besatzung in seinen
Fesseln hielt, änderte schnell den Kriegsplan des Königs. Er
selbst hatte sich mit der Hoffnung geschmeichelt, diese prote-
stantisch gesinnte Reichsstadt in seine Gewalt zu bekommen,

und an ihr eine nicht minder ergebene Bundesgenossin als an Nürnberg, Augsburg und Frankfurt zu finden. Die Unterjochung derselben durch die Bayern entfernte auf lange Zeit die Erfüllung seines vornehmsten Wunsches, sich der Donau zu bemächtigen, und seinem Gegner alle Hülfe von Böhmen aus abzuschneiden. Schnell verließ er Ingolstadt, an dessen Wällen er Zeit und Volk fruchtlos verschwendete, und drang in das Innerste von Bayern, um den Kurfürsten zur Beschützung seiner Staaten herbeizulocken, und so die Ufer der Donau von ihren Verteidigern zu entblößen.

Das ganze Land bis München lag dem Eroberer offen. Moosburg, Landshut, das ganze Stift Freising unterwarfen sich ihm; nichts konnte seinen Waffen widerstehn. Fand er aber gleich keine ordentliche Kriegsmacht auf seinem Wege, so hatte er in der Brust jedes Bayern einen desto unversöhnlichern Feind, den Religionsfanatismus, zu bekämpfen. Soldaten, die nicht an den Papst glaubten, waren auf diesem Boden eine neue, eine unerhörte Erscheinung; der blinde Eifer der Pfaffen hatte sie dem Landmann als Ungeheuer, als Kinder der Hölle, und ihren Anführer als den Antichrist abgeschildert. Kein Wunder, wenn man sich von allen Pflichten der Natur und der Menschlichkeit gegen diese Satansbrut lossprach, und zu den schrecklichsten Gewalttaten sich berechtigt glaubte. Wehe dem schwedischen Soldaten, der einem Haufen dieser Wilden einzeln in die Hände fiel! Alle Martern, welche die erfinderische Wut nur erdenken mag, wurden an diesen unglücklichen Schlachtopfern ausgeübt, und der Anblick ihrer verstümmelten Körper entflammte die Armee zu einer schrecklichen Wiedervergeltung. Nur Gustav Adolf befleckte durch keine Handlung der Rache seinen Heldencharakter, und das schlechte Vertrauen der Bayern zu seinem Christentum, weit entfernt ihn von den Vorschriften der Menschlichkeit gegen dieses unglückliche Volk zu entbinden, machte ihm vielmehr zu der heiligsten Pflicht, durch eine desto strengere Mäßigung seinen Glauben zu ehren.

Die Annäherung des Königs verbreitete Schrecken und Furcht in der Hauptstadt, die, von Verteidigern entblößt und von den vornehmsten Einwohnern verlassen, bei der Großmut des Siegers allein ihre Rettung suchte. Durch eine unbedingte freiwillige Unterwerfung hoffte sie seinen Zorn zu besänftigen, und schickte schon bis Freising Deputierte voraus, ihm ihre Torschlüssel zu Füßen zu legen. Wie sehr auch der König durch die Unmenschlichkeit der Bayern und durch die feindselige Gesinnung ihres Herrn zu einem grausamen Gebrauch seiner Eroberungsrechte gereizt, wie dringend er, selbst von Deutschen, bestürmt wurde, Magdeburgs Schicksal an der Residenz ihres Zerstörers zu ahnden, so verachtete doch sein großes Herz diese niedrige Rache, und die Wehrlosigkeit des Feindes entwaffnete seinen Grimm. Zufrieden mit dem edlern Triumph, den Pfalzgrafen Friedrich mit siegreichem Pomp in die Residenz desselben Fürsten zu führen, der das vornehmste Werkzeug seines Falls, und der Räuber seiner Staaten war, erhöhte er die Pracht seines Einzugs durch den schöneren Glanz der Mäßigung und der Milde.

Der König fand in München nur einen verlassenen Palast, denn die Schätze des Kurfürsten hatte man nach Werfen geflüchtet. Die Pracht des kurfürstlichen Schlosses setzte ihn in Erstaunen, und er fragte den Aufseher, der ihm die Zimmer zeigte, nach dem Namen des Baumeisters. „Es ist kein andrer", versetzte dieser, „als der Kurfürst selbst." – „Ich möchte ihn haben, diesen Baumeister", erwiderte der König, „um ihn nach Stockholm zu schicken." – „Dafür", antwortete jener, „wird sich der Baumeister zu hüten wissen." – Als man das Zeughaus durchsuchte, fanden sich bloße Lafetten, zu denen die Kanonen fehlten. Die letztern hatte man so künstlich unter dem Fußboden eingescharrt, daß sich keine Spur davon zeigte, und ohne die Verräterei eines Arbeiters, hätte man den Betrug nie erfahren. „Stehet auf von den Toten", rief der König, „und kommet zum Gericht." – Der Boden ward aufgerissen, und man entdeckte gegen hundertundvierzig Stücke, manche von außerordentlicher Größe, welche größtenteils aus der Pfalz und aus Böhmen erbeutet waren. Ein Schatz von dreißigtausend Dukaten in Golde, der in einem der größern versteckt war, machte das Vergnügen vollkommen, womit dieser kostbare Fund den König überraschte.

Aber eine weit willkommnere Erscheinung würde die bayrische Armee selbst ihm gewesen sein, welche aus ihren Verschanzungen hervorzulocken, er ins Herz von Bayern gedrungen war. In dieser Erwartung sah sich der König betrogen. Kein Feind erschien, keine noch so dringende Aufforderung seiner Untertanen konnte den Kurfürsten vermögen, den letzten Überrest seiner Macht in einer Feldschlacht aufs Spiel zu setzen. In Regensburg eingeschlossen, harrte er auf die Hülfe, welche ihm der Herzog von Friedland von Böhmen aus zuführen sollte, und versuchte einstweilen, bis der erwartete Beistand erschien, durch Erneuerung der Neutralitätsunterhandlungen seinen Feind außer Tätigkeit zu setzen. Aber das zu oft gereizte Mißtrauen des Monarchen vereitelte diesen Zweck, und die vorsätzliche Zögerung Wallensteins ließ Bayern unterdessen den Schweden zum Raub werden.

So weit war Gustav Adolf von Sieg zu Sieg, von Eroberung zu Eroberung fortgeschritten, ohne auf seinem Weg einen Feind zu finden, der ihm gewachsen gewesen wäre. Ein Teil von Bayern und Schwaben, Frankens Bistümer, die untere Pfalz, das Erzstift Mainz lagen bezwungen hinter ihm; bis an die Schwelle der österreichischen Monarchie hatte ein nie unterbrochenes Glück ihn begleitet, und ein glänzender Erfolg den Operationsplan gerechtfertigt, den er sich nach dem Breitenfelder Sieg vorgezeichnet hatte. Wenn es ihm gleich nicht, wie er wünschte, gelungen war, die gehoffte Vereinigung unter den protestantischen Reichsständen durchzusetzen, so hatte er doch die Glieder der katholischen Ligue entwaffnet oder geschwächt, den Krieg größtenteils auf ihre Kosten bestritten, die Hülfsquellen des Kaisers vermindert, den Mut der schwächern Stände gestärkt, und durch die gebrandschatzten Länder der kaiserlichen Alliierten einen Weg nach den österreichischen Staaten gefunden. Wo er durch die Gewalt der Waffen keinen Gehorsam erpressen konnte, da leistete ihm die Freundschaft der Reichsstädte, die er durch die vereinigten Bande der Politik und Religion an sich zu fesseln gewußt hatte, die wichtigsten Dienste, und er konnte, solange er die Überlegenheit im Felde behielt, alles von ihrem Eifer erwarten. Durch seine Eroberungen am Rhein waren die Spanier von der Unterpfalz abgeschnitten, wenn ihnen der niederländische Krieg auch noch Kräfte ließ, teil an dem deutschen zu nehmen; auch der Herzog von Lothringen hatte nach seinem verunglückten Feldzuge die Neutralität vorgezogen. Noch so viele längs seines Zuges durch Deutschland zurückgelaßne Besatzungen, hatten sein Heer nicht vermindert, und noch ebenso frisch, als es diesen Zug angetreten hatte, stand es jetzt mitten in Bayern, entschlossen und gerüstet, den Krieg in das Innerste von Österreich zu wälzen.

Während daß Gustav Adolf den Krieg im Reiche mit solcher Überlegenheit führte, hatte das Glück seinen Bundesgenossen, den Kurfürsten von Sachsen, auf einem andern Schauplatz nicht weniger begünstigt. Man erinnert sich, daß bei der Beratschlagung, welche nach der Leipziger Schlacht zwischen beiden Fürsten zu Halle angestellt worden, die Eroberung Böhmens dem Kurfürsten von Sachsen zum Anteil fiel, indem der König für sich selbst den Weg nach den ligistischen Ländern erwählte. Die erste Frucht, welche der Kurfürst von dem Siege bei Breitenfeld erntete, war die Wiedereroberung von Leipzig, worauf in kurzer Zeit die Befreiung des ganzen Kreises von den kaiserlichen Besatzungen folgte. Durch die Mannschaft verstärkt, welche von der feindlichen Garnison zu ihm übertrat, richtete der sächsische General von Arnheim seinen Marsch nach der Lausitz, welche Provinz ein kaiserlicher General, Rudolf von Tiefenbach, mit einer Armee überschwemmt hatte, den Kurfürsten von Sachsen wegen seines Übertritts zu der Partei des Feindes zu züchtigen. Schon hatte er in dieser schlecht verteidigten Provinz die gewöhnlichen Verwüstungen angefangen, mehrere Städte erobert, und Dresden selbst durch seine drohende Annäherung erschreckt. Aber diese reißenden Fortschritte hemmte plötzlich ein ausdrücklicher wiederholter Befehl des Kaisers, alle sächsischen Besitzungen mit Krieg zu verschonen.

Zu spät erkannte Ferdinand die fehlerhafte Politik, die ihn verleitet hatte, den Kurfürsten von Sachsen aufs Äußerste zu bringen, und dem König von Schweden diesen wichtigen Bundesgenossen gleichsam mit Gewalt zuzuführen. Was er durch einen unzeitigen Trotz verdarb, wollte er jetzt durch eine ebenso übel angebrachte Mäßigung wiedergutmachen, und er beging einen zweiten Fehler, indem er den ersten verbessern wollte. Seinem Feind einen so mächtigen Alliierten zu rauben, erneuerte er durch Vermittelung der Spanier die Unterhandlungen mit dem Kurfürsten, und, den Fortgang derselben zu erleichtern, mußte Tiefenbach sogleich alle sächsischen Länder verlassen. Aber diese Demütigung des Kaisers, weit entfernt die gehoffte Wirkung hervorzubringen, entdeckte dem Kurfürsten nur die Verlegenheit seines Feindes und seine eigene Wichtigkeit, und ermunterte ihn vielmehr, die errungenen Vorteile desto lebhafter zu verfolgen. Wie konnte er auch, ohne sich durch den schändlichsten Undank verächtlich zu machen, einem Alliierten entsagen, dem er die heiligsten Versicherungen seiner Treue gegeben, dem er für die Rettung seiner Staaten, ja selbst seines Kurhuts verpflichtet war?

Die sächsische Armee, des Zugs nach der Lausitz überhoben, nahm also ihren Weg nach Böhmen, wo ein Zusammenfluß günstiger Ereignisse ihr im voraus den Sieg zu versichern schien. Noch immer glimmte in diesem Königreiche, dem ersten Schauplatz dieses verderblichen Kriegs, das Feuer der Zwietracht unter der Asche, und durch den fortgesetzten Druck der Tyrannei wurde dem Unwillen der Nation mit jedem Tag neue Nahrung gegeben. Wohin man die Augen richtete, zeigte dieses unglückliche Land Spuren der traurigsten Veränderung. Ganze Ländereien hatten ihre Besitzer gewechselt, und seufzten unter dem verhaßten Joche katholischer Herren, welche die Gunst des Kaisers und der Jesuiten mit dem Raube der vertriebenen Protestanten bekleidet hatte. Andere hatten das öffentliche Elend benutzt, die eingezogenen Güter der Verwiesenen um geringe Preise an sich zu kaufen. Das Blut der vornehmsten Freiheitsverfechter war auf Henkerbühnen versprützt worden, und welche durch eine zeitige Flucht dem Verderben entrannen, irrten ferne von ihrer Heimat im Elend umher, während daß die geschmeidigen Sklaven des Despotismus ihr Erbe verschwelgten. Unerträglicher, als der Druck dieser kleinen Tyrannen, war der Gewissenszwang, welcher die ganze protestantische Partei dieses Königreichs ohne Unterschied belastete. Keine Gefahr von außen, keine noch so ernstliche Widersetzung der Nation, keine noch so abschreckende Erfahrung hatte dem Bekehrungseifer der Jesuiten ein Ziel setzen können: wo der Weg der Güte nichts fruchtete, bediente man sich soldatischer Hülfe, die Verirrten in den Schafstall der Kirche zurückzuängstigen. Am härtesten traf dieses Schicksal die Bewohner des Joachimsthals, im Grenzgebirge zwischen Böhmen und Meißen. Zwei kaiserliche Kommissarien, durch ebensoviel Jesuiten und funfzehn Musketiere unterstützt, zeigten sich in diesem friedlichen Tale, das Evangelium den Ketzern zu predigen. Wo die Beredsamkeit der erstern nicht zulangte, suchte man durch gewaltsame Einquartierung der letztern in die Häuser, durch angedrohte Verbannung, durch Geldstrafen seinen Zweck durchzusetzen. Aber für diesmal siegte die gute Sache, und der herzhafte Widerstand dieses kleinen Volks nötigte den Kaiser, sein Bekehrungsmandat schimpflich zurückzunehmen. Das Beispiel des Hofes diente den Katholiken des Königreichs zur Richtschnur ihres Betragens, und rechtfertigte alle Arten der Unterdrückung, welche ihr Über-

mut gegen die Protestanten auszuüben versucht war. Kein
Wunder, wenn diese schwer verfolgte Partei einer Veränderung günstig wurde, und ihrem Befreier, der sich jetzt an der
Grenze zeigte, mit Sehnsucht entgegensah.

Schon war die sächsische Armee im Anzuge gegen Prag. Aus
allen Plätzen, vor denen sie erschien, waren die kaiserlichen
Besatzungen gewichen. Schluckenau, Tetschen, Aussig, Leitmeritz fielen schnell nacheinander in Feindeshand, jeder katholische Ort wurde der Plünderung preisgegeben. Schrecken
ergriff alle Papisten des Königreichs, und eingedenk der Mißhandlung, welche sie an den Evangelischen ausgeübt hatten,
wagten sie es nicht, die rächende Ankunft eines protestantischen
Heers zu erwarten. Alles, was katholisch war, und etwas zu verlieren hatte, eilte vom Lande nach der Hauptstadt, um auch die
Hauptstadt ebensoschnell wieder zu verlassen. Prag selbst war
auf keinen Angriff bereitet, und an Mannschaft zu arm, um eine
lange Belagerung aushalten zu können. Zu spät hatte man sich
am Hofe des Kaisers entschlossen, den Feldmarschall Tiefenbach zu Verteidigung dieser Hauptstadt herbeizurufen. Ehe
der kaiserliche Befehl die Standquartiere dieses Generals in
Schlesien erreichte, waren die Sachsen nicht ferne mehr von
Prag, die halb protestantische Bürgerschaft versprach wenig
Eifer, und die schwache Garnison ließ keinen langen Widerstand hoffen. In dieser schrecklichen Bedrängnis erwarteten
die katholischen Einwohner ihre Rettung von Wallenstein, der
in den Mauern dieser Stadt als Privatmann lebte. Aber weit entfernt, seine Kriegserfahrung und das Gewicht seines Ansehens
zu Erhaltung der Stadt anzuwenden, ergriff er vielmehr den
willkommenen Augenblick, seine Rache zu befriedigen. Wenn
er es auch nicht war, der die Sachsen nach Prag lockte, so war
es doch gewiß sein Betragen, was ihnen die Einnahme dieser
Stadt erleichterte. Wie wenig diese auch zu einem langen Widerstande geschickt war, so fehlte es ihr dennoch nicht an Mitteln,
sich bis zur Ankunft eines Entsatzes zu behaupten; und ein
kaiserlicher Oberster, Graf Maradas, bezeigte wirklich Lust,
ihre Verteidigung zu übernehmen. Aber ohne Kommando, und
durch nichts als seinen Eifer und seine Tapferkeit zu diesem
Wagestück aufgefordert, unterstand er sich nicht, es auf eigne
Gefahr ohne die Beistimmung eines Höhern ins Werk zu setzen. Er suchte also Rat bei dem Herzog von Friedland, dessen
Billigung den Mangel einer kaiserlichen Vollmacht ersetzte,

und an den die böhmische Generalität durch einen ausdrücklichen Befehl vom Hofe in dieser Extremität angewiesen war. Aber arglistig hüllte sich dieser in seine Dienstlosigkeit und seine gänzliche Zurückziehung von der politischen Bühne, und schlug die Entschlossenheit des Subalternen durch die Bedenklichkeiten darnieder, die er, als der Mächtige, blicken ließ. Die Mutlosigkeit allgemein und vollkommen zu machen, verließ er endlich gar mit seinem ganzen Hofe die Stadt, so wenig er auch bei Einnahme derselben von dem Feinde zu fürchten hatte; und sie ging ebendadurch verloren, daß er sie durch seinen Abzug verlorengab. Seinem Beispiele folgte der ganze katholische Adel, die Generalität mit den Truppen, die Geistlichkeit, alle Beamten der Krone; die ganze Nacht brachte man damit zu, seine Personen, seine Güter zu flüchten. Alle Straßen bis Wien waren mit Fliehenden angefüllt, die sich nicht eher als in der Kaiserstadt von ihrem Schrecken erholten. Maradas selbst, an Prags Errettung verzweifelnd, folgte den übrigen, und führte seine kleine Mannschaft bis Tabor, wo er den Ausgang erwarten wollte.

Tiefe Stille herrschte in Prag, als die Sachsen am andern Morgen davor erschienen; keine Anstalt zur Verteidigung; nicht ein einziger Schuß von den Wällen, der eine Gegenwehr der Bewohner verkündigte. Vielmehr sammelte sich eine Menge von Zuschauern um sie her, welche die Neugier aus der Stadt gelockt hatte, das feindliche Heer zu betrachten; und die friedliche Vertraulichkeit, womit sie sich näherten, glich viel mehr einer freundschaftlichen Begrüßung, als einem feindlichen Empfange. Aus dem übereinstimmenden Bericht dieser Leute erfuhr man, daß die Stadt leer an Soldaten und die Regierung nach Budweis geflüchtet sei. Dieser unerwartete, unerklärbare Mangel an Widerstand erregte Arnheims Mißtrauen um so mehr, da ihm die eilfertige Annäherung des Entsatzes aus Schlesien kein Geheimnis, und die sächsische Armee mit Belagerungswerkzeugen zu wenig versehen, auch an Anzahl bei weitem zu schwach war, um eine so große Stadt zu bestürmen. Vor einem Hinterhalt bange, verdoppelte er seine Wachsamkeit; und er schwebte in dieser Furcht, bis ihm der Haushofmeister des Herzogs von Friedland, den er unter dem Haufen entdeckte, diese unglaubliche Nachricht bekräftigte. „Die Stadt ist ohne Schwertstreich unser", rief er jetzt voll Verwunderung seinen Obersten zu, und ließ sie unverzüglich durch einen Trompeter auffordern.

Die Bürgerschaft von Prag, von ihren Verteidigern schimpflich im Stich gelassen, hatte ihren Entschluß längst gefaßt, und
es kam bloß darauf an, Freiheit und Eigentum durch eine vorteilhafte Kapitulation in Sicherheit zu setzen. Sobald diese von
dem sächsischen General im Namen seines Herrn unterzeichnet
war, öffnete man ihm ohne Widersetzung die Tore, und die
Armee hielt am eilften November des Jahrs 1631 ihren triumphierenden Einzug. Bald folgte der Kurfürst selbst nach, um
die Huldigung seiner neuen Schutzbefohlenen in Person
zu empfangen; denn nur unter diesem Namen hatten sich ihm
die drei Prager Städte ergeben; ihre Verbindung mit der
österreichischen Monarchie sollte durch diesen Schritt nicht
zerrissen sein. So übertrieben groß die Furcht der Papisten vor
den Repressalien der Sachsen gewesen war, so angenehm überraschte sie die Mäßigung des Kurfürsten und die gute Mannszucht der Truppen. Besonders legte der Feldmarschall von
Arnheim seine Ergebenheit gegen den Herzog von Friedland
bei dieser Gelegenheit an den Tag. Nicht zufrieden, alle Ländereien desselben auf seinem Hermarsch verschont zu haben,
stellte er jetzt noch Wachen an seinen Palast, damit ja nichts
daraus entwendet würde. Die Katholiken der Stadt erfreuten
sich der vollkommensten Gewissensfreiheit, und von allen
Kirchen, welche sie den Protestanten entrissen hatten, wurden diesen nur vier zurückgegeben. Die Jesuiten allein, welchen die allgemeine Stimme alle bisherigen Bedrückungen
schuld gab, waren von dieser Duldung ausgeschlossen und
mußten das Königreich meiden.

Johann Georg verleugnete selbst als Sieger die Demut und
Unterwürfigkeit nicht, die ihm der kaiserliche Name einflößte,
und was sich ein kaiserlicher General, wie Tilly und Wallenstein, zu Dresden gegen ihn unfehlbar würde herausgenom-
men haben, erlaubte er sich zu Prag nicht gegen den Kaiser.
Sorgfältig unterschied er den Feind, mit dem er Krieg führte,
von dem Reichsoberhaupt, dem er Ehrfurcht schuldig war. Er
unterstand sich nicht das Hausgeräte des letztern zu berühren,
indem er sich ohne Bedenken die Kanonen des erstern als gute
Beute zueignete und nach Dresden bringen ließ. Nicht im kaiserlichen Palast, sondern im Lichtensteinischen Hause nahm
er seine Wohnung, zu bescheiden, die Zimmer desjenigen zu
beziehen, dem er ein Königreich entriß. Würde uns dieser Zug
von einem großen Mann und einem Helden berichtet, er würde

uns mit Recht zur Bewunderung hinreißen. Der Charakter des
Fürsten, bei dem er gefunden wird, berechtigt uns zu dem
Zweifel, ob wir in dieser Enthaltung mehr den schönen Sieg
der Bescheidenheit ehren, oder die kleinliche Gesinnung des
schwachen Geistes bemitleiden sollen, den das Glück selbst nie
kühn macht, und die Freiheit selbst nie der gewohnten Fesseln
entledigt.

Die Einnahme von Prag, auf welche in kurzer Zeit die Unterwerfung der mehresten Städte folgte, bewirkte eine schnelle
und große Veränderung in dem Königreiche. Viele von dem
protestantischen Adel, welche bisher im Elend herumgeirrt
waren, fanden sich wieder in ihrem Vaterlande ein, und der
Graf von Thurn, der berüchtigte Urheber des böhmischen Aufruhrs, erlebte die Herrlichkeit, auf dem ehemaligen Schauplatze seines Verbrechens und seiner Verurteilung sich als Sieger zu zeigen. Über dieselbe Brücke, wo ihm die aufgespießten
Köpfe seiner Anhänger das ihn selbst erwartende Schicksal
furchtbar vor Augen malten, hielt er jetzt seinen triumphierenden Einzug, und sein erstes Geschäft war, diese Schreckbilder
zu entfernen. Die Verwiesenen setzten sich sogleich in Besitz
ihrer Güter, deren jetzige Eigentümer die Flucht ergriffen hatten. Unbekümmert, wer diesen die aufgewandten Summen
erstatten würde, rissen sie alles, was ihre gewesen war, an
sich, auch wenn sie selbst den Kaufpreis dafür gezogen hatten,
und mancher unter ihnen fand Ursache, die gute Wirtschaft der
bisherigen Verwalter zu rühmen. Felder und Herden hatten
unterdessen in der zweiten Hand vortrefflich gewuchert. Mit
dem kostbarsten Hausrat waren die Zimmer geschmückt, die
Keller, welche sie leer verlassen hatten, reichlich gefüllt, die
Ställe bevölkert, die Magazine beladen. Aber mißtrauisch gegen
ein Glück, das so unverhofft auf sie hereinstürmte, eilten sie
diese unsichern Besitzungen wieder loszuschlagen, und den un-
beweglichen Segen in bewegliche Güter zu verwandeln.

Die Gegenwart der Sachsen belebte den Mut aller Protestan-
tischgesinnten des Königreichs, und auf dem Lande wie in der
Hauptstadt sah man ganze Scharen zu den neueröffneten evangelischen Kirchen eilen. Viele, welche nur die Furcht im Gehorsam gegen das Papsttum erhalten hatte, wandten sich jetzt
öffentlich zu der neuen Lehre, und manche der neubekehrten
Katholiken schwuren freudig ein erzwungenes Bekenntnis ab,
um ihren frühern Überzeugungen zu folgen. Alle bewiesene

Duldsamkeit der neuen Regierung konnte den Ausbruch des gerechten Unwillens nicht verhindern, den dieses mißhandelte Volk die Unterdrücker seiner heiligsten Freiheit empfinden ließ. Fürchterlich bediente es sich seiner wiedererlangten Rechte, und seinen Haß gegen die aufgedrungene Religion stillte an manchen Orten nur das Blut ihrer Verkündiger.

Unterdessen war der Sukkurs, den die kaiserlichen Generale, von Götz und von Tiefenbach, aus Schlesien herbeiführten, in Böhmen angelangt, wo einige Regimenter des Grafen Tilly aus der obern Pfalz zu ihm stießen. Ihn zu zerstreuen, ehe sich seine Macht vermehrte, rückte Arnheim mit einem Teil der Armee aus Prag ihm entgegen, und tat bei Nimburg an der Elbe einen mutigen Angriff auf seine Verschanzungen. Nach einem hitzigen Gefechte, schlug er endlich, nicht ohne großen Verlust, die Feinde aus ihrem befestigten Lager, und zwang sie durch die Heftigkeit seines Feuers, den Rückweg über die Elbe zu nehmen, und die Brücke abzubrechen, die sie herübergebracht hatte. Doch konnte er nicht verhindern, daß ihm die Kaiserlichen nicht in mehrern kleinern Gefechten Abbruch taten, und die Kroaten selbst bis an die Tore von Prag ihre Streifereien erstreckten. Wie glänzend und vielversprechend auch die Sachsen den böhmischen Feldzug eröffnet hatten, so rechtfertigte der Erfolg doch keineswegs Gustav Adolfs Erwartungen. Anstatt mit unaufhaltsamer Gewalt die errungenen Vorteile zu verfolgen, durch das bezwungene Böhmen sich zu der schwedischen Armee durchzuschlagen, und in Vereinigung mit ihr den Mittelpunkt der kaiserlichen Macht anzugreifen, schwächten sie sich in einem anhaltenden kleinen Krieg mit dem Feinde, wobei der Vorteil nicht immer auf ihrer Seite war, und die Zeit für eine größre Unternehmung fruchtlos verschwendet wurde. Aber Johann Georgs nachfolgendes Betragen deckte die Triebfedern auf, welche ihn abgehalten hatten, sich seines Vorteils über den Kaiser zu bedienen, und die Entwürfe des Königs von Schweden durch eine zweckmäßige Wirksamkeit zu befördern.

Der größte Teil von Böhmen war jetzt für den Kaiser verloren, und die Sachsen von dieser Seite her gegen Österreich im Anzug, während daß der schwedische Monarch durch Franken, Schwaben und Bayern nach den kaiserlichen Erbstaaten einen Weg sich bahnte. Ein langer Krieg hatte die Kräfte der österreichischen Monarchie verzehrt, die Länder erschöpft, die Armeen vermindert. Dahin war der Ruhm ihrer Siege, das Vertrauen auf Unüberwindlichkeit, der Gehorsam, die gute Mannszucht der Truppen, welche dem schwedischen Heerführer eine so entschiedene Überlegenheit im Felde verschaffte. Entwaffnet waren die Bundesgenossen des Kaisers, oder die auf sie selbst hereinstürmende Gefahr hatte ihre Treue erschüttert. Selbst Maximilian von Bayern, Österreichs mächtigste Stütze, schien den verführerischen Einladungen zur Neutralität nachzugeben; die verdächtige Allianz dieses Fürsten mit Frankreich hatte den Kaiser längst schon mit Besorgnissen erfüllt. Die Bischöfe von Würzburg und Bamberg, der Kurfürst von Mainz, der Herzog von Lothringen waren aus ihren Ländern vertrieben, oder doch gefährlich bedroht; Trier stand im Begriff, sich unter französischen Schutz zu begeben. Spaniens Waffen beschäftigte die Tapferkeit der Holländer in den Niederlanden, während daß Gustav Adolf sie vom Rheinstrom zurückschlug; Polen fesselte noch der Stillstand mit diesem Fürsten. Die ungarischen Grenzen bedrohte der siebenbürgische Fürst Rakoczy, ein Nachfolger Bethlen Gabors und der Erbe seines unruhigen Geistes; die Pforte selbst machte bedenkliche Zurüstungen, den günstigen Zeitpunkt zu nutzen. Die mehresten protestantischen Reichsstände, kühn gemacht durch das Waffenglück ihres Beschützers, hatten öffentlich und tätlich gegen den Kaiser Partei ergriffen. Alle Hülfsquellen, welche sich die Frechheit eines Tilly und Wallenstein durch gewaltsame Erpressungen in diesen Ländern geöffnet hatte, waren nunmehr vertrocknet, alle diese Werbeplätze, diese Magazine, diese Zufluchtsörter für den Kaiser verloren, und der Krieg konnte nicht mehr wie vormals auf fremde Kosten bestritten werden. Seine Bedrängnisse vollkommen zu machen, entzündet sich im Land ob der Enns ein gefährlicher Aufruhr; der unzeitige Bekehrungseifer der Regierung bewaffnet das protestantische Landvolk, und der Fanatismus schwingt seine Fackel, indem der Feind schon an den Pforten des Reiches stürmt. Nach einem so langen Glücke, nach einer so glänzenden Reihe von Siegen, nach so herrlichen Eroberungen, nach so viel unnütz versprütztem Blute, sieht sich der österreichische Monarch zum zweitenmal an denselben Abgrund geführt, in den er beim Antritt seiner Regierung zu stürzen drohte. Ergriff Bayern die Neutralität, widerstand Kursachsen der Verführung, und entschloß sich Frankreich die spanische Macht zugleich in den

Niederlanden, in Italien und Katalonien anzufallen, so stürzte der stolze Bau von Österreichs Größe zusammen, die alliierten Kronen teilten sich in seinen Raub, und der deutsche Staatskörper sah einer gänzlichen Verwandlung entgegen.

Die ganze Reihe dieser Unglücksfälle begann mit der Breitenfelder Schlacht, deren unglücklicher Ausgang den längst schon entschiedenen Verfall der österreichischen Macht, den bloß der täuschende Schimmer eines großen Namens versteckt hatte, sichtbar machte. Ging man zu den Ursachen zurück, welche den Schweden eine so furchtbare Überlegenheit im Felde verschafften, so fand man sie größtenteils in der unumschränkten Gewalt ihres Anführers, der alle Kräfte seiner Partei in einem einzigen Punkte vereinigte, und, durch keine höhere Autorität in seinen Unternehmungen gefesselt, vollkommener Herr jedes günstigen Augenblicks, alle Mittel zu seinem Zwecke beherrschte, und von niemand als sich selbst Gesetze empfing. Aber seit Wallensteins Abdankung und Tillys Niederlage zeigte sich auf seiten des Kaisers und der Ligue von diesem allen gerade das Widerspiel. Den Generalen gebrach es an Ansehen bei den Truppen und an der so nötigen Freiheit zu handeln, den Soldaten an Gehorsam und Mannszucht, den zerstreuten Korps an übereinstimmender Wirksamkeit, den Ständen an gutem Willen, den Oberhäuptern an Eintracht, an Schnelligkeit des Entschlusses, und an Festigkeit bei Vollstreckung desselben. Nicht ihre größere Macht, nur der beßre Gebrauch, den sie von ihren Kräften zu machen wußten, war es, was den Feinden des Kaisers ein so entschiedenes Übergewicht gab. Nicht an Mitteln, nur an einem Geiste, der sie anzuwenden Fähigkeit und Vollmacht besaß, fehlte es der Ligue und dem Kaiser. Hätte Graf Tilly auch nie seinen Ruhm verloren, so ließ das Mißtrauen gegen Bayern doch nicht zu, das Schicksal der Monarchie in die Hände eines Mannes zu geben, der seine Anhänglichkeit an das bayrische Haus nie verleugnete. Ferdinands dringendstes Bedürfnis war also ein Feldherr, der gleich viel Erfahrenheit besaß, eine Armee zu bilden und anzuführen, und der seine Dienste dem österreichischen Hause mit blinder Ergebenheit widmete.

Die Wahl eines solchen war es, was nunmehr den geheimen Rat des Kaisers beschäftigte, und die Mitglieder desselben untereinander entzweite. Einen König dem andern gegenüberzustellen, und durch die Gegenwart ihres Herrn den

Mut der Truppen zu entflammen, stellte sich Ferdinand im ersten Feuer des Affekts selbst als den Führer seiner Armee dar; aber es kostete wenig Mühe, einen Entschluß umzustoßen, den nur Verzweiflung eingab, und das erste ruhige Nachdenken widerlegte. Doch was dem Kaiser seine Würde und die Last des Regentenamts verbot, erlaubten die Umstände seinem Sohne, einem Jüngling von Fähigkeit und Mut, auf den die österreichischen Untertanen mit frohen Hoffnungen blickten. Schon durch seine Geburt zur Verteidigung einer Monarchie aufgefordert, von deren Kronen er zwei schon auf seinem Haupte trug, verband Ferdinand der Dritte, König von Böhmen und Ungarn, mit der natürlichen Würde des Thronfolgers die Achtung der Armeen und die volle Liebe der Völker, deren Beistand ihm zu Führung des Krieges so unentbehrlich war. Der geliebte Thronfolger allein durfte es wagen, dem hart beschwerten Untertan neue Lasten aufzulegen; nur seiner persönlichen Gegenwart bei der Armee schien es aufbehalten zu sein, die verderbliche Eifersucht der Häupter zu ersticken, und die erschlaffte Mannszucht der Truppen durch die Kraft seines Namens zu der vorigen Strenge zurückzuführen. Gebrach es auch dem Jüngling noch an der nötigen Reife des Urteils, Klugheit und Kriegserfahrung, welche nur durch Übung erworben wird, so konnte man diesen Mangel durch eine glückliche Wahl von Ratgebern und Gehülfen ersetzen, die man unter der Hülle seines Namens mit der höchsten Autorität bekleidete.

So scheinbar die Gründe waren, womit ein Teil der Minister diesen Vorschlag unterstützte, so große Schwierigkeiten setzte ihm das Mißtrauen, vielleicht auch die Eifersucht des Kaisers, und die verzweifelte Lage der Dinge entgegen. Wie gefährlich war es, das ganze Schicksal der Monarchie einem Jüngling anzuvertrauen, der fremder Führung selbst so bedürftig war! Wie gewagt, dem größten Feldherrn seines Jahrhunderts einen Anfänger entgegenzustellen, dessen Fähigkeit zu diesem wichtigen Posten noch durch keine Unternehmung geprüft, dessen Name, von dem Ruhme noch nie genannt, viel zu kraftlos war, um der mutlosen Armee im voraus den Sieg zu verbürgen! Welche neue Last zugleich für den Untertan, den kostbaren Staat zu bestreiten, der einem königlichen Heerführer zukam, und den der Wahn des Zeitalters mit seiner Gegenwart beim Heer unzertrennlich verknüpfte! Wie bedenklich endlich für den Prinzen selbst, seine politische Laufbahn mit einem Amte zu eröffnen, das ihn zur Geißel seines Volks und zum Unterdrücker der Länder machte, die er künftig beherrschen sollte!

Und dann war es noch nicht damit getan, den Feldherrn für die Armee aufzusuchen; man mußte auch die Armee für den Feldherrn finden. Seit Wallensteins gewaltsamer Entfernung hatte sich der Kaiser mehr mit ligistischer und bayrischer Hülfe als durch eigene Armeen verteidigt, und ebendiese Abhängigkeit von zweideutigen Freunden war es ja, der man durch Aufstellung eines eigenen Generals zu entfliehen suchte. Welche Möglichkeit aber, ohne die alles zwingende Macht des Goldes und ohne den begeisternden Namen eines siegreichen Feldherrn eine Armee aus dem Nichts hervorzurufen – und eine Armee, die es an Mannszucht, an kriegerischem Geist und an Fertigkeit mit den geübten Scharen des nordischen Eroberers aufnehmen konnte? In ganz Europa war nur ein einziger Mann, der solch eine Tat getan, und diesem einzigen hatte man eine tödliche Kränkung bewiesen.

Jetzt endlich war der Zeitpunkt herbeigerückt, der dem beleidigten Stolze des Herzogs von Friedland eine Genugtuung ohnegleichen verschaffte. Das Schicksal selbst hatte sich zu seinem Rächer aufgestellt, und eine ununterbrochene Reihe von Unglücksfällen, die seit dem Tage seiner Abdankung über Österreich hereinstürmte, dem Kaiser selbst das Geständnis entrissen, daß mit diesem Feldherrn sein rechter Arm ihm abgehauen worden sei. Jede Niederlage seiner Truppen erneuerte diese Wunde, jeder verlorene Platz warf dem betrogenen Monarchen seine Schwäche und seinen Undank vor. Glücklich genug, hätte er in dem beleidigten General nur einen Anführer seiner Heere, nur einen Verteidiger seiner Staaten verloren – aber er fand in ihm einen Feind, und den gefährlichsten von allen, weil er gegen den Streich des Verräters am wenigsten verteidigt war.

Entfernt von der Kriegesbühne, und zu einer folternden Untätigkeit verurteilt, während daß seine Nebenbuhler auf dem Felde des Ruhms sich Lorbeern sammelten, hatte der stolze Herzog dem Wechsel des Glücks mit verstellter Gelassenheit zugesehen, und im schimmernden Gepränge eines Theaterhelden die düstern Entwürfe seines arbeitenden Geistes verborgen. Von einer glühenden Leidenschaft aufgerieben, während daß eine fröhliche Außenseite Ruhe und Müßiggang log, brütete er still die schreckliche Geburt der Rachbegierde und Ehrsucht zur Reife, und näherte sich langsam, aber sicher dem Ziele. Erloschen war alles in seiner Erinnerung, was er durch den Kaiser geworden war; nur, was er für den Kaiser getan hatte, stand mit glühenden Zügen in sein Gedächtnis geschrieben. Seinem unersättlichen Durst nach Größe und Macht war der Undank des Kaisers willkommen, der seinen Schuldbrief zu zerreißen, und ihn jeder Pflicht gegen den Urheber seines Glücks zu entbinden schien. Entsündigt und gerechtfertigt erschienen ihm jetzt die Entwürfe seiner Ehrsucht im Gewand einer rechtmäßigen Wiedervergeltung. In ebendem Maß, als sein äußrer Wirkungskreis sich verengte, erweiterte sich die Welt seiner Hoffnungen, und seine schwärmende Einbildungskraft verlor sich in unbegrenzten Entwürfen, die in jedem andern Kopf als dem seinigen nur der Wahnsinn erzeugen kann. So hoch, als der Mensch nur immer durch eigene Kraft sich zu erheben vermag, hatte sein Verdienst ihn emporgetragen; nichts von allem dem, was dem Privatmann und Bürger innerhalb seiner Pflichten erreichbar bleibt, hatte das Glück ihm verweigert. Bis auf den Augenblick seiner Entlassung hatten seine Ansprüche keinen Widerstand, sein Ehrgeiz keine Grenzen erfahren; der Schlag, der ihn auf dem Regensburger Reichstage zu Boden streckte, zeigte ihm den Unterschied zwischen ursprünglicher und übertragener Gewalt, und den Abstand des Untertans von dem Gebieter. Aus dem bisherigen Taumel seiner Herrschergröße durch diesen überraschenden Glückswechsel aufgeschreckt, verglich er die Macht, die er besessen, mit derjenigen, durch welche sie ihm entrissen wurde, und sein Ehrgeiz bemerkte die Stufe, die auf der Leiter des Glücks noch für ihn zu ersteigen war. Erst nachdem er das Gewicht der höchsten Gewalt mit schmerzhafter Wahrheit erfahren, streckte er lüstern die Hände darnach aus; der Raub, der an ihm selbst verübt wurde, machte ihn zum Räuber. Durch keine Beleidigung gereizt, hätte er folgsam seine Bahn um die Majestät des Thrones beschrieben, zufrieden mit dem Ruhme, der glänzendste seiner Trabanten zu sein; erst nachdem man ihn gewaltsam aus seinem Kreise stieß, verwirrte er das System, dem er angehörte, und stürzte sich zermalmend auf seine Sonne.

Gustav Adolf durchwanderte den deutschen Norden mit siegendem Schritte; ein Platz nach dem andern ging an ihn ver-

loren, und bei Leipzig fiel der Kern der kaiserlichen Macht.
Das Gerücht dieser Niederlage drang bald auch zu Wallensteins Ohren, der, zu Prag in die Dunkelheit des Privatstandes
zurückgeschwunden, aus ruhiger Ferne den tobenden Kriegssturm betrachtete. Was die Brust aller Katholiken mit Unruhe
erfüllte, verkündigte ihm Größe und Glück; nur für ihn arbeitete Gustav Adolf. Kaum hatte der letztere angefangen,
sich durch seine Kriegestaten in Achtung zu setzen, so verlor
der Herzog von Friedland keinen Augenblick, seine Freundschaft zu suchen, und mit diesem glücklichen Feinde Österreichs gemeine Sache zu machen. Der vertriebene Graf von
Thurn, der dem Könige von Schweden schon längst seine
Dienste gewidmet, übernahm es, dem Monarchen Wallensteins
Glückwünsche zu überbringen, und ihn zu einem engern Bündnisse mit dem Herzog einzuladen. Funfzehntausend Mann begehrte Wallenstein von dem Könige, um mit Hülfe derselben
und mit den Truppen, die er selbst zu werben sich anheischig
machte, Böhmen und Mähren zu erobern, Wien zu überfallen,
und den Kaiser, seinen Herrn, bis nach Italien zu verjagen. So
sehr das Unerwartete dieses Antrags und das Übertriebene der
gemachten Versprechungen das Mißtrauen Gustav Adolfs erregte, so war er doch ein zu guter Kenner des Verdienstes, um
einen so wichtigen Freund mit Kaltsinn zurückzuweisen. Nachdem aber Wallenstein, durch die günstige Aufnahme dieses
ersten Versuchs ermuntert, nach der Breitenfelder Schlacht
seinen Antrag erneuerte, und auf eine bestimmte Erklärung
drang, trug der vorsichtige Monarch Bedenken, an die schimärischen Entwürfe dieses verwegenen Kopfs seinen Ruhm zu
wagen, und der Redlichkeit eines Mannes, der sich ihm als
Verräter ankündigte, eine so zahlreiche Mannschaft anzuvertrauen. Er entschuldigte sich mit der Schwäche seiner Armee,
die auf ihrem Zug in das Reich durch eine so starke Verminderung leiden würde, und verscherzte aus übergroßer Vorsicht vielleicht die Gelegenheit, den Krieg auf das schnellste zu
endigen. Zu spät versuchte er in der Folge, die zerrissenen Unterhandlungen zu erneuern; der günstige Moment war vorüber, und Wallensteins beleidigter Stolz vergab ihm diese
Geringschätzung nie.

Aber diese Weigerung des Königs beschleunigte wahrscheinlich nur den Bruch, den die Form dieser beiden Charaktere ganz unvermeidlich machte. Beide geboren, Gesetze zu

geben, nicht sie zu empfangen, konnten nimmermehr in einer Unternehmung vereinigt bleiben, die mehr als jede andre Nachgiebigkeit und gegenseitige Opfer notwendig macht. Wallenstein war nichts, wo er nicht alles war; er mußte entweder gar nicht, oder mit vollkommenster Freiheit handeln. Ebenso herzlich haßte Gustav Adolf jede Abhängigkeit, und wenig fehlte, daß er selbst die so vorteilhafte Verbindung mit dem französischen Hofe nicht zerrissen hätte, weil die Anmaßungen desselben seinem selbsttätigen Geiste Fesseln anlegten. Jener war für die Partei verloren, die er nicht lenken durfte; dieser noch weit weniger dazu gemacht, dem Gängelbande zu folgen. Waren die gebieterischen Anmaßungen dieses Bundesgenossen dem Herzog von Friedland bei ihren gemeinschaftlichen Operationen schon so lästig, so mußten sie ihm unerträglich sein, wenn es dazu kam, sich in die Beute zu teilen. Der stolze Monarch konnte sich herablassen, den Beistand eines rebellischen Untertans gegen den Kaiser anzunehmen, und diesen wichtigen Dienst mit königlicher Großmut belohnen; aber nie konnte er seine eigene und aller Könige Majestät so sehr aus den Augen setzen, um den Preis zu bestätigen, den die ausschweifende Ehrsucht des Herzogs darauf zu setzen wagte; nie eine nützliche Verräterei mit einer Krone bezahlen. Von ihm also war, auch wenn ganz Europa schwieg, ein furchtbarer Widerspruch zu fürchten, sobald Wallenstein nach dem böhmischen Szepter die Hand ausstreckte – und er war auch in ganz Europa der Mann, der einem solchen Veto Kraft geben konnte. Durch den eignen Arm Wallensteins zum Diktator von Deutschland gemacht, konnte er gegen diesen selbst seine Waffen kehren, und sich von jeder Pflicht der Erkenntlichkeit gegen einen Verräter für losgezählt halten. Neben einem solchen Alliierten hatte also kein Wallenstein Raum; und wahrscheinlich war es dies, nicht seine vermeintliche Absicht auf den Kaiserthron, worauf er anspielte, wenn er nach dem Tode des Königs in die Worte ausbrach: „Ein Glück für mich und ihn, daß er dahin ist! Das Deutsche Reich konnte nicht zwei solche Häupter brauchen."

Der erste Versuch zur Rache an dem Haus Österreich war fehlgeschlagen; aber fest stand der Vorsatz, und nur die Wahl der Mittel erlitt eine Veränderung. Was ihm bei dem König von Schweden mißlungen war, hoffte er mit minder Schwierigkeit und mehr Vorteil bei dem Kurfürsten von Sachsen zu erreichen, den er ebenso gewiß war nach seinem Willen zu

lenken, als er bei Gustav Adolf daran verzweifelte. In fortdauerndem Einverständnis mit Arnheim, seinem alten Freunde,
arbeitete er von jetzt an an einer Verbindung mit Sachsen,
wodurch er dem Kaiser und dem König von Schweden gleich
fürchterlich zu werden hoffte. Er konnte sich von einem Entwurfe, der, wenn er einschlug, den schwedischen Monarchen
um seinen Einfluß in Deutschland brachte, desto leichter Eingang bei Johann Georg versprechen, je mehr die eifersüchtige
Gemütsart dieses Prinzen durch die Macht Gustav Adolfs
gereizt, und seine ohnehin schwache Neigung zu demselben
durch die erhöhten Ansprüche des Königs erkältet ward. Gelang es ihm, Sachsen von dem schwedischen Bündnis zu trennen, und in Verbindung mit demselben eine dritte Partei
im Reiche zu errichten, so lag der Ausschlag des Krieges in
seiner Hand, und er hatte durch diesen einzigen Schritt zugleich seine Rache an dem Kaiser befriedigt, seine verschmähte Freundschaft an dem schwedischen König gerächt,
und auf dem Ruin von beiden den Bau seiner eigenen Größe
gegründet.

Aber auf welchem Wege er auch seinen Zweck verfolgte,
so konnte er denselben, ohne den Beistand einer ihm ganz
ergebenen Armee, nicht zur Ausführung bringen. Diese Armee
konnte so geheim nicht geworben werden, daß am kaiserlichen
Hofe nicht Verdacht geschöpft, und der Anschlag gleich in
seiner Entstehung vereitelt wurde. Diese Armee durfte ihre
gesetzwidrige Bestimmung vor der Zeit nicht erfahren, indem
schwerlich zu erwarten war, daß sie dem Ruf eines Verräters
gehorchen, und gegen ihren rechtmäßigen Oberherrn dienen
würde. Wallenstein mußte also unter kaiserlicher Autorität
und öffentlich werben, und von dem Kaiser selbst zur unumschränkten Herrschaft über die Truppen berechtigt sein. Wie
konnte dies aber anders geschehen, als wenn ihm das entzogene
Generalat aufs neue übertragen, und die Führung des Kriegs
unbedingt überlassen ward? Dennoch erlaubte ihm weder sein
Stolz noch sein Vorteil, sich selbst zu diesem Posten zu drängen, und als ein Bittender von der Gnade des Kaisers eine
beschränkte Macht zu erflehen, die von der Furcht desselben
uneingeschränkt zu ertrotzen stand. Um sich zum Herrn der
Bedingungen zu machen, unter welchen das Kommando von
ihm übernommen würde, mußte er abwarten, bis es ihm von
seinem Herrn aufgedrungen ward – Dies war der Rat, den ihm

Arnheim erteilte, und dies das Ziel, wornach er mit tiefer Politik und rastloser Tätigkeit strebte.

Überzeugt, daß nur die äußerste Not die Unentschlossenheit des Kaisers besiegen, und den Widerspruch Bayerns und Spaniens, seiner beiden eifrigsten Gegner, unkräftig machen könne, bewies er sich von jetzt an geschäftig, die Fortschritte des Feindes zu befördern, und die Bedrängnisse seines Herrn zu vermehren. Sehr wahrscheinlich geschah es auf seine Einladung und Ermunterung, daß die Sachsen, schon auf dem Wege nach der Lausitz und Schlesien, sich nach Böhmen wandten, und dieses unverteidigte Reich mit ihrer Macht überschwemmten; ihre schnellen Eroberungen in demselben waren nicht weniger sein Werk. Durch den Kleinmut, den er heuchelte, erstickte er jeden Gedanken an Widerstand, und überlieferte die Hauptstadt, durch seinen voreiligen Abzug, dem Sieger. Bei einer Zusammenkunft mit dem sächsischen General zu Kaunitz, wozu eine Friedensunterhandlung ihm den Vorwand darreichte, wurde wahrscheinlich das Siegel auf die Verschwörung gedrückt, und Böhmens Eroberung war die erste Frucht dieser Verabredung. Indem er selbst nach Vermögen dazu beitrug, die Unglücksfälle über Österreich zu häufen, und durch die raschen Fortschritte der Schweden am Rheinstrom aufs nachdrücklichste dabei unterstützt wurde, ließ er seine freiwilligen und gedungenen Anhänger in Wien über das öffentliche Unglück die heftigsten Klagen führen, und die Absetzung des vorigen Feldherrn als den einzigen Grund der erlittenen Verluste abschildern. „Dahin hätte Wallenstein es nicht kommen lassen, wenn er am Ruder geblieben wäre!" riefen jetzt tausend Stimmen, und selbst im geheimen Rate des Kaisers fand diese Meinung feurige Verfechter.

Es bedurfte ihrer wiederholten Bestürmung nicht, dem bedrängten Monarchen die Augen über die Verdienste seines Generals und die begangene Übereilung zu öffnen. Bald genug ward ihm die Abhängigkeit von Bayern und der Ligue unerträglich; aber ebendiese Abhängigkeit verstattete ihm nicht, sein Mißtrauen zu zeigen, und durch Zurückberufung des Herzogs von Friedland den Kurfürsten aufzubringen. Jetzt aber, da die Not mit jedem Tage stieg, und die Schwäche des bayrischen Beistandes immer sichtbarer wurde, bedachte er sich nicht länger, den Freunden des Herzogs sein Ohr zu leihen, und ihre Vorschläge wegen Zurückberufung dieses Feldherrn in Überlegung zu nehmen. Die unermeßlichen Reichtümer, die der letztere besaß, die allgemeine Achtung, in der er stand, die Schnelligkeit, womit er sechs Jahre vorher ein Heer von vierzigtausend Streitern ins Feld gestellt, der geringe Kostenaufwand, womit er dieses zahlreiche Heer unterhalten, die Taten, die er an der Spitze desselben verrichtet, der Eifer endlich und die Treue, die er für des Kaisers Ehre bewiesen hatte, lebten noch in dauerndem Andenken bei dem Monarchen, und stellten ihm den Herzog als das schicklichste Werkzeug dar, das Gleichgewicht der Waffen zwischen den kriegführenden Mächten wiederherzustellen, Österreich zu retten, und die katholische Religion aufrechtzuerhalten. Wie empfindlich auch der kaiserliche Stolz die Erniedrigung fühlte, ein so unzweideutiges Geständnis seiner ehmaligen Übereilung und seiner gegenwärtigen Not abzulegen, wie sehr es ihn schmerzte, von der Höhe seiner Herrscherwürde zu Bitten herabzusteigen, wie verdächtig auch die Treue eines so bitter beleidigten und so unversöhnlichen Mannes war, wie laut und nachdrücklich endlich auch die spanischen Minister und der Kurfürst von Bayern ihr Mißfallen über diesen Schritt zu erkennen gaben, so siegte jetzt die dringende Not über jede andre Betrachtung, und die Freunde des Herzogs erhielten den Auftrag, seine Gesinnungen zu erforschen, und ihm die Möglichkeit seiner Wiederherstellung von ferne zu zeigen.

Unterrichtet von allem, was im Kabinett des Kaisers zu seinem Vorteil verhandelt wurde, gewann dieser Herrschaft genug über sich selbst, seinen innern Triumph zu verbergen, und die Rolle des Gleichgültigen zu spielen. Die Zeit der Rache war gekommen, und sein stolzes Herz frohlockte, die erlittene Kränkung dem Kaiser mit vollen Zinsen zu erstatten. Mit kunstvoller Beredsamkeit verbreitete er sich über die glückliche Ruhe des Privatlebens, die ihn seit seiner Entfernung von dem politischen Schauplatz beselige. Zu lange, erklärte er, habe er die Reize der Unabhängigkeit und Muße gekostet, um sie dem nichtigen Phantom des Ruhms und der unsichern Fürstengunst aufzuopfern. Alle seine Begierden nach Größe und Macht seien ausgelöscht, und Ruhe das einzige Ziel seiner Wünsche. Um ja keine Ungeduld zu verraten, schlug er die Einladung an den Hof des Kaisers aus, rückte aber doch bis nach Znaim in Mähren vor, um die Unterhandlungen mit dem Hofe zu erleichtern.

Anfangs versuchte man, die Größe der Gewalt, welche ihm eingeräumt werden sollte, durch die Gegenwart eines Aufsehers zu beschränken, und durch diese Auskunft den Kurfürsten von Bayern um so eher zum Stillschweigen zu bringen. Die Abgeordneten des Kaisers, von Questenberg und von Werdenberg, die, als alte Freunde des Herzogs, zu dieser schlüpfrigen Unterhandlung gebraucht wurden, hatten den Befehl, in ihrem Antrage an ihn des Königs von Ungarn zu erwähnen, der bei der Armee zugegen sein und unter Wallensteins Führung die Kriegskunst erlernen sollte. Aber schon die bloße Nennung dieses Namens drohte die ganze Unterhandlung zu zerreißen. Nie und nimmermehr, erklärte der Herzog, würde er einen Gehülfen in seinem Amte dulden, und wenn es Gott selbst wäre, mit dem er das Kommando teilen sollte. Aber auch noch dann, als man von diesem verhaßten Punkt abgestanden war, erschöpfte der kaiserliche Günstling und Minister, Fürst von Eggenberg, Wallensteins standhafter Freund und Verfechter, den man in Person an ihn abgeschickt hatte, lange Zeit seine Beredsamkeit vergeblich, die verstellte Abneigung des Herzogs zu besiegen. Der Monarch, gestand der Minister, habe mit Wallenstein den kostbarsten Stein aus seiner Krone verloren: aber nur gezwungen und widerstrebend habe er diesen, genug bereuten, Schritt getan, und seine Hochachtung für den Herzog sei unverändert, seine Gunst ihm unverloren geblieben. Zum entscheidenden Beweise davon diene das ausschließende Vertrauen, das man jetzt in seine Treue und Fähigkeit setze, die Fehler seiner Vorgänger zu verbessern, und die ganze Gestalt der Dinge zu verwandeln. Groß und edel würde es gehandelt sein, seinen gerechten Unwillen dem Wohl des Vaterlandes zum Opfer zu bringen, groß und seiner würdig, die übeln Nachreden seiner Gegner durch die verdoppelte Wärme seines Eifers zu widerlegen. Dieser Sieg über sich selbst, schloß der Fürst, würde seinen übrigen unerreichbaren Verdiensten die Krone aufsetzen, und ihn zum größten Mann seiner Zeiten erklären.

So beschämende Geständnisse, so schmeichelhafte Versicherungen schienen endlich den Zorn des Herzogs zu entwaffnen; doch nicht eher, als bis sich sein volles Herz aller Vorwürfe gegen den Kaiser entladen, bis er den ganzen Umfang seiner Verdienste in prahlerischem Pomp ausgebreitet, und den Monarchen, der jetzt seine Hülfe brauchte, aufs tiefste erniedrigt hatte, öffnete er sein Ohr den lockenden Anträgen des Ministers. Als ob er nur der Kraft dieser Gründe nachgäbe, bewilligte er mit stolzer Großmut, was der feurigste Wunsch seiner Seele war, und begnadigte den Abgesandten mit einem Strahle von Hoffnung. Aber weit entfernt, die Verlegenheit des Kaisers durch eine unbedingte volle Gewährung auf einmal zu endigen, erfüllte er bloß einen Teil seiner Forderung, um einen desto größern Preis auf die übrige wichtigere Hälfte zu setzen. Er nahm das Kommando an, aber nur auf drei Monate; nur um eine Armee auszurüsten, nicht sie selbst anzuführen. Bloß seine Fähigkeit und Macht wollte er durch diesen Schöpfungsakt kundtun, und dem Kaiser die Größe der Hülfe in der Nähe zeigen, deren Gewährung in Wallensteins Händen stände. Überzeugt, daß eine Armee, die sein Name allein aus dem Nichts gezogen, ohne ihren Schöpfer in ihr Nichts zurückkehren würde, sollte sie ihm nur zur Lockspeise dienen, seinem Herrn desto wichtigere Bewilligungen zu entreißen; und doch wünschte Ferdinand sich Glück, daß auch nur so viel gewonnen war.

Nicht lange säumte Wallenstein, seine Zusage wahr zu machen, welche ganz Deutschland als schimärisch verlachte, und Gustav Adolf selbst übertrieben fand. Aber lange schon war der Grund zu dieser Unternehmung gelegt, und er ließ jetzt nur die Maschinen spielen, die er seit mehreren Jahren zu diesem Endzweck in Gang gebracht hatte. Kaum verbreitete sich das Gerücht von Wallensteins Rüstung, als von allen Enden der österreichischen Monarchie Scharen von Kriegern herbeieilten, unter diesem erfahrnen Feldherrn ihr Glück zu versuchen. Viele, welche schon ehedem unter seinen Fahnen gefochten hatten, seine Größe als Augenzeugen bewundert, und seine Großmut erfahren hatten, traten bei diesem Rufe aus der Dunkelheit hervor, zum zweitenmal Ruhm und Beute mit ihm zu teilen. Die Größe des versprochnen Soldes lockte Tausende herbei, und die reichliche Verpflegung, welche dem Soldaten auf Kosten des Landmanns zuteil wurde, war für den letztern eine unüberwindliche Reizung, lieber selbst diesen Stand zu ergreifen, als unter dem Druck desselben zu erliegen. Alle österreichische Provinzen strengte man an, zu dieser kostbaren Rüstung beizutragen; kein Stand blieb von Taxen verschont, von der Kopfsteuer befreite keine Würde, kein Privilegium. Der spanische Hof, wie der König von Ungarn, verstanden sich zu einer beträchtlichen Summe: die Minister machten ansehnliche Schenkungen, und Wallenstein selbst ließ es sich zweimal hunderttausend Taler von seinem eignen Vermögen kosten, die Ausrüstung zu beschleunigen. Die ärmern Offiziere unterstützte er aus seiner eigenen Kasse, und durch sein Beispiel, durch glänzende Beförderungen und noch glänzendere Versprechungen reizte er die Vermögenden, auf eigene Kosten Truppen anzuwerben. Wer mit eigenem Geld ein Korps aufstellte, war Kommandeur desselben. Bei Anstellung der Offiziere machte die Religion keinen Unterschied; mehr als der Glaube galten Reichtum, Tapferkeit und Erfahrung. Durch diese gleichförmige Gerechtigkeit gegen die verschiedenen Religionsverwandten, und mehr noch durch die Erklärung, daß die gegenwärtige Rüstung mit der Religion nichts zu schaffen habe, wurde der protestantische Untertan beruhigt, und zu gleicher Teilnahme an den öffentlichen Lasten bewogen. Zugleich versäumte der Herzog nicht, wegen Mannschaft und Geld in eignem Namen mit auswärtigen Staaten zu unterhandeln. Den Herzog von Lothringen gewann er, zum zweitenmal für den Kaiser zu ziehen; Polen mußte ihm Kosaken, Italien Kriegsbedürfnisse liefern. Noch ehe der dritte Monat verstrichen war, belief sich die Armee, welche in Mähren versammelt wurde, auf nicht weniger als vierzigtausend Köpfe, größtenteils aus dem Überrest Böhmens, aus Mähren, Schlesien und den deutschen Provinzen des Hauses Österreich gezogen. Was jedem unausführbar geschienen, hatte Wallenstein, zum Erstaunen von ganz Europa, in dem kürzesten Zeitraume vollendet. So viele Tausende, als man vor ihm nicht Hunderte gehofft hatte zusammenzubringen, hatte die Zauberkraft seines Namens, seines Goldes und seines Genies unter die Waffen gerufen. Mit allen Erfordernissen bis zum Überfluß ausgerüstet, von kriegsverständigen Offizieren befehligt, von einem siegversprechenden Enthusiasmus entflammt, erwartete diese neugeschaffne Armee nur den Wink ihres Anführers, um sich durch Taten der Kühnheit seiner würdig zu zeigen.

Sein Versprechen hatte der Herzog erfüllt, und die Armee stand fertig im Felde; jetzt trat er zurück, und überließ dem Kaiser, ihr einen Führer zu geben. Aber es würde ebenso leicht gewesen sein, noch eine zweite Armee, wie diese war, zu errichten, als einen andern Chef außer Wallenstein für sie aufzufinden. Dieses vielversprechende Heer, die letzte Hoffnung des Kaisers, war nichts als ein Blendwerk, sobald der Zauber sich löste, der es ins Dasein rief; durch Wallenstein ward es, ohne ihn schwand es, wie eine magische Schöpfung, in sein voriges Nichts dahin. Die Offiziere waren ihm entweder als seine Schuldner verpflichtet, oder als seine Gläubiger aufs engste an sein Interesse, an die Fortdauer seiner Macht geknüpft; die Regimenter hatte er seinen Verwandten, seinen Geschöpfen, seinen Günstlingen untergeben. Er und kein anderer war der Mann, den Truppen die ausschweifenden Versprechungen zu halten, wodurch er sie in seinen Dienst gelockt hatte. Sein gegebenes Wort war die einzige Sicherheit für die kühnen Erwartungen aller; blindes Vertrauen auf seine Allgewalt das einzige Band, das die verschiednen Antriebe ihres Eifers in einem lebendigen Gemeingeist zusammenhielt. Geschehen war es um das Glück jedes einzelnen, sobald derjenige zurücktrat, der sich für die Erfüllung desselben verbürgte.

Sowenig es dem Herzog mit seiner Weigerung Ernst war, so glücklich bediente er sich dieses Schreckmittels, dem Kaiser die Genehmigung seiner übertriebnen Bedingungen abzuängstigen. Die Fortschritte des Feindes machten die Gefahr mit jedem Tage dringender, und die Hülfe war so nahe; von einem einzigen hing es ab, der allgemeinen Not ein geschwindes Ende zu machen. Zum dritten- und letztenmal erhielt also der Fürst von Eggenberg Befehl, seinen Freund, welch hartes Opfer es auch kosten möchte, zu Übernehmung des Kommando zu bewegen.

Zu Znaim in Mähren fand er ihn, von den Truppen, nach deren Besitz er den Kaiser lüstern machte, prahlerisch umgeben. Wie einen Flehenden empfing der stolze Untertan den Abgesandten seines Gebieters. Nimmermehr, gab er zur Antwort, könne er einer Wiederherstellung trauen, die er einzig nur der Extremität, nicht der Gerechtigkeit des Kaisers, verdanke. Jetzt zwar suche man ihn auf, da die Not aufs Höchste gestiegen, und von seinem Arme allein noch Rettung zu hoffen sei; aber der geleistete Dienst werde seinen Urheber bald in Vergessenheit bringen, und die vorige Sicherheit den vorigen Undank zurückführen. Sein ganzer Ruhm stehe auf dem Spiele, wenn er die von ihm geschöpften Erwartungen täusche; sein Glück und seine Ruhe, wenn es ihm gelänge, sie zu befriedigen. Bald würde der alte Neid gegen ihn aufwachen, und der abhängige Monarch kein Bedenken tragen, einen entbehrlichen Diener zum zweiten Male der Konvenienz aufzuopfern. Besser für ihn, er verlasse gleich jetzt und aus freier Wahl einen Posten, von welchem früher oder später die Kabalen seiner Gegner ihn doch herabstürzen würden. Sicherheit und Zufriedenheit erwarte er nur im Schoße des Privatlebens, und bloß um den Kaiser zu verbinden, habe er sich auf eine Zeitlang, ungern genug, seiner glücklichen Stille entzogen.

Des langen Gaukelspiels müde, nahm der Minister jetzt einen ernsthaften Ton an, und bedrohte den Halsstarrigen mit dem ganzen Zorne des Monarchen, wenn er auf seiner Widersetzung beharren würde. Tief genug, erklärte er, habe sich die Majestät des Kaisers erniedrigt, und, anstatt durch ihre Herablassung seine Großmut zu rühren, nur seinen Stolz gekitzelt, nur seinen Starrsinn vermehrt. Sollte sie dieses große Opfer vergeblich gebracht haben, so stehe er nicht dafür, daß sich der Flehende nicht in den Herrn verwandle, und der Monarch seine beleidigte Würde nicht an dem rebellischen Untertan räche. Wie sehr auch Ferdinand gefehlt haben möge, so könne der Kaiser Unterwürfigkeit fordern; irren könne der Mensch, aber der Herrscher nie seinen Fehltritt bekennen. Habe der Herzog von Friedland durch ein unverdientes Urteil gelitten, so gebe es einen Ersatz für jeden Verlust, und Wunden, die sie selbst geschlagen, könne die Majestät wieder heilen. Fordre er Sicherheit für seine Person und seine Würden, so werde die Billigkeit des Kaisers ihm keine gerechte Forderung verweigern. Die verachtete Majestät allein lasse sich durch keine Büßung versöhnen, und der Ungehorsam gegen ihre Befehle vernichte auch das glänzendste Verdienst. Der Kaiser bedürfe seiner Dienste, und als Kaiser fordre er sie. Welchen Preis er auch darauf setzen möge, der Kaiser werde ihn eingehn. Aber Gehorsam verlange er, oder das Gewicht seines Zorns werde den widerspenstigen Diener zermalmen.

Wallenstein, dessen weitläuftige Besitzungen, in die österreichische Monarchie eingeschlossen, der Gewalt des Kaisers jeden Augenblick bloßgestellt waren, fühlte lebhaft, daß diese Drohung nicht eitel sei; aber nicht Furcht war es, was seine verstellte Hartnäckigkeit endlich besiegte. Gerade dieser gebieterische Ton verriet ihm nur zu deutlich die Schwäche und Verzweiflung, woraus er stammte, und die Willfährigkeit des Kaisers, jede seiner Forderungen zu genehmigen, überzeugte ihn, daß er am Ziel seiner Wünsche sei. Jetzt also gab er sich der Beredsamkeit Eggenbergs überwunden, und verließ ihn, um seine Forderungen aufzusetzen.

Nicht ohne Bangigkeit sah der Minister einer Schrift entgegen, worin der stolzeste der Diener dem stolzesten der Fürsten Gesetze zu geben sich erdreistete. Aber wie klein auch das Vertrauen war, das er in die Bescheidenheit seines Freundes setzte, so überstieg doch der ausschweifende Inhalt dieser Schrift bei weitem seine bängsten Erwartungen. Eine unumschränkte Oberherrschaft verlangte Wallenstein über alle deutsche Armeen des österreichischen und spanischen Hauses, und unbegrenzte Vollmacht, zu strafen und zu belohnen. Weder dem König von Ungarn noch dem Kaiser selbst solle es vergönnt sein, bei der Armee zu erscheinen, noch weniger, eine Handlung der Autorität darin auszuüben. Keine Stelle soll der Kaiser bei der Armee zu vergeben, keine Belohnung zu verleihen haben, kein Gnadenbrief desselben ohne Wallensteins Bestätigung gültig sein. Über alles, was im Reiche konfisziert und erobert werde, soll der Herzog von Friedland allein, mit Ausschließung aller kaiserlichen und Reichsgerichte zu verfügen haben. Zu seiner ordentlichen Belohnung müsse ihm ein kaiserliches Erbland, und noch ein anderes der im Reiche eroberten Länder zum außerordentlichen Geschenk überlassen werden. Jede österreichische Provinz solle ihm, sobald er derselben bedürfen würde, zur Zuflucht geöffnet sein. Außerdem verlangte er die Versicherung des Herzogtums Mecklenburg bei einem künftigen Frieden, und eine förmliche frühzeitige Aufkündigung, wenn man für nötig finden sollte, ihn zum zweitenmal des Generalats zu entsetzen.

Umsonst bestürmte ihn der Minister, diese Forderungen zu mäßigen, durch welche der Kaiser aller seiner Souveränitätsrechte über die Truppen beraubt und zu einer Kreatur seines Feldherrn erniedrigt würde. Zu sehr hatte man ihm die Unentbehrlichkeit seiner Dienste verraten, um jetzt noch des Preises Meister zu sein, womit sie erkauft werden sollten. Wenn der Zwang der Umstände den Kaiser nötigte, diese Forderungen einzugehen, so war es nicht bloßer Antrieb der Rachsucht und des Stolzes, der den Herzog veranlaßte, sie zu machen. Der Plan zur künftigen Empörung war entworfen, und dabei konnte keiner der Vorteile gemißt werden, deren sich Wallenstein in seinem Vergleich mit dem Hofe zu bemächtigen suchte. Dieser Plan erforderte, daß dem Kaiser alle Autorität in

Deutschland entrissen, und seinem General in die Hände gespielt würde; dies war erreicht, sobald Ferdinand jene Bedingungen unterzeichnete. Der Gebrauch, den Wallenstein von seiner Armee zu machen gesonnen war – von dem Zwecke freilich unendlich verschieden, zu welchem sie ihm untergeben ward – erlaubte keine geteilte Gewalt, und noch weit weniger eine höhere Autorität bei dem Heere, als die seinige war. Um der alleinige Herr ihres Willens zu sein, mußte er den Truppen als der alleinige Herr ihres Schicksals erscheinen; um seinem Oberhaupte unvermerkt sich selbst unterzuschieben, und auf seine eigne Person die Souveränitätsrechte überzutragen, die ihm von der höchsten Gewalt nur geliehen waren, mußte er die letztere sorgfältig aus den Augen der Truppen entfernen. Daher seine hartnäckige Weigerung, keinen Prinzen des Hauses Österreich bei dem Heere zu dulden. Die Freiheit, über alle im Reich eingezogne und eroberte Güter nach Gutdünken zu verfügen, reichte ihm furchtbare Mittel dar, sich Anhänger und dienstbare Werkzeuge zu erkaufen, und mehr, als je ein Kaiser in Friedenszeiten sich herausnahm, den Diktator in Deutschland zu spielen. Durch das Recht, sich der österreichischen Länder im Notfall zu einem Zufluchtsorte zu bedienen, erhielt er freie Gewalt, den Kaiser in seinem eigenen Reich und durch seine eigene Armee so gut als gefangen zu halten, das Mark dieser Länder auszusaugen, und die österreichische Macht in ihren Grundfesten zu unterwühlen. Wie das Los nun auch fallen mochte, so hatte er durch die Bedingungen, die er von dem Kaiser erpreßte, gleich gut für seinen Vorteil gesorgt. Zeigten sich die Vorfälle seinen verwegnen Entwürfen günstig, so machte ihm dieser Vertrag mit dem Kaiser ihre Ausführung leichter; widerrieten die Zeitläufte die Vollstreckung derselben, so hatte dieser nämliche Vertrag ihn aufs glänzendste entschädigt. Aber wie konnte er einen Vertrag für gültig halten, der seinem Oberherrn abgetrotzt und auf ein Verbrechen gegründet war? Wie konnte er hoffen, den Kaiser durch eine Vorschrift zu binden, welche denjenigen, der so vermessen war sie zu geben, zum Tode verdammte? Doch dieser todeswürdige Verbrecher war jetzt der unentbehrlichste Mann in der Monarchie, und Ferdinand, im Verstellen geübt, bewilligte ihm alles, was er verlangte.

Endlich also hatte die kaiserliche Kriegsmacht ein Oberhaupt, das diesen Namen verdiente. Alle andere Gewalt in der

Armee, selbst des Kaisers, hörte in demselben Augenblick auf, da Wallenstein den Kommandostab in die Hand nahm, und ungültig war alles, was von ihm nicht ausfloß. Von den Ufern der Donau bis an die Weser und den Oderstrom empfand man den belebenden Aufgang des neuen Gestirns. Ein neuer Geist fängt an die Soldaten des Kaisers zu beseelen, eine neue Epoche des Krieges beginnt. Frische Hoffnungen schöpfen die Papisten, und die protestantische Welt blickt mit Unruhe dem veränderten Laufe der Dinge entgegen.

Je größer der Preis war, um den man den neuen Feldherrn hatte erkaufen müssen, zu so größern Erwartungen glaubte man sich am Hofe des Kaisers berechtigt; aber der Herzog übereilte sich nicht, diese Erwartungen in Erfüllung zu bringen. In der Nähe von Böhmen mit einem furchtbaren Heere, durfte er sich nur zeigen, um die geschwächte Macht der Sachsen zu überwältigen, und mit der Wiedereroberung dieses Königreichs seine neue Laufbahn glänzend zu eröffnen. Aber zufrieden, durch nichts entscheidende Kroatengefechte den Feind zu beunruhigen, ließ er ihm den besten Teil dieses Reichs zum Raube, und ging mit abgemessenem stillem Schritt seinem selbstischen Ziel entgegen. Nicht die Sachsen zu bezwingen – sich mit ihnen zu vereinigen, war sein Plan. Einzig mit diesem wichtigen Werke beschäftigt, ließ er vorderhand seine Waffen ruhn, um desto sicherer auf dem Wege der Unterhandlung zu siegen. Nichts ließ er unversucht, den Kurfürsten von der schwedischen Allianz loszureißen, und Ferdinand selbst, noch immer zum Frieden mit diesem Prinzen geneigt, billigte dies Verfahren. Aber die große Verbindlichkeit, die man den Schweden schuldig war, lebte noch in zu frischem Andenken bei den Sachsen, um eine so schändliche Untreue zu erlauben; und hätte man sich auch wirklich dazu versucht gefühlt, so ließ der zweideutige Charakter Wallensteins, und der schlimme Ruf der österreichischen Politik zu der Aufrichtigkeit seiner Versprechungen kein Vertrauen fassen. Zu sehr als betrügerischer Staatsmann bekannt, fand er in dem einzigen Falle keinen Glauben, wo er es wahrscheinlich redlich meinte; und noch erlaubten ihm die Zeitumstände nicht, die Aufrichtigkeit seiner Gesinnung durch Aufdeckung seiner wahren Beweggründe außer Zweifel zu setzen. Ungern also entschloß er sich, durch die Gewalt der Waffen zu erzwingen, was auf dem Wege der Unterhandlung mißlungen war. Schnell zog er seine Truppen

zusammen, und stand vor Prag, ehe die Sachsen diese Hauptstadt entsetzen konnten. Nach einer kurzen Gegenwehr der
Belagerten, öffnete die Verräterei der Kapuziner einem von
seinen Regimentern den Eingang, und die ins Schloß geflüchtete Besatzung streckte unter schimpflichen Bedingungen das
Gewehr. Meister von der Hauptstadt, versprach er seinen Unterhandlungen am sächsischen Hofe einen günstigern Eingang, versäumte aber dabei nicht, zu ebender Zeit, als er sie bei dem General
von Arnheim erneuerte, den Nachdruck derselben durch einen
entscheidenden Streich zu verstärken. Er ließ in aller Eile die
engen Pässe zwischen Aussig und Pirna besetzen, um der sächsischen Armee den Rückzug in ihr Land abzuschneiden; aber
Arnheims Geschwindigkeit entriß sie noch glücklich der Gefahr. Nach dem Abzuge dieses Generals ergaben sich die letzten
Zufluchtsörter der Sachsen, Eger und Leitmeritz, an den Sieger,
und schneller, als es verlorengegangen war, war das Königreich
wieder seinem rechtmäßigen Herrn unterworfen.

Weniger mit dem Vorteile seines Herrn, als mit Ausführung
seiner eignen Entwürfe beschäftigt, gedachte jetzt Wallenstein
den Krieg nach Sachsen zu spielen, um den Kurfürsten durch
Verheerung seines Landes zu einem Privatvergleich mit dem
Kaiser, oder vielmehr mit dem Herzog von Friedland zu
nötigen. Aber wie wenig er auch sonst gewohnt war, seinen
Willen dem Zwang der Umstände zu unterwerfen, so begriff
er doch jetzt die Notwendigkeit, seinen Lieblingsentwurf
einem dringendern Geschäfte nachzusetzen. Während daß er
die Sachsen aus Böhmen schlug, hatte Gustav Adolf die bisher
erzählten Siege am Rhein und an der Donau erfochten, und
durch Franken und Schwaben den Krieg schon an Bayerns
Grenzen gewälzt. Am Lechstrom geschlagen, und durch den
Tod des Grafen Tilly seiner besten Stütze beraubt, lag Maximilian dem Kaiser dringend an, ihm den Herzog von Friedland
aufs schleunigste von Böhmen aus zu Hülfe zu schicken, und
durch Bayerns Verteidigung von Österreich selbst die Gefahr
zu entfernen. Er wandte sich mit dieser Bitte an Wallenstein
selbst, und forderte ihn aufs angelegentlichste auf, ihm, bis er
selbst mit der Hauptarmee nachkäme, einstweilen nur einige
Regimenter zum Beistand zu senden. Ferdinand unterstützte
mit seinem ganzen Ansehen diese Bitte, und ein Eilbote nach
dem andern ging an Wallenstein ab, ihn zum Marsch nach der
Donau zu vermögen.

Aber jetzt ergab es sich, wieviel der Kaiser von seiner Autorität aufgeopfert hatte, da er die Gewalt über seine Truppen und die Macht zu befehlen aus seinen Händen gab. Gleichgültig gegen Maximilians Bitten, taub gegen die wiederholten Befehle des Kaisers, blieb Wallenstein müßig in Böhmen stehen, und überließ den Kurfürsten seinem Schicksale. Das Andenken der schlimmen Dienste, welche ihm Maximilian ehedem auf dem Regensburger Reichstage bei dem Kaiser geleistet, hatte sich tief in das unversöhnliche Gemüt des Herzogs geprägt, und die neuerlichen Bemühungen des Kurfürsten, seine Wiedereinsetzung zu verhindern, waren ihm kein Geheimnis geblieben. Jetzt war der Augenblick da, diese Kränkung zu rächen, und schwer empfand es der Kurfürst, daß er den rachgierigsten der Menschen sich zum Feinde gemacht hatte. Böhmen, erklärte dieser, dürfe nicht unverteidigt bleiben, und Österreich könne nicht besser geschützt werden, als wenn sich die schwedische Armee vor den bayrischen Festungen schwäche. So züchtigte er durch den Arm der Schweden seinen Feind, und während daß ein Platz nach dem andern in ihre Hände fiel, ließ er den Kurfürsten zu Regensburg vergebens nach seiner Ankunft schmachten. Nicht eher, als bis die völlige Unterwerfung Böhmens ihm keine Entschuldigungsgründe mehr übrigließ, und die Eroberungen Gustav Adolfs in Bayern Österreich selbst mit naher Gefahr bedrohten, gab er den Bestürmungen des Kurfürsten und des Kaisers nach, und entschloß sich zu der lange gewünschten Vereinigung mit dem erstern, welche, nach der allgemeinen Erwartung der Katholischen, das Schicksal des ganzen Feldzugs entscheiden sollte.

Gustav Adolf selbst, zu schwach an Truppen, um es auch nur mit der Wallensteinischen Armee allein aufzunehmen, fürchtete die Vereinigung zweier so mächtigen Heere, und mit Recht erstaunt man, daß er nicht mehr Tätigkeit bewiesen hat, sie zu hindern. Zu sehr, scheint es, rechnete er auf den Haß, der beide Anführer unter sich entzweite, und keine Verbindung ihrer Waffen zu einem gemeinschaftlichen Zwecke hoffen ließ; und es war zu spät, diesen Fehler zu verbessern, als der Erfolg seine Mutmaßung widerlegte. Zwar eilte er auf die erste sichre Nachricht, die er von ihren Absichten erhielt, nach der Oberpfalz, um dem Kurfürsten den Weg zu versperren; aber schon war ihm dieser zuvorgekommen, und die Vereinigung bei Eger geschehen.

Diesen Grenzort hatte Wallenstein zum Schauplatz des Triumphes bestimmt, den er im Begriff war über seinen stolzen Gegner zu feiern. Nicht zufrieden, ihn, einem Flehenden gleich, zu seinen Füßen zu sehen, legte er ihm noch das harte Gesetz auf, seine Länder hülflos hinter sich zu lassen, aus weiter Entfernung seinen Beschützer einzuholen, und durch diese weite Entgegenkunft ein erniedrigendes Geständnis seiner Not und Bedürftigkeit abzulegen. Auch dieser Demütigung unterwarf sich der stolze Fürst mit Gelassenheit. Einen harten Kampf hatte es ihm gekostet, demjenigen seine Rettung zu verdanken, der, wenn es nach seinem Wunsche ging, nimmermehr diese Macht haben sollte; aber, einmal entschlossen, war er auch Mann genug, jede Kränkung zu ertragen, die von seinem Entschluß untrennbar war, und Herr genug seiner selbst, um kleinere Leiden zu verachten, wenn es darauf ankam, einen großen Zweck zu verfolgen.

Aber so viel es schon gekostet hatte, diese Vereinigung nur möglich zu machen, so schwer ward es, sich über die Bedingungen zu vergleichen, unter welchen sie stattfinden und Bestand haben sollte. Einem einzigen mußte die vereinigte Macht zu Gebote stehen, wenn der Zweck der Vereinigung erreicht werden sollte, und auf beiden Seiten war gleich wenig Neigung da, sich der höhern Autorität des andern zu unterwerfen. Wenn sich Maximilian auf seine Kurfürstenwürde, auf den Glanz seines Geschlechts, auf sein Ansehen im Reiche stützte, so gründete Wallenstein nicht geringere Ansprüche auf seinen Kriegsruhm und auf die uneingeschränkte Macht, welche der Kaiser ihm übergeben hatte. Sosehr es den Fürstenstolz des erstern empörte, unter den Befehlen eines kaiserlichen Dieners zu stehen, sosehr fand sich der Hochmut des Herzogs durch den Gedanken geschmeichelt, einem so gebieterischen Geiste Gesetze vorzuschreiben. Es kam darüber zu einem hartnäckigen Streite, der sich aber durch eine wechselseitige Übereinkunft zu Wallensteins Vorteil endigte. Diesem wurde das Oberkommando über beide Armeen, besonders am Tage einer Schlacht, ohne Einschränkung zugestanden, und dem Kurfürsten alle Gewalt abgesprochen, die Schlachtordnung oder auch nur die Marschroute der Armee abzuändern. Nichts behielt er sich vor, als das Recht der Strafen und Belohnungen über seine eignen Soldaten, und den freien Gebrauch derselben, sobald sie nicht mit den kaiserlichen Truppen vereinigt agierten.

Nach diesen Vorbereitungen wagte man es endlich, einander unter die Augen zu treten, doch nicht eher, als bis eine gänzliche Vergessenheit alles Vergangenen zugesagt, und die äußern Formalitäten des Versöhnungsakts aufs genaueste berichtigt waren. Der Verabredung gemäß umarmten sich beide Prinzen im Angesicht ihrer Truppen, und gaben einander gegenseitige Versicherungen der Freundschaft, indes die Herzen von Haß überflossen. Maximilian zwar, in der Verstellungskunst ausgelernt, besaß Herrschaft genug über sich selbst, um seine wahren Gefühle auch nicht durch einen einzigen Zug zu verraten; aber in Wallensteins Augen funkelte eine hämische Siegesfreude, und der Zwang, der in allen seinen Bewegungen sichtbar war, entdeckte die Macht des Affekts, der sein stolzes Herz übermeisterte.

Die vereinigten kaiserlich-bayrischen Truppen machten nun eine Armee von beinahe sechzigtausend, größtenteils bewährten Soldaten aus, vor welcher der schwedische Monarch es nicht wagen durfte, sich im Felde zu zeigen. Eilfertig nahm er also, nachdem der Versuch, ihre Vereinigung zu hindern, mißlungen war, seinen Rückzug nach Franken, und erwartete nunmehr eine entscheidende Bewegung des Feindes, um seine Entschließung zu fassen. Die Stellung der vereinigten Armee zwischen der sächsischen und bayrischen Grenze ließ es eine Zeitlang noch ungewiß, ob sie den Schauplatz des Kriegs nach dem erstern der beiden Länder verpflanzen, oder suchen würde, die Schweden von der Donau zurückzutreiben und Bayern in Freiheit zu setzen. Sachsen hatte Arnheim von Truppen entblößt, um in Schlesien Eroberungen zu machen; nicht ohne die geheime Absicht, wie ihm von vielen schuld gegeben wird, dem Herzog von Friedland den Eintritt in das Kurfürstentum zu erleichtern, und dem unentschlossenen Geiste Johann Georgs einen dringendern Sporn zum Vergleich mit dem Kaiser zu geben. Gustav Adolf selbst, in der gewissen Erwartung, daß die Absichten Wallensteins gegen Sachsen gerichtet seien, schickte eilig, um seinen Bundesgenossen nicht hülflos zu lassen, eine ansehnliche Verstärkung dahin, fest entschlossen, sobald die Umstände es erlaubten, mit seiner ganzen Macht nachzufolgen. Aber bald entdeckten ihm die Bewegungen der Friedländischen Armee, daß sie gegen ihn selbst im Anzug begriffen sei, und der Marsch des Herzogs durch die Oberpfalz setzte dies außer Zweifel. Jetzt galt es, auf seine eigne Sicherheit zu denken, weniger um die Oberherrschaft als um seine Existenz in Deutschland zu fechten, und von der Fruchtbarkeit seines Genies Mittel zur Rettung zu entlehnen. Die Annäherung des Feindes überraschte ihn, ehe er Zeit gehabt hatte, seine durch ganz Deutschland zerstreuten Truppen an sich zu ziehen, und die alliierten Fürsten zum Beistand herbeizurufen. An Mannschaft viel zu schwach, um den anrückenden Feind damit aufhalten zu können, hatte er keine andere Wahl, als sich entweder in Nürnberg zu werfen, und Gefahr zu laufen, von der Wallensteinischen Macht in dieser Stadt eingeschlossen und durch Hunger besiegt zu werden – oder diese Stadt aufzuopfern, und unter den Kanonen von Donauwörth eine Verstärkung an Truppen zu erwarten. Gleichgültig gegen alle Beschwerden und Gefahren, wo die Menschlichkeit sprach und die Ehre gebot, erwählte er ohne Bedenken das erste, fest entschlossen, lieber sich selbst mit seiner ganzen Armee unter den Trümmern Nürnbergs zu begraben, als auf den Untergang dieser bundesverwandten Stadt seine Rettung zu gründen.

Sogleich ward Anstalt gemacht, die Stadt mit allen Vorstädten in eine Verschanzung einzuschließen, und innerhalb derselben ein festes Lager aufzuschlagen. Viele tausend Hände setzten sich alsbald zu diesem weitläufigen Werk in Bewegung, und alle Einwohner Nürnbergs beseelte ein heroischer Eifer, für die gemeine Sache Blut, Leben und Eigentum zu wagen. Ein acht Fuß tiefer und zwölf Fuß breiter Graben umschloß die ganze Verschanzung; die Linien wurden durch Redouten und Bastionen, die Eingänge durch halbe Monde beschützt. Die Pegnitz, welche Nürnberg durchschneidet, teilte das ganze Lager in zwei Halbzirkel ab, die durch viele Brücken zusammenhingen. Gegen dreihundert Stücke spielten von den Wällen der Stadt und von den Schanzen des Lagers. Das Landvolk aus den benachbarten Dörfern und die Bürger von Nürnberg legten mit den schwedischen Soldaten gemeinschaftlich Hand an, daß schon am siebenten Tage die Armee das Lager beziehen konnte, und am vierzehnten die ganze ungeheure Arbeit vollendet war.

Indem dies außerhalb der Mauern vorging, war der Magistrat der Stadt Nürnberg beschäftigt, die Magazine zu füllen, und sich mit allen Kriegs- und Mundbedürfnissen für eine langwierige Belagerung zu versehen. Dabei unterließ er nicht, für die Gesundheit der Einwohner, die der Zusammenfluß so vieler Menschen leicht in Gefahr setzen konnte, durch strenge Reinlichkeitsanstalten Sorge zu tragen. Den König auf den Notfall unterstützen zu können, wurde aus den Bürgern der Stadt die junge Mannschaft ausgehoben und in den Waffen geübt, die schon vorhandene Stadtmiliz beträchtlich verstärkt, und ein neues Regiment von vierundzwanzig Fahnen nach den Buchstaben des alten Alphabets ausgerüstet. Gustav selbst hatte unterdessen seine Bundesgenossen, den Herzog Wilhelm von Weimar und den Landgrafen von Hessen-Kassel, zum Beistand aufgeboten, und seine Generale am Rheinstrom, in Thüringen und Niedersachsen beordert, sich schleunig in Marsch zu setzen, und mit ihren Truppen bei Nürnberg zu ihm zu stoßen. Seine Armee, welche innerhalb der Linien dieser Reichsstadt gelagert stand, betrug nicht viel über sechzehntausend Mann, also nicht einmal den dritten Teil des feindlichen Heers.

Dieses war unterdessen in langsamen Zuge bis gegen Neumarkt herangerückt, wo der Herzog von Friedland eine allgemeine Musterung anstellte. Vom Anblick dieser furchtbaren Macht hingerissen, konnte er sich einer jugendlichen Prahlerei nicht enthalten. „Binnen vier Tagen soll sich ausweisen", rief er, „wer von uns beiden, der König von Schweden, oder ich, Herr der Welt sein wird." Dennoch tat er, seiner großen Überlegenheit ungeachtet, nichts, diese stolze Versicherung wahrzumachen, und vernachlässigte sogar die Gelegenheit, seinen Feind auf das Haupt zu schlagen, als dieser verwegen genug war, sich außerhalb seiner Linien ihm entgegenzustellen. „Schlachten hat man genug geliefert", antwortete er denen, welche ihn zum Angriff ermunterten. „Es ist Zeit, einmal einer andern Methode zu folgen." Hier schon entdeckte sich, wieviel mehr bei einem Feldherrn gewonnen worden, dessen schon gegründeter Ruhm der gewagten Unternehmungen nicht benötigt war, wodurch andre eilen müssen, sich einen Namen zu machen. Überzeugt, daß der verzweifelte Mut des Feindes den Sieg auf das teuerste verkaufen, eine Niederlage aber, in diesen Gegenden erlitten, die Angelegenheiten des Kaisers unwiederbringlich zugrunde richten würde, begnügte er sich damit, die kriegerische Hitze seines Gegners durch eine langwierige Belagerung zu verzehren, und, indem er demselben alle Gelegenheit abschnitt, sich dem Ungestüm seines Muts zu überlassen, ihm gerade denjenigen Vorteil zu rauben, wodurch er bisher so unüberwindlich gewesen war. Ohne also das geringste zu unternehmen, bezog er jenseits der Rednitz, Nürnberg gegenüber, ein stark befestigtes Lager, und entzog durch diese wohlgewählte Stellung der Stadt sowohl, als dem Lager, jede Zufuhr aus Franken, Schwaben und Thüringen. So hielt er den König zugleich mit der Stadt belagert, und schmeichelte sich, den Mut seines Gegners, den er nicht lüstern war in offener Schlacht zu erproben, durch Hunger und Seuchen langsam, aber desto sicherer zu ermüden.

Aber zu wenig mit den Hülfsquellen und Kräften seines Gegners bekannt, hatte er nicht genugsam dafür gesorgt, sich selbst vor dem Schicksale zu bewahren, das er jenem bereitete. Aus dem ganzen benachbarten Gebiet hatte sich das Landvolk mit seinen Vorräten weggeflüchtet, und um den wenigen Überrest mußten sich die Friedländischen Fouragierer mit den schwedischen schlagen. Der König schonte die Magazine der Stadt, solange noch Möglichkeit da war, sich aus der Nachbarschaft mit Proviant zu versehen, und diese wechselseitigen Streifereien unterhielten einen immerwährenden Krieg zwischen den Kroaten und dem schwedischen Volke, davon die ganze umliegende Landschaft die traurigsten Spuren zeigte. Mit dem Schwert in der Hand mußte man sich die Bedürfnisse des Lebens erkämpfen, und ohne zahlreiches Gefolge durften sich die Parteien nicht mehr aufs Fouragieren wagen. Dem König zwar öffnete, sobald der Mangel sich einstellte, die Stadt Nürnberg ihre Vorratshäuser, aber Wallenstein mußte seine Truppen aus weiter Ferne versorgen. Ein großer, in Bayern aufgekaufter Transport war an ihn auf dem Wege, und tausend Mann wurden abgeschickt, ihn sicher ins Lager zu geleiten. Gustav Adolf, davon benachrichtigt, sandte sogleich ein Kavallerieregiment aus, sich dieser Lieferung zu bemächtigen, und die Dunkelheit der Nacht begünstigte die Unternehmung. Der ganze Transport fiel mit der Stadt, worin er hielt, in der Schweden Hände, die kaiserliche Bedeckung wurde niedergehauen, gegen zwölfhundert Stück Vieh hinweggetrieben, und tausend mit Brot bepackte Wagen, die nicht gut fortgebracht werden konnten, in Brand gesteckt. Sieben Regimenter, welche der Herzog von Friedland gegen Altdorf vorrücken ließ, dem sehnlich erwarteten Transport zur Bedeckung zu dienen, wurden von dem Könige, der ein gleiches getan hatte, den Rückzug der Seinigen zu decken, nach einem hartnäckigen Gefechte auseinandergesprengt, und mit Hinterlassung von vierhundert Toten in das kaiserliche Lager zurückgetrieben. So viele Widerwärtigkeiten und eine so wenig erwartete Standhaftigkeit des Königs ließen den Herzog von Friedland bereuen, daß er die Gelegenheit zu einem Treffen ungenützt hatte vorbeistreichen lassen. Jetzt machte die Festigkeit des schwedischen Lagers jeden Angriff unmöglich, und Nürnbergs bewaffnete Jugend diente dem Monarchen zu einer fruchtbaren Kriegerschule, woraus er jeden Verlust an Mannschaft auf das schnellste ersetzen konnte. Der Mangel an Lebensmitteln, der sich im kaiserlichen Lager nicht weniger als im schwedischen einstellte, machte es zum mindesten sehr ungewiß, welcher von beiden Teilen den andern zuerst zum Aufbruche zwingen würde.

Funfzehn Tage schon hatten beide Armeen, durch gleich unersteigliche Verschanzungen gedeckt, einander im Gesichte gestanden, ohne etwas mehr als leichte Streifereien und unbedeutende Scharmützel zu wagen. Auf beiden Seiten hatten ansteckende Krankheiten, natürliche Folgen der schlechten Nahrungsmittel und der eng zusammengepreßten Volksmenge, mehr als das Schwert des Feindes, die Mannschaft vermindert, und mit jedem Tage stieg diese Not. Endlich erschien der längst erwartete Sukkurs im schwedischen Lager, und die beträchtliche Machtverstärkung des Königs erlaubte ihm jetzt, seinem natürlichen Mut zu gehorchen, und die Fessel zu zerbrechen, die ihn bisher gebunden hielt.

Seiner Aufforderung gemäß, hatte Herzog Wilhelm von Weimar aus den Besatzungen in Niedersachsen und Thüringen in aller Eilfertigkeit ein Korps aufgerichtet, welches bei Schweinfurt in Franken vier sächsische Regimenter, und bald darauf bei Kitzingen die Truppen vom Rheinstrom an sich zog, die Landgraf Wilhelm von Hessen-Kassel und der Pfalzgraf von Birkenfeld dem König zu Hülfe schickten. Der Reichskanzler Oxenstierna übernahm es, diese vereinigte Armee an den Ort ihrer Bestimmung zu führen. Nachdem er sich zu Windsheim noch mit dem Herzog Bernhard von Weimar und dem schwedischen General Banér vereinigt hatte, rückte er in beschleunigten Märschen bis Bruck und Eltersdorf, wo er die Regnitz passierte, und glücklich in das schwedische Lager kam. Dieser Sukkurs zählte beinahe funfzigtausend Mann, und führte sechzig Stücke Geschütz und viertausend Bagagewagen bei sich. So sah sich denn Gustav Adolf an der Spitze von beinahe siebenzigtausend Streitern, ohne noch die Miliz der Stadt Nürnberg zu rechnen, welche im Notfalle dreißigtausend rüstige Bürger ins Feld stellen konnte. Eine furchtbare Macht, die einer andern nicht minder furchtbaren gegenüberstand! Der ganze Krieg schien jetzt zusammengepreßt in eine einzige Schlacht, um hier endlich seine letzte Entscheidung zu erhalten. Angstvoll blickte das geteilte Europa auf diesen Kampfplatz hin, wo sich die Kraft beider streitenden Mächte, wie in ihrem Brennpunkt, fürchterlich sammelte.

Aber hatte man schon vor der Ankunft des Sukkurses mit Brotmangel kämpfen müssen, so wuchs dieses Übel nunmehr in beiden Lägern (denn auch Wallenstein hatte neue Verstärkungen aus Bayern an sich gezogen) zu einem schrecklichen Grade an. Außer den hundertundzwanzigtausend Kriegern, die einander bewaffnet gegenüberstanden, außer einer Menge von mehr als funfzigtausend Pferden in beiden Armeen, außer den Bewohnern Nürnbergs, welche das schwedische Heer an Anzahl weit übertrafen, zählte man allein in dem Wallensteinischen Lager funfzehntausend Weiber und ebensoviel Fuhrleute und Knechte, nicht viel weniger in dem schwedischen. Die Gewohnheit jener Zeiten erlaubte dem Soldaten, seine Familie mit in das Feld zu führen. Bei den Kaiserlichen schloß sich eine unzählige Menge gutwilliger Frauenspersonen an den Heereszug an, und die strenge Wachsamkeit über die Sitten im schwedischen Lager, welche keine Ausschweifung duldete, beförderte ebendarum die rechtmäßigen Ehen. Für die junge Generation, welche dies Lager zum Vaterland hatte, waren ordentliche Feldschulen errichtet, und eine treffliche Zucht von Kriegern daraus gezogen, daß die Armeen bei einem langwierigen Kriege sich durch sich selbst rekrutieren konnten. Kein Wunder, wenn diese wandelnden Nationen jeden Landstrich aushungerten, auf dem sie verweilten, und die Bedürfnisse des Lebens durch diesen entbehrlichen Troß übermäßig im Preise gesteigert wurden. Alle Mühlen um Nürnberg reichten nicht zu, das Korn zu mahlen, das jeder Tag verschlang, und funfzigtausend Pfund Brot, welche die Stadt täglich ins Lager lieferte, reizten den Hunger bloß, ohne ihn zu befriedigen. Die wirklich bewundernswerte Sorgfalt des Nürnberger Magistrats konnte nicht verhindern, daß nicht ein großer Teil der Pferde aus Mangel an Fütterung umfiel, und die zunehmende Wut der Seuchen mit jedem Tage über hundert Menschen ins Grab streckte.

Dieser Not ein Ende zu machen, verließ endlich Gustav Adolf, voll Zuversicht auf seine überlegene Macht, am fünfundfunfzigsten Tage seine Linien, zeigte sich in voller Bataille dem Feind, und ließ von drei Batterien, welche am Ufer der Rednitz errichtet waren, das Friedländische Lager beschießen. Aber unbeweglich stand der Herzog in seinen Verschanzungen, und begnügte sich, diese Ausforderung durch das Feuer der Musketen und Kanonen von ferne zu beantworten. Den König durch Untätigkeit aufzureiben, und durch die Macht des Hungers seine Beharrlichkeit zu besiegen, war sein überlegter Entschluß, und keine Vorstellung Maximilians, keine Ungeduld der Armee, kein Spott des Feindes, konnte diesen Vorsatz erschüttern. In seiner Hoffnung getäuscht, und von der wachsenden Not gedrungen, wagte sich Gustav Adolf nun an das Unmögliche, und der Entschluß wurde gefaßt, das durch Natur und Kunst gleich unbezwingliche Lager zu stürmen.

Nachdem er das seinige dem Schutz der nürnbergischen Miliz übergeben, rückte er am Bartholomäustage, dem achtundfunfzigsten, seitdem die Armee ihre Verschanzungen bezogen, in voller Schlachtordnung heraus, und passierte die Rednitz bei Fürth, wo er die feindlichen Vorposten mit leichter Mühe zum Weichen brachte. Auf den steilen Anhöhen zwischen der Bibert und Rednitz, die Alte Veste und Altenberg genannt, stand die Hauptmacht des Feindes, und das Lager selbst, von diesen Hügeln beherrscht, breitete sich unabsehbar durch das Gefilde. Die ganze Stärke des Geschützes war auf diesen Hügeln versammelt. Tiefe Gräben umschlossen, unersteigliche Schanzen, dichte Verhacke und stachelige Palisaden verrammelten die Zugänge zu dem steil anlaufenden Berge, von dessen Gipfel Wallenstein, ruhig und sicher wie ein Gott, durch schwarze Rauchwolken seine Blitze versendete. Hinter den Brustwehren lauerte der Musketen tückisches Feuer, und ein gewisser Tod blickte aus hundert offnen Kanonenschlünden dem verwegenen Stürmer entgegen. Auf diesen gefahrvollen Posten richtete Gustav Adolf den Angriff, und fünfhundert Musketiere, durch weniges Fußvolk unterstützt (mehrere zugleich konnten auf dem engen Kampfboden nicht zum Fechten kommen), hatten den unbeneideten Vorzug, sich zuerst in den offenen Rachen des Todes zu werfen. Wütend war der Andrang, der Widerstand fürchterlich; der ganzen Wut des feindlichen Geschützes ohne Brustwehr dahingegeben, grimmig durch den Anblick des unvermeidlichen Todes, laufen diese entschlossenen Krieger gegen den Hügel Sturm, der sich in einem Moment in den flammenden Hekla verwandelt, und einen eisernen Hagel donnernd auf sie herunterspeit. Zugleich dringt die schwere Kavallerie in die Lücken ein, welche die feindlichen Ballen in die gedrängte Schlachtordnung reißen, die festgeschlossenen Glieder trennen sich, und die standhafte Heldenschar, von der gedoppelten Macht der Natur und der Menschen bezwungen, wendet sich nach hundert zurückgelaßnen Toten zur Flucht. Deutsche waren es, denen Gustavs Parteilichkeit die tödliche Ehre des ersten Angriffs bestimmte; über ihren Rückzug ergrimmt, führte er jetzt seine Finnländer zum Sturm, durch ihren nordischen Mut die deutsche Feigheit zu beschämen. Auch seine Finnländer, durch einen ähnlichen Feuerregen empfangen, weichen der überlegenen Macht, und ein frisches Regiment tritt an ihre Stelle, mit gleich schlechtem Erfolg den Angriff zu erneuern. Dieses wird von einem vierten und fünften und sechsten abgelöst, daß während des zehenstündigen Gefechtes alle Regimenter zum Angriff kommen, und alle blutend und zerrissen von dem Kampfplatz zurückkehren. Tausend verstümmelte Körper bedecken das Feld, und unbesiegt setzt Gustav den Angriff fort, und unerschütterlich behauptet Wallenstein seine Feste.

Indessen hat sich zwischen der kaiserlichen Reiterei und dem linken Flügel der Schweden, der in einem Busch an der Rednitz postiert war, ein heftiger Kampf entzündet, wo mit abwechselndem Glück der Feind bald Besiegter bald Sieger bleibt, und auf beiden Seiten gleich viel Blut fließt, gleich tapfre Taten geschehen. Dem Herzog von Friedland und dem Prinzen Bernhard von Weimar werden die Pferde unter dem Leibe erschossen; dem König selbst reißt eine Stückkugel die Sohle von dem Stiefel. Mit ununterbrochener Wut erneuern sich Angriff und Widerstand, bis endlich die eintretende Nacht das Schlachtfeld verfinstert, und die erbitterten Kämpfer zur Ruhe winkt. Jetzt aber sind die Schweden schon zu weit vorgedrungen, um den Rückzug ohne Gefahr unternehmen zu können. Indem der König einen Offizier zu entdecken sucht, den Regimentern durch ihn den Befehl zum Rückzug zu übersenden, stellt sich ihm der Oberste Hebron, ein tapfrer Schottländer, dar, den bloß sein natürlicher Mut aus dem Lager getrieben hatte, die Gefahr dieses Tages zu teilen. Über den König erzürnt, der ihm unlängst bei einer gefahrvollen Aktion einen jüngern Obersten vorgezogen, hatte er das rasche Gelübde getan, seinen Degen nie wieder für den König zu ziehen. An ihn wendet sich jetzt Gustav Adolf, und, seinen Heldenmut lobend, ersucht er ihn, die Regimenter zum Rückzug zu kommandieren. „Sire", erwidert der tapfre Soldat, „das ist der einzige Dienst, den ich Eurer Majestät nicht verweigern kann, denn es ist etwas dabei zu wagen"; und sogleich sprengt er davon, den erhaltenen Auftrag ins Werk zu richten. Zwar hatte sich Herzog Bernhard von Weimar in der Hitze des Gefechts einer Anhöhe über der Alten Veste bemächtigt, von wo aus man den Berg und das ganze Lager bestreichen konnte. Aber ein heftiger Platzregen, der in derselben Nacht einfiel, machte den Abhang so schlüpfrig, daß es unmöglich war, die Kanonen hinaufzubringen, und so mußte man von freien Stücken diesen mit Strömen Bluts errungenen Posten verlorengeben. Mißtrauisch gegen das Glück, das ihn an diesem entscheidenden Tage verlassen hatte, getraute der König sich nicht, mit erschöpften Truppen am folgenden Tage den Sturm fortzusetzen, und zum erstenmal überwunden, weil er nicht Überwinder war, führte er seine Truppen über die Rednitz zurück. Zweitausend Tote, die er auf dem Walplatz zurückließ, bezeugten seinen Verlust, und unüberwunden stand der Herzog von Friedland in seinen Linien.

Noch ganze vierzehn Tage nach dieser Aktion blieben die Armeen einander gegenüber gelagert, jede in der Erwartung, die andre zuerst zum Aufbruch zu nötigen. Je mehr mit jedem Tage der kleine Vorrat an Lebensmitteln schmolz, desto schrecklicher wuchsen die Drangsale des Hungers, desto mehr verwilderte der Soldat, und das Landvolk umher war das Opfer seiner tierischen Raubsucht. Die steigende Not löste alle Bande der Zucht und der Ordnung im schwedischen Lager auf, und besonders zeichneten sich die deutschen Regimenter durch die Gewalttätigkeiten aus, die sie gegen Freund und Feind ohne Unterschied verübten. Die schwache Hand eines einzigen vermochte nicht einer Gesetzlosigkeit zu steuern, die durch das Stillschweigen der untern Befehlshaber eine scheinbare Billigung, und oft durch ihr eigenes verderbliches Beispiel Ermunterung erhielt. Tief schmerzte den Monarchen dieser

schimpfliche Verfall der Kriegszucht, in die er bis jetzt einen so
gegründeten Stolz gesetzt hatte, und der Nachdruck, womit er
den deutschen Offizieren ihre Nachlässigkeit verweist, bezeugt
die Heftigkeit seiner Empfindungen. „Ihr Deutschen", rief er
aus, „ihr, ihr selbst seid es, die ihr euer eigenes Vaterland be-
stehlt, und gegen eure eigenen Glaubensgenossen wütet. Gott
sei mein Zeuge, ich verabscheue euch, ich habe einen Ekel an
euch, und das Herz gällt mir im Leibe, wenn ich euch anschaue.
Ihr übertretet meine Verordnungen, ihr seid Ursache, daß die
Welt mich verflucht, daß mich die Tränen der schuldlosen
Armut verfolgen, daß ich öffentlich hören muß: Der König,
unser Freund, tut uns mehr Übels an, als unsre grimmigsten
Feinde. Euretwegen habe ich meine Krone ihres Schatzes entblößt, und über vierzig Tonnen Goldes aufgewendet; von
eurem Deutschen Reich aber nicht erhalten, wovon ich mich
schlecht bekleiden könnte. Euch gab ich alles, was Gott mir
zuteilte, und, hättet ihr meine Gesetze geachtet, alles, was er
mir künftig noch geben mag, würde ich mit Freuden unter
euch ausgeteilt haben. Eure schlechte Mannszucht überzeugt
mich, daß ihr's böse meint, wie sehr ich auch Ursache haben
mag, eure Tapferkeit zu loben."

Nürnberg hatte sich über Vermögen angestrengt, die ungeheure Menschenmenge, welche in seinem Gebiete zusammengepreßt war, eilf Wochen lang zu ernähren; endlich aber ver-
siegten die Mittel, und der König, als der zahlreichere Teil,
mußte sich ebendarum zuerst zum Abzug entschließen. Mehr
als zehntausend seiner Einwohner hatte Nürnberg begraben,
und Gustav Adolf gegen zwanzigtausend seiner Soldaten durch
Krieg und Seuchen eingebüßt. Zertreten lagen alle umliegenden Felder, die Dörfer in Asche, das beraubte Landvolk ver-
schmachtete auf den Straßen, Modergerüche verpesteten die
Luft, verheerende Seuchen, durch die kümmerliche Nahrung,
durch den Qualm eines so bevölkerten Lagers und so vieler ver-
wesenden Leichname, durch die Glut der Hundstage ausgebrütet, wüteten unter Menschen und Tieren, und noch lange
nach dem Abzug der Armeen drückten Mangel und Elend das
Land. Gerührt von dem allgemeinen Jammer, und ohne Hoffnung, die Beharrlichkeit des Herzogs von Friedland zu besiegen, hob der König am achten September sein Lager auf, und
verließ Nürnberg, nachdem er es zur Fürsorge mit einer hinlänglichen Besatzung versehen hatte. In völliger Schlachtord-

nung zog er an dem Feinde vorüber, der unbeweglich blieb, und nicht das geringste unternahm, seinen Abzug zu stören. Er richtete seinen Marsch nach Neustadt an der Aisch und Windsheim, wo er fünf Tage stehen blieb, um seine Truppen zu erquicken, und Nürnberg nahe zu sein, wenn der Feind etwas gegen diese Stadt unternehmen sollte. Aber Wallenstein, der Erholung nicht weniger bedürftig, hatte auf den Abzug der Schweden nur gewartet, um den seinigen antreten zu können. Fünf Tage später verließ auch er sein Lager bei Zirndorf, und übergab es den Flammen. Hundert Rauchsäulen, die aus den eingeäscherten Dörfern in der ganzen Runde zum Himmel stiegen, verkündigten seinen Abschied, und zeigten der getrösteten Stadt, welchem Schicksale sie selbst entgangen war. Seinen Marsch, der gegen Forchheim gerichtet war, bezeichnete die schrecklichste Verheerung; doch war er schon zu weit vorgerückt, um von dem König noch eingeholt zu werden. Dieser trennte nun seine Armee, die das erschöpfte Land nicht ernähren konnte, um mit einem Teile derselben Franken zu behaupten, und mit dem andern seine Eroberungen in Bayern in eigner Person fortzusetzen.

Unterdessen war die kaiserlich-bayrische Armee in das Bistum Bamberg gerückt, wo der Herzog von Friedland eine zweite Musterung darüber anstellte. Er fand diese sechzigtausend Mann starke Macht durch Desertion, Krieg und Seuchen bis auf vierundzwanzigtausend Mann vermindert, von denen der vierte Teil aus bayrischen Truppen bestand. Und so hatte das Lager vor Nürnberg beide Teile mehr als zwei verlorene große Schlachten entkräftet, ohne den Krieg seinem Ende auch nur um etwas genähert, oder die gespannten Erwartungen der europäischen Welt durch einen einzigen entscheidenden Vorfall befriedigt zu haben. Den Eroberungen des Königs in Bayern wurde zwar auf eine Zeitlang durch die Diversion bei Nürnberg ein Ziel gesteckt, und Österreich selbst vor einem feindlichen Einfall gesichert; aber durch den Abzug von dieser Stadt gab man ihm auch die völlige Freiheit zurück, Bayern aufs neue zum Schauplatz des Kriegs zu machen. Unbekümmert um das Schicksal dieses Landes, und des Zwanges müde, den ihm die Verbindung mit dem Kurfürsten auferlegte, ergriff der Herzog von Friedland begierig die Gelegenheit, sich von diesem lästigen Gefährten zu trennen und seine Lieblingsentwürfe mit erneuertem Ernst zu verfolgen. Noch

immer seiner ersten Maxime getreu, Sachsen von Schweden zu
trennen, bestimmte er dieses Land zum Winteraufenthalt seiner
Truppen, und hoffte, durch seine verderbliche Gegenwart den
Kurfürsten um so eher zu einem besondern Frieden zu zwingen.

Kein Zeitpunkt konnte diesem Unternehmen günstiger sein.
Die Sachsen waren in Schlesien eingefallen, wo sie, in Vereinigung mit brandenburgischen und schwedischen Hülfsvölkern,
einen Vorteil nach dem andern über die Truppen des Kaisers
erfochten. Durch eine Diversion, welche man dem Kurfürsten
in seinen eigenen Staaten machte, rettete man Schlesien; und
das Unternehmen war desto leichter, da Sachsen durch den
schlesischen Krieg von Verteidigern entblößt, und dem
Feinde von allen Seiten geöffnet war. Die Notwendigkeit, ein
österreichisches Erbland zu retten, schlug alle Einwendungen
des Kurfürsten von Bayern darnieder, und unter der Maske
eines patriotischen Eifers für das Beste des Kaisers konnte man
ihn mit um so weniger Bedenklichkeit aufopfern. Indem man
dem König von Schweden das reiche Bayern zum Raube ließ,
hoffte man in der Unternehmung auf Sachsen von ihm nicht
gestört zu werden, und die zunehmende Kaltsinnigkeit zwischen
diesem Monarchen und dem sächsischen Hofe ließ ohnehin von
seiner Seite wenig Eifer zu Befreiung Johann Georgs befürchten. Aufs neue also von seinem arglistigen Beschützer im Stich
gelassen, trennte sich der Kurfürst zu Bamberg von Wallenstein, um mit dem kleinen Überrest seiner Truppen sein hülf-
loses Land zu verteidigen, und die kaiserliche Armee richtete
unter Friedlands Anführung ihren Marsch durch Bayreuth und
Coburg nach dem Thüringer Walde.

Ein kaiserlicher General von Holk war bereits mit sechstausend Mann in das Vogtland vorausgeschickt worden, diese
wehrlose Provinz mit Feuer und Schwert zu verheeren. Ihm
wurde bald darauf Gallas nachgeschickt, ein zweiter Feldherr
des Herzogs und ein gleich treues Werkzeug seiner unmenschlichen Befehle. Endlich wurde auch noch Graf Pappenheim aus
Niedersachsen herbeigerufen, die geschwächte Armee des Herzogs zu verstärken, und das Elend Sachsens vollkommen zu
machen. Zerstörte Kirchen, eingeäscherte Dörfer, verwüstete
Ernten, beraubte Familien, ermordete Untertanen bezeichneten
den Marsch dieser Barbarenheere, das ganze Thüringen, Vogtland und Meißen erlagen unter dieser dreifachen Geißel. Aber

sie waren nur die Vorläufer eines größern Elends, mit welchem der Herzog selbst, an der Spitze der Hauptarmee, das unglückliche Sachsen bedrohte. Nachdem dieser auf seinem Zuge durch Franken und Thüringen die schauderhaftesten Denkmäler seiner Wut hinterlassen, erschien er mit seiner ganzen Macht in dem Leipziger Kreise, und zwang nach einer kurzen Belagerung die Stadt Leipzig zur Übergabe. Seine Absicht war, bis nach Dresden vorzudringen, und durch Unterwerfung des ganzen Landes dem Kurfürsten Gesetze vorzuschreiben. Schon näherte er sich der Mulde, um die sächsische Armee, die bis Torgau ihm entgegengerückt war, mit seiner überlegenen Macht aus dem Felde zu schlagen, als die Ankunft des Königs von Schweden zu Erfurt seinen Eroberungsplanen eine unerwartete Grenze setzte. Im Gedränge zwischen der sächsischen und schwedischen Macht, welche Herzog Georg von Lüneburg von Niedersachsen aus noch zu verstärken drohte, wich er eilfertig gegen Merseburg zurück, um sich dort mit dem Grafen von Pappenheim zu vereinigen, und die eindringenden Schweden mit Nachdruck zurückzutreiben.

Nicht ohne große Unruhe hatte Gustav Adolf den Kunstgriffen zugesehen, welche Spanien und Österreich verschwendeten, um seinen Alliierten von ihm abtrünnig zu machen. So wichtig ihm das Bündnis mit Sachsen war, soviel mehr Ursache hatte er, vor dem unbeständigen Gemüte Johann Georgs zu zittern. Nie hatte zwischen ihm und dem Kurfürsten ein aufrichtiges freundschaftliches Verhältnis stattgefunden. Einem Prinzen, der auf seine politische Wichtigkeit stolz, und gewohnt war, sich als das Haupt seiner Partei zu betrachten, mußte die Einmischung einer fremden Macht in die Reichsangelegenheiten bedenklich und drückend sein, und den Widerwillen, womit er die Fortschritte dieses unwillkommnen Fremdlings betrachtete, hatte nur die äußerste Not seiner Staaten auf eine Zeitlang besiegen können. Das wachsende Ansehen des Königs in Deutschland, sein überwiegender Einfluß auf die protestantischen Stände, die nicht sehr zweideutigen Beweise seiner ehrgeizigen Absichten, bedenklich genug, die ganze Wachsamkeit der Reichsstände aufzufordern, machten bei dem Kurfürsten tausend Besorgnisse rege, welche die kaiserlichen Unterhändler geschickt zu nähren und zu vergrößern wußten. Jeder eigenmächtige Schritt des Königs, jede auch noch so billige Forderung, die er an die Reichsfürsten machte, gaben dem Kurfürsten Anlaß zu bittern Beschwerden, die einen nahen Bruch zu verkündigen schienen. Selbst unter den Generalen beider Teile zeigten sich, sooft sie vereinigt agieren sollten, vielfache Spuren der Eifersucht, welche ihre Beherrscher entzweite. Johann Georgs natürliche Abneigung vor dem Krieg, und seine noch immer nicht unterdrückte Ergebenheit gegen Österreich, begünstigte Arnheims Bemühungen, der, in beständigem Einverständnisse mit Wallenstein, unermüdet daran arbeitete, seinen Herrn zu einem Privatvergleich mit dem Kaiser zu vermögen; und fanden seine Vorstellungen auch lange Zeit keinen Eingang, so lehrte doch zuletzt der Erfolg, daß sie nicht ganz ohne Wirkung geblieben waren.

Gustav Adolf, mit Recht vor den Folgen bange, die der Abfall eines so wichtigen Bundesgenossen von seiner Partei für seine ganze künftige Existenz in Deutschland haben mußte, ließ kein Mittel unversucht, diesen bedenklichen Schritt zu verhindern, und bis jetzt hatten seine Vorstellungen ihren Eindruck auf den Kurfürsten nicht ganz verfehlt. Aber die fürchterliche Macht, womit der Kaiser seine verführerischen Vorschläge unterstützte, und die Drangsale, die er bei längerer Weigerung über Sachsen zu häufen drohte, konnten endlich doch, wenn man ihn seinen Feinden hülflos dahingab, die Standhaftigkeit des Kurfürsten überwinden, und diese Gleichgültigkeit gegen einen so wichtigen Bundesgenossen das Vertrauen aller übrigen Alliierten Schwedens zu ihrem Beschützer auf immer darniederschlagen. Diese Betrachtung bewog den König, den dringenden Einladungen, welche der hart bedrohte Kurfürst an ihn ergehen ließ, zum zweitenmal nachzugeben, und der Rettung dieses Bundesgenossen alle seine glänzenden Hoffnungen aufzuopfern. Schon hatte er einen zweiten Angriff auf Ingolstadt beschlossen, und die Schwäche des Kurfürsten von Bayern rechtfertigte seine Hoffnung, diesem erschöpften Feinde doch endlich noch die Neutralität aufzudringen. Der Aufstand des Landvolks in Oberösterreich öffnete ihm dann den Weg in dieses Land, und der Sitz des Kaiserthrons konnte in seinen Händen sein, ehe Wallenstein Zeit hatte, mit Hülfe herbeizueilen. Alle diese schimmernden Hoffnungen setzte er dem Wohl eines Alliierten nach, den weder Verdienste noch guter Wille dieses Opfers wert machten; der, bei den dringendsten Aufforderungen des Gemeingeistes, nur seinem eigenen Vorteil mit kleinlicher Selbstsucht diente; der nicht durch die Dienste, die man sich von ihm versprach, nur durch den Schaden, den man von ihm besorgte, bedeutend war. Und wer erwehrt sich nun des Unwillens, wenn er hört, daß auf dem Wege, den Gustav Adolf jetzt zur Befreiung dieses Fürsten antritt, der große König das Ziel seiner Taten findet?

Schnell zog er seine Truppen im fränkischen Kreise zusammen, und folgte dem Wallensteinischen Heere durch Thüringen nach. Herzog Bernhard von Weimar, der gegen Pappenheim war vorausgeschickt worden, stieß bei Arnstadt zu dem Könige, der sich jetzt an der Spitze von zwanzigtausend Mann geübter Truppen erblickte. Zu Erfurt trennte er sich von seiner Gemahlin, die ihn nicht eher als zu Weißenfels – im Sarge wiedersehen sollte; der bange gepreßte Abschied deutete auf eine ewige Trennung. Er erreichte Naumburg am 1. November des Jahrs 1632, ehe die dahin detachierten Korps des Herzogs von Friedland sich dieses Platzes bemächtigen konnten. Scharenweise strömte alles Volk aus der umliegenden Gegend herbei, den Helden, den Rächer, den großen König anzustaunen, der ein Jahr vorher auf ebendiesem Boden als ein rettender Engel erschienen war. Stimmen der Freude umtönten ihn, wo er sich sehen ließ; anbetend stürzte sich alles vor ihm auf die Kniee; man stritt sich um die Gunst, die Scheide seines Schwerts, den Saum seines Kleides zu berühren. Den bescheidenen Helden empörte dieser unschuldige Tribut, den ihm die aufrichtigste Dankbarkeit und Bewunderung zollte. „Ist es nicht, als ob dieses Volk mich zum Gott mache?" sagte er zu seinen Begleitern. „Unsre Sachen stehen gut; aber ich fürchte, die Rache des Himmels wird mich für dieses verwegene Gaukelspiel strafen, und diesem törichten Haufen meine schwache sterbliche Menschheit früh genug offenbaren." Wie liebenswürdig zeigt sich uns Gustav, eh er auf ewig von uns Abschied nimmt! Auch in der Fülle seines Glücks die richtende Nemesis ehrend, verschmäht er eine Huldigung, die nur den Unsterblichen gebührt, und sein Recht auf unsre Tränen verdoppelt sich, eben da er dem Augenblick nahe ist, sie zu erregen.

Unterdessen war der Herzog von Friedland dem anrückenden König bis Weißenfels entgegengezogen, entschlossen, die Winterquartiere in Sachsen, auch wenn es eine Schlacht kosten sollte, zu behaupten. Seine Untätigkeit vor Nürnberg hatte ihn dem Verdacht ausgesetzt, als ob er sich mit dem nordischen Helden nicht zu messen wagte, und sein ganzer Ruhm war in

Gefahr, wenn er die Gelegenheit zu schlagen zum zweitenmal entwischen ließ. Seine Überlegenheit an Truppen, wiewohl weit geringer, als sie in der ersten Zeit des nürnbergischen Lagers gewesen, machte ihm die wahrscheinlichste Hoffnung zum Sieg, wenn er den König, vor der Vereinigung desselben mit den Sachsen, in ein Treffen verwickeln konnte. Aber seine jetzige Zuversicht war nicht sowohl auf seine größere Truppenzahl, als auf die Versicherungen seines Astrologen Seni gegründet, welcher in den Sternen gelesen hatte, daß das Glück des schwedischen Monarchen im November untergehen würde. Überdies waren zwischen Kamburg und Weißenfels enge Pässe, von einer fortlaufenden Bergkette und der nahe strömenden Saale gebildet, welche es der schwedischen Armee äußerst schwer machten, vorzudringen, und mit Hülfe weniger Truppen gänzlich geschlossen werden konnten. Dem König blieb dann keine andere Wahl, als sich mit größter Gefahr durch diese Defileen zu winden, oder einen beschwerlichen Rückzug durch Thüringen zu nehmen, und in einem verwüsteten Lande, wo es an jeder Notdurft gebrach, den größten Teil seiner Truppen einzubüßen. Die Geschwindigkeit, mit der Gustav Adolf von Naumburg Besitz nahm, vernichtete diesen Plan, und jetzt war es Wallenstein selbst, der den Angriff erwartete.

Aber in dieser Erwartung sah er sich getäuscht, als der König, anstatt ihm bis Weißenfels entgegenzurücken, alle Anstalten traf, sich bei Naumburg zu verschanzen, und hier die Verstärkungen zu erwarten, welche der Herzog von Lüneburg im Begriff war ihm zuzuführen. Unschlüssig, ob er dem König durch die engen Pässe zwischen Weißenfels und Naumburg entgegengehen, oder in seinem Lager untätig stehenbleiben sollte, versammelte er seinen Kriegsrat, um die Meinung seiner erfahrensten Generale zu vernehmen. Keiner von allen fand es ratsam, den König in seiner vorteilhaften Stellung anzugreifen, und die Vorkehrungen, welche dieser zu Befestigung seines Lagers traf, schienen deutlich anzuzeigen, daß er gar nicht willens sei, es so bald zu verlassen. Aber ebensowenig erlaubte der eintretende Winter, den Feldzug zu verlängern, und eine der Ruhe so sehr bedürftige Armee durch fortgesetzte Kampierung zu ermüden. Alle Stimmen erklärten sich für die Endigung des Feldzugs, um so mehr, da die wichtige Stadt Köln am Rhein von holländischen Truppen gefährlich bedroht war, und die Fortschritte des Feindes in Westfalen und am Unterrhein die nachdrücklichste Hülfe in diesen Gegenden erheischten. Der Herzog von Friedland erkannte das Gewicht dieser Gründe, und beinahe überzeugt, daß von dem König für diese Jahrszeit kein Angriff mehr zu befürchten sei, bewilligte er seinen Truppen die Winterquartiere, doch so, daß sie aufs schnellste versammelt waren, wenn etwa der Feind gegen alle Erwartung noch einen Angriff wagte. Graf Pappenheim wurde mit einem großen Teile des Heers entlassen, um der Stadt Köln zu Hülfe zu eilen, und auf dem Wege dahin die hallische Festung Moritzburg in Besitz zu nehmen. Einzelne Korps bezogen in den schicklichsten Städten umher ihre Winterquartiere, um die Bewegungen des Feindes von allen Seiten beobachten zu können. Graf Colloredo bewachte das Schloß zu Weißenfels, und Wallenstein selbst blieb mit dem Überrest unweit Merseburg zwischen dem Floßgraben und der Saale stehen, von wo er gesonnen war, seinen Marsch über Leipzig zu nehmen, und die Sachsen von dem schwedischen Heer abzuschneiden.

Kaum aber hatte Gustav Adolf Pappenheims Abzug vernommen, so verließ er plötzlich sein Lager bei Naumburg, und eilte, den um die Hälfte geschwächten Feind mit seiner ganzen Macht anzufallen. In beschleunigtem Marsche rückte er gegen Weißenfels vor, von wo aus sich das Gerücht von seiner Ankunft schnell bis zum Feinde verbreitete, und den Herzog von Friedland in die höchste Verwunderung setzte. Aber es galt jetzt einen schnellen Entschluß, und der Herzog hatte seine Maßregeln bald genommen. Obgleich man dem zwanzigtausend Mann starken Feinde nicht viel über zwölftausend entgegenzusetzen hatte, so konnte man doch hoffen, sich bis zu Pappenheims Rückkehr zu behaupten, der sich höchstens fünf Meilen weit, bis Halle, entfernt haben konnte. Schnell flogen Eilboten ab, ihn zurückzurufen, und zugleich zog sich Wallenstein in die weite Ebene zwischen dem Floßgraben und Lützen, wo er in völliger Schlachtordnung den König erwartete, und ihn durch diese Stellung von Leipzig und den sächsischen Völkern trennte.

Drei Kanonenschüsse, welche Graf Colloredo von dem Schlosse zu Weißenfels abbrannte, verkündigten den Marsch des Königs, und auf dieses verabredete Signal zogen sich die Friedländischen Vortruppen unter dem Kommando des Kroatengenerals Isolani zusammen, die an der Rippach gelegenen

Dörfer zu besetzen. Ihr schwacher Widerstand hielt den anrückenden Feind nicht auf, der bei dem Dorfe Rippach über das
Wasser dieses Namens setzte, und sich unterhalb Lützen der
kaiserlichen Schlachtordnung gegenüberstellte. Die Landstraße, welche von Weißenfels nach Leipzig führt, wird zwischen Lützen und Markranstädt von dem Floßgraben durchschnitten, der sich von Zeitz nach Merseburg erstreckt und die
Elster mit der Saale verbindet. An diesen Kanal lehnte sich der
linke Flügel der Kaiserlichen und der rechte des Königs von
Schweden, doch so, daß sich die Reiterei beider Teile noch jenseits desselben verbreitete. Nordwärts hinter Lützen hatte sich
Wallensteins rechter Flügel, und südwärts von diesem Städtchen der linke Flügel des schwedischen Heers gelagert. Beide
Armeen kehrten der Landstraße ihre Fronte zu, welche mitten
durch sie hin ging, und eine Schlachtordnung von der andern
absonderte. Aber ebendieser Landstraße hatte sich Wallenstein
am Abend vor der Schlacht zum großen Nachteil seines Gegners bemächtigt, die zu beiden Seiten derselben fortlaufenden
Gräben vertiefen und durch Musketiere besetzen lassen, daß
der Übergang ohne Beschwerlichkeit und Gefahr nicht zu
wagen war. Hinter denselben ragte eine Batterie von sieben
großen Kanonen hervor, das Musketenfeuer aus den Gräben
zu unterstützen, und an den Windmühlen, nahe hinter Lützen,
waren vierzehn kleinere Feldstücke auf einer Anhöhe aufgepflanzt, von der man einen großen Teil der Ebne bestreichen
konnte. Die Infanterie, in nicht mehr als fünf große und unbehülfliche Brigaden verteilt, stand in einer Entfernung von dreihundert Schritten hinter der Landstraße in Schlachtordnung,
und die Reiterei bedeckte die Flanken. Alles Gepäcke ward nach
Leipzig geschickt, um die Bewegungen des Heers nicht zu hindern, und bloß die Munitionswagen hielten hinter dem Treffen. Um die Schwäche der Armee zu verbergen, mußten alle
Troßjungen und Knechte zu Pferde sitzen, und sich an den linken Flügel anschließen; doch nur so lange, bis die Pappenhei-
mischen Völker anlangten. Diese ganze Anordnung geschah in
der Finsternis der Nacht, und ehe der Tag graute, war alles
zum Empfang des Feindes bereitet.

Noch an ebendiesem Abend erschien Gustav Adolf auf der
gegenüberliegenden Ebene, und stellte seine Völker zum Treffen. Die Schlachtordnung war dieselbe, wodurch er das Jahr
vorher bei Leipzig gesiegt hatte. Durch das Fußvolk wurden

kleine Schwadronen verbreitet, unter die Reiterei hin und wieder eine Anzahl Musketiere verteilt. Die ganze Armee stand in zwei Linien, den Floßgraben zur Rechten und hinter sich, vor sich die Landstraße, und die Stadt Lützen zur Linken. In der Mitte hielt das Fußvolk unter des Grafen von Brahe Befehlen, die Reiterei auf den Flügeln, und vor der Fronte das Geschütz. Einem deutschen Helden, dem Herzog Bernhard von Weimar, ward die deutsche Reiterei des linken Flügels untergeben, und auf dem rechten führte der König selbst seine Schweden an, die Eifersucht beider Völker zu einem edeln Wettkampfe zu erhitzen. Auf ähnliche Art war das zweite Treffen geordnet, und hinter demselben hielt ein Reservekorps unter Hendersons, eines Schottländers, Kommando.

Also gerüstet erwartete man die blutige Morgenröte, um einen Kampf zu beginnen, den mehr der lange Aufschub als die Wichtigkeit der möglichen Folgen, mehr die Auswahl als die Anzahl der Truppen furchtbar und merkwürdig machten. Die gespannten Erwartungen Europens, die man im Lager vor Nürnberg hinterging, sollten nun in den Ebenen Lützens befriedigt werden. Zwei solche Feldherren, so gleich an Ansehen, an Ruhm und an Fähigkeit, hatten im ganzen Laufe dieses Kriegs noch in keiner offenbaren Schlacht ihre Kräfte gemessen, eine so hohe Wette noch nie die Kühnheit geschreckt, ein so wichtiger Preis noch nie die Hoffnung begeistert. Der morgende Tag sollte Europa seinen ersten Kriegsfürsten kennen lehren, und einen Überwinder dem nie Überwundenen geben. Ob am Lechstrom und bei Leipzig Gustav Adolfs Genie, oder nur die Ungeschicklichkeit seines Gegners den Ausschlag bestimmte, mußte der morgende Tag außer Zweifel setzen. Morgen mußte Friedlands Verdienst die Wahl des Kaisers rechtfertigen, und die Größe des Mannes die Größe des Preises aufwägen, um den er erkauft worden war. Eifersüchtig teilte jeder einzelne Mann im Heer seines Führers Ruhm, und unter jedem Harnische wechselten die Gefühle, die den Busen der Generale durchflammten. Zweifelhaft war der Sieg, gewiß die Arbeit und das Blut, das er dem Überwinder wie dem Überwundenen kosten mußte. Man kannte den Feind vollkommen, dem man jetzt gegenüberstand, und die Bangigkeit, die man vergeblich bekämpfte, zeugte glorreich für seine Stärke.

Endlich erscheint der gefürchtete Morgen; aber ein undurchdringlicher Nebel, der über das ganze Schlachtfeld verbreitet liegt, verzögert den Angriff noch bis zur Mittagsstunde. Vor der Fronte knieend hält der König seine Andacht; die ganze Armee, auf die Kniee hingestürzt, stimmt zu gleicher Zeit ein rührendes Lied an, und die Feldmusik begleitet den Gesang. Dann steigt der König zu Pferde, und bloß mit einem ledernen Goller und einem Tuchrock bekleidet (eine vormals empfangene Wunde erlaubte ihm nicht mehr, den Harnisch zu tragen) durchreitet er die Glieder, den Mut der Truppen zu einer frohen Zuversicht zu entflammen, die sein eigner ahndungsvoller Busen verleugnet. Gott mit uns, war das Wort der Schweden; das der Kaiserlichen: Jesus Maria. Gegen eilf Uhr fängt der Nebel an sich zu zerteilen, und der Feind wird sichtbar. Zugleich sieht man Lützen in Flammen stehen, auf Befehl des Herzogs in Brand gesteckt, damit er von dieser Seite nicht überflügelt würde. Jetzt tönt die Losung, die Reiterei sprengt gegen den Feind und das Fußvolk ist im Anmarsch gegen die Gräben.

Von einem fürchterlichen Feuer der Musketen und des dahinter gepflanzten groben Geschützes empfangen, setzen diese tapfern Bataillons mit unerschrocknem Mut ihren Angriff fort, die feindlichen Musketiere verlassen ihren Posten, die Gräben sind übersprungen, die Batterie selbst wird erobert, und sogleich gegen den Feind gerichtet. Sie dringen weiter mit unaufhaltsamer Gewalt, die erste der fünf Friedländischen Brigaden wird niedergeworfen, gleich darauf die zweite, und schon wendet sich die dritte zur Flucht; aber hier stellt sich der schnell gegenwärtige Geist des Herzogs ihrem Andrang entgegen. Mit Blitzesschnelligkeit ist er da, der Unordnung seines Fußvolks zu steuern, und seinem Machtwort gelingt's, die Fliehenden zum Stehen zu bewegen. Von drei Kavallerieregimentern unterstützt, machen die schon geschlagenen Brigaden aufs neue Fronte gegen den Feind, und dringen mit Macht in seine zerrissenen Glieder. Ein mörderischer Kampf erhebt sich, der nahe Feind gibt dem Schießgewehr keinen Raum, die Wut des Angriffs keine Frist mehr zur Ladung, Mann ficht gegen Mann, das unnütze Feuerrohr macht dem Schwert und der Pike Platz, und die Kunst der Erbitterung. Überwältigt von der Menge weichen endlich die ermatteten Schweden über die Gräben zurück, und die schon eroberte Batterie geht bei diesem Rückzug verloren. Schon bedecken tausend verstümmelte Leichen das Land, und noch ist kein Fußbreit Erde gewonnen.

schwedischen Brigaden von vorn ihm entgegenstürmen. Der Mut entfällt ihm. Er sieht seinen linken Flügel geschlagen, seinen rechten im Begriff zu erliegen, sein Geschütz in des Feindes Hand. Es neigt sich die Schlacht zu ihrer Entscheidung, das Schicksal des Tages hängt nur noch an einem einzigen Augenblick – da erscheint Pappenheim auf dem Schlachtfelde mit Kürassieren und Dragonern; alle erhaltenen Vorteile sind verloren, und eine ganz neue Schlacht fängt an.

Der Befehl, welcher diesen General nach Lützen zurückrief, hatte ihn zu Halle erreicht, eben da seine Völker mit Plünderung dieser Stadt noch beschäftigt waren. Unmöglich war's, das zerstreute Fußvolk mit der Schnelligkeit zu sammeln, als die dringende Ordre und die Ungeduld dieses Kriegers verlangten. Ohne es zu erwarten, ließ er acht Regimenter Kavallerie aufsitzen, und eilte an der Spitze derselben spornstreichs auf Lützen zu, an dem Feste der Schlacht teilzunehmen. Er kam noch eben recht, um die Flucht des kaiserlichen linken Flügels, den Gustav Horn aus dem Felde schlug, zu bezeugen, und sich anfänglich selbst darein verwickelt zu sehen. Aber mit schneller Gegenwart des Geistes sammelt er diese flüchtigen Völker wieder, und führt sie aufs neue gegen den Feind. Fortgerissen von seinem wilden Mut, und voll Ungeduld, dem König selbst, den er an der Spitze dieses Flügels vermutet, gegenüber zu fechten, bricht er fürchterlich in die schwedischen Scharen, die, ermattet vom Sieg und an Anzahl zu schwach, dieser Flut von Feinden nach dem männlichsten Widerstand unterliegen. Auch den erlöschenden Mut des kaiserlichen Fußvolks ermuntert Pappenheims nicht mehr gehoffte Erscheinung, und schnell benutzt der Herzog von Friedland den günstigen Augenblick, das Treffen aufs neue zu formieren. Die dicht geschlossenen schwedischen Bataillons werden unter einem mörderischen Gefechte über die Gräben zurückgetrieben, und die zweimal verlornen Kanonen zum zweitenmal ihren Händen entrissen. Das ganze gelbe Regiment, als das trefflichste von allen, die an diesem blutigen Tage Beweise ihres Heldenmuts gaben, lag tot dahingestreckt, und bedeckte noch in derselben schönen Ordnung den Walplatz, den es lebend mit so standhaftem Mute behauptet hatte. Ein ähnliches Los traf ein andres blaues Regiment, welches Graf Piccolomini mit der kaiserlichen Reiterei nach dem wütendsten Kampfe zu Boden warf. Zu sieben verschiedenen Malen wiederholte dieser treffliche General den Angriff; sieben Pferde wurden unter ihm erschossen, und sechs Musketenkugeln durchbohrten ihn. Dennoch verließ er das Schlachtfeld nicht eher, als bis ihn der Rückzug des ganzen Heeres mitfortriß. Den Herzog selbst sah man, mitten unter dem feindlichen Kugelregen, mit kühler Seele seine Truppen durchreiten, dem Notleidenden nahe mit Hülfe, dem Tapfern mit Beifall, dem Verzagten mit seinem strafenden Blick. Um und neben ihm stürzen seine Völker entseelt dahin, und sein Mantel wird von vielen Kugeln durchlöchert. Aber die Rachegötter beschützen heute seine Brust, für die schon ein anderes Eisen geschliffen ist; auf dem Bette, wo Gustav erblaßte, sollte Wallenstein den schuldbefleckten Geist nicht verhauchen.

Nicht so glücklich war Pappenheim, der Telamonier des Heers, der furchtbarste Soldat des Hauses Österreich und der Kirche. Glühende Begier, dem König selbst im Kampfe zu begegnen, riß den Wütenden mitten in das blutigste Schlachtgewühl, wo er seinen edeln Feind am wenigsten zu verfehlen hoffte. Auch Gustav hatte den feurigen Wunsch gehegt, diesen geachteten Gegner von Angesicht zu sehen; aber die feindselige Sehnsucht blieb ungestillt, und erst der Tod führte die versöhnten Helden zusammen. Zwei Musketenkugeln durchbohrten Pappenheims narbenvolle Brust, und gewaltsam mußten ihn die Seinen aus dem Mordgewühl tragen. Indem man beschäftigt war, ihn hinter das Treffen zu bringen, drang ein Gemurmel zu seinen Ohren, daß der, den er suchte, entseelt auf dem Walplatz liege. Als man ihm die Wahrheit dieses Gerüchtes bekräftigte, erheiterte sich sein Gesicht, und das letzte Feuer blitzte in seinen Augen. „So hinterbringe man denn dem Herzog von Friedland", rief er aus, „daß ich ohne Hoffnung zum Leben darniederliege, aber fröhlich dahinscheide, da ich weiß, daß dieser unversöhnliche Feind meines Glaubens an einem Tage mit mir gefallen ist."

Mit Pappenheim verschwand das Glück der Kaiserlichen von dem Schlachtfelde. Nicht so bald vermißte die schon einmal geschlagene und durch ihn allein wiederhergestellte Reiterei des linken Flügels ihren sieghaften Führer, als sie alles verlorengab, und mit mutloser Verzweiflung das Weite suchte. Gleiche Bestürzung ergriff auch den rechten Flügel, wenige Regimenter ausgenommen, welche die Tapferkeit ihrer Obersten, Götz, Terzky, Colloredo und Piccolomini, nötigte standzuhalten. Die schwedische Infanterie benutzt mit schneller Entschlossenheit die Bestürzung des Feindes. Um die Lücken zu ergänzen, welche der Tod in ihr Vordertreffen gerissen, ziehen sich beide Linien in e i n e zusammen, die den letzten entscheidenden Angriff wagt. Zum drittenmal setzt sie über die Gräben und zum drittenmal werden die dahinter gepflanzten Stücke erobert. Die Sonne neigt sich eben zum Untergang, indem beide Schlachtordnungen aufeinander treffen. Heftiger erhitzt sich der Streit an seinem Ende, die letzte Kraft ringt mit der letzten Kraft, Geschicklichkeit und Wut tun ihr Äußerstes, in den letzten teuren Minuten den ganzen verlorenen Tag nachzuholen. Umsonst, die Verzweiflung erhebt jede über sich selbst, keine versteht zu siegen, keine zu weichen, und die Taktik erschöpft h i e r ihre Wunder nur, um d o r t neue, nie gelernte, nie in Übung gebrachte Meisterstücke der Kunst zu entwickeln. Endlich setzen Nebel und Nacht dem Gefecht eine Grenze, dem die Wut keine setzen will, und der Angriff hört auf, weil man seinen Feind nicht mehr findet. Beide Kriegsheere scheiden mit stillschweigender Übereinkunft auseinander, die erfreuenden Trompeten ertönen, und jedes, für unbesiegt sich erklärend, verschwindet aus dem Gefilde.

Die Artillerie beider Teile blieb, weil die Rosse sich verlaufen, die Nacht über auf dem Walplatze verlassen stehen – zugleich der Preis und die Urkunde des Sieges für den, der die Walstatt eroberte. Aber über der Eilfertigkeit, mit der er von Leipzig und Sachsen Abschied nahm, vergaß der Herzog von Friedland, seinen Anteil daran von dem Schlachtfelde abzuholen. Nicht lange nach geendigtem Treffen erschien das Pappenheimische Fußvolk, das seinem vorauseilenden General nicht schnell genug hatte folgen können, sechs Regimenter stark, auf dem Walplatz; aber die Arbeit war getan. Wenige Stunden früher würde diese beträchtliche Verstärkung die Schlacht wahrscheinlich zum Vorteil des Kaisers entschieden, und selbst noch jetzt durch Eroberung des Schlachtfelds die Artillerie des Herzogs gerettet und die schwedische erbeutet haben. Aber keine Ordre war da, ihr Verhalten zu bestimmen, und zu ungewiß über den Ausgang der Schlacht, nahm sie ihren Weg nach Leipzig, wo sie das Haupttheer zu finden hoffte.

Dahin hatte der Herzog von Friedland seinen Rückzug genommen, und ohne Geschütz, ohne Fahnen, und beinahe ohne alle Waffen, folgte ihm am andern Morgen der zerstreute

Überrest seines Heers. Zwischen Lützen und Weißenfels, scheint es, ließ Herzog Bernhard die schwedische Armee von den Anstrengungen dieses blutigen Tages sich erholen, nahe genug an dem Schlachtfeld, um jeden Versuch des Feindes zu Eroberung desselben sogleich vereiteln zu können. Von beiden Armeen lagen über neuntausend Mann tot auf dem Walplatze; noch weit größer war die Zahl der Verwundeten, und unter den Kaiserlichen besonders fand sich kaum einer, der unverletzt aus dem Treffen zurückgekehrt wäre. Die ganze Ebene von Lützen bis an den Floßgraben war mit Verwundeten, mit Sterbenden, mit Toten bedeckt. Viele von dem vornehmsten Adel waren auf beiden Seiten gefallen; auch der Abt von Fulda, der sich als Zuschauer in die Schlacht gemischt hatte, büßte seine Neugier und seinen unzeitigen Glaubenseifer mit dem Tode. Von Gefangenen schweigt die Geschichte; ein Beweis mehr für die Wut der Armeen, die keinen Pardon gab oder keinen verlangte.

Pappenheim starb gleich am folgenden Tage zu Leipzig an seinen Wunden; ein unersetzlicher Verlust für das kaiserliche Heer, das dieser treffliche Krieger so oft zum Sieg geführt hatte. Die Prager Schlacht, der er zugleich mit Wallenstein als Oberster beiwohnte, öffnete seine Heldenbahn. Gefährlich verwundet warf er durch das Ungestüm seines Muts mit wenigen Truppen ein feindliches Regiment darnieder, und lag viele Stunden lang, mit andern Toten verwechselt, unter der Last seines Pferdes auf der Walstatt, bis ihn die Seinigen bei Plünderung des Schlachtfelds entdeckten. Mit wenigem Volk überwand er die Rebellen in Oberösterreich, vierzigtausend an der Zahl, in drei verschiedenen Schlachten, hielt in dem Treffen bei Leipzig die Niederlage des Tilly lange Zeit durch seine Tapferkeit auf, und machte die Waffen des Kaisers an der Elbe und an dem Weserstrom siegen. Das wilde stürmische Feuer seines Muts, den auch die entschiedenste Gefahr nicht schreckte, und kaum das Unmögliche bezwang, machte ihn zum furchtbarsten Arm des Feldherrn, aber untüchtig zum Oberhaupt des Heers; das Treffen bei Leipzig ging, wenn man dem Ausspruch Tillys glauben darf, durch seine ungestüme Hitze verloren. Auch er tauchte bei Magdeburgs Zerstörung seine Hand in Blut; sein Geist, durch frühen jugendlichen Fleiß und vielfältige Reisen zur schönsten Blüte entfaltet, verwilderte unter den Waffen. Auf seiner Stirne erblickte man zwei rote

Striemen, Schwertern ähnlich, womit die Natur schon bei der Geburt ihn gezeichnet hatte. Auch noch in spätern Jahren erschienen diese Flecken, sooft eine Leidenschaft sein Blut in Bewegung brachte, und der Aberglaube überredete sich leicht, daß der künftige Beruf des Mannes schon auf der Stirne des Kindes angedeutet worden sei. Ein solcher Diener hatte auf die Dankbarkeit beider österreichischen Linien den gegründetsten Anspruch; aber den glänzendsten Beweis derselben erlebte er nicht mehr. Schon war der Eilbote auf dem Wege, der ihm das Goldne Vlies von Madrid überbringen sollte, als der Tod ihn zu Leipzig dahinraffte.

Ob man gleich in allen österreichischen und spanischen Landen über den erfochtenen Sieg das Tedeum anstimmte, so gestand doch Wallenstein selbst durch die Eilfertigkeit, mit der er Leipzig und bald darauf ganz Sachsen verließ, und auf die Winterquartiere in diesem Lande Verzicht tat, öffentlich und laut seine Niederlage. Zwar tat er noch einen schwachen Versuch, die Ehre des Siegs gleichsam im Flug wegzuhaschen, und schickte am andern Morgen seine Kroaten aus, das Schlachtgefild zu umschwärmen; aber der Anblick des schwedischen Heers, das in Schlachtordnung dastand, verscheuchte im Augenblick diese flüchtigen Scharen, und Herzog Bernhard nahm durch Eroberung der Walstatt, auf welche bald nachher die Einnahme Leipzigs folgte, unbestrittenen Besitz von allen Rechten des Siegers.

Aber ein teurer Sieg, ein trauriger Triumph! Jetzt erst, nachdem die Wut des Kampfes erkaltet ist, empfindet man die ganze Größe des erlittnen Verlustes, und das Jubelgeschrei der Überwinder erstirbt in einer stummen, finstern Verzweiflung. Er, der sie in den Streit herausgeführt hatte, ist nicht mit zurückgekehrt. Draußen liegt er in seiner gewonnenen Schlacht, mit dem gemeinen Haufen niedriger Toten verwechselt. Nach langem vergeblichen Suchen entdeckt man endlich den königlichen Leichnam, unfern dem großen Steine, der schon hundert Jahre vorher zwischen dem Floßgraben und Lützen gesehen worden, aber von dem merkwürdigen Unglücksfalle dieses Tages den Namen des Schwedensteines führt. Von Blut und Wunden bis zum Unkenntlichen entstellt, von den Hufen der Pferde zertreten, und durch räuberische Hände seines Schmucks, seiner Kleider beraubt, wird er unter einem Hügel von Toten hervorgezogen, nach Weißenfels gebracht, und dort dem Wehklagen seiner Truppen, den letzten Umarmungen seiner Königin überliefert. Den ersten Tribut hatte die Rache geheischt, und Blut mußte dem Monarchen zum Sühnopfer strömen; jetzt tritt die Liebe in ihre Rechte ein, und milde Tränen fließen um den Menschen. Der allgemeine Schmerz verschlingt jedes einzelne Leiden. Von dem betäubenden Schlag noch besinnungslos, stehen die Anführer in dumpfer Erstarrung um seine Bahre, und keiner getraut sich noch, den ganzen Umfang dieses Verlustes zu denken.

Der Kaiser, erzählt uns Khevenhüller, zeigte beim Anblick des blutigen Gollers, den man dem Könige in der Schlacht abgenommen, und nach Wien geschickt hatte, eine anständige Rührung, die ihm wahrscheinlich auch von Herzen ging. „Gern", rief er aus, „hätte ich dem Unglücklichen ein längeres Leben und eine fröhliche Rückkehr in sein Königreich gegönnt, wenn nur in Deutschland Friede geworden wäre!" Aber wenn ein neuerer katholischer Schriftsteller von anerkanntem Verdienst diesen Beweis eines nicht ganz unterdrückten Menschengefühls, den selbst schon der äußere Anstand fordert, den auch die bloße Selbstliebe dem fühllosesten Herzen abnötigt, und dessen Gegenteil nur in der rohesten Seele möglich werden kann, der höchsten Lobpreisung würdig findet, und gar dem Edelmut Alexanders gegen das Andenken des Darius an die Seite setzt, so erweckt er uns ein schlechtes Vertrauen zu dem übrigen Wert seines Helden, oder, was noch schlimmer wäre, zu seinem eigenen Ideale von sittlicher Würde. Aber auch ein solches Lob ist bei demjenigen schon viel, den man von dem Verdacht eines Königsmordes zu reinigen sich genötigt findet!

Es war wohl kaum zu erwarten, daß der mächtige Hang der Menschen zum Außerordentlichen dem gewöhnlichen Laufe der Natur den Ruhm lassen würde, das wichtige Leben eines Gustav Adolfs geendigt zu haben. Der Tod dieses furchtbaren Gegners war für den Kaiser eine zu wichtige Begebenheit, um nicht bei einer feindseligen Partei den so leicht sich darbietenden Gedanken zu erregen, daß das, was ihm nützte, von ihm veranlaßt worden sei. Aber der Kaiser bedurfte zu Ausführung dieser schwarzen Tat eines fremden Armes, und auch diesen glaubte man in der Person Franz Alberts Herzogs von Sachsen-Lauenburg gefunden zu haben. Diesem erlaubte sein Rang einen freien unverdächtigen Zutritt zu dem Monarchen, und ebendiese ehrenvolle Würde diente dazu, ihn über den Verdacht einer schändlichen Handlung hinwegzusetzen. Es braucht nur gezeigt zu werden, daß dieser Prinz einer solchen Abscheulichkeit fähig, und daß er hinlänglich dazu aufgefordert war, sie wirklich zu verüben.

Franz Albert, der jüngste von vier Söhnen Franz des Zweiten, Herzogs von Lauenburg, und durch seine Mutter verwandt mit dem Wasaischen Fürstengeschlechte, hatte in jüngern Jahren am schwedischen Hofe eine freundschaftliche Aufnahme gefunden. Eine Unanständigkeit, die er sich im Zimmer der Königinmutter gegen Gustav Adolf erlaubte, wurde, wie man sagt, von diesem feurigen Jüngling mit einer Ohrfeige geahndet, die, obgleich im Augenblick bereut und durch die vollständigste Genugtuung gebüßt, in dem rachgierigen Gemüt des Herzogs den Grund zu einer unversöhnlichen Feindschaft legte. Franz Albert trat in der Folge in kaiserliche Dienste, wo er ein Regiment anzuführen bekam, mit dem Herzog von Friedland in die engste Verbindung trat, und sich zu einer heimlichen Unterhandlung am sächsischen Hofe gebrauchen ließ, die seinem Rang wenig Ehre machte. Ohne eine erhebliche Ursache davon angeben zu können, verläßt er unvermutet die österreichischen Fahnen, und erscheint zu Nürnberg im Lager des Königs, ihm seine Dienste als Volontär anzubieten. Durch seinen Eifer für die protestantische Sache und ein zuvorkommendes einschmeichelndes Betragen gewinnt er des Königs Herz, der, von Oxenstierna vergeblich gewarnt, seine Gunst und Freundschaft an den verdächtigen Ankömmling verschwendet. Bald darauf kommt es bei Lützen zur Schlacht, in welcher Franz Albert dem Monarchen wie ein böser Dämon beständig zur Seite bleibt, und erst nachdem der König schon gefallen ist, von ihm scheidet. Mitten unter den Kugeln der Feinde bleibt er unverletzt, weil er eine grüne Binde, die Farbe der Kaiserlichen, um den Leib trägt. Er ist der erste, der dem Herzog von Friedland, seinem Freunde, den Fall des Königs hinterbringt. Er vertauscht gleich nach dieser Schlacht die schwedischen Dienste mit den sächsischen, und, bei der Ermordung Wallensteins, als ein Mitschuldiger dieses Generals eingezogen, entgeht er nur durch Abschwörung seines Glaubens dem Schwerte des Nachrichters. Endlich erscheint er aufs neue als Befehlshaber einer kaiserlichen Armee in Schlesien, und stirbt vor Schweidnitz an empfangenen Wunden. Es erfordert wirklich einige Selbstüberwindung, sich der Unschuld eines

Menschen anzunehmen, der einen Lebenslauf, wie diesen, gelebt
hat; aber wenn die moralische und physische Möglichkeit einer
so verabscheuungswerten Tat auch noch so sehr aus den angeführten Gründen erhellte, so zeigt schon der erste Blick, daß
sie auf die wirkliche Begehung derselben keinen rechtmäßigen
Schluß erlauben. Es ist bekannt, daß Gustav Adolf, wie der
gemeinste Soldat in seinem Heer, sich der Gefahr bloßstellte,
und wo Tausende fielen, konnte auch er seinen Untergang finden. Wie er ihn fand, bleibt in undurchdringliches Dunkel verhüllt; aber mehr als irgendwo gilt hier die Maxime, da wo der
natürliche Lauf der Dinge zu einem vollkommenen Erklärungsgrund hinreicht, die Würde der menschlichen Natur
durch keine moralische Beschuldigung zu entehren.

Aber durch welche Hand er auch mag gefallen sein, so muß
uns dieses außerordentliche Schicksal als eine Tat der großen
Natur erscheinen. Die Geschichte, so oft nur auf das freuden-
lose Geschäft eingeschränkt, das einförmige Spiel der menschlichen Leidenschaft auseinanderzulegen, sieht sich zuweilen
durch Erscheinungen belohnt, die gleich einem kühnen Griff
aus den Wolken in das berechnete Uhrwerk der menschlichen
Unternehmungen fallen, und den nachdenkenden Geist auf
eine höhere Ordnung der Dinge verweisen. So ergreift uns
Gustav Adolfs schnelle Verschwindung vom Schauplatz, die
das ganze Spiel des politischen Uhrwerks mit einemmal
hemmt, und alle Berechnungen der menschlichen Klugheit vereitelt. Gestern noch der belebende Geist, der große und einzige
Beweger seiner Schöpfung – heute in seinem Adlerfluge unerbittlich dahingestürzt, herausgerissen aus einer Welt von Entwürfen, von der reifenden Saat seiner Hoffnungen ungestüm
abgerufen, läßt er seine verwaiste Partei trostlos hinter sich,
und in Trümmern fällt der stolze Bau seiner vergänglichen
Größe. Schwer entwöhnt sich die protestantische Welt von den
Hoffnungen, die sie auf diesen unüberwindlichen Anführer
setzte, und mit ihm fürchtet sie ihr ganzes voriges Glück zu
begraben. Aber es war nicht mehr der Wohltäter Deutschlands, der bei Lützen sank. Die wohltätige Hälfte seiner Laufbahn hatte Gustav Adolf geendigt, und der größte Dienst, den
er der Freiheit des Deutschen Reichs noch erzeigen kann, ist
– zu sterben. Die alles verschlingende Macht des einzigen zerfällt, und viele versuchen ihre Kräfte; der zweideutige Beistand eines übermächtigen Beschützers macht der rühmlichern

Selbsthülfe der Stände Platz, und vorher nur die Werkzeuge zu seiner Vergrößerung, fangen sie erst jetzt an, für sich selbst zu arbeiten. In ihrem eigenen Mute suchen sie nunmehr die Rettungsmittel auf, die von der Hand des Mächtigen ohne Gefahr nicht empfangen werden, und die schwedische Macht, außerstand gesetzt, in eine Unterdrückerin auszuarten, tritt in die bescheidenen Grenzen einer Alliierten zurück.

Unverkennbar strebte der Ehrgeiz des schwedischen Monarchen nach einer Gewalt in Deutschland, die mit der Freiheit der Stände unvereinbar war, und nach einer bleibenden Besitzung im Mittelpunkte dieses Reiches. Sein Ziel war der Kaiserthron; und diese Würde, durch seine Macht unterstützt und geltend gemacht durch seine Tätigkeit, war in seiner Hand einem weit größern Mißbrauch ausgesetzt, als man von dem österreichischen Geschlechte zu befürchten hatte. Geboren im Ausland, in den Maximen der Alleinherrschaft auferzogen, und aus frommer Schwärmerei ein abgesagter Feind der Papisten, war er nicht wohl geschickt, das Heiligtum deutscher Verfassung zu bewahren, und vor der Freiheit der Stände Achtung zu tragen. Die anstößige Huldigung, welche, außer mehrern andern Städten, die Reichsstadt Augsburg der schwedischen Krone zu leisten vermocht wurde, zeigte weniger den Beschützer des Reichs als den Eroberer; und diese Stadt, stolzer auf den Titel einer Königsstadt, als auf den rühmlichern Vorzug der Reichsfreiheit, schmeichelte sich schon im voraus, der Sitz seines neuen Reichs zu werden. Seine nicht genug verhehlten Absichten auf das Erzstift Mainz, welches er anfangs dem Kurprinzen von Brandenburg, als Mitgift seiner Tochter Christina, und nachher seinem Kanzler und Freund Oxenstierna bestimmte, legte deutlich an den Tag, wieviel er sich gegen die Verfassung des Reichs zu erlauben fähig war. Die mit ihm verbundenen protestantischen Fürsten machten Ansprüche an seine Dankbarkeit, die nicht anders, als auf Unkosten ihrer Mitstände, und besonders der unmittelbaren geistlichen Stifter, zu befriedigen waren; und vielleicht war der Entwurf schon gemacht, die eroberten Provinzen, nach Art jener alten barbarischen Horden, die das alte Römerreich überschwemmten, unter seine deutschen und schwedischen Kriegsgenossen, wie einen gemeinschaftlichen Raub zu verteilen. In seinem Betragen gegen den Pfalzgrafen Friedrich verleugnete er ganz die Großmut des Helden, und den heiligen Charakter eines

Beschützers. Die Pfalz war in seinen Händen, und die Pflichten sowohl der Gerechtigkeit als der Ehre forderten ihn auf, diese den Spaniern entrissene Provinz ihrem rechtmäßigen Eigentümer in vollkommenem Stande zurückzugeben. Aber durch eine Spitzfindigkeit, die eines großen Mannes nicht würdig ist, und den ehrwürdigen Namen eines Verteidigers der Unterdrückten schändet, wußte er dieser Verbindlichkeit zu entschlüpfen. Er betrachtete die Pfalz als eine Eroberung, die aus Feindeshänden an ihn gekommen sei, und glaubte daraus ein Recht abzuleiten, nach Willkür darüber zu verfügen. Aus Gnade also, und nicht aus Pflichtgefühl, trat er sie dem Pfalzgrafen ab, und zwar als ein Lehen der schwedischen Krone, unter Bedingungen, die den Wert derselben um die Hälfte verringerten, und diesen Fürsten zu einem verächtlichen Vasallen Schwedens herabsetzten. Eine dieser Bedingungen, welche dem Pfalzgrafen vorschreibt: „nach geendigtem Kriege einen Teil der schwedischen Kriegsmacht, dem Beispiel der übrigen Fürsten gemäß, unterhalten zu helfen", läßt uns einen ziemlich hellen Blick in das Schicksal tun, welches Deutschland bei fortdauerndem Glück des Königs erwartete. Sein schneller Abschied von der Welt sicherte dem Deutschen Reiche die Freiheit, und ihm selbst seinen schönsten Ruhm, wenn er ihm nicht gar die Kränkung ersparte, seine eigenen Bundesgenossen gegen ihn gewaffnet zu sehen, und alle Früchte seiner Siege in einem nachteiligen Frieden zu verlieren. Schon neigte sich Sachsen zum Abfall von seiner Partei; Dänemark betrachtete seine Größe mit Unruh und Neide; und selbst Frankreich, sein wichtigster Alliierter, aufgeschreckt durch das furchtbare Wachstum seiner Macht und durch den stolzeren Ton, den er führte, sah sich schon damals, als er den Lechstrom passierte, nach fremden Bündnissen um, den sieghaften Lauf des Goten zu hemmen, und das Gleichgewicht der Macht in Europa wiederherzustellen.

Das schwache Band der Eintracht, wodurch Gustav Adolf die protestantischen Glieder des Reichs mühsam zusammenhielt, zerriß mit seinem Tode; die Verbundenen traten in ihre vorige Freiheit zurück, oder sie mußten sich in einem neuen Bunde verknüpfen. Durch das erste verloren sie alle Vorteile, welche sie mit so vielem Blut errungen hatten, und setzten sich der unvermeidlichen Gefahr aus, der Raub eines Feindes zu werden, dem sie durch ihre Vereinigung allein gewachsen und überlegen gewesen waren. Einzeln konnte es weder Schweden, noch irgendein Reichsstand mit der Ligue und dem Kaiser aufnehmen, und bei einem Frieden, den man unter solchen Umständen suchte, würde man gezwungen gewesen sein, von dem Feinde Gesetze zu empfangen. Vereinigung war also die gleich notwendige Bedingung, sowohl um einen Frieden zu schließen, als um den Krieg fortzusetzen. Aber ein Frieden, in der gegenwärtigen Lage gesucht, konnte nicht wohl anders als zum Nachteil der verbundenen Mächte geschlossen werden. Mit dem Tode Gustav Adolfs schöpfte der Feind neue Hoffnung, und wie nachteilig auch seine Lage nach dem Treffen bei Lützen sein mochte, so war dieser Tod seines gefährlichsten Gegners eine zu nachteilige Begebenheit für die Verbundenen, und eine zu glückliche für den Kaiser, um ihn nicht zu den glänzendsten Erwartungen zu berechtigen, und zu Fortsetzung des Kriegs einzuladen. Die Trennung unter den Alliierten mußte, für den Augenblick wenigstens, die unvermeidliche Folge desselben sein; und wieviel gewann der Kaiser, gewann die Ligue bei einer solchen Trennung der Feinde! So große Vorteile, als ihm die jetzige Wendung der Dinge versprach, konnte er also nicht wohl für einen Frieden aufopfern, bei dem e r nicht das meiste gewann; und einen solchen Frieden konnten die Verbundenen nicht zu schließen wünschen. Der natürlichste Schluß fiel also auf Fortsetzung des Krieges, so wie Vereinigung für das unentbehrlichste Mittel dazu erkannt wurde.

Aber wie diese Vereinigung erneuern, und wo zu Fortsetzung des Krieges die Kräfte hernehmen? Nicht die Macht des schwedischen Reiches, nur der Geist und das persönliche Ansehen seines verstorbenen Beherrschers hatten ihm den überwiegenden Einfluß in Deutschland und eine so große Herrschaft über die Gemüter erworben; und auch ihm war es erst nach unendlichen Schwierigkeiten gelungen, ein schwaches und unsicheres Band der Vereinigung unter den Ständen zu knüpfen. Mit ihm verschwand alles, was nur durch ihn, durch seine persönlichen Eigenschaften, möglich geworden, und die Verbindlichkeit der Stände hörte zugleich mit den Hoffnungen auf, auf die sie gegründet worden war. Mehrere unter den Ständen werfen ungeduldig das Joch ab, das sie nicht ohne Widerwillen trugen; andre eilen, sich selbst des Ruders zu bemächtigen, das sie ungern genug in Gustavs Händen gesehen, aber nicht Macht gehabt hatten, ihm bei seinen Lebzeiten streitig zu machen. Andre werden von dem Kaiser durch verführerische Versprechungen in Versuchung geführt, den allgemeinen Bund zu verlassen; andre, von den Drangsalen des vierzehnjährigen Krieges zu Boden gedrückt, sehnen sich kleinmütig nach einem, wenn auch verderblichen, Frieden. Die Anführer der Armeen, zum Teil deutsche Fürsten, erkennen kein gemeinschaftliches Oberhaupt, und keiner will sich erniedrigen, von dem andern Befehle zu empfangen. Die Eintracht verschwindet aus dem Kabinett und aus dem Felde, und das gemeine Wesen ist in Gefahr, durch diesen Geist der Trennung ins Verderben zu sinken.

Gustav hatte dem schwedischen Reiche keinen männlichen Nachfolger hinterlassen; seine sechsjährige Tochter Christina war die natürliche Erbin seines Throns. Die unvermeidlichen Gebrechen einer vormundschaftlichen Regierung vertrugen sich mit dem Nachdruck und der Entschlossenheit nicht gut, welche Schweden in diesem mißlichen Zeitlaufe zeigen sollte. Gustav Adolfs hochfliegender Geist hatte diesem schwachen und unberühmten Staat unter den Mächten von Europa einen Platz angewiesen, den er ohne das Glück und den Geist seines Urhebers nicht wohl behaupten, und von dem er doch ohne das schimpflichste Geständnis der Ohnmacht nicht mehr herabsteigen konnte. Wenngleich der deutsche Krieg größtenteils mit Deutschlands Kräften bestritten wurde, so drückte doch schon der kleine Zuschuß, welchen Schweden aus seinen eigenen Mitteln an Geld und Mannschaft dazu gab, dieses dürftige Königreich zu Boden, und der Landmann erlag unter den Lasten, die man auf ihn zu häufen gezwungen war. Die in Deutschland gemachte Kriegsbeute bereicherte bloß einzelne vom Adel und vom Soldatenstand, und Schweden selbst blieb arm wie zuvor. Eine Zeitlang zwar söhnte der Nationalruhm den geschmeichelten Untertan mit diesen Bedrückungen aus, und man konnte die Abgaben, die man entrichtete, als ein Darlehn betrachten, das in der glücklichen Hand Gustav Adolfs herrliche Zinsen trug, und von diesem dankbaren Monarchen nach einem glorreichen Frieden mit Wucher erstattet werden würde. Aber diese Hoffnung verschwand mit dem Tode des Königs, und das getäuschte Volk forderte nun mit furchtbarer Einhelligkeit Erleichterung von seinen Lasten.

Aber der Geist Gustav Adolfs ruhte noch auf den Männern, denen er die Verwaltung des Reichs anvertraute. Wie schrecklich auch die Post von seinem Tode sie überraschte, so beugte sie doch ihren männlichen Mut nicht, und der Geist des alten Roms unter Brennus und Hannibal beseelt diese edle Versammlung. Je teurer der Preis war, womit man die errungenen Vorteile erkauft hatte, desto weniger konnte man sich entschließen, ihnen freiwillig zu entsagen; nicht umsonst will man einen König eingebüßt haben. Der schwedische Reichsrat, gezwungen, zwischen den Drangsalen eines zweifelhaften erschöpfenden Kriegs und einem nützlichen aber schimpflichen Frieden zu wählen, ergreift mutig die Partei der Gefahr und der Ehre, und mit angenehmem Erstaunen sieht man diesen ehrwürdigen Senat sich mit der ganzen Rüstigkeit eines Jünglings erheben. Von innen und außen mit wachsamen Feinden umgeben, und an allen Grenzen des Reichs von Gefahren umstürmt, waffnet er sich gegen alle mit soviel Klugheit als Heldenmut, und arbeitet an Erweiterung des Reichs, während daß er Mühe hat, die Existenz desselben zu behaupten.

Das Ableben des Königs und die Minderjährigkeit seiner Tochter Christina, erweckte aufs neue die alten Ansprüche Polens auf den schwedischen Thron, und König Ladislaus, Sigismunds Sohn, sparte die Unterhandlungen nicht, sich eine Partei in diesem Reiche zu erwerben. Die Regenten verlieren aus diesem Grunde keinen Augenblick, die sechsjährige Königin in Stockholm als Beherrscherin auszurufen, und die vormundschaftliche Verwaltung anzuordnen. Alle Beamte des Reichs werden angehalten, der neuen Fürstin zu huldigen, aller Briefwechsel nach Polen gehemmt, und die Plakate der vorhergehenden Könige gegen die Sigismundischen Erben durch eine feierliche Akte bekräftigt. Die Freundschaft mit dem Zar von Moskau wird mit Vorsicht erneuert, um durch die Waffen dieses Fürsten das feindselige Polen desto besser im Zaum zu halten. Die Eifersucht Dänemarks hatte der Tod Gustav Adolfs gebrochen, und die Besorgnisse weggeräumt, welche dem guten Vernehmen zwischen diesen beiden Nachbarn im Wege standen. Die Bemühungen der Feinde, Christian den Vierten gegen das schwedische Reich zu bewaffnen, fanden jetzt keinen Eingang mehr, und der lebhafte Wunsch, seinen Prinzen Ulrich mit der jungen Königin zu vermählen, vereinigte sich mit den Vorschriften einer besseren Staatskunst, ihn neutral zu erhalten. Zugleich kommen England, Holland und Frankreich dem schwedischen Reichsrat mit den erfreulichsten Versicherungen ihrer fortdauernden Freundschaft und Unterstützung entgegen, und ermuntern ihn mit vereinigter Stimme zu lebhafter Fortsetzung eines so rühmlich geführten Krieges. Soviel Ursache man in Frankreich gehabt hatte, sich zu dem Tode des schwedischen Eroberers Glück zu wünschen, sosehr empfand man die Notwendigkeit eines fortgesetzten Bündnisses mit den Schweden. Ohne sich selbst der größten Gefahr auszusetzen, durfte man diese Macht in Deutschland nicht sinken lassen. Mangel an eigenen Kräften nötigte sie entweder zu einem schnellen und nachteiligen Frieden mit Österreich, und dann waren alle Bemühungen verloren, die man angewendet hatte, diese gefährliche Macht zu beschränken; oder Not und Verzweiflung lehrten die Armeen in den Ländern der katholischen Reichsfürsten die Mittel zu ihrem Unterhalt finden, und Frankreich wurde dann zum Verräter an diesen Staaten, die sich seinem mächtigen Schutz unterworfen hatten. Der Fall Gustav Adolfs, weit entfernt, die Verbindungen Frankreichs mit dem schwedischen Reiche zu vernichten, hatte sie vielmehr für beide Staaten notwendiger und für Frankreich um vieles nützlicher gemacht. Jetzt erst, nachdem derjenige dahin war, der seine Hand über Deutschland gehalten, und die Grenzen dieses Reichs gegen die französische Raubsucht gesichert hatte, konnte es seine Entwürfe auf das Elsaß ungehindert verfolgen, und den deutschen Protestanten seinen Beistand um einen desto höheren Preis verkaufen.

Durch diese Allianzen gestärkt, gesichert von innen, von außen durch gute Grenzbesatzungen und Flotten verteidigt, blieben die Regenten keinen Augenblick unschlüssig, einen Krieg fortzuführen, bei welchem Schweden wenig Eigenes zu verlieren, und wenn das Glück seine Waffen krönte, irgendeine deutsche Provinz, sei es als Kostenersatz oder als Eroberung, zu gewinnen hatte. Sicher in seinen Wassern wagte es nicht viel mehr, wenn seine Armeen aus Deutschland herausgeschlagen wurden, als wenn sie sich freiwillig daraus zurückzogen; und jenes war ebenso rühmlich, als dieses entehrend war. Je mehr Herzhaftigkeit man zeigte, desto mehr Vertrauen flößte man den Bundesgenossen, desto mehr Achtung den Feinden ein, desto günstigere Bedingungen waren bei einem Frieden zu erwarten. Fände man sich auch zu schwach, die weit aussehenden Entwürfe Gustavs zu vollführen, so war man doch seinem erhabenen Muster schuldig, das Äußerste zu tun, und keinem andern Hindernis als der Notwendigkeit zu weichen. Schade, daß die Triebfeder des Eigennutzes an diesem rühmlichen Entschlusse zu viel Anteil hat, um ihn ohne Einschränkung bewundern zu können! Denen, welche von den Drangsalen des Kriegs für sich selbst nichts zu leiden hatten, ja sich vielmehr dabei bereicherten, war es freilich ein leichtes, für die Fortdauer desselben zu stimmen – denn endlich war es doch nur das Deutsche Reich, das den Krieg bezahlte, und die Provinzen, auf die man sich Rechnung machte, waren mit den wenigen Truppen, die man von jetzt an daran wendete, mit den Feldherren, die man an die Spitze der größtenteils deutschen Armeen stellte, und mit der ehrenvollen Aufsicht über den Gang der Waffen und Unterhandlungen wohlfeil genug erworben.

Aber ebendiese Aufsicht vertrug sich nicht mit der Entlegenheit der schwedischen Regentschaft von dem Schauplatze des Kriegs, und mit der Langsamkeit, welche die kollegialische Geschäftsform notwendig macht. Einem einzigen vielumfassenden Kopfe mußte die Macht übertragen werden, in Deutschland selbst das Interesse des schwedischen Reichs zu besorgen, und nach eigener Einsicht über Krieg und Frieden, über die nötigen Bündnisse, wie über die gemachten Erwerbungen zu verfügen. Mit diktatorischer Gewalt und mit dem ganzen Ansehen der Krone, die er repräsentiert, mußte dieser wichtige Magistrat bekleidet sein, um die Würde derselben zu behaupten, um die gemeinschaftlichen Operationen in Übereinstimmung zu bringen, um seinen Anordnungen Nachdruck zu geben, und so den Monarchen, dem er folgte, in jeder Rücksicht zu ersetzen. Ein solcher Mann fand sich in dem Reichskanzler Oxenstierna, dem ersten Minister, und, was mehr sagen will, dem Freunde des verstorbenen Königs, der, eingeweiht in alle Geheimnisse seines Herrn, vertraut mit den deutschen Geschäften, und aller europäischen Staatsverhältnisse kundig, ohne Widerspruch das tüchtigste Werkzeug war, den Plan Gustav Adolfs in seinem ganzen Umfange zu verfolgen.

Oxenstierna hatte eben eine Reise nach Oberdeutschland angetreten, um die vier obern Kreise zu versammeln, als ihn die Post von des Königs Tode zu Hanau überraschte. Dieser schreckliche Schlag, der das gefühlvolle Herz des Freundes durchbohrte, raubte dem Staatsmann alle Besinnungskraft; alles war ihm genommen, woran seine Seele hing. Schweden hatte nur einen König, Deutschland nur einen Beschützer, Oxenstierna den Urheber seines Glücks, den Freund seiner Seele, den Schöpfer seiner Ideale verloren. Aber, von dem allgemeinen Unglück am härtesten getroffen, war er auch der erste, der sich aus eigner Kraft darüber erhob, so wie er der einzige war, der es wiedergutmachen konnte. Sein durchdringender Blick übersah alle Hindernisse, welche sich der Ausführung seiner Entwürfe entgegenstellten, die Mutlosigkeit der Stände, die Intrigen der feindlichen Höfe, die Trennung der Bundesgenossen, die Eifersucht der Häupter, die Abneigung der Reichsfürsten, sich fremder Führung zu unterwerfen. Aber ebendieser tiefe Blick in die damalige Lage der Dinge, der ihm die ganze Größe des Übels aufdeckte, zeigte ihm auch die Mittel, es zu besiegen. Es kam darauf an, den gesunkenen Mut der schwächern Reichsstände aufzurichten, den geheimen Machinationen der Feinde entgegenzuwirken, die Eifersucht der mächtigern Alliierten zu schonen, die befreundeten Mächte, Frankreich besonders, zu tätiger Hülfleistung zu ermuntern, vor allem aber die Trümmer des deutschen Bundes zu sammeln, und die getrennten Kräfte der Partei durch ein enges dauerhaftes Band zu vereinigen. Die Bestürzung, in welche der Verlust ihres Oberhauptes die deutschen Protestanten versetzte, konnte sie ebensogut zu einem festern Bündnisse mit Schweden, als zu einem übereilten Frieden mit dem Kaiser antreiben, und nur von dem Betragen, das man beobachtete, hing es ab, welche von diesen beiden Wirkungen erfolgen sollte. Verloren war alles, sobald man Mutlosigkeit blicken ließ; nur die Zuversicht, die man selbst zeigte, konnte ein edles Selbstvertrauen bei den Deutschen entflammen. Alle Versuche des österreichischen Hofs, die letztern von der schwedischen Allianz abzuziehen, verfehlten ihren Zweck, sobald man ihnen die Augen über ihren wahren Vorteil eröffnete, und sie zu einem öffentlichen und förmlichen Bruch mit dem Kaiser vermochte.

Freilich ging, ehe diese Maßregeln genommen, und die nötigen Punkte zwischen der Regierung und ihrem Minister berichtigt waren, eine kostbare Zeit für die Wirksamkeit der schwedischen Armee verloren, die von den Feinden aufs beste benutzt wurde. Damals stand es bei dem Kaiser, die schwedische Macht in Deutschland zugrunde zu richten, wenn die weisen Ratschläge des Herzogs von Friedland Eingang bei ihm gefunden hätten. Wallenstein riet ihm an, eine uneingeschränkte Amnestie zu verkündigen, und den protestantischen Ständen mit günstigen Bedingungen entgegenzukommen. In dem ersten Schrecken, den Gustav Adolfs Fall bei der ganzen Partei verbreitete, würde eine solche Erklärung die entschiedenste Wirkung getan, und die geschmeidigeren Stände zu den Füßen des Kaisers zurückgeführt haben. Aber, durch den unerwarteten Glücksfall verblendet, und von spanischen Eingebungen betört, erwartete er von den Waffen einen glänzendern Ausschlag, und, anstatt den Mediationsvorschlägen Gehör zu schenken, eilte er seine Macht zu vermehren. Spanien, durch den Zehenten der geistlichen Güter bereichert, den der Papst ihm bewilligte, unterstützte ihn mit beträchtlichen Vorschüssen, unterhandelte für ihn an dem sächsischen Hofe, und ließ in Italien eilfertig Truppen werben, die in Deutschland gebraucht werden sollten. Auch der Kurfürst von Bayern verstärkte seine Kriegsmacht beträchtlich, und dem Herzog von Lothringen erlaubte sein unruhiger Geist nicht, bei dieser glücklichen Wendung des Schicksals sich müßig zu verhalten. Aber indem der Feind sich so geschäftig bewies, den Unfall der Schweden zu benutzen, versäumte Oxenstierna nichts, die schlimmen Folgen desselben zu vereiteln.

Weniger bange vor dem öffentlichen Feind, als vor der Eifersucht befreundeter Mächte, verließ er das obere Deutschland, dessen er sich durch die gemachten Eroberungen und Allianzen versichert hielt, und machte sich in Person auf den Weg, die Stände von Niederdeutschland von einem völligen Abfall

oder einer Privatverbindung unter sich selbst, die für Schweden
nicht viel weniger schlimm war, zurückzuhalten. Durch die
Anmaßlichkeit beleidigt, mit der sich der Kanzler die Führung
der Geschäfte zueignete, und im Innersten empört von dem
Gedanken, von einem schwedischen Edelmann Vorschriften
anzunehmen, arbeitete der Kurfürst von Sachsen aufs neue an
einer gefährlichen Absonderung von den Schweden, und die
Frage war bloß, ob man sich völlig mit dem Kaiser vergleichen,
oder sich zum Haupte der Protestanten aufwerfen, und mit
ihnen eine dritte Partei in Deutschland errichten sollte. Ähnliche Gesinnungen hegte der Herzog Ulrich von Braunschweig,
und er legte sie laut genug an den Tag, indem er den Schweden
die Werbungen in seinem Land untersagte, und die niedersächsischen Stände nach Lüneburg einlud, ein Bündnis unter
ihnen zu stiften. Der Kurfürst von Brandenburg allein, über
den Einfluß neidisch, den Kursachsen in Niederdeutschland
gewinnen sollte, zeigte einigen Eifer für das Interesse der
schwedischen Krone, die er schon auf dem Haupte seines
Sohns zu erblicken glaubte. Oxenstierna fand zwar die ehren-
vollste Aufnahme am Hofe Johann Georgs; aber schwankende
Zusagen von fortdauernder Freundschaft waren alles, was er,
der persönlichen Verwendung Kurbrandenburgs ungeachtet,
von diesem Fürsten erhalten konnte. Glücklicher war er bei
dem Herzog von Braunschweig, gegen den er sich eine kühnere Sprache erlaubte. Schweden hatte damals das Erzstift
Magdeburg im Besitz, dessen Bischof die Befugnis hatte, den
niedersächsischen Kreis zu versammeln. Der Kanzler behauptete das Recht seiner Krone, und durch dieses glückliche
Machtwort vereitelte er für diesmal diese bedenkliche Versammlung. Aber die allgemeine Protestantenverbindung, der
Hauptzweck seiner gegenwärtigen Reise und aller künftigen
Bemühungen, mißlang ihm für jetzt und für immer, und er
mußte sich mit einzelnen unsichern Bündnissen in den sächsischen Kreisen und mit der schwächern Hülfe des obern
Deutschlands begnügen.

Weil die Bayern an der Donau zu mächtig waren, so ver-
legte man die Zusammenkunft der vier obern Kreise, die zu
Ulm hatte vor sich gehen sollen, nach Heilbronn, wo über
zwölf Reichsstädte, und eine glänzende Menge von Doktoren,
Grafen und Fürsten sich einfanden. Auch die auswärtigen
Mächte, Frankreich, England und Holland beschickten diesen

Konvent, und Oxenstierna erschien auf demselben mit dem ganzen Pompe der Krone, deren Majestät er behaupten sollte. Er selbst führte das Wort, und der Gang der Beratschlagungen wurde durch seine Vorträge geleitet. Nachdem er von allen versammelten Ständen die Versicherung einer unerschütterlichen Treue, Beharrlichkeit und Eintracht erhalten, verlangte er von ihnen, daß sie den Kaiser und die Ligue förmlich und feierlich als Feinde erklären sollten. Aber so viel den Schweden daran gelegen war, das üble Vernehmen zwischen dem Kaiser und den Ständen zu einem förmlichen Bruch zu erweitern, so wenig Lust bezeigten die Stände, sich durch diesen entscheidenden Schritt alle Möglichkeit einer Aussöhnung abzuschneiden, und ebendadurch den Schweden ihr ganzes Schicksal in die Hände zu geben. Sie fanden, daß eine förmliche Kriegserklärung, da die Tat selbst spreche, unnütz und überflüssig sei, und ihr standhafter Widerstand brachte den Kanzler zum Schweigen. Heftigere Kämpfe erregte der dritte und vornehmste Punkt der Beratschlagungen, durch welchen die Mittel zu Fortsetzung des Kriegs, und die Beiträge der Stände zu Unterhaltung der Armeen bestimmt werden sollten. Oxenstiernas Maxime, von den allgemeinen Lasten so viel als möglich war auf die Stände zu wälzen, vertrug sich nicht mit dem Grundsatz der Stände, so wenig als möglich zu geben. Hier erfuhr der schwedische Kanzler, was dreißig Kaiser vor ihm mit herber Wahrheit empfunden, daß unter allen mißlichen Unternehmungen die allermißlichste sei, von den Deutschen Geld zu erheben. Anstatt ihm die nötigen Summen für die neu zu errichtenden Armeen zu bewilligen, zählte man ihm mit beredter Zunge alles Unheil auf, welches die schon vorhandenen angerichtet, und forderte Erleichterung von den vorigen Lasten, wo man sich neuen unterziehen sollte. Die üble Laune, in welche die Geldforderung des Kanzlers die Stände versetzt hatte, brütete tausend Beschwerden aus, und die Ausschweifungen der Truppen bei Durchmärschen und Quartieren wurden mit schauderhafter Wahrheit gezeichnet.

Oxenstierna hatte im Dienst von zwei unumschränkten Fürsten wenig Gelegenheit gehabt, sich an die Förmlichkeiten und den bedächtlichen Gang republikanischer Verhandlungen zu gewöhnen, und seine Geduld am Widerspruch zu üben. Fertig zum Handeln, sobald ihm die Notwendigkeit einleuchtete, und eisern in seinem Entschluß, sobald er ihn einmal gefaßt hatte, begriff er die Inkonsequenz der mehresten Menschen nicht, den Zweck zu begehren und die Mittel zu hassen. Durchfahrend und heftig von Natur, war er es bei dieser Gelegenheit noch aus Grundsatz; denn jetzt kam alles darauf an, durch eine feste zuversichtliche Sprache die Ohnmacht des schwedischen Reichs zu bedecken, und durch den angenommenen Ton des Gebieters wirklich Gebieter zu werden. Kein Wunder also, wenn er bei solchen Gesinnungen unter deutschen Doktoren und Ständen ganz und gar nicht in seiner Sphäre war, und durch die Umständlichkeit, welche den Charakter der Deutschen in allen ihren öffentlichen Verhandlungen ausmacht, zur Verzweiflung gebracht wurde. Ohne Schonung gegen eine Sitte, nach der sich auch die mächtigsten Kaiser hatten bequemen müssen, verwarf er alle schriftliche Deliberationen, welche der deutschen Langsamkeit so zuträglich waren; er begriff nicht, wie man zehen Tage über einen Punkt sich besprechen konnte, der ihm schon durch den bloßen Vortrag so gut als abgetan war. So hart er aber auch die Stände behandelte, so gefällig und bereitwillig fand er sie, ihm seine vierte Motion, die ihn selbst betraf, zu bewilligen. Als er auf die Notwendigkeit kam, dem errichteten Bund einen Vorsteher und Direktor zu geben, sprach man Schweden einstimmig diese Ehre zu, und ersuchte ihn untertänig, der gemeinen Sache mit seinem erleuchteten Verstande zu dienen, und die Last der Oberaufsicht auf seine Schultern zu nehmen. Um sich aber doch gegen einen Mißbrauch der großen Gewalt, die man durch diese Bestallung in seine Hände gab, zu verwahren, setzte man ihm, nicht ohne französischen Einfluß, unter dem Namen von Gehülfen, eine bestimmte Anzahl von Aufsehern an die Seite, die die Kasse des Bundes verwalten, und über die Werbungen, Durchzüge und Einquartierung der Truppen mitzusprechen haben sollten. Oxenstierna wehrte sich lebhaft gegen diese Einschränkung seiner Macht, wodurch man ihm die Ausführung jedes, Schnelligkeit oder Geheimnis fordernden, Entwurfes erschwerte, und errang sich endlich mit Mühe die Freiheit, in Kriegssachen seiner eigenen Einsicht zu folgen. Endlich berührte der Kanzler auch den kitzligen Punkt der Entschädigung, welche sich Schweden nach geendigtem Kriege von der Dankbarkeit seiner Alliierten zu versprechen hätte, und er schmeichelte sich mit der Hoffnung, auf Pommern angewiesen zu werden, worauf das Hauptaugenmerk Schwedens gerichtet war, und von den Ständen die Versicherung ihres kräftigen Beistands zu Erwerbung dieser Provinz zu erhalten. Aber es blieb bei einer allgemeinen und schwankenden Versicherung, daß man einander bei einem künftigen Frieden nicht im Stich lassen würde. Daß es nicht die Ehrfurcht für die Verfassung des Reiches war, was die Stände über diesen Punkt so behutsam machte, zeigte die Freigebigkeit, die man auf Unkosten der heiligsten Reichsgesetze gegen den Kanzler beweisen wollte. Wenig fehlte, daß man ihm nicht das Erzstift Mainz, welches er ohnehin als Eroberung innehatte, zur Belohnung anbot, und nur mit Mühe hintertrieb der französische Abgesandte diesen ebenso unpolitischen als entehrenden Schritt. Wie weit nun auch die Erfüllung hinter den Wünschen Oxenstiernas zurückblieb, so hatte er doch seinen vornehmsten Zweck, die D i r e k t i o n des Ganzen, für seine Krone und für sich selbst erreicht, das Band zwischen den Ständen der vier obern Kreise enger und fester zusammengezogen, und zu Unterhaltung der Kriegsmacht einen jährlichen Beitrag von drittehalb Millionen Talern errungen.

So viel Nachgiebigkeit von seiten der Stände war von seiten Schwedens einer Erkenntlichkeit wert. Wenige Wochen nach Gustav Adolfs Tod hatte der Gram das unglückliche Leben des Pfalzgrafen Friedrich geendigt, nachdem dieser beklagenswerte Fürst acht Monate lang den Hofstaat seines Beschützers vermehrt, und im Gefolge desselben den kleinen Überrest seines Vermögens verschwendet hatte. Endlich näherte er sich dem Ziele seiner Wünsche, und eine freudigere Zukunft tat sich vor ihm auf, als der Tod seinen Beschützer dahinraffte. Was er als das höchste Unglück betrachtete, hatte die günstigsten Folgen für seinen Erben. Gustav Adolf durfte sich herausnehmen, mit der Zurückgabe seiner Länder zu zögern, und dieses Geschenk mit drückenden Bedingungen zu beschweren; Oxenstierna, dem die Freundschaft Englands, Hollands und Brandenburgs, und die gute Meinung der reformierten Stände überhaupt ungleich wichtiger war, mußte die Pflicht der Gerechtigkeit befolgen. Er übergab daher auf ebendieser Versammlung zu Heilbronn sowohl die schon eroberten als die noch zu erobernden pfälzischen Lande den Nachkommen Friedrichs, Mannheim allein ausgenommen, welches bis zu geschehener Kostenerstattung von den Schweden besetzt bleiben sollte. Der Kanzler schränkte seine Gefälligkeit nicht bloß auf das pfälzische Haus ein; auch die andern alliierten Reichsfürsten erhielten, wiewohl einige Zeit später, Beweise von der Dankbarkeit Schwedens, welche dieser Krone ebensowenig von ihrem Eigenen kosteten.

Die Pflicht der Unparteilichkeit, die heiligste des Geschichtschreibers, verbindet ihn zu einem Geständnis, das den Verfechtern der deutschen Freiheit eben nicht sehr zur Ehre gereicht. Wie viel sich auch die protestantischen Fürsten mit der Gerechtigkeit ihrer Sache und mit der Reinigkeit ihres Eifers wußten, so waren es doch größtenteils sehr eigennützige Triebfedern, aus denen sie handelten; und die Begierde zu rauben hatte wenigstens ebensoviel Anteil an den angefangenen Feindseligkeiten, als die Furcht sich beraubt zu sehen. Bald entdeckte Gustav Adolf, daß er sich von dieser unreinen Triebfeder weit mehr, als von ihren patriotischen Empfindungen zu versprechen habe, und er unterließ nicht, sie zu benutzen. Jeder der mit ihm verbundenen Fürsten erhielt von ihm die Zusicherung irgendeiner dem Feinde schon entrissenen oder noch zu entreißenden Besitzung, und nur der Tod hinderte ihn, seine Zusagen wahr zu machen. Was dem König die Klugheit riet, gebot die Notwendigkeit seinem Nachfolger; und wenn diesem daran gelegen war, den Krieg zu verlängern, so mußte er die Beute mit den verbundenen Fürsten teilen, und ihnen von der Verwirrung, die er zu nähren suchte, Vorteile versprechen. Und so sprach er dem Landgrafen von Hessen die Stifter Paderborn, Corvey, Münster und Fulda, dem Herzog Bernhard von Weimar die fränkischen Bistümer, dem Herzog von Württemberg die in seinem Lande gelegenen geistlichen Güter und österreichischen Grafschaften zu, alles unter dem Namen schwedischer Lehen. Den Kanzler selbst befremdete dieses widersinnige, den Deutschen so wenig Ehre bringende Schauspiel, und kaum konnte er seine Verachtung verbergen. „Man lege es in unserm Archiv nieder", sagte er einesmals, „zum ewigen Gedächtnis, daß ein deutscher Reichsfürst von einem schwedischen Edelmann so etwas begehrte, und daß der schwedische Edelmann dem deutschen Reichsfürsten auf deutscher Erde so etwas zuteilte."

Nach so wohlgetroffenen Anstalten konnte man mit Ehren im Feld erscheinen, und den Krieg mit frischer Lebhaftigkeit erneuern. Bald nach dem Siege bei Lützen vereinigen sich die sächsischen und lüneburgischen Truppen mit der schwedischen Hauptmacht, und die Kaiserlichen werden in kurzer Zeit aus ganz Sachsen herausgetrieben. Nunmehr trennt sich diese vereinigte Armee. Die Sachsen rücken nach der Lausitz und Schlesien, um dort in Gemeinschaft mit dem Grafen von Thurn gegen die Österreicher zu agieren; einen Teil der schwedischen Armee führt Herzog Bernhard nach Franken, den andern Herzog Georg von Braunschweig nach Westfalen und Niedersachsen.

Die Eroberungen am Lechstrom und an der Donau wurden, während daß Gustav Adolf den Zug nach Sachsen unternahm, von dem Pfalzgrafen von Birkenfeld und dem schwedischen General Banér gegen die Bayern verteidigt. Aber zu schwach, den siegreichen Fortschritten der letztern, die von der Kriegserfahrung und Tapferkeit der kaiserlichen Generals von Altringer unterstützt wurden, hinlänglichen Widerstand zu tun, mußten sie den schwedischen General von Horn aus dem Elsaß zu Hülfe rufen. Nachdem dieser kriegserfahrne Feldherr die Städte Benfeld, Schlettstadt, Colmar und Hagenau der schwedischen Herrschaft unterworfen, übergab er dem Rheingrafen Otto Ludwig die Verteidigung derselben, und eilte über den Rhein, um das Banérische Heer zu verstärken. Aber ungeachtet dieses nunmehr sechzehntausend Mann stark war, konnte es doch nicht verhindern, daß der Feind nicht an der schwäbischen Grenze festen Fuß gewann, Kempten eroberte, und sieben Regimenter aus Böhmen an sich zog. Um die wichtigen Ufer des Lech und der Donau zu behaupten, entblößte man das Elsaß, wo Rheingraf Otto Ludwig nach Horns Abzug Mühe gehabt hatte, sich gegen das aufgebrachte Landvolk zu verteidigen. Auch er mußte mit seinen Truppen das Heer an der Donau verstärken; und da auch dieser Sukkurs nicht hinreichte, so forderte man den Herzog Bernhard von Weimar dringend auf, seine Waffen nach dieser Gegend zu kehren.

Bernhard hatte sich bald nach Eröffnung des Feldzugs im Jahre 1633 der Stadt und des ganzen Hochstifts Bamberg bemächtigt, und Würzburg ein ähnliches Schicksal zugedacht. Auf die Einladung Gustav Horns setzte er sich ungesäumt in Marsch gegen die Donau, schlug unterwegs ein bayrisches Heer unter Johann von Werth aus dem Felde, und vereinigte sich bei Donauwörth mit den Schweden. Diese zahlreiche, von den trefflichsten Generalen befehligte Armee bedroht Bayern mit einem furchtbaren Einfall. Das ganze Bistum Eichstätt

wird überschwemmt, und Ingolstadt selbst verspricht ein
Verräter den Schweden in die Hände zu spielen. Altringers
Tätigkeit wird durch die ausdrückliche Vorschrift des Herzogs
von Friedland gefesselt, und, von Böhmen aus ohne Hülfe gelassen, kann er sich dem Andrang des feindlichen Heers nicht entgegensetzen. Die günstigsten Umstände vereinigen sich, die
Waffen der Schweden in diesen Gegenden siegreich zu machen,
als die Tätigkeit der Armee durch eine Empörung der Offiziere
auf einmal gehemmt wird.

Den Waffen dankte man alles, was man in Deutschland erworben hatte; selbst Gustav Adolfs Größe war das Werk der
Armee, die Frucht ihrer Disziplin, ihrer Tapferkeit, ihres ausdauernden Muts in unendlichen Gefahren und Mühseligkeiten.
Wie künstlich man auch im Kabinett seine Plane anlegte, so
war doch zuletzt die Armee allein die Vollzieherin, und die erweiterten Entwürfe der Anführer vermehrten immer nur die
Lasten derselben. Alle großen Entscheidungen in diesem
Kriege waren durch eine wirklich barbarische Hinopferung
der Soldaten in Winterfeldzügen, Märschen, Stürmen und
offenen Schlachten gewaltsam erzwungen worden, und es war
Gustav Adolfs Maxime, nie an einem Siege zu verzagen, sobald
er ihm mehr nicht als Menschen kostete. Dem Soldaten konnte
seine Wichtigkeit nicht lange verborgen bleiben, und mit Recht
verlangte er seinen Anteil an einem Gewinn, der mit seinem
Blute errungen war. Aber mehrenteils konnte man ihm kaum
den gebührenden Sold bezahlen, und die Gierigkeit der einzelnen Häupter, oder das Bedürfnis des Staats verschlang gewöhnlich den besten Teil der erpreßten Summen und der erworbenen Besitzungen. Für alle Mühseligkeiten, die er übernahm,
blieb ihm nichts, als die zweifelhafte Aussicht auf Raub oder
auf Beförderung; und in beiden mußte er sich nur zu oft
hintergangen sehen. Furcht und Hoffnung unterdrückten zwar
jeden gewaltsamen Ausbruch der Unzufriedenheit, solange
Gustav Adolf lebte; aber nach seinem Hintritt wurde der allgemeine Unwille laut, und der Soldat ergriff gerade den gefährlichsten Augenblick, sich seiner Wichtigkeit zu erinnern. Zwei
Offiziere, Pfuel und Mitzlaff, schon bei Lebzeiten des Königs
als unruhestiftende Köpfe berüchtigt, geben im Lager an der
Donau das Beispiel, das in wenigen Tagen unter den Offizieren
der Armee eine fast allgemeine Nachahmung findet. Man verbindet sich untereinander durch Wort und Handschlag, kei-

nem Kommando zu gehorchen, bis der seit Monaten und Jahren noch rückständige Sold entrichtet, und noch außerdem jedem einzelnen eine verhältnismäßige Belohnung an Geld oder liegenden Gründen bewilligt sei. Ungeheure Summen, hörte man sie sagen, würden täglich durch Brandschatzungen erpreßt, und all dieses Geld zerrinne in wenigen Händen. In Schnee und Eis treibe man sie hinaus, und nirgends kein Dank für diese unendliche Arbeit. Zu Heilbronn schreie man über den Mutwillen der Soldaten, aber niemand denke an ihr Verdienst. Die Gelehrten schreiben in die Welt hinein von Eroberungen und Siegen, und alle diese Viktorien habe man doch nur durch ihre Fäuste erfochten. Das Heer der Mißvergnügten mehrt sich mit jedem Tage, und durch Briefe, die zum Glück aufgefangen werden, suchten sie nun auch die Armeen am Rhein und in Sachsen zu empören. Weder die Vorstellungen Bernhards von Weimar, noch die harten Verweise seines strengern Gehülfen waren vermögend, diese Gärung zu unterdrücken, und die Heftigkeit des letztern vermehrte vielmehr den Trotz der Empörer. Sie bestanden darauf, daß jedem Regiment gewisse Städte zu Erhebung des rückständigen Soldes angewiesen würden. Eine Frist von vier Wochen wurde dem schwedischen Kanzler vergönnt, zu Erfüllung dieser Forderungen Rat zu schaffen; im Weigerungsfall, erklärten sie, würden sie sich selbst bezahlt machen, und nie einen Degen mehr für Schweden entblößen.

Diese ungestüme Mahnung, zu einer Zeit getan, wo die Kriegskasse erschöpft und der Kredit gefallen war, mußte den Kanzler in das höchste Bedrängnis stürzen; und schnell mußte die Hülfe sein, ehe derselbe Schwindel auch die übrigen Truppen ansteckte, und man sich von allen Armeen auf einmal mitten unter Feinden verlassen sah. Unter allen schwedischen Heerführern war nur einer, der bei den Soldaten Ansehen und Achtung genug besaß, diesen Streit beizulegen. Herzog Bernhard war der Liebling der Armee, und seine kluge Mäßigung hatte ihm das Vertrauen der Soldaten, wie seine Kriegserfahrung ihre höchste Bewunderung erworben. Er übernahm es jetzt, die schwürige Armee zu besänftigen; aber, seiner Wichtigkeit sich bewußt, ergriff er den günstigen Augenblick, zuvor für sich selbst zu sorgen, und der Verlegenheit des schwedischen Kanzlers die Erfüllung seiner eigenen Wünsche abzuängstigen.

Schon Gustav Adolf hatte ihm mit einem Herzogtum Franken geschmeichelt, das aus den beiden Hochstiftern Bamberg und Würzburg erwachsen sollte; jetzt drang Herzog Bernhard auf Haltung dieses Versprechens. Zugleich forderte er das Oberkommando im Kriege als schwedischer Generalissimus. Dieser Mißbrauch, den der Herzog von seiner Unentbehrlichkeit machte, entrüstete Oxenstierna so sehr, daß er ihm im ersten Unwillen den schwedischen Dienst aufkündigte. Bald aber besann er sich eines Bessern, und ehe er einen so wichtigen Feldherrn aufopferte, entschloß er sich lieber, ihn, um welchen Preis es auch sei, an das schwedische Interesse zu fesseln. Er übergab ihm also die fränkischen Bistümer als Lehen der schwedischen Krone, doch mit Vorbehalt der beiden Festungen, Würzburg und Königshofen, welche von den Schweden besetzt bleiben sollten; zugleich verband er sich im Namen seiner Krone, den Herzog im Besitz dieser Länder zu schützen. Das gesuchte Oberkommando über die ganze schwedische Macht wurde unter einem anständigen Vorwand verweigert. Nicht lange säumte Herzog Bernhard, sich für dieses wichtige Opfer dankbar zu erzeigen: durch sein Ansehen und seine Tätigkeit stillte er in kurzem den Aufruhr der Armee. Große Summen baren Geldes wurden unter die Offiziere verteilt, und noch weit größere an Ländereien, deren Wert gegen fünf Millionen Taler betrug, und an die man kein anderes Recht hatte, als das der Eroberung. Indessen war der Moment zu einer großen Unternehmung verstrichen, und die vereinigten Anführer trennten sich, um dem Feind in andern Gegenden zu widerstehen.

Nachdem Gustav Horn einen kurzen Einfall in die obere Pfalz unternommen und Neumarkt erobert hatte, richtete er seinen Marsch nach der schwäbischen Grenze, wo sich die Kaiserlichen unterdessen beträchtlich verstärkt hatten, und Württemberg mit einem verwüstenden Einfall bedrohten. Durch seine Annäherung verscheucht, ziehen sie sich an den Bodensee – aber nur, um auch den Schweden den Weg in diese noch nie besuchte Gegend zu zeigen. Eine Besitzung am Eingange der Schweiz war von äußerster Wichtigkeit für die Schweden, und die Stadt Kostnitz schien besonders geschickt zu sein, sie mit den Eidgenossen in Verbindung zu setzen. Gustav Horn unternahm daher sogleich die Belagerung derselben; aber entblößt von Geschütz, das er erst von Württemberg mußte bringen lassen, konnte er diese Unternehmung nicht schnell genug fördern, um den Feinden nicht eine hinlängliche Frist zum Entsatze dieser Stadt zu vergönnen, die ohnehin von dem See aus so leicht zu versorgen war. Er verließ also nach einem vergeblichen Versuche die Stadt und ihr Gebiet, um an den Ufern der Donau einer dringenden Gefahr zu begegnen.

Aufgefordert von dem Kaiser, hatte der Kardinal-Infant, Bruder Philipps des Vierten von Spanien und Statthalter in Mailand, eine Armee von vierzehntausend Mann ausgerüstet, welche bestimmt war, unabhängig von Wallensteins Befehlen an dem Rhein zu agieren, und das Elsaß zu verteidigen. Diese Armee erschien jetzt unter dem Kommando des Herzogs von Feria, eines Spaniers, in Bayern; und um sie sogleich gegen die Schweden zu benutzen, wurde Altringer beordert, sogleich mit seinen Truppen zu ihr zu stoßen. Gleich auf die erste Nachricht von ihrer Erscheinung hatte Gustav Horn den Pfalzgrafen von Birkenfeld von dem Rheinstrom zu seiner Verstärkung herbeigerufen, und nachdem er sich zu Stockach mit demselben vereinigt hatte, rückte er kühn dem dreißigtausend Mann starken Feind entgegen. Dieser hatte seinen Weg über die Donau nach Schwaben genommen, wo Gustav Horn ihm einmal so nahe kam, daß beide Armeen nur durch eine halbe Meile voneinander geschieden waren. Aber anstatt das Anerbieten zur Schlacht anzunehmen, zogen sich die Kaiserlichen über die Waldstädte nach dem Breisgau und Elsaß, wo sie noch zeitig genug anlangten, um Breisach zu entsetzen, und den siegreichen Fortschritten des Rheingrafen Otto Ludwig eine Grenze zu setzen. Dieser hatte kurz vorher die Waldstädte erobert, und, unterstützt von dem Pfalzgrafen von Birkenfeld, der die Unterpfalz befreite, und den Herzog von Lothringen aus dem Felde schlug, den schwedischen Waffen in diesen Gegenden aufs neue das Übergewicht errungen. Jetzt zwar mußte er der Überlegenheit des Feindes weichen; aber bald rücken Horn und Birkenfeld zu seinem Beistand herbei, und die Kaiserlichen sehen sich nach einem kurzen Triumphe wieder aus dem Elsaß vertrieben. Die rauhe Herbstzeit, welche sie auf diesem unglücklichen Rückzuge überfällt, richtet den größten Teil der Italiener zugrunde, und ihren Anführer selbst, den Herzog von Feria, tötet der Gram über die mißlungene Unternehmung.

Unterdessen hatte Herzog Bernhard von Weimar mit achtzehn Regimentern Fußvolk und hundertundvierzig Kornetten Reitern seine Stellung an der Donau genommen, um sowohl Franken zu decken, als die Bewegungen der kaiserlich-bayrischen Armee an diesem Strome zu beobachten. Nicht so bald hatte Altringer diese Grenzen entblößt, um zu den italienischen Truppen des Herzogs von Feria zu stoßen, als Bernhard seine Entfernung benutzte, über die Donau eilte, und mit Blitzesschnelligkeit vor Regensburg stand. Der Besitz dieser Stadt war für die Unternehmungen der Schweden auf Bayern und Österreich entscheidend; er verschaffte ihnen festen Fuß an dem Donaustrom, und eine sichere Zuflucht bei jedem Unglücksfall, so wie er sie allein in den Stand setzte, eine dauerhafte Eroberung in diesen Ländern zu machen. Regensburg zu bewahren, war der letzte, dringende Rat, den der sterbende Tilly dem Kurfürsten von Bayern erteilte, und Gustav Adolf beklagte als einen nicht zu ersetzenden Verlust, daß ihm die Bayern in Besetzung dieses Platzes zuvorgekommen waren. Unbeschreiblich groß war daher Maximilians Schrecken, als Herzog Bernhard diese Stadt überraschte, und sich ernstlich anschickte, sie zu belagern.

Nicht mehr als funfzehn Kompanien, größtenteils neugeworbener Truppen, machten die Besatzung derselben aus; eine mehr als hinreichende Anzahl, um auch den überlegensten Feind zu ermüden, sobald sie von einer gutgesinnten und kriegerischen Bürgerschaft unterstützt wurden. Aber gerade diese war der gefährlichste Feind, den die bayrische Garnison zu bekämpfen hatte. Die protestantischen Einwohner Regensburgs, gleich eifersüchtig auf ihren Glauben und ihre Reichsfreiheit, hatten ihren Nacken mit Widerwillen unter das bayrische Joch gebeugt, und blickten längst schon mit Ungeduld der Erscheinung eines Retters entgegen. Bernhards Ankunft vor ihren Mauern erfüllte sie mit lebhafter Freude, und es war sehr zu fürchten, daß sie die Unternehmungen der Belagerer durch einen innern Tumult unterstützen würden. In dieser großen Verlegenheit läßt der Kurfürst die beweglichsten Schreiben an den Kaiser, an den Herzog von Friedland ergehen, ihm nur mit fünftausend Mann auszuhelfen. Sieben Eilboten nacheinander sendet Ferdinand mit diesem Auftrag an Wallenstein, der die schleunigste Hülfe zusagt, und auch wirklich schon dem Kurfürsten die nahe Ankunft von zwölftausend Mann durch Gallas berichten läßt, aber diesem Feldherrn bei Lebensstrafe verbietet, sich auf den Weg zu machen. Unterdessen hatte der bayrische Kommendant von Regensburg, in Erwartung eines nahen Entsatzes, die besten Anstalten zur Verteidigung getroffen, die katholischen Bauern wehrhaft gemacht, die protestantischen Bürger hingegen entwaffnet und aufs sorgfältigste bewacht, daß sie nichts Gefährliches gegen die Garnison unternehmen konnten. Da aber kein Entsatz erschien, und das feindliche Geschütz mit ununterbrochener Heftigkeit die Werke bestürmte, sorgte er durch eine anständige Kapitulation für sich selbst und die Besatzung, und überließ die bayrischen Beamten und Geistlichen der Gnade des Siegers.

Mit dem Besitze von Regensburg erweitern sich Herzog Bernhards Entwürfe, und seinem kühnen Mut ist Bayern selbst eine zu enge Schranke geworden. Bis an die Grenzen von Österreich will er dringen, das protestantische Landvolk gegen den Kaiser bewaffnen, und ihm seine Religionsfreiheit wiedergeben. Schon hat er Straubing erobert, während daß ein anderer schwedischer Feldherr die nördlichen Ufer der Donau sich unterwürfig macht. An der Spitze seiner Schweden dem Grimm der Witterung Trotz bietend, erreicht er die Mündung des Isarstroms, und setzt im Angesicht des bayrischen Generals von Werth, der hier gelagert steht, seine Truppen über. Jetzt zittern Passau und Linz, und der bestürzte Kaiser verdoppelt an Wallenstein seine Mahnungen und Befehle, dem bedrängten Bayern aufs schleunigste zu Hülfe zu eilen. Aber hier setzt der siegende Bernhard seinen Eroberungen ein freiwilliges Ziel. Vor sich den Inn, der durch viele feste Schlösser beschützt wird, hinter sich zwei feindliche Heere, ein übelgesinntes Land, und die Isar, wo kein haltbarer Ort ihm den Rücken deckt, und der gefrorne Boden keine Verschanzung gestattet, von der ganzen Macht Wallensteins bedroht, der sich endlich entschlossen hat, an die Donau zu rücken, entzieht er sich durch einen zeitigen Rückzug der Gefahr, von Regensburg abgeschnitten und von Feinden umzingelt zu werden. Er eilt über die Isar und Donau, um die in der Oberpfalz gemachten Eroberungen gegen Wallenstein zu verteidigen, und selbst eine Schlacht mit diesem Feldherrn nicht auszuschlagen. Aber Wallenstein, dem es nie in den Sinn gekommen war, große Taten an der Donau zu verrichten, wartet seine Annäherung nicht ab, und ehe die Bayern recht anfangen seiner froh zu werden, ist er schon nach

Böhmen verschwunden. Bernhard endigt also jetzt seinen glorreichen Feldzug, und vergönnt seinen Truppen die wohlverdiente Rast in den Winterquartieren auf feindlicher Erde.

Indem Gustav Horn in Schwaben, der Pfalzgraf von Birkenfeld, General Baudissin und Rheingraf Otto Ludwig am Ober- und Niederrhein, und Herzog Bernhard an der Donau den Krieg mit solcher Überlegenheit führten, wurde der Ruhm der schwedischen Waffen in Niedersachsen und Westfalen von dem Herzog von Lüneburg und dem Landgrafen von Hessen-Kassel nicht weniger glorreich behauptet. Die Festung Hameln eroberte Herzog Georg nach der tapfersten Gegenwehr, und über den kaiserlichen General von Gronsfeld, der an dem Weserstrom kommandierte, wurde von der vereinigten Armee der Schweden und Hessen bei Oldendorf ein glänzender Sieg erfochten. Der Graf von Wasaburg, ein natürlicher Sohn Gustav Adolfs, zeigte sich in dieser Schlacht seines Ursprungs wert. Sechzehn Kanonen, das ganze Gepäcke der Kaiserlichen und vierundsiebzig Fahnen fielen in schwedische Hände, gegen dreitausend von den Feinden blieben auf dem Platze, und fast ebenso viele wurden zu Gefangenen gemacht. Die Stadt Osnabrück zwang der schwedische Oberste Kniphausen, und Paderborn der Landgraf von Hessen-Kassel zur Übergabe; dafür aber ging Bückeburg, ein sehr wichtiger Ort für die Schweden, an die Kaiserlichen verloren. Beinahe an allen Enden Deutschlands sah man die schwedischen Waffen siegreich, und das nächste Jahr nach Gustav Adolfs Tode zeigte noch keine Spur des Verlustes, den man an diesem großen Führer erlitten hatte.

Bei Erwähnung der wichtigen Vorfälle, welche den Feldzug des 1633. Jahres auszeichneten, muß die Untätigkeit eines Mannes, der bei weitem die höchsten Erwartungen rege machte, ein gerechtes Erstaunen erwecken. Unter allen Generalen, deren Taten uns in diesem Feldzuge beschäftigt haben, war keiner, der sich an Erfahrung, Talent und Kriegsruhm mit Wallenstein messen durfte; und gerade dieser verliert sich seit dem Treffen bei Lützen aus unsern Augen. Der Fall seines großen Gegners läßt ihm allein jetzt den ganzen Schauplatz des Ruhmes frei, die ganze Aufmerksamkeit Europas ist auf die Taten gespannt, die das Andenken seiner Niederlage auslöschen und seine Überlegenheit in der Kriegskunst der Welt verkündigen sollen. Und doch liegt er still in Böhmen, indes die Verluste des Kaisers in Bayern, in Niedersachsen, am Rhein, seine Gegenwart dringend fordern; ein gleich undurchdringliches Geheimnis für Freund und Feind, der Schrecken, und doch zugleich die letzte Hoffnung des Kaisers. Mit unerklärbarer Eilfertigkeit hatte er sich nach dem verlorenen Treffen bei Lützen in das Königreich Böhmen gezogen, wo er über das Verhalten seiner Offiziere in dieser Schlacht die strengsten Untersuchungen anstellte. Die das Kriegsgericht für schuldig erkannte, wurden mit unerbittlicher Strenge zum Tode verurteilt, die sich brav gehalten hatten, mit königlicher Großmut belohnt, und das Andenken der Gebliebenen durch herrliche Monumente verewigt. Den Winter über drückte er die kaiserlichen Provinzen durch übermäßige Kontributionen, und durch die Winterquartiere, die er absichtlich nicht in feindlichen Ländern nahm, um das Mark der österreichischen Länder auszusaugen. Anstatt aber mit seiner wohlgepflegten und auserlesenen Armee beim Anbruch des Frühlings 1633 den Feldzug vor allen andern zu eröffnen, und sich in seiner ganzen Feldherrnkraft zu erheben, war er der letzte, der im Felde erschien, und auch jetzt war es ein kaiserliches Erbland, das er zum Schauplatz des Krieges machte.

Unter allen Provinzen Österreichs war Schlesien der größten Gefahr ausgesetzt. Drei verschiedene Armeen, eine schwedische unter dem Grafen von Thurn, eine sächsische unter Arnheim und dem Herzog von Lauenburg, und eine brandenburgische unter Burgsdorf, hatten diese Provinz zu gleicher Zeit mit Krieg überzogen. Schon hatten sie die wichtigsten Plätze im Besitz, und selbst Breslau hatte die Partei der Alliierten ergriffen. Aber gerade diese Menge von Generalen und Armeen rettete dem Kaiser dieses Land; denn die Eifersucht der Generale und der gegenseitige Haß der Schweden und Sachsen ließ sie nie mit Einstimmigkeit verfahren. Arnheim und Thurn zankten sich um die Oberstelle; die Brandenburger und Sachsen hielten eifrig gegen die Schweden zusammen, die sie als überlästige Fremdlinge ansahen, und, wo es nur immer tunlich war, zu verkürzen suchten. Hingegen lebten die Sachsen mit den Kaiserlichen auf einem viel vertraulichern Fuß, und oft geschah es, daß die Offiziere beider feindlichen Armeen einander Besuche abstatteten und Gastmähler gaben. Man ließ die Kaiserlichen ungehindert ihre Güter fortschaffen, und viele verhehlten es gar nicht, daß sie von Wien große Summen gezogen. Unter so zweideutig gesinnten Alliierten sahen sich die Schweden verkauft und verraten, und an große Unternehmungen war bei einem so schlechten Verständnis nicht zu denken. Auch war der General von Arnheim den größten Teil der Zeit abwesend, und als er endlich wieder bei der Armee anlangte, näherte sich Wallenstein schon mit einer furchtbaren Kriegsmacht den Grenzen.

Vierzigtausend Mann stark rückte er ein, und nicht mehr als vierundzwanzigtausend hatten ihm die Alliierten entgegenzusetzen. Nichtsdestoweniger wollten sie eine Schlacht versuchen, und erschienen bei Münsterberg, wo er ein verschanztes Lager bezogen hatte. Aber Wallenstein ließ sie acht Tage lang hier stehen, ohne nur die geringste Bewegung zu machen; dann verließ er seine Verschanzungen, und zog mit ruhigem stolzen Schritt an ihrem Lager vorüber. Auch nachdem er aufgebrochen war, und die mutiger gewordenen Feinde ihm beständig zur Seite blieben, ließ er die Gelegenheit unbenutzt. Die Sorgfalt, mit der er die Schlacht vermied, wurde als Furcht ausgelegt; aber einen solchen Verdacht durfte Wallenstein auf seinen verjährten Feldherrnruhm wagen. Die Eitelkeit der Alliierten ließ sie nicht bemerken, daß er sein Spiel mit ihnen trieb, und daß er ihnen die Niederlage großmütig schenkte, weil ihm – mit einem Sieg über sie für jetzt nicht gedient war. Um ihnen jedoch zu zeigen, daß er der Herr sei, und daß nicht die Furcht vor ihrer Macht ihn in Untätigkeit erhalte, ließ er den Kommendanten eines Schlosses, das in seine Hände fiel, niederstoßen, weil er einen unhaltbaren Platz nicht gleich übergeben hatte.

Neun Tage lang standen beide Armeen einander, einen Musketenschuß weit, im Gesichte, als der Graf Terzky aus dem Wallensteinischen Heere mit einem Trompeter vor dem Lager der Alliierten erschien, den General von Arnheim zu einer Konferenz einzuladen. Der Inhalt derselben war, daß Wallenstein, der doch an Macht der überlegene Teil war, einen Waffenstillstand von sechs Wochen in Vorschlag brachte. Er sei gekommen, sagte er, mit Schweden und mit den Reichsfürsten einen ewigen Frieden zu schließen, die Soldaten zu bezahlen, und jedem Genugtuung zu verschaffen. Alles dies stehe in seiner Hand, und wenn man in Wien Anstand nehmen sollte, es zu bestätigen, so wolle er sich mit den Alliierten vereinigen, und (was er Arnheimen zwar nur ins Ohr flüsterte) den Kaiser

zum Teufel jagen. Bei einer zweiten Zusammenkunft ließ er
sich gegen den Grafen von Thurn noch deutlicher heraus. Alle
Privilegien, erklärte er, sollten aufs neue bestätigt, alle böhmischen Exulanten zurückberufen und in ihre Güter wiedereingesetzt werden, und er selbst wolle der erste sein, seinen
Anteil an denselben herauszugeben. Die Jesuiten, als die Urheber aller bisherigen Unterdrückungen, sollten verjagt, die
Krone Schweden durch Zahlungen auf bestimmte Termine abgefunden, alles überflüssige Kriegsvolk von beiden Teilen
gegen die Türken geführt werden. Der letzte Punkt enthielt
den Aufschluß des ganzen Rätsels. Wenn er die böhmische
Krone davontrüge, so sollten alle Vertriebenen sich seiner
Großmut zu rühmen haben, eine vollkommene Freiheit der
Religionen sollte dann in dem Königreich herrschen, das
pfälzische Haus in alle seine vorigen Rechte zurücktreten, und
die Markgrafschaft Mähren ihm für Mecklenburg zur Entschädigung dienen. Die alliierten Armeen zögen dann unter
seiner Anführung nach Wien, dem Kaiser die Genehmigung
dieses Traktats mit gewaffneter Hand abzunötigen.

Jetzt also war die Decke von dem Plan weggezogen, worüber
er schon jahrelang in geheimnisvoller Stille gebrütet hatte.
Auch lehrten alle Umstände, daß zu Vollstreckung desselben
keine Zeit zu verlieren sei. Nur das blinde Vertrauen zu dem
Kriegsglück und dem überlegenen Genie des Herzogs von
Friedland hatte dem Kaiser die Festigkeit eingeflößt, allen
Vorstellungen Bayerns und Spaniens entgegen, und auf Kosten
seines eigenen Ansehens, diesem gebieterischen Mann ein so
uneingeschränktes Kommando zu übergeben. Aber dieser
Glaube an die Unüberwindlichkeit Wallensteins war durch
seine lange Untätigkeit längst erschüttert worden, und nach
dem verunglückten Treffen bei Lützen beinahe gänzlich gefallen. Aufs neue erwachten jetzt seine Gegner an Ferdinands
Hofe, und die Unzufriedenheit des Kaisers über den Fehlschlag
seiner Hoffnungen verschaffte ihren Vorstellungen den gewünschten Eingang bei diesem Monarchen. Das ganze Betragen
des Herzogs wurde mit beißender Kritik von ihnen gemustert,
sein hochfahrender Trotz und seine Widersetzlichkeit gegen
des Kaisers Befehle diesem eifersüchtigen Fürsten in Erinnerung gebracht, die Klagen der österreichischen Untertanen
über seine grenzenlosen Bedrückungen zu Hülfe gerufen, seine
Treue verdächtig gemacht, und über seine geheimen Absichten

ein schreckhafter Wink hingeworfen. Diese Anklagen, durch
das ganze übrige Betragen des Herzogs nur zu sehr gerechtfertigt, unterließen nicht in Ferdinands Gemüt tiefe Wurzeln
zu schlagen; aber der Schritt war einmal geschehn, und die
große Gewalt, womit man den Herzog bekleidet hatte, konnte
ihm ohne große Gefahr nicht entrissen werden. Sie unmerklich
zu vermindern, war alles, was dem Kaiser übrigblieb; und um
dies mit einigem Erfolg zu können, mußte man sie zu teilen,
vor allen Dingen aber sich außer Abhängigkeit von seinem
guten Willen zu setzen suchen. Aber selbst dieses Rechtes hatte
man sich in dem Vertrage begeben, den man mit ihm errichtete,
und gegen jeden Versuch, ihm einen andern General an die
Seite zu setzen, oder einen unmittelbaren Einfluß auf seine
Truppen zu haben, schützte ihn die eigenhändige Unterschrift
des Kaisers. Da man diesen nachteiligen Vertrag weder halten
noch vernichten konnte, so mußte man sich durch einen Kunstgriff heraushelfen. Wallenstein war kaiserlicher Generalissimus
in Deutschland; aber weiter erstreckte sich sein Gebiet nicht,
und über eine auswärtige Armee konnte er sich keine Herrschaft anmaßen. Man läßt also in Mailand eine spanische Armee
errichten und unter einem spanischen General in Deutschland
fechten. Wallenstein ist also der Unentbehrliche nicht mehr,
weil er aufgehört hat, der einzige zu sein, und im Notfall hat
man gegen ihn selbst eine Stütze.

Der Herzog fühlte es schnell und tief, woher dieser Streich
kam, und wohin er zielte. Umsonst protestierte er bei dem
Kardinal-Infanten gegen diese vertragwidrige Neuerung; die
italienische Armee rückte ein, und man zwang ihn, ihr den
General Altringer mit Verstärkung zuzusenden. Zwar wußte
er diesem durch strenge Verhaltungsbefehle die Hände so sehr
zu binden, daß die italienische Armee in dem Elsaß und in
Schwaben wenig Ehre einlegte; aber dieser eigenmächtige
Schritt des Hofes hatte ihn aus seiner Sicherheit aufgeschreckt,
und ihm über die näherkommende Gefahr einen warnenden
Wink gegeben. Um nicht zum zweitenmal sein Kommando,
und mit demselben die Frucht aller seiner Bemühungen zu ver-
lieren, mußte er mit der Ausführung seines Anschlags eilen.
Durch Entfernung der verdächtigen Offiziere, und durch seine
Freigebigkeit gegen die andern, hielt er sich der Treue seiner
Truppen versichert. Alle andre Stände des Staats, alle Pflichten
der Gerechtigkeit und Menschlichkeit, hatte er dem Wohl der

Armee aufgeopfert, also rechnete er auf die Erkenntlichkeit derselben. Im Begriff, ein nie erlebtes Beispiel des Undanks gegen den Schöpfer seines Glücks aufzustellen, baute er seine ganze Wohlfahrt auf die Dankbarkeit, die man an ihm beweisen sollte.

Die Anführer der schlesischen Armeen hatten von ihren Prinzipalen keine Vollmacht, so etwas Großes, als Wallenstein in Vorschlag brachte, für sich allein abzuschließen, und selbst den verlangten Waffenstillstand getrauten sie sich nicht länger als auf vierzehn Tage zu bewilligen. Ehe sich der Herzog gegen die Schweden und Sachsen herausließ, hatte er noch für ratsam gefunden, sich bei seiner kühnen Unternehmung des französischen Schutzes zu versichern. Zu dem Ende wurden durch den Grafen von Kinsky bei dem französischen Bevollmächtigten Feuquières zu Dresden geheime Unterhandlungen, wiewohl mit sehr mißtrauischer Vorsicht, angeknüpft, welche ganz seinem Wunsche gemäß ausfielen. Feuquières erhielt Befehl von seinem Hofe, allen Vorschub von seiten Frankreichs zu versprechen, und dem Herzog, wenn er deren benötigt wäre, eine beträchtliche Geldhülfe anzubieten.

Aber gerade diese überkluge Sorgfalt, sich von allen Seiten zu decken, gereichte ihm zum Verderben. Der französische Bevollmächtigte entdeckte mit großem Erstaunen, daß ein Anschlag, der mehr als jeder andre des Geheimnisses bedurfte, den Schweden und den Sachsen mitgeteilt worden sei. Das sächsische Ministerium war, wie man allgemein wußte, im Interesse des Kaisers, und die den Schweden angebotnen Bedingungen blieben allzuweit hinter den Erwartungen derselben zurück, um je ihren Beifall erhalten zu können. Feuquières fand es daher unbegreiflich, wie der Herzog in vollem Ernste auf die Unterstützung der erstern, und auf die Verschwiegenheit der letztern hätte Rechnung machen sollen. Er entdeckte seine Zweifel und Besorgnisse dem schwedischen Kanzler, der in die Absichten Wallensteins ein gleich großes Mißtrauen setzte, und noch weit weniger Geschmack an seinen Vorschlägen fand. Wiewohl es ihm kein Geheimnis war, daß der Herzog schon ehedem mit Gustav Adolf in ähnlichen Traktaten gestanden, so begriff er doch die Möglichkeit nicht, wie er die ganze Armee zum Abfall bewegen, und seine übermäßigen Versprechungen würde wahr machen können. Ein so ausschweifender Plan und ein so unbesonnenes Verfahren

schien sich mit der verschloßnen und mißtrauischen Gemütsart
des Herzogs nicht wohl zu vertragen, und lieber erklärte man
alles für Maske und Betrug, weil es eher erlaubt war, an seiner
Redlichkeit als an seiner Klugheit zu zweifeln. Oxenstiernas Bedenklichkeiten steckten endlich selbst Arnheimen
an, der in vollem Vertrauen auf Wallensteins Aufrichtigkeit zu
dem Kanzler nach Gelnhausen gereist war, ihn dahin zu vermögen, daß er dem Herzog seine besten Regimenter zum
Gebrauch überlassen möchte. Man fing an zu argwohnen, daß
der ganze Antrag nur eine künstlich gelegte Schlinge sei, die
Alliierten zu entwaffnen, und den Kern ihrer Kriegsmacht dem
Kaiser in die Hände zu spielen. Wallensteins bekannter Charakter widerlegte diesen schlimmen Verdacht nicht, und die
Widersprüche, in die er sich nachher verwickelte, machten,
daß man endlich ganz und gar an ihm irre ward. Indem er die
Schweden in sein Bündnis zu ziehen suchte, und ihnen sogar
ihre besten Truppen abforderte, äußerte er sich gegen Arnheim, daß man damit anfangen müsse, die Schweden aus dem
Reiche zu verjagen; und während daß sich die sächsischen
Offiziere, im Vertrauen auf die Sicherheit des Waffenstillstandes,
in großer Menge bei ihm einfanden, machte er einen verunglückten Versuch, sich ihrer Personen zu bemächtigen. Er
brach zuerst den Stillstand, den er doch einige Monate darauf
nicht ohne große Mühe erneuerte. Aller Glaube an seine Wahrhaftigkeit verschwand, und endlich glaubte man in seinem
ganzen Benehmen nichts als ein Gewebe von Betrug und
niedrigen Kniffen zu sehen, um die Alliierten zu schwächen,
und sich selbst in Verfassung zu setzen. Dieses erreichte er zwar
wirklich, indem seine Macht sich mit jedem Tage vermehrte,
die Alliierten aber durch Desertion und schlechten Unterhalt
über die Hälfte ihrer Truppen einbüßten. Aber er machte von
seiner Überlegenheit den Gebrauch nicht, den man in Wien
erwartete. Wenn man einem entscheidenden Vorfall entgegensah, erneuerte er plötzlich die Unterhandlungen; und wenn der
Waffenstillstand die Alliierten in Sicherheit stürzte, so erhob
er sich plötzlich, um die Feindseligkeiten zu erneuern. Alle diese
Widersprüche flossen aus dem doppelten und ganz unverein-
baren Entwurf, den Kaiser und die Schweden zugleich zu verderben, und mit Sachsen einen besondern Frieden zu schließen.

Über den schlechten Fortgang seiner Unterhandlungen ungeduldig, beschloß er endlich seine Macht zu zeigen, da ohne-

hin die dringende Not in dem Reiche, und die steigende Unzufriedenheit am kaiserlichen Hofe keinen längern Aufschub ge-
statteten. Schon vor dem letzten Stillstand war der General von
Holk von Böhmen aus in das Meißnische eingefallen, hatte alles,
was auf seinem Wege lag, mit Feuer und Schwert verwüstet,
den Kurfürsten in seine Festungen gejagt, und selbst die Stadt
Leipzig erobert. Aber der Stillstand in Schlesien setzte seinen
Verwüstungen ein Ziel, und die Folgen seiner Ausschweifungen streckten ihn zu Adorf auf die Bahre. Nach aufgehobenem
Stillstand machte Wallenstein aufs neue eine Bewegung, als ob
er durch die Lausitz in Sachsen fallen wollte, und ließ ausspren-
gen, daß Piccolomini schon dahin aufgebrochen sei. Sogleich
verläßt Arnheim sein Lager in Schlesien, um ihm nachzufolgen
und dem Kurfürstentum zu Hülfe zu eilen. Dadurch aber wurden die Schweden entblößt, die unter dem Kommando des
Grafen von Thurn in sehr kleiner Anzahl bei Steinau an der
Oder gelagert standen; und gerade dies war es, was der Herzog gewollt hatte. Er ließ den sächsischen General sechzehn
Meilen voraus in das Meißnische eilen, und wendete sich dann
auf einmal rückwärts gegen die Oder, wo er die schwedische
Armee in der tiefsten Sicherheit überraschte. Ihre Reiterei
wurde durch den vorangeschickten General Schaffgotsch geschlagen, und das Fußvolk von der nachfolgenden Armee des
Herzogs bei Steinau völlig eingeschlossen. Wallenstein gab
dem Grafen von Thurn eine halbe Stunde Bedenkzeit, sich mit
drittehalbtausend Mann gegen mehr als zwanzigtausend zu
wehren, oder sich auf Gnade und Ungnade zu ergeben. Bei
solchen Umständen konnte keine Wahl stattfinden. Die ganze
Armee gibt sich gefangen, und ohne einen Tropfen Blut ist der
vollkommenste Sieg erfochten. Fahnen, Bagage und Geschütz
fallen in des Siegers Hand, die Offiziere werden in Verhaft genommen, die Gemeinen untergesteckt. Und jetzt endlich war
nach einer vierzehnjährigen Irre, nach unzähligen Glücks-
wechseln der Anstifter des böhmischen Aufruhrs, der entfernte Urheber dieses ganzen verderblichen Krieges, der berüchtigte Graf von Thurn in der Gewalt seiner Feinde. Mit
blutdürstiger Ungeduld erwartet man in Wien die Ankunft dieses großen Verbrechers, und genießt schon in voraus den
schrecklichen Triumph, der Gerechtigkeit ihr vornehmstes
Opfer zu schlachten. Aber den Jesuiten diese Lust zu verderben, war ein viel süßerer Triumph, und Thurn erhielt seine

Freiheit. Ein Glück für ihn, daß er mehr wußte, als man in Wien erfahren durfte, und daß Wallensteins Feinde auch die seinigen waren. Eine Niederlage hätte man dem Herzog in Wien verziehen, diese getäuschte Hoffnung vergab man ihm nie. „Was aber hätte ich denn sonst mit diesem Rasenden machen sollen?" schreibt er mit boshaftem Spotte an die Minister, die ihn über diese unzeitige Großmut zur Rede stellen. „Wollte der Himmel, die Feinde hätten lauter Generale, wie dieser ist! An der Spitze der schwedischen Heere wird er uns weit beßre Dienste tun, als im Gefängnis."

Auf den Sieg bei Steinau folgte in kurzer Zeit die Einnahme von Liegnitz, Groß-Glogau und selbst von Frankfurt an der Oder. Schaffgotsch, der in Schlesien zurückblieb, um die Unterwerfung dieser Provinz zu vollenden, blockierte Brieg und bedrängte Breslau vergebens, weil diese freie Stadt über ihre Privilegien wachte, und den Schweden ergeben blieb. Die Obersten Illo und Götz schickte Wallenstein nach der Warthe, um bis in Pommern und an die Küste der Ostsee zu dringen; und Landsberg, der Schlüssel zu Pommern, wurde wirklich auch von ihnen erobert. Indem der Kurfürst von Brandenburg und der Herzog von Pommern für ihre Länder zitterten, brach Wallenstein selbst mit dem Rest der Armee in die Lausitz, wo er Görlitz mit Sturm eroberte und Bautzen zur Übergabe zwang. Aber, es war ihm nur darum zu tun, den Kurfürsten von Sachsen zu schrecken, nicht die erhaltenen Vorteile zu verfolgen; auch mit dem Schwert in der Hand setzte er bei Brandenburg und Sachsen seine Friedensanträge fort, wiewohl mit keinem bessern Erfolg, da er durch eine Kette von Widersprüchen alles Vertrauen verscherzt hatte. Jetzt würde er seine ganze Macht gegen das unglückliche Sachsen gewendet, und seinen Zweck durch die Gewalt der Waffen doch endlich noch durchgesetzt haben, wenn nicht der Zwang der Umstände ihn genötigt hätte, diese Gegenden zu verlassen. Die Siege Herzog Bernhards am Donaustrom, welche Österreich selbst mit naher Gefahr bedrohten, forderten ihn dringend nach Bayern, und die Vertreibung der Sachsen und Schweden aus Schlesien raubte ihm jeden Vorwand, sich den kaiserlichen Befehlen noch länger zu widersetzen, und den Kurfürsten von Bayern hülflos zu lassen. Er zog sich also mit der Hauptmacht gegen die Oberpfalz, und sein Rückzug befreite Obersachsen auf immer von diesem furchtbaren Feinde.

Solange es nur möglich war, hatte er Bayerns Rettung ver-
schoben, und durch die gesuchtesten Ausflüchte die Ordon-
nanzen des Kaisers verhöhnet. Auf wiederholtes Bitten
schickte er endlich zwar dem Grafen von Altringer, der den
Lech und die Donau gegen Horn und Bernhard zu behaupten
suchte, einige Regimenter aus Böhmen zu Hülfe, jedoch mit der
ausdrücklichen Bedingung, sich bloß verteidigungsweise zu
verhalten. Den Kaiser und den Kurfürsten wies er, sooft sie
ihn um Hülfe anflehten, an Altringer, der, wie er öffentlich vorgab, eine uneingeschränkte Vollmacht von ihm erhalten habe;
ingeheim aber band er demselben durch die strengsten Instruktionen die Hände, und bedrohte ihn mit dem Tode, wenn er
seine Befehle überschreiten würde. Nachdem Herzog Bernhard
vor Regensburg gerückt war, und der Kaiser sowohl als der
Kurfürst ihre Aufforderungen um Hülfe dringender erneuerten, stellte er sich an, als ob er den General Gallas mit einem ansehnlichen Heer an die Donau schicken würde; aber auch dies
unterblieb, und so gingen, wie vorher das Bistum Eichstätt, jetzt
auch Regensburg, Straubing, Cham an die Schweden verloren.
Als er endlich schlechterdings nicht mehr vermeiden konnte,
den ernstlichen Befehlen des Hofs zu gehorsamen, rückte er so
langsam als er konnte an die bayrische Grenze, wo er das von
den Schweden eroberte Cham berennte. Er vernahm aber nicht
so bald, daß man von schwedischer Seite daran arbeitete, ihm
durch die Sachsen eine Diversion in Böhmen zu machen, so benutzte er dieses Gerücht, um aufs schleunigste, und ohne das
geringste verrichtet zu haben, nach Böhmen zurückzukehren.
Alles andre, gab er vor, müsse der Verteidigung und Erhaltung der kaiserlichen Erblande nachstehen; und so blieb er in
Böhmen wie angefesselt stehen, und hütete dieses Königreich,
als ob es jetzt schon sein Eigentum wäre. Der Kaiser wiederholte in noch dringenderem Tone seine Mahnung, daß er sich
gegen den Donaustrom ziehen solle, die gefährliche Niederlassung des Herzogs von Weimar an Österreichs Grenzen zu
hindern – e r aber endigte den Feldzug für dieses Jahr, und ließ
seine Truppen aufs neue ihre Winterquartiere in dem erschöpften Königreich nehmen.

Ein so fortgeführter Trotz, eine so beispiellose Geringschätzung aller kaiserlichen Befehle, eine so vorsätzliche Vernachlässigung des allgemeinen Besten, verbunden mit einem
so äußerst zweideutigen Benehmen gegen den Feind, mußte

endlich den nachteiligen Gerüchten, wovon längst schon ganz Deutschland erfüllt war, Glauben bei dem Kaiser verschaffen. Lange Zeit war es ihm gelungen, seinen strafbaren Unterhandlungen mit dem Feinde den Schein der Rechtmäßigkeit zu geben, und den noch immer für ihn gewonnenen Monarchen zu überreden, daß der Zweck jener geheimen Zusammenkünfte kein andrer sei, als Deutschland den Frieden zu schenken. Aber wie undurchdringlich er sich auch glaubte, so rechtfertigte doch der ganze Zusammenhang seines Betragens die Beschuldigungen, womit seine Gegner unaufhörlich das Ohr des Kaisers bestürmten. Um sich an Ort und Stelle von dem Grund oder Ungrund derselben zu belehren, hatte Ferdinand schon zu verschiedenen Zeiten Kundschafter in das Wallensteinische Lager geschickt, die aber, da der Herzog sich hütete, etwas Schriftliches von sich zu geben, bloße Mutmaßungen zurückbrachten. Da aber endlich die Minister selbst, seine bisherigen Verfechter am Hofe, deren Güter Wallenstein mit gleichen Lasten gedrückt hatte, sich zur Partei seiner Feinde schlugen; da der Kurfürst von Bayern die Drohung fallenließ, sich, bei längerer Beibehaltung dieses Generals, mit den Schweden zu vergleichen; da endlich auch der spanische Abgesandte auf seiner Absetzung bestand, und im Weigerungsfall die Subsidiengelder seiner Krone zurückzuhalten drohte: so sah sich der Kaiser zum zweitenmal in die Notwendigkeit gesetzt, ihn vom Kommando zu entfernen.

Die eigenmächtigen und unmittelbaren Verfügungen des Kaisers bei der Armee belehrten den Herzog bald, daß der Vertrag mit ihm bereits als zerrissen betrachtet, und seine Abdankung unvermeidlich sei. Einer seiner Unterfeldherren in Österreich, dem Wallenstein bei Strafe des Beils untersagt hatte, dem Hofe zu gehorsamen, empfing von dem Kaiser unmittelbaren Befehl, zu dem Kurfürsten von Bayern zu stoßen; und an Wallenstein selbst erging die gebieterische Weisung, dem Kardinal-Infanten, der mit einer Armee aus Italien unterwegs war, einige Regimenter zur Verstärkung entgegenzusenden. Alle diese Anstalten sagten ihm, daß der Plan unwiderruflich gemacht sei, ihn nach und nach zu entwaffnen, um ihn alsdann schwach und wehrlos auf einmal zugrund zu richten.

Zu seiner Selbstverteidigung mußte er jetzt eilen, einen Plan auszuführen, der anfangs nur zu seiner Vergrößerung bestimmt

war. Länger als die Klugheit riet, hatte er mit der Ausführung
desselben gezögert, weil ihm noch immer die günstigen Kon-
stellationen fehlten, oder, wie er gewöhnlich die Ungeduld seiner Freunde abfertigte, weil die Zeit noch nicht gekommen war. Die Zeit war auch jetzt noch nicht gekommen, aber
die dringende Not verstattete nicht mehr, die Gunst der Sterne
zu erwarten. Das erste war, sich der Gesinnungen der vornehmsten Anführer zu versichern, und alsdann die Treue der Armee
zu erproben, die er so freigebig vorausgesetzt hatte. Drei derselben, die Obersten Kinsky, Terzky und Illo, waren schon
längst in das Geheimnis gezogen, und die beiden ersten durch
das Band der Verwandtschaft an sein Interesse geknüpft. Eine
gleiche Ehrsucht, ein gleicher Haß gegen die Regierung, und
die Hoffnung überschwenglicher Belohnungen verband sie
aufs engste mit Wallenstein, der auch die niedrigsten Mittel
nicht verschmäht hatte, die Zahl seiner Anhänger zu vermehren. Den Obersten Illo hatte er einsmals überredet, in Wien
den Grafentitel zu suchen, und ihm dabei seine kräftigste Fürsprache zugesagt. Heimlich aber schrieb er an die Minister, ihm
sein Gesuch abzuschlagen, weil sich sonst mehrere melden
dürften, die gleiche Verdienste hätten, und auf gleiche Belohnungen Anspruch machten. Als Illo hernach zur Armee
zurückkam, war sein erstes, ihn nach dem Erfolg seiner Bewer-
bungen zu fragen; und da ihm dieser von dem schlechten Ausgange derselben Nachricht gab, so fing er an, die bittersten
Klagen gegen den Hof auszustoßen. „Das also hätten wir mit
unsern treuen Diensten verdient", rief er, „daß meine Verwendung so geringgeachtet, und Euern Verdiensten eine so unbedeutende Belohnung verweigert wird! Wer wollte noch länger
einem so undankbaren Herrn seine Dienste widmen? Nein,
was mich angeht, ich bin von nun an der abgesagte Feind des
Hauses Österreich." Illo stimmte bei, und so wurde zwischen
beiden ein enges Bündnis gestiftet.

Aber was diese drei Vertrauten des Herzogs wußten, war
lange Zeit ein undurchdringliches Geheimnis für die übrigen,
und die Zuversicht, mit der Wallenstein von der Ergebenheit
seiner Offiziere sprach, gründete sich einzig nur auf die Wohltaten, die er ihnen erzeigt hatte, und auf ihre Unzufriedenheit
mit dem Hofe. Aber diese schwankende Vermutung mußte
sich in Gewißheit verwandeln, ehe er seine Maske abwarf, und
sich einen öffentlichen Schritt gegen den Kaiser erlaubte. Graf

Piccolomini, derselbe, der sich in dem Treffen bei Lützen durch einen beispiellosen Mut ausgezeichnet hatte, war der erste, dessen Treue er auf die Probe stellte. Er hatte sich diesen General durch große Geschenke verpflichtet, und er gab ihm den Vorzug vor allen andern, weil Piccolomini unter einerlei Konstellation mit ihm geboren war. Diesem erklärte er, daß er, durch den Undank des Kaisers und seine nahe Gefahr gezwungen, unwiderruflich entschlossen sei, die österreichische Partei zu verlassen, sich mit dem besten Teile der Armee auf feindliche Seite zu schlagen, und das Haus Österreich in allen Grenzen seiner Herrschaft zu bekriegen, bis es von der Wurzel vertilgt sei. Auf Piccolomini habe er bei dieser Unternehmung vorzüglich gerechnet, und ihm schon in voraus die glänzendsten Belohnungen zugedacht. Als dieser, um seine Bestürzung über diesen überraschenden Antrag zu verbergen, von den Hindernissen und Gefahren sprach, die sich einem so gewagten Unternehmen entgegensetzen würden, spottete Wallenstein seiner Furcht. Bei solchen Wagestücken, rief er aus, sei nur der Anfang schwer; die Sterne seien ihm gewogen, die Gelegenheit, wie man sie nur immer verlangen könne, auch dem Glücke müsse man etwas vertrauen. Sein Entschluß stehe fest, und er würde, wenn es nicht anders geschehen könnte, an der Spitze von tausend Pferden sein Heil versuchen. Piccolomini hütete sich sehr, durch einen längern Widerspruch das Mißtrauen des Herzogs zu reizen, und ergab sich mit anscheinender Überzeugung dem Gewicht seiner Gründe. So weit ging die Verblendung des Herzogs, daß es ihm, aller Warnungen des Grafen Terzky ungeachtet, gar nicht einfiel, an der Aufrichtigkeit dieses Mannes zu zweifeln, der keinen Augenblick verlor, die jetzt gemachte merkwürdige Entdeckung nach Wien zu berichten.

Um endlich den entscheidenden Schritt zum Ziele zu tun, berief er im Jänner 1634 alle Kommandeurs der Armee nach Pilsen zusammen, wohin er sich gleich nach seinem Rückzug aus Bayern gewendet hatte. Die neuesten Forderungen des Kaisers, die Erblande mit Winterquartieren zu verschonen, Regensburg noch in der rauhen Jahrszeit wiederzuerobern, und die Armee zu Verstärkung des Kardinal-Infanten um sechstausend Mann Reiterei zu vermindern, waren erheblich genug, um vor dem ganzen versammelten Kriegsrat in Erwägung gezogen zu werden, und dieser scheinbare Vorwand

verbarg den Neugierigen den wahren Zweck der Zusammenberufung. Auch Schweden und Sachsen wurden heimlich dahin
geladen, um mit dem Herzog von Friedland über den Frieden
zu traktieren; mit den Befehlshabern entlegnerer Heere sollte
schriftliche Abrede genommen werden. Zwanzig von den be-
rufenen Kommandeurs erschienen; aber gerade die wichtigsten, Gallas, Colloredo und Altringer, blieben aus. Der Herzog
ließ seine Einladungen an sie dringend wiederholen, einstweilen aber, in Erwartung ihrer nahen Ankunft, zu der Hauptsache schreiten.

Es war nichts Geringes, was er jetzt auf dem Wege war zu
unternehmen. Einen stolzen, tapfern, auf seine Ehre wachsam
haltenden Adel der schändlichsten Untreue fähig zu erklären,
und in den Augen derjenigen, die bis jetzt nur gewohnt waren,
in ihm den Abglanz der Majestät, den Richter ihrer Handlungen, den Bewahrer der Gesetze zu verehren, auf einmal als ein
Niederträchtiger, als Verführer, als Rebell zu erscheinen. Nichts
Geringes war es, eine rechtmäßige, durch lange Verjährung befestigte, durch Religion und Gesetze geheiligte Gewalt in
ihren Wurzeln zu erschüttern; alle jene Bezauberungen der
Einbildungskraft und der Sinne, die furchtbaren Wachen eines
rechtmäßigen Throns, zu zerstören; alle jene unvertilgbaren
Gefühle der Pflicht, die in der Brust des Untertans für den geborenen Beherrscher so laut und so mächtig sprechen, mit
gewaltsamer Hand zu vertilgen. Aber geblendet von dem
Glanz einer Krone, bemerkte Wallenstein den Abgrund nicht,
der zu seinen Füßen sich öffnete, und im vollen lebendigen
Gefühl seiner Kraft, versäumte er – das gewöhnliche Los starker und kühner Seelen – die Hindernisse gehörig zu würdigen
und in Berechnung zu bringen. Wallenstein sah nichts als eine
gegen den Hof teils gleichgültige, teils erbitterte Armee – eine
Armee, die gewohnt war, seinem Ansehen mit blinder Unterwerfung zu huldigen, vor ihm als ihrem Gesetzgeber und Richter zu beben, seine Befehle, gleich den Aussprüchen des Schicksals, mit zitternder Ehrfurcht zu befolgen. In den übertriebnen
Schmeicheleien, womit man seiner Allgewalt huldigte, in den
frechen Schmähungen gegen Hof und Regierung, die eine
zügellose Soldateska sich erlaubte, und die wilde Lizenz des
Lagers entschuldigte, glaubte er die wahren Gesinnungen der
Armee zu vernehmen, und die Kühnheit, mit der man selbst
die Handlungen des Monarchen zu tadeln wagte, bürgte ihm

für die Bereitwilligkeit der Truppen, einem so sehr verachteten
Oberherrn die Pflicht aufzukündigen. Aber, was er sich als
etwas so Leichtes gedacht hatte, stand als der furchtbarste
Gegner wider ihn auf; an dem Pflichtgefühl seiner Truppen
scheiterten alle seine Berechnungen. Berauscht von dem Ansehen, das er über so meisterlose Scharen behauptete, schrieb
er alles auf Rechnung seiner persönlichen Größe, ohne zu
unterscheiden, wieviel er sich selbst, und wieviel er der
Würde dankte, die er bekleidete. Alles zitterte vor ihm, weil
er eine rechtmäßige Gewalt ausübte, weil der Gehorsam gegen
ihn Pflicht, weil sein Ansehen an die Majestät des Thrones befestigt war. Größe für sich allein kann wohl Bewunderung und
Schrecken, aber nur die legale Größe Ehrfurcht und Unterwerfung erzwingen. Und dieses entscheidenden Vorteils beraubte er sich selbst in dem Augenblicke, da er sich als einen
Verbrecher entlarvte.

Der Feldmarschall von Illo übernahm es, die Gesinnungen
der Kommandeurs zu erforschen, und sie auf den Schritt, den
man von ihnen erwartete, vorzubereiten. Er machte den Anfang damit, ihnen die neuesten Forderungen des Hofs an den
General und die Armee vorzutragen; und durch die gehässige
Wendung, die er denselben zu geben wußte, war es ihm leicht,
den Zorn der ganzen Versammlung zu entflammen. Nach diesem wohlgewählten Eingang verbreitete er sich mit vieler Beredsamkeit über die Verdienste der Armee und des Feldherrn,
und über den Undank, womit der Kaiser sie zu belohnen pflege.
Spanischer Einfluß, behauptete er, leite alle Schritte des Hofes,
das Ministerium stehe in spanischem Solde; nur der Herzog
von Friedland habe bis jetzt dieser Tyrannei widerstanden, und
deswegen den tödlichsten Haß der Spanier auf sich geladen.
„Ihn vom Kommando zu entfernen, oder ganz und gar wegzu-
räumen", fuhrt er fort, „war längst schon das eifrigste Ziel
ihrer Bestrebungen, und bis es ihnen mit einem von beiden
gelingt, sucht man seine Macht im Felde zu untergraben. Aus
keinem andern Grunde ist man bemüht, dem König von Ungarn das Kommando in die Hände zu spielen, bloß damit man
diesen Prinzen, als ein williges Organ fremder Eingebungen,
nach Gefallen im Felde herumführen, die spanische Macht
aber desto besser in Deutschland befestigen könne. Bloß um
die Armee zu vermindern, begehrt man sechstausend Mann für
den Kardinal-Infanten; bloß um sie durch einen Winterfeldzug

aufzureiben, dringt man auf die Wiedereroberung Regensburgs in der feindlichen Jahrszeit. Alle Mittel zum Unterhalt erschwert man der Armee, während daß sich die Jesuiten und Minister mit dem Schweiß der Provinzen bereichern, und die für die Truppen bestimmten Gelder verschwenden. Der General bekennt sein Unvermögen, der Armee Wort zu halten, weil der Hof ihn im Stiche läßt. Für alle Dienste, die er innerhalb zweiundzwanzig Jahren dem Hause Österreich geleistet, für alle Mühseligkeiten, die er übernommen, für alle Reichtümer, die er in kaiserlichem Dienste von dem Seinigen zugesetzt, erwartet ihn eine zweite schimpfliche Entlassung – Aber er erklärt, daß er es dazu nicht kommen lassen will. Von freien Stücken entsagt er dem Kommando, ehe man es ihm mit Gewalt aus den Händen windet. Dies ist es", fuhr der Redner fort, „was er den Obersten durch mich entbietet. Jeder frage sich nun selbst, ob es ratsam ist, einen solchen General zu verlieren. Jeder sehe nun zu, wer ihm die Summen ersetze, die er im Dienste des Kaisers aufgewendet, und wo er den verdienten Lohn seiner Tapferkeit ernte – wenn der dahin ist, unter dessen Augen er sie bewiesen hat."

Ein allgemeines Geschrei, daß man den General nicht ziehen lassen dürfe, unterbrach den Redner. Vier der Vornehmsten werden abgeordnet, ihm den Wunsch der Versammlung vorzutragen, und ihn flehentlich zu bitten, daß er die Armee nicht verlassen möchte. Der Herzog weigerte sich zum Schein, und ergab sich erst nach einer zweiten Gesandtschaft. Diese Nachgiebigkeit von s e i n e r Seite schien einer Gegengefälligkeit von der ihrigen wert. Da er sich anheischig machte, ohne Wissen und Willen der Kommandeurs nicht aus dem Dienste zu treten, so forderte er von ihnen ein schriftliches Gegenversprechen, treu und fest an ihm zu halten, sich nimmer von ihm zu trennen oder trennen zu lassen, und f ü r ihn den letzten Blutstropfen aufzusetzen. Wer sich von dem Bunde absondern würde, sollte für einen treuvergessenen Verräter gelten, und von den übrigen als ein gemeinschaftlicher Feind behandelt werden. Die ausdrücklich angehängte Bedingung: „S o l a n g e W a l l e n s t e i n d i e A r m e e z u m D i e n s t e d e s K a i s e r s g e b r a u c h e n w ü r d e", entfernte jede Mißdeutung, und keiner der versammelten Kommandeurs trug Bedenken, einem so unschuldig scheinenden und so billigen Begehren seinen vollen Beifall zu schenken.

Die Vorlesung dieser Schrift geschah unmittelbar vor einem Gastmahl, welches der Feldmarschall Illo ausdrücklich in dieser Absicht veranstaltet hatte; nach aufgehobener Tafel sollte die Unterzeichnung vor sich gehen. Der Wirt tat das Seinige, die Besinnungskraft seiner Gäste durch starke Getränke abzustumpfen, und nicht eher, als bis er sie von Weindünsten taumeln sah, gab er ihnen die Schrift zur Unterzeichnung. Die mehresten malten leichtsinnig ihren Namen hin, ohne zu wissen, was sie unterschrieben; nur einige wenige, welche neugieriger oder mißtrauischer waren, durchliefen das Blatt noch einmal, und entdeckten mit Erstaunen, daß die Klausel: „Solange Wallenstein die Armee zum Besten des Kaisers gebrauchen würde", hinweggelassen sei. Illo nämlich hatte mit einem geschickten Taschenspielerkniff das erste Exemplar mit einem andern ausgetauscht, in dem jene Klausel fehlte. Der Betrug wurde laut, und viele weigerten sich nun, ihre Unterschrift zu geben. Piccolomini, der den ganzen Betrug durchschaute, und bloß in der Absicht, dem Hofe davon Nachricht zu geben, an diesem Auftritte teilnahm, vergaß sich in der Trunkenheit so, daß er die Gesundheit des Kaisers aufbrachte. Aber jetzt stand Graf Terzky auf, und erklärte alle für meineidige Schelmen, die zurücktreten würden. Seine Drohungen, die Vorstellung der unvermeidlichen Gefahr, der man bei längerer Weigerung ausgesetzt war, das Beispiel der Menge und Illos Beredsamkeit überwanden endlich ihre Bedenklichkeiten, und das Blatt wurde von jedem ohne Ausnahme unterzeichnet.

Wallenstein hatte nun zwar seinen Zweck erreicht; aber die ganz unerwartete Widersetzung der Kommandeurs riß ihn auf einmal aus dem lieblichen Wahne, in dem er bisher geschwebt hatte. Zudem waren die mehresten Namen so unleserlich gekritzelt, daß man eine unredliche Absicht dahinter vermuten mußte. Anstatt aber durch diesen warnenden Wink des Schicksals zum Nachdenken gebracht zu werden, ließ er seine gereizte Empfindlichkeit in unwürdigen Klagen und Verwünschungen überströmen. Er berief die Kommandeurs am folgenden Morgen zu sich, und übernahm es in eigener Person, den ganzen Inhalt des Vortrags zu wiederholen, welchen Illo den Tag vorher an sie gehalten hatte. Nachdem er seinen Unwillen gegen den Hof in die bittersten Vorwürfe und Schmähungen ausgegossen, erinnerte er sie an ihre gestrige Widersetzlichkeit, und erklärte, daß er durch diese Entdeckung bewogen worden sei, sein Versprechen zurückzunehmen. Stumm und betreten entfernten sich die Obersten, erschienen aber, nach einer kurzen Beratschlagung im Vorzimmer, aufs neue, den Vorfall von gestern zu entschuldigen, und sich zu einer neuen Unterschrift anzubieten.

Jetzt fehlte nichts mehr, als auch von den ausgebliebenen Generalen entweder eine gleiche Versicherung zu erhalten, oder sich im Weigerungsfall ihrer Personen zu bemächtigen. Wallenstein erneuerte daher seine Einladung, und trieb sie dringend an, ihre Ankunft zu beschleunigen. Aber noch ehe sie eintrafen, hatte sie der Ruf bereits von dem Vorgange zu Pilsen unterrichtet, und ihre Eilfertigkeit plötzlich gehemmt. Altringer blieb unter dem Vorwand einer Krankheit in dem festen Schloß Frauenberg liegen. Gallas fand sich zwar ein, aber bloß um als Augenzeuge den Kaiser von der drohenden Gefahr desto besser unterrichten zu können. Die Aufschlüsse, welche er und Piccolomini gaben, verwandelten die Besorgnisse des Hofs auf einmal in die schrecklichste Gewißheit. Ähnliche Entdeckungen, welche man zugleich an andern Orten machte, ließen keinem Zweifel mehr Raum, und die schnelle Veränderung der Kommendantenstellen in Schlesien und Österreich schien auf eine höchst bedenkliche Unternehmung zu deuten. Die Gefahr war dringend und die Hülfe mußte schnell sein. Dennoch wollte man nicht mit Vollziehung des Urteils beginnen, sondern streng nach Gerechtigkeit verfahren. Man erließ also an die vornehmsten Befehlshaber, deren Treue man sich versichert hielt, geheime Befehle, den Herzog von Friedland nebst seinen beiden Anhängern, Illo und Terzky, auf was Art es auch sein möchte, zu verhaften und in sichre Verwahrung zu bringen, damit sie gehört werden und sich verantworten könnten. Sollte dies aber auf so ruhigem Wege nicht zu bewirken sein, so fordre die öffentliche Gefahr, sie tot oder lebendig zu greifen. Zugleich erhielt General Gallas ein offenes Patent, worin allen Obersten und Offizieren diese kaiserliche Verfügung bekanntgemacht, die ganze Armee ihrer Pflichten gegen den Verräter entlassen, und, bis ein neuer Generalissimus aufgestellt sein würde, an den Generallieutenant von Gallas verwiesen wurde. Um den Verführten und Abtrünnigen die Rückkehr zu ihrer Pflicht zu erleichtern, und die Schuldigen nicht in Verzweiflung zu stürzen, bewilligte man eine gänzliche Amnestie über alles, was zu Pilsen gegen die Majestät des Kaisers begangen worden war.

Dem General von Gallas war nicht wohl zumute bei der Ehre, die ihm widerfuhr. Er befand sich zu Pilsen, unter den Augen desjenigen, dessen Schicksal er bei sich trug, in der Gewalt seines Feindes, der hundert Augen hatte, ihn zu beobachten. Entdeckte aber Wallenstein das Geheimnis seines Auftrags, so konnte ihn nichts vor den Wirkungen seiner Rache und Verzweiflung schützen. War es schon bedenklich, einen solchen Auftrag auch nur zu verheimlichen, so war es noch weit mißlicher, ihn zur Vollziehung zu bringen. Die Gesinnungen der Kommandeurs waren ungewiß, und es ließ sich wenigstens zweifeln, ob sie sich bereitwillig würden finden lassen, nach dem einmal getanen Schritt den kaiserlichen Versicherungen zu trauen, und allen glänzenden Hoffnungen, die sie auf Wallenstein gebaut hatten, auf einmal zu entsagen. Und dann, welch ein gefährliches Wagestück, Hand an die Person eines Mannes zu legen, der bis jetzt für unverletzlich geachtet, durch lange Ausübung der höchsten Gewalt, durch einen zur Gewohnheit gewordenen Gehorsam zum Gegenstand der tiefsten Ehrfurcht geworden, und mit allem, was äußre Majestät und innre Größe verleihen kann, bewaffnet war – dessen Anblick schon ein knechtisches Zittern einjagte, der mit einem Winke über Leben und Tod entschied! Einen solchen Mann, mitten unter den Wachen, die ihn umgaben, in einer Stadt, die ihm gänzlich ergeben schien, wie einen gemeinen Verbrecher zu greifen, und den Gegenstand einer so langgewohnten tiefen Verehrung auf einmal in einen Gegenstand des Mitleidens oder des Spottes zu verwandeln, war ein Auftrag, der auch den Mutigsten zagen machte. So tief hatten sich Furcht und Achtung vor ihm in die Brust seiner Soldaten gegraben, daß selbst das ungeheure Verbrechen des Hochverrats diese Empfindungen nicht ganz entwurzeln konnte.

Gallas begriff die Unmöglichkeit, unter den Augen des Herzogs seinen Auftrag zu vollziehen, und sein sehnlichster Wunsch war, sich, eh er einen Schritt zur Ausführung wagte, vorher mit Altringern zu besprechen. Da das lange Außenbleiben des letztern schon anfing Verdacht bei dem Herzog zu erregen, so erbot sich Gallas, sich in eigner Person nach Frauenberg zu verfügen, und Altringern, als seinen Verwandten, zur Herreise zu bewegen. Wallenstein nahm diesen Beweis seines Eifers mit so großem Wohlgefallen auf, daß er ihm seine eigene Equipage zur Reise hergab. Froh über die gelungene List, verließ Gallas ungesäumt Pilsen, und überließ es dem Grafen Piccolomini, Wallensteins Schritte zu bewachen: er selbst aber zögerte nicht, von dem kaiserlichen Patente, wo es nur irgend anging, Gebrauch zu machen, und die Erklärung der Truppen fiel günstiger aus, als er je hatte erwarten können. Anstatt seinen Freund nach Pilsen mit zurückzubringen, schickte er ihn vielmehr nach Wien, um den Kaiser gegen einen gedrohten Angriff zu schützen, und er selbst ging nach Oberösterreich, wo man von der Nähe des Herzogs Bernhard von Weimar die größte Gefahr besorgte. In Böhmen wurden die Städte Budweis und Tabor aufs neue für den Kaiser besetzt, und alle Anstalten getroffen, den Unternehmungen des Verräters schnell und mit Nachdruck zu begegnen.

Da auch Gallas an keine Rückkehr zu denken schien, so wagte es Piccolomini, die Leichtgläubigkeit des Herzogs noch einmal auf die Probe zu stellen. Er bat sich von ihm die Erlaubnis aus, den Gallas zurückzuholen, und Wallenstein ließ sich zum zweitenmal überlisten. Diese unbegreifliche Blindheit wird uns nur als eine Tochter seines Stolzes erklärbar, der sein Urteil über eine Person nie zurücknahm, und die Möglichkeit zu irren auch sich selbst nicht gestehen wollte. Auch den Grafen Piccolomini ließ er in seinem eigenen Wagen nach Linz bringen, wo dieser sogleich dem Beispiel des Gallas folgte, und noch einen Schritt weiter ging. Er hatte Wallenstein versprochen zurückzukehren; dieses tat er, aber an der Spitze einer Armee, um den Herzog in Pilsen zu überfallen. Ein anderes Heer eilte unter dem General von Suys nach Prag, um diese Hauptstadt in kaiserliche Pflichten zu nehmen, und gegen einen Angriff der Rebellen zu verteidigen. Zugleich kündigt sich Gallas allen zerstreuten Armeen Österreichs als den einzigen Chef an, von dem man nunmehr Befehle anzunehmen habe. In allen kaiserlichen Lägern werden Plakate ausgestreut, die den Herzog nebst vier seiner Vertrauten für vogelfrei erklären, und die Armeen ihrer Pflichten gegen den Verräter entbinden.

Das zu Linz gegebene Beispiel findet allgemeine Nachahmung; man verflucht das Andenken des Verräters, alle Armeen fallen von ihm ab. Endlich nachdem auch Piccolomini sich nicht wieder sehen läßt, fällt die Decke von Wallensteins Augen, und schrecklich erwacht er aus seinem Traume. Doch auch jetzt glaubt er noch an die Wahrhaftigkeit der Sterne, und an die Treue der Armee. Gleich auf die Nachricht von Piccolo-

minis Abfall läßt er den Befehl bekanntmachen, daß man inskünftige keiner Ordre zu gehorchen habe, die nicht unmittelbar
von ihm selbst oder von Terzky und Illo herrühre. Er rüstet
sich in aller Eile, um nach Prag aufzubrechen, wo er willens ist,
endlich seine Maske abzuwerfen, und sich öffentlich gegen den
Kaiser zu erklären. Vor Prag sollten alle Truppen sich versammeln, und von da aus mit Blitzesschnelligkeit über Österreich
herstürzen. Herzog Bernhard, der in die Verschwörung gezogen worden, sollte die Operationen des Herzogs mit schwedischen Truppen unterstützen, und eine Diversion an der
Donau machen. Schon eilte Terzky nach Prag voraus, und nur
Mangel an Pferden hinderte den Herzog, mit dem Rest der treugebliebenen Regimenter nachzufolgen. Aber indem er mit der
gespanntesten Erwartung den Nachrichten von Prag entgegen-
sieht, erfährt er den Verlust dieser Stadt, erfährt er den Abfall
seiner Generale, die Desertion seiner Truppen, die Enthüllung
seines ganzen Komplotts, den eilfertigen Anmarsch des Piccolomini, der ihm den Untergang geschworen. Schnell und schrecklich stürzen alle seine Entwürfe zusammen, täuschen ihn alle
seine Hoffnungen. Einsam steht er da, verlassen von allen,
denen er Gutes tat, verraten von allen, auf die er baute. Aber
solche Lagen sind es, die den großen Charakter erproben. In
allen seinen Erwartungen hintergangen, entsagt er keinem einzigen seiner Entwürfe; nichts gibt er verloren, weil er sich
selbst noch übrigbleibt. Jetzt war die Zeit gekommen, wo er
des so oft verlangten Beistands der Schweden und der Sachsen
bedurfte, und wo aller Zweifel in die Aufrichtigkeit seiner Gesinnungen verschwand. Und jetzt, nachdem Oxenstierna und
Arnheim seinen ernstlichen Vorsatz und seine Not erkannten,
bedachten sie sich auch nicht länger, die günstige Gelegenheit
zu benutzen, und ihm ihren Schutz zuzusagen. Von sächsischer
Seite sollte ihm Herzog Franz Albert von Sachsen-Lauenburg
viertausend, von schwedischer Herzog Bernhard und Pfalzgraf Christian von Birkenfeld sechstausend Mann geprüfter
Truppen zuführen. Wallenstein verließ Pilsen mit dem Terz-
kyschen Regiment und den wenigen, die ihm treu geblieben
waren, oder sich doch stellten es zu sein, und eilte nach Eger
an die Grenze des Königreichs, um der Oberpfalz näher zu
sein, und die Vereinigung mit Herzog Bernhard zu erleichtern.
Noch war ihm das Urteil nicht bekannt, das ihn als einen öffentlichen Feind und Verräter erklärte; erst zu Eger sollte ihn die-

ser Donnerstrahl treffen. Noch rechnete er auf eine Armee, die General Schaffgotsch in Schlesien für ihn bereithielt, und schmeichelte sich noch immer mit der Hoffnung, daß viele, selbst von denen, die längst von ihm abgefallen waren, beim ersten Schimmer seines wiederauflebenden Glückes, zu ihm umkehren würden. Selbst auf der Flucht nach Eger – so wenig hatte die niederschlagende Erfahrung seinen verwegenen Mut gebändigt – beschäftigte ihn noch der ungeheure Entwurf, den Kaiser zu entthronen. Unter diesen Umständen geschah es, daß einer aus seinem Gefolge sich die Erlaubnis ausbat, ihm einen Rat zu erteilen. „Beim Kaiser", fing er an, „sind Eure Fürstliche Gnaden ein gewisser, ein großer und hoch ästimierter Herr; beim Feinde sind Sie noch ein ungewisser König. Es ist aber nicht weise gehandelt, das Gewisse zu wagen für das Ungewisse. Der Feind wird sich Eurer Gnaden Person bedienen, weil die Gelegenheit günstig ist; Ihre Person aber wird ihm immer verdächtig sein, und stets wird er fürchten, daß Sie auch ihm einmal tun möchten, wie jetzt dem Kaiser. Deswegen kehren Sie um, dieweil es noch Zeit ist." – „Und wie ist da noch zu helfen?" fiel der Herzog ihm ins Wort. – „Sie haben", erwiderte jener, „vierzigtausend Armierte" (Dukaten mit geharnischten Männern) „in der Truhen. Die nehmen Sie in die Hand, und reisen geradenwegs damit an den kaiserlichen Hof. Dort erklären Sie, daß Sie alle bisherigen Schritte bloß getan, die Treue der kaiserlichen Diener auf die Probe zu stellen, und die Redlichgesinnten von den Verdächtigen zu unterscheiden. Und da nun die meisten sich zum Abfall geneigt bewiesen, so seien Sie jetzt gekommen, Seine kaiserliche Majestät vor diesen gefährlichen Menschen zu warnen. So werden Sie jeden zum Verräter machen, der Sie jetzt zum Schelm machen will. Am kaiserlichen Hof wird man Sie, mit den vierzigtausend Armierten, gewißlich willkommen heißen, und Sie werden wieder der erste Friedländer werden." – „Der Vorschlag ist gut", antwortete Wallenstein nach einigem Nachdenken, „aber der Teufel traue!"

Indem der Herzog, von Eger aus, die Unterhandlungen mit dem Feinde lebhaft betrieb, die Sterne befragte und frischen Hoffnungen Raum gab, wurde beinahe unter seinen Augen der Dolch geschliffen, der seinem Leben ein Ende machte. Der kaiserliche Urteilsspruch, der ihn für vogelfrei erklärte, hatte seine Wirkung nicht verfehlt, und die rächende Nemesis wollte, daß

der Undankbare unter den Streichen des Undanks erliegen
sollte. Unter seinen Offizieren hatte Wallenstein einen Irländer,
namens Leßley, mit vorzüglicher Gunst beehrt, und das ganze
Glück dieses Mannes gegründet. Ebendieser war es, der sich
bestimmt und berufen fühlte, das Todesurteil an ihm zu vollstrecken und den blutigen Lohn zu verdienen. Nicht so bald
war dieser Leßley im Gefolge des Herzogs zu Eger angelangt,
als er dem Kommendanten dieser Stadt, Obersten Buttler, und
dem Oberstlieutenant Gordon, zweien protestantischen Schott-
ländern, alle schlimmen Anschläge des Herzogs entdeckte,
welche ihm dieser Unbesonnene auf der Herreise vertraut hatte.
Leßley fand hier zwei Männer, die eines Entschlusses fähig
waren. Man hatte die Wahl zwischen Verräterei und Pflicht,
zwischen dem rechtmäßigen Herrn und einem flüchtigen, allgemein verlassenen Rebellen; wiewohl der letztere der gemeinschaftliche Wohltäter war, so konnte die Wahl doch keinen Augenblick zweifelhaft bleiben. Man verbindet sich fest
und feierlich zur Treue gegen den Kaiser, und diese fordert
die schnellsten Maßregeln gegen den öffentlichen Feind. Die
Gelegenheit ist günstig, und sein böser Genius hat ihn von
selbst in die Hände der Rache geliefert. Um jedoch der Gerechtigkeit nicht in ihr Amt zu greifen, beschließt man, ihr das
Opfer lebendig zuzuführen; und man scheidet voneinander mit
dem gewagten Entschluß, den Feldherrn gefangenzunehmen.
Tiefes Geheimnis umhüllt dieses schwarze Komplott, und
Wallenstein, ohne Ahndung des ihm so nahe schwebenden
Verderbens, schmeichelt sich vielmehr, in der Besatzung von
Eger seine tapfersten und treusten Verfechter zu finden.

Um ebendiese Zeit werden ihm die kaiserlichen Patente über-
bracht, die sein Urteil enthalten und in allen Lägern gegen ihn
bekanntgemacht sind. Er erkennt jetzt die ganze Größe der
Gefahr, die ihn umlagert, die gänzliche Unmöglichkeit der
Rückkehr, seine fürchterliche verlassene Lage, die Notwendigkeit, sich auf Treu und Glauben dem Feinde zu überliefern.
Gegen Leßley ergießt sich der ganze Unmut seiner verwundeten Seele, und die Heftigkeit des Affekts entreißt ihm das letzte
noch übrige Geheimnis. Er entdeckt diesem Offizier seinen
Entschluß, Eger und Elbogen, als die Pässe des Königreichs,
dem Pfalzgrafen von Birkenfeld einzuräumen, und unterrichtet
ihn zugleich von der nahen Ankunft des Herzogs Bernhard in
Eger, wovon er noch in ebendieser Nacht durch einen Eilboten

benachrichtigt worden. Diese Entdeckung, welche Leßley seinen Mitverschwornen aufs schleunigste mitteilt, ändert ihren ersten Entschluß. Die dringende Gefahr erlaubt keine Schonung mehr. Eger konnte jeden Augenblick in feindliche Hände fallen, und eine schnelle Revolution ihren Gefangenen in Freiheit setzen. Diesem Unglück zuvorzukommen, beschließen sie, ihn samt seinen Vertrauten in der folgenden Nacht zu ermorden.

Damit dies mit um so weniger Geräusch geschehen möchte, sollte die Tat bei einem Gastmahle vollzogen werden, welches der Oberste Buttler auf dem Schlosse zu Eger veranstaltete. Die andern alle erschienen; nur Wallenstein, der viel zu bewegt war, um in fröhliche Gesellschaft zu taugen, ließ sich entschuldigen. Man mußte also, in Ansehung seiner, den Plan abändern; gegen die andern aber beschloß man der Abrede gemäß zu verfahren. In sorgloser Sicherheit erschienen die drei Obersten Illo, Terzky und Wilhelm Kinsky, und mit ihnen Rittmeister Neumann, ein Offizier voll Fähigkeit, dessen sich Terzky bei jedem verwickelten Geschäfte, welches Kopf erforderte, zu bedienen pflegte. Man hatte vor ihrer Ankunft die zuverlässigsten Soldaten aus der Besatzung, welche mit in das Komplott gezogen war, in das Schloß eingenommen, alle Ausgänge aus demselben wohl besetzt, und in einer Kammer neben dem Speisesaal sechs Buttlerische Dragoner verborgen, die auf ein verabredetes Signal hervorbrechen und die Verräter niederstoßen sollten. Ohne Ahndung der Gefahr, die über ihrem Haupte schwebte, überließen sich die sorglosen Gäste den Vergnügungen der Mahlzeit, und Wallensteins, nicht mehr des kaiserlichen Dieners, sondern des souveränen Fürsten, Gesundheit wurde aus vollen Bechern getrunken. Der Wein öffnete ihnen die Herzen, und Illo entdeckte mit vielem Übermut, daß in drei Tagen eine Armee dastehen werde, dergleichen Wallenstein niemals angeführt habe. – „Ja", fiel Neumann ein, und dann hoffe er, seine Hände in der Österreicher Blut zu waschen. Unter diesen Reden wird das Dessert aufgetragen, und nun gibt Leßley das verabredete Zeichen, die Aufzugbrücke zu sperren, und nimmt selbst alle Torschlüssel zu sich. Auf einmal füllt sich der Speisesaal mit Bewaffneten an, die sich mit dem unerwarteten Gruße: „Vivat Ferdinandus!" hinter die Stühle der bezeichneten Gäste pflanzen. Bestürzt und mit einer übeln Ahndung springen alle vier zugleich von der Tafel auf,

Kinsky und Terzky werden sogleich erstochen, ehe sie sich zur Wehr setzen können; Neumann allein findet Gelegenheit, während der Verwirrung in den Hof zu entwischen, wo er aber von den Wachen erkannt und sogleich niedergemacht wird. Nur Illo hatte Gegenwart des Geistes genug, sich zu verteidigen. Er stellte sich an ein Fenster, von wo er dem Gordon seine Verräterei unter den bittersten Schmähungen vorwarf, und ihn aufforderte, sich ehrlich und ritterlich mit ihm zu schlagen. Erst nach der tapfersten Gegenwehr, nachdem er zwei seiner Feinde tot dahingestreckt, sank er, überwältigt von der Zahl und von zehen Stichen durchbohrt, zu Boden. Gleich nach vollbrachter Tat eilte Leßley nach der Stadt, um einem Auflauf zuvorzukommen. Als die Schildwachen am Schloßtor ihn außer Atem daherrennen sahen, feuerten sie, in dem Wahne, daß er mit zu den Rebellen gehöre, ihre Flinten auf ihn ab, doch ohne ihn zu treffen. Aber diese Schüsse brachten die Wachen in der Stadt in Bewegung, und Leßleys schnelle Gegenwart war nötig, sie zu beruhigen. Er entdeckte ihnen nunmehr umständlich den ganzen Zusammenhang der Friedländischen Verschwörung, und die Maßregeln, die dagegen bereits getroffen worden, das Schicksal der vier Rebellen, sowie dasjenige, welches den Anführer selbst erwartete. Als er sie bereitwillig fand, seinem Vorhaben beizutreten, nahm er ihnen aufs neue einen Eid ab, dem Kaiser getreu zu sein, und für die gute Sache zu leben und zu sterben. Nun wurden hundert Buttlerische Dragoner von der Burg aus in die Stadt eingelassen, die alle Straßen durchreiten mußten, um die Anhänger des Herzogs im Zaum zu halten, und jedem Tumult vorzubeugen. Zugleich besetzte man alle Tore der Stadt Eger, und jeden Zugang zum Friedländischen Schlosse, das an den Markt stieß, mit einer zahlreichen und zuverlässigen Mannschaft, daß der Herzog weder entkommen, noch Hülfe von außen erhalten konnte.

Bevor man aber zur Ausführung schritt, wurde von den Verschwornen auf der Burg noch eine lange Beratschlagung gehalten, ob man ihn wirklich ermorden, oder sich nicht lieber begnügen sollte, ihn gefangenzunehmen. Besprützt mit Blut, und gleichsam auf den Leichen seiner erschlagenen Genossen, schauderten diese wilden Seelen zurück vor der Greueltat, ein so merkwürdiges Leben zu enden. Sie sahen ihn, den Führer in der Schlacht, in seinen glücklichen Tagen, umgeben von seiner siegenden Armee, im vollen Glanz seiner Herrschergröße; und noch einmal ergriff die langgewohnte Furcht ihre zagenden Herzen. Doch bald erstickt die Vorstellung der dringenden Gefahr diese flüchtige Regung. Man erinnert sich der Drohungen, welche Neumann und Illo bei der Tafel ausgestoßen, man sieht die Sachsen und Schweden schon in der Nähe von Eger mit einer furchtbaren Armee, und keine Rettung als in dem schleunigen Untergange des Verräters. Es bleibt also bei dem ersten Entschluß, und der schon bereitgehaltene Mörder, Hauptmann Deveroux, ein Irländer, erhält den blutigen Befehl.

Während daß jene drei auf der Burg von Eger sein Schicksal bestimmten, beschäftigte sich Wallenstein in einer Unterredung mit Seni, es in den Sternen zu lesen. „Die Gefahr ist noch nicht vorüber", sagte der Astrolog mit prophetischem Geiste. „Sie ist es", sagte der Herzog, der an dem Himmel selbst seinen Willen wollte durchgesetzt haben. „Aber daß du mit nächstem wirst in den Kerker geworfen werden", fuhr er mit gleich prophetischem Geiste fort, „das, Freund Seni, steht in den Sternen geschrieben!" Der Astrolog hatte sich beurlaubt, und Wallenstein war zu Bette, als Hauptmann Deveroux mit sechs Hellebardierern vor seiner Wohnung erschien, und von der Wache, der es nichts Außerordentliches war, ihn zu einer ungewöhnlichen Zeit bei dem General aus und ein gehen zu sehen, ohne Schwierigkeit eingelassen wurde. Ein Page, der ihm auf der Treppe begegnet, und Lärm machen will, wird mit einer Pike durchstochen. In dem Vorzimmer stoßen die Mörder auf einen Kammerdiener, der aus dem Schlafgemach seines Herrn tritt, und den Schlüssel zu demselben soeben abgezogen hat. Den Finger auf den Mund legend, bedeutet sie der erschrockne Sklav, keinen Lärm zu machen, weil der Herzog eben eingeschlafen sei. „Freund", ruft Deveroux ihn an, „jetzt ist es Zeit zu lärmen." Unter diesen Worten rennt er gegen die verschlossene Türe, die auch von innen verriegelt ist, und sprengt sie mit einem Fußtritte.

Wallenstein war durch den Knall, den eine losgehende Flinte erregte, aus dem ersten Schlaf aufgepocht worden, und ans Fenster gesprungen, um der Wache zu rufen. In diesem Augenblick hörte er aus den Fenstern des anstoßenden Gebäudes das Heulen und Wehklagen der Gräfinnen Terzky und Kinsky, die soeben von dem gewaltsamen Tod ihrer Männer benachrichtigt worden. Ehe er Zeit hatte diesem schrecklichen Vorfalle nachzudenken, stand Deveroux mit seinen Mordgehülfen im

Zimmer. Er war noch im bloßen Hemde, wie er aus dem Bette gesprungen war, zunächst an dem Fenster an einen Tisch gelehnt. „Bist du der Schelm", schreit Deveroux ihn an, „der des Kaisers Volk zu dem Feind überführen, und Seiner Majestät die Krone vom Haupte herunterreißen will? Jetzt mußt du sterben." Er hält einige Augenblicke inne, als ob er eine Antwort erwartete; aber Überraschung und Trotz verschließen Wallensteins Mund. Die Arme weit auseinanderbreitend, empfängt er vorn in der Brust den tödlichen Stoß der Partisane, und fällt dahin in seinem Blut, ohne einen Laut auszustoßen.

Den Tag darauf langt ein Expresser von dem Herzog von Lauenburg an, der die nahe Ankunft dieses Prinzen berichtet. Man versichert sich seiner Person, und ein andrer Lakai wird in Friedländischer Livree an den Herzog abgeschickt, ihn nach Eger zu locken. Die List gelingt, und Franz Albert überliefert sich selbst den Händen der Feinde. Wenig fehlte, daß Herzog Bernhard von Weimar, der schon auf der Reise nach Eger begriffen war, nicht ein ähnliches Schicksal erfahren hätte. Zum Glück erhielt er von Wallensteins Untergang noch früh genug Nachricht, um sich durch einen zeitigen Rückzug der Gefahr zu entreißen. Ferdinand weihte dem Schicksale seines Generals eine Träne, und ließ für die Ermordeten zu Wien dreitausend Seelmessen lesen; zugleich aber vergaß er nicht, die Mörder mit goldenen Gnadenketten, Kammerherrnschlüsseln, Dignitäten und Rittergütern zu belohnen.

So endigte Wallenstein, in einem Alter von funfzig Jahren, sein tatenreiches und außerordentliches Leben; durch Ehrgeiz emporgehoben, durch Ehrsucht gestürzt, bei allen seinen Mängeln noch groß und bewundernswert, unübertrefflich, wenn er Maß gehalten hätte. Die Tugenden des Herrschers und Helden, Klugheit, Gerechtigkeit, Festigkeit und Mut, ragen in seinem Charakter kolossalisch hervor; aber ihm fehlten die sanftern Tugenden des Menschen, die den Helden zieren, und dem Herrscher Liebe erwerben. Furcht war der Talisman, durch den er wirkte; ausschweifend im Strafen wie im Belohnen wußte er den Eifer seiner Untergebenen in immerwährender Spannung zu erhalten, und gehorcht zu sein wie er, konnte kein Feldherr in mittlern und neuern Zeiten sich rühmen. Mehr als Tapferkeit galt ihm die Unterwürfigkeit gegen seine Befehle, weil durch jene nur der Soldat, durch diese der Feldherr handelt. Er übte die Folgsamkeit der Truppen durch

eigensinnige Verordnungen, und belohnte die Willigkeit ihm
zu gehorchen auch in Kleinigkeiten mit Verschwendung, weil
er den Gehorsam höher als den Gegenstand schätzte.
Einsmals ließ er bei Lebensstrafe verbieten, daß in der ganzen
Armee keine andre als rote Feldbinden getragen werden sollten. Ein Rittmeister hatte diesen Befehl kaum vernommen, als
er seine mit Gold durchwirkte Feldbinde abnahm und mit
Füßen trat. Wallenstein, dem man es hinterbrachte, machte ihn
auf der Stelle zum Obersten. Stets war sein Blick auf das Ganze
gerichtet, und bei allem Scheine der Willkür verlor er doch nie
den Grundsatz der Zweckmäßigkeit aus den Augen. Die Räubereien der Soldaten in Freundesland hatten geschärfte Verordnungen gegen die Marodeurs veranlaßt, und der Strang
war jedem gedroht, den man auf einem Diebstahl betreten
würde. Da geschah es, daß Wallenstein selbst einem Soldaten
auf dem Felde begegnete, den er ununtersucht als einen Übertreter des Gesetzes ergreifen ließ, und mit dem gewöhnlichen
Donnerwort, gegen welches keine Einwendung stattfand:
„Laß die Bestie hängen", zum Galgen verdammte. Der
Soldat beteuert und beweist seine Unschuld – aber die unwiderrufliche Sentenz ist heraus. „So hänge man dich unschuldig",
sagte der Unmenschliche; „desto gewisser wird der Schuldige
zittern." Schon macht man die Anstalten, diesen Befehl zu vollziehen, als der Soldat, der sich ohne Rettung verloren sieht,
den verzweifelten Entschluß faßt, nicht ohne Rache zu sterben. Wütend fällt er seinen Richter an, wird aber, ehe er seinen
Vorsatz ausführen kann, von der überlegenen Anzahl entwaffnet. „Jetzt laßt ihn laufen", sagte der Herzog. „Es wird
Schrecken genug erregen." Seine Freigebigkeit wurde durch
unermeßliche Einkünfte unterstützt, welche jährlich auf drei
Millionen geschätzt wurden, die ungeheuern Summen nicht
gerechnet, die er unter dem Namen von Brandschatzungen zu
erpressen wußte. Sein freier Sinn und heller Verstand erhob ihn
über die Religionsvorurteile seines Jahrhunderts, und die
Jesuiten vergaben es ihm nie, daß er ihr System durchschaute,
und in dem Papste nichts als einen römischen Bischof sah.

Aber, wie schon seit Samuels des Propheten Tagen keiner,
der sich mit der Kirche entzweite, ein glückliches Ende nahm,
so vermehrte auch Wallenstein die Zahl ihrer Opfer. Durch
Mönchsintrigen verlor er zu Regensburg den Kommandostab,
und zu Eger das Leben; durch mönchische Künste verlor er

vielleicht, was mehr war als beides, seinen ehrlichen Namen und seinen guten Ruf vor der Nachwelt. Denn endlich muß man, zur Steuer der Gerechtigkeit, gestehen, daß es nicht ganz treue Federn sind, die uns die Geschichte dieses außerordentlichen Mannes überliefert haben; daß die Verräterei des Herzogs und sein Entwurf auf die böhmische Krone sich auf keine streng bewiesene Tatsache, bloß auf wahrscheinliche Vermutungen gründen. Noch hat sich das Dokument nicht gefunden, das uns die geheimen Triebfedern seines Handelns mit historischer Zuverlässigkeit aufdeckte, und unter seinen öffentlichen allgemein beglaubigten Taten ist keine, die nicht endlich aus einer unschuldigen Quelle könnte geflossen sein. Viele seiner getadeltsten Schritte beweisen bloß seine ernstliche Neigung zum Frieden; die meisten andern erklärt und entschuldigt das gerechte Mißtrauen gegen den Kaiser, und das verzeihliche Bestreben, seine Wichtigkeit zu behaupten. Zwar zeugt sein Betragen gegen den Kurfürsten von Bayern von einer unedeln Rachsucht und einem unversöhnlichen Geiste; aber keine seiner Taten berechtigt uns, ihn der Verräterei für überwiesen zu halten. Wenn endlich Not und Verzweiflung ihn antreiben, das Urteil wirklich zu verdienen, das gegen den Unschuldigen gefällt war, so kann dieses dem Urteil selbst nicht zur Rechtfertigung gereichen; so fiel Wallenstein, nicht weil er Rebell war, sondern er rebellierte, weil er fiel. Ein Unglück für den Lebenden, daß er eine siegende Partei sich zum Feinde gemacht hatte – ein Unglück für den Toten, daß ihn dieser Feind überlebte und seine Geschichte schrieb.

FÜNFTES BUCH

Wallensteins Tod machte einen neuen Generalissimus notwendig, und der Kaiser gab nun endlich dem Zureden der Spanier nach, seinen Sohn Ferdinand, König von Ungarn, zu dieser Würde zu erheben. Unter ihm führte der Graf von Gallas das Kommando, der die Funktionen des Feldherrn ausübt, während daß der Prinz diesen Posten eigentlich nur mit seinem Namen und Ansehen schmückt. Bald sammelt sich eine beträchtliche Macht unter Ferdinands Fahnen, der Herzog von Lothringen führt ihm in Person Hülfsvölker zu, und aus Italien erscheint der Kardinal-Infant mit zehntausend Mann, seine Armee zu verstärken. Um den Feind von der Donau zu vertreiben, unternimmt der neue Feldherr, was man von seinem Vorgänger nicht hatte erhalten können, die Belagerung der Stadt Regensburg. Umsonst dringt Herzog Bernhard von Weimar in das Innerste von Bayern, um den Feind von dieser Stadt wegzulocken; Ferdinand betreibt die Belagerung mit standhaftem Ernst, und die Reichsstadt öffnet ihm, nach der hartnäckigsten Gegenwehr, die Tore. Donauwörth betrifft bald darauf ein ähnliches Schicksal, und nun wird Nördlingen in Schwaben belagert. Der Verlust so vieler Reichsstädte mußte der schwedischen Partei um so empfindlicher fallen, da die Freundschaft dieser Städte für das Glück ihrer Waffen bis jetzt so entscheidend war, also Gleichgültigkeit gegen das Schicksal derselben um so weniger verantwortet werden konnte. Es gereichte ihnen zur unauslöschlichen Schande, ihre Bundesgenossen in der Not zu verlassen, und der Rachsucht eines unversöhnlichen Siegers preiszugeben. Durch diese Gründe bewogen, setzt sich die schwedische Armee, unter der Anführung Horns und Bernhards von Weimar, nach Nördlingen in Bewegung, entschlossen, auch wenn es eine Schlacht kosten sollte, diese Stadt zu entsetzen.

Das Unternehmen war mißlich, da die Macht des Feindes der schwedischen merklich überlegen war, und die Klugheit riet um so mehr an, unter diesen Umständen nicht zu schlagen, da die feindliche Macht sich in kurzer Zeit trennen mußte, und die

Bestimmung der italienischen Truppen sie nach den Niederlanden rief. Man konnte indessen eine solche Stellung erwählen, daß Nördlingen gedeckt und dem Feinde die Zufuhr genommen wurde. Alle diese Gründe machte Gustav Horn in dem schwedischen Kriegsrate geltend; aber seine Vorstellungen fanden keinen Eingang bei Gemütern, die, von einem langen Kriegsglücke trunken, in den Ratschlägen der Klugheit nur die Stimme der Furcht zu vernehmen glaubten. Von dem höhern Ansehen Herzog Bernhards überstimmt, mußte sich Gustav Horn wider Willen zu einer Schlacht entschließen, deren unglücklichen Ausgang ihm eine schwarze Ahndung vorher schon verkündigte.

Das ganze Schicksal des Treffens schien von Besetzung einer Anhöhe abzuhängen, die das kaiserliche Lager beherrschte. Der Versuch, dieselbe noch in der Nacht zu ersteigen, war mißlungen, weil der mühsame Transport des Geschützes durch Hohlwege und Gehölze den Marsch der Truppen verzögerte. Als man gegen die Mitternachtsstunde davor erschien, hatte der Feind die Anhöhe schon besetzt, und durch starke Schanzen verteidigt. Man erwartete also den Anbruch des Tags, um sie im Sturme zu ersteigen. Die ungestüme Tapferkeit der Schweden machte sich durch alle Hindernisse Bahn, die mondförmigen Schanzen werden von jeder der dazu kommandierten Brigaden glücklich erstiegen; aber da beide zu gleicher Zeit von entgegengesetzten Seiten in die Verschanzungen dringen, so treffen sie gegeneinander und verwirren sich. In diesem unglücklichen Augenblick geschieht es, daß ein Pulverfaß in die Luft fliegt, und unter den schwedischen Völkern die größte Unordnung anrichtet. Die kaiserliche Reiterei bricht in die zerrissenen Glieder, und die Flucht wird allgemein. Kein Zureden ihres Generals kann die Fliehenden bewegen, den Angriff zu erneuern.

Er entschließt sich also, um diesen wichtigen Posten zu behaupten, frische Völker dagegen anzuführen; aber indessen haben einige spanische Regimenter ihn besetzt, und jeder Versuch, ihn zu erobern, wird durch die heldenmütige Tapferkeit dieser Truppen vereitelt. Ein von Bernhard herbeigeschicktes Regiment setzt siebenmal an, und siebenmal wird es zurückgetrieben. Bald empfindet man den Nachteil, sich dieses Postens nicht bemächtigt zu haben. Das Feuer des feindlichen Geschützes von der Anhöhe richtet auf dem angrenzenden

Flügel der Schweden eine fürchterliche Niederlage an, daß Gustav Horn, der ihn anführt, sich zum Rückzug entschließen muß. Anstatt diesen Rückzug seines Gehülfen decken, und den nachsetzenden Feind aufhalten zu können, wird Herzog Bernhard selbst von der überlegenen Macht des Feindes in die Ebene herabgetrieben, wo seine flüchtige Reiterei die Hornischen Völker mit in Verwirrung bringt, und Niederlage und Flucht allgemein macht. Beinahe die ganze Infanterie wird gefangen oder niedergehauen; mehr als zwölftausend Mann bleiben tot auf dem Walplatze; achtzig Kanonen, gegen viertausend Wägen und dreihundert Standarten und Fahnen fallen in kaiserliche Hände. Gustav Horn selbst gerät nebst drei andern Generalen in die Gefangenschaft. Herzog Bernhard rettet mit Mühe einige schwache Trümmer der Armee, die sich erst zu Frankfurt wieder unter seine Fahnen versammeln.

Die Nördlinger Niederlage kostete dem Reichskanzler die zweite schlaflose Nacht in Deutschland. Unübersehbar groß war der Verlust, den sie nach sich zog. Die Überlegenheit im Felde war nun auf einmal für die Schweden verloren, und mit ihr das Vertrauen aller Bundesgenossen, die man ohnehin nur dem bisherigen Kriegsglücke verdankte. Eine gefährliche Trennung drohte dem ganzen protestantischen Bunde den Untergang. Furcht und Schrecken ergriffen die ganze Partei, und die katholische erhob sich mit übermütigem Triumph aus ihrem tiefen Verfalle. Schwaben und die nächsten Kreise empfanden die ersten Folgen der Nördlinger Niederlage, und Württemberg besonders wurde von der siegenden Armee überschwemmt. Alle Mitglieder des Heilbronnischen Bundes zitterten vor der Rache des Kaisers; was fliehen konnte, rettete sich nach Straßburg, und die hülflosen Reichsstädte erwarteten mit Bangigkeit ihr Schicksal. Etwas mehr Mäßigung gegen die Besiegten würde alle diese schwächern Stände unter die Herrschaft des Kaisers zurückgeführt haben. Aber die Härte, die man auch gegen diejenigen bewies, welche sich freiwillig unterwarfen, brachte die übrigen zur Verzweiflung, und ermunterte sie zu dem tätigsten Widerstande.

Alles suchte in dieser Verlegenheit Rat und Hülfe bei Oxenstierna; Oxenstierna suchte sie bei den deutschen Ständen. Es fehlte an Armeen; es fehlte an Geld, neue aufzurichten und den alten die ungestüm geforderten Rückstände zu bezahlen. Oxenstierna wendet sich an den Kurfürsten von Sachsen, der

die schwedische Sache verläßt, um mit dem Kaiser zu Pirna
über den Frieden zu traktieren. Er spricht die niedersächsischen
Stände um Beistand an; diese, schon längst der schwedischen
Geldforderungen und Ansprüche müde, sorgen jetzt bloß
für sich selbst, und Herzog Georg von Lüneburg, anstatt
dem obern Deutschland zu Hülfe zu eilen, belagert Minden,
um es für sich selbst zu behalten. Von seinen deutschen
Alliierten hülflos gelassen, bemüht sich der Kanzler um den
Beistand auswärtiger Mächte. England, Holland, Venedig
werden um Geld, um Truppen angesprochen, und von der
äußersten Not getrieben, entschließt er sich endlich zu dem
lange vermiedenen sauern Schritt, sich Frankreich in die Arme
zu werfen.

Endlich war der Zeitpunkt erschienen, welchem Richelieu
längst mit ungeduldiger Sehnsucht entgegenblickte. Nur die
völlige Unmöglichkeit, sich auf einem andern Wege zu retten,
konnte die protestantischen Stände Deutschlands vermögen,
die Ansprüche Frankreichs auf das Elsaß zu unterstützen.
Dieser äußerste Notfall war jetzt vorhanden; Frankreich war
unentbehrlich, und es ließ sich den lebhaften Anteil, den es von
jetzt an an dem deutschen Kriege nahm, mit einem teuern Preise
bezahlen. Voll Glanz und Ehre betrat es jetzt den politischen
Schauplatz. Schon hatte Oxenstierna, dem es wenig kostete
Deutschlands Rechte und Besitzungen zu verschenken, die
Reichsfestung Philippsburg und die noch übrigen verlangten
Plätze an Richelieu abgetreten; jetzt schickten die oberdeutschen Protestanten auch in ihrem Namen eine eigne Gesandtschaft ab, das Elsaß, die Festung Breisach (die erst erobert
werden sollte) und alle Plätze am Oberrhein, die der Schlüssel
zu Deutschland waren, unter französischen Schutz zu geben.
Was der französische Schutz bedeute, hatte man an den Bistümern Metz, Toul und Verdun gesehen, welche Frankreich
schon seit Jahrhunderten selbst gegen ihre rechtmäßigen Eigentümer beschützte. Das trierische Gebiet hatte schon französische
Besatzungen; Lothringen war so gut als erobert, da es jeden
Augenblick mit einer Armee überschwemmt werden, und
seinem furchtbaren Nachbar durch eigne Kraft nicht widerstehen konnte. Jetzt war die wahrscheinlichste Hoffnung für
Frankreich vorhanden, auch das Elsaß zu seinen weitläuftigen
Besitzungen zu schlagen, und, da man sich bald darauf mit den
Holländern in die spanischen Niederlande teilte, den Rhein zu

seiner natürlichen Grenze gegen Deutschland zu machen. So schimpflich wurden Deutschlands Rechte von deutschen Ständen an diese treulose habsüchtige Macht verkauft, die, unter der Larve einer uneigennützigen Freundschaft, nur nach Vergrößerung strebte, und, indem sie mit frecher Stirne die ehrenvolle Benennung einer Beschützerin annahm, bloß darauf bedacht war, ihr Netz auszuspannen, und in der allgemeinen Verwirrung sich selbst zu versorgen.

Für diese wichtigen Zessionen machte Frankreich sich anheischig, den schwedischen Waffen durch Bekriegung der Spanier eine Diversion zu machen, und, wenn es mit dem Kaiser selbst zu einem öffentlichen Bruch kommen sollte, diesseits des Rheins eine Armee von zwölftausend Mann zu unterhalten, die dann in Vereinigung mit den Schweden und Deutschen gegen Österreich agieren würde. Zu dem Kriege mit den Spaniern wurde von diesen selbst die erwünschte Veranlassung gegeben. Sie überfielen von den Niederlanden aus die Stadt Trier, hieben die französische Besatzung, die in derselben befindlich war, nieder, bemächtigten sich, gegen alle Rechte der Völker, der Person des Kurfürsten, der sich unter französischen Schutz begeben hatte, und führten ihn gefangen nach Flandern. Als der Kardinal-Infant, als Statthalter der spanischen Niederlande, dem König von Frankreich die geforderte Genugtuung abschlug, und sich weigerte, den gefangenen Fürsten in Freiheit zu setzen, kündigte ihm Richelieu, nach altem Brauche durch einen Wappenherold, zu Brüssel förmlich den Krieg an, der auch wirklich von drei verschiedenen Armeen, in Mailand, in dem Veltlin und in Flandern, eröffnet wurde. Weniger ernst schien es dem französischen Minister mit dem Kriege gegen den Kaiser zu sein, wobei weniger Vorteile zu ernten und größere Schwierigkeiten zu besiegen waren. Dennoch wurde unter der Anführung des Kardinals von la Valette eine vierte Armee über den Rhein nach Deutschland gesendet, die in Vereinigung mit Herzog Bernhard, ohne vorhergegangene Kriegserklärung, gegen den Kaiser zu Felde zog.

Ein weit empfindlicherer Schlag, als selbst die Nördlinger Niederlage, war für die Schweden die Aussöhnung des Kurfürsten von Sachsen mit dem Kaiser, welche, nach wiederholten wechselseitigen Versuchen, sie zu hindern und zu befördern, endlich im Jahr 1634 zu Pirna erfolgte, und im Mai des darauffolgenden Jahres zu Prag in einem förmlichen Frieden befestigt wurde. Nie hatte der Kurfürst von Sachsen die Anmaßungen der Schweden in Deutschland verschmerzen können, und seine Abneigung gegen diese ausländische Macht, die in dem Deutschen Reiche Gesetze gab, war mit jeder neuen Forderung, welche Oxenstierna an die deutschen Reichsstände machte, gestiegen. Diese üble Stimmung gegen Schweden unterstützte aufs kräftigste die Bemühungen des spanischen Hofs, einen Frieden zwischen Sachsen und dem Kaiser zu stiften. Ermüdet von den Unfällen eines so langen und verwüstenden Krieges, der die sächsischen Länder vor allen andern zu seinem traurigen Schauplatze machte, gerührt von dem allgemeinen und schrecklichen Elende, das Freund und Feind ohne Unterschied über seine Untertanen häuften, und durch die verführerischen Anträge des Hauses Österreich gewonnen, ließ endlich der Kurfürst die gemeine Sache im Stich, und weniger besorgt um das Los seiner Mitstände, und um deutsche Freiheit, dachte er nur darauf, seine eigenen Vorteile, wär's auch auf Unkosten des Ganzen, zu befördern.

Und wirklich war das Elend in Deutschland zu einem so ausschweifenden Grade gestiegen, daß das Gebet um Frieden von tausendmal tausend Zungen ertönte, und auch der nachteiligste noch immer für eine Wohltat des Himmels galt. Wüsten lagen da, wo sonst tausend frohe und fleißige Menschen wimmelten, wo die Natur ihren herrlichsten Segen ergossen und Wohlleben und Überfluß geherrscht hatte. Die Felder, von der fleißigen Hand des Pflügers verlassen, lagen ungebaut und verwildert, und wo eine junge Saat aufschoß, oder eine lachende Ernte winkte, da zerstörte ein einziger Durchmarsch den Fleiß eines ganzen Jahres, die letzte Hoffnung des verschmachtenden Volks. Verbrannte Schlösser, verwüstete Felder, eingeäscherte Dörfer lagen meilenweit herum in grauenvoller Zerstörung, während daß ihre verarmten Bewohner hingingen, die Zahl jener Mordbrennerheere zu vermehren, und, was sie selbst erlitten hatten, ihren verschonten Mitbürgern schrecklich zu erstatten. Kein Schutz gegen Unterdrückung, als selbst unterdrücken zu helfen. Die Städte seufzten unter der Geißel zügelloser und räuberischer Besatzungen, die das Eigentum des Bürgers verschlangen, und die Freiheiten des Krieges, die Lizenz ihres Standes, und die Vorrechte der Not mit dem grausamsten Mutwillen geltend machten. Wenn schon unter dem kurzen Durchzug einer Armee ganze Landstrecken zur Einöde wurden, wenn andre durch Winterquartiere verarmten, oder durch Brandschatzungen ausgesogen wurden, so litten sie doch nur vorübergehende Plagen, und der Fleiß eines Jahres konnte die Drangsale einiger Monate vergessen machen. Aber keine Erholung wurde denjenigen zuteil, die eine Besatzung in ihren Mauern oder in ihrer Nachbarschaft hatten, und ihr unglückliches Schicksal konnte selbst der Wechsel des Glücks nicht verbessern, da der Sieger an den Platz und in die Fußstapfen des Besiegten trat, und Freund und Feind gleich wenig Schonung bewiesen. Die Vernachlässigung der Felder, die Zerstörung der Saaten, und die Vervielfältigung der Armeen, die über die ausgesogenen Länder daherstürmten, hatten Hunger und Teurung zur unausbleiblichen Folge, und in den letzten Jahren vollendete noch Mißwachs das Elend. Die Anhäufung der Menschen in Lägern und Quartieren, Mangel auf der einen Seite und Völlerei auf der andern brachten pestartige Seuchen hervor, die mehr als Schwert und Feuer die Länder veröderten. Alle Bande der Ordnung lösten in dieser langen Zerrüttung sich auf, die Achtung für Menschenrechte, die Furcht vor Gesetzen, die Reinheit der Sitten verlor sich, Treu und Glaube verfiel, indem die Stärke allein mit eisernem Szepter herrschte; üppig schossen unter dem Schirme der Anarchie und der Straflosigkeit alle Laster auf, und die Menschen verwilderten mit den Ländern. Kein Stand war dem Mutwillen zu ehrwürdig, kein fremdes Eigentum der Not und der Raubsucht heilig. Der Soldat (um das Elend jener Zeit in ein einziges Wort zu pressen) der Soldat herrschte, und dieser brutalste der Despoten ließ seine eignen Führer nicht selten seine Obermacht fühlen. Der Befehlshaber einer Armee war eine wichtigere Person in dem Lande, worin er sich sehen ließ, als der rechtmäßige Regent, der oft dahin gebracht war, sich vor ihm in seinen Schlössern zu verkriechen. Ganz Deutschland wimmelte von solchen kleinen Tyrannen, und die Länder litten gleich hart von dem Feinde und von ihren Verteidigern. Alle diese Wunden schmerzten um so mehr, wenn man sich erinnerte, daß es fremde Mächte waren, welche Deutschland ihrer Habsucht aufopferten, und die Drangsale des Krieges vorsätzlich verlängerten, um ihre eigennützigen Zwecke zu erreichen. Damit Schweden sich bereichern und Eroberungen machen konnte, mußte Deutschland unter der Geißel des Krieges bluten; damit Richelieu in Frankreich notwendig blieb, durfte die Fackel der Zwietracht im Deutschen Reiche nicht erlöschen.

Aber es waren nicht lauter eigennützige Stimmen, die sich gegen den Frieden erklärten, und wenn sowohl Schweden als deutsche Reichsstände die Fortdauer des Kriegs aus unreiner Absicht wünschten, so sprach eine gesunde Staatskunst für sie. Konnte man nach der Nördlinger Niederlage einen billigen Frieden von dem Kaiser erwarten? Und wenn man dies nicht konnte, sollte man siebzehn Jahre lang alles Ungemach des Krieges erduldet, alle Kräfte verschwendet haben, um am Ende nichts gewonnen, oder gar noch verloren zu haben? Wofür so viel Blut vergossen, wenn alles blieb, wie es gewesen, wenn man in seinen Rechten und Ansprüchen um gar nichts gebessert war? wenn man alles, was so sauer errungen worden, in einem Frieden wieder herausgeben mußte? War es nicht wünschenswerter, die lange getragene Last noch zwei oder drei Jahre länger zu tragen, um für zwanzigjährige Leiden endlich doch einen Ersatz einzuernten? Und an einem vorteilhaften Frieden war nicht zu zweifeln, sobald nur Schweden und deutsche Protestanten, im Felde wie im Kabinett, standhaft zusammenhielten, und ihr gemeinschaftliches Interesse mit wechselseitigem Anteil, mit vereinigtem Eifer besorgten. Ihre Trennung allein machte den Feind mächtig, und entfernte die Hoffnung eines dauerhaften und allgemein beglückenden Friedens. Und dieses größte aller Übel fügte der Kurfürst von Sachsen der protestantischen Sache zu, indem er sich durch einen Separatvergleich mit Österreich versöhnte.

Schon vor der Nördlinger Schlacht hatte er die Unterhandlungen mit dem Kaiser eröffnet; aber der unglückliche Ausgang der erstern beschleunigte die Abschließung des Vergleichs. Das Vertrauen auf den Beistand der Schweden war gefallen, und man zweifelte, ob sie sich von diesem harten Schlage je wieder aufrichten würden. Die Trennung unter ihren eigenen Anführern, die schlechte Subordination der Armee, und die Entkräftung des schwedischen Reichs ließ keine großen Taten mehr von ihnen erwarten. Um so mehr glaubte man eilen zu müssen, sich die Großmut des Kaisers zunutze zu machen, der seine Anerbietungen auch nach dem Nördlinger Siege nicht zurücknahm. Oxenstierna, der die Stände in Frankfurt versammelte, forderte; der Kaiser hingegen gab: und so bedurfte es keiner langen Überlegung, welchem von beiden man Gehör geben sollte.

Indessen wollte man doch den Schein vermeiden, als ob man die gemeine Sache hintansetzte und bloß auf seinen eigenen Nutzen bedacht wäre. Alle deutschen Reichsstände, selbst die Schweden, waren eingeladen worden, zu diesem Frieden mitzuwirken und teil daran zu nehmen, obgleich Kursachsen und der Kaiser die einzigen Mächte waren, die ihn schlossen, und sich eigenmächtig zu Gesetzgebern über Deutschland aufwarfen. Die Beschwerden der protestantischen Stände kamen in demselben zur Sprache, ihre Verhältnisse und Rechte wurden vor diesem willkürlichen Tribunale entschieden, und selbst das Schicksal der Religionen ohne Zuziehung der dabei so sehr interessierten Glieder bestimmt. Es sollte ein allgemeiner Friede, ein Reichsgesetz sein, als ein solches bekanntgemacht, und durch ein Reichsexekutionsheer, wie ein förmlicher Reichsschluß, vollzogen werden. Wer sich dagegen auflehnte, war ein Feind des Reiches, und so mußte er, allen ständischen Rechten zuwider, ein Gesetz anerkennen, das er nicht selbst mit gegeben hatte. Der Pragische Friede war also, schon seiner Form nach, ein Werk der Willkür; und er war es nicht weniger durch seinen Inhalt.

Das Restitutionsedikt hatte den Bruch zwischen Kursachsen und dem Kaiser vorzüglich veranlaßt; also mußte man auch bei der Wiederaussöhnung zuerst darauf Rücksicht nehmen. Ohne es ausdrücklich und förmlich aufzuheben, setzte man in dem Pragischen Frieden fest, daß alle unmittelbaren Stifter, und unter den mittelbaren diejenigen, welche nach dem Passauischen Vertrage von den Protestanten eingezogen und besessen worden, noch vierzig Jahre, jedoch ohne Reichstagsstimme, in demjenigen Stande bleiben sollten, in welchem das Restitutionsedikt sie gefunden habe. Vor Ablauf dieser vierzig Jahre sollte dann eine Kommission von beiderlei Religionsverwandten gleicher Anzahl friedlich und gesetzmäßig darüber verfügen, und wenn es auch dann zu keinem Endurteil käme, jeder Teil in den Besitz aller Rechte zurücktreten, die er vor Erscheinung des Restitutionsedikts ausgeübt habe. Diese Auskunft also, weit entfernt den Samen der Zwietracht zu ersticken, suspendierte nur auf eine Zeitlang seine verderblichen Wirkungen, und der Zunder eines neuen Krieges lag schon in diesem Artikel des Pragischen Friedens.

Das Erzstift Magdeburg bleibt dem Prinzen August von Sachsen, und Halberstadt dem Erzherzog Leopold Wilhelm.

Von dem magdeburgischen Gebiet werden vier Ämter abgerissen und an Kursachsen verschenkt; der Administrator von Magdeburg, Christian Wilhelm von Brandenburg, wird auf andere Art abgefunden. Die Herzoge von Mecklenburg empfangen, wenn sie diesem Frieden beitreten, ihr Land zurück, das sie glücklicherweise längst schon durch Gustav Adolfs Großmut besitzen; Donauwörth erlangt seine Reichsfreiheit wieder. Die wichtige Forderung der pfälzischen Erben bleibt, wie wichtig es auch dem protestantischen Reichsteile war, diese Kurstimme nicht zu verlieren, gänzlich unberührt, weil – ein lutherischer Fürst einem reformierten keine Gerechtigkeit schuldig ist. Alles, was die protestantischen Stände, die Ligue und der Kaiser in dem Kriege voneinander erobert haben, wird zurückgegeben; alles, was die auswärtigen Mächte, Schweden und Frankreich, sich zugeeignet, wird ihnen mit gesamter Hand wieder abgenommen. Die Kriegsvölker aller kontrahierenden Teile werden in eine einzige Reichsmacht vereinigt, welche, vom Reiche unterhalten und bezahlt, diesen Frieden mit gewaffneter Hand zu vollstrecken hat.

Da der Pragische Friede als ein allgemeines Reichsgesetz gelten sollte, so wurden diejenigen Punkte, welche mit dem Reiche nichts zu tun hatten, in einem Nebenvertrage beigefügt. In diesem wurde dem Kurfürsten von Sachsen die Lausitz als ein böhmisches Lehen zuerkannt, und über die Religionsfreiheit dieses Landes und Schlesiens noch besonders gehandelt.

Alle evangelischen Stände waren zu Annahme des Pragischen Friedens eingeladen, und unter dieser Bedingung der Amnestie teilhaftig gemacht; bloß die Fürsten von Württemberg und Baden – deren Länder man innehatte, und nicht geneigt war so ganz unbedingt wieder herzugeben – die eigenen Untertanen Österreichs, welche die Waffen gegen ihren Landesherrn geführt, und diejenigen Stände, die unter Oxenstiernas Direktion den Rat der oberdeutschen Kreise ausmachten, schloß man aus; nicht sowohl um den Krieg gegen sie fortzusetzen, als vielmehr um ihnen den notwendig gewordenen Frieden desto teurer zu verkaufen. Man behielt ihre Lande als ein Unterpfand, bis alles herausgegeben, und alles in seinen vorigen Stand zurückgestellt sein würde. Eine gleiche Gerechtigkeit gegen alle hätte vielleicht das wechselseitige Zutrauen zwischen Haupt und Gliedern, zwischen Protestanten und Papisten, zwischen Reformierten und Lutheranern zurückgeführt, und,

verlassen von allen ihren Bundesgenossen, hätten die Schweden einen schimpflichen Abschied aus dem Reiche nehmen
müssen. Jetzt bestärkte diese ungleiche Behandlung die härter
gehaltenen Stände in ihrem Mißtrauen und Widersetzungs-
geist, und erleichterte es den Schweden, das Feuer des Kriegs
zu nähren, und einen Anhang in Deutschland zu behalten.

Der Prager Friede fand, wie vorher zu erwarten gewesen
war, eine sehr ungleiche Aufnahme in Deutschland. Über dem
Bestreben, beide Parteien einander zu nähern, hatte man sich
von beiden Vorwürfe zugezogen. Die Protestanten klagten
über die Einschränkungen, die sie in diesem Frieden erleiden
sollten; die Katholiken fanden diese verwerfliche Sekte, auf
Kosten der wahren Kirche, viel zu günstig behandelt. Nach
diesen hatte man der Kirche von ihren unveräußerlichen
Rechten vergeben, indem man den Evangelischen den vierzigjährigen Genuß der geistlichen Güter bewilligte; nach jenen
hatte man eine Verräterei an der protestantischen Kirche begangen, weil man seinen Glaubensbrüdern in den österreichischen Ländern die Religionsfreiheit nicht errungen hatte. Aber
niemand wurde bittrer getadelt, als der Kurfürst von Sachsen,
den man als einen treulosen Überläufer, als einen Verräter der
Religion und Reichsfreiheit, und als einen Mitverschwornen
des Kaisers in öffentlichen Schriften darzustellen suchte.

Indessen tröstete er sich mit dem Triumph, daß ein großer
Teil der evangelischen Stände seinen Frieden notgezwungen
annahm. Der Kurfürst von Brandenburg, Herzog Wilhelm von
Weimar, die Fürsten von Anhalt, die Herzoge von Mecklenburg, die Herzoge von Braunschweig-Lüneburg, die Hanse-
städte und die mehresten Reichsstädte traten demselben bei.
Landgraf Wilhelm von Hessen schien eine Zeitlang unschlüssig,
oder stellte sich vielleicht nur es zu sein, um Zeit zu gewinnen
und seine Maßregeln nach dem Erfolg einzurichten. Er hatte
mit dem Schwert in der Hand schöne Länder in Westfalen errungen, aus denen er seine besten Kräfte zu Führung des
Krieges zog, und welche alle er nun, dem Frieden gemäß, zurückgeben sollte. Herzog Bernhard von Weimar, dessen Staaten noch bloß auf dem Papier existierten, kam nicht als kriegführende Macht, desto mehr aber als kriegführender General
in Betrachtung, und in beiderlei Rücksicht konnte er den
Prager Frieden nicht anders als mit Abscheu verwerfen. Sein
ganzer Reichtum war seine Tapferkeit, und in seinem Degen

lagen alle seine Länder. Nur der Krieg machte ihn groß und bedeutend; nur der Krieg konnte die Entwürfe seines Ehrgeizes zur Zeitigung bringen.

Aber unter allen, welche ihre Stimme gegen den Pragischen Frieden erhoben, erklärten sich die Schweden am heftigsten dagegen, und niemand hatte auch mehr Ursache dazu. Von den Deutschen selbst in Deutschland hereingerufen, Retter der protestantischen Kirche und der ständischen Freiheit, die sie mit so vielem Blute, mit dem heiligen Leben ihres Königs erkauften, sahen sie sich jetzt auf einmal schimpflich im Stiche gelassen, auf einmal in allen ihren Planen getäuscht, ohne Lohn, ohne Dankbarkeit aus dem Reiche gewiesen, für welches sie bluteten, und von den nämlichen Fürsten, die ihnen alles verdankten, dem Hohngelächter des Feindes preisgegeben. An eine Genugtuung für sie, an einen Ersatz ihrer aufgewandten Kosten, an ein Äquivalent für die Eroberungen, welche sie im Stiche lassen sollten, war in dem Prager Frieden mit keiner Silbe gedacht worden. Nackter als sie gekommen waren, sollten sie nun entlassen, und, wenn sie sich dagegen sträubten, durch dieselben Hände, welche sie hereingerufen, aus Deutschland hinausgejagt werden. Endlich ließ zwar der Kurfürst von Sachsen ein Wort von einer Genugtuung fallen, die in Geld bestehen, und die Summe von drittehalb Millionen Gulden betragen sollte. Aber die Schweden hatten weit mehr von ihrem Eigenen zugesetzt; eine so schimpfliche Abfindung mit Geld mußte ihren Eigennutz kränken und ihren Stolz empören. „Die Kurfürsten von Bayern und Sachsen", antwortete Oxenstierna, „ließen sich den Beistand, den sie dem Kaiser leisteten, und als Vasallen ihm schuldig waren, mit wichtigen Provinzen bezahlen; und uns Schweden, uns, die wir unsern König für Deutschland dahingegeben, will man mit der armseligen Summe von drittehalb Millionen Gulden nach Hause weisen?" Die getäuschte Hoffnung schmerzte um so mehr, je gewisser man darauf gerechnet hatte, sich mit dem Herzogtum Pommern, dessen gegenwärtiger Besitzer alt und ohne Sukzession war, bezahlt zu machen. Aber die Anwartschaft auf dieses Land wurde in dem Prager Frieden dem Kurfürsten von Brandenburg zugesichert, und gegen die Festsetzung der Schweden in diesen Grenzen des Reichs empörten sich alle benachbarten Mächte.

Nie in dem ganzen Kriege hatte es schlimmer um die Schweden gestanden, als in diesem 1635. Jahre, unmittelbar nach Bekanntmachung des Pragischen Friedens. Viele ihrer Alliierten, unter den Reichsstädten besonders, verließen ihre Partei, um der Wohltat des Friedens teilhaftig zu werden; andre wurden durch die siegreichen Waffen des Kaisers dazu gezwungen. Augsburg, durch Hunger besiegt, unterwarf sich unter harten Bedingungen; Würzburg und Coburg gingen an die Österreicher verloren. Der Heilbronnische Bund wurde förmlich getrennt. Beinahe ganz Oberdeutschland, der Hauptsitz der schwedischen Macht, erkannte die Herrschaft des Kaisers. Sachsen, auf den Pragischen Frieden sich stützend, verlangte die Räumung Thüringens, Halberstadts, Magdeburgs. Philippsburg, der Waffenplatz der Franzosen, war mit allen Vorräten, die darin niedergelegt waren, von den Österreichern überrumpelt worden, und dieser große Verlust hatte die Tätigkeit Frankreichs geschwächt. Um die Bedrängnisse der Schweden vollkommen zu machen, mußte gerade jetzt der Stillstand mit Polen sich seinem Ende nähern. Mit Polen und mit dem Deutschen Reiche zugleich Krieg zu führen, überstieg bei weitem die Kräfte des schwedischen Staats, und man hatte die Wahl, welches von diesen beiden Feinden man sich entledigen sollte. Stolz und Ehrgeiz entschieden für die Fortsetzung des deutschen Kriegs, welch ein hartes Opfer es auch gegen Polen kosten möchte; doch eine Armee kostete es immer, um sich bei den Polen in Achtung zu setzen, und bei den Unterhandlungen um einen Stillstand oder Frieden seine Freiheit nicht ganz und gar zu verlieren.

Allen diesen Unfällen, welche zu gleicher Zeit über Schweden hereinstürmten, setzte sich der standhafte, an Hülfsmitteln unerschöpfliche Geist Oxenstiernas entgegen, und sein durchdringender Verstand lehrte ihn, selbst die Widerwärtigkeiten, die ihn trafen, zu seinem Vorteile kehren. Der Abfall so vieler deutschen Reichsstände von der schwedischen Partei beraubte ihn zwar eines großen Teils seiner bisherigen Bundesgenossen, aber er überhob ihn auch zugleich aller Schonung gegen sie; und je größer die Zahl seiner Feinde wurde, über desto mehr Länder konnten sich seine Armeen verbreiten, desto mehr Magazine öffneten sich ihm. Die schreiende Undankbarkeit der Stände, und die stolze Verachtung, mit der ihm von dem Kaiser begegnet wurde (der ihn nicht einmal würdigte, unmittelbar mit ihm über den Frieden zu traktieren), entzündete in ihm den Mut der Verzweiflung, und einen edeln Trotz, es bis aufs

Äußerste zu treiben. Ein noch so unglücklich geführter Krieg konnte die Sache der Schweden nicht schlimmer machen, als sie war; und wenn man das Deutsche Reich räumen sollte, so war es wenigstens anständiger und rühmlicher, es mit dem Schwert in der Hand zu tun, und der Macht, nicht der Furcht zu unterliegen.

In der großen Extremität, worin die Schweden sich durch die Desertion ihrer Alliierten befanden, warfen sie ihre Blicke zuerst auf Frankreich, welches ihnen mit den ermunterndsten Anträgen entgegeneilte. Das Interesse beider Kronen war aufs engste aneinandergekettet, und Frankreich handelte gegen sich selbst, wenn es die Macht der Schweden in Deutschland gänzlich verfallen ließ. Die durchaus hülflose Lage der letztern war vielmehr eine Aufforderung für dasselbe, sich fester mit ihnen zu verbinden, und einen tätigern Anteil an dem Kriege in Deutschland zu nehmen. Schon seit Abschließung des Allianztraktats mit den Schweden zu Bärwalde im Jahr 1631, hatte Frankreich den Kaiser durch die Waffen Gustav Adolfs befehdet, ohne einen öffentlichen und förmlichen Bruch, bloß durch die Geldhülfe, die es den Gegnern desselben leistete, und durch seine Geschäftigkeit, die Zahl der letztern zu vermehren. Aber, beunruhigt von dem unerwartet schnellen und außerordentlichen Glück der schwedischen Waffen, schien es seinen ersten Zweck eine Zeitlang aus den Augen zu verlieren, um das Gleichgewicht der Macht wiederherzustellen, das durch die Überlegenheit der Schweden gelitten hatte. Es suchte die katholischen Reichsfürsten durch Neutralitätsverträge gegen den schwedischen Eroberer zu schützen, und war schon im Begriff, da diese Versuche mißlangen, sich gegen ihn selbst zu bewaffnen. Nicht so bald aber hatte Gustav Adolfs Tod und die Hülflosigkeit der Schweden diese Furcht zerstreut, als es mit frischem Eifer zu seinem ersten Entwurf zurückkehrte, und den Unglücklichen in vollem Maße den Schutz angedeihen ließ, den es den Glücklichen entzogen hatte. Befreit von dem Widerstande, den Gustav Adolfs Ehrgeiz und Wachsamkeit seinen Vergrößerungsentwürfen entgegensetzten, ergreift es den günstigen Augenblick, den das Nördlinger Unglück ihm darbietet, sich die Herrschaft des Kriegs zuzueignen, und denen, die seines mächtigen Schutzes bedürftig sind, Gesetze vorzuschreiben. Der Zeitpunkt begünstigt seine kühnsten Entwürfe, und was vorher nur eine schöne Schimäre war, läßt sich von jetzt an als ein überlegter, durch die Umstände gerechtfertigter Zweck verfolgen. Jetzt also widmet es dem deutschen Kriege seine ganze Aufmerksamkeit, und sobald es durch seinen Traktat mit den Deutschen seine Privatzwecke sichergestellt sieht, erscheint es als handelnde und herrschende Macht auf der politischen Bühne. Während daß sich die kriegführenden Mächte in einem langwierigen Kampf erschöpften, hatte es seine Kräfte geschont, und zehen Jahre lang den Krieg bloß mit seinem Gelde geführt; jetzt, da die Zeitumstände es zur Tätigkeit rufen, greift es zum Schwert, und strengt sich zu Unternehmungen an, die ganz Europa in Verwunderung setzen. Es läßt zu gleicher Zeit zwei Flotten im Meere kreuzen, und schickt sechs verschiedene Heere aus, während daß es mit seinem Gelde noch eine Krone und mehrere deutsche Fürsten besoldet. Belebt durch die Hoffnung seines mächtigen Schutzes, raffen sich die Schweden und Deutschen aus ihrem tiefen Verfall empor, und getrauen sich, mit dem Schwert in der Hand einen rühmlichern Frieden als den Pragischen zu erfechten. Von ihren Mitständen verlassen, die sich mit dem Kaiser versöhnen, schließen sie sich nur desto enger an Frankreich an, das mit der wachsenden Not seinen Beistand verdoppelt, an dem deutschen Krieg immer größern, wiewohl noch immer versteckten Anteil nimmt, bis es zuletzt ganz seine Maske abwirft, und den Kaiser unmittelbar unter seinem eignen Namen befehdet.

Um den Schweden vollkommen freie Hand gegen Österreich zu geben, machte Frankreich den Anfang damit, es von dem polnischen Kriege zu befreien. Durch den Grafen von Avaux, seinen Gesandten, brachte es beide Teile dahin, daß zu Stuhmsdorf in Preußen der Waffenstillstand auf sechsundzwanzig Jahre verlängert wurde, wiewohl nicht ohne großen Verlust für die Schweden, welche beinahe das ganze polnische Preußen, Gustav Adolfs teuer erkämpfte Eroberung, durch einen einzigen Federzug einbüßten. Der Bärwalder Traktat wurde mit einigen Veränderungen, welche die Umstände nötig machten, anfangs zu Compiègne, dann zu Wismar und Hamburg auf entferntere Zeiten erneuert. Mit Spanien hatte man schon im Mai des Jahrs 1635 gebrochen, und durch den lebhaften Angriff dieser Macht dem Kaiser seinen wichtigsten Beistand aus den Niederlanden entzogen; jetzt verschaffte man, durch Unterstützung des Landgrafen Wilhelms von Kassel und Herzog Bernhards von Weimar, den schwedischen Waffen

an der Elbe und Donau eine größere Freiheit, und nötigte den
Kaiser durch eine starke Diversion am Rhein, seine Macht zu
teilen.

Heftiger entzündete sich also der Krieg, und der Kaiser
hatte durch den Pragischen Frieden zwar seine Gegner im
Deutschen Reiche vermindert, aber zugleich auch den Eifer
und die Tätigkeit seiner auswärtigen Feinde vermehrt. Er hatte
sich in Deutschland einen unumschränkten Einfluß erworben,
und sich, mit Ausnahme weniger Stände, zum Herrn des ganzen Reichskörpers und der Kräfte desselben gemacht, daß er
von jetzt an wieder als Kaiser und Herr handeln konnte. Die
erste Wirkung davon war die Erhebung seines Sohnes Ferdinands des Dritten zur römischen Königswürde, die, ungeachtet des Widerspruchs von seiten Triers und der pfälzischen
Erben, durch eine entscheidende Stimmenmehrheit zustande
kam. Aber die Schweden hatte er zu einer verzweifelten Gegenwehr gereizt, die ganze Macht Frankreichs gegen sich bewaffnet und in die innersten Angelegenheiten Deutschlands gezogen. Beide Kronen bilden von jetzt an mit ihren deutschen
Alliierten eine eigene festgeschlossene Macht, der Kaiser mit
den ihm anhängenden deutschen Staaten die andre. Die Schweden beweisen von jetzt an keine Schonung mehr, weil sie nicht
mehr für Deutschland, sondern für ihr eigenes Dasein fechten.
Sie handeln rascher, unumschränkter und kühner, weil sie es
überhoben sind, bei ihren deutschen Alliierten herumzufragen,
und Rechenschaft von ihren Entwürfen zu geben. Die Schlachten werden hartnäckiger und blutiger, aber weniger entscheidend. Größere Taten der Tapferkeit und der Kriegskunst geschehen; aber es sind einzelne Handlungen, die, von keinem
übereinstimmenden Plane geleitet, von keinem alles lenkenden
Geiste benutzt, für die ganze Partei schwache Folgen haben,
und an dem Laufe des Kriegs nur wenig verändern.

Sachsen hatte sich in dem Pragischen Frieden verbindlich
gemacht, die Schweden aus Deutschland zu verjagen; von jetzt
an also vereinigen sich die sächsischen Fahnen mit den kaiserlichen, und zwei Bundesgenossen haben sich in zwei unversöhnliche Feinde verwandelt. Das Erzstift Magdeburg, welches der Pragische Friede dem sächsischen Prinzen zusprach,
war noch in schwedischen Händen, und alle Versuche, sie auf
einem friedlichen Wege zu Abtretung desselben zu bewegen,
waren ohne Wirkung geblieben. Die Feindseligkeiten fangen

also an, und der Kurfürst von Sachsen eröffnet sie damit, durch sogenannte Avokatorien alle sächsische Untertanen von der Banérischen Armee abzurufen, die an der Elbe gelagert steht. Die Offiziere, längst schon wegen des rückständigen Soldes schwierig, geben dieser Aufforderung Gehör, und räumen ein Quartier nach dem andern. Da die Sachsen zugleich eine Bewegung gegen Mecklenburg machten, um Dömitz wegzunehmen, und den Feind von Pommern und von der Ostsee abzuschneiden, so zog sich Banér eilfertig dahin, entsetzte Dömitz und schlug den sächsischen General Baudissin mit siebentausend Mann aufs Haupt, daß gegen tausend blieben und ebensoviel gefangen wurden. Verstärkt durch die Truppen und Artillerie, welche bisher in Polnisch-Preußen gestanden, nunmehr aber durch den Vertrag zu Stuhmsdorf in diesem Lande entbehrlich wurden, brach dieser tapfre und ungestüme Krieger am folgenden 1636. Jahr in das Kurfürstentum Sachsen ein, wo er seinem alten Hasse gegen die Sachsen die blutigsten Opfer brachte. Durch vieljährige Beleidigungen aufgebracht, welche er und seine Schweden während ihrer gemeinschaftlichen Feldzüge von dem Übermut der Sachsen hatten erleiden müssen, und jetzt durch den Abfall des Kurfürsten aufs äußerste gereizt, ließen sie die unglücklichen Untertanen desselben ihre Rachsucht und Erbitterung fühlen. Gegen Österreicher und Bayern hatte der schwedische Soldat mehr aus Pflicht gefochten; gegen die Sachsen kämpfte er aus Privathaß und mit persönlicher Wut, weil er sie als Abtrünnige und Verräter verabscheute, weil der Haß zwischen zerfallenen Freunden gewöhnlich der grimmigste und unversöhnlichste ist. Die nachdrückliche Diversion, welche dem Kaiser unterdessen von dem Herzog von Weimar und dem Landgrafen von Hessen am Rhein und in Westfalen gemacht wurde, hinderte ihn, den Sachsen eine hinlängliche Unterstützung zu leisten, und so mußte das ganze Kurfürstentum von Banérs streifenden Horden die schrecklichste Behandlung erleiden. Endlich zog der Kurfürst den kaiserlichen General von Hatzfeld an sich, und rückte vor Magdeburg, welches der herbeieilende Banér umsonst zu entsetzen strebte. Nun verbreitete sich die vereinigte Armee der Kaiserlichen und Sachsen durch die Mark Brandenburg, entriß den Schweden viele Städte, und war im Begriff, sie bis an die Ostsee zu treiben. Aber gegen alle Erwartungen, griff der schon verlorengegebene Banér die alliierte Armee am 24. Sept.

1636 bei Wittstock an, und eine große Schlacht wurde geliefert. Der Angriff war fürchterlich, und die ganze Macht des Feindes fiel auf den rechten Flügel der Schweden, den Banér selbst anführte. Lange Zeit kämpfte man auf beiden Seiten mit gleicher Hartnäckigkeit und Erbitterung, und unter den Schweden war keine Schwadron, die nicht zehnmal angerückt und zehnmal geschlagen worden wäre. Als endlich Banér der Übermacht der Feinde zu weichen genötigt war, setzte sein linker Flügel das Treffen bis zum Einbruch der Nacht fort, und das schwedische Hintertreffen, welches noch gar nicht gefochten hatte, war bereit, am folgenden Morgen die Schlacht zu erneuern. Aber diesen zweiten Angriff wollte der Kurfürst von Sachsen nicht abwarten. Seine Armee war durch das Treffen des vorhergehenden Tages erschöpft, und die Knechte hatten sich mit allen Pferden davongemacht, daß die Artillerie nie gebraucht werden konnte. Er ergriff also mit dem Grafen von Hatzfeld noch in derselben Nacht die Flucht, und überließ das Schlachtfeld den Schweden. Gegen fünftausend von den Alliierten waren auf der Walstatt geblieben, diejenigen nicht gerechnet, welche von den nachsetzenden Schweden erschlagen wurden, oder dem ergrimmten Landmann in die Hände fielen. Hundertundfunfzig Standarten und Fahnen, dreiundzwanzig Kanonen, die ganze Bagage, das Silbergeschirr des Kurfürsten mitgerechnet, wurden erbeutet, und noch außerdem gegen zweitausend Gefangene gemacht. Dieser glänzende Sieg, über einen weit überlegenen und vorteilhaft postierten Feind erfochten, setzte die Schweden auf einmal wieder in Achtung; ihre Feinde zagten, ihre Freunde fingen an frischen Mut zu schöpfen. Banér benutzte das Glück, das sich so entscheidend für ihn erklärt hatte, eilte über die Elbe, und trieb die Kaiserlichen durch Thüringen und Hessen bis nach Westfalen. Dann kehrte er zurück, und bezog die Winterquartiere auf sächsischem Boden.

Aber ohne die Erleichterung, welche ihm durch die Tätigkeit Herzog Bernhards und der Franzosen am Rhein verschafft wurde, würde es ihm schwer geworden sein, diese herrlichen Viktorien zu erfechten. Herzog Bernhard hatte nach der Nördlinger Schlacht die Trümmer der geschlagenen Armee in der Wetterau versammelt; aber verlassen von dem Heilbronnischen Bunde, dem der Prager Friede bald darauf ein völliges Ende machte, und von den Schweden zu wenig unterstützt, sah er sich außerstand gesetzt, die Armee zu unterhalten, und große Taten an ihrer Spitze zu tun. Die Nördlinger Niederlage hatte sein Herzogtum Franken verschlungen, und die Ohnmacht der Schweden raubte ihm alle Hoffnung, sein Glück durch diese Krone zu machen. Zugleich auch des Zwanges müde, den ihm das gebieterische Betragen des schwedischen Reichskanzlers auferlegte, richtete er seine Augen auf Frankreich, welches ihm mit Geld, dem einzigen, was er brauchte, aushelfen konnte, und sich bereitwillig dazu finden ließ. Richelieu wünschte nichts so sehr, als den Einfluß der Schweden auf den deutschen Krieg zu vermindern, und sich selbst unter fremden Namen die Führung desselben in die Hände zu spielen. Zu Erreichung dieses Zweckes konnte er kein besseres Mittel erwählen, als daß er den Schweden ihren tapfersten Feldherrn abtrünnig machte, ihn aufs genaueste in Frankreichs Interesse zog, und sich, zu Ausführung seiner Entwürfe, seines Armes versicherte. Von einem Fürsten wie Bernhard, der sich ohne den Beistand einer fremden Macht nicht behaupten konnte, hatte Frankreich nichts zu besorgen, da auch der glücklichste Erfolg nicht hinreichte, ihn außer Abhängigkeit von dieser Krone zu setzen. Bernhard kam selbst nach Frankreich, und schloß im Oktober 1635 zu St. Germain en Laye, nicht mehr als schwedischer General, sondern in eigenem Namen, einen Vergleich mit dieser Krone, worin ihm eine jährliche Pension von anderthalb Millionen Livres für ihn selbst, und vier Millionen zu Unterhaltung einer Armee, die er unter königlichen Befehlen kommandieren sollte, bewilligt wurde. Um seinen Eifer desto lebhafter anzufeuern, und die Eroberung von Elsaß durch ihn zu beschleunigen, trug man kein Bedenken, ihm in einem geheimen Artikel diese Provinz zur Belohnung anzubieten; eine Großmut, von der man sehr weit entfernt war, und welche der Herzog selbst nach Würden zu schätzen wußte. Aber Bernhard vertraute seinem Glück und seinem Arme, und setzte der Arglist Verstellung entgegen. War er einmal mächtig genug, das Elsaß dem Feinde zu entreißen, so verzweifelte er nicht daran, es im Notfall auch gegen einen Freund behaupten zu können. Jetzt also schuf er sich mit französischem Gelde eine eigene Armee, die er zwar unter französischer Hoheit, aber doch so gut als unumschränkt, kommandierte, ohne jedoch seine Verbindung mit den Schweden ganz und gar aufzuheben. Er eröffnete seine Operationen am Rheinstrom, wo eine andre französische

Armee unter dem Kardinal la Valette die Feindseligkeiten gegen den Kaiser schon im Jahre 1635 eröffnet hatte.

Gegen diese hatte sich das österreichische Hauptheer, welches den großen Sieg bei Nördlingen erfochten hatte, nach Unterwerfung Schwabens und Frankens unter der Anführung des Gallas gewendet, und sie auch glücklich bis Metz zurückgescheucht, den Rheinstrom befreit, und die von den Schweden besetzten Städte, Mainz und Frankenthal, erobert. Aber die Hauptabsicht dieses Generals, die Winterquartiere in Frankreich zu beziehen, wurde durch den tätigen Widerstand der Franzosen vereitelt, und er sah sich genötigt, seine Truppen in das erschöpfte Elsaß und Schwaben zurückzuführen. Bei Eröffnung des Feldzugs im folgenden Jahre passierte er zwar bei Breisach den Rhein, und rüstete sich, den Krieg in das innre Frankreich zu spielen. Er fiel wirklich in die Grafschaft Burgund ein, während daß die Spanier von den Niederlanden aus in der Pikardie glückliche Fortschritte machten, und Johann von Werth, ein gefürchteter General der Ligue und berühmter Parteigänger, tief in Champagne streifte, und Paris selbst mit seiner drohenden Ankunft erschreckte. Aber die Tapferkeit der Kaiserlichen scheiterte vor einer einzigen unbeträchtlichen Festung in Franche Comté, und zum zweitenmal mußten sie ihre Entwürfe aufgeben.

Dem tätigen Geiste Herzog Bernhards hatte die Abhängigkeit von einem französischen General, der seinem Priesterrock mehr als seinem Kommandostab Ehre machte, bisher zu enge Fesseln angelegt, und ob er gleich in Verbindung mit demselben Elsaß-Zabern eroberte, so hatte er sich doch in den Jahren 1636 und 37 am Rhein nicht behaupten können. Der schlechte Fortgang der französischen Waffen in den Niederlanden hatte die Tätigkeit der Operationen im Elsaß und Breisgau gehemmt; aber im Jahre 1638 nahm der Krieg in diesen Gegenden eine desto glänzendere Wendung. Seiner bisherigen Fesseln entledigt, und jetzt vollkommener Herr seiner Truppen, verließ Herzog Bernhard schon am Anfang des Februars die Ruhe der Winterquartiere, die er im Bistum Basel genommen hatte, und erschien gegen alle Erwartung am Rhein, wo man in dieser rauhen Jahrszeit nichts weniger als einen Angriff vermutete. Die Waldstädte Laufenburg, Waldshut und Säckingen, werden durch Überfall weggenommen, und Rheinfelden belagert. Der dort kommandierende kaiserliche General, Herzog von

Savelli, eilt mit beschleunigten Märschen diesem wichtigen Ort zu Hülfe, entsetzt ihn auch wirklich, und treibt den Herzog von Weimar nicht ohne großen Verlust zurück. Aber gegen aller Menschen Vermuten erscheint dieser am dritten Tage (den 21. Februar 1638) wieder im Gesicht der Kaiserlichen, die in voller Sicherheit über den erhaltenen Sieg bei Rheinfelden ausruhen, und schlägt sie in einer großen Schlacht, worin die vier kaiserlichen Generale, Savelli, Johann von Werth, Enkevoert und Sperreuter, nebst zweitausend Mann zu Gefangenen gemacht werden. Zwei derselben, von Werth und von Enkevoert, ließ Richelieu in der Folge nach Frankreich abführen, um der Eitelkeit des französischen Volks durch den Anblick so berühmter Gefangenen zu schmeicheln, und das öffentliche Elend durch das Schaugepränge der erfochtenen Siege zu hintergehen. Auch die eroberten Standarten und Fahnen wurden in dieser Absicht unter einer feierlichen Prozession in die Kirche de Notre Dame gebracht, dreimal vor dem Altar geschwungen, und dem Heiligtum in Verwahrung gegeben.

Die Einnahme von Rheinfelden, Röteln und Freiburg, war die nächste Folge des durch Bernhard erfochtenen Sieges. Sein Heer wuchs beträchtlich, und so wie das Glück sich für ihn erklärte, erweiterten sich seine Entwürfe. Die Festung Breisach am Oberrhein wurde als die Beherrscherin dieses Stroms und als der Schlüssel zum Elsaß betrachtet. Kein Ort war dem Kaiser in diesen Gegenden wichtiger, auf keinen hatte man so große Sorgfalt verwendet. Breisach zu behaupten, war die vornehmste Bestimmung der italienischen Armee unter Feria gewesen; die Festigkeit seiner Werke und der Vorteil seiner Lage boten jedem gewaltsamen Angriffe Trotz, und die kaiserlichen Generale, welche in diesen Gegenden kommandierten, hatten Befehl, alles für die Rettung dieses Platzes zu wagen. Aber Bernhard vertraute seinem Glück und beschloß den Angriff auf diese Festung. Unbezwingbar durch Gewalt, konnte sie nur durch Hunger besiegt werden; und die Sorglosigkeit ihres Kommandanten, der, keines Angriffs gewärtig, seinen aufgehäuften Getreidevorrat zu Gelde gemacht hatte, beschleunigte dieses Schicksal. Da sie unter diesen Umständen nicht vermögend war, eine lange Belagerung auszuhalten, so mußte man eilen, sie zu entsetzen, oder mit Proviant zu versorgen. Der kaiserliche General von Götz, näherte sich daher aufs eilfertigste an der Spitze von zwölftausend Mann, von dreitausend

Proviantwagen begleitet, die er in die Stadt werfen wollte. Aber von Herzog Bernhard bei Wittenweier angegriffen, verlor er sein ganzes Korps bis auf dreitausend Mann, und die ganze Fracht, die er mit sich führte. Ein ähnliches Schicksal widerfuhr auf dem Ochsenfeld bei Thann dem Herzog von Lothringen, der mit fünf- bis sechstausend Mann zum Entsatz der Festung heranrückte. Nachdem auch ein dritter Versuch des Generals von Götz zu Breisachs Rettung mißlungen war, ergab sich diese Festung, von der schrecklichsten Hungersnot geängstigt, nach einer viermonatlichen Belagerung, am 7. Dezember 1638 ihrem ebenso menschlichen als beharrlichen Sieger.

Breisachs Eroberung eröffnete dem Ehrgeiz des Herzogs von Weimar ein grenzenloses Feld, und jetzt fängt der R o m a n seiner Hoffnungen an, sich der W a h r h e i t zu nähern. Weit entfernt, sich der Früchte seines Schwerts zu Frankreichs Vorteil zu begeben, bestimmt er Breisach für sich selbst, und kündigt diesen Entschluß schon in der Huldigung an, die er, ohne einer andern Macht zu erwähnen, in s e i n e m e i g e n e n N a m e n von den Überwundenen fordert. Durch die bisherigen glänzenden Erfolge berauscht und zu den stolzesten Hoffnungen hingerissen, glaubt er von jetzt an sich selbst genug zu sein, und die gemachten Eroberungen, selbst gegen Frankreichs Willen, behaupten zu können. Zu einer Zeit, wo alles um Tapferkeit feil war, wo persönliche Kraft noch etwas galt, und Heere und Heerführer höher als Länder geachtet wurden, war es einem Helden wie Bernhard erlaubt, sich selbst etwas zuzutrauen, und an der Spitze einer trefflichen Armee, die sich unter seiner Anführung unüberwindlich fühlte, an keiner Unternehmung zu verzagen. Um sich unter der Menge von Feinden, denen er jetzt entgegenging, an einen Freund anzuschließen, warf er seine Augen auf die Landgräfin Amalia von Hessen, die Witwe des kürzlich verstorbenen Landgrafen Wilhelms, eine Dame von ebensoviel Geist als Entschlossenheit, die eine streitbare Armee, schöne Eroberungen und ein beträchtliches Fürstentum mit ihrer Hand zu verschenken hatte. Die Eroberungen der Hessen mit seinen eignen am Rhein in einen einzigen Staat, und ihre beiderseitigen Armeen in e i n e militärische Macht verbunden, konnten eine bedeutende Macht und vielleicht gar eine dritte Partei in Deutschland bilden, die den Ausschlag des Krieges in ihren Händen hielt. Aber diesem vielversprechenden Entwurf machte der Tod ein frühzeitiges Ende.

„Herz gefaßt, Pater Joseph, Breisach ist unser!" schrie Richelieu dem Kapuziner in die Ohren, der sich schon zur Reise in jene Welt anschickte; so sehr hatte ihn diese Freudenpost berauscht. Schon verschlang er in Gedanken das Elsaß, das Breisgau und alle österreichische Vorlande, ohne sich der Zusage zu erinnern, die er dem Herzog Bernhard getan hatte. Der ernstliche Entschluß des letztern, Breisach für sich zu behalten, den er auf eine sehr unzweideutige Art zu erkennen gab, stürzte den Kardinal in nicht geringe Verlegenheit, und alles wurde hervorgesucht, den siegreichen Bernhard im französischen Interesse zu erhalten. Man lud ihn nach Hof, um Zeuge der Ehre zu sein, womit man dort das Andenken seiner Triumphe beginge; Bernhard erkannte und floh die Schlinge der Verführung. Man tat ihm die Ehre an, ihm eine Nichte des Kardinals zur Gemahlin anzubieten; der edle Reichsfürst schlug sie aus, um das sächsische Blut durch keine Mißheirat zu entehren. Jetzt fing man an, ihn als einen gefährlichen Feind zu betrachten, und auch als solchen zu behandeln. Man entzog ihm die Subsidiengelder; man bestach den Gouverneur von Breisach und seine vornehmsten Offiziere, um wenigstens nach dem Tode des Herzogs sich in den Besitz seiner Eroberungen und seiner Truppen zu setzen. Dem letztern blieben diese Ränke kein Geheimnis, und die Vorkehrungen, die er in den eroberten Plätzen traf, bewiesen sein Mißtrauen gegen Frankreich. Aber diese Irrungen mit dem französischen Hofe hatten den nachteiligsten Einfluß auf seine folgenden Unternehmungen. Die Anstalten, welche er machen mußte, um seine Eroberungen gegen einen Angriff von französischer Seite zu behaupten, nötigten ihn seine Kriegsmacht zu teilen, und das Ausbleiben der Subsidiengelder verzögerte seine Erscheinung im Felde. Seine Absicht war gewesen, über den Rhein zu gehen, den Schweden Luft zu machen, und an den Ufern der Donau gegen den Kaiser und Bayern zu agieren. Schon hatte er Banérn, der im Begriff war, den Krieg in die österreichischen Lande zu wälzen, seinen Operationsplan entdeckt, und versprochen ihn abzulösen – als der Tod ihn zu Neuburg am Rhein (im Julius 1639), im sechsunddreißigsten Jahre seines Alters, mitten in seinem Heldenlauf überraschte.

Er starb an einer pestartigen Krankheit, welche binnen zwei

Tagen gegen vierhundert Menschen im Lager dahingerafft hatte. Die schwarzen Flecken, die an seinem Leichnam hervorbrachen, die eignen Äußerungen des Sterbenden, und die Vorteile, welche Frankreich von seinem plötzlichen Hintritt erntete, erweckten den Verdacht, daß er durch französisches Gift sei hingerafft worden, der aber durch die Art seiner Krankheit hinlänglich widerlegt wird. In ihm verloren die Alliierten den größten Feldherrn, den sie nach Gustav Adolf besaßen, Frankreich einen gefürchteten Nebenbuhler um das Elsaß, der Kaiser seinen gefährlichsten Feind. In der Schule Gustav Adolfs zum Helden und Feldherrn gebildet, ahmte er diesem erhabenen Muster nach, und nur ein längeres Leben fehlte ihm, um es zu erreichen, wo nicht gar zu übertreffen. Mit der Tapferkeit des Soldaten verband er den kalten und ruhigen Blick des Feldherrn, mit dem ausdauernden Mut des Mannes die rasche Entschlossenheit des Jünglings, mit dem wilden Feuer des Kriegers die Würde des Fürsten, die Mäßigung des Weisen, und die Gewissenhaftigkeit des Mannes von Ehre. Von keinem Unfall gebeugt, erhob er sich schnell und kraftvoll nach dem härtesten Schlage, kein Hindernis konnte seine Kühnheit beschränken, kein Fehlschlag seinen unbezwinglichen Mut besiegen. Sein Geist strebte nach einem großen, vielleicht nie erreichbaren Ziele; aber Männer seiner Art stehen unter andern Klugheitsgesetzen, als diejenigen sind, wonach wir den großen Haufen zu messen pflegen; fähig, mehr als andere zu vollbringen, durfte er auch verwegenere Plane entwerfen. Bernhard steht in der neuern Geschichte als ein schönes Bild jener kraftvollen Zeiten da, wo persönliche Größe noch etwas ausrichtete, Tapferkeit Länder errang, und Heldentugend einen deutschen Ritter selbst auf den Kaiserthron führte.

Das beste Stück aus der Hinterlassenschaft des Herzogs war seine Armee, die er, nebst dem Elsaß, seinem Bruder Wilhelm vermachte. Aber an ebendiese Armee glaubten Schweden und Frankreich gegründete Rechte zu haben: jenes, weil sie im Namen dieser Krone geworben war, und ihr gehuldigt hatte; dieses, weil sie von seinem Geld unterhalten worden. Auch der Kurprinz von der Pfalz trachtete nach dem Besitz derselben, um sich ihrer zu Wiedereroberung seiner Staaten zu bedienen, und versuchte anfangs durch seine Agenten, und endlich in eigner Person, sie in sein Interesse zu ziehen. Selbst von kaiserlicher Seite geschah ein Versuch, diese Armee zu gewinnen;

und dies darf uns zu einer Zeit nicht wundern, wo nicht die Gerechtigkeit der Sache, nur der Preis der geleisteten Dienste in Betrachtung kam, und die Tapferkeit, wie jede andere Ware, dem Meistbietenden feil war. Aber Frankreich, vermögender und entschlossener, überbot alle Mitbewerber. Es erkaufte den General von Erlach, den Befehlshaber Breisachs, und die übrigen Oberhäupter, die ihm Breisach und die ganze Armee in die Hände spielten. Der junge Pfalzgraf Karl Ludwig, der schon in den vorhergehenden Jahren einen unglücklichen Feldzug gegen den Kaiser getan hatte, sah auch hier seinen Anschlag scheitern. Im Begriff, Frankreich einen so schlimmen Dienst zu erzeigen, nahm er unbesonnenerweise seinen Weg durch dieses Reich. Dem Kardinal, der die gerechte Sache des Pfalzgrafen fürchtete, war jeder Vorwand willkommen, seinen Anschlag zu vereiteln. Er ließ ihn also zu Moulins gegen alles Völkerrecht anhalten, und gab ihm seine Freiheit nicht eher wieder, als bis der Ankauf der weimarischen Truppen berichtigt war. So sahe sich Frankreich nun im Besitz einer beträchtlichen und wohlgeübten Kriegsmacht in Deutschland, und jetzt fing es eigentlich erst an, den Kaiser unter seinem eigenen Namen zu bekriegen.

Aber es war nicht mehr Ferdinand der Zweite, gegen den es jetzt als ein offenbarer Feind aufstand; diesen hatte schon im Februar 1637 im neunundfunfzigsten Jahre seines Alters der Tod von dem Schauplatz abgerufen. Der Krieg, den seine Herrschsucht entzündet hatte, überlebte ihn; nie hatte er während seiner achtzehnjährigen Regierung das Schwert aus der Hand gelegt; nie, solang er das Reichszepter führte, die Wohltat des Friedens geschmeckt. Mit den Talenten des guten Herrschers geboren, mit vielen Tugenden geschmückt, die das Glück der Völker begründen, sanft und menschlich von Natur, sehen wir ihn, aus einem übel verstandenen Begriff von Monarchenpflicht, das Werkzeug zugleich und das Opfer fremder Leidenschaften, seine wohltätige Bestimmung verfehlen, und den Freund der Gerechtigkeit in einen Unterdrücker der Menschheit, in einen Feind des Friedens, in eine Geißel seiner Völker ausarten. In seinem Privatleben liebenswürdig, in seinem Regentenamt achtungswert, nur in seiner Politik schlimm berichtet, vereinigte er auf seinem Haupte den Segen seiner katholischen Untertanen und die Flüche der protestantischen Welt. Die Geschichte stellt mehr und schlimmere Despoten

auf, als Ferdinand der Zweite gewesen, und doch hat nur einer
einen dreißigjährigen Krieg entzündet; aber der Ehrgeiz
dieses einzigen mußte unglücklicherweise gerade mit einem
solchen Jahrhundert, mit solchen Vorbereitungen, mit solchen
Keimen der Zwietracht zusammentreffen, wenn er von so verderblichen Folgen begleitet sein sollte. In einer friedlichern Zeit-
epoche hätte dieser Funke keine Nahrung gefunden, und die
Ruhe des Jahrhunderts hätte den Ehrgeiz des einzelnen erstickt:
jetzt fiel der unglückliche Strahl in ein hoch aufgetürmtes,
lange gesammeltes Brenngeräte, und Europa entzündete sich.

Sein Sohn, Ferdinand der Dritte, wenige Monate vor seines
Vaters Hintritt zur Würde eines römischen Königs erhoben,
erbte seine Throne, seine Grundsätze und seinen Krieg. Aber
Ferdinand der Dritte hatte den Jammer der Völker, und die
Verwüstung der Länder in der Nähe gesehen, und das Bedürfnis des Friedens näher und feuriger gefühlt. Weniger abhängig
von den Jesuiten und Spaniern, und billiger gegen fremde Religionen, konnte er leichter als sein Vater die Stimme der Mäßigung hören. Er hörte sie, und schenkte Europa den Frieden;
aber erst nach einem eilfjährigen Kampfe mit dem Schwert und
der Feder, und nicht eher als bis aller Widerstand fruchtlos war,
und die zwingende Not ihm ihr hartes Gesetz diktierte.

Das Glück begünstigte den Antritt seiner Regierung, und
seine Waffen waren siegreich gegen die Schweden. Diese hatten
unter Banérs kraftvoller Anführung nach dem Siege bei Wittstock Sachsen mit Winterquartieren belastet, und den Feldzug
des 1637. Jahrs mit der Belagerung Leipzigs eröffnet. Der
tapfre Widerstand der Besatzung und die Annäherung der kur-
fürstlich-kaiserlichen Völker retteten diese Stadt, und Banér,
um nicht von der Elbe abgeschnitten zu werden, mußte sich
nach Torgau zurückziehen. Aber die Überlegenheit der Kaiserlichen verscheuchte ihn auch von hier, und umringt von feindlichen Schwärmen, aufgehalten von Strömen und vom Hunger
verfolgt, mußte er einen höchst gefährlichen Rückzug nach
Pommern nehmen, dessen Kühnheit und glücklicher Erfolg
ans Romanhafte grenzt. Die ganze Armee durchwatete an einer
seichten Stelle die Oder bei Fürstenberg, und der Soldat, dem
das Wasser bis an den Hals trat, schleppte selbst die Kanonen
fort, weil die Pferde nicht mehr ziehen wollten. Banér hatte
darauf gerechnet, jenseits der Oder seinen in Pommern stehenden Untergeneral Wrangel zu finden, und, durch diesen Zu-

wachs verstärkt, dem Feind alsdann die Spitze zu bieten. Wrangel erschien nicht, und an seiner Statt hatte sich ein kaiserliches Heer bei Landsberg postiert, den fliehenden Schweden den Weg zu verlegen. Banér entdeckte nun, daß er in eine verderbliche Schlinge gefallen, woraus kein Entkommen war. Hinter sich ein ausgehungertes Land, die Kaiserlichen und die Oder, die Oder zur Linken, die, von einem kaiserlichen General Buchheim bewacht, keinen Übergang gestattete, vor sich Landsberg, Küstrin, die Warthe und ein feindliches Heer, zur Rechten Polen, dem man, des Stillstands ungeachtet, nicht wohl vertrauen konnte, sah er sich ohne ein Wunder verloren, und schon triumphierten die Kaiserlichen über seinen unvermeidlichen Fall. Banérs gerechte Empfindlichkeit klagte die Franzosen als die Urheber dieses Unglücks an. Sie hatten die versprochene Diversion am Rhein unterlassen, und ihre Untätigkeit erlaubte dem Kaiser, seine ganze Macht gegen die Schweden zu gebrauchen. „Sollten wir einst", brach der aufgebrachte General gegen den französischen Residenten aus, der dem schwedischen Lager folgte, „sollten wir und die Deutschen einmal in Gesellschaft gegen Frankreich fechten, so werden wir nicht soviel Umstände machen, ehe wir den Rheinstrom passieren." Aber Vorwürfe waren jetzt vergeblich verschwendet, Entschluß und Tat forderte die dringende Not. Um den Feind vielleicht durch eine falsche Spur von der Oder hinwegzulocken, stellte sich Banér, als ob er durch Polen entkommen wollte, schickte auch wirklich den größten Teil der Bagage auf diesem Wege voran, und ließ seine Gemahlin samt den übrigen Offiziersfrauen dieser Marschroute folgen. Sogleich brechen die Kaiserlichen gegen die polnische Grenze auf, ihm diesen Paß zu versperren, auch Buchheim verläßt seinen Standort, und die Oder wird entblößt. Rasch wendet sich Banér in der Dunkelheit der Nacht gegen diesen Strom zurück, und setzt seine Truppen, samt Bagage und Geschütz, eine Meile oberhalb Küstrin, ohne Brücken, ohne Schiffe, wie vorher bei Fürstenberg, über. Ohne Verlust erreichte er Pommern, in dessen Verteidigung er und Hermann Wrangel sich teilen.

Aber die Kaiserlichen, von Gallas angeführt, dringen bei Tribsees in dieses Herzogtum, und überschwemmen es mit ihrer überlegenen Macht. Usedom und Wolgast werden mit Sturm, Demmin mit Akkord erobert, und die Schweden bis tief in Hinterpommern zurückgedrückt. Und jetzt gerade kam es mehr als jemals darauf an, sich in diesem Lande zu behaupten, da Herzog Bogislaw der Vierzehnte in ebendiesem Jahre stirbt, und das schwedische Reich seine Ansprüche auf Pommern geltend machen soll. Um den Kurfürsten von Brandenburg zu verhindern, seine auf eine Erbverbrüderung und auf den Pragischen Frieden gegründeten Rechte an dieses Herzogtum geltend zu machen, strengt es jetzt alle seine Kräfte an, und unterstützt seine Generale aufs nachdrücklichste mit Geld und Soldaten. Auch in andern Gegenden des Reichs gewinnen die Angelegenheiten Schwedens ein günstigeres Ansehen, und sie fangen an, sich von dem tiefen Verfalle zu erheben, worein sie durch die Untätigkeit Frankreichs und durch den Abfall ihrer Alliierten versunken waren. Denn nach ihrem eilfertigen Rückzuge nach Pommern hatten sie einen Platz nach dem andern in Obersachsen verloren; die mecklenburgischen Fürsten, von den kaiserlichen Waffen bedrängt, fingen an sich auf die österreichische Seite zu neigen, und selbst Herzog Georg von Lüneburg erklärte sich feindlich gegen sie. Ehrenbreitstein, durch Hunger besiegt, öffnete dem bayrischen General von Werth seine Tore, und die Österreicher bemächtigten sich aller am Rheinstrom aufgeworfenen Schanzen. Frankreich hatte gegen die Spanier eingebüßt, und der Erfolg entsprach den prahlerischen Anstalten nicht, womit man den Krieg gegen diese Krone eröffnet hatte. Verloren war alles, was die Schweden im innern Deutschland besaßen, und nur die Hauptplätze in Pommern behaupteten sich noch. Ein einziger Feldzug reißt sie aus dieser tiefen Erniedrigung, und durch die mächtige Diversion, welche der siegende Bernhard den kaiserlichen Waffen an den Ufern des Rheins macht, wird der ganzen Lage des Kriegs ein schneller Umschwung gegeben.

Die Irrungen zwischen Frankreich und Schweden waren endlich beigelegt, und der alte Traktat zwischen beiden Kronen zu Hamburg mit neuen Vorteilen für die Schweden bestätigt worden. In Hessen übernahm die staatskluge Landgräfin Amalia mit Bewilligung der Stände, nach dem Absterben Wilhelms, ihres Gemahls, die Regierung, und behauptete mit vieler Entschlossenheit gegen den Widerspruch des Kaisers und der darmstädtischen Linie ihre Rechte. Der schwedisch-protestantischen Partei schon allein aus Religionsgrundsätzen eifrig ergeben, erwartete sie bloß die Gunst der Gelegenheit, um sich laut und tätig dafür zu erklären. Unterdessen gelang es ihr durch eine kluge Zurückhaltung und listig angesponnene Traktaten den Kaiser in Untätigkeit zu erhalten, bis ihr geheimes Bündnis mit Frankreich geschlossen war, und Bernhards Siege den Angelegenheiten der Protestanten eine günstige Wendung gaben. Da warf sie auf einmal die Maske ab, und erneuerte die alte Freundschaft mit der schwedischen Krone. Auch den Kurprinzen von der Pfalz ermunterten Herzog Bernhards Triumphe, sein Glück gegen den gemeinschaftlichen Feind zu versuchen. Mit englischem Gelde warb er Völker in Holland, errichtete zu Meppen ein Magazin, und vereinigte sich in Westfalen mit schwedischen Truppen. Sein Magazin ging zwar verloren, seine Armee wurde von dem Grafen Hatzfeld bei Vlotho geschlagen; aber seine Unternehmung hatte doch den Feind eine Zeitlang beschäftigt, und den Schweden in andern Gegenden ihre Operationen erleichtert. Noch manche ihrer andern Freunde lebten auf, wie das Glück sich zu ihrem Vorteil erklärte, und es war schon Gewinn genug für sie, daß die niedersächsischen Stände die Neutralität ergriffen.

Von diesen wichtigen Vorteilen begünstigt, und durch vierzehntausend Mann frischer Truppen aus Schweden und Livland verstärkt, eröffnete Banér voll guter Hoffnungen im Jahr 1638 den Feldzug. Die Kaiserlichen, welche Vorpommern und Mecklenburg innehatten, verließen größtenteils ihren Posten, oder liefen scharenweise den schwedischen Fahnen zu, um dem Hunger, ihrem grimmigsten Feind in diesen ausgeplünderten und verarmten Gegenden, zu entfliehen. So schrecklich hatten die bisherigen Durchzüge und Quartiere das ganze Land zwischen der Elbe und Oder verödet, daß Banér, um in Sachsen und Böhmen einbrechen zu können, und auf dem Wege dahin nicht mit seiner ganzen Armee zu verhungern, von Hinterpommern aus einen Umweg nach Niedersachsen nahm, und dann erst durch das halberstädtische Gebiet in Kursachsen einrückte. Die Ungeduld der niedersächsischen Staaten, einen so hungrigen Gast wieder loszuwerden, versorgte ihn mit dem nötigen Proviant, daß er für seine Armee in Magdeburg Brot hatte – in einem Lande, wo der Hunger schon den Abscheu an Menschenfleisch überwunden hatte. Er erschreckte Sachsen mit seiner verwüstenden Ankunft; aber nicht auf dieses erschöpfte Land, auf die kaiserlichen Erbländer war seine Absicht gerichtet. Bernhards Siege erhoben seinen Mut, und die wohlhabenden Provinzen des Hauses Österreich lockten seine

Raubsucht. Nachdem er den kaiserlichen General von Salis bei Elsterberg geschlagen, die sächsische Armee bei Chemnitz zugrunde gerichtet, und Pirna erobert hatte, drang er in Böhmen mit unwiderstehlicher Macht ein, setzte über die Elbe, bedrohte Prag, eroberte Brandeis und Leitmeritz, schlug den General von Hofkirch mit zehn Regimentern, und verbreitete Schrekken und Verwüstung durch das ganze unverteidigte Königreich. Beute ward alles, was sich fortschaffen ließ, und zerstört wurde, was nicht genossen und geraubt werden konnte. Um desto mehr Korn fortzuschleppen, schnitt man die Ähren von den Halmen, und verderbte den Überrest. Über tausend Schlösser, Flecken und Dörfer wurden in die Asche gelegt, und oft sah man ihrer hundert in einer einzigen Nacht auflodern. Von Böhmen aus tat er Streifzüge nach Schlesien, und selbst Mähren und Österreich sollten seine Raubsucht empfinden. Dies zu verhindern, mußte Graf Hatzfeld aus Westfalen und Piccolomini aus den Niederlanden herbeieilen. Erzherzog Leopold, ein Bruder des Kaisers, erhält den Kommandostab, um die Ungeschicklichkeit seines Vorgängers, Gallas, wiedergutzumachen, und die Armee aus ihrem tiefen Verfalle zu erheben.

Der Ausgang rechtfertigte die getroffene Veränderung, und der Feldzug des 1640. Jahres schien für die Schweden eine sehr nachteilige Wendung zu nehmen. Sie werden aus einem Quartier nach dem andern in Böhmen vertrieben, und nur bemüht, ihren Raub in Sicherheit zu bringen, ziehen sie sich eilfertig über das meißnische Gebirge. Aber auch durch Sachsen von dem nacheilenden Feinde verfolgt, und bei Plauen geschlagen, müssen sie nach Thüringen ihre Zuflucht nehmen. Durch einen einzigen Sommer zu Meistern des Feldes gemacht, stürzen sie ebenso schnell wieder zu der tiefsten Schwäche herab, um sich aufs neue zu erheben, und so mit beständigem raschem Wechsel von einem Äußersten zum andern zu eilen. Banérs geschwächte Macht, im Lager bei Erfurt ihrem gänzlichen Untergang nahe, erhebt sich auf einmal wieder. Die Herzoge von Lüneburg verlassen den Pragischen Frieden, und führen ihm jetzt die nämlichen Truppen zu, die sie wenige Jahre vorher gegen ihn fechten ließen. Hessen schickt Hülfe, und der Herzog von Longueville stößt mit der nachgelassenen Armee Herzog Bernhards zu seinen Fahnen. Den Kaiserlichen aufs neue an Macht überlegen, bietet ihnen Banér bei Saalfeld ein Treffen an; aber ihr Anführer Piccolomini vermeidet es klüglich, und hat eine zu gute Stellung gewählt, um dazu gezwungen zu werden. Als endlich die Bayern sich von den Kaizerlichen trennen, und ihren Marsch gegen Franken richten, versucht Banér auf dieses getrennte Korps einen Angriff, den aber die Klugheit des bayrischen Anführers, von Mercy, und die schnelle Annäherung der kaiserlichen Hauptmacht vereitelt. Beide Armeen ziehen sich nunmehr in das ausgehungerte Hessen, wo sie sich, nicht weit voneinander, in ein festes Lager einschließen, bis endlich Mangel und rauhe Jahrszeit sie aus diesem verarmten Landstrich verscheuchen. Piccolomini erwählt sich die fetten Ufer der Weser zu Winterquartieren; aber überflügelt von Banérn muß er sie den Schweden einräumen, und die fränkischen Bistümer mit seinem Besuche belästigen.

Um ebendiese Zeit wurde zu Regensburg ein Reichstag gehalten, wo die Klagen der Stände gehört, an der Beruhigung des Reiches gearbeitet, und über Krieg und Frieden ein Schluß gefaßt werden sollte. Die Gegenwart des Kaisers, die Mehrheit der katholischen Stimmen im Kurfürstenrate, die überlegene Anzahl der Bischöfe und der Abgang von mehrern evangelischen Stimmen leitete die Verhandlungen zum Vorteil des Kaisers und es fehlte viel, daß auf diesem Reichstage das Reich repräsentiert worden wäre. Nicht ganz mit Unrecht betrachteten ihn die Protestanten als eine Zusammenverschwörung Österreichs und seiner Kreaturen gegen den protestantischen Teil, und in ihren Augen konnte es Verdienst scheinen, diesen Reichstag zu stören oder auseinanderzuscheuchen.

Banér entwarf diesen verwegenen Anschlag. Der Ruhm seiner Waffen hatte bei dem letzten Rückzug aus Böhmen gelitten, und es bedurfte einer unternehmenden Tat, um seinen vorigen Glanz wiederherzustellen. Ohne jemand zum Vertrauten seines Anschlags zu machen, verließ er in der strengsten Kälte des Winters im Jahre 1641 seine Quartiere in Lüneburg, sobald die Wege und Ströme gefroren waren. Begleitet von dem Marschall von Guébriant, der die französische und weimarische Armee kommandierte, richtete er durch Thüringen und das Vogtland seinen Marsch nach der Donau, und stand Regensburg gegenüber, ehe der Reichstag vor seiner Ankunft gewarnt werden konnte. Unbeschreiblich groß war die Bestürzung der versammelten Stände, und in der ersten Angst schickten sich alle Gesandten zur Flucht an. Nur der Kaiser erklärte, daß er die Stadt nicht verlassen würde, und stärkte durch sein Beispiel die andern. Zum Unglück der Schweden fiel Tauwetter ein, daß die Donau aufging, und weder trocknen Fußes, noch wegen des starken Eisgangs zu Schiffe passiert werden konnte. Um doch etwas getan zu haben, und den Stolz des deutschen Kaisers zu kränken, beging Banér die Unhöflichkeit, die Stadt mit fünfhundert Kanonenschüssen zu begrüßen, die aber wenig Schaden anrichteten. In dieser Unternehmung getäuscht, beschloß er nunmehr, tiefer in Bayern und in das unverteidigte Mähren zu dringen, wo eine reiche Beute und bequemere Quartiere seine bedürftigen Truppen erwarteten. Aber nichts konnte den französischen General bewegen, ihm bis dahin zu folgen. Guébriant fürchtete, daß die Absicht der Schweden sei, die weimarische Armee immer weiter vom Rhein zu entfernen, und von aller Gemeinschaft mit Frankreich abzuschneiden, bis man sie entweder gänzlich auf seine Seite gebracht oder doch außerstande gsetzt habe, etwas Eigenes zu unternehmen. Er trennte sich also von Banérn, um nach dem Mainstrom zurückzukehren, und dieser sahe sich auf einmal der ganzen kaiserlichen Macht bloßgestellt, die, zwischen Regensburg und Ingolstadt in aller Stille versammelt, gegen ihn anrückte. Jetzt galt es, auf einen schnellen Rückzug zu denken, der im Angesicht eines an Reiterei überlegenen Heeres, zwischen Strömen und Wäldern, in einem weit und breit feindlichen Lande, kaum anders als durch ein Wunder möglich schien. Eilfertig zog er sich nach dem Wald, um durch Böhmen nach Sachsen zu entkommen; aber drei Regimenter mußte er bei Neuburg im Stiche lassen. Diese hielten durch eine spartanische Gegenwehr hinter einer schlechten Mauer die feindliche Macht vier ganze Tage auf, daß Banér den Vorsprung gewinnen konnte. Er entkam über Eger nach Annaberg; Piccolomini setzte ihm auf einem nähern Weg über Schlackenwald nach, und es kam bloß auf den Vorteil einer kleinen halben Stunde an, daß ihm der kaiserliche General nicht bei dem Passe zu Preßnitz zuvorkam, und die ganze schwedische Macht vertilgte. Zu Zwickau vereinigte sich Guébriant wieder mit dem Banérischen Heer, und beide richteten ihren Marsch nach Halberstadt, nachdem sie umsonst versucht hatten, die Saale zu verteidigen, und den Österreichern den Übergang zu verwehren.

Zu Halberstadt fand endlich Banér (im Mai 1641) das Ziel seiner Taten, durch kein andres als das Gift der Unmäßigkeit und

des Verdrusses getötet. Mit großem Ruhme, obgleich mit abwechselndem Glück, behauptete er das Ansehen der schwedischen Waffen in Deutschland, und zeigte sich durch eine
Kette von Siegestaten seines großen Lehrers in der Kriegskunst
wert. Er war reich an Anschlägen, die er geheimnisvoll bewahrte und rasch vollstreckte, besonnen in Gefahren, in der
Widerwärtigkeit größer als im Glück, und nie mehr furchtbar,
als wenn man ihn am Rande des Verderbens glaubte. Aber die
Tugenden des Kriegshelden waren in ihm mit allen Unarten
und Lastern gepaart, die das Waffenhandwerk erzeugt, oder
doch in Schutz nimmt. Ebenso gebieterisch im Umgang als
vor der Fronte seines Heers, rauh wie sein Gewerbe, und stolz
wie ein Eroberer, drückte er die deutschen Fürsten nicht
weniger durch seinen Übermut, als durch seine Erpressungen
ihre Länder. Für die Beschwerden des Kriegs entschädigte er
sich durch die Freuden der Tafel und in den Armen der Wollust, die er bis zum Übermaße trieb, und endlich mit einem
frühen Tod büßen mußte. Aber üppig, wie ein Alexander und
Mahomed der Zweite, stürzte er sich mit gleicher Leichtigkeit
aus den Armen der Wollust in die härteste Arbeit des Kriegs,
und in seiner ganzen Feldherrngröße stand er da, als die Armee
über den Weichling murrte. Gegen achtzigtausend Mann fielen
in den zahlreichen Schlachten, die er lieferte, und gegen sechshundert feindliche Standarten und Fahnen, die er nach Stockholm sandte, beurkundeten seine Siege. Der Verlust dieses
großen Führers wurde von den Schweden bald aufs empfindlichste gefühlt, und man fürchtete, daß er nicht zu ersetzen
sein würde. Der Geist der Empörung und Zügellosigkeit,
durch das überwiegende Ansehen dieses gefürchteten Generals
in Schranken gehalten, erwachte, sobald er dahin war. Die
Offiziere fordern mit furchtbarer Einstimmigkeit ihre Rückstände, und keiner der vier Generale, die sich nach Banérn in
das Kommando teilen, besitzt Ansehen genug, diesen ungestümen Mahnern Genüge zu leisten oder Stillschweigen zu
gebieten. Die Kriegszucht erschlafft; der zunehmende Mangel
und die kaiserlichen Abrufungsschreiben vermindern mit
jedem Tage die Armee; die französisch-weimarischen Völker
beweisen wenig Eifer; die Lüneburger verlassen die schwedischen Fahnen, da die Fürsten des Hauses Braunschweig nach
dem Tode Herzog Georgs sich mit dem Kaiser vergleichen;
und endlich sondern sich auch die Hessen von ihnen ab, um in

Westfalen bessere Quartiere zu suchen. Der Feind benutzt dieses verderbliche Zwischenreich, und, obgleich in zwei Aktionen aufs Haupt geschlagen, gelingt es ihm, beträchtliche Fortschritte in Niedersachsen zu machen.

Endlich erschien der neuernannte schwedische Generalissimus mit frischem Geld und Soldaten. Bernhard Torstenson war es, ein Zögling Gustav Adolfs, und der glücklichste Nachfolger dieses Helden, dem er schon in dem polnischen Kriege als Page zur Seite stand. Von dem Podagra gelähmt und an die Sänfte geschmiedet, besiegte er alle seine Gegner durch Schnelligkeit, und seine Unternehmungen hatten Flügel, während daß sein Körper die schrecklichste aller Fesseln trug. Unter ihm verändert sich der Schauplatz des Krieges, und neue Maximen herrschen, die die Not gebietet und der Erfolg rechtfertigt. Erschöpft sind alle Länder, um die man bisher gestritten hatte, und in seinen hintersten Landen unangefochten, fühlt das Haus Österreich den Jammer des Krieges nicht, unter welchem ganz Deutschland blutet. Torstenson verschafft ihm zuerst diese bittere Erfahrung, sättigt seine Schweden an dem fetten Tisch Österreichs, und wirft den Feuerbrand bis an den Thron des Kaisers.

In Schlesien hatte der Feind beträchtliche Vorteile über den schwedischen Anführer Stålhandske erfochten, und ihn nach der Neumark gejagt. Torstenson, der sich im Lüneburgischen mit der schwedischen Hauptmacht vereinigt hatte, zog ihn an sich, und brach im Jahr 1642 durch Brandenburg, das unter dem Großen Kurfürsten angefangen hatte eine gewaffnete Neutralität zu beobachten, plötzlich in Schlesien ein. Glogau wird ohne Approche, ohne Bresche, mit dem Degen in der Faust erstiegen, der Herzog Franz Albrecht von Lauenburg bei Schweidnitz geschlagen und selbst erschossen, Schweidnitz, wie fast das ganze diesseits der Oder gelegene Schlesien erobert. Nun drang er mit unaufhaltsamer Gewalt bis in das Innerste von Mähren, wohin noch kein Feind des Hauses Österreich gekommen war, bemeisterte sich der Stadt Olmütz, und machte selbst die Kaiserstadt beben. Unterdessen hatten Piccolomini und Erzherzog Leopold eine überlegene Macht versammelt, die den schwedischen Eroberer aus Mähren, und bald auch, nach einem vergeblichen Versuch auf Brieg, aus Schlesien verscheuchte. Durch Wrangeln verstärkt, wagte er sich zwar aufs neue dem überlegnen Feind entgegen, und entsetzte Groß-

Glogau; aber er konnte weder den Feind zum Schlagen bringen, noch seine Absicht auf Böhmen ausführen. Er überschwemmte nun die Lausitz, wo er im Angesichte des Feindes Zittau wegnahm, und nach einem kurzen Aufenthalt seinen Marsch durch Meißen an die Elbe richtete, die er bei Torgau passierte. Jetzt bedrohte er Leipzig mit einer Belagerung, und machte sich Hoffnung, in dieser wohlhabenden, seit zehn Jahren verschont gebliebenen Stadt einen reichlichen Vorrat an Lebensmitteln und starke Brandschatzungen zu erheben.

Sogleich eilen die Kaiserlichen unter Leopold und Piccolomini über Dresden zum Entsatz herbei, und Torstenson, um nicht zwischen der Armee und der Stadt eingeschlossen zu werden, rückt ihnen beherzt und in voller Schlachtordnung entgegen. Durch einen wunderbaren Kreislauf der Dinge traf man jetzt wieder auf dem nämlichen Boden zusammen, den Gustav Adolf eilf Jahre vorher durch einen entscheidenden Sieg merkwürdig gemacht hatte, und der Vorfahren Heldentugend erhitzte ihre Nachfolger zu einem edlen Wettstreit auf dieser heiligen Erde. Die schwedischen Generale Stålhandske und Wittenberg werfen sich auf den noch nicht ganz in Ordnung gestellten linken Flügel der Österreicher mit solchem Ungestüm, daß die ganze ihn bedeckende Reiterei über den Haufen gerannt und zum Treffen unbrauchbar gemacht wird. Aber auch dem linken der Schweden drohte schon ein ähnliches Schicksal, als ihm der siegende rechte zu Hülfe kam, dem Feind in den Rücken und in die Flanken fiel, und seine Linien trennte. Die Infanterie beider Teile stand einer Mauer gleich, und wehrte sich, nachdem alles Pulver verschossen war, mit umgekehrten Musketen, bis endlich die Kaiserlichen, von allen Seiten umringt, nach einem dreistündigen Gefechte das Feld räumen mußten. Die Anführer beider Armeen hatten ihr Äußerstes getan, ihre fliehenden Völker aufzuhalten, und Erzherzog Leopold war mit seinem Regimente der erste beim Angriff und der letzte auf der Flucht. Über dreitausend Mann und zwei ihrer besten Generale, Slange und Liljehoek, kostete den Schweden dieser blutige Sieg. Von den Kaiserlichen blieben fünftausend auf dem Platze, und beinahe ebenso viele wurden zu Gefangenen gemacht. Ihre ganze Artillerie von sechsundvierzig Kanonen, das Silbergeschirr und die Kanzlei des Erzherzogs, die ganze Bagage der Armee fiel in der Sieger Hände. Torstenson, zu sehr geschwächt durch seinen Sieg, um den

Feind verfolgen zu können, rückte vor Leipzig; die geschlagene Armee nach Böhmen, wo die flüchtigen Regimenter sich wieder sammelten. Erzherzog Leopold konnte diese verlorne Schlacht nicht verschmerzen, und das Kavallerieregiment, das durch seine frühe Flucht dazu Anlaß gegeben, erfuhr die Wirkungen seines Grimms. Zu Rakonitz in Böhmen erklärte er es im Angesicht der übrigen Truppen für ehrlos, beraubte es aller seiner Pferde, Waffen und Insignien, ließ seine Standarten zerreißen, mehrere seiner Offiziere und von den Gemeinen den zehenten Mann zum Tode verurteilen.

Leipzig selbst, welches drei Wochen nach dem Treffen bezwungen wurde, war die schönste Beute des Siegers. Die Stadt mußte das ganze schwedische Heer neu bekleiden, und sich mit drei Tonnen Goldes, wozu auch die fremden Handlungshäuser, die ihre Warenlager darin hatten, mit Taxen beschwert wurden, von der Plünderung loskaufen. Torstenson rückte noch im Winter vor Freiberg, trotzte vor dieser Stadt mehrere Wochen lang dem Grimm der Witterung, und hoffte durch seine Beharrlichkeit den Mut der Belagerten zu ermüden. Aber er opferte nur seine Truppen auf, und die Annäherung des kaiserlichen Generals Piccolomini nötigte ihn endlich, mit seiner geschwächten Armee sich zurückzuziehen. Doch achtete er es schon für Gewinn, daß auch der Feind die Ruhe der Winterquartiere, deren er sich freiwillig beraubte, zu entbehren genötigt ward, und in diesem ungünstigen Winterfeldzug über dreitausend Pferde einbüßte. Er machte nun eine Bewegung gegen die Oder, um sich durch die Garnisonen aus Pommern und Schlesien zu verstärken; aber mit Blitzesschnelligkeit stand er wieder an der böhmischen Grenze, durchflog dieses Königreich, und – entsetzte Olmütz in Mähren, das von den Kaiserlichen hart geängstigt wurde. Aus seinem Lager bei Tobitschau, zwei Meilen von Olmütz, beherrschte er ganz Mähren, drückte es mit schweren Erpressungen, und ließ bis an die Brücken von Wien seine Scharen streifen. Umsonst bemühte sich der Kaiser, zu Verteidigung dieser Provinz den ungarischen Adel zu bewaffnen; dieser berief sich auf seine Privilegien, und wollte außerhalb seinem Vaterlande nicht dienen. Über dieser fruchtlosen Unterhandlung verlor man die Zeit für einen tätigen Widerstand, und ließ die ganze Provinz Mähren den Schweden zum Raube werden.

Während daß Bernhard Torstenson durch seine Märsche und

Siege Freund und Feind in Erstaunen setzte, hatten sich die Armeen der Alliierten in andern Teilen des Reichs nicht untätig verhalten. Die Hessen und Weimarischen unter dem Grafen von Eberstein und dem Marschall von Guébriant waren in das Erzstift Köln eingefallen, um dort ihre Winterquartiere zu beziehen. Um sich dieser räuberischen Gäste zu erwehren, rief der Kurfürst den kaiserlichen General von Hatzfeld herbei, und versammelte seine eignen Truppen unter dem General Lamboy. Diesen griffen die Alliierten (im Jänner 1642) bei Kempen an, und schlugen ihn in einer großen Schlacht, daß zweitausend blieben und noch einmal soviel zu Gefangenen gemacht wurden. Dieser wichtige Sieg öffnete ihnen das ganze Kurfürstentum und die angrenzenden Lande, daß sie nicht nur ihre Quartiere darin behaupteten, sondern auch große Verstärkungen an Soldaten und Pferden daraus zogen.

Guébriant überließ den hessischen Völkern, ihre Eroberungen am Niederrhein gegen den Grafen von Hatzfeld zu verteidigen, und näherte sich Thüringen, um Torstensons Unternehmungen in Sachsen zu unterstützen. Aber anstatt seine Macht mit der schwedischen zu vereinigen, eilte er zurück nach dem Main- und Rheinstrom, von dem er sich schon weiter als er sollte entfernt hatte. Da ihm die Bayern unter Mercy und Johann von Werth in der Markgrafschaft Baden zuvorgekommen waren, so irrte er viele Wochen lang, dem Grimm der Witterung preisgegeben, ohne Obdach umher, und mußte gewöhnlich auf dem Schnee kampieren, bis er im Breisgau endlich ein kümmerliches Unterkommen fand. Zwar zeigte er sich im folgenden Sommer wieder im Felde, und beschäftigte in Schwaben das bayrische Heer, daß es die Stadt Thionville in den Niederlanden, welche Condé belagerte, nicht entsetzen sollte. Aber bald ward er von dem überlegenen Feind in das Elsaß zurückgedrückt, wo er eine Verstärkung erwartete.

Der Tod des Kardinals Richelieu, der im November des Jahrs 1642 erfolgt war, und der Thron- und Ministerwechsel, den das Absterben Ludwigs des Dreizehnten im Mai 1643 nach sich zog, hatte die Aufmerksamkeit Frankreichs eine Zeitlang von dem deutschen Krieg abgezogen, und diese Untätigkeit im Felde bewirkt. Aber Mazarin, der Erbe von Richelieus Macht, Grundsätzen und Entwürfen, verfolgte den Plan seines Vorgängers mit erneuertem Eifer, wie teuer auch der französische Untertan diese politische Größe Frankreichs bezahlte. Wenn

Richelieu die Hauptstärke der Armeen gegen Spanien gebrauchte, so kehrte sie Mazarin gegen den Kaiser, und machte, durch die Sorgfalt, die er dem Kriege in Deutschland widmete, seinen Ausspruch wahr, daß die deutsche Armee der rechte Arm seines Königs und der Wall der französischen Staaten sei. Er schickte dem Feldmarschall von Guébriant, gleich nach der Einnahme von Thionville, eine beträchtliche Verstärkung ins Elsaß; und damit diese Truppen sich den Mühseligkeiten des deutschen Kriegs desto williger unterziehen möchten, mußte der berühmte Sieger bei Rocroy, Herzog von Enghien, nachheriger Prinz von Condé, sie in eigner Person dahin führen. Jetzt fühlte sich Guébriant stark genug, um in Deutschland wieder mit Ehren auftreten zu können. Er eilte über den Rhein zurück, um sich in Schwaben bessere Winterquartiere zu suchen, und machte sich auch wirklich Meister von Rottweil, wo ihm ein bayrisches Magazin in die Hände fiel. Aber dieser Platz wurde teurer bezahlt, als er wert war, und schneller, als er gewonnen worden, wieder verloren. Guébriant erhielt eine Wunde im Arm, welche die ungeschickte Hand seines Wundarztes tödlich machte, und die Größe seines Verlustes wurde noch selbst an dem Tage seines Todes kund.

Die französische Armee, durch die Expedition in einer so rauhen Jahreszeit merklich vermindert, hatte sich nach der Einnahme von Rottweil in die Gegend von Tuttlingen gezogen, wo sie, ohne alle Ahndung eines feindlichen Besuchs, in tiefer Sicherheit rastet. Unterdessen versammelt der Feind eine große Macht, die bedenkliche Festsetzung der Franzosen jenseits des Rheins, und in einer so großen Nähe von Bayern zu hindern, und diese Gegend von ihren Erpressungen zu befreien. Die Kaiserlichen, von Hatzfeld angeführt, verbinden sich mit der bayrischen Macht, welche Mercy befehligt; und auch der Herzog von Lothringen, den man in diesem ganzen Krieg überall, nur nicht in seinem Herzogtum, findet, stößt mit seinen Truppen zu ihren vereinigten Fahnen. Der Anschlag wird gefaßt, die Quartiere der Franzosen in Tuttlingen und den angrenzenden Dörfern aufzuschlagen, d. i. sie unvermutet zu überfallen; eine in diesem Kriege sehr beliebte Art von Expeditionen, die, weil sie immer und notwendig mit Verwirrung verknüpft war, gewöhnlich mehr Blut kostete, als geordnete Schlachten. Hier war sie um so mehr an ihrem Platze, da der französische Soldat, in dergleichen Unternehmungen unerfahren, von einem deutschen Winter ganz andre Begriffe hegte, und durch die Strenge der Jahrszeit sich gegen jede Überraschung für hinlänglich gesichert hielt. Johann von Werth, ein Meister in dieser Art Krieg zu führen, der seit einiger Zeit gegen Gustav Horn war ausgewechselt worden, führte die Unternehmung an, und brachte sie auch über alle Erwartung glücklich zustande.

Man tat den Angriff von einer Seite, wo er der vielen engen Pässe und Waldungen wegen am wenigsten erwartet werden konnte, und ein starker Schnee, der an ebendiesem Tage (den 24. des Novembers 1643) fiel, verbarg die Annäherung des Vortrabs, bis er im Angesichte von Tuttlingen haltmachte. Die ganze außerhalb des Orts verlassen stehende Artillerie wird, sowie das nahe liegende Schloß Honberg, ohne Widerstand erobert, ganz Tuttlingen von der nach und nach eintreffenden Armee umzingelt, und aller Zusammenhang der in den Dörfern umher zerstreuten feindlichen Quartiere still und plötzlich gehemmt. Die Franzosen waren also schon besiegt, ehe man eine Kanone abbrannte. Die Reiterei dankte ihre Rettung der Schnelligkeit ihrer Pferde und den wenigen Minuten, welche sie vor dem nachsetzenden Feinde voraushatte. Das Fußvolk ward zusammengehauen, oder streckte freiwillig das Gewehr. Gegen zweitausend bleiben, siebentausend geben sich mit fünfundzwanzig Stabsoffizieren und neunzig Kapitäns gefangen. Dies war wohl in diesem ganzen Kriege die einzige Schlacht, welche auf die verlierende und die gewinnende Partei ohngefähr den nämlichen Eindruck machte; beide waren Deutsche, und die Franzosen hatten sich beschimpft. Das Andenken dieses unholden Tages, der hundert Jahre später bei Roßbach erneuert ward, wurde in der Folge zwar durch die Heldentaten eines Turenne und Condé wieder ausgelöscht; aber es war den Deutschen zu gönnen, wenn sie sich für das Elend, das die französische Politik über sie häufte, mit einem Gassenhauer auf die französische Tapferkeit bezahlt machten.

Diese Niederlage der Franzosen hätte indessen den Schweden sehr verderblich werden können, da nunmehr die ganze ungeteilte Macht des Kaisers gegen sie losgelassen wurde, und die Zahl ihrer Feinde in dieser Zeit noch um einen vermehrt worden war. Torstenson hatte Mähren im September 1643 plötzlich verlassen und sich nach Schlesien gezogen. Niemand wußte die Ursache seines Aufbruchs, und die oft veränderte Richtung seines Marsches trug dazu bei, die Ungewißheit zu vermehren. Von Schlesien aus näherte er sich unter mancherlei Krümmungen der Elbe, und die Kaiserlichen folgten ihm bis in die Lausitz nach. Er ließ bei Torgau eine Brücke über die Elbe schlagen, und sprengte aus, daß er durch Meißen in die obere Pfalz und in Bayern dringen würde. Auch bei Barby stellte er sich an, als wollte er diesen Strom passieren, zog sich aber immer weiter die Elbe hinab, bis Havelberg, wo er seiner erstaunten Armee bekanntmachte, daß er sie nach Holstein gegen die Dänen führe.

Längst schon hatte die Parteilichkeit, welche König Christian der Vierte bei dem von ihm übernommenen Mittleramte gegen die Schweden blicken ließ, die Eifersucht, womit er dem Fortgang ihrer Waffen entgegenarbeitete, die Hindernisse, die er der schwedischen Schiffahrt im Sund entgegensetzte, und die Lasten, mit denen er ihren aufblühenden Handel beschwerte, den Unwillen dieser Krone gereizt, und endlich, da der Kränkungen immer mehrere wurden, ihre Rache aufgefordert. Wie gewagt es auch schien, sich in einen neuen Krieg zu verwickeln, während daß man unter der Last des alten, mitten unter gewonnenen Siegen, beinahe zu Boden sank, so erhob doch die Rachbegierde und ein verjährter Nationalhaß den Mut der Schweden über alle diese Bedenklichkeiten, und die Verlegenheiten selbst, in welche man sich durch den Krieg in Deutschland verwickelt sah, waren ein Beweggrund mehr, sein Glück gegen Dänemark zu versuchen. Es war endlich so weit gekommen, daß man den Krieg nur fortsetzte, um den Truppen Arbeit und Brot zu verschaffen, daß man fast bloß um den Vorteil der Winterquartiere stritt, und die Armee gut untergebracht zu haben, höher als eine gewonnene Hauptschlacht schätzte. Aber fast alle Provinzen des Deutschen Reichs waren verödet und ausgezehrt; es fehlte an Proviant, an Pferden und Menschen, und an allem diesem hatte Holstein Überfluß. Gewann man auch weiter nichts, als daß man die Armee in dieser Provinz rekrutierte, Pferde und Soldaten sättigte, und die Reiterei besser beritten machte – so war der Erfolg schon der Mühe und Gefahr des Versuches wert. Auch kam jetzt bei Eröffnung des Friedensgeschäftes alles darauf an, den nachteiligen dänischen Einfluß auf die Friedensunterhandlungen zu hemmen, den Frieden selbst, der die schwedische Krone nicht sehr zu begünstigen schien, durch Verwirrung der Interessen möglichst zu verzögern, und, da es auf Bestimmung einer Genugtuung ankam, die Zahl seiner Eroberungen zu vermehren, um die einzige, welche man zu behalten wünschte, desto gewisser zu erlangen. Die schlechte Verfassung des dänischen Reichs berechtigte zu noch größeren Hoffnungen, wenn man nur den Anschlag schnell und verschwiegen ausführte. Wirklich beobachtete man in Stockholm das Geheimnis so gut, daß die dänischen Minister nicht das geringste davon argwohnten, und weder Frankreich noch Holland wurde in das Geheimnis gezogen. Der Krieg selbst war die Kriegserklärung, und Torstenson stand in Holstein, ehe man eine Feindseligkeit ahndete. Durch keinen Widerstand aufgehalten, ergießen sich die schwedischen Truppen wie eine Überschwemmung durch dieses Herzogtum, und bemächtigen sich aller festen Plätze desselben, Rendsburg und Glückstadt ausgenommen. Eine andere Armee bricht in Schonen ein, welches gleich wenig Widerstand leistet, und nur die stürmische Jahrszeit verhindert die Anführer, den Kleinen Belt zu passieren und den Krieg selbst nach Fünen und Seeland zu wälzen. Die dänische Flotte verunglückt bei Fehmarn, und Christian selbst, der sich auf derselben befindet, verliert durch einen Splitter sein rechtes Auge. Abgeschnitten von der weit entlegenen Macht des Kaisers, seines Bundesgenossen, steht dieser König auf dem Punkte, sein ganzes Reich von der schwedischen Macht überschwemmt zu sehen, und es ließ sich in allem Ernst zu Erfüllung der Wahrsagung an, die man sich von dem berühmten Tycho Brahe erzählte, daß Christian der Vierte im Jahre 1644 mit einem bloßen Stecken aus seinem Reiche würde wandern müssen.

Aber der Kaiser durfte nicht gleichgültig zusehen, daß Dänemark den Schweden zum Opfer wurde, und der Raub dieses Königreichs ihre Macht vermehrte. Wie groß auch die Schwierigkeiten waren, die sich einem so weiten Marsch durch lauter ausgehungerte Länder entgegensetzten, so säumte er doch nicht, den Grafen von Gallas, dem nach dem Austritt des Piccolomini das Oberkommando über die Truppen aufs neue war anvertraut worden, mit einer Armee nach Holstein zu senden. Gallas erschien auch wirklich in diesem Herzogtum, eroberte Kiel, und hoffte, nach der Vereinigung mit den Dänen, die schwedische Armee in Jütland einzuschließen. Zugleich wurden die Hessen und der schwedische General von Königsmark durch Hatzfeld und durch den Erzbischof von Bremen, den Sohn Christians des Vierten, beschäftigt, und der letztere durch einen Angriff auf Meißen nach Sachsen gezogen. Aber Torstenson drang durch den unbesetzten Paß zwischen Schleswig und Stapelholm, ging mit seiner neugestärkten Armee dem Gallas entgegen, und drückte ihn den ganzen Elbstrom hinauf bis Bernburg, wo die Kaiserlichen ein festes Lager bezogen. Torstenson passierte die Saale, und nahm eine solche Stellung, daß er den Feinden in den Rücken kam, und sie von Sachsen und Böhmen abschnitt. Da riß der Hunger in ihrem Lager ein, und richtete den größten Teil der Armee zugrunde; der Rückzug nach Magdeburg verbesserte nichts an dieser verzweifelten Lage. Die Kavallerie, welche nach Schlesien zu entkommen suchte, wird von Torstenson bei Jüterbog eingeholt und zerstreut, die übrige Armee, nach einem vergeblichen Versuch, sich mit dem Schwert in der Hand durchzuschlagen, bei Magdeburg fast ganz aufgerieben. Von seiner großen Macht brachte Gallas bloß einige tausend Mann und den Ruhm zurück, daß kein größerer Meister zu finden sei, eine Armee zu ruinieren. Nach diesem verunglückten Versuch zu seiner Befreiung suchte der König von Dänemark den Frieden, und erhielt ihn zu Brömsebro im Jahre 1645 unter harten Bedingungen.

Torstenson verfolgte seinen Sieg. Während daß einer seiner Untergenerale, Axel Lilje, Kursachsen ängstigte, und Königsmark ganz Bremen sich unterwürfig machte, brach er selbst an der Spitze von sechzehntausend Mann und mit achtzig Kanonen in Böhmen ein, und suchte nun den Krieg aufs neue in die Erbstaaten Österreichs zu verpflanzen. Ferdinand eilte auf diese Nachricht selbst nach Prag, um durch seine Gegenwart den Mut seiner Völker zu entflammen, und, da es so sehr an einem tüchtigen General und den vielen Befehlshabern an Übereinstimmung fehlte, in der Nähe der Kriegsszenen desto schneller und nachdrücklicher wirken zu können. Auf seinen Befehl versammelte Hatzfeld die ganze österreichische und bayrische Macht, und stellte sie – das letzte Heer des Kaisers und der letzte Wall seiner Staaten – wider seinen Rat und Willen, dem eindringenden Feinde bei Jankau oder Jankowitz am 24. Februar 1645 entgegen. Ferdinand verließ sich auf seine Reiterei, welche dreitausend Pferde mehr als die feindliche zählte, und auf die Zusage der Jungfrau Maria, die ihm im Traum erschienen und einen gewissen Sieg versprochen hatte. Die Überlegenheit der Kaiserlichen schreckte Torstenson nicht ab, der nie gewohnt war, seine Feinde zu zählen. Gleich beim ersten Angriff wurde der linke Flügel, den der ligistische General von Götz in eine sehr unvorteilhafte Gegend zwischen Teichen und Wäldern verwickelt hatte, völlig in Unordnung gebracht, der Anführer selbst mit dem größten Teil seiner Völker erschlagen, und beinahe die ganze Kriegsmunition der Armee erbeutet. Dieser unglückliche Anfang entschied das Schicksal des ganzen Treffens. Die Schweden bemächtigten sich, immer vorwärts dringend, der wichtigsten Anhöhen, und nach einem achtstündigen blutigen Gefechte, nach einem wütenden Anlauf der kaiserlichen Reiterei, und dem tapfersten Widerstand des Fußvolks, waren sie Meister vom Schlachtfelde. Zweitausend Österreicher blieben auf dem Platze, und Hatzfeld selbst mußte sich mit dreitausend gefangengeben. Und so war denn an einem Tage der beste General und das letzte Heer des Kaisers verloren.

Dieser entscheidende Sieg bei Jankowitz öffnete auf einmal dem Feind alle österreichische Lande. Ferdinand entfloh eilig nach Wien, um für die Verteidigung dieser Stadt zu sorgen, und sich selbst, seine Schätze und seine Familie in Sicherheit zu bringen. Auch währte es nicht lange, so brachen die siegenden Schweden in Mähren und Österreich wie eine Wasserflut herein. Nachdem sie beinahe das ganze Mähren erobert, Brünn eingeschlossen, von allen festen Schlössern und Städten bis an die Donau Besitz genommen, und endlich selbst die Schanze an der Wolfsbrücke, unfern von Wien, erstiegen, stehen sie endlich im Gesicht dieser Kaiserstadt, und die Sorgfalt, mit der sie die eroberten Plätze befestigen, scheint keinen kurzen Besuch anzudeuten. Nach einem langen verderblichen Umweg durch alle Provinzen des Deutschen Reiches krümmt sich endlich der Kriegesstrom rückwärts zu seinem Anfang, und der Knall des schwedischen Geschützes erinnert die Einwohner Wiens an jene Kugeln, welche die böhmischen Rebellen vor siebenundzwanzig Jahren in die Kaisersburg warfen. Dieselbe Kriegsbühne führt auch dieselben Werkzeuge des Angriffs zurück. Wie Bethlen Gabor von den rebellischen Böhmen, so wird jetzt sein Nachfolger, Rakoczy, von Torstenson zum Beistand herbeigerufen; schon ist Oberungarn von seinen

Truppen überschwemmt, und täglich fürchtet man seine Vereinigung mit den Schweden. Johann Georg von Sachsen, durch die schwedischen Einquartierungen in seinem Lande aufs Äußerste gebracht, hülflos gelassen von dem Kaiser, der sich nach dem Jankauischen Treffen selbst nicht beschützen kann, ergreift endlich das letzte und einzige Rettungsmittel, einen Stillstand mit den Schweden zu schließen, der von Jahr zu Jahr bis zum allgemeinen Frieden verlängert wird. Der Kaiser verliert einen Freund, indem an den Toren seines Reichs ein neuer Feind gegen ihn aufsteht, indem seine Kriegsheere schmelzen, und seine Bundesgenossen an andern Enden Deutschlands geschlagen werden. Denn auch die französische Armee hatte den Schimpf der Tuttlinger Niederlage durch einen glänzenden Feldzug wieder ausgelöscht, und die ganze Macht Bayerns am Rhein und in Schwaben beschäftigt. Mit neuen Truppen aus Frankreich verstärkt, die der große und jetzt schon durch seine Siege in Italien verherrlichte Turenne dem Herzog von Enghien zuführte, erschienen sie am 3. August 1644 vor Freiburg, welches Mercy kurz vorher erobert hatte, und mit seiner ganzen, aufs beste verschanzten Armee bedeckte. Das Ungestüm der französischen Tapferkeit scheiterte zwar an der Standhaftigkeit der Bayern, und der Herzog von Enghien mußte sich zum Rückzug entschließen, nachdem er bei sechstausend seiner Leute umsonst hingeschlachtet hatte. Mazarin vergoß Tränen über diesen großen Verlust, den aber der herzlose, für den Ruhm allein empfindliche Condé nicht achtete. „Eine einzige Nacht in Paris", hörte man ihn sagen, „gibt mehr Menschen das Leben, als diese Aktion getötet hat." Indessen hatte doch diese mörderische Schlacht die Bayern so sehr entkräftet, daß sie, weit entfernt, das bedrängte Österreich zu entsetzen, nicht einmal die Rheinufer verteidigen konnten. Speyer, Worms, Mannheim ergeben sich, das feste Philippsburg wird durch Mangel bezwungen, und Mainz selbst eilt, durch eine zeitige Unterwerfung den Sieger zu entwaffnen.

Was Österreich und Mähren am Anfang des Krieges gegen die Böhmen gerettet hatte, rettete es auch jetzt gegen Torstenson. Rakoczy war zwar mit seinen Völkern, fünfundzwanzigtausend an der Zahl, bis an die Donau in die Nähe des schwedischen Lagers gedrungen; aber diese undisziplinierten und rohen Scharen verwüsteten nur das Land, und vermehrten den Mangel im Lager der Schweden, anstatt daß sie die Unter-

nehmungen Torstensons durch eine zweckmäßige Wirksamkeit hätten befördern sollen. Dem Kaiser Tribut, dem Untertan
Geld und Gut abzuängstigen, war der Zweck, der den Rakoczy,
wie Bethlen Gaborn, ins Feld rief, und beide gingen heim,
sobald sie diese Absicht erreicht hatten. Ferdinand, um seiner
loszuwerden, bewilligte dem Barbaren, was er nur immer
forderte, und befreite durch ein geringes Opfer seine Staaten
von diesem furchtbaren Feinde.

Unterdessen hatte sich die Hauptmacht der Schweden in
einem langwierigen Lager vor Brünn aufs äußerste geschwächt.
Torstenson, der selbst dabei kommandierte, erschöpfte vier
Monate lang umsonst seine ganze Belagerungskunst; der
Widerstand war dem Angriffe gleich, und Verzweiflung erhöhte den Mut des Kommendanten de Souches, eines schwedischen Überläufers, der keinen Pardon zu hoffen hatte. Die
Wut der Seuchen, welche Mangel, Unreinlichkeit und der
Genuß unreifer Früchte in seinem langwierigen verpesteten
Lager erzeugte, und der schnelle Abzug des Siebenbürgers
nötigte endlich den schwedischen Befehlshaber, die Belagerung
aufzuheben. Da alle Pässe an der Donau besetzt, seine Armee
aber durch Krankheit und Hunger schon sehr geschmolzen
war, so entsagte er seiner Unternehmung auf Österreich und
Mähren, begnügte sich, durch Zurücklassung schwedischer
Besatzungen in den eroberten Schlössern einen Schlüssel zu
beiden Provinzen zu behalten, und nahm seinen Weg nach
Böhmen, wohin ihm die Kaiserlichen unter dem Erzherzog
Leopold folgten. Welche der verlorenen Plätze von dem letztern noch nicht wiedereerobert waren, wurden nach seinem
Abzuge von dem kaiserlichen General Buchheim bezwungen,
daß die österreichische Grenze in dem folgenden Jahre wieder
völlig von Feinden gereinigt war, und das zitternde Wien mit
dem bloßen Schrecken davonkam. Auch in Böhmen und
Schlesien behaupteten sich die Schweden nur mit sehr abwechselndem Glück, und durchirrten beide Länder, ohne sich darin
behaupten zu können. Aber wenn auch der Erfolg der Torstensonischen Unternehmung ihrem vielversprechenden Anfang
nicht ganz gemäß war, so hatte sie doch für die schwedische
Partei die entscheidendsten Folgen. Dänemark wurde dadurch
zum Frieden, Sachsen zum Stillstand genötigt, der Kaiser bei
dem Friedenskongresse nachgiebiger, Frankreich gefälliger,
und Schweden selbst in seinem Betragen gegen die Kronen

zuversichtlicher und kühner gemacht. Seiner großen Pflicht so glänzend entledigt, trat der Urheber dieser Vorteile, mit Lorbeern geschmückt, in die Stille des Privatstandes zurück, um gegen die Qualen seiner Krankheit Linderung zu suchen.

Von der böhmischen Seite zwar sahe sich der Kaiser nach Torstensons Abzug vor einem feindlichen Einbruch gesichert; aber bald näherte sich von Schwaben und Bayern her eine neue Gefahr den österreichischen Grenzen. Turenne, der sich von Condé getrennt und nach Schwaben gewendet hatte, war im Jahr 1645 unweit Mergentheim von Mercy aufs Haupt geschlagen worden, und die siegenden Bayern drangen unter ihrem tapfern Anführer in Hessen ein. Aber der Herzog von Enghien eilte sogleich mit einem beträchtlichen Sukkurs aus dem Elsaß, Königsmark aus Mähren, die Hessen von dem Rheinstrom herbei, das geschlagene Heer zu verstärken, und die Bayern wurden bis an das äußerste Schwaben zurückgedrückt. Bei dem Dorf Allersheim unweit Nördlingen hielten sie endlich stand, die Grenze von Bayern zu verteidigen. Aber der ungestüme Mut des Herzogs von Enghien ließ sich durch kein Hindernis schrecken. Er führte seine Völker gegen die feindlichen Schanzen und eine große Schlacht geschah, die der heldenmütige Widerstand der Bayern zu einer der hartnäckigsten und blutigsten machte, und endlich der Tod des vortrefflichen Mercy, Turennes Besonnenheit und die felsenfeste Standhaftigkeit der Hessen zum Vorteil der Alliierten entschied. Aber auch diese zweite barbarische Hinopferung von Menschen hatte auf den Gang des Kriegs und der Friedensunterhandlungen wenig Einfluß. Das französische Heer, durch diesen blutigen Sieg entkräftet, verminderte sich noch mehr durch den Abzug der Hessen, und den Bayern führte Leopold kaiserliche Hülfsvölker zu, daß Turenne aufs eilfertigste nach dem Rhein zurückfliehen mußte.

Der Rückzug der Franzosen erlaubte dem Feind seine ganze Macht jetzt nach Böhmen gegen die Schweden zu kehren. Gustav Wrangel, kein unwürdiger Nachfolger Banérs und Torstensons, hatte im Jahre 1646 das Oberkommando über die schwedische Macht erhalten, die, außer Königsmarks fliegendem Korps und den vielen im Reiche zerstreuten Besatzungen, ohngefähr noch achttausend Pferde und funfzehntausend Mann Fußvolk zählte. Nachdem der Erzherzog seine vierundzwanzigtausend Mann starke Macht durch zwölf bayrische Kavallerie-

und achtzehn Infanterieregimenter verstärkt hatte, ging er auf
Wrangeln los, und hoffte ihn, ehe Königsmark zu ihm stieße,
oder die Franzosen eine Diversion machten, mit seiner überlegenen Macht zu erdrücken. Aber dieser erwartete ihn nicht,
sondern eilte durch Obersachsen an die Weser, wo er Höxter
und Paderborn wegnahm. Von da wendete er sich nach Hessen,
um sich mit Turenne zu vereinigen, und zog in seinem Lager
zu Wetzlar die fliegende Armee des Königsmark an sich. Aber
Turenne, gefesselt durch Mazarins Befehle, der dem Kriegsglück und dem immer wachsenden Übermut Schwedens gern
eine Grenze gesetzt sah, entschuldigte sich mit dem dringendern Bedürfnis, die niederländischen Grenzen des französischen Reichs zu verteidigen, weil die Holländer ihre versprochene Diversion in diesem Jahr unterlassen hätten. Da
aber Wrangel fortfuhr auf seiner gerechten Forderung mit
Nachdruck zu bestehen, da eine längere Widersetzlichkeit bei
den Schweden Verdacht erwecken, ja sie vielleicht gar zu einem
Privatfrieden mit Österreich geneigt machen konnte, so erhielt
endlich Turenne die gewünschte Erlaubnis, das schwedische
Heer zu verstärken.

Die Vereinigung geschah bei Gießen, und jetzt fühlte man
sich mächtig genug, dem Feinde die Stirn zu bieten. Er war den
Schweden bis Hessen nachgeeilt, wo er ihnen die Lebensmittel
abschneiden und die Vereinigung mit Turenne verhindern
wollte. Beides mißlang, und die Kaiserlichen sahen sich nun
selbst von dem Main abgeschnitten, und nach dem Verlust
ihrer Magazine dem größten Mangel ausgesetzt. Wrangel
benutzte ihre Schwäche, um eine Unternehmung auszuführen,
die dem Krieg eine ganz andre Wendung geben sollte. Auch er
hatte die Maxime seines Vorgängers adoptiert, den Krieg in die
österreichischen Staaten zu spielen; aber von dem schlechten
Fortgange der Torstensonischen Unternehmung abgeschreckt,
hoffte er denselben Zweck auf einem andern Wege sicherer und
gründlicher zu erreichen. Er entschloß sich dem Laufe der
Donau zu folgen, und mitten durch Bayern gegen die österreichischen Grenzen hereinzubrechen. Einen ähnlichen Plan
hatte schon Gustav Adolf entworfen, aber nicht zur Ausführung bringen können, weil ihn die Wallensteinische Macht
und Sachsens Gefahr von seiner Siegesbahn zu frühzeitig abriefen. In seine Fußstapfen war Herzog Bernhard getreten, und,
glücklicher als Gustav Adolf, hatte er schon zwischen der Isar

und dem Inn seine siegreichen Fahnen ausgebreitet; aber auch ihn zwang die Menge und die Nähe der feindlichen Armeen in seinem Heldenlaufe stillzustehen, und seine Völker zurückzuführen. Was diesen beiden mißlungen war, hoffte Wrangel jetzt um so mehr zu einem glücklichen Ende zu führen, da die kaiserlich-bayrischen Völker weit hinter ihm an der Lahn standen, und erst nach einem sehr weiten Marsch durch Franken und die Oberpfalz in Bayern eintreffen konnten. Eilfertig zog er sich an die Donau, schlug ein Korps Bayern bei Donauwörth, und passierte diesen Strom, so wie den Lech, ohne Widerstand. Aber durch die fruchtlose Belagerung von Augsburg verschaffte er den Kaiserlichen Zeit, sowohl diese Stadt zu entsetzen, als ihn selbst bis Lauingen zurückzutreiben. Nachdem sie sich aber aufs neue, um den Krieg von den bayrischen Grenzen zu entfernen, gegen Schwaben gewendet hatten, ersah er die Gelegenheit, den unbesetzt gelassenen Lech zu passieren, den er nunmehr den Kaiserlichen selbst versperrte. Und jetzt lag Bayern offen und unverteidigt vor ihm da; Franzosen und Schweden überschwemmten es wie eine reißende Flut, und der Soldat belohnte sich durch die schrecklichsten Gewalttaten, Räubereien und Erpressungen für die überstandnen Gefahren. Die Ankunft der kaiserlich-bayrischen Völker, welche endlich bei Tierhaupten den Übergang über den Lechstrom vollbrachten, vermehrte bloß das Elend des Landes, welches Freund und Feind ohne Unterschied plünderten.

Jetzt endlich – jetzt, in diesem ganzen Kriege zum erstenmal, wankte der standhafte Mut Maximilians, der achtundzwanzig Jahre lang bei den härtesten Proben unerschüttert geblieben. Ferdinand der Zweite, sein Gespiele zu Ingolstadt und der Freund seiner Jugend, war nicht mehr; mit dem Tode dieses Freundes und Wohltäters war eins der stärksten Bande zerrissen, die den Kurfürsten an Österreichs Interesse gefesselt hatten. An den Vater hatte ihn Gewohnheit, Neigung und Dankbarkeit gekettet; der Sohn war seinem Herzen fremd, und nur das Staatsinteresse konnte ihn in der Treue gegen diesen Fürsten erhalten.

Und ebendieses letztere war es, was die französische Arglist jetzt wirken ließ, um ihn von der österreichischen Allianz abzulocken und zu Niederlegung der Waffen zu bewegen. Nicht ohne eine große Absicht hatte Mazarin seiner Eifersucht gegen die wachsende Macht Schwedens Stillschweigen auferlegt, und den französischen Völkern gestattet, die Schweden nach Bayern zu begleiten. Bayern sollte alle Schrecknisse des Krieges erleiden, damit endlich Not und Verzweiflung die Standhaftigkeit Maximilians besiegten, und der Kaiser den ersten und letzten seiner Alliierten verlöre. Brandenburg hatte unter seinem großen Regenten die Neutralität erwählt, Sachsen aus Not ergreifen müssen; den Spaniern untersagte der französische Krieg jeden Anteil an dem deutschen; Dänemark hatte der Friede mit Schweden von der Kriegsbühne abgerufen, Polen ein langer Stillstand entwaffnet. Gelang es, auch noch den Kurfürsten von Bayern von dem österreichischen Bündnis loszureißen, so hatte der Kaiser im ganzen Deutschland keinen Verfechter mehr, und schutzlos stand er da, der Willkür der Kronen preisgegeben.

Ferdinand der Dritte erkannte die Gefahr, worin er schwebte, und ließ kein Mittel unversucht, sie abzuwenden. Aber man hatte dem Kurfürsten von Bayern die nachteilige Meinung beigebracht, daß nur die Spanier dem Frieden entgegenständen, und daß bloß spanischer Einfluß den Kaiser vermöge, sich gegen den Stillstand der Waffen zu erklären: Maximilian aber haßte die Spanier und hatte es ihnen nie vergeben, daß sie ihm bei seiner Bewerbung um die pfälzische Kur entgegen gewesen waren. Und dieser feindseligen Macht zu Gefallen sollte er jetzt sein Volk aufgeopfert, seine Lande verwüstet, sich selbst zugrunde gerichtet sehen, da er sich durch einen Stillstand aus allen Bedrängnissen reißen, seinem Volke die so nötige Erholung verschaffen, und durch dieses Mittel zugleich den allgemeinen Frieden vielleicht beschleunigen konnte? Jede Bedenklichkeit verschwand, und, von der Notwendigkeit dieses Schrittes überzeugt, glaubte er seinen Pflichten gegen den Kaiser genugzutun, wenn er auch ihn der Wohltat des Waffenstillstandes teilhaftig machte.

Zu Ulm versammelten sich die Deputierten der drei Kronen und Bayerns, um die Bedingungen des Stillstandes in Richtigkeit zu bringen. Aus der Instruktion der österreichischen Abgesandten ergab sich aber bald, daß der Kaiser den Kongreß nicht beschickt hatte, um die Abschließung desselben zu befördern, sondern vielmehr um sie rückgängig zu machen. Es kam darauf an, die Schweden, die im Vorteile waren, und von der Fortsetzung des Kriegs mehr zu hoffen als zu fürchten hatten, für den Stillstand zu gewinnen, nicht ihnen denselben durch harte Bedingungen zu erschweren. Sie waren ja die Sieger; und doch maßte der Kaiser sich an, ihnen Gesetze vorzuschreiben. Auch fehlte wenig, daß ihre Gesandten nicht im ersten Zorn den Kongreß verließen, und um sie zurückzuhalten, mußten die Franzosen zu Drohungen ihre Zuflucht nehmen.

Nachdem es dem guten Willen des Kurfürsten von Bayern auf diese Weise mißlungen war, den Kaiser mit in den Stillstand einzuschließen, so hielt er sich nunmehr für berechtigt, für sich selbst zu sorgen. So teuer auch der Preis war, um welchen man ihn den Stillstand erkaufen ließ, so bedachte er sich doch nicht lange, denselben einzugehen. Er überließ den Schweden, ihre Quartiere in Schwaben und Franken auszubreiten, und war zufrieden, die seinigen auf Bayern und auf die pfälzischen Lande einzuschränken. Was er in Schwaben erobert hatte, mußte den Alliierten geräumt werden, die ihm ihrerseits, was sie von Bayern innehatten, wieder auslieferten. In den Stillstand war auch Köln und Hessen-Kassel eingeschlossen. Nach Abschließung dieses Traktats, am 14. März 1647, verließen die Franzosen und Schweden Bayern, und wählten sich, um sich selbst nicht im Wege zu stehen, verschiedene Quartiere, jene im Herzogtum Württemberg, diese in Oberschwaben, in der Nähe des Bodensees. An dem äußersten nördlichen Ende dieses Sees, und Schwabens südlichster Spitze, trotzte die österreichische Stadt Bregenz durch ihren engen und steilen Paß jedem feindlichen Anfall, und aus der ganzen umliegenden Gegend hatte man seine Güter und Personen in diese natürliche Festung geflüchtet. Die reiche Beute, die der aufgehäufte Vorrat darin erwarten ließ, und der Vorteil, einen Paß gegen Tirol, die Schweiz und Italien zu besitzen, reizte den schwedischen General, einen Angriff auf diese für unüberwindlich gehaltene Klause und die Stadt selbst zu versuchen. Beides gelang ihm, des Widerstands der Landleute ungeachtet, die, sechstausend an der Zahl, den Paß zu verteidigen strebten. Unterdes hatte sich Turenne, der getroffenen Übereinkunft gemäß, nach dem Württembergischen gewendet, von wo aus er den Landgrafen von Darmstadt und den Kurfürsten von Mainz durch die Gewalt seiner Waffen zwang, nach dem Beispiel Bayerns die Neutralität zu ergreifen.

Und jetzt endlich schien das große Ziel der französischen Staatskunst erreicht zu sein, den Kaiser, alles Beistands der Ligue und seiner protestantischen Alliierten beraubt, den ver-

einigten Waffen der beiden Kronen ohne Verteidigung bloß-
zustellen, und ihm mit dem Schwert in der Hand den Frieden
zu diktieren. Eine Armee von höchstens zwölftausend Mann
war alles, was ihm von seiner Furchtbarkeit übrig war, und
über diese mußte er, weil der Krieg alle seine fähigen Generale
dahingerafft hatte, einen Kalvinisten, den hessischen Überläufer Melander, zum Befehlshaber setzen. Aber wie dieser
Krieg mehrmals die überraschendsten Glückswechsel aufstellte, und oft durch einen plötzlichen Zwischenfall alle
Berechnungen der Staatskunst zuschanden machte, so strafte
auch hier der Erfolg die Erwartung Lügen, und die tief gesunkene Macht Österreichs arbeitet sich nach einer kurzen
Krise aufs neue zu einer drohenden Überlegenheit empor.
Frankreichs Eifersucht gegen die Schweden erlaubte dieser
Krone nicht, den Kaiser zugrunde zu richten, und die schwedische Macht in Deutschland dadurch zu einem Grade zu erheben, der für Frankreich selbst zuletzt verderblich werden
konnte. Österreichs hülflose Lage wurde daher von dem französischen Minister nicht benutzt, die Armee des Turenne von
Wrangeln getrennt und an die niederländischen Grenzen
gezogen. Zwar versuchte Wrangel, nachdem er sich von
Schwaben nach Franken gewendet, Schweinfurt erobert, und
die dortige kaiserliche Besatzung unter seine Armee gesteckt
hatte, für sich selbst in Böhmen einzudringen, und belagerte
Eger, den Schlüssel zu diesem Königreich. Um diese Festung
zu entsetzen, ließ der Kaiser seine letzte Armee marschieren,
und fand sich in eigner Person bei derselben ein. Aber ein
weiter Umweg, den sie nehmen mußte, um die Güter des
Kriegsratspräsidenten von Schlick nicht zu betreten, verzögerte
ihren Marsch, und ehe sie anlangte, war Eger schon verloren.
Beide Armeen näherten sich jetzt einander, und man erwartete
mehr als einmal eine entscheidende Schlacht, da beide der
Mangel drückte, die Kaiserlichen die größere Zahl für sich
hatten, und beide Läger und Schlachtordnungen oft nur durch
die aufgeworfenen Werke voneinander geschieden waren. Aber
die Kaiserlichen begnügten sich, dem Feind zur Seite zu
bleiben, und ihn durch kleine Angriffe, Hunger und schlimme
Märsche zu ermüden, bis die mit Bayern eröffneten Unterhandlungen das gewünschte Ziel erreicht haben würden.

Bayerns Neutralität war eine Wunde, die der kaiserliche Hof
nicht verschmerzen konnte, und nachdem man umsonst

versucht hatte, sie zu hindern, ward beschlossen, den einzig möglichen Vorteil davon zu ziehen. Mehrere Offiziere der bayrischen Armee waren über diesen Schritt ihres Herrn entrüstet, der sie auf einmal in Untätigkeit versetzte, und ihrem Hange zur Ungebundenheit eine lästige Fessel anlegte. Selbst der tapfre Johann von Werth stand an der Spitze der Mißvergnügten, und, aufgemuntert von dem Kaiser, entwarf er das Komplott, die ganze Armee von dem Kurfürsten abtrünnig zu machen, und dem Kaiser zuzuführen. Ferdinand errötete nicht, diese Verräterei gegen den treusten Alliierten seines Vaters heimlich in Schutz zu nehmen. Er ließ an die kurfürstlichen Völker förmliche Abrufungsbriefe ergehen, worin er sie erinnerte, daß sie Reichstruppen seien, die der Kurfürst bloß in kaiserlichem Namen befehligt habe. Zum Glück entdeckte Maximilian das angesponnene Komplott noch zeitig genug, um durch schnelle und zweckmäßige Anstalten der Ausführung desselben zuvorzukommen.

Der unwürdige Schritt des Kaisers hatte ihn zu Repressalien berechtigt; aber Maximilian war ein zu grauer Staatsmann, um, wo die Klugheit allein sprechen durfte, die Leidenschaft zu hören. Er hatte von dem Waffenstillstand die Vorteile nicht geerntet, die er sich darin versprochen hatte. Weit entfernt, zu der Beschleunigung des allgemeinen Friedens beizutragen, hatte dieser einseitige Stillstand vielmehr den Negoziationen zu Münster und Osnabrück eine schädliche Wendung gegeben, und die Alliierten in ihren Forderungen dreister gemacht. Die Franzosen und Schweden waren aus Bayern entfernt worden; aber durch den Verlust der Quartiere im schwäbischen Kreise sah er sich nun selbst dahin gebracht, mit seinen Truppen sein eigenes Land auszusaugen, wenn er sich nicht entschließen wollte, sie ganz und gar abzudanken, und in dieser Zeit des Faustrechts unbesonnen Schwert und Schild wegzulegen. Ehe er eins dieser beiden gewissen Übel erwählte, entschloß er sich lieber zu einem dritten, das zum wenigsten noch ungewiß war, den Stillstand aufzukündigen, und aufs neue zu den Waffen zu greifen.

Sein Entschluß und die schnelle Hülfe, die er dem Kaiser nach Böhmen schickte, drohte den Schweden höchst verderblich zu werden, und Wrangel mußte sich aufs eilfertigste aus Böhmen zurückziehen. Er ging durch Thüringen nach Westfalen und Lüneburg, um die französische Armee unter Turenne an sich zu ziehen, und unter Melander und Gronsfeld folgte ihm die kaiserlich-bayrische Armee bis an den Weserstrom. Sein Untergang war unvermeidlich, wenn der Feind ihn erreichte, ehe Turenne zu ihm stieß; aber was den Kaiser zuvor gerettet hatte, erhielt jetzt auch die Schweden. Mitten unter der Wut des Kampfes leitete kalte Klugheit den Lauf des Krieges, und die Wachsamkeit der Höfe vermehrte sich, je näher der Friede herbeirückte. Der Kurfürst von Bayern durfte es nicht geschehen lassen, daß sich das Übergewicht der Macht so entscheidend auf die Seite des Kaisers neigte, und durch diesen plötzlichen Umschwung der Dinge der Friede verzögert würde. So nahe an Abschließung der Traktaten war jede einseitige Glücksveränderung äußerst wichtig, und die Aufhebung des Gleichgewichts unter den traktierenden Kronen konnte auf einmal das Werk vieler Jahre, die teure Frucht der schwierigsten Unterhandlungen, zerstören und die Ruhe des ganzen Europa verzögern. Wenn Frankreich seine Alliierte, die Krone Schweden, in heilsamen Fesseln hielt, und ihr, nach Maßgabe ihrer Vorteile und Verluste, seine Hülfe zuzählte, so übernahm der Kurfürst von Bayern stillschweigend dieses Geschäft bei seinem Alliierten, dem Kaiser, und suchte durch eine weise Abwägung seines Beistandes Meister von Österreichs Größe zu bleiben. Jetzt droht die Macht des Kaisers auf einmal zu einer gefährlichen Höhe zu steigen, und Maximilian hält plötzlich inne, die schwedische Armee zu verfolgen. Auch fürchtete er die Repressalien Frankreichs, welches schon gedroht hatte, die ganze Macht Turennes gegen ihn zu senden, wenn er seinen Truppen erlauben würde, über die Weser zu setzen.

Melander, durch die Bayern gehindert, Wrangeln weiter zu verfolgen, wendete sich über Jena und Erfurt gegen Hessen, und erscheint jetzt als ein furchtbarer Feind in demselben Lande, das er ehemals verteidigt hatte. Wenn es wirklich Rachbegierde gegen seine ehemalige Gebieterin war, was ihn antrieb, Hessen zum Schauplatz seiner Verwüstung zu erwählen, so befriedigte er diese Lust auf das schrecklichste. Hessen blutete unter seiner Geißel, und das Elend dieses so hart mitgenommenen Landes wurde durch ihn aufs Äußerste getrieben. Aber bald hatte er Ursache zu bereuen, daß ihn bei der Wahl der Quartiere die Rachgier statt der Klugheit geleitet hatte. In dem verarmten Hessen drückte der äußerste Mangel die Armee, während daß Wrangel in Lüneburg frische Kräfte sammelte, und seine Regimenter beritten machte. Viel zu schwach, seine schlechten Quartiere zu behaupten, als der schwedische General im Winter des 1648. Jahres den Feldzug eröffnete und gegen Hessen anrückte, mußte er mit Schanden entweichen, und an den Ufern der Donau seine Rettung suchen.

Frankreich hatte die Erwartungen der Schweden aufs neue getäuscht, und die Armee des Turenne, aller Aufforderungen Wrangels ungeachtet, am Rheinstrom zurückgehalten. Der schwedische Heerführer hatte sich dadurch gerächt, daß er die weimarische Reiterei an sich zog, die dem französischen Dienst entsagte, durch ebendiesen Schritt aber der Eifersucht Frankreichs neue Nahrung gegeben. Endlich erhielt Turenne die Erlaubnis, zu den Schweden zu stoßen, und nun wurde von beiden vereinigten Armeen der letzte Feldzug in diesem Kriege eröffnet. Sie trieben Melandern bis an die Donau vor sich her, warfen Lebensmittel in Eger, das von den Kaiserlichen belagert war, und schlugen jenseits der Donau das kaiserlich-bayrische Heer, das bei Susmarshausen sich ihnen entgegenstellte. Melander erhielt in dieser Aktion eine tödliche Wunde, und der bayrische General von Gronsfeld postierte sich mit der übrigen Armee jenseits des Lechstroms, um Bayern vor einem feindlichen Einbruche zu schützen.

Aber Gronsfeld war nicht glücklicher als Tilly, der an ebendiesem Posten für Bayerns Rettung sein Leben hingeopfert hatte. Wrangel und Turenne wählten dieselbe Stelle zum Übergang, welche durch den Sieg Gustav Adolfs bezeichnet war, und vollendeten ihn mit Hülfe desselben Vorteils, welcher jenen begünstigt hatte. Jetzt wurde Bayern aufs neue überschwemmt, und der Bruch des Stillstandes durch die grausamste Behandlung des bayrischen Untertans geahndet. Maximilian verkroch sich in Salzburg, indem die Schweden über die Isar setzten, und bis an den Inn vordrangen. Ein anhaltender starker Regen, der diesen nicht sehr beträchtlichen Fluß in wenigen Tagen in einen reißenden Strom verwandelte, rettete Österreich noch einmal aus der drohenden Gefahr. Zehenmal versuchte der Feind, eine Schiffbrücke über den Inn zu schlagen, und zehenmal vernichtete sie der Strom. Nie im ganzen Kriege war das Schrecken der Katholischen so groß gewesen, als jetzt, da die Feinde mitten in Bayern standen, und kein General mehr vorhanden war, den man einem Turenne, Wrangel und Königsmark gegenüberstellen durfte. Endlich erschien der tapfre Held Piccolomini aus den Niederlanden, den schwachen Rest der kaiserlichen Heere anzuführen. Die Alliierten hatten durch ihre Verwüstungen in Bayern sich selbst den längeren Aufenthalt in diesem Lande erschwert, und der Mangel nötigt sie, ihren Rückzug nach der Oberpfalz zu nehmen, wo die Friedenspost ihre Tätigkeit endigt.

Mit seinem fliegenden Korps hatte sich Königsmark nach Böhmen gewendet, wo Ernst Odowalsky, ein abgedankter Rittmeister, der im kaiserlichen Dienst zum Krüppel geschossen, und dann ohne Genugtuung verabschiedet ward, ihm einen Plan angab, die Kleine Seite von Prag zu überrumpeln. Königsmark vollführte ihn glücklich, und erwarb sich dadurch den Ruhm, den Dreißigjährigen Krieg durch die letzte glänzende Aktion beschlossen zu haben. Nicht mehr als einen Toten kostete den Schweden dieser entscheidende Streich, der endlich die Unentschlossenheit des Kaisers besiegte. Die Altstadt aber, Prags größere Hälfte, die durch die Moldau davon getrennt war, ermüdete durch ihren lebhaften Widerstand auch den Pfalzgrafen, Karl Gustav, den Thronfolger der Christina, der mit frischen Völkern aus Schweden angelangt war, und die ganze schwedische Macht aus Böhmen und Schlesien vor ihren Mauern versammelte. Der eintretende Winter nötigte endlich die Belagerer in die Winterquartiere, und in diesen erreichte sie die Botschaft des zu Osnabrück und Münster am vierundzwanzigsten Oktober unterzeichneten Friedens.

Was für ein Riesenwerk es war, diesen, unter dem Namen des Westfälischen berühmten, unverletzlichen und heiligen Frieden zu schließen, welche unendlich scheinende Hindernisse zu bekämpfen, welche streitende Interessen zu vereinigen waren, welche Reihe von Zufällen zusammenwirken mußte, dieses mühsame, teure und dauernde Werk der Staatskunst zustande zu bringen, was es kostete, die Unterhandlungen auch nur zu eröffnen, was es kostete, die schon eröffneten unter den wechselnden Spielen des immer fortgesetzten Krieges im Gange zu erhalten, was es kostete, dem wirklich vollendeten das Siegel aufzudrücken, und den feierlich abgekündigten zur wirklichen Vollziehung zu bringen – was endlich der Inhalt dieses Friedens war, was durch dreißigjährige Anstrengungen und Leiden von jedem einzelnen Kämpfer gewonnen oder verloren worden ist, und welchen Vorteil oder Nachteil die europäische Gesellschaft im großen und im ganzen dabei mag geerntet haben –

muß einer andern Feder vorbehalten bleiben. So ein großes Ganze die Kriegsgeschichte war, so ein großes und eignes Ganze ist auch die Geschichte des Westfälischen Friedens. Ein Abriß davon würde das interessanteste und charaktervollste Werk der menschlichen Weisheit und Leidenschaft zum Skelett entstellen, und ihr gerade dasjenige rauben, wodurch sie die Aufmerksamkeit desjenigen Publikums fesseln könnte, für das ich schrieb, und von dem ich hier Abschied nehme.

WAS HEISST UND ZU WELCHEM ENDE
STUDIERT MAN UNIVERSALGESCHICHTE?

Eine akademische Antrittsrede

Erfreuend und ehrenvoll ist mir der Auftrag, meine h. H. H., an Ihrer Seite künftig ein Feld zu durchwandern, das dem denkenden Betrachter so viele Gegenstände des Unterrichts, dem tätigen Weltmann so herrliche Muster zur Nachahmung, dem Philosophen so wichtige Aufschlüsse, und jedem ohne Unterschied so reiche Quellen des edelsten Vergnügens eröffnet – das große weite Feld der allgemeinen Geschichte. Der Anblick so vieler vortrefflichen jungen Männer, die eine edle Wißbegierde um mich her versammelt, und in deren Mitte schon manches wirksame Genie für das kommende Zeitalter aufblüht, macht mir meine Pflicht zum Vergnügen, läßt mich aber auch die Strenge und Wichtigkeit derselben in ihrem ganzen Umfang empfinden. Je größer das Geschenk ist, das ich Ihnen zu übergeben habe – und was hat der Mensch dem Menschen Größeres zu geben, als Wahrheit? – desto mehr muß ich Sorge tragen, daß sich der Wert desselben unter meiner Hand nicht verringere. Je lebendiger und reiner Ihr Geist in dieser glücklichsten Epoche seines Wirkens empfängt, und je rascher sich Ihre jugendlichen Gefühle entflammen, desto mehr Aufforderung für mich zu verhüten, daß sich dieser Enthusiasmus, den die Wahrheit allein das Recht hat zu erwecken, an Betrug und Täuschung nicht unwürdig verschwende.

Fruchtbar und weit umfassend ist das Gebiet der Geschichte; in ihrem Kreise liegt die ganze moralische Welt. Durch alle Zustände, die der Mensch erlebte, durch alle abwechselnde Gestalten der Meinung, durch seine Torheit und seine Weisheit, seine Verschlimmerung und seine Veredlung, begleitet sie ihn, von allem was er sich nahm und gab, muß sie Rechenschaft ablegen. Es ist keiner unter Ihnen allen, dem Geschichte nicht etwas Wichtiges zu sagen hätte; alle noch so verschiedene Bahnen Ihrer künftigen Bestimmung verknüpfen sich irgendwo mit derselben; aber eine Bestimmung teilen Sie alle auf gleiche Weise miteinander, diejenige, welche Sie auf die Welt mitbrachten – sich als Menschen auszubilden – und zu dem Menschen eben redet die Geschichte.

Ehe ich es aber unternehmen kann, meine H. H., Ihre Erwartungen von diesem Gegenstande Ihres Fleißes genauer zu bestimmen, und die Verbindung anzugeben, worin derselbe mit dem eigentlichen Zweck Ihrer so verschiedenen Studien steht, wird es nicht überflüssig sein, mich über diesen Zweck Ihrer Studien selbst vorher mit Ihnen einzuverstehen. Eine vorläufige Berichtigung dieser Frage, welche mir passend und würdig genug scheint, unsre künftige akademische Verbindung zu eröffnen, wird mich in den Stand setzen, Ihre Aufmerksamkeit sogleich auf die würdigste Seite der Weltgeschichte hinzuweisen.

Anders ist der Studierplan, den sich der Brotgelehrte, anders derjenige, den der philosophische Kopf sich vorzeichnet. Jener, dem es bei seinem Fleiß einzig und allein darum zu tun ist, die Bedingungen zu erfüllen, unter denen er zu einem Amte fähig und der Vorteile desselben teilhaftig werden kann, der nur darum die Kräfte seines Geistes in Bewegung setzt, um dadurch seinen sinnlichen Zustand zu verbessern und eine kleinliche Ruhmsucht zu befriedigen, ein solcher wird beim Eintritt in seine akademische Laufbahn keine wichtigere Angelegenheit haben, als die Wissenschaften, die er Brotstudien nennt, von allen übrigen, die den Geist nur als Geist vergnügen, auf das sorgfältigste abzusondern. Alle Zeit, die er diesen letztern widmete, würde er seinem künftigen Berufe zu entziehen glauben, und sich diesen Raub nie vergeben. Seinen ganzen Fleiß wird er nach den Foderungen einrichten, die von dem künftigen Herrn seines Schicksals an ihn gemacht werden, und alles getan zu haben glauben, wenn er sich fähig gemacht hat, diese Instanz nicht zu fürchten. Hat er seinen Kursus durchlaufen und das Ziel seiner Wünsche erreicht, so entläßt er seine Führerinnen – denn wozu noch weiter sie bemühen? Seine größte Angelegenheit ist jetzt, die zusammengehäuften Gedächtnisschätze zur Schau zu tragen, und ja zu verhüten, daß sie in ihrem Werte nicht sinken. Jede Erweiterung seiner Brotwissenschaft beunruhigt ihn, weil sie ihm neue Arbeit zusendet, oder die vergangene unnütz macht; jede wichtige Neuerung schreckt ihn auf, denn sie zerbricht die alte Schulform, die er sich so mühsam zu eigen machte, sie setzt ihn in Gefahr, die ganze Arbeit seines vorigen Lebens zu verlieren. Wer hat über Reformatoren mehr geschrieen, als der Haufe der Brotgelehrten? Wer hält den Fortgang nützlicher Revolutionen im Reich des Wissens mehr auf, als ebendiese? Jedes Licht, das durch ein glückliches Genie, in welcher Wissenschaft es sei, angezündet wird, macht ihre Dürftigkeit sichtbar; sie fechten mit Erbitterung, mit Heimtücke, mit Verzweiflung, weil sie bei dem Schulsystem, das sie verteidigen, zugleich für ihr ganzes Dasein fechten. Darum kein unversöhnlicherer Feind, kein neidischerer Amtsgehülfe, kein bereitwilligerer Ketzermacher, als der Brotgelehrte. Je weniger seine Kenntnisse durch sich selbst ihn belohnen, desto größere Vergeltung heischt er von außen; für das Verdienst der Handarbeiter und das Verdienst der Geister hat er nur einen Maßstab, die Mühe. Darum hört man niemand über Undank mehr klagen, als den Brotgelehrten; nicht bei seinen Gedankenschätzen sucht er seinen Lohn, seinen Lohn erwartet er von fremder Anerkennung, von Ehrenstellen, von Versorgung. Schlägt ihm dieses fehl, wer ist unglücklicher als der Brotgelehrte? Er hat umsonst gelebt, gewacht, gearbeitet; er hat umsonst nach Wahrheit geforscht, wenn sich Wahrheit für ihn nicht in Gold, in Zeitungslob, in Fürstengunst verwandelt.

Beklagenswerter Mensch, der mit dem edelsten aller Werkzeuge, mit Wissenschaft und Kunst, nichts Höheres will und ausrichtet, als der Taglöhner mit dem schlechtesten! der im Reiche der vollkommensten Freiheit eine Sklavenseele mit sich herumträgt! – Noch beklagenswerter aber ist der junge Mann von Genie, dessen natürlich schöner Gang durch schädliche Lehren und Muster auf diesen traurigen Abweg verlenkt wird, der sich überreden ließ, für seinen künftigen Beruf mit dieser kümmerlichen Genauigkeit zu sammeln. Bald wird seine Berufswissenschaft als ein Stückwerk ihn anekeln; Wünsche werden in ihm aufwachen, die sie nicht zu befriedigen vermag, sein Genie wird sich gegen seine Bestimmung auflehnen. Als Bruchstück erscheint ihm jetzt alles was er tut, er sieht keinen Zweck seines Wirkens, und doch kann er Zwecklosigkeit nicht ertragen. Das Mühselige, das Geringfügige in seinen Berufsgeschäften drückt ihn zu Boden, weil er ihm den frohen Mut nicht entgegensetzen kann, der nur die helle Einsicht, nur die geahndete Vollendung begleitet. Er fühlt sich abgeschnitten, herausgerissen aus dem Zusammenhang der Dinge, weil er unterlassen hat, seine Tätigkeit an das große Ganze der Welt anzuschließen. Dem Rechtsgelehrten entleidet seine Rechtswissenschaft sobald der Schimmer besserer Kultur ihre Blößen ihm beleuchtet, anstatt, daß er jetzt streben sollte, ein neuer Schöpfer derselben zu sein, und den entdeckten Mangel aus innerer Fülle zu verbessern. Der Arzt entzweiet sich mit seinem Beruf, sobald ihm wichtige Fehlschläge die Unzuverlässigkeit seiner Systeme zeigen; der Theolog verliert die Achtung für den seinigen, sobald sein Glaube an die Unfehlbarkeit seines Lehrgebäudes wankt.

Wie ganz anders verhält sich der philosophische Kopf! – Ebenso sorgfältig, als der Brotgelehrte seine Wissenschaft von allen übrigen absondert, bestrebt sich jener, ihr Gebiet zu erweitern, und ihren Bund mit den übrigen wiederherzustellen – herzustellen, sage ich, denn nur der abstrahierende Verstand hat jene Grenzen gemacht, hat jene Wissenschaften voneinander geschieden. Wo der Brotgelehrte trennt, vereinigt der philosophische Geist. Frühe hat er sich überzeugt, daß im Gebiete des Verstandes, wie in der Sinnenwelt, alles ineinandergreife, und sein reger Trieb nach Übereinstimmung kann sich mit Bruchstücken nicht begnügen. Alle seine Bestrebungen sind auf Vollendung seines Wissens gerichtet; seine edle Ungeduld kann nicht ruhen, bis alle seine Begriffe zu einem harmonischen Ganzen sich geordnet haben, bis er im Mittelpunkt seiner Kunst, seiner Wissenschaft steht, und von hier aus ihr Gebiet mit befriedigtem Blick überschauet. Neue Entdeckungen im Kreise seiner Tätigkeit, die den Brotgelehrten niederschlagen, entzücken den philosophischen Geist. Vielleicht füllen sie eine Lücke, die das werdende Ganze seiner Begriffe noch verunstaltet hatte, oder setzen den letzten noch fehlenden Stein an sein Ideengebäude, der es vollendet. Sollten sie es aber auch zertrümmern, sollte eine neue Gedankenreihe, eine neue Naturerscheinung, ein neuentdecktes Gesetz in der Körperwelt, den ganzen Bau seiner Wissenschaft umstürzen: so hat er die Wahrheit immer mehr geliebt als sein System; und gerne wird er die alte mangelhafte Form mit einer neuern und schönern vertauschen. Ja, wenn kein Streich von außen sein Ideengebäude erschüttert, so ist er selbst, von einem ewig wirksamen Trieb nach Verbesserung gezwungen, er selbst ist der erste, der es unbefriedigt auseinanderlegt, um es vollkommener wiederherzustellen. Durch immer neue und immer schönere Gedankenformen schreitet der philosophische Geist zu höherer Vortrefflichkeit fort, wenn der Brotgelehrte in ewigem Geistesstillstand, das unfruchtbare Einerlei seiner Schulbegriffe hütet.

Kein gerechterer Beurteiler fremden Verdiensts, als der philosophische Kopf. Scharfsichtig und erfinderisch genug, um jede Tätigkeit zu nutzen, ist er auch billig genug, den Urheber auch der kleinsten zu ehren. Für ihn arbeiten alle Köpfe – alle Köpfe arbeiten gegen den Brotgelehrten. Jener weiß alles, was um ihn geschiehet und gedacht wird, in sein Eigentum zu verwandeln – zwischen denkenden Köpfen gilt eine innige Gemeinschaft aller Güter des Geistes; was einer im Reiche der Wahrheit erwirbt, hat er allen erworben – Der Brotgelehrte verzäunet sich gegen alle seine Nachbarn, denen er neidisch Licht und Sonne mißgönnt, und bewacht mit Sorge die baufällige Schranke, die ihn nur schwach gegen die siegende Vernunft verteidigt. Zu allem, was der Brotgelehrte unternimmt, muß er Reiz und Aufmunterung von außen her borgen: der philosophische Geist findet in seinem Gegenstand, in seinem Fleiße selbst, Reiz und Belohnung. Wieviel begeisterter kann er sein Werk angreifen, wieviel lebendiger wird sein Eifer, wieviel ausdaurender sein Mut und seine Tätigkeit sein, da bei ihm die Arbeit sich durch die Arbeit verjünget. Das Kleine selbst gewinnt Größe unter seiner schöpferischen Hand, da er dabei immer das Große im Auge hat, dem es dienet, wenn der Brotgelehrte in dem Großen selbst nur das Kleine sieht. Nicht was er treibt, sondern wie er das, was er treibt, behandelt, unterscheidet den philosophischen Geist. Wo er auch stehe und wirke, er steht immer im Mittelpunkt des Ganzen; und so weit ihn auch das Objekt seines Wirkens von seinen übrigen Brüdern entferne, er ist ihnen verwandt und nahe durch einen harmonisch wirkenden Verstand, er begegnet ihnen wo alle helle Köpfe einander finden.

Soll ich diese Schilderung noch weiter fortführen, oder darf ich hoffen, daß es bereits bei Ihnen entschieden sei, welches von den beiden Gemälden, die ich Ihnen hier vorgehalten habe, Sie sich zum Muster nehmen wollen? Von der Wahl, die Sie zwischen beiden getroffen haben, hängt es ab, ob Ihnen das Studium der Universalgeschichte empfohlen oder erlassen werden kann. Mit dem zweiten allein habe ich es zu tun; denn bei dem Bestreben, sich dem ersten nützlich zu machen, möchte sich die Wissenschaft selbst allzuweit von ihrem höhern Endzweck entfernen, und einen kleinen Gewinn mit einem zu großen Opfer erkaufen.

Über den Gesichtspunkt mit Ihnen einig, aus welchem der Wert einer Wissenschaft zu bestimmen ist, kann ich mich dem Begriff der Universalgeschichte selbst, dem Gegenstand der heutigen Vorlesung, nähern.

Die Entdeckungen, welche unsre europäischen Seefahrer in fernen Meeren und auf entlegenen Küsten gemacht haben, geben uns ein ebenso lehrreiches als unterhaltendes Schauspiel. Sie zeigen uns Völkerschaften, die auf den mannigfaltigsten Stufen der Bildung um uns herum gelagert sind, wie Kinder verschiednen Alters um einen Erwachsenen herumstehen, und durch ihr Beispiel ihm in Erinnerung bringen, was er selbst vormals gewesen, und wovon er ausgegangen ist. Eine weise Hand scheint uns diese rohen Völkerstämme bis auf den Zeitpunkt aufgespart zu haben, wo wir in unsrer eignen Kultur weit genug würden fortgeschritten sein, um von dieser Entdeckung eine nützliche Anwendung auf uns selbst zu machen, und den verlornen Anfang unsers Geschlechts aus diesem Spiegel wiederherzustellen. Wie beschämend und traurig aber ist das Bild, das uns diese Völker von unserer Kindheit geben! und doch ist es nicht einmal die erste Stufe mehr, auf der wir sie erblicken. Der Mensch fing noch verächtlicher an. Wir finden jene doch schon als Völker, als politische Körper: aber der Mensch mußte sich erst durch eine außerordentliche Anstrengung zur politischen Gesellschaft erheben.

Was erzählen uns die Reisebeschreiber nun von diesen Wilden? Manche fanden sie ohne Bekanntschaft mit den unentbehrlichsten Künsten, ohne das Eisen, ohne den Pflug, einige sogar ohne den Besitz des Feuers. Manche rangen noch mit wilden Tieren um Speise und Wohnung, bei vielen hatte sich die Sprache noch kaum von tierischen Tönen zu verständlichen Zeichen erhoben. Hier war nicht einmal das so einfache Band der Ehe, dort noch keine Kenntnis des Eigentums; hier konnte die schlaffe Seele noch nicht einmal eine Erfahrung festhalten, die sie doch täglich wiederholte; sorglos sah man den Wilden das Lager hingeben, worauf er heute schlief, weil ihm nicht einfiel, daß er morgen wieder schlafen würde. Krieg hingegen war bei allen, und das Fleisch des überwundenen Feindes nicht selten der Preis des Sieges. Bei andern, die mit mehrern Gemächlichkeiten des Lebens vertraut, schon eine höhere Stufe der Bildung erstiegen hatten, zeigten Knechtschaft und Despotismus ein schauderhaftes Bild. Dort sah man einen Despoten Afrikas seine Untertanen für einen Schluck Branntwein verhandeln: – hier wurden sie auf seinem Grab abgeschlachtet, ihm in der Unterwelt zu dienen. Dort wirft sich die fromme Einfalt vor einem lächerlichen Fetisch, und hier vor einem grausenvollen Scheusal nieder; in seinen Göttern malt sich der Mensch. So tief ihn dort Sklaverei, Dummheit und Aberglauben niederbeugen, so elend ist er hier durch das andre Extrem gesetzloser Freiheit. Immer zum Angriff und zur Verteidigung gerüstet, von jedem Geräusch aufgescheucht, reckt der Wilde sein scheues Ohr in die Wüste; F e i n d heißt ihm alles was neu ist, und wehe dem Fremdling, den das Ungewitter an seine Küste schleudert! Kein wirtlicher Herd wird ihm rauchen, kein süßes Gastrecht ihn erfreuen. Aber selbst da, wo sich der Mensch von einer feindseligen Einsamkeit zur Gesellschaft, von der Not zum Wohlleben, von der Furcht zu der Freude erhebt – wie abenteuerlich und ungeheuer zeigt er sich unsern Augen! Sein roher Geschmack sucht Fröhlichkeit in der Betäubung, Schönheit in der Verzerrung, Ruhm in der Übertreibung; Entsetzen erweckt uns selbst seine Tugend, und das was er seine Glückseligkeit nennt, kann uns nur Ekel oder Mitleid erregen.

So waren w i r. Nicht viel besser fanden uns Cäsar und Tacitus vor achtzehnhundert Jahren.

Was sind wir jetzt? – Lassen Sie mich einen Augenblick bei dem Zeitalter stillestehen, worin wir leben, bei der gegenwärtigen Gestalt der Welt, die wir bewohnen.

Der menschliche Fleiß hat sie angebaut, und den widerstrebenden Boden durch sein Beharren und seine Geschicklichkeit überwunden. Dort hat er dem Meere Land abgewonnen, hier dem dürren Lande Ströme gegeben. Zonen und Jahreszeiten hat der Mensch durcheinandergemengt, und die weichlichen Gewächse des Orients zu seinem rauheren Himmel abgehärtet. Wie er Europa nach Westindien und dem Südmeere trug, hat er Asien in Europa auferstehen lassen. Ein heiterer Himmel lacht jetzt über Germaniens Wäldern, welche die starke Menschenhand zerriß und dem Sonnenstrahl auftat, und in den Wellen des Rheins spiegeln sich Asiens Reben. An seinen Ufern erheben sich volkreiche Städte, die Genuß und Arbeit in munterm Leben durchschwärmen. Hier finden wir den Menschen in seines Erwerbes friedlichem Besitz sicher unter einer Million, ihn, dem sonst ein einziger Nachbar den Schlummer raubte. Die Gleichheit, die er durch seinen Eintritt in die Gesellschaft verlor, hat er wiedergewonnen durch weise Gesetze. Von dem blinden Zwange des Zufalls und der Not hat er sich unter die sanftere Herrschaft der Verträge geflüchtet, und die Freiheit des Raubtiers hingegeben, um die edlere Freiheit des Menschen zu retten. Wohltätig haben sich seine Sorgen getrennt, seine Tätigkeiten verteilt. Jetzt nötigt ihn das gebieterische Bedürfnis nicht mehr an die Pflugschar, jetzt fordert ihn kein Feind mehr von dem Pflug auf das Schlachtfeld, Vaterland und Herd zu verteidigen. Mit dem Arme des Landmanns füllt er seine Scheunen, mit den Waffen des Kriegers schützt er sein Gebiet. Das Gesetz wacht über sein Eigentum – und ihm bleibt das unschätzbare Recht, sich selbst seine Pflicht auszulesen.

Wie viele Schöpfungen der Kunst, wie viele Wunder des Fleißes, welches Licht in allen Feldern des Wissens, seitdem der Mensch in der traurigen Selbstverteidigung seine Kräfte nicht mehr unnütz verzehrt, seitdem es in seine Willkür gestellt worden, sich mit der Not abzufinden, der er nie ganz entfliehen soll; seitdem er das kostbare Vorrecht errungen hat, über seine Fähigkeit frei zu gebieten, und dem Ruf seines Genius zu folgen! Welche rege Tätigkeit überall, seitdem die vervielfältigten Begierden dem Erfindungsgeist neue Flügel gaben, und dem Fleiß neue Räume auftaten! – Die Schranken sind durchbrochen, welche Staaten und Nationen in feindseligem Egoismus absonderten. Alle denkenden Köpfe verknüpft jetzt ein weltbürgerliches Band; und alles Licht seines Jahrhunderts kann nunmehr den Geist eines neuern Galilei und Erasmus bescheinen.

Seitdem die Gesetze zu der Schwäche des Menschen herunterstiegen, kam der Mensch auch den Gesetzen entgegen. Mit ihnen ist er sanfter geworden, wie er mit ihnen verwilderte; ihren barbarischen Strafen folgen die barbarischen Verbrechen allmählich in die Vergessenheit nach. Ein großer Schritt zur Veredlung ist geschehen, daß die Gesetze tugendhaft sind, wenn auch gleich noch nicht die Menschen. Wo die Zwangspflichten von dem Menschen ablassen, übernehmen ihn die Sitten. Den keine Strafe schreckt und kein Gewissen zügelt, halten jetzt die Gesetze des Anstands und der Ehre in Schranken.

Wahr ist es, auch in unser Zeitalter haben sich noch manche barbarische Überreste aus den vorigen eingedrungen, Geburten des Zufalls und der Gewalt, die das Zeitalter der Vernunft nicht verewigen sollte. Aber wieviel Zweckmäßigkeit hat der Verstand des Menschen auch diesem barbarischen Nachlaß der ältern und mittlern Jahrhunderte gegeben! Wie unschädlich, ja wie nützlich hat er oft gemacht, was er umzustürzen noch nicht wagen konnte! Auf dem rohen Grunde der Lehenanarchie führte Teutschland das System seiner politischen und kirchlichen Freiheit auf. Das Schattenbild des römischen Imperators, das sich diesseits der Apenninen erhalten, leistet der Welt jetzt unendlich mehr Gutes, als sein schreckhaftes Urbild im alten Rom – denn es hält ein nützliches Staatssystem durch Eintracht zusammen: jenes drückte die tätigsten Kräfte der Menschheit in einer sklavischen Einförmigkeit darnieder. Selbst unsre Religion – sosehr entstellt durch die untreuen Hände, durch welche sie uns überliefert worden – wer kann in ihr den veredelnden Einfluß der bessern Philosophie verkennen? Unsre Leibnize und Locke machten sich um das Dogma und um die Moral des Christentums ebenso verdient, als – der Pinsel eines Raffael und Correggio um die heilige Geschichte.

Endlich unsre Staaten – mit welcher Innigkeit, mit welcher Kunst sind sie ineinander verschlungen! wieviel dauerhafter durch den wohltätigen Zwang der Not als vormals durch die feierlichsten Verträge verbrüdert! Den Frieden hütet jetzt ein ewig geharnischter Krieg, und die Selbstliebe eines Staats setzt ihn zum Wächter über den Wohlstand des andern. Die europäische Staatengesellschaft scheint in eine große Familie verwandelt. Die Hausgenossen können einander anfeinden, aber hoffentlich nicht mehr zerfleischen.

Welche entgegengesetzte Gemälde! Wer sollte in dem verfeinerten Europäer des achtzehnten Jahrhunderts nur einen fortgeschrittnen Bruder des neuern Kanadiers, des alten Kelten vermuten? Alle diese Fertigkeiten, Kunsttriebe, Erfahrungen, alle diese Schöpfungen der Vernunft sind im Raume von wenigen Jahrtausenden in dem Menschen angepflanzt und entwickelt worden; alle diese Wunder der Kunst, diese Riesenwerke des Fleißes sind aus ihm herausgerufen worden. Was weckte jene zum Leben, was lockte diese heraus? Welche Zustände durchwanderte der Mensch, bis er von jenem Äußersten zu diesem Äußersten, vom ungeselligen Höhlenbewohner – zum geistreichen Denker, zum gebildeten Weltmann hinaufstieg? – Die allgemeine Weltgeschichte gibt Antwort auf diese Frage.

So unermeßlich ungleich zeigt sich uns das nämliche Volk auf dem nämlichen Landstriche, wenn wir es in verschiedenen Zeiträumen anschauen! Nicht weniger auffallend ist der Unterschied, den uns das gleichzeitige Geschlecht, aber in verschiedenen Ländern darbietet. Welche Mannigfaltigkeit in Gebräuchen, Verfassungen und Sitten! Welcher rasche Wechsel von Finsternis und Licht, von Anarchie und Ordnung, von Glückseligkeit und Elend, wenn wir den Menschen auch nur in dem kleinen Weltteil Europa aufsuchen! Frei an der Themse, und für diese Freiheit sein eigener Schuldner; hier unbezwingbar zwischen seinen Alpen, dort zwischen seinen Kunstflüssen und Sümpfen unüberwunden. An der Weichsel kraftlos und elend durch seine Zwietracht; jenseits der Pyrenäen durch seine Ruhe kraftlos und elend. Wohlhabend und gesegnet in Amsterdam ohne Ernte; dürftig und unglücklich an des Ebro unbenutztem Paradiese. Hier zwei entlegene Völker durch ein Weltmeer getrennt, und zu Nachbarn gemacht durch Bedürfnis, Kunstfleiß und politische Bande; dort die Anwohner eines Stroms durch eine andere Liturgie unermeßlich geschieden! Was führte Spaniens Macht über den Atlantischen Ozean in das Herz von Amerika, und nicht einmal über den Tajo und Guadiana hinüber? Was erhielt in Italien und Teutschland so viele Throne, und ließ in Frankreich alle, bis auf einen, verschwinden? – Die Universalgeschichte löst diese Frage.

Selbst daß wir uns in diesem Augenblick hier zusammenfanden, uns mit diesem Grade von Nationalkultur, mit dieser Sprache, diesen Sitten, diesen bürgerlichen Vorteilen, diesem Maß von Gewissensfreiheit zusammenfanden, ist das Resultat vielleicht aller vorhergegangenen Weltbegebenheiten: die ganze Weltgeschichte würde wenigstens nötig sein, dieses einzige Moment zu erklären. Daß wir uns als Christen zusammenfanden, mußte diese Religion, durch unzählige Revolutionen vorbereitet, aus dem Judentum hervorgehen, mußte sie den römischen Staat genau so finden, als sie ihn fand, um sich mit schnellem siegendem Lauf über die Welt zu verbreiten und den Thron der Cäsarn endlich selbst zu besteigen. Unsre rauhen Vorfahren in den thüringischen Wäldern mußten der Übermacht der Franken unterliegen, um ihren Glauben anzunehmen.

Durch seine wachsenden Reichtümer, durch die Unwissenheit der Völker und durch die Schwäche ihrer Beherrscher mußte der Klerus verführt und begünstigt werden, sein Ansehen zu mißbrauchen, und seine stille Gewissensmacht in ein weltliches Schwert umzuwandeln. Die Hierarchie mußte in einem Gregor und Innozenz alle ihre Greuel auf das Menschengeschlecht ausleeren, damit das überhandnehmende Sittenverderbnis und des geistlichen Despotismus schreiendes Skandal einen unerschrockenen Augustinermönch auffordern konnte, das Zeichen zum Abfall zu geben, und dem römischen Hierarchen eine Hälfte Europens zu entreißen – wenn wir uns als protestantische Christen hier versammeln sollten. Wenn dies geschehen sollte, so mußten die Waffen unserer Fürsten Karln V. einen Religionsfrieden abnötigen; ein Gustav Adolf mußte den Bruch dieses Friedens rächen, ein neuer allgemeiner Friede ihn auf Jahrhunderte begründen. Städte mußten sich in Italien und Teutschland erheben, dem Fleiß ihre Tore öffnen, die Ketten der Leibeigenschaft zerbrechen, unwissenden Tyrannen den Richterstab aus den Händen ringen, und durch eine kriegerische Hansa sich in Achtung setzen, wenn Gewerbe und Handel blühen, und der Überfluß den Künsten der Freude rufen, wenn der Staat den nützlichen Landmann ehren, und in dem wohltätigen Mittelstande, dem Schöpfer unsrer ganzen Kultur, ein dauerhaftes Glück für die Menschheit heranreifen sollte. Teutschlands Kaiser mußten sich in jahrhundertlangen Kämpfen mit den Päpsten, mit ihren Vasallen, mit eifersüchtigen Nachbarn entkräften – Europa sich seines gefährlichen Überflusses in Asiens Gräbern entladen, und der trotzige Lehenadel in einem mörderischen Faustrecht, Römerzügen und heiligen Fahrten seinen Empörungsgeist ausbluten – wenn das verworrene Chaos sich sondern, und die streitenden Mächte des Staats in dem gesegneten Gleichgewicht ruhen sollten, wovon unsre jetzige Muße der Preis ist. Wenn sich unser Geist aus der Unwissenheit herausringen sollte, worin geistlicher und weltlicher Zwang ihn gefesselt hielt: so mußte der lang erstickte Keim der Gelehrsamkeit unter ihren wütendsten Verfolgern aufs neue hervorbrechen, und ein Al Mamun den Wissenschaften den Raub vergüten, den ein Omar an ihnen verübt hatte. Das unerträgliche Elend der Barbarei mußte unsre Vorfahren von den blutigen Urteilen Gottes zu menschlichen Richterstühlen treiben, verheerende Seuchen die verirrte Heilkunst zur Betrachtung der Natur zurückrufen, der Müßiggang der Mönche mußte für das Böse, das ihre Werktätigkeit schuf, von ferne einen Ersatz zubereiten, und der profane Fleiß in den Klöstern die zerrütteten Reste des Augustischen Weltalters bis zu den Zeiten der Buchdruckerkunst hinhalten. An griechischen und römischen Mustern mußte der niedergedrückte Geist nordischer Barbaren sich aufrichten, und die Gelehrsamkeit einen Bund mit den Musen und Grazien schließen, wann sie einen Weg zu dem Herzen finden, und den Namen einer Menschenbilderin sich verdienen sollte. – Aber hätte Griechenland wohl einen Thukydides, einen Plato, einen Aristoteles, hätte Rom einen Horaz, einen Cicero, einen Virgil und Livius geboren, wenn diese beiden Staaten nicht zu derjenigen Höhe des politischen Wohlstands emporgedrungen wären, welche sie wirklich erstiegen haben? Mit einem Wort – wenn nicht ihre ganze Geschichte vorhergegangen wäre? Wie viele Erfindungen, Entdeckungen, Staats- und Kirchenrevolutionen mußten zusammentreffen, diesen neuen, noch zarten Keimen von Wissenschaft und Kunst, Wachstum und Ausbreitung zu geben! Wie viele Kriege mußten geführt, wie viele Bündnisse geknüpft, zerrissen und aufs neue geknüpft werden, um endlich Europa zu dem Friedensgrundsatz zu bringen, welcher allein den Staaten wie den Bürgern vergönnt, ihre Aufmerksamkeit auf sich selbst zu richten, und ihre Kräfte zu einem verständigen Zwecke zu versammeln!

Selbst in den alltäglichsten Verrichtungen des bürgerlichen Lebens können wir es nicht vermeiden, die Schuldner vergangener Jahrhunderte zu werden; die ungleichartigsten Perioden der Menschheit steuern zu unsrer Kultur, wie die entlegensten Weltteile zu unserm Luxus. Die Kleider, die wir tragen, die Würze an unsern Speisen, und der Preis, um den wir sie kaufen, viele unsrer kräftigsten Heilmittel, und ebenso viele neue Werkzeuge unsers Verderbens – setzen sie nicht einen Kolumbus voraus, der Amerika entdeckte, einen Vasco de Gama, der die Spitze von Afrika umschiffte?

Es zieht sich also eine lange Kette von Begebenheiten von dem gegenwärtigen Augenblicke bis zum Anfange des Menschengeschlechts hinauf, die wie Ursache und Wirkung ineinandergreifen. Ganz und vollzählig überschauen kann sie nur der unendliche Verstand; dem Menschen sind engere Grenzen gesetzt. I. Unzählig viele dieser Ereignisse haben entweder keinen menschlichen Zeugen und Beobachter gefunden, oder sie sind durch kein Zeichen festgehalten worden. Dahin gehören alle, die dem Menschengeschlechte selbst und der Erfindung der Zeichen vorhergegangen sind. Die Quelle aller Geschichte ist Tradition, und das Organ der Tradition ist die Sprache. Die ganze Epoche vor der Sprache, so folgenreich sie auch für die Welt gewesen, ist für die Weltgeschichte verloren. II. Nachdem aber auch die Sprache erfunden, und durch sie die Möglichkeit vorhanden war, geschehene Dinge auszudrücken und weiter mitzuteilen, so geschah diese Mitteilung anfangs durch den unsichern und wandelbaren Weg der Sagen. Von Munde zu Munde pflanzte sich eine solche Begebenheit durch eine lange Folge von Geschlechtern fort, und da sie durch Media ging, die verändert werden und verändern, so mußte sie diese Veränderungen miterleiden. Die lebendige Tradition oder die mündliche Sage ist daher eine sehr unzuverlässige Quelle für die Geschichte, daher sind alle Begebenheiten vor dem Gebrauche der Schrift für die Weltgeschichte so gut als verloren. III. Die Schrift ist aber selbst nicht unvergänglich; unzählig viele Denkmäler des Altertums haben Zeit und Zufälle zerstört, und nur wenige Trümmer haben sich aus der Vorwelt in die Zeiten der Buchdruckerkunst gerettet. Bei weitem der größre Teil ist mit den Aufschlüssen, die er uns geben sollte, für die Weltgeschichte verloren. IV. Unter den wenigen endlich, welche die Zeit verschonte, ist die größere Anzahl durch die Leidenschaft, durch den Unverstand, und oft selbst durch das Genie ihrer Beschreiber verunstaltet und unkennbar gemacht. Das Mißtrauen erwacht bei dem ältesten historischen Denkmal, und es verläßt uns nicht einmal bei einer Chronik des heutigen Tages. Wenn wir über eine Begebenheit, die sich heute erst, und unter Menschen mit denen wir leben, und in der Stadt, die wir bewohnen, ereignet, die Zeugen abhören und aus ihren widersprechenden Berichten Mühe haben, die Wahrheit zu enträtseln: welchen Mut können wir zu Nationen und Zeiten mitbringen, die durch Fremdartigkeit der Sitten weiter als durch ihre Jahrtausende von uns entlegen sind? – Die kleine Summe von Begebenheiten, die nach allen bisher geschehenen Abzügen zurückbleibt, ist der Stoff der Geschichte in ihrem weitesten Verstande. Was und wieviel von diesem historischen Stoff gehört nun der Universalgeschichte?

Aus der ganzen Summe dieser Begebenheiten hebt der Universalhistoriker diejenigen heraus, welche auf die heutige Gestalt der Welt und den Zustand der jetzt lebenden Generation einen wesentlichen, unwidersprechlichen und leicht zu verfolgenden Einfluß gehabt haben. Das Verhältnis eines historischen Datums zu der heutigen Weltverfassung ist es also, worauf gesehen werden muß, um Materialien für die Weltgeschichte zu sammeln. Die Weltgeschichte geht also von einem Prinzip aus, das dem Anfang der Welt gerade entgegenstehet. Die wirkliche Folge der Begebenheiten steigt von dem Ursprung der Dinge zu ihrer neuesten Ordnung herab, der Universalhistoriker rückt von der neuesten Weltlage aufwärts dem Ursprung der Dinge entgegen. Wenn er von dem laufenden Jahr und Jahrhundert zu dem nächst vorhergegangenen in Gedanken hinaufsteigt und unter den Begebenheiten, die das letztere ihm darbietet, diejenigen sich merkt, welche den Aufschluß über die nächstfolgenden enthalten – wenn er diesen Gang schrittweise fortgesetzt hat bis zum Anfang – nicht der Welt, denn dahin führt ihn kein Wegweiser – bis zum Anfang der Denkmäler, dann steht es bei ihm, auf dem gemachten Weg umzukehren, und an dem Leitfaden dieser bezeichneten Fakten, ungehindert und leicht, vom Anfang der Denkmäler bis zu dem neuesten Zeitalter herunterzusteigen. Dies ist die Weltgeschichte, die wir haben, und die Ihnen wird vorgetragen werden.

Weil die Weltgeschichte von dem Reichtum und der Armut an Quellen abhängig ist, so müssen ebenso viele Lücken in der Weltgeschichte entstehen, als es leere Strecken in der Überlieferung gibt. So gleichförmig, notwendig und bestimmt sich die Weltveränderungen auseinander entwickeln, so unterbrochen und zufällig werden sie in der Geschichte ineinandergefügt sein. Es ist daher zwischen dem Gange der Welt und dem Gange der Weltgeschichte ein merkliches Mißverhältnis sichtbar. Jenen möchte man mit einem ununterbrochen fortfließenden Strom vergleichen, wovon aber in der Weltgeschichte nur hie und da eine Welle beleuchtet wird. Da es ferner leicht geschehen kann, daß der Zusammenhang einer entfernten Weltbegebenheit mit dem Zustand des laufenden Jahres früher in die Augen fällt, als die Verbindung, worin sie mit Ereignissen stehet, die ihr vorhergingen oder gleichzeitig waren: so ist es ebenfalls unvermeidlich, daß Begebenheiten, die sich mit dem neuesten Zeitalter aufs genaueste binden, in dem Zeitalter, dem sie eigentlich angehören, nicht selten isoliert erscheinen. Ein Faktum dieser Art wäre z. B. der Ursprung des Christentums und besonders der christlichen Sittenlehre. Die christliche Religion hat an der gegenwärtigen Gestalt der Welt einen so vielfältigen Anteil, daß ihre Erscheinung das wichtigste Faktum für die Weltgeschichte wird: aber weder in der Zeit, wo sie sich zeigte, noch in dem Volke, bei dem sie aufkam, liegt (aus Mangel der Quellen) ein befriedigender Erklärungsgrund ihrer Erscheinung.

So würde denn unsre Weltgeschichte nie etwas anders als ein Aggregat von Bruchstücken werden, und nie den Namen einer Wissenschaft verdienen. Jetzt also kommt ihr der philosophische Verstand zu Hülfe, und, indem er diese Bruchstücke durch künstliche Bindungsglieder verkettet, erhebt er das Aggregat zum System, zu einem vernunftmäßig zusammenhängenden Ganzen. Seine Beglaubigung dazu liegt in der Gleichförmigkeit und unveränderlichen Einheit der Naturgesetze und des menschlichen Gemüts, welche Einheit Ursache ist, daß die Ereignisse des entferntesten Altertums, unter dem Zusammenfluß ähnlicher Umstände von außen, in den neuesten Zeitläuften wiederkehren; daß also von den neuesten Erscheinungen, die im Kreis unsrer Beobachtung liegen, auf diejenigen, welche sich in geschichtlosen Zeiten verlieren, rückwärts ein Schluß gezogen und einiges Licht verbreitet werden kann. Die Methode, nach der Analogie zu schließen, ist, wie überall, so auch in der Geschichte ein mächtiges Hülfsmittel; aber sie muß durch einen erheblichen Zweck gerechtfertigt, und mit ebensoviel Vorsicht als Beurteilung in Ausübung gebracht werden.

Nicht lange kann sich der philosophische Geist bei dem Stoffe der Weltgeschichte verweilen, so wird ein neuer Trieb in ihm geschäftig werden, der nach Übereinstimmung strebt – der ihn unwiderstehlich reizt, alles um sich herum seiner eigenen vernünftigen Natur zu assimilieren, und jede ihm vorkommende Erscheinung zu der höchsten Wirkung, die er erkannt, zum Gedanken zu erheben. Je öfter also und mit je glücklicherm Erfolge er den Versuch erneuert, das Vergangene mit dem Gegenwärtigen zu verknüpfen: desto mehr wird er geneigt, was er als Ursache und Wirkung ineinandergreifen sieht, als Mittel und Absicht zu verbinden. Eine Erscheinung nach der andern fängt an, sich dem blinden Ohngefähr, der gesetzlosen Freiheit zu entziehen, und sich einem übereinstimmenden Ganzen (das freilich nur in seiner Vorstellung vorhanden ist) als ein passendes Glied anzureihen. Bald fällt es ihm schwer, sich zu überreden, daß diese Folge von Erscheinungen, die in seiner Vorstellung soviel Regelmäßigkeit und Absicht annahm, diese Eigenschaften in der Wirklichkeit verleugne; es fällt ihm schwer, wieder unter die blinde Herrschaft der Notwendigkeit zu geben, was unter dem geliehenen Lichte des Verstandes angefangen hatte eine so heitre Gestalt zu gewinnen. Er nimmt also diese Harmonie aus sich selbst heraus, und verpflanzt sie außer sich in die Ordnung der Dinge, d. i. er bringt einen vernünftigen Zweck in den Gang der Welt, und ein teleologisches Prinzip in die Weltgeschichte. Mit diesem durchwandert er sie noch einmal, und hält es prüfend gegen jede Erscheinung, welche dieser große Schauplatz ihm darbietet. Er sieht es durch tausend beistimmende Fakta bestätigt, und durch ebenso viele andre widerlegt; aber solange in der Reihe der Weltveränderungen noch wichtige Bindungsglieder fehlen, solange das Schicksal über so viele Begebenheiten den letzten Aufschluß noch zurückhält, erklärt er die Frage für unentschieden, und diejenige Meinung siegt, welche dem Verstande die höhere Befriedigung, und dem Herzen die größre Glückseligkeit anzubieten hat.

Es bedarf wohl keiner Erinnerung, daß eine Weltgeschichte nach letzterm Plane in den spätesten Zeiten erst zu erwarten steht. Eine vorschnelle Anwendung dieses großen Maßes könnte den Geschichtsforscher leicht in Versuchung führen, den Begebenheiten Gewalt anzutun, und diese glückliche Epoche für die Weltgeschichte immer weiter zu entfernen, indem er sie beschleunigen will. Aber nicht zu frühe kann die Aufmerksamkeit auf diese lichtvolle und doch so sehr vernachlässigte Seite der Weltgeschichte gezogen werden, wodurch sie sich an den höchsten Gegenstand aller menschlichen Bestrebungen anschließt. Schon der stille Hinblick auf dieses, wenn auch nur mögliche, Ziel muß dem Fleiß des Forschers einen belebenden Sporn und eine süße Erholung geben. Wichtig wird ihm auch die kleinste Bemühung sein, wenn er sich auf dem Wege sieht, oder auch nur einen späten Nachfolger darauf leitet, das Problem der Weltordnung aufzulösen, und dem höchsten Geist in seiner schönsten Wirkung zu begegnen.

Und auf solche Art behandelt, m. H. H., wird Ihnen das Studium der Weltgeschichte eine ebenso anziehende als nützliche Beschäftigung gewähren. Licht wird sie in Ihrem Verstande, und eine wohltätige Begeisterung in Ihrem Herzen entzünden. Sie wird Ihren Geist von der gemeinen und kleinlichen Ansicht moralischer Dinge entwöhnen, und, indem sie vor Ihren Augen das große Gemälde der Zeiten und Völker auseinanderbreitet, wird sie die vorschnellen Entscheidungen des Augenblicks, und die beschränkten Urteile der Selbstsucht verbessern. Indem sie den Menschen gewöhnt, sich mit der ganzen Vergangenheit zusammenzufassen, und mit seinen Schlüssen in die ferne Zukunft vorauszueilen: so verbirgt sie die Grenzen von Geburt und Tod, die das Leben des Menschen so eng und so drückend umschließen, so breitet sie optisch täuschend sein kurzes Dasein in einen unendlichen Raum aus, und führt das Individuum unvermerkt in die Gattung hinüber.

Der Mensch verwandelt sich und flieht von der Bühne; seine Meinungen fliehen und verwandeln sich mit ihm: die Geschichte allein bleibt unausgesetzt auf dem Schauplatz, eine unsterbliche Bürgerin aller Nationen und Zeiten. Wie der homerische Zeus sieht sie mit gleich heitern Blicke auf die blutigen Arbeiten des Kriegs, und auf die friedlichen Völker herab, die sich von der Milch ihrer Herden schuldlos ernähren. Wie regellos auch die Freiheit des Menschen mit dem Weltlauf zu schalten scheine, ruhig sieht sie dem verworrenen Spiele zu; denn ihr weitreichender Blick entdeckt schon von ferne, wo diese regellos schweifende Freiheit am Bande der Notwendigkeit geleitet wird. Was sie dem strafenden Gewissen eines Gregors und Cromwells geheimhält, eilt sie der Menschheit zu offenbaren: „daß der selbstsüchtige Mensch niedrige Zwecke zwar verfolgen kann, aber unbewußt vortreffliche befördert."

Kein falscher Schimmer wird sie blenden, kein Vorurteil der Zeit sie dahinreißen, denn sie erlebt das letzte Schicksal aller Dinge. Alles was aufhört, hat für sie gleich kurz gedauert; sie hält den verdienten Olivenkranz frisch, und zerbricht den Obelisken, den die Eitelkeit türmte. Indem sie das feine Getriebe auseinanderlegt, wodurch die stille Hand der Natur schon seit dem Anfang der Welt die Kräfte des Menschen planvoll entwickelt, und mit Genauigkeit andeutet, was in jedem Zeitraume für diesen großen Naturplan gewonnen worden ist; so stellt sie den wahren Maßstab für Glückseligkeit und

Verdienst wieder her, den der herrschende Wahn in jedem Jahrhundert anders verfälschte. Sie heilt uns von der übertriebenen Bewunderung des Altertums, und von der kindischen Sehnsucht nach vergangenen Zeiten; und indem sie uns auf unsre eigenen Besitzungen aufmerksam macht, läßt sie uns die gepriesenen goldnen Zeiten Alexanders und Augusts nicht zurückwünschen.

Unser menschliches Jahrhundert herbeizuführen haben sich – ohne es zu wissen oder zu erzielen – alle vorhergehenden Zeitalter angestrengt. Unser sind alle Schätze, welche Fleiß und Genie, Vernunft und Erfahrung im langen Alter der Welt endlich heimgebracht haben. Aus der Geschichte erst werden Sie lernen, einen Wert auf die Güter zu legen, denen Gewohnheit und unangefochtener Besitz so gern unsre Dankbarkeit rauben: kostbare, teure Güter, an denen das Blut der Besten und Edelsten klebt, die durch die schwere Arbeit so vieler Generationen haben errungen werden müssen! Und welcher unter Ihnen, bei dem sich ein heller Geist mit einem empfindenden Herzen gattet, könnte dieser hohen Verpflichtung eingedenk sein, ohne daß sich ein stiller Wunsch in ihm regte, an das kommende Geschlecht die Schuld zu entrichten, die er dem vergangenen nicht mehr abtragen kann? Ein edles Verlangen muß in uns entglühen, zu dem reichen Vermächtnis von Wahrheit, Sittlichkeit und Freiheit, das wir von der Vorwelt überkamen und reich vermehrt an die Folgewelt wieder abgeben müssen, auch aus unsern Mitteln einen Beitrag zu legen, und an dieser unvergänglichen Kette, die durch alle Menschengeschlechter sich windet, unser fliehendes Dasein zu befestigen. Wie verschieden auch die Bestimmung sei, die in der bürgerlichen Gesellschaft Sie erwartet – etwas dazusteuern können Sie alle! Jedem Verdienst ist eine Bahn zur Unsterblichkeit aufgetan, zu der wahren Unsterblichkeit meine ich, wo die Tat lebt und weitereilt, wenn auch der Name ihres Urhebers hinter ihr zurückbleiben sollte.

ETWAS ÜBER DIE ERSTE MENSCHENGESELLSCHAFT NACH DEM LEITFADEN DER MOSAISCHEN URKUNDE

Übergang des Menschen zur Freiheit und Humanität

An dem Leitbande des Instinkts, woran sie noch jetzt das vernunftlose Tier leitet, mußte die Vorsehung den Menschen in das Leben einführen, und, da seine Vernunft noch unentwickelt war, gleich einer wachsamen Amme hinter ihm stehen. Durch Hunger und Durst zeigte sich ihm das Bedürfnis der Nahrung an, was er zu Befriedigung desselben brauchte hatte sie in reichlichem Vorrat um ihn herumgelegt, und durch Geruch und Geschmack leitete sie ihn im Wählen. Durch ein sanftes Klima hatte sie seine Nacktheit geschont, und durch einen allgemeinen Frieden um ihn her sein wehrloses Leben gesichert. Für die Erhaltung seiner Gattung war durch den Geschlechtstrieb gesorgt. Als Pflanze und Tier war der Mensch also vollendet. Auch seine Vernunft hatte schon von fern angefangen, sich zu entfalten. Weil nämlich die Natur noch für ihn dachte, sorgte und handelte, so konnten sich seine Kräfte desto leichter und ungehinderter auf die ruhige Anschauung richten, seine Vernunft noch von keiner Sorge zerstreut, konnte ungestört an ihrem Werkzeuge der Sprache bauen, und das zarte Gedankenspiel stimmen. Mit dem Auge eines Glücklichen sah er jetzt noch herum in der Schöpfung; sein frohes Gemüt faßte alle Erscheinungen uneigennützig und rein auf, und legte sie rein und lauter in einem regen Gedächtnis nieder. Sanft und lachend war also der Anfang des Menschen, und dies mußte sein, wenn er sich zu dem Kampfe stärken sollte, der ihm bevorstand.

Setzen wir also, die Vorsehung wäre auf dieser Stufe mit ihm stillgestanden, so wäre aus dem Menschen das glücklichste und geistreichste aller Tiere geworden – aber aus der Vormundschaft des Naturtriebs wär er niemals getreten, frei und also moralisch wären seine Handlungen niemals geworden, über die Grenze der Tierheit wär er niemals gestiegen. In einer wollüstigen Ruhe hätte er eine ewige Kindheit verlebt – und der Kreis, in welchem er sich bewegt hätte, wäre der kleinstmöglichste gewesen, von der Begierde zum Genuß, vom Genuß zu der Ruhe, und von der Ruhe wieder zur Begierde.

Aber der Mensch war zu ganz etwas anderm bestimmt, und die Kräfte, die in ihm lagen, riefen ihn zu einer ganz andern Glückseligkeit. Was die Natur in seiner Wiegenzeit für ihn übernommen hatte, sollte er jetzt selbst für sich übernehmen, sobald er mündig war. Er selbst sollte der Schöpfer seiner Glückseligkeit werden, und nur der Anteil, den er daran hätte, sollte den Grad dieser Glückseligkeit bestimmen. Er sollte den Stand der Unschuld, den er jetzt verlor, wieder aufsuchen lernen durch seine Vernunft, und als ein freier vernünftiger Geist dahin zurückkommen, wovon er als Pflanze und als eine Kreatur des Instinkts ausgegangen war; aus einem Paradies der Unwissenheit und Knechtschaft sollte er sich, wär es auch nach späten Jahrtausenden zu einem Paradies der Erkenntnis und der Freiheit hinaufarbeiten, einem solchen nämlich, wo er dem moralischen Gesetze in seiner Brust ebenso unwandelbar gehorchen würde, als er anfangs dem Instinkte gedient hatte, als die Pflanze und die Tiere diesem noch dienen. Was war also unvermeidlich? Was mußte geschehen, wenn er diesem weitgesteckten Ziel entgegenrücken sollte? Sobald seine Vernunft ihre ersten Kräfte nur geprüft hatte, verstieß ihn die Natur aus ihren pflegenden Armen oder richtiger gesagt, er selbst, von einem Triebe gereizt, den er selbst noch nicht kannte, und unwissend, was er in diesem Augenblicke Großes tat, er selbst riß ab von dem leitenden Bande, und mit seiner noch schwachen Vernunft, von dem Instinkte nur von ferne begleitet, warf er sich in das wilde Spiel des Lebens, machte er sich auf den gefährlichen Weg zur moralischen Freiheit. Wenn wir also jene Stimme Gottes in Eden, die ihm den Baum der Erkenntnis verbot, in eine Stimme seines Instinktes verwandeln, der ihn von diesem Baume zurückzog, so ist sein vermeintlicher Ungehorsam gegen jenes göttliche Gebot nichts anders als – ein Abfall von seinem Instinkte – also, erste Äußerung seiner Selbsttätigkeit, erstes Wagestück seiner Vernunft, erster Anfang seines moralischen Daseins. Dieser Abfall des Menschen vom Instinkte der das moralische Übel zwar in die Schöpfung brachte, aber nur um das moralische Gute darin möglich zu machen, ist ohne Widerspruch die glücklichste und größte Begebenheit in der Menschengeschichte, von diesem Augenblick her schreibt sich seine Freiheit, hier wurde zu seiner Moralität der erste entfernte Grundstein geleget. Der Volkslehrer hat ganz recht, wenn er diese Begebenheit als einen Fall des ersten Menschen behandelt, und wo es sich tun läßt, nützliche moralische Lehren daraus zieht, aber der Philosoph hat nicht weniger recht, der menschlichen Natur im großen zu diesem wichtigen Schritt zur Vollkommenheit Glück zu wünschen. Der erste hat recht, es einen Fall zu nennen – denn der Mensch wurde aus einem unschuldigen Geschöpf ein schuldiges, aus einem vollkommenen Zögling der Natur ein unvollkommenes moralisches Wesen, aus einem glücklichen Instrumente ein unglücklicher Künstler.

Der Philosoph hat recht, es einen Riesenschritt der Menschheit zu nennen, denn der Mensch wurde dadurch aus einem Sklaven des Naturtriebes ein freihandelndes Geschöpf, aus einem Automat ein sittliches Wesen, und mit diesem Schritt trat er zuerst auf die Leiter, die ihn nach Verlauf von vielen Jahrtausenden zur Selbstherrschaft führen wird. Jetzt wurde der Weg länger, den er zum Genuß nehmen mußte. Anfangs durfte er nur die Hand ausstrecken, um die Befriedigung sogleich auf die Begierde folgen zu lassen; jetzt aber mußte er schon Nachdenken, Fleiß und Mühe zwischen die Begierde und ihre Befriedigung einschalten. Der Friede war aufgehoben zwischen ihm und den Tieren. Die Not trieb sie jetzt gegen seine Pflanzungen, ja gegen ihn selbst an, und durch seine Vernunft mußte er sich Sicherheit, und eine Überlegenheit der Kräfte, die ihm die Natur versagt hatte, künstlich über sie verschaffen: er mußte Waffen erfinden, und seinen Schlaf durch feste Wohnungen vor diesem Feinde sicherstellen. Aber hier schon ersetzte ihm die Natur an Freuden des Geistes, was sie ihm an Pflanzengenüssen genommen hatte. Das selbst gepflanzte Kraut überraschte ihn mit einer Schmackhaftigkeit, die er vorher nicht kennengelernt hatte: der Schlaf beschlich ihn nach der ermüdenden Arbeit und unter selbstgebautem Dache süßer, als in der trägen Ruhe seines Paradieses. Im Kampfe mit dem Tiger, der ihn anfiel, freute er sich seiner entdeckten Gliederkraft und List, und mit jeder überwundnen Gefahr konnte er sich selbst für das Geschenk seines Lebens danken.

Jetzt war er für das Paradies schon zu edel, und er kannte sich selbst nicht, wenn er im Drange der Not und unter der Last der

Sorgen sich in dasselbe zurückwünschte. Ein innerer ungeduldiger Trieb, der erwachte Trieb seiner Selbsttätigkeit, hätte ihn bald in seiner müßigen Glückseligkeit verfolgt, und ihm die Freuden verekelt, die er sich nicht selbst geschaffen hätte. Er würde das Paradies in eine Wildnis verwandelt, und dann die Wildnis zum Paradies gemacht haben. Aber glücklich für das Menschengeschlecht, wenn es keinen schlimmern Feind zu bekämpfen gehabt hätte, als die Trägheit des Ackers, den Grimm wilder Tiere und eine stürmische Natur! – Die Not drängte ihn, Leidenschaften wachten auf, und waffneten ihn bald gegen seinesgleichen. Mit dem Menschen mußte er um sein Dasein kämpfen, einen langen, lasterreichen, noch jetzt nicht geendigten Kampf, aber in diesem Kampfe allein konnte er seine Vernunft und Sittlichkeit ausbilden.

Häusliches Leben

Die ersten Söhne welche die Mutter der Menschen gebar, hatten vor ihren Eltern einen sehr wichtigen Vorteil voraus: sie wurden von Menschen erzogen. Alle Fortschritte, welche die letztern durch sich selbst, und also weit langsamer, hatten tun müssen, kamen ihren Kindern zugut, und wurden diesen schon in ihrem zärtesten Alter, spielend und mit der Herzlichkeit elterlicher Liebe übergeben. Mit dem ersten Sohn also, der vom Weibe geboren war, fängt das große Werkzeug an, wirksam zu werden – das Werkzeug durch welches das ganze Menschengeschlecht seine Bildung erhalten hat, und fortfahren wird zu erhalten – nämlich die Tradition, oder die Überlieferung der Begriffe.

Die mosaische Urkunde verläßt uns hier und überspringt einen Zeitraum von funfzehn und mehrern Jahren, um uns die beiden Brüder als schon erwachsen aufzuführen. Aber diese Zwischenzeit ist für die Menschengeschichte wichtig, und wenn die Urkunde uns verläßt, so muß die Vernunft die Lücke ergänzen.

Die Geburt eines Sohnes, seine Ernährung, Wartung und Erziehung vermehrten die Kenntnisse, Erfahrungen und Pflichten der ersten Menschen mit einem wichtigen Zuwachs, den wir sorgfältig aufzeichnen müssen.

Von den Tieren lernte die erste Mutter ohne Zweifel ihre notwendigste Mutterpflicht, so wie sie die Hülfsmittel bei der Geburt wahrscheinlich von der Not gelernt hatte. Die Sorgfalt für Kinder machte sie auf unzählige kleine Bequemlichkeiten aufmerksam, die ihr bis jetzt unbekannt gewesen; die Anzahl der Dinge, von denen sie Gebrauch machen lernte, vermehrte sich, und die Mutterliebe wurde sinnreich im Erfinden.

Bis jetzt hatten beide nur ein gesellschaftliches Verhältnis, nur eine Gattung von Liebe erkannt, weil jedes in dem andern nur einen Gegenstand vor sich hatte. Jetzt lernten sie mit einem neuen Gegenstand eine neue Gattung von Liebe, ein neues moralisches Verhältnis kennen – elterliche Liebe. Dieses neue Gefühl von Liebe war von reinerer Art als das erste, es war ganz uneigennützig, da jenes erste bloß auf Vergnügen, auf wechselseitiges Bedürfnis des Umgangs gegründet gewesen war.

Sie betraten also mit dieser neuen Erfahrung schon eine höhere Stufe der Sittlichkeit – sie wurden veredelt.

Aber die elterliche Liebe, in welcher sich beide für ihr Kind vereinigten, bewirkte nun auch eine nicht geringe Veränderung in dem Verhältnis, worin sie bisher zueinander selbst gestanden hatten. Die Sorge, die Freude, die zärtliche Teilnahme, worin sie sich für den gemeinschaftlichen Gegenstand ihrer Liebe begegneten, knüpfte unter ihnen selbst neue und schönere Bande an. Jedes entdeckte bei dieser Gelegenheit in dem andern neue sittlich schöne Züge, und eine jede solcher Entdeckungen erhöhte und verfeinerte ihr Verhältnis. Der Mann liebte in dem Weibe die Mutter, die Mutter seines geliebten Sohns. Das Weib ehrte und liebte in dem Mann den Vater, den Ernährer ihres Kindes. Das bloß sinnliche Wohlgefallen aneinander erhob sich zur Hochachtung, aus der eigennützigen Geschlechtsliebe erwuchs die schöne Erscheinung der ehlichen Liebe.

Bald wurden diese moralischen Erfahrungen mit neuen bereichert. Die Kinder wuchsen heran, und auch unter ihnen knüpfte sich allmählich ein zärtliches Band an. Das Kind hielt sich am liebsten zum Kinde, weil jedes Geschöpf sich in seinesgleichen nur liebet. An zarten unmerklichen Fäden erwuchs die Geschwisterliebe. Eine neue Erfahrung für die ersten Eltern. Sie sahen nun ein Bild der Geselligkeit, des Wohlwollens, zum erstenmal außer ihnen, sie erkannten ihre eigenen Gefühle, nur in einem jugendlichern Spiegel, wieder.

Bis jetzt hatten beide, solange sie allein waren, nur in der Gegenwart und in der Vergangenheit gelebt, aber nun fing die ferne Zukunft an, ihnen Freuden zu zeigen. So wie sie ihre Kinder neben sich aufwachsen sahen, und jeder Tag eine neue Fähigkeit in diesen entwickelte, taten sich ihnen lachende Aussichten für die Zukunft auf, wenn diese Kinder nun einmal Männer und ihnen gleich werden würden – in ihren Herzen erwachte ein neues Gefühl die Hoffnung. Welch ein unendliches Gebiet aber wird dem Menschen durch die Hoffnung geöffnet! Vorher hatten sie jedes Vergnügen nur einmal, nur in der Gegenwart genossen – in der Erwartung wurde jede künftige Freude mit zahlenloser Wiederholung voraus empfunden!

Als die Kinder nun wirklich heranreiften! welche Mannigfaltigkeit kam auf einmal in diese erste Menschengesellschaft! Jeder Begriff, den sie ihnen mitgeteilt hatten, hatte sich in jeder Seele anders gebildet, und überraschte sie jetzt durch Neuheit. Jetzt wurde der Umlauf der Gedanken lebendig, das moralische Gefühl in Übung gesetzt, und durch Übung entwickelt, die Sprache wurde schon reicher, und malte schon bestimmter, und wagte sich schon an feinere Gefühle, neue Erfahrungen in der Natur um sie her, neue Anwendungen der schon bekannten. Jetzt beschäftigte der Mensch ihre Aufmerksamkeit schon ganz. Jetzt war keine Gefahr mehr vorhanden, daß sie zur Nachahmung der Tiere herabsinken würden!

Verschiedenheit der Lebensweise

Der Fortschritt der Kultur äußerte sich schon bei der ersten Generation. Adam baute den Acker; einen seiner Söhne sehen wir schon einen neuen Nahrungszweig, die Viehzucht, ergreifen. Das Menschengeschlecht scheidet sich also hier schon in zwei verschiedne Konditionen, in Feldbauer und Hirten.

Bei der Natur ging der erste Mensch in die Schule, und ihr hat er alle nützliche Künste des Lebens abgelernt. Bei einer aufmerksamen Betrachtung konnte ihm die Ordnung nicht lange verborgen bleiben nach welcher die Pflanzen sich wiedererzeugen. Er sah die Natur selbst säen und begießen, sein Nachahmungstrieb erwachte, und bald spornte ihn die Not, der Natur seinen Arm zu leihen, und ihrer freiwilligen Ergiebigkeit durch Kunst nachzuhelfen.

Man muß aber nicht glauben, daß der erste Anbau gleich Getreidebau gewesen, wozu schon sehr große Zurüstungen nötig sind, und es ist dem Gang der Natur gemäß, stets von dem Einfachern zu dem Zusammengesetztern fortzuschreiten. Wahrscheinlich war der Reis eines der ersten Gewächse, die der Mensch bauete; die Natur lud ihn dazu ein, denn der Reis wächst in Indien wild, und die ältesten Geschichtschreiber sprechen von dem Reisbau als einer der ältesten Arten des Feldbaues. Der Mensch bemerkte, daß bei einer anhaltenden Dürre die Pflanzen ermatten, nach einem Regen aber sich schnell wieder erholten. Er bemerkte ferner, daß da, wo ein übertretender Strom einen Schlamm zurückgelassen, die Fruchtbarkeit größer war. Er benutzte diese beiden Entdeckungen, er gab seinen Pflanzungen einen künstlichen Regen, und brachte Schlamm auf seinen Acker, wenn kein Fluß in der Nähe war, der ihm solchen geben konnte. Er lernte düngen und begießen.

Schwerer scheint der Schritt zu sein, den er zum Gebrauch der Tiere machte, aber auch hier fing er wie überall, bei dem Natürlichen und Unschuldigen zuerst an; und er begnügte sich vielleicht viele Menschenalter lang mit der Milch des Tiers, ehe er Hand an dessen Leben legte. Ohne Zweifel war es die Muttermilch, die ihn zu dem Versuche einlud, sich der Tiermilch zu bedienen. Nicht so bald aber hatte er diese neue Nahrung kennen lernen, als er sich ihrer auf immer versicherte. Um diese Speise jederzeit bereit und im Vorrat zu haben, durfte es nicht dem Zufall überlassen werden, ob ihm dieser gerade, wenn er hungerte, ein solches Tier entgegenführen wollte. Er verfiel also darauf, eine gewisse Anzahl solcher Tiere immer um sich zu versammeln, er verschaffte sich eine Herde; diese mußte er aber unter denjenigen Tieren suchen, die gesellig leben, und er mußte sie aus dem Stande wilder Freiheit, in den Stand der Dienstbarkeit und friedlichen Ruhe versetzen, d. i. er mußte sie zähmen. Ehe er sich aber an diejenigen wagte, die von wilderer Natur und ihm an natürlichen Waffen und Kräften überlegen waren, versuchte er es zuerst mit denjenigen, denen er selbst an Kraft überlegen war, und welche von Natur weniger Wildheit besaßen. Er hütete also früher Schafe, als er Schweine, Ochsen und Pferde hütete.

Sobald er seinen Tieren ihre Freiheit geraubt hatte, war er in die Notwendigkeit gesetzt, sie selbst zu ernähren, und für sie zu sorgen. So wurde er also zum Hirten, und solange die Gesellschaft noch klein war, konnte die Natur seiner kleinen Herde Nahrung in Überfluß darbieten. Er hatte keine andre

Mühe, als die Weide aufzusuchen, und sie, wenn sie abgeweidet war, mit einer andern zu vertauschen. Der reichste Überfluß lohnte ihm für diese leichte Beschäftigung, und der Ertrag seiner Arbeit war keinem Wechsel, weder der Jahreszeit noch der Witterung, unterworfen. Ein gleichförmiger Genuß war das Los des Hirtenstandes, Freiheit und ein fröhlicher Müßiggang sein Charakter.

Ganz anders verhielt es sich mit dem Feldbauer. Sklavisch war dieser an den Boden den er bepflanzt hatte gebunden, und mit der Lebensart, die er ergriff, hatte er jede Freiheit seines Aufenthalts aufgegeben. Sorgfältig mußte er sich nach der zärtlichen Natur des Gewächses richten, das er zog, und dem Wachstum desselben durch Kunst und Arbeit zu Hülfe kommen, wenn der andre seine Herde selbst für sich sorgen ließ. Mangel an Werkzeugen machte ihm anfänglich jede Arbeit schwerer, und doch war er ihr mit zwei Händen kaum gewachsen. Wie mühsam mußte seine Lebensart sein, ehe die Pflugschar sie ihm erleichterte, ehe er den gebändigten Stier zwang, die Arbeit mit ihm zu teilen!

Das Aufreißen des Erdreichs, Aussaat, und Wässerung, die Ernte selbst, wie viele Arbeiten erfoderte dies alles! und welche Arbeit erst nach der Ernte, bis die Frucht seines Fleißes so weit gebracht war von ihm genossen zu werden! Wie oft mußte er sich gegen wilde Tiere, die sie anfielen, für seine Pflanzungen wehren, sie hüten oder verzäunen, oft vielleicht gar mit Gefahr seines Lebens dafür kämpfen! Und wie unsicher war ihm dabei noch immer die Frucht seines Fleißes, in die Gewalt der Witterung und der Jahrszeit gegeben! Ein übertretender Strom, ein fallender Hagel war genug, sie ihm am Ziel noch zu rauben, und ihn dem härtesten Mangel auszusetzen. Hart also, ungleich und zweifelhaft war das Los des Ackermanns gegen das gemächliche ruhige Los des Hirten, und seine Seele mußte in einem durch so viele Arbeit gehärteten Körper verwildern.

Fiel es ihm nun ein, dieses harte Schicksal mit dem glücklichen Leben des Hirten zu vergleichen, so mußte ihm diese Ungleichheit auffallen, er mußte – nach seiner sinnlichen Vorstellungsart – jenen für einen vorgezognen Günstling des Himmels halten.

Der Neid erwachte in seinem Busen, diese unglückliche Leidenschaft mußte, bei der ersten Ungleichheit unter Menschen, erwachen. Mit Scheelsucht blickte er jetzt den Segen des Hirten an, der ihm ruhig gegenüber im Schatten weidete, wenn ihn selbst die Sonnenhitze stach, und die Arbeit ihm den Schweiß aus der Stirne preßte. Die sorglose Fröhlichkeit des Hirten tat ihm wehe. Er haßte ihn wegen seines Glücks und verachtete ihn seines Müßiggangs wegen. So bewahrte er einen stillen Unwillen gegen ihn in seinem Herzen, der bei dem nächsten Anlaß in Gewalttätigkeit ausbrechen mußte. Dieser Anlaß aber konnte nicht lange ausbleiben. Die Gerechtsame eines jeden hatte zu dieser Zeit noch keine bestimmten Grenzen, und keine Gesetze waren noch vorhanden, die das Mein und Dein auseinandergesetzt hätten. Jeder glaubte, noch einen gleichen Anspruch auf die ganze Erde zu haben, denn die Verteilung in Eigentum sollte erst durch eintretende Kollisionen herbeigeführt werden. Gesetzt nun, der Hirte hatte alle Gegenden umher mit seiner Herde abgeweidet, und fühlte doch auch keine Lust dazu, sich weit von der Familie in fernen Gegenden zu verlieren – was tat er also? worauf mußte er natürlicherweise verfallen? er trieb seine Herde in die Pflanzungen des Ackermanns oder ließ es wenigstens geschehen, daß sie selbst diesen Weg nahm. Hier war reicher Vorrat für seine Schafe, und kein Gesetz war noch da, es ihm zu wehren. Alles, wornach er greifen konnte, war sein – so räsonierte die kindische Menschheit.

Jetzt also zum erstenmal kam der Mensch in Kollision mit dem Menschen; an die Stelle der wilden Tiere, mit denen es der Ackermann bis jetzt zu tun gehabt hatte, trat nun der Mensch. Dieser erschien jetzt gegen ihn als ein feindseliges Raubtier, das seine Pflanzungen verwüsten wollte. Kein Wunder, daß er ihn auf ebendie Art empfing, wie er das Raubtier empfangen hatte, dem der Mensch jetzt nachahmte. Der Haß, den er schon lange Jahre in seiner Brust herumgetragen, wirkte mit, ihn zu erbittern; und ein mörderischer Schlag mit der Keule rächte ihn auf einmal an dem langen Glück seines beneideten Nachbars.

So traurig endigte die erste Kollision der Menschen.

Aufgehobene Standesgleichheit

Einige Worte der Urkunde lassen uns schließen, daß die Polygamie in jenen frühen Zeiten etwas Seltnes, und also damals schon Herkommen gewesen sei, sich in Ehen einzuschränken, und mit einer Gattin zu begnügen. Ordentliche Ehen aber scheinen schon eine gewisse Sittlichkeit und Verfeinerung anzuzeigen, die man in jenen frühen Zeiten kaum erwarten sollte. Meistens gelangen die Menschen nur durch die Folgen der Unordnung zu Einführung der Ordnung, und Gesetzlosigkeit führt gewöhnlich erst zu Gesetzen.

Diese Einführung ordentlicher Ehen scheint also nicht sowohl auf Gesetzen, als auf dem Herkommen beruht zu haben. Der Mensch konnte nicht anders als in der Ehe leben, und das Beispiel des ersten hatte für den zweiten schon einige Kraft des Gesetzes. Mit einem einzigen Paar hatte das Menschengeschlecht angefangen. Die Natur hatte also ihren Willen in diesem Beispiel gleichsam verkündigt.

Nimmt man also an, daß in den allerersten Zeiten das Verhältnis der Anzahl zwischen beiden Geschlechtern gleich gewesen sei, so ordnete schon die Natur, was der Mensch nicht geordnet hätte. Jeder nahm nur eine Gattin, weil nur eine für ihn übrig war.

Wenn sich nun endlich in der Anzahl beider Geschlechter auch ein merkliches Mißverhältnis zeigte, und Wahlen stattfanden, so war diese Ordnung durch Observanz einmal befestigt, und niemand wagte es so leicht, die Weise der Väter durch eine Neuerung zu verletzen.

Ebenso, wie die Ordnung der Ehen, richtete sich auch ein gewisses natürliches Regiment in der Gesellschaft von selbst ein. Das väterliche Ansehn hatte die Natur gegründet, weil sie das hülflose Kind von dem Vater abhängig machte, und es vom zarten Alter an gewöhnte, seinen Willen zu ehren. Diese Empfindung mußte der Sohn sein ganzes Leben hindurch beibehalten. Wurde er nun auch selbst Vater, so konnte sein Sohn denjenigen nicht ohne Ehrfurcht ansehen, dem er von seinem Vater so ehrerbietig begegnet sah, und stillschweigend mußte er dem Vater seines Vaters ein höheres Ansehen zugestehen. Dieses Ansehn des Stammherrn mußte sich in gleichem Grade mit jeder Vermehrung der Familie, und mit jeder höhern Stufe seines Alters vermehren, und die größere Erfahrenheit, die Frucht eines so langen Lebens, mußte ihm ohnehin über jeden, der jünger war, eine natürliche Überlegenheit geben. In jeder strittigen Sache war der Stammherr also die letzte Instanz, und durch die lange Beobachtung dieses Gebrauches gründete sich endlich eine natürliche sanfte Obergewalt, die Patriarchenregierung, welche aber die allgemeine Gleichheit darum nicht aufhob, sondern vielmehr befestigte.

Aber diese Gleichheit konnte nicht immer Bestand haben. Einige waren weniger arbeitsam, einige weniger von dem Glück und ihrem Erdreich begünstigt, einige schwächlicher geboren als die andern, es gab also Starke und Schwache, Herzhafte und Verzagte, Wohlhabende und Arme. Der Schwache und Arme mußte bitten, der Wohlhabende konnte geben und versagen. Die Abhängigkeit der Menschen von Menschen fing an.

Die Natur der Dinge hatte es einführen müssen, daß das hohe Alter von der Arbeit befreite, und der Jüngling für den Greis, der Sohn für den grauen Vater die Geschäfte übernahm. Bald wurde diese Pflicht der Natur von der Kunst nachgeahmt. Manchem mußte der Wunsch aufsteigen, die bequeme Ruhe des Greisen mit den Genüssen des Jünglings zu verbinden, und sich künftig jemand zu verschaffen, der für ihn die Dienste eines Sohnes übernähme. Sein Auge fiel auf den Armen oder Schwächern, der seinen Schutz aufforderte, oder seinen Überfluß in Anspruch nahm. Der Arme und Schwache bedurfte seines Beistandes, er hingegen brauchte den Fleiß des Armen. Das eine also wurde die Bedingung des andern. Der Arme und Schwache diente und empfing, der Starke und Reiche gab und ging müßig.

Der erste Unterschied der Stände. Der Reiche wurde reicher durch des Armen Fleiß; seinen Reichtum zu vermehren, vermehrte er also die Zahl seiner Knechte; viele also sah er um sich, die minder glücklich als er waren, viele hingen von ihm ab. Der Reiche fühlte sich und wurde stolz. Er fing an, die Werkzeuge seines Glückes mit Werkzeugen seines Willens zu verwechseln. Die Arbeit vieler kam ihm, dem einzigen, zugute; also schloß er, diese vielen seien des einzigen wegen da – Er hatte nur einen kleinen Schritt zum Despoten.

Der Sohn des Reichen fing an, sich besser zu dünken, als die Söhne von seines Vaters Knechten. Der Himmel hatte ihn mehr begünstigt als diese; er war dem Himmel also lieber. Er nannte sich Sohn des Himmels, wie wir Günstlinge des Glücks, Söhne des Glücks nennen. Gegen ihn, den Sohn des Himmels, war der Knecht nur ein Menschensohn. Daher in der Genesis der Unterschied zwischen Kindern Elohims und Kindern der Menschen.

Das Glück führte den Reichen zum Müßiggang, der Müßiggang führte ihn zur Lüsternheit und endlich zum Laster. Sein

Leben auszufüllen, mußte er die Zahl seiner Genüsse vermehren, schon reichte das gewöhnliche Maß der Natur nicht mehr
hin, den Schwelger zu befriedigen, der in seiner trägen Ruhe
auf Ergötzungen sann.

Er mußte alles besser und alles in reicherm Maße haben, als
der Knecht. Der Knecht begnügte sich noch mit einer Gattin.
Er erlaubte sich mehrere Weiber. Immerwährender Genuß
stumpft aber ab, und ermüdet. Er mußte darauf denken, ihn
durch künstliche Reize zu erheben. Ein neuer Schritt. Er nahm
nicht mehr vorlieb mit dem, was den sinnlichen Trieb nur befriedigte; er wollte in einen Genuß mehrere und feinere Freuden gelegt haben. Erlaubte Vergnügungen sättigten ihn nicht
mehr; seine Begierde verfiel nun auf heimliche. Das Weib allein
reizte ihn nicht mehr. Er verlangte jetzt schon Schönheit von
ihr.

Unter den Töchtern seiner Knechte entdeckte er schöne Weiber. Sein Glück hatte ihn stolz gemacht; Stolz und Sicherheit
machten ihn trotzig. Er überredete sich leicht, daß alles sein sei,
was seinen Knechten gehöre. Weil ihm alles hinging, so erlaubte
er sich alles. Die Tochter seines Knechts war ihm zur Gattin zu
niedrig; aber zur Befriedigung seiner Lüste war sie doch zu
gebrauchen. Ein neuer wichtiger Schritt der Verfeinerung zur
Verschlimmerung.

Sobald aber nun das Beispiel einmal gegeben war, so mußte
die Sittenverderbnis bald allgemein werden. Je weniger
Zwangsgesetze sie nämlich vorfand, die ihr hätten Einhalt tun
können, je näher die Gesellschaft, in welcher diese Sittenlosigkeit aufkam, noch dem Stande der Unschuld war, desto reißender mußte sie sich verbreiten.

Das Recht des Stärkern kam auf. Macht berechtigte zur
Unterdrückung, und zum erstenmal zeigen sich Tyrannen.

Die Urkunde gibt sie als Söhne der Freude an, als die un-
echten Kinder, die in gesetzwidriger Vermischung erzeugt wurden. Kann man dieses für buchstäblich wahr halten, so liegt
eine große Feinheit in diesem Zug, die man meines Wissens
noch nicht auseinandergesetzt hat. Diese Bastardsöhne erbten
den Stolz des Vaters, aber nicht seine Güter. Vielleicht liebte
sie der Vater, und zog sie bei seinen Lebzeiten vor, aber von
seinen rechtmäßigen Erben wurden sie ausgeschlossen und vertrieben, sobald er tot war. Hinausgestoßen aus einer Familie,
der sie durch einen unrechten Weg aufgedrungen worden,

sahen sie sich verlassen und einsam in der weiten Welt, sie gehörten niemanden an, und nichts gehörte ihnen; damals aber
war keine andre Lebensweise in der Welt, als man mußte entweder Herr, oder eines Herrn Knecht sein.

Ohne das erste zu sein, dünkten sie sich zu dem letztern zu
stolz; auch waren sie zu bequem erzogen, um dienen zu lernen.
Was sollten sie also tun? Der Dünkel auf ihre Geburt und feste
Glieder war alles, was ihnen geblieben war; nur die Erinnerung
an ehmaligen Wohlstand, und ein Herz das auf die Gesellschaft erbittert war, begleitete sie ins Elend. Der Hunger
machte sie zu Räubern, und Räuberglück zu Abenteurern, endlich gar zu Helden.

Bald wurden sie dem friedlichen Feldbauer, dem wehrlosen
Hirten fürchterlich, und erpreßten von ihm, was sie wollten.
Ihr Glück und ihre Siegestaten machten sie weit umher berüchtigt, und der bequeme Überfluß dieser neuen Lebensweise
mochte wohl mehrere zu ihrer Bande schlagen. So wurden sie
gewaltig, wie die Schrift sagt, und berühmte Leute.

Diese überhandnehmende Unordnung in der ersten Gesellschaft würde sich endlich wahrscheinlich mit Ordnung geendigt, und die einmal aufgehobene Gleichheit unter den Menschen von dem patriarchalischen Regiment zu Monarchien
geführt haben – Einer dieser Abenteurer mächtiger und kühner als die andern würde sich zu ihrem Herrn aufgeworfen, eine
feste Stadt gebaut, und den ersten Staat gegründet haben – aber
diese Erscheinung kam dem Wesen, das das Schicksal der Welt
lenkt, noch zu frühe, und eine fürchterliche Naturbegebenheit
hemmte plötzlich alle Schritte, welche das Menschengeschlecht
zu seiner Verfeinerung zu tun im Begriff war.

Der erste König

Asien, durch die Überschwemmung von seinen menschlichen
Bewohnern verlassen, mußte bald wilden Tieren zum Raub
werden, die sich auf einem so fruchtbaren Erdreich, als auf die
Überschwemmung folgte, schnell und in großer Anzahl vermehrten, und ihre Herrschaft da ausbreiteten, wo der Mensch
zu schwach war, ihr Einhalt zu tun. Jeder Strich Landes also,
den das neue Menschengeschlecht bebauete, mußte den wilden
Tieren erst abgerungen, und mit List und Gewalt ferner gegen

sie verteidigt werden. Unser Europa ist jetzt von diesen wilden
Bewohnern gereinigt, und kaum können wir uns einen Begriff
von dem Elend machen, das jene Zeiten gedrückt hat; aber wie
fürchterlich diese Plage gewesen sein müsse, lassen uns, außer
mehreren Stellen der Schrift die Gewohnheiten der ältesten
Völker und besonders der Griechen schließen, die den Be-
zwingern wilder Tiere Unsterblichkeit und die Götterwürde
zuerkannt haben.

So wurde der Thebaner Ödipus König, weil er die verheerende Sphinx ausgerottet, so erwarben sich Perseus, Herkules,
Theseus und viele andre ihren Nachruhm und ihre Apotheose.
Wer also an Vertilgung dieser allgemeinen Feinde arbeitete,
war der größte Wohltäter der Menschen, und um glücklich
darin zu sein, mußte er auch wirklich seltene Gaben in sich vereinigen. Die Jagd gegen diese Tiere war, ehe der Krieg unter
Menschen selbst zu wüten begann, das eigentliche Werk der
Helden. Wahrscheinlich wurde diese Jagd in großen Haufen
angestellt, die immer der Tapferste anführte, derjenige nämlich,
dem sein Mut und sein Verstand eine natürliche Überlegenheit über die andern verschafften. Dieser gab dann zu den wichtigsten dieser Kriegestaten seinen Namen, und dieser Name
lud viele Hunderte ein, sich zu seinem Gefolge zu schlagen, um
unter ihm Taten der Tapferkeit zu tun. Weil diese Jagden nach
gewissen planmäßigen Dispositionen vorgenommen werden
mußten, die der Anführer entwarf und dirigierte, so setzte er
sich dadurch stillschweigend in den Besitz, den übrigen ihre
Rollen zuzuteilen, und seinen Willen zu dem ihrigen zu
machen. Man wurde unvermerkt gewohnt, ihm Folge zu leisten, und sich seinen bessern Einsichten zu unterwerfen. Hatte
er sich durch Taten persönlicher Tapferkeit, durch Kühnheit
der Seele und Stärke des Arms hervorgetan, so wirkten Furcht
und Bewunderung zu seinem Vorteil, daß man sich zuletzt
blindlings seiner Führung unterwarf. Entstanden nun Zwistigkeiten unter seinen Jagdgenossen, die unter einem so zahlreichen rohen Jägerschwarm nicht lange ausbleiben konnten, so
war er, den alle fürchteten und ehrten, der natürlichste Richter
des Streits, und die Ehrfurcht und Furcht vor seiner persönlichen Tapferkeit war genug, seinen Aussprüchen Kraft zu
geben. So wurde aus einem Anführer der Jagden schon ein
Befehlshaber und Richter.

Wurde der Raub nun geteilt, so mußte billigerweise die

größre Portion ihm, dem Anführer, zufallen, und da er solche
für sich selbst nicht verbrauchte, so hatte er etwas, womit er
sich andre verbinden, und sich also Anhänger und Freunde erwerben konnte. Bald sammelte sich eine Anzahl der Tapfersten,
die er immer durch neue Wohltaten zu vermehren suchte, um
seine Person, und unvermerkt hatte er sich eine Art von Leibwache, eine Schar von Mameluken daraus gebildet, die seine
Anmaßungen mit wildem Eifer unterstützte, und jeden, der
sich ihm widersetzen mochte, durch ihre Anzahl in Schrecken
setzte.

Da seine Jagden allen Gutbesitzern und Hirten, deren Grenzen er dadurch von verwüstenden Feinden reinigte, nützlich
wurden, so mochte ihm anfänglich ein freiwilliges Geschenk in
Früchten des Feldes und der Herde für diese nützliche Mühe
gereicht worden sein, das er sich in der Folge als einen verdienten Tribut fortsetzen ließ, und endlich als eine Schuld und
als eine pflichtmäßige Abgabe erpreßte. Auch diese Erwerbungen verteilte er unter die Tüchtigsten seines Haufens, und
vergrößerte dadurch immer mehr die Zahl seiner Kreaturen.
Weil ihn seine Jagden öfters durch Flur und Felder führten, die
bei diesen Durchzügen Schaden litten, so fanden es viele Gutsbesitzer für gut, diese Last durch ein freiwilliges Geschenk ab-
zukaufen, welches er gleichfalls nachher von allen andern,
denen er hätte schaden können, einfoderte. Durch solche und
ähnliche Mittel vermehrte er seinen Reichtum, und durch diesen – seinen Anhang, der endlich zu einer kleinen Armee anwuchs, die um so fürchterlicher war, weil sie sich im Kampf mit
dem Löwen und Tiger, zu jeder Gefahr und Arbeit abgehärtet
hatte und durch ihr rauhes Handwerk verwildert war. Der Schrekken ging jetzt vor seinem Namen her, und niemand durfte es
mehr wagen, ihm eine Bitte zu verweigern. Fielen zwischen einem aus seiner Begleitung und einem Fremden Streitigkeiten vor,
so appellierte der Jäger natürlicherweise an seinen Anführer und
Beschützer, und so lernte dieser seine Gerichtsbarkeit auch
über Dinge, die seine Jagd nichts angingen, verbreiten. Nun
fehlte ihm zum Könige nichts mehr, als eine feierliche Anerkennung, und konnte man ihm diese wohl an der Spitze seiner
gewaffneten und gebietrischen Scharen versagen? Er war der
Tüchtigste zu herrschen, weil er der Mächtigste war, seine Befehle durchzusetzen. Er war der allgemeine Wohltäter aller,
weil man ihm Ruhe und Sicherheit vor dem gemeinschaftlichen

Feind verdankte. Er war schon im Besitz der Gewalt, weil ihm die Mächtigsten zu Gebote standen.

Auf eine ähnliche Art wurden die Vorfahren des Alarich, des Attila, des Meroveus, Könige ihrer Völker. Ebenso ist's mit den griechischen Königen, die uns Homer in der Ilias aufführt. Alle waren zuerst Anführer eines kriegrischen Haufens, Überwinder von Ungeheuern, Wohltäter ihrer Nation. Aus kriegrischen Anführern wurden sie allmählich Schiedsmänner und Richter; mit dem gemachten Raube erkauften sie sich einen Anhang, der sie mächtig und fürchterlich machte. Durch Gewalt endlich stiegen sie auf den Thron.

Man führt das Beispiel des Dejoces in Medien an, dem das Volk die königliche Würde freiwillig übertrug, nachdem er sich demselben als Richter nützlich gemacht hatte. Aber man tut unrecht, dieses Beispiel auf die Entstehung des ersten Königs anzuwenden. Als die Meder den Dejoces zu ihrem Könige machten, so waren sie schon ein Volk, schon eine formierte politische Gesellschaft; in dem vorliegenden Falle hingegen sollte durch den ersten König die erste politische Gesellschaft entstehen. Die Meder hatten das drückende Joch der assyrischen Monarchen getragen, der König, von dem jetzt die Rede ist, war der erste in der Welt, und das Volk, das sich ihm unterwarf, eine Gesellschaft freigeborner Menschen, die noch keine Gewalt über sich gesehn hatten. Eine schon ehmals geduldete Gewalt läßt sich sehr gut auf diesem ruhigen Weg wieder herstellen, aber auf diesem ruhigen Weg läßt sich eine ganz neue und unbekannte nicht einsetzen.

Es scheint also dem Gang der Dinge gemäßer, daß der erste König ein Usurpator war, den nicht ein freiwilliger einstimmiger Ruf der Nation (denn damals war noch keine Nation) sondern Gewalt und Glück, und eine schlagfertige Miliz auf den Thron setzten.

DIE SENDUNG MOSES

Die Gründung des jüdischen Staats durch Moses ist eine der denkwürdigsten Begebenheiten, welche die Geschichte aufbewahrt hat, wichtig durch die Stärke des Verstandes, wodurch sie ins Werk gerichtet worden, wichtiger noch durch ihre Folgen auf die Welt, die noch bis auf diesen Augenblick fortdauern. Zwei Religionen, welche den größten Teil der bewohnten Erde beherrschen, das Christentum und der Islamismus, stützen sich beide auf die Religion der Hebräer, und ohne diese würde es niemals weder ein Christentum noch einen Koran gegeben haben.

Ja in einem gewissen Sinne ist es unwiderleglich wahr, daß wir der mosaischen Religion einen großen Teil der Aufklärung danken, deren wir uns heutiges Tags erfreuen. Denn durch sie wurde eine kostbare Wahrheit, welche die sich selbst überlassene Vernunft erst nach einer langsamen Entwicklung würde gefunden haben, die Lehre von dem einigen Gott, vorläufig unter dem Volke verbreitet, und als ein Gegenstand des blinden Glaubens so lange unter demselben erhalten, bis sie endlich in den helleren Köpfen zu einem Vernunftbegriff reifen konnte. Dadurch wurden einem großen Teil des Menschengeschlechtes alle die traurigen Irrwege erspart, worauf der Glaube an Vielgötterei zuletzt führen muß, und die hebräische Verfassung erhielt den ausschließenden Vorzug, daß die Religion der Weisen mit der Volksreligion nicht in direktem Widerspruche stand, wie es doch bei den aufgeklärten Heiden der Fall war. Aus diesem Standpunkt betrachtet, muß uns die Nation der Hebräer als ein wichtiges universalhistorisches Volk erscheinen, und alles Böse, welches man diesem Volke nachzusagen gewohnt ist, alle Bemühungen witziger Köpfe, es zu verkleinern, werden uns nicht hindern, gerecht gegen dasselbe zu sein. Die Unwürdigkeit und Verworfenheit der Nation kann das erhabene Verdienst ihres Gesetzgebers nicht vertilgen, und ebensowenig den großen Einfluß vernichten, den diese Nation mit Recht in der Weltgeschichte behauptet. Als ein unreines und gemeines Gefäß, worin aber etwas sehr Kostbares aufbewahret worden, müssen wir sie schätzen; wir müssen in ihr den Kanal verehren, den, so unrein er auch war, die Vorsicht erwählte, uns das edelste aller Güter, die Wahrheit zuzuführen; den sie aber auch zerbrach, sobald er geleistet hatte, was er sollte. Auf diese Art werden wir gleich weit entfernt sein, dem ebräischen Volk einen Wert aufzudringen, den es nie gehabt hat, und ihm ein Verdienst zu rauben, das ihm nicht streitig gemacht werden kann.

Die Ebräer kamen, wie bekannt ist, als eine einzige Nomadenfamilie, die nicht über 70 Seelen begriff, nach Ägypten, und wurden erst in Ägypten zum Volk. Während eines Zeitraums von ohngefähr 400 Jahren, die sie in diesem Lande zubrachten, vermehrten sie sich beinahe bis zu 2 Millionen, unter welchen 600000 streitbare Männer gezählt wurden, als sie aus diesem Königreich zogen. Während dieses langen Aufenthalts lebten sie abgesondert von den Ägyptern, abgesondert sowohl durch den eigenen Wohnplatz, den sie einnahmen, als auch durch ihren nomadischen Stand, der sie allen Eingebornen des Landes zum Abscheu machte, und von allem Anteil an den bürgerlichen Rechten der Ägypter ausschloß. Sie regierten sich nach nomadischer Art fort, der Hausvater die Familie, der Stammfürst die Stämme, und machten auf diese Art einen Staat im Staat aus, der endlich durch seine ungeheure Vermehrung die Besorgnis der Könige erweckte.

Eine solche abgesonderte Menschenmenge im Herzen des Reichs, durch ihre nomadische Lebensart müßig, die unter sich sehr genau zusammenhielt, mit dem Staat aber gar kein Interesse gemein hatte, konnte bei einem feindlichen Einfall gefährlich werden, und leicht in Versuchung geraten, die Schwäche des Staats, deren müßige Zuschauerin sie war, zu benutzen. Die Staatsklugheit riet also, sie scharf zu bewachen, zu beschäftigen, und auf Verminderung ihrer Anzahl zu denken. Man druckte sie also mit schwerer Arbeit, und wie man auf diesem Wege gelernt hatte, sie dem Staat sogar nützlich zu machen, so vereinigte sich nun auch der Eigennutz mit der Politik, um ihre Lasten zu vermehren. Unmenschlich zwang man sie zu öffentlichem Frondienst, und stellte besondere Vögte an, sie anzutreiben, und zu mißhandeln. Diese barbarische Behandlung hinderte aber nicht, daß sie sich nicht immer stärker ausbreiteten. Eine gesunde Politik würde also natürlich darauf geführt haben, sie unter den übrigen Einwohnern zu verteilen und ihnen gleiche Rechte mit diesen zu geben; aber dieses erlaubte der allgemeine Abscheu nicht, den die Ägypter gegen sie hegten. Dieser Abscheu wurde noch durch die Folgen vermehrt, die er notwendig haben mußte. Als der König der Ägypter der Familie Jakobs die Provinz Gosen (an der Ostseite des untern Nils) zum Wohnplatz einräumte, hatte er schwerlich auf eine Nachkommenschaft von 2 Millionen gerechnet, die darin Platz haben sollte; die Provinz war also wahrscheinlich nicht von besonderm Umfang, und das Geschenk war immer schon großmütig genug, wenn auch nur auf den hundertsten Teil dieser Nachkommenschaft dabei Rücksicht genommen worden. Da sich nun der Wohnplatz der Ebräer nicht in gleichem Verhältnis mit ihrer Bevölkerung erweiterte, so mußten sie mit jeder Generation immer enger und enger wohnen, bis sie sich zuletzt, auf eine der Gesundheit höchst nachteilige Art, in dem engsten Raume zusammendrängten. Was war natürlicher, als daß sich nun ebendie Folgen einstellten, welche in einem solchen Fall unausbleiblich sind? – die höchste Unreinlichkeit und ansteckende Seuchen. Hier also wurde schon der erste Grund zu dem Übel gelegt, welches dieser Nation bis auf die heutigen Zeiten eigen geblieben ist; aber damals mußte es in einem fürchterlichen Grade wüten. Die schrecklichste Plage dieses Himmelstrichs, der Aussatz, riß unter ihnen ein, und erbte sich durch viele Generationen hinunter. Die Quellen des Lebens und der Zeugung wurden langsam durch ihn vergiftet, und aus einem zufälligen Übel entstand endlich eine erbliche Stammskonstitution. Wie allgemein dieses Übel gewesen, erhellt schon aus der Menge der Vorkehrungen, die der Gesetzgeber dagegen gemacht hat; und das einstimmige Zeugnis der Profanskribenten, des Ägyptiers Manetho, des Diodor von Sizilien, des Tacitus, des Lysimachus, Strabo und vieler andern, welche von der jüdischen Nation fast gar nichts, als diese Volkskrankheit des Aussatzes kennen, beweist, wie allgemein und wie tief der Eindruck davon bei den Ägyptern gewesen sei.

Dieser Aussatz also, eine natürliche Folge ihrer engen Wohnung, ihrer schlechten und kärglichen Nahrung, und der Mißhandlung, die man gegen sie ausübte, wurde wieder zu einer neuen Ursache derselben. Die man anfangs als Hirten verachtete, und als Fremdlinge mied, wurden jetzt als Verpestete geflohen, und verabscheut. Zu der Furcht und dem Widerwillen also, welche man in Ägypten von jeher gegen sie gehegt, gesellte sich noch Ekel und eine tiefe zurückstoßende Verachtung. Gegen Menschen, die der Zorn der Götter auf eine so schreckliche Art ausgezeichnet, hielt man sich alles für erlaubt, und man trug kein Bedenken, ihnen die heiligsten Menschenrechte zu entziehen.

Kein Wunder, daß die Barbarei gegen sie in ebendem Grade stieg, als die Folgen dieser barbarischen Behandlung sichtbarer wurden, und daß man sie immer härter für das Elend strafte, welches man ihnen doch selbst zugezogen hatte.

Die schlechte Politik der Ägypter wußte den Fehler, den sie gemacht hatte, nicht anders als durch einen neuen und gröbern Fehler zu verbessern. Da es ihr, alles Drucks ungeachtet, nicht gelang, die Quellen der Bevölkerung zu verstopfen, so verfiel sie auf einen ebenso unmenschlichen als elenden Ausweg, die neugebornen Söhne sogleich durch die Hebammen erwürgen zu lassen. Aber Dank der bessern Natur des Menschen! Despoten sind nicht immer gut befolgt, wenn sie Abscheulichkeiten gebieten. Die Hebammen in Ägypten wußten dieses unnatürliche Gebot zu verhöhnen, und die Regierung konnte ihre gewalttätigen Maßregeln nicht anders als durch gewaltsame Mittel durchsetzen. Bestellte Mörder durchstreiften auf königlichen Befehl die Wohnung der Ebräer, und ermordeten in der Wiege alles, was männlich war. Auf diesem Wege freilich mußte die ägyptische Regierung doch zuletzt ihren Zweck durchsetzen, und wenn kein Retter sich ins Mittel schlug, die Nation der Juden in wenigen Generationen gänzlich vertilgt sehen.

Woher sollte aber nun den Ebräern dieser Retter kommen? Schwerlich aus der Mitte der Ägypter selbst, denn wie sollte sich einer von diesen für eine Nation verwenden, die ihm fremd war, deren Sprache er nicht einmal verstand, und sich gewiß nicht die Mühe nahm zu erlernen, die ihm eines bessern Schicksals ebenso unfähig als unwürdig scheinen mußte. Aus ihrer eignen Mitte aber noch viel weniger, denn was hat die Unmenschlichkeit der Ägypter im Verlauf einiger Jahrhunderte aus dem Volk der Ebräer endlich gemacht? Das roheste, das bösartigste, das verworfenste Volk der Erde, durch eine 300-jährige Vernachlässigung verwildert, durch einen so langen knechtischen Druck verzagt gemacht und erbittert, durch eine erblich auf ihm haftende Infamie vor sich selbst erniedrigt, entnervt und gelähmt zu allen heroischen Entschlüssen, durch eine so lange anhaltende Dummheit endlich fast bis zum Tier herunter-gestoßen. Wie sollte aus einer so verwahrlosten Menschenrasse ein freier Mann, ein erleuchteter Kopf, ein Held oder ein Staats-mann hervorgehen? Wo sollte sich ein Mann unter ihnen finden, der einem so tief verachteten Sklavenpöbel Ansehen, einem so lang gedrückten Volke Gefühl seiner selbst, einem so unwissen-den rohen Hirtenhaufen Überlegenheit über seine verfeinerten Unterdrücker verschaffte? Unter den damaligen Ebräern konnte ebensowenig als unter der verworfenen Kaste der Parias unter den Hindu, ein kühner und heldenmütiger Geist entstehen.

Hier muß uns die große Hand der Vorsicht, die den ver-worrensten Knoten durch die einfachsten Mittel löst, zur Be-wunderung hinreißen – aber nicht derjenigen Vorsicht, welche sich auf dem gewaltsamen Wege der Wunder in die Ökonomie der Natur einmengt, sondern derjenigen, welche der Natur selbst eine solche Ökonomie vorgeschrieben hat, außerordent-liche Dinge auf dem ruhigsten Wege zu bewirken. Einem ge-bornen Ägypter fehlte es an der nötigen Aufforderung, an dem Nationalinteresse für die Ebräer, um sich zu ihrem Erretter auf-zuwerfen. Einem bloßen Ebräer mußte es an Kraft und Geist zu dieser Unternehmung gebrechen. Was für einen Ausweg er-wählte also das Schicksal? Es nahm einen Ebräer, entriß ihn aber frühzeitig seinem rohen Volk und verschaffte ihm den Genuß ägyptischer Weisheit; und so wurde ein Ebräer, ägyp-tisch erzogen, das Werkzeug, wodurch diese Nation aus der Knechtschaft entkam.

Eine ebräische Mutter aus dem levitischen Stamme hatte ihren neugebornen Sohn drei Monate lang vor den Mördern verborgen, die aller männlichen Leibesfrucht unter ihrem Volke nachstellten; endlich gab sie die Hoffnung auf, ihm län-ger eine Freistatt bei sich zu gewähren. Die Not gab ihr eine List ein, wodurch sie ihn vielleicht zu erhalten hoffte. Sie legte ihren Säugling in eine kleine Kiste von Papyrus, welche sie durch Pech gegen das Eindringen des Wassers verwahrt hatte, und wartete die Zeit ab, wo die Tochter des Pharao gewöhnlich zu baden pflegte. Kurz vorher mußte die Schwester des Kindes die Kiste, worin es war, in das Schilf legen, an welchem die Königstochter vorbeikam, und wo es dieser also in die Augen fallen mußte. Sie selbst aber blieb in der Nähe, um das fernere Schicksal des Kindes abzuwarten. Die Tochter des Pharao

wurde es bald gewahr, und da der Knabe ihr gefiel, so beschloß
sie ihn zu retten. Seine Schwester wagte es nun, sich zu nähern,
und erbot sich, ihm eine ebräische Amme zu bringen, welches
ihr von der Prinzessin bewilligt wird. Zum zweitenmal erhält
also die Mutter ihren Sohn, und nun darf sie ihn ohne Gefahr
und öffentlich erziehen. So erlernte er denn die Sprache seiner
Nation, und wurde bekannt mit ihren Sitten, während daß
seine Mutter wahrscheinlich nicht versäumte, ein recht rührendes Bild des allgemeinen Elends in seine zarte Seele zu pflanzen.
Als er die Jahre erreicht hatte, wo er der mütterlichen Pflege
nicht mehr bedurfte, und wo es nötig wurde, ihn dem allgemeinen Schicksal seines Volks zu entziehen, brachte ihn seine
Mutter der Königstochter wieder, und überließ ihr nun das
fernere Schicksal des Knaben. Die Tochter des Pharao adop-
tierte ihn, und gab ihm den Namen Moses, weil er aus dem
Wasser gerettet worden. So wurde er denn aus einem Sklaven-
kinde und einem Schlachtopfer des Todes, der Sohn einer
Königstochter, und als solcher aller Vorteile teilhaftig, welche
die Kinder der Könige genossen. Die Priester, zu deren Orden
er in ebendem Augenblick gehörte, als er der königlichen
Familie einverleibt wurde, übernahmen jetzt seine Erziehung
und unterrichteten ihn in aller ägyptischen Weisheit, die das
ausschließende Eigentum ihres Standes war. Ja es ist wahrscheinlich, daß sie ihm keines ihrer Geheimnisse vorenthalten
haben, da eine Stelle des ägyptischen Geschichtschreibers
Manetho, worin er den Moses zu einem Apostaten der ägyptischen Religion und einem aus Heliopolis entflohenen Priester
macht, uns vermuten läßt, daß er zum priesterlichen Stande
bestimmt gewesen.

Um also zu bestimmen, was Moses in dieser Schule empfangen haben konnte, und welchen Anteil die Erziehung, die er
unter den ägyptischen Priestern empfing, an seiner nachherigen
Gesetzgebung gehabt hat, müssen wir uns in eine nähere Untersuchung dieses Instituts einlassen, und über das, was darin gelehrt und getrieben wurde, das Zeugnis alter Schriftsteller hören.
Schon der Apostel Stephanus läßt ihn in aller Weisheit der
Ägyptier unterrichtet sein. Der Geschichtschreiber Philo sagt,
Moses sei von den ägyptischen Priestern in der Philosophie der
Symbolen und Hieroglyphen, wie auch in den Geheimnissen
der heiligen Tiere eingeweiht worden. Eben dieses Zeugnis be-
stätigen mehrere, und wenn man erst einen Blick auf das, was

man ägyptische Mysterien nannte, geworfen hat, so wird sich zwischen diesen Mysterien, und dem, was Moses nachher getan und verordnet hat, eine merkwürdige Ähnlichkeit ergeben.

Die Gottesverehrung der ältesten Völker ging, wie bekannt ist, sehr bald in Vielgötterei und Aberglauben über, und selbst bei denjenigen Geschlechtern, die uns die Schrift als Verehrer des wahren Gottes nennt, waren die Ideen vom höchsten Wesen weder rein noch edel, und auf nichts weniger als eine helle vernünftige Einsicht gegründet. Sobald aber durch bessere Einrichtung der bürgerlichen Gesellschaft und durch Gründung eines ordentlichen Staats die Stände getrennt, und die Sorge für göttliche Dinge das Eigentum eines besondern Standes geworden, sobald der menschliche Geist durch Befreiung von allen zerstreuenden Sorgen Muße empfing, sich ganz allein der Betrachtung seiner selbst und der Natur hinzugeben, sobald endlich auch hellere Blicke in die physische Ökonomie der Natur getan worden, mußte die Vernunft endlich über jene groben Irrtümer siegen, und die Vorstellung von dem höchsten Wesen mußte sich veredeln. Die Idee von einem allgemeinen Zusammenhang der Dinge, mußte unausbleiblich zum Begriff eines einzigen höchsten Verstandes führen, und jene Idee, wo eher hätte sie aufkeimen sollen, als in dem Kopf eines Priesters? Da Ägypten der erste kultivierte Staat war, den die Geschichte kennt, und die ältesten Mysterien sich ursprünglich aus Ägypten herschreiben, so war es auch aller Wahrscheinlichkeit nach hier, wo die erste Idee von der Einheit des höchsten Wesens zuerst in einem menschlichen Gehirne vorgestellt wurde. Der glückliche Finder dieser seelenerhebenden Idee suchte sich nun unter denen, die um ihn waren, fähige Subjekte aus, denen er sie als einen heiligen Schatz übergab, und so erbte sie sich von einem Denker zum andern, durch wer weiß wie viele? Generationen fort, bis sie zuletzt das Eigentum einer ganzen kleinen Gesellschaft wurde, die fähig war, sie zu fassen und weiter auszubilden.

Da aber schon ein gewisses Maß von Kenntnissen und eine gewisse Ausbildung des Verstandes erfodert wird, die Idee eines einigen Gottes recht zu fassen, und anzuwenden, da der Glaube an die göttliche Einheit Verachtung der Vielgötterei, welches doch die herrschende Religion war, notwendig mit sich bringen mußte, so begriff man bald, daß es unvorsichtig, ja gefährlich sein würde, diese Idee öffentlich und allgemein zu verbreiten. Ohne vorher die hergebrachten Götter des Staats zu stürzen, und sie in ihrer lächerlichen Blöße zu zeigen, konnte man dieser neuen Lehre keinen Eingang versprechen. Aber man konnte ja weder voraussehen noch hoffen, daß jeder von denen, welchen man den alten Aberglauben lächerlich machte, auch sogleich fähig sein würde, sich zu der reinen und schweren Idee des Wahren zu erheben. Überdem war ja die ganze bürgerliche Verfassung auf jenen Aberglauben gegründet; stürzte man diesen ein, so stürzte man zugleich alle Säulen, von welchen das ganze Staatsgebäude getragen wurde, und es war noch sehr ungewiß, ob die neue Religion, die man an seinen Platz stellte, auch sogleich fest genug stehen würde, um jenes Gebäude zu tragen.

Mißlang hingegen der Versuch, die alten Götter zu stürzen, so hatte man den blinden Fanatismus gegen sich bewaffnet, und sich einer tollen Menge zum Schlachtopfer preisgegeben. Man fand also für besser, die neue gefährliche Wahrheit zum ausschließenden Eigentum einer kleinen geschlossenen Gesellschaft zu machen, diejenigen, welche das gehörige Maß von Fassungskraft dafür zeigten, aus der Menge hervorzuziehen, und in den Bund aufzunehmen, und die Wahrheit selbst, die man unreinen Augen entziehen wollte, mit einem geheimnisvollen Gewand zu umkleiden, das nur derjenige wegziehen könnte, den man selbst dazu fähig gemacht hätte.

Man wählte dazu die Hieroglyphen, eine sprechende Bilderschrift, die einen allgemeinen Begriff in einer Zusammenstellung sinnlicher Zeichen verbarg, und auf einigen willkürlichen Regeln beruhte, worüber man übereingekommen war. Da es diesen erleuchteten Männern von dem Götzendienst her noch bekannt war, wie stark auf dem Wege der Einbildungskraft und der Sinne auf jugendliche Herzen zu wirken sei, so trugen sie kein Bedenken, von diesem Kunstgriffe des Betrugs auch zum Vorteil der Wahrheit Gebrauch zu machen. Sie brachten also die neuen Begriffe mit einer gewissen sinnlichen Feierlichkeit in die Seele, und durch allerlei Anstalten, die diesem Zweck angemessen waren, setzten sie das Gemüt ihres Lehrlings vorher in den Zustand leidenschaftlicher Bewegung, der es für die neue Wahrheit empfänglich machen sollte. Von dieser Art waren die Reinigungen, die der Einzuweihende vornehmen mußte, das Waschen und Besprengen, das Einhüllen in leinene Kleider, Enthaltung von allen sinnlichen Genüssen, Spannung und Erhebung des Gemüts durch Gesang, ein bedeutendes Stillschweigen, Abwechselung zwischen Finsternis und Licht und dergleichen.

Diese Zeremonien, mit jenen geheimnisvollen Bildern und Hieroglyphen verbunden, und die verborgenen Wahrheiten, welche in diesen Hieroglyphen versteckt lagen, und durch jene Gebräuche vorbereitet wurden, wurden zusammengenommen unter den Namen der Mysterien begriffen. Sie hatten ihren Sitz in den Tempeln der Isis und des Serapis und waren das Vorbild, wornach in der Folge die Mysterien in Eleusis und Samothrazien, und in neuern Zeiten der Orden der Freimaurer sich gebildet hat.

Es scheint außer Zweifel gesetzt, daß der Inhalt der allerältesten Mysterien in Heliopolis und Memphis, während ihres unverdorbenen Zustands, Einheit Gottes und Widerlegung des Paganismus war, und daß die Unsterblichkeit der Seele darin vorgetragen wurde. Diejenigen, welche dieser wichtigen Aufschlüsse teilhaftig waren, nannten sich Anschauer oder Epopten, weil die Erkennung einer vorher verborgenen Wahrheit mit dem Übertritt aus der Finsternis zum Lichte zu vergleichen ist, vielleicht auch darum, weil sie die neuerkannten Wahrheiten in sinnlichen Bildern wirklich und eigentlich anschauten.

Zu dieser Anschauung konnten sie aber nicht auf einmal gelangen, weil der Geist erst von manchen Irrtümern gereinigt, erst durch mancherlei Vorbereitungen gegangen sein mußte, ehe er das volle Licht der Wahrheit ertragen konnte. Es gab also Stufen oder Grade, und erst im innern Heiligtum fiel die Decke ganz von ihren Augen.

Die Epopten erkannten eine einzige höchste Ursache aller Dinge, eine Urkraft der Natur, das Wesen aller Wesen, welches einerlei war mit dem Demiurgos der griechischen Weisen. Nichts ist erhabener, als die einfache Größe, mit der sie von dem Weltschöpfer sprachen. Um ihn auf eine recht entscheidende Art auszuzeichnen, gaben sie ihm gar keinen Namen. Ein Name, sagten sie, ist bloß ein Bedürfnis der Unterscheidung, wer allein ist, hat keinen Namen nötig, denn es ist keiner da, mit dem er verwechselt werden könnte. Unter einer alten Bildsäule der Isis las man die Worte: „Ich bin, was da ist" und auf einer Pyramide zu Sais fand man die uralte merkwürdige Inschrift: „Ich bin alles was ist, was war, und was sein wird, kein sterblicher Mensch hat meinen Schleier aufgehoben." Keiner durfte den Tempel des Serapis betreten, der nicht den Namen Jao – oder J-ha-ho, ein Name, der mit dem ebräischen Jehovah fast gleichlautend, auch vermutlich von dem näm- lichen Inhalt ist – an der Brust oder Stirn trug; und kein Name wurde in Ägypten mit mehr Ehrfurcht ausgesprochen, als die- ser Name Jao. In dem Hymnus, den der Hierophant oder Vor- steher des Heiligtums dem Einzuweihenden vorsang, war dies der erste Aufschluß, der über die Natur der Gottheit gegeben wurde. „Er ist einzig und von ihm selbst, und diesem Einzi- gen sind alle Dinge ihr Dasein schuldig".

Eine vorläufige notwendige Zeremonie vor jeder Einwei- hung war die Beschneidung, der sich auch Pythagoras vor seiner Aufnahme in die ägyptischen Mysterien unterwerfen mußte. Diese Unterscheidung von andern, die nicht beschnit- ten waren, sollte eine engere Brüderschaft, ein näheres Ver- hältnis zu der Gottheit anzeigen, wozu auch Moses sie bei den Ebräern nachher gebrauchte.

In dem Innern des Tempels stellten sich dem Einzuweihen- den verschiedene heilige Geräte dar, die einen geheimen Sinn ausdrückten. Unter diesen war eine heilige Lade, welche man den Sarg des Serapis nannte, und die ihrem Ursprung nach viel- leicht ein Sinnbild verborgner Weisheit sein sollte, späterhin aber, als das Institut ausartete, der Geheimniskrämerei und elenden Priesterkünsten zum Spiele diente. Diese Lade herum- zutragen war ein Vorrecht der Priester, oder einer eignen Klasse von Dienern des Heiligtums, die man deshalb auch Kistophoren nannte. Keinem, als dem Hierophanten war es er- laubt, diesen Kasten aufzudecken, oder ihn auch nur zu berüh- ren. Von einem, der die Verwegenheit gehabt hatte, ihn zu er- öffnen, wird erzählt, daß er plötzlich wahnsinnig geworden sei.

In den ägyptischen Mysterien stieß man ferner auf gewisse hieroglyphische Götterbilder, die aus mehreren Tiergestalten zusammengesetzt waren. Das bekannte Sphinx ist von dieser Art; man wollte dadurch die Eigenschaften bezeichnen, welche sich in dem höchsten Wesen vereinigen, oder auch das Mäch- tigste aus allen Lebendigen in einen Körper zusammenwerfen. Man nahm etwas von dem mächtigsten Vogel oder dem Adler, von dem mächtigsten wilden Tier oder dem Löwen, von dem mächtigsten zahmen Tier oder dem Stier, und endlich von dem mächtigsten aller Tiere dem Menschen. Besonders wurde das

Sinnbild des Stiers oder des Apis als das Emblem der Stärke gebraucht, um die Allmacht des höchsten Wesens zu bezeichnen, der Stier aber heißt in der Ursprache Cherub.

Diese mystischen Gestalten, zu denen niemand als die Epopten den Schlüssel hatten, gaben den Mysterien selbst eine sinnliche Außenseite, die das Volk täuschte, und selbst mit dem Götzendienst etwas gemein hatte. Der Aberglaube erhielt also durch das äußerliche Gewand der Mysterien eine immerwährende Nahrung, während daß man im Heiligtum selbst seiner spottete.

Doch ist es begreiflich, wie dieser reine Deismus mit dem Götzendienst verträglich zusammenleben konnte, denn indem er ihn von innen stürzte, beförderte er ihn von außen. Dieser Widerspruch der Priesterreligion und der Volksreligion wurde bei den ersten Stiftern der Mysterien durch die Notwendigkeit entschuldigt; er schien unter zwei Übeln das geringere zu sein, weil mehr Hoffnung vorhanden war, die übeln Folgen der verhehlten Wahrheit, als die schädlichen Wirkungen der zur Unzeit entdeckten Wahrheit zu hemmen. Wie sich aber nach und nach unwürdige Mitglieder in den Kreis der Eingeweihten drängten, wie das Institut von seiner ersten Reinheit verlor, so machte man das, was anfangs nur bloße Nothülfe gewesen, nämlich das Geheimnis, zum Zweck des Instituts, und anstatt den Aberglauben allmählich zu reinigen und das Volk zur Aufnahme der Wahrheit geschickt zu machen, suchte man seinen Vorteil darin, es immer mehr irrezuführen, und immer tiefer in den Aberglauben zu stürzen. Priesterkünste traten nun an die Stelle jener unschuldigen lautern Absichten, und eben das Institut, welches Erkenntnis des wahren und einigen Gottes erhalten, aufbewahren und mit Behutsamkeit verbreiten sollte, fing an, das kräftigste Beförderungsmittel des Gegenteils zu werden, und in eine eigentliche Schule des Götzendienstes auszuarten. Hierophanten, um die Herrschaft über die Gemüter nicht zu verlieren, und die Erwartung immer gespannt zu halten, fanden es für gut, immer länger mit dem letzten Aufschluß, der alle falschen Erwartungen auf immer aufheben mußte, zurückzuhalten, und die Zugänge zu dem Heiligtum durch allerlei theatralische Kunstgriffe zu erschweren. Zuletzt verlor sich der Schlüssel zu den Hieroglyphen und geheimen Figuren ganz, und nun wurden diese für die Wahrheit selbst genommen, die sie anfänglich nur umhüllen sollten.

Es ist schwer zu bestimmen, ob die Erziehungsjahre des Moses in die blühenden Zeiten des Instituts, oder in den Anfang seiner Verderbnis fallen; wahrscheinlich aber näherte es sich damals schon seinem Verfalle, wie uns einige Spielereien schließen lassen, die ihm der hebräische Gesetzgeber abborgte, und einige weniger rühmliche Kunstgriffe, die er in Ausübung brachte. Aber der Geist der ersten Stifter war noch nicht daraus verschwunden, und die Lehre von der Einheit des Weltschöpfers belohnte noch die Erwartung der Eingeweihten.

Diese Lehre, welche die entschiedenste Verachtung der Vielgötterei zu ihrer unausbleiblichen Folge hatte, verbunden mit der Unsterblichkeitslehre, welche man schwerlich davon trennte, war der reiche Schatz, den der junge Hebräer aus den Mysterien der Isis herausbrachte. Zugleich wurde er darin mit den Naturkräften bekannter, die man damals auch zum Gegenstand geheimer Wissenschaften machte; welche Kenntnisse ihn nachher in den Stand setzten, Wunder zu wirken, und im Beisein des Pharao es mit seinen Lehrern selbst oder den Zauberern aufzunehmen, die er in einigen sogar übertraf. Sein künftiger Lebenslauf beweist, daß er ein aufmerksamer und fähiger Schüler gewesen, und zu dem letzten höchsten Grad der Anschauung gekommen war.

In ebendieser Schule sammelte er auch einen Schatz von Hieroglyphen, mystischen Bildern und Zeremonien, wovon sein erfinderischer Geist in der Folge Gebrauch machte. Er hatte das ganze Gebiet ägyptischer Weisheit durchwandert, das ganze System der Priester durchdacht, seine Gebrechen und Vorzüge, seine Stärke und Schwäche gegeneinander abgewogen, und große wichtige Blicke in die Regierungskunst dieses Volks getan.

Es ist unbekannt, wie lange er in der Schule der Priester verweilte, aber sein später politischer Auftritt, der erst gegen sein achtzigstes Jahr erfolgte, macht es wahrscheinlich, daß er vielleicht zwanzig und mehrere Jahre dem Studium der Mysterien und des Staats gewidmet habe. Dieser Aufenthalt bei den Priestern scheint ihn aber keineswegs von dem Umgang mit seinem Volk ausgeschlossen zu haben, und er hatte Gelegenheit genug, ein Zeuge der Unmenschlichkeit zu sein, worunter es seufzen mußte.

Die ägyptische Erziehung hatte sein Nationalgefühl nicht verdrängt. Die Mißhandlung seines Volks erinnerte ihn, daß auch er ein Hebräer sei, und ein gerechter Unwille grub sich, sooft er es leiden sah, tief in seinen Busen. Je mehr er anfing, sich selbst zu fühlen, desto mehr mußte ihn die unwürdige Behandlung der Seinigen empören.

Einst sah er einen Hebräer unter den Streichen eines ägyptischen Fronvogts mißhandelt; dieser Anblick überwältigte ihn, er ermordete den Ägypter. Bald wird die Tat ruchbar, sein Leben ist in Gefahr, er muß Ägypten meiden, und flieht nach der arabischen Wüste. Viele setzen diese Flucht in sein vierzigstes Lebensjahr, aber ohne alle Beweise. Uns ist es genug zu wissen, daß Moses nicht sehr jung mehr sein konnte, als sie erfolgte.

Mit diesem Exilium beginnt eine neue Epoche seines Lebens, und wenn wir seinen künftigen politischen Auftritt in Ägypten recht beurteilen wollen, so müssen wir ihn durch seine Einsamkeit in Arabien begleiten. Einen blutigen Haß gegen die Unterdrücker seiner Nation, und alle Kenntnisse, die er in den Mysterien geschöpft hatte, trug er mit sich in die arabische Wüste. Sein Geist war voll von Ideen und Entwürfen, sein Herz voll Erbitterung, und nichts zerstreute ihn in dieser menschenleeren Wüste.

Die Urkunde läßt ihn die Schafe eines arabischen Beduinen Jethro hüten. – Dieser tiefe Fall von allen seinen Aussichten und Hoffnungen in Ägypten zum Viehhirten in Arabien! vom künftigen Menschenherrscher zum Lohnknecht eines Nomaden! Wie schwer mußte er seine Seele verwunden!

In dem Kleid eines Hirten trägt er einen feurigen Regentengeist, einen rastlosen Ehrgeiz mit sich herum. Hier in dieser romantischen Wüste, wo ihm die Gegenwart nichts darbietet, sucht er Hülfe bei der Vergangenheit und Zukunft, und bespricht sich mit seinen stillen Gedanken. Alle Szenen der Unterdrückung, die er ehemals mit angesehen hatte, gehen jetzt in der Erinnerung an ihm vorüber, und nichts hinderte sie jetzt, ihren Stachel tief in seine Seele zu drücken. Nichts ist einer großen Seele unerträglicher, als Ungerechtigkeit zu dulden; dazu kommt, daß es sein eignes Volk ist, welches leidet. Ein edler Stolz erwacht in seiner Brust, und ein heftiger Trieb zu handeln und sich hervorzutun gesellt sich zu diesem beleidigten Stolz.

Alles was er in langen Jahren gesammelt, alles was er Schönes und Großes gedacht und entworfen hat, soll in dieser Wüste mit ihm sterben, soll er umsonst gedacht und entworfen haben? Diesen Gedanken kann seine feurige Seele nicht aushalten. Er erhebt sich über sein Schicksal, diese Wüste soll nicht die Grenze seiner Tätigkeit werden, zu etwas Großen hat ihn das hohe Wesen bestimmt, das er in den Mysterien kennenlernte. Seine Phantasie, durch Einsamkeit und Stille entzündet, ergreift was ihr am nächsten liegt, die Partei der Unterdrückten. Gleiche Empfindungen suchen einander, und der Unglückliche wird sich am liebsten auf des Unglücklichen Seite schlagen. In Ägypten wäre er ein Ägypter, ein Hierophant, ein Feldherr geworden; in Arabien wird er zum Ebräer. Groß und herrlich steigt sie auf vor seinem Geiste, die Idee: „Ich will dieses Volk erlösen."

Aber welche Möglichkeit diesen Entwurf auszuführen? unübersehlich sind die Hindernisse, die sich ihm dabei aufdringen, und diejenigen, welche er bei seinem eigenen Volke selbst zu bekämpfen hat, sind bei weitem die schrecklichsten von allen. Da ist weder Eintracht noch Zuversicht, weder Selbstgefühl noch Mut, weder Gemeingeist noch eine kühne Taten weckende Begeisterung vorauszusetzen; eine lange Sklaverei, ein 400-jähriges Elend, hat alle diese Empfindungen erstickt. – Das Volk, an dessen Spitze er treten soll, ist dieses kühnen Wagestücks ebensowenig fähig als würdig. Von diesem Volk selbst kann er nichts erwarten, und doch kann er ohne dieses Volk nichts ausrichten. Was bleibt ihm also übrig? Ehe er die Befreiung desselben unternimmt, muß er damit anfangen, es dieser Wohltat fähig zu machen. Er muß es wieder in die Menschenrechte einsetzen, die es entäußert hat. Er muß ihm die Eigenschaften wiedergeben, die eine lange Verwilderung in ihm erstickt hat, das heißt, muß Hoffnung, Zuversicht, Heldenmut, Enthusiasmus in ihm entzünden.

Aber diese Empfindungen können sich nur auf ein (wahres oder täuschendes) Gefühl eigener Kräfte stützen, und wo sollen die Sklaven der Ägypter dieses Gefühl hernehmen? Gesetzt, daß es ihm auch gelänge, sie durch seine Beredsamkeit auf einen Augenblick fortzureißen – wird diese erkünstelte Begeisterung sie nicht bei der ersten Gefahr im Stich lassen? Werden sie nicht mutloser als jemals, in ihr Knechtsgefühl zurückfallen?

Hier kommt der ägyptische Priester und Staatskundige dem Hebräer zu Hülfe. Aus seinen Mysterien, aus seiner Priesterschule zu Heliopolis erinnert er sich jetzt des wirksamen Instruments, wodurch ein kleiner Priesterorden Millionen roher Menschen nach seinem Gefallen lenkte. Dieses Instrument ist kein andres, als das Vertrauen auf überirdischen Schutz, Glaube an übernatürliche Kräfte. Da er also in der sichtbaren Welt, im natürlichen Lauf der Dinge nichts entdeckt, wodurch er seiner unterdrückten Nation Mut machen könnte, da er ihr Vertrauen an nichts Irdisches anknüpfen kann, so knüpft er es an den Himmel. Da er die Hoffnung aufgibt, ihr das Gefühl eigner Kräfte zu geben, so hat er nichts zu tun, als ihr einen Gott zuzuführen, der diese Kräfte besitzt. Gelingt es ihm, ihr Vertrauen zu diesem Gott einzuflößen, so hat er sie stark gemacht und kühn, und das Vertrauen auf diesen höhern Arm ist die Flamme, an der es ihm gelingen muß, alle andre Tugenden und Kräfte zu entzünden. Kann er sich seinen Mitbrüdern als das Organ und den Gesandten dieses Gottes legitimieren, so sind sie ein Ball in seinen Händen, er kann sie leiten, wie er will. Aber nun fragt sich's: Welchen Gott soll er ihnen verkündigen, und wodurch kann er ihm Glauben bei ihnen verschaffen?

Soll er ihnen den wahren Gott, den Demiurgos, oder den Jao, verkündigen, an den er selbst glaubt, den er in den Mysterien kennengelernt hat?

Wie könnte er einem unwissenden Sklavenpöbel, wie seine Nation ist, auch nur von ferne Sinn für eine Wahrheit zutraun, die das Erbteil weniger ägyptischen Weisen ist, und schon einen hohen Grad von Erleuchtung voraussetzt, um begriffen zu werden? Wie könnte er sich mit der Hoffnung schmeicheln, daß der Auswurf Ägyptens erwas verstehen würde, was von den Besten dieses Landes nur die wenigsten faßten?

Aber gesetzt, es gelänge ihm auch, den Ebräern die Kenntnis des wahren Gottes zu verschaffen – so konnten sie diesen Gott in ihrer Lage nicht einmal brauchen, und die Erkenntnis desselben würde seinen Entwurf viel mehr untergraben, als befördert haben. Der wahre Gott bekümmerte sich um die Ebräer ja nicht mehr als um irgendein andres Volk. – Der wahre Gott konnte nicht für sie kämpfen, ihnen zu Gefallen die Gesetze der Natur nicht umstürzen. – Er ließ sie ihre Sache mit den Ägyptern ausfechten und mengte sich durch kein Wunder in ihren Streit, wozu sollte ihnen also dieser?

Soll er ihnen einen falschen und fabelhaften Gott verkündigen, gegen welchen sich doch seine Vernunft empört, den ihm die Mysterien verhaßt gemacht haben? Dazu ist sein Verstand zu sehr erleuchtet, sein Herz zu aufrichtig und zu edel. Auf eine Lüge will er seine wohltätige Unternehmung nicht gründen. Die Begeisterung, die ihn jetzt beseelt, würde ihm ihr wohltätiges Feuer zu einem Betrug nicht borgen, und zu einer so verächtlichen Rolle, die seinen innern Überzeugungen so sehr widerspräche, würde es ihm bald an Mut, an Freude, an Beharrlichkeit gebrechen. Er will die Wohltat vollkommen machen, die er auf dem Wege ist seinem Volk zu erweisen; er will sie nicht bloß unabhängig und frei, auch glücklich will er sie machen und erleuchten. Er will sein Werk für die Ewigkeit gründen.

Also darf es nicht auf Betrug – es muß auf Wahrheit gegründet sein. Wie vereinigt er aber diese Widersprüche? Den wahren Gott kann er den Hebräern nicht verkündigen, weil sie unfähig sind ihn zu fassen; einen fabelhaften will er ihnen nicht verkündigen, weil er diese widrige Rolle verachtet. Es bleibt ihm also nichts übrig, als ihnen seinen wahren Gott auf eine fabelhafte Art zu verkündigen.

Jetzt prüft er also seine Vernunftreligion, und untersucht, was er ihr geben und nehmen muß, um ihr eine günstige Aufnahme bei seinen Hebräern zu versichern. Er steigt in ihre Lage, in ihre Beschränkung, in ihre Seele hinunter, und späht da die verborgenen Fäden aus, an die er seine Wahrheit anknüpfen könnte.

Er legt also seinem Gott diejenigen Eigenschaften bei, welche die Fassungskraft der Hebräer und ihr jetziges Bedürfnis eben jetzt von ihm fodern. Er paßt seinen Jao dem Volke an, dem er ihn verkündigen will, er paßt ihn den Umständen an, unter welchen er ihn verkündiget, und so entsteht sein Jehovah.

In den Gemütern seines Volks findet er zwar Glauben an göttliche Dinge, aber dieser Glaube ist in den rohesten Aberglauben ausgeartet. Diesen Aberglauben muß er ausrotten, aber den Glauben muß er erhalten. Er muß ihn bloß von seinem jetzigen unwürdigen Gegenstand ablösen, und seiner neuen Gottheit zuwenden. Der Aberglaube selbst gibt ihm die Mittel dazu in die Hände. Nach dem allgemeinen Wahn jener Zeiten stand jedes Volk unter dem Schutz einer besondern Nationalgottheit, und es schmeichelte dem Nationalstolz, diese Gottheit über die Götter aller andern Völker zu setzen. Diesen letztern wurde aber darum keinesweg die Gottheit abgesprochen; sie wurde gleichfalls anerkannt, nur über den Nationalgott durften sie sich nicht erheben. An diesen Irrtum knüpfte Moses seine Wahrheit an. Er machte den Demiurgos in den Mysterien zum Nationalgott der Hebräer, aber er ging noch einen Schritt weiter.

Er begnügte sich nicht bloß, diesen Nationalgott zum mächtigsten aller Götter zu machen, sondern er machte ihn zum einzigen, und stürzte alle Götter um ihn her in ihr Nichts zurück. Er schenkte ihn zwar den Hebräern zum Eigentum, um sich ihrer Vorstellungsart zu bequemen, aber zugleich unterwarf er ihm alle andern Völker und alle Kräfte der Natur. So rettete er in dem Bild, worin er ihn den Hebräern vorstellte, die zwei wichtigsten Eigenschaften seines wahren Gottes, die Einheit und die Allmacht, und machte sie wirksamer in dieser menschlichen Hülle.

Der eitle kindische Stolz, die Gottheit ausschließend besitzen zu wollen, mußte nun zum Vorteil der Wahrheit geschäftig sein, und seiner Lehre vom einigen Gott Eingang verschaffen. Freilich ist es nur ein neuer Irrglaube, wodurch er den alten stürzt, aber dieser neue Irrglaube ist der Wahrheit schon um vieles näher als derjenige, den er verdrängte; und dieser kleine Zusatz von Irrtum ist es im Grunde allein, wodurch seine Wahrheit ihr Glück macht, und alles was er dabei gewinnt, dankt er diesem vorhergesehenen Mißverständnis seiner Lehre. Was hätten seine Hebräer mit einem philosophischen Gott machen können? Mit diesem Nationalgott hingegen muß er Wunderdinge bei ihnen ausrichten. – Man denke sich einmal in die Lage der Hebräer. Unwissend wie sie sind, messen sie die Stärke der Götter nach dem Glück der Völker ab, die in ihrem Schutze stehen. Verlassen und unterdrückt von Menschen, glauben sie sich auch von allen Göttern vergessen; ebendas Verhältnis, das sie selbst gegen die Ägypter haben, muß nach ihren Begriffen auch ihr Gott gegen die Götter der Ägypter haben; er ist also ein kleines Licht neben diesen, oder sie zweifeln gar, ob sie wirklich einen haben. Auf einmal wird ihnen verkündigt, daß sie auch einen Beschützer im Sternenkreis haben, und daß dieser Beschützer erwacht sei aus seiner Ruhe, daß er sich umgürte und aufmache, gegen ihre Feinde große Taten zu verrichten.

Diese Verkündigung Gottes ist nun mehr dem Ruf eines Feldherrn gleich, sich unter seine siegreiche Fahne zu begeben. Gibt nun dieser Feldherr zugleich auch Proben seiner Stärke, oder kennen sie ihn gar noch aus alten Zeiten her, so reißt der

Schwindel der Begeisterung auch den Furchtsamsten dahin; und auch dieses brachte Moses in Rechnung bei seinem Entwurfe.

Das Gespräch, welches er mit der Erscheinung in dem brennenden Dornbusch hält, legt uns die Zweifel vor, die er sich selbst aufgeworfen, und auch die Art und Weise wie er sich solche beantwortet hat. Wird meine unglückliche Nation Vertrauen zu einem Gott gewinnen, der sie so lange vernachlässigt hat, der jetzt auf einmal wie aus den Wolken fällt, dessen Namen sie nicht einmal nennen hörte – der schon jahrhundertelang ein müßiger Zuschauer der Mißhandlung war, die sie von ihren Unterdrückern erleiden mußte? Wird sie nicht vielmehr den Gott ihrer glücklichen Feinde für den mächtigern halten? Dies war der nächste Gedanke, der in dem neuen Propheten jetzt aufsteigen mußte. Wie hebt er aber nun diese Bedenklichkeit? Er macht seinen Jao zum Gott ihrer Väter, er knüpft ihn also an ihre alte Volkssagen an, und verwandelt ihn dadurch in einen einheimischen, in einen alten und wohlbekannten Gott. Aber um zu zeigen, daß er den wahren und einzigen Gott darunter meine, um aller Verwechslung mit irgendeinem Geschöpf des Aberglaubens vorzubeugen, um gar keinem Mißverständnis Raum zu geben, gibt er ihm den heiligen Namen, den er wirklich in den Mysterien führt. „Ich werde sein, der ich sein werde. Sage zu dem Volk Israel", legt er ihm in den Mund, „ich werde sein, der hat mich zu euch gesendet."

In den Mysterien führte die Gottheit wirklich diesen Namen. Dieser Name mußte aber dem dummen Volk der Hebräer durchaus unverständlich sein. Sie konnten sich unmöglich etwas dabei denken, und Moses hätte also mit einem andern Namen weit mehr Glück machen können; aber er wollte sich lieber diesem Übelstand aussetzen, als einen Gedanken aufgeben, woran ihm alles lag, und dieser war: die Hebräer wirklich mit dem Gott, den man in den Mysterien der Isis lehrte, bekannt zu machen. Da es ziemlich ausgemacht ist, daß die ägyptischen Mysterien schon lange geblüht haben, ehe Jehovah dem Moses in dem Dornbusch erschien, so ist es wirklich auffallend, daß er sich gerade denselben Namen gibt, den er vorher in den Mysterien der Isis führte.

Es war aber noch nicht genug, daß sich Jehovah den Hebräern als einen bekannten Gott, als den Gott ihrer Väter ankündigte; er mußte sich auch als einen mächtigen Gott legitimieren, wenn sie anders Herz zu ihm fassen sollten; und dies war um so nötiger, da ihnen ihr bisheriges Schicksal in Ägypten eben keine große Meinung von ihrem Beschützer geben konnte. Da er sich ferner bei ihnen nur durch einen dritten einführte, so mußte er seine Kraft auf diesen legen, und ihn durch außerordentliche Handlungen in den Stand setzen, sowohl seine Sendung selbst, als die Macht und Größe dessen, der ihn sandte, darzutun.

Wollte also Moses seine Sendung rechtfertigen, so mußte er sie durch Wundertaten unterstützen. Daß er diese Taten wirklich verrichtet habe, ist wohl kein Zweifel. Wie er sie verrichtet habe und wie man sie überhaupt zu verstehen habe, überläßt man dem Nachdenken eines jeden.

Die Erzählung endlich, in welche Moses seine Sendung kleidet, hat alle Requisite, die sie haben mußte, um den Hebräern Glauben daran einzuflößen, und dies war alles, was sie sollte – bei uns braucht sie diese Wirkung nicht mehr zu haben. Wir wissen jetzt zum Beispiel, daß es dem Schöpfer der Welt, wenn er sich je entschließen sollte, einem Menschen in Feuer oder in Wind zu erscheinen, gleichgültig sein könnte, ob man barfuß oder nicht barfuß vor ihm erschiene. – Moses aber legt seinem Jehovah den Befehl in den Mund, daß er die Schuhe von den Füßen ziehen solle; denn er wußte sehr gut, daß er dem Begriffe der göttlichen Heiligkeit bei seinen Hebräern durch ein sinnliches Zeichen zu Hülfe kommen müsse – und ein solches Zeichen hatte er aus den Einweihungszeremonien noch behalten.

So bedachte er ohne Zweifel auch, daß z. B. seine schwere Zunge ihm hinderlich sein könnte – er kam also diesem Übelstand zuvor, er legte die Einwürfe, die er zu fürchten hatte, schon in seine Erzählung, und Jehovah selbst mußte sie heben. Er unterzieht sich ferner seiner Sendung nur nach einem langen Widerstand – desto mehr Gewicht mußte also in den Befehl Gottes gelegt werden, der ihm diese Sendung abnötigte. Überhaupt malt er das am ausführlichsten und am individuellsten aus, in seiner Erzählung, was den Israeliten so wie uns, am allerschwersten eingehen mußte zu glauben, und es ist kein Zweifel, daß er seine guten Gründe dazu gehabt hatte.

Wenn wir das Bisherige kurz zusammenfassen, was war eigentlich der Plan, den Moses in der arabischen Wüste ausdachte?

Er wollte das israelitische Volk aus Ägypten führen, und ihm zum Besitz der Unabhängigkeit und einer Staatsverfassung in einem eigenen Lande helfen. Weil er aber die Schwierigkeiten recht gut kannte, die sich ihm bei diesem Unternehmen entgegenstellen würden, weil er wußte, daß auf die eigenen Kräfte dieses Volks so lange nicht zu rechnen sei, bis man ihm Selbstvertrauen, Mut, Hoffnung und Begeisterung gegeben, weil er voraussah, daß seine Beredsamkeit auf den zu Boden gedrückten Sklavensinn der Hebräer gar nicht würken würde, so begriff er, daß er ihnen einen höhern, einen überirdischen Schutz ankündigen müsse, daß er sie gleichsam unter die Fahne eines göttlichen Feldherrn versammeln müsse.

Er gibt ihnen also einen Gott, um sie fürs erste aus Ägypten zu befreien. Weil es aber damit noch nicht getan ist, weil er ihnen für das Land, das er ihnen nimmt, ein andres geben muß, und weil sie dieses andre erst mit gewaffneter Hand erobern und sich darin erhalten müssen, so ist nötig, daß er ihre vereinigten Kräfte in einem Staatskörper zusammenhalte, so muß er ihnen also Gesetze und eine Verfassung geben.

Als ein Priester und Staatsmann aber weiß er, daß die stärkste und unentbehrlichste Stütze aller Verfassung Religion ist; er muß also den Gott, den er ihnen anfänglich nur zur Befreiung aus Ägypten, als einen bloßen Feldherrn gegeben hat, auch bei der bevorstehenden Gesetzgebung brauchen; er muß ihn also auch gleich so ankündigen, wie er ihn nachher gebrauchen will. Zur Gesetzgebung und zur Grundlage des Staats braucht er aber den wahren Gott, denn er ist ein großer und edler Mensch, der ein Werk, das dauern soll, nicht auf eine Lüge gründen kann. Er will die Hebräer durch die Verfassung, die er ihnen zugedacht hat, in der Tat glücklich und daurend glücklich machen, und dies kann nur dadurch geschehen, daß er seine Gesetzgebung auf Wahrheit gründet. Für diese Wahrheit sind aber ihre Verstandskräfte noch zu stumpf; er kann sie also nicht auf dem reinen Weg der Vernunft in ihre Seele bringen. Da er sie nicht überzeugen kann, so muß er sie überreden, hinreißen, bestechen. Er muß also dem wahren Gott, den er ihnen angekündigt, Eigenschaften geben, die ihn den schwachen Köpfen faßlich und empfehlungswürdig machen; er muß ihm ein heidnisches Gewand umhüllen, und muß zufrieden sein, wenn sie an seinem wahren Gott gerade nur dieses Heidnische schätzen, und auch das Wahre bloß auf eine heidnische Art aufnehmen. Und dadurch gewinnt er schon unendlich, er gewinnt – daß der Grund seiner Gesetzgebung wahr ist, daß also ein künftiger Reformator die Grundverfassung nicht einzustürzen braucht, wenn er die Begriffe verbessert, welches bei allen falschen Religionen die unausbleibliche Folge ist, sobald die Fackel der Vernunft sie beleuchtet.

Alle andre Staaten jener Zeit und auch der folgenden Zeiten sind auf Betrug und Irrtum, auf Vielgötterei, gegründet, obgleich, wie wir gesehen haben, in Ägypten ein kleiner Zirkel war, der richtige Begriffe von dem höchsten Wesen hegte. Moses, der selbst aus diesem Zirkel ist, und nur diesem Zirkel seine bessere Idee von dem höchsten Wesen zu danken hat, Moses ist der erste, der es wagt, dieses geheimgehaltene Resultat der Mysterien nicht nur laut, sondern sogar zur Grundlage eines Staats zu machen. Er wird also, zum Besten der Welt und der Nachwelt, ein Verräter der Mysterien, und läßt eine ganze Nation an einer Wahrheit teilnehmen, die bis jetzt nur das Eigentum weniger Weisen war. Freilich konnte er seinen Hebräern mit dieser neuen Religion nicht auch zugleich den Verstand mitgeben, sie zu fassen, und darin hatten die ägyptischen Epopten einen großen Vorzug vor ihnen voraus. Die Epopten erkannten die Wahrheit durch ihre Vernunft, die Hebräer konnten höchstens nur blind daran glauben*.

* Ich muß die Leser dieses Aufsatzes auf eine Schrift von ähnlichem Inhalt: Über die ältesten Hebräischen Mysterien von Br. Decius, verweisen, welche einen berühmten und verdienstvollen Schriftsteller zum Verfasser hat, und woraus ich verschiedene der hier zum Grund gelegten Ideen und Daten genommen habe.

Lykurgus

Um den Lykurgischen Plan gehörig würdigen zu können, muß man auf die damalige politische Lage von Sparta zurücksehen, und die Verfassung kennenlernen, worin er Lacedämon fand, als er seinen neuen Entwurf zum Vorschein brachte. Zwei Könige, beide mit gleicher Gewalt versehen, standen an der Spitze des Staats; jeder eifersüchtig auf den andern, jeder geschäftig, sich einen Anhang zu machen, und dadurch die Gewalt seines Throngehilfen zu beschränken. Diese Eifersucht hatte sich von den zwei ersten Königen Prokles und Eurysthen auf ihre beiderseitigen Linien bis auf Lykurg fortgeerbt, daß Sparta während dieses langen Zeitraums unaufhörlich von Faktionen beunruhigt wurde. Jeder König suchte durch Bewilligung großer Freiheiten das Volk zu bestechen, und diese Bewilligungen führten das Volk zur Frechheit und endlich zum Aufruhr. Zwischen Monarchie und Demokratie schwankte der Staat hin und wider, und ging mit schnellem Wechsel von einem Extrem auf das andre über. Zwischen den Rechten des Volks und der Gewalt der Könige waren noch keine Grenzen gezeichnet, der Reichtum floß in wenigen Familien zusammen. Die reichen Bürger tyrannisierten die Armen, und die Verzweiflung der letztern äußerte sich in Empörung.

Von innerer Zwietracht zerrissen mußte der schwache Staat die Beute seiner kriegrischen Nachbarn werden, oder in mehrere kleinere Tyrannien zerfallen. So fand Lykurgus Sparta; unbestimmte Grenzen der königlichen und Volksgewalt, ungleiche Austeilung der Glücksgüter unter den Bürgern, Mangel an Gemeingeist und Eintracht und eine gänzliche politische Entkräftung waren die Übel, die sich dem Gesetzgeber am dringendsten darstellten, auf die er also bei seiner Gesetzgebung vorzüglich Rücksicht nahm.

Als der Tag erschien, wo Lykurgus seine Gesetze bekanntmachen wollte, ließ er dreißig der vornehmsten Bürger, die er vorher zum Besten seines Planes gewonnen hatte, bewaffnet auf dem Marktplatz erscheinen, um denen, die sich etwa widersetzen würden, Furcht einzujagen. Der König Charilaus von diesen Anstalten in Schrecken gesetzt, entfloh in den Tempel der Minerva, weil er glaubte, daß die ganze Sache gegen ihn gerichtet sei. Aber man benahm ihm diese Furcht, und brachte ihn sogar dahin, daß er selbst den Plan des Lykurgus tätig unterstützte.

Die erste Einrichtung betraf die Regierung. Um künftig auf immer zu verhindern, daß die Republik zwischen königlicher Tyrannei und anarchischer Demokratie hin und her geworfen würde, legte Lykurgus eine dritte Macht, als Gegengewicht, in die Mitte; er gründete einen Senat. Die Senatoren, 28 an der Zahl und also 30 mit den Königen, sollten auf die Seite des Volks treten, wenn die Könige ihre Gewalt mißbrauchten, und wenn im Gegenteil die Gewalt des Volks zu groß werden wollte, die Könige gegen dasselbe in Schutz nehmen. Eine vortreffliche Anordnung, wodurch Sparta auf immer allen den gewaltsamen innern Stürmen entging, die es bisher erschüttert hatten. Dadurch ward es jedem Teile unmöglich gemacht, den andern unter die Füße zu treten; gegen Senat und Volk konnten die Könige nichts ausrichten, und ebensowenig konnte das Volk das Übergewicht erhalten, wenn der Senat mit den Königen gemeine Sache machte.

Aber einem dritten Fall hatte Lykurgus nicht begegnet – wenn nämlich der Senat selbst seine Macht mißbrauchte. Der Senat konnte sich als ein Mittelglied, ohne Gefahr der öffentlichen Ruhe, gleich leicht mit den Königen wie mit dem Volk verbinden, aber ohne große Gefahr des Staats durften sich die Könige nicht mit dem Volk gegen den Senat vereinigen. Dieser letzte fing daher bald an, diese vorteilhafte Lage zu benutzen, und einen ausschweifenden Gebrauch von seiner Gewalt zu machen, welches um so mehr gelang, da die geringe Anzahl der Senatoren es ihnen leicht machte, sich miteinander einzuverstehen. Der Nachfolger des Lykurgus ergänzte deswegen diese Lücke, und führte die Ephoren ein, welche der Macht des Senats einen Zaum anlegten.

Gefährlicher und kühner war die zweite Anordnung welche Lykurgus machte. Diese war: das ganze Land in gleichen Teilen unter den Bürgern zu verteilen, und den Unterschied zwizwischen Reichen und Armen auf immerdar aufzuheben. Ganz Lakonien wurde in 30000 Felder, der Acker um die Stadt

Sparta selbst in 9000 Felder geteilt, jedes groß genug, daß eine Familie reichlich damit auskommen konnte. Sparta gab jetzt einen schönen reizenden Anblick, und Lykurgus selbst weidete sich an diesen Schauspiel, als er in der Folge das Land durchreiste. „Ganz Lakonien", rief er aus, „gleicht einem Acker, den Brüder brüderlich unter sich teilten."

Ebensogerne, wie die Äcker, hätte Lykurgus auch die beweglichen Güter verteilt, aber diesem Vorhaben stellten sich unüberwindliche Schwierigkeiten entgegen. Er versuchte also, durch Umwege zu diesem Ziele zu gelangen, und das, was er nicht durch ein Machtwort aufheben konnte, von sich selbst fallen zu machen.

Er fing damit an, alle goldnen und silbernen Münzen zu verbieten und an ihrer Statt eiserne einzuführen. Zugleich gab er einem großen und schweren Stück Eisen einen sehr geringen Wert, daß man einen großen Raum brauchte um eine kleine Geldsumme aufzubewahren, und viele Pferde, um sie fortzuschaffen. Ja, damit man nicht einmal versucht werden möchte, dieses Geld des Eisens wegen zu schätzen und zusammenzuscharren, so ließ er das Eisen, welches dazu genommen wurde, vorher glühend in Essig löschen und härten, wodurch es zu jedem andern Gebrauche untüchtig wurde.

Wer sollte nun stehlen oder sich bestechen lassen, oder Reichtümer aufzuhäufen trachten, da der kleine Gewinn weder verhehlt noch genutzt werden konnte?

Nicht genug, daß Lykurg seinen Mitbürgern dadurch die Mittel zur Üppigkeit entzog – er rückte ihnen auch die Gegenstände derselben aus den Augen, die sie dazu hätten reizen können. Spartas eiserne Münze konnte kein fremder Kaufmann brauchen, und eine andre hatten sie ihm nicht zu geben. Alle Künstler, die für den Luxus arbeiteten, verschwanden jetzt aus Lakonien, kein auswärtiges Schiff erschien mehr in seinen Häfen; kein Abenteurer zeigte sich mehr sein Glück in diesem Lande zu suchen, kein Kaufmann kam, die Eitelkeit und Wollust zu brandschatzen, denn sie konnten nichts mit sich hinwegnehmen als eiserne Münzen die in allen andern Ländern verachtet wurden. Der Luxus hörte auf, weil niemand da war, der ihn unterhalten hätte.

Lykurg arbeitete noch auf eine andre Art der Üppigkeit entgegen. Er verordnete, daß alle Bürger an einem öffentlichen Orte in Gemeinschaft zusammen speisen, und alle dieselbe vorgeschriebene Kost miteinander teilen sollten. Es war nicht erlaubt zu Hause der Weichlichkeit zu dienen, und sich durch eigne Köche kostbare Speisen zurichten zu lassen. Jeder mußte monatlich eine gewisse Summe an Lebensmitteln zu der öffentlichen Mahlzeit geben, und dafür erhielt er die Kost von dem Staat. Funfzehn speisten gewöhnlich an einem Tische zusammen, und jeder Tischgenosse mußte alle übrigen Stimmen für sich haben, um an die Tafel aufgenommen zu werden. Wegbleiben durfte keiner ohne eine gültige Entschuldigung; dieses Gebot wurde so strenge gehalten, daß selbst Agis einer der folgenden Könige, als er aus einem rühmlich geführten Kriege nach Sparta zurückkam und mit seiner Gemahlin allein speisen wollte, eine abschlägige Antwort von den Ephoren erhielt. Unter den Speisen der Spartaner ist die schwarze Suppe berühmt; ein Gericht zu dessen Lobe gesagt wurde, die Spartaner hätten gut tapfer sein, weil es kein so großes Übel wäre, zu sterben, als ihre schwarze Suppe zu essen. Ihre Mahlzeit würzten sie mit Lustigkeit und Scherz, denn Lykurg selbst war so sehr ein Freund der geselligen Freude, daß er dem Gott des Lachens in seinem Hause einen Altar errichtete.

Durch die Einführung dieser gemeinschaftlichen Speisung gewann Lykurgus für seinen Zweck sehr viel. Aller Luxus an kostbarem Tafelgeräte hörte auf, weil man an dem öffentlichen Tisch keinen Gebrauch davon machen konnte. Der Schwelgerei wurde auf immer Einhalt getan, gesunde und starke Körper waren die Folge dieser Mäßigkeit und Ordnung, und gesunde Väter konnten dem Staate starke Kinder zeugen. Die gemeinschaftliche Speisung gewöhnte die Bürger miteinander zu leben, und sich als Glieder desselben Staatskörpers zu betrachten – nicht einmal zu gedenken, daß eine so gleiche Lebensweise auch auf die gleiche Stimmung der Gemüter Einfluß haben mußte.

Ein ander Gesetz verordnete, daß kein Haus ein andres Dach haben durfte, als welches mit der Axt verfertigt worden, und keine andre Türe, als die bloß mit Hülfe einer Säge gemacht worden sei. In ein so schlechtes Haus konnte sich niemand einfallen lassen, kostbare Meublen zu schaffen, alles mußte sich harmonisch zu dem Ganzen stimmen.

Lykurgus begriff wohl, daß es nicht damit getan sei, Gesetze für seine Mitbürger zu schaffen, er mußte auch Bürger für diese Gesetze erschaffen. In den Gemütern der Spartaner mußte er seiner Verfassung die Ewigkeit sichern, in diesen mußte er die Empfänglichkeit für fremde Eindrücke ertöten.

Der wichtigste Teil seiner Gesetzgebung war daher die Erziehung, und durch diese schloß er gleichsam den Kreis, in welchem der spartanische Staat sich um sich selbst bewegen sollte. Die Erziehung war ein wichtiges Werk des Staats, und der Staat ein fortdauerndes Werk dieser Erziehung.

Seine Sorgfalt für die Kinder erstreckte sich bis auf die Quellen der Zeugung. Die Körper der Jungfrauen wurden durch Leibesübungen gehärtet, um starke gesunde Kinder leicht zu gebären. Sie gingen sogar unbekleidet, um alle Unfälle der Witterung auszuhalten. Der Bräutigam mußte sie rauben, und durfte sie auch nur des Nachts und verstohlen besuchen. Dadurch blieben beide in den ersten Jahren der Ehe einander immer noch fremd, und ihre Liebe blieb neu und lebendig.

Aus der Ehe selbst wurde alle Eifersucht verbannt. Alles, auch die Schamhaftigkeit, ordnete der Gesetzgeber seinem Hauptzweck unter. Er opferte die weibliche Treue auf, um gesunde Kinder für den Staat zu gewinnen.

Sobald das Kind geboren war gehörte es dem Staat. – Vater und Mutter hatten es verloren. Es wurde von den Ältesten besichtigt; wenn es stark und wohlgebildet war, übergab man es einer Wärterin; war es schwächlich und mißgestaltet, so warf man es in einen Abgrund an dem Berge Taygetus.

Die spartanischen Wärterinnen wurden wegen der harten Erziehung, die sie den Kindern gaben, in ganz Griechenland berühmt und in entfernte Länder berufen. Sobald ein Knabe das siebente Jahr erreicht hatte, wurde er ihnen genommen und mit Kindern seines Alters gemeinschaftlich erzogen, ernährt, und unterrichtet. Frühe lehrte man ihn Beschwerlichkeiten Trotz bieten, und durch Leibesübungen eine Herrschaft über seine Glieder erlangen. Erreichten sie die Jünglingsjahre, so hatten die edelsten unter ihnen Hoffnung F r e u n d e unter den E r w a c h s e n e n zu erhalten, die durch eine begeisterte Liebe an sie gebunden waren. Die Alten waren bei ihren Spielen zugegen, beobachteten das aufkeimende Genie, und ermunterten die Ruhmbegierde durch Lob oder Tadel. Wenn sie sich satt essen wollten, so mußten sie die Lebensmittel dazu stehlen, und wer sich ertappen ließ, hatte eine harte Züchtigung und Schande zu erwarten. Lykurgus wählte dieses Mittel, um sie frühe an List und Ränke zu gewöhnen, Eigenschaften, die er für den kriegrischen Zweck, zu dem er sie bildete, ebenso wichtig glaubte als Leibesstärke und Mut. Wir haben schon oben gesehen, wie wenig gewissenhaft Lykurgus im Betreff der Sittlichkeit war, wenn es darauf ankam, seinen politischen Zweck zu verfolgen. Übrigens muß man in Betrachtung ziehen, daß weder die Entweihung der Ehen, noch dieser befohlene Diebstahl in Sparta den politischen Schaden anrichten konnten, den sie in jedem andern Staate würden zur Folge gehabt haben. Da der Staat die Erziehung der Kinder übernahm, so war sie unabhängig von dem Glück und der Reinigkeit der Ehen; da in Sparta wenig Wert auf dem Eigentum ruhte, und fast alle Güter gemeinschaftlich waren, so war die Sicherheit des Eigentums kein so wichtiger Punkt, und ein Angriff darauf – besonders wenn der Staat selbst ihn lenkte und Absichten dadurch erreichte – kein bürgerliches Verbrechen.

Den jungen Spartanern war es verboten, sich zu schmücken, ausgenommen wenn sie in das Treffen oder in sonst eine große Gefahr gingen. Dann erlaubte man ihnen, ihre Haare schön aufzuputzen, ihre Kleider zu schmücken, und Zieraten an den Waffen zu tragen. Das Haar, sagte Lykurgus, mache schöne Leute schöner und häßliche fürchterlich. Es war gewiß ein feiner Kunstgriff des Gesetzgebers, etwas Lachendes und Festliches mit Gelegenheiten der Gefahr zu verbinden; und ihnen dadurch das Schreckliche zu benehmen. Er ging noch weiter. Er ließ im Kriege von der strengen Disziplin etwas nach, die Lebensart war dann freier, und Vergehungen wurden weniger hart geahndet. Daher kam es, daß der Krieg den Spartanern allein eine Art von Erholung war, und daß sie sich darauf wie auf eine fröhliche Gelegenheit freuten. Rückte der Feind an, so ließ der spartanische König das Kastorische Lied anstimmen, die Soldaten rückten in festgeschlossenen Reihen unter Flötengesang fort, und gingen freudig und unerschrocken nach dem Klange der Musik der Gefahr entgegen.

Der Plan des Lykurgus brachte es mit sich, daß die Anhänglichkeit an das Eigentum der Anhänglichkeit an das Vaterland durchaus nachstand, und daß die Gemüter, durch keine Privatsorge zerstreut, nur dem Staate lebten. Darum fand er für gut und notwendig, seinen Mitbürgern auch die Geschäfte des gewöhnlichen Lebens zu ersparen, und diese durch Fremdlinge verrichten zu lassen, damit auch nicht einmal die Sorge der Arbeit oder die Freude an häuslichen Geschäften ihren Geist von dem Interesse des Vaterlands abzöge. Die Äcker und das Haus wurden deswegen von Sklaven besorgt, die in Sparta dem Vieh gleich geachtet wurden. Man nennt sie Heloten, weil die ersten Sklaven der Spartaner Einwohner der Stadt Helos in Lakonien gewesen, die sie bekriegt und zu Gefangenen gemacht hatten. Von diesen Heloten führten nachher alle spartanischen Sklaven, die sie in ihren Kriegen erbeuteten, den Namen.

Abscheulich war der Gebrauch, den man in Sparta von diesen unglücklichen Menschen machte. Man betrachtete sie als ein Geräte, von dem man zu politischen Absichten, wie man wollte, Gebrauch machen könnte, und die Menschheit wurde auf eine wirklich empörende Art in ihnen verspottet. Um der spartanischen Jugend ein abschreckendes Bild von der Unmäßigkeit im Trinken zu geben, zwang man diese Heloten sich zu betrinken, und stellte sie dann in diesem Zustand öffentlich zur Schau aus. Man ließ sie schändliche Lieder singen, und lächerliche Tänze tanzen; die Tänze der Freigebornen waren ihnen verboten.

Man gebrauchte sie zu einer noch weit unmenschlichern Absicht. Es war dem Staat darum zu tun, den Mut seiner kühnsten Jünglinge auf schwere Proben zu setzen, und sie durch blutige Vorspiele zum Kriege vorzubereiten. Der Senat schickte also zu gewissen Zeiten eine Anzahl dieser Jünglinge auf das Land; nichts als ein Dolch und etwas Speise wurde ihnen auf die Reise mitgegeben. Am Tage war ihnen auferlegt, sich verborgen zu halten; bei Nachtzeit aber zogen sie auf die Straßen und schlugen die Heloten tot, die ihnen in die Hände fielen. Diese Anstalt nannte man die Kryptia oder den Hinterhalt, aber ob Lykurgus der Stifter derselben war, ist noch im Zweifel. Wenigstens folgt sie ganz aus seinem Prinzip. Wie die Republik Sparta in ihren Kriegen glücklich war, so vermehrte sich auch die Anzahl dieser Heloten, daß sie anfingen der Republik selbst gefährlich zu werden, und auch wirklich durch eine so barbarische Behandlung zur Verzweiflung gebracht, Empörungen entspannen. Der Senat faßte einen unmenschlichen Entschluß, den er durch die Notwendigkeit entschuldigt glaubte. Unter dem Vorwand ihnen die Freiheit zu schenken wurden einmal während des peloponnesischen Kriegs 2000 der tapfersten Heloten versammelt und, mit Kränzen geschmückt, in einer feierlichen Prozession in die Tempel begleitet. Hier aber verschwanden sie plötzlich, und niemand erfuhr, was mit ihnen geworden war. Soviel ist übrigens gewiß und in Griechenland zum Sprüchwort geworden, daß die spartanischen Sklaven die unglückseligsten aller andern Sklaven, so wie die spartaschen freien Bürger die freiesten aller Bürger gewesen.

Weil den letztern alle Arbeiten durch die Heloten abgenommen waren, so brachten sie ihr ganzes Leben müßig zu; die Jugend übte sich in kriegerischen Spielen und Geschicklichkeiten, und die Alten waren die Zuschauer und Richter bei diesen Übungen. Einem spartanischen Greis gereichte es zur Schande von dem Ort wegzubleiben, wo die Jugend erzogen wurde. Auf diese Art kam es, daß jeder Spartaner mit dem Staat lebte, alle Handlungen wurden dadurch öffentliche Handlungen. Unter den Augen der Nation reifte die Jugend heran, und verblühte das Alter. Unaufhörlich hatte der Spartaner Sparta vor Augen, und Sparta ihn. Er war Zeuge von allem, und alles war Zeuge seines Lebens. Die Ruhmbegierde erhielt einen immerwährenden Sporn, der Nationalgeist eine unaufhörliche Nahrung; die Idee von Vaterland und vaterländischem Interesse verwuchs mit dem innersten Leben aller seiner Bürger. Noch andre Gelegenheiten, diese Triebe zu entflammen, gaben die öffentlichen Feste, welche in dem müßigen Sparta sehr zahlreich waren. Kriegrische Volkslieder wurden dabei gesungen, welche den Ruhm der fürs Vaterland gefallenen Bürger oder Ermunterungen zur Tapferkeit zum gewöhnlichen Inhalt hatten. Sie erschienen an diesen Festen in drei Chören nach dem Alter eingeteilt. Das Chor der Alten fing an zu singen: „In der Vorzeit waren wir Helden." Das Chor der Männer antwortete: „Helden sind wir jetzt! Komme wer will, es zu erproben!" Das dritte Chor der Knaben fiel ein: „Helden werden wir einst, und euch durch Taten verdunkeln."

Werfen wir einen bloß flüchtigen Blick auf die Gesetzgebung des Lykurgus, so befällt uns wirklich ein angenehmes Erstaunen. Unter allen ähnlichen Instituten des Altertums ist sie unstreitig die vollendetste, die mosaische Gesetzgebung ausgenommen, der sie in vielen Stücken, und vorzüglich in dem Prinzipium gleicht, das ihr zum Grund liegt. Sie ist wirklich in sich selbst vollendet, alles schließt sich darin aneinander an, eines wird durch alles, und alles durch eins gehalten. Bessere Mittel konnte Lykurgus wohl nicht wählen, den Zweck zu erreichen, den er vor Augen hatte, einen Staat nämlich, der von allen übrigen isoliert, sich selbst genug und fähig wäre, durch innern Kreislauf und eigne lebendige Kraft sich selbst zu erhalten. Kein Gesetzgeber hat je einem Staate diese Einheit, dieses Nationalinteresse, diesen Gemeingeist gegeben, den Lykurgus dem seinigen gab. Und wodurch hat Lykurgus dieses bewirkt? – Dadurch, daß er die Tätigkeit seiner Mitbürger in den Staat zu leiten wußte und ihnen alle andern Wege zuschloß, die sie hätten davon abziehen können.

Alles was Menschenseelen fesselt und Leidenschaften entzündet, alles außer dem politischen Interesse hatte er durch seine Gesetzgebung entfernt. Reichtum und Wollüste, Wissenschaft und Kunst, hatten keinen Zugang zu den Gemütern der Spartaner. Durch die gleiche gemeinschaftliche Armut fiel die Vergleichung der Glücksumstände weg, die in den meisten Menschen die Gewinnsucht entzündet; der Wunsch nach Besitztümern fiel mit der Gelegenheit hinweg, sie zu zeigen und zu nutzen. Durch die tiefe Unwissenheit in Kunst und Wissenschaft, welche alle Köpfe in Sparta auf gleiche Art verfinsterte, verwahrte er es vor Eingriffen, die ein erleuchteter Geist in die Verfassung getan haben würde; ebendiese Unwissenheit mit dem rauhen Nationaltrotz verbunden, der jedem Spartaner eigentümlich war, stand ihrer Vermischung mit andern griechischen Völkern unaufhörlich im Wege. In der Wiege schon waren sie zu Spartanern gestempelt, und je mehr sie andern Nationen entgegenstießen, desto fester mußten sie an ihrem Mittelpunkt halten. Das Vaterland war das erste Schauspiel, das sich dem spartanischen Knaben zeigte, wenn er zum Denken erwachte. Er erwachte im Schoß des Staats, alles was um ihn lag, war Nation, Staat und Vaterland. Es war der erste Eindruck in seinem Gehirne, und sein ganzes Leben war eine ewige Erneuerung dieses Eindrucks.

Zu Hause fand der Spartaner nichts, das ihn hätte fesseln können; alle Reize hatte der Gesetzgeber seinen Augen entzogen. Nur im Schoße des Staats fand er Beschäftigung, Ergötzung, Ehre, Belohnung; alle seine Triebe und Leidenschaften waren nach diesem Mittelpunkt hingeleitet. Der Staat hatte also die ganze Energie, die Kraft aller seiner einzelnen Bürger, und an dem Gemeingeiste der alle zusammen entflammte mußte sich der Nationalgeist jedes einzelnen Bürgers entzünden. Daher ist es kein Wunder, daß die spartanische Vaterlandstugend einen

Grad von Stärke erreichte, der uns unglaublich scheinen muß. Daher kam es, daß bei dem Bürger dieser Republik gar kein Zweifel stattfinden konnte, wenn es darauf ankam, zwischen Selbsterhaltung und Rettung des Vaterlands eine Wahl zu treffen.

Daher ist es begreiflich, wie sich der spartanische König Leonidas mit seinen 300 Helden die Grabschrift verdienen konnte, die schönste ihrer Art und das erhabenste Denkmal politischer Tugend. „Erzähle Wandrer, wenn du nach Sparta kommst, daß wir seinen Gesetzen gehorsam, hier gefallen sind."

Man muß also eingestehen, daß nichts Zweckmäßigers, nichts durchdachter sein kann, als diese Staatsverfassung, daß sie in ihrer Art, ein vollendetes Kunstwerk vorstellt, und in ihrer ganzen Strenge befolgt, notwendig auf sich selbst hätte ruhen müssen. Wäre aber meine Schilderung hier zu Ende, so würde ich mich eines sehr großen Irrtums schuldig gemacht haben. Diese bewundrungswürdige Verfassung ist im höchsten Grade verwerflich, und nichts Traurigers könnte der Menschheit begegnen, als wenn alle Staaten nach diesem Muster wären gegründet worden. Es wird uns nicht schwerfallen, uns von dieser Behauptung zu überzeugen.

Gegen seinen eignen Zweck gehalten, ist die Gesetzgebung des Lykurgus ein Meisterstück der Staats- und Menschenkunde. Er wollte einen mächtigen, in sich selbst gegründeten unzerstörbaren Staat; politische Stärke und Dauerhaftigkeit waren das Ziel, wonach er strebte, und dieses Ziel hat er so weit erreicht, als unter seinen Umständen möglich war. Aber hält man den Zweck, welchen Lykurgus sich vorsetzte, gegen den Zweck der Menschheit, so muß eine tiefe Mißbilligung an die Stelle der Bewunderung treten, die uns der erste flüchtige Blick abgewonnen hat. Alles darf dem Besten des Staats zum Opfer gebracht werden, nur dasjenige nicht, dem der Staat selbst nur als ein Mittel dient. Der Staat selbst ist niemals Zweck, er ist nur wichtig als eine Bedingung unter welcher der Zweck der Menschheit erfüllt werden kann, und dieser Zweck der Menschheit ist kein andrer, als Ausbildung aller Kräfte des Menschen, Fortschreitung. Hindert eine Staatsverfassung, daß alle Kräfte die im Menschen liegen, sich entwickeln, hindert sie die Fortschreitung des Geistes, so ist sie verwerflich und schädlich, sie mag übrigens noch so durchdacht, und in ihrer Art noch so vollkommen sein. Ihre Dauerhaftigkeit selbst gereicht ihr alsdann viel mehr zum Vorwurf, als zum Ruhme – sie ist dann nur ein verlängertes Übel; je länger sie Bestand hat, um so schädlicher ist sie.

Überhaupt können wir bei Beurteilung politischer Anstalten als eine Regel festsetzen, daß sie nur gut und lobenswürdig sind, insofern sie alle Kräfte, die im Menschen liegen, zur Ausbildung bringen, insofern sie Fortschreitung der Kultur befördern, oder wenigstens nicht hemmen. Dieses gilt von Religions- wie von politischen Gesetzen; beide sind verwerflich, wenn sie eine Kraft des menschlichen Geistes fesseln, wenn sie ihm in irgend etwas einen Stillstand auferlegen. Ein Gesetz z. B. wodurch eine Nation verbunden würde, bei dem Glaubensschema beständig zu verharren, das ihr in einer gewissen Periode als das vortrefflichste erschienen, ein solches Gesetz wäre ein Attentat gegen die Menschheit, und keine noch so scheinbare Absicht würde es rechtfertigen können. Es wäre unmittelbar gegen das höchste Gut, gegen den höchsten Zweck der Gesellschaft gerichtet.

Mit diesem allgemeinen Maßstab versehen, können wir nicht lange zweifelhaft sein, wie wir den Lykurgischen Staat beurteilen sollen.

Eine einzige Tugend war es, die in Sparta mit Hintansetzung aller andern geübt wurde, Vaterlandsliebe.

Diesem künstlichen Triebe wurden die natürlichsten schönsten Gefühle der Menschheit zum Opfer gebracht.

Auf Unkosten aller sittlichen Gefühle wurde das politische Verdienst errungen, und die Fähigkeit dazu ausgebildet. In Sparta gab es keine eheliche Liebe, keine Mutterliebe, keine kindliche Liebe, keine Freundschaft – es gab nichts als Bürger, nichts als bürgerliche Tugend. Lange Zeit hat man jene spartanische Mutter bewundert, die ihren aus dem Treffen entkommenen Sohn mit Unwillen von sich stößt, und nach dem Tempel eilt, den Göttern für den gefallenen zu danken. Zu einer solchen unnatürlichen Stärke des Geistes hätte man der Menschheit nicht Glück wünschen sollen. Eine zärtliche Mutter ist eine weit schönere Erscheinung in der moralischen Welt, als ein heroisches Zwittergeschöpf, das die natürliche Empfindung verleugnet, um eine künstliche Pflicht zu befriedigen.

Welch schöneres Schauspiel gibt der rauhe Krieger Cajus Marius in seinem Lager vor Rom, der Rache und Sieg aufopfert, weil er die Tränen der Mutter nicht fließen sehen kann!

Dadurch daß der Staat der Vater seines Kindes wurde, hörte der natürliche Vater desselben auf, es zu sein. Das Kind lernte nie seine Mutter, seinen Vater lieben, weil es schon in dem zärtesten Alter von ihnen gerissen, seine Eltern nicht an ihren Wohltaten, nur von Hörensagen erfuhr.

Auf eine noch empörendere Art wurde das allgemeine Menschengefühl in Sparta ertötet, und die Seele aller Pflichten, die Achtung gegen die Gattung, ging unwiederbringlich verloren. Ein Staatsgesetz machte den Spartanern die Unmenschlichkeit gegen ihre Sklaven zur Pflicht, in diesen unglücklichen Schlachtopfern wurde die Menschheit beschimpft und mißhandelt. In dem spartanischen Gesetzbuche selbst, wurde der gefährliche Grundsatz gepredigt, Menschen als Mittel und nicht als Zwecke zu betrachten – dadurch wurden die Grundfeste des Naturrechts und der Sittlichkeit gesetzmäßig eingerissen. Die ganze Moralität wurde preisgegeben, um etwas zu erhalten, das doch nur als ein Mittel zu dieser Moralität einen Wert haben kann.

Kann etwas widersprechender sein, und kann ein Widerspruch schrecklichere Folgen haben als diese? Nicht genug daß Lykurgus auf den Ruin der Sittlichkeit seinen Staat gründete, er arbeitete auf eine andre Art gegen den höchsten Zweck der Menschheit, indem er durch sein fein durchdachtes Staatssystem den Geist der Spartaner auf derjenigen Stufe festhielt, worauf er ihn fand, und auf ewig alle Fortschreitung hemmte.

Aller Kunstfleiß war aus Sparta verbannt, alle Wissenschaften wurden vernachlässigt, aller Handelsverkehr mit fremden Völkern verboten, alles Auswärtige wurde ausgeschlossen. Dadurch wurden alle Kanäle gesperrt wodurch seiner Nation helle Begriffe zufließen konnten, in einer ewigen Einförmigkeit in einem traurigen Egoismus sollte sich der spartanische Staat ewig nur um sich selbst bewegen.

Das Geschäft aller seiner vereinigten Bürger war, sich zu erhalten, was sie besaßen, und zu bleiben was sie waren, nicht Neues zu bewerben, nicht auf eine höhere Stufe zu steigen. Unerbittliche Gesetze mußten darüber wachen, daß keine Neuerung in das Uhrwerk des Staates griff, daß selbst der Fortschritt der Zeit an der Form der Gesetze nichts veränderte. Um diese lokale diese temporäre Verfassung dauerhaft zu machen, mußte man den Geist des Volks auf derjenigen Stelle festhalten, worauf er bei ihrer Gründung gestanden.

Wir haben aber gesehen, daß Fortschreitung des Geistes das Ziel des Staats sein soll. —

Der Staat des Lykurgus konnte nur unter der einzigen Bedingung fortdauern, wenn der Geist des Volks stille stünde, er konnte sich also nur dadurch erhalten, daß er den höchsten und einzigen Zweck eines Staats verfehlte. Was man also zum Lobe des Lykurgus angeführt hat, daß Sparta nur so lange blühen würde, als es dem Buchstaben seines Gesetzes folgte, ist das Schlimmste, was von ihm gesagt werden konnte. Eben dadurch, daß es die alte Staatsform nicht verlassen durfte, die Lykurg ihm gegeben, ohne sich dem gänzlichen Untergang auszusetzen, daß es bleiben mußte, was es war, daß es stehen mußte wo ein einziger Mann es hingeworfen, eben dadurch war Sparta ein unglücklicher Staat – und kein traurigeres Geschenk hätte ihm sein Gesetzgeber machen können, als diese gerühmte ewige Dauer einer Verfassung, die seiner wahren Größe und Glückseligkeit so sehr im Wege stand.

Nehmen wir dies zusammen, so verschwindet der falsche Glanz wodurch die einzige hervorstechende Seite des spartanischen Staats ein unerfahrnes Auge blendet – wir sehen nichts mehr als einen schülerhaften unvollkommnen Versuch – das erste Exerzitium des jugendlichen Weltalters, dem es noch an Erfahrung und hellen Einsichten fehlte, die wahren Verhältnisse der Dinge zu erkennen. So fehlerhaft dieser erste Versuch ausgefallen ist, so wird und muß er einem philosophischen Forscher der Menschengeschichte immer sehr merkwürdig bleiben. Immer war es ein Riesenschritt des menschlichen Geistes, dasjenige als ein Kunstwerk zu behandeln, was bis jetzt dem Zufall und der Leidenschaft überlassen gewesen war. Unvollkommen mußte notwendig der erste Versuch in der schwersten aller Künste sein, aber schätzbar bleibt er immer, weil er in der wichtigsten aller Künste angestellt worden ist. Die Bildhauer fingen mit Hermessäulen an, ehe sie sich zu der vollkommnen Form eines Antinous, eines vatikanischen Apolls erhuben; die Gesetzgeber werden sich noch lange in rohen Versuchen üben, bis sich ihnen endlich das glückliche Gleichgewicht der gesellschaftlichen Kräfte von selbst darbietet.

Der Stein leidet geduldig den bildenden Meißel, und die Saiten die der Tonkünstler anschlägt, antworten ihm, ohne seinem Finger zu widerstreben.

Der Gesetzgeber allein bearbeitet einen selbsttätigen widerstrebenden Stoff – die menschliche Freiheit. Nur unvollkommen kann er das Ideal in Erfüllung bringen, das er in seinem Gehirne noch so rein entworfen hat, aber hier ist der Versuch allein schon alles Lobes wert, wenn er mit uneigennützigem Wohlwollen unternommen, und mit Zweckmäßigkeit vollendet wird.

Solon

Von der Gesetzgebung des Lykurgus in Sparta war die Gesetzgebung Solons in Athen fast durchaus das Widerspiel – und da die beiden Republiken Sparta und Athen die Hauptrollen in der griechischen Geschichte spielen, so ist es ein anziehendes Geschäft, ihre verschiedenen Staatsverfassungen nebeneinanderzustellen, und ihre Gebrechen und Vorzüge gegeneinander abzuwägen.

Nach dem Tode des Kodrus wurde die königliche Würde in Athen abgeschafft, und einer Obrigkeit, die den Namen Archon führte, die höchste Gewalt auf lebenslang übertragen. In einem Zeitraum von mehr als 300 Jahren herrschten dreizehn solcher Archonten in Athen und aus diesem Zeitraum hat uns die Geschichte nichts Merkwürdiges von der neuen Republik aufbehalten. Aber der Geist der Demokratie, der den Atheniensern schon zu Homers Zeiten eigentümlich war, regte sich am Schluß dieser Periode wieder. Eine lebenslängliche Dauer des Archontats war ihnen doch ein allzu lebhaftes Bild der königlichen Würde, und vielleicht hatten die vorhergegangenen Archonten ihre große und dauerhafte Macht mißbraucht. Man setzte also die Dauer der Archonten auf zehen Jahre. Ein wichtiger Schritt zur künftigen Freiheit, denn dadurch daß es alle zehen Jahre einen neuen Beherrscher wählte, erneuerte das Volk den Aktus seiner Souveränität, es nahm alle zehen Jahre seine weggegebene Gewalt zurück, um sie nach Gutbefinden von neuem wegzugeben. Dadurch blieb ihm immer in frischem Gedächtnis, was die Untertanen erblicher Monarchien zuletzt ganz vergessen, daß es selbst die Quelle der höchsten Gewalt, daß der Fürst nur das Geschöpf der Nation ist.

300 Jahre hatte das atheniensische Volk einen lebenslänglichen Archon über sich geduldet, aber die zehenjährigen

Archonten wurde es schon im 70. Jahre müde. Dies war ganz natürlich, denn während dieser Zeit hatte es 7mal die Archontenwahl erneuert, es war also 7mal an seine Souveränität erinnert worden. Der Geist der Freiheit hatte sich also in der zweiten Periode weit lebhafter regen müssen, weit schneller entwickeln müssen, als in der ersten.

Der siebente der zehenjährigen Archonten war auch der letzte von dieser Gattung. Das Volk wollte alle Jahre den Genuß seiner Obergewalt haben, es hatte die Erfahrung gemacht, daß eine auf 10 Jahre verliehene Gewalt noch immer lang genug daure, um zum Mißbrauch zu verführen. Künftig also war die Archontenwürde auf ein einziges Jahr eingeschränkt, nach dessen Verfluß eine neue Wahl vorgenommen wurde. Es tat noch einen Schritt weiter. Weil auch eine noch so kurz dauernde Gewalt in den Händen eines einzigen der Monarchie schon sehr nahe kommt, so schwächte es diese Gewalt, indem es dieselbe unter 9 Archonten verteilte, die zugleich regierten.

Drei dieser 9 Archonten hatten Vorzüge vor den 6 übrigen. Der erste, Archon Eponymos genannt, führte den Vorsitz bei der Versammlung, sein Name stand unter den öffentlichen Akten, nach ihm nannte man das Jahr. Der zweite Basileus oder König genannt hatte über die Religion zu wachen, und den Gottesdienst zu besorgen; dies war aus frühern Zeiten beibehalten, wo die Aufsicht über den Gottesdienst ein wesentliches Stück der Königswürde gewesen. Der dritte Polemarch war Anführer im Kriege. Die sechs übrigen führten den Namen Thesmotheten, weil sie die Konstitution zu bewahren, und die Gesetze zu erhalten und auszulegen hatten.

Die Archonten wurden aus den vornehmsten Familien gewählt, und in spätern Zeiten erst drangen sich auch Personen aus dem Volk in diese Würde. Die Verfassung war daher einer Aristokratie weit näher als einer Volksregierung, und das letzte hatte also noch nicht sehr viel dabei gewonnen.

Die Anordnung, daß jedes Jahr neun neue Archonten gewählt wurden, hatte neben ihrer guten Seite: nämlich Mißbrauch der höchsten Gewalt zu verhüten: auch eine sehr schlimme, und diese war: daß sie Faktionen im Staat hervorbrachte. Denn nun gab es viele Bürger im Staat, welche die höchste Gewalt bekleidet und wieder abgegeben hatten. Mit Niederlegung ihrer Würde konnten sie nicht so leicht auch den

Geschmack an dieser Würde, nicht so leicht das Vergnügen am Herrschen ablegen, das sie zu kosten angefangen hatten. Sie wünschten also wieder zu werden, was sie waren, sie machten sich also einen Anhang, sie erregten innere Stürme in der Republik. Die schnellere Abwechslung und die größere Anzahl der Archonten machten ferner jedem angesehenen und reichen Athenienser Hoffnung zum Archontat zu gelangen, eine Hoffnung die er vorher, als nur einer diese Würde bekleidete, und nicht so bald wieder darin abgelöst wurde, wenig oder nicht gekannt hatte. Diese Hoffnung wurde endlich bei ihnen zur Ungeduld, und diese Ungeduld führte sie zu gefährlichen Anschlägen. Beide also, sowohl die, welche schon Archonten gewesen, als die, welche sich sehnten, es zu werden, wurden der bürgerlichen Ruhe auf gleiche Art gefährlich.

Das Schlimmste dabei war, daß die obrigkeitliche Macht, durch Verteilung unter mehrere, und durch ihre kurze Dauer mehr als jemals gebrochen war. Es fehlte daher an einer starken Hand, die Faktionen zu bändigen und die aufrührerischen Köpfe im Zaum zu halten. Mächtige und verwegene Bürger stürzten den Staat in Verwirrung und strebten nach Unabhängigkeit.

Man warf endlich, um diesen Unruhen zu steuern, die Augen auf einen unbescholtenen und allgemein gefürchteten Bürger, dem die Verbesserung der Gesetze, die bis jetzt nur in mangelhaften Traditionen bestanden, übertragen ward. Drako hieß dieser gefürchtete Bürger – ein Mann ohne Menschengefühl, der der menschlichen Natur nichts Gutes zutraute, alle Handlungen bloß in dem finstern Spiegel seiner eignen trüben Seele sah, und ganz ohne Schonung war für die Schwächen der Menschheit; ein schlechter Philosoph und ein noch schlechterer Kenner der Menschen, mit kaltem Herzen, beschränktem Kopf, und unbiegsam in seinen Vorurteilen. Solch ein Mann war vortrefflich, Gesetze zu vollziehen, aber sie zu geben konnte man keine schlimmere Wahl treffen.

Es ist uns wenig von den Gesetzen des Drako übriggeblieben, aber dieses wenige schildert uns den Mann, und den Geist seiner Gesetzgebung. Alle Verbrechen strafte er ohne Unterschied mit dem Tode, den Müßiggang wie den Mord, den Diebstahl eines Kohls oder eines Schafs, wie den Hochverrat und die Mordbrennerei. Als man ihn daher fragte, warum er die kleinen Vergehungen ebenso streng bestrafe, als die schwersten

Verbrechen, so war seine Antwort: „Die kleinsten Verbrechen sind des Todes würdig; für die größern weiß ich keine andre Strafe, als den Tod – darum muß ich beide gleich behandeln."

Drakos Gesetze sind der Versuch eines Anfängers in der Kunst, Menschen zu regieren. Schrecken ist das einzige Instrument, wodurch er wirkt. Er straft nur begangenes Übel, er verhindert es nicht, er bekümmert sich nicht darum, die Quellen desselben zu verstopfen und die Menschen zu verbessern. Einen Menschen aus den Lebendigen vertilgen, weil er etwas Böses begangen hat, heißt ebensoviel, als, einen Baum umhauen, weil eine seiner Früchte faul ist.

Seine Gesetze sind doppelt zu tadeln, weil sie nicht allein die heiligen Gefühle und Rechte der Menschheit wider sich haben, sondern auch weil sie auf das Volk, dem er sie gab, nicht berechnet waren. War ein Volk in der Welt ungeschickt, durch solche Gesetze zu gedeihen, so war es das atheniensische. Die Sklaven der Pharaonen, oder des Königs der Könige würden sich endlich vielleicht darein gefunden haben – aber wie konnten Athenienser unter ein solches Joch sich beugen.

Auch blieben sie kaum ein halbes Jahrhundert in Kraft, ob er ihnen gleich den unbescheidnen Titel, unwandelbarer Gesetze gab.

Drako hatte also seinen Auftrag sehr schlecht erfüllt, und anstatt zu nützen, schadeten seine Gesetze. Weil sie nämlich nicht befolgt werden konnten, und doch keine andre sogleich da waren ihre Stelle zu ersetzen, so war es ebensoviel, als wenn Athen gar kein Gesetz gehabt hätte, und die traurigste Anarchie riß ein.

Damals war der Zustand des atheniensischen Volks äußerst zu beklagen. Eine Klasse des Volks besaß alles, die andre hingegen gar nichts; die Reichen unterdrückten und plünderten aufs unbarmherzigste die Armen. Es entstand eine unermeßliche Scheidewand zwischen beiden. Die Not zwang die ärmern Bürger zu den Reichen ihre Zuflucht zu nehmen, zu ebenden Blutigeln, die sie ausgesogen hatten; aber sie fanden nur eine grausame Hülfe bei diesen. Für die Summen die sie aufnahmen, mußten sie ungeheure Zinsen bezahlen, und wenn sie nicht Termin hielten, ihre Ländereien selbst an die Gläubiger abtreten. Nachdem sie nichts mehr zu geben hatten, und doch leben mußten, waren sie dahin gebracht, ihre eigene

Kinder als Sklaven zu verkaufen, und endlich, als auch diese Zuflucht erschöpft war, borgten sie auf ihren eigenen Leib, und mußten sich gefallen lassen, von ihren Kreditoren als Sklaven verkauft zu werden. Gegen diesen abscheulichen Menschenhandel war noch kein Gesetz in Attika gegeben, und nichts hielt die grausame Habsucht der reichen Bürger in Schranken. So schrecklich war der Zustand Athens. Wenn der Staat nicht zugrunde gehen sollte, so mußte man dieses zerstörte Gleichgewicht der Güter auf eine gewaltsame Art wiederherstellen.

Zu diesem Ende waren unter dem Volk drei Faktionen entstanden. Die eine, welcher die armen Bürger besonders beitraten, foderte eine Demokratie, eine gleiche Verteilung der Äcker, wie sie Lykurgus in Sparta eingeführt hatte; die andre, welche die Reichen ausmachten, stritt für die Aristokratie.

Die dritte wollte beide Staatsformen miteinander verbunden wissen, und setzte sich den beiden andern entgegen, daß keine durchdringen konnte.

Es war keine Hoffnung diesen Streit auf eine ruhige Art beizulegen, solange man nicht einen Mann fand, dem sich alle drei Parteien auf gleiche Weise unterwarfen, und ihn zum Schiedsrichter über sich anerkannten.

Glücklicherweise fand sich ein solcher Mann, und seine Verdienste um die Republik, sein sanfter billiger Charakter, und der Ruf seiner Weisheit hatte längst schon die Augen der Nation auf ihn gezogen. Dieser Mann war Solon, von königlicher Abkunft wie Lykurgus, denn er zählte den Kodrus unter seinen Ahnherrn. Solons Vater war ein sehr reicher Mann gewesen, aber durch Wohltun hatte er sein Vermögen geschwächt, und der junge Solon mußte in seinen ersten Jahren die Kaufmannschaft ergreifen. Durch Reisen, welche ihm diese Lebensart notwendig machte, und durch den Verkehr mit auswärtigen Völkern bereicherte sich sein Geist, und sein Genie entwickelte sich im Umgang mit fremden Weisen. Frühe schon legte er sich auf die Dichtkunst, und die Fertigkeit, die er darin erlangte, kam ihm in der Folge sehr gut zustatten, moralische Wahrheiten und politische Regeln in dieses gefällige Gewand zu kleiden. Sein Herz war empfindlich für Freude und Liebe; einige Schwachheiten seiner Jugend machten ihn um so nachsichtiger gegen die Menschheit, und gaben seinen Gesetzen das Gepräge von Sanftmut und Milde, das sie von den Satzungen des Drako und Lykurgus so schön unterscheidet. Er war ferner noch ein tapfrer Heerführer gewesen, hatte der Republik den Besitz der Insel Salamine erworben, und noch andere wichtige Kriegsdienste geleistet. Damals war das Studium der Weisheit noch nicht wie jetzt von politischer und kriegrischer Wirksamkeit getrennt; der Weise war der beste Staatsmann, der erfahrenste Feldherr, der tapferste Soldat, seine Weisheit floß in alle Geschäfte seines bürgerlichen Lebens. Solons Ruf war durch ganz Griechenland erschollen, und in die allgemeine Angelegenheiten des Peloponnes hatte er einen sehr großen Einfluß.

Solon war der Mann, der allen Parteien in Athen gleich lieb war. Die Reichen hatten große Hoffnungen von ihm, weil er selbst ein begüterter Mann war. Die Armen vertrauten ihm, weil er ein rechtschaffner Mann war. Der verständige Teil der Athenienser wünschte sich ihn zum Herrscher, weil die Monarchie das sicherste Mittel schien, die Faktionen zu unterdrücken; seine Verwandten wünschten dieses gleichfalls, aber aus eigennützigen Absichten, um die Herrschaft mit ihm zu teilen. Solon verschmähte diesen Rat: die Monarchie, sagte er, sei ein schöner Wohnplatz, aber er habe keinen Ausgang.

Er begnügte sich, sich zum Archon und Gesetzgeber ernennen zu lassen, und übernahm dieses große Amt ungern, und nur aus Achtung für das Wohl der Bürger.

Das erste, womit er sein Werk eröffnete, war das berühmte Edikt, Seisachtheia oder Erledigung genannt, wodurch alle Schulden aufgehoben, und zugleich verboten wurde, daß künftig keiner dem andern auf seinen Leib etwas leihen durfte. Dieses Edikt war allerdings ein gewaltsamer Angriff auf das Eigentum, aber die höchste Not des Staats machte einen gewaltsamen Schritt notwendig. Er war unter zwei Übeln das kleinere, denn die Klasse des Volks welche dadurch litt, war weit geringer, als die, welche dadurch glücklich wurde.

Durch dieses wohltätige Edikt wälzte er auf einmal die schweren Lasten ab, welche die arme Bürgerklasse seit Jahrhunderten niedergedrückt hatten; die Reichen aber machte er dadurch nicht elend, denn er ließ ihnen was sie hatten, er nahm ihnen nur die Mittel, ungerecht zu sein. Nichtsdestoweniger erntete er von den Armen sowenig Dank als von den Reichen. Die Armen hatten auf eine völlig gleiche Länderteilung gerechnet, davon in Sparta das Beispiel gegeben war, und murrten deswegen gegen ihn, daß er ihre Erwartung hintergangen hatte. Sie vergaßen, daß der Gesetzgeber den Reichen ebenso-gut, als den Armen, Gerechtigkeit schuldig sei, und daß die Anordnung des Lykurgus eben darum nicht nachahmungs-würdig sei, weil sie sich auf eine Unbilligkeit gründete, die zu vermeiden gewesen wäre.

Der Undank des Volks preßte dem Gesetzgeber eine be-scheidene Klage aus. „Ehmals", sagte er, „rauschte mir von allen Seiten mein Lob entgegen; jetzt schielt alles mit feind-lichen Blicken auf mich." Bald aber zeigten sich in Attika die wohltätigen Folgen seiner Verfügung. Das Land, das vorher Sklavendienste tat, war jetzt frei, der Bürger bearbeitete den Acker jetzt als sein Eigentum, den er vorher als Tagelöhner für seinen Kreditor bearbeitet hatte. Viele ins Ausland ver-kaufte Bürger, die schon angefangen hatten, ihre Mutter-sprache zu verlernen, sahen als freie Menschen ihr Vaterland wieder.

Das Vertrauen in den Gesetzgeber kehrte zurück. Man über-trug ihm die ganze Reformation des Staats, und unumschränkte Gewalt, über das Eigentum und die Rechte der Bürger zu ver-fügen. Der erste Gebrauch den er davon machte war, daß er alle Gesetze des Drako abschaffte – diejenigen ausgenommen, welche gegen den Mord und Ehebruch gerichtet waren.

Nun übernahm er das große Werk, der Republik eine neue Konstitution zu geben.

Alle atheniensischen Bürger mußten sich einer Schätzung des Vermögens unterwerfen, und nach dieser Schätzung wur-den sie in vier Klassen oder Zünfte geteilt.

Die erste begriff diejenigen in sich, welche jährlich 500 Maß von trocknen und flüssigen Dingen Einkommen hatten.

Die zweite enthielt diejenigen, welche 300 Maß Einkommen hatten und ein Pferd halten konnten.

Die dritte diejenigen, welche nur die Hälfte davon hatten, und wo also immer zwei zusammentreten mußten, um diese Summe herauszubringen. Man nannte sie deswegen die Zweigespann-ten.

In der vierten waren die, welche keine liegenden Gründe be-saßen und bloß von ihrer Handarbeit lebten, Handwerker, Taglöhner und Künstler.

Die drei ersten Klassen konnten öffentliche Ämter beklei-den; die aus der letzten waren davon ausgeschlossen, doch hat-ten sie bei der Nationalversammlung eine Stimme wie die übrigen, und dadurch allein genossen sie einen großen Anteil an der Regierung. Vor die Nationalversammlung Ekklesia genannt, wurden alle große Angelegenheiten gebracht und durch dieselbe entschieden; die Wahl der Obrigkeiten, die Besetzung der Ämter, wichtige Rechtshändel, Finanzangelegenheiten, Krieg und Frieden. Da ferner die Solonischen Gesetze mit einer gewissen Dunkelheit behaftet waren, so mußte in jedem Fall, wo der Richter über ein Gesetz das er auszulegen hatte zweifelhaft war, an die Ekklesia appelliert werden, welche dann in letzter Instanz entschied, wie das Gesetz zu verstehen sei. Von allen Tribunalen konnte man an das Volk appellieren. Vor dem dreißigsten Jahr hatte niemand Zutritt zur Nationalversammlung; aber sobald einer das erfoderliche Alter hatte, so konnte er ungestraft nicht mehr wegbleiben, denn Solon haßte und bekämpfte nichts so sehr, als Lauigkeit gegen das gemeine Wesen.

Athens Verfassung war auf diese Art in eine vollkommene Demokratie verwandelt; im strengsten Verstande war das Volk souverän, und nicht bloß durch Repräsentanten herrschte es, sondern in eigner Person und durch sich selbst.

Bald aber zeigten sich nachteilige Folgen dieser Einrichtung. Das Volk war zu schnell mächtig geworden, um sich dieses Vorrechts mit Mäßigung zu bedienen, Leidenschaft mischte sich in die öffentliche Versammlung, und der Tumult, den eine so große Volksmenge erregte erlaubte nicht immer reif zu überlegen und weise zu entscheiden. Diesem Übel zu begegnen schuf Solon einen Senat, zu welchem, aus jeder der vier Zünfte, 100 Mitglieder genommen wurden. Dieser Senat mußte sich vorher über die Punkte beratschlagen, welche der Ekklesia vorgelegt werden sollten. Nichts, was nicht vorher vom Senat in Überlegung genommen worden, durfte vor das Volk gebracht werden, aber das Volk allein behielt die Entscheidung. War eine Angelegenheit von dem Senat dem Volk vorgetragen, so traten die Redner auf, die Wahl desselben zu lenken. Diese Menschenklasse hat sich in Athen sehr viel Wichtigkeit erworben, und durch den Mißbrauch, den sie von ihrer Kunst und dem leichtbeweglichen Sinn der Athenienser machte, der Republik ebensoviel geschadet, als sie ihr hätte nützen können, wenn sie, von Privatabsichten rein, das wahre Interesse des Staats immer vor Augen gehabt hätte. Alle Kunstgriffe der Beredsamkeit bot der Redner auf, dem Volk diejenige Seite einer Sache annehmlich zu machen, wozu er es gerne bringen wollte; und, verstand er seine Kunst, so waren alle Herzen in seinen Händen. Durch diese Redner wurde dem Volk eine sanfte und erlaubte Fessel angelegt. Sie herrschten durch Überredung, und ihre Herrschaft war darum nicht weniger groß, weil sie der freien Wahl etwas übrigließ. Das Volk behielt völlige Freiheit, zu wählen und zu verwerfen, aber durch die Kunst, womit man ihm die Dinge vorzulegen wußte, lenkte man diese Freiheit. Eine vortreffliche Einrichtung, wenn die Funktion der Redner immer in reinen und treuen Händen geblieben wäre. Bald aber wurden aus diesen Rednern Sophisten, die ihren Ruhm darein setzten, das Schlimme gut, und das Gute schlimm zu machen. Mitten in Athen war ein großer öffentlicher Platz von Bildsäulen der Götter und Helden umgeben, das Prytaneum genannt. Auf diesem Platz war die Versammlung des Senats, und die Senatoren erhielten davon den Namen der Prytanen. Von einem Prytanen wurde ein untadelhaftes Leben verlangt. Keinem Verschwender, keinem der seinem Vater unehrerbietig begegnet, keinem welcher sich nur einmal betrunken hatte, durfte es in den Sinn kommen, sich zu diesem Amte zu melden.

Als sich in der Folge die Bevölkerung in Athen vermehrte, und anstatt der vier Zünfte, welche Solon eingeführt hatte, 10 Zünfte gemacht wurden, wurde auch die Anzahl der Prytanen von 400 bis 1000 gesetzt. Aber von diesen 1000 Prytanen waren jährlich nur 500 in Funktion, und auch diese 500 nie auf einmal. Funfzig derselben regierten immer fünf Wochen lang und zwar so daß in jeder Woche nur 10 im Amte standen. So war es ganz unmöglich, willkürlich zu verfahren, denn jeder hatte ebenso viele Zeugen und Hüter seiner Handlungen, als er Amtsgenossen hatte, und der Nachfolgende konnte immer die Verwaltung seines Vorgängers mustern. Alle fünf Wochen wurden vier Volksversammlungen gehalten, die außerordentlichen nicht mitgerechnet, eine Einrichtung, wodurch es ganz unmöglich gemacht ward, daß eine Angelegenheit lange unentschieden blieb und der Gang der Geschäfte verzögert wurde.

Außer dem Senat der Prytanen, den er neu erschuf, brachte Solon auch den Areopagus wieder in Ansehen, den Drako erniedrigt hatte, weil er ihm zu menschlich dachte. Er machte ihn zum obersten Aufseher und Schutzgeist der Gesetze und befestigte, wie Plutarch sagt an diesen beiden Gerichten, dem

Senat nämlich und dem Areopagus, wie an zwei Ankern die Republik.

Diese zwei Gerichtshöfe waren eingesetzt, über die Erhaltung des Staats und seiner Gesetze zu wachen. Zehen andere Tribunale beschäftigten sich mit Anwendung der Gesetze, mit der Gerechtigkeitspflege. Über Mordtaten erkannten vier Gerichtshöfe das Palladium, das Delphinium, die Phreattys und Heliäa. Die zwei erstern bestätigte Solon nur, sie waren schon unter den Königen gestiftet. Unvorsätzliche Mordtaten wurden vor dem Palladium gerichtet. Vor dem Delphinium stellten sich die, welche sich zu einem für erlaubt gehaltenen Totschlag bekannten. Das Gericht Phreattys wurde eingesetzt, um über diejenigen zu erkennen, welche eines vorsätzlichen Totschlags wegen angeklagt wurden, nachdem sie bereits eines unvorsätzlichen Mordes wegen außer Landes geflüchtet waren. Der Beklagte erschien auf einem Schiffe, und am Ufer standen seine Richter. War er unschuldig, so kehrte er ruhig an seinen Verbannungsort zurück, in der fröhlichen Hoffnung einst wieder heimkehren zu dürfen. Wurde er schuldig befunden, so kehrte er zwar auch unversehrt zurück, aber sein Vaterland hatte er auf ewig verloren.

Das vierte Kriminalgericht war die Heliäa, die ihren Namen von der Sonne hatte, weil sie sich gleich nach Aufgang der Sonne und an einem Orte den die Sonne bestrahlt, zu versammeln pflegte. Die Heliäa war eine außerordentliche Kommission der andern großen Tribunale; ihre Mitglieder waren zugleich Richter und Magistrate. Sie hatten nicht bloß Gesetze anzuwenden und zu vollziehen, sondern auch zu verbessern und ihren Sinn zu bestimmen. Ihre Versammlung war feierlich, und ein furchtbarer Eid verband sie zur Wahrheit.

Sobald ein Todesurteil gefällt war, und der Beklagte hatte sich nicht durch eine freiwillige Verbannung demselben entzogen, so überlieferte man ihn den Eilf Männern; diesen Namen führte die Kommission, wozu jede der zehen Zünfte einen Mann hergab; die, mit dem Blutrichter eilf ausmachten. Diese Eilf Männer hatten die Aufsicht über die Gefängnisse, und vollzogen die Todesurteile. Der Todesarten, welche man den Verbrechern in Athen zuerkannte, waren dreierlei. Entweder man stürzte ihn in einen Schlund, auch in das Meer hinunter, oder man richtete ihn mit dem Schwert hin, oder gab ihm Schierling zu trinken.

Zunächst der Todesstrafe kam die Verweisung. Diese Strafe ist schrecklich in glückseligen Ländern; es gibt Staaten, aus denen es kein Unglück ist, verwiesen zu werden. Daß es die Verweisung zunächst an die Todesstrafe, und wenn sie ewig war, dieser letztern gleichsetzte, ist ein schönes Selbstgefühl des atheniensischen Volks. Der Athenienser, der sein Vaterland verloren, konnte in der ganzen übrigen Welt kein Athen mehr finden.

Die Verbannung war mit einer Konfiskation aller Güter verbunden, den Ostrazismus allein ausgenommen.

Bürger, welche durch außerordentliche Verdienste oder Glück zu einem größern Einfluß und Ansehen gelangt waren, als sich mit der republikanischen Gleichheit vertrug, und die also anfingen der bürgerlichen Freiheit gefährlich zu werden, verbannte man zuweilen – ehe sie diese Verbannung verdienten. Um den Staat zu retten, war man unrecht gegen einen einzelnen Bürger. Die Idee welche diesem Gebrauche zum Grund liegt, ist an sich zu loben, aber das Mittel, welches man erwählte zeugt von einer kindischen Politik. Man nannte diese Art der Verbannung den Ostrazismus, weil die Vota auf Scherben geschrieben wurden. Sechstausend Stimmen waren nötig, einen Bürger mit dieser Strafe zu belegen. Der Ostrazismus mußte seiner Natur nach meistens den verdientesten Bürger treffen, er ehrte also mehr, als er schändete – aber darum war er doch nicht weniger ungerecht und grausam, denn er nahm dem Würdigsten, was ihm das Teuerste war, die Heimat. Eine vierte Art von Strafen bei Kriminalverbrechen war die Strafe der Säule. Die Schuld des Verbrechers wurde auf eine Säule geschrieben, und dies machte ihn ehrlos mit seinem ganzen Geschlechte.

Geringere bürgerliche Händel zu entscheiden, waren sechs Tribunale eingesetzt, die aber niemals wichtig wurden, weil dem Verurteilten von allen die Appellation an die höhern Gerichte und an die Ekklesia offenstand. Jeder führte seine Sache selbst (Weiber, Kinder und Sklaven ausgenommen). Eine Wasseruhr bestimmte die Dauer von seiner und seines Anklägers Rede. Die wichtigsten bürgerlichen Händel mußten in 24 Stunden entschieden sein.

Soviel von den bürgerlichen und politischen Anordnungen Solons, aber darauf allein schränkte sich dieser Gesetzgeber nicht ein. Es ist ein Vorzug, den die alten Gesetzgeber vor den neuern haben, daß sie ihre Menschen den Gesetzen zubilden, die sie ihnen erteilen, daß sie auch die Sittlichkeit, den Charakter, den gesellschaftlichen Umgang mitnehmen, und den Bürger nie von dem Menschen trennen wie wir. Bei uns stehen die Gesetze nicht selten in direktem Widerspruch mit den Sitten. Bei den Alten standen Gesetze und Sitten in einer viel schöneren Harmonie. Ihre Staatskörper haben daher auch eine so lebendige Wärme, die den unsrigen ganz fehlt; mit unzerstörbaren Zügen war der Staat in die Seelen der Bürger gegraben.

Indessen muß man auch hier in Anpreisung des Altertums sehr behutsam sein. Fast durchgängig kann man behaupten, daß die Absichten der alten Gesetzgeber weise und lobenswürdig waren, daß sie aber in den Mitteln fehlten. Diese Mittel zeugen oft von unrichtigen Begriffen, und einer einseitigen Vorstellungsart. Wo wir zu weit zurückbleiben eilten sie zu weit vor. Wenn unsre Gesetzgeber unrecht getan haben, daß sie moralische Pflichten und Sitten ganz vernachlässigten, so hatten die Gesetzgeber der Griechen darin unrecht, daß sie moralische Pflichten mit dem Zwang der Gesetze einschärften. Zur moralischen Schönheit der Handlungen ist Freiheit des Willens die erste Bedingung, und diese Freiheit ist dahin, sobald man moralische Tugend durch gesetzliche Strafen erzwingen will. Das edelste Vorrecht der menschlichen Natur ist, sich selbst zu bestimmen, und das Gute um des Guten willen tun. Kein bürgerliches Gesetz darf Treue gegen den Freund, Großmut gegen den Feind, Dankbarkeit gegen Vater und Mutter zwangsmäßig gebieten, denn sobald es dieses tut, wird eine freie moralische Empfindung in ein Werk der Furcht, in eine sklavische Regung verwandelt.

Aber wieder auf unsern Solon zurückzukommen.

Ein Solonisches Gesetz verordnet, daß jeder Bürger, die Beleidigung die einem andern widerführe, als sich selbst angetan, betrachten, und nicht ruhen solle, bis sie an dem Beleidiger gerochen sei. Das Gesetz ist vortrefflich wenn man seine Absicht dabei betrachtet. Seine Absicht war jedem Bürger warmen Anteil an allen übrigen einzuflößen, und alle miteinander daran zu gewöhnen, sich als Glieder eines zusammenhängenden Ganzen anzusehen. Wie angenehm würden wir überrascht werden, wenn wir in ein Land kämen, wo uns jeder Vorübergehende ungerufen gegen einen Beleidiger in Schutz nähme. Aber wie sehr würde unser Vergnügen verlieren, wenn uns zugleich dabei gesagt würde, daß er so schön habe handeln müssen.

Ein andres Gesetz, welches Solon gab, erklärt denjenigen für ehrlos, der bei einem bürgerlichen Aufruhr neutral bleibe. Auch bei diesem Gesetz lag eine unverkennbare gute Absicht zum Grunde. Dem Gesetzgeber war es darum zu tun, seinen Bürgern das innigste Interesse an dem Staat einzuflößen. Kälte gegen das Vaterland war ihm das Hassenswürdigste an einem Bürger. Neutralität kann oft eine Folge dieser Kälte sein; aber er vergaß, daß oft das feurigste Interesse am Vaterland diese Neutralität gebietet – alsdann nämlich, wenn beide Parteien unrecht haben, und das Vaterland bei beiden gleich viel zu verlieren haben würde.

Ein andres Gesetz des Solon verbietet, von den Toten übel zu reden; ein andres, an öffentlichen Örtern wie vor Gericht, im Tempel oder im Schauspiel, einem Lebenden Böses nachzusagen. Einen Bastard spricht er von kindlichen Pflichten los, denn der Vater, sagt er, habe sich schon durch die genossene sinnliche Lust bezahlt gemacht; ebenso sprach er den Sohn von der Pflicht frei seinen Vater zu ernähren, wenn dieser ihn keine Kunst hätte lernen lassen. Er erlaubte Testamente zu machen, und sein Vermögen nach Willkür zu verschenken, denn Freunde die man sich wählt, sagte er, sind mehr wert als bloße Verwandte. Die Aussteuer schaffte er ab, weil er wollte, daß die Liebe und nicht der Eigennutz Ehen stiftete. Noch ein schöner Zug von Sanftmut in seinem Charakter ist daß er verhaßten Dingen mildere Namen gab. Abgaben hießen Beiträge, Besatzungen Wächter der Stadt, Gefängnisse Gemächer und die Schuldenvernichtung nannte er Erleichterung. Den Aufwand, zu dem der atheniensische Geist sich so sehr neigte, mäßigte er durch weise Verordnungen; strenge Gesetze wachten über die Sitten des Frauenzimmers, über den Umgang beider Geschlechter, und die Heiligkeit der Ehen.

Diese Gesetze, verordnete er, sollten nur auf 100 Jahre gültig sein – wieviel weiter sah er als Lykurgus! Er begriff daß Gesetze nur Dienerinnen der Bildung sind, daß Nationen in ihrem männlichen Alter eine andere Führung nötig haben als in ihrer Kindheit. Lykurg verewigte die Geisteskindheit der Spartaner, um dadurch seine Gesetze bei ihnen zu verewigen, aber sein Staat ist verschwunden mit seinen Gesetzen. Solon hingegen versprach den seinigen nur eine 100jährige Dauer, und noch heutiges Tages sind viele derselben im römischen Gesetzbuche in Kraft. Die Zeit ist eine gerechte Richterin aller Verdienste.

Man hat dem Solon zum Vorwurf gemacht, daß er dem Volk zu große Gewalt gegeben habe, und dieser Vorwurf ist nicht ungegründet. Indem er eine Klippe, die Oligarchie, zu sehr vermied, ist er einer andern, der Anarchie zu nahe gekommen – aber doch auch nur nahe gekommen, denn der Senat der Prytanen und das Gericht des Areopagus waren starke Zügel der demokratischen Gewalt. Die Übel, welche von einer Demokratie unzertrennlich sind, tumultuarische und leidenschaftliche Entscheidungen und der Geist der Faktion konnten freilich in Athen nicht vermieden werden – aber diese Übel sind doch weit mehr der Form die er wählte, als dem Wesen der Demokratie zuzuschreiben. Er fehlte darin sehr, daß er das Volk nicht durch Repräsentanten sondern in Person entscheiden ließ, welches wegen der starken Menschenmenge nicht ohne Verwirrung und Tumult und wegen der überlegenen Anzahl der unbemittelten Bürger nicht immer ohne Bestechung abgehen konnte. Der Ostrazismus, wobei 6000 Stimmen zum wenigsten erfodert wurden, läßt uns abnehmen, wie stürmisch es bei dergleichen Volksversammlung mag zugegangen sein. Wenn man aber auf der andern Seite bedenkt, wie gut auch der gemeinste Athenienser mit dem gemeinen Wesen bekannt war, wie mächtig der Nationalgeist in ihm wirkte, wie sehr der Gesetzgeber dafür gesorgt hatte, daß dem Bürger das Vaterland über alles ging, so wird man einen bessern Begriff von dem politischen Verstand des atheniensischen Pöbels bekommen, und sich wenigstens hüten von dem gemeinen Volke bei uns voreilig auf jenes zu schließen. Alle große Versammlungen haben immer eine gewisse Gesetzlosigkeit in ihrem Gefolge – alle kleinern aber haben Mühe sich von aristokratischem Despotismus ganz rein zu erhalten. Zwischen beiden eine glückliche Mitte zu treffen, ist das schwerste Problem, das die kommenden Jahrhunderte erst auflösen sollen. Bewundernswert bleibt mir immer der Geist, der den Solon bei seiner Gesetzgebung beseelte, der Geist der gesunden und echten Staatskunst, die das Grundprinzipium worauf alle Staaten ruhen müssen, nie aus den Augen verlor: sich selbst die Gesetze zu geben, denen man gehorchen soll, und die Pflichten des Bürgers aus Einsicht und aus Liebe zum Vaterland, nicht aus sklavischer Furcht vor der Strafe, nicht aus blinder und schlaffer Ergebung in den Willen eines Obern zu erfüllen.

Schön und trefflich war es von Solon, daß er Achtung hatte für die menschliche Natur, und nie den Menschen dem Staat, nie den Zweck dem Mittel aufopferte, sondern den Staat dem Menschen dienen ließ. Seine Gesetze waren laxe Bänder, an denen sich der Geist der Bürger frei und leicht nach allen Richtungen bewegte, und nie empfand, daß sie ihn lenkten; die Gesetze des Lykurgus waren eiserne Fesseln, an denen der kühne Mut sich wund rieb, die durch ihr drückendes Gewicht den Geist niederzogen. Alle mögliche Bahnen schloß der atheniensische Gesetzgeber dem Genie und dem Fleiß seiner Bürger auf, der spartanische Gesetzgeber vermauerte den seinigen alle bis auf eine einzige – das politische Verdienst. Lykurg befahl den Müßiggang durch Gesetze, Solon strafte ihn strenge. Darum reiften in Athen alle Tugenden, blühten alle Gewerbe und Künste, regten sich alle Sehnen des Fleißes, darum wurden alle Felder des Wissens dort bearbeitet. Wo findet man in Sparta einen Sokrates, einen Thukydides, einen Sophokles und Plato? Sparta konnte nur Herrscher und Krieger – keine Künstler, keine Dichter, keine Denker, keine Weltbürger erzeugen. Beide, Solon wie Lykurg, waren große Männer, beide waren rechtschaffne Männer, aber wie verschieden haben sie gewirkt, weil sie von entgegengesetzten Prinzipien ausgingen. Um den atheniensischen Gesetzgeber steht die Freiheit und die Freude, der Fleiß und der Überfluß – stehen alle Künste und Tugenden, alle Grazien und Musen herum, sehen dankbar zu ihm auf, und nennen ihn ihren Vater und Schöpfer. Um den Lykurgus sieht man nichts als Tyrannei und ihr schreckliches Gegenteil, die Knechtschaft, die ihre Ketten schüttelt, und dem Urheber ihres Elends flucht.

Der Charakter eines ganzen Volks ist der treueste Abdruck seiner Gesetze, und also auch der sicherste Richter ihres Werts oder Unwerts. Beschränkt war der Kopf des Spartaners, und unempfindlich sein Herz. Er war stolz und hochfahrend gegen seine Bundsgenossen, hart gegen seine Überwundenen, unmenschlich gegen seine Sklaven und knechtisch gegen seine Obern; in seinen Unterhandlungen war er ungewissenhaft und treulos, in seinen Entscheidungen despotisch, und seiner Größe, seiner Tugend selbst fehlte es an der gefälligen Anmut, welche allein die Herzen gewinnt. Der Athenienser

hingegen war weichmütig und sanft im Umgang, höflich aufgeweckt im Gespräch, leutselig gegen den Geringen, gast-
frei und gefällig gegen den Fremden. Er liebte zwar Weichlichkeit und Putz, aber dies hinderte nicht, daß er im Treffen
nicht wie ein Löwe kämpfte. Gekleidet in Purpur und mit
Wohlgerüchen gesalbt, brachte er die Millionen des Xerxes
und die rauhen Spartaner auf gleiche Weise zum Zittern. Er
liebte die Vergnügungen der Tafel und konnte nur schwer dem
Reiz der Wollust widerstehen; aber Völlerei und schamloses
Betragen machten ehrlos in Athen. Delikatesse und Wohlan-
ständigkeit wurden bei keinem Volke des Altertums so getrieben, als bei diesem; in einem Kriege, mit dem mazedonischen
Philipp hatten die Athenienser einige Briefe dieses Königs aufgefangen, unter denen auch einer an seine Gemahlin war; die
übrigen alle wurden geöffnet, diesen einzigen schickten sie
unerbrochen zurück. Der Athenienser war großmütig im
Glücke, und im Unglücke standhaft; – dann kostete es ihn
nichts für das Vaterland alles zu wagen. Seine Sklaven behandelte er menschlich und der mißhandelte Knecht durfte seinen
Tyrannen verklagen. Selbst die Tiere erfuhren die Großmut
dieses Volks; nach vollendetem Bau des Tempels Hekaton-
pedon wurde verordnet, alle Lasttiere, welche dabei geschäftig
gewesen, frei zu lassen, und auf ihr ganzes künftiges Leben auf
den besten Weiden umsonst zu ernähren. Eins dieser Tiere kam
nachher von freien Stücken zur Arbeit, und lief mechanisch
vor den übrigen her, welche Lasten zogen. Dieser Anblick
rührte die Athenienser so sehr, daß sie verordneten dieses Tier
auf Unkosten des Staats inskünftige besonders zu unterhalten.

Indessen bin ich es der Gerechtigkeit schuldig, auch die
Fehler der Athenienser nicht zu verschweigen, denn die Geschichte soll keine Lobrednerin sein. Dieses Volk, das wir seiner
feinen Sitten, seiner Sanftmut, seiner Weisheit wegen bewundert haben, befleckte sich nicht selten mit dem schändlichsten Undank gegen seine größten Männer, mit Grausamkeit
gegen seine überwundenen Feinde. Durch die Schmeicheleien
seiner Redner verdorben, trotzig auf seine Freiheit, und auf so
viele glänzende Vorzüge eitel, drückte es seine Bundsgenossen
und Nachbarn oft mit unerträglichem Stolze, und ließ sich
bei öffentlichen Beratschlagungen, von einem leichtsinnigen
Schwindelgeist leiten, der oft die Bemühungen seiner weisesten
Staatsmänner zunichte machte, und den Staat an den Rand des

Verderbens riß. Jeder einzelne Athenienser war lenksam und weichmütig; aber in öffentlichen Versammlungen war er der vorige Mann nicht mehr. Daher schildert uns Aristophanes seine Landsleute, als vernünftige Greise zu Hause, und als Narren in Versammlungen. Die Liebe zum Ruhme und der Durst nach Neuheit beherrschte sie bis zur Ausschweifung, an den Ruhm setzte der Athenienser oft seine Glücksgüter, sein Leben und nicht selten – seine Tugend. Eine Krone von Ölzweigen, eine Inschrift auf einer Säule, die sein Verdienst verkündigte, war ihm ein feurigerer Sporn zu großen Taten, als dem Perser alle Schätze des großen Königs. So sehr das atheniensische Volk seinen Undank übertrieb, so ausschweifend war es wieder in seiner Dankbarkeit. Von einem solchen Volke im Triumph aus der Versammlung heimbegleitet zu werden, es auch nur einen Tag zu beschäftigen, war ein höherer Genuß für die Ruhmsucht des Atheniensers, und auch ein wahrerer Genuß, als ein Monarch seinen geliebtesten Sklaven gewähren kann, denn es ist ganz etwas anders ein ganzes stolzes zartempfindendes Volk zu rühren, als einem einzigen Menschen zu gefallen. Der Athenienser mußte in immerwährender Bewegung sein; unaufhörlich haschte sein Sinn nach neuen Eindrücken, neuen Genüssen. Dieser Sucht nach Neuheit mußte man täglich neue Nahrung reichen, wenn sie sich nicht gegen den Staat selbst kehren sollte. Darum rettete ein Schauspiel, das man zu rechter Zeit gab, oft die öffentliche Ruhe, welche der Aufruhr bedrohte – darum hatte oft ein Usurpator gewonnen Spiel, wenn er nur diesem Hange des Volks durch eine Reihe von Lustbarkeiten opferte. Aber eben darum wehe dem verdientesten Bürger, wenn er die Kunst nicht verstand, täglich neu zu sein, und sein Verdienst zu verjüngen.

Der Abend von Solons Leben war nicht so heiter, als sein Leben es verdient hätte. Um den Zudringlichkeiten der Athenienser zu entgehen, die ihn täglich mit Fragen und Vorschlägen heimsuchten, machte er, sobald seine Gesetze im Gange waren, eine Reise durch Kleinasien, nach den Inseln und nach Ägypten, wo er sich mit den Weisesten seiner Zeit besprach, den königlichen Hof des Krösus in Lydien, und den zu Sais in Ägypten besuchte. Was von seiner Zusammenkunft mit Thales von Milet und mit Krösus erzählt wird, ist zu bekannt, um hier noch wiederholt zu werden. Bei seiner Zurückkunft nach Athen, fand er den Staat von drei Parteien zerrüttet, welche zwei gefährliche Männer Megakles und Pisistratus zu Anführern hatten; Megakles machte sich mächtig und furchtbar durch seinen Reichtum, Pisistratus durch seine Staatsklugheit und sein Genie. Dieser Pisistratus, Solons ehemaliger Liebling und der Julius Cäsar von Athen, erschien einsmals bleich auf seinem Wagen ausgestreckt vor der Volksversammlung und bespritzt mit dem Blut einer Wunde, die er sich selbst in den Arm geritzt hatte. „So", sagte er, „haben mich meine Feinde um eurentwillen mißhandelt. Mein Leben ist in ewiger Gefahr, wenn ihr nicht Anstalten trefft es zu schützen." Alsbald trugen seine Freunde, wie er sie selbst unterrichtet hatte, darauf an, daß ihm eine Leibwache gehalten würde, die ihn begleiten sollte, sooft er öffentlich ausging. Solon erriet den betrügerischen Sinn dieses Vorschlags und setzte sich eifrig, aber fruchtlos dagegen. Der Vorschlag ging durch, Pisistratus erhielt eine Leibwache, und nicht so bald sah er sich an ihrer Spitze, als er die Zitadelle von Athen in Besitz nahm. Jetzt fiel die Decke von den Augen des Volks; aber zu spät. Der Schrecken ergriff Athen; Megakles und seine Anhänger entwichen aus der Stadt und überließen sie dem Usurpator. Solon, der sich allein nicht hatte täuschen lassen, war jetzt auch der einzige, der den Mut nicht verlor; soviel er angewandt hatte, seine Mitbürger von ihrer Übereilung zurückzuhalten, als es noch Zeit war, soviel wandte er jetzt an, ihren sinkenden Mut zu beleben. Als er nirgends Eingang fand, ging er nach Hause, legte seine Waffen vor seine Haustüre und rief: „Nun hab ich getan, was ich konnte zum Besten des Vaterlands." Er dachte auf keine Flucht, sondern fuhr fort, die Torheit der Athenienser und die Gewissenlosigkeit des Tyrannen heftig zu tadeln. Als ihn seine Freunde fragten, was ihn so mutig mache, dem Mächtigen zu trotzen, so antwortete er: „Mein Alter gibt mir diesen Mut." Er starb und seine letzten Blicke sahen sein Vaterland nicht frei.

Aber Athen war in keines Barbaren Hände gefallen, Pisistratus war ein edler Mensch und ehrte die Solonischen Gesetze. Als er in der Folge zweimal von seinem Nebenbuhler vertrieben und zweimal wieder Meister von der Stadt wurde, bis er endlich im ruhigen Besitz seiner Herrschaft blieb, machte er seine Usurpation durch wahre Verdienste um den Staat und glänzende Tugenden vergessen. Niemand bemerkte unter ihm, daß Athen nicht mehr frei war, so gelind und still floß seine Regierung, und nicht er, sondern Solons Gesetze herrschten,

Pisistratus eröffnete das goldne Alter von Athen; unter ihm dämmerte der schöne Morgen der griechischen Künste auf. Er starb, wie ein Vater bedauert.

Sein angefangenes Werk wurde von seinen Söhnen Hipparch und Hippias fortgesetzt. Beide Brüder regierten mit Eintracht, und gleiche Liebe zur Wissenschaft beseelte beide. Unter ihnen blühten schon Simonides und Anakreon und die Akademie wurde gestiftet. Alles eilte dem herrlichen Zeitalter des Perikles entgegen.

AUS DER SAMMLUNG
HISTORISCHER MEMOIRES

Die allgemeine Sammlung historischer Memoires für Frankreich, welche unter dem Titel: „Collection universelle des Mémoires particuliers, relatifs à l'histoire de France", schon seit mehrern Jahren in London herauskommt, hat den Herausgeber gegenwärtiger Schrift veranlaßt, ein ähnliches Werk auch im Deutschen zu unternehmen, aber den Plan des französischen zu erweitern, und auf alle Schriften dieser Gattung, welche Geschichte sie auch betreffen, und in welcher Sprache sie auch abgefaßt sein mögen, auszudehnen. Dadurch, und daß er die einzelnen Memoires mit universalhistorischen Zeitgemälden begleitet, und wo die Memoireschriftsteller ihn verlassen, die leere Strecken durch eine fortgeführte Erzählung ausfüllt, glaubte er diese Sammlung zu einem gewissen historischen Ganzen zu erheben, wodurch sie demjenigen Teile des Publikums, dem sie eigentlich gewidmet ist, in einem vorzüglicheren Grade brauchbar werden könnte. Aus diesem Grunde erwählte er auch den Anfang der Kreuzzüge zur Epoche des Werks, weil erst von hier aus die Ordnung der Memoires, mit einigem Zusammenhange wenigstens, fortgeführt werden kann.

Zu einer Zeit, wo der Geschmack an historischen Schriften, durch einige Meisterstücke in dieser Gattung erweckt, sich unter dem lesenden Publikum immer allgemeiner verbreitet, und das zahllose Heer von Romanen und romanisierten Geschichten, welche lange Zeit fast allein im Besitz waren, die Wißbegierde zu beschäftigen, allgemach zu verdrängen scheint, glaubte der Herausgeber, einem Werke, welches zwischen beiden gleichsam in der Mitte steht, und die gefälligen Eigenschaften der einen mit den gründlichen Vorteilen der andern verbindet, eine nicht ungünstige Aufnahme versprechen zu können. Es ist vorzugsweise denen bestimmt, welchen ihre Bestimmung nicht erlaubt, aus der Geschichte ein eigenes Studium zu machen, und die also der historischen Lektüre nur ihre Erholungsstunden widmen können, wie überhaupt allen, welche dieses Fach nicht als Gelehrte behandeln; aber auch den letztern dürfte dieses Unternehmen willkommen sein, weil es ihnen den Gebrauch einer sehr schätzbaren Klasse historischer Denkmäler, die nicht überall und nicht immer so leicht aufzubringen sind, erleichtern, und in einer treuen Verdeutschung und chronologischen Ordnung vorlegen wird.

Diese Gattung historischer Schriften, denen ihr Name schon bei vielen Lesern zur Empfehlung gereicht, hat den wichtigen Vorzug, daß sie zugleich den kompetenten Kenner und den flüchtigen Dilettanten befriedigt, jenen durch den Wert ihres Inhalts, diesen durch die Nachlässigkeit ihrer Form. Meistens von Weltleuten oder Geschäftsmännern verfaßt, haben sie bei diesen auch immer die beste Aufnahme gefunden. Der Geschichtsforscher schätzt sie als unentbehrliche Führer, denen er sich – in mancher Geschichtsperiode – beinahe ausschließend anvertrauen muß. Daß es ein Augenzeuge – ein Zeitgenosse wenigstens – ist, welcher sie niederschrieb, daß sie sich auf eine einzige Hauptbegebenheit oder auf eine einzige Hauptperson einschränken, und nie den Lebensraum eines Menschen überschreiten, daß sie ihrem Gegenstand durch die kleinsten Nuancen folgen, Begebenheiten in ihren geringfügigsten Umständen, und Charaktere in ihren verborgensten Zügen entwickeln, gibt ihnen eine Miene von Wahrheit, einen Ton von Überzeugung, eine Lebendigkeit der Schilderung, die kein Geschichtschreiber, der Revolutionen im großen malt, und entfernte Zeiträume aneinanderkettet, seinem Werke mitteilen kann. Über die wichtigsten Weltbegebenheiten, die auf dem großen politischen Schauplatz oft wie aus dem Nichts hervorzuspringen scheinen, wird uns in Memoires oft ein überraschender Aufschluß gegeben, weil sie Kleinigkeiten aufnehmen, die der Ernst der Geschichte verschmäht. Sie geben das Kolorit zu den nackten Umrissen des Geschichtschreibers, und machen seinen Helden wieder zum Menschen, indem sie ihn durch sein Privatleben begleiten, und in seinen Schwachheiten überraschen. Von manchem Rechtshandel in der Geschichte der Staaten und der Menschen legen sie uns gleichsam die Aktenstücke vor, und die Menge der Zeugen setzt uns in den Stand, die Wahrheit zu ergründen, welche uns oft genug die betrügenden und öfter noch die betrognen Geschichtschreiber vorenthalten.

Da ein großer Teil dieser Schriften entweder noch gar nicht, oder nicht sorgfältig genug übersetzt ist, und ihr ungleiches

Alter sowohl als ihre Menge es schwer machen dürfte sie immer vollständig zusammenzubringen, so würde schon darum eine allgemeine Sammlung und neue Übersetzung derselben nicht überflüssig sein, aber eine Hauptabsicht bei gegenwärtigem Unternehmen ist, den Nutzen derselben zu erhöhen. Die Aufsätze, welche jedem Zeitraum, aus dem der Inhalt der darauffolgenden Memoires genommen ist, vorausgeschickt werden, sollen nicht bloß zur Erläuterung ihres Inhalts, sondern vorzüglich auch dazu dienen, den weniger unterrichteten Leser von dem oft unwichtigen Inhalt auf ein größeres Ganze hinzuweisen, dem diese Memoires zur Erläuterung dienen. Der Nutzen, den er aus einer isolierten, wenn auch noch so anziehenden, noch so wichtigen Geschichtserzählung schöpfte, würde immer sehr geringe sein, wenn er das Einzelne nicht auf das Allgemeine zurückführen, und fruchtbar anwenden lernte.

Am Anfang des ganzen Werks schien es nötig zu sein, eine allgemeine Übersicht über die große Veränderung in dem politischen und sittlichen Zustand von Europa, welche durch das Lehensystem und die Hierarchie bewirkt worden ist, kürzlich vorauszuschicken, weil ein großer Teil der nachfolgenden Memoires diese Kenntnisse voraussetzen wird, und auch schon darum, weil sie ein großes und unentbehrliches Licht über die Entstehung sowohl als über die Folgen der Kreuzzüge verbreitet. Diese erste Abhandlung ist also nicht bloß als die Einleitung zu der Alexias, sondern auch zu mehrern folgenden Memoires zu betrachten.

Der Herausgeber hätte gewünscht, das Werk mit einem allgemein interessanteren Stücke eröffnen zu können, als die Alexias der Prinzessin Anna sein dürfte, aber dies erlaubte sein Plan nicht; der übrige große Wert dieses Denkmals muß seinen Mangel an Hauptinteresse, die Fehler der Schreibart und die noch größern Fehler des Geistes, den die Verfasserin diesem Werke aufdrückte, und die man dem Zeitalter verzeihen wird, bei dem Leser durchbringen helfen.

Ich habe das französische Wort Memoires beibehalten, weil ich es durch kein deutsches zu ersetzen weiß. Denkwürdigkeiten (Memorabilia) drücken es nur unvollständig aus; beinahe noch lieber möchte man sie – weil sie aus der Erinnerung erlebter Begebenheiten niedergeschrieben werden – Erinnerungen, Erinnerungsblätter nennen.

Um die Grenzen des Werks zu bestimmen, wird es nötig

sein, den Begriff zu berichtigen, den man mit dem Namen Memoires verbindet. Ob wir gleich auch im Deutschen Memoires besitzen, so besitzen wir sie doch nicht unter diesem Namen, und auch einige französische Schriften, die diesen Namen führen, führen ihn mit Unrecht. Unter dem Namen Memoires scheinen alle historische Schriften begriffen zu sein, welche

I. Nur eine Begebenheit oder nur eine Person zum Gegenstande haben. Dies schließt jede Chronik aus, und jede vollständige Geschichte.

II. Deren Verfasser entweder selbst an der beschriebenen Begebenheit teilgenommen hat, oder doch der handelnden Person nahe genug war, um aus der reinsten Quelle schöpfen zu können. Die Memoires über die Geschichte Brandenburgs sind keine, weil der Verfasser nicht als Zeitgenosse schrieb, und sich weder auf eine Begebenheit, noch auf eine Hauptperson einschränkt. Memoires schrieb der Kardinal von Retz, aber auch die Kammerfrau der Königin Anna konnte sie schreiben.

III. Welche im bloßen Ton der Erzählung, aber einer zusammenhängenden Erzählung, und von einem Verfasser geschrieben sind. Historische Briefe, Lob- oder Trauerreden können den Namen von Memoires nicht führen.

Schriften, in welchen sich die angegebenen Eigenschaften vereinigen, gehören in diese Klasse, auch wenn sie unter einem andern Namen erschienen sind, und werden einen Platz in dieser Sammlung erhalten. Friedrich Rotbarts Geschichte durch den Bischof von Freisingen wird daher, nicht mit Unrecht, unmittelbar auf die Alexias folgen.

In jedem Jahr verspricht man wenigstens sechs solche Bände zu liefern, und um die interessante und fruchtbare Epoche der Memoires, welche erst mit Heinrich IV. von Frankreich anfängt, nicht zu lange hinauszuschieben, wird gleich nach dem dritten Band mit der zweiten Abteilung, oder den Memoires neuerer Zeiten, angefangen und, in gleichem Verhältnis mit den frühern, darin fortgefahren werden.

Jena am 25. Oktober 1789.

Schiller.

Drei Hauptklassen von Nationen sind es – wenn man die Form der Verfassung, den herrschenden Charakter und den Religionszustand zum Unterscheidungszeichen annimmt – welche in diesem Zeitraum merkwürdig hervortreten, und sich, näher oder entfernter, in die Geschichte der Kreuzzüge verflechten: die Christen im Okzident, welche das Band der Religion unter dem römischen Papst vereinigt; die Sarazenen oder Mahomedaner, welche ihren siegreichen Aberglauben von der Straße bei Gibraltar bis an den Indus, und vom Schwarzen Meer und dem Taurus bis an den Indischen Ozean ausgebreitet haben; zwischen diesen beiden die Griechen oder die morgenländischen Römer. Von den übrigen Völkern der Erde fehlen uns entweder die Nachrichten ganz, oder sie sind zu unsicher und zu mangelhaft, um einen historischen Faden daraus bilden zu können. Auch war ihre Zeit noch nicht gekommen, einen tätigen Anteil an den Weltbegebenheiten zu nehmen, und die Aufmerksamkeit des Universalgeschichtschreibers zu verdienen.

Wir machen den Anfang mit den ersten, die uns am nächsten angehen, die bei weitem die wichtigsten für uns sind, und in der Geschichte der Kreuzzüge die Hauptrolle spielen.

Das neue System gesellschaftlicher Verfassung, welches im Norden von Europa und Asien erzeugt, mit dem neuen Völkergeschlechte auf den Trümmern des abendländischen Kaisertums eingeführt wurde, hatte nun beinahe sieben Jahrhunderte lang Zeit gehabt, sich auf diesem neuen und größern Schauplatz und in neuen Verbindungen zu versuchen, sich in allen seinen Arten und Abarten zu entwickeln, und alle seine verschiedenen Gestalten und Abwechslungen zu durchlaufen. Die Nachkommen der Vandalen, Sueven, Alanen, Goten, Heruler, Langobarden, Franken, Burgundier u. a. m. waren endlich ein gewohnt auf dem Boden, den ihre Vorfahren mit dem Schwert in der Hand betreten hatten, als der Geist der Wanderung und des Raubes, der sie in dieses neue Vaterland geführt, beim Ablauf des eilften Jahrhunderts in einer andern Gestalt und durch andre Anlässe wieder bei ihnen aufgeweckt wurde. Europa gab jetzt dem südwestlichen Asien die Völkerschwärme und Verheerungen heim, die es siebenhundert Jahre vorher von dem Norden dieses Weltteils empfangen und erlitten hatte, aber mit sehr ungleichem Glücke, denn so viel Ströme Bluts es den Barbaren gekostet hatte, ewige Königreiche in Europa zu gründen, so viel kostete es jetzt ihren christlichen Nachkommen, einige Städte und Burgen in Syrien zu erobern, die sie zwei Jahrhunderte darauf auf immer verlieren sollten.

Die Torheit und Raserei, welche den Entwurf der Kreuzzüge erzeugten, und die Gewalttätigkeiten, welche die Ausführung desselben begleitet haben, können ein Auge, das die Gegenwart begrenzt, nicht wohl einladen, sich dabei zu verweilen. Betrachten wir aber diese Begebenheit im Zusammenhang mit den Jahrhunderten, die ihr vorhergingen, und mit denen, die darauf folgten, so erscheint sie uns in ihrer Entstehung zu natürlich, um unsere Verwunderung zu erregen, und zu wohltätig in ihren Folgen, um unser Mißfallen nicht in ein ganz andres Gefühl aufzulösen. Sieht man auf ihre Ursachen, so ist diese Expedition der Christen nach dem Heiligen Lande ein so ungekünsteltes, ja ein so notwendiges Erzeugnis ihres Jahrhunderts, daß ein ganz Ununterrichteter, dem man die historischen Prämissen dieser Begebenheit ausführlich vor Augen gelegt hätte, von selbst darauf verfallen müßte. Sieht man auf ihre Wirkungen, so erkennt man in ihr den ersten merklichen Schritt, wodurch der Aberglaube selbst die Übel anfing zu verbessern, die er dem menschlichen Geschlecht jahrhundertelang zugefügt hatte, und es ist vielleicht kein historisches Problem, das die Zeit reiner aufgelöst hätte als dieses, keines worüber sich der Genius, der den Faden der Weltgeschichte spinnt, befriedigender gegen die Vernunft des Menschen gerechtfertigt hätte.

Aus der unnatürlichen und entnervenden Ruhe, in welche das alte Rom alle Völker, denen es sich zur Herrscherin aufdrang, versenkte, aus der weichlichen Sklaverei, worin es die tätigsten Kräfte einer zahlreichen Menschenwelt erstickte, sehen wir das menschliche Geschlecht durch die gesetzlose stürmische Freiheit des Mittelalters wandern, um endlich in der glücklichen Mitte zwischen beiden Äußersten auszuruhen, und Freiheit mit Ordnung, Ruhe mit Tätigkeit, Mannigfaltigkeit mit Übereinstimmung wohltätig zu verbinden.

Die Frage kann wohl schwerlich sein, ob der Glücksstand, dessen wir uns erfreuen, dessen Annäherung wir wenigstens mit Sicherheit erkennen gegen den blühendsten Zustand, worin sich das Menschengeschlecht sonst jemals befunden, für einen Gewinn zu achten sei, und ob wir uns gegen die schönsten Zeiten Roms und Griechenlands auch wirklich verbessert haben. Griechenland und Rom konnten höchstens vortreffliche Römer, vortreffliche Griechen erzeugen – die Nation auch in ihrer schönsten Epoche, erhob sich nie zu vortrefflichen Menschen. Eine barbarische Wüste war dem Athenienser die übrige Welt außer Griechenland, und man weiß, daß er dieses bei seiner Glückseligkeit sehr mit in Anschlag brachte. Die Römer waren durch ihren eigenen Arm bestraft, da sie auf dem ganzen großen Schauplatz ihrer Herrschaft nichts mehr übriggelassen hatten, als römische Bürger und römische Sklaven. Keiner von unsern Staaten hat ein römisches Bürgerrecht auszuteilen, dafür aber besitzen wir ein Gut, das, wenn er Römer bleiben wollte, kein Römer kennen durfte – und wir besitzen es von einer Hand, die keinem raubte, was sie einem gab, und was sie einmal gab, nie zurücknimmt, wir haben Menschenfreiheit; ein Gut, das – wie sehr verschieden von dem Bürgerrecht des Römers! – an Werte zunimmt, je größer die Anzahl derer wird, die es mit uns teilen, das von keiner wandelbaren Form der Verfassung, von keiner Staatserschütterung abhängig, auf dem festen Grunde der Vernunft und Billigkeit ruht.

Der Gewinn ist also offenbar und die Frage ist bloß diese: War kein näherer Weg zu diesem Ziele? Konnte sich diese heilsame Veränderung nicht weniger gewaltsam aus dem römischen Staat entwickeln, und mußte das Menschengeschlecht notwendig die traurige Zeitstrecke vom vierten bis zum sechzehnten Jahrhundert durchlaufen?

Die Vernunft kann in einer anarchischen Welt nicht aushalten. Stets nach Übereinstimmung strebend, läuft sie lieber Gefahr die Ordnung unglücklich zu verteidigen, als mit Gleichgültigkeit zu entbehren.

War die Völkerwanderung und das Mittelalter, das

darauf folgte, eine notwendige Bedingung unserer bessern Zeiten?

Asien kann uns einige Aufschlüsse darüber geben. Warum blühten hinter dem Heerzuge Alexanders keine griechische Freistaaten auf? Warum sehen wir Sina, zu einer traurigen Dauer verdammt, in ewiger Kindheit altern? Weil Alexander mit Menschlichkeit erobert hatte, weil die kleine Schar seiner Griechen unter den Millionen des großen Königs verschwand, weil sich die Horden der Mandschu in dem ungeheuren Sina unmerkbar verloren. Nur die Menschen hatten sie unterjocht, die Gesetze und die Sitten, die Religion und der Staat waren Sieger geblieben. Für despotisch beherrschte Staaten ist keine Rettung als in dem Untergang. Schonende Eroberer führen ihnen nur Pflanzvölker zu, nähren den siechen Körper, und können nichts, als seine Krankheit verewigen. Sollte das verpestete Land nicht den gesunden Sieger vergiften, sollte sich der Deutsche in Gallien nicht zum Römer verschlimmern, wie der Grieche zu Babylon in einen Perser ausartete, so mußte die Form zerbrochen werden, die seinem Nachahmungsgeist gefährlich werden konnte, und er mußte auf dem neuen Schauplatz, den er jetzt betrat, in jedem Betracht der stärkere Teil bleiben.

Die scythische Wüste öffnet sich, und gießt ein rauhes Geschlecht über den Okzident aus. Mit Blut ist seine Bahn bezeichnet, Städte sinken hinter ihm in Asche, mit gleicher Wut zertritt es die Werke der Menschenhand und die Früchte des Ackers, Pest und Hunger holen nach, was Schwert und Feuer vergaßen; aber Leben geht nur unter, damit besseres Leben an seiner Stelle keime. Wir wollen ihm die Leichen nicht nachzählen, die es aufhäufte, die Städte nicht, die es in die Asche legte. Schöner werden sie hervorgehen unter den Händen der Freiheit, und ein besserer Stamm von Menschen wird sie bewohnen. Alle Künste der Schönheit und der Pracht, der Üppigkeit und Verfeinerung gehen unter, kostbare Denkmäler, für die Ewigkeit gegründet, sinken in den Staub, und eine tolle Willkür darf in dem feinen Räderwerk einer geistreichen Ordnung wühlen; aber auch in diesem wilden Tumult ist die Hand der Ordnung geschäftig, und was den kommenden Geschlechtern von den Schätzen der Vorzeit beschieden ist, wird unbemerkt vor dem zerstörenden Grimm des jetzigen geflüchtet. Eine wüste Finsternis breitet sich jetzt über dieser weiten Brandstätte aus, und der elende ermattete Überrest ihrer Bewohner hat für einen neuen Sieger gleich wenig Widerstand und Verführung.

Raum ist jetzt gemacht auf der Bühne – und ein neues Völkergeschlecht besetzt ihn, schon seit Jahrhunderten, still und ihm selbst unbewußt, in den nordischen Wäldern zu einer erfrischenden Kolonie des erschöpften Westen erzogen. Roh und wild sind seine Gesetze, seine Sitten; aber sie ehren in ihrer rohen Weise die menschliche Natur, die der Alleinherrscher in seinen verfeinerten Sklaven nicht ehret. Unverrückt, als wär er noch auf salischer Erde, und unversucht von den Gaben, die der unterjochte Römer ihm anbietet, bleibt der Franke den Gesetzen getreu, die ihn zum Sieger machten; zu stolz und zu weise, aus den Händen der Unglücklichen Werkzeuge des Glücks anzunehmen. Auf dem Aschenhaufen römischer Pracht breitet er seine nomadischen Gezelte aus, bäumt den eisernen Speer, sein höchstes Gut, auf dem eroberten Boden, pflanzt ihn vor den Richterstühlen auf, und selbst das Christentum, will es anders den Wilden fesseln, muß das schreckliche Schwert umgürten.

Und nun entfernen sich alle fremden Hände von dem Sohne der Natur. Zerbrochen werden die Brücken zwischen Byzanz und Massilien, zwischen Alexandria und Rom, der schüchterne Kaufmann eilt heim, und das ländergattende Schiff liegt entmastet am Strande. Eine Wüste von Gewässern und Bergen, eine Nacht wilder Sitten wälzt sich vor den Eingang Europens hin, der ganze Weltteil wird geschlossen.

Ein langwieriger, schwerer und merkwürdiger Kampf beginnt jetzt, der rohe germanische Geist ringt mit den Reizungen eines neuen Himmels, mit neuen Leidenschaften, mit des Beispiels stiller Gewalt, mit dem Nachlaß des umgestürzten Roms, der in dem neuen Vaterland noch in tausend Netzen ihm nachstellt, und wehe dem Nachfolger eines Klodion, der auf der Herrscherbühne des Trajanus sich Trajanus dünkt! Tausend Klingen sind gezückt, ihm die scythische Wildnis ins Gedächtnis zu rufen. Hart stößt die Herrschsucht mit der Freiheit zusammen, der Trotz mit der Festigkeit, die List strebt die Kühnheit zu umstricken, das schreckliche Recht der Stärke kommt zurück, und jahrhundertelang sieht man den rauchenden Stahl nicht erkalten. Eine traurige Nacht, die alle Köpfe verfinstert, hängt über Europa herab, und nur wenige Lichtfunken fliegen auf, das nachgelaßne Dunkel desto schrecklicher

zu zeigen. Die ewige Ordnung scheint von dem Steuer der
Welt geflohen, oder, indem sie ein entlegenes Ziel verfolgt, das
gegenwärtige Geschlecht aufgegeben zu haben. Aber, eine
gleiche Mutter allen ihren Kindern, rettet sie einstweilen die er-
liegende Ohnmacht an den Fuß der Altäre, und gegen eine Not,
die sie ihm nicht erlassen kann, stärkt sie das Herz mit dem
Glauben der Ergebung. Die Sitten vertraut sie dem Schutz eines
verwilderten Christentums, und vergönnt dem mittlern Geschlechte sich an diese wankende Krücke zu lehnen, die sie
dem stärkern Enkel zerbrechen wird. Aber in diesem langen
Kriege erwarmen zugleich die Staaten und ihre Bürger, kräftig
wehrt sich der deutsche Geist gegen den herzumstrickenden
Despotismus, der den zu früh ermattenden Römer erdrückte,
der Quell der Freiheit springt in lebendigem Strom, und u n -
überwunden, und wohlbehalten langt das spätere Geschlecht bei dem schönen Jahrhundert an, wo sich endlich, herbeigeführt durch die vereinigte Arbeit des Glücks und des
Menschen, das Licht des Gedankens mit der Kraft des Entschlusses, die Einsicht mit dem Heldenmut gatten soll. Da
Rom noch Scipionen und Fabier zeugte, fehlten ihm die Weisen, die ihrer Tugend das Ziel gezeigt hätten; als seine Weisen
blühten, hatte der Despotismus sein Opfer gewürgt, und die
Wohltat ihrer Erscheinung war an dem entnervten Jahrhundert
verloren. Auch die griechische Tugend erreichte die hellen Zeiten des Perikles und Alexanders nicht mehr, und als Harun
seine Araber denken lehrte, war die Glut ihres Busens erkaltet.
Ein beßrer Genius war es, der über das neue Europa wachte.
Die lange Waffenübung des Mittelalters hatte dem s e c h z e h n -
t e n Jahrhundert ein gesundes, starkes Geschlecht zugeführt,
und der Vernunft, die jetzt ihr Panier entfaltet, kraftvolle Streiter erzogen.

Auf welchem andern Strich der Erde hat der K o p f die H e r -
z e n in Glut gesetzt, und die Wahrheit* den Arm der Tapfern
bewaffnet? Wo sonst, als hier, erlebte man die Wundererschei-
nung, daß Vernunftschlüsse des ruhigen Forschers das Feld-

---

* Oder was man dafür hielt. Es braucht wohl nicht erst gesagt zu werden,
daß es hier nicht auf den Wert der Materie ankommt, die gewonnen
wurde, sondern auf die unternommene Mühe der Arbeit; auf den Fleiß
und nicht auf das Erzeugnis. Was es auch sein mochte, wofür man
kämpfte – es war immer ein Kampf für die Vernunft, denn durch die Vernunft allein hatte man das Recht dazu erfahren, und für dieses Recht wurde
eigentlich ja nur gestritten.

geschrei wurden in mördrischen Schlachten, daß die Stimme der Selbstliebe gegen den stärkeren Zwang der Überzeugung schwieg, daß der Mensch endlich das Teuerste an das Edelste setzte? Die erhabenste Anstrengung griechischer und römischer Tugend hat sich nie über bürgerliche Pflichten geschwungen, nie oder nur in einem einzigen Weisen, dessen Name schon der größte Vorwurf seines Zeitalters ist; das höchste Opfer, das die Nation in ihrer Heldenzeit brachte, wurde dem Vaterland gebracht. Bei Ablauf des Mittelalters allein erblickt man in Europa einen Enthusiasmus, der einem höhern Vernunftidol auch das Vaterland opfert. Und warum nur hier, und hier auch nur einmal diese Erscheinung? Weil in Europa allein, und hier nur am Ausgang des Mittelalters die Energie des Willens mit dem Licht des Verstandes zusammentraf, hier allein ein noch männliches Geschlecht in die Arme der Weisheit geliefert wurde.

Durch das ganze Gebiet der Geschichte sehen wir die Entwicklung der Staaten mit der Entwicklung der Köpfe einen sehr ungleichen Schritt beobachten. Staaten sind jährige Pflanzen, die in einem kurzen Sommer verblühn, und von der Fülle des Saftes rasch in die Fäulnis hinübereilen; Aufklärung ist eine langsame Pflanze, die zu ihrer Zeitigung einen glücklichen Himmel, viele Pflege und eine lange Reihe von Frühlingen braucht. Und woher dieser Unterschied? Weil die Staaten der Leidenschaft anvertraut sind, die in jeder Menschenbrust ihren Zunder findet, die Aufklärung aber dem Verstande, der nur durch fremde Nachhülfe sich entwickelt, und dem Glück der Entdeckungen, welche Zeit und Zufälle nur langsam zusammentragen. Wie oft wird die eine Pflanze blühen und welken, ehe die andre einmal heranreift? Wie schwer ist es also, daß die Staaten die Erleuchtung abwarten, daß die späte Vernunft die frühe Freiheit noch findet? Einmal nur in der ganzen Weltgeschichte hat sich die Vorsehung dieses Problem aufgegeben, und wir haben gesehen, wie sie es löste. Durch den langen Krieg der mittlern Jahrhunderte hielt sie das politische Leben in Europa frisch, bis der Stoff endlich zusammengetragen war, das moralische zur Entwicklung zu bringen*.

* Freiheit und Kultur, so unzertrennlich beide in ihrer höchsten Fülle miteinander vereinigt sind, und nur durch diese Vereinigung zu ihrer höchsten Fülle gelangen, so schwer sind sie in ihrem Werden zu verbinden.

Nur Europa hat Staaten, die zugleich erleuchtet, gesittet und ununterworfen sind; sonst überall wohnt die Wildheit bei der Freiheit, und die Knechtschaft bei der Kultur. Aber auch Europa allein hat sich durch ein kriegerisches Jahrtausend gerungen, und nur die Verwüstung im fünften und sechsten Jahrhundert konnte dieses kriegerische Jahrtausend herbeiführen. Es ist nicht das Blut ihrer Ahnherren, nicht der Charakter ihres Stammes, der unsre Väter vor dem Joch der Unterdrückung bewahrte, denn ihre gleich frei geborenen Brüder, die Turkomanen und Mandschu, haben ihre Nacken unter den Despotismus gebeugt. Es ist nicht der europäische Boden und Himmel, der ihnen dieses Schicksal ersparte, denn auf ebendiesem Boden und unter ebendiesem Himmel haben Gallier und Briten, Hetrurier und Lusitanier, das Joch der Römer geduldet. Das Schwert der Vandalen und Hunnen, das ohne Schonung durch den Okzident mähte, und das kraftvolle Völkergeschlecht, das den gereinigten Schauplatz besetzte, und aus einem tausendjährigen Kriege unüberwunden kam – diese sind die Schöpfer unsers jetzigen Glücks; und so finden wir den Geist der Ordnung in den zwei schrecklichsten Erscheinungen wieder, welche die Geschichte aufweiset.

Ich glaube dieser langen Ausschweifung wegen keiner Entschuldigung zu bedürfen. Die großen Epochen in der Geschichte verknüpfen sich zu genau miteinander, als daß die eine ohne die andre erklärt werden könnte; und die Begebenheit

Ruhe ist die Bedingung der Kultur, aber nichts ist der Freiheit gefährlicher als Ruhe. Alle verfeinerte Nationen des Altertums haben die Blüte ihrer Kultur mit ihrer Freiheit erkauft, weil sie ihre Ruhe von der Unterdrückung erhielten. Und eben darum gereichte ihre Kultur ihnen zum Verderben, weil sie aus dem Verderblichen entstanden war. Sollte dem neuen Menschengeschlecht dieses Opfer erspart werden, d. i. sollten Freiheit und Kultur in ihm sich vereinigen, so mußte es seine Ruhe auf einem ganz andern Weg als dem Despotismus empfangen. Kein andrer Weg war aber möglich als die Gesetze, und diese kann der noch freie Mensch nur sich selber geben. Dazu aber wird er sich nur aus Einsicht und Erfahrung entweder ihres Nutzens, oder der schlimmen Folgen ihres Gegenteils entschließen. Jenes setzte schon voraus, was erst geschehen und erhalten werden soll; er kann also nur durch die schlimmen Folgen der Gesetzlosigkeit dazu gezwungen werden. Gesetzlosigkeit aber ist nur von sehr kurzer Dauer, und führt mit raschem Übergange zur willkürlichen Gewalt. Ehe die Vernunft die Gesetze gefunden hätte, würde die Anarchie sich längst in Despotismus geendigt haben. Sollte die Vernunft also Zeit finden, die Gesetze sich zu geben, so mußte die Gesetzlosigkeit verlängert werden, welches in dem Mittelalter geschehen ist.

der Kreuzzüge ist nur der Anfang zur Auflösung eines Rätsels, das dem Philosophen der Geschichte in der Völkerwanderung aufgegeben worden.

Im dreizehnten Jahrhundert ist es, wo der Genius der Welt, der schaffend in der Finsternis gesponnen, die Decke hinwegzieht, um einen Teil seines Werks zu zeigen. Die trübe Nebelhülle, welche tausend Jahre den Horizont von Europa umzogen, scheidet sich in diesem Zeitpunkt und heller Himmel sieht hervor. Das vereinigte Elend der geistlichen Einförmigkeit und der politischen Zwietracht, der Hierarchie und der Lehenverfassung, vollzählig und erschöpft beim Ablauf des eilften Jahrhunderts, muß sich in seiner ungeheursten Geburt, in dem Taumel der heiligen Kriege selbst ein Ende bereiten.

Ein fanatischer Eifer sprengt den verschloßnen Westen wieder auf, und der erwachsene Sohn tritt aus dem väterlichen Hause. Erstaunt sieht er in neuen Völkern sich an, freut sich am thrazischen Bosporus seiner Freiheit und seines Muts, errötet in Byzanz über seinen rohen Geschmack, seine Unwissenheit, seine Wildheit und erschrickt in Asien über seine Armut. Was er sich dort nahm und heimbrachte, bezeugen Europens Annalen; die Geschichte des Orients, wenn wir eine hätten, würde uns sagen, was er dafür gab und zurückließ. Aber scheint es nicht als hätte der fränkische Heldengeist in das hinsterbende Byzanz noch ein flüchtiges Leben gehaucht? Unerwartet rafft es mit seinen Komnenern sich auf, und, durch den kurzen Besuch der Deutschen gestärkt, geht es von jetzt an einen edleren Schritt zum Tode.

Hinter dem Kreuzfahrer schlägt der Kaufmann seine Brücke, und das wiedergefundene Band zwischen dem Abend und Morgen, durch einen kriegrischen Schwindel flüchtig geknüpft, befestigt und verewigt der überlegene Handel. Das levantische Schiff begrüßt seine wohlbekannten Gewässer wieder, und seine reiche Ladung ruft das lüsterne Europa zum Fleiße. Bald wird es das ungewisse Geleit des Arkturs entbehren, und eine feste Regel in sich selbst, zuversichtlich auf nie besuchte Meere sich wagen.

Asiens Begierden folgen dem Europäer in seine Heimat – aber hier kennen ihn seine Wälder nicht mehr, und andre Fahnen wehen auf seinen Burgen. In seinem Vaterlande verarmt, um an den Ufern des Euphrats zu glänzen, gibt er endlich das angebetete Idol seiner Unabhängigkeit und seine feindselige

Herrengewalt auf, und vergönnt seinen Sklaven die Rechte der Natur mit Gold einzulösen. Freiwillig bietet er den Arm jetzt der Fessel dar, die ihn schmückt, aber den Niegebändigten bändigt. Die Majestät der Könige richtet sich auf, indem die Sklaven des Ackers zu Menschen gedeihen; aus dem Meer der Verwüstung hebt sich, dem Elend abgewonnen, ein neues fruchtbares Land, Bürgergemeinheit.

Er allein, der die Seele der Unternehmung gewesen war, und die ganze Christenheit für seine Größe hatte arbeiten lassen, der römische Hierarche, sieht seine Hoffnungen hintergangen. Nach einem Wolkenbild im Orient haschend, gab er im Okzident eine wirkliche Krone verloren. Seine Stärke war die Ohnmacht der Könige, die Anarchie und der Bürgerkrieg die unerschöpfliche Rüstkammer, woraus er seine Donner holte. Auch noch jetzt schleudert er sie aus – jetzt aber tritt ihm die befestigte Macht der Könige entgegen. Kein Bannfluch, kein himmelsperrendes Interdikt, keine Lossprechung von geheiligten Pflichten löst die heilsamen Bande wieder auf, die den Untertan an seinen rechtmäßigen Beherrscher knüpfen. Umsonst, daß sein ohnmächtiger Grimm gegen die Zeit streitet, die ihm seinen Thron erbaute und ihn jetzt davon herunterzieht! Aus dem Aberglauben ward dieses Schreckbild des Mittelalters erzeugt, und großgezogen von der Zwietracht. So schwach seine Wurzeln waren, so schnell und schrecklich durfte es aufwachsen im eilften Jahrhundert – seinesgleichen hatte kein Weltalter noch gesehen. Wer sah es dem Feinde der heiligsten Freiheit an, daß er der Freiheit zu Hülfe geschickt wurde? Als der Streit zwischen den Königen und den Edeln sich erhitzte, warf er sich zwischen die ungleichen Kämpfer, und hielt die gefährliche Entscheidung auf, bis in dem dritten Stande ein beßrer Kämpfer heranwuchs, das Geschöpf des Augenblicks abzulösen. Ernährt von der Verwirrung zehrte er jetzt ab in der Ordnung; die Geburt der Nacht schwindet er weg in dem Lichte. Verschwand aber der Diktator auch, der dem unterliegenden Rom gegen den Pompejus zu Hülfe eilte? Oder Pisistratus, der die Faktionen Athens auseinanderbrachte? Rom und Athen gehen aus dem Bürgerkriege zur Knechtschaft über – das neue Europa zur Freiheit. Warum war Europa glücklicher? Weil hier durch ein vorübergehendes Phantom bewirkt wurde, was dort durch eine bleibende Macht geschah – weil hier allein sich ein Arm fand, der kräftig genug

war, Unterdrückung zu hindern, aber zu hinfällig, sie selbst
auszuüben.

Wie anders säet der Mensch und wie anders läßt das Schicksal ihn ernten! Asien an den Schemel seines Thrones zu ketten,
liefert der Heilige Vater dem Schwert der Sarazenen eine Million seiner Heldensöhne aus, aber mit ihnen hat er seinem Stuhl
in Europa die kräftigsten Stützen entzogen. Von neuen Anmaßungen und neu zu erringenden Kronen träumt der Adel,
und ein gehorsameres Herz bringt er zu den Füßen seiner Beherrscher zurücke. Vergebung der Sünden, und die Freuden des
Paradieses sucht der fromme Pilger am Heiligen Grab, und ihm
allein wird mehr geleistet, als ihm verheißen ward. Seine Menschheit findet er in Asien wieder, und den Samen der Freiheit
bringt er seinen europäischen Brüdern aus diesem Weltteile mit
– eine unendlich wichtigere Erwerbung, als die Schlüssel Jerusalems, oder die Nägel vom Kreuz des Erlösers.

Um richtig einsehen zu können, aus welchen Quellen diese
Unternehmung entsprang, und wodurch sie so wohltätig ausschlug, so ist es nötig, den damaligen Zustand der europäischen Welt in einer kurzen Übersicht zu durchlaufen, und
die Stufe kennenzulernen, auf der der menschliche Geist stand,
als er sich diese seltsame Ausschweifung erlaubte.

Der europäische Okzident, in so viele Staaten er auch zer-
teilt ist, gibt im eilften Jahrhundert einen sehr einförmigen Anblick. Durchgängig von Nationen in Besitz genommen, die zur
Zeit ihrer Niederlassung ziemlich auf einerlei Stufe gesellschaftlicher Bildung standen, im ganzen denselben Stammscharakter
trugen und bei Besitznehmung des Landes in einerlei Lage sich
befanden, hätte er seinen neuen Bewohnern ein merklich verschiedenes Lokale anbieten müssen, wenn sich in der Folge der
Zeit wichtige Verschiedenheiten unter denselben hätten äußern
sollen. Aber die gleiche Wut der Verwüstung, womit diese
Nationen ihre Eroberung begleiteten, machte alle noch so verschieden bewohnte, noch so verschieden bebaute Länder, die
der Schauplatz derselben waren, einander g l e i c h, indem sie
alles, was sich in ihnen vorfand, auf gleiche Weise niedertrat
und vertilgte, und ihren neuen Zustand mit demjenigen, worin
sie sich vorher befunden, fast außer aller Verbindung setzte.
Wenn auch schon Klima, Beschaffenheit des Bodens, Nachbarschaft, geographische Lage einen merklichen Unterschied

unterhielten, wenngleich die übriggebliebenen Spuren römischer Kultur in den mittäglichen, der Einfluß der gebildetern Araber in den südwestlichen Ländern, der Sitz der Hierarchie in Italien, und der öftre Verkehr mit den Griechen in ebendiesem Lande nicht ohne Folgen für die Bewohner derselben sein konnten, so waren ihre Wirkungen doch zu unmerklich, zu langsam und zu schwach, um das feste generische Gepräge, das alle diese Nationen in ihre neuen Wohnsitze mitgebracht hatten, auszulöschen, oder merklich zu verändern. Daher nimmt der Geschichtsforscher an den entlegensten Enden von Europa, in Sizilien und Britannien, an der Donau und an der Eider, am Ebro und an der Elbe im ganzen eine Gleichförmigkeit der Verfassung und der Sitten wahr, die ihn um so mehr in Verwunderung setzt, da sie sich mit der größten Unabhängigkeit, und einem fast gänzlichen Mangel an wechselseitiger Verbindung zusammenfindet. So viele Jahrhunderte auch über diesen Völkern hinweggegangen sind, so große Veränderungen auch durch so viele neue Lagen, eine neue Religion, neue Sprachen, neue Künste, neue Gegenstände der Begierde, neue Bequemlichkeiten und Genüsse des Lebens im Innern ihres Zustands hätten bewirkt werden sollen, und auch wirklich bewirkt wurden, so besteht doch im ganzen noch dasselbe Staatsgerüste, das ihre Voreltern bauten. Noch jetzt stehen sie, wie in ihrem scythischen Vaterland, in wilder Unabhängigkeit, gerüstet zum Angriff und zur Verteidigung, in Europas Distrikten, wie in einem großen Heerlager ausgebreitet, auch auf diesen weitern politischen Schauplatz haben sie ihr barbarisches Staatsrecht verpflanzt, bis in das Innre des Christentums ihren nordischen Aberglauben getragen.

Monarchien nach römischem oder asiatischem Muster, und Freistaaten nach griechischer Art sind auf gleiche Weise von dem neuen Schauplatz verschwunden. An die Stelle derselben sind soldatische Aristokratien getreten, Monarchien ohne Gehorsam, Republiken ohne Sicherheit und selbst ohne Freiheit, große Staaten in hundert kleine zerstückelt, ohne Übereinstimmung von innen, von außen ohne Festigkeit und Beschirmung, schlecht zusammenhängend in sich selbst, und noch schlechter untereinander verbunden. Man findet Könige, ein widersprechendes Gemisch von barbarischen Heerführern und römischen Imperatoren, von welchen letztern einer den Namen trägt, aber ohne ihre Machtvollkommenheit zu besitzen;

Magnaten, an wirklicher Gewalt wie an Anmaßungen über-all dieselben, obgleich verschieden benannt in verschiedenen Ländern; mit dem weltlichen Schwert gebietende Priester; eine Miliz des Staats, die der Staat nicht in der Gewalt hat und nicht besoldet; endlich Landbauer, die dem Boden ange-hören, der ihnen nicht gehört; Adel und Geistlichkeit, Halb-freie und Knechte. Munizipalstädte und freie Bürger sollen erst werden.

Um diese veränderte Gestalt der europäischen Staaten zu er-klären, müssen wir zu entferntern Zeiten zurückgehen, und ihrem Ursprung nachspüren.

Als die nordischen Nationen Deutschland und das römische Reich in Besitz nahmen, bestanden sie aus lauter freien Men-schen, die aus freiwilligem Entschluß dem Bund beigetreten waren, der auf Eroberung ausging, und bei einem gleichen Anteil an den Arbeiten und Gefahren des Kriegs ein gleiches Recht an die Länder hatten, welche der Preis dieses Feldzugs waren. Einzelne Haufen gehorchten den Befehlen eines Häupt-lings; viele Häuptlinge mit ihren Haufen einem Feldhaupt-mann oder Fürsten, der das Heer anführte. Es gab also bei gleicher Freiheit drei verschiedene Ordnungen oder Stände; und nach diesem Ständeunterschied, vielleicht auch nach der bewiesenen Tapferkeit fielen nunmehr auch die Portionen bei der Menschen-, Beute- und Länderteilung aus. Jeder freie Mann erhielt seinen Anteil, der Rottenführer einen größern, der Heer-führer den größten; aber frei, wie die Personen ihrer Besitzer waren auch die Güter, und was einem zugesprochen wurde, blieb sein auf immer, mit völliger Unabhängigkeit. Es war der Lohn seiner Arbeit, und der Dienst, der ihm ein Recht darauf gab, schon geleistet.

Das Schwert mußte verteidigen, was das Schwert errungen hatte, und das Erworbene zu beschützen war der einzelne Mann ebensowenig fähig, als er es einzeln erworben haben würde. Der kriegerische Bund durfte also auch im Frieden nicht auseinanderfallen, Rottenführer und Heerführer blieben, und die zufällige temporäre Hordenvereinigung wurde nun-mehr zur ansässigen Nation, die bei eintretendem Notfall so-gleich, wie zur Zeit ihres kriegrischen Einfalls kampffertig wieder dastand. Von jedem Länderbesitz war die Verbindlichkeit unzertrennlich, Heerfolge zu leisten, d. i. mit der gehöri-gen Ausrüstung und einem Gefolge, das dem Umfang der

Grundstücke, die man besaß, angemessen war, zu dem allgemeinen Bunde zu stoßen, der das Ganze verteidigte; eine Verbindlichkeit, die viel mehr angenehm und ehrenvoll, als drückend war, weil sie zu den kriegrischen Neigungen dieser Nationen stimmte, und von wichtigen Vorzügen begleitet war. Ein Landgut und ein Schwert, ein freier Mann und eine Lanze galten für unzertrennliche Dinge.

Die eroberten Ländereien waren aber keine Einöden, als man sie in Besitz nahm. So grausam auch das Schwert dieser barbarischen Eroberer und ihrer Vorgänger der Vandalen und Hunnen in denselben gewütet hatte, so war es ihnen doch unmöglich gewesen, die ursprünglichen Bewohner derselben ganz zu vertilgen. Viele von diesen waren also mit unter der Beute- und Länderteilung begriffen, und ihr Schicksal war, als leibeigne Sklaven jetzt das Feld zu bebauen, welches sie vormals als Eigentümer besessen hatten. Dasselbe Los traf auch die beträchtliche Menge der Kriegsgefangenen, die der erobernde Schwarm auf seinen Zügen erbeutet hatte, und nun als Knechte mit sich schleppte. Das Ganze bestand jetzt aus Freien und aus Sklaven, aus Eigentümern und aus Eigenen. Dieser zweite Stand hatte kein Eigentum, und folglich auch keines zu beschützen; er führte daher auch kein Schwert, er hatte bei politischen Verhandlungen keine Stimme. Das Schwert gab Adel, weil es von Freiheit und Eigentum zeugte.

Die Länderteilung war ungleich ausgefallen, weil das Los sie entschieden, und weil der Rottenführer eine größere Portion davongetragen hatte, als der Gemeine, der Heerführer eine größre als alle übrigen. Er hatte also mehr Einkünfte, als er verbrauchte, oder Überfluß; folglich Mittel zum Luxus. Die Neigungen jener Völker waren auf kriegrischen Ruhm gerichtet, also mußte sich auch der Luxus auf eine kriegrische Art äußern. Sich von auserlesenen Scharen begleitet, und an ihrer Spitze von dem Nachbar gefürchtet zu sehen, war das höchste Ziel, wornach der Ehrgeiz jener Zeiten strebte, ein zahlreiches kriegrisches Gefolge die prächtigste Ausstellung des Reichtums und der Gewalt, und zugleich das unfehlbarste Mittel, beides zu vergrößern. Jener Überfluß an Grundstücken konnte daher auf keine beßre Art angewendet werden, als daß man sich kriegerische Gefährten damit erkaufte, die einen Glanz auf ihren Führer werfen, ihm das Seinige verteidigen helfen, empfangene Beleidigungen rächen, und im Kriege an seiner Seite fechten konnten. Der Häuptling und der Fürst entäußerten also gewisse Stücke Landes, und traten den Genuß derselben an andre minder vermögende Gutsbesitzer ab, welche sich dafür zu gewissen kriegerischen Diensten, die mit der Verteidigung des Staats nichts zu tun hatten, und bloß die Person des Verleihers angingen, verpflichten mußten. Bedurfte letzterer dieser Dienste nicht mehr, oder konnte der Empfänger sie nicht mehr leisten, so hörte auch die Nutznießung der Ländereien wieder auf, deren wesentliche Bedingung sie waren. Diese Länderverleihung war also bedingt und veränderlich; ein wechselseitiger Vertrag entweder auf eine festgesetzte Anzahl Jahre, oder auf zeitlebens errichtet, aufgehoben durch den Tod. Ein Stück Landes auf solche Art verliehen hieß eine Wohltat (Beneficium) zum Unterschied von dem Freigut (Allodium), welches man nicht von der Güte eines andern, nicht unter besondern Bedingungen, nicht auf eine Zeitlang, sondern von Rechts wegen, ohne alle andre Beschwerde, als die Verpflichtung zur Heerfolge, und auf ewige Zeiten besaß. Feudum nannte man sie im Latein jener Zeiten, vielleicht weil der Empfänger dem Verleiher Treue (Fidem) dafür leisten mußte, im Deutschen Lehen, weil sie geliehen, nicht auf immer weggegeben wurden. Verleihen konnte jeder der Eigentum besaß, das Verhältnis von Lehensherrn und Vasallen wurde durch kein andres Verhältnis aufgehoben. Könige selbst sah man zuweilen bei ihren Untertanen zu Lehen gehen. Auch verliehene Güter konnten weiterverliehen und der Vasall des einen wieder der Lehensherr eines andern werden; aber die oberlehensherrliche Gewalt des ersten Verleihers erstreckte sich durch die ganze noch so lange Reihe von Vasallen. So konnte z. B. kein leibeigener Landbauer von seinem unmittelbaren Herrn freigelassen werden, wenn der oberste Lehensherr nicht dareinwilligte.

Nachdem mit dem Christentum auch die christliche Kirchenverfassung unter den neuen europäischen Völkern eingeführt worden, fanden die Bischöfe, die Domstifter und Klöster, sehr bald Mittel, den Aberglauben des Volks und die Großmut der Könige in Anspruch zu nehmen. Reiche Schenkungen geschahen an die Kirchen, und die ansehnlichsten Güter wurden oft zerrissen, um den Heiligen eines Klosters unter seinen Erben zu haben. Man wußte nicht anders als daß man Gott beschenkte, indem man seine Diener bereicherte, aber auch ihm wurde die

Bedingung nicht erlassen, welche an jedem Länderbesitz haftete; ebensogut wie jeder andere mußte er die gehörige Mannschaft stellen, wenn ein Aufgebot erging, und die Weltlichen verlangten, daß die Ersten im Range auch die Ersten auf dem Platze sein sollten. Weil alles, was an die Kirche geschenkt wurde, auf ewig und unwiderruflich an sie abgetreten war, so unterschieden sich Kirchengüter dadurch von den Lehen, die zeitlich waren, und nach verstrichenem Termin in die Hand des Verleihers zurückkehrten. Sie näherten sich aber von einer andern Seite den Lehen wieder, weil sie sich nicht wie Allodien vom Vater auf den Sohn forterbten, weil der Landesherr beim Ableben des jedesmaligen Besitzers dazwischentrat, und durch Belehnung des Bischofs seine oberherrliche Gewalt ausübte. Die Besitzungen der Kirche, könnte man also sagen, waren Allodien in Rücksicht auf die Güter selbst, die niemals zurückkehrten, und Benefizien in Rücksicht auf den jedesmaligen Besitzer, den nicht die Geburt, sondern die Wahl dazu bestimmte. Er erlangte sie auf dem Wege der Belehnung, und genoß sie als Allodien.

Es gab noch eine vierte Art von Besitzungen, die man auf Lehenart empfing, und an welcher gleichfalls Lehensverpflichtungen hafteten. Dem Heerführer, den man auf seinem bleibenden Boden nunmehr König nennen kann, stand das Recht zu, dem Volke Häupter vorzusetzen, Streitigkeiten zu schlichten oder Richter zu bestellen, und die allgemeine Ordnung und Ruhe zu erhalten. Dieses Recht und diese Pflicht blieb ihm auch nach geschehener Niederlassung und im Frieden, weil die Nation noch immer ihre kriegrische Einrichtung beibehielt. Er bestellte also Vorsteher über die Länder, deren Geschäft es zugleich war, im Kriege die Mannschaft anzuführen, welche die Provinz ins Feld stellte; und da er, um Recht zu sprechen und Streitigkeiten zu entscheiden, nicht überall zugleich gegenwärtig sein konnte, so mußte er sich vervielfältigen, d. i. er mußte sich in den verschiednen Distrikten durch Bevollmächtigte repräsentieren, welche die oberrichterliche Gewalt in seinem Namen darin ausübten. So setzte er Herzoge über die Provinzen, Markgrafen über die Grenzprovinzen, Grafen über die Gauen, Zentgrafen über kleinere Distrikte u. a. m., und diese Würden wurden gleich den Grundstücken belehnungsweise erteilt. Sie waren ebensowenig erblich als die Lehengüter, und wie diese konnte sie der Landesherr von einem auf den andern übertragen. Wie man Würden zu Lehen nahm, wurden auch gewisse Gefälle, z. B. Strafgelder, Zölle und dgl. m. auf Lehensart vergeben.

Was der König in dem Reiche, das tat die hohe Geistlichkeit in ihren Besitzungen. Der Besitz von Ländern verband sie zu kriegerischen und richterlichen Diensten, die sich mit der Würde und Reinigkeit ihres Berufes nicht wohl zu vertragen schienen. Sie war also gezwungen, diese Geschäfte an andre abzugeben, denen sie dafür die Nutznießung gewisser Grundstücke, die Sporteln des Richteramts und andre Gefälle überließ, oder nach der Sprache jener Zeiten, sie mußte ihnen solche zu Lehen auftragen. Ein Erzbischof, Bischof oder Abt war daher in seinem Distrikte, was der König in dem ganzen Staat. Er hatte Advokaten oder Vögte, Beamte und Lehenträger, Tribunale und einen Fiskus. Könige selbst hielten es nicht unter ihrer Würde, Lehenträger ihrer Bischöfe und Prälaten zu werden, welches diese nicht unterlassen haben, als ein Zeichen des Vorzugs geltend zu machen, der dem Klerus über die Weltlichen gebühre. Kein Wunder, wenn auch die Päpste sich nachher einfallen ließen, den, welchen sie zum Kaiser gemacht, mit dem Namen ihres Vogts zu beehren. Wenn man das doppelte Verhältnis der Könige, als Baronen und als Oberhäupter ihres Reichs, immer im Auge behält, so werden sich diese scheinbaren Widersprüche lösen.

Die Herzoge, Markgrafen, Grafen, welche der König als Kriegsobersten und Richter über die Provinzen setzte, hatten eine gewisse Macht nötig, um der äußern Verteidigung ihrer Provinzen gewachsen zu sein, um gegen den unruhigen Geist der Baronen ihr Ansehen zu behaupten, ihren Rechtsbescheiden Nachdruck zu geben, und sich im Falle der Widersetzung mit den Waffen in der Hand Gehorsam zu verschaffen. Mit der Würde selbst aber ward keine Macht verliehen; diese mußte sich der königliche Beamte selbst zu verschaffen wissen. Dadurch wurden diese Bedienungen allen minder vermögenden Freien verschlossen, und auf die kleine Anzahl der hohen Baronen eingeschränkt, die an Allodien reich genug waren, und Vasallen genug ins Feld stellen konnten, um sich aus eignen Kräften zu behaupten. Dies war vorzüglich in solchen Ländern nötig, wo ein mächtiger und kriegrischer Adel war, und unentbehrlich an den Grenzen. Es wurde nötiger von einem Jahrhundert zum andern, wie der Verfall des königlichen Ansehens die Anarchie herbeiführte, Privatkriege einrissen, und Straflosigkeit die Raubsucht aufmunterte; daher auch die Geistlichkeit, welche diesen Räubereien vorzüglich ausgesetzt war, ihre Schirmvögte und Vasallen unter den mächtigen Baronen aussuchte.

Die hohen Vasallen der Krone waren also zugleich begüterte Baronen oder Eigentumsherrn, und hatten selbst schon ihre Vasallen unter sich, deren Arm ihnen zu Gebote stand. Sie waren zugleich Lehenträger der Krone, und Lehensherren ihrer Untersassen; das erste gab ihnen Abhängigkeit, indem letzteres den Geist der Willkür bei ihnen nährte. Auf ihren Gütern waren sie unumschränkte Fürsten; in ihren Lehen waren ihnen die Hände gebunden; jene vererbten sich vom Vater zum Sohne, diese kehrten nach ihrem Ableben in die Hand des Lehensherrn zurücke. Ein so widersprechendes Verhältnis konnte nicht lange Bestand haben. Der mächtige Kronvasall äußerte bald ein Bestreben, das Lehen dem Allodium gleichzumachen, dort wie hier unumschränkt zu sein und jenes wie dieses seinen Nachkommen zu versichern. Anstatt den König in dem Herzogtum oder in der Grafschaft zu repräsentieren, wollte er sich selbst repräsentieren, und er hatte dazu gefährliche Mittel an der Hand. Ebendie Hülfsquellen, die er aus seinen vielen Allodien schöpfte, ebendieses kriegerische Heer, das er aus seinen Vasallen aufbringen konnte, und wodurch er in den Stand gesetzt war, der Krone in diesem Posten zu nützen, machte ihn zu einem ebenso gefährlichen als unsichern Werkzeug derselben. Besaß er viele Allodien in dem Lande, das er zu Lehen trug, oder worin er eine richterliche Würde bekleidete (und aus diesem Grunde war es ihm vorzugsweise anvertraut worden) so stand gewöhnlich der größte Teil der Freien, welche in dieser Provinz ansässig waren, in seiner Abhängigkeit. Entweder trugen sie Güter von ihm zu Lehen, oder sie mußten doch einen mächtigen Nachbar in ihm schonen, der ihnen schädlich werden konnte. Als Richter ihrer Streitigkeiten hatte er ebenfalls oft ihre Wohlfahrt in Händen, und als königlicher Statthalter konnte er sie drücken und erledigen. Unterließen es nun die Könige, sich durch öftere Bereisung der Länder, durch Ausübung ihrer oberrichterlichen Würde u. dergl. dem Volk (unter welchem Namen man immer die waffenführenden Freien, und niedern Gutsbesitzer verstehen muß) in Erinnerung zu bringen, oder wurden sie durch auswärtige Unternehmungen daran verhindert, so mußten die

hohen Freiherrn den niedrigen Freien endlich die letzte Hand
scheinen, aus welcher ihnen sowohl Bedrückungen kamen, als
Wohltaten zuflossen, und da überhaupt in jedem Systeme von
Subordination der nächste Druck immer am lebhaftesten gefühlt wird, so mußte der hohe Adel sehr bald einen Einfluß auf
den niedrigen gewinnen, der ihm die ganze Macht desselben in
die Hände spielte. Kam es also zwischen dem König und seinem Vasallen zum Streit, so konnte letzterer weit mehr als
jener auf den Beistand seiner Untersassen rechnen, und dieses
setzte ihn in den Stand der Krone zu trotzen. Es war nun zu
spät und auch zu gefährlich, ihm oder seinem Erben das Lehen
zu entreißen, das er im Fall der Not mit der vereinigten Macht
des Kantons behaupten konnte; und so mußte der Monarch
sich begnügen, wenn ihm der zu mächtig gewordene Vasall
noch den Schatten der Oberlehensherrschaft gönnte, und sich
herabließ, für ein Gut, das er eigenmächtig an sich gerissen, die
Belehnung zu empfangen. Was hier von den Kronvasallen gesagt ist, gilt auch von den Beamten und Lehenträgern der
hohen Geistlichkeit, die mit den Königen insofern in einem
Fall war, daß mächtige Baronen bei ihr zu Lehen gingen.

So wurden unvermerkt aus verliehenen Würden und aus
lehenweise übertragenen Gütern erbliche Besitzungen, und
wahre Eigentumsherrn aus Vasallen, von denen sie nur noch
den äußern Schein beibehielten. Viele Lehen oder Würden
wurden auch dadurch erblich, daß die Ursache, um derentwillen man dem Vater das Lehen übertragen hatte, auch bei
seinem Sohn und Enkel noch stattfand. Belehnte z. B. der
deutsche König einen sächsischen Großen mit dem Herzogtum
Sachsen, weil derselbe in diesem Lande schon an Allodien
reich und also vorzüglich imstande war, es zu beschützen, so
galt dieses auch von dem Sohn dieses Großen, der diese Allodien erbte; und war dieses mehrmals beobachtet worden, so
wurde es zur Observanz, welche sich ohne eine außerordentliche Veranlassung und ohne eine nachdrückliche Zwangs-
gewalt nicht mehr umstoßen ließ. Es fehlt zwar auch in spätern
Zeiten nicht ganz an Beispielen solcher zurückgenommenen
Lehen, aber die Geschichtschreiber erwähnen ihrer auf eine
Art, die leicht erkennen läßt, daß es Ausnahmen von der Regel
gewesen. Es muß ferner noch erinnert werden, daß diese Veränderung in verschiedenen Ländern, mehr oder minder allgemein, frühzeitiger oder später erfolgte.

Waren die Lehen einmal in erbliche Besitzungen ausgeartet, so mußte sich in dem Verhältnis des Souverän gegen seinen Adel bald eine große Veränderung äußern. Solange der Souverän das erledigte Lehen noch zurücknahm, um es von neuem nach Willkür zu vergeben, so wurde der niedre Adel noch oft an den Thron erinnert, und das Band das ihn an seinen unmittelbaren Lehensherrn knüpfte, wurde minder fest geflochten, weil die Willkür des Monarchen und jeder Todesfall es wieder zertrennte. Sobald es aber eine ausgemachte Sache war, daß der Sohn dem Vater auch in dem Lehen folgte, so wußte der Vasall, daß er für seine Nachkommenschaft arbeitete, indem er sich dem unmittelbaren Herrn ergeben bezeugte. Sowie also durch die Erblichkeit der Lehen das Band zwischen den mächtigen Vasallen und der Krone erschlaffte, wurde es zwischen jenen und ihren Untersassen fester zusammengezogen. Die großen Lehen hingen endlich nur noch durch die einzige Person des Kronvasallen mit der Krone zusammen, der sich oft sehr lange bitten ließ, ihr die Dienste zu leisten, wozu ihn seine Würde verpflichtete.

VORERINNERUNG

[ZU BOHADINS SALADIN]

Auf die Denkwürdigkeiten der Griechin Anna Komnena und des Lateiners Otto, Bischofs zu Freisingen, folgt in diesem dritten Bande ein arabischer Schriftsteller. Da diese drei Nationen in den heiligen Kriegen eine Rolle gespielt haben, so foderte es die Gerechtigkeit der Geschichte, aus jeglicher einen Zeugen abzuhören, und – wenn auch nicht über dieselben Begebenheiten und denselben Zeitraum, doch über die Unternehmung der Kreuzzüge überhaupt und das Betragen der mithandelnden Nationen – drei verschiedene Stimmen einzusammeln. Alle tragen das sichtbare Gepräge ihrer Zeit und ihres Vaterlands, und mit beidem wird man ihre Mängel entschuldigen. Aber die Verhältnisse ihrer Verfasser geben diesen drei Werken einen hohen Grad von Glaubwürdigkeit, wo sie von Tatsachen handeln und jeder von seinem Volke spricht.

Ich habe kein Bedenken getragen, den Verfasser dieser Lebensbeschreibung Saladins als ganz ausgemacht anzunehmen, da die Beweisgründe, welche der lateinische Herausgeber Albert Schultens (Vita et res gestae Sultani Almalich Alnasir Saladini auctore Bohadino. F. Sjeddadi etc. etc. Lugduni Batavorum 1732. fol.) aufgestellt hat, keinen Zweifel übriglassen. Amadoddin von Ispahan, Verfasser eines weitläuftigen Werks über Saladin, erzählt in demselben, daß er selbst nebst dem Kadi Bohadin, Sjeddads Sohn, und mehrern andern, die er alle namentlich anführt, von Aladil, Saladins Bruder, an letztern sei abgesandt worden, um wegen Aladils projektierter Heirat mit der Prinzessin von England die Meinung des Sultans zu vernehmen. Ebendiese Gesandtschaft wird auch von dem Verfasser der vorliegenden Memoires auf dieselbe Art erzählt. Er meldet von sich, daß ihm von Saladins Bruder diese Gesandtschaft sei aufgetragen worden, und nennt dabei die nämlichen Begleiter, deren Amadoddin Erwähnung tut, indem er von sich selbst in der ersten Person spricht. Amadoddin nennt diesen Bohadin einen Kadi; der Verfasser dieser Memoires sagt gleichfalls von sich, daß er dieses Amt verwaltet habe. Abulfeda führt in seiner Universalgeschichte an, Saladin habe die Kirche der H. Anna zu Jerusalem in ein Gymnasium verwandelt und dem Kadi Bohadin, Sjeddads Sohn, die Aufsicht darüber anvertraut. Der Verfasser dieser Lebensgeschichte Saladins spricht gleichfalls von einem Auftrag, den ihm der Sultan gegeben, sich in Jerusalem aufzuhalten, um den angefangenen Bau eines Krankenhauses und Gymnasium zu vollenden.

Aus diesen Denkwürdigkeiten selbst erhellet, daß Bohadin das ganze Vertrauen des Sultans genossen, und ein sehr wichtiges Amt bekleidet haben muß. Schultens will ihn nicht für einen gebornen Araber gelten lassen, und ist mehr geneigt, seinen Geburtsort nach Mosul oder Assyrien zu verlegen. Anfänglich, wie Bohadin selbst erzählt, stand er in Diensten des Sultans von Mosul, der ihn mit einem Auftrag an den Kalifen zu Bagdad abschickte. Auf einer Wallfahrt nach Mekka machte er Saladins Bekanntschaft, den er gleich auf den ersten Anblick so liebgewann, daß er dadurch bewogen wurde, ihm seine Dienste zu widmen.

In den Geschichtbüchern des Amadoddin und Abulfeda wird er Kadi (Richter) genannt, welchen Namen er sich auch selbst gibt. Diese Würde hat aber mehrere Klassen, und selbst der oberste Priester pflegt vorzugsweise den Namen Alkadi zu führen. Welch ein Mann dieser Alkadi sei, kann man aus folgenden Benennungen abnehmen, unter welchen er bei den Gläubigen bekannt ist: „Der tiefsinnigsten Doktoren allertiefsinnigster, der Andächtigen allerandächtigster, der Born der Tugend und Weisheit, der Erbe der prophetischen Lehren, der Enträtsler schwieriger Religionsfragen, der unwidersprechlichste Entscheider, der Schlüssel zu den Schätzen der Wahrheit, die Lampe der dunkelsten Spitzfindigkeiten." Und ebendiese hohe Person soll, nach Schultens Meinung, auch Bohadin vorgestellt haben, dessen Name schon (das arabische Wort für Preis der Religion) auf eine geistliche Würde hinzuweisen scheint. Der Geist, in welchem das ganze erste Buch abgefaßt ist, verrät viel mehr den Mufti als den politischen Geschäftsmann; Frömmigkeit ist die Tugend, welche er an seinem Helden in das hellste Licht stellt. Indem er mit einer kaum verzeihlichen Kürze über Begebenheiten aus Saladins Leben hinwegeilt, welche die Wißbegierde am meisten interessieren, so verbreitet er sich über die Andachtsübungen seines Helden mit einer ermüdenden Umständlichkeit. Sooft auch der Name des Sultans in dem Werke genannt wird, so geschieht es nie ohne hinzuzusetzen: „Gott erbarme sich seiner!" – „Gottes Barmherzigkeit ruhe über ihm!" Ist von einer muselmännischen Stadt oder Festung die Rede, so wird immer dabei ausgerufen: „Gott beschütze sie!" und handelt er von den Christen, so unterläßt er nie sie mit einem unfreundlichen „Gott verfluche sie" abzufertigen; – Unterbrechungen, welche man dem Leser in der Übersetzung erspart hat. Dergleichen Affektation eines heiligen Eifers würde in jedem andern Munde als dem eines Mufti abgeschmackt sein. Auch nur einem über gottesdienstlichen Gebräuchen unerbittlich haltenden Mufti konnte es eingefallen sein, den Sultan so zur Unzeit und so ungestüm an die Wallfahrt nach Mekka zu mahnen, wie in diesen Denkwürdigkeiten erzählt wird. Daß dieser Bohadin überhaupt aus Saladins tatenreichem Leben beinahe nur den heiligen Krieg desselben gegen die Christen heraushebt, und die merkwürdigen Eroberungskriege, durch welche dieser Sultan seine Herrschaft gründete, entweder nur flüchtig berührt, oder höchstens in einem dürren chronikähnlichen Auszuge liefert, ließe sich vielleicht durch die Verlegenheit erklären, in welcher sich der Biograph befand, in einer getreuen Darstellung dieser Kriege den Tugendruhm seines Helden zu behaupten, und das Andenken desselben von dem Vorwurfe der Ungerechtigkeit, ja der abscheulichsten Treulosigkeit zu befreien. Diese Epoche aus Saladins Leben ertrug vielleicht allein das Licht der Geschichte, und es war wohlgetan, die übrigen Partien in eine gefällige Nacht zu verhüllen. In dem Religionskriege hingegen, durch welchen Saladin das christliche Reich in Jerusalem zerstörte, und überhaupt die Ausbreitung der Christen im Morgenland hemmte, erscheint dieser Fürst in dem vollen Glanz eines muselmännischen Heiligen, und der Beschützer des Islamismus war unstreitig für die Feder eines Mufti der würdigste Gegenstand.

Übrigens glaubte der Herausgeber, dem Publikum durch Mitteilung einer Schrift, welche zu dem verschönerten Bilde des ägyptischen Sultans in Lessings Nathan das Urbild liefert, keinen unangenehmen Dienst zu erzeigen. Da unvorhergesehene gehäufte Geschäfte ihn verhindert haben, die universalhistorische Übersicht, in der Ordnung, wie sie im ersten Bande angefangen worden, bei jedem Bande gleichförmig

fortzusetzen, und es dem größern Teile der Leser wahrscheinlich lieber sein dürfte, diese Materie auf einmal als ein Ganzes
zu überschauen, so ist der vierte Band dieser ersten Abteilung
der historischen Memoires als ein Supplementband zu Fortsetzung dieser Übersicht und zu einer Geschichte der Kreuzzüge bestimmt, und einstweilen, um nicht zu weit hinter dem
Inhalt der Memoires zurückzubleiben, die mit Barbarossa und
Saladin gleichzeitige Geschichte in der A. Übersicht vorausgeschickt worden.

      Jena den 26. Sept. 1790.

Schiller.

Der heftige Streit des Kaisertums mit der Kirche, der die Regierungen Heinrichs IV. und V. so stürmisch machte, hatte sich endlich (1122) in einem vorübergehenden Frieden beruhigt, und durch den Vergleich, welchen letzterer mit Papst Kalixtus II. einging, schien der Zunder erstickt zu sein, der ihn wiederherstellen konnte. Das Geistliche hatte sich, Dank sei der zusammenhängenden Politik Gregors VII. und seiner Nachfolger, gewaltsam von dem Weltlichen geschieden, und die Kirche bildete nun im Staate und neben dem Staate ein abgesondertes, wo nicht gar feindseliges, System. Das kostbare Recht des Throns, durch Ernennung der Bischöfe verdiente Diener zu belohnen und neue Freunde sich zu verpflichten, war selbst bis auf den äußerlichen Schein, durch die freigegebenen Wahlen für die Kaiser verloren. Nichts blieb ihnen übrig von diesem unschätzbaren Regal, als den erwählten Bischof, vor seiner Einweihung, vermittelst des Szepters, wie einen weltlichen Vasallen, mit dem weltlichen Teil seiner Würde zu bekleiden. Ring und Stab, die geweihten Sinnbilder des bischöflichen Amtes, durfte die unkeusche blutbesudelte Laienhand nicht mehr berühren. Bloß für streitige Fälle, wenn sich das Domkapitel in der Wahl eines Bischofs nicht vereinigen konnte, hatten die Kaiser noch einen Teil ihres vorigen Einflusses gerettet, und der Zwiespalt der Wählenden ließ es ihnen nicht an Gelegenheit fehlen, davon Gebrauch zu machen. Aber auch diesen wenigen geretteten Überresten der vormaligen Kaisergewalt stellte die Herrschsucht der folgenden Päpste nach, und der Knecht der Knechte Gottes hatte keine größere Angelegenheit, als den Herrn der Welt so tief als möglich neben sich zu erniedrigen.

Die gefährlichste Stelle in der Christenheit war jetzt unstreitig der römische Kaiserthron; gegen diesen zielte die aufstrebende päpstliche Macht mit allen Donnern, die ihr zu Gebote standen, mit allen Fallstricken ihrer verborgenen

Staatskunst. Deutschlands Verfassung erleichterte ihr den Sieg über seinen Oberherrn; der Glanz des kaiserlichen Namens machte ihn schimmernd. Jeder deutsche Fürst, den die Wahl seiner Mitstände auf den Stuhl der Ottonen setzte, brach ebendadurch mit dem apostolischen Stuhl. Er konnte sich als ein Opfer betrachten, das man zum Tode schmückte. Zugleich mit dem kaiserlichen Purpur mußte er Pflichten übernehmen, die mit den Vergrößerungsplanen der Päpste durchaus unvereinbar waren, und seine kaiserliche Ehre, sein Ansehen im Reich hing an ihrer Erfüllung. Seine Kaiserwürde legte ihm auf, die Herrschaft über Italien und selbst in den Mauern Roms zu behaupten, in Italien konnte der Papst keinen Herrn ertragen, die Italiener verschmähten auf gleiche Art das Joch des Ausländers und des Priesters. Es blieb ihm also nur die bedenkliche Wahl, entweder dem Kaiserthron von seinen Rechten zu vergeben, oder mit dem Papst in den Kampf zu gehen und auf immer dem Frieden seines Lebens zu entsagen.

Die Frage ist der Erörterung wert, warum selbst die staatskundigsten Kaiser so hartnäckig darauf bestanden, die Ansprüche des deutschen Reichs auf Italien geltend zu machen, ungeachtet sie so viele Beispiele vor sich hatten, wie wenig der Gewinn der erstaunlichen Aufopferungen wert war, ungeachtet jeder italienische Zug von den Deutschen selbst ihnen so schwer gemacht, und die nichtigen Kronen der Lombardei und des Kaisertums in jedem Betracht so teuer erkauft werden mußten. Ehrgeiz allein erklärt diese Einstimmigkeit ihres Betragens nicht; es ist höchst wahrscheinlich, daß ihre Anerkennung in Italien auf die einheimische Autorität der Kaiser in Deutschland einen merklichen Einfluß hatte, und daß sie alsdann vorzüglich dieser Hülfe bedurften, wenn sie durch Wahl allein, ohne Mitwirkung des Erbrechts auf den Thron gestiegen waren. Was auch ihr Fiskus dabei gewinnen mochte, so konnte der Ertrag des Eroberten den Aufwand der Eroberung kaum bezahlen, und die Goldquelle vertrocknete, sobald sie das Schwert in die Scheide steckten.

Zehen Wahlfürsten, welche jetzt zum erstenmal einen engern Ausschuß unter den Reichsständen bilden, und vorzugsweise dieses Recht ausüben, versammeln sich nach dem Hinscheiden Heinrichs V. zu Mainz, dem Reich einen Kaiser zu geben. Drei Prinzen, damals die mächtigsten Deutschlands, kommen zu dieser Würde in Vorschlag: Herzog Friedrich von Schwaben, des verstorbenen Kaisers Schwestersohn, Markgraf Leopold von Österreich und Lothar, Herzog zu Sachsen. Aber die Schicksale der zwei vorhergehenden Kaiser hatten den Kaisernamen mit so vielen Schrecknissen umgeben, daß Markgraf Leopold und Herzog Lothar fußfällig und mit weinenden Augen die Fürsten baten, sie mit dieser gefährlichen Ehre zu verschonen. Herzog Friedrich allein war nun noch übrig, aber eine unbedachtsame Äußerung dieses Prinzen schien zu erkennen zu geben, daß er auf seine Verwandtschaft mit dem Verstorbenen ein R e c h t an den Kaiserthron gründe. Dreimal nacheinander war das Szepter des Reichs von dem Vater auf den Sohn gekommen, und die Wahlfreiheit der deutschen Krone stand in Gefahr, sich in einem verjährten Erbrechte endlich ganz zu verlieren. Dann aber war es um die Freiheit der deutschen Fürsten getan; ein befestigter Erbthron widerstand den Angriffen, wodurch es dem unruhigen Lehengeist so leicht ward, das ephemerische Gerüste eines Wahlthrons zu erschüttern. Die arglistige Politik der Päpste hatte erst kürzlich die Aufmerksamkeit der Fürsten auf diesen Teil des Staatsrechts gezogen, und sie zu lebhafter Behauptung eines Vorrechts ermuntert, das die Verwirrung in Deutschland verewigte, aber dem apostolischen Stuhl desto nützlicher wurde. Die geringste Rücksicht, welche bei dem neu aufzustellenden Kaiser auf Verwandtschaft genommen wurde, konnte die deutsche Wahlfreiheit aufs neue in Gefahr bringen, und den Mißbrauch erneuern, aus dem man sich kaum losgerungen hatte. Von diesen Betrachtungen waren die Köpfe erhitzt, als Herzog Friedrich Ansprüche der Geburt auf den Kaiserthron geltend machte. Man beschloß daher, durch einen recht entscheidenden Schritt dem Erbrecht zu trotzen, besonders da der Erzbischof von Mainz, der das Wahlgeschäft leitete, hinter dem Besten des Reichs eine persönliche Rache versteckte. Lothar von Sachsen wurde einstimmig zum Kaiser erklärt, mit Gewalt herbeigeschleppt, und auf den Schultern der Fürsten, unter stürmischen Beifallgeschrei, in die Versammlung getragen. Die mehresten Reichsstände billigten diese Wahl auf der Stelle; nach einigem Widerstand wurde sie auch von dem Herzog Heinrich von Bayern, dem Schwager Friedrichs, und von seinen Bischöfen gutgeheißen. Herzog Friedrich erschien endlich selbst sich dem neuen Kaiser zu unterwerfen.

Lothar von Sachsen war ein ebenso wohldenkender als

tapfrer und staatsverständiger Fürst. Sein Betragen unter den beiden vorhergehenden Regierungen hatte ihm die allgemeine Achtung Deutschlands erworben. Da er die vaterländische Freiheit in mehrern Schlachten gegen Heinrich IV. verfochten, so befürchtete man um so weniger, daß er als Kaiser versucht werden könnte, ihr Unterdrücker zu werden. Zu mehrer Sicherheit ließ man ihn eine Wahlkapitulation beschwören, die seiner Macht im Geistlichen sowohl als im Weltlichen sehr enge Grenzen setzte. Lothar hatte sich das Kaisertum aufdringen lassen, dennoch machte er den Thron niedriger, um ihn zu besteigen.

Wie sehr aber auch dieser Fürst, da er noch Herzog war, an Verminderung des kaiserlichen Ansehens gearbeitet hatte, so änderte doch der Purpur seine Gesinnungen. Er hatte eine einzige Tochter, die Erbin seiner beträchtlichen Güter in Sachsen; durch ihre Hand konnte er seinen künftigen Eidam zu einem mächtigen Fürsten machen. Da er als Kaiser nicht fortfahren durfte das Herzogtum Sachsen zu verwalten, so konnte er den Brautschatz seiner Tochter noch mit diesem wichtigen Lehen begleiten. Damit noch nicht zufrieden, erwählte er sich den Herzog Heinrich von Bayern, einen an sich schon sehr mächtigen Fürsten, zum Eidam, der also die beiden Herzogtümer Bayern und Sachsen in seiner einzigen Hand vereinigte. Da Lothar diesen Heinrich zu seinem Nachfolger im Reich bestimmte, das schwäbisch-fränkische Haus hingegen, welches allein noch fähig war, der gefährlichen Macht jenes Fürsten das Gegengewicht zu halten, und ihm die Nachfolge streitig zu machen, nach einem festen Plan zu unterdrücken strebte, so verriet er deutlich genug seine Gesinnung, die kaiserliche Macht auf Unkosten der ständischen zu vergrößern.

Herzog Heinrich von Bayern, jetzt Tochtermann des Kaisers, nahm mit neuen Verhältnissen ein neues Staatssystem an. Bis jetzt ein eifriger Anhänger des hohenstaufischen Geschlechts, mit dem er verschwägert war, wendete er sich auf einmal zu der Partei des Kaisers, der es zugrund zu richten suchte. Friedrich von Schwaben und Konrad von Franken, die beiden hohenstaufischen Brüder, Enkel Kaiser Heinrichs IV. und die natürlichen Erben seines Sohns, hatten sich alle Stammgüter des salisch-fränkischen Kaisergeschlechts zugeeignet, worunter sich mehrere befanden, die gegen kaiserliche Kammergüter

eingetauscht oder von geächteten Ständen für den Reichsfiskus waren eingezogen worden. Lothar machte bald nach
seiner Krönung eine Verordnung bekannt, welche alle dergleichen Güter dem Reichsfiskus zusprach. Da die hohenstaufischen Brüder nicht darauf achteten, so erklärte er sie zu
Störern des öffentlichen Friedens, und ließ einen Reichskrieg
gegen sie beschließen. Ein neuer Bürgerkrieg entzündete
sich in Deutschland, welches kaum angefangen hatte, sich von
den Drangsalen der vorhergehenden zu erholen. Die Stadt
Nürnberg wurde von dem Kaiser, wiewohl vergeblich,
belagert, weil die Hohenstaufen schleunig zum Entsatz herbeieilten. Sie warfen darauf auch in Speyer eine Besatzung,
den geheiligten Boden, wo die Gebeine der fränkischen Kaiser
liegen.

Konrad von Franken unternahm noch eine kühnere Tat. Er
ließ sich bereden, den deutschen Königstitel anzunehmen, und
eilte mit einer Armee nach Italien, um seinem Nebenbuhler,
der dort noch nicht gekrönt war, den Rang abzulaufen. Die
Stadt Mailand öffnete ihm bereitwillig ihre Tore, und Anselmo,
Erzbischof dieser Kirche, setzte ihm in der Stadt Monza die
lombardische Krone auf; in Toskana erkannte ihn der ganze,
dort mächtige, Adel als König. Aber Mailands günstige Erklärung machte alle diejenigen Staaten von ihm abwendig,
welche mit jener Stadt in Streitigkeiten lebten, und da endlich
auch Papst Honorius II. auf die Seite seines Gegners trat, und
den Bannstrahl gegen ihn schleuderte, so entging ihm sein
Hauptzweck, die Kaiserkrone, und Italien wurde ebenso
schnell von ihm verlassen als er darin erschienen war. Unterdessen hatte Lothar die Stadt Speyer belagert, und, so tapfer
auch, entflammt durch die Gegenwart der Herzogin von
Schwaben, ihre Bürger sich wehrten, nach einem fehlgeschlagenen Versuch Friedrichs sie zu entsetzen, in seine Hände bekommen. Die vereinigte Macht des Kaisers und seines Eidams
war den Hohenstaufen zu schwer. Nachdem auch ihr Waffenplatz, die Stadt Ulm, von dem Herzog von Bayern erobert und
in die Asche gelegt war, der Kaiser selbst aber mit einer Armee
gegen sie anrückte, so entschlossen sie sich zur Unterwerfung.
Auf einem Reichstag zu Bamberg warf sich Friedrich dem Kaiser zu Füßen und erhielt Gnade; auf eine ähnliche Weise erhielt
sie auch Konrad zu Mühlhausen; beide unter der Bedingung,
den Kaiser nach Italien zu begleiten.

Den ersten Kriegszug hatte Lothar schon einige Jahre vorher in dieses Land getan, wo eine bedenkliche Trennung in der römischen Kirche seine Gegenwart notwendig machte. Nachdem Honorius II. im Jahr 1130 verstorben war, hatte man in Rom, um den Stürmen vorzubeugen, welche der geteilte Zustand der Gemüter befürchten ließ, die Übereinkunft getroffen, die neue Papstwahl acht Kardinälen zu übertragen. F ü n f e von diesen erwählten in einer heimlich veranstalteten Zusammenkunft den Kardinal Gregor, einen ehmaligen Mönch, zum Fürsten der römischen Kirche, der sich den Namen Innocentius (II.) beilegte. Die drei übrigen, mit dieser Wahl nicht zufrieden, erhoben einen gewissen Peter Leonis, den Enkel eines getauften Juden, der den Namen Anaklet (II.) annahm, auf den apostolischen Stuhl. Beide Päpste suchten sich einen Anhang zu machen. Auf seiten des letztern stand die übrige Geistlichkeit des römischen Sprengels und der Adel der Stadt; außerdem wußte er die italienischen Normänner, furchtbare Nachbarn der Stadt Rom, für seine Partei zu gewinnen. Innocentius flüchtete aus der Stadt, wo sein Gegner die Oberhand hatte, und vertraute seine Person und seine Sache der Rechtgläubigkeit des Königs von Frankreich. Der Ausspruch eines einzigen Mannes, des Abts Bernhard von Clairvaux, der die Sache dieses Papstes für die gerechte erklärt hatte, war genug, ihm die Huldigung dieses Reichs zu verschaffen. Seine Aufnahme in Ludwigs Staaten war glänzend und reiche Schätze öffneten sich ihm in der frommen Mildtätigkeit der Franzosen. Das Gewicht von Bernhards Empfehlung, welches die französische Nation zu seinen Füßen geführt hatte, unterwarf ihm auch England, und der deutsche Kaiser Lothar ward ohne Mühe überzeugt, daß der Heilige Geist bei der Wahl des Innocentius den Vorsitz geführt habe. Eine persönliche Zusammenkunft mit diesem Kaiser zu Lüttich hatte die Folge, daß ihn Lothar an der Spitze einer kleinen Armee nach Rom zurückführte.

In dieser Stadt war Anaklet, der Gegenpapst, mächtig, Volk und Adel gefaßt, sich aufs hartnäckigste zu verteidigen. Jeder Palast, jede Kirche war Festung, jede Straße ein Schlachtfeld, alles Waffe, was das Ohngefähr der blinden Erbitterung darbot. Mit dem Schwert in der Faust mußte jeder Ausweg geöffnet werden, und Lothars schwaches Heer reichte nicht hin, eine Stadt zu stürmen, worin es sich wie in einem unermeßlichen Ozean verlor, wo die Häuser selbst gegen das Leben der verhaßten Fremdlinge bewaffnet waren. Es war gebräuchlich die Kaiserkrönung in der Peterskirche zu vollziehen, und in Rom war alles heilig, was gebräuchlich war; aber die Peterskirche, wie die Engelsburg, hatte der Feind im Besitz, woraus keine so geringe Macht, als Lothar beisammen hatte, ihn verjagen konnte. Endlich nach langer Verzögerung willigte man ein, der Notwendigkeit zu weichen und im Lateran die Krönung zu verrichten.

Man erinnert sich, daß es die Sache des Papstes war, welche den Kaiser nach Italien führte; als der Beschützer, nicht als ein Flehender, foderte er eine Zeremonie, welche dieser Papst ohne seinen starken Arm nimmermehr hätte ausüben können. Nichtsdestoweniger behauptete Innocentius den ganzen Papstsinn eines Hildebrands, und mitten in dem rebellischen Rom, gleichsam hinter dem Schilde des Kaisers, der ihn gegen die mörderische Wut seiner Gegner verteidigte, gab er diesem Kaiser Gesetze. Der Vorgänger des Lothar hatte die ansehnliche Erbschaft, welche Mathilde, Markgräfin von Tuszien, dem römischen Stuhl vermacht hatte, als ein Reichslehen eingezogen, und Papst Kalixtus II., um nicht aufs neue die Aussöhnung mit diesem Kaiser zu erschweren, hatte in dem Vergleich, der den Investiturstreit endigte, ganz von dieser geheimen Wunde geschwiegen. Diese Ansprüche des römischen Stuhls auf die Mathildische Erbschaft brachte Innocentius jetzt in Bewegung, und bemühte sich wenigstens, da er den Kaiser unerbittlich fand, diese anmaßliche Rechte der Kirche für die Zukunft in Sicherheit zu setzen. Er bestätigte ihm den Genuß der Mathildischen Güter auf dem Weg der Belehnung, ließ ihm dem römischen Stuhl einen förmlichen Lehenseid darüber schwören, und sorgte dafür, daß diese Vasallenhandlung durch ein Gemälde verewigt wurde, welches dem kaiserlichen Namen in Italien nicht sehr rühmlich war.

Es war nicht der römische Boden, nicht der Anblick jener feierlichen Denkmäler, welche ihm die Herrschergröße Roms ins Gedächtnis bringen, wo etwa die Geister seiner Vorfahren zu seiner Erinnerung sprechen konnten, nicht die zwangauflegende Gegenwart einer römischen Prälatenversammlung, welche Zeuge und Richter seines Betragens war, was dem Papst diesen standhaften Mut einflößte; auch als ein Flüchtling, auch auf deutscher Erde hatte er diesen römischen Geist nicht verleugnet. Schon zu Lüttich, wo er in der Gestalt eines Flehenden vor dem Kaiser stand, wo er sich diesem Kaiser für eine noch frische Wohltat verpflichtet fühlte, und eine zweite noch größre von ihm erwartete, hatte er ihn genötigt, eine bescheidene Bitte um Wiederherstellung des Investiturrechts zurückzunehmen, zu welcher der hülflose Zustand des Papstes dem Kaiser Mut gemacht hatte. Er hatte einem Erzbischof von Trier, ehe dieser noch von dem Kaiser mit dem zeitlichen Teil seines Amtes bekleidet war, die Einweihung erteilt, dem ausdrücklichen Sinn des Vertrags entgegen, der den Frieden des deutschen Reichs mit der Kirche begründete. Mitten in Deutschland, wo er ohne Lothars Begünstigung keinen Schatten von Hoheit besaß, unterstand er sich, eines der wichtigsten Vorrechte dieses Kaisers zu kränken.

Aus solchen Zügen erkennt man den Geist, der den römischen Hof beseelte, und die unerschütterliche Festigkeit der Grundsätze, die jeder Papst, mit Hintansetzung aller persönlichen Verhältnisse befolgen zu müssen, sich gedrungen sah. Man sah Kaiser und Könige, erleuchtete Staatsmänner und unbeugsame Krieger im Drang der Umstände Rechte aufopfern, ihren Grundsätzen ungetreu werden und der Notwendigkeit weichen; so etwas begegnete selten oder nie einem Papste. Auch wenn er im Elend umherirrte, in Italien keinen Fußbreit Landes, keine ihm holde Seele besaß, und von der Barmherzigkeit der Fremdlinge lebte, hielt er standhaft über den Vorrechten seines Stuhls und der Kirche. Wenn jede andre politische Gemeinheit durch die persönlichen Eigenschaften derer, welchen ihre Verwaltung übertragen ist, zu gewissen Zeiten etwas gelitten hat und leidet, so war dieses kaum jemals der Fall bei der Kirche und ihrem Oberhaupt. So ungleich sich auch die Päpste in Temperament, Denkart und Fähigkeit sein mochten, so standhaft, so gleichförmig, so unveränderlich war ihre Politik. Ihre Fähigkeit, ihr Temperament, ihre Denkart schien in ihr Amt gar nicht einzufließen, ihre Persönlichkeit, möchte man sagen, zerfloß in ihrer Würde, und die Leidenschaft erlosch unter der dreifachen Krone. Obgleich mit jedem hinscheidenden Papste die Kette der Thronfolge abriß, und mit jedem neuen Papste wieder frisch geknüpft wurde – obgleich kein Thron in der Welt so oft seinen Herrn veränderte, so stürmisch besetzt, und so stürmisch verlassen wurde, so war dieses doch der einzige Thron in der christlichen Welt, der seinen Besitzer nie zu verändern schien, weil nur die Päpste starben, aber der Geist, der sie beseelte, unsterblich war

Kaum hatte Lothar Italien den Rücken gewendet als Innocentius aufs neue seinen Gegnern das Feld räumen mußte. Er
floh in Begleitung des heiligen Bernhards nach Pisa, wo er den
Gegenpapst und dessen Anhang auf einer Kirchenversammlung feierlich verfluchte. Dieses Anathem galt besonders dem
König Roger von Sizilien, der Anaklets Sache mächtig unterstützte und durch seine reißenden Fortschritte im untern
Italien den Mut dieser Partei nicht wenig erhöhte.

Da sich die Geschichte Siziliens und Neapels und der Normänner, seiner neuen Besitzer, mit der Geschichte dieses Jahrhunderts aufs genaueste verbindet, da uns Anna Komnena und
Otto von Freisingen auf die normännischen Eroberungen aufmerksam gemacht haben, so ist es dem Zweck dieser Abhandlung gemäß, auf den Ursprung dieser neuen Macht in Italien
zu gehen, und die Fortschritte derselben kürzlich zu verfolgen.

Die mittäglichen und westlichen Länder Europens hatten
kaum angefangen, von den gewaltsamen Erschütterungen auszuruhen, wodurch sie ihre neue Gestalt empfingen, als der
europäische Norden im neunten Jahrhundert aufs neue den
Süden ängstigte. Aus den Inseln und Küstenländern, welche
heutzutage dem dänischen Szepter huldigen, ergossen sich
diese neuen Barbarenschwärme; Männer des Nordens, Normänner nannte man sie; ihre überraschende schreckliche Ankunft beschleunigte und verbarg der westliche Ozean. Solange
zwar der Herrschergeist Karls des Großen das fränkische Reich
bewachte, ahndete man den Feind nicht, der die Sicherheit seiner Grenzen bedrohete. Zahlreiche Flotten hüteten jeden Hafen
und die Mündung jedes Stroms; mit gleichem Nachdruck
leistete sein starker Arm den arabischen Korsaren im Süden,
und im Westen den Normännern Widerstand. Aber dieses be-
schützende Band, welches rings alle Küsten des fränkischen
Reichs umschloß, löste sich unter seinen kraftlosen Söhnen,
und gleich einem verheerenden Strom drang nun der wartende
Feind in das bloßgegebene Land. Alle Anwohner der aquitanischen Küste erfuhren die Raubsucht dieser barbarischen
Fremdlinge; schnell wie aus der Erde gespieen, standen sie da,
und ebenso schnell entzog sie das unerreichbare Meer der Verfolgung. Kühnere Banden, denen die ausgeraubte Küste keine
Beute mehr darbot, trieben in die Mündung der Ströme, und
erschreckten die ahnungslosen innern Provinzen mit ihrer
furchtbaren Landung. Weggeführt ward alles was Ware werden

konnte; der pflugziehende Stier mit dem Pflüger, zahlreiche Menschenherden in eine hoffnungslose Knechtschaft geschleppt. Der Reichtum im innern Lande machte sie immer lüsterner, der schwache Widerstand immer kühner, und die kurzen Stillstände welche sie den Einwohnern gönnten, brachten sie nur desto zahlreicher und desto gieriger zurück.

Gegen diesen immer sich erneuernden Feind war keine Hülfe von dem Throne zu hoffen, der selbst wankte, den eine Reihe ohnmächtiger Schattenkönige, die unwürdige Nachkommenschaft Karls des Großen entehrte. Anstatt des Eisens zeigte man den Barbaren Gold, und setzte die ganze künftige Ruhe des Königreichs aufs Spiel, um eine kurze Erholung zu gewinnen. Die Anarchie des Lehenwesens hatte das Band aufgelöst, welches die Nation gegen einen gemeinschaftlichen Feind vereinigen konnte, und die Tapferkeit des Adels zeigte sich nur zum Verderben des Staats, den sie verteidigen sollte.

Einer der unternehmendsten Anführer der Barbaren, Rollo, hatte sich der Stadt Rouen bemächtigt, und, entschlossen seine Eroberungen zu behaupten, seinen Waffenplatz darin errichtet. Ohnmacht und dringende Not führten endlich Karln den Einfältigen, unter welchem Frankreich sich damals regierte, auf den glücklichen Ausweg, durch Bande der Dankbarkeit, der Verwandtschaft und der Religion sich diesen barbarischen Anführer zu verpflichten. Er ließ ihm seine Tochter zur Gemahlin und zum Brautschatz das ganze Küstenland anbieten, welches den normännischen Verheerungen am meisten bloßgestellt war. Ein Bischof führte das Geschäft, und alles was man von dem Normann dafür verlangte, war, daß er ein Christ werden sollte. Rollo rief seine Korsaren zusammen, und überließ den Gewissensfall ihrer Beurteilung. Das Anerbieten war zu verführerisch, um nicht seinen nordischen Aberglauben daran zu wagen. Jede Religion war gleich gut, bei welcher man nur die Tapferkeit nicht verlernte. Die Größe des Gewinns brachte jede Bedenklichkeit zum Schweigen. Rollo empfing die Taufe, und einer seiner Gefährten wurde abgeschickt, der Zeremonie der Huldigung gemäß, bei dem König von Frankreich den Fußkuß zu verrichten.

Rollo verdiente es, der Stifter eines Staats zu sein; seine Gesetze bewirkten bei diesem Räubervolk eine bewundernswürdige Verwandlung. Die Korsaren warfen das Ruder weg, um den Pflug zu ergreifen, und die neue Heimat ward ihnen teuer, sobald sie angefangen hatten, darauf zu ernten. In dem gleichförmigen sanften Takte des Landlebens verlor sich allmählich der Geist der Unruhe und des Raubes, mit ihm die natürliche Wildheit dieses Volks. Die Normandie blühte unter Rollos Gesetzen, und ein barbarischer Eroberer mußte es sein, der die Nachkommen Karls des Großen ihren Vasallen widerstehen, und ihre Völker beglücken lehrte. Seitdem Normänner Frankreichs westliche Küste bewachten, hatte es von keiner normännischen Landung mehr zu leiden, und die schimpfliche Auskunft der Schwäche ward eine Wohltat für das Reich.

Der kriegerische Geist der Normänner artete in ihrem neuen Vaterland nicht aus. Diese Provinz Frankreichs ward die Pflanzschule einer tapfern Jugend, und aus ihr gingen zu verschiedenen Zeiten zwei Heldenschwärme aus, die sich an entgegengesetzten Enden von Europa einen unsterblichen Namen machten und glänzende Reiche stifteten. Normännische Glücksritter zogen südostwärts, unterwarfen das untre Italien und die Insel Sizilien ihrer Herrschaft, und gründeten hier eine Monarchie, welche Rom an der Tiber und Rom an dem Bosporus zittern machte. Ein normännischer Herzog war's, der Britannien eroberte.

Unter allen Provinzen Italiens waren Apulien, Kalabrien und die Insel Sizilien viele Jahrhunderte lang die beklagenswürdigsten gewesen. Hier unter dem glücklichsten Himmel Großgriechenlands, wo schon in den frühesten Zeiten griechische Kultur aufblühte, wo eine ergiebige Natur die hellenischen Pflanzungen mit freiwilliger Milde pflegte, dort auf der gesegneten Insel, wo die jugendlichen Staaten, Agrigent, Gela, Leontium, Syrakus, Selinus, Himera in mutwilliger Freiheit sich brüsteten, hatten gegen Ende des ersten Jahrtausends Anarchie und Verwüstung ihren schrecklichen Thron aufgeschlagen. Nirgends, lehrt eine traurige Erfahrung, sieht man die Leidenschaften und Laster der Menschen ausgelassener toben, nirgends mehr Elend wohnen, als in den glücklichen Gegenden, welche die Natur zu Paradiesen bestimmte. Schon in frühen Zeiten stellten Raubsucht und Eroberungsbegierde dieser gesegneten Insel nach; und so wie die schöpferische Wärme dieses Himmels die unglückliche Wirkung hatte, die abscheulichsten Geburten der Tyrannei an das Licht zu brüten, hatte selbst auch das wohltätige Meer, welches diese Insel zum Mittelpunkt des Handels bestimmte, nur dazu dienen müssen, die feindseligen

Flotten der Mamertiner, der Karthager, der Araber an ihre
Küste zu tragen. Eine Reihe barbarischer Nationen hatte
diesen einladenden Boden betreten. Die Griechen, aus
Ober- und Mittelitalien durch Langobarden und Franken vertrieben, hatten in diesen Gegenden einen Schatten von Herrschaft gerettet. Bis nach Apulien hinab hatten sich die Langobarden verbreitet, und arabische Korsaren mit dem Schwert
in der Hand sich Wohnsitze darin errungen. Ein barbarisches
Gemisch von Sprachen und Sitten, von Trachten und Gebräuchen, von Gesetzen und Religionen zeigte noch jetzt von ihrer
verderblichen Gegenwart. Hier sah sich der Untertan nach dem
langobardischen Gesetz, sein nächster Nachbar nach dem
Justinianischen, ein dritter nach dem Koran gerichtet. Derselbe Pilger, der des Morgens gesättigt aus den Ringmauern
eines Klosters ging, mußte des Abends die Mildtätigkeit eines
Moslems in Anspruch nehmen. Die Nachfolger des heiligen
Petrus hatten nicht gesäumt, ihren frommen Arm nach diesem
gelobten Land auszustrecken; auch einige deutsche Kaiser die
Hoheit des Kaisernamens in diesem Teile Italiens geltend gemacht, und einen großen Distrikt desselben als Sieger durchzogen. Gegen Otto den Zweiten schlossen die Griechen mit
den verabscheuten Arabern einen Bund, der diesem Eroberer
sehr verderblich wurde. Kalabrien und Apulien traten nunmehr aufs neue unter griechische Hoheit zurück, aber aus den
festen Schlössern, welche die Sarazenen in diesem Landstrich
noch innehatten, stürzten zuzeiten bewaffnete Scharen hervor,
andre arabische Schwärme setzten aus dem angrenzenden Sizilien hinüber, welche Griechen und Lateiner ohne Unterschied
beraubten. Von der fortwährenden Anarchie begünstigt, riß
jeder an sich, was er konnte, und verband sich, je nachdem es
sein Vorteil war, mit Muhammedanern, mit Griechen, mit
Lateinern. Einzelne Städte, wie Gaeta und Neapel, regierten
sich nach republikanischen Gesetzen. Mehrere langobardische
Geschlechter genossen unter dem Schirm einer scheinbaren
Abhängigkeit von dem römischen oder griechischen Reich
einer wahren Souveränität in Benevent, Capua, Salerno und
andern Distrikten. Die Menge und Verschiedenheit der Oberherrn, der schnelle Wechsel der Grenze, die Entfernung und
Ohnmacht des griechischen Kaiserhofs hielten dem straflosen
Ungehorsam eine sichere Zuflucht bereit; Nationalunter-
schied, Religionshaß, Raubsucht, Vergrößerungsbegierde,

durch kein Gesetz gezügelt, verewigten die Anarchie auf diesem Boden, und nährten die Fackel eines immerwährenden Kriegs. Das Volk wußte heute nicht wem es morgen gehorchen würde, und der Sämann war ungewiß, wem die Ernte gehörte.

Dies war der klägliche Zustand des untern Italiens im neunten, zehenten und eilften Jahrhundert, während daß Sizilien unter arabischem Szepter einer ruhigeren Knechtschaft genoß. Der Geist der Wallfahrt, welche beim Ablauf des zehenten Jahrhunderts, der gedrohten Annäherung des Weltgerichts, in den Abendländern lebendig wurde, führte im J. 983 auch einige normännische Pilger, funfzig oder sechzig an der Zahl, nach Jerusalem. Auf ihrer Heimkehr stiegen sie bei Neapel ans Land und erschienen zu Salerno, eben als ein arabisches Heer diese Stadt belagerte und die Einwohner damit beschäftigt waren, sich durch eine Geldsumme ihres Feindes zu entledigen.

Ungern genug hatten diese streitbaren Wallfahrer den Harnisch mit der Pilgertasche vertauscht; der alte Kriegesgeist ward bei dem kriegrischen Anblick lebendig. Tapfre Hiebe auf die Häupter der Ungläubigen geführt, dünkten ihnen keine schlechtere Vorbereitung auf das Weltgericht zu sein, als ein Pilgerzug nach dem Heiligen Grabe. Sie boten den belagerten Christen ihre müßige Tapferkeit an, und man errät leicht, daß die unverhoffte Hülfe nicht verschmäht ward. Von einer kleinen Anzahl Salernitaner begleitet, stürzt sich die kühne Schar bei Nachtzeit in das arabische Lager, wo man, auf keinen Feind gefaßt, in stolzer Sicherheit schwelgt. Alles weicht ihrer unwiderstehlichen Tapferkeit. Eilfertig werfen sich die Sarazenen in ihre Schiffe, und geben ihr ganzes Lager preis. Salerno hatte seine Schätze gerettet, und bereicherte sich noch mit dem ganzen Raub der Ungläubigen; das Werk der Tapferkeit von sechzig normännischen Pilgern. Ein so wichtiger Dienst war der ausgezeichnetsten Dankbarkeit wert, und befriedigt von der Freigebigkeit des Fürsten zu Salerno schiffte die Heldenschar nach Hause.

Das Abenteuer in Italien ward in der Heimat nicht verschwiegen. Neapels schöner Himmel und gesegnete Erde ward gerühmt, der nie geendigte Krieg auf diesem Boden, der dem Soldaten Beschäftigung und Ansehen, der Reichtum der Schwachen, der ihm Beute und Belohnung versprach. Mit begierigem Ohr horchte eine kriegrische Jugend. Das untre Italien sah in kurzer Zeit neue Haufen von Normännern landen, deren

Tapferkeit ihre kleine Anzahl verbarg. Das milde Klima, das fette Land, die köstliche Beute waren unwiderstehliche Reizungen für ein Volk, das in seinen neuen Wohnsitzen und bei seiner neuen Lebensart das korsarische Gewerbe so schnell nicht verlernen konnte. Ihr Arm war jedem feil, der ihn dingen wollte; Fechtens wegen waren sie gekommen, gleichviel für wessen Sache sie fochten. Der griechische Untertan erwehrte sich mit dem Arme der Normänner einer tyrannischen Satrapenregierung, mit Hülfe der Normänner trotzten die langobardischen Fürsten den Ansprüchen des griechischen Hofs, Normänner stellten die Griechen selbst den Sarazenen entgegen. Lateiner und Griechen hatten ohne Unterschied Ursache den Arm dieser Fremdlinge wechselsweise zu fürchten und zu preisen.

In Neapel hatte sich ein Herzog aufgeworfen, dem die Tapferkeit der Normänner gegen einen Fürsten von Capua große Dienste leistete. Diese nützlichen Ankömmlinge immer fester an sich zu knüpfen, ihren hülfreichen Arm stets in der Nähe zu wissen, schenkte er ihnen Landeigentum zwischen Capua und Neapel, auf welchem Boden sie im Jahr 1029 die Stadt Aversa erbauten – ihre erste feste Besitzung auf italienischer Erde, errungen durch Tapferkeit aber nicht durch Gewalt – vielleicht die einzig gerechte, deren sie sich zu rühmen hatten.

Die normännischen Ankömmlinge mehren sich, sobald eine landsmännische Stadt ihnen die gastfreien Tore öffnet. Drei Brüder, Wilhelm, der Eiserne Arm, Humfred und Drogon, beurlauben sich von neun andern Brüdern, und ihrem Vater, Tancred von Hauteville, um in der neuen Kolonie das Glück der Waffen zu versuchen. Nicht lange rastet ihre kriegrische Ungeduld. Der griechische Statthalter von Apulien beschließt eine Landung auf Sizilien, und die Tapferkeit der Gäste wird aufgefordert, die Gefahren dieses Feldzugs zu teilen. Ein sarazenisches Heer wird geschlagen und sein Anführer fällt unter dem Eisernen Arm. Der kräftige Beistand der Normänner verspricht den Griechen die Wiedereroberung der ganzen Insel; ihr Undank gegen diese ihre Beschützer macht sie auch noch das wenige verlieren, was auf dem festen Lande Italiens noch ihre Herrschaft erkennt. Von dem treulosen Statthalter zur Rache gereizt, kehren die Normänner gegen ihn selbst die Waffen, welche kurz zuvor siegreich für ihn geführt worden waren. Die griechischen Besitzungen werden angegriffen, ganz Apulien von nicht mehr als vierhundert Normännern erobert.

Mit barbarischer Redlichkeit teilt man sich in den unverhofften Raub. Ohne bei einem apostolischen Stuhl, ohne bei einem Kaiser in Deutschland oder Byzanz anzufragen, ruft die siegreiche Schar den Eisernen Arm zum Grafen von Apulien aus, jedem normännischen Streiter wird in dem eroberten Land irgendeine Stadt oder ein Dorf zur Belohnung.

Das unerwartete Glück der ausgewanderten Söhne Tancreds erweckte bald die Eifersucht der daheimgebliebenen. Der jüngste von diesen, Robert Guiscard (der Verschlagene) war herangewachsen, und die künftige Größe verkündigte sich seinem ahndenden Geist. Mit zween andern Brüdern machte er sich auf in das goldne Land, wo man mit dem Degen Fürstentümer angelt. Gerne erlaubten die deutschen Kaiser, Heinrich II. und III., diesem Heldengeschlechte, zu Vertreibung ihres verhaßtesten Feindes und zu Italiens Befreiung ihr Blut zu versprützen. Gewonnen dünkte ihnen für das abendländische Reich, was für das morgenländische verloren war, und mit günstigem Auge sahen sie die tapfern Fremdlinge von dem Raube der Griechen wachsen. Aber die Eroberungsplane der Normänner erweitern sich mit ihrer wachsenden Anzahl und ihrem Glück; der Griechen Meister, bezeigen sie Lust, ihre Waffen gegen die Lateiner zu kehren. So unternehmende Nachbarn beunruhigen den römischen Hof. Das Herzogtum Benevent, dem Papst Leo (IX.) erst kürzlich von Kaiser Heinrich dem Dritten zum Geschenke gegeben, wird von den Normännern bedroht. Der Papst ruft gegen sie den mächtigen Kaiser zu Hülfe, der zufrieden ist, diese kriegrischen Männer, die er nicht zu bezwingen hofft, in Vasallen des Reichs zu verwandeln, dem ihre Tapferkeit zur Vormauer gegen Griechen und Ungläubige dienen sollte. Leo der Neunte bedient sich gegen sie der nimmer fehlenden apostolischen Waffen. Der Fluch wird über sie ausgesprochen, ein heiliger Krieg wird gegen sie gepredigt, und der Papst hält die Gefahr für drohend genug, um mit seinen Bischöfen in eigner Person an der Spitze seines heiligen Heers gegen sie zu streiten. Die Normänner achten gleich wenig auf die Stärke dieses Heers und auf die Heiligkeit seiner Anführer. Gewohnt in noch kleinerer Anzahl zu siegen, greifen sie unerschrocken an, die Deutschen werden niedergehauen, die Italiener zerstreut, die heilige Person des Papstes selbst fällt in ihre ruchlosen Hände. Mit tiefster Ehrfurcht wird dem Statthalter Petri von ihnen begegnet, und nicht anders als knieend nahen sie sich ihm, aber der Respekt seiner Überwinder kann seine Gefangenschaft nicht verkürzen.

Der Einnahme Apuliens folgte bald die Unterwerfung Kalabriens und des Gebietes von Capua. Die Politik des römischen Hofes, welche nach mehrern mißlungenen Versuchen dem Unternehmen entsagte, die Normänner aus ihren Besitzungen zu verjagen, verfiel endlich auf den weiseren Ausweg, von diesem Übel selbst für die römische Größe Nutzen zu ziehen. In einem Vergleich, der zu Amalfi mit Robert Guiscard zustande kam, bestätigte Papst Nikolaus II. diesem Eroberer den Besitz von Kalabrien und Apulien als päpstlicher Lehen, befreite sein Haupt von dem Kirchenbann und reichte ihm als oberster Lehensherr die Fahne. Wenn irgendeine Macht die Tapferkeit der Normänner mit dem Geschenk dieser Fürstentümer belohnen konnte, so kam es doch keineswegs dem römischen Bischof zu, diese Großmut zu beweisen. Robert hatte kein Land weggenommen, das dem ersten Finder gehörte; von dem griechischen, oder wenn man will, von dem deutschen Reich waren die Provinzen abgerissen, welche er sich mit dem Schwert zugeeignet hatte. Aber von jeher haben die Nachfolger Petri in der Verwirrung geerntet. Die Lehensverbindung der Normänner mit dem römischen Hofe, war für sie selbst und für diesen das vorteilhafteste Ereignis. Die Ungerechtigkeit ihrer Eroberungen bedeckte jetzt der Mantel der Kirche; die schwache kaum fühlbare Abhängigkeit von dem apostolischen Stuhl entzog sie dem ungleich drückenderen Joche der deutschen Kaiser, und der Papst hatte seine furchtbarsten Feinde in treue Stützen seines Stuhls verwandelt.

In Sizilien teilten sich noch immer Sarazenen und Griechen, aber bald fing diese reiche Insel an, die Vergrößerungsbegierde der normännischen Eroberer zu reizen. Auch mit dieser beschenkte der Papst seine neuen Klienten, dem es bekanntlich nichts kostete, die Erdkugel mit neuen Meridianen zu durchschneiden und noch unentdeckte Welten auszuteilen. Mit der Fahne, welche der heilige Vater geweihet hatte, setzten die Söhne Tancreds Guiscard und Roger in Sizilien über, und unterwarfen sich in kurzer Zeit die ganze Insel. Mit Vorbehalt ihrer Religion und Gesetze huldigten Griechen und Araber der normännischen Herrschaft, und die neue Eroberung wurde Rogern und seinen Nachkommen überlassen. Auf die Unterwerfung Siziliens folgte bald die Wegnahme von Benevent und Salerno, und die Vertreibung des in der letzten Stadt regierenden Fürstenhauses, welches aber den kurzen Frieden mit der römischen Kirche unterbricht, und zwischen Robert Guiscard und dem Papst einen heftigen Streit entzündet. Gregor der Siebente, der gewalttätigste aller Päpste, kann einige normännische Edelleute, Vasallen und Nachbarn seines Stuhls weder in Furcht setzen, noch bezwingen. Sie trotzen seinem Bannfluch, dessen fürchterliche Wirkungen einen heldenmütigen und mächtigen Kaiser zu Boden schlagen, und eben der herausfodernde Trotz, wodurch dieser Papst die Zahl seiner Feinde vergrößert und ihre Erbitterung unversöhnlich macht, macht ihm einen Freund in der Nähe desto wichtiger. Um Kaisern und Königen zu trotzen, muß er einem glücklichen Abenteurer in Apulien schmeicheln. Bald bedarf er in Rom selbst seines rettenden Arms. In der Engelsburg von Römern und Deutschen belagert, ruft er den Herzog von Apulien zu seinem Beistand herbei, der auch wirklich an der Spitze normännischer, griechischer und arabischer Vasallen das Haupt der lateinischen Christenheit frei macht. Gedrückt von dem Hasse seines ganzen Jahrhunderts, dessen Frieden seine Herrschsucht zerstörte, folgt ebendieser Papst seinen Errettern nach Neapel, und stirbt zu Salerno unter dem Schutz von Hautevilles Söhnen.

Derselbe normännische Fürst, Robert Guiscard, der sich in Italien und Sizilien so gefürchtet machte, war das Schrecken der Griechen, die er in Dalmatien und Mazedonien angriff und selbst in der Nähe ihrer Kaiserstadt ängstigte. Die griechische Ohnmacht rief gegen ihn die Waffen und Flotten der Republik Venedig zu Hülfe, die durch die reißendsten Fortschritte dieser neuen italienischen Macht in ihren Träumen von Oberherrschaft des Adriatischen Meers fürchterlich aufgeschreckt worden. Auf der Insel Cephalenia setzte endlich, früher als sein Ehrgeiz, der Tod seinen Eroberungsplanen eine Grenze. Seine ansehnlichen Besitzungen in Griechenland, lauter Erwerbungen seines Degens, erbte sein Sohn Bohemund, Fürst von Tarent, der ihm an Tapferkeit nicht nachstand, und ihn an Ehrsucht noch übertraf. Er war es, der den Thron der Komnener in Griechenland erschütterte, den Fanatismus der Kreuzfahrer den Entwürfen einer kalten Vergrößerungsbegierde listig dienen ließ, in Antiochien sich ein ansehnliches Fürstentum errang, und allein von dem frommen Wahnsinne frei war, der die Fürsten des Kreuzheers erhitzte. Die griechische

Prinzessin Anna Komnena schildert uns Vater und Sohn als ge-
wissenlose Banditen, deren ganze Tugend ihr Degen war; aber
Robert und Bohemund waren die fürchterlichsten Feinde ihres
Hauses, ihr Zeugnis reichte also nicht hin, diese Männer zu
verdammen. Ebendiese Prinzessin kann es dem Robert nicht
vergeben, daß er, ein bloßer Edelmann und Glücksritter, Vermessenheit genug besessen, seine Wünsche bis zu einer Ver-
wandtschaftsverbindung mit dem regierenden Kaiserhause in
Konstantinopel zu erheben. Immer bleibt es eine merkwürdige
Erscheinung in der Geschichte, wie die Söhne eines unbegüter-
ten Edelmanns in einer Provinz Frankreichs auf gut Glück
aus ihrer Heimat auswandern, und, durch nichts als ihren
Degen unterstützt, ein Königreich zusammenrauben, Kaisern
und Päpsten, zugleich mit ihrem Arme und ihrem Verstande,
widerstehen, und noch Kraft genug übrig haben, auswärtige
Throne zu erschüttern.

Ein andrer Sohn Roberts, mit Namen Roger, war ihm in
seinen kalabrischen und apulischen Besitzungen gefolgt; aber
schon vierzig Jahre nach Roberts Tode erlosch sein Geschlecht.
Die normännischen Staaten auf dem festen Lande wurden nunmehr von der Nachkommenschaft seines Bruders in Besitz
genommen, welche in Sizilien blühte. Roger, Graf von Sizilien,
nicht weniger tapfer als Guiscard, aber ebenso guttätig und
milde, als dieser grausam und eigennützig war, hatte den Ruhm,
seinen Nachkommen ein glorreiches Recht zu erfechten. Zu
einer Zeit, wo die Anmaßungen der Päpste alle weltliche
Gewalt zu verschlingen drohten, wo sie den Kaisern in
Deutschland das Recht der Investituren entrissen, und die
Kirche von dem Staat gewaltsam abgetrennt hatten, behauptete ein normännischer Edelmann in Sizilien ein Regal, welches
Kaiser hatten aufgeben müssen. Graf Roger drang dem römischen Stuhle für sich und seine Nachfolger in Sizilien die Bewilligung ab, auf seiner Insel die höchste Gewalt in geistlichen
Dingen auszuüben. Der Papst war im Gedränge; um den
deutschen Kaisern zu widerstehen, konnte er die Freundschaft
der Normänner nicht entbehren. Er erwählte also den staatsklugen Ausweg, sich durch Nachgiebigkeit einen Nachbar zu
verpflichten, welchen zu reizen allzu gefährlich war. Um aber
zu verhindern, daß dieses zugestandne Recht ja nicht mit den
übrigen Regalien vermengt würde, um den Genuß desselben
im Lichte einer päpstlichen Vergünstigung zu zeigen, erklärte

der Papst den sizilianischen Fürsten zu seinem Legaten oder geistlichen Gewalthaber auf der Insel Sizilien. Rogers Nachfolger fuhren fort, dieses wichtige Recht unter dem Namen geborener Legaten des römischen Stuhls auszuüben, welches unter dem Namen der sizilianischen Monarchie von allen nachherigen Regenten dieser Insel behauptet ward.

Roger der Zweite, der Sohn des Vorhergehenden war es, der die ansehnlichen Staaten Apulien und Kalabrien seiner Grafschaft Sizilien einverleibte, und sich dadurch im Besitz einer Macht erblickte, die ihm Kühnheit genug einflößte, sich in Palermo die königliche Krone aufzusetzen. Dazu war weiter nichts nötig, als sein eigener Entschluß und eine hinlängliche Macht, ihn gegen jeden Widerspruch zu behaupten. Aber derselbe staatskluge Aberglaube, der seinen Vater und Oheim geneigt gemacht hatte, die Anmaßung fremder Länder durch den Namen einer päpstlichen Schenkung zu heiligen, bewog auch den Neffen und Sohn, seiner angemaßten Würde durch ebendiese heiligende Hand die letzte Sanktion zu verschaffen. Die Trennung, welche damals in der Kirche ausgebrochen war, begünstigte Rogers Absichten. Er verpflichtete sich den Papst Anaklet, indem er die Rechtmäßigkeit seiner Wahl anerkannte und mit seinem Degen zu behaupten bereit war. Für diese Gefälligkeit bestätigte ihm der dankbare Prälat die königliche Würde und erteilte ihm die Belehnung über Capua und Neapel, die letzten griechischen Lehen auf italienischem Boden, welche Roger Anstalten machte, zu seinem Reich zu schlagen. Aber er konnte sich den einen Papst nicht verpflichten, ohne sich in dem andern einen unversöhnlichen Feind zu erwecken. Auf seinem Haupte versammelt sich also jetzt der Segen des einen Papstes und der Fluch des andern; welcher von beiden Früchte tragen sollte – beruhte wahrscheinlich auf der Güte seines Degens.

Der neue König von Sizilien hatte auch seine ganze Klugheit und Tätigkeit nötig, um dem Sturm zu begegnen, der sich in den Abend- und Morgenländern wider ihn zusammenzog. Nicht weniger als vier feindliche Mächte, unter denen einzeln genommen keine zu verachten war, hatten sich zu seinem Untergang vereinigt. Die Republik Venedig, welche schon ehmals wider Robert Guiscard Flotten in See geschickt und geholfen hatte, die griechischen Staaten gegen diesen Eroberer zu verteidigen, waffnete sich aufs neue gegen seinen Neffen,

dessen furchtbare Seemacht ihr die Oberherrschaft auf dem
Adriatischen Busen streitig zu machen drohte. Roger hatte
diese kaufmännische Macht an ihrer empfindlichsten Seite angegriffen, da er ihr eine große Geldsumme an Waren wegnehmen ließ. Der griechische Kaiser Kalojohannes hatte
den Verlust so vieler Staaten in Griechenland und Italien und
noch die neuerliche Wegnahme von Neapel und Capua an ihm
zu rächen. Beide Höfe von Konstantinopel und Venedig schickten nach Merseburg Abgeordnete an Kaiser Lothar, dem verhaßten Räuber ihrer Staaten einen neuen Feind in dem Oberhaupt des deutschen Reichs zu erwecken. Papst Innocentius,
an kriegrischer Macht zwar der schwächste unter allen Gegnern
Rogers, war einer der furchtbarsten durch die Geschäftigkeit
seines Hasses und durch die Waffen der Kirche, die ihm zu
Gebote standen. Man überredete den Kaiser Lothar, daß das
normännische Reich im untern Italien und die Anmaßung der
sizilianischen Königswürde durch Roger mit der obersten
Gerichtsbarkeit der Kaiser über diese Länder unverträglich
seien, und daß es dem Nachfolger der Ottonen gebühre, der
Verminderung des Reichs sich entgegenzusetzen.

So wurde Lothar veranlaßt, einen zweiten Marsch über die
Alpen zu tun, und gegen König Roger von Sizilien einen Feldzug
zu unternehmen. Seine Armee war jetzt zahlreicher, die Blüte
des deutschen Adels war mit ihm, und die Tapferkeit der Hohenstaufen kämpfte für seine Sache. Die lombardischen Städte, von
jeher gewohnt, ihre Unterwürfigkeit nach der Stärke der Kriegsheere abzuwägen, mit welchen sich die Kaiser in Italien zeigten,
huldigten seiner unwiderstehlichen Macht, und ohne Widerstand öffnete ihm die Stadt Mailand ihre Tore. Er hielt einen
Reichstag in den Ronkalischen Feldern, und zeigte den Italienern
ihren Oberherrn. Darauf teilte er sein Heer, dessen eine Hälfte
unter der Anführung Herzog Heinrichs von Bayern in das
Toskanische drang, die andre unter dem persönlichen Kommando des Kaisers, längs der adriatischen Seeküste, geradenwegs gegen Apulien anrückte. Der griechische Hof und die
Republik Venedig hatten Truppen und Geld zu dieser Kriegsrüstung hergeschossen. Zugleich ließ die Stadt Pisa, damals
schon eine bedeutende Seemacht, eine kleine Flotte dieser Land-
armee folgen, die feindlichen Seeplätze anzugreifen.

Jetzt schien es um die normännische Macht in Italien getan,
und nicht ohne Teilnehmung sieht man das Gebäude, an wel-

chem die Tapferkeit so vieler Helden gearbeitet, welches das
Glück selbst so sichtbar in Schutz genommen hatte, sich zu
seinem Untergang neigen. Glorreiche Erfolge krönen den
ersten Anfang Lothars. Capua und Benevent müssen sich
ergeben. Die apulischen Städte Trani und Bari werden erobert;
die Pisaner bringen Amalfi, Lothar selbst die Stadt Salerno zur
Übergabe. Eine Säule der normännischen Macht stürzt nach
der andern, und, von dem festen Lande Italiens vertrieben,
bleibt dem neuen Könige nichts übrig, als in seinem Erbreich
Sizilien eine letzte Zuflucht zu suchen.

Aber es war das Schicksal von Tancreds Geschlecht, daß die
Kirche mit und ohne ihren Willen für sie arbeiten sollte. Kaum
war Salerno erobert, so nimmt Innocentius diese Stadt als ein
päpstliches Lehen in Anspruch, und ein lebhafter Zank ent-
spinnt sich darüber zwischen diesem Papst und dem Kaiser.
Ein ähnlicher Streit wird über Apulien rege, über welche
Provinz man übereingekommen war, einen Herzog zu setzen,
dessen Belehnung als das Zeichen der obersten Hoheit, Innocentius gleichfalls dem Kaiser Lothar streitig macht. Um einen
dreißigtägigen verderblichen Streit zu beendigen, vereinigt
man sich endlich in der sonderbaren Auskunft, daß beide,
Kaiser und Papst, bei dem Belehnungsakt dieses Herzogs berechtigt sein sollten, zu gleicher Zeit die Hand an die Fahne zu
legen, die dem Vasallen bei der Huldigungsfeierlichkeit von
dem Lehensherrn übergeben ward.

Während dieses Zwiespalts ruhte der Krieg gegen Roger,
oder ward wenigstens sehr lässig geführt, und dieser wachsame tätige Fürst gewann Zeit, sich zu erholen. Die Pisaner,
unzufrieden mit dem Papst und den Deutschen, führten ihre
Flotte zurück; die Dienstzeit der Deutschen war zu Ende, ihr
Geld verschwendet, und der feindselige Einfluß des neapoli-
tanischen Himmels fing an, die gewohnte Verheerung in ihrem
Lager anzurichten. Ihre immer lauter werdende Ungeduld rief
den Kaiser aus den Armen des Siegs. Schneller noch als sie
gewonnen worden, gingen die meisten der gemachten Eroberungen nach seiner Entfernung verloren. Noch in Bononien mußte Lothar die niederschlagende Nachricht hören, daß
Salerno sich an den Feind ergeben, daß Capua erobert, und der
Herzog von Neapel selbst zu den Normännern übergetreten
sei. Nur Apulien wurde durch seinen neuen Herzog mit Hülfe
eines zurückgebliebenen deutschen Korps standhaft behauptet,

und der Verlust dieser Provinz war der Preis, um welchen Roger seine übrigen Länder gerettet sah.

Nachdem der normännische Papst Anaklet gestorben, und Innocentius alleiniger Fürst der Kirche geworden war, hielt er im Lateran eine Kirchenversammlung, welche alle Dekrete des Gegenpapstes für nichtig erklärte, und seinen Beschützer Roger abermals mit dem Bannfluch belegte. Innocentius zog auch, nach dem Beispiel des Leo, in Person gegen den sizilianischen Fürsten zu Felde, aber auch er mußte, wie sein Vorgänger, diese Verwegenheit mit einer gänzlichen Niederlage und dem Verlust seiner Freiheit bezahlen. Roger aber suchte als Sieger den Frieden mit der Kirche, der ihm um so nötiger war, da ihn Venedig und Konstantinopel mit einem neuen Angriff bedrohten. Er erhielt von dem gefangenen Papste die Belehnung über sein Königreich Sizilien, seine beiden Söhne wurden als Herzoge von Capua und Apulien anerkannt. Er selbst sowohl als diese mußten dem Papst den Vasalleneid leisten, und sich zu einem jährlichen Tribut an die römische Kirche verstehen. Über die Ansprüche des deutschen Reichs an diese Provinzen, um derentwillen doch Innocentius selbst den Kaiser wider Rogern bewaffnet hatte, wurde bei diesem Vergleiche ein tiefes Stillschweigen beobachtet. So wenig konnten die römischen Kaiser auf die päpstliche Redlichkeit zählen, wenn man ihres Arms nicht benötigt war! Roger küßte den Pantoffel seines Gefangenen, führte ihn nach Rom zurück, und Friede war zwischen den Normännern und dem apostolischen Stuhl. Kaiser Lothar selbst hatte auf der Rückkehr nach Deutschland im Jahr 1137 in einer schlechten Bauernhütte zwischen dem Lech und dem Inn sein mühe- und ruhmvolles Leben geendigt.

Unfehlbar war der Plan dieses Kaisers gewesen, daß ihm sein Tochtermann, Herzog Heinrich von Bayern und Sachsen, auf dem Kaiserthron folgen sollte, wozu er wahrscheinlich noch bei seinen Lebzeiten Anstalten zu machen gesonnen gewesen war. Aber ehe er einen Schritt deswegen tun konnte, überraschte ihn der Tod.

Heinrich von Bayern hatte die Fürsten Deutschlands mit vielem Stolz behandelt, und war ihnen auf dem italienischen Feldzug sehr gebieterisch begegnet. Auch jetzt, nach Lothars Tode, bemühte er sich nicht sehr um ihre Freundschaft, und machte sie dadurch nicht geneigt, ihre Wahl auf ihn zu richten. Ganz anders betrug sich Konrad von Hohenstaufen, der den

Zug nach Italien mitgemacht, und auf demselben die Fürsten, besonders den Erzbischof von Trier für sich einzunehmen gewußt hatte. Außerdem schwebte die kürzlich festgesetzte Wahlfreiheit des deutschen Reichs den Fürsten noch zu lebhaft vor Augen, und alles kam jetzt darauf an, den geringsten Schein einer Rücksicht auf das Erbrecht bei der Kaiserwahl zu vermeiden. Heinrichs Verwandtschaft mit Lothar war also ein Beweggrund mehr, ihn bei der Wahl zu übergehen. Zu diesem allem kam noch die Furcht vor seiner überwiegenden Macht, welche, mit der Kaiserwürde vereinigt, die Freiheit des deutschen Reichs zugrund richten konnte.

Jetzt also sah man auf einmal das Staatssystem der deutschen Fürsten umgeändert. Die welfische Familie, welcher Heinrich von Bayern angehörte, unter der vorigen Regierung erhoben, mußte jetzt wieder herabgesetzt werden; und das hohenstaufische Haus, unter der vorigen Regierung zurückgesetzt, sollte wieder die Oberhand gewinnen. Der Erzbischof von Mainz war eben gestorben, und die Wahl eines neuen Erzbischofs sollte der Wahl des Kaisers billig vorangehen, da der Erzbischof bei der Kaiserwahl eine Hauptrolle spielte. Weil aber zu fürchten war, daß das große Gefolge von sächsischen und bayrischen Bischöfen und weltlichen Vasallen, mit welchen Heinrich auf den Wahltag würde angezogen kommen, die Überlegenheit der Stimmen auf seine Seite neigen möchte, so eilte man – wenn es auch eine Unregelmäßigkeit kosten sollte – vor seiner Ankunft die Kaiserwahl zu beendigen. Unter der Leitung des Erzbischofs von Trier, der dem hohenstaufischen Hause vorzüglich hold war, kam diese in Koblenz zustande (1137), Herzog Konrad ward erwählt, und empfing auch sogleich zu Aachen die Krone. So schnell hatte das Schicksal gewechselt, daß Konrad, den der Papst unter der vorigen Regierung mit dem Banne belegte, sich jetzt dem Tochtermann ebendes Lothar vorgezogen sah, der für den römischen Stuhl doch so viel getan hatte? Zwar beschwerten sich Heinrich und alle Fürsten, welche bei der Wahl Konrads nicht zu Rat gezogen worden, laut über diese Unregelmäßigkeit; aber die allgemeine Furcht vor der Übermacht des welfischen Hauses, und der Umstand, daß sich der Papst für Konrad erklärt hatte, brachte die Mißvergnügten zum Schweigen. Heinrich von Bayern, der die Reichsinsignien in Händen hatte, lieferte sie nach einem kurzen Widerstand aus.

Konrad sah ein, daß er dabei noch nicht stillestehen könne. Die Macht des welfischen Hauses war so hoch gestiegen, daß es ebenso gefährliche Folgen für die Ruhe des Reiches haben mußte, dieses mächtige Haus zum Feinde zu haben, als die Erhebung desselben zur Kaiserwürde für die ständische Freiheit gehabt haben würde. Neben einem Vasallen von dieser Macht konnte kein Kaiser ruhig regieren, und das Reich war in Gefahr, von einem bürgerlichen Kriege zerrissen zu werden. Man mußte also die Macht desselben wieder heruntersetzen, und dieser Plan wurde von Konrad III. mit Standhaftigkeit befolgt. Er lud den Herzog Heinrich nach Augsburg vor, um sich über die Klagen zu rechtfertigen, die das Reich gegen ihn habe. Heinrich fand es bedenklich zu erscheinen, und nach fruchtlosen Unterhandlungen erklärte ihn der Kaiser auf einem Hoftag zu Würzburg in die Reichsacht; auf einem andern zu Goslar wurden ihm seine beiden Herzogtümer Sachsen und Bayern abgesprochen.

Diese raschen Urteile wurden von ebenso frischer Tat begleitet. Bayern verlieh man dem Nachbar desselben, dem Markgrafen von Östreich, Sachsen wurde dem Markgrafen von Brandenburg Albrecht, der Bär genannt, übergeben. Bayern gab Herzog Heinrich auch ohne Widerstand auf, aber Sachsen hoffte er zu retten. Ein kriegerischer ihm ergebener Adel stand hier bereit, für seine Sache zu fechten, und weder Albrecht von Brandenburg, noch der Kaiser selbst, der gegen ihn die Waffen ergriff, konnten ihm dieses Herzogtum entreißen. Schon war er im Begriff, auch Bayern wiederzuerobern, als ihn der Tod von seinen Unternehmungen abrief, und die Fackel des Bürgerkriegs in Deutschland verlöschte. Bayern erhielt nun der Bruder und Nachfolger des Markgrafen Leopold von Östreich, Heinrich, der sich im Besitz dieses Herzogtums durch eine Heuratsverbindung mit der Witwe des verstorbenen Herzogs, einer Tochter Lothars, zu befestigen glaubte. Dem Sohn des Verstorbenen, der nachher unter dem Namen Heinrichs des Löwen berühmt ward, wurde das Herzogtum Sachsen zurückgegeben, wogegen er auf Bayern Verzicht tat. So beruhigte Konrad auf eine Zeitlang die Stürme, welche Deutschlands Ruhe gestört hatten, und noch gefährlicher zu stören drohten – um in einem törichten Zug nach Jerusalem der herrschenden Schwachheit seines Jahrhunderts einen verderblichen Tribut zu bezahlen.

VORBERICHT
[ZU DEN DENKWÜRDIGKEITEN
DES HERZOGS VON SULLY]

Der Wert dieser Denkwürdigkeiten des Herzogs von Sully
ist zu allgemein bekannt, um hier noch einer Anpreisung zu
bedürfen. Sie liefern uns die wichtigsten Aufschlüsse über das
geheime und öffentliche Leben eines vortrefflichen Königs
und seines nicht minder vortrefflichen Ministers, und verbreiten ein helles Licht über Frankreichs Geschichte von dem
Jahre 1570 bis zur Regentschaft der Maria von Medicis, einer
der wichtigsten Zeiträume in der französischen Geschichte.

Aber es bedarf vielleicht einer Entschuldigung, daß man
diese Denkwürdigkeiten nicht nach dem alten Original, welches
unter dem sonderbaren Titel „Oeconomies royales & Servi-
tudes loyales" bekannt ist, sondern nach der modernen Umarbeitung eines neuern französischen Schriftstellers liefert.
Vielen dürfte der eigentümliche Ton, der in dieser Urschrift
herrschet, und sogar das antike und abenteuerliche Gewand,
in welches sie gekleidet ist, ein größrer Verlust zu sein dünken,
als durch die Arbeit des neuen Herausgebers vergütet worden
ist, und die Veränderungen, welche sich derselbe mit seinem
Text erlaubte, viel zu gewaltsam scheinen. Und in der Tat
würden sie so sehr unrecht nicht haben, wenn irgendeine
Wahrscheinlichkeit vorhanden wäre, daß jene Urschrift unmittelbar aus der Feder des Herzogs von Sully geflossen sei,
denn auch in dem seltsamsten Aufzuge hat der große Mann
Anspruch auf unsre Achtung. Aber da jene Urschrift nur zu
sichtbare Spuren trägt, daß sie, obgleich aus der reinsten
Quelle geflossen, doch ihre eigentliche Gestalt nur unter den
Händen seiner Sekretäre empfangen habe, so ist der Verlust
in der Tat so beträchtlich nicht, oder doch durch die ange-
brachten Verbesserungen unendlich vergütet. Der französische
Herausgeber hat sich sowohl um die Anordnung der Materie
als um den Ausdruck ein großes Verdienst erworben. Die
Verwirrung, in welcher alle Bestandteile dieser Geschichte in
der Urschrift durcheinandergeworfen sind, und die auch einen

sehr warmen Verehrer der Sullyschen Schrift ermüden müßte, veranlaßte den neuen Herausgeber, sein Original, obwohl mit möglichster Schonung des Eigentümlichen ganz und gar um- zugießen, die einzelnen Partien interessanter und schicklicher zu verbinden, und alles Fremdartige davon zu scheiden. Er erlaubte sich dabei, den Erzähler in der ersten Person von sich sprechen zu lassen, da derselbe durch eine gar sonderbare Wendung in der Urschrift sich selbst anzureden scheint. Der Stil, der im Original alle Abwechslungen vom Niedrigen und Platten bis zum Hochtrabenden und Schwülstigen durchläuft, durch unübersehliche Periodenlänge oft dunkel, und durch Weitschweifigkeit unerträglich ermüdend wird, hat unter der Feder des neuen Herausgebers eine Haltung und Einheit empfangen, welche der Würde seines Inhalts entspricht, und das Werk in seiner neuen Gestalt zu einer sehr anziehenden Lektüre macht. Von ebendemselben rühren auch die histo- rischen Erläuterungen her, welche die in den Denkwürdig- keiten aufgeführten Personen betreffen; was hingegen eine zu ängstliche Rücksicht auf die Religion seines Vaterlandes den französischen Herausgeber in den Anmerkungen sprechen ließ, glaubte man einem deutschen Leser in der Übersetzung ersparen zu dürfen.

Das ganze Werk wird in sechs Bänden erscheinen, welche rasch aufeinanderfolgen und in der Michaelmesse vom Jahr 1792 geendigt sein sollen. Die Einleitung, welche die ganze Geschichte der Ligue in einer kurzen Übersicht umfaßt, wird jeden Band des Werkes begleiten, und bis zum Untergang dieser Verbindung fortgeführt werden. Bei Abfassung der- selben sind Brantôme, Castelnau, de Thou u. a., und in Anord- nung der Materie besonders der Esprit de la Ligue von Herrn Anquetil meine Führer gewesen.

Jena in der Ostermesse 1791.

Friedrich Schiller.

Die Regierungen Karls VIII., Ludwigs XII. und Franz' I. hatten für Frankreich eine glänzende Epoche vorbereitet. Die Feldzüge dieser Fürsten nach Italien hatten den Heldengeist des französischen Adels wieder entzündet, den der Despotismus Ludwigs XI. beinahe erstickt hatte. Ein schwärmerischer Rittergeist flammte wieder auf, den eine beßre Taktik unterstützte.

Im Kampf mit ihren ungeübten Nachbarn lernte die Nation ihre Überlegenheit kennen. Die Monarchie hatte sich gebildet, die Verfassung des Königreichs eine mehr regelmäßige Gestalt angenommen. Der sonst so furchtbare Trotz übermächtiger Großen fügte sich jetzt wieder in die Schranken eines gemeinschaftlichen Gehorsams. Ordentliche Steuern und stehende Heere befestigten und schirmten den Thron, und der König war etwas mehr als ein begüterter Edelmann in seinem Reiche.

In Italien war es, wo sich die Kraft dieses Königreichs zum erstenmal offenbarte. Unnütz zwar floß dort das Blut seiner Heldensöhne, aber Europa konnte seine Bewunderung einem Volke nicht versagen, das sich zu gleicher Zeit gegen fünf vereinigte Feinde glorreich behauptete. Das Licht schöner Künste war nicht lange vorher in Italien aufgegangen, und etwas mildere Sitten verrieten bereits seinen veredelnden Einfluß. Bald zeigte es seine Kraft an den trotzigen Siegern, und Italiens Künste unterjochten das Genie der Franzosen, wie ehmals Griechenlands Kunst seine römische Beherrscher sich unterwürfig machte. Bald fanden sie den Weg über die Savoyischen Alpen, den der Krieg geöffnet hatte. Von einem verständigen Regenten in Schutz genommen, von der Buchdruckerkunst unterstützt, verbreiteten sie sich bald auf diesem dankbaren Boden. Die Morgenröte der Kultur erschien, schon eilte Frankreich mit schnellen Schritten seiner Zivilisierung entgegen. Die neuen Meinungen erscheinen, und gebieten diesem schönen Anfang einen traurigen Stillstand. Der Geist der Intoleranz und des Aufruhrs löscht den noch schwachen Schimmer der Verfeinerung wieder aus, und die schreckliche Fackel des Fanatismus leuchtet. Tiefer als je stürzt dieser unglückliche Staat in seine barbarische Wildheit zurück, das Opfer eines langwierigen verderblichen Bürgerkriegs, den der Ehrgeiz entflammt, und ein wütender Religionseifer zu einem allgemeinen Brande vergrößert.

So feurig auch das Interesse war, mit welchem die eine Hälfte Europens die neuen Meinungen aufnahm und die andre dagegen kämpfte, so eine mächtige Triebfeder der Religionsfanatismus auch für sich selbst ist, so waren es doch großenteils sehr weltliche Leidenschaften, welche bei dieser großen Begebenheit geschäftig waren, und größtenteils politische Umstände, welche den untereinander im Kampfe begriffenen Religionen zu Hülfe kamen. In Deutschland, weiß man, begünstigte Luthern und seine Meinungen das Mißtrauen der Stände gegen die wachsende Macht Österreichs, der Haß gegen Spanien und die Furcht vor dem Inquisitionsgerichte vermehrte in den Niederlanden den Anhang der Protestanten. Gustav Wasa vertilgte in Schweden zugleich mit der alten Religion eine furchtbare Kabale, und auf dem Ruin ebendieser Kirche befestigte die britannische Elisabeth ihren noch wankenden Thron. Eine Reihe schwachköpfiger zum Teil minderjähriger Könige, eine schwankende Staatskunst, die Eifersucht und der Wettkampf der Großen um das Ruder halfen die Fortschritte der neuen Religion in Frankreich bestimmen. Wenn sie in diesem Königreich jetzt darniederliegt, und in einer Hälfte Deutschlands, in England, im Norden, in den Niederlanden thronet, so lag es sicherlich nicht an der Mutlosigkeit oder Kälte ihrer Verfechter, nicht an unterlaßnen Versuchen, nicht an der Gleichgültigkeit der Nation. Eine heftige, langwierige Gärung erhielt das Schicksal dieses Königreichs im Zweifel; fremder Einfluß und der zufällige Umstand einer neuen indirekten Thronfolge, die gerade damals eintrat, mußte den Untergang der kalvinischen Kirche in diesem Staat entscheiden.

Gleich im ersten Viertel des XVI. Jahrhunderts fanden die Neuerungen, welche Luther in Deutschland predigte, den Weg in die französischen Provinzen. Weder die Zensuren der Sorbonne im Jahr 1521 noch die Beschlüsse des Pariser Parlaments, noch selbst die Anathemen der Bischöfe vermochten das schnelle Glück aufzuhalten, das sie in wenig Jahren bei dem

Volk, bei dem Adel, bei einigen von der Geistlichkeit machten. Die Lebhaftigkeit, mit welcher das sanguinische geistreiche Volk der Franzosen jede Neuigkeit zu behandeln pflegt, verleugnete sich weder bei den Anhängern der Reformation, noch bei ihren Verfolgern. Franz des Ersten kriegerische Regierung, und die Verständnisse dieses Monarchen mit den deutschen Protestanten trugen nicht wenig dazu bei, die Religionsneuerungen bei seinen französischen Untertanen in schnellen Umlauf zu bringen. Umsonst, daß man in Paris endlich zu dem fürchterlichen Mittel des Feuers und des Schwertes griff; es tat keine beßre Wirkung, als es in den Niederlanden, in Deutschland, in England getan hatte, und die Scheiterhaufen, welche der fanatische Verfolgungsgeist ansteckte, dienten zu nichts, als den Heldenglauben und den Ruhm seiner Opfer zu beleuchten.

Die Religionsverbeßrer führten, bei ihrer Verteidigung, und bei ihrem Angriff auf die herrschende Kirche, Waffen, welche weit zuverlässiger wirkten, als alle, die der blinde Eifer der stärkern Zahl ihnen entgegensetzen konnte. Geschmack und Aufklärung kämpften auf ihrer Seite; Unwissenheit, Pedanterei waren der Anteil ihrer Verfolger. Die Sittenlosigkeit, die tiefe Ignoranz des katholischen Klerus gaben dem Witz ihrer öffentlichen Redner und Schriftsteller die gefährlichsten Blößen, und unmöglich konnte man die Schilderungen lesen, welche der Geist der Satire diese letztern von dem allgemeinen Verderbnis entwerfen ließ, ohne sich von der Notwendigkeit einer Verbeßrung überzeugt zu fühlen. Die lesende Welt wurde täglich mit Schriften dieser Art überschwemmt, in welchen, mehr oder minder glücklich, die herrschenden Laster des Hofes und der katholischen Geistlichkeit dem Unwillen, dem Abscheu, dem Gelächter bloßgestellt und die Dogmen der neuen Kirche in jede Anmut des Stils gekleidet, mit allen Reizen des Schönen, mit aller hinreißenden Kraft des Erhabnen, mit dem unwiderstehlichen Zauber einer edeln Simplizität ausgestattet waren. Wenn man diese Meisterstücke der Beredsamkeit und des Witzes mit Ungeduld verschlang, so waren die abgeschmackten oder feierlichen Gegenschriften des andern Teils nicht dazu gemacht, etwas anders als Langeweile zu erregen. Bald hatte die verbesserte Religion den geistreichen Teil des Publikums gewonnen, eine unstreitig glänzendere Majorität, als der bloße blinde Vorteil der größern Menge, der ihre Gegner begünstigte.

Die anhaltende Wut der Verfolgung nötigte endlich den unterdrückten Teil, an der Königin Margareta von Navarra der Schwester Franz' I. sich eine Beschützerin zu suchen. Geschmack und Wissenschaft waren eine hinreichende Empfehlung bei dieser geistreichen Fürstin, welche, selbst große Kennerin des Schönen und Wahren, für die Religion ihrer Lieblinge, deren Kenntnisse und Geist sie verehrte, nicht schwer zu gewinnen war. Ein glänzender Kreis von Gelehrten umgab diese Fürstin, und die Freiheit des Geistes, welche in diesem geschmackvollen Zirkel herrschte, konnte nicht anders als eine Lehre begünstigen, welche mit der Befreiung vom Joche der Hierarchie und des Aberglaubens angefangen hatte. An dem Hof dieser Königin fand die gedrückte Religion eine Zuflucht, manches Opfer wurde durch sie dem blutdürstigen Verfolgungsgeist entzogen, und die noch kraftlose Partei hielt sich an diesem schwachen Ast gegen das erste Ungewitter fest, das sie sonst in ihrem noch zarten Anfang so leicht hätte hinraffen können. Die Verbindungen, in welche Franz I. mit den deutschen Protestanten getreten war, hatten auf die Maßregeln keinen Einfluß, deren er sich gegen seine eignen protestantischen Untertanen bediente. Das Schwert der Inquisition war in jeder Provinz gegen sie gezückt, und zu ebender Zeit, wo dieser zweideutige Monarch die Fürsten des Schmalkaldischen Bundes gegen Karl V. seinen Nebenbuhler aufforderte, erlaubt er dem Blutdurst seiner Inquisitoren, gegen das schuldlose Volk der Waldenser, ihre Glaubensgenossen, mit Schwert und Feuer zu wüten. Barbarisch und schrecklich, sagt der Geschichtschreiber de Thou, war der Spruch der gegen sie gefällt ward, barbarischer noch und schrecklicher seine Vollstreckung. Zweiundzwanzig Dörfer legte man in die Asche, mit einer Unmenschlichkeit, wovon sich bei den rohesten Völkern kein Beispiel findet. Die unglückseligen Bewohner, bei Nachtzeit überfallen und bei dem Schein ihrer brennenden Habe von Gebirge zu Gebirge gescheucht, entrannen hier einem Hinterhalte nur, um dort in einen andern zu fallen. Das jämmerliche Geschrei der Alten, der Frauenspersonen und der Kinder, weit entfernt das Tigerherz der Soldaten zu erweichen, diente zu nichts, als diese letztern auf die Spur der Flüchtigen zu führen, und ihrer Mordbegier das Opfer zu verraten. Über siebenhundert dieser Unglücklichen wurden in der einzigen Stadt Cabrières mit kalter Grausamkeit erschlagen, alle Frauenspersonen dieses Orts im

Dampf einer brennenden Scheune erstickt, und die, welche sich von oben herab flüchten wollten, mit Piken aufgefangen. Selbst an dem Erdreich, welches der Fleiß dieses sanften Volks aus einer Wüste zum blühenden Garten gemacht hatte, ward der vermeintliche Irrglaube seiner Pflüger bestraft. Nicht bloß die Wohnungen riß man nieder, auch die Bäume wurden umgehauen, die Saaten zerstört, die Felder verwüstet, und das lachende Land in eine traurige Wildnis verwandelt.

Der Unwille, den diese ebenso unnütze als beispiellose Grausamkeit erweckte, führte dem Protestantismus mehr Bekenner zu, als der inquisitorische Eifer der Geistlichkeit würgen konnte. Mit jedem Tage wuchs der Anhang der Neuerer, besonders seitdem in Genf Calvin mit einem neuen Religionssystem aufgetreten war, und durch seine Schrift vom christlichen Unterricht die schwankenden Lehrmeinungen fixiert, dem ganzen Gottesdienst eine mehr regelmäßige Gestalt gegeben, und die unter sich selbst nicht recht einigen Glieder seiner Kirche unter einer bestimmten Glaubensformel vereinigt hatte. In kurzem gelang es der strengeren und einfachern Religion des französischen Apostels, bei seinen Landsleuten Luthern selbst zu verdrängen, und seine Lehre fand eine desto günstigere Aufnahme, je mehr sie von Mysterien und lästigen Gebräuchen gereinigt war, und je mehr es der Lutherischen an Entfernung vom Papsttum zuvortat.

Das Blutbad unter den Waldensern zog die Kalvinisten, deren Erbitterung jetzt keine Furcht mehr kannte, an das Licht hervor. Nicht zufrieden, wie bisher sich im Dunkel der Nacht zu versammeln, wagten sie es jetzt, durch öffentliche Zusammenkünfte den Nachforschungen der Obrigkeit Hohn zu sprechen, und selbst in den Vorstädten von Paris die Psalmen des Marot in großen Versammlungen abzusingen. Der Reiz des Neuen führte bald ganz Paris herbei, und mit dem Wohlklang, und der Anmut dieser Lieder wußte sich ihre Religion selbst in manche Gemüter zu schmeicheln. Der gewagte Schritt hatte ihnen zugleich ihre furchtbare Anzahl gezeigt, und bald folgten die Protestanten in dem übrigen Königreich dem Beispiel, das ihre Brüder in der Hauptstadt gegeben.

Heinrich II., ein noch strengerer Verfolger ihrer Partei als sein Vater, nahm jetzt vergebens alle Schrecken der königlichen Strafgewalt gegen sie zu Hülfe. Vergebens wurden die Edikte geschärft, welche ihren Glauben verdammten. Umsonst

erniedrigte sich dieser Fürst so weit, durch seine königliche
Gegenwart den Eindruck ihrer Hinrichtungen zu erhöhen und
ihre Henker zu ermuntern. In allen großen Städten Frankreichs
rauchten Scheiterhaufen, und nicht einmal aus seiner eigenen
Gegenwart konnte Heinrich den Kalvinismus verbannen. Diese
Lehre hatte unter der Armee, auf den Gerichtsstühlen, hatte
selbst an seinem Hof zu St. Germain Anhänger gefunden, und
Franz von Coligny, Herr von Andelot, Obrister des französi-
schen Fußvolks, erklärte dem König mit dreister Stirn ins
Gesicht, daß er lieber sterben wolle, als eine Messe besuchen.

Endlich aufgeschreckt von der immer mehr um sich greifen-
den Gefahr, welche die Religion seiner Völker und, wie man
ihn fürchten ließ, selbst seinen Thron bedrohte, überließ sich
dieser Fürst allen gewalttätigen Maßregeln, welche die Habsucht der Höflinge und der unreine Eifer des Klerus ihm diktierte. Um durch einen entscheidenden Schritt den Mut der
Partei auf einmal zu Boden zu schlagen, erschien er eines Tages
selbst im Parlamente, ließ dort fünf Glieder dieses Gerichtshofs,
die sich den neuen Meinungen günstig zeigten, gefangenneh-
men, und gab Befehl, ihnen schleunig den Prozeß zu machen.
Von jetzt an erfuhr die neue Sekte keine Schonung mehr. Das
verworfene Gezücht der Angeber wurde durch versprochne
Belohnungen ermuntert, alle Gefängnisse des Reichs in kurzem mit Schlachtopfern der Unduldsamkeit angefüllt; niemand
wagte es, für sie die Stimme zu erheben. Die reformierte Partei
in Frankreich stand jetzt 1559 am Rand ihres Untergangs; ein
mächtiger unwiderstehlicher Fürst, mit ganz Europa im Frieden, und unumschränkter Herr von allen Kräften des Königreichs, zu diesem großen Werke von dem Papst, und von Spanien selbst begünstigt, hatte ihr das Verderben geschworen.
Ein unerwarteter Glücksfall mußte sich ins Mittel schlagen,
dieses abzuwenden, welches auch geschah. Ihr unversöhnlicher
Feind starb mitten unter diesen Zurüstungen von einem Lan-
zensplitter verwundet, der ihm bei einem festlichen Turnier in
das Auge flog.

Dieser unverhoffte Hintritt Heinrichs II. war der Eingang zu
den gefährlichen Zerrüttungen, welche ein halbes Jahrhundert
lang das Königreich zerrissen und die Monarchie ihrem gänzlichen Untergang nahe brachten. Heinrich hinterließ seine Gemahlin Katharina, aus dem herzoglichen Hause von Medicis in
Florenz, nebst vier unreifen Söhnen, unter denen der älteste,

Franz, kaum das sechszehnte Jahr erreicht hatte. Der König war bereits mit der jungen Königin von Schottland, Maria Stuart vermählt, und so mußte sich das Szepter zweier Reiche in zwo Händen vereinigen, die noch lange nicht geschickt waren, sich selbst zu regieren. Ein Heer von Ehrgeizigen streckte schon gierig die Hände danach aus, es ihnen zu erleichtern, und Frankreich war das unglückliche Opfer des Kampfs der sich darüber entzündete.

Besonders waren es zwei mächtige Faktionen, welche sich ihren Einfluß bei dem jungen Regentenpaar und die Verwaltung des Königreichs streitig machten. An der Spitze der einen stand der Konnetabel von Frankreich, Anne von Montmorency, Minister und Günstling des verstorbnen Königs, um den er sich durch seinen Degen und einen strengen, über alle Verführung erhabnen, Patriotismus verdient gemacht hatte. Ein gleichmütiger, unbeweglicher Charakter, den keine Widerwärtigkeit erschüttern, kein Glücksfall schwindlicht machen konnte. Diesen gesetzten Geist hatte er bereits unter den vorigen Regierungen bewiesen, wo er mit gleicher Gelassenheit, und mit gleich standhaftem Mut den Wankelmut seines Monarchen, und den Wechsel des Kriegsglücks ertrug. Der Soldat wie der Höfling, der Finanzier wie der Richter zitterten vor seinem durchdringenden Blick, den keine Täuschung blendete, vor diesem Geiste der Ordnung, der keinen Fehltritt vergab, vor dieser festen Tugend, über die keine Versuchung Macht hatte. Aber in der rauhen Schule des Kriegs erwachsen und an der Spitze der Armeen gewöhnt, unbedingten Gehorsam zu erzwingen, fehlte ihm die Geschmeidigkeit des Staatsmanns und Höflings, welche durch Nachgeben siegt, und durch Unterwerfung gebietet. Groß auf der Waffenbühne verscherzte er seinen Ruhm auf der andern, welche der Zwang der Zeit ihm jetzt anwies, welche ihm Ehrgeiz und Patriotismus zu betreten befahlen. Solch ein Mann war nirgends an seinem Platze, als wo er herrschte, und nur gemacht, sich auf der ersten Stelle zu behaupten, aber nicht wohl fähig, mit hofmännischer Kunst darnach zu ringen.

Lange Erfahrung, Verdienste um den Staat, die selbst der Neid nicht zu verringern wagte, eine Redlichkeit, der auch seine Feinde huldigten, die Gunst des verstorbnen Monarchen, der Glanz seines Geschlechts, schienen den Konnetabel zu dem ersten Posten im Staat zu berechtigen, und jeden fremden

Anspruch im voraus zu entfernen. Aber ein Mann gehörte auch dazu, das Verdienst eines solchen Dieners zu würdigen und eine ernstliche Liebe zum allgemeinen Wohl, um seinem gründlichen innern Wert die rauhe Außenseite zu vergeben. Franz II. war ein Jüngling, den der Thron nur zum Genusse, nicht zur Arbeit rief, dem ein so strenger Aufseher seiner Handlungen nicht willkommen sein konnte. Montmorencys austere Tugend, die ihn bei dem Vater und Großvater in Gunst gesetzt hatte, gereichte ihm bei dem leichtsinnigen schwachen Sohn zum Verbrechen, und machte es der entgegengesetzten Kabale leicht, über diesen Gegner zu triumphieren.

Die Guisen, ein nach Frankreich verpflanzter Zweig des lothringischen Fürstenhauses, waren die Seele dieser furchtbaren Faktion. Franz von Lothringen, Herzog von Guise, Oheim der regierenden Königin, vereinigte in seiner Person alle Eigenschaften, welche die Aufmerksamkeit der Menschen fesseln, und eine Herrschaft über sie erwerben. Frankreich verehrte in ihm seinen Retter, den Wiederhersteller seiner Ehre vor der ganzen europäischen Welt. An seiner Geschicklichkeit und seinem Mut war das Glück Karls V. gescheitert; seine Entschlossenheit hatte die Schande der Vorfahren ausgelöscht, und den Engländern Calais, ihre letzte Besitzung auf französischem Boden, nach einem zweihundertjährigen Besitze, entrissen. Sein Name war in aller Munde, seine Bewundrung lebte in aller Herzen. Mit dem weitsehenden Herrscherblicke des Staatsmanns und Feldherrn verband er die Kühnheit des Helden, und die Gewandtheit des Höflings. Wie das Glück, so hatte schon die Natur ihn zum Herrscher der Menschen gestempelt. Edel gebildet, von erhabner Statur, königlichem Anstand und offner gefälliger Miene hatte er schon die Sinne bestochen, ehe er die Gemüter sich unterjochte. Den Glanz seines Ranges und seiner Macht erhob eine natürliche angestammte Würde, die, um zu herrschen, keines äußern Schmucks zu bedürfen schien. Herablassend ohne sich zu erniedrigen, mit dem Geringsten gesprächig, frei und vertraulich, ohne die Geheimnisse seiner Politik preiszugeben, verschwenderisch gegen seine Freunde und großmütig gegen den entwaffneten Feind, schien er bemüht zu sein, den Neid mit seiner Größe, den Stolz einer eifersüchtigen Nation mit seiner Macht auszusöhnen. Alle diese Vorzüge aber waren nur Werkzeuge einer unersättlichen stürmischen Ehrbegierde, die von keinem Hindernis geschreckt, von keiner Betrachtung aufgehalten, ihrem hochgesteckten Ziel furchtlos entgegenging, und gleichgültig gegen das Schicksal von Tausenden, von der allgemeinen Verwirrung nur begünstigt, durch alle Krümmungen der Kabale und mit allen Schrecknissen der Gewalt ihre verwegnen Entwürfe verfolgte. Dieselbe Ehrsucht, von nicht geringern Gaben unterstützt, beherrschte den Kardinal von Lothringen, Bruder des Herzogs, der ebenso mächtig durch Wissenschaft und Beredsamkeit, als jener durch seinen Degen, furchtbarer im Scharlach, als der Herzog im Panzerhemd, seine Privatleidenschaften mit dem Schwert der Religion bewaffnete, und die schwarzen Entwürfe seiner Ehrsucht mit diesem heiligen Schleier bedeckte. Über den gemeinschaftlichen Zweck einverstanden, teilte sich dieses unwiderstehliche Brüderpaar in die Nation, die, ehe sie es wußte, in seinen Fesseln sich krümmte.

Leicht war es beiden Brüdern, sich der Neigung des jungen Königs zu bemächtigen, den seine Gemahlin, ihre Nichte, unumschränkt leitete; schwerer die Königin Mutter Katharine für ihre Absichten zu gewinnen. Der Name einer Mutter des Königs machte sie an einem geteilten Hofe mächtig, mächtiger noch die natürliche Überlegenheit ihres Verstandes über das Gemüt ihres schwachen Sohnes; ein verborgner in Ränken erfinderischer Geist, mit einer grenzenlosen Begierde zum Herrschen vereinigt, konnte sie zu einer furchtbaren Gegnerin machen. Ihre Gunst zu erschleichen wurde deswegen kein Opfer gespart, keine Erniedrigung gescheuet. Keine Pflicht war so heilig, die man nicht verletzte, ihren Neigungen zu schmeicheln, keine Freundschaft so festgeknüpft, die nicht zerrissen wurde, ihrer Rachsucht ein Opfer preiszugeben, keine Feindschaft so tiefgewurzelt, die man nicht gegen ihre Günstlinge ablegte. Zugleich unterließ man nichts, was den Konnetabel bei der Königin stürzen konnte, und so gelang es wirklich der Kabale, die gefährliche Verbindung zwischen Katharinen und diesem Feldherrn zu verhindern.

Unterdessen hatte der Konnetabel alles in Bewegung gesetzt, sich einen furchtbaren Anhang zu verschaffen, der die lothringische Partei überwägen könnte. Kaum war Heinrich tot, so wurden alle Prinzen von Geblüt, und unter diesen besonders Anton von Bourbon König von Navarra von ihm herbeigerufen, bei dem Monarchen den Posten einzunehmen, zu dem ihr Rang und ihre Geburt sie berechtigte. Aber ehe sie noch

Zeit hatten, zu erscheinen, waren ihnen die Guisen schon bei dem Könige zuvorgekommen. Dieser erklärte den Abgesandten des Parlaments, die ihn zu seinem Regierungsantritt begrüßten, daß man sich künftig in jeder Angelegenheit des Staats an die lothringischen Prinzen zu wenden habe. Auch nahm der Herzog sogleich Besitz von dem Kommando der Truppen, der Kardinal von Lothringen erwählte sich den wichtigen Artikel der Finanzen zu seinem Anteil. Montmorency erhielt eine frostige Weisung sich auf seinen Gütern zur Ruhe zu begeben. Die mißvergnügten Prinzen von Geblüte hielten darauf eine Zusammenkunft zu Vendôme, welche der Konnetabel abwesend leitete, um sich über die Maßregeln gegen den gemeinschaftlichen Feind zu bereden. Den Beschlüssen derselben zufolge wurde der König von Navarra an den Hof abgeschickt, bei der Königinmutter noch einen letzten Versuch der Unterhandlung zu wagen, ehe man sich gewaltsame Mittel erlaubte. Dieser Auftrag war einer allzu ungeschickten Hand anvertraut, um seinen Zweck nicht zu verfehlen. Anton von Navarra, von der Allgewalt der Guisen in Furcht gesetzt, die sich ihm in der ganzen Fülle ihrer Herrlichkeit zeigten, verließ Paris und den Hof unverrichteter Dinge, und die lothringischen Brüder blieben Meister vom Schauplatz.

Dieser leichte Sieg machte sie keck, und jetzt fingen sie an, keine Schranken mehr zu scheuen. Im Besitz der öffentlichen Einkünfte hatten sie bereits unsägliche Summen verschwendet, um ihre Kreaturen zu belohnen. Ehrenstellen, Pfründen, Pensionen, wurden mit freigebiger Hand zerstreut, aber mit dieser Verschwendung wuchs nur die Gierigkeit der Empfänger und die Zahl der Kandidaten, und was sie bei dem kleinern Teil dadurch gewannen, verdarben sie bei einem weit größern, welcher leer ausging. Die Habsucht, mit der sie sich selbst den besten Teil an dem Raube des Staats zueigneten, der beleidigende Trotz, mit dem sie sich auf Unkosten der vornehmsten Häuser in die wichtigsten Bedienungen eindrängten, machte allgemein die Gemüter schwürig; nichts aber war für die Franzosen empörender, als was sich der hochfahrende Stolz des Kardinals von Lothringen zu Fontainebleau erlaubte. An diesen Lustort, wo der Hof sich damals aufhielt, hatte die Gegenwart des Monarchen eine große Menge von Personen gezogen, die entweder um rückständigen Sold und Gnadengelder zu flehen oder für ihre geleisteten Dienste die verdienten Belohnungen einzufodern gekommen waren. Das Ungestüm dieser Leute, unter denen sich zum Teil die verdientesten Offiziers der Armee befanden, belästigte den Kardinal. Um sich ihrer auf einmal zu entledigen, ließ er, nahe am königlichen Schlosse, einen Galgen aufrichten, und zugleich durch den öffentlichen Ausrufer verkündigen, daß jeder wes Standes er auch sei, den ein Anliegen nach Fontainebleau geführt, bei Strafe dieses Galgens, innerhalb 24 Stunden Fontainebleau zu räumen habe. Behandlungen dieser Art erträgt der Franzose nicht, und darf sie unter allen Völkern von seinem Könige am wenigsten ertragen. Zwar ward es an einem einzigen Tage dadurch leer in Fontainebleau, aber zugleich wurde auch der Keim des Unmuts in mehr als tausend Herzen nach allen Provinzen des Königreichs mit hinweggetragen.

Bei den Fortschritten, welche der Kalvinismus gegen das Ende von Heinrichs Regierung in dem Königreich getan hatte, war es von der größten Wichtigkeit, welche Maßregeln die neuen Minister dagegen ergreifen würden. Aus Überzeugung sowohl als Interesse eifrige Anhänger des Papstes, vielleicht damals schon geneigt, sich beim Drang der Umstände auf spanische Hülfe zu stützen, zugleich von der Notwendigkeit überzeugt, die zahlreichste und mächtigste Hälfte der Nation durch einen wahren oder verstellten Glaubenseifer zu gewinnen, konnten sie sich keinen Augenblick über die Partei bedenken, welche unter diesen Umständen zu ergreifen war. Heinrich II. hatte noch kurz vor seinem Ende den Untergang der Kalvinisten beschlossen, und man brauchte bloß der schon angefangnen Verfolgung den Lauf zu lassen, um dieses Ziel zu erreichen. Sehr kurz also war die Frist, welche der Tod dieses Königs den Protestanten vergönnte. In seiner ganzen Wut erwachte der Verfolgungsgeist wieder, und die lothringischen Prinzen bedachten sich um so weniger, gegen eine Religionspartei zu wüten, die ein großer Teil ihrer Feinde längst im stillen begünstigte.

Der Prozeß des berühmten Parlamentsrats, Anne du Bourg, verkündigte die blutigen Maßregeln der neuen Regierung. Er büßte seine fromme Standhaftigkeit am Galgen; die vier übrigen Räte, welche zugleich mit ihm gefangen gesetzt worden, erfuhren eine gelindere Behandlung. Dieser unzweideutige öffentliche Schritt der lothringischen Prinzen gegen den Kalvinismus verschaffte den mißvergnügten Großen eine erwünschte Gelegenheit, die ganze reformierte Partei gegen das Ministerium in Harnisch zu bringen, und die Sache ihrer gekränkten Ehrsucht zu einer Sache der Religion, zu einer Angelegenheit der ganzen protestantischen Kirche zu machen. Jetzt also geschah die unglücksvolle Verwechselung politischer Beschwerden mit dem Glaubensinteresse, und wider die politische Unterdrückung wurde der Religionsfanatismus zu Hülfe gerufen. Mit etwas mehr Mäßigung gegen die mißtrauischen Kalvinisten war es den Guisen leicht, den durch ihre Zurücksetzung erbitterten Großen eine furchtbare Stütze zu entziehen, und so einen schrecklichen Bürgerkrieg in der Geburt zu ersticken. Dadurch, daß sie beide Parteien, die Mißvergnügten und die durch ihre Zahl bereits furchtbaren Kalvinisten aufs Äußerste brachten, zwangen sie beide, einander zu suchen, ihre Rachgier und ihre Furcht sich wechselseitig mitzuteilen, ihre verschiednen Beschwerden zu vermengen, und ihre geteilten Kräfte in einer einzigen drohenden Faktion zu vereinigen. Von jetzt an sah der Kalviniste in den Lothringern nur die Unterdrücker seines Glaubens und in jedem, den ihr Haß verfolgte, nur ein Opfer ihrer Intoleranz, welches Rache foderte. Von jetzt an erblickte der Katholike in ebendiesen Lothringern nur die Beschützer seiner Kirche, und in jedem, der gegen sie aufstand, nur den Hugenotten, der die rechtgläubige Kirche zu stürzen suche. Jede Partei erhielt jetzt einen Anführer, jeder ehrgeizige Große eine mehr oder minder furchtbare Partei. Das Signal zu einer allgemeinen Trennung ward gegeben, und die ganze hintergangne Nation in den Privatstreit einiger gefährlichen Bürger gezogen.

An die Spitze der Kalvinisten stellten sich die Prinzen von Bourbon, Anton von Navarra und Ludwig, Prinz von Condé, nebst der berühmten Familie der Chatillons, durch den großen Namen des Admirals von Coligny in der Geschichte verherrlicht. Ungern genug riß sich der wollüstige Prinz von Condé aus dem Schoß des Vergnügens, um das Haupt einer Partei gegen die Guisen zu werden, aber das Übermaß ihres Stolzes, und eine Reihe erlittner Beleidigungen hatten seinen schlummernden Ehrgeiz endlich aus einer trägen Sinnlichkeit erweckt; die dringenden Aufforderungen der Chatillons zwangen ihn das Lager der Wollust mit dem politischen und kriegerischen Schauplatze zu vertauschen. Das Haus Chatillon stellte in diesem Zeitraum drei unvergleichliche Brüder auf, von

denen der älteste, Admiral Coligny, der öffentlichen Sache
durch seinen Feldherrngeist, seine Weisheit, seinen ausdauernden Mut, der zweite, Franz von Andelot, durch seinen Degen,
der dritte, Kardinal von Chatillon, Bischof von Beauvais durch
seine Geschicklichkeit in Unterhandlungen und seine Verschlagenheit diente. Eine seltne Harmonie der Gesinnungen
vereinigte diese sich sonst so ungleichen Charaktere zu einem
furchtbaren Dreiblatt, und die Würden welche sie bekleideten,
die Verbindungen, in denen sie standen, die Achtung, welche
ihr Name zu erwecken gewohnt war, gaben der Unternehmung ein Gewicht, an deren Spitze sie traten.

Auf einem von den Schlössern des Prinzen von Condé, an
der Grenze von Picardie, hielten die Mißvergnügten eine
geheime Versammlung, auf welcher ausgemacht wurde, den
König aus der Mitte seiner Minister zu entführen und sich zugleich dieser letztern tot oder lebendig zu bemächtigen. So
weit war es gekommen, daß man die Person des Monarchen
bloß als eine Sache betrachtete, die an sich selbst nichts be-
deutete, aber in den Händen derer, welche sich ihres Besitzes
rühmten, ein furchtbares Instrument der Macht werden konnte.
Da dieser verwegene Entwurf nur mit den Waffen in der Hand
konnte durchgesetzt werden, so ward auf ebendieser Versammlung beschlossen, eine militärische Macht aufzubringen,
welche sich alsdann in einzelnen kleinen Haufen, um keinen
Verdacht zu erregen, aus allen Distrikten des Königreichs in
Blois zusammenziehn sollte, wo der Hof das Frühjahr zubringen würde. Da sich die ganze Unternehmung als eine
Religionssache abschildern ließ, so hielt man sich der kräftigsten Mitwirkung der Kalvinisten versichert, deren Anzahl im
Königreich damals schon auf zwei Millionen geschätzt wurde.
Aber auch viele der aufrichtigsten Katholiken zog man durch
die Vorstellung, daß es nur gegen die Guisen abgesehen sei, in
die Verschwörung. Um den Prinzen von Condé, als den eigentlichen Chef der ganzen Unternehmung, der aber für ratsam
hielt, vorjetzt noch unsichtbar zu bleiben, desto besser zu verbergen, gab man ihr einen untergeordneten sichtbaren Anführer in der Person eines gewissen Renaudie, eines Edelmanns aus Perigord, den sein verwegner, in schlimmen
Händeln und Gefahren bewährter Mut, seine unermüdete
Tätigkeit, seine Verbindungen im Staat, und der Zusammenhang mit den ausgewanderten Kalvinisten zu diesem Posten

besonders geschickt machten. Verbrechen halber hatte derselbe längst schon die Rolle eines Flüchtlings spielen müssen, und die Kunst der Verborgenheit, welche sein jetziger Auftrag von ihm foderte, zu seiner eignen Erhaltung in Ausübung bringen lernen. Die ganze Partei kannte ihn als ein entschloßnes, jedem kühnen Streiche gewachsenes Subjekt, und die enthusiastische Zuversicht, die ihn selbst über jedes Hindernis erhob, konnte sich, von ihm aus, allen Mitgliedern der Verschwörung mitteilen.

Die Vorkehrungen wurden aufs beste getroffen, und alle möglichen Zufälle im voraus in Berechnung gebracht, um dem Ohngefähr so wenig als möglich anzuvertrauen. Renaudie erhielt eine ausführliche Instruktion, worin nichts vergessen war, was der Unternehmung einen glücklichen Ausschlag zusichern konnte. Der eigentliche verborgne Führer derselben, hieß es, würde sich nennen und öffentlich hervortreten, sobald es zur Ausführung käme. Zu Nantes in Bretagne, wo eben damals das Parlament seine Sitzungen hielt, und eine Reihe von Lustbarkeiten, zu denen die Vermählungsfeier einiger Großen dieser Provinz die zufällige Veranlassung gab, die herbeiströmende Menge schicklich entschuldigen konnte, versammelte Renaudie im J. 1560 seine Edelleute. Ähnliche Umstände nutzten wenige Jahre nachher die Guisen in Brüssel, um ihr Komplott gegen den spanischen Minister Granvella zustande zu bringen. In einer Rede voll Beredsamkeit und Feuer, welche uns der Geschichtschreiber de Thou aufbehalten hat, entdeckte Renaudie denen, die es noch nicht wußten, die Absicht ihrer Zusammenberufung und suchte die übrigen zu einer tätigen Teilnahme anzufeuern. Nichts wurde darin gespart, die Guisen in das gehässigste Licht zu setzen, und mit arglistiger Kunst alle Übel, von welchen die Nation seit ihrem Eintritt in Frankreich heimgesucht worden, auf ihre Rechnung geschrieben. Ihr schwarzer Entwurf sollte sein, durch Entfernung der Prinzen vom Geblüt, der Verdientesten und Edelsten, von des Königs Person und der Staatsverwaltung den jungen Monarchen, dessen schwächliche Person, wie man sich merken ließ, in solchen Händen nicht am sichersten aufgehoben wäre, zu einem blinden Werkzeug ihres Willens zu machen, und wenn es auch durch Ausrottung der ganzen königlichen Familie geschehen sollte, ihrem eigenen Geschlecht den Weg zu dem französischen Throne zu bahnen. Dies einmal vorausgesetzt, war keine Entschließung so kühn, kein Schritt gegen sie so strafbar, den nicht die Ehre selbst und die reinste Liebe zum Staat rechtfertigen konnte, ja gebot. „Was mich betrifft", schloß der Redner mit dem heftigsten Übergang, „so schwöre ich, so beteure ich und nehme den Himmel zum Zeugen, daß ich weit entfernt bin, etwas gegen den Monarchen, gegen die Königin, seine Mutter, gegen die Prinzen seines Bluts weder zu denken noch zu reden noch zu tun; aber ich beteure und schwöre, daß ich bis zu meinem letzten Hauch gegen die Eingriffe dieser Ausländer verteidigen werde die Majestät des Throns und die Freiheit des Vaterlandes."

Eine Erklärung dieser Art konnte ihren Eindruck auf Männer nicht verfehlen, die durch so viele Privatbeschwerden aufgebracht, von dem Schwindel der Zeit und einem blinden Religionseifer hingerissen, der heftigsten Entschließungen fähig waren. Alle wiederholten einstimmig diesen Eidschwur, den sie schriftlich aufsetzten und durch Handschlag und Umarmung besiegelten. Merkwürdig ist die Ähnlichkeit, welche sich zwischen dem Betragen dieser Verschwornen zu Nantes und dem Verfahren der Konföderierten in Brüssel entdecken läßt. Dort wie hier ist es der rechtmäßige Oberherr, den man gegen die Anmaßungen seines Ministers zu verteidigen scheinen will, während daß man kein Bedenken trägt, eins seiner heiligsten Rechte, seine Freiheit in der Wahl seiner Diener, zu kränken; dort wie hier ist es der Staat, den man gegen Unterdrückung sicherzustellen sich das Ansehen geben will, indem man ihn doch offenbar allen Schrecknissen eines Bürgerkriegs überliefert. Nachdem man über die zu nehmenden Maßregeln einig war, und den 15. Mai 1560 zum Termin, die Stadt Blois zu dem Ort der Vollstreckung bestimmt hatte, schied man auseinander, jeder Edelmann nach seiner Provinz, um die nötige Mannschaft in Bewegung zu setzen. Dies geschah mit dem besten Erfolge, und das Geheimnis des Entwurfes litt nichts durch die Menge derer, die zur Vollstreckung nötig waren. Der Soldat verdingte sich dem Kapitän, ohne den Feind zu wissen, gegen den er zu fechten bestimmt war. Aus den entlegeneren Provinzen fingen schon kleine Haufen an, zu marschieren, welche immer mehr anschwellten, je näher sie ihrem Standorte kamen. Truppen häuften sich schon im Mittelpunkt des Reichs während die Guisen zu Blois, wohin sie den König gebracht hatten, noch in sorgloser Sicherheit schlummerten. Ein dunkler

Wink, der sie vor einem ihnen drohenden Anschlage warnte, zog sie endlich aus dieser Ruhe, und vermochte sie, den Hof von Blois nach Amboise zu verlegen, welche Stadt ihrer Zitadelle wegen gegen einen unvermuteten Überfall länger, wie man hoffte, zu behaupten war.

Dieser Querstreich konnte bloß eine kleine Abänderung in den Maßregeln der Verschworenen bewirken, aber im Wesentlichen ihres Entwurfs nichts verändern. Alles ging ungehindert seinen Gang, und nicht ihrer Wachsamkeit, nicht der Verräterei eines Mitverschwornen, dem bloßen Zufall dankten die Guisen ihre Errettung. Renaudie selbst beging die Unvorsichtigkeit einem Advokaten zu Paris, mit Namen Avenelles, seinem Freund, bei dem er wohnte, den ganzen Anschlag zu offenbaren, und das furchtsame Gewissen dieses Mannes verstattete ihm nicht, ein so gefährliches Geheimnis bei sich zu behalten. Er entdeckte es einem Geheimschreiber des Herzogs von Guise, der ihn in größter Eile nach Amboise schaffen ließ, um dort seine Aussage vor dem Herzog zu wiederholen. So groß die Sorglosigkeit der Minister gewesen, so groß war jetzt ihr Schrecken, ihr Mißtraun, ihre Verwirrung. Was sie umgab ward ihnen verdächtig. Bis in die Löcher der Gefängnisse suchte man, um dem Komplott auf den Grund zu kommen. Weil man nicht mit Unrecht voraussetzte, daß die Chatillons um den Anschlag wüßten, so berief man sie unter einem schicklichen Vorwand nach Amboise, in der Hoffnung, sie hier besser beobachten zu können. Als man ihnen in Absicht der gegenwärtigen Umstände ihr Gutachten abfoderte, bedachte Coligny sich nicht, aufs heftigste gegen die Minister zu reden und die Sache der Reformierten aufs lebhafteste zu verfechten. Seine Vorstellungen, mit der gegenwärtigen Furcht verbunden, wirkten auch so viel auf die Mehrheit des Staatsrats, daß ein Edikt abgefaßt wurde, welches die Reformierten mit Ausnahme ihrer Prediger und aller, die sich in gewalttätige Anschläge eingelassen, vor der Verfolgung in Sicherheit setzte. Aber dieses Notmittel kam jetzt zu spät, und die Nachbarschaft von Amboise fing an, sich mit Verschwornen anzufüllen. Condé selbst erschien in starker Begleitung an diesem Ort, um die Aufrührer im entscheidenden Augenblick unterstützen zu können. Eine Anzahl derselben, hatte man ausgemacht, sollte sich ganz unbewaffnet und unter dem Vorgeben, eine Bittschrift überreichen zu wollen, an den Toren von Amboise melden, und,

wofern sie keinen Widerstand fänden, mit Hülfe ihrer überlegenen Menge von den Straßen und Wällen Besitz nehmen.
Zur Sicherheit sollten sie von einigen Schwadronen unterstützt
werden, die auf das erste Zeichen des Widerstandes herbeieilen und in Verbindung mit dem um die Stadt herum verbreiteten Fußvolk sich der Tore bemächtigen würden. Indem
dies von außen her vorginge, würden die in der Stadt selbst
verborgenen, meistens im Gefolge des Prinzen versteckten,
Teilhaber der Verschwörung zu den Waffen greifen, und sich
unverzüglich der lothringischen Prinzen, lebendig oder tot,
versichern. Der Prinz von Condé zeigte sich dann öffentlich
als das Haupt der Partei, und ergriff ohne Schwierigkeit das
Steuer der Regierung.

Dieser ganze Operationsplan wurde dem Herzog von Guise
verräterischerweise mitgeteilt, der sich dadurch in den Stand
gesetzt sah, bestimmtere Maßregeln dagegen zu ergreifen. Er
ließ schleunig Soldaten werben, und schickte allen Statthaltern
der Provinzen Befehl zu, jeden Haufen von Gewaffneten, der
auf den Weg nach Amboise begriffen sei, aufzuheben. Der
ganze Adel der Nachbarschaft wurde aufgeboten, sich zum
Schutz des Monarchen zu bewaffnen. Mittelst scheinbarer Aufträge wurden die Verdächtigsten entfernt, die Chatillons und
der Prinz von Condé in Amboise selbst beschäftigt, und von
Kundschaftern umringt, die königliche Leibwache abgewech-
selt, die zum Angriff bezeichneten Tore vermauert. Außerhalb
der Stadt streiften zahlreiche fliegende Korps, die verdächtigen
Ankömmlinge zu zerstreuen oder niederzuwerfen, und der
Galgen erwartete jeden, den das Unglück traf, lebendig in ihre
Hände zu geraten.

Unter diesen nachteiligen Umständen langte Renaudie vor
Amboise an. Ein Haufe von Verschwornen folgte auf den andern, das Unglück ihrer vorangegangnen Brüder schreckte die
Kommenden nicht ab. Der Anführer unterließ nichts, durch
seine Gegenwart die Fechtenden zu ermuntern, die Zerstreuten
zu sammeln, die Fliehenden zum Stehen zu bewegen. Allein,
und nur von einem einzigen Mann begleitet, streifte er durch
das Feld umher, und wurde in diesem Zustand von einem
Trupp königlicher Reiter nach dem tapfersten Widerstand erschossen. Seinen Leichnam schaffte man nach Amboise, wo er
mit der Aufschrift: Haupt der Rebellen am Galgen aufgeknüpft wurde. Ein Edikt folgte unmittelbar auf diesen

Vorfall, welches jedem seiner Mitschuldigen, der die Waffen sogleich niederlegen würde, Amnestie zusicherte. Im Vertrauen auf dasselbe machten sich viele schon auf den Rückweg, fanden aber bald Ursache es zu bereuen. Ein letzter Versuch, den die Zurückgebliebnen gemacht hatten, sich der Stadt Amboise zu bemächtigen, der aber wie die vorigen vereitelt wurde, erschöpfte die Mäßigung der Guisen, und brachte sie so weit, das königliche Wort zu widerrufen. Alle Provinzstatthalter erhielten jetzt Befehl, sich auf die Rückkehrenden zu werfen, und in Amboise selbst ergingen die fürchterlichsten Prozeduren gegen jeden, der den Lothringern verdächtig war. Hier, wie im ganzen Königreich floß das Blut der Unglücklichen, die oft kaum das Verbrechen wußten, um dessentwillen sie den Tod erlitten. Ohne alle Gerichtsform warf man sie, Arme und Füße gebunden, in die Loire, weil die Hände der Nachrichter nicht mehr zureichen wollten. Nur wenige von hervorstechenderem Range behielt man der Justiz vor, um durch ihre solenne Verurteilung das vorhergegangne Blutbad zu beschönigen.

Indem die Verschwörung ein so unglückliches Ende nahm, und so viele unwissende Werkzeuge derselben der Rache der Guisen aufgeopfert wurden, spielte der Prinz von Condé, der Schuldigste von allen, und der unsichtbare Lenker des Ganzen, seine Rolle mit beispielloser Verstellungskunst, und wagte es, dem Verdacht Trotz zu bieten, der ihn allgemein anklagte. Auf die Undurchdringlichkeit seines Geheimnisses sich stützend, und überzeugt, daß die Tortur selbst seinen Anhängern nicht entreißen könnte, was sie nicht wußten, verlangte er Gehör bei dem Könige und drang darauf, sich förmlich und öffentlich rechtfertigen zu dürfen. Er tat dieses in Gegenwart des ganzen Hofes und der auswärtigen Gesandten, welche ausdrücklich dazu geladen waren, mit dem edeln Unwillen eines unschuldig Angeklagten, mit der ganzen Festigkeit und Würde, welche sonst nur das Bewußtsein einer gerechten Sache einzuflößen pflegt. „Sollte", schloß er, „sollte jemand verwegen genug sein, mich als den Urheber der Verschwörung anzuklagen, zu behaupten, daß ich damit umgegangen, die Franzosen gegen die geheiligte Person ihres Königs aufzuwiegeln, so entsage ich hiermit dem Vorrechte meines Ranges, und bin bereit, ihm mit diesem Degen zu beweisen, daß er lügt." – „Und ich", nahm Franz von Guise das Wort, „ich werde es nimmermehr zugeben, daß ein so schwarzer Verdacht einen so großen Prinzen entehre. Erlauben Sie mir also Ihnen in diesem Zweikampf zu sekondieren." Und mit diesem Possenspiele ward eine der blutigsten Verschwörungen geendigt, welche die Geschichte kennt, ebenso merkwürdig durch ihren Zweck, und durch das große Schicksal, welches dabei auf dem Spiele stand, als durch ihre Verborgenheit und List, mit der sie geleitet wurde.

Noch lange nachher blieben die Meinungen über die wahren Triebfedern und den eigentlichen Zweck dieser Verschwörung geteilt; der Privatvorteil beider Parteien verleitete sie, den richtigen Gesichtspunkt zu verfälschen. Wenn die Reformierten in ihren öffentlichen Schriften ausbreiteten, daß einzig und allein der Verdruß über die unerträgliche Tyrannei der Guisen sie bewaffnet habe, und der Gedanke ferne von ihnen gewesen sei, durch gewaltsame Mittel die Religionsfreiheit durchzusetzen, so wurde im Gegenteil die Verschwörung in den königlichen Briefen, als gegen die Person des Monarchen selbst und gegen das ganze königliche Haus gerichtet, vorgestellt, welche nichts Geringeres erzielt haben solle, als die Monarchie zugleich mit der katholischen Religion umzustürzen und Frankreich in einen der Schweiz ähnlichen Republikenbund zu verwandeln. Es scheint, daß der bessere Teil der Nation anders davon geurteilt und nur die Verlegenheit der Guisen sich hinter diesen Vorwand geflüchtet habe, um dem allgemein gegen sie erwachenden Unwillen eine andre Richtung zu geben. Das Mitleid mit den Unglücklichen, die ihre Rachsucht so grausam dahingeopfert hatte, machte auch sogar eifrige Katholiken geneigt, die Schuld derselben zu verringern, und die Protestanten kühn genug, ihren Anteil an dem Komplott laut zu bekennen. Diese ungünstige Stimmung der Gemüter erinnerte die Minister nachdrücklicher, als offenbare Gewalt es nimmermehr gekonnt hätte, daß es Zeit sei, sich zu mäßigen; und so verschaffte selbst der Fehlschlag des Komplotts von Amboise den Kalvinisten im Königreich auf eine Zeitlang wenigstens eine gelindere Behandlung.

Um, wie man vorgab, den Samen der Unruhen zu ersticken, und auf einem friedlichen Weg das Königreich zu beruhigen, verfiel man darauf, mit den Vornehmsten des Reichs eine Beratschlagung anzustellen. Zu diesem Ende beriefen die Minister die Prinzen des Geblüts, den hohen Adel, die Ordensritter und die vornehmsten Magistratspersonen nach Fontainebleau, wo jene wichtigen Materien verhandelt werden sollten. Diese Versammlung erfüllte aber weder die Erwartung der Nation noch die Wünsche der Guisen, weil das Mißtrauen der Bourbons ihnen nicht erlaubte, darauf zu erscheinen, und die übrigen Anführer der mißvergnügten Partei, die den Ruf nicht wohl ausschlagen konnten, den Krieg auf die Versammlung mitbrachten, und durch ein zahlreiches, gewaffnetes Gefolge die Gegenpartei in Verlegenheit setzten. Aus den nachherigen Schritten der Minister möchte man den Argwohn der Prinzen für nicht so ganz ungegründet halten, welche diese ganze Versammlung nur als einen Staatsstreich der Guisen betrachteten, um die Häupter der Mißvergnügten ohne Blutvergießen in einer Schlinge zu fangen. Da die gute Verfassung ihrer Gegner diesen Anschlag vereitelte, so ging die Versammlung selbst in unnützen Formalitäten und leeren Gezänken vorüber, und zuletzt wurden die streitigen Punkte bis zu einem allgemeinen Reichstag zurückgelegt, welcher mit nächstem in der Stadt Orleans eröffnet werden sollte.

Jeder Teil, voll Mißtrauen gegen den andern, benutzte die Zwischenzeit, sich in Verteidigungsstand zu setzen und an dem Untergang seiner Gegner zu arbeiten. Der Fehlschlag des Komplotts von Amboise hatte den Intrigen des Prinzen von Condé kein Ziel setzen können. In Dauphiné, Provence und andern Gegenden brachte er durch seine geheimen Unterhändler die Kalvinisten in Bewegung, und ließ seine Anhänger zu den Waffen greifen. Seinerseits ließ der Herzog von Guise die ihm verdächtigen Plätze mit Truppen besetzen, veränderte die Befehlshaber der Festungen, und sparte weder Geld noch Mühe, von jedem Schritt der Bourbons Wissenschaft zu erhalten. Mehrere ihrer Unterhändler wurden wirklich entdeckt, und in Fesseln geworfen; verschiedne wichtige Papiere, welche über die Machinationen des Prinzen Licht gaben, gerieten in seine Hände. Dadurch gelang es ihm, den verderblichen Anschlägen auf die Spur zu kommen, welche Condé gegen ihn schmiedete, und auf dem Reichstag zu Orleans willens war zur Ausführung zu bringen. Ebendieser Reichstag beunruhigte die Bourbons nicht wenig, welche gleich viel dabei zu wagen schienen, sie mochten sich davon ausschließen oder auf demselben erscheinen. Weigerten sie sich, den wiederholten Mahnungen des Königs zu gehorchen, so hatten sie alles für ihre Besitzungen, überlieferten sie sich ihren Feinden, so hatten sie nicht minder für ihre persönliche Sicherheit zu fürchten. Nach langen Beratschlagungen blieb es endlich bei dem letzten, und beide Bourbons entschlossen sich zu diesem unglücklichen Gang.

Unter traurigen Vorbedeutungen näherte sich dieser Reichstag, und statt des wechselseitigen Vertrauens, welches so nötig war, Haupt und Glieder zu einem Zweck zu vereinigen, und durch gegenseitige Nachgiebigkeit den Grund zu einer dauerhaften Versöhnung zu legen, erfüllten Argwohn und Erbitterung die Gemüter. Anstatt der erwarteten Gesinnungen des Friedens brachte jeder Teil ein unversöhnliches Herz und schwarze Anschläge auf die Versammlung mit, und das Heiligtum der öffentlichen Sicherheit und Ruhe war zu einem blutigen Schauplatz des Verrats, und der Rache erkoren. Furcht vor Nachstellungen, welche die Guisen unaufhörlich ihm vorspiegelten, vergiftete die Ruhe des Königs, der in der Blüte seiner Jahre sichtbar dahinwelkte, von seinen nächsten Verwandten den Dolch gegen sich gezogen, und unter allen Vorzeichen des öffentlichen Elends unter seinen Füßen das Grab sich schon öffnen sah. Melancholisch und Unglück weissagend war sein Einzug in die Stadt Orleans, und das dumpfe Getöse von Gewaffneten erstickte jeden Ausbruch der Freude. Die ganze Stadt wurde sogleich mit Soldaten angefüllt, welche jedes Tor, jede Straße besetzten. So ungewöhnliche Anstalten verbreiteten überall Unruhe und Angst, und ließen einen finstern Anschlag im Hinterhalt befürchten.

Das Gerücht davon drang bis zu den Bourbons, noch ehe sie Orleans erreicht hatten, und machte sie eine Zeitlang unschlüssig, ob sie die Reise dahin fortsetzen sollten.

Aber hätten sie auch ihren Vorsatz geändert, so kam die Reue jetzt zu spät; denn ein Observationskorps des Königs, welches von allen Seiten sie umringte, hatte ihnen bereits jeden Rückweg abgeschnitten. So erschienen sie am 30. Oktober 1560 zu Orleans, begleitet von dem Kardinal von Bourbon, ihrem Bruder, den ihnen der König mit den heiligsten Versicherungen seiner aufrichtigen Absichten entgegengesandt hatte.

Der Empfang, den sie erhielten, widersprach diesen Versicherungen sehr. Schon von weitem verkündigte ihnen die frostige Miene der Minister, und die Verlegenheit der Hofleute ihren Fall. Finstrer Ernst malte sich auf dem Gesichte des Monarchen, als sie vor ihn traten, ihn zu begrüßen, welcher bald gegen den Prinzen in die heftigsten Anklagen ausbrach. Alle Verbrechen, deren man letztern bezüchtigte, wurden ihm der Reihe nach vorgeworfen, und der Befehl zu seiner Verhaftung ist ausgesprochen, ehe er Zeit hat, auf diese überraschende Beschuldigungen zu antworten.

Ein so rascher Schritt durfte nicht bloß zur Hälfte getan werden. Papiere, die wider den Gefangenen zeugten, waren schon in Bereitschaft, und alle Aussagen gesammelt, welche ihn zum Verbrecher machten; nichts fehlte als die Form des Gerichts. Zu diesem Ende setzte man eine außerordentliche Kommission nieder, welche aus dem Pariser Parlament gezogen war, und den Kanzler von Hôpital an ihrer Spitze hatte. Vergebens berief sich der Angeklagte auf das Vorrecht seiner Geburt, nach welcher nur vor dem Könige selbst, den Pairs und dem Parlamente bei voller Sitzung, gerichtet werden konnte. Man zwang ihn, zu antworten, und gebrauchte dabei noch die Arglist, über einen Privataufsatz, der nur für seinen Advokaten bestimmt, aber unglücklicherweise von des Prinzen Hand unterzeichnet war, als über eine förmliche gerichtliche Verteidigung zu erkennen. Fruchtlos blieben die Verwendungen seiner Freunde, seiner Familie; vergeblich der Fußfall seiner Gemahlin vor dem Könige, der in dem Prinzen nur den Räuber seiner Krone, seinen Mörder erblickte. Vergeblich erniedrigte sich der König von Navarra vor den Guisen selbst, die ihn mit Verachtung und Härte zurückwiesen. Indem er für das Leben eines Bruders flehte, hing der Dolch der Verräter an einem dünnen Haare über seinem eignen Haupte. In den eignen Zimmern des Monarchen erwartete ihn eine Rotte von Meuchelmördern, welche, der genommnen Abrede gemäß, über ihn herfallen sollten, sobald der König durch einen heftigen Zank mit demselben, ihnen das Zeichen dazu gäbe. Das Zeichen kam nicht, und Anton von Navarra ging unbeschädigt aus dem Kabinett des Monarchen, der zwar unedel genug einen Meuchelmord zu beschließen, doch zu verzagt war denselben in seinem Beisein vollstrecken zu lassen.

Entschloßner gingen die Guisen gegen Condé zu Werke, um so mehr, da die hinsinkende Gesundheit des Monarchen sie eilen hieß. Das Todesurteil war gegen ihn gesprochen, die Sentenz von einem Teile der Richter schon unterzeichnet, als man den König auf einmal rettungslos darniederliegen sah. Dieser entscheidende Umstand machte die Gegner des Prinzen stutzig, und erweckte den Mut seiner Freunde; bald erfuhr der Verurteilte selbst die Wirkungen davon in seinem Gefängnis. Mit bewundernswürdigem Gleichmut und unbewölkter Heiterkeit des Geistes erwartete er hier, von der ganzen Welt abgesondert, und von laurenden, feindselig gesinnten Wächtern umringt, den Ausschlag seines Schicksals, als ihm unerwartet Vorschläge zu einem Vergleich mit den Guisen getan wurden. „Kein Vergleich", erwiderte er, „als mit der Degenspitze." Der zur rechten Zeit einfallende Tod des Monarchen ersparte es ihm, dieses unglückliche Wort mit seinem Kopf zu bezahlen.

Franz II. hatte den Thron in so zarter Jugend bestiegen, unter so wenig günstigen Umständen, und bei so wankender Gesundheit besessen und so schnell wieder geräumt, daß man Anstand nehmen muß, ihn wegen der Unruhen anzuklagen, die seine kurze Regierung so stürmisch machten, und sich auf seinen Nachfolger vererbten. Ein willenloses Organ der Königin seiner Mutter, und der Guisen, seiner Oheime, zeigte er sich auf der politischen Bühne nur, um mechanisch die Rolle herzusagen, welche man ihn einlernen ließ, und zuviel war es wohl von seinen mittelmäßigen Gaben gefodert, das lügnerische Gewebe zu durchreißen, worin die Arglist der Guisen ihm die Wahrheit verhüllte. Nur ein einzigmal schien es, als ob sein natürlicher Verstand und seine Gutmütigkeit die betrügerischen Künste seiner Minister zunichte machen wollte. Die allgemeine und heftige Erbitterung, welche bei dem Komplott von Amboise sichtbar wurde, konnte, wie sehr auch die Guisen ihn hüteten, dem jungen Monarchen kein Geheimnis bleiben. Sein Herz sagte ihm, daß dieser Ausbruch des Unwillens nimmermehr ihm selbst gelten konnte, der noch zu wenig gehandelt hatte, um jemandes Zorn zu verdienen. „Was hab ich dann gegen mein Volk verbrochen", fragte er seine Oheime voll Erstaunen, „daß es so sehr gegen mich wütet? Ich will seine Beschwerden vernehmen, und ihm Recht verschaffen – Mir deucht", fuhr er fort, „es liegt am Tage, daß ihr dabei gemeint seid. Es wäre mir wirklich lieb, ihr entferntet euch eine Zeitlang aus meiner Gegenwart, damit es sich aufkläre, wem von uns beiden es eigentlich gilt." – Aber zu einer solchen Probe bezeugten die Guisen keine Lust und es blieb bei dieser flüchtigen Regung.

Franz II. war ohne Nachkommenschaft gestorben und das Szepter kam an den zweiten von Heinrichs Söhnen, einen Prinzen von nicht mehr als zehen Jahren, jenen unglücklichen Jüngling, dessen Namen das Blutbad der Bartholomäusnacht einer schrecklichen Unsterblichkeit weiht. Unter unglücksvollen Zeichen begann diese finstre Regierung. Ein naher Verwandter des Monarchen an der Schwelle des Blutgerüstes, ein andrer aus den Händen der Meuchelmörder nur eben durch einen Zufall entronnen; beide Hälften der Nation gegeneinander im Aufruhr begriffen, und ein Teil derselben schon die Hand am Schwert; die Fackel des Fanatismus geschwungen; von ferne schon das hohle Donnern eines bürgerlichen Kriegs; der ganze Staat auf dem Wege zu seiner Zertrümmerung. Verräterei im Innern des Hofes, im Innern der königlichen Familie Zwiespalt und Argwohn. Im Charakter der Nation eine widersprechende schreckliche Mischung von blindem Aberglauben, von lächerlicher Mystik und von Freigeisterei; von Rohigkeit der Gefühle, und verfeinerter Sinnlichkeit; hier die Köpfe durch eine fanatische Mönchsreligion verfinstert, dort durch einen noch schlimmern Unglauben der Charakter verwildert; beide Extreme des Wahnsinns in fürchterlichem Bunde gepaart. Unter den Großen selbst mordgewohnte Hände, truggewohnte Lippen, naturwidrige empörende Laster, die bald genug alle Klassen des Volks mit ihrem Gifte durchdringen werden. Auf dem Throne ein Unmündiger, in machiavellischen Künsten aufgesäugt, heranwachsend unter bürgerlichen Stürmen, durch Fanatiker und Schmeichler erzogen, unterrichtet im Betruge, unbekannt mit dem Gehorsam eines glücklichen Volks, ungeübt im Verzeihen, nur durch das schreckliche Recht des Strafens seines Herrscheramtes sich bewußt, durch Krieg und Henker vertraut gemacht mit dem Blut seiner Untertanen! – Von den Drangsalen eines offenbaren Krieges stürzt der unglücksvolle Staat in die schreckliche Schlinge einer verborgen laurenden Verschwörung; von der Anarchie einer vormundschaftlichen Regierung befreit ihn nur eine kurze fürchterliche Ruhe, während welcher der Meuchelmord seine Dolche schleift. Frankreichs traurigster Zeitraum beginnt mit der Thronbesteigung Karls des Neunten, um über ein Menschenalter lang zu dauern, und nicht eher als in der glorreichen Regierung Heinrichs von Navarra zu endigen.

Der Tod ihres Erstgebornen und Karls IX. zartes Alter

führte die Königinmutter, Katharina von Medicis, auf den politischen Schauplatz, eine neue Staatskunst und neue Szenen des Elends mit ihr. Diese Fürstin, geizig nach Herrschaft, zur Intrige geboren, ausgelernt im Betrug, Meisterin in allen Künsten der Verstellung, hatte mit Ungeduld die Fesseln ertragen, welche der alles verdrängende Despotismus der Guisen ihrer herrschenden Leidenschaft anlegte. Unterwürfig und einschmeichelnd gegen sie, solange sie des Beistands der Königin wider Montmorency und die Prinzen von Bourbon bedurften, vernachlässigten sie dieselbe, sobald sie sich nur in ihrer usurpierten Würde befestigt sahen. Durch Fremdlinge sich aus dem Vertrauen ihres Sohnes verdrängt und die wichtigsten Staatsgeschäfte ohne sie verhandelt zu sehen, war eine zu empfindliche Kränkung ihrer Herrschbegierde, um mit Gelassenheit ertragen zu werden. Wichtig zu sein war ihre herrschende Neigung, ihre Glückseligkeit, jeder Partei notwendig sich zu wissen. Nichts gab es, was sie nicht dieser Neigung aufopferte, aber alle ihre Tätigkeit war auf das Feld der Intrige eingeschränkt, wo sie ihre Talente glänzend entwickeln konnte. Die Intrige allein war ihr wichtig, gleichgültig die Menschen. Als Regentin des Reichs und Mutter von drei Königen, mit der mißlichen Pflicht beladen, die angefochtene Autorität ihres Hauses gegen wütende Parteien zu behaupten, hatte sie dem Trotz der Großen nur Verschlagenheit, der Gewalt nur List entgegenzusetzen. In der Mitte zwischen den streitenden Faktionen der Guisen und der Prinzen von Bourbon beobachtete sie lange Zeit eine unsichere Staatskunst, unfähig nach einem festen und unwiderruflichen Plane zu handeln. Heute, wenn der Verdruß über die Guisen ihr Gemüt beherrschte, der reformierten Partei hingegeben, errötete sie morgen nicht, wenn ihr Vorteil es heischte, sich ebendiesen Guisen, die ihrer Neigung zu schmeicheln gewußt hatten, zu einem Werkzeug dazu zu borgen. Dann stand sie keinen Augenblick an, alle Geheimnisse preiszugeben, die ein unvorsichtiges Vertrauen bei ihr niedergelegt hatte. Nur ein einziges Laster beherrschte sie, aber welches die Mutter ist von allen: zwischen Bös und Gut keinen Unterschied zu kennen. Die Zeitumstände spielten mit ihrer Moralität, und der Augenblick fand sie gleich geneigt zur Unmenschlichkeit und zur Milde, zur Demut und zum Stolz, zur Wahrheit und zur Lüge. Unter der Herrschaft ihres Eigennutzes stand jede andre Leidenschaft, und selbst die Rachsucht, wenn das Interesse es foderte, mußte schweigen. Ein fürchterlicher Charakter; nicht weniger empörend, als jene verrufenen Scheusale der Geschichte, welche ein plumper Pinsel ins Ungeheure malt.

Aber indem ihr alle sittlichen Tugenden fehlten, vereinigte sie alle Talente ihres Standes; alle Tugenden der Verhältnisse, alle Vorzüge des Geistes, welche sich mit einem solchen Charakter vertragen; aber sie entweihte alle, indem sie sie zu Werkzeugen dieses Charakters erniedrigte. Majestät und königlicher Anstand sprach aus ihr; glänzend und geschmackvoll war alles, was sie anordnete; hingerissen jeder Blick, der nur nicht in ihre Seele fiel, alles was sich ihr nahte, von der Anmut ihres Umgangs, von dem geistreichen Inhalt ihres Gesprächs, von ihrer zuvorkommenden Güte bezaubert. Nie war der französische Hof so glanzvoll gewesen, als seitdem Katharina Königin dieses Hofes war. Alle verfeinerten Sitten Italiens verpflanzte sie auf französischen Boden, und ein fröhlicher Leichtsinn herrschte an ihrem Hofe, selbst unter den Schrecknissen des Fanatismus und mitten im Jammer des bürgerlichen Kriegs. Jede Kunst fand Aufmunterung bei ihr, jedes andre Verdienst, als um die gute Sache, Bewunderung. Aber im Gefolge der Wohltaten, die sie ihrem neuen Vaterland brachte, verbargen sich gefährliche Gifte, welche die Sitten der Nation ansteckten und in den Köpfen einen unglücklichen Schwindel erregten. Die Jugend des Hofes, durch sie von dem Zwange der alten Sitte befreit, und zur Ungebundenheit eingeweiht, überließ sich bald ohne Rückhalt ihrem Hange zum Vergnügen, mit dem Putze der Ahnen lernte man nur zu bald ihre Schamhaftigkeit und Tugend ablegen. Betrug und Falschheit verdrängten aus dem gesellschaftlichen Umgang die edle Wahrheit der Ritterzeiten, und das kostbarste Palladium des Staats, Treu und Glaube verlor sich wie aus dem Innern der Familien, so aus dem öffentlichen Leben. Durch den Geschmack an astrologischen Träumereien, welchen sie mit sich aus ihrem Vaterlande brachte, führte sie dem Aberglauben eine mächtige Verstärkung zu; diese Torheit des Hofes stieg schnell zu den untersten Klassen herab, um zuletzt ein verderbliches Instrument in der Hand des Fanatismus zu werden. Aber das traurigste Geschenk, was sie Frankreich machte, waren drei Könige, ihre Söhne, die sie in ihrem Geiste erzog und mit ihren Grundsätzen auf den Thron setzte.

Die Gesetze der Natur und des Staates riefen die Königin Katharina, während der Minderjährigkeit ihres Sohns, zur Regentschaft, aber die Umstände, unter welchen sie davon Besitz nehmen sollte, schlugen ihren Mut sehr darnieder. Die Stände waren in Orleans versammelt, der Geist der Unabhängigkeit erwacht und zwei mächtige Parteien gegeneinander zum Kampfe gerüstet. Nach Herrschaft strebten die Häupter beider Faktionen; keine königliche Gewalt war da, um dazwischenzutreten, und ihren Ehrgeiz zu beschränken; und die Anordnung der vormundschaftlichen Regierung, die jenen Mangel ersetzen sollte, konnte nun das Werk ihrer beiderseitigen Übereinstimmung werden. Der König war noch nicht tot, als sich Katharina von beiden Teilen heftig angegangen und zu den entgegengesetztesten Maßregeln aufgefordert sah. Die Guisen und ihr Anhang pochend auf die Hülfe der Stände, deren größter Teil von ihnen gewonnen war, gestützt auf den Beistand der ganzen katholischen Partei, lagen ihr dringend an, die Sentenz gegen den Prinzen von Condé vollstrecken zu lassen, und mit diesem einzigen Streiche das bourbonische Haus zu zerschmettern, dessen furchtbares Aufstreben ihr eignes bedrohte. Auf der andern Seite bestürmte sie Anton von Navarra, die ihr zufallende Macht zur Rettung seines Bruders anzuwenden, und sich dadurch der Unterwürfigkeit seiner ganzen Partei zu versichern. Keinem von beiden Teilen fiel es ein, die Ansprüche der Königin auf die Regentschaft anzufechten. Das nachteilige Verhältnis, in welchem der Tod des Königs die Prinzen von Bourbon überraschte, mochte sie abschrecken, für sich selbst, wie sie sonst wohl getan hätten, nach diesem Ziele zu streben; deswegen verhielten sie sich lieber stumm, um nicht durch die Zweifel, die sie gegen die Rechte Katharinens erregt haben würden, dem Ehrgeiz der Guisen eine Ermunterung zu geben. Auch die Guisen wollten durch ihren Widerspruch nicht gern Gefahr laufen, der Nation die nähern Rechte der Bourbons in Erinnerung zu bringen. Durch schweigende Anerkennung der Rechte Katharinens schlossen beide Parteien einander gegenseitig von der Kompetenz aus, und jede hoffte, unter dem Namen der Königin ihre ehrgeizigen Absichten leichter erreichen zu können.

Katharina, durch die weisen Ratschläge des Kanzlers von Hôpital geleitet, erwählte den staatsklugen Ausweg, sich keiner von beiden Parteien zum Werkzeug gegen die andre herzugeben, und durch ein wohlgewähltes Mittel zwischen beiden, den Meister über sie zu spielen. Indem sie den Prinzen von Condé der ungestümen Rachsucht seiner Gegner entriß, machte sie diesen wichtigen Dienst bei dem König von Navarra geltend, und versicherte die lothringischen Prinzen ihres mächtigsten Beistands, wenn sich die Bourbons unter der neuen Regierung an die Mißhandlungen, welche sie unter der vorigen erlitten, tätlich erinnern sollten. Mit Hülfe dieser Staatskunst sah sie sich, unmittelbar nach dem Absterben des Monarchen, ohne jemands Widerspruch, und selbst ohne Zutun der in Orleans versammelten Stände, die untätig dieser wichtigen Begebenheit zusahen, im Besitz der Regentschaft und der erste Gebrauch, den sie davon machte, war, durch Emporhebung der Bourbonen das Gleichgewicht zwischen beiden Parteien wiederherzustellen. Condé verließ unter ehrenvollen Bedingungen sein Gefängnis, um auf den Gütern seines Bruders die Zeit seiner Rechtfertigung abzuwarten; dem König von Navarra wurde mit dem Posten eines Generallieutnant des Königreichs ein wichtiger Zweig der höchsten Gewalt übergeben. Die Guisen retteten wenigstens ihre künftigen Hoffnungen, indem sie sich bei Hofe behaupteten, und konnten der Königin wider den Ehrgeiz der Bourbons zu einer mächtigen Stütze dienen.

Ein Schein von Ruhe kehrte jetzt zwar zurück, aber viel fehlte noch, ein aufrichtiges Vertrauen zwischen so schwer verwundeten Gemütern zu begründen. Um dies zu bewerkstelligen, warf man die Augen auf den Konnetabel von Montmorency, den der Despotismus der Guisen unter der vorigen Regierung entfernt gehalten hatte, und die Thronveränderung jetzt auf seinen alten Schauplatz zurückführte. Voll redlichen Eifers für das Beste des Vaterlands, seinem König treu wie seinem Glauben, war Montmorency just der Mann, der zwischen die Regentin und ihren Minister in die Mitte treten, ihre Aussöhnung verbürgen, und die Privatzwecke beider dem Besten des Staats unterwerfen konnte. Die Stadt Orleans, von Soldaten angefüllt, wodurch die Guisen ihre Gegner geschreckt und den Reichstag beherrscht hatten, zeigte überall noch Spuren des Kriegs, als der Konnetabel davor anlangte, und sogleich die Wache an den Toren verabschiedete. „Mein Herr und König", sagte er, „wird fortan in voller Sicherheit und ohne Leibwache in seinem ganzen Königreich hin und her wandeln." – „Fürchten sie nichts Sire", redete er den jungen Monarchen an, ein Knie vor ihm beugend und seine Hand küssend, auf die er Tränen fallen ließ. „Lassen Sie sich von den gegenwärtigen Unruhen nicht in Schrecken setzen. Mein Leben geb ich hin und alle Ihre guten Untertanen mit mir, Ihnen die Krone zu erhalten." – Auch hielt er insofern unverzüglich Wort, daß er die künftige Reichsverwaltung auf einen gesetzmäßigen Fuß setzte und die Grenzen der Gewalt zwischen der Königinmutter und dem König von Navarra bestimmen half. Der Reichstag von Orleans, in keiner andern Absicht zusammenberufen, als um die Prinzen von Bourbon in die Falle zu locken, und müßig sobald jene Absicht vereitelt war, wurde jetzt nach dem theatralischen Gepräng einiger unnützen Beratschlagungen aufgehoben, um sich im Mai desselben Jahrs aufs neue zu versammeln. Gerechtfertigt und im vollen Glanze seines vorigen Ansehns erschien der Prinz von Condé wieder am Hof, um über seine Feinde zu triumphieren. Seine Partei erhielt an dem Konnetabel eine mächtige Verstärkung. Jede Gelegenheit wurde nunmehr hervorgesucht um die alten Minister zu kränken, und alles schien sich zu ihrem Untergang vereinigen zu wollen. Ja, wenig fehlte daß die nun herrschende Partei die Regentin nicht in die Notwendigkeit gesetzt hätte, zwischen Vertreibung der Lothringer und dem Verlust ihrer Regentschaft zu wählen.

Die Staatsklugheit der Königin hielt in diesem Sturme zwar die Guisen noch aufrecht, weil für sie selbst, für die Monarchie, vielleicht auch für die Religion alles zu fürchten war, sobald sie jene durch die bourbonische Faktion unterdrücken ließ. Aber eine so schwache und wandelbare Stütze konnte die Guisen nicht beruhigen, und noch weniger konnte die untergeordnete Rolle, mit welcher sie jetzt vorliebnehmen mußten, ihre Ehrsucht befriedigen. Auch hatten sie es nicht an Tätigkeit fehlen lassen, die Protektion der Königin sich künftig entbehrlich zu machen, und der voreilige Triumph ihrer Gegner mußte ihnen selbst dazu helfen, ihre Partei zu verstärken. Der Haß ihrer Feinde, nicht zufrieden, sie vom Ruder der Regierung verdrängt zu haben, streckte nun auch die Hand nach ihren Reichtümern aus, und foderte Rechenschaft von den Geschenken und Gnadengeldern, welche die lothringischen Prinzen und ihre Anhänger unter den vorhergehenden Regierungen zu erpressen gewußt hatten. Durch diese Foderung war außer den

Guisen noch die Herzogin von Valentinois, der Marschall von St. André, ein Günstling Heinrichs II., und zum Unglück der Konnetabel selbst angegriffen, welcher sich die Freigebigkeit Heinrichs aufs beste zunutze gemacht hatte, und noch außerdem durch seinen Sohn mit dem Hause der Herzogin in Verwandtschaft stand. Religionseifer war die einzige Schwäche, und Habsucht das einzige Laster, welches die Tugenden des Montmorency befleckte und wodurch er den hinterlistigen Intrigen der Guisen eine Blöße gab. Die Guisen, mit dem Marschall und der Herzogin durch gemeinschaftliches Interesse verknüpft, benutzten diesen Umstand, um den Konnetabel zu ihrer Partei zu ziehen, und es gelang ihnen nach Wunsch, indem sie die doppelte Triebfeder des Geizes und des Religionseifers bei ihm in Bewegung setzten. Mit arglistiger Kunst schilderten sie ihm den Angriff der Kalvinisten auf ihre Besitzungen als einen Schritt ab, der zum Untergang des katholischen Glaubens abziele, und der betörte Greis ging um so leichter in diese Schlinge, je mehr ihm die Begünstigungen schon mißfallen hatten, welche die Regentin seit einiger Zeit den Kalvinisten öffentlich angedeihen ließ. Zu diesem Betragen der Königin, welches so wenig mit ihrer übrigen Denkungsart übereinstimmte, hatten die Guisen selbst durch ihr verdächtiges Einverständnis mit Philipp dem Zweiten, König von Spanien die Veranlassung gegeben. Dieser furchtbare Nachbar Frankreichs, dessen unersättliche Herrschsucht und Vergrößerungsbegierde fremde Staaten mit lüsternem Auge verschlang, indem er seine eignen Besitzungen nicht zu behaupten wußte, hatte auf die innern Angelegenheiten dieses Reichs schon längst seine Blicke geheftet, mit Wohlgefallen den Stürmen zugesehn, die es erschütterten, und durch die erkauften Werkzeuge seiner Absichten den Haß der Faktionen voll Arglist unterhalten. Unter dem Titel eines Beschützers despotisierte er Frankreich. Ein spanischer Ambassadeur schrieb in den Mauern von Paris den Katholiken das Betragen vor, welches sie in Absicht ihrer Gegner zu beobachten hatten, verwarf oder billigte ihre Maßregeln, je nachdem sie mit dem Vorteile seines Herrn übereinstimmten, und spielte öffentlich und ohne Scheu den Minister. Die Prinzen von Lothringen hielten sich aufs engste an denselben angeschlossen, und keine wichtige Entschließung wurde von ihnen gefaßt, an welcher der spanische Hof nicht teilgenommen hätte. Sobald die Verbindung der Guisen und des Marschalls von St. André mit Montmorency, welche unter dem Namen des Triumvirats bekannt ist, zustande gekommen war, so erkannten sie, wie man ihnen schuld gibt, den König von Spanien als ihr Oberhaupt, der sie im Notfall mit einer Armee unterstützen sollte. So erhub sich aus dem Zusammenflusse zweier sonst streitenden Faktionen eine neue furchtbare Macht in dem Königreich, die, von dem ganzen katholischen Teil der Nation unterstützt, das Gleichgewicht in Gefahr setzte, welches zwischen beiden Religionsparteien hervorzubringen Katharina so bemüht gewesen war. Sie nahm daher auch jetzt zu ihrem gewöhnlichen Mittel, zu Unterhandlungen ihre Zuflucht, um die getrennten Gemüter wenigstens in der Abhängigkeit von ihr selbst zu erhalten. Zu allen Streitigkeiten der Parteien mußte die Religion gewöhnlich den Namen geben, weil diese allein es war, was die Katholiken des Königreichs an die Guisen, und die Reformierten an die Bourbons fesselte. Die Überlegenheit, welche das Triumvirat zu erlangen schien, bedrohte den reformierten Teil mit einer neuen Unterdrückung, die Widersetzlichkeit des letztern das ganze Königreich mit einem innerlichen Krieg, und einzelne kleine Gefechte zwischen beiden Religionsparteien, einzelne Empörungen in der Hauptstadt wie in mehrern Provinzen, waren schon Vorläufer desselben. Katharina tat alles um die ausbrechende Flamme zu ersticken, und es gelang endlich ihren fortgesetzten Bemühungen, ein Edikt zustande zu bringen, welches die Reformierten zwar von der Furcht befreite, ihre Überzeugungen mit dem Tode zu büßen, aber ihnen nichtsdestoweniger jede Ausübung ihres Gottesdienstes und besonders die Versammlungen untersagte, um welche sie so dringend gebeten hatten. Dadurch ward freilich für die reformierte Partei nur sehr wenig gewonnen, aber doch fürs erste der gefährliche Ausbruch ihrer Verzweiflung gehemmt, und zwischen den Häuptern der Parteien am Hofe eine scheinbare Versöhnung vorbereitet, welche freilich bewies, wie wenig das Schicksal ihrer Glaubensgenossen, welches sie doch beständig im Munde führten, den Anführern der Hugenotten wirklich zu Herzen ging. Die meiste Mühe kostete die Ausgleichung, welche zwischen dem Prinzen von Condé und dem Herzog von Guise unternommen ward, und der König selbst wurde angewiesen, sich ins Mittel zu schlagen. Nachdem man zuvor über Worte, Gebärden und Handlungen übereingekommen war, wurde diese Komödie in Beisein des Monarchen eröffnet. „Erzählt uns", sagte dieser zum Herzog von Guise, „wie es in Orleans eigentlich zugegangen ist?" Und nun machte der Herzog von dem damaligen Verfahren gegen den Prinzen eine solche künstliche Schilderung, welche ihn selbst von jedem Anteil daran reinigte, und alle Schuld auf den verstorbnen König wälzte. – „Wer es auch sei, der mir diese Beschimpfung zufügte", antwortete Condé, gegen den Herzog gewendet, „so erkläre ich ihn für einen Frevler, und einen Niederträchtigen." – „Ich auch", erwiderte der Herzog; „aber mich trifft das nicht."

Die Regentschaft der Königin Katharina war die Periode der Unterhandlungen. Was diese nicht ausrichteten, sollte der Reichstag zu Pontoise und das Kolloquium zu Poissy zustande bringen, beide in der Absicht gehalten, um sowohl die politischen Beschwerden der Nation beizulegen, als eine wechselseitige Annäherung der Religionen zu versuchen. Der Reichstag zu Pontoise war nur die Fortsetzung dessen, der zu Orleans ohne Wirkung gewesen und auf den Mai dieses Jahres 1561 ausgesetzt worden war. Auch dieser Reichstag ist bloß durch einen heftigen Angriff der Stände auf die Geistlichkeit merkwürdig, welche sich zu einem freiwilligen Geschenke (Don gratuit) entschloß, um nicht zwei Dritteile ihrer Güter zu verlieren.

Das gütliche Religionsgespräch, welches zu Poissy, einem kleinen Städtchen ohnweit St. Germain, zwischen den Lehrern der drei Kirchen gehalten wurde, erregte ebenso vergebliche Erwartungen. In Frankreich sowohl als in Deutschland hatte man schon längst, um die Spaltungen in der Kirche beizulegen, ein allgemeines Konzilium gefodert, welches sich mit Abstellung der Mißbräuche, mit der Sittenverbesserung des Klerus und mit Festsetzung der bestrittenen Dogmen beschäftigen sollte. Diese Kirchenversammlung war auch wirklich im J. 1542 nach Trient zusammenberufen und mehrere Jahre fortgesetzt, aber, ohne die Hoffnung, welche man von ihr geschöpft hatte, zu erfüllen, durch die Kriegsunruhen in Deutschland im J. 1552 auseinandergescheucht worden. Seit dieser Zeit war kein Papst mehr zu bewegen gewesen, sie, dem allgemeinen Wunsch gemäß, zu erneuern, bis endlich das Übermaß des Elendes, welches die fortdauernden Irrungen in der Religion auf die Völker Europens häuften, Frankreich besonders ver-

mochte, nachdrücklich darauf zu dringen, und die Wiederherstellung desselben dem Papst Pius IV. durch Drohungen
abzunötigen. Die Zögerungen des Papstes hatten indessen dem
französischen Ministerium den Gedanken eingegeben, durch
eine gütliche Besprechung zwischen den Lehrern der drei
Religionen über die bestrittenen Punkte die Gemüter einander
näher zu bringen, und in Widerlegung der ketzerischen
Behauptungen die Kraft der Wahrheit zu zeigen. Eine Hauptabsicht dabei war, die große Verschiedenheit bei dieser Gelegenheit an den Tag zu bringen, welche zwischen dem Luther-
tum und Kalvinismus obwaltete, und dadurch den Anhängern
des letztern den Schutz der deutschen Lutheraner zu entreißen,
durch den sie so furchtbar waren. Diesem Beweggrunde vorzüglich schreibt man es zu, daß sich der Kardinal von Lothringen mit dem größten Nachdruck des Kolloquiums annahm, bei
welchem er zugleich durch seine theologische Wissenschaft und
seine Beredsamkeit schimmern wollte. Um den Triumph der
wahren Kirche über die falsche desto glänzender zu machen,
sollten die Sitzungen öffentlich vor sich gehen. Die Regentin
erschien selbst mit ihrem Sohne, mit den Prinzen des Geblüts,
den Staatsministern und allen großen Bedienten der Krone,
um die Sitzung zu eröffnen. Fünf Kardinäle, vierzig Bischöfe,
mehrere Doktoren unter welchen Claude d'Espence durch
seine Gelehrsamkeit und Scharfsinn hervorragte, stellten sich
für die römische Kirche; zwölf auserlesene Theologen führten
das Wort für die protestantische. Der ausgezeichnetste unter
diesen war Theodor Beza, Prediger aus Genf, ein ebenso feiner
als feuriger Kopf, ein mächtiger Redner, furchtbarer Dialek-
tiker und der geschickteste Kämpfer in diesem Streite.

Aufgefodert, die Lehrsätze seiner Partei zuerst vorzutragen,
erhub sich Beza in der Mitte des Saals, kniete hier nieder und
sprach mit aufgehabnen Händen ein Gebet. Auf dieses ließ er
sein Glaubensbekenntnis folgen, mit allen Gründen unterstützt,
welche die Kürze der Zeit ihm erlaubte, und endigte mit einem
rührenden Blick auf die strenge Begegnung, welche man
seinen Glaubensbrüdern bis jetzt in dem Königreich widerfahren ließ. Schweigend hörte man ihm zu, nur als er auf die
Gegenwart des Leibes Christi im Abendmahl zu reden kam,
entstand ein unwilliges Gemurmel in der Versammlung. Nachdem Beza geendigt, fragte man beieinander erst herum, ob
man ihn einer Antwort würdigen sollte, und es kostete dem

Kardinal von Lothringen nicht wenig Mühe, die Einwilligung der Bischöfe dazu zu erlangen. Endlich trat er auf, und widerlegte in einer Rede voll Kunst und Beredsamkeit die wichtigsten Lehrsätze seines Gegners, diejenigen besonders, wodurch die Autorität der Kirche und die katholische Lehre vom Abendmahl angegriffen war. Man hatte es schon bereut, den jungen König zum Zeugen einer Unterredung gemacht zu haben, wobei die heiligsten Artikel der Kirche mit soviel Freiheit behandelt wurden. Sobald daher der Kardinal seinen Vortrag geendigt hatte, standen alle Bischöfe auf, umringten den König und riefen: „Sire! das ist der wahre Glaube! das ist die reine Lehre der Kirche! diese sind wir bereit mit unserm Blute zu versiegeln."

In den darauffolgenden Sitzungen von denen man aber ratsamer gefunden, den König wegzulassen, wurden die übrigen Streitpunkte der Reihe nach vorgenommen, und die Artikel vom Abendmahl besonders in Bewegung gebracht, um dem Genfischen Prediger seine eigentliche und positive Meinung davon zu entreißen. Da das Dogma der Lutheraner über diesen Punkt sich von dem der Reformierten bekanntlich noch weiter als von der Lehrmeinung der katholischen Kirche entfernt, so hoffte man, jene beiden Kirchen dadurch miteinander in Streit zu bringen. Aber nun wurde aus einem ernsthaften Gespräche, welches Überzeugung zum Zweck haben sollte, ein spitzfindiges Wortgefechte, wobei man sich mehr der Schlingen und Fechterkünste als der Waffen der Vernunft bediente. Ein engerer Ausschuß von fünf Doktoren auf jeder Seite, dem man zuletzt die Vollendung der ganzen Streitigkeit übergab, ließ sie ebenso unentschieden, und jeder Teil erklärte sich, als man auseinanderging, für den Sieger.

So erfüllte also auch dieses Kolloquium in Frankreich die Erwartung nicht besser, als ein ähnliches in Deutschland, und man kam wieder zu den alten politischen Intrigen zurück, welche sich bisher immer am wirksamsten bewiesen. Besonders zeigte sich der römische Hof durch seine Legaten sehr geschäftig, die Macht des Triumvirats zu erheben, als auf welchem das Heil der katholischen Kirche zu beruhen schien. Zu diesem Ende suchte man den König von Navarra für dasselbe zu gewinnen, und der reformierten Partei ungetreu zu machen; ein Entwurf, der auf den unsteten Charakter dieses Prinzen sehr gut berechnet war. Anton von Navarra, merk-

würdiger durch seinen großen Sohn Heinrich IV. als durch
eigne Taten, verkündigte durch nichts als durch seine Galan-
terien, und seine kriegerische Tapferkeit den Vater Heinrichs
des Vierten. Ungewiß, ohne Selbstständigkeit wie sein kleiner
Erbthron zwischen zwei furchtbaren Nachbarn erzitterte,
schwankte seine verzagte Politik von einer Partei zur andern,
sein Glaube von einer Kirche zur andern, sein Charakter
zwischen Laster und Tugend umher. Sein ganzes Leben lang
das Spiel fremder Leidenschaften, verfolgte er mit stets be-
trogner Hoffnung ein lügnerisches Phantom, welches ihm die
Arglist seiner Nebenbuhler vorzuhalten wußte. Spanien durch
päpstliche Ränke unterstützt hatte dem Hause Navarra einen
beträchtlichen Teil dieses Königreichs entrissen, und Philipp II.,
nicht dazu gemacht, eine Ungerechtigkeit, die ihm Nutzen
brachte, wiedergutzumachen, fuhr fort, diesen Raub seiner
Ahnen dem rechtmäßigen Erben zurückzuhalten. Einem so
mächtigen Feinde hatte Anton von Navarra nichts als die Waffen
der Unmacht entgegenzusetzen. Bald schmeichelte er sich der
Billigkeit und Großmut seines Gegners durch Geschmeidigkeit abzugewinnen, was er von der Furcht desselben zu ertrotzen aufgab; bald, wenn diese Hoffnung ihn betrog, nahm
er zu Frankreich seine Zuflucht, und hoffte, mit Hülfe dieser
Macht in den Besitz seines Eigentums wiedereingesetzt zu
werden. Von beiden Erwartungen getäuscht widmete er sich
im Unmut seines Herzens der protestantischen Sache, die er
kein Bedenken trug zu verlassen, sobald nur ein Strahl von
Hoffnung ihm leuchtete, daß derselbe Zweck durch ihre
Gegner zu erreichen sei. Sklave seiner eigennützigen furchtsamen Staatskunst, in seinen Entschlüssen wie in seinen Hoffnungen wandelbar, gehörte er nie ganz der Partei, deren Namen er führte, und erkaufte sich, mit seinem Blute selbst, den
Dank keiner einzigen, weil er es für beide versprützte.

Auf diesen Fürsten richteten jetzt die Guisen ihr Augenmerk,
um durch seinen Beitritt die Macht des Triumvirats zu verstärken; aber das Versprechen einer Zurückgabe von Navarra
war bereits zu verbraucht, um bei dem oft getäuschten Fürsten
noch einigen Eindruck machen zu können. Sie nahmen desfalls
ihre Zuflucht zu einer neuen Erfindung, welche, obgleich nicht
weniger grundlos als die vorigen, die Absicht ihrer Urheber
aufs vollkommenste erfüllte. Nachdem es ihnen fehlgeschlagen
war, den mißtrauischen Prinzen durch das Anerbieten einer

Vermählung mit der verwitweten Königin, Maria Stuart und der daran haftenden Aussicht auf die Königreiche Schottland und England, zu blenden, mußte ihm Philipp II. von Spanien zum Ersatz für das entrissene Navarra die Insel Sardinien anbieten. Zugleich unterließ man nicht, um sein Verlangen darnach zu reizen, die prächtigsten Schilderungen von den Vorzügen dieses Königreichs auszubreiten. Man zeigte ihm die nicht sehr entfernten Aussichten auf den französischen Thron, wenn der regierende Stamm, in den schwächlichen Söhnen Heinrichs II. erlöschen sollte; eine Aussicht, die er sich durch sein längeres Beharren auf protestantischer Seite unausbleiblich verschließen würde. Endlich reizte man seine Eitelkeit durch die Betrachtung, daß er durch Aufopferung so großer Vorteile nicht einmal gewinne, die erste Rolle bei einer Partei zu spielen, die der Geist des Prinzen von Condé unumschränkt leite. So nachdrücklichen Vorstellungen konnte das schwache Gemüt des Königs von Navarra nicht lange widerstehen. Um bei der reformierten Partei nicht der zweite zu sein, überließ er sich unbedingt der katholischen, um dort noch viel weniger zu bedeuten; und an dem Prinzen von Condé keinen Nebenbuhler zu haben, gab er sich an dem Herzog von Guise einen Herrn und Gebieter. Die Pomeranzenwälder von Sardinien, in deren Schatten er sich schon im voraus ein paradiesisches Leben träumte, umgaukelten seine Einbildungskraft, und blind warf er sich in die ihm gelegte Schlinge. Die Königin Katharina selbst wurde von ihm verlassen, um sich ganz dem Triumvirat hinzugeben, und die reformierte Partei sah einen Freund, der ihr nicht viel genutzt hatte, in einen offenbaren Feind verwandelt, der ihr noch weniger schadete.

Zwischen den Anführern beider Religionsparteien hatten die Bemühungen der Königin Katharina einen Schein des Friedens bewirkt, aber nicht ebenso bei den Parteien, welche fortfuhren einander mit dem grimmigsten Hasse zu verfolgen. Jede unterdrückte, oder neckte, wo sie die mächtigere war, die andre, und die beiderseitigen Oberhäupter sahen, ohne sich selbst einzumischen, diesem Schauspiele zu, zufrieden wann nur der Eifer nicht verglimmte, und der Parteigeist dadurch in der Übung blieb. Obgleich das letztere Edikt der Königin Katharina den Reformierten alle öffentlichen Versammlungen untersagte, so kehrte man sich dennoch nirgends daran, wo man sich stark genug fühlte, ihm zu trotzen. In Paris sowohl als in den

Provinzstädten wurden, dieses Edikts ungeachtet, öffentlich Predigten gehalten, und die Versuche sie zu stören, liefen nicht immer glücklich ab. Die Königin bemerkte diesen Zustand der Anarchie mit Furcht, indem sie voraussah, daß durch diesen Krieg im kleinen nur die Schwerter zu einem größern geschliffen würden. Es war daher dem staatsklugen und duldsamen Kanzler von Hôpital, ihrem vornehmsten Ratgeber, nicht schwer, sie zu Aufhebung eines Edikts geneigt zu machen, welches, da es nicht konnte behauptet werden, nur das Ansehen der gesetzgebenden Macht entkräftete, die reformierte Partei mit Ungehorsam und Widersetzlichkeit vertraut machte, und durch die Bestrebungen der katholischen es geltend zu machen, einen unglücklichen Verfolgungsgeist zwischen beiden Teilen unterhielt. Auf Veranlassung dieses weisen Patrioten ließ die Regentin einen Ausschuß von allen Parlamentern sich in St. Germain versammeln, welcher beratschlagen sollte: Was in Absicht der Reformierten und ihrer Versammlungen (den innern Wert oder Unwert ihrer Religion durchaus beiseite gelegt) zum Besten des Staats zu verfügen sei? – Die Antwort war in der Frage schon enthalten, und ein den Reformierten sehr günstiges Edikt die Folge dieser Beratschlagung. In demselben gestattete man ihnen förmlich, sich, wiewohl außerhalb der Mauern und unbewaffnet, zu gottesdienstlichen Handlungen zu versammeln, und legte allen Obrigkeiten auf, diese Zusammenkünfte in ihren Schutz zu nehmen. Dagegen sollten sie gehalten sein, den Katholischen alle denselben entzogene Kirchen und Kirchengeräte zurückzustellen, der katholischen Geistlichkeit gleich den Katholiken selbst die Gebühren zu entrichten, übrigens die Fest- und Feiertage und die Verwandtschaftsgrade bei ihren Heiraten nach den Vorschriften der herrschenden Kirche zu beobachten. Nicht ohne großen Widerspruch des Pariser Parlaments wurde dieses Edikt, vom Jänner 1562, wo es bekanntgemacht wurde, das Edikt des Jänners genannt, registriert, und von den strengen Katholiken und der spanischen Partei mit ebensoviel Unwillen als von den Reformierten mit triumphierender Freude aufgenommen. Der schlimme Wille ihrer Feinde schien durch dasselbe entwaffnet, und fürs erste zu einer gesetzmäßigen Existenz in dem Königreich ein wichtiger Schritt getan. Auch die Regentin schmeichelte sich durch dieses Edikt zwischen beiden Kirchen eine unüberschreitbare Grenze gezogen, dem Ehrgeiz der Großen heilsame Fesseln angelegt und den Zunder des Bürgerkriegs auf lange erstickt zu haben. Doch war es ebendieses Edikt des Friedens, welches durch die Verletzung, die es erlitt, die Reformierten zu den gewaltsamsten Entschließungen brachte, und den Krieg herbeiführte, welchen zu verhüten es gegeben war.

Dieses Edikt vom Jänner 1562 also, weit entfernt, die Absichten seiner Urheberin zu erfüllen und beide Religionsparteien in den Schranken der Ordnung zu halten, ermunterte die Feinde der letztern nur, desto verdecktere und schlimmere Plane zu entwerfen. Die Begünstigungen, welche dieses Edikt den Reformierten erteilt hatte, und der bedeutende Vorzug, den ihre Anführer, Condé und die Chatillons, bei der Königin genossen, verwundete tief den bigotten Geist und die Ehrsucht des alten Montmorency, der beiden Guisen und der mit ihnen verbundenen Spanier. Schweigend zwar, aber nicht müßig, beobachteten sich die Anführer wechselsweise untereinander, und schienen nur das Moment zu erwarten, das dem Ausbruch ihrer verhaltenen Leidenschaft günstig war. Jeder Teil, fest entschlossen, Feindseligkeit mit Feindseligkeit zu erwidern, vermied sorgfältig, sie zu eröffnen, um in den Augen der Welt nicht als der Schuldige zu erscheinen. Ein Zufall leistete endlich, was beide in gleichem Grade wünschten und fürchteten.

Der Herzog von Guise und der Kardinal von Lothringen hatten seit einiger Zeit den Hof der Regentin verlassen, und sich nach den deutschen Grenzen gezogen, wo sie den gefürchteten Eintritt der deutschen Protestanten in das Königreich desto leichter verhindern konnten. Bald aber fing die katholische Partei an ihre Anführer zu vermissen, und der zunehmende Kredit der Reformierten bei der Königin machte den Wunsch nach ihrer Wiederkunft dringend. Der Herzog trat also den Weg nach Paris an, begleitet von einem starken Gefolge, welches sich, so wie er fortschritt, vergrößerte. Der Weg führte ihn durch Vassy, an der Grenze von Champagne, wo zufälligerweise die reformierte Gemeinde bei einer öffentlichen Predigt versammelt war. Das Gefolge des Herzogs, trotzig wie sein Gebieter, geriet mit dieser schwärmerischen Menge in Streit, welcher sich bald in Gewalttätigkeiten endigte; im unordentlichen Gewühl dieses Kampfes wurde der Herzog selbst, der herbeigeeilt war, Frieden zu stiften, mit einem Steinwurf im Gesichte verwundet. Der Anblick seiner blutigen Wange setzte seine Begleiter in Wut, die jetzt gleich rasenden

Tieren über die Wehrlosen herstürzen, ohne Ansehen des Geschlechts noch des Alters, was ihnen vorkommt, erwürgen und an den gottesdienstlichen Gerätschaften, die sie finden, die größten Entweihungen begehen. Das ganze reformierte Frankreich geriet über diese Gewalttätigkeit in Bewegung, und an dem Thron der Regentin wurden durch den Mund des Prinzen von Condé und einer eigenen Deputation die heftigsten Klagen dagegen erhoben. Katharina tat alles, um den Frieden zu erhalten, und weil sie überzeugt war, daß es nur auf die Häupter ankäme, um die Parteien zu beruhigen, so rief sie den Herzog von Guise dringend an den Hof, der sich damals zu Monceaux aufhielt, wo sie die Sache zwischen ihm und dem Prinzen von Condé zu vermitteln hoffte.

Aber ihre Bemühungen waren vergebens. Der Herzog wagte es, ihr ungehorsam zu sein und seine Reise nach Paris fortzusetzen, wo er, von einem zahlreichen Anhang begleitet, und von einer ihm ganz ergebenen Menge tumultuarisch empfangen, einen triumphierenden Einzug hielt. Umsonst suchte Condé, der sich kurz zuvor in Paris geworfen, das Volk auf seine Seite zu neigen. Die fanatischen Pariser sahen in ihm nichts als den Hugenotten, den sie verabscheuten, und in dem Herzog nur den heldenmütigen Verfechter ihrer Kirche. Der Prinz mußte sich zurückziehn, und den Schauplatz dem Überwinder einräumen. Nunmehr galt es, welcher von beiden Teilen es dem andern an Geschwindigkeit, an Macht, an Kühnheit zuvortäte. Indes der Prinz in aller Eile zu Meaux, wohin er entwichen war, Truppen zusammenzog, und mit den Chatillons sich vereinigte, um den Triumvirn die Spitze zu bieten, waren diese schon mit einer starken Reiterei nach Fontainebleau aufgebrochen, um durch Besitznehmung von des jungen Königs Person ihre Gegner in die Notwendigkeit zu setzen, als Rebellen gegen ihren Monarchen zu erscheinen.

Schrecken und Verwirrung hatten sich gleich auf die erste Nachricht von dem Einzug des Herzogs in Paris der Regentin bemächtigt; in seiner steigenden Gewalt sah sie den Umsturz der ihrigen voraus. Das Gleichgewicht der Faktionen, wodurch allein sie bisher geherrscht hatte, war zerstört, und nur ihr offenbarer Beitritt konnte die reformierte Partei in den Stand setzen, es wiederherzustellen. Die Furcht, unter die Tyrannei der Guisen und ihres Anhangs zu geraten, Furcht für das Leben des Königs, für ihr eigenes Leben siegte über jede

Bedenklichkeit. Jetzt unbesorgt vor dem sonst so gefürchteten Ehrgeiz der protestantischen Häupter suchte sie sich nur vor dem Ehrgeiz der Guisen in Sicherheit zu setzen. Die Macht der Protestanten, welche allein ihr diese Sicherheit verschaffen konnte, bot sich ihrer ersten Bestürzung dar; vor der drohenden Gefahr mußte jetzt jede andere Rücksicht schweigen. Bereitwillig nahm sie den Beistand an, der ihr von dieser Partei angeboten wurde, und der Prinz von Condé ward, welche Folgen auch dieser Schritt haben mochte, aufs dringendste aufgefordert, Sohn und Mutter zu verteidigen. Zugleich flüchtete sie sich, um von ihren Gegnern nicht überfallen zu werden, mit dem Könige nach Melun und von da nach Fontainebleau, welche Vorsicht aber die Schnelligkeit der Triumvirn vereitelte.

Sogleich bemächtigen sich diese des Königs, und der Mutter wird freigestellt, ihn zu begleiten, oder sich nach Belieben einen andern Aufenthalt zu wählen. Ehe sie Zeit hat, einen Entschluß zu fassen, setzt man sich in Marsch und unwillkürlich wird sie mit fortgerissen. Schrecknisse zeigen sich ihr, wohin sie blickt, überall gleiche Gefahr, auf welche Seite sie sich neige. Sie erwählt endlich die gewisse, um sich nicht in den größern Bedrängnissen einer ungewissen zu verstricken, und ist entschlossen, sich an das Glück der Guisen anzuschließen. Man führt den König im Triumphe nach Paris, wo seine Gegenwart dem fanatischen Eifer der Katholiken die Losung gibt, sich gegen die Reformierten alles zu erlauben. Alle ihre Versammlungsplätze werden von dem wütenden Pöbel gestürmt, die Türen eingesprengt, Kanzeln und Kirchenstühle zerbrochen, und in Asche gelegt; der Kronfeldherr von Frankreich, der ehrwürdige Greis Montmorency war es, der diese Heldentat vollführte. Aber diese lächerliche Schlacht war das Vorspiel eines desto ernsthaftern Krieges.

Nur wenige Stunden hatte der Prinz von Condé den König in Fontainebleau verfehlt. Mit einem zahlreichen Gefolge war er, dem Wunsch der Regentin gemäß, sogleich aufgebrochen, sie und ihren Sohn unter seine Obhut zu nehmen, aber er langte nur an, um zu erfahren, daß die Gegenpartei ihm zuvorgekommen, und der große Augenblick verloren sei. Dieser erste Fehlstreich schlug jedoch seinen Mut nicht nieder. „Da wir einmal so weit sind", sagte er zu dem Admiral Coligny, „so müssen wir durchwaten oder wir sinken unter." Er flog mit seinen Truppen nach Orleans, wo er eben noch recht kam, dem Obristen von Andelot, der hier mit großem Nachteil gegen die Katholischen focht, den Sieg zu verschaffen. Aus dieser Stadt beschloß er seinen Waffenplatz zu machen, seine Partei in derselben zu versammeln, und seiner Familie, so wie ihm selbst nach einem Unglücksfall eine Zuflucht darin offenzuhalten.

Von beiden Seiten fing nun der Krieg mit Manifesten und Gegenmanifesten an, worin alle Bitterkeit des Parteihasses ausgegossen war, und nichts als die Aufrichtigkeit vermißt wurde. Der Prinz von Condé foderte in den seinigen alle redlichdenkenden Franzosen auf, ihren König und ihres Königs Mutter aus der Gefangenschaft befreien zu helfen, in welcher sie von den Guisen und deren Anhang gehalten würden. Durch ebendiesen Besitz von des Königs Person suchten letztere die Gerechtigkeit ihrer Sache zu erweisen, und alle getreuen Untertanen zu bewegen, sich unter die Fahnen ihres Königs zu versammeln. Er selbst, der minderjährige Monarch, mußte in seinem Staatsrat erklären, daß er frei sei, sowie auch seine Mutter, und das Edikt des Jänners bestätigen. Dieselbe Vorstellung wurde von beiden Seiten auch gegen auswärtige Mächte gebraucht. Um die deutschen Protestanten einzuschläfern, erklärten die Guisen, daß die Religion nicht im Spiele sei, und der Krieg bloß den Aufrührern gelte. Der nämliche Kunstgriff ward auch von dem Prinzen von Condé angewendet, um die auswärtigen katholischen Mächte von dem Interesse seiner Feinde abzuziehen. In diesem Wettstreit des Betruges verleugnete Katharina ihren Charakter und ihre Staatskunst nicht, und von den Umständen gezwungen, eine doppelte Person zu spielen, verstand sie es meisterlich, die widersprechendsten Rollen in sich zu vereinigen. Sie leugnete öffentlich die Bewilligungen welche sie dem Prinzen von Condé erteilt hatte, und empfahl ihm ernstlich den Frieden, während daß sie im stillen, wie man sagt, seine Werbungen begünstigte und ihn zu lebhafter Führung des Kriegs ermunterte. Wenn die Ordres des Herzogs von Guise an die Befehlshaber der Provinzen alles, was reformiert sei, zu erwürgen befahlen, so enthielten die Briefe der Regentin ganz entgegengesetzte Befehle zur Schonung.

Bei diesen Maßregeln der Politik verlor man die Hauptsache, den Krieg selbst, nicht aus den Augen, und diese scheinbaren

Bemühungen zu Erhaltung des Friedens verschafften dem
Prinzen von Condé nur desto mehr Zeit, sich in wehrhaften
Stand zu setzen. Alle reformierten Kirchen wurden von ihm
aufgefordert, zu einem Kriege, der sie so nahe betraf, die nötigen Kosten herzuschießen, und der Religionseifer dieser Partei
öffnete ihm ihre Schätze. Die Werbungen wurden aufs fleißigste
betrieben, ein tapfrer getreuer Adel bewaffnete sich für den
Prinzen, und eine solenne ausführliche Akte ward aufgesetzt,
die ganze zerstreute Partei in eins zu verbinden und den Zweck
dieser Konföderation zu bestimmen. Man erklärte in derselben,
daß man die Waffen ergriffen habe, um die Gesetze des Reichs,
das Ansehen und selbst die Person des Königs gegen die gewalttätigen Anschläge gewisser ehrsüchtiger Köpfe in Schutz zu
nehmen, die den ganzen Staat in Verwirrung stürzten. Man
verpflichtete sich durch ein heiliges Gelübde, allen Gottes-
lästerungen, allen Entweihungen der Religion, allen abergläubischen Meinungen und Gebräuchen, allen Ausschweifungen
u. dgl. nach Vermögen sich zu widersetzen, welches ebensoviel
war, als der katholischen Kirche förmlich den Krieg ankündigen. Endlich und schließlich erkannte man den Prinzen von
Condé als das Haupt der ganzen Verbindung und versprach
ihm Gut und Blut und den strengsten Gehorsam. Die Rebellion bekam von jetzt an eine mehr regelmäßige Gestalt, die einzelnen Unternehmungen mehr Beziehung aufs Ganze, mehr
Zusammenhang; jetzt erst wurde die Partei zu einem orga-
nischen Körper, den ein denkender Geist beseelte. Zwar hatten
sich Katholische und Reformierte schon lange vorher in einzelnen kleinen Kämpfen gegeneinander versucht, einzelne Edelleute hatten in verschiedenen Provinzen zu den Waffen gegriffen, Soldaten geworben, Städte durch Überfall gewonnen, das
platte Land verheert, kleine Schlachten geliefert, aber diese
einzelnen Operationen, soviel Drangsale sie auch auf die
Gegenden häuften, die der Schauplatz derselben waren, blieben
für das Ganze ohne Folgen, weil es sowohl an einem bedeutenden Platz als an einer Hauptarmee fehlte, die nach einer Niederlage den flüchtigen Truppen eine Zuflucht gewähren konnte.

Im ganzen Königreiche waffnete man sich jetzt, hier zum
Angriffe und dort zur Gegenwehr; besonders erklärten sich die
vornehmsten Städte der Normandie, und Rouen zuerst, zugunsten der Reformierten. Ein schrecklicher Geist der Zwietracht,
der auch die heiligsten Bande der Natur und der politischen

Gesellschaft auflöste, durchlief die Provinzen. Raub, Mord und mördrische Gefechte bezeichneten jeden Tag; der grausenvolle Anblick rauchender Städte verkündigte das allgemeine Elend. Brüder trennten sich von Brüdern, Väter von ihren Söhnen, Freunde von Freunden, um sich zu verschiedenen Führern zu schlagen, und im blutigen Gemenge der Bürgerschaft sich schrecklich wiederzufinden. Unterdessen zog sich eine regelmäßige Armee unter den Augen des Prinzen von Condé in Orleans, eine andre in Paris unter Anführung des Konnetabel von Montmorency und der Guisen zusammen, beide gleich ungeduldig, das große Schicksal der Religion und des Vaterlands zu entscheiden.

Ehe es dazu kam, versuchte Katharina, gleich verlegen über jeden möglichen Ausschlag des Krieges, der ihr, welchen von beiden Teilen er auch begünstige, einen Herrn zu geben drohte, noch einmal den Weg der Vermittlung. Auf ihre Veranstaltung unterhandelten die Anführer zu Toury in Person, und als dadurch nichts ausgerichtet ward, wurde zu Talsy zwischen Châteaudun und Orleans eine neue Konferenz angefangen. Der Prinz von Condé drang auf Entfernung des Herzogs von Guise, des Marschalls von Saint-André und des Konnetabel, und die Königin hatte auch wirklich so viel von diesen erhalten, daß sie sich, während der Konferenz auf einige Meilen von dem königlichen Lager entfernten. Nachdem auf diese Art der hauptsächlichste Grund des Mißtrauens aus dem Wege geräumt war, wußte diese verschlagene Fürstin, der es eigentlich nur darum zu tun war, sich der Tyrannei sowohl des einen, als des andern Teils zu entledigen, den Prinzen von Condé, durch den Bischof von Valence ihren Unterhändler, mit arglistiger Kunst dahin zu vermögen, daß er sich erbot, mit seinem ganzen Anhange das Königreich zu verlassen, wenn nur seine Gegner das nämliche täten. Sie nahm ihn sogleich beim Worte, und war im Begriff, über seine Unbesonnenheit zu triumphieren, als die allgemeine Unzufriedenheit der protestantischen Armee und eine reifere Erwägung des übereilten Schrittes, den Prinzen bestimmte, die Konferenz schleunig abzubrechen, und der Königin Betrug mit Betrug zu bezahlen. So mißlang auch der letzte Versuch zu einer gütlichen Beilegung, und der Ausschlag beruhte nun auf den Waffen.

Die Geschichtschreiber sind unerschöpflich in Beschreibung der Grausamkeiten, welche diesen Krieg bezeichneten.

Ein einziger Blick in das Menschenherz und in die Geschichte wird hinreichen, uns alle diese Untaten begreiflich zu machen. Die Bemerkung ist nichts weniger als neu, daß keine Kriege zugleich so ehrlos und so unmenschlich geführt werden, als die, welche Religionsfanatismus und Parteihaß im Innern eines Staats entzünden. Antriebe, welche in Ertötung alles dessen, was den Menschen sonst das Heiligste ist, bereits ihre Kraft bewiesen, welche das ehrwürdige Verhältnis zwischen dem Souverän und dem Untertan und den noch stärkern Trieb der Natur übermeisterten, finden an den Pflichten der Menschlichkeit keinen Zügel mehr; und die Gewalt selbst, welche Menschen anwenden müssen, um jene starken Bande zu sprengen, reißt sie blindlings und unaufhaltsam zu jedem Äußersten fort. Die Gefühle für Gerechtigkeit, Anständigkeit und Treue, welche sich auf anerkannte Gleichheit der Rechte gründen, verlieren in Bürgerkriegen ihre Kraft, wo jeder Teil in dem andern einen Verbrecher sieht, und sich selbst das Strafamt über ihn zueignet. Wenn ein Staat mit dem andern kriegt, und nur der Wille des Souveräns seine Völker bewaffnet, nur der Antrieb der Ehre sie zur Tapferkeit spornt, so bleibt sie ihnen auch heilig gegen den Feind, und eine edelmütige Tapferkeit weiß selbst ihre Opfer zu schonen. Hier ist der Gegenstand der Begierden des Kriegers etwas ganz Verschiedenes von dem Gegenstande seiner Tapferkeit, und es ist fremde Leidenschaft, die durch seinen Arm streitet. In Bürgerkriegen streitet die Leidenschaft des Volks und der Feind ist der Gegenstand derselben. Jeder einzelne Mann ist hier Beleidiger, weil jeder einzelne aus freier Wahl die Partei ergriff, für die er streitet. Jeder einzelne Mann ist hier Beleidigter, weil man verachtet, was er schätzt, weil man anfeindet, was er liebt, weil man verdammt, was er erwählte. Hier, wo Leidenschaft und Not dem friedlichen Ackermann, dem Handwerker, dem Künstler das ungewohnte Schwert in die Hände zwingen, kann nur Erbitterung und Wut den Mangel an Kriegskunst, nur Verzweiflung den Mangel wahrer Tapferkeit ersetzen. Hier, wo man Herd, Heimat, Familie, Eigentum verließ, wirft man mit schadenfrohen Wohlgefallen den Feuerbrand in Fremdes, und achtet nicht auf fremden Lippen die Stimme der Natur, die zu Hause vergeblich erschallte. Hier endlich, wo die Quellen selbst sich trüben, aus denen dem gemeinen Volk alle Sittlichkeit fließt, wo das Ehrwürdige geschändet, das Heilige entweiht, das Un-

wandelbare aus seinen Fugen gerückt ist, wo die Lebensorgane
der allgemeinen Ordnung erkranken, steckt das verderbliche
Beispiel des Ganzen jeden einzelnen Busen an, und in jedem
Gehirne tobt der Sturm, der die Grundfesten des Staats erschüttert. Dreimal schrecklicheres Los, wo sich religiöse
Schwärmerei mit Parteihaß gattet, und die Fackel des Bürgerkrieges sich an der unreinen Flamme des priesterlichen Eifers
entzündet.

Und dies war der Charakter dieses Kriegs, der jetzt Frankreich verwüstete. Aus dem Schoße der reformierten Religion
ging der finstre grausame Geist hervor, der ihm diese unglückliche Richtung gab, der alle diese Untaten erzeugte. Im Lager
dieser Partei erblickte man nichts Lachendes, nichts Erfreu-
liches; alle Spiele, alle geselligen Lieder hatte der finstre Eifer
verbannt. Psalmen und Gebete ertönten an deren Stelle, und
die Prediger waren ohne Aufhören beschäftigt, dem Soldaten
die Pflichten gegen seine Religion einzuschärfen, und seinen
fanatischen Eifer zu schüren. Eine Religion, welche der Sinnlichkeit solche Martern auflegte, konnte die Gemüter nicht zur
Menschlichkeit einladen; der Charakter der ganzen Partei
mußte mit diesem düstern und knechtischen Glauben verwildern. Jede Spur des Papsttums setzte den Schwärmergeist des
Kalvinisten in Wut; Altäre und Menschen wurden ohne Unterschied seinem unduldsamen Stolz aufgeopfert. Wohin ihn der
Fanatismus allein nicht gebracht hatte, dazu zwangen ihn Mangel und Not. Der Prinz von Condé selbst gab das Beispiel einer
Plünderung, welches bald durch das ganze Königreich nachgeahmt wurde. Von den Hülfsmitteln verlassen, womit er die Unkosten des Kriegs bisher bestritten hatte, legte er seine Hand
an die katholischen Kirchengeräte, deren er habhaft werden
konnte, und ließ die heiligen Gefäße und Zieraten einschmel-
zen. Der Reichtum der Kirchen war eine zu große Lockung
für die Habsucht der Protestanten und die Entweihung der
Heiligtümer für ihre Rachbegierde ein viel zu süßer Genuß, um
der Versuchung zu widerstehen. Alle Kirchen, deren sie sich
bemeistern konnten, die Klöster besonders, mußten den doppelten Ausbruch ihres Geizes und ihres frommen Eifers erfahren. Mit dem Raub allein nicht zufrieden, entweihten sie die
Heiligtümer ihrer Feinde durch den bittersten Spott, und beflissen sich mit absichtlicher Grausamkeit die Gegenstände ihrer
Anbetung durch einen barbarischen Mutwillen zu entehren.

Sie rissen die Kirchen ein, schleiften die Altäre, verstümmelten die Bilder der Heiligen, traten die Reliquien mit Füßen, oder schändeten sie durch den niedrigsten Gebrauch, durchwühlten sogar die Gräber, und ließen die Gebeine der Toten den Glauben der Lebenden entgelten. Kein Wunder, daß so empfindliche Kränkungen zu der schrecklichsten Wiedervergeltung reizten, daß alle katholische Kanzeln von Verwünschungen gegen die ruchlosen Schänder des Glaubens ertönten, daß der ergriffene Hugenotte bei dem Papisten keine Barmherzigkeit fand, daß Greueltaten gegen die vermeintliche Gottheit durch Greueltaten gegen Natur und Menschheit geahndet wurden!

Von den Anführern selbst ging das Beispiel dieser barbarischen Taten aus, aber die Ausschweifungen, zu welchen der Pöbel beider Parteien dadurch hingerissen ward, ließen sie bald ihre leidenschaftliche Übereilung bereuen. Jede Partei wetteiferte, es der andern an erfinderischer Grausamkeit zuvorzutun. Nicht zufrieden mit der blutig befriedigten Rache suchte man noch durch neue Künste der Tortur diese schreckliche Lust zu verlängern. Menschenleben war zu einem Spiel geworden, und das Hohnlachen des Mörders schärfte noch die Stacheln eines schmerzhaften Todes. Keine Freistätte, kein beschworner Vertrag, kein Menschen- und Völkerrecht schützte gegen die blinde tierische Wut; Treu und Glaube war dahin, und durch Eidschwüre lockte man nur die Opfer. Ein Schluß des Pariser Parlaments, welcher der reformierten Lehre förmlich und feierlich das Verdammungsurteil sprach, und alle Anhänger derselben dem Tode weihte, ein andrer nachdrücklicherer Urteilsspruch, der aus dem Conseil des Königs ausging, und alle Anhänger des Prinzen von Condé, ihn selbst ausgenommen, als Beleidiger der Majestät in die Acht erklärte, konnte nicht wohl dazu beitragen, die erbitterten Gemüter zu besänftigen, denn nun feuerte der Name ihres Königs und die gewisse Absicht der Beute den Verfolgungseifer der Papisten an und den Mut der Hugenotten stärkte Verzweiflung.

Umsonst hatte Katharina von Medicis alle Künste ihrer Politik aufgeboten, die Wut der Parteien zu besänftigen, umsonst hatte ein Schluß des Conseil alle Anhänger des Prinzen von Condé als Rebellen und Hochverräter erklärt, umsonst das Pariser Parlament die Partei gegen die Kalvinisten ergriffen, der Bürgerkrieg war da, und ganz Frankreich stand in Flammen. Wie groß aber auch das Zutrauen der letztern zu ihren Kräften war, so entsprach der Erfolg doch keineswegs den Erwartungen, welche ihre Zurüstung erweckt hatte. Der reformierte Adel, welcher die Hauptstärke der Armee des Prinzen von Condé ausmachte, hatte in kurzer Zeit seinen kleinen Vorrat verzehrt, und außerstande sich, da nichts Entscheidendes geschah und der Krieg in die Länge gespielt wurde, forthin selbst zu verköstigen, gab er den dringenden Aufforderungen der Selbstliebe nach, welche ihn heimrief, seinen eigenen Herd zu verteidigen. Zerronnen war in kurzer Zeit diese, so große Taten versprechende, Armee, und dem Prinzen, jetzt viel zu schwach, um einem überlegenen Feind im Felde zu begegnen, blieb nichts übrig, als sich mit dem Überrest seiner Truppen in der Stadt Orleans einzuschließen.

Hier erwartete er nun die Hülfe, zu welcher einige auswärtige protestantische Mächte ihm Hoffnung gemacht hatten. Deutschland und die Schweiz waren für beide kriegführende Parteien eine Vorratskammer von Soldaten, und ihre feile Tapferkeit, gleichgültig gegen die Sache, wofür gefochten werden sollte, stand dem Meistbietenden zu Gebot. Deutsche sowohl als schweizerische Miettruppen schlugen sich, je nachdem ihr eigener und ihrer Anführer Vorteil es erheischte, zu entgegengesetzten Fahnen, und das Interesse der Religion wurde wenig dabei in Betrachtung gezogen. Indem dort an den Ufern des Rheins ein deutsches Heer für den Prinzen geworben ward, kam zugleich ein sehr wichtiger Vertrag mit der Königin Elisabeth von England zustande. Die nämliche Politik, welche diese Fürstin in der Folge veranlaßte, sich zur Beschützerin der Niederlande gegen ihren Unterdrücker, Philipp von Spanien aufzuwerfen, und diesen neu aufblühenden Staat in ihre Obhut zu nehmen, legte ihr gegen die französischen Protestanten gleiche Pflichten auf, und das große Interesse der Religion erlaubte ihr nicht, dem Untergange ihrer Glaubensgenossen in einem benachbarten Königreich gleichgültig zuzusehen. Diese Antriebe ihres Gewissens wurden nicht wenig durch politische Gründe verstärkt. Ein bürgerlicher Krieg in Frankreich sicherte ihren eigenen noch wankenden Thron vor einem Angriff von dieser Seite, und eröffnete ihr zugleich eine erwünschte Gelegenheit, auf Kosten dieses Staats ihre eigne Besitzungen zu erweitern. Der Verlust von Calais war eine noch frische Wunde für England; mit diesem wichtigen Grenzplatz hatte es den freien Eintritt in Frankreich verloren. Diesen Schaden zu ersetzen, und von einer andern Seite in dem Königreich festen Fuß zu fassen, beschäftigte schon längst die Politik der Elisabeth, und der Bürgerkrieg, der sich nunmehr in Frankreich entzündet hatte, zeigte ihr die Mittel, es zu bewerkstelligen. Sechstausend Mann englischer Hülfstruppen wurden dem Prinzen von Condé unter der Bedingung bewilligt, daß die eine Hälfte derselben die Stadt Havre de Grace, die andre die Städte Rouen und Dieppe in der Normandie als eine Zuflucht der verfolgten Religionsverwandten, besetzt halten sollte. So löschte ein wütender Parteigeist auf eine Zeitlang alle patriotischen Gefühle bei den französischen Protestanten aus, und der verjährte Nationalhaß gegen die Briten wich auf Augenblicke dem glühendern Sektenhaß und dem Verfolgungsgeist erbitterter Faktionen.

Der gefürchtete nahe Eintritt der Engländer in der Normandie zog die königliche Armee nach dieser Provinz, und die Stadt Rouen wurde belagert. Das Parlament und die vornehmsten Bürger hatten sich schon vorher aus dieser Stadt geflüchtet, und die Verteidigung derselben blieb einer fanatischen Menge überlassen, die von schwärmerischen Prädikanten erhitzt, bloß ihrem blinden Religionseifer und dem Gesetz der Verzweiflung Gehör gab. Aber alles Widerstandes von seiten der Bürgerschaft ungeachtet wurden die Wälle nach einer monatlangen Gegenwehr im Sturme erstiegen, und die Halsstarrigkeit ihrer Verteidiger durch eine barbarische Behandlung geahndet, welche man zu Orleans auf protestantischer Seite nicht lang unvergolten ließ. Der Tod des Königs von Navarra, welcher auf eine vor dieser Stadt empfangenen Wunde erfolgte, macht die Belagerung von Rouen im Jahr 1562 berühmt, aber nicht eben merkwürdig; denn der Hintritt dieses Prinzen blieb gleich unbedeutend für beide kämpfende Parteien.

Der Verlust von Rouen und die siegreichen Fortschritte der feindlichen Armee in der Normandie drohten dem Prinzen von Condé, der jetzt nur noch wenige große Städte unter seiner Botmäßigkeit sah, den nahen Untergang seiner Partei, als die Erscheinung der deutschen Hülfstruppen, mit denen sich sein Obrister Andelot, nach überstandnen unsäglichen Schwierigkeiten, glücklich vereinigt hatte, aufs neue seine Hoffnungen belebte. An der Spitze dieser Truppen, welche in Verbindung mit seinen eigenen ein bedeutendes Heer ausmachten, fühlte er

sich stark genug, nach Paris aufzubrechen und diese Hauptstadt durch seine unverhoffte gewaffnete Ankunft in Schrecken
zu setzen. Ohne die politische Klugheit Katharinens wäre diesmal entweder Paris erobert, oder wenigstens ein vorteilhafter
Friede von den Protestanten errungen worden. Mit Hülfe der
Unterhandlungen, ihrem gewöhnlichen Rettungsmittel, wußte
sie den Prinzen mitten im Lauf seiner Unternehmung zu fesseln, und durch Vorspiegelung günstiger Traktaten Zeit zur
Rettung zu gewinnen. Sie versprach, das Edikt des Jänners,
welches den Protestanten die freie Religionsübung zusprach, zu
bestätigen, bloß mit Ausnahme derjenigen Städte, in welchen die
souveränen Gerichtshöfe ihre Sitzung hätten. Da der Prinz die
Religionsduldung auch auf diese letztern ausgedehnt wissen
wollte, so wurden die Unterhandlungen in die Länge gezogen,
und Katharina erhielt die gewünschte Frist, ihre Maßregeln zu
ergreifen. Der Waffenstillstand, den sie während dieser Traktaten geschickt von ihm zu erhalten wußte, ward für die Konföderierten verderblich, und indem die Königlichen innerhalb
der Mauren von Paris neue Kräfte schöpften und sich durch
spanische Hülfstruppen verstärkten, schmolz die Armee des
Prinzen durch Desertion und strenge Kälte dahin, daß er in
kurzem zu einem schimpflichen Aufbruch gezwungen wurde.
Er richtete seinen Marsch nach der Normandie, wo er Geld und
Truppen aus England erwartete, sah sich aber ohnweit der
Stadt Dreux von der nacheilenden Armee der Königin eingeholt, und zu einem entscheidenden Treffen genötigt. Bestürzt
und unschlüssig, gleich als hätten die unterdrückten Gefühle
der Natur auf einen Augenblick ihre Rechte zurückgefodert,
staunten beide Heere einander an, ehe die Kanonen die Losung
des Todes gaben; der Gedanke an das Bürger- und Bruder-
blut, das jetzt versprützt werden sollte, schien jeden einzelnen
Kämpfer mit flüchtigem Entsetzen zu durchschauern. Nicht
lange aber dauerte dieser Gewissenskampf; der wilde Ruf der
Zwietracht übertäubte bald der Menschlichkeit leise Stimme.
Ein desto wütenderer Sturm folgte auf diese bedeutungsvolle
Stille. Sieben schreckliche Stunden fochten beide Teile mit
gleich kühnem Mute, mit gleich heftiger Erbitterung. Ungewiß schwankte der Sieg von einer Seite zur andern, bis die Ent-
schlossenheit des Herzogs von Guise ihn endlich auf die
Seite des Königs neigte. Unter den Verbundenen wurde der
Prinz von Condé, unter den Königlichen der Konnetabel von

Montmorency zu Gefangenen gemacht, und von den letztern blieb noch der Marschall von Saint-André auf dem Platze. Das Schlachtfeld blieb dem Herzog von Guise, welchen dieser entscheidende Sieg zugleich von einem furchtbaren öffentlichen Feind und von zwei Nebenbuhlern seiner Macht befreite.

Hatte Katharina mit Widerwillen die Abhängigkeit ertragen, in welche sie durch die Triumvirn versetzt war, so mußte ihr nunmehr die Alleinherrschaft des Herzogs, dessen Ehrgeiz keine Grenzen, dessen gebieterischer Stolz keine Mäßigung kannte, doppelt empfindlich fallen. Der Sieg bei Dreux, weit entfernt ihre Wünsche zu befördern, hatte ihr einen Herrn in ihm gegeben, der nicht lange säumte, sich der erlangten Überlegenheit zu bedienen, und die zuversichtlich stolze Sprache des Herrschers zu führen. Alles stand ihm zu Gebot, und die unumschränkte Macht, die er besaß, verschaffte ihm die Mittel, sich Freunde zu erkaufen, und den Hof sowohl als die Armee mit seinen Geschöpfen anzufüllen. Katharina, sosehr ihr die Staatsklugheit anriet, die gesunkene Partei der Protestanten wiederaufzurichten, und durch Wiederherstellung des Prinzen von Condé die Anmaßungen des Herzogs zu beschränken, wurde durch den überlegenen Einfluß des letztern zu entgegengesetzten Maßregeln fortgerissen. Der Herzog verfolgte seinen Sieg, und rückte vor die Stadt Orleans, um durch Überwältigung dieses Platzes, welcher die Hauptmacht der Protestanten einschloß, ihrer Partei auf einmal ein Ende zu machen. Der Verlust einer Schlacht und die Gefangenschaft ihres Anführers hatte den Mut derselben zwar erschüttern, aber nicht ganz niederbeugen können. Admiral Coligny stand an ihrer Spitze, dessen erfinderischer, an Hülfsmitteln unerschöpflicher Geist sich in der Widerwärtigkeit immer am glänzendsten zu entfalten pflegte. Er hatte die Trümmer der geschlagenen Armee in kurzem wieder unter seinen Fahnen versammelt, und ihr, was noch mehr war, in seiner Person einen Feldherrn gegeben. Durch englische Truppen verstärkt und mit englischem Gelde befriedigt führte er sie in die Normandie, um sich in dieser Provinz durch kleine Wagestücke zu einer größern Unternehmung zu stärken.

Unterdessen fuhr Franz von Guise fort, die Stadt Orleans zu ängstigen, um durch Eroberung derselben seinen Triumphen die Krone aufzusetzen. Andelot hatte sich mit dem Kern der Armee und den versuchtesten Anführern in diese Stadt geworfen, wo noch überdies der gefangene Konnetabel in Verwahrung gehalten wurde. Die Einnahme eines so wichtigen Platzes hätte den Krieg auf einmal geendigt, und darum sparte der Herzog keine Mühe, sie in seine Gewalt zu bekommen. Aber anstatt der gehofften Lorbeern fand er an ihren Mauern das Ziel seiner Größe. Ein Meuchelmörder Johann Poltrot de Méré verwundete ihn mit vergifteten Kugeln, und machte mit dieser blutigen Tat den Anfang des Trauerspiels, welches der Fanatismus nachher in einer Reihe von ähnlichen Greueltaten so schrecklich entwickelte. Unstreitig wurde die kalvinische Partei in ihm eines furchtbaren Gegners, Katharina eines gefährlichen Teilhabers ihrer Macht entledigt; aber Frankreich verlor mit ihm zugleich einen Helden und einen großen Mann. Wie hoch sich auch die Anmaßungen dieses Fürsten erstiegen, so war er doch gewiß auch der Mann für seine Plane; wieviel Stürme auch sein Ehrgeiz im Staate erregt hatte, so fehlte demselben doch, selbst nach dem Geständnis seiner Feinde, der Schwung der Gesinnungen nicht, welcher in großen Seelen jede Leidenschaft adelt. Wie heilig ihm auch mitten unter den verwilderten Sitten des Bürgerkriegs, wo die Gefühle der Menschlichkeit sonst so gerne verstummen, die Pflicht der Ehre war, beweist die Behandlung, welche er dem Prinzen von Condé, seinem Gefangenen, nach der Schlacht bei Dreux widerfahren ließ. Mit nicht geringem Erstaunen sah man diese zwei erbitterten Gegner, so viele Jahre lang geschäftig, sich zu vertilgen, durch so viele erlittnen Beleidigungen zur Rache, so viele ausgeübte Feindseligkeiten zum Mißtrauen gereizt – an einer Tafel vertraulich zusammen speisen, und, nach der Sitte jener Zeit, in demselbigen Bette schlafen.

Der Tod ihres Anführers hemmte schnell die Tätigkeit der katholischen Partei, und erleichterte Katharinens Bemühungen, die Ruhe wiederherzustellen. Frankreichs immer zunehmendes Elend erregte dringende Wünsche nach Frieden, wozu die Gefangenschaft der beiden Oberhäupter, Condé und Montmorency, gegründete Hoffnung machten. Beide gleich ungeduldig nach Freiheit, von der Königinmutter unablässig zur Versöhnung gemahnt, vereinigten sich endlich in dem Vergleiche von Amboise 1563, worin das Edikt des Jänners mit wenigen Ausnahmen bestätigt, den Reformierten die öffentliche Religionsübung in denjenigen Städten, welche sie zur Zeit in Besitz hatten, zugestanden, auf dem Lande hingegen auf die

Ländereien der hohen Gerichtsherren und zu einem Privat-
gottesdienst in den Häusern des Adels eingeschränkt, übrigens
das Vergangene einer allgemeinen ewigen Vergessenheit überliefert ward.

So erheblich die Vorteile schienen, welche der Vergleich von
Amboise den Reformierten verschaffte, so hatte Coligny dennoch vollkommen recht, ihn als ein Werk der Übereilung von
seiten des Prinzen, und von seiten der Königin als ein Werk
des Betrugs zu verwünschen. Dahin waren mit diesem unzeitigen Frieden alle glänzende Hoffnungen seiner Partei, die im
ganzen Laufe dieses Bürgerkriegs vielleicht noch nie so gegründet gewesen waren. Der Herzog von Guise, die Seele der
katholischen Partei, der Marschall von Saint-André, der König
von Navarra im Grabe, der Konnetabel gefangen, die Armee
ohne Anführer und schwürig wegen des ausbleibenden Soldes,
die Finanzen erschöpft; auf der andern Seite eine blühende
Armee, Englands mächtige Hülfe, Freunde in Deutschland, und
in dem Religionseifer der französischen Protestanten Hülfsquellen genug, den Krieg fortzusetzen. Die wichtigen Waffen-
plätze Lyon und Orleans, mit so vielem Blute erworben und
verteidigt, gingen nunmehr durch einen Federzug verloren;
die Armee mußte auseinander, die Deutschen nach Hause
gehn. Und für alle diese Aufopferungen hatte man, weit entfernt, einen Schritt vorwärts zu der bürgerlichen Gleichheit der
Religionen zu tun, nicht einmal die vorigen Rechte zurückerhalten.

Die Auswechselung der gefangenen Anführer und die Verjagung der Engländer aus Havre de Grace, welche Montmorency durch die Überreste des abgedankten protestantischen
Heeres bewerkstelligte, waren die erste Frucht dieses Friedens,
und der gleiche Wetteifer beider Parteien, diese Unternehmung
zu beschleunigen, bewies nicht sowohl den wieder auflebenden
Gemeingeist der Franzosen, als die unvertilgbare Gewalt des
Nationalhasses, den weder die Pflicht der Dankbarkeit noch
das stärkste Interesse der Leidenschaft überwinden konnte.
Nicht so bald war der gemeinschaftliche Feind von dem vaterländischen Boden vertrieben, als alle Leidenschaften, welche der
Sektengeist entflammt, in ihrer vorigen Stärke zurückkehrten,
und die traurigen Szenen der Zwietracht erneuerten. So gering
der Gewinn auch war, den die Kalvinisten aus dem neuerrichte-
ten Vergleiche schöpften, so wurde ihnen auch dieses Wenige

mißgönnt, und unter dem Vorwand, die Vergleichspunkte zur Vollziehung zu bringen, maßte man sich an, ihnen durch eine willkürliche Auslegung die engsten Grenzen zu setzen. Montmorencys herrschbegieriger Geist war geschäftig, den Frieden zu untergraben, wozu er doch selbst das Werkzeug gewesen war, denn nur der Krieg konnte ihn der Königin unentbehrlich machen. Der unduldsame Glaubenseifer, welcher ihn selbst beseelte, teilte sich mehrern Befehlshabern in den Provinzen mit, und wehe den Protestanten in denjenigen Distrikten, wo sie die Mehrheit nicht auf ihrer Seite hatten! Umsonst reklamierten sie die Rechte, welche der ausdrückliche Buchstabe des Vertrages ihnen zugestand; der Prinz von Condé, ihr Beschützer, von dem Netze der Königin umstrickt, und der undankbaren Rolle eines Parteiführers müde, entschädigte sich in der wollüstigen Ruhe des Hoflebens für die langen Entbehrungen, welche der Krieg seiner herrschenden Neigung auferlegt hatte. Er begnügte sich mit schriftlichen Gegenvorstellungen, welche, von keiner Armee unterstützt, natürlicherweise ohne Folgen blieben, während daß ein Edikt auf das andre erschien, die geringen Freiheiten seiner Partei noch mehr zu beschränken.

Mittlerweile führte Katharina den jungen König, der im Jahre 1563 für volljährig erklärt ward, in ganz Frankreich umher, um den Untertanen ihren Monarchen zu zeigen, die Empörungssucht der Faktionen durch die königliche Gegenwart niederzuschlagen, und ihrem Sohne die Liebe der Nation zu erwerben. Der Anblick so vieler zerstörten Klöster und Kirchen, welche von der fanatischen Wut des protestantischen Pöbels furchtbare Zeugen abgaben, konnte schwerlich dazu dienen, diesem jungen Fürsten einen günstigen Begriff von der neuen Religion einzuflößen, und es ist wahrscheinlich genug, daß sich bei dieser Gelegenheit ein glühender Haß gegen die Anhänger Calvins in seine Seele prägte.

Indem sich unter den mißvergnügten Parteien der Zunder zu einem neuen Kriegsfeuer sammelte, zeigte sich Katharina am Hofe geschäftig, zwischen den nicht minder erbitterten Anführern ein Gaukelspiel verstellter Versöhnung aufzuführen. Ein schwerer Verdacht befleckte schon seit lange die Ehre des Admirals von Coligny. Franz von Guise war durch die Hände des Meuchelmords gefallen, und der Untergang eines solchen Feindes war für den Admiral eine zu glückliche Begebenheit,

als daß die Erbitterung seiner Gegner sich hätte enthalten können, ihn eines Anteils daran zu beschuldigen. Die Aussagen des
Mörders, der sich, um seine eigene Schuld zu verringern, hinter den Schirm eines großen Namens flüchtete, gaben diesem
Verdacht einen Schein von Gerechtigkeit. Nicht genug, daß
die bekannte Ehrliebe des Admirals diese Verleumdung widerlegte – es gibt Zeitumstände, wo man an keine Tugend glaubt.
Der verwilderte Geist des Jahrhunderts duldete keine Stärke
des Gemüts, die sich über ihn hinwegschwingen wollte. Antoi-
nette von Bourbon, die Witwe des Ermordeten, klagte den
Admiral laut und öffentlich als den Mörder an, und sein Sohn
Heinrich von Guise, in dessen jugendlicher Brust schon die
künftige Größe pochte, hatte schon den furchtbaren Vorsatz
der Rache gefaßt. Diesen gefährlichen Zunder neuer Feindseligkeiten erstickte Katharinens geschäftige Politik; denn sosehr die Zwietracht der Parteien ihren Trieb nach Herrschaft
begünstigte, so sorgfältig unterdrückte sie jeden offenbaren
Ausbruch derselben, der sie in die Notwendigkeit setzte,
zwischen den streitenden Faktionen Partei zu ergreifen, und
ihrer Unabhängigkeit verlustig zu werden. Ihrem unermüdeten
Bestreben gelang es, von der Witwe und dem Bruder des Ent-
leibten eine Ehrenerklärung gegen den Admiral zu erhalten,
welche diesen von der angeschuldigten Mordtat reinigte, und
zwischen beiden Häusern eine verstellte Versöhnung be-
würkte.

Aber unter dem Schleier dieser erkünstelten Eintracht entwickelten sich die Keime zu einem neuen und wütendern Bürgerkrieg. Jeder noch so geringe, den Reformierten bewilligte
Vorteil dünkte den eifrigern Katholiken ein nie zu verzeihender
Eingriff in die Hoheit ihrer Religion, eine Entweihung des
Heiligtums, ein Raub an der Kirche begangen, die auch das
kleinste von ihren Rechten sich nicht vergeben dürfe. Kein
noch so feierlicher Vertrag, der diese unverletzbaren Rechte
kränkte, konnte nach ihrem Systeme Anspruch auf Gültigkeit
haben; und Pflicht war es jedem Rechtgläubigen, dieser fremden fluchwürdigen Religionspartei diese Vorrechte, gleich
einem gestohlnen Gut, wieder zu entreißen. Indem man von
Rom aus geschäftig war, diese widrigen Gesinnungen zu nähren
und noch mehr zu erhitzen, indem die Anführer der Katholischen diesen fanatischen Eifer durch das Ansehen ihres Beispiels bewaffneten, versäumte unglücklicherweise die Gegen-

partei nichts, den Haß der Papisten durch immer kühnere Foderungen noch mehr gegen sich zu reizen, und ihre Ansprüche in ebendem Verhältnis als sie jenen unerträglicher fielen, weiter auszudehnen. „Vor kurzem", erklärte sich Karl IX. gegen Coligny, „begnügtet ihr euch damit, von uns geduldet zu werden; jetzt wollt ihr gleiche Rechte mit uns haben; bald will ich erleben, daß ihr uns aus dem Königreich treibt, um das Feld allein zu behaupten."

Bei dieser widrigen Stimmung der Gemüter konnte ein Friede nicht bestehen, der beide Parteien gleich wenig befriedigt hatte. Katharina selbst, durch die Drohungen der Kalvinisten aus ihrer Sicherheit aufgeschreckt, dachte ernstlich auf einen öffentlichen Bruch, und die Frage war bloß, wie die nötige Kriegsmacht in Bewegung zu setzen sei, um einen argwöhnischen und wachsamen Feind nicht zu frühzeitig von seiner Gefahr zu belehren. Der Marsch einer spanischen Armee nach den Niederlanden unter der Anführung des Herzogs von Alba, welche bei ihrem Vorüberzug die französische Grenze berührte, gab den erwünschten Vorwand zu der Kriegsrüstung her, welche man gegen die innern Feinde des Königreichs machte. Es schien der Klugheit gemäß, eine so gefährliche Macht, als der spanische Generalissimus kommandierte, nicht unbeobachtet und unbewacht an den Pforten des Reichs vorüberziehen zu lassen, und selbst der argwöhnische Geist der protestantischen Anführer begriff die Notwendigkeit, eine Observationsarmee aufzustellen, welche diese gefährlichen Gäste im Zaum halten und die bedrohten Provinzen gegen einen Überfall decken könnte. Um auch ihrerseits von diesem Umstande Vorteil zu ziehen, erboten sie sich voll Arglist, ihre eigne Partei zum Beistand des Königreichs zu bewaffnen; ein Stratagem, wodurch sie, wenn es gelungen wäre, das nämliche gegen den Hof zu erreichen hofften, was dieser gegen sie selbst beabsichtet hatte. In aller Eile ließ nun Katharina Soldaten werben und ein Heer von sechstausend Schweizern bewaffnen, über welche sie, mit Übergehung der Kalvinisten, lauter katholische Befehlshaber setzte. Diese Kriegsmacht blieb, solange sein Zug dauerte, dem Herzog von Alba zur Seite, dem es nie in den Sinn gekommen war, etwas Feindliches gegen Frankreich zu unternehmen. Anstatt aber nun nach Entfernung der Gefahr auseinanderzugehen, richteten die Schweizer ihren Marsch nach dem Herzen des Königreichs, wo man die

vornehmsten Anführer der Hugenotten unvorbereitet zu überfallen hoffte. Dieser verräterische Anschlag wurde noch zu rechter Zeit laut, und mit Schrecken erkannten die letztern die Nähe
des Abgrunds, in welchen man sie stürzen wollte. Ihr Entschluß mußte schnell sein. Man hielt Rat bei Coligny, in wenig
Tagen sah man die ganze Partei in Bewegung. Der Plan war,
dem Hofe den Vorsprung abzugewinnen und den König auf
seinem Landsitz zu Monceaux aufzuheben, wo er sich bei geringer Bedeckung in tiefer Sicherheit glaubte. Das Gerücht von
diesen Bewegungen verscheuchte ihn zwar nach Meaux, wohin man die Schweizer aufs eilfertigste beorderte. Diese fanden
sich zwar noch frühzeitig genug ein; aber die Reiterei des Prinzen von Condé rückte immer näher und näher, immer zahlreicher ward das Heer der Verbundenen, und drohte den
König in seinem Zufluchtsort zu belagern. Die Entschlossenheit der Schweizer riß den König aus dieser dringenden Gefahr. Sie erboten sich, ihn mitten durch den Feind nach Paris zu
führen, und Katharina bedachte sich nicht, die Person des
Königs ihrer Tapferkeit anzuvertrauen. Der Aufbruch geschah gegen Mitternacht; den Monarchen nebst seiner Mutter
in ihrer Mitte, den sie in einem gedrängten Viereck umschloß,
wandelte diese bewegliche Festung fort, und bildete mit vor-
gestreckten Piken eine stachlichte Mauer, welche die feindliche
Reiterei nicht durchbrechen konnte. Der herausfodernde Mut,
mit dem die Schweizer einherschritten, angefeuert durch das
heilige Palladium der Majestät, das ihre Mitte beherbergte,
schlug die Herzhaftigkeit des Feindes darnieder, und die Ehrfurcht vor der Person des Königs, welche die Brust der Franzosen so spät verläßt, erlaubte dem Prinzen von Condé nicht,
etwas mehr als einige unbedeutende Scharmützel zu wagen.
Und so erreichte der König noch an demselben Abende Paris,
und glaubte, dem Degen der Schweizer nichts Geringeres als
Leben und Freiheit zu verdanken.

Der Krieg war nun erklärt, und zwar unter der gewöhnlichen
Förmlichkeit, daß man nicht gegen den König, sondern gegen
seine und des Staats Feinde die Waffen ergriffen habe. Unter diesen war der Kardinal von Lothringen der verhaßteste, und
überzeugt, daß er der protestantischen Sache die schlimmsten
Dienste zu leisten pflege, hatte man auf den Untergang dieses
Mannes ein vorzügliches Absehen gerichtet. Glücklicherweise
entfloh er noch zu rechter Zeit dem Streich, welcher gegen ihn

geführt werden sollte, indem er seinen Hausrat der Wut des Feindes überließ.

Die Kavallerie des Prinzen stand zwar im Felde, aber durch die Zurüstungen des Königs übereilt, hatte sie nicht Zeit gehabt, sich mit dem erwarteten deutschen Fußvolk zu vereinigen und eine ordentliche Armee zu formieren. So mutig der französische Adel war, der die Reiterei des Prinzen größtenteils ausmachte, so wenig taugte er zu Belagerungen, auf welche es doch bei diesem Kriege vorzüglich ankam. Nichtsdestoweniger unternahm dieser kleine Haufe, Paris zu berennen, drang eilfertig gegen diese Hauptstadt vor, und machte Anstalten sie durch Hunger zu überwältigen. Die Verheerung, welche die Feinde in der ganzen Nachbarschaft von Paris anrichteten, erschöpfte die Geduld der Bürger, welche den Ruin ihres Eigentums nicht länger müßig ansehen konnten. Einstimmig drangen sie darauf, gegen den Feind geführt zu werden, der sich mit jedem Tag an ihren Toren verstärkte. Man mußte eilen, etwas Entscheidendes zu tun, ehe es ihm gelang, die deutschen Truppen an sich zu ziehen, und durch diesen Zuwachs das Übergewicht zu erlangen. So kam es am zehnten November des Jahrs 1567 zu dem Treffen bei Saint Denis, in welchem die Kalvinisten nach einem hartnäckigen Widerstand zwar den kürzern zogen, aber durch den Tod des Konnetabel, der in dieser Schlacht seine merkwürdige Laufbahn beschloß, reichlich entschädigt wurden. Die Tapferkeit der Seinigen entriß diesen sterbenden General den Händen des Feindes, und verschaffte ihm noch den Trost, in Paris unter den Augen seines Herrn den Geist aufzugeben. Er war es, der seinen Beichtvater mit diesen lakonischen Worten von seinem Sterbebette wegschickte: „Laßt es gut sein, Herr Pater, es wäre Schande, wenn ich in achtzig Jahren nicht gelernt hätte eine Viertelstunde lang zu sterben."

Die Kalvinisten zogen sich nach ihrer Niederlage bei Saint Denis eilfertig gegen die lothringischen Grenzen des Königreichs, um die deutschen Hülfsvölker an sich zu ziehen, und die königliche Armee setzte ihnen unter dem jungen Herzog von Anjou nach. Sie litten Mangel an dem Notwendigsten, indem es den Königlichen an keiner Bequemlichkeit fehlte, und die feindselige Jahrszeit erschwerte ihnen ihre Flucht und ihren Unterhalt noch mehr. Nachdem sie endlich unter einem unausgesetzten Kampf mit Hunger und rauher Witterung das jenseitige Ufer der Maas erreicht hatten, zeigte sich keine Spur eines deutschen Heeres, und man war nach einem so langwierigen beschwerdenvollen Marsche nicht weiter, als man im Angesicht von Paris gewesen war. Die Geduld war erschöpft, der gemeine Mann wie der Adel murrte; kaum vermochte der Ernst des Admirals und die Jovialität des Prinzen von Condé eine gefährliche Trennung zu verhindern. Der Prinz bestand darauf, daß kein Heil sei, als in der Vereinigung mit den deutschen Völkern, und daß man sie schlechterdings bis zum bezeichneten Ort der Zusammenkunft aufsuchen müsse. „Aber", fragte man ihn nachher, „wenn sie nun auch dort nicht wären zu finden gewesen – was würden die Hugenotten alsdann vorgenommen haben?" – „In die Hände gehaucht und die Finger gerieben, vermute ich", erwiderte der Prinz, denn es war eine schneidende Kälte.

Endlich näherte sich der Pfalzgraf Kasimir mit der sehnlich erwarteten deutschen Reiterei; aber nun befand man sich in einer neuen und größern Verlegenheit. Die Deutschen standen in dem Ruf, daß sie nicht eher zu fechten pflegten, als bis sie Geld sähen; und anstatt der hunderttausend Taler, worauf sie sich Rechnung machten, hatte man ihnen kaum einige tausend anzubieten. Man lief Gefahr, im Augenblicke der Vereinigung aufs schimpflichste von ihnen verlassen zu werden, und alle auf diesen Sukkurs gegründete Hoffnungen auf einmal scheitern zu sehen. Hier in diesem kritischen Moment nahm der Anführer der Franzosen seine Zuflucht zu der Eitelkeit seiner Landsleute, und ihrer zarten Empfindlichkeit für die Nationalehre; und seine Hoffnung täuschte ihn nicht. Er gestand den Offizieren sein Unvermögen, die Foderungen der Deutschen zu befriedigen, und sprach sie um Unterstützung an. Diese beriefen die Gemeinen zusammen, entdeckten denselben die Not des Generals, und strengten alle ihre Beredsamkeit an, sie zu einer Beisteuer zu ermuntern. Sie wurden dabei aufs nachdrücklichste von den Predigern unterstützt, die mit dreister Stirn zu beweisen suchten, daß es die Sache Gottes sei, die sie durch ihre Mildtätigkeit beförderten. Der Versuch glückte; der geschmeichelte Soldat beraubte sich freiwillig seines Putzes, seiner Ringe, und aller seiner Kostbarkeiten; ein allgemeiner Wetteifer stellte sich ein, und es brachte Schande, von seinen Kameraden an Großmut übertroffen zu werden. Man verwandelte alles in Geld, und brachte eine Summe von fast hunderttausend

Livres zusammen, mit der sich die Deutschen einstweilen abfinden ließen. Gewiß das einzige Beispiel seiner Art in der Geschichte, daß eine Armee die andere besoldete! Aber der Hauptzweck war doch nun erreicht, und beide vereinigten Heere erschienen nunmehr am Anfang des Jahrs 1568 wieder auf französischem Boden.

Ihre Macht war jetzt beträchtlich, und wuchs noch mehr durch die Verstärkungen an, welche sie aus allen Enden des Königreichs an sich zogen. Sie belagerten Chartres und ängstigten die Hauptstadt selbst durch ihre angedrohte Erscheinung. Aber Condé zeigte bloß die Stärke seiner Partei, um dem Hof einen desto günstigern Vergleich abzulocken. Mit Widerwillen hatte er sich den Lasten des Kriegs unterzogen, und wünschte sehnlich den Frieden, der seinem Hang zum Vergnügen weit mehr Befriedigung versprach. Er ließ sich deswegen auch zu den Unterhandlungen bereitwillig finden, welche Katharina von Medicis, um Zeit zu gewinnen, eingeleitet hatte. Wieviel Ursache auch die Reformierten hatten, ein Mißtrauen in die Anerbietungen dieser Fürstin zu setzen, und wie wenig sie durch die bisherigen Verträge gebessert waren, so begaben sie sich doch zum zweitenmal ihres Vorteils, und ließen unter fruchtlosen Negoziationen die kostbare Zeit zu kriegerischen Unternehmungen verstreichen. Das zu rechter Zeit ausgestreute Geld der Königin verminderte mit jedem Tage die Armee; und die Unzufriedenheit der Truppen, welche Katharina geschickt zu nähren wußte, nötigte die Anführer am 10. März 1568 zu einem unreifen Frieden. Der König versprach eine allgemeine Amnestie, und bestätigte das Edikt des Jänners 1562, das die Reformierten begünstigte. Zugleich machte er sich anheischig, die deutschen Völker zu befriedigen, die noch beträchtliche Rückstände zu fodern hatten; aber bald entdeckte sich, daß er ihnen versprochen hatte, als er halten konnte. Man glaubte, sich dieser fremden Gäste nicht schnell genug entledigen zu können, und doch wollten sie ohne Geld nicht von dannen ziehen. Ja, sie drohten alles mit Feuer und Schwert zu verheeren, wenn man ihnen den schuldigen Sold nicht entrichtete. Endlich, nachdem man ihnen einen Teil der verlangten Summe auf Abschlag bezahlt, und den Überrest noch während ihres Marsches nachzuliefern versprochen hatte, traten sie ihren Rückzug an, und der Hof schöpfte Mut, je mehr sie sich von dem Zentrum des Reichs entfernten. Kaum aber fanden sie, daß die versprochenen Zahlungen unterblieben, so erwachte ihre Wut aufs neue, und alle Landstriche, durch welche sie kamen, mußten die Wortbrüchigkeit des Hofes entgelten. Die Gewalttätigkeiten, die sie sich bei diesem Durchzug erlaubten, zwangen die Königin, sich mit ihnen abzufinden, und mit schwerer Beute beladen räumten sie endlich das Reich. Auch die Anführer der Reformierten zerstreuten sich nach abgeschloßnem Frieden; jeder in seine Provinz auf seine Schlösser, und gerade diese Trennung, welche man als gefährlich und unklug beurteilte, rettete sie vom Verderben. Bei allen noch so schlimmen Anschlägen, die man gegen sie gefaßt hatte, durfte man sich an keinem einzigen unter ihnen vergreifen, wenn man nicht alle zugleich zugrund richten konnte. Um aber alle zugleich aufzuheben, hätte man, wie Laboureur sagt, das Netz über ganz Frankreich ausbreiten müssen.

Die Waffen ruhten jetzt auf eine Zeitlang, aber nicht so die Leidenschaften; es war bloß die bedenkliche Stille vor dem heranziehenden Sturme. Die Königin, von dem Joch eines mürrischen Montmorency und eines gebieterischen Herzogs von Guise befreit, regierte mit dem überlegenen Ansehen der Mutter und Staatsverständigen beinahe unumschränkt unter ihrem zwar mündigen, aber der Führung noch so bedürftigen Sohn, und sie selbst wurde von den verderblichen Ratschlägen des Kardinals von Lothringen geleitet. Der überwiegende Einfluß dieses unduldsamen Priesters unterdrückte bei ihr allen Geist der Mäßigung, nach dem sie bisher gehandelt hatte. Zugleich mit den Umständen hatte sich auch ihre ganze Staatskunst verändert. Voll Schonung gegen die Reformierten, solange sie noch ihrer Hülfe bedurfte, um dem Ehrgeize eines Guise und Montmorency ein Gegengewicht zu geben, überließ sie sich nunmehr ganz ihrem natürlichen Abscheu gegen diese aufstrebende Sekte, sobald ihre Herrschaft befestigt war. Sie gab sich keine Mühe, diese Gesinnungen zu verbergen, und die Instruktionen, die sie den Gouverneurs der Provinzen erteilte, atmeten diesen Geist. Sie selbst verfolgte jetzt diejenige Partei unter den Katholischen, die für Duldung und Frieden gestimmt, und deren Grundsätze sie in den vorhergehenden Jahren selbst zu den ihrigen gemacht hatte. Der Kanzler wurde von dem Anteil an der Regierung entfernt, und endlich gar auf seine Güter verwiesen. Man bezeichnete seine Anhänger mit dem zweideutigen Namen der Politiker, der auf ihre Gleichgültigkeit gegen das Interesse der Kirche anspielte, und den Vorwurf enthielt, als ob sie die Sache Gottes bloß weltlichen Rücksichten aufopferten. Dem Fanatismus der Geistlichkeit wurde vollkommene Freiheit gegeben, von Kanzeln, Beichtstühlen und Altären auf die Sektierer loszustürmen; und jedem tollkühnen Schwärmer aus der katholischen Klerisei war erlaubt, in öffentlichen Reden den Frieden anzugreifen, und die verabscheuungswürdige Maxime zu predigen, daß man Ketzern keine Treue noch Glauben schuldig sei. Es konnte nicht fehlen, daß bei solchen Auffoderungen der blutdürstige Geist des Fanatismus bei dem so leicht entzündbaren Volk der Franzosen nur allzu schnell Feuer fing, und in die wildesten Bewegungen ausbrach. Mißtrauen und Argwohn zerrissen die heiligsten Bande; der Meuchelmord schliff seinen Dolch im Innern der Häuser, und auf dem Lande wie in den Städten, in den Provinzen wie in Paris wurde die Fackel der Empörung geschwungen.

Die Kalvinisten ließen es ihrerseits nicht an den bittersten Repressalien fehlen; doch, an Anzahl zu schwach, hatten sie dem Dolch der Katholischen bloß ihre Federn entgegenzusetzen. Vor allem sahen sie sich nach festen Zufluchtsörtern um, wenn der Kriegssturm aufs neue ausbrechen sollte. Zu diesem Zweck war ihnen die Stadt Rochelle am westlichen Ozean sehr gelegen; eine mächtige Seestadt, welche sich seit ihrer freiwilligen Unterwerfung unter französische Herrschaft der wichtigsten Privilegien erfreute, und beseelt mit republikanischem Geiste, durch einen ausgebreiteten Handel bereichert, durch eine gute Flotte verteidigt, durch das Meer mit England und Holland verbunden, ganz vorzüglich dazu gemacht war, der Sitz eines Freistaats zu sein, und der verfolgten Partei der Hugenotten zum Mittelpunkt zu dienen. Hieher verpflanzten sie die Hauptstärke ihrer Macht, und es gelang ihnen viele Jahre lang, hinter den Wällen dieser Festung der ganzen Macht Frankreichs zu trotzen.

Nicht lange stand es an, so mußte der Prinz von Condé selbst seine Zuflucht in Rochelles Mauern suchen. Katharina, um demselben alle Mittel zum Krieg zu rauben, foderte von ihm die Wiedererstattung der beträchtlichen Geldsummen, die sie in seinem Namen den deutschen Hülfsvölkern vorgestreckt hatte, und für die er mit den übrigen Anführern Bürge geworden war. Der Prinz konnte nicht Wort halten, ohne zum Bettler zu werden, und Katharina, die ihn aufs Äußerste bringen wollte, bestand auf der Zahlung. Das Unvermögen des Prinzen, diese Schuld zu entrichten, berechtigte sie zu einem Bruch der Traktaten, und der Marschall von Tavannes erhielt Befehl, den Prinzen auf seinem Schloß Noyers in Burgund aufzuheben. Schon war die ganze Provinz von den Soldaten der Königin erfüllt, alle Zugänge zu dem Landsitz des Prinzen versperrt, alle Wege zur Flucht abgeschnitten, als Tavannes selbst, der zu dem Untergang des Prinzen nicht gern die Hand bieten wollte, Mittel fand, ihn von der nahen Gefahr zu belehren und seine Flucht zu befördern. Condé entwischte durch die offen gelassenen Pässe glücklich mit dem Admiral Coligny und seiner ganzen Familie, und erreichte Rochelle am 18. Sept. 1568. Auch die verwitwete Königin von Navarra, Mutter Heinrichs IV., welche Montluc hatte aufheben sollen, rettete sich mit ihrem Sohn, ihren Truppen, und ihren Schätzen in diese Stadt, welche sich in kurzer Zeit mit einer kriegerischen und zahlreichen Mannschaft anfüllte. Der Kardinal von Chatillon entfloh in Matrosenkleidern nach England, wo er seiner Partei durch Unterhandlungen nützlich wurde, und die übrigen Häupter derselben säumten nicht, ihre Anhänger zu bewaffnen, und die Deutschen aufs eilfertigste zurückzuberufen. Beide Teile greifen zum Gewehre, und der Krieg kehrt in seiner ganzen Furchtbarkeit zurück. Das Edikt des Jänners wird förmlich widerrufen, die Verfolgungen mit größerer Wut gegen die Reformierten erneuert, jede Ausübung der neuen Religion bei Todesstrafe untersagt. Alle Schonung, alle Mäßigung hört auf, und Katharina, ihrer wahren Stärke vergessen, wagt an die ungewissen Entscheidungen der blinden Gewalt die gewissen Vorteile, welche ihr die Intrige verschaffte.

Ein kriegerischer Eifer beseelt die ganze reformierte Partei, und die Wortbrüchigkeit des Hofs, die unerwartete Aufhebung aller, ihnen günstigen Verordnungen ruft mehr Soldaten ins Feld, als alle Ermahnungen ihrer Anführer und alle Predigten ihrer Geistlichkeit nicht vermocht haben würden. Alles wird Bewegung und Leben, sobald die Trommel ertönt. Fahnen wehen auf allen Straßen; aus allen Enden des Königreichs sieht man bewaffnete Scharen gegen den Mittelpunkt zusammenströmen. Mit der Menge der erlittnen und erwiesenen Kränkungen ist die Wut der Streiter gestiegen; so viele zerrissene Verträge, so viele getäuschte Erwartungen hatten die Gemüter unversöhnlich gemacht, und längst schon war der Charakter der Nation in der langen Anarchie des bürgerlichen Krieges verwildert. Daher keine Mäßigung, keine Menschlichkeit, keine Achtung gegen das Völkerrecht, wenn man einen Vorteil über den Feind erlangte; noch Stand, noch Alter wird geschont, und der Marsch der Truppen überall durch verwüstete Felder und eingeäscherte Dörfer bezeichnet. Schrecklich empfindet die katholische Geistlichkeit die Rache des Hugenottenpöbels, und nur das Blut dieser unglücklichen Schlachtopfer kann die finstre Grausamkeit dieser rohen Scharen ersättigen. An Klöstern und Kirchen rächen sie die Unterdrückungen, welche sie von der herrschenden Kirche erlitten hatten. Das Ehrwürdige ist ihrer blinden Wut nicht ehrwürdig, das Heilige nicht heilig; mit barbarischer Schadenfreude entkleiden sie die Altäre ihres Schmuckes, zerbrechen und entweihen sie die heiligen Gefäße, zerschmettern sie die Bildsäulen der Apostel und Heiligen, und stürzen die herrlichsten Tempel in Trümmer. Ihre Mordgier öffnet sich die Zellen der Mönche und Nonnen, und ihre Schwerter werden mit dem Blut dieser Unschuldigen befleckt. Mit erfinderischer Wut schärften sie durch den bittersten Hohn noch die Qualen des Todes, und oft konnte der Tod selbst ihre tierische Lust nicht stillen. Sie verstümmelten selbst noch die Leichname, und einer unter ihnen hatte den rasenden Geschmack, sich aus den Ohren der Mönche, die er niedergemacht hatte, ein Halsband zu verfertigen, und es öffentlich als ein Ehrenzeichen zu tragen. Ein andrer ließ eine Hydra auf seine Fahnen malen, deren Köpfe mit Kardinalshüten, Bischofsmützen und Mönchskapuzen auf das seltsamste ausstaffiert waren. Er selbst war darneben als ein Herkules abgebildet, der alle diese Köpfe mit starken Fäusten herunterschlug. Kein Wunder, wenn so handgreifliche Symbole die Leidenschaften eines fanatischen rohen Haufens noch heftiger entflammten, und dem Geist der Grausamkeit eine immerwährende Nahrung gaben. Die Ausschweifungen der Hugenotten wurden von den Papisten durch schreckliche Repressalien erwidert, und wehe dem Unglücklichen, der lebendig in ihre Hände fiel. Sein Urteil war einmal für immer gesprochen, und eine freiwillige Unterwerfung konnte sein Verderben höchstens nur wenige Stunden verzögern.

Mitten im Winter brachen beide Armeen, die königliche unter dem jungen Herzog von Anjou, dem der kriegserfahrene

Tavannes an die Seite gegeben war, und die protestantische
unter Condé und Coligny auf, und stießen bei Loudun so nahe
aneinander, daß weder Fluß noch Graben ihre Schlachtordnungen trennte. Vier Tage blieben sie in dieser Stellung einander gegenüber stehen, ohne etwas Entscheidendes zu wagen,
weil die Kälte zu streng war. Der zunehmende Frost zwang
endlich die Königlichen zuerst zum Aufbruch; die Hugenotten
folgten ihrem Beispiel, und der ganze Feldzug endigte sich
ohne Entscheidung.

Unterdessen versäumten die letztern nicht in der Ruhe der
Winterquartiere neue Kräfte zu dem folgenden Feldzug zu
sammeln. Sie hatten die eroberten Provinzen glücklich behauptet, und viele andere Städte des Königreichs erwarteten
bloß einen günstigen Augenblick, um sich laut für sie zu erklären. Ansehnliche Summen wurden aus dem Verkauf der
Kirchengüter und den Konfiskationen gezogen, und von den
Provinzen beträchtliche Steuern erhoben. Mit Hülfe derselben
sahe sich der Prinz von Condé in den Stand gesetzt, seine
Armee zu verstärken, und in eine blühende Verfassung zu setzen. Fähige Generale kommandierten unter ihm und ein
tapfrer Adel hatte sich unter seinen Fahnen versammelt. Zugleich waren seine Agenten in England sowohl als in Deutschland geschäftig, seine dortigen Bundsgenossen zu bewaffnen,
und seine Gegner neutral zu erhalten. Es gelang ihm, Truppen,
Geld und Geschütz aus England zu ziehen, und aus Deutschland führten ihm der Markgraf von Baden und der Herzog von
Zweibrücken beträchtliche Hülfsvölker zu, so daß er sich mit
dem Antritt des Jahrs 1569 an der Spitze einer furchtbaren
Macht erblickte, die einen merkwürdigen Feldzug versprach.

Er hatte sich eben aus den Winterquartieren hervorge-
macht, um den deutschen Truppen den Eintritt in das Königreich zu öffnen, als ihn die königliche Armee am 13. März dieses Jahrs ohnweit Jarnac an der Grenze von Limousin unter
sehr nachteiligen Umständen zum Treffen nötigte. Abgeschnitten von dem Überrest seiner Armee wurde er von der
ganzen königlichen Macht angegriffen, und sein kleiner Haufe,
des tapfersten Widerstands ungeachtet, von der überlegenen
Zahl überwältigt. Er selbst, ob ihm gleich der Schlag eines
Pferdes einige Augenblicke vor der Schlacht das Bein zerschmetterte, kämpfte mit der heldenmütigsten Tapferkeit, und
von seinem Pferde herabgerissen, setzte er noch eine Zeitlang

auf der Erde knieend das Gefecht fort, bis ihn endlich der Verlust seiner Kräfte zwang sich zu ergeben. Aber in diesem Augenblick nähert sich ihm Montesquiou, ein Kapitän von der Garde des Herzogs von Anjou, von hinten, und tötet ihn meuchelmörderisch mit einer Pistole.

Und so hatte auch Condé mit allen damaligen Häuptern der Parteien das Schicksal gemein, daß ein gewaltsamer Tod ihn dahinraffte. Franz von Guise war durch Meuchelmördershände vor Orleans gefallen, Anton von Navarra bei der Belagerung von Rouen, der Marschall von Saint-André in der Schlacht bei Dreux, und der Konnetabel bei Saint Denis geblieben. Den Admiral erwartete ein schrecklicheres Los in der Bartholomäusnacht, und Heinrich von Guise sank wie sein Vater unter dem Dolch der Verräterei.

Der Tod ihres Anführers war ein empfindlicher Schlag für die protestantische Partei, aber bald zeigte sich's, daß die katholische zu früh triumphiert hatte. Condé hatte seiner Partei große Dienste geleistet, aber sein Verlust war nicht unersetzlich. Noch lebte das heldenreiche Geschlecht der Chatillons, und der standhafte, unternehmende, an Hülfsquellen unerschöpfliche Geist des Admirals von Coligny riß sie bald wieder aus ihrer Erniedrigung empor. Es war mehr ein Name als ein Oberhaupt, was die Hugenotten durch den Tod des Prinzen Ludwig von Condé verloren; aber auch schon ein Name war ihnen wichtig und unentbehrlich, um den Mut der Partei zu beleben, und sich ein Ansehen in dem Königreich zu erwerben. Der nach Unabhängigkeit strebende Geist des Adels ertrug mit Widerwillen das Joch eines Führers, der nur seinesgleichen war, und schwer, ja unmöglich ward es einem Privatmann, diese stolze Soldateske im Zaum zu erhalten. Dazu gehörte ein Fürst, den seine Geburt schon über jede Konkurrenz hinwegrückte, und der eine erbliche und unbestrittene Gewalt über die Gemüter ausübte. Und auch dieser fand sich nun in der Person des jungen Heinrichs von Bourbon, des Helden dieses Werks, den wir jetzt zum erstenmal auf die politische Schaubühne führen.

Heinrich der Vierte, der Sohn Antons von Navarra und Johannens von Albret war im Jahr 1553 zu Pau in der Provinz Béarn geboren. Schon von den frühesten Jahren einer harten Lebensart unterworfen, stählte sich sein Körper zu seinen künftigen Kriegestaten. Eine einfache Erziehung und ein zweckmäßiger Unterricht entwickelten schnell die Keime seines

lebhaften Geistes. Sein junges Herz sog schon mit der Muttermilch den Haß gegen das Papsttum und gegen den spanischen
Despotismus ein; der Zwang der Umstände machte ihn schon
in den Jahren der Unschuld zum Anführer von Rebellen. Ein
früher Gebrauch der Waffen bildete ihn zum künftigen Held,
und frühes Unglück zum vortrefflichen König. Das Haus
Valois, welches jahrhundertelang über Frankreich geherrscht
hatte, neigte sich unter den schwächlichen Söhnen Heinrichs
des Zweiten zum Untergang, und wenn diese drei Brüder dem
Reich keinen Erben gaben, so rief die Verwandtschaft mit dem
regierenden Hause, ob sie gleich nur im einundzwanzigsten
Grade statthatte, das Haus von Navarra auf den Thron. Die
Aussicht auf den glänzendsten Thron Europens umschimm-
merte schon Heinrich des Vierten Wiege, aber sie war es auch,
die ihn schon in der frühesten Jugend den Nachstellungen
mächtiger Feinde bloßstellte. Philipp der Zweite, König von
Spanien, der unversöhnlichste aller Feinde des protestantischen
Glaubens, konnte nicht mit Gelassenheit zusehen, daß die verhaßte Sekte der Neuerer von dem herrlichsten aller christlichen
Throne Besitz nahm, und durch denselben ein entscheidendes
Übergewicht der Macht in Europa erlangte. Und er war um so
weniger geneigt, die französische Krone dem ketzerischen Geschlecht von Navarra zu gönnen, da ihm selbst nach dieser
kostbaren Erwerbung gelüstete. Der junge Heinrich stand seinen ehrgeizigen Hoffnungen im Wege, und seine Beichtväter
überzeugten ihn, daß es verdienstlich sei, einen Ketzer zu berauben, um ein so großes Königreich im Gehorsam gegen den
apostolischen Stuhl zu erhalten. Ein schwarzes Komplott
ward nun mit Zuziehung des berüchtigten Herzogs von Alba
und des Kardinals von Lothringen geschmiedet, den jungen
Heinrich mit seiner Mutter aus ihren Staaten zu entführen, und
in spanische Hände zu liefern. Ein schreckliches Schicksal erwartete diese Unglücklichen in den Händen dieses blutgierigen
Feindes, und schon jauchzte die spanische Inquisition diesem
wichtigen Schlachtopfer entgegen. Aber Johanna ward noch zu
rechter Zeit, und zwar wie man behauptet, durch Philipps eigne
Gemahlin Elisabeth gewarnt, und der Anschlag noch in der
Entstehung vereitelt. Eine so schwere Gefahr umschwebte das
Haupt des Knaben, und weihte ihn schon frühe zu den harten
Kämpfen und Leiden ein, die er in der Folge bestehen sollte.

Jetzt als die Nachricht von dem Tode des Prinzen von Condé

die Anführer der Protestanten in Bestürzung und Verlegenheit setzte, die ganze Partei sich ohne Oberhaupt, die Armee ohne Führer sah, erschien die heldenmütige Johanna mit dem sechzehnjährigen Heinrich und dem ältesten Sohn des ermordeten Condé, der um einige Jahre jünger war, zu Cognac in Angoumois, wo die Armee und die Anführer versammelt waren. Beide Knaben an den Händen führend trat sie vor die Truppen, und machte schnell ihrer Unentschlossenheit ein Ende: „Die gute Sache", hub sie an, „hat an dem Prinzen von Condé einen trefflichen Beschützer verloren, aber sie ist nicht mit ihm untergegangen. Gott wacht über seine Verehrer. Er gab dem Prinzen von Condé tapfre Streitgefährten an die Seite, da er noch lebend unter uns wandelte; er gibt ihm heldenmütige Offiziere zu Nachfolgern, die seinen Verlust uns vergessen machen werden. Hier ist der junge Béarner, mein Sohn. Ich biete ihn euch an, zum Fürsten. Hier ist der Sohn des Mannes, dessen Verlust ihr betrauert. Euch übergeb ich beide. Möchten sie ihrer Ahnherrn wert sein durch ihre künftigen Taten! Möchte der Anblick dieser heiligen Pfänder euch Einigkeit lehren, und begeistern zum Kampf für die Religion."

Ein lautes Geschrei des Beifalls antwortete der königlichen Rednerin, worauf der junge Heinrich mit edlem Anstand das Wort nahm. „Freunde", rief er aus, „ich gelobe euch an, für die Religion und die gemeine Sache zu streiten, bis uns Sieg oder Tod die Freiheit verschafft haben, um die es uns allen zu tun ist." Sogleich wurde er zum Oberhaupt der Partei, und zum Führer der Armee ausgerufen, und empfing als solcher die Huldigung. Die Eifersucht der übrigen Anführer verstummte, und bereitwillig unterwarf man sich jetzt der Führung des Admirals von Coligny, der dem jungen Helden seine Erfahrung lieh, und unter dem Namen seines Pupillen das Ganze beherrschte.

Die deutschen Protestanten, immer die vornehmste Stütze und die letzte Zuflucht ihrer Glaubensbrüder in Frankreich, waren es auch jetzt, die nach dem unglücklichen Tage bei Jarnac das Gleichgewicht der Waffen zwischen den Hugenotten und Katholischen wiederherstellen halfen. Der Herzog Wolfgang von Zweibrücken brach mit einem dreizehntausend Mann starken Heere in das Königreich ein, durchzog mitten unter Feinden, nicht ohne große Hindernisse, fast den ganzen Strich zwischen dem Rhein und dem Weltmeer, und hatte die Armee der Reformierten beinahe erreicht, als der Tod ihn dahinraffte. Wenige Tage nachher vereinigte sich der Graf von Mansfeld, sein Nachfolger im Kommando (im Junius 1569), in der Provinz Guienne mit dem Admiral von Coligny, der sich nach einer so beträchtlichen Verstärkung wieder imstande sah, den Königlichen die Spitze zu bieten. Aber mißtrauisch gegen das Glück, dessen Unbeständigkeit er so oft erfahren hatte, und seines Unvermögens sich bewußt, bei so geringen Hülfsmitteln einen erschöpfenden Krieg auszuhalten, versuchte er noch vorher, auf einem friedlichen Weg zu erhalten, was er allzu mißlich fand, mit den Waffen in der Hand zu erzwingen. Der Admiral liebte aufrichtig den Frieden; ganz gegen die Sinnesart der Anführer von Parteien, die die Ruhe als das Grab ihrer Macht betrachten, und in der allgemeinen Verwirrung ihre Vorteile finden. Mit Widerwillen übte er die Bedrückungen aus, die sein Posten, die Not und die Pflicht der Selbstverteidigung erheischten, und gern hätte er sich überhoben gesehen, mit dem Degen in der Faust eine Sache zu verfechten, die ihm gerecht genug schien, um durch Vernunftgründe verteidigt zu werden. Er machte jetzt dem Hofe die dringendsten Vorstellungen, sich des allgemeinen Elendes zu erbarmen, und den Reformierten, die nichts als die Bestätigung der ehmaligen, ihnen günstigen, Edikte verlangten, ein so billiges Gesuch zu gewähren. Diesen Vorschlägen glaubte er um so eher eine günstige Aufnahme versprechen zu können, da sie nicht Werk der Verlegenheit waren, sondern durch eine ansehnliche Macht unterstützt wurden. Aber das Selbstvertrauen der Katholiken war mit ihrem Glücke gestiegen. Man forderte eine unbedingte Unterwerfung, und so blieb es denn bei der Entscheidung des Schwerts.

Um die Stadt Rochelle und die Besitzungen der Protestanten längs der dortigen Seeküste vor einem Angriffe sicherzustellen, rückte der Admiral mit seiner ganzen Macht vor Poitiers, welche Stadt er ihres großes Umfanges wegen keines langen Widerstandes fähig glaubte. Aber auf die erste Nachricht der sie bedrohenden Gefahr hatten sich die Herzoge von Guise und von Mayenne, würdige Söhne des verstorbenen Franz von Guise, nebst einem zahlreichen Adel in diese Stadt geworfen, entschlossen, sie bis aufs äußerste zu verteidigen. Fanatismus und Erbitterung machten diese Belagerung zu einer der blutigsten Handlungen im ganzen Laufe des Krieges, und die Hartnäckigkeit des Angriffs konnte gegen den beharrlichen Widerstand der Besatzung nichts ausrichten.

Trotz der Überschwemmungen, die die Außenwerke unter Wasser setzten, trotz des feindlichen Feuers und des siedenden Öls, das von den Wällen herab auf sie regnete, trotz des unüberwindlichen Widerstandes, den der schroffe Abhang der Werke und die heroische Tapferkeit der Besatzung ihnen entgegensetzte, wiederholten die Belagerer ihre Stürme, ohne jedoch mit allen diesen Anstrengungen einen einzigen Vorteil erkaufen, oder die Standhaftigkeit der Belagerten ermüden zu können. Vielmehr zeigten diese durch wiederholte Ausfälle, wie wenig ihr Mut zu erschöpfen sei. Ein reicher Vorrat von Kriegs- und Mundbedürfnissen, den man Zeit gehabt hatte, in der Stadt aufzuhäufen, setzte sie instand, auch der langwürigsten Belagerung zu trotzen, da im Gegenteil Mangel, üble Witterung und Seuchen im Lager der Reformierten bald große Verwüstungen anrichteten. Die Ruhr raffte einen großen Teil der deutschen Kriegsvölker dahin, und warf endlich selbst den Admiral von Coligny darnieder, nachdem die meisten unter ihm stehenden Befehlshaber zum Dienst unbrauchbar gemacht waren. Da bald darauf auch der Herzog von Anjou im Feld erschien, und Châtellerault, einen festen Ort in der Nachbarschaft, wohin man die Kranken geflüchtet hatte, mit einer Belagerung bedrohte, so ergriff der Admiral diesen Vorwand, seiner unglücklichen Unternehmung noch mit einigem Schein von Ehre zu entsagen. Es gelang ihm auch, den Versuch des Herzogs auf Châtellerault zu vereiteln, aber die immer mehr anwachsende Macht des Feindes nötigte ihn bald, auf seinen Rückzug zu denken.

Alles vereinigte sich, die Standhaftigkeit dieses großen Mannes zu erschüttern. Er hatte wenige Wochen nach dem Unglück bei Jarnac seinen Bruder d'Andelot durch den Tod verloren; den treuesten Teilnehmer seiner Unternehmungen, und seinen rechten Arm im Felde. Jetzt erfuhr er, daß das Pariser Parlament – dieser Gerichtshof, der zuweilen ein wohltätiger Damm gegen die Unterdrückung, oft aber auch ein verächtliches Werkzeug derselben war – ihm als einem Aufrührer und Beleidiger der Majestät das Todesurteil gesprochen und einen Preis von funfzigtausend Goldstücken auf seinen Kopf gesetzt habe. Abschriften dieses Urteils wurden nicht nur in ganz Frankreich, sondern auch durch Übersetzungen in ganz Europa zerstreut, um durch den Schimmer der versprochenen Belohnung Mörder aus andern Ländern anzulocken, wenn sich etwa in dem Königreich selbst zu Vollziehung dieses Bubenstücks keine entschlossene Faust finden sollte. Aber sie fand sich, selbst im Gefolge des Admirals, und sein eigner Kammerdiener war es, der einen Anschlag gegen sein Leben schmiedete. Diese nahe Gefahr wurde zwar durch eine zeitige Entdeckung noch von ihm abgewandt, aber der unsichtbare Dolch der Verräterei verscheuchte von jetzt an seine Ruhe auf immer.

Diese Widerwärtigkeiten, die ihn selbst betrafen, wurden durch die Last seines Heerführeramtes, und durch die öffentlichen Unfälle seiner Partei noch drückender gemacht. Durch Desertion, Krankheiten und das Schwert des Feindes war seine Armee sehr geschmolzen, während daß die königliche immer mehr anwuchs und immer hitziger ihn verfolgte. Die Überlegenheit der Feinde war viel zu groß, als daß er es auf den bedenklichen Ausschlag eines Treffens durfte ankommen lassen, und doch verlangten dieses die Soldaten, besonders die deutschen, mit Ungestüm. Sie ließen ihm die Wahl, entweder zu schlagen oder ihnen den rückständigen Sold zu bezahlen; und da ihm das letztere unmöglich war, so mußte er ihnen notgedrungen in dem erstern willfahren.

Die Armee des Herzogs von Anjou überraschte ihn (am dritten Oktober des Jahrs 1569) bei Moncontour in einer sehr ungünstigen Stellung, und besiegte ihn in einer entscheidenden Schlacht. Alle Entschlossenheit des protestantischen Adels, alle Tapferkeit der Deutschen, alle Geistesgegenwart des Generals konnte die völlige Niederlage seines Heers nicht verhindern. Beinahe die ganze deutsche Infanterie ward niedergehauen, der Admiral selbst verwundet, der Rest der Armee zerstreut, der größte Teil des Gepäckes verloren. Keinen unglücklichern Tag hatten die Hugenotten während dieses ganzen Krieges erlebt. Die Prinzen von Bourbon rettete man noch während der Schlacht nach Saint-Jean-d'Angély, wo sich auch der geschlagene Coligny mit dem kleinen Überrest der Truppen einfand. Von einem fünfundzwanzigtausend Mann starken Heere konnte er kaum sechstausend Mann wieder sammeln; dennoch hatte der Feind wenig Gefangene gemacht. Die Wut des Bürgerkrieges machte alle Gefühle der Menschlichkeit schweigen, und die Rachbegier der Katholischen konnte nur durch das Blut ihrer Gegner gesättigt werden. Mit kalter Grausamkeit stieß man den, der die Waffen streckte und um Quartier bat, nieder; die Erinnerung an eine ähnliche Barbarei, welche die Hugenotten gegen die Papisten bewiesen hatten, machte die letztern unversöhnlich.

Die Mutlosigkeit war jetzt allgemein, und man hielt alles für verloren. Viele sprachen schon von einer gänzlichen Flucht aus dem Königreich, und wollten sich in Holland, in England, in den nordischen Reichen ein neues Vaterland suchen. Ein großer Teil des Adels verließ den Admiral, dem es an Geld, an Mannschaft, an Ansehen, an allem, nur nicht an Heldenmut fehlte. Sein schönes Schloß und die anliegende Stadt Chatillon waren ungefähr um ebendiese Zeit von den Königlichen überfallen, und mit allem, was darin niedergelegt war, ein Raub des Feuers geworden. Dennoch war er der einzige von allen, der in dieser drangvollen Lage die Hoffnung nicht sinken ließ. Seinem durchdringenden Blicke entgingen die Rettungsmittel nicht, die der reformierten Partei noch immer geöffnet waren, und er wußte sie mit großem Erfolg bei seinen Anhängern geltend zu machen. Ein hugenottischer Anführer, Montgomery, hatte in der Provinz Béarn glücklich gefochten, und war bereit, ihm sein siegreiches Heer zuzuführen. Deutschland war noch immer ein reiches Magazin von Soldaten, und auch von England durfte man Beistand erwarten. Dazu kam, daß die Königlichen, anstatt ihren Sieg mit rascher Tätigkeit zu benutzen, und den geschlagenen Feind bis zu seinen letzten Schlupfwinkeln zu verfolgen, mit unnützen Belagerungen eine kostbare Zeit verloren, und dem Admiral die gewünschte Frist zur Erholung vergönnten.

Das schlechte Einverständnis unter den Katholiken selbst trug nicht wenig zu seiner Rettung bei. Nicht alle Provinzstatthalter taten ihre Schuldigkeit; vorzüglich wurde Damville, Gouverneur von Languedoc, ein Sohn des berühmten Konnetabel von Montmorency, beschuldigt, die Flucht des Admirals durch sein Gouvernement begünstigt zu haben. Dieser stolze Vasall der Krone, sonst ein erbitterter Feind der Hugenotten, glaubte sich von dem Hofe vernachlässigt, und sein Ehrgeiz war empfindlich gereizt, daß andre in diesem Krieg sich Lorbeern sammelten und andre den Kommandostab führten, den er doch als ein Erbstück seines Hauses betrachtete. Selbst in der Brust des jungen Königs und der ihn zunächst umgebenden Großen hatten die glänzenden Sukzesse des Herzogs von Anjou, die doch gar nicht auf Rechnung des Prinzen gesetzt

werden konnten, Neid und Eifersucht angefacht. Der ruhm-
begierige Monarch erinnerte sich mit Verdruß, daß er selbst
noch nichts für seinen Ruhm getan habe; die Vorliebe der
Königinmutter für den Herzog von Anjou, und das Lob dieses
begünstigten Lieblings auf den Lippen der Hofleute beleidigte
seinen Stolz. Da er den Herzog von Anjou mit guter Art von
der Armee nicht entfernen konnte, so stellte er sich selbst an
die Spitze derselben, um sich gemeinschaftlich mit demselben
den Ruhm der Siege zuzueignen, an welchen beide gleich wenig
Ansprüche hatten. Die schlechte Maßregeln, welche dieser
Geist der Eifersucht und Intrige die katholischen Anführer
ergreifen ließ, vereitelten alle Früchte der erfochtenen Siege.
Vergebens bestand der Marschall von Tavannes, dessen Kriegserfahrung man das bisherige Glück allein zu verdanken hatte,
auf Verfolgung des Feindes. Sein Rat war, dem flüchtigen
Admiral mit dem größern Teil der Armee so lange nachzusetzen, bis man ihn entweder aus Frankreich herausgejagt, oder
genötigt hätte, irgend in einen festen Ort sich zu werfen, der
alsdann unvermeidlich das Grab der ganzen Partei werden
müßte. Da diese Vorstellungen keinen Eingang fanden, so
legte Tavannes sein Kommando nieder, und zog sich in sein
Gouvernement Burgund zurück.

Jetzt säumte man nicht, die Städte anzugreifen, die den
Hugenotten ergeben waren. Der erste Anfang war glücklich,
und schon schmeichelte man sich alle Vormauern von Rochelle
mit gleich wenig Mühe zu zertrümmern, und alsdann diesen
Mittelpunkt der ganzen bourbonischen Macht desto leichter
zu überwältigen. Aber der tapfre Widerstand, den Saint-Jean-
d'Angély leistete, stimmte diese stolzen Erwartungen sehr
herunter. Zwei Monate lang hielt sich diese Stadt, von ihrem
unerschrockenen Kommandanten de Piles verteidigt; und als
endlich die höchste Not sie zwang, sich zu ergeben, war der
Winter herbeigerückt, und der Feldzug geendigt. Der Besitz
einiger Städte war also die ganze Frucht eines Sieges, dessen
weise Benutzung den Bürgerkrieg vielleicht auf immer hätte
endigen können.

Unterdessen hatte Coligny nichts versäumt, die schlechte
Politik des Feindes zu seinem Vorteil zu kehren. Sein Fußvolk
war im Treffen bei Moncontour beinahe gänzlich aufgerieben
worden, und dreitausend Pferde machten seine ganze Kriegsmacht aus, die es kaum mit dem nachsetzenden Landvolk auf-

nehmen konnte. Aber dieser kleine Haufe verstärkte sich in Languedoc und Dauphiné mit neugeworbenen Völkern, und mit dem siegreichen Heer des Montgomery, das er an sich zog. Die vielen Anhänger, welche die Reformation in diesem Teil Frankreichs zählte, begünstigten sowohl die Rekrutierung als den Unterhalt der Truppen, und die Leutseligkeit der bourbonischen Prinzen, die alle Beschwerden dieses Feldzuges teilten, und frühzeitige Proben des Heldenmuts ablegten, lockte manchen Freiwilligen unter ihre Fahnen. Wie sparsam auch die Geldbeiträge einflossen, so wurde dieser Mangel einigermaßen durch die Stadt Rochelle ersetzt. Aus dem Hafen derselben liefen zahlreiche Kaperschiffe aus, die viele glückliche Prisen machten, und dem Admiral den Zehenten von jeder Beute entrichten mußten. Mit Hülfe aller dieser Vorkehrungen erholten sich die Hugenotten während des Winters so vollkommen von ihrer Niederlage, daß sie im Frühjahr des 1570. Jahrs gleich einem reißenden Strom aus Languedoc hervorbrachen, und furchtbarer als jemals im Felde erscheinen konnten.

Sie hatten keine Schonung erfahren, und übten auch keine aus. Gereizt durch so viele erlittne Mißhandlungen, und durch eine lange Reihe von Unglücksfällen verwildert, ließen sie das Blut ihrer Feinde in Strömen fließen, drückten mit schweren Brandschatzungen alle Distrikte durch die sie zogen, oder verwüsteten sie mit Feuer und Schwert. Ihr Marsch war gegen die Hauptstadt des Reichs gerichtet, wo sie mit dem Schwert in der Hand einen billigen Frieden zu ertrotzen hofften. Eine königliche Armee, die sich ihnen in dem Herzogtum Burgund unter dem Marschall von Cossé, dreizehntausend Mann stark, entgegenstellte, konnte ihren Lauf nicht aufhalten. Es kam zu einem Gefecht, worin die Protestanten über einen weit überlegeneren Feind verschiedene Vorteile davontrugen. Längs der Loire verbreitet, bedrohten sie Orléanais und Isle de France mit ihrer nahen Erscheinung, und die Schnelligkeit ihres Zuges ängstigte schon Paris.

Diese Entschlossenheit tat Wirkung, und der Hof fing endlich an, vom Frieden zu sprechen. Man scheute den Kampf mit einer, wenngleich nicht zahlreichen, doch von Verzweiflung beseelten Schar, die nichts mehr zu verlieren hatte, und bereit war, ihr Leben um einen teuren Preis zu verkaufen. Der königliche Schatz war erschöpft, die Armee durch den Abzug der italienischen, deutschen und spanischen Hülfsvölker sehr vermindert, und in den Provinzen hatte sich das Glück fast überall zum Vorteil der Rebellen erklärt. Wie hart es auch die Katholischen ankam, dem Trotz der Sektierer nachgeben zu müssen, wie ungern sich sogar viele der letztern dazu verstanden, die Waffen aus den Händen zu legen, und ihren Hoffnungen auf Beute, ihrer gesetzlosen Freiheit zu entsagen, so machte doch die überhandnehmende Not jeden Widerspruch schweigen, und die Neigung der Anführer entschied so ernstlich für den Frieden, daß er endlich im August dieses Jahrs unter folgenden Bedingungen wirklich erfolgte.

Den Reformierten wurde von seiten des Hofes eine allgemeine Vergessenheit des Vergangenen, eine freie Ausübung ihrer Religion in jedem Teile des Reichs, nur den Hof ausgenommen, die Zurückgabe aller, der Religion wegen, eingezogenen Güter, und ein gleiches Recht zu allen öffentlichen Bedienungen zugestanden. Außerdem überließ man ihnen noch auf zwei Jahre lang vier Sicherheitsplätze, die sie mit ihren eigenen Truppen zu besetzen, und Befehlshabern ihres Glaubens zu untergeben, berechtigt sein sollten. Die Prinzen von Bourbon nebst zwanzig aus dem vornehmsten Adel mußten sich durch einen Eid verbindlich machen, diese vier Plätze (man hatte Rochelle, Montauban, Cognac und la Charité gewählt) nach Ablauf der gesetzten Zeit wieder zu räumen. So war es abermals der Hof, welcher nachgab, und weit entfernt, durch Bewilligungen, die ihm nicht von Herzen gehen konnten, bei den Religionsverbesserern Dank zu verdienen, bloß ein erniedrigendes Geständnis seiner Ohnmacht ablegte.

Alles trat jetzt wieder in seine Ordnung zurück, und die Reformierten überließen sich mit der vorigen Sorglosigkeit dem Genuß ihrer schwer errungenen Glaubensfreiheit. Je mehr sie überzeugt sein mußten, daß sie die eben erhaltenen Vorteile nicht dem guten Willen, sondern der Schwäche ihrer Feinde und ihrer eignen Furchtbarkeit verdankten, desto notwendiger war es, sich in diesem Verhältnis der Macht zu erhalten, und die Schritte des Hofs zu bewachen. Die Nachgiebigkeit des letztern war auch wirklich viel zu groß, als daß man Vertrauen dazu fassen konnte, und ohne gerade aus dem Erfolg zu argumentieren, kann man mit ziemlicher Wahrscheinlichkeit behaupten, daß der erste Entwurf zu der Greueltat, welche zwei Jahre darauf in Ausübung gebracht wurde, in diese Zeit zu setzen ist.

So viele Fehlschläge, so viele überraschende Wendungen des Kriegsglücks, so viele unerwartete Hülfsquellen der Hugenotten hatten endlich den Hof überzeugen müssen, daß es ein vergebliches Unternehmen sei, diese immer frisch auflebende und immer mehr sich verstärkende Partei durch offenbare Gewalt zu besiegen, und auf dem bisher betretnen Wege einen entscheidenden Vorteil über sie zu erlangen. Durch ganz Frankreich ausgebreitet war sie sicher, nie eine totale Niederlage zu erleiden, und die Erfahrung hatte gelehrt, daß alle Wunden, die man ihr teilweise schlug, ihrem Leben selbst nie gefährlich werden konnten. An einer Grenze des Königreichs unterdrückt, erhob sie sich nur desto furchtbarer an der andern, und jeder neu erlittene Verlust schien bloß ihren Mut anzufeuern und ihren Anhang zu vermehren. Was ihr an innern Kräften gebrach, das ersetzte die Standhaftigkeit, Klugheit und Tapferkeit ihrer Anführer, die durch keine Unfälle zu ermüden, durch keine List einzuwiegen, durch keine Gefahr zu erschüttern waren. Schon der einzige Coligny galt für eine ganze Armee. „Wenn der Admiral heute sterben sollte", erklärten die Abgeordnete des Hofs, als sie des Friedens wegen mit den Hugenotten in Unterhandlung traten, „so werden wir euch morgen nicht ein Glas Wasser anbieten. Glaubet sicher, daß sein einziger Name euch mehr Ansehen gibt, als eure ganze Armee, doppelt genommen." Solange die Sache der Reformierten in solchen Händen war, mußten alle Versuche zu ihrer Unterdrückung fehlschlagen. Er allein hielt die zerstreute Partei in ein Ganzes zusammen, lehrte sie ihre innern Kräfte kennen und benutzen, verschaffte ihr Ansehen und Unterstützung von außen, richtete sie von jedem Falle wieder auf, und hielt sie mit festem Arm am Rand des Verderbens.

Überzeugt, daß auf dem Untergang dieses Mannes das Schicksal der ganzen Partei beruhe, hatte man schon im vorhergehenden Jahre das Pariser Parlament jene schimpfliche Achtserklärung gegen ihn aussprechen lassen, die den Dolch der Meuchelmörder gegen sein Leben bewaffnen sollte. Da aber dieser Zweck nicht erreicht wurde, vielmehr der jetzt geschlossene Friede jenen Parlamentsspruch wieder vernichtete, so mußte man dasselbe Ziel auf einem andern Wege verfolgen. Ermüdet von den Hindernissen, die der Freiheitssinn der Hugenotten der Befestigung des königlichen Ansehens schon so lange entgegengesetzt hatte, zugleich aufgefodert von dem römischen Hof, der keine Rettung für die Kirche sah, als in dem gänzlichen Untergang dieser Sekte, von einem finstern und grausamen Fanatismus erhitzt, der alle Gefühle der Menschlichkeit schweigen machte, beschloß man endlich sich dieser gefährlichen Partei durch einen einzigen entscheidenden Schlag zu entledigen. Gelang es nämlich, sie auf einmal aller ihrer Anführer zu berauben, und durch ein allgemeines Blutbad ihre Anzahl schnell und beträchtlich zu vermindern, so hatte man sie – wie man sich schmeichelte – auf immer in ihr Nichts zurückgestürzet, von einem gesunden Körper ein brandiges Glied abgesondert, die Flamme des Kriegs auf ewige Zeiten erstickt, und Staat und Kirche durch ein einziges hartes Opfer gerettet. Durch solche betrügliche Gründe fanden sich Religionshaß, Herrschsucht und Rachbegierde mit der Stimme des Gewissens und der Menschlichkeit ab, und ließen die Religion eine Tat verantworten, für welche selbst die rohe Natur keine Entschuldigung hat.

Aber um diesen entscheidenden Streich zu führen, mußte man sich der Opfer, die er treffen sollte, vorher versichert haben, und hier zeigte sich eine kaum zu überwindende Schwierigkeit. Eine lange Kette von Treulosigkeiten hatte das wechselseitige Vertrauen erstickt, und von katholischer Seite hatte man zu viele und zu unzweideutige Proben der Maxime gegeben, daß „gegen Ketzer kein Eid bindend, keine Zusage heilig sei". Die Anführer der Hugenotten erwarteten keine andre Sicherheit, als welche ihnen ihre Entfernung und die Festigkeit ihrer Schlösser verschaffte. Selbst nach geschlossenem Frieden vermehrten sie die Besatzungen in ihren Städten, und zeigten durch schleunige Ausbesserung ihrer Festungswerke, wie wenig sie dem königlichen Worte vertrauten. Welche Möglichkeit, sie aus diesen Verschanzungen hervorzulocken, und dem Schlachtmesser entgegenzuführen? Welche Wahrscheinlichkeit, sich aller zugleich zu bemächtigen, gesetzt, daß auch einzelne sich überlisten ließen? Längst schon gebrauchten sie die Vorsicht, sich zu trennen, und wenn auch einer unter ihnen sich der Redlichkeit des Hofs anvertraute, so blieb der andre desto gewisser zurück, um seinem Freund einen Rächer zu erhalten. Und doch hatte man gar nichts getan, wenn man nicht alles tun konnte; der Streich mußte schlechterdings tödlich, allgemein und entscheidend sein, oder ganz und gar unterlassen werden.

Es kam also darauf an, den Eindruck der vorigen Treulosigkeiten gänzlich auszulöschen, und das verlorene Vertrauen der Reformierten, welchen Preis es auch kosten möchte, wiederzugewinnen. Dieses ins Werk zu richten, änderte der Hof sein ganzes bisheriges System. Anstatt der Parteilichkeit in den Gerichten, über welche die Reformierten auch mitten im Frieden so viel Ursache gehabt hatten, sich zu beklagen, wurde von jetzt an die gleichförmigste Gerechtigkeit beobachtet, alle Beeinträchtigungen, die man sich von katholischer Seite bisher ungestraft gegen sie erlaubte, eingestellt, alle Friedensstörungen auf das strengste geahndet, alle billigen Foderungen derselben ohne Anstand erfüllt. In kurzem schien aller Unterschied des Glaubens vergessen und die ganze Monarchie glich einer ruhigen Familie, deren sämtliche Glieder Karl der Neunte als gemeinschaftlicher Vater mit gleicher Gerechtigkeit regierte, und mit gleicher Liebe umfaßte. Mitten unter den Stürmen, welche die benachbarten Reiche erschütterten, welche Deutschland beunruhigten, die spanische Macht in den Niederlanden umzustürzen drohten, Schottland verheerten, und in England den Thron der Königin Elisabeth wankend machten, genoß Frankreich einer ungewohnten tiefen Ruhe, die von einer gänzlichen Revolution in den Gesinnungen und einer allgemeinen Umänderung der Maximen zu zeugen schien, da keine Entscheidung der Waffen vorhergegangen war, auf die sie gegründet werden konnte.

Margareta von Valois, die jüngste Tochter Heinrichs des Zweiten, war noch unverheuratet, und der Ehrgeiz des jungen Herzogs von Guise vermaß sich, seine Hoffnungen zu dieser Schwester seines Monarchen zu erheben. Um die Hand dieser Prinzessin hatte schon der König von Portugal geworben, aber ohne Erfolg, da der noch immer mächtige Kardinal von Lothringen sie keinem andern als seinem Neffen gönnte. „Der älteste Prinz meines Hauses", erklärte sich der stolze Prälat gegen den Gesandten Sebastians, „hat die ältere Schwester davongetragen; dem jüngern gebührt die jüngere." Da aber Karl der Neunte, dieser auf seine Hoheit eifersüchtige Monarch, die dreiste Anmaßung seines Vasallen mit Unwillen aufnahm, so eilte der Herzog von Guise durch eine geschwinde Heurat mit der Prinzessin von Cleve seinen Zorn zu besänftigen. Aber einen Feind und Nebenbuhler im Besitz derjenigen zu sehen, zu der ihm nicht erlaubt worden war, die Augen zu erheben, mußte den Stolz des Herzogs desto empfindlicher kränken, da er sich schmeicheln konnte, das Herz der Prinzessin zu besitzen.

Der junge Heinrich, Prinz von Béarn, war es, auf den die Wahl des Königs fiel; sei es, daß letzterer wirklich die Absicht hatte, durch diese Heurat eine enge Verbindung zwischen dem Hause Valois und Bourbon zu stiften, und dadurch den Samen der Zwietracht auf ewige Zeiten zu ersticken, oder daß er dem Argwohn der Hugenotten nur dieses Blendwerk vormachte, um sie desto gewisser in die Schlinge zu locken. Genug, man erwähnte dieser Heurat schon bei den Friedenstraktaten, und so groß auch das Mißtrauen der Königin von Navarra sein mochte, so war der Antrag doch viel zu schmeichelhaft, als daß sie ihn ohne Beleidigung hätte zurückweisen können. Da aber dieser ehrenvolle Antrag nicht mit der Lebhaftigkeit erwidert ward, die man wünschte, und die seiner Wichtigkeit angemessen schien, so zögerte man nicht lang, ihn zu erneuern, und die furchtsamen Bedenklichkeiten der Königin Johanna durch wiederholte Beweise der aufrichtigsten Versöhnung zu zerstreuen.

Um dieselbe Zeit hatte sich Graf Ludwig von Nassau, Bruder des Prinzen Wilhelm von Oranien, in Frankreich eingefunden, um die Hugenotten zum Beistand ihrer niederländischen Brüder gegen Philipp von Spanien in Bewegung zu setzen. Er fand den Admiral von Coligny in der günstigsten Stimmung, diese Aufforderung anzunehmen. Neigung sowohl als Staatsgründe vermochten diesen ehrwürdigen Held, die Religion und Freiheit, die er in seinem Vaterland mit so viel Heldenmut verfochten, auch im Ausland nicht sinken zu lassen. Leidenschaftlich hing er an seinen Grundsätzen und an seinem Glauben, und sein großes Herz hatte der Unterdrückung, wo und gegen wen sie auch stattfinden möchte, einen ewigen Krieg geschworen. Dieser Gesinnung gemäß betrachtete er jede Angelegenheit, sobald sie Sache des Glaubens und der Freiheit war, als die seinige, und jedes Schlachtopfer des geistlichen oder weltlichen Despotismus konnte auf seinen Weltbürgersinn und seinen tätigen Eifer zählen. Es ist ein charakteristischer Zug der vernünftigen Freiheitsliebe, daß sie Geist und Herz weiter macht, und im Denken wie im Handeln ihre Sphäre ausbreitet. Gegründet auf ein lebhaftes Gefühl der menschlichen Würde, kann sie Rechte, die sie an sich selbst respektiert, an andern nicht gleichgültig zu Boden treten sehen. Aber dieses leidenschaftliche Interesse des Admirals für die Freiheit der Niederländer, und der Entschluß, sich an der Spitze der Hugenotten zum Beistand dieser Republikaner zu bewaffnen, wurde zugleich durch die wichtigsten Staatsgründe gerechtfertigt. Er kannte und fürchtete den leicht zu entzündenden und gesetzlosen Geist seiner Partei, der, wund durch so viele erlittne Beleidigungen, schnell aufgeschreckt von jedem vermeintlichen Angriff und mit tumultuarischen Szenen vertraut der Ordnung schon zu lange entwohnt war, um ohne Rückfälle darin verharren zu können. Dem nach Unabhängigkeit strebenden und kriegerischen Adel konnte die Untätigkeit auf seinen Schlössern und der Zwang nicht willkommen sein, den der Friede ihm auflegte. Auch war nicht zu erwarten, daß der Feuereifer der kalvinistischen Prediger sich in den engen Schranken der Mäßigung halten würde, welche die Zeitumstände erforderten. Um also den Übeln zuvorzukommen, die ein mißverstandener Religionseifer, und das immer noch unter der Asche glimmende Mißtrauen der Parteien früher oder später herbeizuführen drohte, mußte man darauf denken, diese müßige Tapferkeit zu beschäftigen, und einen Mut, welchen ganz zu unterdrücken man weder hoffen noch wünschen durfte, so lange in ein anderes Reich abzuleiten, bis man in dem Vaterland seiner bedürfen würde. Dazu nun kam der niederländische Krieg wie gerufen; und selbst das Interesse und die Ehre der französischen Krone schien einen nähern Anteil an demselben notwendig zu machen. Frankreich hatte den verderblichen Einfluß der spanischen Intrigen bereits auf das empfindlichste gefühlt, und es hatte noch weit mehr in der Zukunft davon zu befürchten, wenn man diesen gefährlichen Nachbar nicht innerhalb seiner eigenen Grenzen beschäftigte. Die Aufmunterung und Unterstützung, die er den mißvergnügten Untertanen des Königs von Frankreich hatte angedeihen lassen, schien zu Repressalien zu berechtigen, wozu sich jetzt die günstigste Veranlassung darbot. Die Niederländer erwarteten Hülfe von Frankreich, die man ihnen nicht verweigern konnte, ohne sie in eine Abhängigkeit von England zu setzen, die für das Interesse des französischen Reichs nicht anders als nachteilig ausschlagen konnte. Warum sollte man einem gefährlichen Nebenbuhler einen Einfluß gönnen, den man sich selbst verschaffen konnte, und der noch dazu gar nichts kostete? Denn es waren die Hugenotten, die ihren Arm dazu anboten, und bereit waren, ihre der Ruhe der Monarchie so gefährliche Kräfte in einem ausländischen Krieg zu verzehren.

Karl der Neunte schien das Gewicht dieser Gründe zu empfinden, und bezeugte großes Verlangen, sich mit dem Admiral ausführlich und mündlich darüber zu beratschlagen. Diesem Beweise des königlichen Vertrauens konnte Coligny um so weniger widerstehen, da es eine Sache zum Gegenstand hatte, die ihm nächst seinem Vaterlande am meisten am Herzen lag. Man hatte die einzige Schwachheit ausgekundschaftet, an der er zu fassen war; der Wunsch, seine Lieblingsangelegenheit bald befördert zu sehen, half ihm jede Bedenklichkeit überwinden. Seine eigne, über jeden Verdacht erhabene Denkart, ja seine Klugheit selbst lockte ihn in die Schlinge. Wenn andre seiner Partei das veränderte Betragen des Hofs einem verdeckten Anschlage zuschrieben, so fand er in den Vorschriften einer weiseren Politik, die sich nach so vielen unglücklichen Erfahrungen endlich der Regierung aufdringen mußten, einen viel natürlichern Schlüssel zur Erklärung desselben. Es gibt Untaten, die der Rechtschaffene kaum eher für möglich halten darf, als bis er die Erfahrung davon gemacht hat; und einem Mann von Colignys Charakter war es zu verzeihen, wenn er seinem Monarchen lieber eine Mäßigung zutraute, von der dieser Prinz bisher noch keine Beweise gegeben hatte, als ihn einer Niederträchtigkeit fähig glaubte, welche die Menschheit überhaupt, und noch weit mehr die Würde des Fürsten schändet. So viele zuvorkommende Schritte von seiten des Hofes foderten überdies auch von dem protestantischen Teil eine Probe des Zutrauens; und wie leicht konnte man einen empfindlichen Feind durch längeres Mißtrauen reizen, die schlechte Meinung wirklich zu verdienen, welche zu widerlegen man ihm unmöglich machte!

Der Admiral beschloß demnach am Hofe zu erscheinen, der damals nach Touraine vorgerückt war, um die Zusammenkunft mit der Königin von Navarra zu erleichtern. Mit widerstrebendem Herzen tat Johanna diesen Schritt, dem sie nicht länger ausweichen konnte, und überlieferte dem König ihren Sohn Heinrich und den Prinzen von Condé. Coligny wollte sich dem Monarchen zu Füßen werfen, aber dieser empfing ihn in seinen Armen. „Endlich habe ich Sie", rief der König. „Ich habe Sie, und es soll Ihnen nicht so leicht werden, wieder von mir zu gehen. Ja, meine Freunde", setzte er mit triumphierendem Blick hinzu, „das ist der glücklichste Tag in meinem Leben." Dieselbe gütige Aufnahme widerfuhr dem Admiral von der Königin, von den Prinzen, von allen anwesenden Großen; der Ausdruck der höchsten Freude und Bewunderung war auf allen Gesichtern zu lesen. Man feierte diese glückliche Begebenheit mehrere Tage lang mit den glänzendsten Festen, und keine Spur des vorigen Mißtrauens durfte die allgemeine Fröhlichkeit trüben. Man besprach sich über die Vermählung des Prinzen von Béarn mit Margareten von Valois; alle Schwierigkeiten, die der Glaubensunterschied und das Zeremoniell der Vollziehung derselben in den Weg legten, mußten der Ungeduld des Königs weichen. Die Angelegenheiten Flanderns veranlaßten mehrere lange Konferenzen zwischen dem letzten und Coligny, und mit jeder schien die gute Meinung des Königs von seinem ausgesöhnten Diener zu steigen. Einige Zeit darauf erlaubte er ihm sogar, eine kleine Reise auf sein Schloß Chatillon zu machen, und als sich der Admiral auf den ersten Rappell sogleich wieder stellte, ließ er ihn diese Reise noch in demselben Jahr wiederholen. So stellte sich das wechselseitige Vertrauen unvermerkt wieder her, und Coligny fing an, in eine tiefe Sicherheit zu versinken.

Der Eifer, mit welchem Karl die Vermählung des Prinzen von Navarra betrieb, und die außerordentlichen Gunstbezeugungen, die er an den Admiral und seine Anhänger verschwendete, erregten nicht weniger Unzufriedenheit bei den Katholischen, als Mißtrauen und Argwohn bei den Protestanten. Man mag entweder mit einigen protestantischen und italienischen Schriftstellern annehmen, daß jenes Betragen des Königs bloße Maske gewesen, oder mit de Thou und den Verfassern der Memoires glauben, daß er für seine Person es damals aufrichtig meinte, so blieb seine Stellung zwischen den Reformierten und Katholischen in jedem Fall gleich bedenklich, weil er, um das Geheimnis zu bewahren, diese so gut wie jene betrügen mußte. Und wer bürgte selbst denjenigen, die um das Geheimnis wußten, dafür, daß die persönlichen Vorzüge des Admirals nicht zuletzt Eindruck auf einen Fürsten machten, dem es gar nicht an Fähigkeit gebrach, das Verdienst zu beurteilen? daß ihm dieser bewährte Staatsmann nicht zuletzt unentbehrlich wurde, daß nicht endlich seine Ratschläge, seine Grundsätze, seine Warnungen bei ihm Eingang fanden? Kein Wunder, wenn die katholischen Eiferer daran Ärgernis nahmen, wenn sich der Papst in dieses neue Betragen des Königs gar nicht zu finden wußte, wenn selbst die Königin Katharina unruhig wurde, und die Guisen anfingen, für ihren Einfluß zu zittern. Ein desto engers Bündnis zwischen diesen letztern und der Königin war die Folge dieser Befürchtungen, und man beschloß, diese gefährlichen Verbindungen zu zerreißen, wieviel es auch kosten möchte.

Der Widerspruch der Geschichtschreiber, und das Geheimnisvolle dieser ganzen Begebenheit verschafft uns über die damaligen Gesinnungen des Königs und über die eigentliche Beschaffenheit des Komplotts, welches nachher so fürchterlich ausbrach, kein befriedigendes Licht. Könnte man dem Capi-Lupi, einem römischen Skribenten und Lobredner der Bartholomäusnacht, Glauben zustellen, so würde Karln dem Neunten durch den schwärzesten Verdacht nicht zuviel geschehen; aber obgleich die historische Kritik das Böse glauben darf, was ein Freund berichtet, so kann dieses doch alsdann nicht der Fall sein, wenn der Freund (wie hier wirklich geschehen ist) seinen Helden dadurch zu verherrlichen glaubt, und als Schmeichler verleumdet. „Ein päpstlicher Legat", berichtet uns dieser Schriftsteller in der Vorrede zu seinem Werk*, „kam nach Frankreich mit dem Auftrag, den Allerchristlichsten König von seinen Verbindungen mit den Sektierern abzumahnen. Nachdem er dem Monarchen die nachdrücklichsten Vorstellungen getan, und ihn aufs Äußerste gebracht hatte, rief dieser mit bedeutender Miene: ‚Daß ich doch Eurer Eminenz alles sagen dürfte! Bald würden Sie und auch der Heilige Vater mir bekennen müssen, daß diese Verheuratung meiner Schwester das ausgesuchteste Mittel sei, die wahre Religion in Frankreich aufrechtzuerhalten, und ihre Widersacher zu vertilgen. Aber' (fuhr er in großer Bewegung fort, indem er dem Kardinal die Hand drückte und zugleich einen Demant an seinem Finger befestigte), ‚vertrauen Sie auf mein königliches Wort. Noch eine kleine Geduld, und der Heilige Vater selbst soll meine Anschläge, und meinen Glaubenseifer rühmen.' Der Kardinal verschmähte den Demant, und versicherte, daß er sich mit der

---

* Le Stratagème ou la Ruse de Charles IX roi de France contre les Huguenots, rebelles à Dieu et à lui, écrit par le Seigneur Camille Capi-Lupi etc. 1574.

Zusage des Königs begnüge." – Aber, gesetzt auch, daß kein blinder Schwärmereifer diesem Geschichtschreiber die Feder geführt hätte, so kann er seine Nachricht aus sehr unreinen Quellen geschöpft haben. Die Vermutung ist nicht ohne Wahrscheinlichkeit, daß der Kardinal von Lothringen, der sich eben damals zu Rom aufhielt, dergleichen Erfindungen, wo nicht selbst ausgestreut, doch begünstigt haben könnte, um den Fluch des Pariser Blutbads, den er nicht von sich abwälzen konnte, mit dem König wenigstens zu teilen*.

Das wirkliche Betragen Karls des Neunten, bei dem Ausbruch des Blutbades selbst, zeugt unstreitig stärker gegen ihn, als diese unerwiesenen Gerüchte; aber wenn er sich auch von der Heftigkeit seines Temperaments hinreißen ließ, dem völlig reifen Komplott seinen Beifall zu geben, und die Ausführung desselben zu begünstigen, so kann dieses für seine frühere Mitschuldigkeit nichts beweisen. Das Ungeheure und Gräßliche des Verbrechens vermindert seine Wahrscheinlichkeit, und die Achtung für die menschliche Natur muß ihm zur Verteidigung dienen. Eine so zusammengesetzte und lange Kette von Betrug, eine so undurchdringliche so gehaltene Verstellung, ein so tiefes Stillschweigen aller Menschengefühle, ein so freches Spiel mit den heiligsten Pfändern des Vertrauens scheint einen vollendeten Bösewicht zu erfodern, der durch eine lange Übung verhärtet, und seiner Leidenschaften vollkommen Herr geworden ist. Karl der Neunte war ein Jüngling, den sein brausendes Temperament übermeisterte, und dessen Leidenschaften ein früher Besitz der höchsten Gewalt von jedem Zügel der Mäßigung befreite. Ein solcher Charakter verträgt sich mit keiner so künstlichen Rolle, und ein so hoher Grad der Verderbnis mit keiner Jünglingsseele – selbst dann nicht, wenn der Jüngling ein König, und Katharinens Sohn ist.

Wie aufrichtig oder nicht aber das Betragen des Königs auch gemeint sein mochte, so konnten die Häupter der katholischen Partei keine gleichgültigen Zuschauer davon bleiben. Sie verließen wirklich mit Geräusche den Hof, sobald die Hugenotten festen Fuß an demselben zu fassen schienen, und Karl der Neunte ließ sie unbekümmert ziehen. Die letztern häuften sich nun mit jedem Tage mehr in der Hauptstadt an, je näher die Vermählungsfeier des Prinzen von Béarn heranrückte. Diese

* Esprit de la Ligue. Tom. II. p. 13.

erlitt indessen einen unerwarteten Aufschub durch den Tod der Königin Johanna, die wenige Wochen nach ihrem Eintritt in Paris schnell dahinstarb. Das ganze vorige Mißtrauen der Kalvinisten erwachte aufs neue bei diesem Todesfall, und es fehlte nicht an Vermutungen, daß sie vergiftet worden sei. Aber da auch die sorgfältigsten Nachforschungen diesen Verdacht nicht bestätigten, und der König sich in seinem Betragen völlig gleichblieb, so legte sich der Sturm in kurzer Zeit wieder.

Coligny befand sich eben damals auf seinem Schloß zu Chatillon, ganz mit seinen Lieblingsentwürfen wegen des niederländischen Kriegs beschäftigt. Man sparte keine Winke, ihn von der nahen Gefahr zu unterrichten, und kein Tag verging, wo er sich nicht von einer Menge warnender Briefe verfolgt sah, die ihn abhalten sollten, am Hofe zu erscheinen. Aber dieser gutgemeinte Eifer seiner Freunde ermüdete nur seine Geduld, ohne seine Überzeugungen wankend zu machen. Umsonst sprach man ihm von den Truppen, die der Hof in Poitou versammelte, und die, wie man behauptete, gegen Rochelle bestimmt sein sollten; er wußte besser, wozu sie bestimmt waren, und versicherte seinen Freunden, daß diese Rüstung auf seinen eigenen Rat vorgenommen werde. Umsonst suchte man ihn auf die Geldanleihen des Königs aufmerksam zu machen, die auf eine große Unternehmung zu deuten schienen; er versicherte, daß diese Unternehmung keine andere sei als der Krieg in den Niederlanden, dessen Ausbruch herannahe, und worüber er bereits alle Maßregeln mit dem König getroffen habe. Es war wirklich an dem, daß Karl der Neunte den Vorstellungen des Admirals nachgegeben, und – war es entweder Wahrheit oder Maske – sich mit England und den protestantischen Fürsten Deutschlands in eine förmliche Verbindung gegen Spanien eingelassen hatte. Alle dergleichen Warnungen verfehlten daher ihren Zweck, und so fest vertraute der Admiral auf die Redlichkeit des Königs, daß er seine Anhänger ernstlich bat, ihn fortan mit allen solchen Hinterbringungen zu verschonen.

Er reiste also zurück an den Hof, wo bald darauf im August 1572 das Beilager Heinrichs – jetzt Königs von Navarra – mit Margareten von Valois, unter einem großen Zufluß von Hugenotten, und mit königlichem Pompe gefeiert ward. Sein Eidam Teligny, Rohan, Rochefoucauld, alle Häupter der Kalvinisten waren dabei zugegen; alle in gleicher Sicherheit mit Coligny, und ohne alle Ahndung der nahe schwebenden Gefahr. Wenige nur errieten den kommenden Sturm, und suchten in einer zeitigen Flucht ihre Rettung. Ein Edelmann, namens Langoiran kam zum Admiral, um Urlaub bei ihm zu nehmen. „Warum denn aber jetzt?" fragte ihn Coligny voll Verwunderung. „Weil man Ihnen zu schöntut", versetzte Langoiran, „und weil ich mich lieber retten will mit den Toren, als mit den Verständigen umkommen."

Wenngleich der Ausgang diese Vorhersagungen auf das schrecklichste gerechtfertigt hat, so bleibt es dennoch unentschieden, inwieweit sie damals gegründet waren. Nach dem Berichte glaubwürdiger Zeugen, war die Gefahr damals größer für die Guisen und für die Königin, als für die Reformierten. Coligny, erzählen uns jene, hatte unvermerkt eine solche Macht über den jungen König erlangt, daß er es wagen durfte, ihm Mißtrauen gegen seine Mutter einzuflößen, und ihn ihrer noch immer fortdauernden Vormundschaft zu entreißen. Er hatte ihn überredet, dem flandrischen Krieg in Person beizuwohnen, und selbst die Viktorien zu erkämpfen, welche Katharina nur allzugern ihrem Liebling, dem Herzog von Anjou gönnte. Bei dem eifersüchtigen und ehrgeizigen Monarchen war dieser Wink nicht verloren, und Katharina überzeugte sich bald, daß ihre Herrschaft über den König zu wanken beginne.

Die Gefahr war dringend, und nur die schnellste Entschlossenheit konnte den drohenden Streich abwenden. Ein Eilbote mußte die Guisen und ihren Anhang schleunig an den Hof zurückrufen, um im Notfall von ihnen Hülfe zu haben. Sie selbst ergriff den nächsten Augenblick, wo ihr Sohn auf der Jagd mit ihr allein war, und lockte ihn in ein Schloß, wo sie sich in ein Kabinett mit ihm einschloß, mit aller Gewalt mütterlicher Beredsamkeit über ihn herfiel, und ihm über seinen Abfall von ihr, seinen Undank, seine Unbesonnenheit die bittersten Vorwürfe machte. Ihr Schmerz, ihre Klagen erschütterten ihn; einige drohende Winke, die sie fallenließ, taten Wirkung. Sie spielte ihre Rolle mit aller Schauspielerkunst, worin sie Meisterin war, und es gelang ihr, ihn zu einem Geständnis seiner Übereilung zu bringen. Damit noch nicht zufrieden, riß sie sich von ihm los, spielte die Unversöhnliche, nahm eine abgesonderte Wohnung, und ließ einen völligen Bruch befürchten. Der junge König war noch nicht so ganz Herr seiner selbst geworden, um sie beim Wort zu nehmen, und sich der jetzt erlangten Freiheit zu erfreun. Er kannte den großen Anhang der Königin, und seine Furcht malte ihm denselben noch größer ab, als er wirklich sein mochte. Er fürchtete – vielleicht nicht ganz mit Unrecht – ihre Vorliebe für den Herzog von Anjou, und zitterte für Leben und Thron. Von Ratgebern verlassen, und für sich selbst zu schwach einen kühnen Entschluß zu fassen, eilte er seiner Mutter nach, brach in ihre Zimmer und fand sie von seinem Bruder, von ihren Höflingen, von den abgesagtesten Feinden der Reformierten umgeben. Er will wissen, was denn das neue Verbrechen sei, dessen man die Hugenotten beschuldige; er will alle Verbindungen mit ihnen zerreißen, sobald man ihn nur überführt haben werde, daß ihren Gesinnungen zu mißtrauen sei. Man entwirft ihm das schwärzeste Gemälde von ihren Anmaßungen, ihren Gewalttätigkeiten, ihren Anschlägen, ihren Drohungen. Er wird überrascht, hingerissen, zum Stillschweigen gebracht, und verläßt seine Mutter mit der Versicherung, inskünftige behutsamer zu verfahren.

Aber mit dieser schwankenden Erklärung konnte sich Katharina noch nicht beruhigen. Dieselbe Schwäche, welche ihr jetzt ein so leichtes Spiel bei dem Könige machte, konnte ebenso schnell und noch glücklicher von den Hugenotten benutzt werden, ihn ganz von ihren Fesseln zu befreien. Sie sah ein, daß sie diese gefährlichen Verbindungen auf eine gewaltsame und unheilbare Weise zertrennen müsse, und dazu brauchte es weiter nichts, als den Empörungsgeist der Hugenotten durch irgendeine schwere Beleidigung aufzuwecken. Vier Tage nach der Vermählungsfeier Heinrichs von Navarra geschah aus einem Fenster ein Schuß auf Coligny, als er eben vom Louvre nach seinem Haus zurückkehrte. Eine Kugel zerschmetterte ihm den Zeigefinger der rechten Hand, und eine andre verwundete ihn am linken Arm. Er wies auf das Haus hin, woraus der Schuß geschehen war, man sprengte die Pforten auf, aber der Mörder war schon entsprungen.

VEREINZELTES

PHILIPP DER ZWEITE, KÖNIG VON SPANIEN

Von Mercier*.

Philipp der Zweite ist Staub. Zwei Jahrhunderte trennen ihn von uns, und sein Name lebt nur durch die Gerechtigkeit der Zeit. Ich will ein Gemälde seines abergläubischen und schrecklichen Despotismus entwerfen – alle Bestandteile dieses grausamen Charakters, die uns in der Geschichte durchschauern, will ich in ein Bildnis zusammenschmelzen, und den Abscheu, der mich durchdrungen hat, allgemein machen.

Welch ein Ungeheuer, je länger ich bei seinem Anblick verweile! – Man erzählt von einem Bildhauer, der sich anbetend zu den Füßen des Jupiters niederwarf, den sein Meißel erschaffen hatte – ich stürzte erschrocken vor dem Bilde zurück, das ich zeichnete.

Der richtende Kiel des Schriftstellers soll die schlechten Könige brandmarken; dadurch ehrt er die guten. Alle nach der Reihe müssen sich endlich dem unbestechlichen Grabstichel unterwerfen, der ihre Laster oder Tugenden auf die Nachwelt bringt. Die verborgensten Winkelzüge ihres Charakters werden hervorgezogen an den Tag, welcher Schleier sie auch decke, alle ohne Unterschied müssen vor dem Richterstuhl der Menschheit erscheinen, die da ist und kommen wird.

Kein Tyrann, finster und grausam wie dieser, bestieg seit Tiberius den Thron. Philipp der Zweite ließ das Schiff der römischen Kirche auf einer See von Menschenblut treiben. Einverstanden mit dem Inquisitionsgericht, dessen barbarische Verfolgungen in Flandern, Spanien, Amerika er beförderte, grausam von Natur und nach Grundsätzen, mußte er noch zugleich sein Vertrauen an zwei Kreaturen verschenken, die seiner vollkommen würdig waren, an den Kardinal Granvella, und den Herzog von Alba. Beiden überließ er seine königliche Macht, denn beide waren wie er unmenschlich und unerbittlich.

Seine Absicht war, die furchtbare Gewalt, die er schon besaß, durch eine geistliche Monarchie zu verstärken, weil er

* *Précis historique* zu seinem *Portrait d. Philippe second.*

wußte, daß sich die letztere über den ganzen Menschen erstreckte. Ebenso wie die göttliche Regierung die ganze Schöpfung umfaßt, sollte der Despotismus des Glaubens ihm die ganze politische Welt unterjochen. Jeder Aufrührer wäre dann zugleich Ketzer, und jeder Ketzer würde als Aufrührer behandelt. Man hätte sich gegen den Monarchen vergangen, sobald man sich von der Formel seines Glaubens entfernte. Eine solche Tyrannei des Gewissens – die schlimmste aller schlimmen Regierungsformen – wollte Philipp in seinen Staaten errichten. Er wollte seine irdische profane Gewalt mit einem göttlichen Zepter vermählen.

Die kirchliche Regierung hatte schon seit einigen Jahrhunderten die Form der alten römischen angenommen. Ihre Maximen, von dem marktschreierischen Prunk der Zeremonie unterstützt, hatten eine verführerische blendende Außenseite, der Wille wurde gefesselt, und alle Gewissen unter einem einzigen Gottesdienste vereinigt; dann freilich waren nur wenige Schritte zu einem einzigen Gesetz. Ebendarum dachten auch schon mehrere Fürsten auf eine Wiedervereinigung der Monarchie mit dem Priestertum, und glaubten durch diesen Kunstgriff sich einer grenzenlosen Gewalt zu versichern. Aus keinem andern Grund gestand Philipp der Zweite, der es in Anschlägen dieser Art allen seinen Vorgängern und Zeitgenossen zuvortat, dem römischen Bischof die Unfehlbarkeit zu; er selbst wollte sich dieses Vorrecht in seinen Staaten anmaßen, und mit dem heiligen Kreuz so gut als mit seinem Schwerte befehlen. Es lag ihm daran, jeden Widerspruch abzuschneiden, wo sein Vorteil im Spiele war; man sollte zittern, wenn er sein Kruzifix in die Hand nahm; der intoleranteste Pfaffe sprach aus dem Mund des unempfindlichsten Königs.

Notwendig mußte das einen Geist der Verfolgung entzünden, welcher bald in einen politischen Fanatismus überging. Dieses Gift verbreitete sich bald durch alle Adern der Regierung, alles ward der Religionsmeinung untergeordnet und aufgeopfert. Wer sich unterstand zu denken wurde hinweggeschafft, was nur den Geist der Untersuchung atmete, verdächtig gemacht und gebrandmarkt. Unnatürliche Ausschweifung einer Religion, die sich auf allgemeines Wohlwollen gründet!

Dieser schändliche Despotismus verunstaltete bald alle Zweige der Gesetzgebung, und machte sie zugleich kleingeistisch und grausam. Die Form des Gottesdiensts glich einer abgeschmackten lästigen Etikette, und dieser ewige Zwang mußte endlich die Heuchelei, eine Mutter so vieler Laster, gebären. Ein finstrer und grausamer Aberglauben verschlang das Licht der Vernunft, und errichtete seinen Thron auf den Trümmern der Gewissensfreiheit. Dieses traurige Los traf alle spanische Reiche – der Fanatismus legte in diesem weiten Erdstrich der Dummheit seine Pflanzungen an, und das Volk wurde zum Tier heruntergestoßen. Aber dennoch hinterging der Erfolg die Erwartungen, die man sich von diesem Verfahren gebildet hatte. Der Mensch, von dem doppelten Joch der Sklaverei und der Dummheit belastet, schweift gerne von einem Extrem zum andern, und geht von einem blinden Gehorsam zu zügellosen Empörungen über. So fand sich endlich Philipp der Dritte gezwungen, die vereinigten Provinzen für einen unabhängigen freien Staat zu erklären, und mußte sich anheischig machen, ihren Handel hinfort weder in Indien noch in Amerika anzufechten.

Der Monarch, dessen Charakter ich jetzt entwerfe, besaß in Europa die Königreiche Spanien und beide Sizilien, die Niederlande, die Franche-Comté und das Herzogtum Mailand; in Afrika Tunis, Oran, die Kanarischen Inseln, und einen Teil des Grünen Vorgebürges; in Asien die Philippinen, die Sunda-Inseln und einen Teil der molukkischen, in Amerika die Reiche Peru und Mexiko, Neu-Spanien, Chile und beinahe alle Inseln, die zwischen dem festen Land von Europa und Amerika liegen. Ungeheure Besitzungen in der Hand eines einzigen, und der auch nicht einmal den Namen davon verdiente!

Alles kam zusammen, diesen Monarchen zum größesten der Welt und der Geschichte zu machen, hätte er seine furchtbare Überlegenheit auf die Seite der wahren Größe geschlagen – aber die wahre Größe war es eben, wovon er nichts wußte. In einem Zeitraum von zweiundvierzig Jahren, worin er die Unterjochung von ganz Europa schmiedete, hatte er auch nicht einen Tag mit dem Glück der Menschheit bezeichnet, überall Tyrann und Betrüger, überall Sklave des finstersten Aberglaubens, hielt er hartnäckig auf jeder Gelegenheit, die sich ihm anbot, seine strafende Macht zu zeigen.

Er trachtete nach der Eroberung von Britannien, denn er verabscheute alles, was frei war. Wäre es Drake nicht gelungen, hundert seiner Schiffe im Hafen von Cadix zu verbrennen, und hätte nicht ein wohltätiger Sturm jene furchtbare Flotte zerstreut, die mit dem Namen der Unüberwindlichen prahlte, so war dieser glückliche Freistaat aus dem Globus vertilgt*. Welcher Zuwachs seiner Größe, wenn er auch noch dieses mächtige Reich mit seinen vielen Erbländern hätte vereinigen können!

Ohngeachtet der reichen Goldgruben in Amerika waren dennoch seine Finanzen sehr oft in Unordnung, und seine Reichtümer erschöpft. Er borgte von der Republik Genua, ja sogar von seinen flämischen Untertanen, wirkte sich am römischen Hof ein Privilegium über die Kirchengüter aus, und, wer wird es glauben? und seine eigenen Truppen empörten sich bei der Belagerung von Amiens, weil sie keinen Sold erhielten.

Was setzte Philipp nicht in Bewegung, Heinrich den Vierten zu unterdrücken! Was für Maschinen ließ er nicht spielen, die Aussöhnung dieses Prinzen mit dem Römischen Stuhl zu hintertreiben! Als ein Schwager der letztern französischen Könige machte er sich Hoffnung, die Krone dieses Reichs an seine Tochter Isabelle zu bringen.

Frankreich kannte seinen Charakter, und verschonte ihn auch nicht. Noch zu seinen Lebzeiten pflegte man ihn mit dem ägyptischen Pharao zu vergleichen, und ein Schriftsteller drückt sich mit folgenden Worten über ihn aus: „Seht diesen alten Satrapen, den Mörder seines Weibs und seines einzigen Sohns, wie einen zweiten Xerxes das Meer mit seinen Schiffen bedecken, aber der Himmel zerschmettert sie an den Küsten von Schottland und Irland. Alter kindischer König, der mit einem Fuß schon im Grabe steht, im Grabe, worauf deine Staaten schwanken, und nur auf das Signal deines letzten Augenblicks lauren, ihr Joch abzuwerfen. Dein Reich ist nur ein zusammengestückelter Körper, dessen Fugen von einem kühnen Stoß auseinanderspringen."

Aber aller Verleumdungen ohngeachtet, welche Haß und Eifersucht von ihm ausstreuten, blieb das Kabinett dieses Königs das gefürchtetste in der Welt. Im Besitz seiner amerikanischen und indischen Schätze spielte er in Europa den Meister, und behielt das Übergewicht bei jeder großen Verhandlung; auch verließ er sich so sehr auf seine Entwürfe, daß er laut und öffentlich von seinem Paris, seinem Orleans sprach. Hätte er seinen Sieg bei St. Quentin zu verfolgen gewußt, so war es um Frankreich geschehen.

* Diese merkwürdige Begebenheit hat ein Dichter jener Zeit in folgender Ode besungen: „Die unüberwindliche Flotte" [vgl. Bd. III, *Gedichte*].

Das Haus Österreich war ehrgeizig, herrschsüchtig und stolz, aber gemeiniglich verlor es im Kabinette die Zeit, die es auf dem Schlachtfelde benutzen sollte. Philipp dem Zweiten war es ein leichtes, die französische Monarchie zu zerstören, und doch hat er nur die Ligue zerstört; er besaß weder den Mut seines Vaters noch Eduards. Die Eroberung von Portugal, wenn sie anders diesen Namen verdient, war der einzige Zuwachs den die spanische Macht unter Philipp dem Zweiten gewonnen hat.

Karl der Fünfte hatte der Welt ein außerordentliches Schauspiel gegeben, da er auf einmal dem kühnen Phantom einer allgemeinen Herrschaft entsagte, seiner ungeheuren Macht sich freiwillig entlastete, und alle seine Kronen einem Sohn übergab, den er nicht einmal liebte. Merkwürdig war die Erscheinung, diesen mächtigen Souverän so viele königliche und kriegrische Geschäfte ohne Rückbehalt gegen Mönchsübungen vertauschen zu sehen. Er beschloß seine erhabene Rolle mit einem gänzlichen politischen Tode, indem er sich vor den Augen der Welt in die Mauren eines Klosters begrub, und für seine abgeschiedne Seele Messen absingen ließ, gleichsam als hätte er aufgehört zu sein; und doch fehlte noch etwas, sein Leichenbegängnis vollkommen zu machen – eine Stimme der Wahrheit, welche nach dem Tode sonst zu erschallen pflegt.

Karl der Fünfte tat stets das Gegenteil von dem was er aufs heiligste zusagte; Zweideutigkeit war die Base seines Charakters. Von jener erstaunenswürdigen Entsagung der Krone bleibt der wahre Bewegungsgrund noch immer ein Rätsel; aber kaum hatte er die Begräbnisfarce gespielt, als ihn dieser Schritt schon gereute. Sowie Philipp Besitz von der Regierung genommen hatte, achtete man Karls nicht mehr. Von seinen Untertanen vergessen, lebte er mitten unter ihnen, wie in einem fremden Lande. Hofleute sah er nicht mehr; für sie war nichts bei ihm zu gewinnen. Seine Diener zu belohnen hatte er sich eine kleine Summe vorbehalten; Philipp war undankbar genug mit der Auszahlung zu zögern. Vormals Beherrscher so vieler Königreiche, war er itzt ohne Geld, wandelte mit dem Breviar in der Hand in einem einsamen Kloster umher; geißelte sich jeden Freitag in der Fastenzeit – ein Kaiser wie dieser, welch ein Schauspiel für die Welt!

Indessen war es eine feierliche und sogar rührende Handlung als er die Regierung niederlegte. Er schloß seinen Sohn in

die Arme, und sagte zu ihm: „Nur deine Sorgfalt für das Glück
deines Volks kann meine Zärtlichkeit belohnen. Möchten
deine Kinder es wert sein, daß du dereinst für einen unter
ihnen ebendas tun könntest, was ich jetzt für dich tue."

War Karls Seele würklich über den Thron erhaben, oder ließ
er sich bloß von einer vorübergehenden Laune hinreißen? Es
fehlt hierüber nicht an Vermutungen, aber die wenigsten sind
befriedigend. Vor ihm war niemand auf den Einfall gekommen, seine eigenen Exequien zu feiern; während der Leichen-
gesänge die man um ihn her anstimmte, erkältete er sich in dem
bleiernen Sarge, und starb noch in ebendem Jahr, an den Folgen dieser Erkältung.

Karl war intolerant gewesen, hatte sich durch Verfolgungsgeist seinem Zeitalter schrecklich gemacht. Jetzt wollte er in
seinem Kloster zwei Uhren so stellen, daß sie nie voneinander
abwichen, und kam nicht damit zustande. Da entwischte ihm
jener Ausruf: „Und doch sollen zwei Menschen nie in ihrem
Glauben voneinander abgehen?"

Philipp erbte die Vorurteile seines Vaters, und sein despotischer Stolz trieb ihn an, das ganze Menschengeschlecht
seinem Glauben zu unterwerfen. Dies war ein Hauptzug seines
Charakters. Kaum hatte er den Thron bestiegen, als er den
Beichtvater seines Vaters in effigie verbrennen ließ; und es
fehlte wenig, daß er nicht selbst Karln für einen Ketzer erklärte,
und sein Andenken lästerte. Ein solcher Aberglaube, war er die
Eingebung seines Herzens oder des Charakters seiner Nation?

Der mächtige Karl ging damit um, Maximilians und Ferdinands Plane auszuführen, und sein Glück zu einem Gipfel zu
erheben, der ganz Europa überschatten sollte. Aber für einen
solchen Ehrgeiz war er nicht kriegerisch genug. Der anhaltende
glückliche Erfolg seiner Unternehmungen wurde nicht von
ihm benutzt; seine Kriege wurden zu oft unterbrochen.

Er untergrub die Grundpfeiler seiner angeerbten Macht
durch den Staatsfehler, daß er die Unterjochung des Deutschen
Reichs für den ersten Schritt zur allgemeinen Monarchie ansah.
Dieser Irrtum zerteilte seine Kraft, und die Eilfertigkeit seinen
Bruder zum Römischen König wählen zu lassen, war vielleicht
in der Folge die vornehmste Ursache von Europens Befreiung.
Auch das Deutsche Reich erholte sich wieder unter einem
weniger drückenden Joche.

Ein Glück war es, daß die Kaiserwürde nicht ebenso von

Karln abhing, wie der Besitz seiner erblichen Staaten. Er würde seinem Sohne seine ganze Macht überlassen haben; und schon reute es ihn, daß es sein Bruder war, der den Titel eines Römischen Königs bekommen hatte. Vergebens hatte er sich bemüht, ihn durch die listigsten Anerbietungen zu bewegen, sich seines Rechts zu begeben. Er hatte alles angewandt die Reichsstände zu gewinnen; aber von jeher für die Erhaltung ihrer Freiheit besorgt, fürchteten sie auch jetzt ein zu mächtiges Oberhaupt, das ihnen gefährlich werden könnte. Durch diese Hindernisse und durch die Widersetzlichkeit seines Bruders ermüdet, überließ ihm endlich Karl wider Willen das Deutsche Reich.

Dies war der Zeitpunkt, da das Haus Österreich Europa in Schrecken setzte. Richelieu sahe die Größe der Gefahr in der Zukunft voraus, und aus diesem Gesichtspunkte kann er für den Wohltäter mehrerer europäischen Nationen angesehen werden. Philipp träumte so gut, wie Karl von einer Universalmonarchie; nur hatte diesen die Lage seiner Staaten mehr bei seinen Absichten begünstigt. Das Haus Österreich hatte damals den höchsten Gipfel von Größe und Macht erreicht. Die alten Untertanen waren treu und im Kriege geübt; Spanien bereicherte sich mit den Schätzen der Neuen Welt; die Niederlande waren für Frankreich und Deutschland gleich furchtbar; und die Religion, damals die Quelle der heftigsten Unruhen, gab bald einen Vorwand die einzelnen Staaten des Reichs zu entzweien und zu schwächen, bald sie wieder zu vereinigen.

Die spanische Monarchie verlor viel von ihrem Ansehen unter Philipp dem Zweiten, weil er sein Land erschöpfte um die burgundsche Erbschaft zu erhalten, und weil jene allgemeine Triebfeder die unter seinem Vater die ganze Masse seiner Macht in Bewegung gesetzt hatte, unter ihm erschlafft war.

Philipps Politik war künstlich aber untätig. Dieser Dämon in Süden, wie man ihn nennte, war mehr damit beschäftigt, den Samen von Unruhen und Streitigkeiten in ganz Europa auszustreuen, als diese selbst zu benutzen. Überzeugt von dem Einflusse des Papstes und der Religion, wußte er ihn durch den Schein einer eifrigen Anhänglichkeit an sein Glaubensbekenntnis sich zu eigen zu machen. So wurde er der Verteidiger und Rächer aller katholischen Glaubensgenossen; nötigte den Papst, ihm seine Macht zu übertragen, herrschte durch Vorurteile wie durch Waffen. –

Daher jene wütenden und unaufhörlichen Ausbrüche von
Bigotterie. Und doch führte er gewöhnlich seine Entwürfe mit
solcher Langsamkeit aus, daß ihm selbst Mangel an Klugheit
nicht hätte nachteiliger sein können. Spanien hatte es bloß den
Fehlern seiner Feinde zu danken, daß es nicht noch mehr verlor.
Mußte nicht Philipp trotz seines Stolzes Heinrich den Vierten
um Frieden bitten? Verlor er nicht Tunis und Goletta? Und
was vermochte er gegen die vereinigten Niederlande, was
gegen England, sosehr er es bedrohte?

Oft verschwendete er seine Zeit mit unbedeutenden Gegenständen, wenn ihn die günstigsten Umstände aufforderten
seinem Glücke einen neuen Schwung zu geben. Eine Zänkerei
unter Geistlichen beschäftigte ihn ebenso ernstlich, wie die
Ligue von Frankreich. Die Errichtung eines Mönchsklosters
war ihm so wichtig, als der Erfolg einer Schlacht. Der Wille
der Päpste war ihm ein heiliges Gesetz, und gegen die Reformierten war er so aufgebracht, daß er Ruhe und Ehre der
Begierde, sie auszurotten, aufopferte. Selbst seine Feinde
unterstützte er, wenn sie nur im geringsten den Protestanten
zuwider zu sein schienen; und das Glück einer Nation die er
als Nebenbuhlerin haßte, war ihm erwünscht, wenn nur der
Ketzerei dadurch Abbruch geschah.

Den Glauben an die Untrüglichkeit des Papstes behauptete
er selbst zuerst, oder wollte ihn wenigstens bei andern allgemein
machen. Seine Politik war es unstreitig, dieses geheiligte Vorurteil gegen seine Feinde zu benutzen, und es daher gegen alle
Zweifel zu sichern.

Kein Jahrhundert ist durch größere Verbrechen und durch
größere Begebenheiten ausgezeichnet, als das sechszehnte.
Welchen Fürsten mußten damals die Menschen gehorchen!
Katharina von Medicis, Karl IX., Heinrich III., Philipp II.,
Christian II., Heinrich VIII.; die ränkevollen und grausamen
Päpste nicht einmal zu rechnen.

Der Protestantismus war der Widerstand, welchen die
deutschen Kreise der Übermacht Karl des Fünften entgegensetzten. Aus einem theologischen Streite machte man ein Boll-
werk gegen die Tyrannei. Und nach diesen Begriffen nur wird
man sich überzeugen, wie es einen Fürsten geben konnte,
welcher der Inquisition befahl, alles auszurotten was nicht an
die Transsubstantiation glaubte. Aber freilich mußten
auch die Völker, die man um diesen Lehrsatz so hart verfolgte,

aus allen ihren Kräften entgegenwürken. Die Protestanten
wuchsen unter den Streichen wieder auf, womit man sie niederdrücken wollte.

Elisabeth war die Urheberin ihrer Freiheit, und dies ist ihr
schönster Lorbeer in den Augen der Nachwelt. Von Liebe
zum wahren Ruhme, Toleranz und Standhaftigkeit geleitet,
betrat Elisabeth den Weg der Ehre, und ihre weise Regierung
gab England einen mächtigen Einfluß.

Als Holland und Seeland, der Tyrannei Philipp des Zweiten
überdrüssig, sich unter die Oberherrschaft der Elisabeth
begeben wollten, antwortete sie den Gesandten die ihr den
Antrag taten, sie hielte es nicht für schön noch anständig sich
fremden Eigentums zu bemächtigen, und fügte hinzu, Holland
habe Unrecht der Messe wegen so viel Verwirrung anzurichten; aber nachdem sie so gesprochen hatte, wußte sie auch
als Fürst zu handeln; sie erriet, daß die Neuerer in Europa die
Stützen einer Freiheit werden würden, welche der römische
Hof und das Haus Österreich zu vernichten strebten.

Man will behaupten, daß Elisabeth das Völkerrecht verletzte,
indem sie die Niederländer unterstützte, daß sie nicht berechtigt war sich in diesen Streit zu mischen und sich zum Richter
über die Ungerechtigkeit Philipps gegen die Niederländer auf-
zuwerfen. Aber das ist ein Trugschluß; die Staaten hängen so
gut zusammen, als die einzelnen Menschen. Politik und Menschlichkeit erfordern, daß ein Unrecht, welches einer Nation zugefügt wird, von allen andern bemerkt und geahndet werde.
Das Interesse der großen Gesellschaft will es augenscheinlich,
daß man die Grundgesetze eines Staats nicht ungestraft verletzen lasse; die große Gesellschaft darf bei den überlegten
Beleidigungen eines blinden oder unbändigen Tyrannen nicht
untätig bleiben; das gemeinschaftliche Interesse muß alle
Regungen der politischen Körper bestimmen; die europäische
Gesellschaft hat keinen andern wesentlichen Zweck.

Wie? Eine ganze Nation sollte mit ruhigem Auge das Blut
ihrer Nachbarin unter widersinnigen und barbarischen Launen
fließen sehen? Sobald die Gesetze der Menschheit verletzt
werden, tritt alles in das ursprüngliche Recht zurück; einem
unterdrückten Volke beizustehen und großmütig aufzuhelfen,
das ist die Aufforderung der Natur; eine mächtige Aufforderung, welche mit den Grundsätzen der natürlichen Freiheit übereinstimmt und allen Nationen wechselsweise zugute

kommen kann, weil hier die Sache der Völker gegen die Sache einiger Fürsten in Anschlag kömmt.

Ein Staat der bei den wichtigen Unglücksfällen seiner Nachbarn sich ausschlösse, der gegen ihre Seufzer taub bliebe und alles übersähe, was nicht sein besondres Interesse verletzte; ein solcher Staat würde seinen Anspruch auf die Vermittelung oder den Beistand einer angrenzenden Macht, dieses uralte und heilige Recht unglücklicher Völker, verlieren; die Unterdrücker würden auf Erden nie aussterben, denn sie könnten mit Muße die Vorrechte des gesellschaftlichen Vertrags übertreten, indem sie der Schranken der lebendigen Gesetze spotteten.

Freilich wird der Despot Rebellion ausrufen, sobald sich der geringste Seufzer hören läßt, aber jeder wahre Fürst, jedes edle Volk wird der Nation beispringen die einem eisernen Joch unterliegt oder ein Raub der Anarchie wird. Er wird den Mut haben die Gesetze der Natur geltend zu machen, er wird nicht zugeben, daß ein übermütiger Monarch oder ein aufrührerisches Volk der öffentlichen und besondern Ruhe drohe. Die kleine heimliche Politik ist trügerisch und hat den Charakter der Unempfindlichkeit, aber das große Interesse der Menschheit, in dem unermeßlichen Umkreis vergangener und zukünftiger Zeiten erblickt, schafft der Seele Licht, und täuscht sie niemals.

Das Beispiel der Schweiz und Hollands hat glücklicherweise diese Grundsätze in der Geschichte anschaulich gemacht und erwiesen. Heinrich IV. tat für die helvetischen Kantons, was Elisabeth für die vereinigten Provinzen getan hatte.

Und wollte Gott, daß der unbändige Philipp von seinen Nachbarn im Zaum gehalten worden wäre! Erlaubte er sich in Paris einen mächtigen Anhang zu unterhalten, um Frankreich besser zu schaden, so war man berechtigt genug seine elenden Untertanen den glühenden Scheiterhaufen der Inquisition zu entreißen und dem heiligen Blutdurst zu wehren, welcher das unzählbare Heer seiner Henker bewaffnete, die auf Albas Stimme von Stadt zu Stadt herumstreiften, und mit hohnsprechender Grausamkeit Ströme von Blut vergossen. Seine Henker folgten seinen Kriegern auf dem Fuß nach.

Philipp machte sich zum Generalissimus des Papstes, und dieses Mittel wandte er an, um nach und nach alle Rechte umzustoßen, die seinen Götzen, den Despotismus einschränken konnten. Er warf sich zum Monarchen der Kirche auf und erbte in der Tat die furchtbare Gewalt der Päpste. Pius V., von

niedriger Geburt, verstand sich mit ihm, begünstigte seine
Plane, und zeigte sich als den eifrigsten Verfolger der Protestanten. Der spanische Monarch hielt den Kalvinismus für die
Sekte die am besten zu der Verfassung freier Staaten paßte,
und er war entschlossen eine Reformation von Grund aus zu
zerstören, die sich nicht mit der Monarchie vereinigen ließ, wo
die Grenzen der Macht unbestimmt sind.

Freilich waren es Menschen von niedrigem Stand gewesen,
die den Kalvinismus eingeführt hatten; und diese sind immer
auf einen Luxus neidisch, von welchem sie sich ausgeschlossen
finden, und einer Gewalt Feind, deren Gewicht sie mehr
fühlen als die Reichen. Der Katholizismus dünkte ihnen die
Seele der Tyrannei, und in dem Umsturz der römischen Übermacht hofften sie das Ende ihrer Sklaverei. Was das Gepräge
der Pracht trug, erbitterte sie, weil ihre Umstände ihnen jeden
Genuß der Reichen verwehrten; darum entrissen sie den Tempeln ihre Zieraten und der Religion ihren Glanz.

Ihre Strenge und vorzüglich ihr Entwurf jeden Unterschied
des Rangs aus der Gesellschaft zu verbannen, mußte die Großen
gegen sie aufbringen. Ihre Meinungen, welche dem Ansehen sowohl, als den Vergnügungen der Fürsten abbrachen, mußten den
heftigsten Widerstand von seiten der reichen und unbeschränk-
ten Monarchen erfahren. Auch hätte Philipp denen die er Rebellen nannte, alles bewilligt, bis auf die Gewissensfreiheit:
diese, sagte er selbst, würden sie nie von ihm erhalten, wenn er
auch seine Krone aufs Spiel setzen müßte. Er sah diese Gewissensfreiheit als die Zerstörung seiner politischen Grundsätze an.

Wie die Inquisition alles vertilgte, was unglücklich genug
war nicht zu glauben, daß Gott Brot, daß Gott Wein sein
könnte, war ihre Absicht eben nicht die Menschen zu diesem
Glauben zu zwingen, aber sie wollte die Besitzungen der
Geistlichen in unverletzlicher Achtung erhalten; sie stellten
die Mysterien zur Wache über ihr angemaßtes Eigentum. Dem
Ehrgeiz der Priester war es von der höchsten Wichtigkeit, daß
die Worte Ketzerei und Rebellion verwechselt würden.

Elisabeth, welche eine geteilte Macht für eine verlorne hielt,
war sehr entfernt, Philipp dem Zweiten ihre Hand zu geben.
Wie hätte sie, die so fest auf ihre Grundsätze hielt, den Sohn
des mächtigen Karl neben sich auf den Thron sitzen lassen?
Auch hätte sie sich mit diesem Fürsten nicht vermählen können,
ohne um eine Dispensation bei dem Papst anzusuchen: durch

diesen Schritt aber würde sie die Gewalt des Papstes anerkannt haben. Man sieht, daß alles zusammenkam, den Kalvinismus zu begünstigen.

Frankreich selbst würde ganz protestantisch geworden sein, ohne die unvorsichtige Heftigkeit, zu welcher ihr Eifer die Reformatoren verleitete. Ihr Trotz während des Kolloquiums zu Poissy, ihre wenig politische Unbiegsamkeit entzog ihrer Lehre den Ruhm ein ganzes Reich eingenommen zu haben und muß ihnen noch heute gereuen. Denn welche Reihe von glücklichen Vorfällen mußte auf einen so wichtigen Fortschritt gefolgt sein!

Während dieser Streitigkeiten hatte die scholastische Theologie, dieses vielköpfige Ungeheuer, die Alleinherrschaft über die Welt. Sie predigte jene frechen Sätze, welche die Vernunft schrecken und niederdrücken. Sie lieferte die Menschen irdischen Flammen, und damit noch nicht zufrieden, ließ sie die Scheiterhaufen der Inquisition bis in die Ewigkeit fortdauern. Kein tröstendes Licht über die Rechte der Menschen, weder in bürgerlichen noch in politischen Verhältnissen. Alles, bis auf die Geschichte und die schönen Wissenschaften, trug das finstre Gepräg der Schule, alles unterlag einem überall verbreiteten Geist von Wut, von Intoleranz, und von theologischem Geschwätz. Mit verbundenen Augen, in eine Mönchskutte verhüllt, die Fackel in der Hand, streifte der Fanatismus durch Europa.

Philipps Ehrgeiz und Barbarei machten die Finsternis noch dichter. Er legte es darauf an, dem Menschen seine unverletzbarsten Rechte zu entreißen und alle Pflichten, alle Tugenden, alle Kenntnisse zu vertilgen.

Dieser schreckliche Monarch der gleich dem Papst Anspruch auf die Untrüglichkeit machte, hatte dem Protestantismus den Untergang geschworen und ließ den Prinzen von Oranien, den er von dem Interesse der Niederlande nicht hatte abziehen können, durch einen Meuchelmörder umbringen. Schon war Egmonts und Hoornes Tod das Signal zu der Hinrichtung achtzehn andrer Edelleute gewesen, welche durch eine besondre Kommission verurteilt worden waren; aber gibt es in der Geschichte, selbst der römischen Kaiser, ein abscheulicheres Denkmal, als Philipps Achtserklärung gegen den ersten Statthalter von Holland? Wer kann ohne Schaudern die folgenden Worte lesen? „Wir versprechen auf unser königliches Wort und als ein Diener Gottes, wenn sich jemand findet der edel genug ist die Welt von dieser Pest zu befreien und ihn uns tot oder lebendig zu überliefern oder ihm das Leben zu nehmen, diesem fünfundzwanzigtausend Kronen zu bezahlen; und wenn er auch ein noch so großes Verbrechen begangen, so versprechen wir ihm unsre königliche Begnadigung, und wenn er noch nicht adlig ist, versetzen wir ihn und alle die ihm darin helfen und beistehen, in den Adelstand." In den Adelstand! – Und seinerseits wetteiferte Alba mit seinem König in der Grausamkeit; er rühmte sich, daß er achtzehntausend seiner Mitbürger auf dem Schafott hätte sterben lassen.

Die Bartholomäusnacht wurde mit Freudenbezeugungen an Philipps Hof gefeiert, während das ganze Europa in Trauer über diese schreckliche Begebenheit versunken war.

Aber die aufrührerischen Niederländer, die man damals Bettler nannte, legten durch ihren Mut den Grund zu einem mächtigen Freistaat. Sie gaben einen Beweis, daß einem Volke nichts unmöglich ist, welches sich fest vorgesetzt hat, entweder frei oder nicht mehr zu sein. Die Inquisition, welche in der Nähe die Neuerer zerschmetterte, half in der Ferne den Lutheranismus verbreiten, und der Haß, den man gegen die Bischöfe hatte, oder vielmehr Philipps eiserne Rute förderte diese Revolution die Europa zum Erstaunen zwang.

Was waren die Holländer in der Mitte des sechszehnten Jahrhunderts? Ihre schnellwachsende Größe ist vielleicht die bewundernswürdigste Begebenheit in der neuen Geschichte. Ein Haufen Matrosen und Fischer, Bewohner eines sumpfigen Landes, kämpfen mit dem Meere das sie zu verschlingen droht, und wehren sich gegen die besten Krieger in Europa, die Spanien mit dem Golde von Mexiko und Peru besoldete.

Tollkühnheit mußte es scheinen, daß sie ihrem furchtbaren Herrn zu widerstehen hofften; aber eine unüberwindliche Beharrlichkeit ersetzte bei ihnen die würklichen Kräfte. Gezwungen auf sich selbst allein Rechnung zu machen, sahen sie sich durch ihre Unermüdlichkeit im Handel endlich in dem Stand, Spanien seine Schätze und Besitzungen zu entreißen; und Spanien trotz seinen amerikanischen Bergwerken, fand sich endlich erschöpft.

Was erreichte er durch so viele Grausamkeiten, Ränke und Kriege, dieser Despot, der mächtigste Monarch in Europa? Er machte seine Staaten arm, und nachdem er die amerikanischen

Bergwerke erschöpft hatte, hinterließ er eine Schuld von
140 Millionen Dukaten. Eine blinde Hartnäckigkeit verleitete
ihn zu einer Reihe von politischen Fehlern. Er hatte Holland
von seinem Vater ererbt, er konnte ruhig über dieses Volk
herrschen; aber er brachte es auf, er zwang, sozusagen, die
Niederländer zur Empörung. Nachdem er den unsinnigen Plan
ausgebrütet hatte, Frankreich und England zu unterjochen,
nachdem er die Aufrührer der benachbarten Nationen unterstützt und alle Zwiespalten genährt hatte, mitten in dem Wahn,
daß die Künste seiner Politik ihm alles unterwerfen müßten,
hatte er den Schmerz die Staaten von Brabant, Flandern, Seeland, Holland und Friesland sich einer fremden Herrschaft antragen zu sehen; er sah diese Bettler, die eine hölzerne
Schale, als spöttisches Attribut hatten, seiner Macht trotzen,
und verlor ein Land das heutzutage reicher ist als alle spanischen Herrschaften, das 1710 die Gewalt hatte den Thron
seiner ehemaligen Tyrannen nach Gefallen zu vergeben, und
den Spaniern einen König zu ernennen.

Ein großes Beispiel! die Generalstaaten, im Haag versammelt, erklärten feierlich Philipp den Zweiten für verlustig der
Souveränität, weil er die Vorrechte der Völker verletzt hätte.

Also gewann sein Ehrgeiz dabei nichts, daß er Europa in
Aufruhr gebracht hatte. Dürftigkeit und Elend schändeten ein
Land, wo er vergebens ungeheure Reichtümer verschwendet
hatte um den Sektierern das Joch der Römischen Kirche auf-
zuzwingen.

Aber wenn wir auch seinen Despotismus und seine Barbarei
verabscheuen, müssen wir doch den Talenten die er würklich
besaß, Gerechtigkeit widerfahren lassen. Er hatte die weise
Politik, in Spanien selbst Frieden zu erhalten; er wußte seine
Minister zu wählen, er bildete sie selbst.

Auch kann man ihm die tiefe Menschenkenntnis nicht ab-
sprechen. Er studierte sorgfältig den Charakter seiner Minister,
bevor er sie in Tätigkeit setzte. Seine Aufmerksamkeit war
unermüdet in diesem Stücke, und sicher ist diese Kunst den
Gehalt der Menschen zu ergründen deren man sich bedient,
das erste Talent bei einem Fürsten. Aber da man seine tyrannische Hartnäckigkeit kannte, handelten seine Minister nach
seinen eignen Grundsätzen, und suchten ihm ähnlich zu sein.
Indessen hatte er eine übertriebne Gefälligkeit gegen den
Herzog von Alba der unter dem äußeren Schein der Ruhe die

grausamste Seele verbarg; diese Gefälligkeit kostete ihm die sieben vereinigten Provinzen.

Keine Farben sind stark genug Albas unersättlichen Blutdurst zu schildern. Er sprach allen Gesetzen Hohn, und hinterließ überall die blutigen Fußtapfen seiner unseligen Gewalt.

Aufmerksamkeit und Wachsamkeit bezeichneten diesen Monarchen in einigen Teilen der Staatsverwaltung. Sein Rat mußte in seiner Gegenwart die Vorteile und die Gefahren einer Unternehmung auseinandersetzen. In zweifelhaften Fällen nahm er die Meinungen schriftlich an; er überdachte sie reiflich und vereinigte die entgegengesetzten Parteien. Aber wenn von den Ketzern die Rede war, dann stieß er alle Gesetze um, gegen diese gärte ein unauslöschlicher Haß in seiner Seele.

Indessen findet man in seinem Leben eine Menge widersprechender Züge, die den Maler niederschlagen. Der Erzbischof von Toledo hinterließ als er starb, eine Million Taler für fromme Legate. Diese Million eignete sich Philipp zu, indem er durch ein paar Doktoren ohne Pfründen entscheiden ließ, er als Vater der Armen sei der Erbe dieses Prälaten. Auch war seine Achtung gegen die Geistlichkeit nicht so groß, daß er sie nicht zu bestrafen gewußt hätte, wenn er durch sie beleidigt war. Er ließ ohne Anstand einige zwanzig Prediger aus allen Orden aufhängen, weil sie in Portugal gepredigt hatten, er sei im unrechtmäßigen Besitz der Krone; und er hatte sogar Gregor dem Dreizehnten, der sich zum Schiedsrichter dieses Streits aufwerfen wollte, geantwortet, daß seine Rechte nur seinem Schwert unterworfen wären. Also schonte er die Priester seiner Kirche nicht, wenn sein Eigennutz oder sein Stolz auf dem Spiele war, und dieses muß sehr viel Licht auf seine Politik werfen, die den Schein und die äußerlichen Mummereien seiner Religion beibehielt, um mit unvergleichlicher Klugheit die zeitliche Gewalt desto besser an sich zu reißen.

Diese Heuchelei, diese Strenge, diese Grausamkeit spricht auch aus dem Privatleben dieses Fürsten. Seine Seele war dem Mitleiden unzugänglich. Ohngeachtet seines Rangs fand er Vergnügen daran, den Todesmartern der unglücklichen Schlachtopfer der Inquisition zuzusehen, und er versicherte, daß er selbst bereit sein würde, des Henkers Stelle zu ersetzen, wenn es an einem fehlen sollte. Er schien – schaudernd schreib ich es nieder, und doch ist es historisches Faktum – er schien sich an dem Rauchen des Bluts dieser Märtyrer zu ergötzen; und bei diesen zermalmenden Schauspielen ließ er noch besoldete Spionen herumgehen, welche auf die unwillkürlichen Regungen des Mitleidens in den Augen der Zuschauer lauerten; und wehe dem Unglücklichen, in welchem die Natur erwacht war, er wurde dem Arm der Inquisition ausgeliefert.

Ein einziges Mal sah man ihn unter den Waffen. Es war den Tag, als Saint Quentin mit Sturm erobert wurde; aber an ebendiesem Tage war seine Furcht so groß, daß er gelobte, im Fall er davonkäme, ein prächtiges Kloster zu Ehren des heiligen Laurentius zu errichten. Er baute noch eine Kirche und einen Palast dazu, und diesem Gelübde hat das Eskurial sein Dasein zu verdanken. Es scheint, daß er bei dieser Gelegenheit noch ein zweites, aber im Herzen, ablegte, sich nie wieder bei einer Schlacht zu befinden.

Zu seinem Stolze gesellte sich auch noch Eitelkeit; man durfte nicht anders als kniend mit ihm sprechen. Selbst die Teilhaber seiner Grausamkeiten zitterten vor ihm, und der treuste Diener seiner königlichen Schandtaten, der Herzog von Alba, der einst unangemeldet in das Kabinett des Monarchen getreten war, mußte von ihm diese durchbohrenden Worte hören: „Eine Frechheit wie die Eurige verdiente das Beil."

Er setzte seinen Fuß nie auf Gräber, weil man über der Grabschrift zuweilen ein Kreuz findet. Durch diese frömmelnden Mummereien schläferte er sein Gewissen ein. Er ließ über 50000 Protestanten umbringen, und seine Kriege kosteten ihm, nach seinem eignen Geständnis, 564 Millionen Dukaten.

Ohngeachtet seines Eifers für die Lehrsätze der katholischen Religion, hatte er verschiedne Mätressen. Er lebte im Ehebruch mit Anna von Mendoza, deren Gemahl er als Diener seiner Vergnügungen brauchte. Seine ganze Freigebigkeit teilte sich zwischen den Klöstern und seinen Konkubinen. Übrigens wandte er alles an, um seine natürlichen Töchter allen Augen zu verbergen. Er begrub sie lebendig in Klöstern, und seine tiefe Heuchelei ließ es ihm nie an Kunstgriffen fehlen, seine Laster zu bemänteln.

Dieser Monarch kam an die Regierung in dem schönsten ruhmvollsten Zeitpunkt Spaniens, da der Stolz seines Volkes es über alle andere Völker erhob. Aber Philipp der Zweite vergaß seine Stärke, und verschwendete an spitzfündige Unterhandlungen, an Intrigen, die einander ewig durchkreuzten, eine wahre und ausgebreitete Macht. Diese unbeständige, hin und her schwebende *Politik schickt sich für kleine Republiken, für eingeschränkte Staaten*; aber große, wichtige Reiche müssen diesen Kunstgriffen entsagen; kühne Gedanken allein und die Gewalt der Waffen müssen sie zu ihrem Zwecke führen.

Die Verstellung ist freilich einem Fürsten zuweilen nötig: die Leidenschaften um ihn herum sind zu heftig, als daß er ihnen immer offen entgegenwürken könnte. Aber Philipp der Zweite übte Betrug, nicht Verstellung. Er war für diesen großen Zeitpunkt nicht geboren; Spanien brauchte einen tiefblickenden Geist; Philipps Geist war bloß verschlagen.

Er war es, der den Gebrauch Spionen zu besolden, welche sich in die verborgensten Intrigen zu schleichen wußten, zu einem Teil der Regierungskunst machte. Diese unruhige, kleine Neugierde ziemt einem großen Fürsten nicht. Die verborgnen Handlungen der Menschen gehen ihn nichts an; er darf nur Fälle bemerken, die der Ruhe des Staats drohen.

Eine große Begebenheit in seinem häuslichen Leben zieht noch jetzt die Neugier der Welt auf sich. Von dem Verbrechen, daß er seine Gemahlin vergiftet haben soll, sprechen ihn viele Geschichtschreiber frei und versichern, daß Elisabeth über den Kummer starb, den ihr Dom Carlos' Tod verursachte. Nichts ist aber gewisser, als daß Philipp Mörder seines Sohnes war. Er lieferte seinen Sohn dem Haß der Inquisition aus, und Philipp und die Inquisition waren eins.

Dieser Monarch, dessen blutige Regierung vierundvierzig Jahre gedauert hatte, starb ruhig in dem Alter von vierundsiebenzig Jahren. Zwei Tage vor seinem Tode sah er die Himmel offen. Er blieb bei einer schrecklichen langwierigen Krankheit standhaft und unerschüttert; er empfing das heilige Sakrament vierzehnmal eh er den Geist aufgab: sein Gewissen warf ihm nichts vor.

Wer möchte es wohl unternehmen, über die Frömmigkeit dieses Königs ein Urteil zu fällen! Sollte es möglich sein, daß er würklich ein rechtschaffener Mann war? Wäre das, so war seine fromme Raserei freilich unheilbar, aber dann verdienen seine ungeheure Maximen unsern Unwillen mehr als unsern Abscheu. Doch ist es mehr als zu wahrscheinlich, daß er sich der Religion nur als eines Schleiers bediente, seine unrechtmäßigen Handlungen in dieser heiligen Hülle vor den Augen der Welt zu verbergen.

Im „Abregé chronologique de l'Histoire d'Espagne", findet sich folgender Abriß von Philipp dem Zweiten, dessen Mitteilung dem Leser nicht unangenehm sein wird.

„Er war von mittelmäßiger, aber wohlproportionierter Statur – von breiter Stirne, blauen Augen, standhaftem Ansehen, und einer ernsthaften gravitätischen Miene. Religionseifer, Stolz und Härte machten die Grundzüge seines Charakters aus. Er würde mit kaltem Blut und mit Gelassenheit die Ketzer bis auf den letzten Mann ausgerottet haben. Um die Staatsangelegenheiten bekümmerte er sich so sehr, als ein Fürst nur tun konnte, er ging in die geringsten Kleinigkeiten der Verwaltung hinein. Er setzte aus seinem Kabinett alle Triebfedern der grausamsten Staatskunst in Bewegung, er wollte für sich allein, ohne Bundsgenossen handeln. Er war undurchdringlich, mißtrauisch, voll Verstellung und Rachsucht; er achtete nichts, sobald es auf Ausführung seiner Anschläge ankam; nichts schröckte ihn – er schien über alle Vorfälle erhaben und hörte glückliche und unglückliche Zeitungen mit der nämlichen ernsten Gelassenheit an. Seine Schwärmerei war kalt – er wollte nur eine Leidenschaft – den Schrecken einflößen. Seine Befehle waren wie die Aussprüche des Schicksals, die ohne menschliche Kräfte vollstreckt werden, und unwiderruflich sind. Das Blut seiner Untertanen ließ er stromweis fließen, die Flamme des Kriegs verbreitete er über alle benachbarte Staaten, stets war er bewaffnet, seine Untertanen oder Feinde zu schlagen. Selbst sein Sohn, der damals einzige Erbe seiner Staaten, konnte sein unbiegsames Herz nicht bewegen. Wenn die Beleidigung geschehen war, so war die Strafe notwendig. Nie schmeckte er die Wollust zu vergeben; in einer zweiundvierzigjährigen Regierung genoß er die Süßigkeit des Friedens auch nicht einen Tag. Seine Minister, seine Generale, seine Günstlinge näherten sich ihm nicht anders als zitternd, redeten nicht anders als knieend und mit der größten Behutsamkeit mit ihm. Er foderte dieses ernsthafte Ansehen auch von seinem Volk. Das schreckliche Inquisitionsgericht wachte unaufhörlich, jede unschuldige Freude, die den Reiz der Freiheit ausmacht, aus seinen Staaten zu verbannen. Er besaß alle Eigenschaften zu einem großen Staatsmann – einen lebhaften Geist, ein erstaunendes Gedächtnis, eine unermüdete Arbeitsamkeit; er wußte die Menschen vollkommen zu beurteilen, und nach ihren Talenten zu gebrauchen. Er war gerecht, großmütig, an seinem Hofe prächtig, in seinen Anschlägen beherzt, in ihrer Ausführung unerschüttert. Seine unbeugsame Strenge brachte die Niederlande zum Abfall – er schwächte seine Staaten durch Vertreibung der Mauren, und durch sein barbarisches Verfahren gegen die Ketzer. Die Schätze der Neuen Welt und seine Einkünfte mußten seinem Hasse und seiner Rache dienen, und seine Politik machte nur Elende. Mit weit geringerer Bemühung, Geist und Gaben würde er mächtiger, reicher, größer, mehr geehrt und geliebt worden sein, hätte er nur jene sanften Tugenden besessen, die einen guten König vollenden."

In einer Aktion, welche der Schlacht bei Paraguay, die 1759 am 12. September zwischen der jesuitischen und der vereinigten spanisch-portugiesischen Armee geliefert wurde, vorherging, wurden unter andern indianischen Gefangenen auch zwei Europäer eingebracht, die mit verzweifelter Tapferkeit gefochten hatten. Beide waren von den übrigen Gefangenen ganz unterschieden gekleidet. Sie trugen einen roten Husarenhabit, an welchem von den Achseln zwei kleine Ärmel herabhingen. Ihr Helm war mit roten Federn eingefaßt, und beide trugen eine große Kette von Diamanten um den Hals. Ebenso reich waren ihre Pferde geschmückt. Ihre Waffen waren ein großer Säbel und eine Flinte; als man sie auskleidete, fand man einen sehr guten Brustharnisch auf ihrem Leibe, und noch außerdem eine kurze Pistole und zwei Dolche. Die Indianer, welche mit ihnen gefangen waren, fielen, als sie sie ansichtig wurden, ehrerbietig auf die Knie vor ihnen nieder, und schlugen sich an die Brust, wobei sie zu wiederholten Malen das Wort Kau aussprachen. Einer der Europäer schien diese Huldigung mit Verdruß anzunehmen; die Indianer aber ließen sich darum nicht stören. Kein Wort war aus ihm herauszubringen. Man schlug ihn, man brachte ihn auf die Tortur; einige unfreiwillige Laute in portugiesischer Sprache, die der Schmerz ihm auspreßte, waren alles, was man von ihm erhielt. Der andre zeigte sich offner und freier, und gestand bald, daß er ein Jesuit sei. Er habe, sagte er, seine Indianer als ihr Kaplan und geistlicher Assistent in die Schlacht begleitet, um, wie er vorgab, ihre unmäßige Wut in Schranken zu halten, und ihnen gelindere Gesinnungen gegen den Feind einzupflanzen. Endlich entdeckte er, er nenne sich Pater Rennez, und der andre, den das Beispiel seines Kameraden gleichfalls gesprächiger machte, gestand nunmehr auch, daß er ein Jesuit und Kaplan der Indianer sei, und Pater Lenaumez heiße. Als man ihre Taschen durchsuchte, fand sich ein kleines Buch, bei dessen Entdeckung sie äußerst unruhig wurden. Es war mit unbekannten Chiffren geschrieben, am Rande aber ein Schlüssel dazu in lateinischer

Sprache beigefügt. Diese Schrift enthielt ein indianisches Kriegsrecht, oder vielmehr die Hauptstücke der Religion, die der Orden seinen indianischen Untertanen einzupflanzen gesucht hatte. Ich teile sie hier mit, weil sie den Neugierigen interessieren dürften und vielleicht einigen Aufschluß über die Jesuitenregierung in Paraguay geben.

Höre, o Mensch! die Gebote Gottes und des heiligen Michaels:

1. Gott ist der Endzweck aller Handlungen.

2. Gott ist die Quelle aller Tapferkeit und Stärke.

3. Die Tapferkeit ist eine Tugend sowohl des Leibes als der Seele.

4. Gott tut nichts umsonst.

5. Die Tapferkeit ist den Menschen gegeben, daß sie sich verteidigen.

6. Die Menschen müssen sich wider ihre Feinde verteidigen.

7. Die Feinde sind die weißen Menschen, die aus fernen Gegenden kommen, Krieg zu führen, und sind von Gott verflucht.

8. Die Europäer, z. B. die Spanier und Portugiesen sind solche von Gott verfluchte Leute.

9. Gottes Feinde können nicht unsere Freunde sein.

10. Gott befiehlt, daß wir seine Feinde ausrotten, und in ihre Länder vorrücken, um sie auszurotten.

11. Damit ein von Gott Verfluchter, z. B. ein Spanier, ausgerottet werde, muß man auch das zeitliche Leben verlieren, damit man das ewige verdiene.

12. Wer mit einem Europäer redet, oder ihre Sprache verstehet, wird zu dem höllischen Feuer verdammet werden.

13. Wer einen Europäer umbringt, wird selig werden.

14. Wer einen Tag zubringt, ohne eine Handlung des Hasses und der Verfluchung wider einen Europäer vorgenommen zu haben, wird zum ewigen Feuer verdammet werden.

15. Gott erlaubt dem, der die zeitlichen Güter verachtet, und immer bereit ist, wider die Feinde des Teufels zu streiten, alles mit einem Weibe anzufangen.

16. Wer in einem Treffen mit den Europäern umkommt, wird selig werden.

17. Wer wider die Feinde Gottes eine Kanone losbrennt, wird selig, und ihm sind alle Sünden seines Lebens vergeben.

18. Wer mit großer Gefahr des Todes die Ursache sein wird,

daß man ein Schloß und eine Festung wiedererobert, die von den Weißen unrechtmäßigerweise besessen wird, der soll in dem Paradiese unter allen Weibern des Himmels eine sehr schöne Frau haben.

19. Wer Ursache sein wird, daß unser Reich über seine Grenzen ausgebreitet wird, der wird unter allen Töchtern Gottes vier sehr schöne Weiber haben.

20. Wer Ursache sein wird, daß sich unsre Waffen nach Europa erstrecken, der wird im Paradiese viele schöne Mägdlein haben.

21. Wer den Früchten der Erde ergeben ist, der soll keine Früchte des Himmels genießen.

22. Wer mehr Kinder zeugt, der wird mehr Ruhm im Himmel haben.

23. Wer Wein trinkt, der wird nicht ins Himmelreich kommen.

24. Wer seinem Kau nicht gehorchet, und nicht demütig ist, der kömmt in die Hölle.

25. Die Kau sind Söhne Gottes, welche über Europa aus dem Himmel kommen, daß sie den Völkern wider die Feinde Gottes helfen.

26. Die Kau sind Engel Gottes, welche zu den Völkern herabsteigen, sie zu lehren, wie man in den Himmel komme, und die Kunst, die Feinde Gottes auszurotten.

27. Den Kaus muß man alle Früchte des Landes geben, und alle Arbeiten der Menschen, damit sie dieselben anwenden, die Völker, die des Teufels Freunde sind, auszurotten.

28. Wer in der Ungnade seines Kau stirbt, wird nicht selig.

29. Wer den höchsten Kau anrühret, wird selig.

30. Jedermann sei seinem Kau untertan, und gehe hin, wohin er ihn gehen heißt, und gebe ihm, was er verlangt, und tue, was er befiehlt.

31. Die Menschen sind in der Welt, um mit dem Teufel und seinen Freunden zu streiten, damit sie in das Himmelreich kommen, wo ewige Freude und eine Wollust sein wird, die keines Menschen Herz fassen kann.

Der Tempelorden glänzte und verschwand wie ein Meteor in der Weltgeschichte; der Orden der Johanniter lebt schon sein siebentes Jahrhundert, und, obgleich der politischen Schaubühne beinahe verschwunden, steht er für den Philosophen der Menschheit für ewige Zeiten, als eine merkwürdige Erscheinung da. Zwar droht der Grund einzusinken, auf dem er errichtet worden, und wir blicken jetzt mit mitleidigem Lächeln auf seinen Ursprung hin, der für sein Zeitalter so heilig, so feierlich gewesen. Er selbst aber steht noch, als eine ehrwürdige Ruine, auf seinem nie erstiegenen Fels, und, verloren in Bewunderung einer Heldengröße, die nicht mehr ist, bleiben wir wie vor einem umgestürzten Obelisken oder einem Trajanischen Triumphbogen vor ihm stehen.

Zwar wünschen wir uns nicht mit Unrecht dazu Glück, in einem Zeitalter zu leben, wo kein Verdienst, wie jenes, mehr zu erwerben, wo ein Kraftaufwand, ein Heroismus, wie er in jenem Orden sich äußert, ebenso überflüssig als unmöglich ist; aber man muß gestehen, daß wir die Überlegenheit unsrer Zeiten nicht immer mit Bescheidenheit, mit Gerechtigkeit gegen die vergangenen geltend machen. Der verachtende Blick, den wir gewohnt sind, auf jene Periode des Aberglaubens, des Fanatismus, der Gedankenknechtschaft zu werfen, verrät weniger den rühmlichen Stolz der sich fühlenden Stärke, als den kleinlichen Triumph der Schwäche, die durch einen ohnmächtigen Spott die Beschämung rächt, die das höhere Verdienst ihr abnötigte. Was wir auch vor jenen finstern Jahrhunderten voraushaben mögen, so ist es doch höchstens nur ein vorteilhafter Tausch, auf den wir allenfalls ein Recht haben könnten, stolz zu sein. Der Vorzug hellerer Begriffe, besiegter Vorurteile, gemäßigterer Leidenschaften, freierer Gesinnungen – wenn wir ihn wirklich zu erweisen imstande sind – kostet uns das wichtige Opfer praktischer Tugend, ohne die wir doch unser besseres Wissen kaum für einen Gewinn rechnen können. Dieselbe Kultur, welche in unserm Gehirn das Feuer eines fanatischen Eifers auslöschte, hat zugleich die Glut der Begeisterung in unseren Herzen erstickt, den Schwung der Gesinnungen gelähmt, die tatenreifende Energie des Charakters vernichtet. Die Heroen des Mittelalters setzten an einen Wahn, den sie mit Weisheit verwechselten, und eben weil er ihnen Weisheit war, Blut, Leben und Eigentum; so schlecht ihre Vernunft belehrt war, so heldenmäßig gehorchten sie ihren höchsten Gesetzen – und können wir, ihre verfeinerten Enkel, uns wohl rühmen, daß wir an unsre Weisheit nur halb soviel, als sie an ihre Torheit, wagen?

Was der Verfasser der Einleitung zu nachstehender Geschichte jenem Zeitalter als einen wichtigen Vorzug anrechnet – jene praktische Stärke des Gemüts nämlich, das Teuerste an das Edelste zu setzen und einem bloß idealischen Gut alle Güter der Sinnlichkeit zum Opfer zu bringen, bin ich sehr bereit, zu unterschreiben. Derselbe exzentrische Flug der Einbildungskraft, der den Geschichtschreiber, den kalten Politiker an jenem Zeitalter irremacht, findet an dem Moralphilosophen einen weit billigern Richter, ja nicht selten vielleicht einen Bewunderer. Mitten unter allen Greueln, welche ein verfinsterter Glaubenseifer begünstigt und heiligt, unter den abgeschmackten Verirrungen der Superstition, entzückt ihn das erhabene Schauspiel einer über alle Sinnenreize siegenden Überzeugung, einer feurig beherzigten Vernunftidee, welche über jedes noch so mächtige Gefühl ihre Herrschaft behauptet. Waren gleich die Zeiten der Kreuzzüge ein langer trauriger Stillstand in der Kultur, waren sie sogar ein Rückfall der Europäer in die vorige Wildheit, so war die Menschheit doch offenbar ihrer höchsten Würde nie vorher so nahe gewesen, als sie es damals war – wenn es anders entschieden ist, daß nur die Herrschaft seiner Ideen über seine Gefühle dem Menschen Würde verleiht. Die Willigkeit des Gemüts, sich von übersinnlichen Triebfedern leiten zu lassen, diese notwendige Bedingung unsrer sittlichen Kultur, mußte sich, wie es schien, erst an einem schlechteren Stoffe üben, und zur Fertigkeit ausbilden, bis dem guten Willen ein hellerer Verstand zu Hülfe kommen konnte. Aber daß es gerade dieses edelste aller menschlichen Vermögen ist, welches sich bei jenen wilden Unternehmungen äußert und ausbildet, söhnt den philosophischen Beurteiler mit allen rohen Geburten eines unmündigen Verstandes, einer gesetzlosen Sinnlichkeit aus, und um der nahen Beziehung willen, welche der bloße Entschluß, unter der Fahne des Kreuzes zu streiten, zu der höchsten sittlichen Würde des Menschen hat, verzeiht er ihm gern seine abenteuerlichen Mittel und seinen schimärischen Gegenstand.

Von dieser Art sind nun die Glaubenshelden mit denen uns die nachfolgende Geschichte bekannt macht; ihre Schwachheiten, von glänzenden Tugenden geführt, dürfen sich einer weiseren Nachwelt kühn unter das Angesicht wagen. Unter dem Panier des Kreuzes sehen wir sie der Menschheit schwerste und heiligste Pflichten üben, und indem sie nur einem Kirchengesetze zu dienen glauben, unwissend die höhern Gebote der Sittlichkeit befolgen. Suchte doch der Mensch schon seit Jahrtausenden den Gesetzgeber über den Sternen, der in seinem eigenen Busen wohnt – warum diesen Helden es verargen, daß sie die Sanktion einer Menschenpflicht von einem Apostel entlehnen, und die allgemeine Verbindlichkeit zur Tugend, sowie den Anspruch auf ihre Würde, an ein Ordenskleid heften? Fühle man noch so sehr das Widersinnige eines Glaubens, der für die Scheingüter einer schwärmenden Einbildungskraft, für leblose Heiligtümer zu bluten befiehlt – wer kann der heroischen Treue, womit diesem Wahnglauben von den geistlichen Rittern Gehorsam geleistet wird, seine Achtung versagen? Wenn nach vollbrachten Wundern der Tapferkeit, ermattet vom Gefecht mit den Ungläubigen, erschöpft von den Arbeiten eines blutigen Tages, diese Heldenschar heimkehrt, und, anstatt sich die siegreiche Stirne mit dem verdienten Lorbeer zu krönen, ihre ritterlichen Verrichtungen ohne Murren mit dem niedrigen Dienst eines Wärters vertauscht – wenn diese Löwen im Gefechte hier an den Krankenbetten eine Geduld, eine Selbstverleugnung, eine Barmherzigkeit üben, die selbst das glänzendste Heldenverdienst verdunkelt – wenn ebendie Hand, welche wenige Stunden zuvor das furchtbare Schwert für die Christenheit führte, und den zagenden Pilger durch die Säbel der Feinde geleitete, einem ekelhaften Kranken um Gottes Willen die Speise reicht, und sich keinem der verächtlichen Dienste entzieht, die unsre verzärtelten Sinne empören – wer, der die Ritter des Spitals zu Jerusalem in dieser Gestalt erblickt, bei diesen Geschäften überrascht, kann sich einer innigen Rührung erwehren? wer ohne Staunen die beharrliche Tapferkeit sehen, mit der sich der kleine Heldenhaufe in Ptolomais, in Rhodus und späterhin auf Malta gegen einen überlegenen Feind verteidigt? die unerschütterliche Festigkeit seiner beiden Großmeister Isle Adam und la Valette, die gleich bewundernswürdige Willigkeit der Ritter selbst, sich dem Tode zu opfern? Wer liest ohne Erhebung des Gemüts den freiwilligen Untergang jener vierzig Helden im Fort St. Elmo, ein Beispiel des Gehorsams, das von der gepriesenen Selbstaufopferung der Spartaner bei Thermopylä nur durch die größere Wichtigkeit des Zwecks übertroffen wird! Es ist der christlichen Religion von berühmten Schriftstellern der Vorwurf gemacht worden, daß sie den kriegerischen Mut ihrer Bekenner erstickt und das Feuer der Begeisterung ausgelöscht habe. Dieser Vorwurf – wie glänzend wird er durch das Beispiel der Kreuzheere, durch die glorreichen Taten des Johanniter- und Tempelordens widerlegt! Der Grieche, der Römer kämpfte für seine Existenz, für zeitliche Güter, für das begeisternde Phantom der Weltherrschaft und der Ehre, kämpfte vor den Augen eines dankbaren Vaterlands, das ihm den Lorbeer für sein Verdienst schon von ferne zeigte. – Der Mut jener christlichen Helden entbehrte diese Hülfe und hatte keine andre Nahrung als sein eigenes unerschöpfliches Feuer.

Aber es ist noch eine andre Rücksicht, aus welcher mir eine Darstellung der äußern und innern Schicksale dieses geistlichen Ritterordens Aufmerksamkeit zu verdienen schien. Dieser Orden nämlich ist zugleich ein politischer Körper, gegründet zu einem eigentümlichen Zweck, durch besondre Gesetze unterstützt, durch eigentümliche Bande zusammengehalten. Er entsteht, er bildet sich, er blüht und verblüht, kurz, er eröffnet und beschließt sein ganzes politisches Leben vor unsern Augen. Der Gesichtspunkt, aus welchem der philosophische Beurteiler jede politische Gesellschaft betrachtet, kann auch auf diesen mönchisch-ritterlichen Staat mit Recht angewendet werden. Die verschiedenen Formen nämlich, in welchen politische Gesellschaften zusammentreten, erscheinen demselben als ebenso viele von der Menschheit (wenngleich nicht absichtlich) angestellte Versuche, die Wirksamkeit gewisser Bedingungen entweder für einen eigentümlichen Zweck oder für den gemeinschaftlichen Zweck aller Verbindungen überhaupt zu erproben. Was kann aber unserer Aufmerksamkeit würdiger sein, als den Erfolg dieser Versuche zu erfahren, als die Statthaftigkeit oder Unstatthaftigkeit jener Bedingungen für ihre Zwecke an einem belebenden Beispiele dargetan zu sehen? So hat das menschliche Geschlecht in der Folge der Zeiten beinahe alle nur denkbaren Bedingungen der gesellschaftlichen Glückseligkeit – wenngleich nicht in dieser Absicht – durch eigene Erfahrung geprüft, es hat sich, um endlich die zweckmäßigste zu erhaschen, in allen Formen der politischen Gemeinschaft versucht. Für alle diese Staatsorganisationen wird die Welthistorie gleichsam zu einer pragmatischen Naturgeschichte, welche mit Genauigkeit aufzählt, wieviel oder wie wenig durch diese verschiedenen Prinzipien der Verbindung für das letzte Ziel des gemeinschaftlichen Strebens gewonnen worden ist. Aus einem ähnlichen Gesichtspunkt lassen sich nun auch die souveränen geistlichen Ritterorden betrachten, denen der Religionsfanatismus in den Zeiten der Kreuzzüge die Entstehung gegeben hat. Antriebe, welche sich nie zuvor in dieser Verknüpfung und zu diesem Zwecke wirksam gezeigt, werden hier zum erstenmal zur Grundlage eines politischen Körpers genommen, und das Resultat davon ist, was die nachstehende Geschichte dem Leser vor Augen legt. Ein feuriger Rittergeist verbindet sich mit zwangvollen Ordensregeln, Kriegszucht mit Mönchsdisziplin, die strenge Selbstverleugnung, welche das Christentum fordert, mit kühnem Soldatentrotz, um gegen den äußern Feind der Religion, einen undurchdringlichen Phalanx zu bilden, und mit gleichem Heroismus ihrem mächtigen Gegner von innen, dem Stolz und der Üppigkeit, einen ewigen Krieg zu schwören.

Rührende erhabne Einfalt bezeichnet die Kindheit des Ordens, Glanz und Ehre krönt seine Jugend, aber bald unterliegt auch er dem gemeinen Schicksal der Menschheit. Wohlstand und Macht, natürliche Gefährten der Tapferkeit und Enthaltsamkeit, führen ihn mit beschleunigten Schritten der Verderbnis entgegen. Nicht ohne Wehmut sieht der Weltbürger die herrlichen Hoffnungen getäuscht, zu denen ein so schöner Anfang berechtigte – aber dieses Beispiel bekräftigt ihm nur die unumstößliche Wahrheit, daß nichts Bestand hat, was Wahn und Leidenschaft gründete, daß nur die Vernunft für die Ewigkeit baut.

Nach dem, was ich hier von Vorzügen dieses Ordens habe berühren können, glaube ich keine weitere Rechtfertigung der Gründe nötig zu haben, aus denen ich veranlaßt worden bin, das Vertotische Werk nach einer neuen Bearbeitung zum Druck zu befördern. Ob dasselbe auch der Absicht vollkommen entspricht, welche mir bei Anempfehlung desselben vor Augen schwebte, wage ich nicht zu behaupten; doch ist es das einzige Werk dieses Inhalts, was einen würdigen Begriff von dem Orden geben und die Aufmerksamkeit des Lesers daran fesseln kann. Der Übersetzer hat sich, soviel immer möglich, bestrebt, der Erzählung, welche im Original sehr ins Weitschweifige fällt, einen raschern Gang und ein lebhafteres Interesse zu geben, und auch da, wo man an dem Verfasser die Unbefangenheit des Urteils vermißt, wird man die verbessernde Hand des teutschen Bearbeiters nicht verkennen. Daß dieses Buch nicht für den Gelehrten und ebensowenig für die studierende Jugend, sondern für das lesende Publikum, welches sich nicht an der Quelle selbst unterrichten kann, bestimmt ist, braucht wohl nicht gesagt zu werden; und bei dem letztern hofft man durch Herausgabe desselben Dank zu verdienen. Die Geschichte selbst wird schon mit dem zweiten Bande beschlossen sein, da der Orden mit dem Ablauf des sechzehnten Jahrhunderts die Fülle seines Ruhms erreicht hat, und von da an mit schnellen Schritten in eine politische Vergessenheit sinkt.

Jena, im April 1792.

Schiller.

Unter derjenigen Klasse von Schriften, welche eigentlich dazu bestimmt ist, durch die Lesegesellschaften ihren Zirkel zu machen, finden sich, wie man allgemein klagt, so gar wenige, bei denen sich entweder der Kopf oder das Herz der Leser gebessert fände. Das immer allgemeiner werdende Bedürfnis zu lesen, auch bei denjenigen Volksklassen, zu deren Geistesbildung von seiten des Staats so wenig zu geschehen pflegt, anstatt von guten Schriftstellern zu edleren Zwecken benutzt zu werden, wird vielmehr noch immer von mittelmäßigen Skribenten und gewinnsüchtigen Verlegern dazu gemißbraucht, ihre schlechte Ware, wär's auch auf Unkosten aller Volkskultur und Sittlichkeit, in Umlauf zu bringen. Noch immer sind es geistlose, geschmack- und sittenverderbende Romane, dramatisierte Geschichten, sogenannte Schriften für Damen und dergleichen, welche den besten Schatz der Lesebibliotheken ausmachen und den kleinen Rest gesunder Grundsätze, den unsre Theaterdichter noch verschonten, vollends zugrund richten. Wenn man den Ursachen nachgeht, welche den Geschmack an diesen Geburten der Mittelmäßigkeit unterhalten, so findet man ihn in dem allgemeinen Hang der Menschen zu leidenschaftlichen und verwickelten Situationen gegründet, Eigenschaften, woran es oft den schlechtesten Produkten am wenigsten fehlt. Aber derselbe Hang, der das Schädliche in Schutz nimmt, warum sollte man ihn nicht für einen rühmlichen Zweck nutzen können? Kein geringer Gewinn wäre es für die Wahrheit, wenn bessere Schriftsteller sich herablassen möchten, den Schlechten die Kunstgriffe abzusehen, wodurch sie sich Leser erwerben, und zum Vorteil der guten Sache davon Gebrauch zu machen.

Bis dieses allgemeiner in Ausübung gebracht oder bis unser Publikum kultiviert genug sein wird, um das Wahre, Schöne und Gute ohne fremden Zusatz für sich selbst liebzugewinnen, ist es an einem unterhaltenden Buch schon Verdienst genug, wenn es seinen Zweck ohne die schädliche Folgen erreicht, womit man bei den mehresten Schriften dieser Gattung das geringe Maß der Unterhaltung, die sie gewähren, erkaufen muß. Es verdrängt wenigstens, solang es gelesen wird, ein Schlimmeres, und, enthält es dann irgend noch einige Realität für den Verstand, streut es den Samen nützlicher Kenntnisse aus, dient es dazu, das Nachdenken des Lesers auf würdige Zwecke zu richten, so kann ihm, unter der Gattung, wozu es gehört, der Wert nicht abgesprochen werden.

Von dieser Art ist das gegenwärtige Werk, für dessen Brauchbarkeit ich veranlaßt worden bin, ein öffentliches Zeugnis abzulegen, und ich glaube keine andre Gründe nötig zu haben, um die Herausgabe desselben zu rechtfertigen. Man findet in demselben eine Auswahl gerichtlicher Fälle, welche sich an Interesse der Handlung, an künstlicher Verwicklung, und Mannigfaltigkeit der Gegenstände bis zum Roman erheben, und dabei noch den Vorzug der historischen Wahrheit voraushaben. Man erblickt hier den Menschen in den verwickeltesten Lagen, welche die ganze Erwartung spannen, und deren Auflösung der Divinationsgabe des Lesers eine angenehme Beschäftigung gibt. Das geheime Spiel der Leidenschaft entfaltet sich hier vor unsern Augen, und über die verborgenen Gänge der Intrige, über die Machinationen des geistlichen sowohl als weltlichen Betruges wird mancher Strahl der Wahrheit verbreitet. Triebfedern, welche sich im gewöhnlichen Leben dem Auge des Beobachters verstecken, treten bei solchen Anlässen, wo Leben, Freiheit und Eigentum auf dem Spiele steht, sichtbarer hervor, und so ist der Kriminalrichter imstande, tiefere Blicke in das Menschenherz zu tun. Dazu kommt, daß der umständlichere Rechtsgang die geheimen Bewegursachen menschlicher Handlungen weit mehr ins Klare zu bringen fähig ist, als es sonst geschieht, und wenn die vollständigste Geschichtserzählung uns über die letzten Gründe einer Begebenheit, über die wahren Motive der handelnden Spieler oft genug unbefriedigt läßt, so enthüllt uns oft ein Kriminalprozeß das Innerste der Gedanken, und bringt das versteckteste Gewebe der Bosheit an den Tag. Dieser wichtige Gewinn für Menschenkenntnis und Menschenbehandlung, für sich selbst schon erheblich genug, um diesem Werk zu einer hinlänglichen Empfehlung zu dienen, wird um ein großes noch durch die vielen Rechtskenntnisse erhöht, die darin ausgestreut werden, und die durch die Individualität des Falls, auf den man sie angewendet sieht, Klarheit und Interesse erhalten.

Die Unterhaltung, welche diese Rechtsfälle schon durch ihren Inhalt gewähren, wird bei vielen noch mehr durch die Behandlung erhöht. Ihre Verfasser haben, wo es anging, dafür gesorgt, die Zweifelhaftigkeit der Entscheidung, welche oft den Richter in Verlegenheit setzte, auch dem Leser mitzuteilen, indem sie für beide entgegengesetzte Parteien gleiche Sorgfalt und gleich große Kunst aufbieten, die letzte Entwickelung zu verstecken, und dadurch die Erwartung aufs Höchste zu treiben.

Eine treue Übersetzung der Pitavalischen Rechtsfälle ist bereits in derselben Verlagshandlung erschienen und bis zum vierten Bande fortgeführt worden. Aber der erweiterte Zweck dieses Werks macht eine veränderte Behandlung notwendig. Da man bei dieser neuen Einkleidung auf das größere Publikum vorzüglich Rücksicht nahm; so würde es zweckwidrig gewesen sein, bei dem juristischen Teil dieselbe Ausführlichkeit beizubehalten, die das Original für Rechtsverständige vorzüglich brauchbar macht. Durch die Abkürzungen, die es unter den Händen des neuen Übersetzers erlitten, gewann die Erzählung schon an Interesse ohne deswegen an Vollständigkeit etwas einzubüßen.

Eine Auswahl der Pitavalischen Rechtsfälle dürfte durch drei bis vier Bände fortlaufen, alsdann aber ist man gesonnen, auch von andern Schriftstellern und aus andern Nationen (besonders wo es sein kann, aus unserm Vaterland) wichtige Rechtsfälle aufzunehmen, und dadurch allmählich diese Sammlung zu einem vollständigen Magazin für diese Gattung zu erheben. Der Grad der Vollkommenheit, den sie erreichen soll, beruht nunmehr auf der Unterstützung des Publikums, und der Aufnahme, welche diesem ersten Versuch widerfahren wird.

Jena in der Ostermesse 1792.

F. Schiller.

In den Geschichtbüchern, welche die merkwürdigen Zeiten Franz' des Ersten, Heinrichs des Zweiten und seiner drei Söhne beschreiben, hört man nur selten den Namen des Marschalls von Vieilleville. Dennoch hatte er einen sehr nahen Anteil an den größten Verhandlungen, und ihm gebührt ein ehrenvoller Platz neben den großen Staatsmännern und Kriegsbefehlshabern jener Zeiten. Unter allen gleichzeitigen Geschichtschreibern läßt ihm der einzige Brantôme Gerechtigkeit widerfahren, und sein Zeugnis hat um so mehr Gewicht, da beide nach dem nämlichen Ziele liefen und sich zu verschiedenen Parteien bekannten.

Vieilleville gehörte nicht zu den mächtigen Naturen, die durch die Gewalt ihres Genies oder ihrer Leidenschaft große Hindernisse brechen, und durch einzelne hervorragende Unternehmungen, die in das Ganze greifen, die Geschichte zwingen, von ihnen zu reden. Verdienste wie die seinigen bestehen eben darin, daß sie das Aufsehen vermeiden, das jene suchen, und sich mehr um den Frieden mit allen bewerben, als die Bewunderung und den Neid zu erwecken suchen. Vieilleville war ein Hofmann in der höchsten und würdigen Bedeutung dieses Worts, wo es eine der schwersten und rühmlichsten Rollen auf dieser Welt bezeichnet. Er war dem Throne, ob er gleich die Personen dreimal auf demselbigen wechseln sah, ohne Wanken mit gleicher Beharrlichkeit ergeben, und wußte denselben so innig mit der Person des Fürsten zu vermengen, daß seine pflichtmäßige Ergebenheit gegen den jedesmaligen Thronbesitzer alle Wärme einer persönlichen Neigung zeigte. Das schöne Bild des alten französischen Adels und Rittertums lebt wieder in ihm auf, und er stellt uns den Stand, zu dem er gehört, so würdig dar, daß er uns augenblicklich mit den Mißbräuchen desselben aussöhnen könnte. Er war edelmütig, prächtig, uneigennützig bis zum Vergessen seiner selbst, verbindlich gegen alle Menschen, voll Ehrliebe, seinem Worte treu, in seinen Neigungen beständig, für seine Freunde tätig,

edel gegen seine Feinde, heldenmäßig tapfer, bis zur Strenge
ein Freund der Ordnung, und bei aller Liberalität der Gesinnung furchtbar und unerbittlich gegen die Feinde des Gesetzes.
Er verstand in hohem Grade die Kunst, sich mit den entgegengesetzten Charakteren zu vertragen, ohne dabei seinen eigenen
Charakter aufzuopfern, dem Ehrsüchtigen zu gefallen, ohne
ihm blind zu huldigen, dem Eiteln angenehm zu sein, ohne ihm
zu schmeicheln. Nie brauchte er, wie der herz- und willenlose
Höfling seine persönliche Würde wegzuwerfen, um der Freund
seines Fürsten zu sein, aber mit starker Seele und rühmlicher
Selbstverleugnung konnte er seine Wünsche den Verhältnissen
unterwerfen. Dadurch und durch eine nie verleugnete Klugheit gelang es ihm, zu einer Zeit, in der alles Partei war, partei-
los zu stehen, ohne seinen Wirkungskreis zu verlieren, und im
Zusammenstoß so vieler Interessen der Freund von allen zu
bleiben; gelang es ihm, einen dreifachen Thronwechsel ohne
Erschütterung seines eigenen Glücks auszuhalten, und die Fürstengunst, mit der er angefangen hatte, auch mit ins Grab zu
nehmen. Denn es verdient bemerkt zu werden, daß er in dem
Augenblicke starb, wo ihn Katharina von Medicis mit ihrem
Hofstaat auf seinem Schlosse zu Durestal besuchte, und er auf
diese Art ein Leben, das sechzig Jahre dem Dienste des Souveräns gewidmet gewesen war, noch gleichsam in den Armen
desselben beschließen durfte.

Aber ebendieser Charakter erklärt uns auch das Stillschweigen über ihn auf eine sehr natürliche Weise. Alle diese Geschichtschreiber hatten Partei genommen, sie waren Enthusiasten entweder für die alte oder für die neue Lehre, und ein
lebhaftes Interesse für ihre Anführer leitete ihre Feder. Eine
Person, wie der Marschall von Vieilleville, dessen Kopf für den
Fanatismus zu kalt war, bot ihnen also nichts dar, was sich lob-
preisen oder verächtlich machen ließ. Er bekannte sich zu der
Klasse der Gemäßigten, die man unter dem Namen der Politiker zu verspotten glaubte; eine Klasse, die von jeher in Zeiten
bürgerlicher Gärung das Schicksal gehabt hat, beiden Teilen
zu mißfallen, weil sie beide zu vereinigen strebt. Auch hielt er
sich bei allen Stürmen der Faktion unwandelbar an den König
angeschlossen, und weder die Partei des Montmorency und der
Guisen, noch die der Condé und Coligny konnte sich rühmen,
ihn zu besitzen.

Charaktere von dieser Art werden immer in der Geschichte

zu kurz kommen, die mehr das berichtet, was durch Kraft geschieht, als was mit Klugheit verhindert wird, und ihr Augenmerk viel zu sehr auf entscheidende Handlungen richten muß, als daß sie die schöne ruhige Folge eines ganzen Lebens umfassen könnte. Desto dankbarer sind sie für den Biographen, der sich immer lieber den Ulysses als den Achilles zu seinem Helden wählen wird.

Erst zweihundert Jahre nach seinem Tode sollte dem Marschall von Vieilleville die volle Gerechtigkeit widerfahren. In den Archiven seines Familienschlosses Durestal fanden sich Memoires über sein Leben in zehen Büchern, welche Carloix seinen Geheimschreiber zum Verfasser haben. Sie sind zwar in dem lobrednerischen Tone abgefaßt, der auch dem Brantôme und allen Geschichtschreibern jener Periode eigen ist, aber es ist nicht der rhetorische Ton des Schmeichlers, der sich einen Gönner gewinnen will, sondern die Sprache eines dankbaren Herzens, das sich gegen einen Wohltäter unwillkürlich ergießt. Auch wird dieser Anteil der Neigung keineswegs versteckt, und die historische Wahrheit scheidet sich sehr leicht von demjenigen, was bloß eine dankbare Vorliebe für seinen Wohltäter den Geschichtschreiber sagen läßt. Diese Memoires sind im Jahr 1757 in fünf Bänden das erstemal im Druck erschienen, obgleich sie schon früher von einzelnen gekannt und zum Teil auch benutzt worden sind.

ANHANG

ANMERKUNGEN

GESCHICHTE DES ABFALLS DER VEREINIGTEN NIEDERLANDE VON DER SPANISCHEN REGIERUNG

Entstehung:

Als Schillers *Geschichte des Abfalls der vereinigten Niederlande von der spanischen Regierung* Ende Oktober 1788 erschien, hatte Schiller mit einem Schlag seinen Ruhm als historischer Schriftsteller begründet. „Meine Geschichte zirkuliert hier stark. Goethe hat sie jetzt. Auch in Berlin spukt sie", konnte er seinem Freund Körner wenige Wochen nach dem Erscheinen des Werkes befriedigt melden. Anfang 1789 wurde Schillers Buch auch in der *Allgemeinen Literaturzeitung* sehr vorteilhaft rezensiert, und Schillers Ruf als Geschichtsschreiber, von dem er sich nicht zuletzt die notwendig gewordene wirtschaftliche Sicherung seines Daseins versprach, war damit auch öffentlich anerkannt.

Es war der Lohn für eine außerordentlich entsagungsvolle Tätigkeit der vorangegangenen Jahre, denn Schiller, der mit seiner *Verschwörung des Fiesco zu Genua* und seinem *Don Carlos* bislang nur als Dramatiker historisches Gebiet betreten hatte, mußte sich in die zähe und widerspenstige Materie der niederländischen Revolutionsgeschichte mühsam einarbeiten. „Es ist ungeheuer was sie mich Arbeit kostet, nicht die Erzählung selbst, sondern das Materialiensammeln", gestand er noch zu Anfang des Jahres 1788 in einem Brief an Körner. Aber die Arbeit war für ihn dennoch ein unbezweifelbarer Gewinn, und er wurde sich dessen auch in wachsendem Maße bewußt.

Freilich hatten ihn schon seine Vorstudien zum *Don Carlos* der Geschichte so nahe gebracht, daß er auch als Historiograph noch davon profitieren konnte. Er hat sich in der Vorrede zur ersten Ausgabe seines *Abfalls* ausdrücklich darüber geäußert. „Als ich vor einigen Jahren", so heißt es dort, „die Geschichte der niederländischen Revolution unter Philipp II. in Watsons vortrefflicher Beschreibung las, fühlte ich mich dadurch in eine Begeisterung gesetzt, zu welcher Staatsaktionen nur selten erheben. Bei genauerer Prüfung glaubte ich zu finden, daß das, was mich in diese Begeisterung gesetzt hatte, nicht sowohl aus dem Buche in mich übergegangen, als vielmehr eine schnelle Wirkung meiner eigenen Vorstellungskraft gewesen war, die dem empfangenen Stoffe gerade die Gestalt gegeben, worin er mich so vorzüglich reizte. Diese Wirkung wünschte ich bleibend zu machen, zu vervielfältigen, zu verstärken; diese erhebenden Empfindungen wünschte ich weiter zu verbreiten und auch andern Anteil daran nehmen zu lassen. Dies gab den ersten Anlaß zu dieser Geschichte, und dies ist auch mein ganzer Beruf, sie zu schreiben." Mit den „einigen Jahren" waren die Herbstmonate des Jahres 1785 gemeint, als Schiller am *Don Carlos* arbeitete und die Gestalt Philipps umzuformen begann. Er hat sich also schon lange vor der eigentlichen Niederschrift der *Geschichte des Abfalls* mit schöpferischer Imagination in die Welt der niederländisch-spanischen Geschichte versenkt, und der Anstoß, den er von dorther bekam, zeigt deutlich, daß der Historiker Schiller nicht abrupt mit dem Dramatiker Schiller brach, sondern daß sich das eine Interesse nahezu organisch aus dem anderen zu entwickeln begann.

Aber nicht nur das Bedürfnis des Dramatikers, seine Handlungen auch vom Historischen her überzeugend zu untermauern und einen Schlüssel zu den Begebenheiten zu suchen, die er auf der Bühne darzustellen gedachte, verlockte ihn zu Studien auf dem ihm anfangs so fremden Terrain. Anderes kam noch hinzu, das für die Genese dieser Abhandlung, aber auch noch für die der folgenden historischen Schriften, ja für die Beschäftigung mit der Geschichte überhaupt bedeutsam ist. Schiller hatte bereits im August 1786 zusammen mit seinem Freunde Huber den Plan gefaßt, eine „Geschichte der merkwürdigsten Rebellionen" zu schreiben und herauszugeben, und die „Rebellion der Vereinigt[en] Niederländer", wie Schiller sein Vorhaben in einem Brief an den Verleger Siegfried Lebrecht Crusius benannte, sollte ein Teil dieser Geschichte der merkwürdigsten Rebellionen sein. Und darin spricht sich nicht nur das am *Don Carlos* wachgewordene Interesse für die niederländische Rebellion aus, sondern lebt zugleich Schillers leidenschaftliche Anteilnahme an großen Verschwörungen und Rebellionen, ja an der großen geschichtlichen Tat schlechthin weiter, die schon die *Räuber* und die *Verschwörung des Fiesco zu Genua* mitgeprägt hatte, die aber auch noch den *Wallenstein,* ja noch den *Tell* mitbestimmen sollte. Schiller hat zwar zu verstehen gegeben, daß ihn an dieser Geschichte der niederländischen Rebellion nicht so sehr das Außerordentliche oder das Heroische gereizt habe – „Auch erwarte man hier keine hervorragende kolossalische Menschen, keine der erstaunenswürdigen Taten, die uns die Geschichte vergangener Zeiten in so reichlicher Fülle darbietet. Jene Zeiten sind vorbei, jene Menschen sind nicht mehr", schrieb er in seiner Einleitung. Darin kündigt sich schon unüberhörbar sein Wille an, jeder Epoche ihr eigenes Recht widerfahren zu lassen und die Historie auch im eigentlichen Sinn als Historiker zu betrachten. Aber wenn er Wilhelm den Stillen einen „zweiten Brutus" nennt, wirkt darin doch noch sehr das Interesse des jungen Schiller an Plutarchschen Helden fort, und die Charakteristiken, die er etwa von Egmont und Alba gibt, zeugen nicht nur vom Scharfblick des Historikers für einmalige Gestalten der Geschichte, sondern zugleich vom weiterhin ungebrochenen Interesse Schillers sowohl für „kolossalische Menschen" als auch für „erstaunenswürdige Taten".

Man sollte überhaupt gerade beim *Abfall* die eigene historiographische Leistung Schillers zumindest in der ersten Phase seiner Beschäftigung mit diesem Stoff nicht überschätzen. Der Historiker Schiller, der mit der Niederschrift der Rebellion der Niederlande beginnt, sieht die Geschichte, die er beschreiben will, nicht mit dem historisch geschulten Blick des folgenden Jahrhunderts. Er ist kein Ranke oder Niebuhr. Er betrachtet alles noch sehr in der Art des 18. Jahrhunderts. „Die Geschichte der Welt ist sich selbst gleich, wie die Gesetze der Natur, und einfach wie die Seele des Menschen. Dieselben Bedingungen bringen dieselben Erscheinungen zurück", heißt es in der Einleitung. Darin drückt sich noch deutlich der Optimismus des aufgeklärten Jahrhunderts aus, der das eine ebenso zugänglich fand wie das andere. Auch Schiller beginnt nicht zufällig mit einer universalhistorischen Übersicht und erkennt in der Freiheit eher eine abstrakte Idee als eine geschichtliche Forderung. Allmählich aber hat Schiller, der sich nicht nur immer tiefer in die Welt der Geschichte hineinschrieb, sondern damit zugleich auch die ganz anders gearteten Gesetzlichkeiten der Historie erkannte oder doch zumindest ahnte, seine aufklärerische Haltung, der alles zugänglich war und die alles erklärlich fand, hinter sich zurückgelassen. Seine Charakteristiken wurden differenzierter, und die Schilderungen des Bildersturms und der Geusenverschwörung, seine Beschreibung der Belagerung von Antwerpen zeugen davon, wie er seinen Stil allmählich ausbildete; aus der vergleichsweise abstrakten Skizzierung der Niederlande zu Beginn seiner Darstellung sind hier konkrete Vorgänge geworden. Wenn seine Charakteristiken dennoch zuweilen ein wenig farblos bleiben, so liegt das nicht nur an Schiller: historische Porträts waren zu seinen Zeiten in der Regel großflächiger und matter, und ihm fehlte vielfach ja auch das Material, sie lebendiger und farbiger werden zu lassen. Allmählich lernte er freilich auch hierin hinzu, und die *Geschichte des dreißigjährigen Kriegs* zeigt auch in diesem Punkte erhebliche Fortschritte.

Schillers historiographische Fähigkeiten wuchsen in dem gleichen Maße, in dem er sich in die Geschichte hineinstudierte, und er hat sich gewiß nicht nur unter äußerem Zwang so gründlich und so schnell mit der niederländischen Rebellion befaßt. Der Eifer, mit dem er schon zu Anfang des Jahres 1787 an das Studium der niederländischen Geschichte heranging, zeigt sein neben allem durchaus elementares Interesse an ihr. Die Geschichte dieser Rebellion schwoll ihm schließlich unter seinen Händen derart an, daß er seinen Verleger Crusius bat, dieses sein „Debut in der Geschichte" gesondert herauszugeben. Freilich zwang ihn auch sein Vertrag zu rastloser Tätigkeit. „Bei dem für mich äußerst nachteiligen Kontrakte mit Crusius muß ich jetzt fast 8 Tage lesen und schreiben um 6 Taler zu verdienen, denn Du wirst es kaum begreifen, wenn ich Dir sage, daß ich des Tags allein 7 Stunden lesen und Auszüge machen muß . . . Gäbe mir Crusius auch 3 Louisdors, so würde ich immer der Zeit nach, gegen jede dramatische Arbeit im Verluste sein", hatte Schiller schon im Dezember 1787 seinem Freund Körner geklagt. Und erst im Juli 1788 war die Niederschrift des Werkes abgeschlossen, das er mit einer besonderen Bildvignette, einem „altdeutschen Hut" als Symbol der Freiheit, schmücken wollte und das so von der ersten Seite an nicht verleugnete, wo Schillers Sympathien lagen.

Der Erfolg blieb nicht aus. Bald darauf wurde ihm durch die Vermittlung Goethes in Jena eine – außer den Kolleggeldern allerdings unbesoldete – Professur angeboten, und Schillers Absicht, durch seine Schriftstellerei eine wirtschaftlich einigermaßen gesicherte Basis zu erlangen, war damit wenigstens zu einem Teil schon verwirklicht. Aber man sähe Schillers historiographische Arbeiten mit falschen Augen, wollte man sie nur unter diesem Aspekt würdigen. Die *Geschichte des Abfalls der vereinigten Niederlande von der spanischen Regierung* setzte auch in Schillers geistiger Entwicklung einen entscheidenden Markstein. Er selbst wußte sehr deutlich darum, und Wieland, dem er im Oktober 1787 aus seinem noch unfertigen Buch vorlas, unterstützte sein Vorhaben enthusiastisch. „Er war von dem Ding hingerissen und behauptet, daß ich dazu geboren sei, Geschichte zu schreiben. Er umarmte mich schwärmerisch und erklärte, daß ich keinen vor mir haben würde, in der Geschichte. Die Niederländische Rebellion müßte ich gleich ins Französische übersetzen lassen, sie würde mir einen erstaunlichen Namen machen", so berichtete Schiller selbst über den Erfolg, den er bei Wieland hatte. Auch andere erkannten Schillers historiographische Bemühungen an, ausgenommen der mißtrauische Körner, der Schiller damit ein für allemal der Dichtung entfernt sah. Schiller selbst empfand sich damals nicht zu Unrecht dem Publizisten näher als dem Dichter, „näher dem Montesquieu als dem Sophokles"; aber er war mit seiner Beschäftigung mehr als zufrieden, und ein anderer Brief an Körner zeigt auch die Gründe auf. „Die Geschichte ist ein Feld", so schrieb er ihm am 17. März 1788, „wo alle meine Kräfte ins Spiel kommen, und wo ich doch nicht immer aus mir schöpfen muß." Zwar begann er auch dieser Arbeit im Juli 1788 gelegentlich „satt zu werden". Nahezu gleichzeitig berichtete er jedoch wiederum: „Wenn ich aber auch nicht Historiker werde, so ist dieses gewiß, daß die Historie das Magazin sein wird woraus ich schöpfe, oder mir die Gegenstände hergeben wird, in denen ich meine F e d e r und zuweilen auch meinen G e i s t übe" – eine Prophezeiung, die noch der *Wallenstein* bestätigen sollte.

Quellen:

Schiller hat vor und während der Niederschrift ein durchaus sorgfältiges Quellenstudium betrieben und in seiner Vorrede zur ersten Ausgabe der *Geschichte des Abfalls* selbst darüber berichtet: „Eine vertrautere Bekanntschaft mit meinem Stoffe ließ mich bald Blößen darin gewahr werden, die ich nicht vorausgesehen hatte, weite leere Strecken, die ich ausfüllen, anscheinende Widersprüche, die ich heben, isolierte Fakta, die ich an die übrigen anknüpfen mußte. Weniger, um meine Geschichte mit vielen neuen Begebenheiten anzufüllen, als um zu denen, die ich bereits hatte, einen Schlüssel aufzusuchen, machte ich mich an die Quellen selbst, und so erweiterte sich zu einer ausgeführten Geschichte, was anfangs nur bestimmt war, ein allgemeiner Umriß zu werden." Schiller hat im Folgenden ausführlich über die von ihm benutzten Quellen Rechenschaft abgelegt.

Schiller nennt ausdrücklich de Thou, Strada, Reyd, Grotius, Meteren, Burgundius, Meursius, Bentivoglio, den Staatsrat Hopperus, Leben und Briefwechsel „seines Freundes" Viglius, die Prozeßakten der Grafen von Hoorne und Egmont und die Apologie des Prinzen von Oranien. Jan Wagenaars *Allgemeine Geschichte der vereinigten Niederlande* hat ihm, seinem Bericht zufolge, besonders gute Dienste geleistet. Ferner kannte er Richard Dinoth („ein übrigens mittelmäßiger Skribent"), der ihm durch Auszüge aus Broschüren der Zeit nützlich wurde. Entgegen seinem Hinweis übernahm er nachträglich auch noch einiges aus der Schrift des Göttinger Historikers Ludwig Timotheus Spittler über das Inquisitionsgericht (s. u.).

Schiller hat seine Quellen nicht nur ausführlich studiert, er war sich auch über ihren unterschiedlichen Wert durchaus im klaren. Er hat lebhaft bedauert, daß er die Geschichte der niederländischen Rebellion nicht aus ihren „ersten Quellen" studieren konnte und im wesentlichen nur auf Darstellungen anderer angewiesen war, und beklagt, daß er sich erst von der Gewalt habe frei machen müssen, die jeder geistvolle Schriftsteller mehr oder weniger gegen seinen Leser ausübe. Diese war ihm um so gefährlicher, als er seinen historischen Stil ja selbst erst entwickeln mußte, und eben dieses, das Problem der Darstellung, schob sich gelegentlich noch vor das des Quellenstudiums. Schiller war zwar von Anfang an gewillt, seine Geschichte „historisch treu" zu schreiben, andererseits aber auch einen schriftstellerischen Stil und eine Form der Darstellung zu schaffen, die die Lektüre nicht zu einer Geduldsprobe für den Leser werden lassen sollte. Eben hier, in der bei aller erreichbaren historischen Treue nie langweiligen Art der Darstellung liegen auch Schillers bleibende Verdienste als Historiker.

Schiller hat im wesentlichen folgende Quellen benutzt (wir folgen der in seiner Vorrede genannten Reihenfolge und legen die Angaben von Richard Fester (Schiller Sämtliche Werke. Säkular-Ausgabe. Bd 14. S. 418 ff.) zugrunde):

Jac. Aug. Thuani [Jacques Auguste de Thou] historiarum superioris seculi pars prima, Francofurti o. J.; pars secunda, Francofurti 1614 (von Schiller nur wenig benutzt).

Famiani Stradae [Famian Strada] Romani e societate Jesu de bello Belgico decades duae ab excessu Caroli V. imp. usque ad initium praefecturae Alexandri Farnesii . . . Moguntiae 1651.

Belgarum aliarumque gentium annales auctore Everardo Reidano [Everhard van Reyd], Dionysio Vossio interprete. Lugduni Batavorum 1633.

Hugonis Grotii [Hugo van Groot] annales et historiæ de rebus Belgicis. Amstelaedami 1658 (Schiller benutzt das Werk nur wenig, rühmt jedoch dessen „kraftvolle Sprache").

Emanuel von Meteren. Eygentliche und vollkommene historische Beschreibung des Niederländischen Kriegs I. Ambsterdam 1627 (von Schiller nur wenig benutzt).

Nicolai Burgundii [Nikolaus Bourgoigne] J. C. et professoris ordinarii codicis in academia Ingolstadiensi. Historia Belgica ab anno 1558. Ingolstadii 1633 (beeinflußte durch seinen barock-schwülstigen Stil und seine humanistisch gefärbte Darstellung auch den schriftstellerischen Stil Schillers).

Ioannis Meursi [Johann van Meurs] Gulielmus Auriacus . . . pars prima. Amstelodami 1638 (von Schiller nur wenig benutzt).

Della guerra di Fiandra descritta dal cardinal [Guido] Bentivoglio parte prima. In Venetia 1645 (von Schiller lediglich benutzt, um ein Zitat von Watson nachzuprüfen).

Joachim Hopperus, Recueil et mémorial des Troubles des Pays Bas, in: Cornelius Paulus Hoynck van Papendrecht. Analecta Belgica. I–II. Hagae Comitum 1743 (dort auch die vita von Viglius und dessen Briefe an Hopperus).

Procès criminels des comtes d'Egmont, du prince de Horne, faits par le duc d'Albe . . . I–II. [Amsterdam 1753].

Apologie ou defense de prince Guillaume d'Orange contre le ban publié par le roi d'Espaigne, presentee a messieurs les estats generauls des Païs bas [1571].

[Jan Wagenaar] Allgemeine Geschichte der vereinigten Niederlanden, aus dem Holländischen übersetzt. I–III. Leipzig 1756–58 (von Schiller als „eine ausführliche, mit Fleiß und Kritik zusammengetragene, und mit seltener Billigkeit [= Gerechtigkeit] und Treue verfaßte Kompilation, die wirklich noch keinen besseren Namen verdient", ausdrücklich gelobt. Schiller fand hier auch andere historische Schriften aufgenommen, die er selbst nicht – aus Unkenntnis des Holländischen und Schwierigkeiten bei der Bücherbeschaffung – benutzen konnte).

Richardi Dinothi [Richard Dinoth] Normanni Constantinatis de bello ciuili belgico libri VI. Basileæ 1586 (Dinoth, von Schiller als „mittelmäßiger Skribent" charakterisiert, wurde ihm jedoch „durch Auszüge aus einigen Broschüren jener Zeit, die sich selbst längst verloren haben", nützlich).

Schiller hat ferner nicht namentlich genannt: Louis Sébastien Mercier, Précis historique und Portrait de Philippe II, roi d'Espagne [Amsterdam 1785].

François Marie Arouet de Voltaire, Essai sur L'Histoire générale et sur les mœurs et l'esprit des nations . . . [Genf] 1756.

[Robert] Watson, Histoire du regne de Philippe II, roi d'Espagne, traduit de l'anglois (I–II, Amsterdam 1777) (wichtig, weil Schiller Watson entscheidende Anregungen zum Studium der Geschichte verdankt; beeinflußte auch die philosophischen Anmerkungen Schillers).

Schiller hat schließlich, entgegen seinem Hinweis in der Vorrede zur ersten Ausgabe, dennoch benutzt:

Sammlung der Instructionen des Spanischen Inquisitions-Gerichts; gesammelt auf Befehl des Kardinals Alonso Manrique; aus dem Spanischen

übersetzt von J. D. Reuß. Nebst einem Entwurf der Geschichte der Spanischen Inquisition von Frhr. Ludwig Timotheus v. Spittler. Hannover 1788.
Über seine nur am Rande genannten historischen Quellen vgl. seine eigenen Anmerkungen.

Überlieferung:

Schillers Werk erschien Ende Oktober 1788 unter dem Titel *Geschichte des Abfalls der vereinigten Niederlande von der Spanischen Regierung. Herausgegeben von Friedrich Schiller. Erster Teil, enthaltend die Geschichte der Rebellion bis zur Utrechtischen Verbindung. Erster Band. Leipzig, bey Siegfried Lebrecht Crusius. 1788.* Vorausgegangen war im gleichen Jahr ein Vorabdruck des Eingangs im Januar- und Februarheft des von Wieland herausgegebenen *Teutschen Merkur.* Der erste (und einzig erschienene) Band war ursprünglich nur als Einleitung in eine insgesamt 6bändige Darstellung gedacht gewesen; auch Wieland hatte im *Teutschen Merkur* Schillers Plan angekündigt, die niederländische Geschichte zur Zeit Philipps II. zu behandeln „und vielleicht bis auf die neuesten Zeiten fortzusetzen". Die nachfolgenden Bände blieben jedoch ungeschrieben, obwohl Schiller sich 1789 mit dem Gedanken einer Fortführung trug und auch noch 1792 dem Verleger Crusius die Möglichkeit einer Weiterarbeit daran andeutete. Doch es blieb beim Plan. 1800 und 1801 arbeitete Schiller an einer Neuauflage des ersten Bandes; sie erschien im Juli 1801 ebenfalls bei Crusius in Leipzig und war in zwei Bände und vier Bücher aufgeteilt; der Untertitel war fortgefallen, und Schiller dokumentierte damit auch öffentlich, daß er an eine Fortsetzung nicht mehr dachte. Er hat im übrigen einige sachliche Korrekturen angebracht, das 3. Buch in zwei Bücher geteilt, Kapitelüberschriften eingeführt und einiges stilistisch korrigiert sowie manches ihm überflüssig Erscheinende gekürzt, den Text andererseits jedoch um zwei „Beilagen" vermehrt (*Prozeß und Hinrichtung der Grafen von Egmont und von Hoorne* und *Belagerung von Antwerpen*; die erstere war schon in doppelt so langer Fassung 1789 im 8. Heft der *Thalia* bzw. nahezu unverändert 1795 im 4. und 5. Stück der „Horen" erschienen (vgl. dazu auch S. 986ff. dieses Bandes).

Unser Text folgt der 2. Auflage von 1801. Bei der Umarbeitung für diese Auflage nahm Schiller eine Reihe von Kürzungen an dem Erstdruck von 1788 vor; die wichtigste und einzige umfangreichere dieser Auslassungen ist die Passage über das

Konzil zu Trient

Schon war der Fanatismus auf einem heilsamen Rückwege zur Vernunft, als sich der erste Gedanke zu diesem Konzilium entspann. Das wachsende Glück der Reformation, die schon anfing Staaten im Staat zu errichten, und ein Reich des Nordens nach dem andern vom Papsttum riß, verhöhnte die barbarischen Mittel, welche eine rohe Politik eilfertig gegen sie zusammengerafft hatte. Die dringende Gefahr, womit die Hierarchie sich umfangen sah, hatte jene blutigen Rettungsmittel in einem gewissen Sinne gerechtfertigt: die Notwendigkeit legte sie auf, weil eine schlimme Sache nur durch eine andere schlimme sich erhalten kann, und die Staatsklugheit selbst sprach dafür, solange es sich beweisen ließ, daß sie hinreichend wären. Die Ertötung eines entbehrlichen Gliedes rettete vielleicht den ganzen Körper; aber dieses Glied mußte geschont werden, sobald es das edlere war. Eben diese Methode, welche gegen die ersten Anfänge der Sekte anzupreisen sein möchte, konnte bei ihrem Anwachs vielleicht die verwerflichste sein. In mehrern Ländern, wie in Frankreich, und allgemein genommen auch in Deutschland hielt der protestantische Teil des Volks dem katholischen schon das Gleichgewicht, in andern war er ihm gar überlegen. Wo er ihm auch an Anzahl wich, hatte er vielleicht die ganze Industrie und den Wohlstand des Staats in Händen, und der Souverän durfte ihn nicht unterdrücken lassen, ohne sich zugleich seines nützlichsten Untertans zu berauben. Große und weitläuftige Monarchien, wie die spanische war, ertrugen diesen Bürgerverlust leichter, oder empfanden ihn wenigstens später, da sich im Gegenteil kleinerer Staaten, wie Savoyen, die Niederlande usw. daran verbluten mußten. Diese also, wenig gebessert, wenn sie, um den gesunden Teil zu retten, den angesteckten aufopferten, mußten vielmehr sorgfältig darauf denken, auch den letztern selbst noch zu bewahren, und ihn wo möglich in einen nützlichen umzuschaffen. Daher die billigeren Religionsgesinnungen bei den Fürsten des zweiten und dritten Rangs; daher der Ursprung größerer Duldung in geringeren Staaten.

Bei der heftigen und allgemeinen Erschütterung, welche die ganze Religionsmasse durcheinander wühlte, konnte es nicht fehlen, daß nicht einige ihrer Blößen zum Vorschein kamen. Die kühnen und glücklichen Angriffe der Reformatoren auf die Hierarchie hatten endlich den Katholiken selbst die Augen über das Sittenverderbnis ihrer Geistlichkeit, und über verschiedene Mißbräuche der Kirche geöffnet, welche die Vorwürfe der Glaubensverbesserer gewissermaßen zu rechtfertigen schienen. Die Kirche, gestand man einstimmig, bedürfe einer R e i n i g u n g, um die edle Einfalt ihres Ursprungs wiederherzustellen, und alles Fremdartige und Willkürliche auszuscheiden, womit eine lange Reihe von Jahrhunderten den reinen Lehrbegriff verunstaltet hatte. Beide Zwecke hoffte man, nach dem Beispiel der vorigen Zeiten, durch eine Generalsynode zu erreichen, die in der Vereinigung seiner irdischen Organe den himmlischen Stifter des Christentums vorstellte. Hier sollten die strittigen Punkte noch einmal der Prüfung unterworfen werden, die Gegner der mütterlichen Kirche mit republikanischer Freiheit ihre Beschwerden vortragen, und dann an die Aussprüche des heiligen Geistes verwiesen sein, der durch das Konzilium redet.

Wichtiger noch waren die politischen Gründe, aus welchen die Fürsten das Konzilium wünschten. Die willkürlichen Anmaßungen des römischen Stuhls hatten längst ihre eigenen Rechte gekränkt, und ihren Stolz beleidigt; jetzt, nachdem dieser gefürchtete Erschütterer ihrer Throne zu der tiefsten Abhängigkeit von ihnen heruntergesunken war, jetzt hatten sie es in der Gewalt, diese anstößige Priestermacht in bescheidnere Grenzen zurückzuleiten, das Oberhaupt der Hierarchie durch seine eigenen Werkzeuge zu beschränken, und ihm durch die Klerisei ihrer Länder Gesetze vorzuschreiben. Alle diese Gründe bewogen Karln den Fünften, sich mit dem tätigsten Eifer für die Haltung dieses Konziliums zu verwenden; dieses war auch die vereinigte Stimme aller katholischen Fürsten.

Aber eben die Gründe, welche den Kaiser und die übrigen Fürsten dieses Konzilium so eifrig wünschen ließen, machten den Papst desto schwüriger, es auszuschreiben. Ein System, wie die Hierarchie, das so sehr Ursache hatte, das Auge der Prüfung zu scheuen, das durch so schwache, so unzuverlässige Bande zusammenhielt, und gleichsam nur für ein Helldunkel gestellt war, konnte der republikanischen Lizenz dieses geistlichen Reichstags, und dem Ehrgeize der Prälaten, die ein, dem römischen Stuhl ganz entgegengesetztes Interesse hatten, ohne Gefahr nicht bloßgestellt werden. Viele Dogmen, die in die päpstliche Hoheit eingriffen, durften gar nicht zur Untersuchung kommen; ein scholastischer Zank konnte die Grundsäulen der päpstlichen Macht unterwühlen. Das Beispiel der vorigen Kirchenversammlungen erwies zur Genüge, wie viel sich die Prälaten gegen die Papstheit herausnehmen konnten. Wenn dies in den ruhigen Zeiten des unangefochtenen Lehrbegriffs geschah, wie viel mehr war in einer Epoche zu wagen, wo bereits ein so verführerisches Beispiel des Abfalls gegeben, wo die Erleuchtung des Menschengeschlechts um so viele Jahrhunderte weitergerückt war, und wo die mißliche Stellung der Gemüter, die Unzuverlässigkeit mancher von den wichtigsten katholischen Fürsten dem Oberhaupt der Kirche alle jene trotzigen Waffen verbot, die sonst unwiderstehlich und unfehlbar gewesen. Clemens der Siebente entschlüpfte dem Antrag mit allen Schlangenkünsten der römischen Politik, aber die vereinigte nachdrückliche Stimme der sämtlichen katholischen Fürsten nötigte seinem Nachfolger Pauln dem Dritten endlich die Bewilligung dazu ab. Nach vielen Verzögerungen, welche über den Ort, wo das Konzilium gehalten werden sollte, entstanden, und welche dem Papst sehr willkommen waren, wurde es endlich durch eine feierliche Bulle nach Trient ausgeschrieben, wohin der Papst drei Legaten schickte, um durch sie die Verhandlungen desselben von Rom aus zu dirigieren. In den verschiedenen Sitzungen des Konziliums wurde der Hauptlehrsatz der Protestanten, nach welchen sie die Schriften der Evangelisten und Apostel für die einzige Norm des Glaubens erkennen, als verdammlich verworfen, die apokryphischen Bücher in gleichen Rang mit den kanonischen gesetzt, und ihnen, so wie den mündlichen Überlieferungen der Kirche, ein gleiches Ansehen zugestanden. Anstatt den eigentlichen Quellen der Trennung nachzuspüren, und die Beschwerden der Gegner zu untersuchen, verschwendete man den Atem in unnützen scholastischen Untersuchungen, und den lächerlichsten Kämpfen, die mit der eigentlichen Quelle des Übels nichts zu schaffen hatten; einige wenige gewagtere Angriffe auf den römischen Stuhl, wurden durch die Mehrheit seiner Kreaturen, und durch die Gewandtheit der Legaten glücklich zurückgeschlagen. Als sich der Streit anfing zu erhitzen, und einige bedenkliche Artikel den Papst beunruhigten, verlegte er die Versammlung eilfertig nach Bologna; die politischen Händel, welche den kaiserlichen und römischen Hof entzweiten, trennten auch das Konzilium, und die kaiserlichen Bischöfe, die in Trient zurückgeblieben, wollten die Väter in Bologna nicht erkennen. Unterdessen hatte die Schlacht bei Mühlberg das Selbstvertrauen des Siegers erhoben; beleidigt vom dem Papst, und unbefriedigt von den Konzilien, will er aus eigner Gewalt ins Werk richten, was er aufgibt von diesem zu erhalten, und unternimmt, die streitenden Parteien vermittelst seines Interims zu vereinigen, ein Versuch, der, wie alle vorigen, mißlingt. Das Konzilium wird von den heftigen Zwistigkeiten geteilt, welche die Bastarde des Papsts und des Kaisers wegen Parma und Piacenza erregen. Während dieser Unruhen stirbt Paul der Dritte. Das Konzilium kehrt unter seinem Nachfolger Julius den Dritten nach Trient zurück; aber der Streit wegen Parma und Piacenza, der durch die Dazwischenkunft einer natürlichen Tochter Heinrichs des Zweiten von Frankreich nur noch verwickelter wird, fährt nicht weniger fort, beide Höfe zu vereinigen und seine Verhandlungen zu hemmen. Die Erzbischöfe von Mainz und Trier, vier päpstliche Nuntien und Legaten, zwei kaiserliche Gesandte, und einige italienische, spanische und deutsche Prälaten geben endlich dem Konzilium seine Tätigkeit wieder, welches aber nach einigen fruchtlosen Gezänken über das Abendmahl durch den Schrecken der protestantischen Waffen, die schon an den Grenzen von Italien drohen, plötzlich aufgehoben wird. Karl verliert in Tirol die Frucht aller seiner Siege, und flieht schimpflich vor seinem Überwinder; Solimans Waffen rufen den römischen König nach Ungarn, und Heinrich der Zweite von Frankreich, ein Alliierter von diesen beiden Feinden der katholischen Christenheit, kommt ihnen in Italien und Deutschland zu Hilfe. Die versammelten Völker verlassen eilfertig Trient, und neun Jahre lang liegt das Konzilium darnieder.

Kaum war der französische Krieg durch den Frieden von Chateau-Cambresis geendigt und die Ruhe in Europa wiederhergestellt, als die Aufmerksamkeit Philipps, die durch keine dringendere politische Angelegenheit mehr zerstreut war, auf den Religionszustand seiner Staaten, seine Lieblingssorge, zurückkehrte, und er die Augen wieder auf das Konzilium richtete. Weit entfernt aber, auf eine Aussöhnung mit der evangelischen Sekte dabei zu denken, gegen welche sein Haß instinktartig und unauslöschlich war, oder es der Mühe wert zu halten, der mütterlichen Kirche diese verlornen Glieder zu retten, war es ihm nur darum zu tun, den noch unbefleckten Teil seiner Untertanen vor einer gleichen Verderbnis zu bewahren. Der Verlust einer Million Menschen (sollten es auch mehrere sein) kümmerte einen Monarchen nur wenig, der, wenn es auf politische Berechnungen ankam, mit Menschenleben so verschwenderisch war, und nie nach Individuen zählte; die Bequemlichkeit einer allgemeinen Geisteseintracht hingegen, die eine Frucht dieses Konziliums sein sollte, war zu anziehend für seinen engen Geist, daß er nicht genug eilen zu können glaubte, sie in allen Provinzen seiner Monarchie auszuschreiben. Dazu kam, daß auch er, unbeschadet seiner wahren und seiner geheuchelten Ergebenheit gegen den römischen Stuhl, die Anmaßungen desselben mit Augen der Eifersucht betrachtete, und dadurch, daß er die Macht der Bischöfe und der kleineren Fürsten erweiterte, die Gerichtsbarkeit dieses Stuhls zu beschränken hoffte. Aus ganz andern Gründen und einer weit menschlicheren Politik stimmte Frankreich für die Erneuerung des Konziliums. Heinrich der Zweite, der grausame Feind der Hugenotten, war nicht mehr; ihr Anhang war in diesem Reiche zu einer so furchtbaren Macht angewachsen, daß er der herrschenden Kirche imstande war, die Spitze zu bieten, und selbst die Zügel der Regierung an sich zu reißen. Zugleich machte er den reichsten und edelsten Teil seiner Bürger aus, und der Verlust schien gleich groß, einen solchen Feind zu unterdrücken, oder ihm zu erliegen. Das einzige Rettungsmittel für diesen Staat schien eine Wiedervereinigung beider Kirchen zu sein, welche möglicherweise nur von einer Generalsynode erhalten werden konnte. Dieselbe menschliche Politik nötigte dem Kaiser, dem Herzoge von Savoyen und einigen andern Fürsten dieselben Wünsche ab, und die Fortsetzung des Tridentinischen Konziliums war wieder das einstimmige Begehren aller katholischen Mächte.

Pius der Vierte, ein Mediceer, trug damals die Tiare. Er selbst hatte sich vor seiner Erhebung zur Erneuerung des Konziliums verbindlich gemacht, aber kaum hatte er den Stuhl Peters bestiegen, so trat er in die Maximen seiner Vorgänger ein. Er erinnerte sich der Beweggründe, nach welchen Paul der Dritte gehandelt hatte, da er die Kirchenversammlung, unter dem Vorwand, sie nach einem gesunderen Ort zu verlegen, zertrennte. Er überlegte die Gefahr, welcher Julius der Dritte durch sein gutes Glück und die Waffen der Protestanten in Deutschland noch kärglich entrunnen war. Jetzt war in Europa kein Karl der Fünfte mehr, der dem Dünkel und Ehrgeize der Prälaten Grenzen setzen konnte, wenn es ihnen einfallen sollte, über den Trümmern des Papsttums ihre eigene Macht zu erheben. Aber die Hitze, mit der die katholischen Fürsten diese Angelegenheit betrieben, ließ ihm keine Wahl. Zugleich bedrohte ihn Frankreich mit einer Nationalsynode, welche ihn in Gefahr setzte, dieses ganze Königreich wie Britannien zu verlieren; dieses zu verhindern mußte er eilen, das Konzilium in Trient zu erneuern.

Die Frage war, ob es als eine ganz neue Synode, oder nur als eine Fortsetzung des unterbrochenen Konziliums angekündigt werden sollte? Die Entscheidung dieses Punktes war so ernsthaft und delikat, als sie beim ersten Anblick nichtsbedeutend schien. War es ein neues Konzilium, so war dadurch stillschweigend das Ansehen des vorigen entkräftet, und alle Entscheidungen desselben, welche zu erschleichen so viel Kunst gekostet hatte, mußten noch einmal der so gefährlichen Beleuchtung ausgesetzt werden. War es hingegen nur eine Fortsetzung des ersten, so behielten alle

Schlüsse, welche gegen die Protestanten gefällt worden, eine gesetzliche Kraft; und letztere konnten sich also im voraus für verurteilt halten. Aber in den wenigen Jahren, worin das Konzilium geruht hatte, hatte die Lage der Protestanten ein so vorteilhaftes Ansehen gewonnen, daß ihre Beistimmung nicht mehr so ganz gleichgültig war. Erklärte man das Konzilium für ein neues, so konnte man sie vielleicht bewegen es anzuerkennen, und ihre Bevollmächtigte dahin zu senden. Diese letzte Meinung unterstützten der kaiserliche und französische Hof auf das nachdrücklichste, welche darauf drangen, daß man die Schlüsse der vergangenen Sitzungen in Vergessenheit senken solle. Philipp der Zweite aber, dem an Beschleunigung des Konziliums unendlich mehr, als an dem Beitritt der Protestanten gelegen war, und der zugleich noch in Sorgen stund, daß die Schlüsse desselben dadurch eine Milderung leiden möchten, drang darauf, sie ganz davon auszuschließen, und das neue Konzilium ausdrücklich für fortgesetzt zu erklären. Der römische Hof half sich, um beide Parteien, wo nicht ganz zu befriedigen, doch beide zu schonen, mit einer Spitzfindigkeit: ,,Wir setzen das Konzilium fort", erklärten sich die Legaten, ,,indem wir es ankündigen; und kündigen es an, indem wir es fortsetzen."

Alle Fürsten der Christenheit, auch die protestantischen, wurden nach Trient zu dem Konzilium geladen. Zwei päpstliche Nuntien, denen der Kaiser drei Gesandte an die Seite gab, um ihr Gesuch zu unterstützen, erschienen vor den protestantischen Fürsten Deutschlands, die sich zu dem Ende in Naumburg versammelt hatten. Aber unglücklicherweise war gleich in der Ankündigung gefehlt. Diese Ankündigung setzte Punkte voraus, die erst erwiesen werden sollten, und geschahe im Namen des römischen Bischofs, dessen Recht dazu die große Streitfrage war. Die Fürsten erklärten den kaiserlichen Gesandten ihren Dank für seine wohlgemeinte Verwendung. ,,Nichts", sagten sie, ,,würde ihnen willkommener sein, als eine allgemeine Kirchenversammlung, der es ernstlich darum zu tun wäre, den bisherigen Glaubenstrennungen zu begegnen; aber weder diesen Zweck, noch diese Wirkung versprächen sie sich von der Trientischen, in welcher, wie schon aus der Bulle erhelle, nur die Kreaturen des römischen Hofs etwas zu sagen haben würden." Die Nuntien wurden vorgelassen; die päpstlichen Briefe aber, ihrer einladenden Aufschrift ohngeachtet, uneröffnet zurückgegeben. ,,Da sie von keiner Gerichtsbarkeit wüßten, die der Bischof außerhalb seinem Kirchspiel auszuüben hätte, so hielten sie sich nicht für verbunden, ihm ihre Meinung von dem Konzilium zu sagen." Den Nuntien, welche nach Dänemark und England bestimmt waren, wurde mit noch weniger Achtung begegnet. Noch an der niederländischen Grenze wird dem Kardinal Martiningo von seiten Friederichs befohlen zurückzukehren, und in Lübeck erhält sein Gefährte von der Königin Elisabeth einen freundschaftlichen Wink, sich die Seereise zu ersparen.

Gleich die Eröffnung des Konziliums gab zu erkennen, was man sich davon zu versprechen hätte. Ehe noch der größeste Teil der Deputierten und der auswärtigen Prälaten angelangt war, wurde auf Ansuchen der

Legaten, welche den Vorsitz bei der Versammlung führten, ein Schluß abgefaßt, daß sie allein die Streitfragen sollten aufwerfen dürfen. Dadurch
glaubte der römische Stuhl alle Angriffe abzuwehren, welche gegen ihn
selbst gerichtet werden konnten; und der Hauptendzweck des Konziliums,
die Verbesserung der Hierarchie, ging gleich durch die Schlüsse seiner
ersten Sitzung verloren. Je mehr Mühe Philipp und die übrigen Fürsten
anwendeten, dieses schädliche Dekret umzustoßen, desto mehr bestärkten
sie das Mißtrauen des Papstes, der nun nicht mehr zweifelte, daß es mit
diesem Konzilium auf seine eigene Gerichtsbarkeit abgesehen sei; und die
Legaten erhielten Befehl, mit der unerschütterlichsten Beharrlichkeit auf
diesem Artikel zu bestehen. Nichtsdestoweniger kamen einige sehr bedenkliche Fragen, vorzüglich über die Einsetzung und den Wohnsitz der
Bischöfe, in Bewegung, die schon Pauln den Dritten in Furcht gesetzt und
seine ganze Politik angestrengt hatten; aber durch eine unermüdete Wachsamkeit, durch Bestechungen, Schmeicheleien und Drohungen, durch
ununterbrochene geheime Unterhandlungen mit den Prälaten, hauptsächlich aber durch die tätige Mitwirkung der italienischen Bischöfe, die den
übrigen an Anzahl weit überlegen, und als die ärmsten unter allen in größerer Abhängigkeit von dem römischen Stuhle standen, wußte er die Mehrheit der Stimmen überall auf seiner Seite zu erhalten, daß nicht nur kein
Schluß zustande kam, der seine Macht einschränkte, sondern auch sogar
einige wichtige Anmaßungen, deren Abschaffung von den Hauptzwecken
des Konziliums gewesen, durch dasselbe Bestätigung empfingen. Diese
offenbare Parteilichkeit der Synode, die durch ununterbrochene geheime
Befehle von Rom aus in Fesseln gehalten wurde, gab den auswärtigen
Gesandten und Prälaten zu bittern Beschwerden Anlaß, denen man bald
durch glatte und zweideutige Antworten auswich, bald die zuversicht-
lichste Dreistigkeit entgegensetzte. Katharina von Medicis verkaufte die
französische Kirche dem römischen Stuhl für eine schimpfliche Summe von
25 000 Goldgulden, und Kaiser Ferdinand klagte bitter, daß man ihm kein
ähnliches Gebot getan hatte. Das römische Gold wucherte reichlich in
Trient, und die heiligen Väter ließen sich herab, dem heiligen Stuhl als
Spionen zu dienen. Aber dieser kostbare Geldaufwand und die fortdauernde Anstrengung seiner Aufmerksamkeit ermüdeten zuletzt den
Papst. Mit aller seiner Wachsamkeit konnte Pius der Vierte es nicht verhindern, daß nicht ein verfänglicher Artikel den andern drängte, und die
Insolenz der Prälaten ihn in immerwährender Furcht erhielt. Er gab also
seinen Legaten Befehl die Versammlung ohne Zeitverlust aufzuheben.
Dieses geschah gegen das Ende des Jahres 1563 mit der unanständigsten
Eilfertigkeit, doch ohne eine merkliche Widersetzung von seiten der
katholischen Fürsten, die ihre ehemaligen Erwartungen von dem Konzilium längst aufgegeben, und nun deutlich einsahen, daß seine längere Fortsetzung das päpstliche Ansehen, anstatt es zu verringern, nur erweitern
und befestigen würde. Davon überführten sie die letzten Schlüsse des
Konziliums, die auf sein ganzes, vorhergehendes, willkürliches Verfahren

vollends das Siegel drückten. Der erste enthielt, daß die Schlüsse, ehe sie in Kraft eines Gesetzes gälten, von dem Papst erst bestätigt werden müßten; der andere lautete, daß, welcher Ausdrücke man sich auch darin bedient haben möchte, keiner zum Nachteil des päpstlichen Ansehens dürfe gedeutet werden. Vier päpstliche Legaten, eilf Kardinäle, fünfundzwanzig Erzbischöfe, hundertundachtundsechzig Bischöfe, neununddreißig deputierte Minister, und sieben Ordensgenerale unterzeichneten die Statuten. Der Papst, von dem glücklichen Ausschlag dieses so gefürchteten Konziliums auf das angenehmste überrascht, ließ öffentliche Dankgebete anstellen; die Bestätigungsbulle wurde ohne Verzug ausgefertigt, alle Prälaten und Fürsten darin aufgefordert, die Schlüsse des Konziliums gelten zu machen, und Erläuterungen derselben, welchen Namen sie auch haben möchten, ein für allemal untersagt. Der protestantische Fürsten wurde gar nicht dabei gedacht; da sie so wenige Achtung gegen die Einladung bewiesen, so war nicht zu erwarten, daß die Bestätigungsbulle bei ihnen mehr Glück machen würde. Der römische Stuhl gab sie also stillschweigend auf.

In der Tat hatte das Resultat dieser Synode die schlechten Erwartungen der letztern nur zu sehr bestätigt.

9 *Herrn beider Indien:* der König von Spanien.

10 *Mittlers:* Alba. – *Korsaren:* Seeräuber. – *Faktionen:* Parteien.

11 *Ligue:* Bündnis der Katholiken gegen die Hugenotten. – *Grenada:* Granada.

14 *Danaiden:* Töchter des Danaos, die in der Brautnacht ihre Gatten ermordeten und zur Strafe in der Unterwelt Wasser in ein löchriges Faß schöpfen mußten.

18 *Satrapen:* Statthalter.

19 *Aufgang:* Morgenland. – *Geusenbund:* Vereinigung des niederländischen Adels gegen Philipp II. – *Kohorten:* Teile einer römischen Legion.

20 *batavische:* Die Bataver waren im Rheindelta ansässig.

21 *Generalitätslande:* katholische Niederlande; etwa der von Seeland, Holland und Gelderland begrenzte Teil südlich und westlich der Maas.

23 *beider Zeiten:* Altertum und Mittelalter.

25 *spanische Braut:* Johanna die Wahnsinnige.

26 *Subsidien:* Hilfsdienste.

27 *Gemeinheit:* hier die vereinigten Provinzen. – *erkannten:* anerkannten.

28 *wendischen Städten:* an der Ostsee gelegene Städte der Hanse.

30 *Comtoirs:* Kontoren.

32 *Negotianten:* Kaufleute.

33 *Kalikut:* Kalkutta. – *Aufschrift:* S. P. Q. A. In usum negotiarum cujuscunque nationis ac linguae, urbisque adeo suae ornamentum. Anno MDXXXI a solo exstrui curaverunt.

34 *Akzise:* Steuer. – *Guicciardini:* italienischer Staatsmann und Historiograph zu Anfang des 16. Jahrhunderts.

35 *Freistaat:* Schweiz.

42 *Bedienung:* Amt.

47 *Meridian:* Scheitelpunkt.

50 *kindischen Regierung:* Karl IX. wurde mit zehn Jahren König. – *Konklave:* Versammlung der Kardinäle, die den Papst wählen.

51 *Menschen . . ., denen das . . . :* Mönche.

58 *meinte:* bedachte.

64 *Kaiser:* König Adolf von Nassau, 1292–1298.

66 *Machiavell:* Gemeint ist dessen *Il principe.*

80 *Kirchenversammlung zu Trient:* Das Konzil zu Trient tagte 1545–1563 und legte nahezu die gesamte katholische Kirchenlehre neu fest.

83 *Regale:* Hoheitsrecht.

89 *Präbenden:* Pfründen.

90 *Metropolitan:* Erzbischof. – *Freiheitsbrief des fröhlichen Einzugs:* Statuten, die die Herzöge von Brabant den Städten des Landes anläßlich ihres Einzuges gegeben hatten; von den Brabantern la joyeuse entrée, blyde Inkomst genannt.

95 *unwissend:* ohne sein Wissen.

96 *Sbirren:* Häscher.

97 *Königinmutter:* Katharina von Medici.

98 *Subsidien:* hier Unterstützung durch Truppen.

106 *Pantalon:* der (verliebte) Alte in der italienischen Commedia dell' arte. – *Magnaten:* Adelige, Großgrundbesitzer.

111 *Kurien:* Gerichtsbehörden.

113 *Ritter des goldnen Vlieses:* Angehörige eines weltlichen Ritterordens seit 1492.

117 *Benefizen:* Lehen, Wohltaten. – *Indulgenzen:* Straferlässe.

118 *Suppliken:* Bittgesuche. – *Memorialen:* Eingaben.

121 *Schluß:* Beschluß.

124 *Liktor:* Beamter im alten Rom.

127 *trage er ihr . . . auf:* ihr: der Herzogin. – *kommittierten:* beauftragten.

130 *lautete sie:* die Antwort.

131 *Pasquille:* Schmähschriften. – *Deliberationen:* Überlegungen.

134 *Territorialgerechtigkeiten:* Landesrechten.

135 *Protestationen:* Protesten.

140 *Verpfleger der Neuheit:* Neuerungslustige. – *Republik:* hier Staat allgemein.

141 *Negotiation:* Abmachung.

144 *Sum Brederodus ego, Batavae non infima gentis/Gloria. virtutem non unica pagina claudit:* Bin Brederode genannt, der Letzte nicht meines Volkes, / Meiner Tapferkeit Ruhm meldet mehr als ein Blatt (nach Fester, Säkularausgabe Bd 14, S. 445).

146 *Kompromiß:* Übereinkunft.

149 *Extremität:* außerordentliche Lage.

161 *Moderation:* Abmachung, die die Landstände berechtigte, Verwahrung

gegen die Beeinträchtigung ihrer Rechte durch die Regierung einzulegen.

170 *Rapieren:* Degen. – *insolenter:* anmaßender.

173 *das Augsburgische Bekenntnis:* grundlegende Bekenntnisschrift der lutherischen Kirche von 1530. – *Drossard:* Drost

179 *Busch:* Park. – *des Prinzen:* Don Carlos.

182 *Conseil:* Staatsrat.

191 *Instrumenten:* Urkunden.

192 *von jeder Sprache:* Flämisch und Wallonisch.

194 *Väter:* Priester.

200 *Cortes:* Volksvertretung.

206 *Grandezza:* Adel. – *negotiieren:* abschließen.

212 *Detachement:* Truppenabteilung.

222 *Kontroverspredigten:* Predigten zur Bestreitung des Glaubens Andersdenkender.

240 *Minister:* hier Diplomaten.

249 *Tertianfieber:* Wechselfieber.

252 *Indulgenz:* Nachsicht.

263 *Sentenz:* Urteilsspruch.

266 *Ad Patibulum:* An den Galgen.

267 *Zitation:* Vorladung vor Gericht.

PROZESS UND HINRICHTUNG DER GRAFEN VON EGMONT UND VON HOORNE

Entstehung und Überlieferung:

Im Sommer 1788 arbeitete Schiller an einem kleinen Aufsatz für die *Thalia*; er erschien dort 1789 im 8. Heft unter dem Titel *Des Grafen Lamoral von Egmont Leben und Tod*. Schiller folgte im ersten Teil der „Erzählung", die das Leben Egmonts beschreibt, sehr eng der entsprechenden Schilderung der *Geschichte des Abfalls*. Die zweite Hälfte, die vom Prozeß gegen Egmont und seiner Hinrichtung handelt, stellt hingegen gewissermaßen einen Vorgriff auf die Teile der *Geschichte des Abfalls* dar, die Schiller nicht mehr ausarbeitete. Als Schiller 1801 die 2. Auflage seiner *Geschichte des Abfalls* veröffentlichte, nahm er nur diesen zweiten Teil als „Beilage" auf.

Diese Beilage, mag sie auch noch so sehr als geschlossene Erzählung wirken, läßt immerhin die Konturen der geplanten Fortsetzung der *Geschichte des Abfalls* erkennen. Als Schiller sie 1788 niederschrieb, dürfte er diese allerdings noch gar nicht im Sinn gehabt haben. Sie stellt sich uns vielmehr erst nachträglich als eine Fortsetzung der *Geschichte des Abfalls* in nuce dar. Wir dürfen zudem annehmen, daß Schiller damals in erster Linie durch Goethes *Egmont* inspiriert wurde, der durch Goethe dichterisch verherrlichten Gestalt den historischen Egmont gegenüberzustellen, zumal Schiller den ersten (in der zweiten Ausgabe der *Geschichte des Abfalls* fortgelassenen) Teil ungefähr zur gleichen Zeit niederschrieb, in der seine *Egmont*-Rezension entstand. Schillers Egmont ist gewissermaßen ein Gegenbild zu dem Goethes, und Schiller hat sich nicht gescheut, die historisch verbürgten Züge, die zum Egmont-Bild Goethes in Widerspruch standen, scharf und deutlich herauszuarbeiten. Unser Text folgt der 2. Auflage von 1801.

Quellen:

Procès criminels des comtes d'Egmont, du prince de Horne, faits par le duc d'Albe... I–II. [Amsterdam 1753] (Schillers Hauptquelle).

Emanuel von Meteren, Eygentliche und vollkommene historische Beschreibung des Niederländischen Kriegs I. Ambsterdam 1627 (Schiller übernahm daraus die meisten Einzelheiten zur Schilderung der Hinrichtung).

274 *Generalprokurator*: Generalanwalt. – *Defensoren*: Verteidiger.
275 *in contumaciam*: in Abwesenheit des Angeklagten. – *Fiskal*: öffentlicher Ankläger. – *Interzessionen*: Einsprüche.
276 *Sentenz*: Urteil.
277 *konföderierten*: verbündeten.

BELAGERUNG VON ANTWERPEN DURCH DEN PRINZEN VON PARMA IN DEN JAHREN 1584 UND 1585

Entstehung und Überlieferung:

Schiller hat diese Erzählung, die als zweite „Beilage" in der 2. Auflage der *Geschichte des Abfalls der vereinigten Niederlande* 1801 erschien, ebenfalls schon früher geschrieben: sie entstand im Frühjahr 1794, als für die *Horen* noch ein Bogen gefüllt werden mußte. „Diese Arbeit macht mir weniger Mühe, und es würde der kleine Nebenzweck dabei erreicht, daß schon im ersten Stück das historische Feld besetzt wäre", schrieb Schiller damals (29. 11. 1794) an Goethe. Es war ihm darum zu tun, von vornherein den *Horen* „Mannichfaltigkeit" zu verleihen, und so war ihm sein eigener historischer Beitrag mehr als willkommen. Schillers Erzählung erschien unter dem Titel *Merkwürdige Belagerung von Antwerpen in den Jahren 1584 und 1585* im 4. und 5. Stück der *Horen*, Jahrgang 1795.

Schiller selbst war jedoch von seiner erneuten historischen Tätigkeit nicht sonderlich begeistert und sprach von dem „mageren Genuß", den ihm seine Arbeit gebe, und der unvermittelte Schluß der Erzählung zeigt, wie unfertig sie zudem geblieben ist. Schiller hatte dennoch damit erstaunlichen Erfolg, und seine Erwartung – „ich hoffe aber, es geht mir wie den Köchen, die selbst wenig Appetit haben, aber ihn bei andern erregen" – erfüllte sich vollkommen.

Quellen:
Schiller trieb auch für diese Erzählung ein ziemlich gründliches Quellenstudium, beklagte sich aber in einem Brief an Goethe vom 19. März 1795 über „die Menge elenden Zeugs", die er nachlesen mußte.

Schiller dürfte vor allem die schon für die *Geschichte des Abfalls* eingesehenen Schriften von Meteren, Strada, Grotius, Reyd, de Thou und Wagenaar benutzt haben; vgl. dazu S. 965f. dieses Bandes.

282 *Herrn beider Indien:* König von Spanien. – *Bettler:* die Geusen. – *der Gentische Bund:* Bündnis gegen die Spanier.

287 *detachierte:* abgesonderte.

295 *Estakade:* eine Reihe eingerammter Pfähle.

296 *Paß:* Durchfahrt.

298 *Deliberationen:* Beratungen.

299 *traktieren:* verhandeln. – *Supplikanten:* Bittsteller.

304 *Diversion:* Ablenkungsmanöver.

314 *Popularität:* volkstümliches Beispiel.

317 *Redouten:* geschlossene Schanzen.

GESCHICHTE DES DREISSIGJÄHRIGEN KRIEGS

Entstehung:
Schillers zweite große historische Schrift war ursprünglich nur eine Auftragsarbeit. Der Verleger Göschen hatte zu Ende des Jahres 1789 Schiller um einen Beitrag zu seinem *Historischen Calender für Damen* gebeten und als Thema die Geschichte des Dreißigjährigen Krieges vorgeschlagen. Schiller nahm damals sofort an und begann schon im Januar 1790 mit dem Quellenstudium. Er fand die Arbeit der Reichhaltigkeit des Stoffes und der auf bloße Liebhaber zugeschnittenen Behandlungsart wegen anfangs recht leicht. Aber schon im Juni 1790 klagte er, daß er dieses Buches wegen „kaum zu Atem" kommen könne – der Stoff wuchs ihm unter der Hand ins Riesenhafte aus, und von einem bloßen Beitrag für Göschens *Damenkalender* war schon im Sommer 1790 nicht mehr die Rede. Und auch die Behandlungsart, die ihm anfangs keine Sorgen machte, gab ihm schon sehr bald eigene Probleme auf: das Publikum, für das die Geschichte des Dreißigjährigen Krieges gedacht war, stellte zwar an den Historiker Schiller keine besonderen Ansprüche. Aber es konnte gerade deswegen auch nicht unvorbereitet in die Ereignisse jener Zeit hineingeführt werden. Schiller sah sich zu „Preliminarnotizen" verpflichtet und erkannte, daß alles darauf ankomme, das historische Terrain so ausführlich wie möglich auszubreiten, um die folgende Darstellung des Krieges selbst erst recht verständlich zu machen.

Das zeugt von Schillers Bemühen, seine Darstellung gewissenhaft auf den Kreis und die Interessen seines Publikums abzustimmen; Schiller hatte in diesem Punkte seit seiner *Geschichte des Abfalls der vereinigten Niederlande* ganz zweifellos dazugelernt. Aber seine Erkenntnis, daß eine Einführung in die fremde Welt der damaligen Glaubenskämpfe unumgänglich sei, bekundet zugleich, daß auch sein historisches Bewußtsein sich ganz erheblich verfeinert und geschärft hatte, daß er hier nicht mehr einer aufgeklärten Geschichtsexegese zu folgen gewillt war, sondern sich um ein tatsächlich historisches Verständnis des Darzustellenden bemühte. Schiller, der in der *Geschichte des Abfalls* anfangs noch sehr summarisch verfahren war und der seine Darstellung mit philosophischen Spekulationen und abstrakten Überlegungen durchsetzt hatte, sah sich nicht nur seines historisch ungebildeten oder doch im einzelnen ungenügend vorgebildeten Publikums wegen veranlaßt, ausführlich auf die historischen Voraussetzungen einzugehen: ohne sie blieben die Ereignisse des Dreißigjährigen Krieges auch an sich unverständlich. Nicht nur der Leser, der Gegenstand selbst verlangte schon nach „Preliminarnotizen" – und Schiller gab sich alle Mühe, die Vorgeschichte dieser im einzelnen so schwer überschaubaren Kriegsereignisse wenigstens umrißhaft zu skizzieren. Schiller wurde dadurch freilich genötigt, seine Darstellung von Anfang an erheblich weiter auszudehnen, als er ursprünglich geplant hatte. Aber nur so ließ sich sein Vorhaben überhaupt bewältigen.

Der erste Teil, der die Ereignisse bis zur Breitenfelder Schlacht behandelte, konnte nichtsdestoweniger schon im Herbst 1790 erscheinen. Schiller arbeitete im Herbst 1791 mit gleicher Intensität an der Fortsetzung; sie kam Ende des Jahres heraus. Aber manches deutet darauf hin, daß er seiner Geschichtsstudien bereits während dieses Jahres allmählich überdrüssig wurde. Schon zu Anfang seiner schweren Erkrankung im Frühjahr 1791 hatte Schiller den Plan gefaßt, die Historiographie nicht zum Hauptberuf werden zu lassen, und im Dezember 1791 hatte Schiller die Nachricht von dem großzügigen Geldgeschenk des Herzogs von Augustenburg und des Grafen Schimmelmann erhalten, das ihm seine wirtschaftliche Existenz für die folgenden drei Jahre sichern sollte. Schiller entschloß sich, seine Geschichte des Dreißigjährigen Krieges mit einer dritten Lieferung für den *Damenkalender* zu beenden. Auch seine 1792 geschriebenen Briefe lassen ein deutlich gemindertes Interesse an der Welt des Dreißigjährigen Krieges erkennen. Zudem drängten sich nach der Lektüre Kants philosophische Probleme wieder stärker in den Vordergrund. Vor allem aber regten sich in Schiller erneut dichterische Pläne. Er begann über ein Epos über Gustav Adolf nachzudenken und erwog gleichzeitig schon eine Wallenstein-Dichtung. „Ich bin jetzt voll Ungeduld, etwas Poetisches vor die Hand zu nehmen, besonders juckt mir die Feder nach dem Wallenstein. Eigentlich ist es doch nur die Kunst selbst, wo ich meine Kräfte fühle", ließ er am 25. Mai 1792 seinen Freund Körner wissen, und wenige Wochen später gestand er gar: „Die Last des dreißigjährigen Krieges liegt noch schwer auf mir, und weil mich die Krämpfe auch redlich fortplagten, so weiß ich oft kaum wo aus noch ein." Am 21. September schickte er seinem Verleger jedoch die letzten Bogen; Mitte November erschien die dritte und letzte Lieferung im *Damenkalender* 1793. Schillers historische Tätigkeit war, von gewissen Gelegenheitsarbeiten abgesehen, im wesentlichen beendigt; seine philosophische Periode begann.

Man merkt es auch hier dem Schluß an, daß Schiller seine Arbeit allmählich leid geworden war: die letzten fünfzehn Jahre des Krieges sind, gemessen an der Ausführlichkeit der ersten Teile, recht summarisch behandelt. Aber es gibt noch einen weiteren Grund, der Schillers allmähliche Abkehr von der Historie nicht weniger zureichend erklärt. Wer die *Geschichte des dreißigjährigen Kriegs* aufmerksam liest, merkt deutlich, daß es Schiller im Verlauf seiner Darstellung durchaus nicht mehr so sehr auf eine wohlabgewogene historische Vollständigkeit ankommt, sondern auf etwas anderes. Und wenn sich in der *Geschichte des Abfalls der vereinigten Niederlande* Schillers historiographischer Stil allmählich verändert hatte, so veränderte sich hier, in der *Geschichte des dreißigjährigen Kriegs*, nichts Geringeres: sein eigentliches historisches Interesse. Faszinierender als die Parteiungen und Kriegsverläufe selbst wurden für den Historiker Schiller die beiden großen Gestalten des Krieges, Gustav Adolf und Wallenstein, und je weiter er sich in seinen Bericht über den Dreißigjährigen Krieg hineinschrieb, desto mehr wurden sie zum Thema seiner Darstellung. Aus dem weitausholenden Bericht über das historische Terrain wurde schon bald die Beschreibung der Welt, in der jene beiden Großen lebten, und Schiller begnügte sich nicht mit der bloßen Darstellung der beiden Haupthelden und ihrer kriegerischen Heldentaten, sondern suchte als Historiograph zugleich ihr Wesen zu ergründen, sich ihr Tun aus ihrem Charakter zu erklären und sie so den Lesern erst recht verständlich zu machen. Hier liegt die eigentliche Leistung der Schillerschen Darstellung. Charakteristiken dieser Art waren in der Historiographie der Zeit alles andere als üblich. Schiller aber hat es verstanden, jene beiden Großen so plastisch zu beschreiben, daß seine Darstellung, mag sie heute aus historischer Sicht auch überholt sein, darin ihren Wert behält. Schillers Versuch, über die bloße Schilderung der Begebenheiten hinauszugehen, verschaffte ihm aber zugleich auch tiefere Einblicke in die verschlungene Vielfalt von Ursachen und Folgen der damaligen Vorgänge, als eine bloß positivistische Registratur der Ereignisse es je gestattet hätte. Und wenn jenes zu Schillers historiographischem Verdienst gehört, so dieses zur reizvollen Spannung seiner Darstellung, der sich auch ein heutiger Leser kaum entziehen kann.

Eben hier ist freilich auch eine doppelte Grenze der Schillerschen Historiographie erreicht. Nicht nur, daß die Geschichtsschreibung die Grenze zur Psychologie an mehr als einer Stelle zu überschreiten droht; Schiller selbst empfand offensichtlich ein Ungenügen an einer bloß historischen Behandlung der Welt des Dreißigjährigen Krieges, und daß gleichzeitig der Plan eines Epos über Gustav Adolf und der Wallensteinplan auftauchten, zeigt deutlich, daß Schiller nur als Dichter dort anschließen konnte, wo er als Historiker enden mußte; seine historiographische Tätigkeit, die ursprünglich aus seinem dramatischen Interesse an der Geschichte und ihren Stoffen erwachsen war, mündete fast zwangsläufig in epische und mehr noch in dramatische Pläne. Nicht so sehr die weltbewegenden Begebenheiten dieser düsteren Epoche interessierten ihn am Ende, sondern mehr noch das eigentümlich Poetische daran; und eben hier hat der Dichter wiederum vom Historiker gelernt, wie vorher der Historiker vom Dichter. In der Charakteristik Wallensteins, wie er sich in der *Geschichte des dreißigjährigen Kriegs* darbietet, liegt nicht zufällig der Wallenstein des Dramas deutlich vorgezeichnet; und ganz bewußt hat Schiller Worte aus seiner historiographischen Charakteristik Wallensteins – „ein gleich undurchdringliches Geheimnis für Freund und Feind, der Schrecken, und doch zugleich die letzte Hoffnung des Kaisers" – in seinen späteren *Wallenstein*-Prolog aufgenommen. Wallenstein, der fiel, „nicht weil er Rebell war, sondern ... rebellierte, weil er fiel" – eben diese düstere, in Widersprüche ihres eigenen Wesens tief verstrickte Gestalt fesselte ihn, als dramatischer Gegenstand, von nun an stärker als der Bericht des Historikers über sie.

Quellen:

Schiller hat im *Historischen Calender für Damen*, in dem das Werk in drei Fortsetzungen zuerst erschien, seine Hilfsmittel nicht genannt. Er hat jedoch alle wichtigen Quellen, die ihm damals zur Verfügung standen, sorgfältig benutzt, mit Ausnahme der französischen allerdings (so der Memoiren Richelieus), die er für das 5. Buch wohl schon aus Zeitgründen nicht mehr zur Kenntnis nehmen konnte. Folgendes aber hat er, wie Richard Fester und andere ermittelt haben, durchaus gekannt:

Guillaume Hyacinthe Bougeant, Histoire des guerres et des négociations qui précédèrent le traité de Westphalie, sous le règne de Louis XIII.... Paris 1727 (Schiller seit April 1786 bekannt; von ihm später in der kommentierten Übersetzung von F. E. Rambach, Historie des dreissigjährigen Krieges ... [Halle] 1758 benutzt).

Michael Ignaz Schmidt, Geschichte der Deutschen. Ulm 1785 ff. (von Schiller im März 1788 erworben; verdrängte Bougeants Geschichtswerk. Von Schiller der dort kritisch zusammengestellten Quellen wegen trotz einseitiger Parteinahme Schmidts sehr geschätzt).

Eléazar de Mauvillon, Histoire de Gustave-Adolphe, Roi de Suède ... [Amsterdam] 1764 (bedeutsam für Schillers historische Rhetorik).

Samuel von Pufendorf, Commentariorum de Rebus Suecicis libri XXVI. ... [Utrecht] 1686; Histoire de Suède ... Bd 2, [Amsterdam] 1732 (für die späteren Teile der Geschichte des Dreißigjährigen Krieges von Bedeutung).

Christoph von Khevenhueller, Annales Ferdinandei, 10.–12. Teil. Leipzig 1724–26 (quellenkundlich für Schiller wichtig).

Bogislav Philipp von Chemnitz, Königlichen Schwedischen in Teutschland geführte Kriegs erster (anderer) Theil [zuerst Stettin 1648].

Friedrich Spanheim, Le Soldat suedois . . . . O. O. 1634 (von Schiller in der Ausgabe von 1642 benutzt).

Christoph Gottlieb von Murr, Beyträge zur Geschichte des dreyssigjährigen Krieges, insonderheit des Zustandes der Reichsstadt Nürnberg während desselben . . . . Nürnberg 1790.

Histoire des dernières campagnes et négociations de Gustave Adolphe. Berlin 1772 (Auszug eines italienischen Werkes von Galeazzo Gualdo Priorato, von Abbé Francheville kommentiert (für militärische Fragen benutzt).

[Johann Philipp Abelin] Theatrum Europaeum, oder, ausführliche vnd wahrhafftige Beschreibung aller vnd jeder denckwürdiger Geschichten . . . . Franckfurt 1635 f. (für Einzelheiten).

Geschichte des Dreißigjährigen Krieges und des Westphälischen Friedens. Zum Behuf der gegenwärtigen Staats-Begebenheiten. Frankfurt u. Leipzig 1748 u. ö. anonym.

Œuvres de Mr. Sarasin. Paris 1686 (von Schiller vielleicht benutzt für sein anfängliches Urteil über den Verschwörer Wallenstein; Schiller kannte möglicherweise Sarasins Werk aber auch durch die Vorrede der Bougeant-Übersetzung von Rambach).

Gottlob Benedikt Schirach, Biographie der Deutschen. Bd 5. Halle 1773.

Johann Christoph Krause, Lehrbuch der Geschichte des dreyßigjährigen Kriegs und westphälischen Friedens. Halle 1782 (Handbuch, in Schillers Besitz befindlich).

Johann Stephan Pütter, Historische Entwickelung der heutigen Staatsverfassung des Teutschen Reichs. Göttingen 1786/87.

Überlieferung:

Schillers *Geschichte des dreißigjährigen Kriegs* erschien zuerst im Oktober 1790 im *Historischen Calender für Damen für das Jahr 1791* (Buch 1–2); im gleichen Kalender für das Jahr 1792 erschien Ende 1791 das 3. Buch und im November 1792 (im *Historischen Calender . . . für 1793*) der Schluß des 3. sowie das 4. und 5. Buch. 1793 kam bei Göschen aber auch schon eine (unveränderte) Buchausgabe des Werkes heraus; und 1802 erschien eine von Schiller überarbeitete Neuauflage. Das erste Buch war darin durch Kürzungen ein wenig zusammengestrichen, gelegentliche Inkonsequenzen waren ausgeglichen, Schärfen gemildert und einiges auch stilistisch verändert. Ihr folgt unser Druck.

334 *Apostat:* Abtrünniger. – *das Zeitliche:* das weltliche Gut.
337 *Schmalkaldischen Bunde:* Bund protestantischer Fürsten 1530, zur Wahrung der protestantischen Religion gegen Karl V. gegründet.
339 *Benefizien:* Lehen.
342 *Spolienklagen:* Klagen auf Herausgabe von Kirchengütern. – *Sentenzen:* Urteilen.

344 *Konkordienwerken:* Schriften, die sich um die dogmatische Einheit der verschiedenen protestantischen Bekenntnisse bemühen.

346 *Konzilium zu Trient:* s. o. S. 977f. u. 985.

348 *Fürstenbund:* Bund Heinrichs IV.

349 *Landschaft:* Landtag.

350 *Pforte:* Herrschaft des türkischen Sultans.

353 *Kompaktaten:* Verträgen.

355 *erkannte:* anerkannte. – *Defensoren:* Verteidiger.

357 *Agnaten:* Blutsverwandten (väterlicherseits).

361 *den geistlichen Vorbehalt:* Bestimmung des Augsburger Religionsfriedens, wonach zum Protestantismus übertretende Fürsten ihr Land verlieren sollten.

363 *apaganierter:* abgefundener, d. h. nicht in der Erstgeburtsfolge stehender. – *Präbenden:* Pfründen.

365 *Zitation:* Vorladung vor Gericht.

368 *Sukzession:* Thronfolge. – *Kompetenten:* Bewerber.

369 *in Sequester nehmen:* beschlagnahmen.

372 *Ravaillacs Messerstiche:* Ravaillac war der Mörder Heinrichs IV. von Frankreich.

375 *Paß:* Durchfahrt.

377 *Bedienungen:* Ämtern.

382 *Utraquisten:* gemäßigte Richtung der Hussiten.

383 *Supplik:* Bittschrift.

385 *exequieren:* exekutieren. – *Gefälle:* Steuern.

386 *drei Thronen:* Österreich, Ungarn und Böhmen.

387 *Bartholomäusnächten:* In der Bartholomäusnacht waren die Hugenotten in Paris am 24. 8. 1572 niedergemetzelt worden.

389 *Sukkurs:* Beistand.

390 *Reverse:* Erklärung.

400 *Subsidien:* Unterstützung. – *der römische Antichrist:* der Papst.

403 *Magnaten:* Adeligen.

405 *taxieren:* besteuern.

409 *Ernestinen:* Wettiner.

414 *Regal:* Hoheitsrecht.

419 *einen nahen Verwandten:* den pfälzischen Kurfürsten.

423 *Ein Aventurier:* Graf von Mansfeld. – *Prinz:* Georg Friedrich von Baden. – *Glücksritter:* Christian von Braunschweig.

426 *Wahlkapitulation:* vor einer Wahl vom zu Wählenden gegebene Zusage.

430 *Detachements:* abgezogene Truppen.

433 *Nachdem er diesen Ort:* er: Christian IV.

437 *60 000:* versehentlich für 60.

438 *Vezier:* Wesir.

442 *interzedieren:* vermitteln.

445 *Observanz:* Gewohnheitsrecht.

450 *Traktaten:* Verhandlungen.
460 *Pflanzschule:* Reserve.
465 *Kontribution:* Kriegssteuer.
470 *Schamade:* mit Trommeln gegebenes Zeichen der Ergebung. – *Restitutionsedikt:* Bestimmung Ferdinands II. über Einziehung der von protestantischen Fürsten in Besitz genommenen Kirchengüter.
472 *Schluß:* Beschluß.
475 *postulierte:* stellte zur Wahl auf.
478 *Approchen:* Laufgräben.
484 *Kassation:* Aufhebung.
493 *Schanze:* Chance.
505 *Anathemen:* Bannflüchen.
510 *Traktaten:* Verhandlungen.
513 *der Graf:* von Hanau.
518 *Kastel:* Mainz-Kastell.
527 *Hermannstein:* Ehrenbreitstein.
532 *Falkonettkugel:* Geschützkugel.
541 *drei Prager Städte:* Altstadt, Neustadt, Kleinseite.
543 *Sukkurs:* Unterstützung.
566 *halbe Monde:* halbrunde Erdbefestigungen.
574 *gällt:* wird gallig.
580 *Defileen:* Engpässe.
588 *Telamonier:* Telamos, Bruder des Peleus. Sagen lassen ihn u. a. am Zug des Herakles gegen Troja teilnehmen.
599 *Plakate:* Bestimmungen.
603 *Mediationsvorschlägen:* Vermittlungsvorschlägen.
606 *Deliberationen:* Überlegungen. – *Motion:* Antrag.
612 *Kostnitz:* Konstanz.
614 *Kornetten:* kleinere Truppenabteilungen.
619 *Exulanten:* Verbannten.
629 *traktieren:* verhandeln.
642 *Dignitäten:* Ehrenstellen.
649 *Zessionen:* Übertragungen eines Anspruches auf einen Dritten.
661 *Avokatorien:* öffentliche Aufforderungen, durch die eine Regierung ihre Staatsangehörigen aus einem fremden Staat zurückruft.
671 *mit Akkord:* durch Vergleich.
688 *Herzog von Enghien:* Condé.
696 *Negoziationen:* Verhandlungen.

WAS HEISST UND ZU WELCHEM ENDE STUDIERT MAN UNIVERSALGESCHICHTE?

Entstehung:

Goethe hatte sich schon im Dezember 1788 dafür verwandt, daß Schiller in Jena eine Professur für Geschichte zugesprochen wurde, und am 21. Januar 1789 war Schiller dank gemeinsamer Bemühungen Goethes, Frau von Steins und des Geheimrats Voigt zum Professor ernannt worden. Schiller, der noch im Winter an seinen Fähigkeiten und seiner ausreichenden Vorbildung für ein derartiges Amt gezweifelt hatte, von Goethe aber nichtsdestotrotz zum „docendo discitur" ermuntert worden war, las gleich im Sommersemester 1789 zweistündig über ein außerordentlich umfangreiches Gebiet, nämlich über eine Einleitung in die Universalgeschichte. Schiller begann am 26. Mai mit einer allgemeinen Unterscheidung zwischen dem „Brotgelehrten" und dem „philosophischen Kopf". Am nächsten Tage folgte dieser wissenschaftstheoretischen Grundlegung eine zweite Vorlesung über den Begriff der Universalgeschichte, zu der Schiller vor allem die historischen Ereignisse zählte, die die moderne Gestalt der Welt und die Form der menschlichen Gesellschaft beeinflußt hatten. Streng historisch wird man heute Schillers Einleitung nicht bezeichnen können; geschichtsphilosophische Überlegungen sind eingesprengt, die erkennen lassen, daß Schiller hier noch ganz der Humanitätslehre des 18. Jahrhunderts huldigt. Dennoch erregten seine Anfangsvorlesungen damals gewaltiges Aufsehen.

Schiller hat für den Druck (November 1789 in Wielands *Teutschem Merkur*) beide Vorlesungen zu einer einzigen Abhandlung zusammengefaßt; die Nahtstelle ist jedoch noch gut zu erkennen (s. S. 708 dieses Bandes).

Quellen:

Schiller hatte bereits im Frühjahr 1789 mit Vorbereitungen für seine Vorlesung begonnen und dabei vor allem universalhistorische Darstellungen benutzt, so etwa August Ludwig von Schlözers *Vorstellung seiner Universalhistorie* (Göttingen/Gotha 1772), die er schon von seiner eigenen Studienzeit her kannte, aber auch Edward Gibbons *The History of the Decline and Fall of the Roman Empire* (London 1776 ff.; in deutscher Übersetzung Leipzig 1779 ff.). Herders *Ideen zur Philosophie der Geschichte der Menschheit* haben vor allem in der zweiten Vorlesung ebenfalls ihre Spuren hinterlassen. Für seine „Einleitung" selbst hat er außerdem noch folgende Werke benutzt:

Abbé Claude François Xavier Millot, Élémens d'Histoire générale (Paris 1772; von Schiller in der Übersetzung von W. E. Christiani, Leipzig 1777 ff. benutzt).

Christian Daniel Beck, Anleitung zur Kenntnis der allgemeinen Welt-
und Völker-Geschichte für Studierende. Leipzig 1787 ff. (von Schiller allerdings kritisch beurteilt).

Johann Matthias Schröckh, Lehrbuch der allgemeinen Weltgeschichte.
Berlin 1774.

Jacques Bénigne Bossuet, Discours sur l'histoire universelle . . . Paris
1681 u. ö.

Michael Ignaz Schmidt, Geschichte der Teutschen. Ulm 1785 ff. (vgl.
dazu auch S. 991 dieses Bandes).

Überlieferung:

Schillers Rede erschien zuerst im November 1789 in Wielands *Teutschem
Merkur* und gleichzeitig als Sonderdruck der akademischen Buchhandlung
in Jena mit dem Untertitel: „Eine akademische Antrittsrede bei Eröffnung
seiner öffentlichen Vorlesungen gehalten von Friedrich Schiller, Professor der Geschichte in Jena." Dagegen erhob allerdings der Jenenser Ordinarius für
Geschichte, Heinrich, Einspruch, und in einer zweiten Auflage des Sonder-
druckes nannte Schiller sich „Professor der Philosophie". Schiller druckte
seine Antrittsrede mit geringfügigen Änderungen im ersten Band seiner
Kleineren prosaischen Schriften 1792 noch einmal ab. Danach unser Druck.

Etwas über die erste Menschengesellschaft nach dem Leitfaden der Mosaischen Urkunde

Entstehung:

Auch dieser Aufsatz gehört in den Zusammenhang der Vorlesung, die
Schiller im Sommer 1789 über die Einleitung in die Universalgeschichte
hielt. Andeutungen über die erste Menschengesellschaft finden sich bereits in Schillers Antrittsvorlesung; hier aber ist die Schilderung früher
Menschheitszustände breit ausgemalt. Anthropologische, historische,
philosophische Aspekte der mosaischen Urkunde – das zeigt dieser Aufsatz –
interessierten ihn gleichermaßen stark.

Aber die Schrift ist nicht nur um ihrer selbst willen bedeutsam, sondern
auch deswegen, weil sich hier Gedanken späterer Abhandlungen schon deutlich abzeichnen. Manche der hier entwickelten Vorstellungen über den
Gang der Menschheitsentwicklung hat Schiller später wenigstens andeu-
tungsweise in seine Briefe über die ästhetische Erziehung des Menschen
übernommen, und seine hier nur grob skizzierte Theorie, daß der Mensch,
der das Paradies der Unschuld verlassen habe, sich zu einem „Paradies der
Erkenntnis und der Freiheit" wieder hinaufarbeiten müsse, enthält in
nuce bereits Gedanken, wie Schiller sie später ausführlicher in seiner Schrift
über naive und sentimentalische Dichtung verfolgt. Vorstellungen wie die,
daß der erste König ein Usurpator gewesen sei, zeigen aber andererseits
zugleich, wie lebendig bei Schiller noch die jugendliche Vorliebe für den

großen Empörer, die große geschichtliche Tat geblieben ist. Nicht weniger weisen seine Aussagen über die Antinomie von Instinkt und Vernunft auf Theorien zurück, wie er sie in seinen medizinischen Probearbeiten vorgebracht hatte. Und eben darum ist diese Schrift, die an sich viel mehr Spekulation als historische Forschung enthält, für den Gang der Schillerschen Geistesentwicklung und für die Einheit seiner geschichtsphilosophischen Vorstellungen ein interessanter Beleg.

Quellen:

Schiller hat in seiner *Thalia*-Fassung in einer Anmerkung selbst auf seine Hauptquelle ausdrücklich aufmerksam gemacht: „Es ist wohl bei den wenigsten Lesern nötig, zu erinnern, daß diese Fassung eines Kantischen Aufsatzes in der Berliner Monatschrift entstanden sind." Damit war Kants Aufsatz *Mutmaßlicher Anfang der Menschengeschichte* vom Januar 1786 gemeint. Vorstellungen, daß der Mensch sich aus der Pflanze entwickelt habe, waren andererseits aber schon seit Locke populär; Schiller könnte sie also auch anderswoher übernommen haben.

Überlieferung:

Der Aufsatz erschien zuerst 1790 im 11. Heft der *Thalia*. Schiller hatte ihn ursprünglich wohl nur für seine Vorlesung niedergeschrieben und entschloß sich dann erst zur Veröffentlichung in seiner Zeitschrift. An die Vorlesung erinnert zumindest noch eine als solche typographisch nicht sichtbar gemachte Überschrift (vgl. S. 731), und das ist zugleich auch ein Hinweis darauf, daß Schiller wohl kaum noch etwas an ihm verändert hat. Er nahm den Aufsatz 1792 wiederum nur wenig verändert in den ersten Band der *Kleineren prosaischen Schriften* auf. Danach unser Druck.

731 *Elohims:* des Gottes Israel (plural majestaticus).
735 *Mameluken:* Leibwächtern.

DIE SENDUNG MOSES

Entstehung:

Auch dieser Aufsatz gehört in den Zyklus der Vorlesungen zur Einführung in die Universalgeschichte vom Sommer 1789 und folgte damals wohl unmittelbar dem über die erste Menschengesellschaft nach dem Leitfaden der mosaischen Urkunde. Der Aufsatz ist, wie auch jener andere, als historischer Beitrag heute allenfalls noch von wissenschaftsgeschichtlichem Wert. Schiller aber kam es auch wohl schon damals weniger auf eine historisch angemessene Würdigung der Sendung Moses' an als vielmehr darauf, die Gestalt und die Sendung Moses' als universalhistorisches Ereignis vorzustellen. So hat er die Züge, die Moses als Religionsstifter und Verschwörer gegen die Ägypter zeigen, besonders deutlich herausgearbeitet.

Daß die Spekulation allerdings auch hierin die historische Darstellung überwuchert, ist wiederum sowohl von Schillers eigenem Interesse an der „großen" Gestalt als auch von der ohnehin stark spekulativ orientierten Geschichtswissenschaft der damaligen Zeit her verständlich.

Quellen:

Schiller verweist in einer Anmerkung selbst auf eine Schrift *Über die ältesten hebräischen Mysterien von Br. Decius*, aus der er „verschiedene der hier zum Grund gelegten Ideen und Daten" übernommen habe. Diese Schrift (mit genauem Titel: *Die hebräischen Mysterien, oder die älteste religiöse Freymaurerey. In zwey Vorlesungen, gehalten in der ——— zu **** von Br. Decius.* Leipzig 1788) stammte von dem Jenenser Philosophen Reinhold. Schiller hat sie vor allem für die Beschreibung der ägyptischen Mysterien benutzt.

Überlieferung:

Der Aufsatz wurde 1790 im 10. Heft der *Thalia* veröffentlicht; Schiller nahm ihn 1792 in den 1. Band seiner *Kleineren prosaischen Schriften* unverändert auf. Dem folgt unser Druck.

739 *Profanskribenten:* weltliche Historiographen.
742 *Apostaten:* Abtrünnigen.

DIE GESETZGEBUNG DES LYKURGUS UND SOLON

Entstehung:

Schiller hielt seine Vorlesungen über Lykurg und Solon im Rahmen seiner universalhistorischen Einführung im August 1789. Die merkwürdige Übereinstimmung mit einem Aufsatz von Schillers Griechischlehrer Johann Jakob Heinrich Nast, den Nast 1792 unter dem Titel *Über die Vorzüge und Gebrechen der Lykurgischen Gesetzgebung und Staats-Verfassung* in der Karlsschule vorgelesen hat und die entstehungsgeschichtlich besonders interessant ist, hat man sich verschieden erklärt; gelegentlich hat man Schiller hier auch des Plagiats bezichtigt. Eine gründliche Prüfung durch Richard Fester (Schillers Sämtliche Werke. Säkular-Ausgabe. 13. Band. S. 303 ff.) hat schließlich aber ergeben, daß Schiller doch vermutlich nicht der Bearbeiter fremder Gedankengänge, sondern der weitgehend autonome Autor dieses Aufsatzes ist. Denn Schiller hat hier zumindest seine Staatsauffassung eigenständig formuliert und seinen Aufsatz in den Zyklus seiner universalhistorischen Einleitung deutlich eingegliedert; wichtige Sätze fehlen überdies bei Nast. Nicht weniger bezeichnend ist für Schiller, daß er, anstatt sich abstrakt mit der Entstehung der Gesetze zu befassen, die Gesetzgeber selbst in den Mittelpunkt seiner Darstellung rückt und deren Gestalten reizvoll miteinander kontrastiert. Dennoch hat er

seinen universalhistorischen Aspekt nicht aus den Augen verloren und die
Entwicklungslinien angedeutet, die von diesen Gesetzgebern aus in die
Geschichte der Menschheit weiterführen – ein weiteres Zeugnis für die
Eigenständigkeit des Schillerschen Aufsatzes.

Quellen:

   Schiller dürfte vor allem Plutarch (in der deutschen Übersetzung von
Gottlob Benedikt von Schirach, Bd 1, Berlin/Leipzig 1777) benutzt haben,
ferner Claude François Xavier Millots *Éléments d'histoire générale* (in der
deutschen Übersetzung von W. E. Christiani, Leipzig 1777ff.; s. a. S. 995
dieses Bandes) und für die These, daß die Gesetze aus dem Geist der Völker
abgeleitet seien, Montesquieus *L'esprit de lois* (1748). Einzelnes stammt vielleicht aus Christian Daniel Becks *Anleitung zur Kenntniss der allgemeinen
Welt- und Völker-Geschichte für Studirende* (Leipzig 1787ff.).

Überlieferung:

   Der Aufsatz erschien 1790 im 11. Heft der *Thalia*. Schiller selbst hat ihn
später nicht mehr veröffentlicht; erst Körner nahm ihn 1813 in seine Ausgabe der Werke Schillers auf. Unser Druck folgt dem der *Thalia*.

759 *Ephoren:* Aufseher.
776 *Salamine:* Salamis.
781 *Ostrazismus:* Scherbengericht; zeitweilige Verbannung einzelner Bür-
     ger; das Urteil wurde vom Volk auf Tonscherben niedergeschrieben.
784 *Prytanen:* etwa Ratsherren.

ALLGEMEINE SAMMLUNG HISTORISCHER MEMOIRES

Entstehung:

   Schiller faßte im Zusammenhang mit seinen historischen Studien bereits
im Herbst 1787 den Plan, eine Sammlung historischer „Memoires" herauszugeben, schloß aber erst im Februar 1789 darüber mit dem Jenenser Verleger Mauke einen Vertrag. Eigentlicher Anlaß zu diesem Unternehmen
war nicht etwa Schillers wachsendes Interesse an der Geschichte, sondern
seine damals wachsende wirtschaftliche Notlage, und die „Memoires", wie
Schiller sie nannte, sollten ihn endlich in gewissem Maß wirtschaftlich
unabhängig machen.

   Das Unternehmen war außerordentlich breit geplant. Schiller war darauf
gestoßen, als er die *Collection universelle des mémoires particuliers relatifs à
l'histoire de France* kennenlernte, die 1785 in London zu erscheinen begonnen hatten. Memoiren gehörten zur Lieblingslektüre des lesefreudigen
18. Jahrhunderts, und Schiller sah hier eine Möglichkeit, Jahre hindurch
eine Reihe von Büchern ohne allzugroßen eigenen Aufwand herauszugeben oder zumindest zu betreuen.

Er versuchte bald Mitarbeiter zu gewinnen. Seinem Freund Körner trug er die englischen Memoiren an; französische und italienische Memoiren sollten ebenfalls nicht fehlen. Er selbst wollte Memoiren bearbeiten, die mit seinen eigenen und eigentlichen Geschichtsstudien in Verbindung standen, also solche „mehr aus den mittleren als aus den alten oder neuesten Zeiten", wie er in einem Brief an Körner hinzusetzte; und er eröffnete seine Sammlung denn auch mit einer universalhistorischen Abhandlung über die Kreuzzüge.

Die Bände sollten nach Nationalitäten geordnet werden. Schiller hoffte auf das weiterhin wache Interesse der Leser für derartige Lebensberichte aus allen Zeiten und Ländern. Voller Erfolg war dem Unternehmen jedoch nicht beschieden. Die Mitarbeiter fanden sich nicht in der Zahl, wie sie nötig gewesen wären, um ein derart gewaltiges Unternehmen stets mit neuem Stoff zu versorgen. Die Arbeit selbst erwies sich auch für Schiller als zeitraubende Tätigkeit, und zeitweise geriet alles ins Stocken; statt der ursprünglich geplanten sechs bis acht Bände im Jahr erschienen zuweilen nur ein bis drei Bücher. Immerhin aber erreichte die Sammlung schon im Laufe der 90er Jahre einen respektablen Umfang. Die erste Abteilung, die dem Mittelalter gewidmet war, kam schon in den Jahren 1790 bis 1795 heraus; die zweite Abteilung umfaßte 29 Bände und erschien in den Jahren 1791–1806. Sie enthielt nur französische Memoiren; englische Memoiren blieben entgegen dem ursprünglichen Plan unbearbeitet. Ab Band 4 der zweiten Abteilung wurde der Jenenser Historiker Woltmann, der auch die versprochene Fortsetzung der universalhistorischen Übersicht über die Kreuzzüge schrieb, als Mitherausgeber genannt; von Band 6 der zweiten Abteilung an besorgte der Orientalist Paulus die Bände, obwohl Schiller noch immer auf dem Titelblatt genannt wurde und Paulus nicht. Paulus redigierte auch nach Schillers Tod den Schlußband (II, 29).

Schiller selbst hat sich nur bis 1793 mit dem Unternehmen näher befaßt und drei Bände der ersten sowie fünf Bände der zweiten Abteilung redaktionell betreut; möglicherweise aber haben ihm auch noch spätere Bände vorgelegen. Schillers eigentliche Leistung besteht – neben der Auswahl der Mitarbeiter und der Memoiren – vor allem in den universalhistorischen Einleitungen, die den Memoiren selbst einen immer interessanten zeitgeschichtlichen Hintergrund gaben, der der universalhistorischen Absicht der Memoiren entsprechend durchaus nicht nur die bloß politischen Ereignisse berücksichtigte, sondern auch philosophische, kirchengeschichtliche, kunst- und kulturgeschichtliche Betrachtungen einschloß. Schiller hat ursprünglich aber auch auf die Form der Memoiren einen sehr genauen Einfluß nehmen wollen; darüber unterrichtet sein Brief an Körner vom 12. März 1789. Kleinigkeiten, „bloßes Geschwätz, oder pedantische Mikrologie" wollte Schiller nicht dulden, „charakteristische Kleinigkeiten" jedoch dagegen erhalten wissen. Daß es ihm auch auf den historiographischen Stil ankam, zeigt sein Hinweis, daß „wörtliche Treue" erst in zweiter Linie wichtig sei; „Gefälligkeit des Stils" schien ihm dringlicher. Und in der wohlüberlegten Abgrenzung der Memoiren gegen die Chronik einerseits und die Geschichte andererseits liegt gewiß ein nicht geringeres Verdienst Schillers als in den mit großem Geschick konzipierten universalhistorischen Übersichten selbst.

VORBERICHT

Schillers *Vorbericht* ist mit dem 25. Oktober 1789 datiert und erschien Ende 1789 im 1. Band der ersten Abteilung der *Allgemeinen Sammlung historischer Memoires*. Er berührt sich mit der von Schiller ausdrücklich genannten Vorrede der *Collection* in einigen Punkten, weicht in anderen, vor allem in der Begriffsbestimmung der Memoiren, allerdings wesentlich davon ab: Schiller siedelt sie einerseits in der Mitte zwischen der geschichtlichen Darstellung und dem Roman an, grenzt sie andererseits aber ausdrücklich gegen die Chronik und gegen „jede vollständige Geschichte" ab. Diese Abgrenzung folgt der Definition, die Schiller schon am 12. März 1789 in seinem Brief an Körner gegeben hatte, und das zeigt, daß Schiller sich das Definitionsproblem durchaus sorgfältig und lange überlegt haben dürfte.

UNIVERSALHISTORISCHE ÜBERSICHT DER VORNEHMSTEN AN DEN KREUZZÜGEN TEILNEHMENDEN NATIONEN

Von Anfang an war Schiller entschlossen, vor allem solche Epochen zu behandeln, die mit seinen sonstigen Geschichtsstudien in Zusammenhang standen, und so wählte er für seine universalhistorischen Übersichten nicht zufällig „mehr aus den mittleren als aus den alten oder neuesten Zeiten" aus. Zugleich glaubte er, mit einer universalhistorischen Übersicht über die Kreuzzüge die *Memoires* auch für den Leser interessant eröffnen zu können. Schiller klagte anfangs allerdings, daß ihm die Arbeit sehr zu schaffen mache; aber vom 3. November 1789 datiert ein enthusiastisches Selbstlob auf diese seine historiographische Tätigkeit. „Eine Arbeit, die mir anfangs nichts versprach, hat sich plötzlich unter meiner Feder, in einer glücklichen Stimmung des Geistes, veredelt, und eine Vortrefflichkeit gewonnen, die mich selbst überrascht. Ich habe noch nichts von diesem Werte gemacht, wenn mich anders die noch zu große Wärme meines Kopfs, die leicht auch auf mein Urteil übergehen konnte, nicht irret; nie habe ich soviel Gehalt des Gedankens in einer so glücklichen Form vereinigt, und nie dem Verstand so schön durch die Einbildungskraft geholfen ... Es war mir aber nie so lebhaft, daß jetzt niemand in der deutschen Welt ist, der gerade das hätte schreiben können als ich" (an Caroline von Beulwitz, 3. November 1789). Das war kein spontan ausgesprochenes übertriebenes Selbstlob; Schiller äußerte sich später Körner gegenüber ähnlich befriedigt, wenn er schrieb: „Dieses Produkt glaubte ich müßte Dich überraschen, könnte Dich nicht kalt lassen, sowohl wegen der Neuheit der Gedanken als auch wegen der Darstellung. Ich wagte mich darin in ein Element, das mir noch fremd war, und glaubte mich mit vielem Glück darin gezeigt zu haben. Der Hauptgedanke um den ich mich darin bewege, scheint mir ebenso neu und wahr, als er fruchtbar und begeisternd ist." Körners Lob, das läßt sich schon hieraus erschließen, muß allerdings etwas kühler ausgefallen sein. Aber Körner hatte gegen Schillers historiographische Tätigkeit ohnehin Bedenken, und Schiller gab Körner denn auch zu verstehen, daß Herder seine universalhistorische Übersicht bewundert habe.

Schillers Arbeit ist vom Historischen her gesehen heute natürlich längst überholt. Aber darin liegt auch nicht ihr Wert. Schiller selbst fesselte hieran ja ebenfalls nicht so sehr die Darstellung einzelner historischer Ereignisse als vielmehr der universalhistorische Aspekt, und seine kulturgeschichtliche Übersicht kam seiner Neigung zur spekulativen und synthetisierenden Geschichtsbetrachtung zweifellos entgegen. Er schrieb seine Übersicht noch ganz mit dem Enthusiasmus der aufgeklärten Gewißheit, daß sich die Vorherrschaft des Verstandes doch endlich auch in der Geschichte ausbreiten müsse – und eben von hier aus ist Herders Zustimmung nur zu verständlich. Aber auch Schillers historiographischer Stil hat sich seit der *Geschichte des Abfalls der vereinigten Niederlande* entschieden gewandelt und verfeinert; gerade die Möglichkeit, nicht an eine unausweichbare Folge von zu erzählenden Ereignissen gebunden zu sein, brachte seine darstellerischen Fähigkeiten in der Skizzierung großräumiger Geschichtsentwicklungen erst recht zur Geltung. Gewiß nicht zufällig deuten Schillers Ausführungen über die Wechselbeziehungen von Freiheit und Kultur voraus auf die Geschichtskonzeption, die den späteren ästhetischen Schriften, vor allem den Briefen über die ästhetische Erziehung des Menschen, zugrunde liegt – ein Hinweis darauf, wie sehr selbst diese Gelegenheitsarbeit sich in den Zusammenhang der Schillerschen Geschichtsvorstellungen eingliedert.

Überlieferung:

Schillers universalhistorische Übersicht erschien Ende des Jahres 1789 zusammen mit dem *Vorbericht* und den *Denkwürdigkeiten aus dem Leben des griechischen Alexius Komnenes, beschrieben durch seine Tochter Anna Komnena* (die nur zum geringeren Teil von Schiller, zum größeren von dem Studenten Berling übersetzt sind) im ersten Band der ersten Abteilung der *Memoires*. Die am Schluß angekündigte Fortsetzung, die im zweiten Band folgen sollte, erschien jedoch nicht; Schiller begründet das Fehlen mit einem Hinweis auf die zu wahrenden Proportionen des Bandes und vertröstete seine Leser auf den dritten Band und dort erneut auf den vierten, der als Supplementband erscheinen sollte. Schillers Krankheit aber verhinderte, daß er sein Versprechen einlösen konnte; der vierte Band wurde bereits von Woltmann herausgegeben. Schiller nahm 1792 einen Teil seiner

Übersicht in den ersten Band seiner *Kleineren prosaischen Schriften* unter dem Titel *Über Völkerwanderung, Kreuzzüge und Mittelalter auf*. Unser Text folgt dem Erstdruck.

Quellen:

Schiller benutzte vor allem W. Robertsons *Abriß vom Wachstume und Fortgange der Gesellschaft in Europa* (deutsch von M. T. C. Mittelstedt, Braunschweig 1770), für Einzelheiten jedoch vermutlich auch die auf S. 976f. u. 995 dieses Bandes genannten Werke von Montesquieu, Voltaire, Gibbon und Spittlers Handbuch der Kirchengeschichte (*Grundriß der Geschichte der christlichen Kirchen*. Göttingen 1782) sowie Pütters *Historische Entwickelung der heutigen Staatsverfassung des teutschen Reichs*. Göttingen 1786, schließlich auch das anonym erschienene *Esprit de croisades* (I–IV Dijon/ Paris 1780).

800 *Sina:* China.
803 *Weisen:* Sokrates.
804 *Hetrurier:* Etrusker. – *Lusitanier:* Volksstamm im heutigen Portugal.
805 *Arkturs:* Sternbild des Bären.
809 *Munizipalstädte:* autonome Städte.
813 *Sporteln:* Gebühren.

VORERINNERUNG ZU BOHADINS SALADIN

Im zweiten Band der ersten Abteilung der *Memoires* hatte Schiller den Schluß der *Alexias* und die *Gesta Friderici* von Otto von Freising und von seinem Fortsetzer Rahewin veröffentlicht; seine *Vorerinnerung zu Bohadins Saladin* erschien in I, 3 der *Memoires*. Sie ist vom 26. September 1790 datiert. Schiller stützte sich allem Vermuten nach auf die von ihm ausdrücklich genannte Darstellung von Albert Schultens: *Vita et res gestae sultani Almalichi Alnasini Saladini . . . auctore Bohadino . . . , Lugduni Batavorum* 1732.

819 *Mufti:* islamischer Gesetzeskundiger.

UNIVERSALHISTORISCHE ÜBERSICHT DER MERKWÜRDIGSTEN STAATSBEGEBENHEITEN ZU DEN ZEITEN KAISER FRIEDRICHS I.

Im Winter 1789/90 hielt Schiller im Anschluß an seine Einleitung in die Universalgeschichte vom Sommer 1789 ein fünfstündiges Kolleg über Universalgeschichte von Karl dem Großen bis Friedrich dem Großen und benutzte dieses Kolleg offensichtlich für seine universalhistorische Übersicht, da seine Arbeit an der *Geschichte des dreißigjährigen Kriegs*, aber auch seine Heirat und manche gesellschaftliche Verpflichtungen ihn daran hinderten, die versprochene Fortsetzung von I, 1 der *Memoires* auszuarbeiten. Seine Übersicht erschien zusammen mit der Vorerinnerung zu Bohadins Saladin im 3. Band der ersten Abteilung. Ein geplantes Publikum über Kreuzzüge zum Winter 1790/91 sollte offenbar daran anschließen; Schiller aber ließ Woltmann in I, 4 die Fortsetzung liefern. Seine eigene Darstellung reicht nur bis zur Zeit Konrads III. Sie erschien im Anschluß an die *Vorerinnerung* im Oktober 1790.

Quellen:

Schiller folgte vor allem Band 2 der *Geschichte der Deutschen* von Michael Ignaz Schmidt (Ulm ²1786), ferner Voltaires *Essai sur les Mœurs* (von Schiller benutzt in der Ausgabe der Werke von 1756, Bd 11), für Einzelheiten auch der Darstellung Schlözers *Vorstellung seiner Universalhistorie* (Göttingen/Gotha 1772/73) und J. F. Le Brets *Staatsgeschichte der Republik Venedig* . . . Leipzig/Riga 1769 ff.

824 *Wahlkapitulation:* s. o. S. 993.
826 *Ludwigs:* Ludwigs IV.
827 *Investiturstreit:* Streit um die Einsetzung der Bischöfe und Äbte.
829 *Anathem:* Kirchenbann.
829 *aquitanischen Küste:* Küste des Golfs von Biscaya.
831 *Rom an dem Bosporus:* Konstantinopel. – *normännischer Herzog:* Wilhelm der Eroberer.
832 *Mamertiner:* „Marssöhne", Söldnervolk des Altertums.
834 *Satrapenregierung:* Statthalterschaft.
838 *Regal:* Hoheitsrecht.
841 *Bononien:* Bologna.

VORBERICHT ZU DEN DENKWÜRDIGKEITEN
DES HERZOGS VON SULLY

Schillers kurzer Vorbericht erschien in II, 2 der *Memoires* als Einführung in die von einem sächsischen Rittmeister übersetzten *Memoires de Maximilien de Bethune duc de Sully* . . . in einer Umarbeitung der Memoiren aus dem Jahre 1745 (London) von l'Écluse Desloges. Er dürfte im März 1791 entstanden sein; der Band II, 2 erschien zur Ostermesse 1791.

Geschichte der französischen Unruhen, welche der Regierung Heinrichs IV. vorangingen

Entstehung:

Schiller verfaßte die Darstellung im Winter 1790/91; sie dürfte aber nicht in unmittelbarem Zusammenhang mit den Vorlesungen dieses Winters gestanden haben, sondern war eigens für die *Memoires* ausgearbeitet. Sie erschien auf die ersten fünf Bände der zweiten Abteilung verteilt; von der dritten Folge (1792) an unter dem Titel „Bürgerkriege in Frankreich vom Jahre 1562–69". Die vierte Folge (1792) war „Bürgerliche Unruhen in Frankreich in den Jahren 1568 und 1569" überschrieben, die fünfte (1793) „Bürgerliche Unruhen in Frankreich in den Jahren von 1569 bis 1572". Die fünf Folgen dienten jeweils als Einführungen in die Memoiren des Herzogs von Sully. Die Geschichte der französischen Unruhen endet abrupt mit dem Anschlag auf Coligny; eine angekündigte Fortsetzung von Schiller erschien nicht. Erst der Orientalist Paulus, der vom sechsten Band an die weiteren Bände der *Memoires* besorgte, führte die Geschichte der französischen Unruhen bis Band 12 zu Ende.

Quellen:

Schiller benutzte vor allem die zweite Ausgabe des *L'esprit de la Ligue, ou histoire politique des troubles de France pendant les XVIᵉ et XVII- siècles* (I–III. Paris 1771) von Louis Pierre Anquetil; er wies in dem Vorbericht zu den Denkwürdigkeiten des Herzogs von Sully selbst ausdrücklich darauf hin, desgleichen auf *Les mémoires de Michel de Castelnau* . . . (ed. J. Le Laboureur, I–III [Brüssel] 1731) und auf *Les vies des hommes illustres et grandes capitaines françois de son temps.* (A Leyde 1699) von Pierre de Bourdeille (v. Brantôme); dessen *Vies des dames illustres* . . . (ebda 1699) dürfte er ebenfalls eingesehen haben. Er nennt auch de Thou (vgl. S. 8 dieses Bandes). Vermutlich aber benutzte er außer der Darstellung von Anquetil schon aus Krankheits- und Zeitgründen kaum eine von den von ihm selbst angeführten historischen Arbeiten.

854 *austere:* strenge.
867 *Observationskorps:* großer Spähtrupp.
881 *zwei furchtbaren Nachbarn:* Frankreich und Spanien.
901 *Stratagem:* Kriegslist.
911 *dieses Werks:* Sullys Memoiren.
913 *Pupillen:* Mündels.
927 *Rappell:* Rückberufung.

PHILIPP DER ZWEITE, KÖNIG VON SPANIEN. VON MERCIER

Schillers Übertragung von Louis Sébastien Merciers *Précis historique*, der Einleitung zu Merciers *Portrait de Philippe second, roi d'Espagne* (Amsterdam 1785) dürfte 1785 entstanden sein; es ist Schillers erste historiographische Arbeit und stellt eine wichtige Brücke vom *Don Carlos* zur *Geschichte des Abfalls der vereinigten Niederlande* dar. Schillers recht freie Übertragung überhöht das Pathos Merciers noch um einiges; Mercier dürfte seinen historischen Blick für größere geschichtliche Zusammenhänge jedoch nicht wenig geschult haben, und wenn sich sein historiographischer Stil im *Abfall* sehr viel stärker als hier versachlicht, mag Schiller sich auch über diese Übertragung die Fähigkeit zur zusammenfassenden überschauenden Darstellung angeeignet haben, wie sie die späteren universalhistorischen Einleitungen so eindrucksvoll bezeugen. Daß Philipp II. hier, gemessen am *Don Carlos*, in seiner ganzen Unmenschlichkeit erscheint, geht natürlich nicht auf Kosten Schillers. Aber Merciers Darstellung dürfte ihrerseits das Bild Philipps im *Abfall* durchaus mit beeinflußt haben. Daß Schiller sich andererseits nicht dem Urteil Merciers unterwarf, geht aus dem Anhang hervor, der ein zwar düsteres, aber doch wesentlich gemildertes Porträt Philipps entwirft und dessen Größe durchaus erkennt. Schiller benutzte für dieses Gegenbild eine 1778 erschienene deutsche Übersetzung von Robert Watsons *Geschichte der Regierung Philipps II.*, nicht den hier angegebenen anonymen *Abrégé chronologique de l'histoire d'Espagne et de Portugal* (Paris 1765). Er veränderte sie nur wenig. Seine Übertragung erschien ungezeichnet Mitte Februar 1786 im 2. Heft von Schillers *Thalia* zusammen mit den ersten drei Szenen des zweiten Akts des *Don Carlos*.

937 *Franche-Comté:* Teil von Burgund, Landschaft der oberen Saône und des Doubs. – *Teil des grünen Vorgebirges:* Teil von Kap Verde.
939 *Ligue:* s. o. S. 984.
940 *in effigie:* im Bildnis; anstelle des wirklichen.
941 *die burgundsche Erbschaft:* die Niederlande.
942 *Transsubstantiation:* katholische Glaubenslehre zur Wandlung von Brot und Wein zu Leib und Blut Christi.
948 *Bettler:* Geusen.

JESUITENREGIERUNG IN PARAGUAY

Die Skizze erschien 1788 im Oktoberheft von Wielands *Teutschem Merkur*. Ende Mai/Anfang Juni 1788 hatte Schiller sich mit Johann Christoph Harenbergs *Pragmatische Geschichte des Ordens der Jesuiten* . . .

(Halle/Helmstedt 1760) beschäftigt. Vorlage für seine Skizze ist daraus die „Neueste Relation [= Bericht] von der Schlacht in Paraguay 1759 1. Oct. zwischen der jesuitischen und den vereinigten spanisch- und portugiesischen Armeen". Schiller übernahm das indianische Kriegsrecht daraus fast unverändert.

VORREDE ZU NIETHAMMERS BEARBEITUNG DER GESCHICHTE DES MALTESERORDENS VON VERTOT

Schillers Vorrede entstand im April 1792. René Aubert de Vertots *Histoire des chevaliers hospitaliers de S. Jean de Jerusalem* (1726) war Schiller schon seit der Beschäftigung mit dem *Don Carlos* bekannt. Der erste Band von Friedrich Immanuel Niethammers *Geschichte des Malteserordens nach Vertot, von M[agister] N[iethammer] bearbeitet und mit einer Vorrede versehen von Schiller* erschien im Oktober 1792. Vorbild für Niethammers Bearbeitung dürfte Schillers Vorlesung über Kreuzzüge vom Winter 1790/91 gewesen sein; Schillers Einleitung setzt seine Kreuzzugsvorlesung gewissermaßen fort. Bedeutsamer ist sie jedoch noch in Verbindung mit seinen Interessen an einem Malteserdrama (vgl. Bd II dieser Ausgabe).

958 *Superstition:* Aberglauben.

VORREDE ZU PITAVALS MERKWÜRDIGEN RECHTSFÄLLEN

Diese Vorrede entstand gleichzeitig mit der Vorrede zu Vertot im April 1792 und erschien wie diese im Oktober 1792 als Einleitung zu *Merkwürdige Rechtsfälle als ein Beitrag zur Geschichte der Menschheit. Nach dem Französischen Werk des Pitaval durch mehrere Verfasser ausgearbeitet und mit einer Vorrede begleitet herausgegeben von Schiller. Erster Teil* nach Gayot de Pitavals *Causes célèbres et intéressantes avec les jugemens qui les ont decidées* (Paris 1735 ff.). Schillers Interesse an merkwürdigen Rechtsfällen, sein „Gewinn für Menschenkenntnis und Menschenbehandlung", den er sich davon erhofft, verbindet die Vorrede einerseits noch deutlich mit dem *Verbrecher aus verlorener Ehre*. Andererseits hat sich im Eingang der Kanon der klassischen Werke Schillers schon recht sichtbar herausgeschält. Schiller erkennt der Pitaval-Sammlung jedoch nur unterhaltende Funktion zu und sieht sich hier bereits gezwungen, ein Unternehmen zu rechtfertigen, das seinen klassischen Ansprüchen im Grunde nicht mehr gerecht wird.

Denkwürdigkeiten aus dem Leben des Marschalls von Vieilleville

Schillers Charakteristik entstand am 18. August ·1797 und erschien im gleichen Jahr im sechsten Stück der *Horen*, also längere Zeit nach der eigentlichen Beschäftigung Schillers mit der Geschichte. Die *Denkwürdigkeiten* waren als Einleitung zu einer Bearbeitung der *Mémoires de la vie de François de Scepeaux, Sire de Vieilleville et Comte de Duretal, Maréchal de France; contenants plusieurs Anecdotes des Regnes de François I, Henri II, François II et Charles IX. Composés par Vincent Carloix, son secretaire* von Wilhelm von Wolzogen (im 6.–9. und 11. Stück der *Horen* 1797) veröffentlicht. Schillers Einleitung ist mehr ein Porträt als eine Einführung in die Geschichtsepoche, die sich in den Memoiren des Marschalls von Vieilleville spiegelt; sie zeigt, wie weit er sich inzwischen von seiner früheren historischen Darstellungsart entfernt hat.

ZUM TEXT DER AUSGABE

Die allgemeinen Grundsätze für die Gestaltung und Anordnung der Texte dieser Ausgabe sind im Anhang des ersten Bandes unter dem Kapitel „Zum Text der Ausgabe" detailliert.

Bei der Wiedergabe der historischen Schriften wurde die Schreibung von Personen- und Ortsnamen nach der Ausgabe von Richard Fester (Bde 13–15 der Säkular-Ausgabe der Werke Schillers) im Sinne der heutigen Form berichtigt und modernisiert. Festers Ergänzungen bzw. Präzisierungen der Angaben von Seitenzahlen und Werktiteln in Schillers Fußnoten zum *Abfall der Niederlande* wurden jedoch nicht übernommen; es wurden lediglich die Fehler der Druckvorlage berichtigt. – Die Sperrungen von Namen in der Druckvorlage wurden in unserer Ausgabe nur da übernommen, wo es sich um eine eindeutige Hervorhebung Schillers und nicht bloß um eine typographische Eigenheit der damaligen Zeit handelt.

Das nachfolgende Verzeichnis der Textänderungen führt alle Stellen auf, an denen der Text der Druckvorlage an Hand von Erstdrucken, anderen Ausgaben oder infolge einer Konjektur verändert wurde, mit Ausnahme der eindeutigen Setzerfehler, die stillschweigend verbessert wurden, und von Korrekturen nach Druckfehlerverzeichnissen der Vorlagen. Die Textgeschichte der einzelnen historischen Schriften sowie unsere Druckvorlagen und die Erstdrucke usw. sind in den Anmerkungen angegeben. Bei der Wiedergabe des *Abfalls der Niederlande* folgen wir der Ausgabe von 1801, und zwar dem von Goedeke (Schillers sämtliche Schriften, Stuttgart 1867 ff.) mit b bezeichneten Druck der beiden Drucke von 1801. Bei Textberichtigungen nach dem Erstdruck (1788), von dem ebenfalls zwei geringfügig sich voneinander unterscheidende Ausgaben existieren, wurde nach dem von Goedeke mit a bezeichneten Druck konjiziert, nach dem Schiller die zweite Auflage von 1801 überarbeitete. Das Druckfehlerverzeichnis vom A-Druck, das in a fehlt und das Schiller bei der Überarbeitung offenbar nicht mit einbezogen hat, wurde hier stillschweigend mit berücksichtigt. *Die Geschichte des dreißigjährigen Kriegs* wurde nach dem Druck von 1802, bei Goedeke C, abgedruckt. Eine Reihe von historischen Schriften (vgl. Anmerkungen) hat Schiller in seine *Kleineren prosaischen Schriften* aufgenommen, die für die betreffenden Texte unsere Druckvorlage sind. Von diesen *Kleineren prosaischen Schriften* gibt es zwei in den Seitenzahlen gleiche Drucke, in der Weimarer Nationalausgabe der Werke Schillers (Bd. 21, S. 154 f.) mit C und Ca bezeichnet. Ca ist in manchen Fällen in der Orthographie normalisiert. Unsere Ausgabe folgt dem C-Druck, doch wurde einigemal der Doppeldruck (Ca) hinzugezogen.

Nach Seiten- und Zeilenzahl – Leerzeilen und Kolumnentitel sind bei

der Zählung nicht berücksichtigt – folgt im Kursivdruck die Lesart unserer
Ausgabe, nach dem Doppelpunkt, ebenfalls kursiv, die Lesart der Text-
vorlage. Die Hinweise „nach E, nach Pros." usw. bedeuten, daß wir bei
unserer Textänderung dem Erstdruck, den *Kleineren prosaischen Schriften*
usw. gefolgt sind. Wo die Originalausgaben übereinstimmen, dennoch
aber eine Korrektur sich als notwendig erwies, findet sich der Hinweis
„E" (Erstdruck), „LH" (Ausgabe letzter Hand — Druckvorlage).

8/32	Sperrung von *ein* nach E
10/ 7	*führt : führte* ; nach E
14/ 6	Sperrung von *gegen* nach E
14/ 7	Sperrung von *für sie* nach E
14/32	Sperrung von *viele* nach E
19/25	Sperrung von *Namen* nach E
21/33	*Maresaten usf., : Maresaten, u.s.f.* ; in E fehlt Komma
22/17	*Mündungen : Mündung* ; nach E
23/ 5	*ihren : ihre* ; nach E
23/ 6	*ihre : ihren* ; nach E
24/28	*seinen Sohn : seinen* ; nach E
24/30	*Belg. : L. I. E*, LH
25/40	*und mit : mit* ; nach E
26/23	*ursprünglich : ursprüngliche* ; nach E
27/35	*König : Kaiser* ; nach E
29/15	*dem : den* ; nach E
31/15	*daniederdrücken : daniederdrückten* ; nach E
36/ 5	Sperrung von *dort* nach E
36/ 8	Sperrung von *hier* nach E
41/ 1	*Unglück : Glück* E, LH
42/20	*vaterländischen : väterlichen* ; nach E
47/25	*in seinem : in* ; nach E
51/23	*seines : seinen* ; nach E
52/34	*frühe : früher* ; nach E
63/ 6	*mußten : mußte* ; nach E
63/ 9	*allen siebenzehn : allen* ; nach E
69/16	*nichts : nicht* ; nach E
73/28	*wenigen : wenig* ; nach E
78/28f.	*Ungewißheit : Unwissenheit* ; nach E
78/38	*Reichsangelegenheiten : Rechtsangelegenheiten* ; nach E
81/25	*Suada : Suade* ; nach E
84/ 4	Sperrung von *er* nach E
106/16	*Fronde : Freude* ; nach E
121/29	*Rücksichten : Rücksichten,* ; nach E (dort allerdings etwas größeres Spatium)
126/26f.	*Gesandtschaft : Gesandtschaft,* E, LH
141/30	*hervor : vorher* ; nach E

141/33	*Schwarzenberg,* : *Schwarzenberg* E, LH
141/36	*Nassau gleiche Angelegenheiten* : *Nassau, gleiche Angelegenheiten,* ; E hat Komma nur nach *Nassau*
144/14	*verbreitete,* : *verbreitete* ; nach E
145/20	*dieses* : *diese* ; nach E
147/38	*einzukommen,* : *einzukommen* ; nach E
149/24	*Monate* : *Monat* ; nach E
187/28	*Werke* : *Werte* ; nach E
245/17	*ließ,* : *ließ* ; nach E
251/32	*wurde,* : *wurde* ; nach E
256/26	*vielen* : *viele* ; nach E
334/40	*weitem* : *weiten* ; nach E
336/37	*Schweizer* : *Schweizer,* ; nach E
349/31	*weitem* : *weiten* ; nach E
356/ 1	*sich eine* : *sich* ; nach E
359/27	*Beisitzer* : *Besitzer* ; nach E
366/20	*welche* : *welches* ; nach E
367/15	*herbeizuführen* : *zu führen* ; nach E
369/14	*wenig geachtet* : *geachtet* ; nach E
370/34	*unselige Notwendigkeit* : *Notwendigkeit* ; nach E
370/37	*Glückseligkeit* : *Glückseligkeiten* ; nach E
377/32	*den* : *dem* ; nach E
378/27	*solle* : *sollte* ; nach E
380/39	*aus* : *auch* ; nach E
386/33	*kurzem* : *kurzen* ; nach E
387/ 1	*schnellern* : *schnellen* ; nach E
387/17	*Ausländer,* : *Ausländer* ; nach E
388/17	*erschien* : *erschienen* ; nach E
395/ 1	*deutsche Krone* : *Krone* ; nach E
395/39	*die* : *diese* ; nach E
399/29	*zu erleidenden* : *erleidenden* ; nach E
411/15	*Schachten* : *Schlachten* ; nach E
414/ 6	*fremdem* : *fremden* ; nach E
415/14	*weitem* : *weiten* ; nach E
425/14	*sie!* : *sie,* ; nach E
425/18	*Mansfeld* : *Mannsfeld,* ; E, LH
428/24	*kein* : *keine* ; nach E
429/27	*seinem* : *seinen* ; nach E
450/16	*Gottes.* : *Gottes* ; nach E
458/33	*seinem alles* : *seinem* ; nach E
462/19	*flohen.* In E folgt: *Gleich sein erster Eintritt in Deutschland war Eroberung.*
489/ 8	*Land* : *Lager* ; nach E
491/41	*wolle* : *wollte* ; nach E
543/12	*Nimburg* : *Limburg* E, LH

566/29	*Halbzirkel*: *Hauptzirkel* E, LH (nach Konjektur Joachim Meyers)
567/ 6	*Fahnen* : *Namen* E, LH
589/24	*Sieges* : *Siegers* E, LH
593/ 2	*nur* : *nun* ; E hat *also bloß*
599/25	*angenehmem* : *angenehmen* ; nach E
628/14	*zugedacht.* : *zugedacht* – ; nach E
658/17	*1631* : *1632* E, LH
705/21	*Wahrheit* : *Wahrheit,* E, LH
706/22	*Wissens* : *Gewissens* ; nach E
707/26	*in dem* : *in* ; nach E
716/33	*merkliches* : *wirkliches* ; nach E
718/13	*den* : *dem* ; nach Doppeldruck von Pros.
718/34	*höchsten* : *schönsten* ; nach E
721/14	*durch den* : *durch* ; nach E
722/ 4	*Ruhe wieder* : *Ruhe* ; nach E
724/30	*als schon* : *schon* ; nach E
725/ 4	*gewesen;* : *gewesen?* ; nach E
726/34	*ihn* : *ihm* ; nach E
727/ 2	*dem Einfachern* : *den einfachern* alle Originalausgaben
727/24	*dem* : *den* alle Originalausgaben
727/31	*diejenigen* : *denjenigen* ; nach E
746/ 2	*betreten,* : *betreten;* ; nach E
747/16	*er* : *es* ; nach E
750/ 8	*er ein* : *er* ; nach E
751/40	*zu sehr* : *so sehr* ; nach E
752/23	*seinem* : *seinen* ; nach Doppeldruck von Pros.
755/20	*erscheinen,* : *erscheinen* ; nach E
755/33	*ihm* : *ihn* ; nach Doppeldruck von Pros.
758/ 2	*Lykurgus* : Diese Überschrift fehlt in der Vorlage
764/18	*unmenschlichern* : *unmenschlichere*
764/30	*Kriegen* : *Kriegern*
766/28	*ihn* : *ihm*
770/15	*können,* : *können;*
773/12	*also,* : *also*
773/25	*bestanden,* : *bestanden*
774/35	*Bürger* : *Bürgern*
776/24	*eröffnete,* : *eröffnete*
777/12	*Eigentum,* : *Eigentum;*
779/36	*blieb* : *blieb,*
785/36f.	*Überwundenen,* : *Überwundenen*
788/35	*seinem* : *seinen*
800/13	*dem Untergang* : *der Verwüstung* ; nach Pros.
800/21	*stärkere Teil* : *stärkere* ; nach Pros.
801/24f.	*Gewässern und Bergen, eine Nacht wilder* : *Gewässern, von Bergen und wilden* ; nach Pros.

825/10	*vergeblich, : vergeblich*
834/25	*Drogon, : Drogon*
839/23	*ihm : ihn*
843/34	*hatte. : hatte?*
845/26	*dem : den*
849/22	*Schriftsteller die gefährlichsten : Schriftstellern die gefährlichste*
852/ 7	*seinem : seinen*
854/ 7	*austere : äußere* ; nach Konjektur Joachim Meyers
854/ 9	*gereichte ihm : gereichten ihn*
854/13	*Fürstenhauses, : Fürstenhauses*
858/25	*minder : mindre*
862/34	*vor : von*
863/30	*vor : von*
864/30	*und der : und*
866/24	*kein Ziel : keine Zeit* ; nach Konjektur Körners
868/16	*selbst, : selbst*
869/39	*gilt. : gilt*
870/26	*aufgesäugt : aufgesaugt*
873/11f.	*beiderseitigen : beiderseitiger*
873/37	*hoffte, unter dem Namen der Königin : hoffte unter dem Namen der Königin,*
890/34	*Kriegskunst, : Kriegskunst*
892/25	*Parlaments : Parlements*
910/21	*hatte : hatten*
914/ 2	*sein : ein*
918/12	*vereitelten : vereitelte*
921/20	*des Hofs : Hofs*
923/13	*glich : gleich*
928/30	*Schwester : Tochter*
936/15	*hatten : hatte*
937/21	*Afrika : Afrika,*
942/18	*Begierde, : Begierde*
948/30	*Politik, in Spanien selbst : Politik in Spanien selbst,*
958/13	*einen : ein*
960/ 2	*die : Die*
960/13	*habe : haben*
960/15	*Taten : Thaten,*
960/31	*Gesichtspunkt : Geschichtspunkt*
964/ 3f.	*Schlimmeres : schlimmeres*
968/22	*1757 : 1767* ; nach Originalausgabe Vieillevilles

INHALT